Saisonkalender für Gemüse

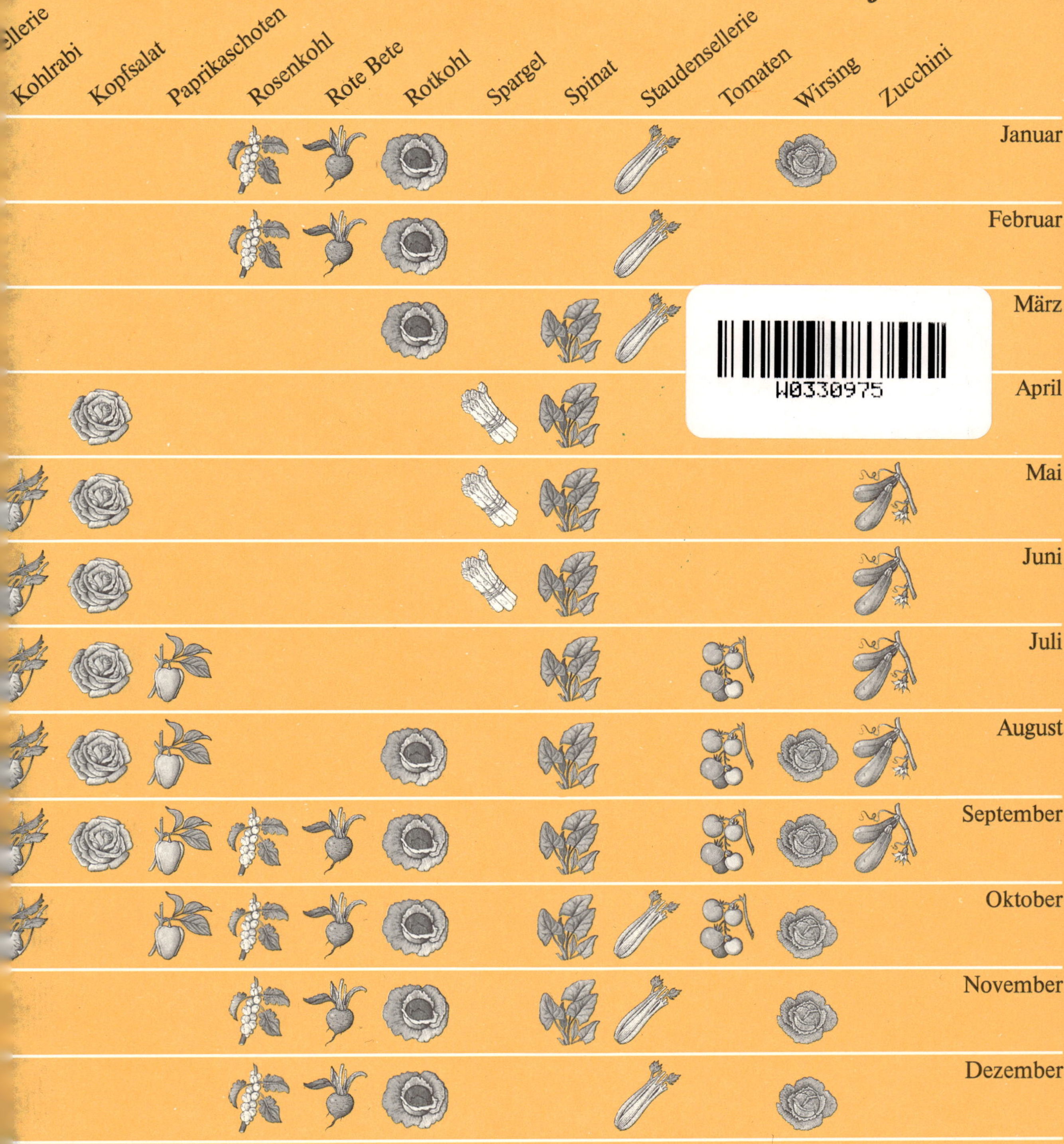

Die Tabelle gibt an, wann das Gemüse aus dem Freilandanbau erntefrisch auf dem Markt angeboten wird.

Annette Wolter · Kochen heute

Annette Wolter

Kochen heute

Das große GU-Grundkochbuch

Mitarbeit: Elisabeth Döpp

GU

Gräfe und Unzer

Annette Wolter
gehört zu den führenden Kochbuch-Autoren im deutschen Sprachraum. Seit zwei Jahrzehnten sind Kochen und Haushalt ihr Ressort. Annette Wolter begann als Mitarbeiterin großer Frauenzeitschriften. Heute ist sie anerkannte Expertin im Bereich Küche und Keller, Verfasserin erfolgreicher Kochbücher und mehrfache Preisträgerin der »Gastronomischen Akademie Deutschlands«.

Das Farbfoto auf dem Einband vorn zeigt ein gebratenes Rinderfilet (Rezept Seite 121), hier mit frischen, gehackten Kräutern eingerieben. Die Farbfotos auf der Rückseite zeigen im Uhrzeigersinn Marmorkuchen und Orangenkuchen (Rezepte Seite 366 und 368), Topfen-Palatschinken (Rezept Seite 306), Rosmarinhähnchen (Rezept Seite 183), Neuenburger Fondue (Rezept Seite 420), Aprikosenkonfitüre und Minzgelee (Rezepte Seite 409 und 410), Griechischen Bauernsalat (Rezept Seite 66) und Kartoffel-Gemüseauflauf (Rezept Seite 317).

Die Rezepte für Vollkornplätzchen wurden uns freundlicherweise von Marey Kurz zur Verfügung gestellt.

Die Farbfotos gestaltete das Foto-Studio Teubner, ergänzt durch Aufnahmen von Susi und Pete A. Eising (Seiten 34, 106, 304, 322, 338, 358, 376, 394); C. P. Fischer (Seiten 105, 123, 177, 340, 412); Kommunikation & Marketing, Bonn (Seite 285).

3. Auflage 1995

Redaktion: Elisabeth Döpp unter Mitarbeit von Brigitta Stuber
Zeichnungen: Gerlind Bruhn
Einbandgestaltung: Heinz Kraxenberger
Satz: Druckerei Ludwig Auer
Reproduktion: SKU Reproduktionen GmbH
Druck und Bindung: Grafedit, Bergamo

Printed in Italy

ISBN 3-7742-5824-4

Über dieses Buch

KOCHEN HEUTE gehört seit seinem ersten Erscheinen vor über zehn Jahren zu den beliebtesten Grundkochbüchern.
Auch das neue KOCHEN HEUTE hat schon viele Freunde gewonnen und will mit dieser Ausgabe allen Lesern ein verläßlicher Helfer werden.
Es berücksichtigt veränderte Ernährungsgewohnheiten, unsere Freude an frischen Gemüsen und Kräutern, das neuerwachte Interesse an Getreidegerichten, am Brotbacken und Einmachen und unseren Wunsch nach einer guten, gesunden und abwechslungsreichen Küche. Es bringt Spezialitäten aus den verschiedensten Regionen von Sauerbraten bis Powidl, von Cordon bleu bis Lasagne al forno. Die brillanten Farbfotos und die zahlreichen anschaulichen Zeichnungen schließlich machen dieses Buch auch zu einem optischen Genuß für alle Freunde guter Küche.
Das Buch gibt Anregungen, wie man auf dem Markt aus dem überreichen Angebot saisongerecht einkauft und wie man mit den heimischen und exotischen Produkten sachgemäß umgeht. Entsprechend wurden die Rezepte abgefaßt und die Auswahl so großzügig erweitert und ergänzt, daß KOCHEN HEUTE damit zukunftsweisende Maßstäbe setzt.
Vielen Leserwünschen folgend, habe ich die bewährte Einteilung der Rezepte nach Vorspeisen, Suppen, Hauptgerichten, Beilagen und Nachspeisen gewählt. Ganz ausführliche Grundrezepte, die jeden Handgriff und jeden Vorgang genau beschreiben, machen das Kochen für jeden Benutzer zum Vergnügen. Auch dem Anfänger gelingt mit diesen Anweisungen das Zubereiten selbst schwierigster Gerichte leicht. Ein weiterer Vorzug sind die zahlreichen Varianten, die auf den Grundrezepten aufbauen und dem Hobbykoch eine große Vielfalt von Anregungen bieten. Auf wichtige Küchenfragen, die sich Ihnen im Alltag und bei besonderen Situationen stellen, finden Sie in diesem Grundkochbuch mit seinen über 1000 Koch- und Backideen und seinen vielfältigen Informationen zur Küchentechnik und Kochpraxis rasche Antwort.
So gibt es viele Vorschläge für die Planung und die Zusammenstellung von einfachen Menüs, für festliche Essen, kalte und warme Buffets und außerdem Ratschläge für den schöngedeckten Tisch, perfektes Anrichten und richtiges Servieren. Das Kapitel »Weine und Getränke zur Mahlzeit« erleichtert Einkauf und Auswahl von Wein, Champagner und Sekt und gibt Anleitung, welcher Wein zu welchem Essen am besten paßt. Eine umfassende Tabelle informiert auf einen Blick, wie man mit Kräutern und Gewürzen den Gerichten die geschmackliche Vollendung verleiht.
Eine Temperaturtabelle gibt Auskunft über die wichtigsten Back- und Bratzeiten und die Hitzegrade für den konventionellen Elektroherd, den Gasherd und den Heißluftherd. Eine weitere nützliche Hilfe sind die Übersichten über alle Maße und Gewichte, die beim Kochen immer wieder gebraucht werden. Der umfangreiche Saisonkalender ist ein Ratgeber für alle, die Obst und Gemüse in bester Qualität zum richtigen Zeitpunkt einkaufen möchten.
Das große Küchen-ABC erläutert mit vielen anschaulichen Illustrationen gebräuchliche Küchenbegriffe und schwierige Arbeitsvorgänge, beschreibt seltener gebrauchte Zutaten, erklärt Garmethoden und die wichtigsten Küchentechniken. Damit ist dieses alphabetisch gegliederte Kapitel die vollkommene Ergänzung des großen Rezeptteils.
Natürlich werden auch alle Fragen rund ums Einfrieren und Auftauen erschöpfend beantwortet. In einer kleinen Ernährungslehre wurden die allerneuesten Erkenntnisse der Ernährungswissenschaft berücksichtigt. Sie sagt knapp und verständlich, worauf es ankommt, wenn man nicht nur gut, sondern auch gesund kochen will. Doch war ich bestrebt, all diese Erkenntnisse konsequent in die Rezepte dieses Buches einzubringen.
KOCHEN HEUTE wird allen helfen, die für sich, ihre Familien und ihre Gäste gerne gut kochen. Allen, die gute Küche schätzen, wünsche ich viel Freude, Genuß und Anerkennung.

Ihre
Annette Wolter

Inhalt

Inhalt

Inhalt

Inhalt

Wenn nicht anders angegeben, sind alle Rezepte dieses Buches für 4 Personen berechnet

Was koche ich?

Die folgende Rezeptübersicht ist eine praktische Entscheidungshilfe für die immer wieder auftauchende Frage: Was soll man zu bestimmten Anlässen kochen? Gut aufeinander abgestimmte Menüs zum Nachkochen haben wir Ihnen im Kapitel Menü-Vorschläge für alle Anlässe zusammengestellt. Hier aber finden Sie eine Rezeptauswahl ausgesuchter Gerichte, aus denen Sie sich selbst ein festliches Menü zusammenstellen können. Ob Sie sich nun von einer Vorspeise, einem Hauptgericht oder einer Nachspeise anregen lassen, immer werden Sie hier genügend passende Gerichte dazu vorfinden, die zusammen eine reizvolle Mahlzeit ergeben.

Zu Weihnachten

Vorspeisen

Suppen

Hauptgerichte

Desserts

Zu Ostern

Vorspeisen

Suppen

Hauptgerichte

Für Familienfeste

Für offiziellen Besuch

Was koche ich?

Als Spezialitäten-Essen

Was koche ich?

Was backe ich?

Für den Kindergeburtstag

Für eine Party

Für Freunde von Spezialitäten

Zu den Rezepten

Dieses Buch will so viele Rezepte wie nur möglich bieten. Deshalb folgen nach den ausführlichen Grundrezepten oder Hauptrezepten, die es auch dem Kochanfänger ermöglichen, sofort mit der Praxis zu beginnen, häufig noch mehrere Varianten. Diese Abwandlungen basieren stets auf Grundrezepten oder ausführlichen Rezepten und bieten zum Teil geschmackliche Veränderungen, zum Teil aber andere Zutatenkombinationen aus dem Rezeptrepertoire der nationalen und internationalen Küche. Wo nötig wurden alle wichtigen Arbeitsgänge detailliert beschrieben.

Mengenangaben

- Wenn in den Rezepten nicht besonders hervorgehoben wird, es solle 1 gehäufter Löffel genommen werden, dann ist an 1 gestrichen vollen Löffel gedacht.
- Bei Angaben wie ½–1 Teelöffel (Teel.) oder 2–3 Eßlöffel (Eßl.) zunächst die kleinere Menge nehmen.
- Beim Würzen sowie beim Salzen wurden bewußt nur schwache Dosierungen rezeptiert, da scharf und salzig sehr unterschiedlich beurteilt werden.

Bouillon

- Wie Sie aus dem Suppenkapitel ersehen, läßt sich Bouillon aus Knochen, Schlachtfleisch, Geflügel, Fisch oder Gemüse herstellen. In den Rezepten wird immer angegeben, welche besondere Bouillon jeweils bevorzugt werden sollte.
- Es bleibt Ihnen überlassen, ob Sie dann eigens die benötigte Bouillon kochen, sie aus Ihren tiefgefrorenen Vorräten oder aus einem Fertigprodukt bereiten. Es gibt fertige Bouillons in guter Qualität.

Speisefette

- Es ist nicht gleichgültig, welches Fett Sie für einen bestimmten Garvorgang verwenden. Beim Braten, Grillen, Fritieren und Schmoren braucht man ein Fett, das sich schadlos hoch erhitzen läßt. Das gilt für Öl, Schmalz, Kokosfett und Palmkernfett.
- Hochwertige und teure kalt gepreßte Öle mit vielen ungesättigten Fettsäuren sollten nicht erhitzt werden, da dann die Wertstoffe nicht erhalten bleiben; sie sind vor allem für Salate bestimmt.
- Butter eignet sich nicht als Brat- oder Fritierfett, da die in ihr enthaltenen Eiweißteilchen bei 100° braun werden, bei 120° aber bereits zu verbrennen beginnen. Soll Butter als Geschmackszutat verwendet werden, so gibt man sie erst nach abgeschlossenem Garvorgang in das Brat-, Grill- oder Schmorgut.
- Wo in den Rezepten Butter angegeben ist, kann auch eine gute Margarine verwendet werden.

Sahne

- In den Rezepten wird zwischen süßer und saurer Sahne unterschieden. Wird nur Sahne angegeben, so ist süße Sahne gemeint, soll saure Sahne genommen werden, ist dies ausdrücklich betont.
- In vielen Rezepten wird Crème fraîche verwendet; ein hochwertiges Sahneprodukt von cremiger Konsistenz, das beim Erhitzen nicht ausflockt und eine besondere Geschmacksnote vermittelt.

Eier

Eier können mit Salmonellen behaftet sein. Verwenden Sie deshalb nur ganz frische Eier, die möglichst auf 70–80° erhitzt werden sollten. Für Speisen, die rohe Eier enthalten, wirklich nur topfrische Eier verwenden und Reste nicht aufheben. Siehe dazu auch S. 473.

Zitrusfrüchte

- Zu ihnen gehören nicht nur Zitronen, sondern auch Limetten, Grapefruits, Mandarinen, Clementinen, Satsumas, Tangerinen, Tangelos und die verschiedenen Sorten von Orangen. Viele werden für den Export gewachst und zur besseren Haltbarkeit zusätzlich noch mit einem Konservierungsmittel gespritzt. Deshalb ist es ratsam, alle Zitrusfrüchte vor dem Verzehr oder der Verwendung in der Küche heiß zu waschen.
- Werden aber die Schalen dieser Früchte abgerieben oder ein Teil von ihnen für eine Speise oder ein Getränk gebraucht, so dürfen nur garantiert ungespritzte Früchte verwendet werden. Der Hinweis darauf muß auf der Verpackung angegeben sein.

Herdtemperaturen und Garzeiten

- Für den Backofenbereich werden die Temperaturen in Grad Celsius angegeben, jedoch ohne das auf Celsius verweisende »C«. Dabei wurde vom konventionellen Elektroherd ausgegangen. Besitzer von Gas- oder Heißluftherden finden auf der Seite 509 eine Tabelle, die die entsprechende Schaltung für ihren Herd angibt. Beachten Sie, daß Elektrobacköfen 10–20 Minuten brauchen, um die vorgeschriebene Temperatur zu erreichen. Heißluft- und Gasbacköfen erreichen die gewünschte Temperatur in wenigen Minuten.
- Alle angegebenen Garzeiten sind Mittelwerte, die sich beim Kochen mit den verschiedenen Herdtypen ergeben haben. Dennoch sollte jeder diese Angaben auf die Back-, Brat- und Kocheigenschaften seines Herdes abstimmen. Die Leistungen eines Herdes sind nicht allein von seiner Konstruktion, sondern auch von Schwankungen im Energienetz abhängig.

Vorspeisen und kleine Gerichte

Vorspeisen gehören zum festlichen Menü, sie werten aber auch eine einfache Mahlzeit auf und stimulieren Magen und Gemüt. Klein, hübsch arrangiert und wohlschmeckend sollen sie den Appetit anregen. Die in Frankreich als »Hors d'œuvre« und in Italien als »Antipasti« servierten kleinen Vorgerichte erfreuen sich auch hierzulande immer größerer Beliebtheit. Sie können – vor allem bei Abendessen – statt der Suppe gereicht werden. Will man beides servieren, so bietet man kalte Vorspeisen vor und warme Vorspeisen nach der Suppe an.
Viele Vorspeisen – auch solche der klassischen Küche – sind übrigens im Handumdrehen zubereitet, oft ist nicht einmal ein eigentliches Rezept dazu erforderlich. Freilich gilt hier ganz besonders: Ob Möhre, Olive oder Räucheraal – das Ausgewählte muß von bester Qualität sein.

Hier einige Beispiele für rasch zusammengestellte Vorspeisen:

- Ausgereifte Feigen auf gestoßenem Eis
- Geeiste Honigmelone mit Parmaschinken
- Reife Mangos oder Papayas mit Zitronensaft beträufelt, dazu Schinken oder stark gewürzte Salami
- Tomatenscheiben von festen Fleischtomaten mit frischem Basilikum oder Dill, Salz und Pfeffer
- Salami mit knackigen grünen Paprikastreifen
- Häppchen von Räucherlachs oder Räucheraal mit Zitronenspalten
- Ölsardinen mit gehackten weißen Zwiebeln, Kapern, hartgekochten gehackten Eiern, Petersilie und Zitronenspalten
- Rollmöpse
- Gänseleberpastete, eiskalt, auf Feldsalat serviert
- Möhrenstifte, in ein Glas gestellt; schwarze Oliven, eingelegte Pilze oder Artischockenherzen im Schälchen
- Rauchfleisch mit Meerrettich
- Radieschen mit Butter und Toastbrot
- Rohe Champignonscheiben in Essig-Öl-Sauce, mit Streifen von Pökelzunge bestreut
- Aufschnittplatte mit krauser Petersilie
- Spinatsalat
- Löwenzahnsalat

Anregungen für Salat- und Rohkostteller finden sich im Kapitel Salate und Salatsaucen. Auch die Kapitel Fische, Schal- und Krustentiere; Gemüse, Pilze und Hülsenfrüchte; Nudeln, Reis, Vollkorn; Eierspeisen; bunte Happen, kalte Platten bieten viele Rezepte, aus denen sich herrliche Vorgerichte herstellen lassen. Solche Rezepte tragen den Vermerk »Gute Vorspeise«.
Wenn Sie zu besonderen Gelegenheiten eine der aufwendigeren klassischen Vorspeisen servieren wollen, dann arbeiten Sie am besten nach Rezept. Und denken Sie bei der Planung Ihres Menüs an den Kalorienwert der Vorspeisen: Leichte Hauptgerichte wie Gebratenes oder Gegrilltes von Rind, Kalb, Huhn oder Wild mit einer Gemüsegarnierung verträgt eine üppigere Vorspeise. Sättigenden Hauptgerichten wie Schweinshaxe, Enten- oder Gänsebraten sollte als Vorgericht lediglich ein appetitanregendes Extra vorangehen.
Nur ausnahmsweise, zu festlichen Anlässen, wird man ein großes Menü mit Vorspeise, Suppe, Zwischengericht, Hauptgang und Dessert servieren.
Viele Vorspeisen ergeben im Alleingang auch einen leichten Imbiß oder ein kleines Abendessen, manche sogar ein festliches Mini-Essen für Gäste.

Gelingt leicht · Schnell

Papayas mit Schinken

2 ausgereifte Papayas
100 g Parmaschinken oder ein anderer roher Schinken
2 Eßl. Senffrüchte
1 Teel. Currypulver
1 Prise Salz
1 Teel. Cognac
8 Maraschinokirschen, ersatzweise 4 gehackte Walnußkerne

Pro Portion etwa 860 Joule/205 Kalorien

Zubereitungszeit: 15 Minuten

Möglichst reife Papayas kaufen, deren Fruchtfleisch auf Fingerdruck leicht nachgibt. • Die Papayas waschen, abtrocknen, längs halbieren und die Kerne entfernen. Das Fruchtfleisch mit einem kleinen Löffel aus den Schalen lösen und in eine Schüssel geben. Die Schalen beiseite stellen. • Den Schinken in kurze dünne Streifen, die Senffrüchte in kleine Stücke schneiden. • Das Currypulver mit dem Salz und dem Cognac verrühren, mit den Schinkenstreifen und den Senffrüchten unter das Fruchtfleisch heben und zugedeckt einige Minuten durchziehen lassen. • Die Maraschinokirschen würfeln. • Den Cocktail in den ausgelösten Fruchtschalen anrichten und mit den Kirschenwürfeln bestreuen.

Das paßt dazu: Crackers oder Stangenweißbrot.

Gelingt leicht · Schnell

Mango-Cocktail

2 große reife Mangofrüchte
200 g Krabben (Garnelen)
4 Eßl. Delikateßmayonnaise
4 Eßl. Sahne
½ Teel. Zucker
1 Teel. Zitronensaft
1 Eßl. frischer geriebener Meerrettich
1 Teel. eingelegte grüne Pfefferkörner
einige Blättchen frische Pfefferminze

Pro Portion etwa
1500 Joule/355 Kalorien

Zubereitungszeit: 20 Minuten

Die Mangofrüchte waschen, abtrocknen und längs halbieren. Den Stein aus den Früchten lösen, die Fruchthälften bis auf ½ cm aushöhlen und das ausgehöhlte Fruchtfleisch in kleine Würfel schneiden. • Die Krabben auseinanderzupfen, kalt abbrausen und abtropfen lassen. • Die Mayonnaise mit der Sahne, dem Zucker, dem Zitronensaft, dem geriebenen Meerrettich und den Pfefferkörnern verrühren. • Das Mangofleisch und die Krabben unter die Mayonnaise mischen und den Cocktail in den Mangohälften anrichten. • Jede Portion mit Pfefferminzblättchen garnieren.

Das paßt dazu: getoastetes Weißbrot und Butter.

Gelingt leicht · Schnell

Avocado-Cocktail

2 reife Avocados
1 Eßl. Zitronensaft
200 g Shrimps oder Krabben (Garnelen)
⅛ l Sahne
2 Eßl. Tomatenketchup
1 Teel. Worcestershiresauce
½–1 Teel. Salz
2 Teel. edelsüßes Paprikapulver

Pro Portion etwa
1350 Joule/320 Kalorien

Zubereitungszeit: 20 Minuten

Die Avocados halbieren, die Steine herauslösen und das Fruchtfleisch mit einem kleinen Löffel aus den Schalen lösen. Das Fruchtfleisch in Würfel schneiden und mit dem Zitronensaft beträufeln. • Die Shrimps oder die Krabben kalt abbrausen und abtropfen lassen. • Für die Sauce die Sahne mit dem Ketchup, der Worcestershiresauce, dem Salz und dem Paprikapulver verrühren. • Die Sauce mit den Avocadowürfeln und den Shrimps oder den Garnelen mischen. • Den Cocktail in Cocktailgläsern servieren.

Das paßt dazu: Käsestangen aus Blätterteig.

Raffiniert

Gefüllte Avocados

Die Fruchtwürfel von 2 Avocados und das Innere der Fruchtschalen mit Zitronensaft beträufeln. • 1 Orange schälen und in Spalten teilen, die Spalten in Scheiben schneiden und dabei die Kerne entfernen. • 100 g rotgefüllte Oliven in Scheiben schneiden. 20 Walnußkerne grobhacken. • Für die Sauce 1 Knoblauchzehe schälen, würfeln und mit ½ Teelöffel Salz zerdrücken. • Das Knoblauchsalz mit 3 Eßlöffeln Öl, 1½ Eßlöffeln Weinessig, 1 Messerspitze weißem Pfeffer und einigen Spritzern Tabascosauce mischen. • Die Sauce mit den Fruchtwürfeln, den Olivenscheiben und den Walnußkernen vermengen und den Cocktail in den Avocadohälften anrichten.

Avocadosalat

Die Fruchtwürfel von 2 Avocados und 1 geschälten sauren Apfel mit 1 Eßlöffel Zitronensaft beträufeln. • ½ Grapefruit und 150 g frische Ananas schälen und würfeln. 8 Sardellenfilets in Streifen schneiden und mit dem Obst mischen. • Für die Sauce ½ Banane mit der Gabel zerdrücken und mit 2 Eßlöffeln Öl, 2 Eßlöffeln Weinessig, 1 Teelöffel Senf, ½ Teelöffel Salz, ½ Teelöffel Honig, 1 Messerspitze weißem Pfeffer und dem Saft von 1 Orange verrühren. • Die Sauce mit den Fruchtwürfeln und den Sardellenfilets mischen und den Salat zugedeckt 20 Minuten ziehen lassen.

Mein Tip Diesen Salat können Sie in den Avokadohälften servieren. Sehr schön macht er sich aber auch, wenn man ihn auf Salatblättern in Portionstellern aus Glas anrichtet.

Raffiniert · Schnell

Gefüllter Staudensellerie

2 knackige Stangen Staudensellerie
50 g Butter
50 g Magerquark
100 g Roquefortkäse
1 Spritzer Tabascosauce
1–2 Eßl. Milch

Pro Portion etwa
730 Joule/175 Kalorien

Zubereitungszeit: 20 Minuten
Besonderes Küchengerät: Spritzbeutel

Die Selleriestangen waschen, abtrocknen und in 6 cm lange Stücke schneiden. Von den Sellerieblättern die zartesten feinhacken und aufbewahren. • Für die Füllung die Butter, den Quark, den Roquefortkäse, die Tabascosauce und die Milch verrühren; es soll eine geschmeidige, spritzfähige Masse entstehen, nach Bedarf eventuell noch etwas Milch zugeben. • Die Käsecreme in den Spritzbeutel füllen und die Höhlungen der Selleriestückchen damit gefällig ausspritzen. • Die Käsecreme mit den kleingehackten Sellerieblättern bestreuen.

Mein Tip Die gefüllten Selleriestücke eignen sich gut als Snack zum Aperitif, als Häppchen zu Bier oder Wein und vervollkommnen jede kalte Aufschnittplatte.

Preiswert · Schnell

Gefüllte Tomaten

4 mittelgroße, schöne runde Tomaten
200 g Thunfisch aus der Dose
2 hartgekochte Eier
2 Gewürzgürkchen
½ Banane
4 Eßl. Salatmayonnaise
1 Teel. Zitronensaft
je 1 Prise Salz und weißer Pfeffer
2 Eßl. Kaffeesahne
1 Eßl. Tomatenketchup

Pro Portion etwa
1550 Joule/370 Kalorien

Zubereitungszeit: 20 Minuten

Die Tomaten waschen, abtrocknen, vom Stielende einen kleinen Deckel abschneiden und die Tomaten mit einem kleinen Löffel behutsam aushöhlen. • Für die Füllung das Innere der Tomaten durch ein Sieb streichen und aufbewahren. • Den Thunfisch abtropfen lassen und in gleich große Stückchen teilen. • Die Eier schälen und würfeln. Die Gewürzgürkchen ebenfalls würfeln. Die Banane in Scheiben schneiden und die Scheiben noch einmal vierteln. • Die Salatmayonnaise mit der Fruchtflüssigkeit der Tomaten, dem Zitronensaft, dem Salz, dem Pfeffer, der Kaffeesahne und dem Tomatenketchup mischen. • Die Bananenstückchen, die Gewürzgurkenstückchen, die Eierwürfel und die Thunfischstücke mit der Mayonnaise mischen, in die ausgehöhlten Tomaten füllen und die Deckelchen der Tomaten wieder auflegen.

Das paßt dazu: getoastetes Weißbrot oder kleine Brötchen.

Gelingt leicht

Tomaten Bristol

Die Tomaten wie im Rezept gefüllte Tomaten beschrieben aushöhlen. • Für die Füllung 100 g gegartes Geflügelfleisch, 50 g Pökelzunge, 50 g rohen Schinken und 100 g Staudensellerie in kleine Stückchen schneiden. • 4 Eßlöffel Salatmayonnaise mit 3 Teelöffeln mildem Senf und 2 Eßlöffeln Joghurt verrühren, unter die kleingeschnittenen Zutaten mischen und die ausgehöhlten Tomaten damit füllen. • Jede Tomate mit 1 Rosette von ungesüßter Schlagsahne bespritzen und auf jede Sahnerosette ein Trüffel- oder Morchelscheibchen geben.

Preiswert

Tomaten auf polnische Art

Die Tomaten wie im Rezept gefüllte Tomaten beschrieben aushöhlen. • Für die Füllung 2 Heringsfilets je nach Salzgehalt wässern, abtropfen lassen und würfeln. 1 kleinen, säuerlichen Apfel schälen, vom Kerngehäuse befreien, würfeln und mit Zitronensaft beträufeln. ½ Tasse gekochte Rote Beten abtropfen lassen und würfeln. 1 hartgekochtes Ei und 1 kleine Essiggurke ebenfalls würfeln. • Für die Sauce 4 Eßlöffel Salatmayonnaise mit 2 Eßlöffeln Saft von den Roten Beten, 1 Prise Currypulver, 1 Prise Zucker und 2 Eßlöffeln Kaffeesahne mischen. • Die in Würfel geschnittenen Zutaten unter die Mayonnaise heben und den Heringssalat in die ausgehöhlten Tomaten füllen.

Preiswert · Schnell

Salade niçoise

Nizzaer Salat

1 kleiner fester Kopfsalat
½ kleine Salatgurke
4 kleine feste Tomaten
1 kleine Zwiebel
150 g Thunfisch aus der Dose
4 Anchovisfilets
20 schwarze Oliven
4 Eßl. Olivenöl
1 Eßl. Weinessig
½ Teel. Salz
1 Messersp. weißer Pfeffer
1 Prise getrocknete Kräuter aus der Provence
2 hartgekochte Eier

Pro Portion etwa
1145 Joule/270 Kalorien

Zubereitungszeit: 30 Minuten

Den Kopfsalat in Blätter zerpflücken, die Blätter kalt waschen, abtropfen lassen und trockenschleudern. Die Salatblätter in kleine Stücke reißen. • Die Gurke waschen, schälen und in Scheiben hobeln. Die Tomaten waschen, abtrocknen und achteln. Die Zwiebel schälen und in Ringe schneiden. Den Thunfisch abtropfen lassen und in kleine Stücke zerteilen. Die Anchovisfilets der Länge nach halbieren. Die Oliven kalt abbrausen und abtropfen lassen. • Für die Sauce das Öl mit dem Essig, dem Salz, dem Pfeffer und den getrockneten Kräutern verrühren. Die Sauce mit den Kopfsalatblättern mischen. Die Gurkenscheiben, die Tomatenachtel, die Zwiebelringe, den Thunfisch und die Oliven unter die Salatblätter heben. • Die Eier schälen und achteln. Den Salat mit Anchovisstreifen und Eiachteln garnieren.

Gelingt leicht · Preiswert

Waldorfsalat

200 g Sellerieknolle
200 g leicht säuerliche Äpfel (Reinetten)
2 Eßl. Zitronensaft
½ Teel. Salz
50 g Haselnüsse, geschält, oder Walnüsse
150 g Salatmayonnaise
⅛ l Sahne
½ Teel. Zucker

Pro Portion etwa
1760 Joule/420 Kalorien

Zubereitungszeit: 40 Minuten
Zeit zum Kühlen: 1 Stunde

Die Sellerieknolle unter fließendem kaltem Wasser bürsten, schälen, noch einmal abwaschen und trockentupfen. Den Sellerie in Julienne (streichholzdünne Streifen) schneiden. • Die Äpfel schälen, vom Kerngehäuse befreien und in ebenso dünne Streifen schneiden wie den Sellerie. • Den Sellerie und die Äpfel behutsam mischen, mit dem Zitronensaft beträufeln, mit dem Salz bestreuen und zugedeckt mindestens 1 Stunde im Kühlschrank durchziehen lassen. • Die Hasel- oder Walnüsse in feine Scheibchen schneiden. Die Mayonnaise mit der Sahne und dem Zucker mischen und mit den Nußscheiben unter den Apfel-Sellerie-Salat heben.

Preiswert

Céleris à la bonne femme

Sellerie auf Hausfrauenart

Die gleiche Menge Sellerie und Äpfel in Julienne (streichholzdünne Streifen) schneiden und mischen. 150 g Crème fraîche mit 1–2 Teelöffeln Senf abschmecken und unter die Salatbestandteile mischen. • Auf einem Vorspeisenteller, umringt von Tomaten- und Gurkenscheiben und Salatblättern, anrichten.

Gelingt leicht

Brasilianischer Naturreissalat

Salate lassen sich sehr gut mit Naturreis zubereiten. Dieser Reis besitzt – anders als der geschälte Weißkornreis – noch das »Silberhäutchen«, er schmeckt leicht nußartig und ist gesünder als der polierte Reis; er hat allerdings eine längere Garzeit.

200 g Langkorn-Naturreis
2 l Wasser
1½ Teel. Salz
1 Orange
400 g frische Ananas
1 Teel. Zitronensaft
⅛ l Sahne
1 Teel. mildes Paprikapulver
4 Salatblätter

Pro Portion etwa
1470 Joule/350 Kalorien

Zubereitungszeit: 55 Minuten

Den Reis unter fließendem kaltem Wasser waschen und abtropfen lassen. Das Wasser mit 1 Teelöffel Salz zum Kochen bringen, den Reis einstreuen, umrühren und 40 Minuten sprudelnd kochen lassen. • Den garen Reis in einem Sieb abtropfen und abkühlen lassen. • Die Orange schälen und dabei auch das Weiße entfernen. Die Orange in kleine Würfel schneiden und von den Kernen befreien. Die Ananas schälen, längs vierteln und den harten Strunk in der Mitte herausschneiden. Die Ananasstücke in gleich große Streifen schneiden, mit dem Zitronensaft beträufeln und mit den Orangenwürfeln unter den Reis mischen. • Die Sahne mit 1/2 Teelöffel Salz und dem Paprikapulver verrühren, unter den Salat heben und den Salat zugedeckt bei Zimmertemperatur kurze Zeit durchziehen lassen. • Auf Salatblättern anrichten.

Raffiniert

Midinette-Naturreissalat

200 g gekochten Langkorn-Naturreis mit 200 g rohen ausgehülsten jungen Erbsen und 1 kleinen gehäuteten und in Streifen geschnittenen roten Paprikaschote mischen. • Den Salat mit einer Sauce vinaigrette, Rezept Seite 83, anmachen. Die Sauce vinaigrette mit etwas frischem gehacktem Kerbel und Estragon verfeinern.

Nantaiser Naturreissalat

200 g gekochten Langkorn-Naturreis mit 100 g in Stückchen zerlegtem Thunfisch aus der Dose und 100 g gehäuteten und entkernten Tomatenwürfeln mischen. • Den Salat mit einer Sauce vinaigrette, Rezept Seite 83, anmachen: der Sauce frischen gehackten Kerbel, Estragon und Schnittlauch zufügen.

Preiswert

Normannischer Naturreissalat

200 g gekochten Langkorn-Naturreis mit 1 geschälten kleinen säuerlichen Apfel und 1 Stange Staudensellerie – beides in dünne Scheiben geschnitten – mischen. • Den Salat mit 1/8 l Sahne, 1/2 Teelöffel Salz, 1 Prise weißem Pfeffer und 2 Eßlöffeln Zitronensaft anmachen.

Mein Tip Wer den nußartigen Eigengeschmack vom Naturreis nicht so schätzt, kann die Salate ebenso mit weißem Langkornreis bereiten.

Provenzalischer Naturreissalat

200 g Naturreis garen. • 200 g kleine geschälte Tomaten vierteln. • 2 Knoblauchzehen schälen, zerdrücken und in 2 Eßlöffeln Olivenöl mit 1 Eßlöffel gehackter Petersilie anbraten. 1 Tasse Auberginenwürfel zugeben und die Tomatenviertel etwa 4 Minuten mitbraten. Etwas abkühlen lassen und unter den Reis mischen. • Eine Sauce vinaigrette, Rezept Seite 83, mit kleingehackten Sardellenfilets anreichern und damit den Salat anmachen.

Gelingt leicht · Schnell

Weinbergschnecken auf Burgunder Art

Verbrauchsfertig vorbereitete Weinbergschnecken sind leicht verderblich. Sie werden daher in Dosen oder tiefgefroren in mit Kräuterbutter gefüllten Schneckenhäusern angeboten. Weitere Informationen finden Sie im großen Küchen-ABC unter dem Stichwort Schnecken.

36 Weinbergschnecken aus der Dose
3 Eßl. Cognac
100 g Butter
2 Schalotten, ersatzweise 1 kleine Zwiebel
2 kleine Knoblauchzehen
1 Messersp. Salz
2 Eßl. gehackte Petersilie
1 Messersp. weißer Pfeffer

Pro Portion etwa
1000 Joule/240 Kalorien

Zubereitungszeit: 25 Minuten
Besondere Küchengeräte: 36 Schneckenhäuschen, Schneckenpfanne

Den Backofen auf 240° vorheizen. • Die Schnecken in einem Sieb abtropfen lassen und das Einlegewasser auffangen. 3 Eßlöffel Einlegewasser mit dem Cognac mischen. Die Schnecken damit begießen und zugedeckt 5 Minuten »parfümieren«. Die Schneckenhäuser in kochendes Wasser legen, 5 Minuten kochen lassen, heiß nachspülen und danach innen und außen gut abtrocknen. • Für die Schneckenbutter die zimmerwarme Butter schaumig rühren. Die Schalotten schälen und kleinwürfeln. Die Knoblauchzehen schälen, in Würfelchen schneiden und diese mit dem Salz zerdrükken. Die Butter mit der Petersilie, den Schalotten, dem Knoblauch und dem Pfeffer verrühren. • Die Schnekken in die Schneckenhäuser stecken, jeweils einige Tropfen der Cognac-Marinade auf die Schnecken träufeln und die Schneckenhäuser mit reichlich gewürzter Butter zustreichen. • Die Schnecken mit der Öffnung nach oben in die Schneckenpfanne setzen und auf der mittleren Schiebeleiste im Backofen so lange backen, bis die Butter zu schäumen beginnt.

Das schmeckt dazu: frisches Stangenweißbrot.

Mein Tip Tiefgefrorene Weinbergschnecken brauchen Sie lediglich in der Schneckenpfanne in den Backofen schieben und warten, bis die Butter aufschäumt. Zu einem Schneckenessen gehört eine Schneckenpfanne aus Metall oder aus feuerfestem Steingut mit kleinen Mulden für die Schneckenhäuser. Wenn Sie keine Schneckenpfanne besitzen, können Sie die Schneckenhäuser auch auf zerknüllter Alufolie auf dem Backblech in den Backofen schieben. Außerdem brauchen Sie pro Person eine Schneckenzange, mit der man die heißen Schneckenhäuser faßt, und eine kleine Gabel, mit der man das Fleisch aus den Schneckenhäusern herausholt. Außerdem gehört ein Suppenlöffel zum Gedeck; er dient dazu, den Saft aus dem Schneckenhaus aufzufangen.

Weinbergschnecken Grenobler Art

Die Butter für die Schnecken nur mit je 1 kleingeschnittenen Knoblauchzehe und 1 Schalotte würzen. Die Petersilie ganz weglassen. Statt dessen 3 Eßlöffel frisch geriebene Haselnüsse und je 1 Prise Salz und weißen Pfeffer mit der Butter mischen und die Schnekken wie im Rezept Weinbergschnecken auf Burgunder Art beschrieben garen.

Weinbergschnecken auf Klosterart

Die Schnecken abtropfen lassen. • 2 Eßlöffel Butter erhitzen, $^1/_2$ kleingeschnittene Zwiebel mit den Schnekken darin anbraten. 1 Eßlöffel Mehl darüberstäuben, und mit $^1/_4$ l Sahne aufgießen. Die Sauce aufkochen lassen, salzen und pfeffern, vom Herd nehmen und mit 1 Eigelb legieren. Die Schnecken in der Sahnesauce zu getoastetem Weißbrot servieren.

Schnell

Gratinierte Jakobsmuscheln

4 Jakobsmuscheln
100 g kleine Champignons
2 Schalotten
$^3/_8$ l trockener Weißwein
1 Teel. Salz
3 Pfefferkörner
1 Eigelb
100 g Crème fraîche
2 Eßl. frisch geriebener Greyerzerkäse (Gruyère)
2 Eßl. Butter

Pro Portion etwa 600 Joule/140 Kalorien

Zubereitungszeit: 45 Minuten
Besondere Küchengeräte: 4 Schalen der Jakobsmuscheln (in Haushaltsgeschäften erhältlich)

Die Jakobsmuscheln mit einem kräftigen Messer wie Austern roh aufbrechen und die Muscheln aus der Schale lösen. • Das weißlich-gelbe Fleisch, die sogenannte Nuß, und den deutlich orangefarbenen Rogen (in der Fachsprache »Corail«) von den übrigen grauen Organen trennen. Die hellen edlen Teile und den Rogen der Muscheln in einem Sieb etwa 8 Minuten in leicht kochendem Wasser blanchieren und abtropfen lassen. • Die Champignons putzen, waschen und in Scheiben schneiden. Die Schalotten schälen und kleinwürfeln. Den Weißwein mit den Schalottenwürfeln, dem Salz und den Pfefferkörnern zum Kochen bringen. Das Muschelfleisch hineingeben und zugedeckt bei schwacher Hitze etwa 10 Minuten dünsten. • Das Muschelfleisch dann herausnehmen und in Scheiben schneiden. Den Weinsud im offenen Topf etwa zur Hälfte einkochen lassen und vom Herd nehmen. • Den Backofen auf 250° vorheizen. • Das Eigelb mit der Crème fraîche verrühren und unter den etwas abgekühlten Muschelsud ziehen. • Jede Muschelschale mit 1 Löffel Sauce auskleiden, das Muschelfleisch und die Champignons darauf verteilen und mit der restlichen Sauce übergießen. Jede Portion mit geriebenem Käse bestreuen und mit Butterflöckchen belegen. • Die Muscheln im Backofen auf der obersten Schiebeleiste bei 250° so lange überbacken, bis der Käse zu schmelzen beginnt und sich eine leicht goldbraune Kruste gebildet hat.

Das paßt dazu: frisches Stangenweißbrot.

Mein Tip Jakobsmuscheln werden selten frisch angeboten, meist nur tiefgefroren. Diese gibt man noch gefroren in einen mit Zwiebeln, Thymian, Lorbeerblatt, Salz und Pfeffer gewürzten Weinsud und läßt sie zugedeckt bei schwacher Hitze in etwa 15 Minuten auftauen. Dann wie frische, bereits blanchierte Muscheln behandeln. – Weitere Informationen finden Sie im großen Küchen-ABC unter dem Stichwort Muscheln.

Grundrezept

Miesmuscheln im Sud

Ganz frisch und fest verschlossen müssen Miesmuscheln sein, wenn sie gut schmecken sollen. Tiere mit geöffneten Schalen sind bereits tot und ungenießbar. Besonders wohlschmeckend sind Miesmuscheln in den Monaten September bis Februar. Weitere Informationen finden Sie im großen Küchen-ABC unter dem Stichwort Muscheln.

2 kg Miesmuscheln
1 kleine Möhre
½ Stange Lauch/Porree
4 Schalotten oder
2 Zwiebeln
2 Knoblauchzehen
4 Eßl. Öl
¼ l trockener Weißwein
⅛ l Wasser
3 Pfefferkörner
½ Teel. Salz
2 Eßl. gehackte Petersilie

Pro Portion etwa
680 Joule/160 Kalorien

Zubereitungszeit: 50 Minuten

Jede Muschel unter fließendem kaltem Wasser gründlich bürsten und mit einem Messer den »Bart«, nämlich die Byssusfäden, abschneiden. • Die Möhre schaben, waschen und würfeln. Den Lauch putzen (nur das Weiße verwenden), waschen und in Scheiben schneiden. Die Schalotten oder Zwiebeln und die Knoblauchzehen schälen und feinschneiden. • Das Öl in einem flachen Topf erhitzen. Die Möhre, den Lauch, die Schalotten oder Zwiebeln und die Knoblauchzehen darin anbraten. Mit dem Weißwein und dem Wasser aufgießen. Die Pfefferkörner und das Salz zufügen und alles zum Kochen bringen. Die Muscheln in den kochenden Sud schütten, den Topf gut zudecken und die Muscheln bei starker Hitze 10 Minuten kochen lassen. Den Topf während des Kochens mehrfach kräftig rütteln, damit sich die Muscheln mischen und alle gleichzeitig gar werden. • Die Muscheln sind gar, wenn sich alle Schalen geöffnet haben. Sollten sich einzelne Muscheln auch nach 10 Minuten Kochzeit nicht geöffnet haben, sind diese unbedingt wegzuwerfen, da sie wahrscheinlich verdorben sind. • Die Muscheln mit dem Schaumlöffel aus dem Sud heben und auf 4 Suppenteller verteilen. • Den Sud durch ein feines Haarsieb über die Muscheln gießen und die Petersilie darüberstreuen. Eine noch im »Scharnier« zusammenhängende Muschelschale als Zange zum Greifen der Muscheln benützen. Den Sud dazu essen.

Das paßt dazu: frisches Stangenweißbrot.

Mein Tip Je nach Geschmack können Sie noch mehr Knoblauchzehen verwenden.

Gelingt leicht · Preiswert

Miesmuscheln in Sahnesauce

Die Muscheln wie im Grundrezept beschrieben garen, in ein Sieb schütten, den Garsud auffangen und durch ein Sieb passieren. • Für die Sahnesauce 2 Knoblauchzehen schälen, würfeln und mit ½ Teelöffel Salz zerdrücken. • 2 Eßlöffel Butter in einer kleinen Kasserolle zerlassen, den Knoblauch und 2 gehackte Schalotten darin anbraten, mit dem passierten Muschelsud aufgießen und zum Kochen bringen. Die Sauce mit ½ l Sahne verrühren. • Die Muscheln aus den Schalen lösen, in der Sahne erhitzen, aber nicht mehr kochen lassen. • Vor dem Servieren mit Paprika überpudern.

Muscheln auf französische Art

Die Muscheln wie im Grundrezept beschrieben garen, aus den Schalen lösen, abkühlen lassen und mit 2 Eßlöffeln Zitronensaft beträufelt im Kühlschrank durchziehen lassen. • 8 Eßlöffel Delikateßmayonnaise oder Crème fraîche mit 1–2 Teelöffeln mildem Senf, 2 Eßlöffeln Sahne und 1 Eßlöffel gehackten frischen Kräutern (Kresse, Kerbel, Estragon, Petersilie) mischen. • Die Muscheln unter die Senfmayonnaise heben und mit Weißbrot servieren.

Schnell

Austern naturell

Austern müssen frisch sein und eine geschlossene Schale haben, sonst sind sie für den Verzehr nicht geeignet. Es gibt sie von September bis März auf dem Markt.

24 Austern
reichlich zerkleinerte Eiswürfel
1 Zitrone

Pro Portion etwa
500 Joule/120 Kalorien

Zubereitungszeit: 30 Minuten
Besonderes Küchengerät: Austernbrecher

Die Austern unter fließendem kaltem Wasser gut abbürsten, damit kein Sand an den Schalen haftet. Die Austern dann auf einem Tuch trocknen lassen. • Die Austern werden mit dem Austernbrecher (einem kurzen Messer mit stumpfer Klinge) aufgebrochen. Die Austern beim Anfassen in ein feuchtes Tuch hüllen, damit man sich an der rauhen Außenschale nicht verletzt. Die Austern mit der gewölbten Schale nach unten festhalten, den Austernbrecher an der spitzen Seite der Austern (am »Scharnier«) zwischen die Schalen schieben und diese mit kräftigem Ruck öffnen. • Achten Sie darauf, daß der Rest des Meerwassers in der geöffneten Auster nicht verlorengeht, denn dieses trägt zum würzigen Geschmack der Auster bei. • Den Schließmuskel der Auster entlang den Schalenrändern mit dem Austernbrecher lösen und die gefüllten Hälften auf zerstoßenem Eis auf einer Platte anrichten. Die Austern werden bei Tisch mit Zitronensaft beträufelt, man darf und man muß aus der Schale schlürfen!

Das paßt dazu: geröstetes Grau- oder Grahambrot, Butter und ein trockener Weißwein, beispielsweise ein Chablis.

Mein Tip Informieren Sie sich vor dem Kauf der Austern über Arten, Gewicht und Qualität im großen Küchen-ABC unter dem Stichwort Muscheln.

Raffiniert

Gratinierte Austern Florentiner Art

400 g Blattspinat 3 Minuten blanchieren, abtropfen lassen, grobhacken, in 2 Eßlöffeln Butter kurz dünsten und in 4 kleine feuerfeste Förmchen verteilen. Auf den Spinat je 1 Auster legen. Die Austern mit je 2 Eßlöffeln Sauce Mornay, Rezept Seite 288 (halbe Rezeptmenge), und 1 Teelöffel geriebenem Emmentaler Käse bedecken, mit wenig zerlassener Butter beträufeln und im Backofen auf der mittleren Schiebeleiste bei 250° etwa 10 Minuten überkrusten.

Gelingt leicht

Gratinierte Austern auf Burgunder Art

24 Austern in den Schalenhälften mit Semmelbröseln bestreuen und diese reichlich mit 100 g zerlassener Kräuterbutter, siehe Rezept Seite 295, beträufeln. Die Austern bei 250° im Backofen auf der obersten Schiebeleiste oder im Elektrogrill in etwa 5 Minuten überkrusten.

Gelingt leicht

Kaviar-Vorspeise

Wissenswertes über Kaviar finden Sie im großen Küchen-ABC unter dem Stichwort Kaviar.

160 g russischer Kaviar (Beluga, Ossiotr oder Sewruga, alle »Malossol« = schwach gesalzen)
4 Scheiben Misch- oder Toastbrot
50 g Butter
½ Zitrone

Pro Portion etwa
1190 Joule/285 Kalorien

Zubereitungszeit: 10 Minuten
Besonderes Küchengerät: Butterformer

Den Kaviar behutsam aus dem Originalbehälter in eine Glasschale umfüllen; dabei darauf achten, daß die zarten Kaviarkörner nicht zerdrückt werden. • Kaviar, der in einem Glas zum Verkauf kommt, darf auch im Originalglas serviert werden. • Die Servierschale oder das Originalglas mit dem Kaviar auf einer Platte mit zerstoßenem Eis anrichten. • Die Brote in etwa 4 cm große Quadrate schneiden und beidseitig leicht rösten. Von der Butter mit dem Butterformer Locken abziehen und diese in einem Schälchen anrichten, das dann ebenfalls auf zerstoßenem Eis serviert wird. Die Zitrone warm waschen, abtrocknen, in dünne Spalten schneiden und auf einem Teller anrichten.

Das paßt dazu: Champagner, Wodka oder ein trockener Weißwein.

Mein Tip Kaviar darf nicht mit Metall in Berührung kommen, da Metall seinen Geschmack nachteilig verändert. Deshalb für Kaviar einen Vorlegelöffel aus Horn, Bein oder Holz verwenden.

Etwas schwierig

Mousse de saumon

Lachs-Mousse

12 Blätter weiße Gelatine
300 g geräucherter Lachs
200 g gekochter Schinken ohne Fett
1/8 l entfettete Fleischbrühe
1/4 l Sahne
je 1 Prise Salz und weißer Pfeffer
4 frische Zweige Dill
4 Eßl. Keta-Kaviar

Pro Portion etwa
1900 Joule/450 Kalorien

Zubereitungszeit: 1 Stunde und 40 Minuten
Zeit zum Kühlen: 4 Stunden
Besonderes Küchengerät: Fleischwolf oder Moulinette

Die Gelatine in reichlich kaltem Wasser einweichen und gut 10 Minuten quellen lassen. • Den Lachs und den gekochten Schinken kleinschneiden und durch die feinste Scheibe des Fleischwolfs drehen oder in der Moulinette pürieren. • Die Fleischbrühe erhitzen, die ausgedrückte Gelatine darin auflösen, aber nicht kochen lassen. Die Aspikflüssigkeit unter öfterem Umrühren abkühlen lassen. • Die Sahne mit dem Salz und dem Pfeffer steif schlagen, dann mit der durchgedrehten Schinken- und Lachsmasse mischen und durch ein Sieb passieren. • In 4 Förmchen oder Tassen je 1 Dillzweig legen und mit der Aspikflüssigkeit etwa 1 cm hoch auffüllen. Die Masse im Kühlschrank erstarren lassen. • Die Hälfte der passierten Sahnemasse auf den erstarrten Aspikspiegel füllen. Den Kaviar mit etwa 2 Eßlöffeln Aspik mischen und davon je 1 1/2 Eßlöffel auf die Sahnemasse geben. • Die restliche Aspikflüssigkeit mit der restlichen Sahnemasse mischen, über den Kaviar streichen und die Mousse im Kühlschrank 4 Stunden erstarren lassen. • Die Förmchen vor dem Servieren der Mousse kurz in heißes Wasser tauchen, den Rand mit einem dünnen Messer lösen und die Mousse auf eine Platte stürzen.

Das paßt dazu: getoastetes Weißbrot mit kalter Butter.

Mein Tip Das Durchpassieren der mit der Sahne vermischten Schinken- und Lachsmasse gelingt am besten mit einem Passiergerät.

Gelingt leicht

Hummer-Cocktail

Gegartes Hummerfleisch gibt es in Dosen (vor Gebrauch kalt abbrausen und abtropfen lassen). Besser schmeckt der Cocktail allerdings, wenn Sie ihn aus einem großen, selbst gegarten Hummer zubereiten; es gibt ihn lebend oder tiefgefroren im Eisblock auf dem Markt (Rezept Seite 92).

400 g gegartes Hummerfleisch
150 g frische geschälte Ananas
100 g kleine Champignons
die Herzblätter von 1 Kopfsalat
1 Bund Dill
1/4 Teel. Salz
1 Teel. milder Senf
1 Prise Selleriesalz
1 Teel. Zucker
1 Eßl. Limettensaft, ersatzweise Zitronensaft
1/4 l Sahne

Pro Portion etwa
900 Joule/215 Kalorien

Zubereitungszeit: 20 Minuten

Das Hummerfleisch kalt abbrausen und abtropfen lassen, dann in nicht zu kleine Stücke schneiden. Die Ananas kleinwürfeln. Die Champignons putzen, waschen und in Scheiben schneiden. Die Salatblätter waschen, trockenschleudern, in kleine Stücke reißen und 4 Cocktailschalen damit auslegen. • Für die Dillsahne den Dill waschen, abtropfen lassen und 4 kleine Zweige aufbewahren. Den übrigen Dill kleinschneiden. Das Salz, den Senf, das Selleriesalz und den Zukker mit dem Limettensaft mischen. Die Sahne halbsteif schlagen und den gewürzten Limettensaft sowie den kleingeschnittenen Dill unterziehen. • Das Hummerfleisch mit den Champignonscheiben und den Ananaswürfeln mischen, zu den Salatblättern in die Cocktailschalen geben und die Dillsahne darübergießen. • Jede Portion mit 1 kleinen Dillzweig garnieren.

Das paßt dazu: hauchdünne, geröstete Scheiben Stangenweißbrot.

Gelingt leicht

Hering auf Diepper Art

4 frische (küchenfertige) Heringe
1 Möhre
1 kleine weiße Zwiebel
1 Petersilienwurzel
2 Schalotten
1/4 l trockener Weißwein
1/8 l Weinessig
1 Lorbeerblatt
1 Stengel frischer Thymian
1/2 Zitrone

Pro Portion etwa
840 Joule/200 Kalorien

Zubereitungszeit: 20 Minuten
Zeit zum Kühlen: 6 Stunden

Von den Heringen Köpfe, Schwänze und die Flossen abschneiden und die Mittelgräte entfernen. Die Heringe innen und außen kalt waschen und in einen genügend großen Topf legen. • Die Möhre schaben, waschen und in Scheiben schneiden. Die Zwiebel schälen und in dünne Ringe schneiden. Die Petersilienwurzel schaben, waschen und dreimal durchschneiden. Die Schalotten schälen und vierteln. • Den Weißwein mit dem Weinessig, den Möhren, den Zwiebelringen, der Petersilienwurzel, den Schalottenvierteln, dem Lorbeerblatt und dem Thymian aufkochen lassen, über die Heringe gießen und diese 12 Minuten bei schwacher Hitze im Sud ziehen lassen. • Die Heringe dann in der Marinade erkalten und anschließend im Kühlschrank mindestens 6 Stunden lang durchziehen lassen. • Die Heringe mit den Möhrenscheiben und den Zwiebelringen bedeckt anrichten und mit wenig Marinade übergießen. • Die Zitrone warm waschen, abtrocknen und in dünne Scheiben schneiden und diese zu den Heringen servieren.

Das paßt dazu: kräftiges Bauernbrot und Butter.

Braucht Zeit

Heringstöpfchen

6 Heringsfilets
1 Eßl. Weinessig
2 Teel. Zucker
1 säuerlicher Apfel
1 Zwiebel
50 g Haselnüsse, geschält
1 kleine Gewürzgurke
1/8 l saure Sahne

Pro Portion etwa
1600 Joule/380 Kalorien

Zeit zum Marinieren: 1 Stunde
Zubereitungszeit: 15 Minuten
Zeit zum Kühlen: 2 Stunden

Die Heringsfilets waschen, trockentupfen, quer halbieren und in eine flache Schale legen. Den Weinessig mit dem Zucker verrühren, über die Heringe träufeln und diese 1 Stunde marinieren lassen. • Den Apfel und die Zwiebel schälen und beides in dünne Scheiben schneiden. Die Haselnüsse und die Gewürzgurke ebenfalls in dünne Scheiben schneiden. • Die Apfelscheiben, die Zwiebelringe, die Haselnüsse und die Gurkenscheiben auf die Heringe legen, die saure Sahne darübergießen und die Heringe zugedeckt 2 Stunden im Kühlschrank durchziehen lassen.

Das paßt dazu: Bauernbrot oder Pellkartoffeln.

Preiswert · Schnell

Gefüllte Eier in Kapernsauce

Bei diesem Gericht, das sich auch gut für ein kaltes Buffet eignet, ist der Eigengeschmack der Mayonnaise wichtig. Es lohnt sich daher, die Mayonnaise selbst herzustellen oder Delikateßmayonnaise zu verwenden – sie ist würziger, wenn auch kalorienreicher als die Salatmayonnaise.

Zutaten für 8 Personen:

8 Eier
1 kleine Gewürzgurke
4 Eßl. Sardellenpaste
30 g Keta-Kaviar
100 g Delikateßmayonnaise
1/8 l saure Sahne
1 Röhrchen kleine Kapern
1 Teel. Paprikapulver, mild oder edelsüß

Pro Portion etwa
1535 Joule/260 Kalorien

Zubereitungszeit: 25 Minuten
Besonderes Küchengerät: Spritzbeutel

Die Eier in 10–12 Minuten hart kochen (das Eigelb soll am Rand keine blaugrüne Färbung bekommen), kalt abschrecken, schälen, längs halbieren und abkühlen lassen. • Die Gewürzgurke feinraspeln. • Für die Füllung die Eigelbe aus den Eiweißhälften nehmen, durch ein Sieb streichen und mit der Sardellenpaste mischen. Die Eicreme in den Spritzbeutel füllen und wieder in die Eiweißhälften spritzen. • Die gespritzte Eicreme mit einigen Kaviar-Punkten verzieren. • Für die Sauce die Mayonnaise mit der sauren Sahne, den Kapern, den Gurkenraspeln und dem Paprikapulver verrühren, in eine flache Schale gießen und die Eier hineinsetzen.

Das paßt dazu: frisch geröstetes Weißbrot.

Preiswert · Gelingt leicht

Baroda-Eier

Bild Seite 33

Die hartgekochten Eier längs halbieren. • Für die Füllung die Eigelbe herauslösen, durch ein Sieb passieren und mit 50 g Sardellenbutter und 1/2 Teelöffel Currypulver mischen. Die Eicreme wieder in die Eiweißhälften spritzen. • Jedes Ei mit 1 Teelöffel Delikateßmayonnaise oder Crème fraîche überziehen. Mit etwas Currypulver bestäuben.

Raffiniert

Gefüllte Eier »Christoph Kolumbus«

Die hartgekochten Eier längs halbieren. • Für die Füllung die Eigelbe aus den Eiweißhälften lösen und hakken. Das Eigelb mit 4 Eßlöffeln kleingewürfeltem, gegartem Geflügelfleisch, mit 3 gehackten Sardellenfilets, mit 1 Eßlöffel gehackten Kapern und mit 1 Eßlöffel gehackter Salzgurke mischen und wieder in die Eiweißhälften füllen. • 4 grüne Kopfsalatblätter streifig schneiden und mit einer Essig-Öl-Marinade vermischen. • Darauf die Eier anrichten und mit Radieschenscheiben umlegen. • Zu den Eiern eine mit Senf würzig abgeschmeckte Delikateßmayonnaise oder eine Sahne-Zitronensauce, Rezept Seite 84, reichen.

Gefüllte Eier auf dänische Art

Die hartgekochten Eier längs halbieren. • Für die Füllung die Eigelbe auslösen und mit 8 Eßlöffeln püriertem geräuchertem Lachs (125 g) mischen. • Die Eicreme in die Eiweißhälften füllen und jedes Ei mit etwas Delikateßmayonnaise garnieren. Obenauf jeweils 1 Stückchen Lachs geben.

Preiswert

Eier auf Sevillaer Art

16 eigroße ovale Weißbrotscheiben zurechtschneiden und in Butter rösten. Die Brotscheiben mit Sardellenbutter bestreichen. Die hartgekochten Eier längs halbieren, mit der Schnittseite nach unten auf die Weißbrotscheiben legen und das Eirund mit Scheiben gefüllter Oliven garnieren.

Preiswert · Schnell

Welsh rarebits

Englische Käseschnitten

250 g Chesterkäse im Stück
100 g Butter
1 Teel. Senfpulver oder 1/2 Teel. milder Senf
1 Prise weißer Pfeffer
einige Spritzer Worcestershiresauce
4 Eßl. helles Bier
4 Scheiben Toastbrot

Pro Portion etwa
2130 Joule/510 Kalorien

Zubereitungszeit: 15–20 Minuten

Den Backofen auf 250° vorheizen. • Für den Brotbelag den Käse kleinwürfeln oder grobraspeln und mit 2/3 der Butter, dem Senfpulver, dem Pfeffer, der Worcestershiresauce und dem Bier verrühren. • Die Toastbrote mit der übrigen Butter und dann mit der Käsemischung dick bestreichen. • Die Brote auf eine feuerfeste Platte legen und im vorgeheizten Backofen 5–10 Minuten überbacken.

Das paßt dazu: Preiselbeerkompott.

Gelingt leicht · Preiswert

Quiche lorraine

Lothringer Käsetorte

200 g Mehl
100 g Butter
½ Teel. Salz
5 Eßl. Wasser
200 g Frühstücksspeck (Bacon)
3 Eier
1 Prise weißer Pfeffer
¼ l Sahne
125 g Emmentaler Käse
Für die Form: Butter und Mehl

Pro Portion
1150 Joule/275 Kalorien

Zubereitungszeit: 1 Stunde
Zeit zum Kühlen: 2 Stunden

Eine Springform von 26 cm Durchmesser mit Butter ausstreichen und mit Mehl ausstäuben. • Das Mehl auf ein Backbrett sieben, die Butter in Flöckchen darauf verteilen und mit dem Salz bestreuen. Mitten in das Mehl eine Mulde drücken, das Wasser hineingießen und alle Zutaten zu einem Mürbeteig verkneten. • Den Teig in ein Tuch wickeln und 2 Stunden im Kühlschrank ruhen lassen. • Den Backofen auf 200° vorheizen. • Den Speck in Scheiben schneiden. Die Eier mit dem Pfeffer und der Sahne verquirlen. Den Käse reiben. • Den Mürbeteig auf einer leicht bemehlten Arbeitsplatte etwa 4 mm dick ausrollen. Den Boden und den Rand der Springform damit auslegen. • Den Teigboden mehrmals mit einer Gabel einstechen, damit sich beim Backen keine Blasen bilden. • Die Speckscheiben auf den Teigboden legen. Die Eiersahne mit dem geriebenen Käse mischen und die Masse auf die Speckscheiben gießen. • Die Quiche auf der zweiten Schiebeleiste von unten 30 Minuten im Backofen bakken. • Nach dem Backen einige Minuten in der Form abkühlen lassen, dann auf eine Tortenplatte schieben, noch warm in 16 Stücke schneiden und servieren.

Das paßt dazu: ein trockener Elsässer Weißwein.

Grundrezept

Käsesoufflé

100 g Sbrinz oder Emmentaler Käse
100 g Goudakäse, mittelalter
½ l Milch
65 g Butter
120 g Mehl
je 1 Prise Salz, weißer Pfeffer und geriebene Muskatnuß
4 Eier
1 Prise Salz
Für die Form:
1 Eßl. Butter
3 Eßl. Semmelbrösel

Pro Portion etwa
2640 Joule/510 Kalorien

Zubereitungszeit: 1 Stunde
Besonderes Küchengerät: Souffléform (nicht zu niedere feuerfeste Form)

Die beiden Käsesorten reiben. Die Milch erwärmen. • Die Butter in einem Topf schmelzen lassen, das Mehl unter Rühren darin anbraten. Die Milch, das Salz, den Pfeffer und den Muskat zugeben und alles unter Rühren so lange kochen lassen, bis sich die Masse als Kloß vom Topfboden löst. Den Teig dann in eine Schüssel geben und etwas abkühlen lassen. • Die Eier in Eigelbe und Eiweiße trennen. Die Eiweiße mit 1 Prise Salz zu steifem Schnee schlagen. • Den Backofen auf 180° vorheizen. • Die Eigelbe nach und nach unter den abgekühlten Teig rühren, den geriebenen Käse eßlöffelweise einarbeiten und zuletzt den steifen Eischnee mit einem Kochlöffel unterheben. • Eine Souffléform mit der Butter ausstreichen und mit den Semmelbröseln ausstreuen. • Die Soufflémasse in die Form füllen, die Oberfläche glattstreichen und das Soufflé auf der mittleren Schiebeleiste in 50 Minuten im Backofen goldgelb backen. Den Backofen während der ersten 30 Minuten keinesfalls öffnen, da das Soufflé sonst nicht aufgeht. Das Soufflé in der Form sofort servieren, da es schon nach kurzer Zeit in sich zusammensinkt.

Das paßt dazu: Tomatensalat oder ein frischer Blattsalat.

Raffiniert

Käse-Krabben-Soufflé

Mischen Sie zuletzt unter die fertige Soufflémasse noch 140 g Krabben (Garnelen). Die Garzeit erhöht sich bei der etwas schwereren Masse um etwa 10–15 Minuten.

Gelingt leicht · Schnell

Gratinierter Mangold

400 g junger Mangold
1/4 l Wasser
1/2 Teel. Salz
4 Scheiben Toastbrot
2 Eßl. Butter
2 Eier
1 Eßl. Milch
1 Messersp. Salz
50 g frisch geriebener Emmentaler Käse

Pro Portion etwa 920 Joule/220 Kalorien

Zubereitungszeit: 20 Minuten

Den Mangold von den groben Stielen und Rippen streifen, waschen und abtropfen lassen. • Das Wasser mit dem Salz zum Kochen bringen, die Mangoldblätter hineingeben und bei schwacher Hitze zugedeckt 5 Minuten kochen lassen. • Die Mangoldblätter dann in einem Sieb sehr gut abtropfen lassen und in feine Streifen schneiden. • Den Backofen auf 220° vorheizen. • Die Toastbrote goldgelb toasten und mit der Hälfte der Butter dünn bestreichen. • Die Eier mit der Milch und dem Salz verquirlen. • Die restliche Butter in einer Pfanne erhitzen und die Eimasse darin zu Rührei stokken lassen. • Auf den Toastbroten zunächst den Mangold, dann das Rührei und obenauf den geriebenen Käse verteilen. Die Brote auf das Backblech legen und auf der obersten Schiebeleiste im Backofen etwa 10 Minuten überbacken, bis der Käse goldgelb geworden ist.

Mein Tip Die folgenden Gemüsegerichte ergeben – miteinander kombiniert – eine besonders festliche leichte Vorspeise. Wenn sie einzeln serviert werden, reicht man am besten gekochten oder rohen Schinken, kalten Braten oder Aufschnitt dazu.

Braucht Zeit

Gefüllte Weinblätter

Weinblätter gibt es eingelegt in Dosen zu kaufen, doch enttäuschen sie geschmacklich, wenn man die Röllchen einmal mit frischen Blättern probiert hat. Allerdings dürfen die Weinblätter nicht mit Pflanzenschutzmitteln in Berührung gekommen sein. Ist das nicht mit Sicherheit auszuschließen, sollte man statt der Weinblätter lieber Mangoldblätter benützen.

Für die Füllung:
1/2 l Gemüsebrühe
1/2 kleine Zwiebel
1 Eßl. Olivenöl
150 g Naturreis
1/2 Teel. Currypulver
1 Eßl. Pinienkerne
je 1 Stengel frische Kräuter: Petersilie, Thymian, Ysop, Basilikum und Salbei
abgeriebene Schale von 1 Zitrone
1 Eßl. Butter
Für die Weinblätter:
36 frische Weinblätter, ersatzweise Mangoldblätter
1/2 Teel. Kräutersalz
1 Teel. Zitronensaft
1 Eßl. Butter

Pro Portion etwa 1010 Joule/240 Kalorien

Zubereitungszeit: 2 Stunden

Die Gemüsebrühe erhitzen. • Die Zwiebel schälen und würfeln. Die Zwiebelwürfel im Öl anbraten, den Reis zugeben und unter Rühren so lange braten, bis er glasig wird. Das Currypulver darüberstäuben, 1/4 l der heißen Gemüsebrühe zugießen, umrühren und den Reis bei schwacher Hitze in etwa 40 Minuten nicht zu weich ausquellen lassen. • Die Pinienkerne hacken. Die Kräuter waschen, abtropfen lassen und kleinschneiden. Die Pinienkerne in der Butter anbraten. Den Reis mit der abgeriebenen Zitronenschale, den gebratenen Pinienkernen und den Kräutern mischen. • Die übrige Gemüsebrühe aufkochen lassen. Die Weinblätter oder die Mangoldblätter portionsweise jeweils 2 Minuten darin blanchieren und gut abtropfen lassen. • Jeweils 2 Blätter mit der glänzenden Seite nach unten aufeinanderlegen. • 1 Eßlöffel Reis auf die Blätter geben, mit einem dritten Blatt zudecken, die Blätter zusammenfalten und aufrollen. • Die Röllchen nebeneinander in einen flachen Topf legen, mit Kräutersalz bestreuen, mit Zitronensaft beträufeln und so viel von der Blanchierflüssigkeit zugießen, daß die Röllchen knapp davon bedeckt sind. • Die Butter in Flöckchen auf die Röllchen legen und diese zugedeckt bei schwacher Hitze etwa 40 Minuten garen.

Das paßt dazu: wenn Sie die gefüllten Weinblätter heiß servieren wollen, eine griechische Zitronensauce, Rezept Seite 293; wenn die Röllchen kalt serviert werden, gibt es in Griechenland dazu Joghurt.

Kann vorbereitet werden

Griechische Artischocken

Bild Seite 33

4 kleinere Artischocken
1½ Eßl. Salz
1½ l Wasser
5 Eßl. Olivenöl
¼ l trockener Weißwein
2 Eßl. Zitronensaft
1 Zwiebel
½ Fenchelknolle
¼ Sellerieknolle
6 Pfefferkörner
1 Zweig frischer oder ½ Teel. getrockneter Thymian
1 Lorbeerblatt

Pro Portion etwa 420 Joule/100 Kalorien

Zubereitungszeit: 30 Minuten
Zeit zum Kühlen: 3–4 Stunden

Von den Artischocken die Stiele bündig mit dem Blütenkelch abschneiden. Von den äußeren Blättern etwa ⅓ kürzen. Die Artischocken dann vierteln und das »Heu« in der Mitte entfernen. • Etwa 1 l Wasser mit 1 Eßlöffel Salz zum Kochen bringen, die Artischocken ins kochende Wasser geben und etwa 6 Minuten kochen lassen. Die Artischocken dann kalt abbrausen und abtropfen lassen. • Für den Sud das Olivenöl mit dem Weißwein, ½ l Wasser und dem Zitronensaft mischen. • Die Zwiebel schälen und in Scheiben schneiden. Die Fenchelknolle putzen und in Rippen zerlegen. Die Sellerieknolle bürsten, schälen, waschen und in Stücke schneiden. Das Gemüse mit ½ Eßlöffel Salz, den Pfefferkörnern, dem Thymian und dem Lorbeerblatt in die Weißweinmischung geben und zum Kochen bringen. • Die Artischockenviertel im Sud zugedeckt bei schwacher Hitze 15–20 Minuten kochen und dann erkalten lassen.

Gefüllte Artischocken auf orientalische Art

4 Artischocken wie im Rezept griechische Artischokken beschrieben vorbereiten, aber nicht vierteln sondern nur das Heu entfernen. Für die Füllung 8 Eßlöffel Semmelbrösel mit 1 Ei verrühren. 1 Eßlöffel gehackte frische Pfefferminzblättchen, ½ Teelöffel Salz, 1 Messerspitze weißen Pfeffer und 1 zerkleinerte Knoblauchzehe untermischen. • Die Artischocken damit füllen, in einen flachen Topf geben, mit ⅛ l Öl umgießen und mit 2–3 Eßlöffeln Zitronensaft beträufeln. • Die Artischocken bei schwacher Hitze zugedeckt in etwa 25 Minuten gar dünsten; kalt servieren.

Raffiniert

Artischockenböden auf Diepper Art

Wie man Artischockenböden erhält, zeigen die Abbildungen im großen Küchen-ABC unter dem Stichwort Artischocken.
Von 8 Artischocken die Stiele abschneiden, die Blätter entfernen und das Heu von den Böden kratzen. • Die Artischockenböden mit 2 Eßlöffeln Zitronensaft, 5 Eßlöffeln Öl und 1 gehackten Zwiebel 20 Minuten dünsten, im Sud erkalten und dann abtropfen lassen. • 200 g Crevetten oder Krabben kalt abbrausen und abtropfen lassen. 200 g kleine gegarte Muscheln, Rezept Seite 23 (oder aus dem Glas, aber nur naturell eingelegt). Die Muscheln abtropfen lassen und den Sud (oder das Einlegewasser) aufbewahren. • Für die Sauce 4 Eßlöffel Delikateßmayonnaise mit 2 Eßlöffeln vom Muschelwasser, 1 Teelöffel Zitronensaft, 2 Eßlöffeln Kaffeesahne und 1 Eßlöffel eingelegten grünen Pfefferkörnern mischen. • Die Mayonnaisesauce mit den Garnelen oder Krabben und den Muscheln vermengen. Diese Mischung auf die Artischockenböden verteilen und mit 1 kleinen Dillzweig garnieren.

Artischockenböden auf russische Art

Die Artischockenböden wie im Rezept gefüllte Artischockenböden Diepper Art beschrieben vorbereiten, dünsten, abtropfen und erkalten lassen. • Die Artischockenböden mit Beluga-Kaviar (Gesamtmenge: etwa 30 g) füllen und jede Portion mit 1 runden, entkernten und geschälten Zitronenscheibe bedecken.

Artischockenböden auf Präsidentenart

Die Artischockenböden wie im Rezept gefüllte Artischockenböden Diepper Art beschrieben vorbereiten, dünsten, abtropfen und erkalten lassen. • Für die Füllung 400 g gekochtes Geflügelfleisch feinhacken. 5 Eßlöffel Delikateßmayonnaise mit 2 Eßlöffeln Kaffeesahne oder Joghurt, ¼ Teelöffel Currypulver, 1 Prise weißem Pfeffer und einigen Spritzern Tabascosauce verrühren. Unter das Geflügelfleisch mischen. Die Artischockenböden damit füllen. • Auf jede Füllung 1 hartgekochte Eischeibe legen und da Ei mit 1 Stückchen Trüffel garnieren.

Kann vorbereitet werden · Preiswert

Griechische Lauch-Vorspeise

600 g Lauch/Porree
$1^{3}/_{8}$ l Wasser
1 Eßl. Weinessig
1 Stückchen Fenchelknolle
1 Stückchen Sellerieknolle
5 Eßl. Olivenöl
1 Teel. Salz
2 Eßl. Zitronensaft
je $^{1}/_{2}$ Teel. Koriander und Thymian
3 Pfefferkörner
$^{1}/_{2}$ Lorbeerblatt

Pro Portion etwa
335 Joule/80 Kalorien

Zubereitungszeit: 30 Minuten
Zeit zum Kühlen: 3–6 Stunden

Vom Lauch die dunkelgrünen Blätter und die Wurzeln abschneiden und die weißen Stangen in etwa 5 cm lange Stücke schneiden. Den Lauch/Porree gründlich waschen. 1 l Wasser mit dem Weinessig zum Kochen bringen und die Lauchstückchen darin etwa 8 Minuten blanchieren, aus dem Wasser heben und abtropfen lassen. • Die geputzte Fenchelknolle und die geschälte Sellerieknolle waschen und grob kleinschneiden. $^{3}/_{8}$ l Wasser mit dem Olivenöl, dem Salz, dem Zitronensaft, dem Koriander, dem Thymian, den Pfefferkörnern, dem Lorbeerblatt, dem Fenchel und dem Sellerie zum Kochen bringen. Die Lauchstückchen hineinlegen und zugedeckt bei schwacher Hitze 15 Minuten kochen lassen. Den Lauch dann in der Marinade abkühlen und im Kühlschrank zugedeckt etwa 6 Stunden durchziehen lassen. • Den Lauch vor dem Servieren aus der Marinade heben, die Marinade durchseihen und wenig davon über die Lauch-/Porreestückchen träufeln.

Das paßt dazu: gekochter oder roher Schinken.

Mein Tip Nicht nur zu einer einzigen Mahlzeit servieren. Der griechische Lauch kann in der Marinade im Kühlschrank 3 Tage aufbewahrt werden.

Griechische Sellerie-Vorspeise

400 g Staudensellerie in etwa 5 cm lange Stücke schneiden und nach dem Rezept für griechische Lauch-Vorspeise zubereiten.

Griechische Fenchel-Vorspeise

4 Fenchelknollen putzen, waschen und vierteln. Die Fenchelknollen nach dem Rezept für griechische Lauch-Vorspeise zubereiten.

Kann vorbereitet werden · Braucht Zeit

Marinierte Zucchini

Bild Seite 33

500 g kleine Zucchini
1 Tasse Olivenöl
Für die Marinade:
2 Knoblauchzehen
1 Teel. Salz
5 Blättchen frische Pfefferminze; ersatzweise Dill und Petersilie
$^{1}/_{8}$ l Weinessig

Pro Portion etwa
275 Joule/65 Kalorien

Zubereitungszeit: 25 Minuten
Zeit zum Kühlen: 12 Stunden

Die Zucchini waschen, abtrocknen und die Stielenden etwas kürzen. Die Zucchini in nicht zu dünne Scheiben schneiden. • Das Öl erhitzen und die Zucchinischeiben nacheinander darin goldgelb braten, aus der Pfanne nehmen und auf saugfähigem Papier abtropfen lassen. • Die Zucchini in eine Schüssel schichten. • Für die Marinade die Knoblauchzehen schälen, würfeln, mit dem Salz zerdrücken und über die Zucchini streuen. • Die Pfefferminzblättchen waschen, abtropfen lassen, streifig schneiden und ebenfalls über die Zucchini streuen. • Den Essig erhitzen, über die Zucchini gießen und das Gericht nach dem Abkühlen im Kühlschrank 12 Stunden durchziehen lassen.

Das paßt dazu: Zitronenspalten und Stangenweißbrot.

Marinierte Auberginen

500 g Auberginen waschen, die Haut abschaben und die Früchte in nicht zu dünne Scheiben schneiden. Die Scheiben in eine Schüssel geben und dabei jede Schicht mit Salz (Gesamtmenge 1 Eßlöffel) bestreuen; die Scheiben mit einem Teller und einem Gewicht beschweren und 30 Minuten ziehen lassen. Die Auberginenscheiben dann kurz kalt abbrausen und gut trok-

kentupfen. • Die Scheiben in Olivenöl goldgelb braten und auf saugfähigem Papier abtropfen lassen. • ¼ l Weinessig mit 1½ Eßlöffel Zucker, 1 Teelöffel Salz, 1 Eßlöffel Zwiebelwürfeln und 1 in dünne Scheiben geschnittenen Stange Staudensellerie 10 Minuten kochen lassen. Noch heiß über die Auberginenscheiben gießen, und nach dem Abkühlen 12 Stunden im Kühlschrank durchziehen lassen.

Preiswert

Marinierter Blumenkohl

1 Blumenkohl in kleine Röschen zerteilen, waschen und 10 Minuten in Salzwasser blanchieren. Die Blumenkohlröschen nach dem Blanchieren in kaltes Wasser tauchen und gut abtropfen lassen. • Die gleiche Marinade wie für marinierte Zucchini bereiten, jedoch statt der Knoblauchzehen 8 Senfkörner im Essig erhitzen und die Pfefferminzblättchen durch etwas geriebene Muskatnuß ersetzen.

Gelingt leicht

Marinierter Broccoli

500 g Broccoli in Röschen teilen, die Stiele schälen, stark kürzen und am Ende kreuzweise einschneiden. Den Broccoli waschen, in Salzwasser 20 Minuten kochen und dann abtropfen lassen. • 1 Eßlöffel Salz und 1 Messerspitze weißen Pfeffer mit 2 Eßlöffeln Zitronensaft verrühren, 8 Eßlöffel Olivenöl zugießen und die Marinade über den noch warmen Broccoli träufeln. Das Gemüse zugedeckt kalt werden lassen.

Preiswert

Marinierte Paprikaschoten

2 rote und 2 gelbe Paprikaschoten im Backofen bei 250° so lange erhitzen, bis die dünne, glänzende Haut der Schoten aufplatzt. Die Haut dann abziehen und die Schoten in breite Streifen schneiden; dabei die Samenkerne entfernen. • 3 Knoblauchzehen mit 1½ Teelöffel Salz zerdrücken und mit ½ Teelöffel getrocknetem Oregano, mit 3 Eßlöffeln Weinessig und 8 Eßlöffeln Olivenöl mischen. • Die Marinade über die Schoten gießen und diese zugedeckt im Kühlschrank 4–12 Stunden durchziehen lassen.

Kann vorbereitet werden · Preiswert

Süß-sauer marinierte Zwiebeln

500 g kleine weiße Zwiebeln
50 g fetter Speck
1 Eßl. Schweineschmalz
2 Eßl. Zucker
1 Teel. Salz
1 Tasse Weinessig

Pro Portion etwa
1005 Joule/240 Kalorien

Zubereitungszeit: 1 Stunde
Zeit zum Kühlen: 4–6 Stunden

Die Zwiebeln schälen. • Den Speck würfeln und in dem Schmalz ausbraten. Die Speckgrieben aus der Pfanne nehmen und die Zwiebeln im Speckfett von allen Seiten unter ständigem Wenden goldbraun braten. Den Zucker über die Zwiebeln streuen und so lange weiterbraten, bis der Zucker zu karamelisieren beginnt. Das Salz und den Weinessig zu den Zwiebeln geben und diese zugedeckt 45 Minuten im Essig dünsten. Während der Garzeit den Topf häufig rütteln, damit die Zwiebeln sich im Essig gut mischen. • Die Zwiebeln im Sud abkühlen lassen und dann im Kühlschrank etwa 6 Stunden durchziehen lassen.

Das paßt dazu: marinierter Broccoli und marinierte Paprikaschoten.

Zum Bild rechts:

Eine gefällig angerichtete Vorspeise ist der stimulierende Auftakt eines Essens. Man sollte sie sich nicht nur zu besonderen Gelegenheiten gönnen; denn sie steigert die Vielseitigkeit eines Menüs. Besonders edle Beispiele sind die griechischen Artischocken (im Bild gegenüber oben), die marinierten Zucchini (im Bild Mitte) und die Baroda-Eier (im Bild vorne). Sie sind eine Bereicherung für jede festliche Tafel. Die Rezepte finden Sie auf den Seiten 27, 30 und 31.

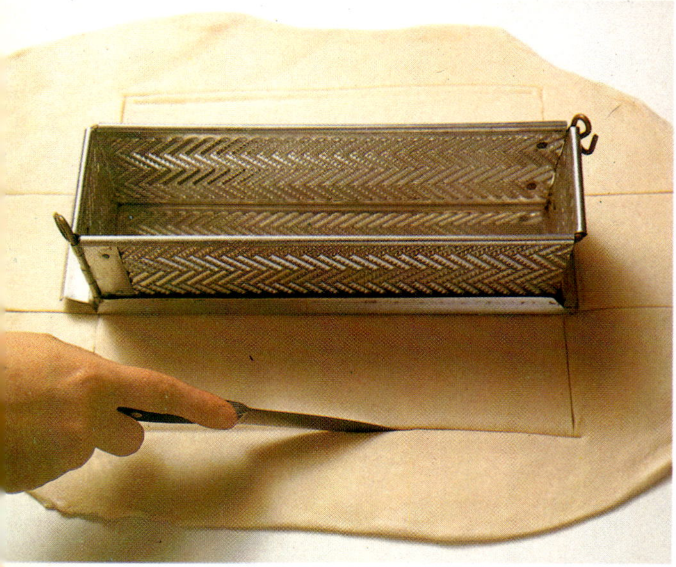

Römische Fenchel-Vorspeise

400 g Fenchelknollen
1 Eßl. Öl
4 Eßl. trockener Weißwein
1 Ei
1 Eßl. Tomatenmark
4 Eßl. Salatmayonnaise
½ Zwiebel
Saft von ½ Zitrone
1–2 Messersp. Salz
1 Messersp. weißer Pfeffer
2 Eßl. frisch geriebener Parmesankäse

Pro Portion etwa
840 Joule/200 Kalorien

Zubereitungszeit: 50 Minuten

Die Fenchelknollen von den harten Rippen und schlechten Stellen befreien, die Stiele kürzen und die Knollen und das Fenchelgrün waschen. Etwas Fenchelgrün aufbewahren. • Die Fenchelknollen halbieren. Die Hälften mit den Schnittflächen nach unten in einen flachen Topf legen, mit dem Öl und dem Weißwein begießen und zugedeckt bei schwacher Hitze in etwa 30 Minuten weich dünsten. • Den Fenchel im Topf abkühlen lassen. • Das Ei hart kochen, abschrecken und schälen. • Die Fenchelhälften aus dem Kochsud nehmen, abtropfen lassen und sternförmig auf einer Platte anrichten. Für die Salatsauce den erkalteten Sud mit dem Tomatenmark und mit der Mayonnaise verrühren. • Die Zwiebel schälen und in die Salatsauce reiben. Die Salatsauce mit dem Zitronensaft, dem Salz und dem Pfeffer abschmecken und über die Fenchelhälften gießen. • Das Ei halbieren, das Eigelb herauslösen und feinhacken. • Die Fenchelknollen mit dem feingehackten Eigelb, dem feingeschnittenen Fenchelgrün und dem Parmesankäse bestreuen.

Das paßt dazu: frisches Stangenweißbrot.

Zum Bild links:

Ein wenig langwierig ist die Zubereitung der Schinkenpastete natürlich schon, aber zuletzt darf man stolz sein auf sein Produkt! Für besonders festliche Gelegenheiten lohnt sich die Mühe durchaus, denn derartige Köstlichkeiten erwartet man sonst nur von Meisterköchen der »haute cuisine«. Die Pastete ist eine durchaus angemessene Vorspeise für ein großes Menü oder geeignet, wenn man lieben Gästen am Abend zu einem guten Tropfen etwas Besonderes servieren möchte. Das Rezept für die Schinkenpastete beginnt auf der rechten Spalte dieser Seite.

Etwas schwierig

Schinkenpastete

Bild linke Seite

Hinweise zum Herstellen einer Pastete finden Sie auch im großen Küchen-ABC auf Seite 495 unter dem Stichwort Pastete.

Für den Teig:
500 g Mehl
200 g Schweineschmalz
1 Teel. Salz
6–12 Eßl. Wasser
Für die Füllung:
350 g Schweineschnitzel
250 g frischer fetter Speck
je 1 Zweig frischer Thymian und Majoran
2 Knoblauchzehen
6 Wacholderbeeren
1 Teel. Salz
1 Messersp. frisch gemahlener weißer Pfeffer
550 g rohes Kasseler ohne Knochen
50 g geschälte Pistazien
20 g Trüffel
1 Ei
¼ l Sherry-Gelee, Tip zum Rezept Weingelee, Seite 296
Für die Form:
1 Eßl. Butter
Zum Bestreichen:
1 Ei

Pro Pastetenscheibe
1725 Joule/410 Kalorien

Zubereitungszeit: 2 Stunden
Zeit zum Kühlen: etwa 1 Stunde und 30 Minuten
Besondere Küchengeräte: Kastenkuchenform für 1,5 l Inhalt, Fleischwolf oder Moulinette

Für den Pastetenteig das Mehl auf eine Arbeitsplatte sieben und in die Mitte eine Mulde drücken. Das Schmalz löffelweise in die Mulde geben, das Salz darüberstreuen, etwas von dem Wasser über das Schmalz gießen und alles langsam von innen nach außen mit dem Mehl verkneten. Nach Bedarf immer wieder etwas Wasser zugeben, bis ein geschmeidiger Teig entsteht. Den Teig möglichst rasch zusammenkneten – sollte er rissig werden, etwas Wasser zugeben. • Den Teig dann zu einer Kugel formen und zugedeckt im Kühlschrank 1 Stunde ruhen lassen. • Für die Füllung das Schnitzelfleisch und den Speck in Streifen schneiden und getrennt voneinander auf eine Platte legen. • Die Kräuter waschen, trockenschleudern und hacken. Die Knoblauchzehen schälen und zerdrücken. Die Wacholderbeeren ebenfalls zerdrücken. Das Salz mit dem Pfeffer, den gehackten Kräutern, dem Knoblauch und den Wacholderbeeren über die Fleisch- und Speckstreifen streuen. Das Ganze zudecken und etwa 20 Minuten im Kühlschrank durchziehen lassen. • Vom Kasseler 200 g in kleine Würfel schneiden. Die Pistazien längs halbieren. Die Trüffeln grobwürfeln. • Die Kastenkuchenform mit der Butter ausstreichen. • Die Fleischstreifen aus dem Kühlschrank nehmen und zweimal durch die feinste Scheibe des Fleischwolfs drehen oder in der Moulinette pürieren. Den Speck nur einmal durch die feinste Scheibe des Fleischwolfs drehen oder in der Moulinette zerkleinern. • Das durchgedrehte Schnitzelfleisch in eine auf Eiswürfeln stehende Schüssel geben und nach und nach den durchgedrehten Speck unter das Fleisch mischen. Diese Farce durch ein Sieb streichen und erneut im Kühlschrank durchkühlen lassen. • Den Pastetenteig auf einer leicht bemehlten Arbeitsplatte etwa 4 mm dick ausrollen. • Die Kastenkuchenform in die Mitte des Teigblattes stellen und die Bodenfläche leicht auf dem Teig markieren. Anschließend an die Bodenfläche die Längs- und Querwände der Form ebenso auf dem Teig markieren. Den Teig entsprechend der Markierung auf dem Teigblatt mit einem glatten Teigrädchen oder Messer ausschneiden, zusammenklappen und die Kastenkuchenform damit auslegen. • Aus dem übriggebliebenen Teig eine kleine Kugel formen und mit dieser Teigkugel den Teig gut an die Wände und an den Boden der Form drücken. Den Teig in den Ecken mit dem Daumen andrücken. • Den überstehenden Teig an den Rändern der Form mit einer Schere glatt abschneiden. • Aus dem übrigen Teig eine Kugel formen, erneut 4 mm dick ausrollen und daraus eine Deckplatte für die Pastete schneiden; die Form dafür umdrehen, da sie oben größer ist. Aus dem Rest mit kleinen Förmchen Verzierungen ausstechen. • Das gewürfelte Kasseler, die Pistazien und die Trüffelwürfel unter die gekühlte Fleischfarce mischen. Gut die Hälfte der Farce in die Form füllen und an den Wänden etwas hochstreichen. Das ganze Kasseler in die Mitte legen und mit der restlichen Farce zustreichen. • Die Farce mit einer Teigplatte abdecken. Die Ränder mit einer Gabel gut zusammendrücken und in die obere Fläche 2 runde Löcher als Dampfabzug einschneiden. • Das Ei verquirlen, die Pastete damit bestreichen – damit der Teig aufgeht. Die Verzierungen auf die Pastete legen und die Verzierungen ebenfalls mit Ei bestreichen. • Den Backofen auf 220° vorheizen. • Aus Alufolie 2 Rollen formen, die in die Öffnungen für den Dampfabzug passen. Die Rollen in die Pastetenoberfläche stecken und um die beiden »Kamine« kleine Teigkränze legen; auch diese Kränze mit Ei bestreichen. • Die Pastete auf der untersten Schiebeleiste in den Backofen schieben und 15 Minuten backen. • Nach 15 Minuten auf 180° zurückschalten und die Pastete weitere 35–40 Minuten backen. • Nach 35 Minuten die Garprobe machen, indem man mit einem Metallspieß in die Mitte der Pastete sticht: Den Spieß etwa 10 Sekunden stekken lassen, ihn dann herausziehen und fühlen, ob er gleichmäßig heiß ist. Fühlt sich der Spieß nicht heiß genug an, die Pastete noch einige Minuten im Backofen lassen; gegebenenfalls mit einem Stück Alufolie abdecken, damit die Oberfläche nicht zu dunkel wird. • Die Pastete nach dem Backen in der Form erkalten lassen. Durch die beiden »Kamine« in die kalte Pastete flüssiges Sherry-Gelee gießen, damit die Füllung der Pastete frisch und saftig bleibt. • Die Kamine entfernen und die Pastete bis zum Gebrauch in den Kühlschrank stellen. Die Pastete vor dem Servieren aus dem Kühlschrank nehmen, damit sie beim Auftragen Raumtemperatur hat. Sonst entfaltet sie ihren Geschmack nicht in der gewünschten Weise. Die Pastete in 20 Scheiben schneiden.

Das paßt dazu: eingelegte oder marinierte Gemüse.

Braucht Zeit

Wildpastete

Für eine Wildpastete bekommen Sie die benötigten Stücke am besten während der Jagdzeit in einem Spezialgeschäft.

300 g Wildrücken ohne Knochen und Sehnen und 250 g frischen fetten Speck in Streifen schneiden, mit 1 Teelöffel Pastetensalz, 4 zerdrückten Wacholderbeeren und je knapp 1 Teelöffel abgeriebener Orangen- und Zitronenschale bestreuen. Im Kühlschrank durchkühlen lassen. • Das Wildfleisch dann zweimal, den Speck einmal durch die feinste Scheibe des Fleischwolfs drehen oder beides nacheinander in der Moulinette pürieren. Dann beides in einer auf Eis stehenden Schüssel mischen und durch ein Sieb streichen. Die Farce kühl stellen. • 250 g Rehfilet in Öl von allen Seiten bei mittlerer Hitze etwa 5 Minuten braten, aus der Pfanne nehmen, salzen und pfeffern und abkühlen lassen. • 3 Schalotten schälen, würfeln, in Butter anbraten, mit 1 Eßlöffel Cognac und mit 4 Eßlöffeln Fleisch-Jus (aus der Dose) ablöschen, etwas einkochen lassen und durch ein Sieb über das Filet passieren. • 30 g geschälte Pistazien hacken, 200 g Pökelzunge in kleine Würfel schneiden und beides unter die gekühlte Farce mischen. • Die Pastetenform, wie im Rezept Schinkenpastete beschrieben, mit Teig auskleiden. Dann die

Hälfte der Farce einfüllen, das Filet hineinlegen, mit Farce bedecken und die Pastete, wie im Rezept Schinkenpastete beschrieben, vollenden und backen. • Die abgekühlte Pastete mit ½ l Madeira-Gelee, Tip zum Rezept Weingelee, Seite 296, ausgießen. • Cumberlandsauce und Toastbrot dazu reichen.

Kann vorbereitet werden

Kalbfleisch-Terrine

500 g Kalbsfilet
250 g frischer fetter Speck
1 Teel. Salz
je ½ Teel. getrocknete Kräuter: Basilikum, Salbei, Thymian
80 g rindenloses Weißbrot
⅛ l Sahne
2 Eiweiße
2 Eßl. Butter
3 Schalotten
300 g Kalbsleber
2 Eßl. Cognac
je 1 Messersp. Knoblauchsalz, weißer Pfeffer, Ingwerpulver
150 g Pökelzunge
2 Gewürzgurken
Zum Auskleiden für die Form:
400 g frischer fetter Speck in dünnen Scheiben

Pro Scheibe
1590 Joule/370 Kalorien

Zubereitungszeit: 2 Stunden
Besondere Küchengeräte: Terrine mit Deckel für 1,2 l Inhalt, Fleischwolf oder Moulinette

Das Kalbsfilet und den frischen Speck in Streifen schneiden und getrennt voneinander auf eine Platte geben. Fleisch und Speck mit dem Salz und den Kräutern bestreuen. • Das Weißbrot in dünne Scheiben schneiden und auf das Fleisch legen. 3 Eßlöffel von der Sahne mit den Eiweißen verrühren und über das Weißbrot träufeln. Alles zudecken und 12 Stunden im Kühlschrank durchziehen lassen. • Die Butter zerlassen. Die Schalotten schälen, kleinwürfeln und in der Butter glasig braten. • Die Kalbsleber in Würfel schneiden, in der heißen Butter einmal aufschäumen lassen, den Cognac zufügen, die Leber vom Herd nehmen und mit dem Knoblauchsalz, dem Pfeffer und dem Ingwerpulver würzen. • Die Pökelzunge und die Gewürzgurken kleinwürfeln. • Die restliche Sahne steif schlagen. • Die mit Weißbrot belegten Fleisch- und Speckstreifen aus dem Kühlschrank mit der abgekühlten Leber zweimal durch die feinste Scheibe des Fleischwolfes drehen oder in der Moulinette pürieren, in eine auf Eiswürfeln stehende Schüssel geben und gründlich mischen. • Die Zungenwürfel und die Gewürzgurkenwürfel sowie die Schlagsahne unter die Farce heben. • Den Backofen auf 220° vorheizen. • Die Pastetenform nahtlos so mit einem Teil der Speckstreifen auslegen, daß am Rand die Speckstreifen etwas überhängen. Die Farce in die Form füllen, die überhängenden Speckstreifen über die Farce klappen. Die Oberseite mit den restlichen Speckscheiben bedecken. Den Deckel auf die Terrine legen. • Einen genügend großen Topf, in dem die Terrine gut Platz hat, mit kochendheißem Wasser füllen. Die Terrine hineinstellen; der Wasserspiegel soll etwa 2 Finger breit bis unter den oberen Rand der Terrine reichen. • Den Topf auf dem Rost auf der untersten Schiebeleiste in den Backofen schieben. Die Temperatur auf 180° zurückschalten und den Inhalt der Terrine in etwa 1 Stunde garen. • Das Wasserbad soll während der Garzeit nicht heißer als 80° werden. Diese Temperatur mit einem Einkochthermometer oder mit dem Fleischthermometer wiederholt prüfen und die Backofentemperatur gegebenenfalls regulieren. • Die gare Terrine aus dem Wasserbad heben, in der Form erkalten lassen und vor dem Servieren in 20 gleich große Scheiben schneiden. Den die Terrine umhüllenden Speck nach Belieben entfernen; der Speck wurde aber bei der Joule-Angabe mitgerechnet.

Das paßt dazu: Preiselbeerkompott oder Senffrüchte.

Mein Tip Nach diesem Rezept können Sie auch eine Kaninchen-Terrine bereiten, wenn Sie statt Kalbfleisch Kaninchenfleisch verwenden.

Suppen – klar und gebunden

Klare Suppen bestehen aus Brühe – weil das Wort »Brühe« im Deutschen meist abwertend gebraucht wird, nenne ich das wohlschmeckende Ergebnis eines langen Kochvorganges, bei dem Fisch, Fleisch, Geflügel, Wild oder Gemüse zusammen mit einigen Würzzutaten ihre Nähr- und Aromastoffe an das Wasser abgeben, lieber Bouillon. Das Wort »Bouillon« kommt aus dem Französischen und hängt mit »bouillir« zusammen, was nichts anderes als »kochen« bedeutet.

Hier einige Tips für das gute Gelingen:

- Die Qualität einer Bouillon hängt von der Frische und der Güte der verwendeten Zutaten ab.
- Eine kräftige Brühe erhält man, wenn man das Fleisch im kalten Wasser aufsetzt. Das Fleisch wird dann während des Kochvorganges ausgelaugt, die Nährstoffe gehen in die Brühe über.
- Soll das Fleisch saftig bleiben, gibt man es ins heiße Wasser. Die Poren vom Fleisch verschließen sich dann sofort, man erhält ein herzhaftes Suppenfleisch zum Aufschneiden. Man kann zu diesem Zweck auch das Suppengemüse in wenig Fett kurz andünsten, das Fleisch zugeben und von allen Seiten leise anbraten (nicht bräunen!) und dann mit heißem Wasser aufgießen.
- Eine dunkle Brühe erhält man, wenn man eine Zwiebel mit brauner Schale mitkocht, die man vorher gegebenenfalls halbiert und mit der Schnittfläche auf der Herdplatte kurz angeröstet hat.
- Bouillon wird in der Regel mit Rindfleisch hergestellt. Fügt man etwas Hühnerklein zu, erzielt man einen besonders abgerundeten Geschmack. Die Kombination Rind-, Kalbfleisch und Huhn ergibt eine hervorragende Suppe. Auch Zusammenstellungen mit Wild und Hammel sind sehr gut.
- Beigefügte Knochen vervollkommnen den Geschmack einer Bouillon. Die Zeit von 2½ Stunden, die zum Kochen einer Fleischbrühe benötigt wird, ist zu kurz, um sämtliche Nähr- und Geschmacksstoffe aus den Knochen zu ziehen. Will man diese Stoffe voll für die Bouillon gewinnen, kocht man am besten vorher eine eigene Knochenbrühe und gießt mit ihr auf.
- Es lohnt sich, Bouillon und Knochenbrühe in größeren Mengen zu kochen und portionsweise einzufrieren.
- Fett, das sich nach dem Kochen als glänzende Schicht auf der Brühe zeigt, sollte sorgfältig mit einem Löffel abgeschöpft werden. Will man eine fast fettfreie Brühe gewinnen, läßt man sie völlig erkalten. Das erstarrte Fett bedeckt dann als weißliche Schicht die Oberfläche und kann leicht abgenommen werden. Reste des Fettes durch Abseihen der Brühe vollends entfernen.
- Ist die Fleischbrühe nach dem Entfetten leicht trüb, soll aber als klare Brühe mit Einlage serviert werden, so klärt man sie mit Eiweiß: 2 Eiweiße mit etwas kalter, entfetteter Brühe verquirlen, in die heiße Brühe schütten und einige Minuten kochen lassen, bis das Eiweiß gestockt ist. Das Eiweiß bindet die trübenden Stoffe. Die geklärte Brühe dann durch ein Sieb gießen, um das Eiweiß wieder zu entfernen.

Je festlicher der Anlaß, desto erlesener die Einlage: Eierstich, Fisch- oder Geflügelklößchen haben hier Tradition. Soll die Vorsuppe bereits zur Sättigung beitragen, reichert man sie mit Leberknödeln, Grießnokkerln, mit Reis, Nudeln oder Pfannkuchenstreifen an. Als Duft- und Geschmacksstoffe runden Kerbelblättchen, gehackte Petersilie und Schnittlauch das Ganze ab. Wichtig ist nicht zuletzt, daß die Suppe kräftig abgeschmeckt und wirklich heiß in vorgewärmten Tassen auf den Tisch kommt.

Gebundene Suppen bestehen ebenfalls aus Bouillon, aber sie enthalten außerdem reichlich Gemüse, Fleisch, Getreide oder eine Mischung von allem. Als Bindemittel eignen sich Reis, Kartoffeln, Linsen und Mehl, wobei neben Weizenmehl auch Reis-, Hafer-, Gersten- und Maismehl wohlschmeckende Resultate erzielen. Ein feines Bindemittel ist auch das Stärkemehl Tapioka, es gibt den Suppen eine samtige Geschmeidigkeit.

Grundrezept

Bouillon

Fleischbrühe

250 g Suppenknochen
500 g Rindernacken, Spannrippe oder Mittelbug
2 l Wasser
1½ Teel. Salz
250 g Hühnerklein
Suppengrün, bestehend aus 2 Stangen Lauch/Porree, 2 Möhren, ¼ Sellerieknolle, 2 Petersilienwurzeln mit Blattgrün
1 Zwiebel
1 Nelke
½ Lorbeerblatt
6 Pfefferkörner

Pro Portion etwa 130 Joule/30 Kalorien

Zubereitungszeit: 2 Stunden und 45 Minuten

Damit die Brühe nicht trüb wird, die Knochen zuerst blanchieren: Die Knochen waschen, in einen Topf geben und mit so viel kaltem Wasser übergießen, daß die Knochen davon bedeckt sind. Das Wasser mit den Knochen 3 Minuten sprudelnd kochen lassen, in ein Sieb schütten, die Knochenbrühe weggießen und die Knochen mit kaltem Wasser abbrausen. • Den Kochtopf gut auswaschen, damit eventuell vorhandene kleine Knochensplitter entfernt werden. • Das Rindfleisch kalt waschen und mit den Knochen, dem Wasser und dem Salz in einem hohen Topf zum Kochen bringen. Wenn das Wasser kräftig sprudelnd kocht, die Hitze um 1–1½ Schaltstufen zurückstellen und den sich auf der Oberfläche bildenden Schaum mehrmals mit dem Schaumlöffel abschöpfen. Den Topf geöffnet lassen, sonst wird die Brühe trübe. Nach etwa 30 Minuten Kochzeit bildet sich kein Schaum mehr. Den Topf dann bis auf einen Spalt breit zudecken und die Hitze wiederholt kontrollieren, damit der Kochvorgang nicht unterbrochen wird; die Brühe muß während des gesamten Kochvorgangs leicht sprudelnd kochen, sonst wird das Fleisch nicht weich. • Nach 1 Stunde Kochzeit das Hühnerklein waschen und in den Suppentopf geben (es wird schneller gar als das Rindfleisch). Beim Suppengrün vom Lauch nur das Weiße verwenden, das Wurzelgemüse schaben oder schälen und samt dem Lauch kleinschneiden. Die Zwiebel ungeschält waschen, halbieren und eine Hälfte mit der Nelke und dem Lorbeerblatt spicken. Die Zwiebel mit dem Suppengrün und den Pfefferkörnern nach 1 Stunde und 30 Minuten Kochzeit in die Brühe geben. • Nach etwa 2 Stunden Kochzeit prüfen, ob das Fleisch schon weich ist. Die Flüssigkeit soll bis dahin zur Hälfte verdampft sein (die Brühe wird dadurch im Geschmack besser). Die Brühe mit dem Fleisch gegebenenfalls noch weitere 30 Minuten kochen lassen. • Das Fleisch und die Suppenknochen aus der Brühe nehmen, die Brühe nach Belieben durch ein Sieb gießen und als klare Brühe servieren. Die Fleischbrühe kann aber auch mit beliebigen Einlagen und mit dem kleingeschnittenen Suppengrün, eventuell auch mit dem kleingeschnittenen Fleisch serviert werden.

Mein Tip Wenn Sie eine reine Rindfleischbrühe machen und auf das Hühnerklein verzichten wollen, dann nehmen Sie 500 g Knochen. – Auf dieselbe Weise können Sie auch eine reine Kalbfleischbrühe bereiten. Verwenden Sie dazu Kalbsknochen und ein Nackenstück vom Kalb.

Gelingt leicht · Kann vorbereitet werden

Consommé

Kraftbrühe

Die Consommé, die man statt der Bouillon für sämtliche klaren Suppen verwenden kann, ist eine besonders kräftige, entfettete Fleischbrühe aus gehacktem oder sehr klein geschnittenem, magerem Rindfleisch im Verhältnis 1:5; das heißt auf 500 g Fleisch kommen 2½ l Wasser und die im Grundrezept angegebenen Geschmackszutaten. Das Wasser muß während des Kochvorganges auf knapp 1 l einkochen. Durch das Zerkleinern des Fleisches können wesentlich mehr Inhaltsstoffe vom Fleisch in die Brühe gelangen, die dadurch kräftiger wird.

Schnell · Kann vorbereitet werden

Consommé double

Doppelte Kraftbrühe

Die Consommé double, die für feine klare Suppen verwendet werden kann, ist eine noch kräftigere Fleischbrühe aus gehacktem oder sehr klein gewürfeltem magerem Fleisch im Verhältnis 2:5 (auf 1 kg Fleisch kommen 2½ l Wasser). Die Herstellung dieser sehr intensiven Suppe ist besonders rasch (1 Stunde plus Einkochzeit). Die Suppe ist aber auch besonders teuer. Sie wird aus Rindfleisch, Kalbfleisch, Wildfleisch, Fisch oder Geflügel gemacht. Die Rindfleischbrühe verwendet man wie die Bouillon. Die Kalbfleischbrühe dient zur Verfeinerung von Geflügelcreme- und Gemüsecremesuppen, bildet die Grundlage für feine Saucen und wird bei zartem Fleisch als Schmorflüssigkeit benutzt. Die Wildbrühe verwendet man zur Herstellung von Saucen von Wildgerichten. Mit der Fischbrühe verfeinert man Fisch- und Schaltiersuppen und Fischgerichte sowie deren Saucen. Die Geflügelbrühe kann als Grundlage für alle Cremesuppen verwendet werden.

Braucht Zeit · Kann vorbereitet werden

Knochenbrühe

Knochenbrühe, die sich zum Aufgießen für die Bouillon oder für deftige gebundene Suppen wie etwa eine weiße Bohnensuppe eignet, können Sie nach dem Grundrezept für Bouillon zubereiten, jedoch statt des Fleisches 500–700 g Suppenknochen verwenden. Damit die Brühe nicht trüb wird, müssen Suppenknochen zuerst blanchiert werden: Die Knochen waschen, in einen Topf geben und mit so viel kaltem Wasser übergießen, daß die Knochen davon bedeckt sind. Das Wasser mit den Knochen 3 Minuten sprudelnd kochen lassen. Die Knochen dann in ein Sieb schütten, die Kochbrühe weggießen und die Knochen mit kaltem Wasser abbrausen. Den Kochtopf, in dem die Knochen gekocht wurden, gut auswaschen, damit eventuell vorhandene kleine Knochensplitter entfernt werden. Die blanchierten Knochen mit 2 l Wasser und dem Salz erneut zum Kochen bringen und mindestens 6 Stunden kochen lassen. (Um sämtliche Nährstoffe aus den Knochen zu ziehen, braucht man sogar etwa 12 Stunden.) Die Brühe ist kräftig genug, wenn sie auf 1 l Flüssigkeit eingekocht ist. • In der letzten Stunde vor Beendigung des Kochvorganges das Suppengrün, die gespickte Zwiebel und die Gewürze in die Brühe geben. • Zuletzt die Knochenbrühe durch ein feines Sieb gießen.

Preiswert

Bouillon Brunoise

Bouillon mit Gemüsewürfelchen

1 Möhre und 1 Pastinake oder Petersilienwurzel schaben, waschen und in kleine Würfel schneiden. Das Weiße von 1 Stange Lauch/Porree waschen und kleinschneiden. Ein kleines Stück Sellerieknolle oder Staudensellerie würfeln. ½ Zwiebel schälen und würfeln. 100 g grüne Bohnen in kleine Stückchen schneiden. • Das kleingeschnittene Gemüse mit 100 g frischen grünen Erbsen in 1 Eßlöffel Butter und wenig Bouillon 10 Minuten dünsten und mit 1 l heißer Bouillon aufgießen. • 10 Minuten kochen lassen und vor dem Servieren mit frisch gezupftem Kerbel bestreuen.

Preiswert · Schnell

Bouillon Garibaldi

Bouillon mit Tomaten und Spaghetti

4 mittelgroße Tomaten häuten, halbieren, die Kerne entfernen und das Fruchtfleisch in Würfel schneiden. 100 g Spaghetti in etwa 5 cm lange Stücke brechen und in Salzwasser 10 Minuten sprudelnd kochen lassen. • Die Nudeln und die Tomatenwürfel in 1 l heiße Bouillon geben. • Die Suppe nach Belieben mit Schnittlauchröllchen servieren.

Braucht Zeit

Bouillon Solange

Bouillon mit Perlgraupen

2 Eßlöffel Perlgraupen in ¾ l heiße Bouillon rühren und darin 1 Stunde und 15 Minuten garen. Als Einlage außerdem 1 Tasse in Würfel geschnittenes gekochtes Hühnerfleisch und 1 Tasse feine Kopfsalatstreifchen in die Suppe geben.

Bouillon Leopold

Bouillon mit Grieß und Sauerampfer

2 Eßlöffel Grieß in ¾ l heiße Bouillon oder Consommé einrühren und quellen lassen. Etwa 1 Tasse Sauerampferblätter waschen und in Streifen schneiden. • 1 Tasse in kleine Streifchen geschnittene Kopfsalatblätter und 2 Eßlöffel frisch abgezupfte Kerbelblättchen vor dem Servieren in die Suppe geben.

Preiswert · Schnell

Bouillon mille-fanti

Italienische Brotsuppe

1 Tasse frisch geriebenes Weißbrot mit 4 Eßlöffeln frisch geriebenem Parmesankäse, 4 Eiern, je 1 Prise Salz, Pfeffer und geriebener Muskatnuß verrühren und mit dem Schneebesen unter knapp 1 l heiße Bouillon rühren. Die Suppe unter Rühren einmal aufkochen lassen und mit Schnittlauchröllchen in Suppentassen servieren.

Raffiniert · Schnell

Zuppa pavese

Italienische Eiersuppe

In 4 feuerfeste Suppentassen je 1 Scheibe leicht getoastetes Weißbrot legen, auf jede Brotscheibe 1 frisches rohes Ei geben und jedes Ei mit etwa 2 Eßlöffeln frisch geriebenem Parmesankäse bestreuen. Die Suppentassen mit heißer Bouillon oder Consommé auffüllen und die Suppe bei 220° im Backofen auf der obersten Schiebeleiste gratinieren, bis der Käse zu schmelzen beginnt.

Holländische Käsebouillon

Knapp 1 l heiße Bouillon mit 8 Eßlöffeln geriebenem Goudakäse verrühren. Unter Rühren einige Male aufkochen lassen, vom Herd nehmen und 150 g Crème fraîche unter die Suppe ziehen.

Preiswert · Gelingt leicht

Pfannkuchensuppe

Sie wird in fast allen Regionen und vielen Ländern als beliebter Auftakt einer Mahlzeit serviert. Frittatensuppe heißt die Pfannkuchensuppe in Österreich, Flädlesuppe bei den Schwaben. Sie erscheint unter würdigen Benennungen auf mancher nationalen Speisekarte.

2 Eier
1/8 l Milch
1 Messersp. Salz
100 g Mehl
1 Eßl. Öl
1 l Bouillon oder Consommé
2 Eßl. Schnittlauchröllchen

Pro Portion etwa
820 Joule/200 Kalorien

Zubereitungszeit: 40 Minuten

Die Eier mit der Milch und dem Salz verquirlen und löffelweise das Mehl unterrühren. Den cremeartigen Teig etwa 20 Minuten zugedeckt ruhen lassen • Den Teig gut durchrühren und in jeweils wenig Öl nacheinander sehr kleine Pfannkuchen daraus backen. Die Pfannkuchen aufrollen und abkühlen lassen. • Die Bouillon oder Consommé erhitzen. • Die Pfannkuchen in sehr dünne Streifen schneiden und in 4 vorgewärmte Suppenteller verteilen. Die Suppe über die Pfannkuchenstreifen gießen und mit Schnittlauchröllchen bestreuen.

Backerbsensuppe

Den Pfannkuchenteig mit so viel Mehl bereiten, daß ein dickflüssiger Teig entsteht. Den Teig durch ein Sieb mit großen Löchern (Spätzlesieb) in reichlich heißes Fritierfett tropfen lassen und goldgelb ausbacken. • Die Backerbsen aus dem Fett heben, auf saugfähigem Papier abtropfen lassen und in heißer Bouillon mit Schnittlauchröllchen bestreut servieren.

Gelingt leicht · Schnell

Eierflockensuppe

1 l Bouillon oder Consommé
2 Teel. Mehl
1 Eßl. Wasser
2 Eier
1 Messersp. Salz
1 Prise geriebene Muskatnuß
2 Eßl. Schnittlauchröllchen

Pro Portion etwa
330 Joule/80 Kalorien

Zubereitungszeit: 10 Minuten

Die Bouillon oder Consommé erhitzen. Für die Eierflocken das Mehl mit dem kalten Wasser anrühren, die Eier unter das Mehlgemisch quirlen und den Teig mit dem Salz und dem Muskat würzen. • Den Eierteig in einem Faden in die leicht kochende Suppe laufen lassen; dabei ständig rühren. Den Topf vom Herd nehmen und die Eierflocken in etwa 5 Minuten darin gar ziehen lassen. • Die Schnittlauchröllchen über die Suppe streuen.

Preiswert · Gelingt leicht

Leberknödelsuppe

300 g Schweine- oder Rinderleber
4 altbackene Brötchen
1 Zwiebel
50 g durchwachsener Speck
1 l Bouillon oder Knochenbrühe
2 Eier
1 Teel. Salz
1 Prise getrockneter Majoran
1 Eßl. gehackte Petersilie
nach Bedarf: Semmelbrösel

Pro Portion etwa
1340 Joule/320 Kalorien

Zubereitungszeit: 45 Minuten
Besonderes Küchengerät: Fleischwolf oder Moulinette

Für die Leberknödel die Leber waschen und durch den Fleischwolf drehen (oder die Leber gleich geschabt kaufen). Die Brötchen kleinschneiden und mit kaltem Wasser bedeckt weichen lassen. Die Zwiebel schälen und kleinwürfeln. Den Speck ebenfalls in Würfel schneiden. • Nebenbei die Bouillon oder Knochenbrühe zum Kochen bringen. • Die Zwiebel- und Speckwürfel in einer Pfanne unter Rühren anbraten. Die eingeweichten Brötchen gut ausdrücken und mit den Zwiebel- und Speckwürfeln, der Lebermasse, den Eiern, dem Salz, dem Majoran und der Hälfte der Petersilie verkneten. • Aus dem Teig einen kleinen Probeknödel formen, diesen in der heißen Brühe ziehen lassen; zerfällt der Probeknödel, knetet man unter den Teig noch so viel Semmelbrösel, bis der Teig eine festere Beschaffenheit angenommen hat. • Aus der Teigmasse etwa aprikosengroße Knödel formen und diese in der schwach kochenden Brühe in etwa 15 Minuten garen. Die Knödel in vorgewärmte Suppenteller verteilen und mit der Suppe übergießen. Die restliche Petersilie darüberstreuen.

Lebernockerlsuppe

Für die Lebernockerl 150 g geschabte Rinder- oder Schweineleber, 1 Eßlöffel Butter, 1 Ei, 50–100 g Semmelbrösel, 1/8 l Wasser und 1 Prise Salz verkneten. • Die Masse von einem Brett mit dem Messer in die schwach kochende Bouillon oder Knochenbrühe schaben oder durch ein Sieb mit großen Löchern (Spätzlesieb) in die Brühe passieren. • Die Lebernockerl in der Suppe in etwa 10 Minuten gar ziehen lassen. Die Suppe vor dem Servieren mit Schnittlauchröllchen bestreuen.

Gelingt leicht · Preiswert

Grießnockerlsuppe

30 g weiche Butter
70 g Grieß
2 Eigelbe
1/2 Teel. Salz
1 Prise frisch geriebene Muskatnuß
1 l Bouillon
2 Eßl. Schnittlauchröllchen

Pro Portion etwa 750 Joule/180 Kalorien

Zubereitungszeit: 1 Stunde

Für die Grießnockerl die weiche Butter schaumig rühren, nach und nach den Grieß und die Eigelbe untermischen und die Masse mit dem Salz und der Muskatnuß würzen. Die Grießmasse 30 Minuten zugedeckt quellen lassen. • Die Bouillon zum Kochen bringen. • Von der Grießmasse mit einem feuchten Tee- oder Eßlöffel jeweils eine Nocke abstechen, mit einem zweiten feuchten Löffel formen und in die kochende Bouillon geben. • Wenn alle Grießnockerl in der Fleischbrühe sind, den Topf halb bedecken und die Nockerln bei sehr schwacher Hitze in 10 Minuten gar ziehen lassen. Die Suppe mit Schnittlauchröllchen bestreuen.

Schnell · Preiswert

Fleischklößchensuppe

200 g Hackfleisch, halb und halb
1 Ei
4 Eßl. Semmelbrösel
1 Messersp. Salz
je 1 Prise weißer Pfeffer und getrockneter Majoran
2 Eßl. gehackte Petersilie
1 l Bouillon oder Consommé

Pro Portion etwa 760 Joule/180 Kalorien

Zubereitungszeit: 25 Minuten

Für die Fleischklößchen das Hackfleisch mit dem Ei, den Semmelbröseln, dem Salz, dem Pfeffer, dem Majoran und der Hälfte der Petersilie verkneten. Walnußgroße Klößchen daraus formen. • Währenddessen die Bouillon oder Consommé zum Kochen bringen. • Die Fleischklößchen in die kochende Suppe legen. Die Hitze reduzieren und die Fleischklößchen in der schwach kochenden Suppe in etwa 15 Minuten gar ziehen lassen. • Die restliche Petersilie vor dem Servieren über die Suppe streuen.

Markklößchensuppe

2 altbackene Brötchen
1 Tasse Milch
3 Markknochen
1 Ei
1/2 Teel. Salz
1 Messersp. weißer Pfeffer
1–2 Teel. Mehl
knapp 1 l Bouillon oder Consommé
1 Eßl. gehackte Petersilie

Pro Portion etwa 715 Joule/170 Kalorien

Zubereitungszeit: 40 Minuten

Für die Markklößchen von den Brötchen die braune Rinde abschneiden, die Brötchen in Scheiben schneiden und mit der Milch übergießen. • Die Markknochen in einem leeren Topf erhitzen, bis das Mark flüssig aus den Knochen tritt. Das Mark durch ein Sieb in eine Schüssel passieren. • Die Brötchen gut ausdrücken und mit dem Ei, dem Salz und dem Pfeffer unter das Mark mischen. So viel von dem Mehl zugeben, daß ein knetbarer Teig entsteht. Den Teig zugedeckt 15 Minuten ziehen lassen. • Die Bouillon oder Consommé erhitzen. • Von der Markmasse walnußgroße Klößchen formen und in der schwach kochenden Suppe in etwa 10 Minuten gar ziehen lassen. • Die Suppe mit der gehackten Petersilie bestreuen.

Grundrezept

Gemüsebrühe

Sie ist Ausgangsprodukt für vielerlei Suppen auf vegetarischer Basis und wird als würziger Fond für Suppen und herzhafte Aufläufe verwendet.

1 Zwiebel
2 Petersilienwurzeln mit Blattgrün
3 kleine Möhren
2 Stangen Lauch/Porree
1/4 Sellerieknolle
2 Eßl. Öl
1 l Wasser
1 1/2 Teel. Salz
2 Eßl. gehackter frischer Liebstöckel oder Petersilie
nach Belieben 2–3 Eßl. Hefeflocken

Pro Portion etwa 280 Joule/70 Kalorien

Zubereitungszeit: 1 Stunde

Die Zwiebel waschen, abtrocknen und ungeschält halbieren. Die Petersilienwurzeln und die Möhren schaben, waschen und in Stückchen schneiden. Den Lauch putzen (nur das Weiße verwenden), längs halbieren, gründlich waschen und in Ringe schneiden. Die Sellerieknolle schälen, waschen und in Stücke schneiden. Das Öl in einem großen Tropf erhitzen und die Gemüsestücke samt dem Petersiliengrün und den Zwiebelhälften darin von allen Seiten kurz anbraten. • Das Wasser und das Salz zufügen und das Gemüse zugedeckt bei mittlerer Hitze 50–60 Minuten kochen lassen. • Die Brühe durchseihen und mit den kleingehackten Kräutern und nach Belieben mit den Hefeflocken verrühren.

Gelingt leicht

Gebundene Gemüsesuppe

Das ausgekochte Gemüse der Gemüsebrühe im Mixer pürieren oder durch ein Passiersieb streichen, wieder in die Brühe geben und die Suppe mit 3 Eßlöffeln feingemahlenem Grünkkernmehl, die zuvor mit 4 Eßlöffeln Sahne angerührt worden sind, binden. Die Suppe mit gebratenen Vollkorn-Toastbrot-Würfeln bestreuen.

Grünkernschrotsuppe

1 Zwiebel schälen, 1 Möhre schaben, 1 Stange Lauch/Porree und 1 Stange Staudensellerie putzen. Alles waschen und in kleine, gleich große Scheiben oder Würfel schneiden. Das Gemüse in 2 Eßlöffeln Butter anbraten. 5 Eßlöffel Grünkernschrot und 1 Teelöffel Salz unterrühren. 1 l Wasser über das Gemüse gießen und alles zugedeckt 40 Minuten bei schwacher Hitze kochen lassen. • 1 Eigelb mit 2 Eßlöffeln Sahne verquirlen und die Suppe damit legieren. Mit Schnittlauchröllchen bestreut servieren.

Wildkräutersuppe

300 g Wildkräuter (Brennesselspitzen, junger Löwenzahn, Schafgarbe, etwas Breitwegerich, Gänseblümchenknospen, Huflattich, Lungenkraut, Spitzwegerich und Sauerampfer) gründlich waschen, abtropfen lassen, kleinwiegen und in 1 l heiße Gemüsebrühe geben. 2 Scheiben Vollkorn-Toastbrot würfeln und in Butter goldbraun braten. 1/8 l saure Sahne unter die Suppe rühren und die Suppe mit den Brotwürfeln bestreuen.

Gelingt leicht · Schnell

Potage aux légumes

Gemüsepürreesuppe

2 Stangen Lauch/Porree putzen (nur das Weiße verwenden), 4 große Möhren schaben, 1 kleines Stück Sellerieknolle und 4 große Kartoffeln schälen, dann alles waschen und grob kleinschneiden. Das Gemüse mit 2 Teelöffeln Salz und mit Wasser bedeckt im geschlossenen Topf in etwa 35 Minuten weich kochen. Im Mixer pürieren. • Das Püree mit 1 Tasse Sahne verrühren, erhitzen und mit Schnittlauchröllchen und in Butter gebratenen Zwiebelwürfeln bestreuen.

Raffiniert

Potage au cresson

Püreesuppe mit Kresse

4 große, mehlig kochende Kartoffeln schälen, waschen, würfeln. Mit 1 Teelöffel Salz und mit Wasser bedeckt im geschlossenen Topf in etwa 30 Minuten weich kochen. • Die Blättchen von 1 Karton Kresse von den Stielen zupfen, Blätter und Stiele waschen und abtropfen lassen. Die Stiele kleinhacken und 10 Minuten vor Ende der Kochzeit zu den Kartoffeln geben. • Das Kartoffel-Kresse-Gemisch pürieren, mit der Kochbrühe mischen und mit 2 Eßlöffeln in Sahne angerührtem Tapioka oder Reismehl, ersatzweise Speisestärke, binden. Die Suppe mit den Kresseblättchen bestreuen.

Kerbelsuppe

Die gebundene Gemüsesuppe zuletzt noch mit 2 Eigelben legieren und statt mit Brotwürfeln mit 50 g gezupften Kerbelblättchen mischen.

Preiswert · Schnell

Bäuerliche Kartoffelsuppe

Bild Seite 51

400 g mehlig kochende Kartoffeln
Suppengrün, bestehend aus 2 Stangen Lauch/Porree, ¼ Sellerieknolle, 2 mittelgroßen Möhren, 2 Petersilienwurzeln
1 Eßl. Butter
1 ¼ l Bouillon oder Gemüsebrühe
50 g durchwachsener Speck
1 Zwiebel
1 Eßl. Öl
1–2 Messersp. Salz
1 Messersp. getrockneter Thymian
4 Eßl. saure Sahne

Pro Portion etwa 1420 Joule/340 Kalorien

Zubereitungszeit: 40 Minuten

Die Kartoffeln schälen, waschen und in etwa 2 cm große Würfel schneiden. • Von den Lauchstangen nur das Weiße verwenden, längs aufschneiden, waschen und in Ringe schneiden. Die Sellerieknolle schälen, die Möhren und die Petersilienwurzeln schaben; das ganze Wurzelgemüse waschen und in Würfel schneiden. • Die Butter in einem großen Topf zerlassen und die Kartoffelwürfel mit dem Suppengrün darin unter Umwenden anbraten. • Die Bouillon oder die Gemüsebrühe über das Gemüse und die Kartoffeln gießen und alles zugedeckt bei schwacher Hitze in etwa 30 Minuten garen. • Den Speck in kleine Würfel schneiden. Die Zwiebel schälen und in Ringe schneiden. Das Öl in einer Pfanne erhitzen und die Speckwürfel darin ausbraten. Die Zwiebelringe zufügen und goldgelb braten. • Die Suppe mit Salz abschmecken und den gerebelten Thymian unter die Suppe mischen. • Die Suppe mit den Speckwürfeln und den Zwiebelringen bestreuen. Auf jede Portion in die Mitte 1 Eßlöffel saure Sahne setzen.

Mein Tip Jede Art von Kartoffelsuppe kann als Hauptgang einer Mahlzeit gereicht werden, wenn man sie mit Wurstscheiben, Schinkenstreifen, gewürfeltem, durchwachsenem Speck oder anderem gegartem Fleisch anreichert.

Passierte Kartoffelsuppe

Die Kartoffelwürfel und das kleingeschnittene Suppengrün in Öl anbraten und in der Bouillon weich kochen. • Durch ein Sieb passieren und mit 1 Eßlöffel Butter, je 1 Prise Salz, weißem Pfeffer und Muskatnuß verfeinern. 2 Eigelbe mit ⅛ l Sahne verquirlen und unter die Suppe mischen. Die Suppe mit gehackter Petersilie bestreuen.

Amerikanische Kartoffelsuppe

1 gewürfelte Zwiebel, das Weiße von 2 Stangen Lauch/Porree, in Scheiben geschnitten, ¼ gewürfelte Sellerieknolle und 100 g gewürfelten durchwachsenen Speck in Butter anbraten. Mit 1 ¼ l Bouillon oder Gemüsebrühe auffüllen und 15 Minuten kochen lassen. • Die Kartoffelwürfel darin 20–30 Minuten garen und die Suppe mit Salz und Cayennepfeffer würzen. Die Suppe mit ⅛ l Sahne mischen und mit Petersilie bestreuen.

Kartoffelsuppe à la cressonnière
Kartoffelsuppe mit Brunnenkresse

Die Kartoffelwürfel mit 1 Karton gehackter Brunnenkresse (oder Gartenkresse) in 1 l Milch bei schwacher Hitze in 20–30 Minuten unter Rühren garen. • Die Milch mit 1 Teelöffel Salz, 1 Messerspitze weißem Pfeffer und 1 Prise Cayennepfeffer würzen. • Die Suppe durch ein Sieb passieren und mit Kresseblättchen bestreuen.

Kartoffelsuppe Parmentier
Das Weiße von 4 Stangen Lauch/Porree waschen, in Scheiben schneiden und mit den Kartoffelwürfeln in 1¼ l Bouillon oder Gemüsebrühe in 20–30 Minuten garen. Durch ein Sieb passieren und mit in Butter gerösteten Weißbrotwürfeln und Kerbelblättchen bestreut servieren.

Grundrezept

Tomatencremesuppe

1,2 kg reife Tomaten
¼ l Wasser
1 Zwiebel
1 Knoblauchzehe
1 Eßl. Öl
1 Eßl. Weizen- oder Reismehl
1 Teel. Salz
1 Messersp. weißer Pfeffer
½ Teel. Zucker
1 Prise Rosmarinpulver
⅛ l leichter herber Weißwein
⅛ l Sahne
2 Eßl. gehackte Petersilie oder Kerbel

Pro Portion etwa
510 Joule/120 Kalorien

Zubereitungszeit: 30 Minuten

Die Tomaten waschen, vierteln und mit dem Wasser bei schwacher Hitze zugedeckt 10 Minuten dünsten. • Die Zwiebel und die Knoblauchzehe schälen und kleinwürfeln. • Die Tomaten durch ein Sieb passieren. • Das Öl in einem Topf erhitzen und die Zwiebelwürfel mit den Knoblauchwürfeln darin glasig braten. • Das Mehl darüberstäuben, hellgelb anbraten und nach und nach mit dem Tomatenpüree auffüllen. • Die Suppe mit dem Salz, dem Pfeffer, dem Zucker und dem Rosmarinpulver würzen. • Den Weißwein untermischen. Die Suppe gut erhitzen und zuletzt mit der Sahne verfeinern. • Die Suppe vor dem Servieren mit der Petersilie oder dem Kerbel bestreuen.

Raffiniert · Schnell

Minestra al pomodoro
Italienische Tomatensuppe

2 gehackte Zwiebeln, 2 gehackte Knoblauchzehen in 2 Eßlöffeln Öl anbraten. 1 kg gehäutete, geviertelte Tomaten zugeben, mit ½ l Wasser auffüllen und mit je 1 frischen Zweig Basilikum, Pfefferminze und Majoran sowie 1 Teelöffel Salz und 1 Messerspitze weißem Pfeffer 30 Minuten kochen lassen. • Die Suppe durch ein Sieb passieren und mit 100 g gekochtem Reis anreichern. Die Suppe mit frisch geriebenem Parmesankäse servieren.

Schnell · Preiswert

Sizilianische Tomatensuppe
Die Tomatensuppe nach dem Grundrezept bereiten und mit in Butter goldgelb gebratenen Weißbrotwürfeln bestreuen.

Gelingt leicht

Spargelcremesuppe

1 kg Spargel (dünne oder gebrochene Stangen)
1 Tasse Wasser
je 1 Prise Salz und Zucker
¾ l Gemüse- oder Geflügelbrühe
3 Eßl. Butter
3 Eßl. Weizen- oder Reismehl
je 1 Messersp. Salz und weißer Pfeffer
⅛ l herber Weißwein
2 Eigelbe
⅛ l Sahne

Pro Portion etwa
1450 Joule/345 Kalorien

Zubereitungszeit: 1 Stunde

Die Spargelstangen schälen und die Spargelköpfe etwa 4 cm lang abschneiden. Die Spargelköpfe mit dem Wasser, dem Salz und dem Zucker zugedeckt 10 Minuten kochen lassen und beiseite stellen. Die Spargelabschnitte (Schalen und holzige Enden) waschen und in der Gemüse- oder Geflügelbrühe 10 Minuten auskochen. Die Brühe dann durchseihen. • Die restlichen Spargelstangen in etwa 2 cm lange Stücke schneiden und in der kochenden Brühe in etwa 15–20 Minuten weich kochen. Die Brühe mit den Spargelstücken dann durch ein Sieb passieren. • Die Spargelspitzen abtropfen lassen. • Für die Einbrenne in einem Topf die Butter zerlassen, das Mehl unter Rühren darin hellgelb anbraten und nach und nach mit dem Spargelpüree auffüllen. • Die Suppe mit Salz und Pfeffer abschmekken und den Weißwein unterrühren. • Die Suppe noch einmal zum Kochen bringen und vom Herd nehmen. Die Spargelspitzen in die Suppe geben und darin erwärmen. Die Eigelbe mit der Sahne verquirlen und unter die Suppe ziehen.

Spargelcremesuppe Argenteuil

Die fertige Spargelcremesuppe mit frischen Kerbelblättchen bestreuen.

Schnell

Auberginencremesuppe

700 g Auberginen waschen, würfeln, mit Salz bestreuen und 10 Minuten ziehen lassen. • Die Auberginenstücke abspülen. Einige davon beiseite stellen, die übrigen in $^1/_2$ l Gemüsebrühe in 15–20 Minuten weich kochen, pürieren und wie Spargelcremesuppe fertigstellen. • Die Suppe mit Würfelchen aus rohen Auberginen bestreuen.

Preiswert · Schnell

Blumenkohlcremesuppe

1 großen Kopf Blumenkohl in Röschen zerteilen, die Strünke abschneiden, alles waschen und in $^3/_4$ l Salzwasser in 15–20 Minuten weich kochen; einige Röschen zurückbehalten. Den übrigen Blumenkohl pürieren. • Das Püree mit Milch zu 1 l Suppe auffüllen und noch einmal aufkochen lassen. Die zurückbehaltenen Blumenkohlröschen in der Suppe erwärmen. • 2 Eigelbe mit 4 Eßlöffel Crème fraîche verquirlen und die Suppe damit legieren.

Gelingt leicht

Champignoncremesuppe

500 g Champignons putzen, waschen und blättrig schneiden. Etwa $^1/_2$ Tasse Champignons beiseite stellen. • 1 große mehlig kochende Kartoffel waschen, schälen, würfeln und mit den übrigen Champignons in etwa $^3/_4$ l Gemüsebrühe in 10 Minuten weich kochen und pürieren. • Die Suppe wie Spargelcremesuppe fertigstellen, mit den rohen Champignonblättchen mischen und mit gehackter Petersilie bestreuen.

Raffiniert

Fenchelsuppe auf Avignoner Art

Bild Seite 52

1 kg Fenchelknollen putzen, waschen, in kleine Stücke schneiden und mit 300 g geschälten, gewürfelten Kartoffeln, 1 gewürfelten Zwiebel, 3 gewürfelten Knoblauchzehen, 1 Lorbeerblatt, 1 Teelöffel Salz und 1 l Wasser zugedeckt 50 Minuten kochen lassen. • 2 säuerliche Äpfel schälen und raspeln. 3 Eßlöffel gehackte Petersilie und das kleingeschnittene Fenchelgrün in 2 Eßlöffeln Butter 5 Minuten braten. • Die Gemüsesuppe durch ein Sieb passieren, mit den Apfelraspeln und den Kräutern mischen und noch einmal gut erhitzen.

Erbsencremesuppe

1 kg frische grüne Erbsen in den Schoten waschen, aushülsen und die Schoten in $^3/_4$ l Salzwasser auskochen. • Die Brühe durchseihen, die Erbsen darin in etwa 20 Minuten weich kochen, pürieren und wie Spargelcremesuppe fertigstellen. • Die Suppe jedoch statt mit dem Weißwein mit $^1/_8$ l Sekt mischen und die Hälfte der Sahne steif schlagen und in Tupfen auf die angerichtete Suppe geben.

Belgische Rosenkohlsuppe

700 g Rosenkohl mit 1 großen, geschälten, gewürfelten Kartoffel in $^3/_4$ l Salzwasser in 30 Minuten weich kochen. Einige Röschen zurückbehalten. Den restlichen Rosenkohl pürieren und wie Spargelcremesuppe fertigstellen. • Die Suppe mit halbierten Röschen und mit gebratenen Weißbrotwürfeln bestreuen.

Preiswert

Lauchcremesuppe

Von 3 dicken Stangen Lauch das Weiße verwenden, 2 mehlig kochende Kartoffeln schälen und 2 Lauchzwiebeln putzen (Wurzeln entfernen). Das Gemüse waschen und kleinschneiden. Die Zwiebelstengel beiseite stellen. • Das Gemüse in 3/4 l Salzwasser in 20 Minuten weich kochen, pürieren und wie Spargelcremesuppe fertigstellen. • Die Suppe mit in Butter goldgelb gebratenen Weißbrotwürfeln und mit dem kleingeschnittenen Zwiebellauch oder Schnittlauchröllchen bestreuen.

Gelingt leicht

Maiscremesuppe

500 g frische Maiskörner in 3/4 l Salzwasser in 25 Minuten weich kochen und pürieren; etwa 1 Tasse Maiskörner zurückbehalten. Die Suppe wie Spargelcremesuppe fertigstellen, aber für die Einbrenne Maismehl benutzen und die Suppe mit Paprikapulver statt mit Pfeffer würzen. • Die zurückbehaltenen Maiskörner in die Suppe geben.

Selleriecremesuppe

1 kg Sellerieknollen schälen, waschen, würfeln, in 3/4 l Salzwasser in 15–20 Minuten weich kochen, pürieren und wie Spargelcremesuppe fertigstellen. • Statt Weißwein aber Milch verwenden. • Die Suppe zuletzt mit etwas Zitronensaft abschmecken und mit reichlich gehackter Petersilie bestreuen.

Raffiniert

Sauerampfersuppe

1 Tasse feingehackte Blätter und Stiele von jungem Sauerampfer in 1/8 l schwach gesalzenem Wasser 5 Minuten kochen lassen und beiseite stellen. • Die Einbrenne für die Suppe aus 2 Eßlöffeln Butter und 2 Eßlöffeln Weizen- oder Reismehl bereiten. Mit 1/2 l Milch aufgießen, kurz kochen lassen und den Sauerampfer samt Sud zufügen. • Die Suppe mit 1/8 l saurer Sahne und zusätzlich mit etwas frisch geriebener Muskatnuß abrunden. • Mit gehackten jungen Löwenzahnblättchen bestreuen.

Gelingt leicht · Schnell

Französische Zwiebelsuppe

4 große Zwiebeln oder 2 Gemüsezwiebeln
3 Eßl. Butter
1 Eßl. Mehl
3/4 l Bouillon oder Gemüsebrühe
4 Scheiben Toast- oder Weißbrot
1/8 l herber Weißwein
50 g frisch geriebener Greyerzer Käse (Gruyère)

Pro Portion etwa 840 Joule/200 Kalorien

Zubereitungszeit: 40 Minuten
Besondere Küchengeräte: 4 feuerfeste Suppentassen oder 1 feuerfeste Terrine

Die Zwiebeln schälen und in Ringe schneiden. Die Hälfte der Butter zerlassen und die Zwiebelringe darin glasig braten. • Das Mehl über die Zwiebeln streuen und so lange mitbraten, bis es leicht Farbe annimmt. • Nach und nach mit der Bouillon oder Gemüsebrühe auffüllen und schälen zugedeckt bei schwacher Hitze 20 Minuten kochen lassen. • Das Weißbrot in Quadrate schneiden und in der restlichen Butter von beiden Seiten goldgelb braten. • Den Weißwein unter die Suppe mischen. • Den Backofen auf 250° oder den Elektrogrill vorheizen. • Die Weißbrotquadrate in 4 Suppentassen oder in die Terrine verteilen und die Suppe darübergießen. Den geriebenen Käse über die Suppe streuen und die Suppe im Backofen oder im Grill so lange überbacken, bis der Käse leicht Farbe annimmt.

Raffiniert

Asiatische Zwiebelsuppe

4 Zwiebeln und 1 Knoblauchzehe schälen, würfeln und mit 100 g Reis in 2 Eßlöffeln Öl anbraten. • 2 Teelöffel Currypulver darüberstäuben, mit 3/4 l Gemüsebrühe aufgießen und alles 45 Minuten sacht kochen lassen. • Die Suppe mit 3 Eßlöffeln in Butter goldgelb gebratenen Mandelblättchen, mit 1 pürierten Banane, 3 Eßlöffeln Weißwein, etwas abgeriebener Zitronenschale und 2 Teelöffeln Zitronensaft mischen. Zuletzt 1/8 l saure Sahne unterziehen.

Grundrezept

Geflügelcremesuppe

1 Suppenhuhn von etwa 1200 g
Suppengrün, bestehend aus 1 Stange Lauch/Porree, 1 Möhre, 1/4 Sellerieknolle oder 1 Stück Staudensellerie, 1 Petersilienwurzel mit Blattgrün
1 Zwiebel
1/2 Lorbeerblatt
2 Gewürznelken
1 1/2 l Wasser
4 Pfefferkörner
1 1/2 Teel. Salz
2 Stangen Lauch/Porree
2 Eßl. Butter
2 Eßl. Mehl
2 Eigelbe
1/8 l Sahne

Pro Portion etwa 2140 Joule/510 Kalorien

Zubereitungszeit: 2 Stunden und 30 Minuten

Das Suppenhuhn innen und außen gründlich waschen. • Von der Lauchstange nur das Weiße verwenden, waschen und in Scheiben schneiden, das Wurzelgemüse schälen, waschen und das gesamte Suppengrün etwas kleinschneiden. Die Zwiebel schälen, halbieren und auf eine Hälfte das Lorbeerblatt und die Gewürznelken stecken. Das Suppenhuhn mit dem Suppengrün, den Zwiebelhälften, dem Wasser, den Pfefferkörnern und dem Salz in einen Topf geben und zum Kochen bringen. • Während der ersten 40 Minuten wiederholt den sich bildenden Schaum abschöpfen. • Den Topf dann bis auf einen Spaltbreit zudecken und das Suppenhuhn in weiteren 2 Stunden weich kochen. • Das Suppenhuhn dann aus der Brühe nehmen, die Brühe durchseihen, abkühlen lassen und entfetten. • Die beiden Lauchstangen putzen (nur das Weiße verwenden), waschen und in dünne Scheiben schneiden. Das Brustfleisch vom Suppenhuhn ablösen, die Haut entfernen und das Fleisch in kleine Würfel schneiden (das Fleisch vom restlichen Suppenhuhn anderweitig verwenden). • Die Butter in einem großen Topf zerlassen und die Lauchstücke unter ständigem Umwenden bei schwacher Hitze darin anbraten. Das Mehl darüberstäuben, kurz mitbraten und nach und nach mit 3/4 l der entfetteten Geflügelbrühe aufgießen. • Die Suppe bei schwacher Hitze unter häufigem Umrühren 10 Minuten kochen lassen und das kleingeschnittene Brustfleisch in die Suppe geben. • Die Eigelbe mit der Sahne verquirlen. 4 Eßlöffel von der heißen Suppe in die Eigelbsahne rühren, die Suppe vom Herd nehmen und die Eigelbsahne unter die Suppe ziehen.

Mein Tip Das übriggebliebene Geflügelfleisch läßt sich für einen Salat verwenden. Man kann auch Geflügelfleischklößchen, Rezept Seite 166, daraus machen.

Königinsuppe

Für Königinsuppe die Geflügelbrühe aus 1 kleinen Poularde bereiten und die entfettete Brühe nicht mit Mehl, sondern mit Reismehl binden. • Das kleingeschnittene Brustfleisch und etwa 250 g frisch gegarte Spargelspitzen in die Suppe geben.

Mulligatawny

Indische Geflügelcremesuppe

Die Suppe nicht mit Mehl, sondern mit 150 g Reis binden. • Die Suppe kräftig mit Currypulver abschmekken. • Die Eigelbe weglassen, dafür 4 Eßlöffel Kokosmilch mit der Sahne und dem gewürfelten Brustfleisch in die Suppe rühren.

Braucht Zeit · Gelingt leicht

Ungarische Gulaschsuppe

500 g Rindfleisch aus Schulter oder Bug
200 g Zwiebeln
3 Eßl. Schweineschmalz
je 1 Teel. Salz und Rosenpaprikapulver
je 1 Prise gemahlener Kümmel und getrockneter Majoran
4 reife Tomaten
2 grüne Paprikaschoten
300 g mehlig kochende Kartoffeln
1 l Wasser
1/2 Tasse herber Weißwein

Pro Portion etwa 1995 Joule/475 Kalorien

Zubereitungszeit: 1 Stunde und 30 Minuten

Das Fleisch waschen, abtrocknen und in kleine Würfel schneiden. Die Zwiebeln schälen und hacken. • Das Schweineschmalz in einem Topf zerlassen und die Zwiebeln darin hellgelb anbraten. Die Fleischstücke zugeben und im eigenen Saft zugedeckt bei schwacher Hitze 20 Minuten dünsten. • Nach etwa 10 Minuten Dünstzeit das Salz, das Rosenpaprikapulver, den Kümmel und den gerebelten Majoran zugeben. • Die Tomaten häuten, vierteln und entkernen. Die Paprikaschoten halbieren, von Rippen und Kernen befreien, die Schotenhälften waschen, abtrocknen und in kleine Stücke schneiden. • Die Tomatenviertel und die Paprikastücke zum Fleisch geben, gut unterrühren und alles mit einigen Eßlöffeln Wasser befeuchten. Alles weiter dünsten, bis das Fleisch fast gar ist. • Die Kartoffeln schälen, waschen und in Würfel schneiden. • Das Wasser zum Kochen bringen. • Die Kartoffelwürfel und das kochende Wasser zum Fleisch gießen, alles gut umrühren und weiter zugedeckt etwa 30 Minuten kochen lassen, bis die Kartoffeln gar sind; die Kartoffeln dürfen bereits zerfallen. Die Suppe vor dem Servieren noch abschmecken und mit dem Weißwein verfeinern.

Mein Tip Die ungarische Gulaschsuppe wird gern mit selbstgemachten Nudeln serviert. Dazu vermischt man 1 Ei mit so viel Mehl, bis ein fester Teig entsteht, der beim Kneten nicht mehr an den Händen kleben bleibt. 10 Minuten vor Ende der Kochzeit zupft man kleine Teigstückchen in die Gulaschsuppe und läßt sie garen.

Grundrezept

Klare Ochsenschwanzsuppe

1 kg Ochsenschwanz
200 g Suppenknochen
3 l Wasser
1 Zwiebel
2 Möhren
200 g Sellerieknolle
2 Petersilienwurzeln
2 Eßl. Öl
2 Gewürznelken
1 Zweig frischer Thymian (oder 1/2 Teel. getrockneter Thymian)
4 Pfefferkörner
1 Lorbeerblatt
1 1/2 l Wasser
1/4 l herber Weißwein
1 Teel. Salz
2 Messersp. weißer Pfeffer
1 Messersp. Cayennepfeffer
4 Eßl. trockener Sherry

Pro Portion etwa
900 Joule/225 Kalorien

Zubereitungszeit: 3 Stunden

Den Ochsenschwanz schon beim Einkaufen in den Gelenken zerhacken lassen. Den Ochsenschwanz und die Suppenknochen kalt waschen. • Das Wasser zum Kochen bringen, die Ochsenschwanzstücke und die Knochen 3 Minuten darin kräftig kochen lassen, in ein Sieb schütten, alles kalt abbrausen und abtropfen lassen. • Den Topf gut auswaschen, damit eventuell noch vorhandene Knochensplitter entfernt werden. • Die Zwiebel waschen und ungeschält halbieren. Die Möhren, den Sellerie und die Petersilienwurzeln schaben oder schälen, waschen und grob zerschneiden. • Das Öl erhitzen, die Ochsenschwanzstücke von allen Seiten darin kurz anbraten und dann das vorbereitete Gemüse 5 Minuten mitbraten. Die Suppenknochen, die Gewürznelken, den Thymian, die Pfefferkörner, das Lorbeerblatt zufügen, mit dem Wasser aufgießen und alles im halb zugedeckten Topf bei schwacher Hitze etwa 2 Stunden und 30 Minuten kochen lassen. • Die Flüssigkeit soll während dieser Zeit zur Hälfte verdampfen. • Die Knochen, die Ochsenschwanzstücke und das Gemüse mit einem Schaumlöffel aus der Brühe heben. Die Brühe durchseihen und abkühlen lassen. • Das Fett von der Fleischbrühe abschöpfen. • Die Fleischbrühe mit dem Wein, dem Salz, dem Pfeffer und dem Cayennepfeffer wieder erhitzen. • Das Fleisch vom Ochsenschwanz lösen und in Würfel schneiden. Die Möhren und die Sellerieknolle ebenfalls in Würfel schneiden und wieder in die Brühe geben. • Alles noch einmal gut erhitzen und die Suppe zuletzt mit dem Sherry verfeinern.

Das paßt dazu: frisches Blätterteiggebäck.

Braucht Zeit

Gebundene Ochsenschwanzsuppe

Für eine gebundene Ochsenschwanzsuppe zunächst alle Zutaten kochen wie für die klare Ochsenschwanzsuppe, zuletzt aber statt Weißwein 1/4 l Rotwein in die Suppe geben. • Das Fleisch von den Ochsenschwanzstücken lösen und würfeln. • Die Fleischbrühe entfetten und durch ein Sieb passieren; also das Gemüse in die Brühe drücken. • 2 gehäufte Eßlöffel Mehl in 2 Eßlöffeln Schweineschmalz braun anbraten, nach und nach mit der passierten Brühe aufgießen und unter Rühren 4–5 Minuten schwach kochen lassen. • 1 Eßlöffel Tomatenmark in die mit Salz, Pfeffer und Cayennepfeffer gewürzte Suppe rühren, die Fleischwürfel darin erhitzen und die Suppe zuletzt mit Madeirawein abschmecken.

Braucht Zeit

Mockturtlesuppe

Falsche Schildkrötensuppe

Die Mockturtlesuppe ist eine klare Ochsenschwanzsuppe, die aber zusätzlich mit den Kräutern bereitet wird, die der Schildkrötensuppe den unverwechselbaren Geschmack verleihen. Zu den im Grundrezept genannten Gewürzen noch je 1 Zweig frisches Basilikum, frischen Majoran, frischen Rosmarin und frischen Salbei sowie 3 Korianderkörner und 1 kleines Stückchen Zitronenschale in der Brühe mitkochen lassen. Sollten die Kräuter nicht frisch zu haben sein, je 2 Messerspitzen getrocknete Kräuter verwenden.

Braucht Zeit

Hamburger Aalsuppe

500 g Schinkenknochen
1 Zwiebel
1 l Wasser
1 Lorbeerblatt
4 Pfefferkörner
1 Teel. Salz
100 g entsteinte Backpflaumen
1 Kochbirne
1 Stück Zitronenschale
1 Messersp. gemahlener Zimt
2 Teel. Zucker
1/8 l Weißwein
500 g küchenfertiger, abgezogener grüner Aal
Saft von 1/2 Zitrone
1/4 Sellerieknolle
1 Möhre
1 Petersilienwurzel
1 kleine Stange Lauch/Porree
1 gehäufter Eßl. Mehl
4 Eßl. Sahne
2 Messersp. Salz
1 Prise weißer Pfeffer
1/2 Teel. Zucker
etwas Zitronensaft

Pro Portion etwa 1400 Joule/335 Kalorien

Zubereitungszeit: 1 Stunde und 30 Minuten

Die Knochen waschen, in kochendes Wasser legen, 3 Minuten blanchieren und kalt abbrausen. • Die Zwiebel schälen und würfeln. • Die Knochen mit den Zwiebelstücken, dem Wasser, dem Lorbeerblatt, den Pfefferkörnern und dem Salz 20 Minuten im offenen Topf kochen lassen. • Die Backpflaumen halbieren. Die Birne schälen, vom Kerngehäuse befreien und würfeln. Das Obst mit der Zitronenschale, dem Zimt, dem Zucker und dem Wein zugedeckt bei schwacher Hitze 15 Minuten dünsten. Die Zitronenschale entfernen. • Den Aal waschen, in 4 cm lange Stücke schneiden und mit dem Zitronensaft beträufeln. • Die Sellerieknolle schälen, die Möhre und die Petersilienwurzel schaben, den Lauch putzen (nur das Weiße verwenden) und alles waschen und kleinschneiden. Die Knochenbrühe durch ein Sieb in einen anderen Topf schütten. Das kleingeschnittene Gemüse 10 Minuten darin kochen lassen. Die Aalstücke zugeben und bei schwacher Hitze in 15 Minuten gar ziehen lassen. • Das Mehl mit der Sahne anrühren, die Suppe damit binden und mit dem Obst, der Dünstflüssigkeit, dem Salz, dem Pfeffer, dem Zucker und Zitronensaft süß-sauer abschmecken.

Holländische Aalsuppe

Etwa 500 g Seefischabschnitte, Fischköpfe und Flossen mit 1 geachtelten Zwiebel und 1 kleingeschnittenen Stange Lauch, 5 Pfefferkörnern, 2 Gewürznelken und 1 Teelöffel Salz in 1 l Wasser etwa 20 Minuten kochen lassen; die Flüssigkeit soll dabei etwa um die Hälfte einkochen und zu einem kräftigen Fischsud werden. Den Fischsud durchseihen. • 500 g Aal in 4 cm lange Stücke schneiden und in Butter von allen Seiten anbraten. Die Aalstücke 10 Minuten im Fischsud ziehen lassen. • 2 Eigelbe mit 1/8 l Sahne verquirlen, mit 1 guten Prise Cayennepfeffer würzen und die Suppe damit binden. • Die Suppe mit in Butter gedünsteten Julienne (feinen Streifen) von Lauch/Porree, Knollensellerie und Petersilienwurzeln anreichern (Dünstzeit für die Gemüsejulienne: 5–10 Minuten). • 8 kleine Scheiben Weißbrot rösten, mit den Aalstücken in eine Terrine geben und die heiße Suppe darübergießen.

Zum Bild rechts:

»Kartoffelsupp, Kartoffelsupp . . .«, und gäbe es sie wirklich alle Tage, man könnte wochenlang immer neue Varianten servieren. Auf dem nebenstehenden Bild ist sie nicht passiert als Cremesuppe, sondern bäuerlich gekocht, mit Zwiebeln, Möhren, Sellerie und Lauch gemischt, mit Speck aufgewertet und mit einem Sahneklecks verfeinert und verziert. Das Rezept finden Sie mit etlichen anderen Abwandlungen auf den Seiten 44 und 45.

Grundrezept

Geflügelbrühe

1 Suppenhuhn von etwa $1^1/_2$ kg mit den Innereien
2 l Wasser
$1^1/_2$ Teel. Salz
Suppengrün, bestehend aus 1 Stange Lauch/Porree, 1 Möhre, 1 Petersilienwurzel mit Blattgrün, 1 Stück Staudensellerie
1 kleine Zwiebel
1 Zweig frisches Liebstöckel oder $^1/_2$ Teel. getrocknetes Liebstöckel

Pro Portion etwa 1250 Joule/300 Kalorien

Zubereitungszeit: 3 Stunden

Das Suppenhuhn innen und außen kalt waschen. Das Herz, die Leber und den Magen ebenfalls waschen. Das Suppenhuhn mit dem Herz und dem Magen, dem Wasser und dem Salz zum Kochen bringen. • Wenn das Wasser sprudelnd kocht, die Hitze so weit zurückschalten, daß sich die Oberfläche des Wassers nur noch leicht kräuselnd bewegt. • Während der ersten 30–40 Minuten wiederholt den sich auf der Oberfläche bildenden Schaum mit einem Schaumlöffel abschöpfen. • Das Huhn halb zugedeckt $2^1/_2$–3 Stunden kochen lassen. Damit man eine kräftige Brühe bekommt, soll die Flüssigkeit während der Garzeit auf etwa die Hälfte verdampfen. • Den Lauch/Porree putzen (nur das Weiße benutzen), die Möhre und die Petersilienwurzel schaben; das gesamte Suppengrün waschen und kleinschneiden. Die ungeschälte Zwiebel und den Liebstökkelzweig waschen und beides zusammen mit dem Suppengrün nach 1 Stunde und 30 Minuten Kochzeit in die Suppe geben. • Die Hühnerleber während der letzten 10 Minuten in der Brühe garen. • Das Huhn, die Innereien und das Gemüse aus der Suppe heben, die Brühe durchseihen, etwas abkühlen lassen und entfetten. • Ist die Brühe nach dem Entfetten leicht trüb, soll aber als klare Brühe mit Einlage serviert werden, muß man sie klären: Dazu 2 Eiweiße mit etwas kalter entfetteter Brühe verquirlen. Die Brühe erhitzen, das Eiweißgemisch in die Brühe schütten und unter Rühren so lange kochen lassen, bis das Eiweiß gestockt ist; das Eiweiß bindet die Trübstoffe. Die Brühe durchseihen, um das Eiweiß wieder zu entfernen.

Zum Bild links:

Wer bereits entdeckt hat, wie köstlich Fenchel schmeckt – als Gemüse, in Salaten oder als Suppe – der wird sehnsüchtig auf die nächste Saison warten, um die Suppe auf dem nebenstehenden Bild probieren zu können. Wer aber noch kein rechtes Verhältnis zu Fenchel finden konnte, der sollte mit der Fenchelsuppe auf Avignoner Art den Anfang machen, um damit die Palette seiner kulinarischen Neigungen zu bereichern. Das Rezept für die Fenchelsuppe finden Sie auf Seite 46.

Mein Tip Bereiten Sie Geflügelbrühe einmal mit 1 Zweig Rosmarin statt mit Liebstöckel zu; Rosmarin verleiht der Brühe einen pikanten Geschmack. – Das gekochte Hühnerfleisch können Sie kleinschneiden und in die Brühe geben.

Preiswert

Nudelsuppe mit Huhn

Geben Sie in die Geflügelbrühe statt des Liebstöckelzweigs je 1 Zweig Estragon und Salbei oder je 1 Messerspitze zerriebenen, getrockneten Estragon und Salbei. • Geben Sie das kleingeschnittene, enthäutete Geflügelfleisch und etwa 100 g gesondert gegarte Fadennudeln in die Suppe. • Die Suppe mit Schnittlauchröllchen bestreuen.

Geflügelkraftbrühe Briand

In die klare Geflügelbrühe je 100 g gewürfelten gekochten Schinken, gegartes mageres Kalbfleisch und Hühnerfleisch geben. • Die Suppe anrichten und mit frischen Kerbelblättchen bestreut servieren.

Cock-a-Leeky

Je $^1/_2$ l Geflügelbrühe und Consommé double aus Kalbfleisch, Rezept Seite 39, mischen und darin in Streifen geschnittenen Lauch/Porree (etwa 1 Stange) garen. • Die Suppe mit kleingeschnittenem Geflügel- und Kalbfleisch und mit gedünsteten entsteinten Backpflaumen anreichern.

Grundrezept

Wildkraftbrühe

1 kg Wildknochen und Wildfleischabschnitte
1½ l Wasser
1½ Teel. Salz
6 Korianderkörner
5 Pfefferkörner
¼ Ingwerwurzel
Suppengrün, bestehend aus 2 Stangen Lauch/Porree, 2 Möhren,
1 Petersilienwurzel mit Blattgrün und ½ Sellerieknolle
1 Zwiebel
4 Eßl. Madeirawein
2 Eiweiße

Pro Portion etwa 480 Joule/110 Kalorien

Zubereitungszeit: 2 Stunden

Die Knochen und die Fleischabschnitte gründlich kalt waschen. • Das Wasser mit den Knochen, den Fleischabschnitten und dem Salz zum Kochen bringen und den sich bildenden Schaum wiederholt abschöpfen. • Die Hitze dann so regulieren, daß sich die Oberfläche der Brühe nur noch leicht sprudelnd kräuselt. • Die Korianderkörner, die Pfefferkörner und die zerkleinerte Ingwerwurzel in die Brühe geben und alles halb zugedeckt 2 Stunden kochen lassen. • Die Brühe soll während dieser Zeit knapp zur Hälfte verdampfen. • Den Lauch putzen (nur das Weiße verwenden), die Möhren und die Petersilienwurzel schaben, die Sellerieknolle schälen, das gesamte Suppengrün waschen, kleinschneiden und nach 1 Stunde und 30 Minuten in die Suppe geben. Die Zwiebel waschen und ungeschält halbieren. Die Schnittflächen der halbierten Zwiebel auf der Herdplatte leicht anrösten und die Zwiebelhälften ebenfalls in die Brühe geben. • Die Brühe nach Ende der Garzeit durch ein Sieb schütten, abkühlen lassen und das Fett von der Oberfläche abschöpfen. • Zum Klären 2 Eiweiße mit etwas kalter Brühe verrühren, die übrige Brühe zum Kochen bringen, das Eiweißgemisch unter Rühren in der Suppe kochen lassen, bis das Eiweiß stockt. • Die Suppe erneut durchseihen, mit dem Madeirawein mischen und noch einmal gut erhitzen. Die Fleischabschnitte kleinschneiden und nach Belieben in der Wildkraftbrühe servieren.

Gebundene Wildsuppe

¾ l Wildkraftbrühe zum Kochen bringen, mit 2 Eßlöffeln kalt angerührter Tapioka binden. • Das kleingeschnittene Wildfleisch in der Suppe erhitzen und die Suppe vor dem Erhitzen mit schwarzem Pfeffer und etwas Zitronensaft abschmecken. Die Suppe mit je 4 Eßlöffeln Sahne und Rotwein abrunden.

Grundrezept

Weiße Bohnensuppe

200 g weiße Bohnenkerne
1¼ l Wasser
200 g durchwachsener Speck
1 große Kartoffel
1 Zwiebel
1 Möhre
1 Teel. Butter
1 Zweig Bohnenkraut
Salz nach Geschmack
1 Messersp. weißer Pfeffer
½ Tasse herber Weißwein

Pro Portion etwa 2160 Joule/515 Kalorien

Zeit zum Weichen: 12 Stunden
Zubereitungszeit: 2 Stunden

Die weißen Bohnen in einem Sieb kalt abbrausen, abtropfen lassen, in einen Topf geben, mit dem Wasser übergießen und zugedeckt 12 Stunden weichen lassen. • Die Bohnen im Einweichwasser im offenen Topf kochen lassen und mehrmals den sich bildenden Schaum abschöpfen. • Wenn sich kein Schaum mehr bildet, die Bohnen zugedeckt bei schwacher Hitze in etwa 1½–2 Stunden weich kochen. • Den Speck in Würfel schneiden. Die Kartoffel und die Zwiebel schälen, die Möhre schaben, dann das Gemüse waschen und in kleine Würfel schneiden. • Die Butter zerlassen, die Speckwürfel darin ausbraten und die Zwiebel- und Möhrenwürfel darin von allen Seiten gut anbraten. • Das angebratene Gemüse mit dem Fett und den Speckwürfeln, mit den Kartoffelwürfeln und dem Bohnenkraut nach 1 Stunde Garzeit zu den Bohnen geben und mitgaren. Sobald die Bohnen gar sind, das Bohnenkraut aus der Suppe nehmen und die Suppe mit Salz und Pfeffer abschmecken. • Die Suppe vom Herd nehmen und den Weißwein unterrühren.

Mein Tip Statt mit dem Einweichwasser kann man die Suppe auch mit Knochenbrühe kochen oder eine Mischung von halb Knochenbrühe und halb Einweichwasser wählen.

Gelingt leicht

Westfälische Bohnensuppe

Die Bohnen mit dem Einweichwasser und 1 Teelöffel Salz weich kochen. • ¼ Sellerieknolle und 1 Möhre in kleine Würfel, 1 große Kartoffel in etwas größere Würfel schneiden und das Weiße von 2 Stangen Lauch in Scheiben schneiden. • Das Gemüse in wenig Salzwasser in 20–30 Minuten gesondert dünsten. • ¾ der weißen Bohnen durchpassieren und mit den restlichen ganzen Bohnen und den Gemüsewürfeln mischen. • In Scheiben geschnittene Fleischwurst in der Suppe erhitzen – der Speck entfällt bei der westfälischen Bohnensuppe.

Braucht Zeit

Bohnensuppe Condé

Suppe aus roten Bohnenkernen

Die eingeweichten roten Bohnenkerne mit dem Wasser und 1 Teelöffel Salz 1 Stunde kochen lassen. • Das kleingewürfelte Gemüse – ohne den Speck – in der Suppe garen und die Suppe durchpassieren. • Die Suppe kräftig mit Rotwein abschmecken und mit in Butter gerösteten Weißbrotwürfelchen servieren.

Grundrezept

Linsensuppe

200 g Linsen
1¼ l Wasser
200 g Schweinebauch
1 Teel. Salz
1 Möhre
1 Zwiebel
1 kleines Stück Sellerieknolle
2 Kartoffeln
1 Messersp. schwarzer Pfeffer
4 Eßl. Rotwein

Pro Portion etwa
1890 Joule/450 Kalorien

Zeit zum Weichen: 12 Stunden
Zubereitungszeit: 1 Stunde und 30 Minuten

Die Linsen in einem Sieb kalt abbrausen, in einen Topf schütten, mit dem Wasser bedeckt zum Kochen bringen und den sich bildenden Schaum mehrmals abschöpfen. • Den Schweinebauch und das Salz zugeben und die Linsen zugedeckt bei schwacher Hitze in 1–1½ Stunden garen. • Die Möhre schaben, waschen und in Stifte schneiden. Die Zwiebel, die Sellerieknolle und die Kartoffeln schälen, waschen und würfeln. • Das Gemüse nach 45 Minuten Kochzeit zu den Linsen geben und garen. • Die Linsensuppe zuletzt mit Salz und Pfeffer abschmecken und mit dem Rotwein abrunden. Den Schweinebauch nach Belieben entfernen oder in Würfel geschnitten in die Suppe geben.

Mein Tip Versuchen Sie die Linsensuppe auch einmal nach der norddeutschen Geschmacksrichtung. Ersetzen Sie das Einweichwasser zur Hälfte durch Rotwein, und schmecken Sie die Suppe zuletzt mit etwas Zucker und Zitronensaft süß-sauer ab. – Sie können die Linsensuppe auch mit Knochenbrühe kochen.

Grundrezept

Erbsensuppe

250 g getrocknete grüne Erbsen
1¼ l Wasser
1 Schinkenknochen
1 Teel. Salz
2 Zwiebeln
1 Suppengrün, bestehend aus 1 Stange Lauch/Porree, 1 Möhre, 1 Petersilienwurzel mit Blattgrün und ¼ Sellerieknolle
1 Messersp. getrockneter Majoran
100 g durchwachsener Speck
1 Teel. Butter

Pro Portion etwa
1785 Joule/425 Kalorien

Zeit zum Weichen: 12 Stunden
Zubereitungszeit: 2 Stunden

Die Erbsen in einem Sieb kalt abbrausen, in einen Topf schütten und mit dem Wasser bedeckt 12 Stunden weichen lassen. • Den Schinkenknochen und das Salz zu den Erbsen geben und die Erbsen im offenen Topf zum Kochen bringen. Den sich bildenden Schaum in der ersten Zeit mehrmals abschöpfen. • Wenn sich kein Schaum mehr bildet, die Erbsen zugedeckt bei schwacher Hitze in 1 Stunde und 30 Minuten weich kochen lassen. • 1 Zwiebel schälen und würfeln. Den Lauch putzen (nur das Weiße verwenden), die Möhre und die

Petersilienwurzel schaben, die Sellerieknolle schälen; das ganze Suppengrün waschen und kleinschneiden. • Nach 1 Stunde Kochzeit die Zwiebelwürfel, das Suppengrün und den Majoran in die Suppe geben. • Den Speck in Würfel schneiden. Die zweite Zwiebel schälen und in Ringe schneiden. • Wenn die Erbsen weich sind, die Suppe durch ein Sieb passieren und warm halten. • Die Butter zerlassen, die Speckwürfel darin ausbraten und die Zwiebelringe im Speckfett goldgelb braten. • Die Suppe anrichten. Die Zwiebelringe mit den Speckwürfeln und dem Speckfett darübergeben.

Gelingt leicht

Rumfordsuppe

Suppe aus gelben Erbsen

250 g gelbe getrocknete Erbsen wie im Grundrezept beschrieben einweichen, garen und pürieren. • Die Suppe mit ausgelassenen Speckwürfeln, mit 50 g gegarten Perlgraupen (Kochzeit 1 Stunde und 15 Minuten) und mit 150 g gegarten Kartoffelwürfeln anreichern.

Preiswert · Raffiniert

Schtschi

Russische Sauerkrautsuppe

1½ l Wasser
1 Lorbeerblatt
1 Teel. Salz
500 g Rindernacken
1 große Möhre
2 Zwiebeln
1 kleine Stange Lauch/Porree
1 kleine Petersilienwurzel
500 g Sauerkraut
1 Teel. Kümmel
100 g durchwachsener Speck
1 Messersp. schwarzer Pfeffer
½ Teel. Zucker
½ Teel. Salz
⅛ l saure Sahne

Pro Portion etwa
1680 Joule/400 Kalorien

Zubereitungszeit: 1 Stunde und 30 Minuten

Das Wasser mit dem Lorbeerblatt und dem Salz zum Kochen bringen. • Das Fleisch kalt abwaschen, ins kochende Wasser legen und im offenen Topf sprudelnd kochen lassen. In den ersten 20–30 Minuten mehrmals den Schaum abschöpfen. • Die Möhre schaben, waschen und würfeln. Die Zwiebeln schälen und ebenfalls würfeln. Den Lauch waschen und in Scheiben schneiden. Die Petersilienwurzel schaben, waschen und kleinschneiden. • Das Sauerkraut ausdrücken und etwas kleinschneiden. • Das Gemüse mit dem Sauerkraut und dem Kümmel nach 40 Minuten Kochzeit zum Fleisch geben und alles zugedeckt bei schwacher Hitze weitere 40 Minuten kochen lassen. • Den Speck würfeln und während der letzten 15 Minuten mitkochen lassen. • Das gare Fleisch in Würfel schneiden und wieder in die Suppe geben. Mit dem Pfeffer, dem Zucker und dem Salz abschmecken, in eine Terrine füllen und die saure Sahne in die Mitte der Suppe gießen.

Preiswert · Braucht Zeit

Borschtsch

Russische Rote-Bete-Suppe

1½ l Wasser
1 Teel. Salz
½ Teel. weißer Pfeffer
500 g Rindernacken
100 g Schweinebauch
500 g Weißkohl
3 Rote Beten
1 Eßl. Weinessig
1 Petersilienwurzel
½ Sellerieknolle
1 Zwiebel
1 kleine Stange Lauch/Porree
1 Eßl. gehackte Petersilie
⅛ l saure Sahne

Pro Portion etwa
1450 Joule/345 Kalorien

Zubereitungszeit: 1 Stunde und 30 Minuten

Das Wasser mit dem Salz und dem Pfeffer zum Kochen bringen. • Den Rindernacken und den Schweinebauch kalt waschen, ins kochende Wasser legen und sprudelnd kochen lassen. Den Schaum in den ersten 30 Minuten wiederholt abschöpfen. • Von dem Weißkohl die schlechten Blätter entfernen, die Kohlblätter waschen und in Streifen schneiden. • Die Roten Beten schälen und waschen. 2 Rote Beten in Streifen schneiden. 1 Rote Bete raspeln und mit dem Essig mischen. Die Petersilienwurzel und den Sellerie schälen oder schaben, waschen und in kleine Würfel schneiden. Die Zwiebel schälen und würfeln. Den Lauch putzen (nur das Weiße verwenden), waschen und in Scheiben schneiden. • Nach etwa 40 Minuten Kochzeit das kleingeschnittene Gemüse (nicht die geraspelte Rote Bete) zum Fleisch geben und alles zugedeckt bei schwacher Hitze weitere 50 Minuten kochen lassen. •

Das Fleisch aus dem Topf nehmen und in Würfel schneiden. • Die Suppe mit der geraspelten Roten Bete mischen und die Fleischwürfel in die Suppe geben. • Die Suppe anrichten, mit der gehackten Petersilie bestreuen und die saure Sahne in die Mitte gießen.

Preiswert · Braucht Zeit

Minestrone

Italienische Gemüsesuppe

100 g weiße Bohnenkerne
2 Möhren
2 Zucchini
200 g Wirsingkohl
1 große mehlig kochende Kartoffel
1 l Wasser
1 Teel. Salz
1 Zwiebel
1 Knoblauchzehe
1 Stange Staudensellerie
4 Tomaten
1 Bund Petersilie
2 Zweige frisches Basilikum
50 g durchwachsener Speck
100 g Reis
2 Eßl. Öl
1 Messersp. weißer Pfeffer
4 Eßl. frisch geriebener Parmesankäse

Pro Portion etwa
1670 Joule/380 Kalorien

Zeit zum Weichen: 12 Stunden
Zubereitungszeit: 1 Stunde

Die Bohnen mit kaltem Wasser bedeckt zugedeckt 12 Stunden weichen lassen. • Die Möhren schaben und mit den Zucchini waschen und in Scheiben schneiden. Den Wirsing waschen und in Streifen schneiden. Die Kartoffel schälen, waschen und würfeln. • Das kleingeschnittene Gemüse mit dem Wasser, dem Salz und den Bohnen im Einweichwasser zum Kochen bringen und zugedeckt bei schwacher Hitze 10 Minuten kochen lassen. • Die Zwiebel und die Knoblauchzehe schälen und kleinschneiden. Den Staudensellerie waschen und in Stücke schneiden. Die Tomaten häuten, vierteln und entkernen. Die Kräuter waschen und abtropfen lassen. Den Speck in Stücke schneiden. Das zerkleinerte, rohe Gemüse mit den Kräutern und dem Speck kleinhakken. • Den Reis waschen und abtropfen lassen. • Das Öl erhitzen. Den Speck und das Gemüse unter ständigem Umwenden darin anbraten, den Reis zugeben und in 5 Minuten glasig braten. • Die Gemüse-Reis-Mischung in die Suppe geben und in weiteren 30 Minuten bei schwacher Hitze darin garen. • Die Suppe mit dem Pfeffer und wenn nötig noch mit Salz abschmecken, anrichten und mit dem Parmesankäse bestreuen.

Mein Tip Statt mit Reis kann man die Minestrone auch mit Hörnchennudeln anreichern.

Minestrone alla livornese

Gemüsesuppe mit Spinat oder Mangold

In der Suppe einige Stücke frische Schweineschwarte mitkochen, die vor dem Servieren wieder entfernt werden. • Die Suppe zuletzt noch mit in Streifen geschnittenen rohen Spinat- oder Mangoldblättern bestreuen.

Preiswert · Schnell

Haferflockensuppe

1 Zwiebel
Suppengrün, bestehend aus 1 Stange Lauch/Porree, 1/4 Sellerieknolle, 1 Möhre, 1 Petersilienwurzel mit Blattgrün
1 Eßl. Butter
80 g Haferflocken
1 l Gemüsebrühe
1 Teel. Salz
2 Eßl. Schnittlauchröllchen

Pro Portion etwa
680 Joule/165 Kalorien

Zubereitungszeit: 15 Minuten

Die Zwiebel schälen und kleinwürfeln. Beim Suppengrün vom Lauch/Porree nur das Weiße verwenden, die Sellerieknolle schälen, die Möhre und die Petersilienwurzel schaben; alles waschen und kleinschneiden. • Die Butter zerlassen, die Zwiebelwürfel und die Gemüsestückchen darin unter Umwenden anbraten, die Haferflocken zugeben, ebenfalls kurz mitbraten und unter Rühren nach und nach mit der Gemüsebrühe auffüllen. • Die Suppe zum Kochen bringen; dann bei schwacher Hitze 10 Minuten quellen lassen. • Die Suppe mit dem Salz abschmecken. • Mit Schnittlauchröllchen bestreut servieren.

Haferschleimsuppe

Die Zwiebel und das Suppengrün weglassen. Die Suppe wie im Rezept Haferflockensuppe beschrieben zubereiten und durch ein Haarsieb passieren.

Porridge

200 g Haferflocken mit 1 Messerspitze Salz in ¾ l Wasser aufkochen und 10 Minuten quellen lassen. Den Porridge heiß mit Milch oder Sahne verrühren und mit Zucker oder Zimt-Zucker bestreuen.

Gelingt leicht · Schnell

Westpreußische Buchweizensuppe

¾ l Milch
150 g Buchweizenschrot
4 Eßl. Zucker
1 Prise Salz
⅛ l Sahne

Pro Portion etwa
1720 Joule/410 Kalorien

Zubereitungszeit: 30 Minuten

Die Milch zum Kochen bringen und den Buchweizenschrot in die Milch rühren. • Die Suppe bei schwacher Hitze 30 Minuten ganz leicht kochen lassen; dabei wiederholt gut umrühren. Die Suppe mit dem Zucker, dem Salz und der Sahne verrühren und heiß servieren.

Preiswert · Schnell

Geröstete Grießsuppe

1 Zwiebel
Suppengrün, bestehend aus 1 Stange Lauch/Porree, ¼ Sellerieknolle, 1 Möhre, 1 Petersilienwurzel mit Blattgrün
1 Eßl. Butter
70 g Grieß
1 l Gemüsebrühe
4 Eßl. Sahne
je 1 Messersp. Salz und weißer Pfeffer

Pro Portion etwa
760 Joule/185 Kalorien

Zubereitungszeit: 30 Minuten

Die Zwiebel schälen und in Würfel schneiden. Beim Suppengrün vom Lauch nur das Weiße verwenden, den Sellerie schälen, die Möhre und die Petersilienwurzel schaben; alles waschen und kleinschneiden. • Die Butter zerlassen, die Zwiebelwürfel und das Suppengrün darin anbraten. Den Grieß zugeben und unter Rühren goldgelb braten. • Nach und nach mit der Gemüsebrühe auffüllen, unter Rühren zum Kochen bringen und den Grieß dann bei schwacher Hitze in 15 Minuten ausquellen lassen. • Die Sahne unter die Suppe rühren und die Suppe mit Salz und Pfeffer abschmecken.

Mandel-Grießsuppe

60 g abgezogene Mandeln in der Mandelmühle zerkleinern. Die Mandeln mit 60 g Grieß in 1 Eßlöffel zerlassener Butter unter ständigem Rühren goldgelb anbraten. • Mit ¾ l Gemüsebrühe aufgießen und bei schwacher Hitze 15 Minuten quellen lassen. Die Suppe mit Salz und Pfeffer abschmecken. • 2 Eigelbe mit ⅛ l Sahne verquirlen und die Suppe damit legieren.

Pommersche Hagebuttensuppe

750 g Hagebutten
¾ l Wasser
2 Eßl. Butter
1 Eßl. Weizen- oder Reismehl
4 Eßl. Zucker
Saft von 1 Zitrone
1 Tasse Rotwein
1 Prise gemahlener Zimt
⅛ l Sahne

Pro Portion etwa
1670 Joule/390 Kalorien

Zubereitungszeit: 1 Stunde

Die Hagebutten waschen, die Blütenansätze und die Stiele abschneiden. Die Hagebutten halbieren und die Kerne entfernen. Die Hagebutten mit dem Wasser zum Kochen bringen und zugedeckt bei schwacher Hitze in etwa 1 Stunde weich kochen. • Die Hagebutten in ein Sieb schütten; das Kochwasser dabei auffangen. Die Hagebutten durch ein Sieb passieren. • Die Butter zerlassen, das Mehl hineinstäuben und unter Rühren hellgelb anbraten. Nach und nach mit dem Hagebuttenkochwasser auffüllen. Die Suppe mit dem Zucker, dem Zitronensaft, dem Rotwein und dem Zimt verrühren, kochen lassen, dann vom Herd nehmen und das Hagebuttenmark untermischen. • Die Sahne steif schlagen und jede Portion mit einer Sahnehaube servieren.

Kalt · Kann vorbereitet werden

Gazpacho

Spanische kalte Gemüsesuppe

400 g reife Tomaten
1 grüne Paprikaschote
½ Salatgurke
1 Zwiebel
2 Knoblauchzehen
2 Teel. Zitronensaft
2 Eßl. Olivenöl
1 Tasse Semmelbrösel
⅛ l Sahne
je 1 Messersp. Salz und weißer Pfeffer
1 Teel. edelsüßes Paprikapulver
je 1 Teel. kleingeschnittener frischer oder je 1 Messersp. getrockneter Rosmarin und Salbei
2 Eßl. Schnittlauchröllchen

Pro Portion etwa
1650 Joule/410 Kalorien

Zubereitungszeit: 30 Minuten
Zeit zum Kühlen: 2 Stunden

Die Tomaten häuten, vierteln und entkernen. Die Paprikaschote halbieren, von weißen Rippen und Kernen befreien und die Schotenhälften waschen. Die Gurke schälen, längs halbieren und die Kerne mit einem Teelöffel herauskratzen. Eine Gurkenhälfte beiseite stellen. Die Zwiebel und die Knoblauchzehen schälen. Das ganze Gemüse kleinschneiden und im Mixer pürieren. • Den Zitronensaft mit dem Olivenöl und den Semmelbröseln unter das Gemüsepüree rühren. • Die zweite Gurkenhälfte feinraspeln und unter die Suppe mengen. Die Sahne, das Salz, den weißen Pfeffer, das Paprikapulver, den Rosmarin und den Salbei unter die Suppe rühren und die Suppe 2 Stunden zugedeckt im Kühlschrank durchziehen lassen. • Die Schnittlauchröllchen vor dem Servieren über die Suppe streuen.

Das paßt dazu: hauchdünne geröstete Weißbrotscheiben.

Mein Tip Man kann beim Pürieren die Paprikaschote weglassen und zur gekühlten Suppe rote und grüne Paprikawürfelchen, Gurkenraspel und Tomatenwürfelchen gesondert reichen. Jeder kombiniert dann seine Einlage selbst.

Grundrezept

Beeren-Kaltschale

500 g Erdbeeren, Brombeeren, Himbeeren, Johannisbeeren, Holunderbeeren oder Stachelbeeren
½ l Wasser
5 Eßl. Zucker
2 Eßl. Speisestärke (nach Belieben Tapioka)
Saft von 1 Zitrone
⅛ l Weißwein
⅛ l Sahne

Pro Portion etwa
1170 Joule/280 Kalorien

Zubereitungszeit: 30 Minuten
Zeit zum Kühlen: 2–3 Stunden

Die Beeren waschen, abtropfen lassen, von Stielen, gegebenenfalls auch von Blütenansätzen befreien, und schlechte Stellen ausschneiden. Etwa ¼ der Beeren zugedeckt beiseite stellen. • Die übrigen Beeren mit dem Wasser und dem Zucker zugedeckt bei schwacher Hitze 5 Minuten kochen lassen. Die Beeren dann durch ein Sieb passieren und mit dem Sud in einen Topf schütten. • Die Speisestärke mit wenig kaltem Wasser anrühren. Das Beerenmus zum Kochen bringen, die angerührte Speisestärke unterrühren, einige Male aufkochen und dann abkühlen lassen. • Die Kaltschale mit dem Zitronensaft und dem Weißwein abschmekken, die zurückbehaltenen Beeren – Erdbeeren gegebenenfalls halbieren oder vierteln – mit der Sahne unterrühren. • Die Kaltschale 2–3 Stunden im Kühlschrank durchkühlen lassen.

Das paßt dazu: Löffelbisquits.

Mein Tip Eine Kaltschale können Sie auch aus Früchten wie Pfirsichen, Aprikosen, Kirschen, Birnen, Äpfeln, Pflaumen, aus Rhabarber und allen exotischen Früchten zubereiten (500 g Fruchtfleischmenge!). Die Zuckermenge richtet sich nach der Süße des Obstes. Statt Wein können Sie auch zur Geschmacksgebung den Saft von 1 Zitrone zusätzlich verwenden und die Kaltschale mit jeweils zu dem Obst passenden Likör oder Schnaps abschmecken. Sie können auch die Sahne halbsteif schlagen und auf die Speisestärke verzichten.

Salate und Salatsaucen

Salate erfreuen sich heute immer größerer Beliebtheit, weil sie unseren Bedürfnissen nach gesunder und leichter Kost besonders entsprechen: Sie sind reich an Vitaminen und kalorienarm. Knackig und frisch zubereitet sind sie eine Köstlichkeit. Sie lassen sich schnell herstellen und sind vielseitig verwendbar: als Vorspeise, als Beilage, als eigene Mahlzeit, als Nachtisch und als Bestandteil eines kalten Buffets.

Hier einige wichtige Hinweise, damit Ihnen Ihre Salate immer gelingen:

- Die Zutaten sollen frisch und von bester Qualität sein. Die makellosen großen Früchte, die meist Produkte eines mit Kunstdünger und Pflanzenschutzmitteln arbeitenden Intensivanbaus sind, schmecken oft nicht so gut wie die unscheinbaren, mit weniger chemischen Rückständen belasteten Exemplare. Problematisch sind besonders Salate und Früchte aus dem Unterglasanbau. Die meisten Aroma- und Nährstoffe enthalten immer noch die im Freiland ausgereiften Früchte der Saison. Kaufen Sie bevorzugt Salate, Gemüse und Obst auf den Wochenmärkten oder dort, wo Sie sicher sein können, daß sie frische Produkte der Ihnen vertrauten Umgebung bekommen. Vermeiden Sie Verkaufsstände an verkehrsreichen Straßen, weil Sie dort mit Blei belastete Ware erwerben. Bei Salaten und Früchten, deren Herkunft Sie nicht kennen, die also an einem luftverschmutzten Ort gewachsen sein können, vermindern Sie die Belastung durch Blei, wenn Sie
- gründlich mit warmem Wasser waschen;
- Früchte, die man eigentlich mit Schale essen kann, trotzdem schälen,
- bei Kohl und Kopfsalaten mehrere Schichten von Hüllblättern entfernen.

Weitere Informationen über den Umgang mit belasteten Lebensmitteln finden Sie im Kapitel Essen heute – kleine Ernährungskunde.

Ansonsten gelten für die Behandlung von Salaten und Früchten die folgenden Regeln:

- Gemüse und Salate sollen möglichst rasch verarbeitet werden. Will man sie kurzfristig lagern, muß man sie waschen, in ein feuchtes Küchentuch schlagen und im Gemüsefach des Kühlschrankes aufbewahren.
- Blattsalate am besten unter leichtem Wasserstrahl handwarm waschen, weil sich dann der Schmutz leichter löst und der Salat durch das kurze lauwarme Bad knackiger wird.
- Obst und Gemüse schonend, aber gründlich waschen; nicht im Wasser liegen lassen.
- Gemüse für Salate nur kurz garen. Es soll knackig sein.
- Gemüse- und Obstsalate schmecken besser, wenn man sie gut durchziehen läßt.

Das A und O für einen gelungenen Salat ist aber auch die Salatsauce, die dem Ganzen Wohlgeschmack und Würze verleiht. Natürlich gilt für die Salatsauce wie für den Salat: Sie ist nur so gut wie ihre Zutaten. Wählen Sie:

- Geschmacksneutrales kaltgepreßtes Pflanzenöl oder das aromatische kaltgepreßte Olivenöl aus der ersten Pressung, das milde im Geschmack ist.
- Guten Rotwein-, Weißwein- oder Sherryessig.
- Statt Salatmayonnaise kann man auch mit Joghurt oder Sahne verdünnte selbstgemachte Mayonnaise verwenden. Kalorienbewußte können die Mayonnaise auch ganz durch Joghurt oder Dickmilch, saure Sahne oder Crème fraîche ersetzen.
- Frische Kräuter – sie werden immer erst unmittelbar vor ihrer Verwendung gehackt, damit die in ihnen enthaltenen ätherischen Öle, denen Kräuter und Gewürze ihr Aroma verdanken, nicht verfliegen.
- Frisch gemahlene oder im Mörser zerstoßene Gewürze, die nicht überaltert sein sollen. Von gemahlenen Gewürzen nur kleine Mengen kaufen, die bald verbraucht werden können.
- Essig-Öl-Saucen kann man auf Vorrat zubereiten und gut 2 Wochen im Schraubglas im Kühlschrank aufbewahren. Dies gilt auch für Saucen aus Mayonnaise.

Beim Mixen der Salatsauce geht man am besten so vor: Die Salatschüssel je nach Wunsch zuerst mit einer halbierten Knoblauchzehe ausreiben, dann Essig oder Zitronensaft, Senf, Salz oder auch Zucker zugeben und so lange mit dem Schneebesen rühren, bis das Salz bzw. der Zucker völlig aufgelöst ist. Erst dann Öl, Sahne oder Joghurt und Kräuter und Gewürze unterrühren, das Salz löst sich nämlich im Öl nur langsam auf. Man kann auch die Salatzutaten zunächst in der Essig- oder Zitronensauce wenden und dann erst das Öl darüberträufeln.

Als Faustregel für ein ausgewogenes Verhältnis der Grundzutaten einer Salatsauce gelten folgende Zusammensetzungen:

- 4 Teile Öl, 1 Teil Essig
- 4 Teile Öl, 1 Teil Zitronensaft
- 3 Teile Sahne, Joghurt oder Quark, 1 Teil Essig oder Zitronensaft
- 3 Teile saure Sahne, knapp 1 Teil Zitronensaft

Grundrezept

Kopfsalat

1 großer Kopfsalat
½ Knoblauchzehe
¼ Teel. Salz
1 Prise Pfeffer
1 Prise Zucker
2 Eßl. Weinessig
5 Eßl. Öl
2 Eßl. Schnittlauchröllchen

Pro Portion etwa
500 Joule/120 Kalorien

Zubereitungszeit: 15 Minuten

Die äußeren, schlechten Blätter entfernen und den Salatkopf in Blätter zerlegen. Die Kopfsalatblätter gründlich unter fließendem handwarmem Wasser mit mildem Strahl waschen. Ein starker Wasserstrahl würde die Blätter verletzen und die Nährstoffe in der Pflanze zerstören. Den gewaschenen Salat in einem Durchschlag abtropfen lassen, dann in einer Salatschleuder trockenschleudern oder auf ein frisches Küchentuch legen, mit den Zipfeln des Tuches zusammenfassen und im Tuch schwenken. Der Salat muß völlig trocken sein, sonst wird die Salatsauce wässrig und fad. • Für die Salatsauce die Knoblauchzehe schälen, halbieren und die Salatschüssel mit ½ Knoblauchzehe ausreiben. Das Salz, den Pfeffer, den Zucker und den Essig in die Schüssel geben und so lange – am besten mit dem Schneebesen – rühren, bis Salz und Zucker aufgelöst sind. Das Öl löffelweise zufügen und weiterrühren, bis sich Essig und Öl innig verbunden haben. • Die Salatblätter in die Schüssel geben, die Schnittlauchröllchen darüberstreuen und mit einem Salatbesteck behutsam und locker mit der Sauce mischen. Den Salat sofort servieren.

Mein Tip Für Kopfsalat eignen sich vor allem die Essig- oder Zitronen-Öl-Saucen mit Kräutern. Die cremigen Dressings auf Mayonnaisebasis sind zu schwer.

Preiswert · Schnell

Sommer-Salat

1 Kopfsalat wie im Grundrezept beschrieben vorbereiten. 2 kleine Tomaten waschen und vierteln. ½ Salatgurke schälen und in dünne Scheiben schneiden oder hobeln. 1 Bund Radieschen waschen und ebenfalls in Scheiben schneiden. • Die Zutaten mischen und mit einer Essig-Öl-Sauce mit Kräutern, Rezept Seite 82, oder mit einer Sauce vinaigrette, Rezept Seite 83, anmachen.

Gelingt leicht · Schnell

Kopfsalatherzen mit Creme Dressing

Von 2 Köpfen Salat nur die Salatherzen benutzen, unzerteilt waschen, abtropfen lassen und vierteln. • Jeweils 2 Viertel auf Portionstellern anrichten und mit American Dressing und Knoblauch Dressing, Rezepte Seite 85, übergießen. • Zu kurzgebratenem Fleisch reichen.

Gute Vorspeise

Kopfsalat mit Orangen und Ananas

1 Kopfsalat wie im Grundrezept beschrieben vorbereiten und die Salatblätter in kleinere Stücke reißen. 1 Orange schälen, in Spalten teilen und die Spalten in Würfel schneiden; dabei die Kerne entfernen. 2 Scheiben Ananas schälen, vom Strunk befreien und ebenfalls würfeln. • Alles in eine Salatschüssel geben und mit einer Sauce aus 1 Messerspitze Salz, 2 Teelöffeln braunem Zucker oder Honig, 2 Teelöffeln Zitronensaft, 2 Eßlöffeln Orangensaft und 3 Eßlöffeln Öl anmachen. • Schmeckt besonders gut zu gebratenem Hühner- oder Putenfleisch, zu rohem wie gekochtem Schinken.

Schnell

Russischer Specksalat

1 großen Kopfsalat wie im Grundrezept beschrieben vorbereiten. • Für die Sauce 50 g fetten Räucherspeck in kleine Würfel schneiden, glasig braten und 5 Eßlöffel Sahne einrühren. • 2 Eßlöffel Roquefortkäse zerdrücken und mit 4 Eßlöffeln Buttermilch, 1 Messerspitze Salz und 1 Teelöffel getrocknetem Oregano mischen. • Die Specksahne unterrühren und die Sauce unter den Salat heben. • Zu Kartoffelgerichten reichen.

Gute Vorspeise

Eisbergsalat mit Nüssen und Mandarinen

1 kleinen Kopf Eisbergsalat wie im Grundrezept für Kopfsalat beschrieben vorbereiten. Mit 50 g geschälten Pekannuß- oder Walnußkernen, 2 in Spalten zerlegten Mandarinen und 1/2 Bund gehackter Petersilie mischen. • Mit Sahne-Orangen-Sauce, Rezept Seite 84, anmachen.

Mein Tip Probieren Sie Eisbergsalat mit American Dressing oder Roquefort Dressing, Rezepte Seite 85. Verzichten Sie bei der letzteren auf die Mandarinen.

Preiswert

Bunter Endiviensalat

1 Kopf Endiviensalat wie im Grundrezept für Kopfsalat beschrieben vorbereiten und die Blätter in Streifen schneiden. Mit 1 gehäuteten, kleingeschnittenen frischen Pfirsich und 1 streifig geschnittenen roten Paprikaschote mischen. • Mit einer Sauce aus 2 Eßlöffeln Zitronensaft, 2 Eßlöffeln Apfelsaft, 1 Eßlöffel Madeirawein, 2 Eßlöffeln Öl und 1 Messerspitze Salz anmachen.

Mein Tip Endiviensalat können Sie wie Kopfsalat anmachen und kombinieren. Wegen seiner etwas festeren Blattstruktur paßt er auch gut zu cremigen Dressings.

Gute Vorspeise

Feldsalat

Ob Rapunzelsalat, Rabienschen, Rapunschen, Nisslsalat oder Feldsalat, es handelt sich um ein und dieselbe Salatpflanze. Feldsalat ist ein ausgesprochener Wintersalat. Es gibt ihn bis zum zeitigen Frühjahr zu kaufen.

300 g Feldsalat
1 kleine Zwiebel
1/4 Teel. Salz
1 Prise weißer Pfeffer
1 Teel. Zucker
3 Eßl. Zitronensaft
6 Eßl. Öl

Pro Portion etwa
550 Joule/130 Kalorien

Zubereitungszeit: 15 Minuten

Die Feldsalatpflänzchen mehrmals in handwarmem Wasser waschen und verlesen (schlechte Blätter entfernen). Die Wurzelansätze so kürzen, daß die Pflänzchen nicht auseinanderfallen. Den Salat trockenschleudern. • Für die Sauce die Zwiebel schälen und in sehr kleine Würfel schneiden. Das Salz, den Pfeffer, den Zucker, die Zwiebelwürfel, den Zitronensaft und das Öl miteinander verrühren. Die Sauce über den Feldsalat gießen und vorsichtig unterheben.

Mein Tip: Hartgekochtes gehacktes Ei über den Salat streuen. Den Salat auch einmal mit einer Sahnesauce anmachen. Feldsalat mit Orangen- oder Mandarinenschnitzen und gehackten Walnüssen kombinieren oder einfach mit Kopfsalat mischen; mit einer Zitronen-Öl-Sauce anmachen.

Gelingt leicht

Spinatsalat

150 g Blattspinat wie Feldsalat vorbereiten. 2 Möhren schaben und grobraspeln. • 2 Eßlöffel Sesamkörner in einer Pfanne ohne Fettzugabe unter Wenden goldgelb rösten. • Den Spinat mit den Möhrenraspeln, dem Sesam und 1 Eßlöffel gehackter Petersilie mischen. • Aus 3 Eßlöffeln Zitronensaft, 1/4 Teelöffel Salz, 1 Messerspitze Zucker, 1 Prise weißem Pfeffer und 5 Eßlöffeln Sesamöl eine Sauce rühren, über den Spinat gießen und vorsichtig unterheben. • Zu Steaks und gebratener Leber reichen.

Gute Vorspeise

Wildkräutersalat

Wildkräuter schmecken im Frühjahr, wenn ihre Blätter noch zart sind, am besten. Aus älteren Pflanzen bereitet man besser Gemüse. – Leider können wir heutzutage nicht mehr unbesorgt überall Kräuter sammeln. Meiden Sie in jedem Fall Feldraine und Wiesen in Autostraßennähe. Weitere Informationen dazu finden Sie im Kapitel Essen heute – kleine Ernährungskunde. Schauen Sie nach buntblühenden Wiesen, Bachufern und Böschungen. Die beste Tageszeit zum Kräutersammeln ist der frühe Vormittag, bevor die pralle Sonne die Blätter austrocknet. Wertvoll und als Salatzutat gut geeignet sind Löwenzahn – Blätter und Blüten – Sauerampfer, Schafgarbe, Wiesenknopf (wilde Pimpinelle), Spitzwegerich, Hirtentäschel, Gänseblümchenblätter und -blüten, ganz junge Brennesselspitzen. – Wilde Kräuter enthalten mehr Bitterstoffe als unsere Küchenkräuter. Der intensive Geschmack kann durch Mischen mit Gartensalatpflanzen, Kartoffeln oder Getreide abgemildert werden.

200 g Wildkräuter
1 kleiner Kopfsalat
1 Bund Radieschen
½ Knoblauchzehe
2 Eßl. Schnittlauchröllchen
French Dressing, Rezept Seite 82

Pro Person etwa
550 Joule/130 Kalorien

Zubereitungszeit: 15 Minuten

Die Kräuter verlesen, waschen, trockenschwenken und große Blätter etwas kleiner schneiden. Den Salatkopf zerlegen, putzen, waschen und ebenfalls trockenschwenken. Die Radieschen waschen und in Scheiben schneiden. Die Knoblauchzehe schälen und eine Salatschüssel damit ausreiben. Die Kräuter, den Salat, die Radieschen und die Schnittlauchröllchen in der Schüssel mischen. • Die Salatsauce darübergießen und unterheben.

Brennesselsalat

3 Scheiben Landbrot in Würfel schneiden und in 2 Eßlöffeln Öl goldbraun braten. • 200 g junge Brennesselspitzen und 100 g Sauerampfer waschen, trockenschwenken, feinhacken und mischen. • Mit einer Eier-Vinaigrette, Rezept Seite 83, anmachen und mit den Brotwürfeln bestreuen.

Gute Vorspeise · Schnell

Chicoréesalat

500 g Chicorée
einige Kopfsalatblätter
50 g Rosinen
50 g Haselnüsse
2 rohe Eigelbe
1 Teel. Salz
1 Prise Zucker
2 Eßl. Weinessig
4 Eßl. Traubenkernöl
einige frische Minzeblätter oder 1 Zweig Basilikum

Pro Portion etwa
1050 Joule/250 Kalorien

Zubereitungszeit: 20 Minuten

Von den Chicoréestauden äußere schlechte Blätter entfernen, das Wurzelende kürzen, die Stauden waschen und abtropfen lassen. Den bitteren Keil am Wurzelende der Staude nach Belieben entfernen. Das feine Bitteraroma gibt dem Salat eine interessante Note. Die Salatblätter waschen, trockenschleudern und eine Salatschüssel damit auslegen. Den Chicorée quer in feine Streifen schneiden. Die Rosinen waschen, die Haselnüsse grobhacken und beides mit den Chicoréestreifen mischen. • Aus den Eigelben, dem Salz, dem Zucker, dem Essig und dem Öl eine Sauce rühren. Etwas von der Salatsauce über die Salatblätter träufeln und die übrige Sauce unter den Chicorée heben. Den Salat in der ausgelegten Schüssel anrichten und mit den Minzeblättchen oder dem Basilikum garnieren.

Paßt gut zu: Schnitzel oder als Teil zu einem kalten Buffet.

Grundrezept

Fenchelsalat mit Trauben

600 g Fenchelknollen (etwa 3 mittelgroße Knollen)
150 g blaue Weintrauben
Sauce: American Dressing, Rezept Seite 85
1 säuerlicher Apfel

Pro Portion etwa
1300 Joule/310 Kalorien

Zubereitungszeit: 20 Minuten

Von den Fenchelknollen die Stiele abschneiden. Das zarte Fenchelgrün waschen und aufbewahren. Von den Knollen die äußeren harten Blätter entfernen. Die

Knollen waschen, längs halbieren und die Hälften in Scheiben schneiden. • Die Weintrauben waschen, trockentupfen, halbieren, entkernen und mit dem Fenchel mischen. • Die Hälfte vom Fenchelgrün feinschneiden und mit dem Salatdressing unter den Salat heben. • Den Apfel waschen, abtrocknen, vierteln und vom Kerngehäuse befreien. Die Apfelviertel ungeschält in Streifen schneiden und behutsam unter den Salat mischen. Den Salat mit dem restlichen Fenchelgrün garnieren.

Paßt gut zu: kaltem Braten, gekochtem Schinken und Grilladen.

Preiswert

Fenchelsalat mit Radieschen

Bild Seite 88

3 Fenchelknollen (etwa 600 g) wie im Grundrezept beschrieben vorbereiten und in hauchdünne Scheiben schneiden. Etwas Fenchelgrün zurückbehalten. 8 Radieschen waschen und feinhobeln. 1/4 Salatgurke schälen, halbieren, die Kerne herauskratzen und das Fruchtfleisch in Stifte schneiden. • Mit einer Zitronen-Öl-Sauce, Rezept Seite 82, anmachen und mit 1 Eßlöffel gehackter frischer Minze und 1 Eßlöffel Schnittlauchröllchen bestreuen.

Gute Vorspeise

Salat aus rohem Staudensellerie

500 g Staudensellerie (1 große Staude) putzen, waschen (etwas Selleriegrün aufbewahren) und die Staude in 1/2 cm große Stücke schneiden. • Aus 3 Eßlöffeln Zitronensaft, 1 Teelöffel Senf, 1 Messerspitze Salz, 1/2 Teelöffel Zucker und 1 Tasse Sahne eine cremige Sauce rühren. • 1 Apfel waschen, vierteln, vom Kerngehäuse befreien, ungeschält in Scheiben schneiden und mit den Selleriestücken mischen. • Die Salatsauce unterheben und den Salat 15 Minuten durchziehen lassen. Vor dem Servieren 2 Eßlöffel gehackte Haselnüsse unterrühren und den Salat mit feingewiegtem Selleriegrün bestreuen.

Grundrezept

Tomatensalatplatte

8 Tomaten
1/4 Teel. Salz
1 Messersp. grobgemahlener schwarzer Pfeffer
1 Zwiebel
5 Eßl. Öl
2 Eßl. Weinessig
2 Eßl. Schnittlauchröllchen

Pro Portion etwa
670 Joule/160 Kalorien

Zubereitungszeit: 20 Minuten

Die Tomaten waschen, abtrocknen und in gleichmäßig dünne Scheiben oder Achtel schneiden. Auf einer Platte oder in einer flachen Schüssel anrichten und mit dem Salz und dem Pfeffer bestreuen. • Die Zwiebel schälen, kleinwürfeln und die Zwiebelwürfel auf die Tomaten verteilen. Das Öl mit dem Essig verrühren und über die Tomaten und die Zwiebelwürfel gießen. • Den Salat 15 Minuten ziehen lassen. Vor dem Servieren mit Schnittlauchröllchen bestreuen.

Paßt gut zu: Hackbraten und Schnitzel.

Gelingt leicht · Schnell

Provenzalischer Tomatensalat

500 g Tomaten waschen, abtrocknen und in Scheiben schneiden. 2 Knoblauchzehen schälen und hacken. 1 Bund Petersilie waschen, abtropfen lassen und feinhacken. • Die Tomatenscheiben in eine Schüssel schlichten. Jede Schicht mit Pfeffer, Salz, gehacktem Knoblauch und Petersilie bestreuen. Die oberste Schicht mit 3 Eßlöffeln Olivenöl beträufeln. • Als Vorspeise oder Teil eines Salatbuffets reichen.

Preiswert

Tomatensalat aus Slawonien

500 g Tomaten häuten und in Stücke schneiden. • 3 rote Paprikaschoten so lange im heißen Backofen rösten, bis die Haut aufspringt. Die Schoten ebenfalls häuten und in Ringe schneiden. • 1 Zwiebel schälen und in dünne Scheiben schneiden. • Die Zutaten mit 1/4 Teelöffel Salz und 2 Messerspitzen grobgemahlenem schwarzem Pfeffer bestreuen, vorsichtig mischen und mit 5 Eßlöffeln Olivenöl beträufeln. Mit Schnittlauchröllchen bestreuen. • Paßt gut zu Fleischspießchen.

Grundrezept

Gurkensalat

1–2 Salatgurken
1/4 Teel. Salz
1 Messersp. weißer Pfeffer
1 Eßl. Zitronensaft
5 Eßl. saure Sahne
2 Eßl. Öl
3 Eßl. frische gehackte Kräuter (Dill, Borretsch, Schnittlauch, Zitronenmelisse, etwas Estragon und Minze)

Pro Portion etwa 420 Joule/100 Kalorien

Zubereitungszeit: 10 Minuten

Die Gurken waschen und schälen. • Für die Sauce das Salz mit dem Pfeffer, dem Zitronensaft, der sauren Sahne, dem Öl und den Kräutern verrühren. Die Gurken grobraspeln oder in nicht zu dünne Scheiben hobeln. • Die Sahnesauce darübergießen und vorsichtig unterheben.

Paßt gut zu: Fischgerichten, allen Braten, Gerichten aus Hackfleisch, bayerischem Kartoffelsalat und herzhaften Getreideaufläufen.

Mein Tip Gurken schmecken in allen gemischten rohen Salaten gut. Sie sind delikat in Kartoffelsalat oder kombiniert mit Garnelen oder Käse. Probieren Sie Gurkensalat mit einer einfachen Zitronen-Öl-Sauce mit Kräutern, Rezept Seite 82, mit einer Kräuterquarksauce, Rezept Seite 86, oder mit Avocado-Salatsauce, Rezept Seite 89.

Gute Vorspeise

Gurkensalat mit Schafkäse

1 Salatgurke schälen, hobeln und mit 100 g in Würfel geschnittenem Schafkäse mischen. • Mit einer Essig-Öl-Sauce mit Zwiebeln, Rezept Seite 82, übergießen. 1 Eßlöffel frisch gehackte Minze vorsichtig unterheben.

Gelingt leicht

Gurkensalat aus der Türkei

1 Scheibe Weißbrot im Wasser einweichen. • 1 große Salatgurke schälen und hobeln. • Für die Sauce das Weißbrot ausdrücken und durch ein Haarsieb streichen. Mit 2 Eßlöffeln Weinessig, 2 Eßlöffeln Wasser, 2 Eßlöffeln Öl, 2 zerdrückten Knoblauchzehen, 1/2 Teelöffel Salz, 1 Messerspitze weißem Pfeffer und 2 Eßlöffeln gehackten Mandeln verrühren. • Die Sauce über die Salatgurke gießen und alles gut mischen. • Zu Kalbsbraten oder Fleischspießchen reichen.

Gute Vorspeise

Liang-Pan-Huang-Qua

Chinesischer Gurkensalat

1 Salatgurke längs halbieren, schälen, die Kerne aus den Gurkenhälften herauskratzen und die Gurke in dicke Scheiben schneiden. • Aus 1 Teelöffel Sojasauce, 1 Eßlöffel Weißweinessig, 1/2 Teelöffel Salz, 2 Teelöffeln Zucker, 2 Eßlöffeln Sesamöl und 2 Spritzern Tabascosauce eine Salatsauce rühren. Über die Gurkenscheiben gießen, den Salat durchheben und vor dem Servieren kühl stellen.

Schnell

Gemischter Salat

Zutaten für 6 Personen:
1 Kopfsalat oder Eisbergsalat
1 Radicchiosalat
je 1 grüne und rote Paprikaschote
1/2 Salatgurke
1 Bund Radieschen
1 große Fleischtomate
100 g enthülste, rohe Zuckererbsen
1 Karton Kresse
3 Eßl. Sojabohnenkeimlinge
4 Eßl. gemischte Kräuter
Sauce vinaigrette, Rezept Seite 83

Pro Portion etwa: 730 Joule/150 Kalorien

Zubereitungszeit: 20 Minuten

Den Kopfsalat oder Eisbergsalat und den Radicchio putzen, waschen und trockenschleudern. Die Paprikaschoten halbieren, von den Kernen und Rippen befreien, waschen und in Streifen schneiden. Die Gurke waschen, schälen und hobeln oder in Scheiben schneiden. Von den Radieschen den Wurzel- und den Stielansatz abschneiden. Die Radieschen waschen und in dünne Scheiben schneiden. Die Fleischtomate waschen und in Scheiben schneiden. Die Zuckererbsen waschen und gut abtropfen lassen. Die Kresse vom Beet schneiden, waschen und abtropfen lassen. • Die vorbereiteten Zutaten mischen, die Sojabohnenkeimlinge und die frischen Kräuter darüberstreuen und die Sauce vinaigrette darübergießen. Den Salat gut durchheben und gleich auftragen.

Paßt gut zu: Aufläufen, Nudelgerichten und herzhaften Braten.

Gute Vorspeise

Griechischer Bauernsalat

Bild Seite 69

Die Salatschüssel mit 1 halbierten Knoblauchzehe ausreiben. 1 grüne Paprikaschote halbieren, entkernen, waschen und in Streifen schneiden. 1 große Zwiebel schälen und in Scheiben schneiden. $^1/_2$ ungeschälte Salatgurke waschen und in nicht zu kleine Würfel schneiden. 1 Fleischtomate waschen und in Stücke schneiden. • Die Zutaten in die Schüssel schichten, mit einer Essig-Öl-Sauce, Rezept Seite 82, übergießen und vorsichtig mischen. 150 g gewürfelten Schafkäse und 50 g schwarze Oliven auf den Salat geben und den Käse mit getrocknetem Oregano bestreuen. • Den Salat mit frischem Basilikum garnieren und vor dem Servieren 20 Minuten durchziehen lassen. • Stangenweißbrot dazu reichen.

Schnell · Preiswert

Kressesalat

2 Kartons Gartenkresse vom Beet schneiden, waschen und abtropfen lassen. 1 kleinen Kopfsalat putzen, waschen und trockenschleudern. 2 Tomaten waschen und in Scheiben schneiden. • Die Zutaten mischen und mit einer Essig-Öl-Sauce, Rezept Seite 82, anmachen. 2 Eßlöffel Sahne darüberträufeln. • Schmeckt gut zu Grilladen und Kurzgebratenem.

Radieschensalat

2 Stengel Zitronenmelisse und 2 Stengel Basilikum waschen, abtropfen lassen und feinschneiden. 2 Bund Radieschen waschen und in Scheiben schneiden. • Für die Salatsauce $^1/_8$ l saure Sahne mit 1 Eßlöffel Magerquark, 1 Eßlöffel Zitronensaft, 1 Teelöffel Senf, 2 Messerspitzen Salz, 2 Messerspitzen Zucker und $^1/_4$ Teelöffel grobgemahlenem schwarzem Pfeffer verrühren. • Die Kräuter und die Radieschen unterheben und 1 Eßlöffel gehackten Dill darüberstreuen. • Zu Gebratenem vom Schwein oder als Teil eines Salatbuffets reichen.

Gute Vorspeise

Kopfsalat mit Gänseblümchen

1 Kopfsalat und 125 g jungen Blattspinat zerlegen beziehungsweise verlesen, waschen und trockenschleudern. 1 Tasse Gänseblümchen mit geschlossenen Blütenköpfen und zarten Blättern verlesen, waschen und gut abtropfen lassen. • Die Zutaten mischen und mit einer Sauce aus 2 Eßlöffeln Zitronensaft, 1 Teelöffel Honig, 1 Messerspitze Salz, 1 Prise weißem Pfeffer und 4 Eßlöffeln Öl übergießen. Mit 1 Eßlöffel gerösteten Mandelblättchen bestreuen. • $^1/_8$ l Sahne mit 1 Prise Salz und 1 Teelöffel Zucker halbsteif schlagen, mit 2 Eßlöffeln saurer Sahne verrühren und zum Salat reichen. • Zu herzhaften Aufläufen servieren.

Mein Tip Sammeln Sie die Gänseblümchen am Morgen oder in der Abenddämmerung, wenn die Blütenköpfe geschlossen sind.

Grundrezept

Salat aus geriebenen rohen Möhren

Zitronen-Öl-Sauce, Rezept Seite 82
1 Prise Ingwerpulver
500 g Möhren
1 Eßl. gehackte Walnüsse oder Haselnüsse

Pro Portion etwa 1010 Joule/240 Kalorien

Zubereitungszeit: 15 Minuten

Die Zitronen-Öl-Sauce in der Schüssel zubereiten und mit dem Ingwer würzen. • Die Möhren unter fließendem kaltem Wasser waschen, schaben oder dünn schälen. Junge Möhren brauchen nicht geschabt oder geschält zu werden. Die Möhren mit einer Rohkostreibe direkt in die Salatsauce reiben. • Die gehackten Nüsse auf die Möhrenraspel streuen und alles behutsam mischen. Den Salat sofort servieren.

Paßt gut zu: Frikadellen oder Rollbraten.

Gute Vorspeise

Möhren-Apfel-Rohkost

200 g Möhren waschen und schaben. 2 Äpfel vierteln, schälen und vom Kerngehäuse befreien. • Eine Sahne-Zitronen-Sauce, Rezept Seite 84, zubereiten und die Äpfel und Möhren in die Salatsauce reiben und vermischen. • Mit gehackter Petersilie, etwas Kresse oder Feldsalat garnieren. • Zu gebratener Leber oder zu Hühnchen servieren.

Gelingt leicht

Marokkanischer Möhrensalat mit Orangen

Bild Seite 88

500 g Möhren waschen und schaben. • Aus 1 Eßlöffel Orangenblütenwasser, Saft von 1 Zitrone, 1 Prise Salz und 1 Eßlöffel Puderzucker eine Salatsauce rühren. • Die Möhren grob in die Marinade raspeln. 2 Orangen filetieren und die Spalten unterheben. Den Salat vor dem Servieren 20 Minuten kühl stellen. • Schmeckt gut zu gebratener Ente.

Gute Vorspeise

Kohlrabi-Rohkost

Für die Sauce 4 Eßlöffel saure Sahne mit 1 Eßlöffel Zitronensaft und 1 Eßlöffel Öl verrühren. Mit 1 Messerspitze Salz, 2 Messerspitzen Zucker und ½ Teelöffel Senf würzen. • ½ Bund Petersilie oder etwas Fenchelkraut oder Schnittlauch waschen, feinschneiden und unter die Sauce rühren. • 3 junge Kohlrabiknollen schälen und grob in die Sauce raspeln. Mit einigen feingehackten zarten Kohlrabiblättchen bestreuen. • Zusammen mit anderen Rohkostsalaten zum Auftakt einer Mahlzeit machen.

Rote-Bete-Rohkost

Eine Salatsauce aus Frischkäse, Rezept Seite 86, bereiten und 2 Eßlöffel gehackte Petersilie unterrühren. • 300 g Rote Bete (2 Knollen) unter fließendem Wasser bürsten, schälen und auf einer feinen Rohkostreibe in die Salatsauce raspeln. 1 Apfel waschen, schälen, vom Kerngehäuse befreien und ungeschält zu den Roten Beten reiben. • Alles mischen und die Rohkost in einer mit Kopfsalatblättern ausgelegten Schüssel anrichten. • Zu kalten Braten oder Heringsgerichten reichen.

Grundrezept

Weißkohlsalat

500 g Weißkohl (½ mittelgroßer Kohlkopf)
50 g Rosinen
2 säuerliche Äpfel
4 Eßl. Zitronensaft
4 Orangen
1 Eßl. Honig oder Ahornsirup
1 Messersp. Ingwerpulver oder 1 Teel. feingeriebene frische Ingwerwurzel
5 grobgehackte Paranüsse oder Haselnüsse

Pro Portion etwa 1535 Joule/365 Kalorien

Zubereitungszeit: 25 Minuten

Vom Weißkohl schlechte Blätter entfernen. Den Kohl waschen und feinhobeln. Strunk sowie dicke Rippen können mitgehobelt werden. • Die Rosinen waschen und in heißem Wasser quellen lassen. • Die Äpfel waschen, abtrocknen, vierteln, vom Kerngehäuse befreien, grobraspeln, auf den Kohl legen und mit 2 Eßlöffeln Zitronensaft beträufeln. • 2 Orangen schälen und dabei sorgfältig die weiße Haut entfernen. Die Orangen in dünne Scheiben schneiden und auf die Apfelraspel geben. • Die Rosinen abtropfen lassen und zufügen. • Für die Sauce die beiden übrigen Orangen auspressen und mit dem restlichen Zitronensaft, dem Honig oder dem Ahornsirup und dem Ingwer verrühren. • Die Sauce über die Zutaten in der Salatschüssel gießen und alles gut mischen. Den Salat 30 Minuten ziehen lassen und mit den gehackten Nüssen bestreut servieren.

Paßt gut zu: gebratenem Truthahn und anderem Geflügel.

Cole slaw

Nordamerikanischer Kohlsalat

400 g Weißkohl wie im Grundrezept beschrieben vorbereiten und feinhobeln. Die Kohlstreifen mit 4 Eßlöffeln Salatmayonnaise mischen und 2 Stunden kühl stellen. • 4 säuerliche Äpfel waschen und ungeschält in feine Stifte schneiden. Die Apfelstifte unter den Kohl heben. • Zu Steaks oder gegrilltem Fleisch reichen.

Gelingt leicht

Sauerkrautsalat

400 g rohes Sauerkraut
2 säuerliche Äpfel
5 Eßl. Sahne
3 Eßl. Öl
1 Eßl. Zitronensaft
1 Eßl. geriebener Meerrettich
1/2 Eßl. geriebene Zwiebel
1 Messersp. Salz
1/2 Teel. Zucker

Pro Portion etwa
570 Joule/140 Kalorien

Zubereitungszeit: 10 Minuten
Zeit zum Durchziehen: 30 Minuten

Das Sauerkraut etwas kleinschneiden. • Die Äpfel waschen, abtrocknen, vierteln und die Kerngehäuse herausschneiden. Die Apfelviertel in dünne Scheiben hobeln und mit dem Sauerkraut mischen. • Für die Sauce die Sahne mit dem Öl, dem Zitronensaft, dem Meerrettich, der Zwiebel, dem Salz und dem Zucker verrühren, unter den Salat heben und diesen 30 Minuten ziehen lassen.

Paßt gut zu: Bratwurst, Schweinebraten und Kasseler.

Preiswert

Sauerkrautsalat mit Früchten

400 g Sauerkraut kleinschneiden, mit je 1 Apfel und 1 Birne – in Scheiben gehobelt, 2 Ananasscheiben, in Würfel geschnitten, und einer Sauce aus 2 Eßlöffeln Weinessig, 1 Eßlöffel Ananassaft, 1 Teelöffel Senf, je 1 Messerspitze Salz und Zucker, 1 Prise weißem Pfeffer und 4 Eßlöffeln Öl mischen. • Mit gehackten Walnußkernen bestreuen und 30 Minuten durchziehen lassen. • Zu Schweinekoteletts oder Hammelkoteletts reichen.

Braucht Zeit

Salat aus rohen Champignons

350 g kleine frische und feste Champignons
1 kleine Zwiebel
1 Eßl. Sherry-Essig
1/4 Teel. Salz
1 Prise schwarzer Pfeffer
1 Prise Zucker
4 Eßl. Olivenöl
2 Eßl. feingehackte Petersilie

Pro Portion etwa
505 Joule/120 Kalorien

Zubereitungszeit: 20 Minuten
Zeit zum Durchziehen: 30 Minuten

Die Champignons putzen, waschen, abtropfen lassen und feinblättrig schneiden. • Für die Sauce die Zwiebel schälen und reiben, mit dem Essig, dem Salz, dem Pfeffer, dem Zucker, dem Olivenöl und der Petersilie verrühren. • Die Sauce mit den Champignons mischen und den Salat 30 Minuten durchziehen lassen.

Paßt gut zu: gebratenem Geflügel.

Mein Tip Der Champignonsalat schmeckt ausgezeichnet, wenn man ihn mit 1 in Scheiben geschnittenen Fleischtomate vermischt.

Zum Bild rechts:

Der griechische Bauernsalat, auf dem nebenstehenden Bild vorne, gehört zu den bekanntesten Spezialitäten aus dem südlichen Balkan. Mit frischem Schwarzbrot und Butter ergibt er eine leichte Abendmahlzeit und ein erfrischendes Essen für heiße Tage. Der Maissalat, im Bild hinten, eine wohlschmekkende Mischung aus köstlichen Zutaten, ist ein besonders schönes Beispiel für Salate aus gegartem Gemüse. Die Rezepte finden Sie auf den Seiten 66 und 73.

Gelingt leicht

Sojasprossensalat

Wie man Sojasprossen (Sojabohnenkeimlinge) ohne Schwierigkeiten selbst ziehen kann, erfahren Sie im großen Küchen-ABC unter dem Stichwort Sojabohnenkeimlinge.

500 g frische Sojasprossen (Sojabohnenkeimlinge)
½ Karton Kresse
3 Eßl. helle Sojasauce
1 Teel. Zucker
2 Eßl. Sesamöl

Pro Portion etwa 460 Joule/110 Kalorien

Zubereitungszeit: 10 Minuten
Zeit zum Durchziehen: 15 Minuten

Die Sojasprossen waschen und abtropfen lassen. Die Kresse vom Beet schneiden, kalt überbrausen, abtropfen lassen und mit den Sojasprossen mischen. • Für die Sauce die Sojasauce mit dem Zucker und dem Sesamöl verrühren. Über die Sojabohnenkeimlinge gießen und unterheben. Den Salat 15 Minuten durchziehen lassen.

Paßt gut zu: fernöstlichen Gerichten.

Mein Tip Nach Belieben die Sojasprossen blanchieren: Dazu in einer Schüssel mit 1 l kochendem Wasser übergießen, 2 Minuten ziehen lassen, abgießen und abtropfen lassen. Man nimmt so bereits grünen Sprossen den leicht bitteren Geschmack.

Zum Bild links:

Salate aus oder mit Vollkorn sind gesund, überaus wohlschmeckend und sättigend. Sie können eine ganze Mahlzeit abgeben. Zum Körndlsalat (im Bild oben), mit vielen frischen Kräutern und einer würzigen Salatsauce angemacht, paßt noch ein gemischter Blattsalat mit Radieschen, Gurke, Paprikaschote und Quarksauce. Ein herzhaftes und erfrischendes Essen läßt sich mit dem Salat aus gekeimten Weizenkörnern (im Bild vorne) bereiten. Die Rezepte für die beiden Salate finden Sie auf den Seiten 74 und 75.

Gute Vorspeise

Sojasprossensalat mit Champignons

250 g Sojasprossen blanchieren, kalt überbrausen, abtropfen lassen und mit 250 g blättrig geschnittenen, in 1 Eßlöffel Öl angebratenen Champignons mischen. • Mit einer Sauce aus 1 Eßlöffel Zitronensaft, 1 Messerspitze Salz, ½ Teelöffel Zucker, 1 Prise schwarzem Pfeffer und 3 Eßlöffeln Olivenöl mischen. Gleich servieren. • Schmeckt gut zu Fleischspießchen.

Gute Vorspeise

Avocadosalat mit Brunnenkresse

1 Bund Brunnenkresse
3 Avocados
15 schwarze Oliven
Salatsauce aus Frischkäse, Rezept Seite 86
2 hartgekochte Eier

Pro Portion etwa 2015 Joule/480 Kalorien

Zubereitungszeit: 15 Minuten

Die Brunnenkresse von den Stielen zupfen, waschen und abtropfen lassen. • Die Avocados halbieren, vom Stein befreien, aushöhlen und das Fruchtfleisch in Scheiben schneiden. • Die Avocadoscheiben mit der Kresse und den Oliven mischen und die Salatsauce vorsichtig unterheben. • Die Eier schälen, vierteln und den Salat damit garnieren.

Grundrezept

Salat aus gekochten Roten Beten

1 l Wasser
500 g Rote Bete
4 Eßl. Wasser
1 Teel. Salz
1 Messersp. Zucker
1–2 Eßl. Weinessig
1 Lorbeerblatt
1 Gewürznelke
½ Teel. Kümmel
1 Zwiebel
1 Eßl. Öl

Pro Portion etwa 330 Joule/80 Kalorien

Zubereitungszeit: etwa 1 Stunde und 30 Minuten
Zeit zum Durchziehen: 1 Stunde

Das Wasser zum Kochen bringen. Die Roten Beten unter fließendem Wasser gründlich bürsten, den Blattschopf vorsichtig abdrehen, damit die Schale nicht verletzt wird und die Knolle nicht »ausblutet«. Die Knollen in das kochende Wasser legen und zugedeckt in 60–80 Minuten garen. • Für die Salatsauce das Wasser mit dem Salz, dem Zucker, dem Essig, dem Lorbeerblatt, der Gewürznelke und dem Kümmel verrühren. Die Zwiebel schälen, in dünne Ringe schneiden und zur Salatsauce geben. • Die weichgekochten Roten Beten in einem Durchschlag kurz mit kaltem Wasser überbrausen, schälen, in gefällige Scheiben schneiden und in eine Schüssel geben. • Die Salatsauce erhitzen und das Lorbeerblatt und die Gewürznelke herausnehmen. Die heiße Salatsauce über die Roten Beten gießen, den Salat vorsichtig mischen und zugedeckt etwa 1 Stunde durchziehen lassen. Vor dem Servieren mit dem Öl beträufeln.

Paßt gut zu: gekochtem Rindfleisch, Bratwurst oder Bratkartoffeln.

Mein Tip Man kann 1–2 Eßlöffel geriebenen Meerrettich unter den Salat mischen.

Kann vorbereitet werden

Salat aus gekochtem Sellerie

1 große Sellerieknolle (500 g) waschen, schälen, vierteln und in 20–30 Minuten in Salzwasser weich kochen. • Einige zarte Sellerieblättchen waschen und aufbewahren. • Den Sellerie in gefällige Scheiben schneiden und mit einer Salatsauce aus 1 Tasse Sellerie-Kochwasser, 2 Eßlöffeln Zitronensaft, 1/2 Teelöffel Salz und 2 Messerspitzen Zucker übergießen. Den Salat mischen und 1 Stunde ziehen lassen. • Vor dem Servieren 1 Apfel waschen, ungeschält in die Schüssel mit dem Sellerie reiben und unterheben. • Den Salat mit Salz und Zitronensaft abschmecken, mit 2 Eßlöffeln Öl beträufeln und mit gehacktem Selleriegrün bestreuen. • Schmeckt gut zu gegrillten Würsten und herzhaftem Braten.

Gute Vorspeise

Blumenkohlsalat

1 Blumenkohl in Salzwasser in etwa 20 Minuten weich kochen, abtropfen lassen, in Röschen zerlegen und auskühlen lassen. • Mit einer Eier-Vinaigrette oder mit einer Ravigote, Rezepte Seite 83, übergießen und 1 Stunde durchziehen lassen. • Geeignet für ein Salatbuffet mit anderen gekochten Salaten (grüne Bohnen, Zucchini, Rote Bete, Eiersalat).

Broccolisalat

Von 750 g Broccoli die Stiele schälen, den Kohl in etwa 15 Minuten in Salzwasser garen, abtropfen und auskühlen lassen. • Den Broccoli in Röschen zerlegen und die Stiele in Stücke schneiden. • Den Salat mit einer italienischen Salatsauce, Rezept Seite 83, mit Sahne-Zitronen-Sauce, Rezept Seite 84, oder Roquefort Dressing, Rezept Seite 85, anmachen. • Zu kaltem Braten servieren.

Preiswert

Bohnensalat

750 g grüne Bohnen oder Wachsbohnen waschen, die Fäden abziehen, die Bohnen in Stücke brechen, in Salzwasser mit 1/2 Bund frischem Bohnenkraut in etwa 20 Minuten weich kochen und abgießen. • Noch heiß in einer Schüssel mit einer Marinade aus 1 Tasse Bohnenkochwasser, das mit 1/2 Gemüsebrühwürfel verrührt wurde, begießen und etwas abkühlen lassen. • Mit French Dressing, Rezept Seite 82, mischen und mit gehackter Petersilie bestreut servieren. • Schmeckt gut zu allen Grilladen.

Siebenbürger Bohnensalat

500 g junge grüne Bohnen in Salzwasser mit 1/2 Bund frischem Bohnenkraut in etwa 20 Minuten garen und abgießen. • 50 g durchwachsenen Speck würfeln, ausbraten und mit 1 kleingewürfelten Zwiebel und 2 kleingeschnittenen roten Paprikaschoten zu den Bohnen geben. • Für die Sauce 2 Eßlöffel Essig mit 1/2 Teelöffel Salz, 1 Messerspitze weißem Pfeffer und 1 Messerspitze scharfem Paprikapulver verrühren. Über die Bohnen gießen und unterheben. • Mit Kartoffel- und Krautsalat zu Schweinebraten reichen.

Braucht Zeit

Spargelsalat

500 g Spargel schälen, in Salzwasser in etwa 20 Minuten weich kochen, abtropfen lassen und in Stücke schneiden. • Die Spargelstücke mit 100 g blättrig geschnittenen Champignons mischen. • Für die Salatsauce 4 Eßlöffel Salatmayonnaise mit ¼ Teelöffel Salz, 1 Messerspitze Zucker, 1 Prise weißem Pfeffer und mit 1 Eßlöffel Zitronensaft verrühren. Die Mayonnaise unter den Spargel und die Champignons heben und den Salat 1 Stunde durchziehen lassen. • 2 hartgekochte Eier in Scheiben schneiden und vor dem Anrichten vorsichtig unter den Spargelsalat heben. Den Salat mit Petersilie bestreut servieren. • Schmeckt gut zu kalt aufgeschnittener Hühnerbrust oder Gänsebrust.

Salat aus gekochtem Fenchel

2–3 Fenchelknollen putzen, etwas Fenchelgrün zurückbehalten, die Knollen waschen, vierteln und in etwa 20 Minuten in Salzwasser mit 1 Messerspitze Anissamen garen und abtropfen lassen. • Den noch warmen Fenchel vierteln, mit einer Marinade aus 2 Eßlöffeln Zitronensaft, ½ Tasse Fenchelkochwasser und 1 Messerspitze Salz übergießen und 30 Minuten durchziehen lassen. • Den Fenchel auf einer Platte anrichten und mit Roquefort Dressing, Rezept Seite 85, überziehen. Mit Fenchelgrün garniert servieren. • Schmeckt gut zu gegrilltem Fleisch.

Gute Vorspeise

Salatplatte mit gekochtem Gemüse

Zutaten für 6 Personen:
Gekochtes Gemüse: je 250 g grüne Bohnen, Möhren, Blumenkohl, Broccoli, Spargelspitzen und grüne Erbsen nebeneinander auf einer Platte anrichten und mit feingehackter Petersilie bestreuen. • Mit 2–3 verschiedenen Saucen servieren. Folgende Salatsaucen sind dafür besonders gut geeignet: Sauce vinaigrette, Ravigote und eine italienische Salatsauce, Rezepte Seite 83, außerdem einem American Dressing, Rezept Seite 85.

Raffiniert

Bunter Maissalat

Bild Seite 69

2 grüne Paprikaschoten von den Kernen und Rippen befreien, waschen, in schmale Streifen schneiden und 5 Minuten in Salzwasser blanchieren und abtropfen lassen. • 2 säuerliche Äpfel schälen, vom Kerngehäuse befreien und würfeln. • 300 g gegarte Maiskörner (von 3 Maiskolben oder aus der Dose) mit den Apfelwürfeln und den Paprikaschotenstreifen mischen und den Salat mit einer Zitronen-Öl-Sauce, Rezept Seite 82, anmachen. Mit gehackter Petersilie bestreut servieren. Nach Belieben mit Tomatenachteln und Eischeiben garnieren. • Paßt gut zu Geflügelgerichten.

Schnell

Méchonia

Tunesischer Paprikasalat

750 g grüne Paprikaschoten
2 Peperoni
2 Zwiebeln
3 Knoblauchzehen
6 Eßl. Olivenöl
500 g feste Tomaten
1 Teel. Salz
2 Messersp. grobgemahlener schwarzer Pfeffer

Pro Portion etwa
1050 Joule/250 Kalorien

Zubereitungszeit: 25 Minuten

Die Paprikaschoten und Peperoni auf einem Kuchenblech im heißen Backofen dicht unter den Grillstäben so lange unter Wenden grillen, bis die Haut dunkel wird und aufspringt. • Die Zwiebeln und die Knoblauchzehen schälen, feinhacken und mit dem Olivenöl mischen. • Von den Paprikaschoten und den Peperoni dann die Haut abziehen, die Schoten halbieren, die Kerne und Rippen entfernen und die Schotenhälften feinhacken. Die Tomaten häuten, entkernen und ebenfalls hacken. Das Gemüse mit dem Zwiebelgemisch vermengen und mit dem Salz und dem Pfeffer würzen. Den Salat gut gekühlt servieren.

Das paßt dazu: frisches Weißbrot.

Grundrezept

Bayerischer Kartoffelsalat

750 g festkochende Kartoffeln	*1 Teel. Salz*
½ l Wasser	*2 Messersp. weißer Pfeffer*
1 Teel. Salz	*6 Eßl. Öl*
2 Zwiebeln	*2 Eßl. gehackte Petersilie*
⅜ l Fleischbrühe	*Pro Portion etwa*
2 Eßl. Essig	*880 Joule/210 Kalorien*

Zubereitungszeit: 45 Minuten
Zeit zum Durchziehen: 15 Minuten

Die Kartoffeln waschen und ungeschält im Salzwasser in 25–30 Minuten garen. • Inzwischen die Zwiebeln schälen und feinwürfeln. • Die Kartoffeln sind gar, wenn man beim Anstechen einer Kartoffel keinen festen Widerstand mehr spürt. Die Kartoffeln abgießen, ausdampfen lassen und noch warm schälen und in Scheiben schneiden. • Die Fleischbrühe erwärmen und über die Kartoffelscheiben gießen. Den Essig mit dem Salz, dem Pfeffer, dem Öl und der Petersilie verrühren. Die Marinade mit den Zwiebelwürfeln unter die Kartoffeln heben. • Den Salat zugedeckt 15 Minuten bei Raumtemperatur durchziehen lassen.

Paßt gut zu: paniertem Fisch oder Schnitzel, Kotelett, deutschem Beefsteak, Bratwurst oder Würstchen.

Mein Tip Man kann den Kartoffelsalat auch mit einer Sauce aus dem Essig und 6 Eßlöffeln Salatmayonnaise zubereiten.

Preiswert

Berliner Kartoffelsalat

Aus 500 g festkochenden Kartoffeln Pellkartoffeln kochen, noch warm schälen und in Scheiben schneiden. • 250 g frische grüne Erbsen in leicht gesalzenem Wasser garen, in ein Sieb schütten und abtropfen lassen. • 250 g Fleischwurst häuten und in Streifen schneiden. 2 Scheiben Ananas in Stücke schneiden. 2 Eßlöffel Haselnüsse grobhacken. • Alles gut mischen und mit einer Salatsauce aus 6 Eßlöffeln Salatmayonnaise, 4 Eßlöffeln Fleischbrühe, 2 Eßlöffeln Weinessig, ½ Teelöffel Salz und 1 Messerspitze weißem Pfeffer anmachen. Mit gehackter Petersilie bestreuen.

Gurken-Kartoffelsalat

750 g Pellkartoffeln noch warm schälen, in Würfel schneiden und mit ½ ungeschälten, in Würfel geschnittenen Salatgurke mischen. 1 Bund frische gemischte Kräuter (Dill, Borretsch, Estragon, Liebstöckel, Zitronenmelisse, Schnittlauch) feinhacken und auf die Gurken-Kartoffel-Mischung streuen. • Aus 3 Eßlöffeln Weinessig, 1 Teelöffel Kräutersalz, 1 Messerspitze braunem Zucker, ¼ Teelöffel grobgemahlenem schwarzem Pfeffer, 1 zerdrückten Knoblauchzehe und 6 Eßlöffeln kaltgepreßtem Olivenöl eine Salatsauce rühren, über die Kräuter gießen und gut unterheben.

Warmer Speck-Kartoffelsalat

Aus 750 g Kartoffeln Pellkartoffeln kochen. • Aus 1 Tasse Fleischbrühe, 2 Eßlöffeln Weinessig, ½ Teelöffel Salz, 2 Messerspitzen weißem Pfeffer und 2 Eßlöffeln Öl eine Salatsauce rühren. • 125 g gewürfelten durchwachsenen Speck ausbraten. • Die Kartoffeln noch heiß schälen und in nicht zu dünne Scheiben schneiden. Mit der Salatsauce, 4 Eßlöffeln gehackter Petersilie und dem ausgebratenen Speck mischen. • Den Kartoffelsalat warm servieren. • Dazu schmeckt besonders gut heiße Fleischwurst und Kopfsalat.

Grundrezept

Körndlsalat

Salat aus ganzen Roggenkörnern
Bild Seite 70

125 g Roggenkörner	*5 Eßl. Distelöl*
½ l Wasser	*1 Bund Petersilie*
1 Teel. Kräutersalz	*2 Bund frische Gartenkräuter*
2 Knoblauchzehen	*Pro Portion etwa*
4 Eßl. Kräuteressig	*1590 Joule/380 Kalorien*
2 Teel. Hefeflocken oder Hefepaste	

Einweichzeit: 10 Stunden
Zubereitungszeit: 2 Stunden und 30 Minuten

Die Roggenkörner über Nacht, jedoch nicht länger als 10 Stunden (weil die Körner sonst bereits zu keimen beginnen), im Wasser quellen lassen. • Den Roggen dann im Einweichwasser zum Kochen bringen und bei sehr schwacher Hitze 1 Stunde leicht wallend kochen lassen. Ab und zu kontrollieren, ob noch genügend Wasser vorhanden ist und bei Bedarf noch etwas Wasser zufügen. Das Getreide dann mit dem Kräutersalz würzen und im heißen Wasserbad 1 Stunde nachquellen lassen. • Die Knoblauchzehen schälen, zerdrücken und mit dem Kräuteressig unter das Getreide mischen. Den Salat zugedeckt erkalten lassen. • Mit den Hefeflocken oder der Hefepaste würzen, nach Belieben nachsalzen und das Öl untermischen. Die Kräuter waschen, abtropfen lassen, sehr fein hacken und vor dem Servieren unterheben.

Das paßt dazu: grüner Salat oder Tomatensaft; denn der Körndlsalat ist sehr sättigend.

Braucht Zeit

Salat aus gekeimten Weizenkörnern

Bild Seite 70

5 Eßlöffel Weizenkörner 24 Stunden in einer Glasschüssel von Wasser bedeckt quellen lassen. Das Wasser dann abgießen und die Körner zugedeckt keimen lassen. Nach 2 Tagen zeigen sich helle Keimspitzen. • Die Weizenkörner jetzt kalt überbrausen, gut abtropfen lassen und locker mit 150 g Hüttenkäse mischen. Scheiben von 1 säuerlichen Apfel unterheben. • Aus 3 Eßlöffeln Obstessig, ½ Teelöffel Kräutersalz, je 1 Messerspitze Zucker und weißem Pfeffer und 3 Eßlöffeln Walnußöl eine Salatsauce rühren und über die Kräutermischung gießen. Den Salat 60 Minuten ziehen lassen. • Mit Feldsalatblättern, kleingeschnittener Zitronenmelisse und gehackten Haselnüssen bestreut servieren. • Schmeckt gut zu Gemüseaufläufen.

Gute Vorspeise

Bunter Getreidesalat

3 Tassen gemischte Getreidekörner (Weizen, Roggen, Grünkern, Buchweizen, Hirse, Hafer) wie im Grundrezept Körndlsalat beschrieben quellen lassen und kochen. • Dann mit 1 gewürfelten grünen Paprikaschote, ½ entkernten gehackten Fleischtomate und ½ in kleine Würfel geschnittenen Salatgurke mischen. • Mit einer Zitronen-Öl-Sauce, Rezept Seite 82, anmachen, 1 Stunde ziehen lassen und vor dem Servieren 3 Eßlöffel gehackte frische Kräuter unterheben. • Zu Grilladen oder Eierspeisen reichen.

Preiswert

Nudelsalat

2 l Wasser
2 Teel. Salz
200 g Hörnchennudeln oder gedrehte Nudeln
100 g mittelalter Gouda oder Chesterkäse im Stück
100 g geräuchertes Kasseler in nicht zu dünnen Scheiben
1 grüne Paprikaschote
50 g gefüllte Oliven
2 hartgekochte Eier
Thousand Island Dressing, Rezept Seite 85
1 Eßl. gehackte Petersilie

Pro Portion etwa
2540 Joule/655 Kalorien

Zubereitungszeit: 20 Minuten
Zeit zum Durchziehen: 1 Stunde

Das Wasser mit dem Salz zum Kochen bringen, die Nudeln einlegen und in etwa 12 Minuten al dente – bißfest – kochen. • Inzwischen den Käse und das Kasseler in kleine Würfel schneiden. Die Paprikaschote waschen, halbieren, entkernen und ebenfalls würfeln. Die Oliven grob hacken. 1 Ei würfeln, das andere in Scheiben schneiden. • Die Nudeln in ein Sieb abgießen und sofort mit den zerkleinerten Zutaten und der Salatsauce mischen. Die Nudeln dürfen nicht trocken werden, da sie sonst aneinanderpappen. Den Salat 1 Stunde ziehen lassen. • Den Nudelsalat vor dem Servieren mit den Eischeiben garnieren und mit der Petersilie bestreuen.

Paßt gut zu: Möhren-, Gurken- und Tomatensalat als Teil eines Salatbuffets.

Gelingt leicht

Holländischer Nudelsalat

200 g Hörnchennudeln in Salzwasser in 10–12 Minuten garen. • 200 g gekochte Rinderzunge, 250 g süß-sauer

eingelegte Kürbisstücke und ½ geschälte Salatgurke in etwa gleich große Würfelchen schneiden. • Die Nudeln abgießen und sofort mit den zerkleinerten Zutaten und mit 2 Messerspitzen Salz, 1 Messerspitze Pfeffer und mit 2 Eßlöffeln Essig mischen. Den Salat 5 Minuten ziehen lassen. • Aus 4 Eßlöffeln Salatmayonnaise, 4 Eßlöffeln saurer Sahne, 2 Teelöffeln Zitronensaft und je 1 Messerspitze Selleriesalz, Ingwerpulver und grobgemahlenem schwarzem Pfeffer eine Sauce rühren und den Salat damit anmachen. • Mit 2 Eßlöffeln kleingeschnittener Kresse bestreuen. • Zu Gemüsegerichten und gebratenem Hähnchen servieren.

Grundrezept

Matjessalat

2 Eier
4 Matjesfilets
2 Tomaten
2 rote Paprikaschoten
2 Gewürzgurken
2 Scheiben Ananas
1 Eßl. geriebener Meerrettich
1 Eßl. Mangochutney
2 Eßl. Öl
2 Messersp. Salz
1 Messersp. weißer Pfeffer
einige Kopfsalatblätter
2 Teel. Zitronensaft
1 Eßl. gehackter Dill

Pro Portion etwa 1090 Joule/260 Kalorien

Zubereitungszeit: 20 Minuten
Zeit zum Durchziehen: 30 Minuten

Die Eier in 10 Minuten hart kochen, abschrecken, schälen und in Scheiben schneiden. • Die Matjesfilets in Streifen schneiden. Die Tomaten häuten, die Kerne entfernen und die Tomaten würfeln. Die Paprikaschoten halbieren, von den Kernen und Rippen befreien, waschen und in feine Streifen schneiden. Die Gewürzgurken und die Ananasscheiben würfeln. • Die kleingeschnittenen Zutaten in einer Schüssel miteinander mischen. • Aus dem geriebenen Meerrettich, dem Mangochutney, dem Öl, dem Salz und dem Pfeffer eine Salatsauce rühren und über die Zutaten in der Schüssel gießen. • Die Kopfsalatblätter waschen, trockentupfen, eine Salatschüssel damit auslegen und mit dem Zitronensaft beträufeln. Den Matjessalat auf den Salatblättern anrichten. Mit den Eischeiben belegen und mit dem Dill bestreuen. Vor dem Servieren 30 Minuten zugedeckt im Kühlschrank durchziehen lassen.

Das paßt dazu: Salzkartoffeln und zerlassene Butter.

Gelingt leicht

Ostpreußischer Heringssalat

200 g Salzheringsfilets 2 Stunden lang wässern. • 2 Gewürzgurken, 1 Senfgurke und 1 säuerlichen Apfel in Würfel schneiden. • Aus 2 hartgekochten Eiern die Eigelbe lösen. Die Eiweiße hacken. • Für die Sauce die Eigelbe zerdrücken und mit 1 frischem Eigelb, 4 Eßlöffeln Öl, 2 Eßlöffeln Weinessig, 2 Eßlöffeln Rotwein, 1 Teelöffel Senf, ¼ Teelöffel Salz, 1 Prise weißem Pfeffer und 2 Eßlöffeln Salatmayonnaise verrühren. • Die Heringsfilets in Streifen schneiden und mit den Gurken-, den Apfelwürfeln, dem gehackten Eiweiß und der Salatsauce mischen. Zugedeckt im Kühlschrank 1 Stunde durchziehen lassen. • Petersilienkartoffeln dazu reichen.

Gute Vorspeise

Heringssalat auf rheinische Art

4 Heringsfilets in Streifen schneiden. 2 geschälte Pellkartoffeln, 2 gegarte geschälte Rote Beten, 1 säuerlichen Apfel, 200 g Kalbsbraten und 1 große Gewürzgurke würfeln und alles miteinander mischen. • Mit einer Essig-Öl-Sauce, Rezepte Seite 82, anrichten und mit Eiachteln und etwas gehackter Petersilie garnieren. • Auf gebuttertem Toast servieren.

Gute Vorspeise

Salat aus Meeresfrüchten

3 Lauchzwiebeln
2 Knoblauchzehen
3 Stengel Kerbel
3 Zweige Estragon
½ Bund Petersilie
¼ l trockener Weißwein
2 Zwiebeln
1 Messersp. weißer Pfeffer
½ Teel. Salz
250 g tiefgefrorene Tintenfischringe
250 g tiefgefrorene Muscheln
2 Teel. Tomatenmark
3 Eßl. Crème fraîche
¼ Kopf Eisbergsalat

Pro Portion etwa 800 Joule/190 Kalorien

Zubereitungszeit: 30 Minuten

Die Lauchzwiebeln waschen, schälen und mit dem Grün kleinschneiden. Den Knoblauch schälen und hacken. • Die Kräuter waschen und im Weißwein mit den Zwiebeln, dem Knoblauch, dem Pfeffer und dem Salz zum Kochen bringen. • Die noch gefrorenen Tintenfischringe und die Muscheln einlegen und nach dem Wiederaufkochen noch 5 Minuten köcheln lassen. Dann die Meeresfrüchte aus dem Sud heben und auskühlen lassen. • Den Sud durchseihen, auf knapp die Hälfte einkochen und auskühlen lassen. Das Tomatenmark und die Crème fraîche unterrühren. • Den Eisbergsalat waschen, trockenschleudern und in schmale Streifen schneiden. • Den Boden einer Salatschüssel damit bedecken und die Muscheln und das Tintenfischfleisch darauf anrichten. Den Salat gleichmäßig mit der Salatsauce überziehen.

Das paßt dazu: frisches Stangenweißbrot.

Gelingt leicht

Salat aus Riesengarnelen

4 tiefgefrorene Riesengarnelen (Hummerkrabben) in einem Sud aus ¼ l Weißwein, ⅛ l Wasser, 1 kleinen geschälten Zwiebel, 1 Möhre, etwas Fenchelgrün, 1 Teelöffel Salz, 2 Teelöffeln Senf, 1 Teelöffel schwarzen Pfefferkörnern, 1 Lorbeerblatt und ½ Bund Petersilie 5 Minuten kochen lassen. Aus dem Sud heben, aus dem Panzer lösen und in dicke Scheiben schneiden. • Den Sud durchseihen, auf etwa ⅛ l einkochen und kochend heiß über die Riesengarnelen gießen. Die Garnelen 10 Minuten ziehen lassen und dann aus dem Sud heben. • 1 filetierte Orange und 100 g blättrig geschnittene Champignons mit den Riesengarnelen mischen. • Den Salat mit einer Sauce aus 2 Eßlöffeln Orangensaft, 1 Eßlöffel Zitronensaft, 1 Teelöffel Dijonsenf, 2 Messerspitzen Salz, 1 Prise Cayennepfeffer, 4 Eßlöffeln Öl und 1 Eßlöffel gehackter Petersilie übergießen.

Gute Vorspeise

Muschelsalat aus der Normandie

500 g Muschelfleisch (frisch gegart, Rezept Seite 23, oder naturell eingelegt) mit einer Salatsauce aus 6 Eßlöffeln selbstgerührter Mayonnaise, Rezept Seite 84, oder Delikateßmayonnaise und 3 Eßlöffeln Muschelsud oder Einlegflüssigkeit, 5 Eßlöffeln trockenem Weißwein, 1 Teelöffel Dijonsenf, dem Saft von ½ Zitrone, 1 Messerspitze weißem Pfeffer, ¼ Teelöffel Salz und 1 Eßlöffel gehackter Petersilie mischen. • Kühl stellen und 30 Minuten durchziehen lassen. Auf Salatblättern anrichten. • Stangenweißbrot dazu reichen.

Schnell

Bayerischer Wurstsalat

500 g Lyoner Wurst oder Regensburger Würstchen
1 große Zwiebel
2 Eßl. Essig
5 Eßl. Wasser
½ Teel. Salz
1 Messersp. weißer Pfeffer
3 Eßl. Öl

Pro Portion etwa 1945 Joule/465 Kalorien

Zubereitungszeit: 15 Minuten

Die Wurst häuten und in dünne Scheiben schneiden. Die Zwiebel schälen und in Ringe schneiden. • Die Wurstscheiben in einer flachen Schüssel anordnen und die Zwiebelringe darauf verteilen. • Aus dem Essig, dem Wasser, dem Salz, dem Pfeffer und dem Öl eine Marinade rühren und über die Wurstscheiben und die Zwiebelringe gießen. Den Salat 5 Minuten durchziehen lassen.

Das paßt dazu: kräftiges Bauernbrot mit Butter oder frische Laugenbrezeln und Bier.

Kann vorbereitet werden

Schweizer Wurstsalat

300 g gehäutete Fleischwurst und 200 g Schweizer Emmentaler Käse in feine Streifen schneiden und mit 1 in Ringe geschnittenen Zwiebel und 1 in Streifen geschnittenen Senfgurke mischen. • Den Salat mit French Dressing, Rezept Seite 82, und einigen Tropfen Tabascosauce anmachen und 1 Stunde durchziehen lassen. • Bauernbrot oder dicke Vollkornbrotscheiben und Bier dazu reichen.

Schnell

Schwedischer Fleischsalat

400 g in Streifen geschnittenes, gebratenes, mageres Schweinefleisch mit 10 entsteinten gehackten Armagnac-Pflaumen und 1 grobgeraspeltem Apfel mischen. • Für die Sauce 8 Eßlöffel Salatmayonnaise mit 1 Eßlöffel Currypulver, ¼ Teelöffel Salz, 1 Prise Zukker, 1 Messerspitze Pfeffer und 2 Teelöffeln Zitronensaft würzen. ⅛ l halbsteif geschlagene Sahne unterziehen und das Schweinefleischgemisch mit der Sauce mischen. • Als Teil eines kalten Buffets servieren.

Grundrezept

Klassischer Geflügelsalat

Zutaten für 6 Portionen:
150 g frische Champignons
100 g ausgehülste junge Erbsen
1 gegartes Jungmasthuhn (1200 g), Rezept pochiertes Hähnchen, Seite 188
250 g frisch gekochter Spargel
5 Eßl. selbstgerührte Mayonnaise, Rezept Seite 84 oder Delikateßmayonnaise
5 Eßl. Sahne
1 Eßl. Zitronensaft
1 Teel. Salz
½ Teel. Zucker
1 Messersp. weißer Pfeffer
einige Kopfsalatblätter
1 Stengel Petersilie

Pro Portion etwa 2670 Joule/635 Kalorien

Zubereitungszeit: 40 Minuten
Zeit zum Durchziehen: 1 Stunde

Die Champignons putzen, größere Exemplare vierteln, kleine ganz lassen, in wenig Salzwasser 10 Minuten dünsten, abtropfen und erkalten lassen. • Die Erbsen im Champignonsud 5 Minuten dünsten und ebenfalls abtropfen und auskühlen lassen. • Das Huhn häuten, das Fleisch von den Knochen lösen und in etwa 4 cm lange Streifen schneiden. • Den Spargel in ebenso lange Stücke schneiden. • Die Mayonnaise in einer großen Schüssel mit der Sahne, dem Zitronensaft, dem Salz, dem Zucker und dem Pfeffer verrühren. • Das Hühnerfleisch, den Spargel, die Champignons und die Erbsen zufügen und alles locker mischen. Den Geflügelsalat kühl stellen und zugedeckt 1 Stunde durchziehen lassen. • Die Kopfsalatblätter waschen, trockentupfen und eine Salatschüssel damit auslegen. Den Geflügelsalat einfüllen und 1 kleinen Zweig Petersilie als Farbtupfen in die Mitte stecken.

Das paßt dazu: Toast, Butter und ein trockener Weißwein.

Mein Tip Für den Geflügelsalat können Sie auch Reste von gebratenem Huhn oder gebratenes Putenfleisch verwenden. 600 g Geflügelfleisch ist ausreichend für einen Salat von 4 Portionen. Eine milde Note bekommt der Geflügelsalat, wenn Sie noch 1 Tasse Ananasstückchen dazugeben.

Gute Vorspeise

Geflügelsalat mit Avocado und Orangen

2 Hühnerbrustfilets (etwa 300 g) in 10–12 Minuten in 2 Eßlöffeln Öl rundherum braun braten, salzen, pfeffern, erkalten lassen und in Stücke schneiden. • 2 Orangen schälen und in Scheiben schneiden. 1 Avocado halbieren, den Stein entfernen, das Fruchtfleisch auslösen und ebenfalls in Scheiben schneiden.
20 schwarze Oliven halbieren und entkernen. • Die Zutaten mischen und mit einer Salatsauce aus 3 Eßlöffeln Zitronensaft, 1 Messerspitze Salz, 1 Prise Zucker, 2 Eßlöffeln trockenem Sherry, 2 Spritzern Tabascosauce, 5 Eßlöffeln Olivenöl und je 2 Eßlöffeln Schnittlauchröllchen und feingehackter Petersilie anmachen. • Auf gebuttertem und mit Salatblättern belegtem Toast servieren.

Gute Vorspeise

Gänsesalat auf Dordogner Art

1 gebratene Gänsekeule (500 g) in Stücke schneiden. • 50 g durchwachsenen geräucherten Speck würfeln, in wenig Gänseschmalz ausbraten, aus dem Topf heben und abtropfen lassen. • 1 gehackte Zwiebel und 1 zerdrückte Knoblauchzehe im Speckfett glasig braten, das Gänsefleisch zugeben und mit ½ Teelöffel getrockneten Salbeiblättern, ½ Teelöffel getrocknetem Majoran, 1 Messerspitze schwarzem Pfeffer und etwas Salz würzen und 15 Minuten braten. • 150 g gegarte Maronen und 1 in Scheiben geschnittenen säuerlichen Apfel in den letzten 5 Bratminuten zufügen. • 150 g geputzten, gewaschenen und kleingeschnittenen Löwenzahn in einem French Dressing, Rezept Seite 82, anmachen, die Gänsefleischmischung noch heiß unterheben und den gebratenen Speck darüberstreuen. • Sofort servieren und warm zu Stangenweißbrot essen.

Kann vorbereitet werden

Feiner Kalbfleischsalat

500 g Kalbfleisch aus der Keule in einem Sud aus 1 l Geflügelbrühe, ⅛ l Weißwein, 1 Lorbeerblatt, 10 weißen Pfefferkörnern, 1 Möhre und 1 Zwiebel in etwa 1 Stunde garen. Das Fleisch im Sud erkalten lassen. • Für die Sauce 150 g selbstgerührte Mayonnaise, Rezept Seite 84, mit 200 g püriertem Thunfisch, 1 feingehacktem Sardellenfilet, 2 Eßlöffeln frischem gehacktem Basilikum, 2 Eßlöffeln gehackten Kapern

und $^{1}/_{8}$ l geschlagener Sahne verrühren. • Das Kalbfleisch in schmale Streifen schneiden, mit 2 Stangen in Stücke geschnittenem Staudensellerie und 2 Eßlöffeln zerschnittenen Grapefruitfilets mischen. • Die Thunfischmayonnaise darüberträufeln und unterheben. • Mit Toastbrot und herbem Weißwein reichen.

Mein Tip Seinen optimalen Geschmack erhält der Salat, wenn man ihn 24 Stunden an einem kühlen Ort durchziehen läßt.

Gute Vorspeise

Eiersalat mit Kräutern

8 Eier
2 runde, feste Tomaten
2 Bund Radieschen
1 Karton Gartenkresse
je 2 Zweige Kerbel und Estragon
1 Zweig Pimpinelle
je $^{1}/_{2}$ Bund Dill, Petersilie und Schnittlauch
Meerrettichsahne, Rezept Seite 293

Pro Portion etwa 1510 Joule/360 Kalorien

Zubereitungszeit: 30 Minuten
Zeit zum Durchziehen: 1 Stunde

Die Eier in 10 Minuten hart kochen, das Gelbe soll keinen blauen Rand haben. Die Eier abschrecken, schälen und in Scheiben schneiden. • Die Tomaten häuten und ebenfalls in Scheiben schneiden. Die Radieschen waschen und sehr dünn hobeln. Die Kräuter waschen, abtropfen lassen und sehr fein hacken. • Alle zerkleinerten Zutaten miteinander mischen und die Sahne-Meerrettich-Sauce unterheben. Den Salat zugedeckt 1 Stunde durchziehen lassen. • Vor dem Servieren noch einmal abschmecken. Falls die Eier zuviel von der Salatsauce aufgesogen haben, noch 2–3 Eßlöffel Sahne mit etwas Zitronensaft verrührt darüberträufeln.

Paßt gut zu: Gemüsesalaten und mariniertem Gemüse.

Eiersalat mit Krabben

8 hartgekochte Eier in Scheiben schneiden und mit 4 in dünne Ringe geschnittenen Lauchzwiebeln, 3 gehäuteten gewürfelten Tomaten und 200 g Krabben locker mischen. • Eine Sauce aus 4 Eßlöffeln Zitronensaft, $^{1}/_{2}$ Teelöffel Salz, $^{1}/_{4}$ Teelöffel schwarzem Pfeffer und 6 Eßlöffeln Öl verrühren. Den Eiersalat damit übergießen und 1 Stunde durchziehen lassen. • Auf Salatblättern mit Croûtons reichen.

Gute Vorspeise

Gössel-Salat

Eiersalat mit Brennesselspitzen

Die Gänsekinder wurden in der guten alten Zeit mit einer Mischung aus gehacktem Ei und Brennesseln aufgezogen. In einer verfeinerten Form schmeckt und bekommt der Salat auch Menschenkindern gut.

8 hartgekochte Eier schälen und feinhacken. 50 g ganz zarte Brennesselspitzen und 50 g Sauerampfer waschen, abtropfen lassen und feinwiegen. • 4 Scheiben Graubrot entrinden, würfeln und in 1 Eßlöffel Butter goldbraun braten. • Die Zutaten mischen und mit einer Sauce vinaigrette oder einer Ravigote, Rezepte Seite 83, anmachen. 30 Minuten durchziehen lassen. • Zu Kartoffelgerichten reichen.

Braucht Zeit

Käsesalat mit Früchten

250 g Gouda- oder Chesterkäse
1 kleine Zwiebel
2 Birnen
100 g Weintrauben
2 Scheiben Ananas
3 Eßl. Salatmayonnaise
3 Eßl. Joghurt
$^{1}/_{4}$ Teel. Salz
2 Teel. Zitronensaft
1 Teel. eingelegte grüne Pfefferkörner
1 Eßl. gehackte Mandelblättchen

Pro Portion etwa 1590 Joule/380 Kalorien

Zubereitungszeit: 20 Minuten
Zeit zum Durchziehen: 1 Stunde

Den Käse in Würfel schneiden. Die Zwiebel schälen und sehr fein würfeln. Die Birnen schälen und kleinschneiden. Die Weintrauben waschen, abtropfen lassen, halbieren und entkernen. Die Ananasscheiben in Würfel schneiden. • Die zerkleinerten Zutaten mischen. • Für die Sauce die Mayonnaise mit dem Joghurt, dem Salz, dem Zitronensaft, den Pfefferkörnern und den Mandelblättchen verrühren und den Salat damit anmachen. Den Salat zugedeckt 1 Stunde durchziehen lassen.

Das paßt dazu: Stangenweißbrot und Weißwein.

Schnell

Salat mit Schafkäse

1 Teelöffel getrocknetes Basilikum und 1 Teelöffel Oregano in 2 Eßlöffel Rotweinessig weichen lassen. • 250 g Schafkäse zerbröckeln und mit 50 g gewässerten, in Stücke geschnittenen Sardellenfilets, 1 entkernten, in schmale Streifen geschnittenen grünen Paprikaschote und 100 g entsteinten schwarzen Oliven locker mischen. • Für die Sauce 1 zerdrückte Knoblauchzehe, $^1/_4$ Teelöffel Salz, 2 Messerspitzen grobgemahlenen schwarzen Pfeffer mit dem Kräuter-Essig-Gemisch verrühren, 5 Eßlöffel Olivenöl unterschlagen und die Marinade über den Salat gießen. • In Chicoréeschiffchen mit Landbrot reichen.

Raffiniert

Diplomatensalat

250 g gegarte Sellerieknolle in kleine Würfel schneiden und mit 6 in kleine Stücke geschnittenen Ananasscheiben, 75 g grobgehackten Walnußkernen und 100 g entsteinten Sauerkirschen mischen. • Für die Sauce 6 Eßlöffel Salatmayonnaise mit 1 Eßlöffel Zitronensaft und 3 Eßlöffeln Ananassaft verrühren, über den Salat gießen und unterheben; vor dem Servieren 15 Minuten kühl stellen. • Als Teil eines Salatbuffets mit Stangenweißbrot reichen.

Mein Tip Statt der Ananasscheiben gehäutete, gewürfelte Pfirsiche und statt der Walnußkerne grobgehackte Haselnüsse mit den Selleriewürfeln und den Sauerkirschen mischen.

Grundrezept

Orangensalat

2 Navelorangen
1 Banane
Saft von 1 Zitrone
1 Boskopapfel
100 g Walnußkernhälften
2–3 Eßl. Honig
1 Schnapsglas Cointreau (2 cl)

Pro Portion etwa
1390 Joule/330 Kalorien

Zubereitungszeit: 30 Minuten
Zeit zum Durchziehen: 1 Stunde

Die Orangen schälen, dabei sorgfältig auch die weiße Haut entfernen und die Orangen quer in dünne Scheiben schneiden. Das geht am besten mit einem Messer mit Sägeklinge. Die Banane schälen, in nicht zu dünne Scheiben schneiden und mit etwas Zitronensaft beträufeln. Den Apfel schälen, in dünne Scheiben schneiden und ebenfalls mit Zitronensaft beträufeln. Die Walnußkerne grobhacken, einige Kerne ganz lassen. • Den Boden einer Glasschüssel mit Orangenscheiben belegen, etwas Honig daraufträufeln und die Orangen mit Bananenscheiben bedecken. Darauf eine Schicht Apfelscheiben geben und diese mit gehackten Walnußkernen bestreuen. Jetzt wieder Orangenscheiben darauflegen und mit Honig beträufeln. Das Obst und die Nüsse wie beschrieben einschichten, mit Orangenscheiben abschließen. • Den Salat mit den Walnußhälften belegen, mit dem Cointreau beträufeln, kühl stellen und 1 Stunde zugedeckt durchziehen lassen.

Das paßt dazu: cremig geschlagene gesüßte Sahne, mit echter Vanille gewürzt.

Mein Tip Wandeln Sie diesen einfachen Winter-Obstsalat ab, indem Sie die entsprechende Menge Blutorangen verwenden und die einzelnen Schichten mit gerösteten Pinienkernen bestreuen oder statt der Banane oder des Apfels frische Ananas wählen oder die Orangen zur Hälfte durch filetierte Grapefruit ersetzen. Dann jedoch etwas mehr Honig verwenden.

Gelingt leicht · Raffiniert

Gefüllte Melone

1 reife Netzmelone durchkühlen lassen. Vom Stielende einen Deckel abschneiden, aufbewahren und die Melonenkerne herauskratzen. Das Melonenfleisch mit einem Kugelausstecher bis auf einen etwa 1 cm dicken Rand auslösen. • Die Melonenkugeln mit 200 g verlesenen gewaschenen Brombeeren, 250 g abgebrausten Himbeeren, 150 g Monats- oder Walderdbeeren und 2 Eßlöffeln Zucker mischen. • Die Früchte in die ausgehöhlte Melone füllen und mit 1 Schnapsglas (2 cl) Himbeergeist beträufeln. Den Deckel auf die Melone setzen und diese nochmals 1 Stunde durchkühlen. • Mit Schlagsahne oder Vanilleeiskugeln servieren.

Braucht Zeit

Karibik-Salat

Bild Seite 87

1 kleine Ananas
1 kleine Papaya
2 Guaven
2 Limetten
100 g Zucker
1 Tasse Orangensaft
1 Stück Zimtstange
1 Vanilleschote
1 Prise Macispulver
1 Messersp. Ingwerpulver
1 Schnapsglas weißer Rum (2 cl)

Pro Portion etwa 1075 Joule/255 Kalorien

Zubereitungszeit: 30 Minuten
Zeit zum Durchkühlen: 1 Stunde

Die Ananas, die Papaya und die Guaven schälen. Die Ananas in Scheiben, die Papaya und die Guaven in Stücke schneiden und entkernen. Die Limetten heiß waschen und mit der Schale in hauchdünne Scheiben schneiden. • Alle Fruchtstücke in einer großen Schale oder auf Portionstellern anrichten. • Den Zucker mit dem Orangensaft, dem Zimtstück und der aufgeschnittenen Vanilleschote aufkochen, durch ein Sieb gießen und abkühlen lassen. • Die Fruchtsauce mit Macispulver und dem Ingwer würzen, mit dem Rum verrühren und über die Früchte gießen. Den Salat zugedeckt 1 Stunde im Kühlschrank durchziehen lassen. Eiskalt servieren.

Gelingt leicht

Sizilianischer Fruchtsalat

Bild Seite 87

1 kleine Honigmelone, 2 Kakifrüchte und 2 Kaktusfeigen schälen und in Scheiben oder Spalten schneiden. 2 Orangen filetieren. • Das Obst mit dem Saft von 1 Zitrone beträufeln und 1 Stunde zugedeckt im Kühlschrank durchziehen lassen. • $^1/_8$ l trockenen Weißwein mit 4 Eßlöffeln Zucker so lange erhitzen, bis die Hälfte der Flüssigkeit verdampft ist. Den Wein erkalten lassen und vor dem Servieren über die Früchte gießen.

Raffiniert

Tropischer Früchtebecher

2 Kiwis, 1 Papaya und je nach Größe $^1/_4$ oder $^1/_8$ Wassermelone schälen. Die Papaya und das Melonenfleisch von den Kernen befreien und alles Fruchtfleisch in Würfel schneiden, jedoch nicht mischen. • Die Würfel lagenweise nacheinander in 4 Cocktailgläser füllen. Jede Lage mit etwas Grand Marnier beträufeln und mit $^1/_2$ Teelöffel braunem Zucker bestäuben. Die Früchtebecher 1 Stunde durchkühlen lassen und mit Schlagsahne garniert auftragen.

Gelingt leicht

Papaya-Cocktail

200 g gewürfeltes Papayafruchtfleisch, 200 g Ananaswürfel und 15 halbierte entkernte blaue Weinbeeren mischen. • Mit 2 Eßlöffeln süßem Cherry und dem Saft von 1 Limette beträufeln. Den Salat 1 Stunde kühl stellen und in Gläsern mit einer Cocktailkirsche garniert auftragen.

Schnell

Kaki-Ananas-Salat

2 Kakifrüchte schälen, entkernen, das Fruchtfleisch würfeln, mit Anislikör beträufeln und 30 Minuten ziehen lassen. Mit 200 g Ananaswürfeln mischen und in Portionsschälchen füllen. • 250 g reife Aprikosen häuten, pürieren und das Aprikosenpüree auf die Fruchtwürfel in die Gläser geben.

Feigensalat

12 frische Feigen vierteln, mit 3 Eßlöffeln Puderzucker besieben und mit je 1 Schnapsglas Curaçao und Armagnac beträufeln. 1 Stunde durchkühlen. Vor dem Servieren mit $^1/_8$ l Portwein übergießen.

Erdbeer-Avocado-Salat

250 g Erdbeeren mit 50 g Zucker bestreuen. 1 Papaya von den Kernen befreien, das Fruchtfleisch auslösen und in Streifen schneiden. Die Früchte mit dem Saft von 1 Zitrone beträufeln und mit 1 Glas Sherry begießen. • Das Fruchtfleisch von 1 Avocado würfeln und mit 1 Eßlöffel Zitronensaft beträufeln. • $^1/_4$ l Sahne mit 2 Eßlöffeln Zucker steif schlagen und mit $^1/_2$ Teelöffel Cayennepfeffer würzen. • Die Früchte mischen, in eine Glasschüssel füllen und die Pfeffersahne dazu reichen.

Grundrezept

French Dressing

Französische Essig-Öl-Sauce

2 Eßl. Weinessig
$^1/_4$ Teel. Salz
1 Teel. scharfer Senf
1 Prise feingemahlener schwarzer Pfeffer
5 Eßl. Sonnenblumenöl

Pro Portion etwa 710 Joule/170 Kalorien

Zubereitungszeit: 3 Minuten

Den Essig, das Salz, den Senf und den Pfeffer in einer Salatschüssel mit dem Schneebesen verrühren, bis sich das Salz vollkommen aufgelöst und der Senf sich mit dem Essig gebunden hat. Das Öl zufügen und alles gründlich rühren, bis eine homogene Masse entsteht.

Paßt gut zu: allen grünen Blattsalaten, Wildkräutersalat, Chicoréesalat, Radicchiosalat, Tomatensalat und Selleriesalat.

Mein Tip 1 Prise bis 1 Teelöffel Zucker rundet die Sauce ab und nimmt ihr die aggressive Schärfe.

Zitronen-Öl-Sauce

Die Sauce wie im Grundrezept beschrieben rühren. Statt des Essigs jedoch 2 Eßlöffel Zitronensaft, statt des Senfs 1 Teelöffel Zucker oder 2 Teelöffel Honig nehmen und 5 Eßlöffel Öl. Nach Belieben 1 kleine sehr fein gehackte Zwiebel zufügen. • Für Salat aus geriebenen Möhren, Kohlrabi oder Roten Beten, für Kopfsalat oder Spinatsalat verwenden.

Norddeutsche Zitronensauce

3 Eßlöffel Zitronensaft mit 2 Eßlöffeln Wasser, 1 Prise Salz und 1 Eßlöffel Zucker gut verrühren, bis sich der Zucker völlig gelöst hat. • Grüne Blattsalate, Chicoréesalat und Möhrensalat damit anrichten.

Essig-Öl-Sauce mit Kräutern

Die Sauce wie im Grundrezept beschrieben bereiten und zuletzt entweder 2 Eßlöffel gehackte frische Kräuter unterrühren oder für bestimmte Salate nur eine Küchenkrautart wie Dill für Gurkensalat, Basilikum für Tomatensalat, Bohnenkraut für Bohnensalat verwenden.

Essig-Öl-Sauce auf provenzalische Art

$^1/_2$ Teel. Rosmarinnadeln
$^1/_2$ Teel. Salz
$^1/_2$ Teel. Zucker
2 Eßl. Weinessig
1 Eßl. Rotwein
$^1/_2$ kleine Zwiebel
5 Eßl. Olivenöl

Pro Portion etwa 485 Joule/115 Kalorien

Zubereitungszeit: 5 Minuten

Die Rosmarinnadeln mit ganz wenig kochendem Wasser übergießen und 3 Minuten ziehen lassen; die Nadeln werden dadurch weicher und geben ihr Aroma besser ab. • Das Salz und den Zucker mit dem Essig und dem Rotwein verrühren. • Die Zwiebel schälen und auf die Mischung reiben. Den Rosmarin mit dem Einweichwasser und dem Öl unter die Sauce rühren.

Paßt gut zu: gemischtem Salat und Käsesalat.

Italienische Salatsauce

1 Teel. Rosmarinnadeln
1 kleine Zwiebel
1 Knoblauchzehe
1/2 Teel. Salz
2 Messersp. feingemahlener schwarzer Pfeffer
1 Messersp. Cayennepfeffer
3 Eßl. Rotwein
1 Eßl. Weinessig
3 Eßl. Olivenöl
3 Eßl. heißes Wasser

Pro Portion etwa
320 Joule/75 Kalorien

Zubereitungszeit: 5 Minuten

Die Rosmarinnadeln mit ganz wenig kochendem Wasser übergießen und 3 Minuten ziehen lassen, bis sie weich sind und ihr Aroma an das Wasser abgegeben haben. • Die Zwiebel und die Knoblauchzehe schälen, feinreiben und mit dem Salz, dem Pfeffer, dem Cayennepfeffer, dem Rotwein und dem Weinessig verrühren. • Die Rosmarinnadeln mit dem Einweichwasser und mit dem Olivenöl unterrühren. 3 Eßlöffel heißes Wasser zufügen, gut umrühren und die Sauce vor der Verwendung noch einmal kühl stellen.

Paßt gut zu: Salaten aus gekochtem Gemüse wie Schwarzwurzeln, Erbsen oder Spargel, aber auch zu Eissalat und Römischem Salat.

Sauce vinaigrette

Vinaigrette

1 Eigelb
1/2 Teel. Salz
1 Messersp. feingemahlener weißer Pfeffer
3 Eßl. Estragonessig
6 Eßl. Öl
1 Eßl. kleine Kapern
Estragon, Kerbel und Petersilie

Pro Portion etwa
875 Joule/190 Kalorien

Zubereitungszeit: 10 Minuten

Das Eigelb mit dem Salz, dem Pfeffer, dem Essig und dem Öl verrühren. • Die Kapern abtropfen lassen und hacken. Die Kräuter waschen, abtropfen lassen, feinwiegen und mit den Kapern unter die Sauce rühren.

Paßt gut zu: allen grünen Salaten, Tomatensalat, Salat aus gekochtem Blumenkohl und Wachsbohnensalat.

Eier-Vinaigrette

1 entkernte grobgehackte Tomate, 1 hartgekochtes gehacktes Ei und nach Belieben noch Schnittlauchröllchen unter die fertige Sauce vinaigrette rühren.

Ravigote

Französische Kräutersauce

2 Sardellenfilets
1 Eßl. kleine Kapern
4 Schalotten
2 Eigelbe
1 Messersp. Salz
1 Prise Cayennepfeffer
1 Teel. scharfer Senf
3 Eßl. Weinessig
2 Eßl. Apfelsaft
je 1 Eßl. feingehackte Kerbelblätter und Petersilie
4 Eßl. Olivenöl

Pro Portion etwa
445 Joule/130 Kalorien

Zubereitungszeit: 15 Minuten

Die Sardellenfilets und die Kapern feinhacken. Die Schalotten schälen und kleinschneiden. • Die Eigelbe mit dem Salz, dem Pfeffer, dem Senf, dem Essig und dem Apfelsaft und den Kräutern verquirlen und das Öl unterrühren. • Zuletzt die Sardellen, die Kapern und die Schalotten untermischen.

Paßt gut zu: Wurstsalat, Käsesalat, Rindfleisch- und Geflügelsalat, zu kaltem Braten und Meeresfrüchten.

Speck-Salatsauce

50 g durchwachsener geräucherter Speck
2 Eßl. Essig
1 Messersp. Salz
1 Prise feingemahlener schwarzer Pfeffer

Pro Portion etwa
380 Joule/90 Kalorien

Zubereitungszeit: 15 Minuten

Den Speck in sehr kleine Würfel schneiden und ausbraten. • Das noch heiße Speckfett mit den Speckwürfeln mit dem Essig, dem Salz und dem Pfeffer verrühren und die Specksauce über den Salat gießen.

Paßt gut zu: Kopfsalat und Löwenzahnsalat.

Grundrezept

Sahne-Zitronen-Sauce

2 Eßl. Zitronensaft
1/2 Teel. Salz
1 Teel. Zucker
1/8 l Sahne
1 Eßl. feingehackte Petersilie
2 Eßl. feingehackte Mandeln oder Haselnüsse

Pro Portion etwa 520 Joule/125 Kalorien

Zubereitungszeit: 10 Minuten

Den Zitronensaft mit dem Salz und dem Zucker verrühren, bis Salz und Zucker völlig aufgelöst sind. • Die Sahne cremig schlagen und mit dem Zitronensaft mischen. • Die Petersilie und die Mandeln oder die Haselnüsse unter die Sahnesauce rühren und die Salatsauce über den angerichteten Salat gießen.

Paßt gut zu: Salat aus rohem und gekochtem Blumenkohl, Radicchiosalat, geriebenen Rohkostsalaten, vor allem Salat aus geriebenen Roten Beten und Sellerie.

Sahne-Orangen-Sauce

4 Eßl. Orangensaft mit je 1 Messerspitze Salz und Zukker und etwas abgeriebener Orangenschale verrühren und mit 1/8 l leicht cremig geschlagener Sahne mischen. • Rohkostsalate und Krautsalat damit anrichten.

Sardellensauce

1 Teelöffel Zitronensaft, 2 Eßlöffel Weinessig, 1 Messerspitze Salz, 1/2 Teelöffel Zucker, 1 Teelöffel Senf verrühren und mit 1/8 l Sahne mischen. • 2 hartgekochte Eier schälen, kleinwürfeln und mit 2 gehackten Sardellenfilets unter die Sahnesauce mischen. • Für alle grünen Blattsalate und gemischten Salate mit Kopfsalat geeignet.

Joghurt-Kräutersauce

1 Eßl. Zitronensaft mit 1/4 Teel. Kräutersalz, 1 Teelöffel Senf mischen und mit 150 g Joghurt und 2 Eßlöffeln Öl verrühren. • 3 Eßlöffel feingehackte gemischte Kräuter wie Kerbel, Petersilie, Schnittlauch, Dill, Zitronenmelisse, Pimpinelle unterheben. • Die Joghurt-Kräutersauce paßt gut zu Kopf-, Chicorée-, Endivien-, Spinat- oder Stangenselleriesalat und zu allen Salaten aus rohem geriebenem Gemüse.

Grundrezept

Selbstgerührte Mayonnaise

Gerade weil wir uns daran gewöhnt haben, Mayonnaise fertig zu kaufen, ist es reizvoll, sie hin und wieder selbst zuzubereiten. Testen Sie einmal den geschmacklichen Unterschied zwischen gekaufter und selbstgerührter Mayonnaise!

2 Eigelbe
je 2 Messersp. Salz und Zucker
1 Messersp. weißer Pfeffer
1 Teel. Senf
1/2 Teel. Zitronensaft
1/4 l Öl
1–2 Eßl. Essig

Pro Portion etwa 1370 Joule/325 Kalorien

Zubereitungszeit: 15 Minuten

Die Zutaten müssen Raumtemperatur haben. Die Eigelbe mit dem Salz, dem Zucker, dem Pfeffer, dem Senf und dem Zitronensaft schaumig rühren. Unter ständigem Rühren mit dem Schneebesen das Öl zuerst tropfenweise, dann teelöffelweise zufließen lassen; das Öl stets völlig unterrühren, bevor weiteres Öl zugegeben wird. • Wenn die Sauce dicklich wird, einige Tropfen Essig unterrühren. Dann wieder Öl in dünnem Strahl und etwas Essig zufügen, bis das Öl verbraucht ist. • Mit Salz und Pfeffer abschmecken und die fertige Mayonnaise zugedeckt im Kühlschrank bis zum Verzehr aufbewahren.

Mein Tip Für Salate ist die selbstgerührte, sehr konzentrierte Mayonnaise im allgemeinen zu schwer. Bereiten Sie deshalb nur die halbe Menge des Rezepts zu und mischen Sie die Mayonnaise nach Belieben zu gleichen Teilen mit Joghurt oder saurer Sahne oder auch cremig geschlagener süßer Sahne.

Feine Würzmayonnaise

1 Eßlöffel kleine Kapern mit der Gabel zerdrücken. 2 Essiggurken, ½ Tasse marinierte Paprikaschoten und 1 Senfgurke sehr klein würfeln. Alles mit 10 Eßlöffeln Salatmayonnaise mischen und mit 1 Messerspitze Cayennepfeffer und einigen Tropfen Worcestersauce würzen. • Für Wurstsalat, Fleischsalat, Fischsalat oder Eiersalat geeignet.

Anchovis-Mayonnaise

6 Eßlöffel Salatmayonnaise mit 3 Eßlöffeln Joghurt verrühren. • 6 Anchovisfilets sehr fein hacken und unter die Mayonnaise rühren. Mit 1–2 Eßlöffeln Estragonessig abschmecken und zuletzt je 1 Eßlöffel feingeschnittene Petersilie und Schnittlauchröllchen unterrühren. • Für Fisch- oder Rindfleischsalat verwenden.

Grundrezept

Roquefort Dressing

Roquefortsauce

100 g Roquefortkäse
5 Eßl. saure Sahne
1 Eßl. Zitronensaft
2 Eßl. Salatmayonnaise
1–2 Messersp. Salz
1–2 Prisen weißer Pfeffer

Pro Portion etwa
750 Joule/180 Kalorien

Zubereitungszeit: 5–6 Minuten

Den Käse mit der Gabel zu Mus zerdrücken. Die saure Sahne, den Zitronensaft und die Mayonnaise unterrühren und die Sauce mit dem Salz und dem Pfeffer abschmecken.

Paßt gut zu: Eisbergsalat, Römischem Salat, Salat aus rohem Stangensellerie und rohem oder gekochtem Fenchelsalat.

Mein Tip Bereiten Sie die doppelte Menge zu. Dressings halten sich im Schraubglas im Kühlschrank aufbewahrt etwa 2 Wochen.

Knoblauch Dressing

4 Eßlöffel Salatmayonnaise, 4 Eßlöffel Joghurt, 3 gehackte und zerdrückte Knoblauchzehen, ¼ Teelöffel Salz, 1 Prise weißen Pfeffer und 2 Eßlöffel Zitronensaft miteinander verrühren. • Für Fleisch-, Bohnen- und Kopfsalat mit Oliven verwenden.

Thousand Island Dressing

Tausend-Insel-Sauce

5 Eßlöffel Salatmayonnaise, 2 Eßlöffel Sahne, 3 Eßlöffel Tomatenketchup, 1 Teelöffel geriebene Zwiebel, 2 Messerspitzen Salz, 1 Messerspitze Pfeffer und 1 Teelöffel edelsüßes Paprikapulver miteinander verrühren. • 2 in kleine Würfel geschnittene Gewürzgurken und 2 Eßlöffel feingehackte marinierte rote Paprikaschoten untermischen. • Endivien-, Chicorée-, Wurst- und Nudelsalat damit anrichten.

American Dressing

Amerikanische Creme-Salatsauce

4 Eßlöffel Salatmayonnaise mit 2 Eßlöffeln Tomatenketchup, 1 Eßlöffel geriebenem Meerrettich und 3 Eßlöffeln Sahne verrühren. • Mit Eier- oder Kartoffelsalat kombinieren.

Schwedische Salatsauce

5 Eßlöffel Salatmayonnaise, 1 Eßlöffel geriebener Meerrettich, 2 Eßlöffel Apfelmus, 1 Eßlöffel Sahne und ½ Teelöffel Rosenpaprikapulver miteinander verrühren. • Blattsalate, Kartoffelsalat, Salat aus Meeresfrüchten, Sauerkraut- oder Rote-Bete-Salat damit zubereiten.

Russian Dressing

Russische Salatsauce

4 Eßlöffel Salatmayonnaise, 2 Eßlöffel Sahne, 1 Teelöffel edelsüßes Paprikapulver, 2 Spritzer Tabascosauce, 1 Teelöffel Grenadinesirup und 2 Eßlöffel Keta-Kaviar oder Garnierkaviar (deutscher Kaviar) miteinander

ander verrühren. • Je ¼ gewürfelte rote und grüne Paprikaschote, ½ gewürfelte Salatgurke, 2 Eßlöffel gehackte marinierte Rote Bete und 2 Eßlöffel Schnittlauchröllchen unterrühren. • Gurken-, Pilz- oder Kartoffelsalat damit anrichten.

Indische Salatsauce

2 Eßlöffel Mayonnaise, je 1 Eßlöffel Weißwein, Öl und Essig, 1 Teelöffel Zucker, 1 Eßlöffel Currypulver, 2 Eßlöffel Sahne und ⅛ l Buttermilch miteinander verrühren. • ½ Apfel schälen, sehr fein würfeln und mit ½ feingehackten Zwiebel und 2 Eßlöffeln Schnittlauchröllchen unter die Mayonnaisesauce rühren. • Grüne Blattsalate, Tomaten-, Geflügel-, Eier- und Nudelsalat damit zubereiten.

Grundrezept

Kräuterquarksauce

150 g Magerquark
1 Tasse Milch
2 Eßl. süße oder saure Sahne
1 Knoblauchzehe
2 Messersp. Salz
je 1 Eßl. Schnittlauchröllchen und gehackte Petersilie
1 Teel. gehackter Estragon
einige Blätter Zitronenmelisse

Pro Portion etwa
380 Joule/90 Kalorien

Zubereitungszeit: 15 Minuten

Den Quark mit der Milch und der Sahne verrühren. • Die Knoblauchzehe hacken und mit dem Salz zerdrükken. • Die gehackten Kräuter und den zerdrückten Knoblauch unter die Quarkcreme rühren.

Paßt gut zu: Blattsalaten und Gurkensalat.

Mein Tip Variieren Sie die Kräutermischung. Zitronenmelisse, Salbei, Rosmarin und Ysop geben der Kräuterquarksauce eine besondere Note.

Salatsauce aus Frischkäse

150 g Doppelrahmfrischkäse
⅛ l Milch
1 Eßl. Öl
½ kleine Zwiebel
½ Teelöffel Kümmel
1 Messersp. Salz
1 Prise feingemahlener schwarzer Pfeffer

Pro Portion etwa
650 Joule/155 Kalorien

Zubereitungszeit: 5 Minuten

Den Frischkäse, die Milch und das Öl mit dem Schneebesen cremig rühren. • Die Zwiebel schälen und sehr fein hacken und mit dem Kümmel, dem Salz und dem Pfeffer unter die Käsesauce rühren.

Paßt gut zu: Salat aus rohem Rotkohl oder Weißkohl, Rote-Bete-Rohkost, Sauerkraut- und Kartoffelsalat.

Mein Tip Für Möhrenrohkost statt Kümmel gemahlenen Koriander, für Salat aus rohem Fenchel 1 Messerspitze Fenchelsamen, für Kohlrabirohkost 1 Messerspitze gemahlene Muskatblüte (Macis) verwenden.

Zum Bild rechts:

Obstsalate, besonders solch edle Kombinationen wie auf dem nebenstehenden Bild, überzeugen selbst die striktesten Gegner von Desserts; vor allem – wenn sie zart mit Wein oder einer Spirituose parfümiert sind und nicht überzuckert, so daß das Eigenaroma der Früchte richtig zur Geltung kommt. Der sizilianische Fruchtsalat (oben) aus Melone, Kakipflaumen, Kaktusfeigen und Orangen wie auch der Karibik-Salat (unten) aus Ananas, Papaya, Guaven und Limetten können als »schlankes« Abendessen für Kenner gereicht werden und als exquisites Dessert für festliche Menüs. Die Rezepte finden Sie auf der Seite 81.

Avocado-Salatsauce

1 reife Avocado
5 Eßl. Öl
Saft von 1 Zitrone
5 Eßl. Wasser
½ Zwiebel
1 Knoblauchzehe
½ Teel. Salz
1–2 Messersp. schwarzer Pfeffer

Pro Portion etwa
870 Joule/180 Kalorien

Zubereitungszeit: 5–10 Minuten

Die Avocado halbieren, den Stein entfernen und ⅔ des Fruchtfleisches mit dem Öl, dem Zitronensaft und dem Wasser im Mixer pürieren oder das Avocadofleisch durch ein Sieb streichen und mit dem Öl, dem Zitronensaft und dem Wasser verrühren. • Die Zwiebel und die Knoblauchzehe schälen, sehr fein würfeln und mit dem restlichen Fruchtfleisch unter das Püree geben. Die Sauce mit dem Salz und dem Pfeffer abschmekken. • Vor der Verwendung kühl stellen.

Paßt gut zu: Geflügel- oder Reissalat und zu Salaten, die Gurken, Tomaten oder Paprikaschoten enthalten.

Bananen-Salatsauce

Je 2 sehr reife kleine Bananen und reife frische Feigen kleinschneiden und mit 4 Eßlöffeln Wasser, 4 Eßlöffeln Weinessig, 4 Eßlöffeln Sahne, 5 Eßlöffeln Öl, 1 Teelöffel Currypulver, 1 Messerspitze Cayennepfeffer und ½ Teelöffel Salz pürieren. • Meeresfrüchte- und Geflügelsalat damit anrichten.

Zum Bild links:

Eigenwillig im Geschmack, erfrischend und von exquisiter Kombination sind der Fenchelsalat mit Radieschen (auf der gegenüberliegenden Bildseite oben) sowie der köstliche marokkanische Möhrensalat mit Orangen (im Bild vorne) vielseitig verwendbar. Ob sie nun als Vorspeise, leichte Mahlzeit oder als delikate Beilage gedacht sind, alle Bestandteile sollten gleichmäßig fein geschnitten sein, denn dadurch kommen die Aromen besonders gut zur Geltung. Die Rezepte für die beiden Salate finden Sie auf den Seiten 64 und 67.

Mandelsauce mit Ingwer

3 Eßl. Joghurt
2 Teel. Honig
1 Teel. Zitronensaft
2 Eßl. geschälte gehackte Mandeln
1 Messersp. geriebene frische Ingwerwurzel
⅛ l Sahne

Pro Portion etwa
800 Joule/190 Kalorien

Zubereitungszeit: 5–6 Minuten

Den Joghurt mit dem Honig, dem Zitronensaft, den gehackten Mandeln und der geriebenen Ingwerwurzel verrühren. Die Sahne halbsteif schlagen und unter die Joghurtsauce ziehen.

Paßt gut zu: Obstsalaten mit exotischen Früchten.

Luau Dressing

1 Zwiebel
1 Eßl. brauner Zucker
4 Eßl. Ananassaft
1 Spritzer Tabascosauce
1 Messersp. feingemahlener schwarzer Pfeffer
1 Eßl. Ananaskonfitüre
4 Eßl. Weinessig

Pro Portion etwa
275 Joule/65 Kalorien

Zubereitungszeit: 10 Minuten

Die Zwiebel schälen, kleinschneiden und im Mixer pürieren. Das Zwiebelpüree mit dem Zucker und dem Ananassaft unter Rühren erhitzen. • Die Tabascosauce, den Pfeffer, die Ananaskonfitüre und den Weinessig unterrühren und die Sauce kühl stellen.

Paßt gut zu: Chicoréesalat und Salat mit Avocado.

Mango Dressing

100 g Mangofruchtfleisch kleinschneiden und mit 1 Eßlöffel Weinessig, 3 Eßlöffeln Wasser und 2 Eßlöffeln Honig zugedeckt 2 Minuten kochen lassen. • Die Sauce dann abkühlen lassen und mit ½ Teelöffel Salz, 2 Prisen getrocknetem Basilikum, 1 Eßlöffel gehackter Petersilie, 1 Eßlöffel Schnittlauchröllchen, ½ Tasse Zwiebelwürfelchen und 2 Messerspitzen frisch gemahlenem weißem Pfeffer würzen.

Fische - Schal- und Krustentiere

Sie sind gesund, die verzehrbaren Tiere aus Flüssen, Teichen, Seen und Meeren; denn sie liefern hochwertiges Eiweiß, reichlich Jod und Phosphor, sie sind leicht und bekömmlich, schnell gegart und bieten unübersehbare Möglichkeiten der Zubereitung.

Gehen Sie beim Einkauf von Fisch mit Sorgfalt vor:
- Oberstes Gebot für Fische, Schal- und Krustentiere ist deren Frische! Am besten schmecken sie fangfrisch. Kühlwagen, Flugtransporte und Tiefkühlindustrie ermöglichen es heute auch den Bewohnern des Binnenlandes, frischen Fisch zu erwerben.
- Frische Fische erkennen Sie an ungetrübten, glänzenden Augen, an den glänzend roten Kiemen und an der Beschaffenheit des Fleisches; es muß fest und elastisch sein und darf auf den Druck mit dem Finger keine Delle hinterlassen.
- Frischfisch wird meistens küchenfertig verkauft, also ausgenommen und geschuppt. Müssen Sie diese Arbeiten selbst verrichten, so informieren Sie sich am besten im großen Küchen-ABC unter dem jeweiligen Einzelfisch und unter dem Stichwort Fisch.
- Lebend angebotene gesunde Krustentiere – Garnelen, Langusten, Hummer, Krabben, Krebse – müssen sich im Seewasserbassin artgemäß bewegen oder, hochgehalten, kräftig mit den Beinen rudern; lebendige gesunde Krebse, Krabben, Garnelen haben den Schwanz fest an die Unterseite geklemmt. – Wichtig! Es ist bei uns gesetzlich verboten, Krustentiere noch lebend zu zerschneiden, was in vielen internationalen Rezepten gefordert wird. Ebenso ist es Tierquälerei, die Tiere lebendig in einen kalten oder nur lauwarmen Sud zu geben, diesen zu erhitzen und die Tiere langsam zu töten. Sie müssen unbedingt mit dem Kopf voraus in kräftig sprudelndes Wasser geworfen und 5 Minuten mit einem Kochlöffelstiel unter die Oberfläche getaucht werden.
- Lebend angebotene gesunde Schaltiere – Muscheln und Austern – haben die Schalen geschlossen oder schließen sie sofort bei leichter Berührung. Tiere mit stets offener Schale verenden gerade oder sind bereits tot und müssen weggeworfen werden.

Folgende Punkte sind für die Zubereitung von Fisch zu beachten:
- Frischer Fisch wird immer vor der Zubereitung innen und außen kalt abgebraust. Fisch niemals – auch nicht kurzfristig – im Wasser liegend aufbewahren; er verliert dann an Geschmack.
- Fische, die blau bereitet werden sollen, müssen die Schleimschicht auf der Haut behalten – deswegen mit zartem Wasserstrahl arbeiten und möglichst wenig Fingerspuren hinterlassen.
- Das 15–20 Minuten lange Säuern von Fisch mit Essig oder Zitronensaft, das bisher zur Festigung des Fleisches angewandt wurde, ist überholt. Der Fisch verliert dadurch seinen feinen Eigengeschmack.
- Gesalzen wird Fisch erst kurz vor dem Garen, oder er kommt in den gesalzenen Sud. Für Seefische mehr Salz verwenden als für Süßwasserfische.
- Kleinere Fische werden im ganzen gegart und – je nach Topfbeschaffenheit – rundgebunden, indem man mit einer dicken Nadel Küchengarn durch das Schwanzende und den Kopf zieht und die Enden verknotet.
- Große Fische werden im ganzen gegart oder in Stücke, Tranchen oder Filets geteilt. Am besten gelingen ganze große Fische – blau bereitet oder gar gezogen – im passenden länglichen Fischkessel mit Einsatz.
- In Alufolie geraten kleine Fische oder Filets und Tranchen besonders gut.
- Im feuerfesten Porzellan-, Ton- oder Glasgeschirr läßt sich der gegarte Fisch direkt auf den Tisch bringen.

Grundrezept

Krebse in Sahnesauce

Am besten schmecken Krebse in den Monaten Mai bis August. Wissenswertes über den Einkauf und den Umgang mit Krebsen finden Sie im großen Küchen-ABC unter dem Stichwort Krebse.

40 lebende Flußkrebse
2 l Wasser
1¼ l Weißwein
⅛ l Weinessig
1 Zwiebel
1 Möhre
1 Knoblauchzehe
1 Stengel Petersilie
1 Eßl. Salz
2 Gewürznelken
4 Pfefferkörner
1 Lorbeerblatt
1 Zweig frischer Thymian
2 Schalotten
4 Eßl. Butter
1½ Eßl. Mehl
150 g Crème fraîche
2 Eßl. frische Dillspitzen

Pro Portion etwa
1345 Joule/320 Kalorien

Zeit zum Säubern: 1 Stunde
Zubereitungszeit: 1 Stunde und 30 Minuten

Die Krebse nach dem Einkauf unter fließendem kaltem Wasser abspülen und etwa 1 Stunde in einer großen Schüssel mit frischem Wasser schwimmen lassen. Die Krebse entleeren dabei ihren Darm. • 2 l frisches Wasser mit 1 l Wein und dem Weinessig in einem hohen Topf zum Kochen bringen. • Die Zwiebel schälen und vierteln. Die Möhre schaben, waschen und in Stücke schneiden. Die Knoblauchzehe schälen und vierteln. Den Petersilienstengel waschen und in Stücke schneiden. • Die Zwiebel-, die Möhren-, die Knoblauch- und die Petersilienstücke, das Salz, die Gewürznelken, die Pfefferkörner, das zerbrochene Lorbeerblatt und den Thymian in das Wasser geben und alles 10 Minuten sprudelnd kochen lassen. • Nach und nach jeweils 2 Krebse mit dem Kopf voraus ins sprudelnd kochende Wasser werfen (immer warten, bis das Wasser erneut stark kocht, ehe die nächsten beiden Krebse in den Topf kommen). • Jeweils 5 Krebse 10 Minuten sprudelnd kochen lassen und aus der Brühe nehmen. So mit allen Krebsen verfahren. Die gegarten Krebse zuletzt alle in die Brühe legen und erkalten lassen. • Die Brühe dann durchsieben, ½ l davon abmessen und im offenen Topf auf ¼ l kräftige Brühe einkochen. • Das Krebsfleisch aus den Schalen lösen und beiseite stellen. • Für die Sauce die Schalotten schälen und sehr klein würfeln. Die Butter zerlassen, die Schalottenwürfel darin glasig braten, das Mehl darüberstäuben, unter Rühren mit der heißen Butter mischen und nach und nach mit der eingekochten Krebsbrühe auffüllen. Die Sauce unter Rühren etwa 5 Minuten kochen lassen. ¼ l Weißwein und die Crème fraîche untermischen und die Sauce unter Rühren einmal aufwallen lassen. • Das Krebsfleisch in der Sauce erwärmen, aber nicht mehr kochen, weil es sonst zäh wird. Die Krebse vor dem Servieren mit den Dillspitzen bestreuen.

Das paßt dazu: körnig gekochter Reis oder frisches Stangenweißbrot.

Kalt · Kann vorbereitet werden

Krebse mit Dill

Finnisches Krebsessen

4 l Wasser mit Salz, 1 in Ringe geschnittene Zwiebel, 2 Eßlöffel Dillsamen, 2 Teelöffel Kümmel und 2 Bund frischen Dill 5 Minuten sprudelnd kochen lassen. Die Krebse wie im Grundrezept beschrieben darin töten und garen und bei reduzierter Hitze 10 Minuten köcheln lassen. • Eine große Schüssel mit 1 Bund frischem Dill auslegen. Die garen Krebse darauflegen. • Die Brühe zur Intensivierung des Geschmacks im offenen Topf gut zur Hälfte einkochen lassen, durch ein Haarsieb über die Krebse gießen und abkühlen lassen. • Die Krebse zugedeckt 12 Stunden im Kühlschrank stehen lassen. • Die Krebse vor dem Servieren aus dem Sud heben, abtropfen lassen, auf einer Platte anrichten und mit reichlich frischen Dillzweigen garnieren. • Mit Toast und Butter reichen.

Mein Tip Werden Krebse wie bei dem finnischen Krebsessen in der Kruste serviert, nimmt man sich bei Tisch einen Krebs nach dem anderen und bricht die beiden Scheren ab, siehe dazu im großen Küchen-ABC unter dem Stichwort Krebse. Die Spitzen der Scheren in das Loch im speziellen Krebsmesser stecken und abbrechen. Das Fleisch aus den Scheren mit der Krebsgabel herausholen. Die Beine vom Körper abtrennen und den Krebs zwischen Brustpanzer und Schwanzteil durchbrechen. Krebs-Fans lutschen den Inhalt aus Kopf und Brust. Gelassenere Krebsesser lösen nur das Schwanzfleisch aus. Hierfür den Inhalt des Bauchpanzers mit der Gabel entnehmen. Achtung! Der gefüllte dunkle Darm liegt auf dem Rücken des Schwanzteils und wird entfernt.

Grundrezept

Garnelen-Curry

Wichtiges über Garnelen, die im Handel meist unter der Bezeichnung Krabben verkauft werden, siehe im großen Küchen-ABC unter dem Stichwort Krabben. Tiefgefrorene Produkte verfügen über den unverfälschten Eigengeschmack, die Auftauzeit beträgt 2 Stunden. Krabben aus Dosen und Gläsern müssen stets mit Wasser abgebraust werden.

1 Zwiebel
1 Apfel
1 Eßl. Butter
1–2 Eßl. Currypulver
½ Teel. Salz
½ Teel. Zucker
¼ l Fleischbrühe
1 Eßl. Mehl
2 Eßl. Wasser
500 g Krabben (Garnelen)
½ Tasse Sahne
etwas Zitronensaft

Pro Portion etwa
1050 Joule/250 Kalorien

Zubereitungszeit: 30 Minuten

Für die Sauce die Zwiebel schälen und kleinwürfeln. Den Apfel waschen und ungeschält raspeln. • Die Butter in einem großen Topf zerlassen, die Zwiebelwürfel und die Apfelraspel darin bei mittlerer Hitze etwa 5 Minuten dünsten. Das Currypulver, das Salz und den Zucker darüberstreuen, unter Umrühren kurz mitdünsten und mit der Fleischbrühe auffüllen. Die Sauce zugedeckt bei schwacher Hitze etwa 15 Minuten kochen lassen. • Die Sauce dann durch ein Sieb passieren und in den Topf zurückgeben. Das Mehl mit dem Wasser anrühren, die Sauce damit binden und noch einige Male aufkochen lassen. • Die Krabben in die Sauce geben und darin erwärmen, aber nicht kochen lassen. • Die Sauce mit der Sahne verrühren und mit Zitronensaft, nach Bedarf auch noch mit etwas Currypulver, Salz und Zucker pikant abschmecken.

Das paßt dazu: körnig gekochter Reis.

Gute Vorspeise

Gratinierte Krabben à la Gustave

Die Krabben (Garnelen) lagenweise in eine gebutterte feuerfeste Form mit frisch gegarten Spargelspitzen schichten und mit Sauce Mornay, Rezept Seite 288, übergießen. Die Sauce mit frisch geriebenem Käse bestreuen und zugedeckt 15 Minuten im Backofen auf der mittleren Schiebeleiste bei 220° erhitzen. Den Deckel dann von der Form nehmen und das Gericht auf der obersten Schiebeleiste bei etwa 240° in 5 Minuten goldgelb überbacken.

Gelingt leicht

Scampi in Knoblauchöl

Scampi sind Krustentiere, den Krabben (Garnelen) ähnlich, aber größer. Weiteres siehe im großen Küchen-ABC unter dem Stichwort Scampi.

4 l Wasser	*4 Knoblauchzehen*
2 Eßl. Salz	*$^1/_4$ l Öl*
2 Zweige getrockneter Rosmarin	*Pro Portion etwa*
600 g tiefgefrorene Scampi	*2080 Joule/495 Kalorien*

Zubereitungszeit: 30 Minuten

Das Wasser mit dem Salz und dem Rosmarin zum Kochen bringen. Die tiefgefrorenen Scampi hineingeben, einmal kräftig aufkochen lassen, den Topf vom Herd nehmen und die Scampi 10 Minuten im heißen Wasser ziehen lassen. • Die Knoblauchzehen schälen und kleinhacken. Das Öl in einer großen Pfanne mit dem Knoblauch unter Umrühren erhitzen. • Die Scampi trockentupfen und portionsweise bei mittlerer Hitze 7–10 Minuten im Öl wenden. Die Scampi in einer vorgewärmten Platte warm stellen, bis alle Scampi in dem Öl gebraten sind. Die Scampi zuletzt mit dem Öl übergießen und heiß servieren.

Das paßt dazu: frisches Weißbrot.

Schnell

Scampi mit Tomaten

400 g bereits enthülste tiefgefrorene Scampi in Salzwasser einmal aufkochen lassen, vom Herd nehmen und 10 Minuten im Wasser ziehen lassen. Die Scampi dann abtropfen und abkühlen lassen. • 3 mittelgroße Tomaten häuten, entkernen und in Stücke schneiden. 2 Knoblauchzehen schälen, würfeln und mit 1 Messerspitze Salz zerdrücken. • 4 Eßlöffel Olivenöl in einem Topf erhitzen, die Tomaten mit dem Knoblauch unter Umwenden darin erwärmen, die Scampi auf die Tomaten legen und alles zugedeckt bei schwacher Hitze 10 Minuten ziehen lassen. • Das Gericht zuletzt mit Salz abschmecken und mit wenig getrocknetem Rosmarin würzen. • Körnig gekochten Reis oder frisches Weißbrot dazu reichen.

Grundrezept

Gekochter Hummer

Hummer und Languste sind Seekrebse, die zu den wohlschmeckendsten Meerestieren gehören. Während der Inhalt der kräftigen Scheren des Hummers delikates Fleisch liefert, haben Langusten statt der Scheren nur lange Fühler; dafür ist der Körper der Languste etwas schwerer als der des Hummers. Hummer und Languste werden bei festlichen Anlässen oft als Vorspeise serviert; man rechnet für eine Vorspeise pro Person mit $^1/_2$ Hummer oder $^1/_2$ Languste. Für ein Hauptgericht oder für ein spezielles Hummer- oder Langustenessen erhält jeder Teilnehmer der Tafelrunde ein ganzes Tier. Kalte Hummern oder Langusten, festlich auf der Karkasse angerichtet, zählen zu den Attraktionen eines kalten Buffets beim exquisiten Imbiß für große Empfänge.

4 lebende Hummern von je 500 g
1 kleine Möhre
1 Zwiebel
6 l Wasser
2 Teel. Salz
¼ l Weißwein
Saft von 1 Zitrone
1 Teel. Pfefferkörner

Pro Portion etwa
670 Joule/160 Kalorien

Zubereitungszeit: 30 Minuten

Obgleich die Hummerscheren beim Kauf zusammengebunden sind, ist es ratsam, die Tiere nur von oben her am Rücken zu fassen, denn der Hummer hat viel Kraft in den Scheren und könnte seine Fesseln gelöst haben und kräftig zwicken. • Die Tiere unter fließendem kaltem Wasser gründlich abspülen und mit einer weichen Bürste säubern. • Die Möhre schaben, waschen und grob kleinschneiden. Die Zwiebel schälen und achteln. Das Wasser mit dem Salz, dem Weißwein, dem Zitronensaft, den Möhrenstückchen, den Zwiebelachteln und den Pfefferkörnern in einem sehr großen hohen Topf zum Kochen bringen. Der Topf muß auf jeden Fall so groß sein, daß ein Hummer sofort mit dem ganzen Körper unter die Wasseroberfläche tauchen kann. • Die Hummer nacheinander mit dem Kopf voraus in das sprudelnde Wasser geben und 5 Minuten mit einem Kochlöffelstiel oder mit einem Schaumlöffel im sprudelnd kochenden Wasser untertauchen. Die Hummer danach 10–15 Minuten im leicht kochenden Wasser garen. • Die Tiere entweder nacheinander kochen oder je 2 Tiere in einem genügend großen Topf. Die Hummer nach beendeter Garzeit aus dem Sud heben und mit Hummerbesteck servieren. Zu jedem Gedeck eine Fingerschale und eine Ablage für die leeren Krusten geben.

Das paßt dazu: frisches Stangenweißbrot oder Toast mit Butter, Champagner, Sekt oder ein edler Weißwein.

Mein Tip Im Handel gibt es auch im Eisblock tiefgefrorenen Hummer, siehe im großen Küchen-ABC unter dem Stichwort Hummer. Den tiefgefrorenen Hummer 5–6 Stunden in der Folie bei Zimmertemperatur oder 2–3 Stunden in der Folie im kalten Wasser auftauen lassen und wie den frisch zubereiteten Hummer im kochenden Wasser 10–15 Minuten kochen. Tiefgefroren benötigt er eine Kochzeit von 18 Minuten. – Wird Hummer kalt serviert oder kalt weiter verarbeitet, läßt man ihn im Sud erkalten, weil das Fleisch dann saftiger und aromatischer bleibt. – Wird kalter Hummer in oder auf der Karkasse angerichtet, so bestreicht man die Karkasse mit Öl, damit sie schön glänzt. – Nach dem Rezept für gekochten Hummer läßt sich auch Languste zubereiten.

Etwas schwierig

Hummer à la Edison

4 gekochte Hummer aus der Kruste lösen, das Fleisch in Scheiben schneiden und diese in 4 Eßlöffeln heißer aufschäumender Butter von beiden Seiten kurz braten. Das Fleisch mit Salz, weißem Pfeffer und einem Hauch scharfem Paprikapulver würzen, mit ½ l Sahne übergießen, so daß die Hummerscheiben von Sahne umgeben sind und zugedeckt 5 Minuten dünsten. • Das Fleisch auf frisch geröstetem Weißbrot servieren.

Gute Vorspeise

Hummer auf holländische Art

2 gekochte Hummer längs spalten. • In der Karkasse warm mit Sauce hollandaise, Rezept Seite 291, und Weißbrot servieren.

Kalt · Kann vorbereitet werden

Getrüffelte Languste

Die Langusten wie im Rezept gekochter Hummer beschrieben garen, im Sud erkalten lassen und das Fleisch aus den Karkassen lösen. • Das Langustenfleisch in gleichmäßig dicke Scheiben schneiden und jede Scheibe mit 1 dünnen Trüffelscheibe belegen. Die Scheiben auf der Langustenkarkasse anrichten. • ⅛ l Sahne mit etwa 1 Eßlöffel Zitronensaft, ½ Teelöffel

Salz und 1 Prise weißem Pfeffer verrühren, mit 1 Eßlöffel grünen Pfefferkörnern mischen und gesondert zur Languste reichen.

Grundrezept

Tintenfisch in Tomatensauce

Verschiedene Arten von Meeresbewohnern werden im Handel als Tintenfische bezeichnet. Diese Arten gehören zur Gruppe der Kopffüßer. Deren eßbare Vertreter sind die Kalmare und deren Unterart, die Tintenfische, außerdem die Meerpolypen (Octopus). An der Küste werden Tintenfische fangfrisch angeboten. Im Binnenland erhält man sie tiefgefroren und in Dosen. Tiefgefrorene Tintenfische kommen geschmacklich den frischen am nächsten und müssen auch wie diese vorbereitet werden.

600 g Tintenfische
2 Zwiebeln
2 Knoblauchzehen
½ Teel. Salz
3 Eßl. Öl
Saft von ½ Zitrone
½ Tasse Weißwein
1 Messersp. Salz
1 Prise weißer Pfeffer
4 Tomaten
1 Eßl. Tomatenmark
1 Eßl. gehackte Petersilie

Pro Portion etwa
1050 Joule/250 Kalorien

Zubereitungszeit: 1 Stunde

Den sackartigen Körper festhalten, den Kopf mit den Fangarmen und den angewachsenen Eingeweiden aus dem Körper ziehen. • Beim Kalmar das durchsichtige Knorpelgebilde aus dem Körper ziehen und wegwerfen. • Beim eigentlichen Tintenfisch den Körper vorsichtig aufschneiden, die Sepia (das Kalkblatt) entfernen und den Tintenbeutel mit den Eingeweiden aus dem Körper lösen. Der Tintenbeutel sollte in keinem Fall verletzt werden, da sonst die dunkle Flüssigkeit austreten und die anderen Teile verderben könnte. • Die Fangarme oberhalb der Augen vom Kopf abschneiden und den kleinen Knorpel zwischen den Fangarmen entfernen. Den Knorpel, den unteren Teil des Kopfes, sowie die Eingeweide einschließlich des Tintenbeutels wegwerfen. • Den Körper und die Fangarme gründlich unter fließendem kaltem Wasser waschen und die feine äußere Schleimhaut abziehen. • Fangarme und Körper dann in etwa 2 cm große Stücke schneiden. • Die Zwiebeln schälen und würfeln. Die Knoblauchzehen schälen, in Stückchen schneiden und mit dem Salz zerdrücken. • Das Öl erhitzen und die Zwiebelwürfel darin glasig braten. Den zerdrückten Knoblauch und die Tintenfische mit dem Zitronensaft, dem Weißwein, dem Salz und dem Pfeffer zugeben und zugedeckt bei schwacher Hitze 40 Minuten leicht kochen lassen. • Die Tomaten häuten, entkernen, in Scheiben schneiden und mit dem Tomatenmark 5 Minuten vor Ende der Garzeit zu den Fischen geben. Leicht mitkochen lassen. • Die Petersilie zuletzt über das Gericht streuen.

Das paßt dazu: körnig gekochter Reis.

Schnell

Fritierter Tintenfisch

600 g tiefgefrorener Tintenfisch wie im Grundrezept beschrieben vorbereiten und in Stücke schneiden. • Die Stücke zuerst in Mehl, dann in 2 verquirlten Eiern und zuletzt in 80 g Semmelbröseln wenden. • Die panierten Fischstücke in heißem Fritierfett schwimmend in 15 Minuten ausbacken; die Stücke sollen goldbraun und knusprig werden. • Die Fischstücke aus dem Fett heben, auf Küchenkrepp abtropfen lassen und salzen. Mit Zitronenspalten und Weißbrot servieren.

Grundrezept

Gesottener Schellfisch mit Butter

Das Garziehen in gewürztem Sud ist nicht nur für Fisch »blau« geeignet, sondern auch für Seefische, die geschuppt werden, die also keine die Blaufärbung bewirkende Schleimschicht auf der Haut haben. – Das Grundrezept für gesottenen Seefisch eignet sich außer für Schellfisch auch für Dorsch, Kabeljau und Seehecht.

1 Möhre
1 Zwiebel
2 Stengel Petersilie
½ Lorbeerblatt
4 Pfefferkörner
2 Teel. Salz
½ Teel. Zitronensaft
1 kg Schwanzstück vom Schellfisch
150 g Butter

Pro Portion etwa
1810 Joule/430 Kalorien

Zubereitungszeit: 40 Minuten
Besonderes Küchengerät: Länglicher Fischkessel

Die Möhre schaben, waschen und in Scheiben schneiden. Die Zwiebel schälen und in Achtel schneiden. Die Petersilienstiele waschen und einmal durchschneiden. • So viel Wasser in einem genügend großen Topf, am besten im Fischkessel, zum Kochen bringen, daß der Fisch von Wasser bedeckt darin garen kann. • Die Möhrenscheiben, die Zwiebelachtel, die Petersilienstücke, das Lorbeerblatt und die Pfefferkörner 20 Minuten zugedeckt sprudelnd im Wasser kochen lassen, das Salz und den Zitronensaft in den Sud geben. Den Sud vom Herd nehmen und etwas abkühlen lassen. • Den Fisch bereits geschuppt kaufen oder unter fließendem kaltem Wasser selbst mit einem hochgestellten Messerrücken vom Schwanz zum Kopf hin schuppen. Dabei aber sehr behutsam vorgehen, damit die Haut nicht einreißt. • Den Fisch in den noch heißen Sud legen, auf den Herd stellen, den Sud zum Kochen bringen und die Hitze so regulieren, daß sich der Kochsud an der Oberfläche nur leicht kräuselt, also nicht sprudelnd kocht. • Den Fisch 15 Minuten sieden lassen, den Kessel mit dem Fisch dann vom Herd nehmen und den Fisch weitere 10 Minuten im Sud ziehen lassen. Das Fischstück mit 2 Schaumlöffeln aus dem Sud heben, auf saugfähigem Papier abtropfen lassen und auf einer vorgewärmten Platte anrichten. • Die Butter erhitzen, bis sie leicht braun ist, in eine kleine Buttersauciere füllen und möglichst über einem Rechaud gesondert zum Fisch reichen.

Das paßt dazu: Petersilienkartoffeln und gedünsteter Broccoli.

Mein Tip Beim Sieden darf sich die Oberfläche des Kochsuds nur leicht kräuseln. Es ist nicht immer leicht, die Herdtemperatur so zu regeln, daß sprudelndes Kochen vermieden wird; deshalb hält man 1 Tasse kaltes Wasser bereit, um gegebenenfalls mit einem Schuß »Kälte« starkes Kochen zu verhindern.

Preiswert · Gelingt leicht

Schellfisch in Senfsauce

Den Fisch wie im Grundrezept beschrieben garen. Während der Fisch nach dem Garen noch 10 Minuten im Sud zieht, die Senfsauce bereiten. • 2 Eßlöffel Butter zerlassen, 1½ Eßlöffel Mehl darin anbraten, nach und nach mit ¼ l durchgeseihtem Fischsud aufgießen und 5 Minuten kochen lassen. • Knapp ¼ l Milch mit 2 Eßlöffeln Senf, ½ Teelöffel Salz, 1 Teelöffel edelsüßem Paprikapulver, 1 Messerspitze weißem Pfeffer und ½ Teelöffel Zucker verrühren, in die Sauce geben und ebenfalls kurz kochen lassen. • Die Sauce mit 2 Eßlöffeln gewaschenen Rosinen, 4 Eßlöffeln feingeriebenen Haselnüssen und 1 zerdrückten Banane mischen und nötigenfalls noch mit Senf, Salz und Zucker abschmecken. Die Sauce mit 4 Eßlöffeln Crème fraîche abrunden. • Den gut abgetropften Fisch in Scheiben schneiden, mit der Sauce übergießen und mit Salzkartoffeln servieren.

Grundrezept

Panierte Kabeljaufilets

4 Scheiben Kabeljaufilet zu je 200 g
1 Eßl. Butter
4 Eßl. Mehl
1 Messersp. Chilipulver
2 Eier
1 Teel. Salz
1 Prise schwarzer Pfeffer
8 Eßl. Semmelbrösel
6 Eßl. Öl
½ Zitrone

Pro Portion etwa 2100 Joule/500 Kalorien

Zubereitungszeit: 25 Minuten

Die Filetscheiben unter fließendem kaltem Wasser abbrausen und gut trockentupfen. • Die Butter in einem Pfännchen zerlassen und vom Herd nehmen. • Das Mehl mit dem Chilipulver mischen. Die Eier mit dem Salz und dem Pfeffer verquirlen. Das Mehl, die verquirlten Eier und die Semmelbrösel jeweils in einen eigenen Suppenteller geben. Die Kabeljaufilets durch die zerlassene Butter ziehen, von beiden Seiten zuerst in dem Mehl, dann in dem verquirlten Ei und zuletzt in den Semmelbröseln wenden. • Die Filets zuletzt etwas schütteln, damit nicht fest haftende Semmelbrösel wieder abfallen und beim Braten nicht zu braun werden. • Das Öl in einer großen Pfanne oder in 2 Pfannen erhitzen, die panierten Fischfilets ins heiße Öl legen, die Hitze zurückschalten und die Filets bei mittlerer Hitze von jeder Seite 5–6 Minuten goldbraun braten. • Die Filets auf einer vorgewärmten Platte anrichten. Die Zitrone warm abwaschen, abtrocknen, in Spalten schneiden und jedes Filet mit 1 Zitronenspalte belegen.

Das paßt dazu: Kartoffelsalat und Gurkensalat oder Salzkartoffeln.

Mein Tip Zum Panieren und Braten eignen sich ebenso Filets vom Dorsch, vom Goldbarsch, vom Rotbarsch, vom Seehecht, vom Seelachs, vom Schellfisch und vom Thunfisch.

Schnell · Preiswert

Kabeljaufilets auf englische Art

Die Filets wie im Grundrezept beschrieben panieren, das Mehl jedoch nicht mit Chilipulver mischen. Die Fischfilets zuletzt auch nicht in Öl, sondern in Butter braten. • Die Filets auf einer vorgewärmten Platte anrichten und jedes Filet mit 1 Scheibe Kräuterbutter, Rezept Seite 295 (½ Rezeptmenge), belegen.

Mein Tip Für die Zubereitung von paniertem Fischfilet auf englische Art eignen sich ebenso Hechtfilets, Lachsfilets, Schwertfischfilets und Seezungenfilets; letztere benötigen allerdings nur eine Bratzeit von insgesamt 6 Minuten.

Grundrezept

Fritierte Rotbarschfilets Orly

150 g Mehl
1 Teel. Backpulver
1 Messersp. Salz
1 Tasse helles Bier
2 Eigelbe
1 Eßl. Öl
600 g Rotbarschfilets
4 Eßl. Öl
2 Eßl. Zitronensaft
2 Eiweiße
Zum Fritieren:
1 l Öl oder 1 kg Pflanzenfett

Pro Portion etwa
2060 Joule/490 Kalorien

Zubereitungszeit: 1 Stunde
Besonderes Küchengerät: Elektrische Friteuse oder Fritiertopf mit Thermometer

Das Mehl mit dem Backpulver in eine Schüssel sieben, das Salz, das Bier, die Eigelbe und das Öl zugeben und alles mit dem Schneebesen oder mit dem Handrührgerät zu einem glatten Teig verarbeiten. Den Ausbackteig zugedeckt 30 Minuten ziehen lassen. • Die Rotbarschfilets kalt abbrausen und trockentupfen. In eine Schüssel legen, mit dem Öl und dem Zitronensaft beträufeln, 20 Minuten darin marinieren und während dieser Zeit ab und zu wenden. Die Eiweiße steif schlagen. • Das Fritierfett auf 175° erhitzen. • Den Ausbackteig noch einmal gut durchrühren und den Eischnee mit einem Rührlöffel unterheben. Jeweils 1–2 Filets trockentupfen, durch den Ausbackteig ziehen und die Filets je nach Dicke von jeder Seite 4–6 Minuten fritieren, aus dem Fritierfett heben und auf saugfähigem Papier abtropfen lassen. Bevor die nächsten Filets ins heiße Fett kommen, stets prüfen, ob die Temperatur des Fettes auch wieder 175° erreicht hat; sonst werden die Filets nicht knusprig. Die fertig gebackenen Filets auf einer vorgewärmten Platte im Backofen warm stellen.

Das paßt dazu: Tomatensauce, frisches Stangenweißbrot und ein beliebiger Salat.

Mein Tip Gebackenen Fisch Orly können Sie auch mit Aalfilets, mit Hechtstreifen, mit Makrelenfilets, mit Wels- oder Wallerfilets, mit Seezungenfilets, mit Stintfilets oder mit Thunfischstreifen bereiten. – In Ausbackteig fritiert werden auch ganze vorgekochte Schollen und Streifen vom Rochen; diese serviert man dann aber nicht mit Tomatensauce, sondern mit Zitronenspalten und etwas Petersilie.

Gelingt leicht

Goldbrassen auf römische Art

2 Goldbrassen (Doraden) zu je 500 g
1 Kopfsalat
50 g Butter
250 g ausgehülste junge grüne Erbsen
1 Teel. Salz
¼ Teel. weißer Pfeffer
⅜ l Weißwein
1 Eßl. Butter
1 Eßl. Mehl
1 Prise getrockneter Salbei
4 Eßl. Sahne

Pro Portion etwa
1690 Joule/400 Kalorien

Zubereitungszeit: 50 Minuten

Den Backofen auf 200° vorheizen. • Die Goldbrassen innen und außen kalt abspülen und trockentupfen. •

Die schönen Blätter vom Kopfsalat waschen, trockentupfen und streifig schneiden. • Die Butter erhitzen und beide Goldbrassen von jeder Seite 4 Minuten in der Butter anbraten. • Die Kopfsalatstreifen in eine feuerfeste Form geben, die angebratenen Goldbrassen darauflegen und die Butter darüberträufeln. Die Erbsen um die Fische streuen und die Fische mit dem Salz und dem Pfeffer würzen. Den Weißwein über die Fische gießen und alles zugedeckt im Backofen auf der mittleren Schiebeleiste in etwa 40 Minuten garen. • Die Goldbrassen mit 2 Schaumlöffeln auf eine vorgewärmte Platte heben und mit den Salatstreifen und den Erbsen umlegen. • Für die Sauce die Butter mit dem Mehl verkneten und in dem Weinsud unter Rühren einmal aufkochen lassen. Die Sauce mit dem getrockneten Salbei und der Sahne abrunden und über die Fische gießen.

Das paßt dazu: körnig gekochter Reis oder Kartoffelbrei oder Kartoffelkroketten.

Mein Tip Für die Zubereitungsart auf römische Art eignen sich auch Meerbrasse, Seelachs und Polack, ein Fisch, der oft unter der Bezeichnung Seelachs verkauft wird.

Grundrezept

Seelachs Bäckerart

Zutaten für 6 Personen:

$1\frac{1}{2}$ kg Seelachs
1 Eßl. Zitronensaft
1 Zwiebel
5 Tomaten
1 Kartoffel
1 Teel. Salz
2 Eßl. Öl
50 g fetter Speck in dünnen Scheiben
$\frac{1}{4}$ l Fleisch- oder Gemüsebrühe
$\frac{1}{2}$ Teel. getrocknetes oder 1 Teel. frisches Basilikum
$\frac{1}{8}$ l saure Sahne

Pro Portion etwa 2260 Joule/540 Kalorien

Zubereitungszeit: 1 Stunde

Den Fisch innen und außen unter fließendem kaltem Wasser waschen, trockentupfen, entlang den Filetsträngen auf jeder Seite zwei schräge, fast bis zur Mittellinie reichende Einschnitte anbringen und den Fisch mit dem Zitronensaft einreiben. • Die Zwiebel schälen und in Ringe schneiden. Die Tomaten in Viertel schneiden. Die Kartoffel schälen und waschen. • Den Backofen auf 200° vorheizen. • Den Fisch trockentupfen und innen mit dem Salz einreiben. Das Öl in einer großen Bratreine auf dem Herd erhitzen und die Zwiebelringe darin glasig braten. • Die Kartoffel in die Bauchöffnung des Fisches stecken und den Fisch in den Bräter setzen; durch die Kartoffel hat der Fisch genügend Halt und fällt nicht um. • Den Fisch mit den Speckscheiben belegen und auf der zweiten Schiebeleiste von unten im Backofen in 40–50 Minuten garen. • Die Fleisch- oder Gemüsebrühe erhitzen, die Hälfte davon nach 10 Minuten Bratzeit um den Fisch gießen und die Tomatenstücke in den Bräter legen. Die restliche Brühe nach und nach zum Fisch gießen. • Nach 25 Minuten Bratzeit die Speckscheiben vom Fisch nehmen. Das Basilikum mit der sauren Sahne verrühren, über den Fisch gießen und den Fisch danach noch weitere 5–10 Minuten braten, bis er Farbe angenommen hat. • Die Speckscheiben in kleine Würfel schneiden. Den Fisch nach Ende der Garzeit auf einer vorgewärmten Platte im abgeschalteten Backofen warm stellen. • Den Bratfond aus dem Bräter lösen, durch ein Sieb passieren, noch einmal erhitzen, abschmecken, die Speckwürfelchen hineingeben und die Sauce zum Fisch reichen.

Das paßt dazu: Kartoffelpüree oder Salzkartoffeln und ein beliebiger Salat.

Mein Tip Nach Bäckerart können Sie auch ein Stück Kabeljau bereiten; der Fisch wird jedoch nicht auf Zwiebelringen, sondern auf Kartoffelwürfeln gegart. Statt den Fisch mit der sauren Sahne zu begießen, bestreut man ihn kurz vor Ende der Garzeit mit Semmelbröseln, die mit Petersilie und fein zerdrücktem Knoblauch gemischt wurden, und gibt einige Butterflöckchen auf die Semmelbrösel. – Nach Bäckerart kann man auch Schellfisch im Backofen garen; man setzt ihn auf kleingewürfeltes gemischtes Gemüse wie Möhren, Lauch, Erbsen und Blumenkohl. Der Schellfisch wird wie Kabeljau mit Semmelbrösel bestreut und zuletzt überbacken.

Raffiniert

Seewolf im Speckmantel

2 Seewölfe (Steinbeißer oder Loup) zu je 500 g
1 Eßl. Zitronensaft
2 Zwiebeln
4 grüne Paprikaschoten
2 Eßl. Öl
1/2 Teel. Salz
1 Messersp. frisch gemahlener weißer Pfeffer
100 g durchwachsener Speck in dünnen Scheiben
1/2 l herber Weißwein
4 reife Tomaten

Pro Portion etwa
1930 Joule/460 Kalorien

Zubereitungszeit: 1 Stunde
Besonderes Küchengerät: große längliche feuerfeste Form

Die Fische innen und außen waschen, trockentupfen und auf jeder Seite 3 schräge, fast bis zur Mittelgräte reichende Einschnitte anbringen. Die Fische innen mit dem Zitronensaft einreiben. • Die Zwiebeln schälen und in Ringe schneiden. Die Paprikaschoten waschen, halbieren, von weißen Rippen und Kernen befreien und in Streifen schneiden. • Den Backofen auf 200° vorheizen. • Das Öl in einer genügend großen feuerfesten Form erhitzen. Die Zwiebelringe und die Paprikaschotenstreifen unter stetigem Umwenden etwa 10 Minuten darin anbraten. Die Fische innen und außen mit dem Salz und dem Pfeffer einreiben und auf das Gemüse legen. Die Speckscheiben dachziegelartig auf die Fische legen und die Hälfte des Weißweins zugießen. • Die Fische im Backofen auf der zweiten Schiebeleiste von unten in etwa 45 Minuten garen. Während der Garzeit nach und nach den Rest des Weißweins zugießen. • Die Tomaten häuten, halbieren, entkernen, salzen und 10 Minuten vor Ende der Garzeit um die Fische legen.

Das paßt dazu: Petersilienkartoffeln.

Mein Tip Im Speckmantel können Sie auch Alsen (Maifisch) garen, jedoch am besten auf einem dünnen Bett von Sauerampfer. – Auf streifig geschnittenem Kopfsalat können Sie nach demselben Rezept auch Wittlinge (Merlane) bereiten; verwenden Sie 1 Fisch pro Person.

Grundrezept

Gegrillte Lachskoteletts

4 Lachskoteletts zu je 200 g
1 Zitrone
4 Eßl. Öl
je Kotelett 2 Messersp. Salz und 1 Messersp. weißer Pfeffer

Für den Holzkohlengrill:
2 Zweige getrockneter Rosmarin

Pro Portion etwa
2185 Joule/520 Kalorien

Zubereitungszeit: 30 Minuten

Den Elektrogrill, den Grill im Backofen oder den Holzkohlengrill auf starke Hitze bringen. Die Lachskoteletts rasch kalt abbrausen und gut trockentupfen. • Die Hälfte der Zitrone auspressen und die Koteletts mit etwas Zitronensaft bestreichen. Die restliche Zitrone in dünne Scheiben schneiden. • Die Koteletts mit reichlich Öl bestreichen und auf den leicht geölten Grillrost legen. • Den Grillrost des Elektrogrills im Abstand von etwa 6 cm zu den Grillstäben über die Fettpfanne schieben oder unter den Backofengrill auf den Rost geben oder auf den Holzkohlengrill. Die Lachskoteletts von jeder Seite je nach Dicke 6–8 Minuten grillen und nach dem Wenden jeweils mit etwas Salz und Pfeffer bestreuen. • Werden die Lachskoteletts auf dem Holzkohlengrill gegart, so geben Sie den getrockneten Rosmarin zu Beginn des Grillvorgangs auf die Holzkohle; die Lachskoteletts nehmen dann etwas von dem Rosmarinduft an. • Die Lachskoteletts auf einer vorgewärmten Platte anrichten und mit den Zitronenscheiben umlegen.

Das paßt dazu: Weißbrot und Senfsauce.

Mein Tip Gegrillt schmecken auch Koteletts von Rotbarbe ausgezeichnet oder ganze Fische wie Forelle oder Schleie; für ganze Fische pro Seite 12–14 Minuten Grillzeit rechnen oder die Fische in Alufolie einschlagen und in der Folie je Seite 15–18 Minuten grillen.

Etwas schwierig

Sizilianische Sardinen

Zutaten für 6 Personen:

1 kg frische Sardinen
1 kleine Zwiebel
4 Eßl. Sultaninen
4 Eßl. Pinienkerne
6 Anchovisfilets
3/8 l Olivenöl
8 Eßl. Semmelbrösel
1/2 Teel. Zucker
1 Messersp. weißer Pfeffer
1 Eßl. gehackte Petersilie
2 Lorbeerblätter
4 Eßl. frisch ausgepreßter Orangensaft

Pro Portion etwa
2335 Joule/550 Kalorien

Zubereitungszeit: 1 Stunde
Besonderes Küchengerät: große feuerfeste Form oder Bratenpfanne des Backofens

Den Sardinen die Köpfe abschneiden. Jede Sardine von der Bauchseite her aufschneiden und die Eingeweide mit der großen Mittelgräte entfernen. Die Sardinen innen und außen kalt waschen und gut trockentupfen. • Für die Füllung die Zwiebel schälen und kleinwürfeln. Die Sultaninen warm waschen und gut abtropfen lassen. Die Pinienkerne hacken. Die Anchovisfilets in kleine Stücke schneiden. • 1/8 l Olivenöl in einer Pfanne erhitzen, 6 Eßlöffel Semmelbrösel unter Umrühren darin bräunen lassen und die Semmelbrösel in eine Schüssel geben. • Die Zwiebelwürfel, die Sultaninen, die Pinienkerne, die Anchovisstückchen, den Zucker, den Pfeffer und die Petersilie mit den Semmelbröseln mischen. • In jede Sardine etwas von der Füllung geben und die Sardinen zusammenklappen. • Den Backofen auf 220° vorheizen. • Eine feuerfeste Form mit Öl ausstreichen und die Sardinen nebeneinander hineinlegen. Die Lorbeerblätter in kleine Stücke zerbrechen und über die Sardinen streuen. Die restlichen Semmelbrösel über die Sardinen streuen und das restliche Öl darüberträufeln. • Die Sardinen im vorgeheizten Backofen auf der mittleren Schiebeleiste in etwa 25 Minuten goldbraun braten. • Die Sardinen mit dem Orangensaft begießen und in der feuerfesten Form servieren.

Das paßt dazu: frisches Stangenweißbrot.

Grundrezept

Gebratene Seezungen

Zu den wichtigsten Plattfischen gehören außer der Seezunge noch Flunder, Glattbutt, Heilbutt, Kliesche, Rotzunge, Scholle und Steinbutt. Sie werden wegen ihres zarten, schmackhaften Fleisches geschätzt. Filets – vor allem vom großen Steinbutt und Heilbutt – werden meist küchenfertig ausgelöst verkauft. Will man die kleineren Arten im ganzen garen, muß man sie meist selbst häuten und von den Flossen befreien. Im folgenden Grundrezept wird am Beispiel der Seezunge das Vorbereiten von Plattfischen genau erklärt. Siehe dazu auch im großen Küchen-ABC unter dem Stichwort Seezunge.

4 Seezungen zu je 250 g
2 Teel. Zitronensaft
1 Tasse Milch
4 Eßl. Mehl
2 Eier
1 Eßl. Öl
1 Teel. Salz
1/2 Teel. weißer Pfeffer
1 Tasse Semmelbrösel
200 g Butter
1 Zitrone

Pro Portion etwa
2100 Joule/500 Kalorien

Zubereitungszeit: 50 Minuten

Die helle Haut der Fische säubern. Die Fische umdrehen und rundherum mit der Küchenschere die Flossen und den Flossenrand abschneiden. Die dunkle Haut am Schwanz quer einschneiden, die Haut mit dem Messer ein Stück vom Fleisch lösen, diese mit einem Handtuch fassen und zum Kopf hin abziehen. (Je nach Rezept und nach Belieben auch die helle Haut von der anderen Seite abziehen.) Den Schwanz und den Kopf abschneiden. • Die Fische kalt abbrausen, trockentupfen und mit wenig Zitronensaft bestreichen. • Die Milch in einen Suppenteller gießen. Das Mehl in einen Suppenteller schütten. Die Eier mit dem Öl, dem Salz und dem Pfeffer in einem Suppenteller verquirlen. Die Semmelbrösel ebenfalls in einen Suppenteller geben. • Die Fische zuerst von beiden Seiten in die Milch tauchen, dann in dem Mehl wenden und auf ein Kuchengitter legen, damit das Mehl etwas antrocknen kann. • Die Fische dann im verquirlten Ei wenden und zuletzt in den Semmelbröseln. Die Seezungen danach behutsam schütteln, damit lose anhaftende Semmelbrösel wieder abfallen. • Die Seezungen nacheinander in jeweils 50 g heißer, aufschäumender Butter von jeder Seite 6–7 Minuten goldbraun braten. Nach dem Einlegen der Fische die Hitze zurückschalten, damit die Butter während des Bratvorgangs nicht zu dunkel wird. • Die restliche Butter wegen der Bratrückstände jeweils wegschütten und den nächsten Fisch in frischer Butter braten. Die fertigen Seezungen auf einer vorgewärmten Platte im Backofen warm stellen. • Die Zitrone warm waschen, abtrocknen, in Spalten schneiden und auf der Platte mit den Seezungen anrichten.

Das paßt dazu: Petersilienkartoffeln und Remouladensauce, mit Mayonnaise angemachter Kartoffelsalat oder Pommes frites.

Mein Tip Für die gleiche Zubereitungsart eignen sich auch Flunder, Kliesche, Rotzunge und Scholle.

Gelingt leicht

Seezungen auf englische Art

Die Seezungen wie im Grundrezept beschrieben braten und mit je 1 Scheibe Kräuterbutter, Rezept Seite 295 (½ Rezeptmenge) belegen. • Folienkartoffeln und gedünsteten Blattspinat reichen.

Gelingt leicht

Seezungenfilets Cecilie

500 g Spargel
1 l Wasser
1 Teel. Salz
1 Prise Zucker
4 Seezungenfilets zu je 200 g
100 g Butter
½ Teel. Salz
2 Messersp. weißer Pfeffer

Pro Portion etwa 1680 Joule/400 Kalorien

Zubereitungszeit: 40 Minuten

Von den Spargelstangen das obere Drittel abschneiden und wenn nötig dünn schälen. Etwa 1 l Wasser mit der Hälfte des Salzes und dem Zucker zum Kochen bringen. Die Spargelköpfe ins kochende Wasser legen und die Hitze zurückschalten. Den Spargel je nach Dicke 15–25 Minuten zugedeckt kochen lassen. • Die Seezungenfilets kalt abbrausen und gut trockentupfen. Jeweils 1 Eßlöffel Butter in einer Pfanne erhitzen und die erste Portion der Seezungenfilets darin braten. Die Filets brauchen pro Seite 3–4 Minuten Bratzeit. • Die Filets erst nach dem Wenden in der Pfanne jeweils mit Salz und Pfeffer bestreuen; sie bleiben dann saftig. Die fertig gebratenen Filets auf einer vorgewärmten Platte im Backofen warm stellen. • Die verwendete Butter wegen der Bratrückstände wegschütten und für jede Portion 2 Eßlöffel frische Butter verwenden. • Wenn alle Portionen gebraten sind, die restliche Butter in der Pfanne erhitzen und leicht bräunen lassen. • Die Spargelspitzen aus dem Kochwasser heben, auf saugfähigem Papier kurz abtropfen lassen und auf den Seezungenfilets anrichten. Die braune Butter über den Fisch träufeln.

Das paßt dazu: Petersilienkartoffeln oder Weißbrot.

Mein Tip Aus dem nicht verwendeten Teil des Spargels eine Spargelsuppe bereiten.

Raffiniert

Seezungenfilets Ceylon

1½ Bananen würfeln. 2 große reife Tomaten häuten, entkernen und ebenfalls würfeln. Die Bananen- und Tomatenwürfel in 1 Eßlöffel Butter anbraten und zugedeckt 5 Minuten dünsten. • 4 Seezungenfilets von beiden Seiten bemehlen, in Butter in einer großen Pfanne portionsweise braten wie im Rezept Seezungenfilets Cecilie beschrieben. Auf einer vorgewärmten Platte mit dem Bananen-Tomaten-Gemisch bedekken. • Dazu eine Sauce hollandaise, Rezept Seite 291, reichen, die leicht mit Currypulver gewürzt wurde. Butterreis und Blätterteig-Fleurons dazu reichen.

Schnell

Seezungenfilets Pompadour

4 Seezungenfilets zuerst in 4 Eßlöffeln Mehl, dann in 1 verquirltem, mit Salz und Pfeffer gewürztem Ei und zuletzt in 80 g Semmelbröseln wenden. • In 4 Eßlöffeln Butter portionsweise wie im Rezept Seezungenfilets Cecilie beschrieben von beiden Seiten goldbraun braten. • Die Filets mit je 1 Trüffelscheibe belegen. Pariser Kartoffeln und Sauce béarnaise schmecken gut dazu.

Mein Tip Alle Rezepte für die Seezungenfilets lassen sich auch mit Filets von Flunder, Glattbutt, Steinbutt und Scholle zubereiten.

Braucht etwas Zeit

Steinbuttfilets auf andalusische Art

4 Steinbuttfilets zu je 200 g
1 Zwiebel
200 g Champignons
4 Tomaten
1 rote Paprikaschote
6 Eßl. Butter
1 Teel. Salz
1 Messersp. weißer Pfeffer
1/4 l Weißwein
80 g Semmelbrösel
Für die Form:
Butter

Pro Portion etwa
2100 Joule/500 Kalorien

Zubereitungszeit: 1 Stunde

Den Backofen auf 220° vorheizen. • Eine große feuerfeste Form oder die Bratenpfanne des Backofens mit Butter ausstreichen. • Die Steinbuttfilets waschen, trockentupfen und einander überlappend in die Form legen. • Die Zwiebel schälen und in Ringe schneiden. Die Champignons putzen, waschen und blättrig schneiden. Die Tomaten häuten, entkernen und würfeln. Die Paprikaschote halbieren, von Rippen und Kernen befreien, die Schotenhälften waschen, abtrocknen und in Streifen schneiden. • 4 Eßlöffel Butter in einem Topf erhitzen, die Zwiebelringe und die Paprikastreifen unter Umwenden etwa 5 Minuten anbraten, die Champignonscheiben und die Tomatenstücke zugeben und alles unter Umwenden weitere 5 Minuten braten. Die Hälfte des Salzes und den Pfeffer unter das Gemüse mischen. • Die Steinbuttfilets mit dem restlichen Salz bestreuen und das Gemüse auf den Filets verteilen. Den Weißwein um die Filets gießen und die Filets mit den Semmelbröseln bestreuen. Mit der restlichen Butter in Flöckchen belegen. Die Steinbuttfilets in 20 Minuten im Backofen auf der zweiten Schiebeleiste von unten garen, bis die Semmelbrösel eine knusprige Kruste bilden.

Das paßt dazu: körnig gekochter Reis, Kartoffelpüree oder Weißbrot.

Gelingt leicht

Rochen auf italienische Art

4 Rochenstücke zu je 200 g
1 Zwiebel
1 Knoblauchzehe
1/4 l Milch
1/4 l Wasser
1 Teel. Salz
3 Pfefferkörner
1/4 Lorbeerblatt
1 Prise getrockneter Thymian
1 Eßl. Butter
1 Eßl. Mehl
8 Eßl. frisch geriebener Parmesankäse
2 Eßl. Butter
Für die Form:
Butter

Pro Portion etwa
1470 Joule/350 Kalorien

Zubereitungszeit: 30 Minuten

Das Rochenfleisch waschen und trockentupfen. • Die Zwiebel schälen und in Achtel schneiden. Die Knoblauchzehe schälen und kleinwürfeln. Die Zwiebelachtel, die Knoblauchstückchen, die Milch, das Wasser, das Salz, die Pfefferkörner, das Lorbeerblatt und den kleingerebelten Thymian mischen, zum Kochen bringen, die Rochenstücke hineinlegen und bei schwacher Hitze zugedeckt 10 Minuten ziehen lassen. • Den Backofen auf 230° vorheizen. • Eine große feuerfeste Form oder die Bratenpfanne des Backofens mit Butter ausstreichen. Die Rochenstücke abtropfen lassen und hineinlegen. • Den Sud durchseihen. Die Butter mit dem Mehl verkneten, im Sud aufkochen lassen und den Sud über den Fisch gießen. Den Parmesankäse darüberstreuen und die Butter in Flöckchen darauf verteilen. Den Fisch im Backofen in 10 Minuten auf der mittleren Schiebeleiste goldbraun überbacken.

Das paßt dazu: körnig gekochter Reis oder Salzkartoffeln und ein beliebiger Salat.

Mein Tip Nach dem Rezept für Rochen auf italienische Art können Sie auch Haifischsteaks garen.

Braucht Zeit

Thunfisch auf provenzalische Art

800 g abgezogenes Thunfischfilet
2 l Wasser
4 Eßl. Öl
1 Eßl. Zitronensaft
1 Zwiebel
2 Knoblauchzehen
8 Tomaten
1 Teel. Salz
1/4 l Fleischbrühe
1/4 l Weißwein
3 Eßl. Kapern
2 Eßl. feingehackte Petersilie

Pro Portion etwa
2310 Joule/550 Kalorien

Zeit zum Marinieren: 30 Minuten
Zubereitungszeit: 1 Stunde

Den Thunfisch kalt waschen und in 4 gleich große Stücke schneiden. • Das Wasser zum Kochen bringen, die Thunfischstücke 5 Minuten darin blanchieren, um dem Filet das unnötig viele Fett zu entziehen, aus dem Wasser heben und abtropfen lassen. • Das Öl mit dem Zitronensaft mischen, über die Thunfischstücke geben und diese zugedeckt 30 Minuten marinieren; dabei hin und wieder in der Marinade wenden. • Die Zwiebel und die Knoblauchzehe schälen und würfeln. Die Tomaten häuten, entkernen und in Stücke schneiden. • Die Fischstücke mit der Marinade nebeneinander in einen Schmortopf geben, die Zwiebelwürfel, die Knoblauchwürfel, die Tomatenwürfel, das Salz, die Fleischbrühe und den Weißwein zufügen, alles vorsichtig zum Kochen bringen und bei schwacher Hitze zugedeckt etwa 45 Minuten schmoren lassen. Den Fisch dann auf einer vorgewärmten Platte im Backofen warm stellen und den Schmorsud durch ein Sieb passieren. • So viel Weißwein in den Schmorsud geben, daß ungefähr 1/2 l Sauce entsteht. Die Sauce noch einmal gut abschmecken, erwärmen, die Kapern einrühren und die Sauce über den Fisch gießen. Die Petersilie darüberstreuen.

Das paßt dazu: frisches Stangenweißbrot.

Mein Tip Provenzalisch können Sie auch Rochen, Schwertfisch oder Haifisch zubereiten; die Garzeit für diese Fischarten beträgt jedoch nur 15–20 Minuten, je nach Dicke der Scheiben.

Gelingt leicht

Haifisch in Paprikasauce

4 abgezogene Filets vom Heringshai
2 grüne und 1 rote Paprikaschoten
3 Knoblauchzehen
1 Zwiebel
4 Eßl. Öl
1 1/2 Eßl. Mehl
4 Eßl. Tomatenmark
3/8 l Wasser
1 Teel. Salz
2 Messersp. schwarzer Pfeffer
1 Teel. Rosenpaprikapulver
1/8 l Apfelwein

Pro Portion etwa
1490 Joule/355 Kalorien

Zubereitungszeit: 40 Minuten

Die Haifischfilets waschen, trockentupfen und jeweils in 4 gleich große Stücke schneiden. • Die Paprikaschoten halbieren, von weißen Rippen und Kernen befreien, die Schotenhälften waschen, abtrocknen und in dünne Streifen schneiden. • Die Knoblauchzehen und die Zwiebel schälen und sehr klein hacken. • Das Öl in einem großen Schmortopf erhitzen und die Zwiebelwürfel mit dem Knoblauch unter Umwenden darin glasig braten. Die Paprikastreifen zugeben, ebenfalls unter Umwenden etwa 5 Minuten mitbraten, das Mehl darüberstäuben und kurz anbraten. • Das Tomatenmark unterrühren und nach und nach mit dem Wasser auffüllen. Das Salz, den Pfeffer und das Rosenpaprikapulver unterrühren. Alles zum Kochen bringen, die Haifischstücke nebeneinander hineinlegen und zugedeckt bei mittlerer Hitze 15–20 Minuten sanft schmoren lassen. Nach 15 Minuten prüfen, ob die Fischstücke schon zart sind. • Die Haifischstücke auf einer vorgewärmten Platte anrichten. • Den Apfelwein in der Sauce kurz erhitzen und über die Fischstücke geben.

Das paßt dazu: Kartoffelpüree, Salzkartoffeln oder körnig gekochter Reis und gemischter Salat.

Mein Tip Nach dem gleichen Rezept können Sie auch Rochen oder Thunfisch zubereiten.

Gelingt leicht

Heringshai-Schnitzel

Heringshai wird seit einiger Zeit frisch in den Fachgeschäften angeboten. Man sollte ihn probieren, denn er hat festes schmackhaftes Fleisch, das sich gut zum Braten eignet. Beachten Sie aber auch die Hinweise auf Haifisch bei den anderen Fischrezepten in diesem Kapitel.

4 Scheiben Heringshai zu je 200 g
1 Eßl. Zitronensaft
1 Teel. Salz
2 Messersp. weißer Pfeffer
1 Tasse Mehl
1 Eßl. edelsüßes Paprikapulver
2 Eier
2 Tassen Semmelbrösel
8 Eßl. Öl
½ Zitrone
etwas Petersilie

Pro Portion etwa 2835 Joule/675 Kalorien

Zubereitungszeit: 30 Minuten

Die Fischscheiben kalt abbrausen, gut trockentupfen und mit dem Zitronensaft einreiben. • Das Salz und den Pfeffer mischen. Das Mehl mit dem Paprikapulver mischen und in einen tiefen Teller geben. • Die Fischstücke mit Salz und Pfeffer einreiben und in dem Mehl wenden. Die Fischscheiben auf einem Kuchengitter etwas ruhen lassen, damit das Mehl antrocknen kann. • Die Eier in einem tiefen Teller verquirlen. Die Semmelbrösel auf eine große Platte streuen. • Die Fischscheiben in das verquirlte Ei tauchen und dann in den Semmelbröseln wenden. Die Semmelbrösel leicht andrücken. • Die Hälfte des Öls in einer großen schweren Pfanne erhitzen und 2 der Schnitzel von jeder Seite 8 Minuten braten. Die Hitze nach dem Einlegen zurückschalten, damit die Panade nicht zu dunkel wird. • Wenn die ersten beiden Schnitzel gebraten sind, das benutzte Öl samt den Bratrückständen weggießen und die nächsten beiden Schnitzel in frischem Öl braten. • Die fertigen Schnitzel im vorgeheizten Backofen bei 200° heiß halten. • Die Zitrone warm waschen, abtrocknen und in Spalten schneiden. Die Schnitzel auf einer Platte anrichten, mit den Zitronenspalten belegen und mit etwas Petersilie garnieren.

Das paßt dazu: Maiskörner, in einer leichten hellen Sauce erhitzt und mit edelsüßem Paprikapulver bestäubt.

Braucht Zeit

Stockfisch auf schwedische Art

500 g Stockfisch (luftgetrockneter Kabeljau)
2 Zwiebeln
1 Eßl. Öl
2 Matjesfilets
6 dünne (2 mm) Scheiben Graubrot
1 l Wasser
⅛ l saure Sahne
4 Eßl. Semmelbrösel
1 Eßl. Butter
Für die Form:
1 Eßl. Öl

Pro Portion etwa 2980 Joule/710 Kalorien

Zeit zum Wässern: 12 Stunden
Zubereitungszeit: 40 Minuten

Den getrockneten Fisch von Wasser bedeckt 12 Stunden weichen lassen. • Die Zwiebeln schälen, in Ringe schneiden und in dem Öl goldgelb braten. • Die Matjesfilets in Streifen schneiden. Von den Brotscheiben die Rinde abschneiden. Den Stockfisch aus dem Einweichwasser heben, wenn nötig von Haut und Gräten befreien und in etwa 5 cm große Stücke schneiden. • Etwa 1 l Wasser zum Kochen bringen, die Stockfischstücke ins kochende Wasser geben und 15 Minuten darin ziehen – nicht sprudelnd kochen – lassen. • Den Backofen auf 220° vorheizen. • Eine feuerfeste Form mit dem Öl ausstreichen und mit 3 Brotscheiben belegen. Die Stockfischstücke mit dem Schaumlöffel aus dem Wasser heben, abtropfen lassen und die Hälfte davon auf die Brotscheiben legen. Die Fischstücke mit Zwiebelringen und Matjesfilets belegen, darauf das Brot geben. Den ganzen Vorgang mit einer zweiten Schicht wiederholen. • Die saure Sahne über den Auflauf gießen und die Semmelbrösel darüberstreuen. Die Butter in Flöckchen daraufsetzen und den Stockfisch im vorgeheizten Backofen auf der zweiten Schiebeleiste von unten in 15 Minuten goldgelb überbacken.

Das paßt dazu: gemischter Salat oder grüne Bohnen und Salzkartoffeln.

Braucht Zeit

Zander auf polnische Art

1 kg Zander im Stück
1 Zwiebel
1 Möhre
1 Stange Lauch/Porree
1 Stange Staudensellerie
2 Stengel Petersilie
1 Stengel frischer Thymian oder 1 Messersp. getrockneter Thymian
½ Lorbeerblatt
1½ Teel. Salz
1½ l Wasser
½ l herber Weißwein
3 Pfefferkörner
4 Eßl. Semmelbrösel
50 g Butter
2 hartgekochte Eier
2 Eßl. gehackte Petersilie

Pro Portion etwa
2140 Joule/510 Kalorien

Zubereitungszeit: 1 Stunde und 10 Minuten

Den Fisch kalt abbrausen, in 4 gleich große Stücke schneiden und beiseite stellen. • Die Zwiebel schälen und achteln. Die Möhre schaben und in Stücke schneiden. Das Weiße vom Lauch und die Selleriestange waschen und in Scheiben schneiden. Die Petersilie und den Thymian waschen und zweimal durchschneiden; den getrockneten Thymian rebeln. • Das Gemüse, die Kräuter, das Lorbeerblatt und das Salz in einen großen Topf geben, das Wasser zugießen, zum Kochen bringen und 15 Minuten im offenen Topf kochen lassen; das Wasser soll dabei auf etwa die Hälfte einkochen, damit ein kräftiger Sud entsteht. • Nach 15 Minuten Kochzeit den Weißwein und die Pfefferkörner in den Sud geben und bei schwacher Hitze sacht kochen lassen. • Die Fischstücke nach 15 Minuten in den Sud legen und in 15 Minuten vorsichtig gar ziehen lassen – der Sud darf nicht sprudelnd kochen. • Die Semmelbrösel in der Butter goldbraun braten. • Die Zanderstücke aus dem Sud heben und auf Küchenkrepp abtropfen lassen. Auf einer Platte anrichten. Die Eier hacken und mit den gebräunten Semmelbröseln und der Petersilie über den Fisch geben.

Das paßt dazu: Salzkartoffeln und grüner Salat.

Mein Tip Rotbarbe, Seehecht und Renke können nach demselben Rezept bereitet werden. – Den Sud vom Zander durch ein Sieb gießen, stark einkochen lassen und als Extrakt für andere Fischmahlzeiten einfrieren.

Gelingt leicht

Zander mit Senfbutter

Den Fisch in 4 Stücke schneiden und wie im Rezept Zander auf polnische Art beschrieben im Sud garen. • Etwa 100 g Butter zerlassen und mit 1–2 Teelöffeln mildem Senf mischen. Die Senfbutter über den Fisch geben. • Salzkartoffeln dazu reichen.

Kalt · Kann vorbereitet werden

Gravad Laks med Hovmästersasse

Marinierter Lachs mit Hofmeistersauce

Zutaten für 6 Personen:
1½ kg frischer Lachs (Mittelstück)
6 Bund Dill
2 Eßl. Salz
½ Eßl. Zucker
1 Teel. frisch gemahlener weißer Pfeffer
je 1 Eßl. milder und scharfer Senf
2 Eßl. Weinessig
1 Teel. Zucker
8 Eßl. Olivenöl
1 Eigelb

Pro Portion etwa
2350 Joule/560 Kalorien

Zubereitungszeit: 20 Minuten
Zeit zum Marinieren: 3 Tage

Zum Bild rechts:

Forellen, blau bereitet, gehören zu den beliebtesten Fischgerichten! Dazu muß es zerlassene, leicht gebräunte Butter geben und Salzkartoffeln, mit Petersilie bestreut. Vergewissern Sie sich, ob es wirklich fangfrische Fische sind, die Sie für ein Forellenessen kaufen; denn nur diese haben das feine Aroma, das man von ihnen erwartet. In den Monaten von April bis Juli ist das Angebot an frischen Forellen besonders empfehlenswert; zu anderen Jahreszeiten sollte man sie besser à la Müllerin bereiten. *Das Rezept zur Abbildung auf der gegenüberliegenden Seite finden Sie auf Seite 109.*

Den küchenfertigen, geschuppten Lachs längs halbieren (filetieren) und die Mittelgräte entfernen. • 2 Bund Dill waschen, trockentupfen und kleinschneiden. • Die Lachshälften kalt abbrausen, abtrocknen und 1 Filet mit der Hautseite nach unten in eine große Schüssel legen. • Das Salz, den Zucker und den Pfeffer mischen. Das Filet mit der Hälfte davon einreiben und mit dem kleingeschnittenen Dill bestreuen. Das zweite Lachsfilet ebenfalls mit den Gewürzen einreiben und mit der Hautseite nach außen auf den Dill legen. • Den Fisch mit Alufolie zudecken, mit einem Brett und 2 gefüllten Konservendosen beschweren und so 3 Tage im Kühlschrank marinieren. Die Lachsfilets während dieser Zeit mehrmals wenden und beide Seiten mit dem sich bildenden Saft bestreichen. • Vor dem Servieren die Lachsfilets mit der Hautseite nach unten auf ein Holzbrett legen. Den Dill und die Gewürze abschaben. Mit einem scharfen dünnen Lachsmesser jeweils 10–15 cm der Haut hauchdünn lösen und die Filets in sehr dünne schräge Scheiben schneiden. • Den Senf mit dem Essig, dem Zucker, dem Öl und dem Eigelb verrühren. Den restlichen Dill waschen, trockentupfen, kleinschneiden und unter die Sauce mischen. Die Sauce zum Lachs servieren.

Das paßt dazu: getoastetes Weißbrot und eisgekühlter Aquavit.

Zum Bild links:

Hechtklößchen gehören zu Recht zu den beliebten Rezepten der feinen Fischküche. Nur wer sich die Mühe macht, die Fischmasse gebührend – wie im Rezept beschrieben – über Eiswürfeln zu rühren, erhält diese zarten Gebilde von köstlichem Geschmack, die mit einer samtigen Sauce dann wirklich auf der Zunge zergehen. Fischklößchen kann man auch aus anderen Fischen zubereiten, zum Höhepunkt werden sie aber vor allem, wenn Süßwasserfische von dezentem Eigengeschmack verwendet werden. *Das Rezept finden Sie auf Seite 108.*

Grundrezept

Karpfen in Biersauce

Zutaten für 6 Personen:

1 Karpfen von 1½ kg
2 Zwiebeln
¼ Sellerieknolle
1 Eßl. Öl
½ Teel. Salz
¾ l helles Bier
1 Saucenlebkuchen
1 Eßl. Mehl
1 Eßl. Butter

Pro Portion etwa
2350 Joule/560 Kalorien

Zubereitungszeit: 1 Stunde
Besonderes Küchengerät: große ovale feuerfeste Form

Den Backofen auf 200° vorheizen. • Vom bereits geschuppten Karpfen – wenn notwendig – noch die Kiemen entfernen. Den Karpfen außen und vor allem innen gründlich kalt waschen und mit Küchenkrepp vorhandene Blutreste aus dem Inneren entfernen. • Die Zwiebeln schälen und würfeln. Die Sellerieknolle schälen, waschen und ebenfalls kleinwürfeln. • Das Öl in einer genügend großen feuerfesten Form zerlassen. Die Zwiebel- und die Selleriewürfel darin 5 Minuten unter Rühren anbraten. Das Salz über das Gemüse streuen. Den Karpfen in die Mitte legen und ½ l Bier um den Karpfen gießen. • Den Karpfen im vorgeheizten Backofen auf der zweiten Schiebeleiste von unten in 45–50 Minuten garen. Wenn nötig während der Garzeit hin und wieder Bier zugießen. • Nach etwa 20 Minuten Garzeit den kleingebrochenen Saucenlebkuchen zugeben. • Das Mehl mit der Butter zu einem Klößchen verkneten. Der Karpfen ist gar, wenn seine Augen weiß und trüb sind und sich die Rückenflosse fast widerstandslos herausziehen läßt. • Für die Sauce den Garsud durch ein Sieb in eine Kasserolle passieren, mit der Mehlbutter binden und unter Rühren einige Male aufkochen lassen.

Das paßt dazu: Petersilienkartoffeln und ein Salat.

Mein Tip Auf die gleiche Art wie Karpfen können Sie in Biersauce auch Brasse und Schleie garen; die Garzeit für diese beiden Fische ist etwa 40 Minuten. Hecht in Biersauce schmeckt ebenfalls sehr gut, seine Garzeit im Backofen ist die gleiche wie die vom Karpfen. Die Sauce vom Hecht wird aber nicht mit Saucenlebkuchen, sondern mit geriebenem Roggenbrot angedickt.

Raffiniert

Karpfen mit polnischer Sauce

Den Karpfen in 6 Koteletts schneiden und diese gründlich waschen. • 1 geschälte Zwiebel würfeln, im Schmortopf in Öl anbraten, salzen und die Karpfenstücke mit 1 Messerspitze getrocknetem, gerebeltem Thymian, 1/4 Lorbeerblatt, 3 Pfefferkörnern, 1 Gewürznelke, 1 Petersilienstengel und 3 zerbröckelten Saucenlebkuchen auf die angebratene Zwiebel geben. 1/4 l helles Bier zugießen und die Karpfenkoteletts zugedeckt bei schwacher Hitze in 15–20 Minuten behutsam gar schmoren. • Den Karpfen dann auf einer vorgewärmten Platte anrichten, warm stellen und den Fond durch ein Sieb passieren. • 3/8 l herben Rotwein mit dem Fond mischen. 1 1/2 Teelöffel Zucker in wenig Butter karamelisieren lassen, mit 1 Eßlöffel Rotweinessig ablöschen und mit 6 Eßlöffeln eingeweichten, abgetropften Rosinen in die Sauce rühren.

Mein Tip In polnischer Sauce werden auch Hecht und Sterlet zubereitet; jedoch wird in diesem Fall statt Rotwein Weißwein verwendet und die Sauce nicht mit Saucenlebkuchen, sondern mit Mehlbutter gebunden. Beim Hecht reichert man die Sauce zuletzt mit 1/2 feingeraspelten Apfel an, Sterlet wird mit kleinen weißen gedünsteten Zwiebeln umlegt.

Grundrezept

Hecht auf deutsche Art

2 Zwiebeln
1/2 Zitrone
1/4 Sellerieknolle
1/2 Lorbeerblatt
3 Pfefferkörner
1 Teel. Salz
1/2 l Wasser
1 Hecht von etwa 1 kg
50 g fetter Speck in dünnen Scheiben
1/4 l herber Weißwein
2 Eßl. Butter
1 1/2 Eßl. Mehl
1 Eßl. Sardellenpaste
4 Eßl. kleine Kapern

Pro Portion etwa 1620 Joule/385 Kalorien

Zubereitungszeit: 1 Stunde und 10 Minuten
Besonderes Küchengerät: Spicknadel

Die Zwiebeln schälen und in Ringe schneiden. Die Zitrone warm waschen, abtrocknen, in dünne Scheiben schneiden und entkernen. Die Sellerieknolle schälen, waschen und in hauchdünne Scheiben schneiden. • Die Zwiebelringe, die Selleriescheiben, das Lorbeerblatt, die Pfefferkörner, das Salz und das Wasser zum Kochen bringen und im offenen Topf 15 Minuten kochen lassen; die Flüssigkeit soll in dieser Zeit auf die Hälfte zu einem kräftigen Sud einkochen. • Den Hecht – wenn nötig – schuppen, innen und außen gründlich waschen und innen alle vorhandenen Blutspuren mit Küchenkrepp beseitigen. Die Rückenflossen und die hinteren Bauchflossen abschneiden. • Den Speck in Streifen schneiden. Die Speckstreifen in die Spicknadel legen und die Spicknadel beidseitig so durch die oberen Filetstränge führen, daß links und rechts von der Mittelgräte noch kleine Speckstücke herausschauen. • Den Backofen auf 200° vorheizen. • Den Sud mit den Gewürzen in die Bratenpfanne des Backofens gießen, die Zitronenscheiben hineinlegen und den Hecht auf die Pfanne legen. Den Hecht auf der zweiten Schiebeleiste von unten im Backofen 40–50 Minuten dünsten. Den Fisch während der Garzeit wiederholt mit Sud begießen und nach und nach den Weißwein zufügen. • Die Butter mit dem Mehl und der Sardellenpaste verkneten. • Den garen Fisch auf eine vorgewärmte Platte geben und im abgeschalteten Backofen warm stellen. • Für die Sauce den Fond durchseihen, in eine Kasserolle gießen, mit der gewürzten Mehlbutter verrühren, aufkochen lassen und die Kapern zufügen.

Das paßt dazu: Kartoffelpüree oder Herzoginkartoffeln.

Etwas schwierig

Hechtklößchen

Bild Seite 106

600 g Hechtfilets
2 Eiweiße
100 g Crème fraîche
1/2 Teel. Salz
1 Messersp. frisch geriebene Muskatnuß
4 Eßl. Zwiebackbrösel
1 l Wasser
1 Teel. Salz
1/2 l herber Weißwein

Pro Portion etwa 990 Joule/235 Kalorien

Zubereitungszeit: 40 Minuten
Besonderes Küchengerät: Fleischwolf oder Moulinette

Die Hechtfilets waschen, abtrocknen, grob kleinschneiden und dann zweimal durch die feinste Scheibe des Fleischwolfs drehen. • Das Fischfleisch in einer Schüssel über Eiswürfeln mit den beiden Eiweißen so verrühren, daß eine geschmeidige Paste entsteht. Die Paste im Kühlschrank kurz durchziehen lassen. • Die Fischpaste dann mit der Crème fraîche, dem Salz, der geriebenen Muskatnuß und so viel Zwiebackbröseln mischen, daß eine gut formbare Masse entsteht. Die Masse zugedeckt kurze Zeit durchziehen lassen. • Das Wasser mit dem Salz und dem Weißwein zum Kochen bringen und die Hitze sofort um eine Schaltstufe zurückstellen. • Aus dem Fischteig mit nassen Händen etwa walnußgroße Klößchen formen, in den schwach kochenden Sud geben und in 10–15 Minuten darin gar ziehen – nicht kochen – lassen. Die Klößchen sind gar, wenn sie an die Oberfläche kommen. • Die Fischklößchen gut abtropfen lassen und in einer vorgewärmten Schüssel servieren.

Das paßt dazu: körnig gekochter Reis oder Herzoginkartoffeln und Sauce hollandaise oder Sauce Mornay.

Mein Tip Nach demselben Rezept können Sie auch Klößchen aus Karpfenfilets oder aus gehäuteten, entgräteten Wittlingfischen (Merlan) herstellen; Klöße aus Wittlingfisch werden in einer hellen Sauce, Rezept Seite 287, angerichtet.

Grundrezept

Forellen blau

Bild Seite 105

4 Forellen zu je 200 g
1 Zwiebel
1 Möhre
1 Stange Lauch/Porree
1 Stange Staudensellerie
je 2 Zweige frischer Dill, Petersilie und Thymian
2 l Wasser
2 Teel. Salz
1/8 l herber Weißwein
4 Eßl. Weinessig
100 g Butter
1 Zitrone
1/2 Bund Petersilie

Pro Portion etwa 1870 Joule/445 Kalorien

Zubereitungszeit: 30 Minuten

Besonderes Küchengerät: ein Fischkessel oder ein Topf mit einem Durchmesser, der der Länge der Fische entspricht. – Für einen runden Topf die Forellen rundbinden, siehe dazu im großen Küchen-ABC unter dem Stichwort Forellen.

Die Forellen unter schwachem Wasserstrahl innen und außen gründlich abbrausen; die Fische dabei möglichst am Schwanz und hinter den Kiemen fassen, damit beim Abspülen die feine Schleimschicht auf der Haut der Fische nicht verletzt wird, denn diese verursacht die Blaufärbung. • Die Zwiebel schälen und in Ringe schneiden. Die Möhre schaben, vom Lauch das Weiße verwenden, den Sellerie putzen, alles waschen und in Scheiben schneiden. Die Kräuter abbrausen und mit dem Gemüse und dem Wasser zum Kochen bringen. • Den Sud salzen und 10 Minuten leicht sprudelnd kochen lassen. Den Weißwein und den Weinessig einrühren und den Sud erneut zum Kochen bringen. • Die Forellen einlegen. Die Hitze sofort zurückschalten, damit das Wasser nicht sprudelnd kocht, sondern nur leicht siedet. Am besten stellt man sich 1 Tasse kaltes Wasser bereit, um durch einen Schuß »Kälte« starkes Kochen zu verhindern. • Die Forellen in 10–12 Minuten gar ziehen lassen. • Die Butter zerlassen und – wenn sie zu bräunen beginnt – in eine vorgewärmte Buttersauciere füllen. Die Buttersauciere möglichst auf einem kleinen Rechaud servieren. • Die Zitrone warm waschen, abtrocknen und in Spalten schneiden. Die Petersilie waschen, trockentupfen und 4 kleine Büschel davon zurechtlegen. Die Forellen gut abtropfen lassen, auf eine vorgewärmte Servierplatte legen, mit den Zitronenspalten und den Petersiliensträußchen belegen und mit der heißen Butter servieren.

Das paßt dazu: Petersilienkartoffeln und grüner Salat.

Gelingt leicht

Forellen auf russische Art

Die Forellen wie im Grundrezept beschrieben garen. • Eine Sauce hollandaise, Rezept Seite 291, mit etwa 30–40 g Keta-Kaviar mischen und statt der braunen Butter zu den Fischen reichen.

Gelingt leicht

Forellen Müllerin

4 Forellen zu je 250 g
1 Eßl. Zitronensaft
pro Forelle ¼ Teel. Salz und 1 Prise weißer Pfeffer
⅛ l Milch
160 g Mehl
4 Eßl. Butter
1 Zitrone
½ Bund Petersilie

Pro Portion etwa 2140 Joule/510 Kalorien

Zubereitungszeit: 25 Minuten

Die Forellen innen und außen kalt abbrausen, innen mit etwas Zitronensaft beträufeln und mit dem Salz und dem Pfeffer einreiben. • Die Milch in einen Suppenteller schütten, das Mehl auf eine längliche Platte. • Die Forellen kurz in Milch tauchen und dann in dem Mehl wenden. Die Forellen auf ein Kuchengitter legen, damit das Mehl etwas antrocknen kann. • Die Hälfte der Butter bei mittlerer Hitze schmelzen, aber nicht bräunen lassen. Jeweils 2 Forellen in die heiße Butter legen, die Hitze zurückschalten, damit die Butter nicht zu braun wird, und die Fische von jeder Seite 8 Minuten braten. Auf einer vorgewärmten Platte im Backofen warm halten. Die Bratbutter wegen der Bratrückstände wegschütten und die nächsten beiden Forellen in frischer Butter braten. Die Forellen sollen von beiden Seiten knusprig braun sein. • Die Zitrone warm waschen, abtrocknen und in Spalten schneiden. Die Petersilie waschen, trockentupfen und 4 Sträußchen bereitlegen. Die Forellen mit Zitronenspalten und Petersilie garnieren.

Das paßt dazu: Kartoffelsalat, mit Mayonnaise angemacht und ein grüner Salat.

Mein Tip Auf Müllerinart werden außer Forellen auch Aal, Barbe, Barsch, Heilbuttfilets, Flunder, Kliesche, Makrele, Renke, Saibling, Scholle, Seehecht und Seezunge zubereitet.

Schnell · Raffiniert

Forellen mit Mandelblättchen

Die Forellen wie im Rezept Forellen Müllerin beschrieben bemehlen, in 1 verquirltes Ei tauchen und in 80 g kleingestoßenen Mandelblättchen wenden. Die Forellen wie nach Müllerinart in Butter braten. • Dazu schmecken Kartoffelkroketten und grüner Salat.

Mein Tip Mit Mandelblättchen paniert werden auch Makrele, Renke, Scholle und Seezunge zubereitet.

Braucht Zeit

Barsch auf arabische Art

Zutaten für 6 Personen
1 Barsch von 1½ kg
2 Teel. Salz
1 Tasse Olivenöl
3 Zwiebeln
1 grüne Paprikaschote
100 g Walnußkerne
3 Eßl. gehackte Petersilie
3 Eßl. Granatapfelkerne, ersatzweise 200 g weiße halbierte Weintrauben
2 Messersp. schwarzer Pfeffer
3 Knoblauchzehen
100 g Sesampaste (aus dem Reformhaus)
½ Tasse Zitronensaft
1 Teel. Salz

Pro Portion etwa 2250 Joule/535 Kalorien

Zubereitungszeit: 2 Stunden
Besonderes Küchengerät: große längliche feuerfeste Form, Holzspießchen

Den Fisch innen und außen mit 1 Teelöffel Salz einreiben. Eine große ovale feuerfeste Form mit der Hälfte des Öls ausgießen, den Fisch hineinlegen und mit dem restlichen Öl beträufeln. Den Fisch 15 Minuten ziehen lassen. • Den Backofen auf 200° vorheizen. • Für die Füllung die Zwiebeln schälen, die Paprikaschote halbieren und von Rippen und Kernen befreien, und beides hacken. Die Walnußkerne ebenfalls hacken. • Vom Fisch 2 Eßlöffel Öl abnehmen und die Zwiebel- und Paprikawürfel darin anbraten. Die Walnüsse zufügen und alles weitere 5 Minuten braten. 2 Eßlöffel Petersilie und 2 Eßlöffel Granatapfelkerne oder die

Hälfte der entkernten Trauben unterrühren. Mit dem restlichen Salz und dem Pfeffer mischen. • Den Fisch mit dieser Mischung füllen und mit Holzspießchen zustecken und in die feuerfeste Form legen. Auf der zweiten Schiebeleiste von unten im Backofen in 50 Minuten gar braten. • Für die Sauce die Knoblauchzehen schälen und zerdrücken, mit der Sesampaste, 4 Eßlöffeln Wasser, dem Zitronensaft und dem Salz mischen. • Den Fisch mit der restlichen Petersilie und den restlichen Granatapfelkernen oder Weintrauben bestreuen und die Sesamsauce gesondert dazu reichen.

Das paßt dazu: körnig gekochter Reis oder frisches Weißbrot.

Schnell

Gebratene Heringe auf englische Art

4 grüne Heringe zu je 200 g
1/8 l Milch
160 g Mehl
2 Eier
1 Teel. Salz
160 g Semmelbrösel
4 Eßl. Butter
4 Scheiben Kräuterbutter zu je 20 g, Rezept Seite 295

Pro Portion etwa 2625 Joule/625 Kalorien

Zubereitungszeit: 30 Minuten

Die Heringe am Rücken entlang der Mittelgräte einschneiden und die Mittelgräte entfernen. Die Köpfe und Schwänze abschneiden. Die Heringe flach auseinanderdrücken, kalt waschen und trockentupfen. Die Fische dann mit der Milch befeuchten, in dem Mehl wenden und auf ein Kuchengitter legen, damit das Mehl etwas antrocknet. • Die Eier mit dem Salz verquirlen und in einen Suppenteller geben. Die Semmelbrösel in eine lange Platte schütten. Die bemehlten Heringe zuerst in dem Ei wenden, dann in den Semmelbröseln. • Für jeden Hering 1 Eßlöffel Butter in einer großen Pfanne erhitzen und den Hering von jeder Seite 8 Minuten braten. Die benutzte Bratbutter samt den Bratrückständen wegschütten und für jeden Hering frische Butter verwenden. • Die gebratenen Heringe auf einer vorgewärmten Platte anrichten und mit je 1 Scheibe Kräuterbutter belegen.

Das paßt dazu: Kartoffelchips, Kartoffelsalat oder Weißbrot und ein gemischter Salat.

Gelingt leicht · Raffiniert

Sill-lada

Salzheringe auf schwedische Art

8 Salzheringsfilets (Fische filetieren siehe großes Küchen-ABC unter dem Stichwort Forelle) entgräten, waschen und einige Stunden in Milch »wässern«. • Die Heringsfilets dann abtrocknen und in etwa 4 cm breite Streifen schneiden. • Eine große feuerfeste Form mit Butter ausstreichen. • 400 g Kartoffeln schälen, waschen und in Scheiben schneiden. 2 Zwiebeln schälen und in Ringe schneiden. • Die Heringsstücke, die Kartoffeln und die Zwiebelringe nacheinander in die feuerfeste Form schichten und mit 1/8 l saurer Sahne begießen. Je 4 Eßlöffel frisch geriebenen Parmesankäse und Semmelbrösel mischen, über den Inhalt in der Form streuen und mit 2 Eßlöffeln Butterflöckchen belegen. Den Auflauf im vorgeheizten Backofen bei 200° in 30 Minuten garen; er soll eine goldgelbe Kruste erhalten. • Gemischten Salat dazu reichen.

Grundrezept

Aal auf Berliner Art

800 g Aal
1 Petersilienwurzel
2 Zwiebeln
1 Eßl. Öl
1/2 l helles Bier
1/2 Lorbeerblatt
4 Pfefferkörner
1 Teel. Salz
100 g Graubrot

Pro Portion etwa 2100 Joule/500 Kalorien

Zubereitungszeit: 40 Minuten

Küchenfertiger Aal wird ausgenommen, aber noch mit der Haut verkauft. Je nach Geschmack kann man den Aal mit oder ohne Haut garen. Um den Aal zu häuten, schneidet man an der Halsseite eine Kerbe um den ganzen Fisch. Eine feste Schnur als Schlinge in die Kerbe legen, die Schlinge festziehen und den Aal an der Türklinke oder an einem Haken aufhängen. Die Haut am Hals mit einem Messer rundherum lösen, mit einem Tuch festhalten und von oben nach unten vom Fisch ziehen. • Den Aal dann waschen und in 5 cm lange Stücke schneiden. • Die Petersilienwurzel schaben, waschen und grob kleinschneiden. Die Zwiebeln schälen und in Ringe schneiden. • Das Öl in einem Schmortopf erhitzen und die Zwiebelringe unter Umwenden glasig braten. • Das Bier mit der Petersilienwurzel, dem Lorbeerblatt, den Pfefferkörnern und dem Salz in einem Topf zum Kochen bringen. • Die Aalstücke auf die angebratenen Zwiebeln legen, mit dem kochendheißen Bier übergießen und zugedeckt bei schwacher Hitze in 10–12 Minuten dünsten; die Flüssigkeit im Topf soll nicht stark kochen, sondern nur leicht sieden. • Vom Graubrot die Rinde abschneiden, und das Brot zerbröckeln. • Die Aalstücke aus der Dünstflüssigkeit heben und auf einer vorgewärmten Platte warm stellen. • Das Graubrot in den Sud geben, unter Rühren einige Male aufkochen lassen und den Sud durch ein Sieb passieren. Die Sauce über die Aalstücke gießen.

Das paßt dazu: Petersilienkartoffeln, in Butter geschwenkte Erbsen und ein grüner Salat.

Kalt · Kann vorbereitet werden

Aal grün

Den gehäuteten Aal in 5 cm lange Stücke schneiden. Die Aalstücke mit 1 gehackten Zwiebel in etwa 4 Eßlöffeln aufschäumender Butter anbraten. 2 Tassen kleingehackte Kräuter wie Sauerampfer, Brunnenkresse, Estragon, Kerbel, Petersilie, Pfefferminze, Salbei und Rosmarin, ½ Stange feingehackten Staudensellerie und 2 gehackte Schalotten zum Aal geben und alles zugedeckt bei sehr schwacher Hitze 5 Minuten leicht ziehen lassen. • Den Aal dann mit etwa 1 Teelöffel Salz und 2 Messerspitzen weißem Pfeffer würzen und so viel Weißwein zugießen, daß alles knapp bedeckt ist. Den Aal weitere 6–8 Minuten sacht dünsten. • ⅛ l Sahne mit 2 Eigelben, 2 Teelöffeln Zitronensaft, je 1 Prise Salz und weißem Pfeffer verrühren. • Den Aal vom Herd nehmen und auf einer Platte oder in einer Schüssel anrichten. • Für die Sauce die Sahnemischung unter die Dünstflüssigkeit rühren. Die Sauce über die Aalstücke gießen und alles im Kühlschrank erkalten lassen. • Mit frischem Weißbrot servieren.

Mein Tip Grünen Aal können Sie im Kühlschrank bis zu 12 Stunden aufbewahren.

Gelingt leicht · Schnell

Makrelen in der Folie

4 Makrelen zu je 250 g
je Fisch ½ Teel. Salz und 1 Messersp. weißer Pfeffer
4 Zweige frische Petersilie
100 g eiskalte Butter
1 Eßl. Öl
4 Stück Alufolie

Pro Portion etwa 2770 Joule/660 Kalorien

Zubereitungszeit: 40 Minuten

Die Makrelen waschen, trockentupfen, innen mit Salz und Pfeffer einreiben und in jede Makrele 1 Zweig Petersilie legen. Von der Butter mit einem Messer hauchdünne Scheiben abziehen. 4 große Stücke Alufolie mit wenig Öl bestreichen. Jede Makrele auf ein Folienstück legen, auf der einen Seite mit Butterscheiben belegen, wenden und auf der anderen Seite ebenfalls mit Butterscheiben belegen. Die Folie locker über den Fischen schließen und die Ränder gut zusammendrücken. Die Makrelen auf dem Rost des Backofens bei 200° in 25 Minuten garen.

Mein Tip Auf die gleiche Art können Sie in Folie auch Forellen, Renken, Fellchen, Heringe, Saiblinge und Wittlinge garen.

Waterzooi

Flämisches Fischragout

Je 200 g Aal, Hecht, Karpfen und Schleie
1 Zwiebel
1 Stange Staudensellerie
2 Stangen Lauch/Porree
2 Möhren
1½ l Wasser
1½ Teel. Salz
4 Pfefferkörner
1 Eßl. Essig
200 g frische Weißbrotkrume
2 Messersp. weißer Pfeffer
je 2 Eßl. kleingeschnittene Petersilie und Schnittlauch

Pro Portion etwa 2100 Joule/500 Kalorien

Zubereitungszeit: 40 Minuten

Die Fischstücke waschen, von großen Gräten befreien und in etwa 4 cm große Stücke schneiden. • Die Zwiebel schälen und hacken. Den Staudensellerie waschen und in Scheibchen schneiden. Das Weiße vom Lauch waschen und in Ringe schneiden. Die Möhren schaben, waschen und in Scheibchen schneiden. • Für den Sud das Wasser mit dem Salz, den Pfefferkörnern, dem vorbereiteten Gemüse und dem Essig zum Kochen bringen und zugedeckt 15 Minuten kochen lassen. • Die Fischstücke in den kochenden Sud legen, die Hitze zurückschalten und die Fische im offenen Topf in etwa 10 Minuten schonend gar ziehen lassen. • Die Fischstücke aus dem Sud heben und in eine vorgewärmte Terrine legen. • Den Sud durch ein Sieb schütten, dabei ½ l abmessen. Das Gemüse zu den Fischen geben. • Für die Sauce den Fischsud mit der Weißbrotkrume und dem Pfeffer verrühren und einige Minuten bei schwacher Hitze quellen lassen. • Die Sauce über die Fische gießen und die Petersilie und den Schnittlauch darüberstreuen.

Gelingt leicht · Braucht Zeit

Bouillabaisse marseillaise

Marseiller Fischgericht

Zutaten für 6 Personen:

1 kg verschiedene Mittelmeerfische
2 Eßl. Zitronensaft
1 Teel. Salz
1¼ l Wasser
500 g Miesmuscheln
1 Zwiebel
1 Möhre
1 Stange Lauch/Porree
¼ Stange Staudensellerie
3 Tomaten
5 Knoblauchzehen
2 Kartoffeln
5 Eßl. Öl
1 Zweig Thymian
1 Stengel Fenchelgrün
2 Zweige Petersilie
1 Lorbeerblatt
1 Stückchen Orangenschale
1 Prise Safran
1 Messersp. weißer Pfeffer
12 tiefgefrorene Scampi
8 kleine Scheiben Weißbrot

Pro Portion etwa 1680 Joule/400 Kalorien

Zubereitungszeit: 1 Stunde und 30 Minuten

Die Fische waschen, von Schwänzen, Köpfen und Flossen befreien, trockentupfen, mit dem Zitronensaft beträufeln und zugedeckt 20 Minuten ziehen lassen. • Die Fischabschnitte mit dem Salz und dem Wasser im offenen Topf bei schwacher Hitze 15 Minuten kochen lassen. • Die Muscheln unter fließendem Wasser bürsten und die Fäden abschneiden; nur fest verschlossene Muscheln sind genießbar. • Die Fischbrühe durchseihen und erneut zum Kochen bringen. • Die Muscheln in die kochende Brühe schütten und zugedeckt in 10 Minuten im Sud garen; während der Garzeit den Topf hin und wieder kräftig rütteln, damit alle Muscheln gleichzeitig gar werden. Die geöffneten Muscheln mit einem Schaumlöffel aus dem Sud heben und erkalten lassen; Muscheln, die sich beim Kochen nicht geöffnet haben, sind wahrscheinlich verdorben und müssen entfernt werden. • Den Sud nochmals durchseihen und aufbewahren. • Die Zwiebel schälen und würfeln. Die Möhre schaben und in Scheibchen schneiden. Vom Lauch nur das Weiße verwenden, mit dem Staudensellerie waschen und in Scheiben schneiden. Die Tomaten häuten, entkernen und achteln. 3 Knoblauchzehen schälen und durch die Knoblauchpresse drücken. Die Kartoffeln schälen und in Scheiben schneiden. • 4 Eßlöffel Öl in einem großen Topf erhitzen. Die Zwiebelwürfel, die Möhren-, die Lauch- und die Selleriescheibchen sowie das Knoblauchmus unter Rühren darin anbraten. • Den Thymian, das Fenchelgrün und die Petersilie waschen, mit dem Lorbeerblatt und der Orangenschale zu einem Würzsträußchen zusammenbinden und mit den Kartoffelscheiben in den Topf geben. • Den Fischsud zugießen und die marinierten Fische im Sud bei schwacher Hitze im offenen Topf in etwa 20 Minuten gar ziehen lassen. • Die Tomaten, den Safran und den Pfeffer in die Brühe geben. • Nach etwa 5 Minuten die Scampi in der Suppe auftauen lassen; das dauert 10–15 Minuten. Die Muscheln in den Schalen in die Suppe geben und darin erwärmen. • Die restlichen Knoblauchzehen schälen und zerdrücken. Den Knoblauch mit 1 Eßlöffel Öl mischen, die Brotscheiben von beiden Seiten damit bestreichen und in der Pfanne rösten. • Die Fische aus der Suppe heben und auf einer vorgewärmten Platte anrichten. • Das Kräutersträußchen entfernen. • Die Kartoffelscheiben aus der Suppe heben und um die Fische anrichten. • Das Brot in einem Brotkorb zugedeckt warm halten. Die Suppe in einer Terrine servieren. • Jeder Teilnehmer der Tafelrunde erhält einen Suppenteller und einen kleinen flachen Teller. Man bedient sich von den Fischen, zerteilt sie und gibt die Stücke in seinen Suppenteller. Alles mit Suppe übergießen und mit den Kartoffelscheiben anreichern. Dazu das Knoblauchbrot essen.

Rindfleischgerichte

Fleisch gehört zu den Grundbestandteilen unserer Nahrung. Wir sind nur ausnahmsweise mit einer fleischlosen Mahlzeit zufrieden. Allerdings wird Fleisch von bester Qualität – und dazu gehören so begehrte Stücke vom Rind wie Filet oder Lende – nur zu besonderen Anlässen bereitet. Auf dem täglichen Speisezettel stehen eher Gerichte mit Schweinefleisch, Hammelfleisch oder Hackfleisch – vom Rind Gerichte mit den preiswerteren Stücken zum Kochen und Schmoren für Suppen und Eintöpfe.

Beachten Sie beim Umgang mit Rindfleisch die nachfolgenden Punkte:

- Rindfleisch muß stets gut abgehangen sein; je länger desto höher der Genußwert. Gute Fleischer sagen Ihnen nicht nur genau, aus welchem Teil vom Rind das erworbene Stück Fleisch stammt, sie wissen auch, wie lange das Fleisch schon abhängt. Man sollte deshalb nicht mit festen Vorstellungen zum Einkaufen gehen, sondern erst erfragen, welches Fleischstück der Fleischer für ein geplantes Essen empfiehlt, weil es genügend lange abgehangen ist.
- Schmackhafter als das völlig magere Rindfleisch ist das »marmorierte«, mit etwas Fett durchsetzte. Es eignet sich vor allem für Steaks und Braten besser. Hackfleisch, Rouladen, Gulasch und Eintopf gelingen dagegen auch gut mit extrem magerem Rindfleisch, das wenig Eigenaroma hat. Weitere Informationen finden Sie im Kapitel Essen heute – kleine Ernährungskunde.
- Aus den Rezepten für Rindfleischgerichte geht jeweils hervor, welche Stücke sich für die geplante Zubereitung eignen. Informationen hierzu bietet auch das Stichwort Fleischteile im großen Küchen-ABC. Es ist immer richtig, das benötigte Stück schon 3–4 Tage vor dem Verzehr zu kaufen und es dann gut eingeölt in einer Schüssel, lose zugedeckt, im Kühlschrank bis zum Garen noch weiter »reifen« zu lassen (vor allem, wenn das Schlachtdatum nicht bekannt ist).
- Aus den wertvollsten Stücken vom Rind bereitet man vor allem die festlichen Gerichte wie Roastbeef, Filetbraten, Schmor- oder Sauerbraten, Tafelspitz und sonstige Spezialitäten. Außerdem entstehen daraus je nach Schnitt auch die begehrten Steaks.
- Zum Schmoren eignen sich alle Fleischstücke, auch die von älteren Tieren. Braten unter 1 kg schmort man am besten – stromsparend – auf dem Herd; größere im Bräter mit Deckel im Backofen. Zunächst muß das Fleisch von allen Seiten rasch angebraten werden, damit sich die Poren schließen und es innen saftig bleibt.
- Das Braten im Backofen ist für Braten über 1 kg geeignet. Man kann auf dem Rost braten – dann tropfen Fett und Fleischsaft in die untergeschobene Fettpfanne. Dies empfiehlt sich bei fetten Braten und bei Fleisch, das kalt aufgeschnitten werden soll. Magere Stücke gelingen im Bräter ohne Deckel sehr gut – je nach Größe auch in der Fettpfanne.
- Das Fleisch vor dem Braten gut abtrocknen, damit das Fett nicht spritzt.
- Beim Salzen zieht das Fleisch Flüssigkeit. Darum muß ein mit Salz eingeriebener Braten sofort in den heißen Backofen, damit sich die Poren rasch schließen und ein Austreten des Fleischsaftes verhindert wird.
- Nicht mit zu hohen Temperaturen braten! Große Braten mit längerer Garzeit benötigen tiefere Temperaturen als kleine Braten mit kürzerer Garzeit.
- Kleinere oder sehr zarte Braten gelingen besonders gut in Bratfolie, da sie darin vor dem Austrocknen geschützt werden. Geschmackszutaten und Flüssigkeit – wie Brühe oder Wein – können schon zu Beginn des Bratvorgangs in die Folie gegeben werden. Die Vorteile sind: Der Braten bräunt in der Folie und wird knusprig, und der Backofen bleibt sauber. Richten Sie sich beim Verwenden der Bratfolie nach den Angaben auf der Packung.
- Alufolie hat einen ähnlichen Effekt wie die Bratfolie. Man kann jedoch keine Flüssigkeit zugeben, und der Braten bräunt nicht. Während der letzten 10–20 Minuten die Alufolie oben öffnen, den Braten mit Butter, Sahne, Honigwasser oder Salzwasser bestreichen und bräunen lassen.
- Für einige Spezialitäten und vor allem für Schonkost wird Fleisch gedünstet. Das Fleisch in wenig heißes Fett in den Topf legen, nicht anbraten, sondern sofort mit wenig heißer Flüssigkeit umgießen und im geschlossenen Topf bei schwacher Hitze gar dünsten. (Bei bestimmten Diäten kann auch völlig auf Fett verzichtet werden; in diesem Fall ist das Garen in Alufolie ohne Bräunung besonders empfehlenswert.)
- Nach dem Braten soll das Fleisch einige Zeit im abgeschalteten Backofen ruhen – und zwar bei leicht geöffneter Tür (Kochlöffelstiel zwischen Tür und Backofen klemmen), damit der Braten nicht nachdünstet und die knusprige Kruste erhalten bleibt. Beim Ruhen verteilt sich der Fleischsaft gleichmäßig im Bratenstück. Er läuft dann beim Anschneiden nicht heraus.
- Steaks werden von Kennern in recht unterschiedlichen Gargraden geschätzt. Für die verschiedenen Gargrade gibt es internationale Bezeichnungen, die man kennen sollte. Die folgende Tabelle kann Ihnen helfen, den gewünschten Grad für die richtige Brat- oder Grillzeit zu ermitteln.

Gargrade, Brat- und Grillzeiten für Steaks von etwa 200 g Gewicht

bien, »english«, très saignant, raw oder bleu =	very rare oder saignant =	medium, demi anglais oder à point =	well done oder bien cuit =
innen roh, noch blutend, außen dünne braune Kruste	Kern noch roh und blutig, darum herum rosa, außen braun	das Innere ist noch rosa	völlig durchgebraten
Pfanne: sehr starke Hitze, je Seite 1–2 Minuten	**Pfanne:** starke Hitze, je Seite 2–3 Minuten	**Pfanne:** mittelstarke Hitze, je Seite 4–5 Minuten	**Pfanne:** mittelstarke Hitze, je Seite 5–6 Minuten
Grill: unmittelbar unter den Grillstäben, je Seite 2–3 Minuten	**Grill:** 3–4 cm unter den Grillstäben, je Seite 4–5 Minuten	**Grill:** 4–5 cm unter den Grillstäben, je Seite 5–6 Minuten	**Grill:** 5–6 cm unter den Grillstäben, je Seite 5–7 Minuten
Garprobe: Fleisch gibt auf Fingerdruck weich nach	**Garprobe:** Fleisch gibt in der Mitte auf Fingerdruck noch weich nach	**Garprobe:** Fleisch gibt auf Fingerdruck kaum noch nach	**Garprobe:** Fleisch gibt auf Fingerdruck nicht mehr nach

Grundrezept

Gebratene Filetsteaks medium

Das klassische Steak ist ein Filetsteak, regional auch als Filet-Beefsteak, Beefsteak oder Lendenschnitte bezeichnet, wird aus dem dicken Ende des Filets geschnitten, ist etwa 2 cm dick und 200 g schwer.

4 Filetsteaks zu je 200 g
4 Eßl. Öl
je Steak 2 Messersp. Salz und 1 Messersp. weißer Pfeffer

Pro Portion etwa
1305 Joule/310 Kalorien

Zubereitungszeit: 20 Minuten

Die Steaks kalt abbrausen und gut abtupfen. Alle weißen Häutchen von den Steaks ablösen und die Steaks rund dressieren: ein genügend langes Stück Küchengarn horizontal rund um die Steaks legen und das Garn leicht zusammenziehen, so daß das Steak an allen Seiten möglichst gleich dick ist. Das Küchengarn verknoten und die Enden abschneiden. • Je nach Größe der Pfanne 1 oder 2 Eßlöffel oder auch das gesamte Öl stark erhitzen, die Steaks ins Öl legen und bei mittelstarker Hitze jede Seite 4–5 Minuten braten. • Wer zum erstenmal Steaks brät, richtet sich am besten nach der Uhr. Mit etwas Übung und Kenntnis seines eigenen Herdes kann man auch ohne Uhr arbeiten, indem man die Steaks wendet, sobald auf der ungebratenen Oberseite tröpfchenweise Fleischsaft austritt. • Die Steaks nach dem Wenden salzen und pfeffern. Nach dem Fertigbraten die Steaks wieder umdrehen und auch die andere Seite salzen und pfeffern. • Wer für 4 Steaks keine genügend große Pfanne besitzt, brät jeweils 2 Steaks in einer Pfanne, wer nur eine einzige Pfanne besitzt, muß nacheinander braten und die fertigen Steaks im vorgeheizten Backofen bei etwa 100° heiß halten.

Das paßt dazu: in Butter geschwenkter Blattspinat oder ein beliebiger Salat und Pariser Kartoffeln, Pommes frites oder Weißbrot.

Mein Tip Nach diesem Grundrezept können Sie auch Rumpsteaks oder Kluftsteaks braten oder grillen; in der Grillpfanne beträgt die Garzeit pro Seite 4–5 Minuten, im Elektrogrill oder über Holzkohle muß man je nach Intensität der Hitze 5–6 Minuten pro Seite rechnen.

Filetsteaks mit Sauerkirschen

Bild Seite 123

4 Filetsteaks wie im Grundrezept beschrieben braten und heiß halten. • 200 g Sauerkirschen waschen, entsteinen und mit 2 Eßlöffeln Wasser, 2 Eßlöffeln Traubensaft und 2 Eßlöffeln Butter 10 Minuten dünsten. • 3 Eßlöffel Kirschwasser unter die Dünstflüssigkeit mischen. Die Steaks auf die Kirschen legen und zugedeckt noch einmal gut erhitzen. 1 kleine Zitrone heiß waschen, in hauchdünne Scheiben schneiden und die angerichteten Steaks damit belegen.

Filetsteaks auf polnische Art

Die Filetsteaks wie im Grundrezept braten. • 1 große Zwiebel schälen und hacken und in Butter mit der gleichen Menge Semmelbröseln braun braten. Dieses Gemisch über die Steaks geben. • Dazu reicht man Bratkartoffeln, die in Sardellenbutter gebraten wurden, und geriebenen Meerrettich.

Gelingt leicht

Rumpsteaks nach Großmutterart

Das echte Rumpsteak ist identisch mit dem Kluftsteak und wird aus der Keule, der Kluft, geschnitten. Es ist etwa 2 cm dick und wiegt 200 g. In Norddeutschland nennt man das gleiche Steak auch Beefsteak oder Hamburger Steak. Rumpsteaks werden besonders zart, wenn man sie 3 Tage vor dem Zubereiten dick mit Öl bestreicht und übereinandergelegt zugedeckt im Kühlschrank lagert. – Daneben gibt es aber auch noch das »falsche« Rumpsteak, das aus dem verlängerten flachen Roastbeef geschnitten wird. Es hat stets einen einseitigen Fettrand, den man vor dem Braten oder Grillen im Abstand von 1 cm einschneidet, damit sich das Steak beim Garen nicht wölbt.

100 g durchwachsener Speck
8 Schalotten
1 Tasse kräftige Bouillon
4 Rumpsteaks zu je 200 g
4 Eßl. Butter
je Steak 2 Messersp. Salz und 1 Messersp. weißer Pfeffer

Pro Portion etwa 3570 Joule/850 Kalorien

Zubereitungszeit: 40 Minuten

Den Speck in kleine Würfel schneiden. Die Schalotten schälen und – sollten sie etwas groß sein – halbieren. Die Bouillon erhitzen. • Die Rumpsteaks kalt waschen, gut trockentupfen und dressieren, das heißt rundbinden. Die Speckwürfel in einer Pfanne ausbraten und die Schalotten im Speckfett unter Umwenden etwa 5 Minuten braten. • Die Butter in einer anderen Pfanne bei mittelstarker Hitze zerlassen, die Rumpsteaks in die heiße schäumende Butter legen und von jeder Seite 4–5 Minuten braten. Die Steaks nach dem Wenden salzen und pfeffern und im vorgeheizten Backofen bei etwa 100° warm stellen, damit sich der Fleischsaft verteilen kann und beim Anschneiden nicht ausfließt. • Für die Sauce den Bratensatz mit der heißen Bouillon lösen, einmal aufkochen lassen, die Speckwürfel und die Schalotten hineingeben und zugedeckt einige Minuten dünsten lassen. • Die Steaks anrichten und mit der Specksauce übergießen.

Das paßt dazu: Pariser Kartoffeln und gemischter Salat.

Raffiniert

Melonensteaks

½ Honigmelone schälen, entkernen, in 8 Spalten schneiden und diese in 2 Eßlöffeln Butter etwa 3 Minuten dünsten. Die Melonenspalten mit 2 Eßlöffeln Cognac beträufeln und zugedeckt bei äußerst schwacher Hitze weitere 5 Minuten dünsten. • Die Rumpsteaks wie im Rezept nach Großmutterart beschrieben vorbereiten, in Öl braten und würzen. • Die Melonenspalten auf den Steaks anrichten, mit dem Cognacsaft beträufeln und mit frischem Dill garnieren.

Weinhändlersteaks

Für die Sauce 1 Zwiebel schälen, in Ringe schneiden, in 1 Eßlöffel Butter glasig braten und mit ¼ l Rotwein aufgießen. ½ Lorbeerblatt, 1 Prise getrockneten Thymian und 1 Zweig Petersilie zufügen und bei schwacher Hitze 15 Minuten kochen lassen. • 4 Eßlöffel Butter schaumig rühren. • Die Sauce durchseihen, mit der schaumig gerührten Butter und 1 Teelöffel flüssigem Fleischextrakt mischen und warm stellen. • Die Steaks wie im Rezept nach Großmutterart beschrieben vorbereiten, dressieren, in Öl von jeder Seite 4 Minuten braten, würzen und anrichten. • Den Bratensatz in der Pfanne mit der Rotweinsauce lösen und die Sauce über die Steaks gießen. • Mit Folienkartoffeln und gemischtem Salat reichen.

Mein Tip Alle Rezepte für Rumpsteaks können Sie auch mit Filetsteaks zubereiten.

Gelingt leicht

Pariser Pfeffersteaks

2 Eßl. weiße Pfefferkörner	*Pro Portion etwa*
4 Filetsteaks zu je 200 g	*1325 Joule/315 Kalorien*
4 Eßl. Öl	
je Steak 2 Messersp. Salz	

Zubereitungszeit: 30 Minuten
Besonderes Küchengerät: Mörser

Die Pfefferkörner im Mörser grob zerstoßen und auf einen Teller schütten. Die Steaks waschen, abtrocknen, von allen Häutchen befreien und rund dressieren. • Das Öl erhitzen. Die Steaks von beiden Seiten in den zerstoßenen Pfefferkörnern wenden und die Pfefferkörner mit der Messerklinge etwas festdrücken. Die Steaks von jeder Seite im heißen Öl 4–5 Minuten braten, nach dem Wenden salzen und auf einer vorgewärmten Platte anrichten.

Das paßt dazu: junge grüne Bohnen, in Butter geschwenkt, und Pommes frites.

Etwas schwierig

Flambierte Pfeffersteaks

Die gepfefferten Steaks wie im Rezept Pariser Pfeffersteak beschrieben braten. • Auf 4 heiße Eßteller je 1 Teelöffel Cognac gießen. Die gebratenen Steaks auf die Teller legen. Einen kleinen Schöpflöffel leer über einer Kerzenflamme erhitzen, 2 Eßlöffel Cognac in den Schöpflöffel gießen, anzünden und über die Steaks träufeln. Die Steaks leicht anheben, damit sie auch von der Unterseite flambiert werden. Die Flammen bei Tisch ausbrennen lassen.

Hawaii-Steaks

4 etwa 1 cm dicke Scheiben von 1 frischen Ananas in 1 Eßlöffel Butter von beiden Seiten anbraten, mit je 1 Eßlöffel Cognac und Cointreau ablöschen und zugedeckt bei äußerst schwacher Hitze 10 Minuten dünsten lassen. • Die Steaks wie im Rezept Pariser Pfeffersteak beschrieben, aber ohne Pfeffer, braten, anrichten und jedes Steak mit 1 Ananasscheibe belegen. Den Dünstsaft von den Ananas über die Steaks träufeln. • Auf gebuttertem Toast mit grünem Salat servieren.

Mein Tip Alle Rezepte für Filetsteaks können auch mit Rumpsteaks zubereitet werden.

Schnell

Chateaubriand

Das Chateaubriand wurde nach dem französischen Schriftsteller gleichen Namens benannt. Genau genommen handelt es sich dabei um ein etwa 4 cm dickes und 400 g schweres doppeltes Filetsteak. Manchmal wird es auch aus der Lende geschnitten. Dieses 2-Personen-Steak soll innen noch leicht blutig sein; es ist, saignant gebraten, für viele Feinschmecker höchster Fleischgenuß!

2 Chateaubriands zu je 400 g	*Pro Portion etwa*
4 Eßl. Öl	*1305 Joule/310 Kalorien*
je Steak 1 Teel. Salz und 2 Messersp. weißer Pfeffer	

Zubereitungszeit: 30 Minuten

Das Fleisch kalt abwaschen und gut trockentupfen. Alle weißen Häutchen ablösen. • In 2 Pfannen je 2 Eßlöffel Öl stark erhitzen, die Steaks hineinlegen und von jeder Seite 1 Minute stark anbraten. Die Hitze dann um 1–1½ Schaltstufen reduzieren und die Steaks von jeder Seite weitere 8–9 Minuten braten. • Die Steaks nach dem zweiten Wenden salzen und pfeffern und auf einer vorgewärmten Platte anrichten; im auf 100° vorgeheizten Backofen 10 Minuten ruhen lassen, damit sich der Fleischsaft setzt und beim Anschneiden nicht herausfließt. • Die Steaks erst bei Tisch in etwa 3 cm schräge Streifen schneiden.

Das paßt dazu: Sauce béarnaise und Weißbrot.

Im Backofen · Gelingt leicht

Porterhouse-Steak

Über das Porterhouse-Steak gibt es einige Geschichten, die den Namen erklären möchten. Am glaubhaftesten ist jene, die besagt, es sei nach einem alten Gasthaus in London benannt, in dem vor allem dunkler Porter – ein obergäriges englisches Bier – serviert wurde. Zu diesem besonders alkoholreichen Bier brauchten die Gäste eine solide Grundlage, wofür das riesige Steak sorgte. Ein Porterhouse-Steak wiegt 800–1000 g und enthält den Knochen, der Roastbeef und Lende trennt. Wie man ein Porterhouse-Steak vorbereitet und tranchiert, zeigen die Abbildungen im großen Küchen-ABC unter dem Stichwort Porterhouse-Steak.

1 Porterhouse-Steak von 1 kg
2 Eßl. Öl
1 Teel. Salz
3 Messersp. weißer Pfeffer
4 Tomaten
50 g durchwachsener Speck in dünnen Scheiben
etwas Petersilie

Pro Portion etwa 1935 Joule/460 Kalorien

Zubereitungszeit: 40 Minuten

Den Backofen auf 250° vorheizen. • Das Porterhouse-Steak kalt waschen, gut trockentupfen und das Fleisch mit einem spitzen Messer entlang den Knochen etwas lösen, damit das Fleisch in Knochennähe ebenso gart wie das übrige Stück. • Das Steak von beiden Seiten kräftig mit Öl einreiben und salzen und pfeffern. • Die Tomaten waschen und abtrocknen und am stiellosen Ende kreuzweise einschneiden. Die Tomaten ebenfalls einölen und an der eingeschnittenen Seite salzen und pfeffern. • Die Bratenpfanne des Backofens kalt ausspülen. Das Steak und die Tomaten auf den Rost des Backofens legen, die ausgespülte Fettpfanne darunterschieben und das Steak auf der mittleren Schiebeleiste 20–25 Minuten braten. • Nach 20 Minuten durch Fingerdruck prüfen, ob der gewünschte Gargrad erreicht ist. Nach 10 Minuten Bratzeit die Temperatur auf 220° zurückschalten. • Die Speckscheiben in einer Pfanne auf dem Herd knusprig braun ausbraten. Die Petersilie waschen, abtropfen lassen und 4 kleine Büschel zurechtlegen. • Das Steak auf einer vorgewärmten Platte anrichten, mit den Speckscheiben belegen und mit dem Speckfett beträufeln. Die Tomaten um das Steak legen und jede Tomate mit 1 Strauß Petersilie garnieren. • Das Steak einige Minuten im abgeschalteten Backofen ruhen lassen, damit sich der Fleischsaft im Inneren beruhigt. • Bei Tisch den Knochen vom Porterhouse-Steak auslösen und das Steak in etwa 3 cm dicke schräge Scheiben schneiden.

Das paßt dazu: Salat aus Brunnenkresse und Weißbrot oder Landbrot.

T-Bone-Steak

Das T-Bone-Steak ist die amerikanische Variante des Porterhouse-Steaks und wird aus dem Roastbeef und dem Filet geschnitten, aber näher am Schwanzende als das Porterhouse-Steak, und hat den T-förmigen Knochen. Ein T-Bone-Steak ist etwa 4 cm dick und wiegt 600 g. Es wird wie Porterhouse-Steak bereitet, die Garzeit beträgt jedoch insgesamt nur 16–20 Minuten.

Gelingt leicht

Entrecôtes mit Champignons

Das Entrecôte wird auch Zwischenrippenstück genannt, da es aus diesem Teil geschnitten ist, nämlich aus der Mitte des flachen Roastbeefs. Es ist 6 cm dick und wiegt 400–500 g.

250 g frische feste Champignons
3 Schalotten
2 Entrecôtes zu je 400 g
3 Eßl. Öl
je Steak ½ Teel. Salz und 2 Messersp. weißer Pfeffer
1 Eßl. Butter
¼ Teel. Salz
⅛ l Bouillon
4 Eßl. Weißwein
2 Eßl. gehackte Petersilie

Pro Portion etwa 1590 Joule/380 Kalorien

Zubereitungszeit: 50 Minuten

Die Champignons putzen, waschen und blättrig schneiden. Die Schalotten schälen und kleinhacken. Champignons und Schalotten zugedeckt beiseite stellen. • Die Entrecôtes kalt abwaschen, gut trockentupfen und die kräftige Sehne im oberen Drittel der Steaks durchschneiden, damit sich die Steaks beim Braten nicht wölben. • Das Öl in einer Pfanne erhitzen, die Steaks ins heiße Öl legen und von jeder Seite 7–8 Minuten braten. Die Steaks nach dem Braten salzen und pfeffern und auf einer vorgewärmten Platte im auf 100° erhitzten Backofen einige Minuten warm stellen, damit sich der Fleischsaft im Inneren setzt und beim Anschneiden nicht ausfließt. • Für die Sauce die Butter im verbliebenen Öl zerlassen und die Schalottenwürfel darin unter Umrühren glasig braten. Die Champignons zugeben, salzen, einige Minuten im Fett dünsten, mit der Bouillon und dem Weißwein aufgießen und zugedeckt weitere 5 Minuten dünsten. • Die Champignons mit der Sauce über die Steaks geben und die Petersilie darüberstreuen. Die Steaks bei Tisch in schräge, etwa 4 cm dicke Scheiben schneiden.

Das paßt dazu: Kartoffelkroketten oder Pariser Kartoffeln und ein beliebiger Salat.

Entrecôte double

Das Entrecôte double ist aus dem flachen Roastbeef und aus dem dicken Ende des Filets geschnitten. Es wiegt etwa 800 g; 1 Entrecôte double reicht also für 4 Personen. Auch beim Entrecôte double muß die kräftige Sehne im oberen Drittel des Steaks durchgeschnitten werden, damit sich das Steak beim Braten nicht wölbt. • Zum Würzen 1 Teelöffel Salz und 2 Messerspitzen weißen Pfeffer verwenden. In 4 Eßlöffeln Öl braten. Die Garzeit ist pro Seite 8–10 Minuten. • Mit gebuttertem Mangold, glasierten Schmorzwiebeln und gebratenen Kartoffelwürfeln servieren.

Raffiniert

Tournedos auf Croûtons

Tournedos – auch Rindermedaillons genannt – werden aus dem schmalen Teil des Filets geschnitten, sind etwa 4 cm dick und wiegen 100 g. Tournedos sind die ideale Fleischportion für mäßige Esser, werden oft auf gleich großen Croûtons verschwenderisch garniert serviert und sind somit ein komplettes kleines Gericht.

Für die Garnierung:
200 g grüne Spargelspitzen, grüne Erbsen oder kleine Pfifferlinge
1 Eßl. Butter
1 Teel. Mehl
1/8 l Sahne
1/2 Teel. Salz
Für die Tournedos:
4 Tournedos zu je 100 g
2 Eßl. Öl
1/2 Teel. Salz
2 Messersp. weißer Pfeffer
Für die Croûtons:
4 Scheiben Weißbrot, etwa 1 1/2 cm dick
1 Eßl. Butter
1 Eßl. gehackte Petersilie
1 hartgekochtes Ei

Pro Portion etwa 2015 Joule/480 Kalorien

Zubereitungszeit: 50 Minuten
Besonderes Küchengerät: Küchengarn

Für die Garnierung das Gemüse verlesen, putzen oder schälen, waschen und abtropfen lassen. • Die Butter erhitzen, das Gemüse unter Umwenden darin anbraten, das Mehl darüberstäuben und nach und nach mit der Sahne aufgießen. Das Gemüse salzen und bei äußerst schwacher Hitze (eventuell ein Drahtsieb zwischen Herdplatte und Topf geben) 10 Minuten dünsten (Spargelspitzen müssen allerdings vorgekocht werden). • Die Tournedos kalt waschen, gut abtrocknen und alle feinen Häutchen ablösen. Die Tournedos mit Küchengarn horizontal binden, damit sie gleichmäßig rund sind. • Das Öl stark erhitzen und die Tournedos im heißen Öl von jeder Seite 3–4 Minuten braten. Die Tournedos nach dem Braten salzen, pfeffern, dann aus der Pfanne nehmen und im auf 100° erhitzten Backofen warm stellen, damit sich der Fleischsaft setzen kann. • Für die Croûtons die Weißbrotscheiben in der Größe der Tournedos zurechtschneiden. Das Öl aus der Pfanne wegen der Bratrückstände weggießen, die Butter darin erhitzen und die Weißbrotscheiben von beiden Seiten hellgelb braten. • Die Tournedos auf den Croûtons anrichten und mit dem Gemüse bedekken. • Die Erbsen oder Pfifferlinge mit gehackter Petersilie bestreuen; die Spargelspitzen mit hartgekochtem gehacktem Ei garnieren.

Tournedos auf Westernart

Die Tournedos wie im Rezept Tournedos auf Croûtons beschrieben vorbereiten, in Öl braten, auf Croûtons setzen und warm stellen. • 2 Tassen ausgelöste junge Maiskörner in wenig Salzwasser 5 Minuten dünsten, die Flüssigkeit mit Speisestärke und Sahne binden, das Gemüse mit Salz, Pfeffer und scharfem Paprikapulver abschmecken und über die Tournedos geben.

Tournedos auf Brüsseler Art

Die Tournedos wie im Rezept Tournedos auf Croûtons beschrieben vorbereiten, in Öl braten und warm stellen. • Den Bratensatz mit wenig Madeirawein aus der Pfanne lösen und über die Tournedos gießen. • 200 g gedünsteten Rosenkohl in einer hellen Sauce, Rezept Seite 287 (½ Rezeptmenge), mit gebratenen Speckstreifen gemischt über die Tournedos geben. • Dazu Petersilienkartoffeln servieren.

Grundrezept

Roastbeef auf englische Art

mit Yorkshire-Pudding

Roastbeef ist der Lieblingsbraten aller traditionsbewußten Engländer und gehört heute fast zu jedem stilvollen Gala-Menü in vielen Ländern der Welt. Die Kunst dabei liegt im Fingerspitzengefühl für die richtige Hitze und Bratzeit. Man muß also mit seinem Backofen gut vertraut sein oder mit einem Fleischthermometer arbeiten, um den Braten außen mit brauner Kruste, aber innen noch rosa bis blutig servieren zu können. In England gehört der Yorkshire-Pudding unverzichtbar zum Roastbeef. Er wird unter dem Rost, auf dem das Fleisch liegt, gegart, und nimmt durch herabtropfenden Fleischsaft das Fleischaroma auf. Durch diese miteinander verwobenen Garvorgänge gestaltet sich die Zubereitung etwas schwierig.

Für den Yorkshire-Pudding:
1 Tasse abgekochte, kalte Milch
1 Tasse Mehl
1 Prise Salz
3 Eier
1 Prise geriebene Muskatnuß
1 Messersp. weißer Pfeffer
1 Eßl. Rindertalg

Für das Roastbeef:
1 kg Roastbeef
½ Teel. weißer Pfeffer
2 Eßl. Worcestershiresauce
4 Eßl. Öl
2 Eßl. Cognac
½ Teel. Cayennepfeffer
1 Teel. Salz

Pro Portion etwa 2260 Joule/540 Kalorien

Zeit zum Kühlen und Marinieren: 1 Stunde
Zubereitungszeit: 50 Minuten

Für den Yorkshire-Pudding die Milch, das Mehl, das Salz, die Eier, den Muskat und den Pfeffer verrühren und den Teig dann zugedeckt 1 Stunde in den Kühlschrank stellen. • Das Fleisch waschen, abtrocknen und die leichte Fettschicht vom Roastbeef gitterartig einschneiden. • Den Pfeffer, die Worcestershiresauce, 3 Eßlöffel Öl, den Cognac und den Cayennepfeffer miteinander verrühren, über das Fleisch träufeln und dieses zugedeckt 20 Minuten marinieren, dabei mehrmals wenden. • Den Backofen auf 230° vorheizen. • Den Bratenrost mit etwas Öl bestreichen. Die Fettpfanne des Backofens kalt ausspülen. • Das Roastbeef aus der Marinade nehmen, trockentupfen und mit dem Salz einreiben. • Das Fleisch auf dem Rost auf die mittlere Schiebeleiste in den Backofen schieben. Die ausgespülte Bratenpfanne auf die unterste Schiebeleiste geben. Das Fleisch 25 Minuten braten. • Für den Yorkshire-Pudding den Rindertalg in einer feuerfesten Form erhitzen. Den Teig für den Pudding gründlich durchrühren, ins heiße Fett gießen, mit dem Fett mischen und glattstreichen. Den Pudding nach 15 Minuten Bratzeit des Roastbeefs in die heiße Bratenpfanne unter das Roastbeef geben. Der vom Roastbeef abtropfende Fleischsaft sammelt sich so größtenteils auf dem Pudding. Nach weiteren 10 Minuten Bratzeit (für das Fleisch sind es dann 25 Minuten) die Hitze auf 100° zurückschalten und das Fleisch und den Pudding in weiteren 15 Minuten garen. • Wer mit einem Fleischthermometer arbeitet, muß dieses zu Bratbeginn mit der Spitze in die Mitte des Bratens stecken. Zeigt das Fleischthermometer 45° an, so ist das Roastbeef innen noch blutig (bleu); bei 60° ist es rosa (medium). Wer ohne Fleischthermometer arbeitet, muß den Gargrad durch Fingerdruck prüfen. Gibt das Roastbeef elastisch nach, ist es innen noch blutig. Reagiert es nur noch leicht auf Fingerdruck, ist es innen rosa. • Den Braten mit dem gewünschten Gargrad auf einer vorgewärmten Platte im abgeschalteten Backofen ruhen lassen, damit sich der Fleischsaft setzt und beim Anschneiden nicht ausläuft. • Das Roastbeef in dünne Scheiben schneiden; den Bratensaft, der neben dem Pudding in die Bratenpfanne tropfte, über das Fleisch träufeln. Den Pudding in Streifen geschnitten dazu servieren.

Das paßt dazu: Außer dem Yorkshire-Pudding werden gegrillte Tomaten, in Butter geschwenkte Erbsen, Rosenkohl, Pfifferlinge oder Spargel (je nach Saison) zum Roastbeef gereicht.

Grundrezept

Gebratenes Rinderfilet

Bild auf dem Einband

Großzügige Leute behaupten, Filet und Lende seien identisch. Das stimmt nur in sofern, als man beide Fleischstücke nach den gleichen Rezepten bereiten kann. Tatsächlich besteht aber ein Unterschied; denn das Filet liegt unter dem Rippenkorb im Körperinneren, die Lenden sind die äußeren Muskelstränge beidseits der Wirbelsäule. In Österreich wird das Filet ganz einleuchtend Lungenbraten genannt, weil es eben der Lunge am nächsten ist.

1 Zwiebel
1 Petersilienwurzel
1 kleines Stück Sellerieknolle
1 kg Rinderfilet aus der Mitte des Filets geschnitten
1 Teel. Salz
½ Teel. weißer Pfeffer
½ Teel. scharfes Paprikapulver
4 Eßl. Öl
¼ l Bouillon
⅛ l saure Sahne

Pro Portion etwa
1470 Joule/350 Kalorien

Zubereitungszeit: 50 Minuten

Den Backofen auf 230° vorheizen. • Die Zwiebel schälen und achteln. Die Petersilienwurzel und die Sellerieknolle schaben oder schälen, waschen und in Stücke schneiden. • Das Filet waschen, abtrocknen, die weißen Häutchen entfernen und das Fleisch mit dem Salz, dem Pfeffer und dem Paprikapulver einreiben. • Das Öl in einer großen Bratpfanne erhitzen und das Filet von allen Seiten darin anbraten; das dauert etwa 5 Minuten. Das Fleisch dann in einen Bräter (Bratreine) legen, das Öl darüberträufeln, das vorbereitete Gemüse um das Fleisch legen und den Braten auf der zweiten Schiebeleiste von unten im offenen Topf in 25–30 Minuten im Backofen garen. • Wer mit einem Fleischthermometer arbeitet, hat dieses zu Bratbeginn mit der Spitze in die Mitte des Bratens gesteckt. Zeigt das Fleischthermometer 45° an, so ist das Fleisch innen noch blutig (bleu); bei 60° ist es rosa (medium). Wer ohne Fleischthermometer arbeitet, muß den Gargrad durch Fingerdruck prüfen. Gibt das Filet elastisch nach, ist es innen noch blutig. Reagiert es nur noch leicht auf Fingerdruck, ist es innen rosa. • Die Bouillon erhitzen und die Hälfte davon nach 10 Bratminuten um das Fleisch gießen. Den Bratenfond mehrmals mit heißer Bouillon lösen und das Fleisch damit beschöpfen. Den Braten wenden, wenn die obere Seite gebräunt ist. • Den fertigen Braten auf einer vorgewärmten Platte im abgeschalteten Backofen warm stellen und mindestens 10 Minuten ruhen lassen, damit sich der Fleischsaft im Inneren setzen kann. • Den Bratensatz aus dem Bratentopf mit Bouillon gründlich lösen, den Fond durch ein Sieb gießen und mit der sauren Sahne verrühren. Die Sauce noch einmal erwärmen, abschmecken und gesondert zum Braten reichen.

Das paßt dazu: Kartoffelkroketten oder breite Nudeln und in Butter geschwenktes Gemüse je nach Saison.

Mein Tip Man kann das Rinderfilet auch bei niedrigerer Temperatur – 180° – zubereiten. Der Braten bildet dann keine Kruste, ist aber sehr saftig.

Gebratene Rinderlende

Die Rinderlende kalt waschen, abtrocknen und von allen weißen Häutchen befreien. • Die Lende würzen und wie das Rinderfilet braten, statt der Petersilienwurzel und der Sellerieknolle jedoch 4 gehäutete Tomaten und 3 Petersilienzweige zum Braten geben. • Den Bratenfond zuletzt nicht mit saurer Sahne, sondern mit 2 Eßlöffeln Butter abrunden.

Etwas schwierig

Filet Wellington

1 kg Filet wie im Grundrezept beschrieben vorbereiten und in der Pfanne von allen Seiten braun anbraten. • 1 Möhre, 1 kleines Stück Sellerieknolle, 1 Petersilienwurzel, das Weiße von 1 Stange Lauch und ½ Stange Staudensellerie schälen oder schaben, waschen, kleinhacken, in 2 Eßlöffeln Öl kräftig anbraten und abkühlen lassen. • Das Filet dick mit dem gebratenen Gemüse bestreichen und in dünn ausgerollten Blätterteig (300 g tiefgefroren und aufgetaut) einschlagen. Die Teigränder mit Wasser anfeuchten und vorsichtig andrücken. Den Blätterteig mit verquirltem Eigelb bestreichen. Aus den Teigresten kleine Förmchen ausstechen, die Teighülle damit verzieren und die Verzierungen ebenfalls mit Eigelb bestreichen. • Das Filet im vorgeheizten Backofen auf dem Backblech bei 220° auf

der zweiten Schiebeleiste von unten in 35–40 Minuten backen und mit Madeirasauce, Rezept Seite 289, servieren.

Kalt · Kann vorbereitet werden · Etwas schwierig

Filet auf Präsidentenart

Das Filet mit fetten ungeräucherten Speckstreifen mit der Spicknadel spicken: Jeweils 1 Speckstreifen von 4 cm Länge in die Spicknadel klemmen und beidseitig entlang der Oberseite im Abstand von 3 cm etwa 2 cm tief in das Fleisch stechen und die Speckstreifen durchziehen, so daß ungefähr 1/2 cm von den Enden der Speckstreifen aus dem Fleisch herausragen. • Das Filet dann wie im Grundrezept beschrieben braten und erkalten lassen. Das kalte Filet mit 1/4 l Madeiragelee, Rezept Seite 296, überziehen. • Salzige Mürbeteigtartelettes (Angaben dazu finden Sie im Tip zum Rezept Schweizer Käsewähe, Seite 402) mit Mayonnaisesalat aus zartem Gemüse füllen und um das Filet anrichten.

Mein Tip Alle Rezepte für Rinderfilet können auch mit Rinderlende zubereitet werden.

Grundrezept

Rheinischer Sauerbraten

800 g Rindfleisch (Zungenstück, Bürgermeisterstück oder Unterschale)
1 Möhre
1 Petersilienwurzel
1/4 Sellerieknolle
1 Lorbeerblatt
4 Pimentkörner
4 Pfefferkörner
1 Zweig frischer Thymian
3/8 l Burgunder Rotwein
1/8 l Weinessig
1/4 l Wasser
1 Teel. Salz
2 Messersp. schwarzer Pfeffer
50 g fetter Speck
4 Eßl. Öl
2 Eßl. Tomatenmark
1 Saucenlebkuchen
1 Scheibe Pumpernickel
5 Eßl. Apfelkraut
50 g Rosinen

Pro Portion etwa 3090 Joule/735 Kalorien

Zeit zum Marinieren: 2 Tage
Zubereitungszeit: 2 Stunden und 30 Minuten

Das Fleisch von Häuten und Sehnen befreien, waschen und trockentupfen. • Die Möhre, die Petersilienwurzel und die Sellerieknolle schaben, waschen und grob zerschneiden. Das Gemüse mit dem Lorbeerblatt, den Gewürzkörnern, dem Thymian und dem Rotwein über das Fleisch geben. • Den Essig mit dem Wasser aufkochen, abkühlen lassen, ebenfalls über das Fleisch gießen und das Fleisch in der Marinade zugedeckt 2 Tage in den Kühlschrank stellen. Das Fleisch während der Marinierzeit ab und zu in der Marinade wenden. • Den Backofen auf 220° vorheizen. • Das Fleisch aus der Marinade nehmen, abtrocknen und mit dem Salz und dem Pfeffer einreiben. • Die Marinade durchseihen. • Den Speck in kleine Würfel schneiden und im Bräter auf dem Herd ausbraten. Das Öl zugeben und das Fleisch von allen Seiten kräftig braun im Fett anbraten. • Das Gemüse und die Gewürze aus der Marinade zum Fleisch geben, kurz mitbräunen lassen und das Tomatenmark unterrühren. Nach und nach die Marinade zum Fleisch gießen, den Bräter schließen und den Braten auf der untersten Schiebeleiste 2 Stunden im Backofen schmoren lassen. • Nach 1 Stunde Schmorzeit den Saucenlebkuchen und den Pumpernickel zerbröckeln und mit dem Apfelkraut in die Sauce zum Fleisch geben. • Den fertigen Sauerbraten – er gibt weich nach beim Anstechen – aus der Sauce nehmen und im abgeschalteten Backofen warm stellen und ruhen lassen, damit sich der Fleischsaft beruhigt. • Die Sauce durch ein Sieb passieren. Die Rosinen heiß waschen, abtropfen lassen, in die Sauce rühren und die Sauce nach Belieben noch mit Salz, Essig und etwas Zucker kräftig süß-sauer abschmecken. • Den Sauerbraten in Scheiben schneiden, anrichten und die Sauce gesondert dazu reichen.

Das paßt dazu: Klöße aus gekochten Kartoffeln und ein beliebiger Salat.

Zum Bild rechts:

Ein Filetsteak mit Früchten als Hauptgericht wie auf nebenstehendem Bild ist schnell zubereitet. Verwenden Sie möglichst kein Obst aus Dosen oder aus Gläsern, denn nur frisch ist es die ideale Ergänzung zu Steaks. Gibt es keine frischen Sauerkirschen auf dem Markt, weichen Sie aus auf Ananas, Pfirsich, Apfel oder Mango! Aufgebackenes Weißbrot paßt dazu, Naturreis oder noch besser wilder Reis. Das Rezept finden Sie auf Seite 116.

DEUTSCHES
ERZEUGNIS

Grundrezept

Schmorbraten

800 g Rindfleisch (Hochrippe, Blume oder Bürgermeisterstück)
2 Möhren
2 Zwiebeln
50 g fetter Speck
$^3/_8$ l Wasser
4 Pfefferkörner
1 Stengel Petersilie
$1^1/_2$ Teel. Salz
1 Eßl. Butter
1 Eßl. Mehl
2 Eßl. Tomatenmark
2 Messersp. weißer Pfeffer
$^1/_2$ Teel. Senf
1 Messersp. Zucker
4 Eßl. saure Sahne

Pro Portion etwa
3050 Joule/730 Kalorien

Zubereitungszeit: 2 Stunden

Das Fleisch von Häuten und Sehnen befreien, kalt waschen und abtrocknen. • Die Möhren schaben, waschen und in Stifte schneiden. Die Zwiebeln schälen und in Achtel schneiden. Den Speck würfeln. • Das Wasser zum Kochen bringen. • Den Speck in einem Schmortopf ausbraten und das Fleisch von allen Seiten im Speckfett anbraten. Die Möhrenstifte, die Zwiebelachtel, die Pfefferkörner und den Petersilienstengel zugeben und alles unter Umwenden insgesamt etwa 10 Minuten braten. Das Fleisch mit 1 Teelöffel Salz würzen und etwa die Hälfte des heißen Wassers um das Fleisch gießen. Den Schmortopf schließen und das Fleisch bei mittlerer Hitze in etwa 2 Stunden gar schmoren. • Die Schmorflüssigkeit im Topf hin und wieder mit etwas heißem Wasser ablöschen und den Schmorbraten damit beschöpfen. • Den garen Schmorbraten – der Braten läßt sich weich anstechen – auf einer vorgewärmten Platte im Backofen warm stellen und ruhen lassen, damit sich der Fleischsaft gleichmäßig im Braten verteilen kann. • Für die Sauce die Schmorflüssigkeit mit heißem Wasser lösen und mit dem Gemüse durch ein Sieb passieren. • Die Butter in einer Kasserolle zerlassen, das Mehl unter Umrühren hineinstäuben und hellgelb anbraten. Das Tomatenmark unterrühren, nach und nach mit der Schmorflüssigkeit aufgießen und die Sauce mit dem restlichen Salz, dem Pfeffer, dem Senf und dem Zucker abschmecken. Nötigenfalls die Sauce mit etwas Wasser auf $^3/_8$ l Flüssigkeit auffüllen. Die Sauce mit der sauren Sahne verrühren. • Den Schmorbraten noch einmal in den Schmortopf legen, mit der Sauce übergießen und 10 Minuten darin ziehen – nicht kochen – lassen.

Das paßt dazu: Kartoffelpüree oder Bandnudeln und ein Blattsalat oder Rotkohl.

Zum Bild links:

Gefüllte Koteletts sind ein ideales Gästeessen, wenn man einmal nicht zu tief in die Tasche greifen möchte, aber trotzdem etwas Ausgefallenes und noch dazu Sättigendes bieten will. Die kleine Mühe des Zunähens der Fleischtaschen lohnt sich; die Taschen schneidet Ihnen auf Wunsch auch der Fleischer schon in die Koteletts. Wenn Ihnen Bratkartoffeln als Beilage zu üppig und zu kalorienreich erscheinen, dann können Sie es auch bei den gegrillten Tomaten belassen und nur noch frisch aufgebackenes Baguette dazu reichen. Das Rezept für Gefüllte Koteletts finden Sie auf Seite 144.

Mein Tip Ein großes Bratenstück von etwa $1^1/_2$–2 kg läßt sich in der Bratenpfanne des Backofens bei 200° schmoren; man muß dann allerdings öfter Flüssigkeit nachgießen.

Burgunderbraten

Das Fleisch 3 Tage in einer Marinade aus 2 geschälten, in Ringe geschnittenen Zwiebeln, 5 Pfefferkörnern, 3 Pimentkörnern, 1 Lorbeerblatt, $^1/_2$ l Wasser und $^1/_2$ l Burgunder Rotwein marinieren. Die Zutaten für die Marinade in dem Wasser 15 Minuten kochen, abkühlen lassen und dann erst den Rotwein zugeben. Das Fleisch 3 Tage im Kühlschrank zugedeckt marinieren und ab und zu in der Marinade wenden. • Das Fleisch dann abtrocknen, mit Speck in einem Schmortopf anbraten, salzen, mit der durchgeseihten erhitzten Marinade umgießen und im geschlossenen Topf in 2 Stunden wie im Grundrezept beschrieben gar schmoren; wenn nötig während der Garzeit etwas heißes Wasser zum Fleisch gießen. Die Schmorflüssigkeit durch ein Sieb passieren und mit 100 g angebratenen Champignonscheibchen mischen und als Sauce dazu reichen. • Mit geschmorten Zwiebelchen und Kartoffelkroketten servieren.

Raffiniert

Waldmeisterbraten

¼ l Wasser mit ⅛ l Weinessig aufkochen, 1 Bund frischen Waldmeister in den Sud legen und diesen abkühlen lassen. • Den Sud mit dem Waldmeisterbund über ein 800 g schweres Rinderschwanzstück gießen und das Fleisch 3 Tage im Kühlschrank marinieren. Das Fleisch während der Marinierzeit ab und zu wenden. • 2 Möhren, 1 Zwiebel und das Weiße von 1 Stange Lauch/Porree in Scheiben schneiden, in Öl braun braten, das abgetrocknete, gesalzene Fleisch zugeben, ebenfalls von allen Seiten braun anbraten und mit ¼ l der Marinade aufgießen. Das Fleisch wie im Grundrezept beschrieben in 2 Stunden im geschlossenen Topf gar schmoren und während dieser Zeit wiederholt etwas heiße Bouillon seitlich zum Fleisch gießen. • Den Schmorfond zuletzt mit Bouillon lösen, durchpassieren und mit Rotwein zu ½ l Flüssigkeit auffüllen und aufkochen lassen. Abschmecken und mit ⅛ l saurer Sahne abrunden. • Zum Waldmeisterbraten werden Bratkartoffeln gegessen.

Grundrezept

Zwiebelrostbraten

Das Fleisch für den Rostbraten wird in 1 cm dicken Scheiben aus dem hohen Roastbeef oder aus der runden Nuß geschnitten. Eigentlich zeigt diese Zubereitungsart für Rindfleisch eher Ähnlichkeit mit Rouladen als mit einem Braten – zumal einige Varianten des Rostbratens gefüllt und gerollt aufgetischt werden. Doch vielerlei Arten von Rostbraten gehören zum traditionellen Repertoire der meisten europäischen Küchen. Sein eigentlicher Ursprung ist wohl in Österreich/Ungarn zu suchen.

Für die Zwiebelringe:
500 g Zwiebeln
1 Teel. Zucker
½ Teel. Salz
2 Eßl. Butter
Für den Rostbraten:
4 Scheiben Rindfleisch aus dem hohen Roastbeef oder aus der runden Nuß zu je 150 g
1 Teel. Salz
2 Messersp. weißer Pfeffer
½ Teel. scharfes Paprikapulver
2 Eßl. Mehl
2 Eßl. Öl
¼ l Bouillon
4 Eßl. Rotwein

Pro Portion etwa 2205 Joule/525 Kalorien

Zubereitungszeit: 1 Stunde
Besondere Küchengeräte: 2 große Bratpfannen

Für die Zwiebelringe die Zwiebeln schälen, in Ringe schneiden und mit dem Zucker und dem Salz mischen. • Die Butter in einer Pfanne zerlassen und die Zwiebelringe darin unter häufigem Umwenden bei schwacher Hitze in 30 Minuten gleichmäßig hellbraun braten. Die Zwiebelringe dann bei äußerst schwacher Hitze – eventuell ein Drahtgitter unter die Pfanne legen – warm halten, aber nicht zudecken, da sie sonst weich werden. • Für den Rostbraten die Fleischscheiben kalt waschen, gut trockentupfen und mit dem Handballen gleichmäßig flachdrücken. • Das Salz mit dem Pfeffer und dem Paprikapulver mischen, die Fleischscheiben damit einreiben und anschließend in dem Mehl wenden. Nicht fest haftendes Mehl wieder abschütteln. • Das Öl in der zweiten Pfanne erhitzen, die Fleischscheiben von jeder Seite 1 Minute kräftig anbraten, die Hitze sofort zurückschalten und die Fleischscheiben bei schwacher Hitze von jeder Seite weitere 3 Minuten braten. • Das Fleisch dann sofort aus der Pfanne nehmen und im auf 100° erhitzten Backofen warm stellen. • Für die Sauce den Bratensatz in der Pfanne mit der Bouillon lösen, einmal aufkochen lassen und die Sauce mit dem Rotwein verfeinern. • Die gebratenen Zwiebelringe auf den Fleischscheiben verteilen und die Sauce darübergießen.

Das paßt dazu: Bandnudeln und ein beliebiger Salat.

Gelingt leicht

Esterházy-Rostbraten im Schmortopf

Die Fleischscheiben flachdrücken und würzen. • 2 Zwiebeln, 2 Möhren und 1 Petersilienwurzel in Scheiben schneiden, in Schweineschmalz anbraten und den Boden eines Schmortopfes damit auslegen. • Die Fleischscheiben im verbliebenen Schmalz von jeder Seite 1 Minute anbraten, auf das Gemüse legen und mit 1 Eßlöffel Mehl bestäuben. ¼ Lorbeerblatt, 1 Prise getrockneten Majoran, 2 dünne Zwiebelscheiben zugeben, mit ¼ l heißer Bouillon auffüllen und alles zugedeckt bei schwacher Hitze in 15 Minuten gar schmoren. • Die Sauce vor dem Servieren durchpassieren, mit 2 Eßlöffeln kleinen Kapern und ⅛ l saurer Sahne verfeinern, über das Fleisch gießen und kleine Mehlklößchen, Rezept Seite 281, dazu servieren.

Reindlrostbraten

Das Fleisch wie im Grundrezept beschrieben vorbereiten, würzen, in Mehl wenden und in Schmalz von jeder Seite 1 Minute kräftig anbraten. • Das Fleisch dann in einen Schmortopf legen. • Im verbliebenen Schmalz 1 gehackte Zwiebel anbraten, über das Fleisch streuen und alles mit scharfem Paprikapulver, gehacktem Kümmel und gerebeltem Majoran würzen. • 4 Eßlöffel Tomatenmark mit ¼ l heißer Bouillon verrühren, über das Fleisch gießen und alles zugedeckt in etwa 15 Minuten gar schmoren. • Dazu Bratkartoffeln und gedünstete grüne Erbsen reichen.

Russischer Rostbraten in der Deckelpfanne

Die Fleischscheiben wie im Grundrezept beschrieben vorbereiten, würzen, zusätzlich mit Senf bestreichen, in Mehl wenden und in eine Deckelpfanne legen. ⅛ l heiße Fleischbrühe zugießen. Jede Fleischscheibe dünn mit frisch geriebenem Meerrettich belegen und zugedeckt bei schwacher Hitze in 15 Minuten gar schmoren. • Mit Backkartoffeln und gemischtem Salat servieren.

Grundrezept

Geschmorte Rinderrouladen

4 Scheiben Rindfleisch zu je 150 g aus der Blume oder der Hüfte geschnitten
80 g durchwachsener Speck
2 Zwiebeln
1 Knoblauchzehe
1 Dill- oder Essiggurke
¼ l Bouillon
1 Teel. scharfer Senf
je Roulade 1 Messersp. Salz und weißer Pfeffer
4 Eßl. Öl
3 Eßl. trockener Weißwein
2 Eßl. Tomatenmark
1 kleine Möhre
½ Stange Lauch/Porree
1 kleine Kartoffel
4 Eßl. saure Sahne

Pro Portion etwa 2650 Joule/630 Kalorien

Zubereitungszeit: 1 Stunde und 30 Minuten
Besondere Küchengeräte: Rouladenklammern, Rouladennadeln, Holzspieße oder Küchengarn

Das Fleisch kalt abwaschen, abtrocknen und mit dem Handballen gleichmäßig flach drücken. • Den Speck in Streifen schneiden. Die Zwiebeln schälen und würfeln. Die Knoblauchzehe schälen und kleinhacken. Die Gurke in Streifen schneiden. Die Bouillon erhitzen. • Jede Fleischscheibe mit Senf bestreichen und mit Salz und Pfeffer würzen. Die Speck- und Gurkenstreifen auf das Fleisch legen und die Zwiebelwürfel sowie die Knoblauchstückchen darüberstreuen. • Die Rouladen aufrollen, in die Rouladenklammern geben oder mit den Rouladennadeln oder mit den Holzspießchen zustecken oder mit Küchengarn binden (siehe dazu im großen Küchen-ABC unter dem Stichwort Rouladen). • Das Öl in einem großen Schmortopf erhitzen und die Rouladen unter Umwenden rundherum braun anbraten; das dauert etwa 10 Minuten. Sobald die Rouladen von allen Seiten gut gebräunt sind, die Hitze zurückschalten und den Weißwein im Topf verdampfen lassen, dabei mit einem Kochlöffel den Bratensatz vom Topfboden lösen. • Das Tomatenmark zugeben und etwa die Hälfte der heißen Bouillon um die Rouladen gießen. Die Rouladen zugedeckt bei schwacher Hitze 1 Stunde schmoren lassen. Den Topf stets zugedeckt lassen; die Flüssigkeit soll nicht stark kochen, sondern nur leicht brodeln. • Die Möhre schaben, waschen und würfeln. Vom Lauch nur das Weiße verwenden, waschen und in Scheiben schneiden. Die Kartoffel schälen, waschen und in Würfel schneiden. • Nach 30 Minuten Schmorzeit die restliche heiße Bouillon und das kleingeschnittene Gemüse zu den Rouladen geben und alles gar schmoren. • Die Rouladen auf einer vorgewärmten Platte warm stellen. Die Sauce durch ein Sieb passieren, noch einmal abschmecken und mit der sauren Sahne verfeinern.

Das paßt dazu: Spätzle und Preiselbeerkonfitüre oder Kartoffelpüree und Rosenkohl.

Gelingt leicht

Rinderrouladen in Burgundersauce

Die Rouladen mit 4 gewürfelten Schalotten und je 1 dünnen Scheibe durchwachsenen Speck belegen, aufrollen und feststecken. • Die Rouladen mit 4 kleingehackten Schalotten in Öl anbraten, mit ⅛ l Bouillon und ⅛ l herbem Rotwein ablöschen und in 1 Stunde gar schmoren. Die Sauce zuletzt mit Petersilie, Thymian und etwas Zitronensaft abschmecken. Die Sauce mit knapp 1 Eßlöffel kalt angerührter Speisestärke binden und mit etwa ½ Tasse Rotwein verfeinern. • Mit Kartoffelklößen und Rotkohl reichen.

Raffiniert

Rinderrouladen mit Maisfüllung

Die Rouladen salzen und pfeffern und mit je 2 Eßlöffeln Maiskörnern und mit 1 Eßlöffel kleingewürfelter roter Paprikaschote belegen. • Die Rouladen mit 1 gewürfelten Zwiebel in Öl anbraten, mit Bouillon aufgießen und in 1 Stunde gar schmoren. • Die Sauce zuletzt mit Sahne und edelsüßem Paprikapulver abrunden. • Wilden Reis, Kronsbeeren und gemischten Salat dazu reichen.

Preiswert · Kann vorgekocht werden

Magyar Gulyás

Ungarisches Gulasch

300 g Zwiebeln
750 g Rindfleisch aus der Schwanzrolle
2 Eßl. Schweineschmalz
4 Eßl. Tomatenmark
heißes Wasser nach Bedarf
1 Teel. Salz
2 Messersp. weißer Pfeffer
2 Eßl. edelsüßes Paprikapulver
1 Prise getrockneter Majoran
1 Messersp. Kümmelpulver
2 Tomaten
1 grüne Paprikaschote
2 mittelgroße Kartoffeln
1/8 l Sahne

Pro Portion etwa
2910 Joule/690 Kalorien

Zubereitungszeit: 1 Stunde und 30 Minuten

Die Zwiebeln schälen und nicht zu klein würfeln. Das Rindfleisch waschen, abtrocknen und in etwa 2 cm große Würfel schneiden. • Das Schweineschmalz in einem großen Schmortopf erhitzen, die Zwiebelwürfel und die Fleischwürfel zugeben, die Hitze zurückschalten und alles zugedeckt etwa 10 Minuten schmoren und Saft ziehen lassen. • Dann das Tomatenmark unterrühren und so viel kochendheißes Wasser zugießen, daß das Fleisch knapp von Wasser bedeckt ist. Das Salz, den Pfeffer, das Paprikapulver, den Majoran und das Kümmelpulver zugeben und alles zugedeckt bei schwacher Hitze 35 Minuten simmern lassen. • Die Tomaten häuten, entkernen und in Stücke schneiden. Die Paprikaschote halbieren, von Rippen und Kernen befreien, die Schotenhälften waschen und in Streifen schneiden. Die Kartoffeln schälen, waschen und würfeln. • Das Gemüse zum Fleisch geben und so viel heißes Wasser auffüllen, daß wiederum alles knapp von Wasser bedeckt ist. Das Gulasch mit dem Gemüse dann noch weitere 25–30 Minuten zugedeckt simmern lassen. • Das Gulasch vor dem Servieren mit der Sahne abrunden.

Das paßt dazu: Salzkartoffeln.

Fiaker-Gulasch

300 g Zwiebeln in Scheiben schneiden und mit 4 Eßlöffeln Schweineschmalz goldgelb braten. 2 Eßlöffel edelsüßes Paprikapulver und 4 Eßlöffel Tomatenmark unterrühren. • 500 g gewürfelte Rinderhesse mit 2 gehackten Knoblauchzehen, 1 Teelöffel Salz, 1 Prise getrocknetem Majoran, 1/2 Teelöffel zerstoßenem Kümmel und 1 Prise abgeriebener Zitronenschale zu den Zwiebeln geben, kurz anbraten, mit wenig heißem Wasser aufgießen (das Fleisch soll nur 1/3 von Wasser umgeben sein) und bei schwacher Hitze zugedeckt in etwa 50 Minuten gar schmoren. • Dazu gibt es kleine Gewürzgurken und pro Portion ein pochiertes Ei, Rezept Seite 300.

Schnell

Boeuf à la Stroganow

Filetstreifen in Sahnesauce

600 g Rinderfilet
2 Zwiebeln
2 Eßl. Butter
1 Eßl. Tomatenmark
1/2 Teel. milder Senf
1/8 l Bouillon
150 g Crème fraîche
1 Teel. Salz
1/4 Teel. weißer Pfeffer
einige Tropfen Zitronensaft

Pro Portion etwa
1575 Joule/375 Kalorien

Zubereitungszeit: 30 Minuten

Das Fleisch waschen, abtrocknen und von allen Sehnen befreien. Das Fleisch in 1 cm dicke Scheiben und die Scheiben in 1 cm dicke Streifen schneiden. Die Zwiebeln schälen und kleinwürfeln. • Die Butter bei mittlerer Hitze zerlassen und die Filetstreifen portionsweise in kleineren Mengen in der heißen Butter unter ständigem Umwenden rasch braun anbraten. Die Filetstreifen dann sofort aus der Butter heben, über einem Suppenteller in ein Sieb geben, abtropfen lassen und warm stellen. • Wenn alle Filetstreifen gebraten sind, für die Sauce die Zwiebelwürfel in die Butter geben und unter Rühren darin glasig braten. Das Tomatenmark und den Senf unter die Zwiebelwürfel rühren und nach und nach mit der Bouillon auffüllen. Die Zwiebeln unter Rühren in der Bouillon fast zerkochen lassen. • Dann unter ständigem Rühren die Crème fraîche in die Sauce geben und so lange kochen lassen, bis die Sauce cremig wird. • Die Filetstreifen im Sieb mit Salz und Pfeffer bestreuen und dabei im Sieb ständig wenden, damit alle Fleischstreifen gewürzt werden. • Das restliche Salz und den restlichen Pfeffer in die Sauce rühren und die Sauce mit etwas Zitronensaft abschmecken. • Die Filetstreifen mit dem abgetropften Saft aus dem Teller in die Sauce geben und in der Sauce noch einmal gut erhitzen, aber keinesfalls kochen lassen; das Filet würde sonst zäh und trocken.

Das paßt dazu: körnig gekochter Reis oder Salzkartoffeln und ein beliebiger Salat.

Braucht Zeit

Boeuf à la mode

Schmorfleisch in saurer Sauce

1 kg Rindfleisch aus Blume, Hüfte oder Schwanzstück
Für die Marinade:
1 Bund Suppengrün
1 Zwiebel
3/8 l Wasser
1/8 l Weinessig
1 Lorbeerblatt
4 Pfefferkörner
2 Wacholderbeeren
1 Stück Zitronenschale
1/2 l Rotwein
Für das Spicken:
100 g fetter Speck
2 Knoblauchzehen
1 Lorbeerblatt
1 Prise getrockneter Thymian
3 Pfefferkörner
1 Gewürznelke
1 Eßl. Weinessig
Für das Schmoren:
3 Stengel Petersilie
2 Möhren
1 Pastinake
1 Stange Staudensellerie
2 Eßl. Schweineschmalz
1 Teel. Salz
2 Messersp. weißer Pfeffer
1/8 l Portwein

Pro Portion etwa
2520 Joule/600 Kalorien

Zeit zum Marinieren: 2 Tage
Zubereitungszeit: 2 Stunden
Besondere Küchengeräte: Mörser, dicke Spicknadel, Wetzstahl, Bräter mit Deckel

Das Fleisch waschen und abtrocknen. • Für die Marinade das Suppengrün putzen, grob zerschneiden und in einen Topf geben. Die Zwiebel schälen, in Achtel schneiden und zum Suppengrün geben. Das Wasser und den Weinessig zugießen und alles zum Kochen bringen. Das Lorbeerblatt, die Pfefferkörner, die Wacholderbeeren und die Zitronenschale zugeben und alles 5 Minuten kochen lassen. • Die Marinade vom Herd nehmen, den Rotwein zugießen und die Marinade abkühlen lassen. • Das Rindfleisch in eine genügend große Schüssel legen, mit der abgekühlten Marinade übergießen und zugedeckt 2 Tage im Kühlschrank marinieren lassen. Das Fleisch während dieser Zeit öfter in der Marinade wenden. • Am Tage der Zubereitung für das Spicken den Speck in etwa 1 cm dicke Streifen schneiden. Die Knoblauchzehen schälen, eine davon vierteln und beiseite stellen, die andere feinhacken. • Das Lorbeerblatt, den Thymian, die Pfefferkörner und die Gewürznelke im Mörser zerstoßen, auf einen Teller schütten und mit dem gehackten Knoblauch und dem Weinessig mischen. Die Speckstreifen in dieser Gewürzmischung gut wenden und zugedeckt 30 Minuten im Kühlschrank durchziehen lassen. • Das Fleisch aus der Marinade nehmen und abtrocknen. Die Marinade durchseihen und 3/4 l davon abmessen. Das Fleisch längs in Richtung der Fasern mehrmals mit dem Wetzstahl durchstechen. Die Speckstreifen in die Spicknadeln klemmen und durch die Löcher ziehen. Alle Speckstreifen verbrauchen; das Fleisch sollte gleichmäßig vom Speck durchzogen werden. • Für das Schmoren die Petersilienstengel waschen und etwas zerkleinern. Die Möhren und die Pastinake schälen oder schaben, waschen und würfeln. Den Staudensellerie waschen, abtrocknen und in Scheiben schneiden. • Den Backofen auf 180° vorheizen. • Das Schweineschmalz auf dem Herd im Bräter zerlassen und das Fleisch von allen Seiten scharf darin anbraten. Das Fleisch dann aus dem Bräter nehmen und das vorbereitete Gemüse auf dem Boden des Bräters verteilen. Die zurückgebliebene Würzmischung von den Speckstreifen auf das Gemüse geben und das Salz, den Pfeffer sowie die Knoblauchviertel darüberstreuen. Das Fleisch auf das Gemüse legen, mit der abgemessenen Marinade umgießen und zugedeckt im Backofen auf der untersten Schiebeleiste in 2 Stunden und 30 Minuten garen. • Das Fleisch nach der Garzeit auf einer vorgewärmten Platte im abgeschalteten Backofen warm stellen. • Die Schmorflüssigkeit durch ein

Sieb passieren, mit dem Portwein abrunden und gegebenenfalls noch mit Salz und Pfeffer abschmecken.

Das paßt dazu: Semmelknödel, Spätzle oder Bandnudeln und Kompott aus Dörrobst, Rotkohl oder ein beliebiger Salat.

Grundrezept

Tellerfleisch

600 g Rindfleisch aus Hochrippe oder Mittelbug
Suppengrün, bestehend aus 2 Stangen Lauch/Porree, ¼ Sellerieknolle, 1 Petersilienwurzel und 2 Möhren
1 Zwiebel
½ Lorbeerblatt
2 Gewürznelken
1 l Wasser
1 Teel. Salz
4 Pfefferkörner
2 Messersp. weißer Pfeffer
1 Eßl. gehackte Petersilie

Pro Portion etwa
1855 Joule/445 Kalorien

Zubereitungszeit: 2 Stunden

Das Fleisch waschen und abtrocknen. • Beim Suppengrün vom Lauch nur das Weiße verwenden, das übrige schaben oder schälen, alles waschen und in gleichgroße Stücke schneiden. Die Zwiebel ungeschält waschen, abtrocknen, halbieren und eine Hälfte mit dem Lorbeerblatt und den beiden Gewürznelken bestecken. • Das Wasser mit dem Salz, den Pfefferkörnern, dem Suppengrün und den beiden Zwiebelhälften zum Kochen bringen. Das Fleisch ins sprudelnd kochende Wasser legen, damit sich die äußeren Poren sofort schließen und das Fleisch schön saftig bleibt. Das Fleisch im offenen Topf kochen lassen. Während der ersten 20 Minuten wiederholt den sich bildenden Schaum abschöpfen. • Die Hitze dann etwas zurückschalten, den Topf halb zudecken und das Fleisch bei mittlerer Hitze in 1 Stunde und 30 Minuten garen. • Das gare Fleisch – es läßt sich leicht weich anstechen – dann aus dem Sud heben, in Scheiben schneiden und auf einer vorgewärmten Platte anrichten. Die Fleischscheiben mit frisch gemahlenem Pfeffer würzen und mit der Petersilie bestreuen. Ein paar Löffel von der heißen Brühe über das Fleisch gießen.

Das paßt dazu: Salzkartoffeln und Wirsingkohl oder Broccoli.

Preiswert · Gelingt leicht

Gratiniertes Tellerfleisch auf russische Art

Das Fleisch wie im Grundrezept beschrieben garen, in Scheiben schneiden und auf einer feuerfesten Platte anrichten. • Die Fleischscheiben mit einem Gemisch aus 2 Eßlöffeln geriebenem Meerrettich, 1 Tasse saurer Sahne und wenig Essig überziehen, reichlich mit Semmelbrösel bestreuen, Butterflöckchen auf die Semmelbrösel setzen und die Fleischscheiben im vorgeheizten Backofen auf der mittleren Schiebeleiste bei 250° etwa 15 Minuten überbacken.

Raffiniert

Kronfleisch

600 g Rinderbrust wie im Grundrezept beschrieben garen, aber nur 1 Stunde lang kochen lassen; das Fleisch soll nicht völlig durchgegart sein. • Das Fleisch in Scheiben schneiden und auf Holztellern anrichten. Kronfleisch mit reichlich kleingeschnittenem Schnittlauch bestreuen und mit grobem Salz servieren.

Wiener Tafelspitz

Wiener Tafelspitz ist das beste Fleischgericht aus dem Suppentopf. Edles Rindfleisch, das man sonst nur als feine Braten zubereitet, wird wie Suppenfleisch in Brühe gegart. Das Ergebnis ist butterweich.

Zutaten für 6 Personen:
1 kg Rindfleisch aus dem hinteren Teil der Lende oder aus der Unterschale, dem eigentlichen Tafelspitz
1½ l Wasser
1 Teel. Salz
5 Pfefferkörner
1 Zwiebel
1 Lorbeerblatt
2 Gewürznelken
2 Möhren
¼ Sellerieknolle
1 Petersilienwurzel
2 Stangen Lauch/Porree

Pro Portion etwa
1340 Joule/320 Kalorien

Zubereitungszeit: 2 Stunden

Das Fleisch kalt waschen und abtrocknen. • Das Wasser mit dem Salz und den Pfefferkörnern zum Kochen bringen. • Die Zwiebel ungeschält waschen, halbieren und eine Hälfte mit dem Lorbeerblatt und den Gewürznelken bestecken. Beide Zwiebelhälften und das

Fleisch ins Kochwasser geben und während der ersten 20 Minuten wiederholt den sich bildenden Schaum abschöpfen. • Das Fleisch dann bei schwacher Hitze 2 Stunden kochen lassen, den Deckel bis auf einen Spalt breit auf den Topf legen. • Die Möhren, die Sellerieknolle und die Petersilienwurzel schälen oder schaben, waschen und in gleichmäßige Stifte schneiden. Vom Lauch nur das Weiße verwenden, längs halbieren, waschen und in etwa 2 cm breite Streifen schneiden. Das Gemüse nach 1 Stunde und 30 Minuten Kochzeit zum Fleisch geben und mitgaren. • Das Fleisch aus der Brühe heben, in dicke Scheiben schneiden und auf einer vorgewärmten Platte anrichten. • Das Gemüse mit dem Schaumlöffel aus der Brühe heben und auf den Fleischscheiben anrichten. Das Fleisch mit wenig durchgeseihter Brühe übergießen und servieren.

Das paßt dazu: Salz- oder Bratkartoffeln und weiße Meerrettichsauce, grüne Bohnen oder ein grüner Salat.

Preiswert · Braucht Zeit

Pfefferpothast

600 g Rindfleisch aus Brust oder Hochrippe
1/4 Sellerieknolle
500 g Zwiebeln
1 Lorbeerblatt
2 Gewürznelken
3 Senfkörner
6 Pfefferkörner
3/8 l Bouillon
1/4 l helles Bier
2 Eßl. Semmelbrösel
1/2 Teel. Salz
1/2 Teel. weißer Pfeffer

Pro Portion etwa
1765 Joule/420 Kalorien

Zubereitungszeit: 2 Stunden

Das Fleisch kalt waschen, abtrocknen und in 3 cm große Würfel schneiden. • Die Sellerieknolle waschen, schälen und sehr klein würfeln. Die Zwiebeln schälen, in Scheiben schneiden und die Scheiben halbieren. • Das Fleisch in einen Schmortopf geben, mit den Selleriewürfeln, den Zwiebelscheiben, dem Lorbeerblatt, den Gewürznelken und den Gewürzkörnern bestreuen. Mit der Bouillon und dem Bier übergießen, alles zum Kochen bringen, die Hitze dann zurückschalten und das Fleisch bei schwacher Hitze zugedeckt in 1 Stunde und 30 Minuten gar schmoren. • Die Semmelbrösel zuletzt unter die Schmorflüssigkeit heben und die Sauce damit binden. Die Sauce mit dem Salz und dem Pfeffer abschmecken.

Das paßt dazu: Salzkartoffeln oder Klöße aus gekochten Kartoffeln, Gewürzgurken und Rote-Bete-Salat.

Braucht Zeit

Römisches Ochsenschwanzragout

1 kg Ochsenschwanz, in kleine Stücke gehackt
2 Zwiebeln
1 Möhre
1 Knoblauchzehe
50 g fetter Speck
1 rote Paprikaschote
2 Eßl. Olivenöl
2 Eßl. Tomatenmark
2 Eßl. heißes Wasser
1/4 l trockener Weißwein
1/2 Teel. Salz
3/8 l Bouillon
2 Stangen Staudensellerie

Pro Portion etwa
3000 Joule/715 Kalorien

Zubereitungszeit: 3 Stunden

Die Ochsenschwanzstücke kalt waschen und gut trokkentupfen. • Die Zwiebeln schälen und würfeln. Die Möhre schaben, waschen und ebenfalls würfeln. Die Knoblauchzehe schälen und hacken. Den Speck in kleine Würfel schneiden. Die Paprikaschote halbieren, von Rippen und Kernen befreien, die Schotenhälften waschen, abtrocknen und in Stücke schneiden. • Das Olivenöl mit den Speckwürfeln in einem Schmortopf erhitzen und die Zwiebelwürfel mit dem Knoblauch darin glasig braten. Die Ochsenschwanzstücke zugeben und von allen Seiten unter ständigem Umwenden braun anbraten. Die Möhrenwürfel und die Paprikastreifen zugeben und ebenfalls kurz mitbraten. • Das Tomatenmark mit dem heißen Wasser anrühren, zum Ochsenschwanz geben, gut erhitzen und nach und nach mit dem Weißwein auffüllen. Das Salz zugeben und alles unter Rühren so lange schmoren, bis der Wein fast verdampft ist. • Die Bouillon erhitzen. Die Hälfte davon zum Ochsenschwanz gießen und diesen zugedeckt bei schwacher Hitze in 2 Stunden gar schmoren. Den Topf hin und wieder schütteln und bei Bedarf etwas Fleischbrühe nachgießen. • Den Staudensellerie waschen, putzen und in etwa 1 cm dicke Scheiben schneiden. Den Sellerie nach 1 Stunden und 30 Minuten Garzeit zum Ochsenschwanz geben und mit ihm garen.

Das paßt dazu: frisches Stangenweißbrot.

Kalbfleischgerichte

Kalbfleisch stammt von jungen Rindern im Alter von 3 Wochen bis zu 3 Monaten. Das Fleisch von eigens für den Verzehr gezüchteten und besonders ernährten Mastkälbern gehörte jahrhundertelang zu den begehrten Stücken für die festliche Tafel. Heute ist Kalbfleisch durch abzulehnende Mastmethoden etwas in Mißkredit geraten; dennoch ist nicht jedes Schnitzel, Kotelett oder Bratenstück vom Kalb zu beanstanden. Es kommt sehr auf den einzelnen Metzger an, welche Lieferquellen er bevorzugt und mit welcher Verdienstspanne er sich zufriedengibt. Der Einkauf von Kalbfleisch ist also weit mehr Vertrauenssache als der Kauf anderer Fleischarten.

Beachten Sie beim Umgang mit Kalbfleisch folgende Punkte:

- Gutes Kalbfleisch ist hellrosa oder hellachsfarben und von weißem Fett durchsetzt oder umgeben. Kalbfleisch braucht nur einige Tage abzuhängen; das ist bereits geschehen, wenn es zum Verkauf kommt.
- Kalbfleisch höchstens 24–48 Stunden eingeölt und lose zugedeckt im Kühlschrank lagern.
- Im übrigen gilt für die Zubereitung von Kalbfleisch, was zu Beginn des Kapitels Rindfleischgerichte gesagt worden ist.
- Denken Sie bei zarten Kalbfleischstücken auch an die Verwendung von Bratfolie, Tontopf oder Bräter mit Deckel.
- Welche Stücke sich für welche Garart eignen, erläutert Ihnen die Aufstellung beim Stichwort Fleischteile im großen Küchen-ABC.

Grundrezept

Kalbsschnitzel naturell

4 Kalbsschnitzel zu je 125 g
4 Eßl. Butter
je Schnitzel 2 Messersp. Salz und 1 Messersp. weißer Pfeffer

Pro Portion etwa 945 Joule/225 Kalorien

Zubereitungszeit: 20 Minuten

Die Schnitzel kalt waschen und gut abtrocknen. Die Häute an den Rändern der Schnitzel mit einem spitzen Messer ausschneiden. Die Schnitzel mit dem Handballen gleichmäßig flach drücken. • Die Butter bei Mittelhitze zerlassen und die Schnitzel von jeder Seite 3 Minuten braten. • Die Schnitzel nach dem Braten salzen und pfeffern und auf einer vorgewärmten Platte anrichten. Die heiße Butter über die Schnitzel träufeln.

Das paßt dazu: in Butter geschwenkte junge grüne Erbsen, gedünstete Champignons oder Pfifferlinge oder ein Erbsen-Möhren-Gemüse und Weißbrot oder Petersilienkartoffeln.

Mein Tip Wie die Kalbsschnitzel können Sie auch Schweineschnitzel naturell bereiten, allerdings sollten Sie dann als Bratfett 2 Eßlöffel Öl oder Schmalz verwenden, da das fettreichere Fleisch stärkere Hitze benötigt und Schweineschnitzel von jeder Seite 4–5 Minuten gebraten werden.

Raffiniert

Kalbsschnitzel auf Schweizer Art

Die Schnitzel wie im Grundrezept beschrieben vorbereiten, von beiden Seiten mit dem Salz und dem Pfeffer einreiben, in Mehl wenden, in Butter von jeder Seite 2 Minuten braten und auf eine feuerfeste Platte legen. • 3 gehackte Schalotten in der verbliebenen Butter glasig braten, mit 1 Tasse Marsallawein ablöschen und 3 gehäutete, entkernte und gewürfelte Tomaten 5 Minuten darin dünsten. • Die Schnitzel mit je 1 dünnen Scheibe Emmentaler Käse belegen und im vorgeheizten Backofen bei 240° auf der obersten Schiebeleiste überbacken, bis der Käse geschmolzen ist. • Die Tomaten um die Schnitzel anrichten und Salzkartoffeln dazu reichen.

Schnell

Paprikaschnitzel

Die Schnitzel wie im Grundrezept beschrieben vorbereiten, salzen und pfeffern, in Mehl wenden, in der Butter von jeder Seite 3 Minuten braten und auf einer vorgewärmten Platte heiß halten. • Für die Sauce 1 gehackte Zwiebel in der verbliebenen Butter glasig braten, 1 Eßlöffel edelsüßes Paprikapulver über die Zwiebeln stäuben, mit ¼ l Sahne aufgießen und einmal aufkochen lassen. Die Sauce mit Salz und Paprikapulver abschmecken und über die Schnitzel gießen. • Körnig gekochten Reis und in Butter geschwenkte grüne Erbsen dazu reichen.

Raffiniert

Saltimbocca

Schnitzel mit Salbei

Die Schnitzel waschen, klopfen, bis sie ½ cm dünn sind und mit dem Pfeffer einreiben. • Jedes Schnitzel zur Hälfte mit 1 kleinen Scheibe rohem Schinken (Gesamtmenge: 50 g) und 1 frischen Salbeiblatt belegen. Die Schnitzel zusammenklappen, mit einem Holzspießchen zusammenstecken, salzen und leicht in Mehl wenden. • Die Schnitzel in heißer Butter von jeder Seite 1 Minute scharf anbraten, bis sie braun sind. Dann bei Mittelhitze auf jeder Seite 5 Minuten braten. • Körnig gekochten Reis und gemischten Salat dazu reichen.

Gelingt leicht

Schnitzel auf norwegische Art

Die Schnitzel wie im Grundrezept beschrieben vorbereiten. • 1 geschälte gewürfelte Zwiebel in der Butter glasig braten, aus der Pfanne nehmen und beiseite stellen. • Die Schnitzel in der verbliebenen Butter von jeder Seite 3 Minuten braten, salzen und pfeffern und auf einer vorgewärmten Platte heiß stellen. • Für die Sauce die Zwiebelwürfel in frischer Butter goldgelb braten, 1½ Tassen saure Sahne zugießen und 100 g norwegischen Ziegenkäse (oder anderen Ziegenkäse) kleinschneiden und in der Sauce schmelzen lassen. Die Sauce mit Salz und Pfeffer abschmecken und über die Schnitzel gießen. • Mit Nudeln und Kopfsalat servieren.

Gelingt leicht

Schnitzel Holstein

Die Schnitzel wie im Grundrezept beschrieben braten, salzen und pfeffern und auf einer vorgewärmten Platte heiß halten. • 4 Spiegeleier braten, jedes Schnitzel mit 1 Spiegelei belegen und neben die Eier je 1 aufgerolltes Sardellenfilet legen. • Über jedes Schnitzel 1 Teelöffel kleine Kapern streuen. • Bauernbrot und Salat dazu reichen.

Rahmschnitzel

Die Schnitzel wie im Grundrezept beschrieben braten, salzen und pfeffern und auf einer vorgewärmten Platte heiß halten. • Für die Sauce den Bratensatz aus der Pfanne mit 1 Tasse heißer Bouillon lösen. 5 Eßlöffel Crème fraîche zugießen, alles unter Rühren einmal aufkochen lassen und die Sauce mit Salz, weißem Pfeffer und 1 Prise getrocknetem gerebeltem Liebstöckel abschmecken. Die Sauce über die Schnitzel gießen. • Kartoffelkroketten und grüne Bohnen schmecken gut dazu.

Gelingt leicht · Schnell

Wiener Schnitzel

Bild Seite 141

3 Eßl. Mehl
2 Eier
1 Eßl Öl
8 Eßl. Semmelbrösel
4 Kalbsschnitzel zu je 125 g
½ Teel. Salz
½ Teel. weißer Pfeffer
6 Eßl. Schweineschmalz
½ Zitrone
½ Bund Petersilie

Pro Portion etwa
2060 Joule/490 Kalorien

Zubereitungszeit: 30 Minuten

Das Mehl in einen Suppenteller schütten. Die Eier mit dem Öl in einem zweiten Suppenteller verquirlen. Die Semmelbrösel in einen dritten Suppenteller schütten. • Die Schnitzel kalt waschen, gut abtrocknen und die Häutchen an den Rändern abschneiden. Die Schnitzel mit dem Handballen gleichmäßig flach drücken und mit dem Salz und dem Pfeffer einreiben. • Die Schnitzel in dem Mehl wenden und auf einem Kuchengitter etwas antrocknen lassen. Die Schnitzel dann in die verquirlten Eier tauchen und zuletzt in den Semmelbröseln wenden. Die Semmelbrösel etwas andrücken, die Schnitzel dann aber leicht schütteln, damit nicht festhaftende Semmelbrösel abfallen und beim Braten nicht verbrennen. • Das Schweineschmalz bei mittlerer Hitze zerlassen und die panierten Schnitzel im heißen Fett von jeder Seite 4 Minuten goldbraun braten. • Die Schnitzel mit Zitronenspalten und Petersilienbüschel garnieren.

Das paßt dazu: mit Mayonnaise angemachter Kartoffelsalat und grüner Salat oder Gurkensalat.

Mein Tip Nach dem gleichen Rezept für Wiener Schnitzel können Sie auch Schweineschnitzel oder die preiswerten Putenschnitzel paniert braten; die Bratzeit für panierte Schweineschnitzel beträgt pro Seite 6 Minuten.

Raffiniert

Mailänder Schnitzel

Die Schnitzel wie im Rezept für Wiener Schnitzel beschrieben vorbereiten und panieren, die Semmelbrösel jedoch mit 4 Eßlöffeln frisch geriebenem Parmesankäse mischen. • Die Schnitzel dann nicht in Butter, sondern in Olivenöl von jeder Seite 4 Minuten braten und mit Makkaroni servieren; die Makkaroni in kleine Stücke brechen, in Salzwasser garen, abtropfen lassen und mit Tomatensauce, feinen Streifen von gepökelter Zunge und gedünsteten Champignonscheibchen mischen.

Schnell

Pariser Schnitzel, fritiert

Die Schnitzel wie im Rezept für Wiener Schnitzel beschrieben panieren und in etwa 1 l heißem Fett schwimmend von jeder Seite 4 Minuten fritieren. Das Fritierfett auf 180° erhitzen (elektrische Friteuse auf 180° einstellen oder ein Fritierthermometer benützen). • Die Schnitzel mit Zitronenspalten und Petersilienbüschel anrichten.

Etwas schwierig

Cordon bleu

Schnitzel mit Schinken und Käse

8 dünne Kalbsschnitzel von je 60 g wie im Rezept für Wiener Schnitzel beschrieben vorbereiten und mit Salz und Pfeffer einreiben. • 4 Schnitzel mit je 1 dünnen Scheibe gekochtem Schinken belegen und 4 Schnitzel mit je 1 dünnen Scheibe Emmentaler Käse belegen. Den Käse mit etwas mildem Paprikapulver bestäuben. Je ein mit Schinken belegtes Schnitzel auf ein mit Käse belegtes geben und die beiden Schnitzel mit 2 Holzspießchen zusammenstecken. • Die Schnitzel dann wie Wiener Schnitzel panieren und in heißer Butter von jeder Seite 6–8 Minuten braten. • Zu den Schnitzeln Zitronenscheiben geben, gedünstete oder gegrillte Tomaten und Kartoffelkroketten.

Grundrezept

Kalbskoteletts naturell

4 Kalbskoteletts zu je 200 g
4 Eßl. Butter
je Kotelett 2 Messersp. Salz und 1 Messersp. weißer Pfeffer

Pro Portion etwa 1540 Joule/365 Kalorien

Zubereitungszeit: 20 Minuten

Die Koteletts kalt waschen, abtrocknen und vorhandene Fettränder im Abstand von 2 cm senkrecht einschneiden, damit sich die Koteletts beim Braten nicht wölben. Mit einem spitzen Messer das Fleisch entlang den Knochen von beiden Seiten etwas einschneiden, damit die Hitze das Fleisch am Knochen ebenso erreicht wie an den Rändern. • Die Butter zerlassen und die Koteletts von jeder Seite 7 Minuten darin braten. Die Koteletts von jeder Seite salzen und pfeffern und auf einer vorgewärmten Platte anrichten.

Das paßt dazu: Salzkartoffeln und gedünsteter Chicorée, Schwarzwurzeln oder Rosenkohl.

Mein Tip Koteletts kann man auch panieren und nach dem Rezept für Wiener Schnitzel zubereiten. – Nach dem Rezept Kalbskoteletts naturell können Sie auch Schweineschnitzel naturell zubereiten. Die Bratzeit beträgt 9 Minuten pro Seite.

Schnell

Rosmarinkoteletts

Die Koteletts wie im Grundrezept beschrieben vorbereiten, von beiden Seiten in zerstoßenen getrockneten Rosmarin drücken und je Seite 7 Minuten braten.

Ungarische Koteletts

Die Koteletts wie im Grundrezept beschrieben vorbereiten, salzen, pfeffern, in Mehl wenden, in Schweineschmalz von jeder Seite 7 Minuten braten und auf einer vorgewärmten Platte heiß halten. • Für die Sauce 1 gehackte Zwiebel im verbliebenen Schmalz glasig braten, 50 g fette Speckwürfel mitbraten, alles mit 1 Eßlöffel mildem Paprikapulver bestäuben, 1 Eßlöffel Mehl untermischen und nach und nach mit ¼ l Bouillon aufgießen. • Mit Salz und Pfeffer abschmecken, mit ⅛ l saurer Sahne mischen und über die Koteletts gießen.

Raffiniert

Kalbskoteletts auf provenzalische Art

Die Kalbskoteletts wie im Grundrezept beschrieben vorbereiten, in Öl von jeder Seite 1 Minute braten, salzen und pfeffern und auf eine feuerfeste Platte legen. • ¼ l Béchamelsauce, Rezept Seite 288, mit 1 Eigelb und 2 gehackten Knoblauchzehen verrühren, über die Koteletts gießen, alles mit 4 Eßlöffeln geriebenem Greyerzer Käse bestreuen und im Backofen bei 240° auf der obersten Schiebeleiste 10 Minuten überbacken.

Raffiniert · Schnell

Garnierte Kalbsmedaillons

Kalbsmedaillons, auch Kalbsnüßchen genannt, werden aus dem Filet geschnitten und entsprechen den Tournedos aus dem Rinderfilet. Kalbsmedaillons gehören zur feinen Küche und werden bei festlichen Anlässen – reich garniert – warm oder kalt serviert.

8 Kalbsmedaillons zu je 80 g
4 Eßl. Butter
je Medaillon 1 Messersp. Salz und weißer Pfeffer
8 frisch gekochte Artischockenböden (Rezept Seite 30)
4 etwa 1 cm dicke Scheiben frische Ananas
1 Eßl. gehackte Walnüsse
⅛ l Kalbfleisch-Consommé double (Rezept Seite 39)
½ Tasse Madeirawein

Pro Portion etwa 1950 Joule/465 Kalorien

Zubereitungszeit: 30 Minuten

Die Medaillons kalt waschen und abtrocknen. • Die Butter zerlassen und die Medaillons von jeder Seite 3 Minuten in der heißen Butter braten. Die Medaillons salzen und pfeffern, auf den frisch gekochten, noch heißen Artischockenböden anrichten und auf einer vorgewärmten Platte im Backofen heiß halten. • Die geschälten und vom Strunk befreiten Ananasscheiben halbieren und in der verbliebenen Bratbutter von jeder Seite braten. • Jedes Medaillon mit ½ Ananasscheibe belegen. • Für die Sauce die Walnüsse rasch im verbliebenen Bratfett anbraten, mit der Kalbfleisch-Consommé double auffüllen und einmal aufkochen lassen. Den Madeirawein zugießen und die Sauce um die Medaillons gießen.

Das paßt dazu: Pariser Kartoffeln oder Kartoffelkroketten und grüner Salat.

Grundrezept

Gefüllte Kalbsbrust

Wie man eine Kalbsbrust füllt, zeigen die Abbildungen im großen Küchen-ABC unter dem Stichwort Kalbsbrust füllen.

Zutaten für 6 Personen:

Für die Füllung:
2 Zwiebeln
3 Scheiben Weißbrot
1 Bund Petersilie
1 Eßl. Butter
4 Eßl. Sahne
3 Eier
½ Teel. Salz
2 Messersp. weißer Pfeffer

Für den Braten:
1½ kg Kalbsbrust (zum Füllen entbeint mit Tasche)
3 Eßl. Öl
¼ l Bouillon

Pro Portion etwa 1850 Joule/440 Kalorien

Zeit zum Durchziehen: 1 Stunde
Zubereitungszeit: 2 Stunden
Besonderes Küchengerät: Küchengarn oder Holzspießchen

Für die Füllung die Zwiebeln schälen und kleinwürfeln. Das Weißbrot ebenfalls würfeln. Die Petersilie waschen, abtropfen lassen und kleinschneiden. • Die Butter zerlassen und die Zwiebelwürfel mit der Petersilie darin anbraten. Die Sahne zufügen, unter Umrühren kurz erhitzen und mit den Weißbrotwürfeln, den Eiern, dem Salz und dem Pfeffer mischen. Die Füllung zugedeckt 1 Stunde durchziehen lassen. • Den Backofen auf 220° vorheizen. • Die Kalbsbrust innen und außen kalt waschen und gut trockentupfen. Die Füllung in die Fleischtasche streichen und die Öffnung mit Küchengarn zunähen oder mit Holzspießchen zustecken. • Das Öl in einer Bratreine auf dem Herd erhitzen, die Kalbsbrust von jeder Seite etwa 5 Minuten darin kräftig anbraten, dann auf der zweiten Schiebeleiste von unten im Backofen in etwa 1 Stunde und 30 Minuten garen. • Die Bouillon erhitzen und nach 20 Minuten Bratzeit etwas Bouillon um den Braten gießen. Den Bratenfond mit Bouillon lösen und den Braten damit beschöpfen. Wiederholt etwas heiße Bouillon zugießen und den Braten beschöpfen, damit er nicht austrocknet. Der Braten ist gar, wenn er auf Fingerdruck fast nicht mehr nachgibt. • Die gefüllte Kalbsbrust auf einer vorgewärmten Platte im abgeschalteten Backofen ruhen lassen, damit sich der Bratensaft setzt. Den Brantenfond durch ein Sieb gießen, noch einmal abschmecken und gesondert zur Kalbsbrust reichen.

Das paßt dazu: Salzkartoffeln und Blumenkohl oder Broccoli in einer hellen Buttersauce.

Gefüllte Kalbsbrust auf Wiener Art

Für die Füllung 2 Scheiben Weißbrot ohne Rinde würfeln. 50 g zerlassene Butter schaumig rühren, nach und nach 2 Eigelbe unterziehen, 1 Eßlöffel gehackte Petersilie, $^1/_2$ Teelöffel Salz, 1 Messerspitze weißen Pfeffer und die Weißbrotwürfel mit der Buttermasse mischen und 20 Minuten durchziehen lassen. • 100 g grüne Erbsen und 100 g Champignonscheibchen in wenig Gemüsebrühe dünsten und mit der Dünstflüssigkeit unter die Weißbrotmasse mischen. • Die Kalbsbrust damit füllen und wie im Grundrezept beschrieben fertigstellen.

Raffiniert

Gefüllte Kalbsbrust mit Stachelbeersauce

Die Kalbsbrust wie im Grundrezept beschrieben füllen und braten. • Statt Bouillon Weißwein zum Braten gießen und nach 40 Bratminuten 500 g grüne Stachelbeeren um den Braten geben. • Für die Sauce den Bratenfond zuletzt mit wenig Wasser lösen, mit den Stachelbeeren durch ein Sieb passieren und mit 1 Stück Zitronenschale noch einmal aufkochen lassen. Die Sauce mit je 1 Prise Zucker, Zimt und Salz abschmecken, mit Weißwein zu $^3/_8$ l Flüssigkeit auffüllen und mit 2 Eigelben legieren.

Kalbsbraten mit Rahmsauce

Zutaten für 6 Personen:

1200 g Kalbsfrikandeau, Kalbsnuß oder Kalbsschulter
2 gespaltene Kalbsknochen
2 Möhren
1 Zwiebel
5 reife Tomaten
1 Teel. Salz
2 Messersp. weißer Pfeffer
1 Teel. edelsüßes Paprikapulver
6 Eßl. Öl
$^1/_4$ l Wasser
$^1/_8$ l trockener Weißwein
$^1/_8$ l saure Sahne

Pro Portion etwa 1930 Joule/640 Kalorien

Zubereitungszeit: 1 Stunde und 30 Minuten

Den Backofen auf 200° vorheizen. • Das Fleisch von weißen Häuten befreien, kalt waschen und abtrocknen. Die Kalbsknochen lauwarm waschen und abtropfen lassen. • Die Möhren schaben, waschen und in Stifte schneiden. Die Zwiebel schälen und achteln. Die Tomaten waschen und ebenfalls achteln. • Den Braten mit dem Salz, dem Pfeffer und dem Paprikapulver einreiben. • Das Öl in einem Bräter auf dem Herd erhitzen und die Kalbfleischknochen darin kräftig anbraten. Das Fleisch zu den Knochen geben und ebenfalls von allen Seiten gut anbraten; das dauert 10–15 Minuten. • Die Möhrenstifte, die Zwiebelachtel, die Tomatenachtel um das Fleisch legen und das Fleisch auf der zweiten Schiebeleiste von unten 1 Stunde im Backofen braten. • Das Wasser zum Kochen bringen. Sobald das Gemüse zu bräunen beginnt, etwas heißes Wasser um den Braten gießen. Von Zeit zu Zeit etwas heißes Wasser nachgießen, den Bratenfond im Bräter damit lösen und den Braten damit beschöpfen.Garprobe: Der Braten gibt auf Fingerdruck kaum mehr nach. • Den garen Braten auf einer vorgewärmten Platte im abgeschalteten Backofen ruhen lassen, damit sich der Bratensaft setzt. Den Bratenfond aus der Bratreine mit dem restlichen heißen Wasser lösen, durch ein Sieb passieren und mit dem Weißwein und der sauren Sahne verrühren. Die Sauce erhitzen, noch einmal mit Salz, Pfeffer und Paprikapulver abschmecken und gesondert zum Kalbsbraten reichen.

Das paßt dazu:Semmelknödel und ein gemischter Salat oder Kartoffelpüree und in Butter geschwenktes Gemüse je nach Saison.

Braucht Zeit

Bayrische Kalbshaxe

$1^1/_2$ kg Kalbshaxe (ohne Haut)	*1 Lorbeerblatt*
$1^1/_2$ l Wasser	*2 Stangen Lauch/Porree*
2 Teel. Salz	*$^1/_4$ Sellerieknolle*
$^1/_4$ l Weinessig	*2 große Möhren*
15 Pfefferkörner	*50 g Butter*
1 Zwiebel	
2 Gewürznelken	*Pro Portion etwa 1680 Joule/400 Kalorien*

Zubereitungszeit: 3 Stunden

Die Kalbshaxe gründlich kalt waschen. • Das Wasser mit dem Salz zum Kochen bringen. Die Kalbshaxe hineinlegen und im offenen Topf sprudelnd kochen lassen. In den ersten 20 Minuten wiederholt den sich bildenden Schaum abschöpfen. • Dann den Essig und die Pfefferkörner zugeben. • Die Zwiebel ungeschält waschen, halbieren, eine Hälfte mit den Nelken und dem Lorbeerblatt bestecken und die Zwiebelhälften in den Sud geben. • Die Kalbshaxe bis auf einen Spalt breit zugedeckt 1 Stunde und 30 Minuten leicht kochen lassen. • Den Lauch putzen, waschen, längs halbieren und in etwa 4 cm lange Stücke schneiden. Den Sellerie und die Möhren schälen oder schaben, waschen und ebenfalls in Stifte schneiden. • Nach 1 Stunde Kochzeit das Gemüse zur Kalbshaxe geben und in weiteren 30 Minuten darin garen. • Den Backofen auf 200° vorheizen. • Die Butter zerlassen. Die Kalbshaxe aus dem Kochsud nehmen, in eine Bratreine (Bräter) legen, mit der zerlassenen Butter bestreichen und auf der untersten Schiebeleiste im Backofen bei geöffnetem Topf in 30–45 Minuten knusprig braun braten. Die Kalbshaxe während der Bratzeit wiederholt mit zerlassener Butter bestreichen. • Den Kalbssud durchseihen, das Gemüse aus dem Sud kurz vor Ende der Bratzeit um die Kalbshaxe legen. • Die Kalbshaxe dann mit dem Gemüse auf einer vorgewärmten Platte im abgeschalteten Backofen ruhen lassen, damit sich der Bratensaft gleichmäßig verteilt. • Den Bratensatz aus der Bratreine mit etwas Kalbfleischbrühe lösen und über die Haxe träufeln.

Das paßt dazu: Kartoffelsalat und ein gemischter frischer Salat.

Braucht Zeit

Gebratene Kalbshaxe

Die Kalbshaxe waschen, mit $1^1/_2$ Teelöffeln Salz und je $^1/_2$ Teelöffel getrocknetem Thymian und Rosmarin einreiben. • Etwa 4 Eßlöffel Öl in einem Bräter erhitzen und die Kalbshaxe auf dem Herd von allen Seiten darin braun anbraten. 1 Tasse heißes Wasser um die Haxe gießen und die Haxe auf der untersten Schiebeleiste bei 200° im Backofen in 2 Stunden und 30 Minuten knusprig braun gar braten. • Die Haxe etwa alle 15 Minuten mit Bratensaft beschöpfen und die Haxe wenden. In den letzten 30 Minuten kleingeschnittenen Lauch/Porree, Sellerie und Möhren um die Haxe legen und mitgaren. • Die Haxe dann im abgeschalteten Backofen ruhen lassen, damit sich der Fleischsaft gleichmäßig verteilt. • Für die Sauce den Bratenfond mit $^1/_4$ l heißer Bouillon lösen, mit dem Gemüse durch ein Sieb passieren, mit Salz und Pfeffer und einigen Tropfen Zitronensaft abschmecken und mit 4 Eßlöffeln Crème fraîche verrühren. • Die Sauce gesondert zur Haxe reichen und Semmelknödel oder Spätzle und grünen Salat dazu servieren.

Raffiniert · Braucht Zeit

Ossobuco

Kalbshaxe auf italienisch

1 große Zwiebel	*1 Teel. Salz*
1 Stange Lauch/Porree	*2 Messersp. weißer Pfeffer*
2 Möhren	*2 Eßl. Mehl*
2 Stangen Staudensellerie	*2 Eßl. Öl*
1 Knoblauchzehe	*1 Glas Weißwein*
1 Eßl. Öl	*4 Tomaten*
$^1/_2$ Teel. Salz	*2 Eßl. Tomatensaft*
2 Messersp. weißer Pfeffer	*1 Teel. Zitronensaft*
$^1/_4$ l Bouillon	
1 kg Kalbshaxe ohne Haut, in 4 Scheiben gesägt	*Pro Portion etwa 1880 Joule/450 Kalorien*

Zubereitungszeit: 2 Stunden

Die Zwiebel schälen und würfeln. Den Lauch waschen und in Scheiben schneiden. Die Möhren und den Sellerie schaben oder schälen, waschen und in Würfel schneiden. Die Knoblauchzehe schälen und zerdrükken. • Das Öl erhitzen, die Zwiebelwürfel mit dem Gemüse und dem Knoblauch darin anbraten, salzen und pfeffern und ½ Tasse von der Bouillon zugießen. Das Gemüse zugedeckt bei milder Hitze 15 Minuten dünsten. • Die Scheiben der Haxe kalt waschen, abtrocknen, mit dem Salz und dem Pfeffer einreiben und in dem Mehl wenden. • Das Öl in einer Pfanne erhitzen, die Scheiben der Haxe darin von beiden Seiten braun anbraten. Das gedünstete Gemüse zugeben, die restliche Bouillon zugießen und alles zugedeckt in etwa 1 Stunde und 15 Minuten gar dünsten. • Nach 1 Stunde den Weißwein zugießen. Die Tomaten häuten, entkernen und in Stücke schneiden. Den Tomatensaft mit dem Zitronensaft und den Tomatenstücken unter die Sauce rühren und die Haxenscheiben in der Sauce servieren.

Das paßt dazu: körnig gekochter Reis, in Butter geschwenkte Bandnudeln und grüner Salat.

Kalbsnierenbraten

Einen Kalbsnierenbraten kaufen Sie fix und fertig beim Fleischer. Er besteht aus einem Teil der Flanke, einer gewässerten Kalbsniere und einer dünnen Schicht Nierenfett. Wer keine Nieren mag, kann sich den Braten auch ohne Nieren und das Nierenfett rollen lassen.

Zutaten für 6 Personen:
1 Knoblauchzehe
1 kleine Zwiebel
1 mittelgroße Möhre
2 Stangen Lauch/Porree
1 kg Kalbsnierenbraten
1 Teel. Salz
¼ Teel. weißer Pfeffer
2 Eßl. Öl
⅜ l Bouillon
1 Zweig frisches oder 1 Prise getrocknetes Basilikum
⅛ l saure Sahne

Pro Portion etwa 1535 Joule/365 Kalorien

Zubereitungszeit: 1 Stunde und 30 Minuten

Den Backofen auf 220° vorheizen. • Die Knoblauchzehe schälen, halbieren und den Bräter damit ausreiben. • Die Zwiebel schälen und achteln. Die Möhre schaben, waschen und in Stifte schneiden. • Den Lauch waschen und in Stücke schneiden. Den Kalbsnierenbraten waschen, abtrocknen und mit dem Salz und dem Pfeffer einreiben. • Das Öl in dem Bräter erhitzen und den Braten von jeder Seite auf dem Herd scharf anbraten; das dauert etwa 10 Minuten. • Die Zwiebelachtel, die Möhrenstifte und die Lauchstücke um den Braten legen und auf der zweiten Schiebeleiste von unten im Backofen in 1–1½ Stunden garen. • Die Bouillon erhitzen. Sobald das Gemüse im Bräter zu bräunen beginnt, etwas heiße Bouillon um den Braten gießen, den Bratensatz damit lösen und den Braten hin und wieder damit beschöpfen. Er wird dann schön saftig. Während der ganzen Bratzeit immer wieder etwas heiße Bouillon zugießen; ist die Fleischbrühe verbraucht, zuletzt etwas heißes Wasser zugießen. • Den Braten dann auf eine vorgewärmte Platte legen und im abgeschalteten Backofen ruhen lassen, damit sich der Fleischsaft verteilen kann. • Für die Sauce den Bratensatz mit etwas heißem Wasser lösen, durch ein Sieb passieren und in einer kleinen Kasserolle noch einmal erhitzen. Frisches Basilikum hacken, getrocknetes Basilikum rebeln und in die Sauce geben. Die Sauce noch mit Salz und Pfeffer abschmecken und mit der sauren Sahne verrühren. Die Sauce gesondert zum Braten reichen.

Das paßt dazu: Semmelknödel oder Bandnudeln und Rosenkohl, gedünsteter Chicoreé oder ein gemischter Salat.

Braucht Zeit · Preiswert

Kalbsfrikassee

600 g Kalbfleisch aus dem Nacken oder dem Schulterfilet
¼ l Bouillon
2 Eßl. Butter
2 Eßl. Mehl
1 kleine Zwiebel
½ Lorbeerblatt
2 Gewürznelken
½ Teel. Salz
je 1 frischer Zweig Thymian, Petersilie und Selleriegrün
200 g kleine Champignons
100g ausgehülste junge Erbsen
1 Eigelb
⅛ l Sahne
1 Prise weißer Pfeffer
4 Eßl. trockener Weißwein, ersatzweise einige Tropfen Zitronensaft
1 Eßl. gehackte Petersilie

Pro Portion etwa 2040 Joule/485 Kalorien

Zubereitungszeit: 1 Stunde und 30 Minuten

Das Fleisch waschen und von allen Häuten und Fettstücken befreien. Das Fleisch abtrocknen und in etwa

3 cm große Würfel schneiden. • Die Bouillon erhitzen. • Die Butter in einem Schmortopf zerlassen, die Fleischwürfel von allen Seiten darin anbraten, ohne Farbe annehmen zu lassen. Das Mehl über das Fleisch stäuben und nach und nach mit der heißem Bouillon auffüllen. • Die Zwiebel schälen, halbieren und eine Hälfte mit dem Lorbeerblatt und den beiden Gewürznelken bestecken. Die Zwiebel mit dem Salz ins Frikassee geben. Die Kräuter waschen, abtropfen lassen, zusammenbinden und ebenfalls ins Frikassee geben. Das Frikassee zugedeckt bei schwacher Hitze 1 Stunde kochen lassen. • Die Champignons putzen, waschen und größere Köpfe vierteln, kleinere Köpfe halbieren. Die Erbsen waschen und abtropfen lassen. 15 Minuten vor Ende der Garzeit die Champignons und die Erbsen ins Frikassee geben und darin garen. • Nach Ende der Garzeit das Kräutersträußchen und die Zwiebelhälften aus dem Frikassee nehmen. • Das Eigelb mit der Sahne und dem Pfeffer verquirlen. Einige Löffel von der Frikasseesauce in die Eigelbsahne rühren. Das Frikassee vom Herd nehmen und die Eigelbsahne untermischen. Mit dem Weißwein abschmecken, nach Bedarf eventuell noch etwas Salz zugeben. Das Frikassee anrichten und mit der gehackten Petersilie bestreuen.

Das paßt dazu: Reisrand und grüner Salat.

Zürcher Kalbsgeschnetzeltes

Bild Seite 160

600 g Kalbsfilet
2 große Zwiebeln
1/8 l Bouillon
3 Eßl. Butter
1 Eßl. Mehl
1/8 l trockener Weißwein
1 Teel. Salz
1/4 Teel. weißer Pfeffer
1/8 l Sahne
2 Eßl. gehackte Petersilie

Pro Person etwa
1620 Joule/385 Kalorien

Zubereitungszeit: 30 Minuten

Das Filet mit einem scharfen Messer zunächst in dünne Scheiben und diese dann in feine Streifen schneiden. • Die Zwiebeln schälen und würfeln. Die Bouillon erhitzen. • Die Butter in einer Pfanne erhitzen und die Zwiebelwürfel darin glasig braten. Das Fleisch zu den Zwiebeln geben, unter Umwenden scharf anbraten, mit dem Mehl bestäuben, das Mehl gut untermischen, etwa 1 Minute weiter braten, dann alles aus der Pfanne nehmen und warm stellen. • Den Bratsatz mit der heißen Bouillon unter Rühren loskochen und zuletzt mit dem Weißwein mischen. Die Fleischstreifen in die Sauce geben und darin bei sehr milder Hitze einige Minuten ziehen, aber nicht mehr kochen lassen. • Das Geschnetzelte mit dem Salz und dem Pfeffer abschmekken. • Die Pfanne vom Herd nehmen und die Sahne mit der Sauce mischen. • Das Geschnetzelte mit der Petersilie bestreut servieren.

Das paßt dazu: Zürcher Rösti und grüner Salat.

Raffiniert

Ragout fin

1 Bund Suppengrün
1 l Wasser
1 Teel. Salz
4 Pfefferkörner
1 ungeschälte Zitronenscheibe
150 g Kalbszunge
250 g Kalbfleisch vom Schulterfilet
150 g Kalbsbries
1 Eßl. Butter
2 Eßl. Mehl
200 g Champignons
1/2 Tasse trockener Weißwein
2 Messersp. Salz
1 Eigelb
4 Eßl. Sahne
1 Eßl. gehackte Petersilie

Pro Portion etwa
1345 Joule/320 Kalorien

Zubereitungszeit: 1 Stunde und 30 Minuten

Das Suppengrün putzen, waschen und zerschneiden. • Das Wasser mit dem Salz, den Pfefferkörnern, der Zitronenscheibe und dem Suppengrün zum Kochen bringen. • Das Fleisch waschen. Die Zunge ins kochende Wasser legen, 15 Minuten kochen lassen und dabei wiederholt den sich bildenden Schaum abschöpfen. Das Kalbfleisch zugeben, den Schaum weiterhin abschöpfen und alles 45 Minuten kochen lassen. Den Topf bis auf einen Spalt breit zudecken. • Während dieser Zeit das Bries wässern und das Wasser wiederholt wechseln, dabei alle Blutreste vom Bries entfernen. Nach 1 Stunde Kochzeit das Bries zum übrigen Fleisch geben und 15 Minuten darin kochen lassen. • Das Fleisch dann aus der Brühe nehmen. Die Brühe durchsieben und zur Intensivierung des Geschmacks im offenen Topf auf etwa 3/8 l Flüssigkeit einkochen lassen. • Das Bries und die Zunge häuten, mit dem Kalbfleisch in kleine Würfel schneiden und zugedeckt warm stellen. • Die Butter in einem zweiten Topf zerlassen, das Mehl hineinstäuben, glattrühren und hellgelb anbraten. Nach und nach unter Rühren mit der Kalbfleischbrühe aufgießen und die Sauce bei schwacher Hitze einige Minuten kochen lassen. • Die Champignons putzen, waschen, abtropfen lassen, hacken und einige Minuten in der Sauce kochen lassen. Die Sauce mit dem Weißwein mischen und mit dem Salz abschmecken. • Das Eigelb mit der Sahne verquirlen, einige Eßlöffel der heißen Sauce unter die Eigelbsahne rühren, die Sauce vom Herd nehmen und die Eigelbsahne unterziehen. • Die Fleischwürfel in die Sauce geben und darin 5 Minuten noch einmal gut erhitzen, aber keinesfalls kochen lassen. Das Ragout mit der Petersilie bestreuen.

Das paßt dazu: Herzoginkartoffeln oder körnig gekochter Reis und Blattsalat.

Gute Vorspeise

Königinpastetchen

Königinpastetchen werden mit Ragout fin gefüllt. Um 4 Königinpastetchen zu füllen, benötigen Sie die halbe Rezeptmenge vom Ragout fin. Die Blätterteigpastetchen kann man fertig kaufen. Man bäckt sie 10 Minuten vor dem Füllen im vorgeheizten Backofen bei 150° auf.

Gute Vorspeise

Gratiniertes Ragout in Muschelschalen

4 Schalen von der Jakobsmuschel mit Butter ausfetten und mit dem Ragout fin füllen. Über jede Muschelschale 1–1½ Eßlöffel Semmelbrösel streuen und 1 Eßlöffel zerlassene Butter auf die Semmelbrösel träufeln. • Die Muschelschalen auf den Rost des Backofens auf die mittlere Schiebeleiste geben und im vorgeheizten Backofen bei 240° so lange überbacken, bis die Semmelbrösel beginnen, eine Kruste zu bilden. – Zum Füllen von 4 Muschelschalen benötigen Sie vom Ragout fin die halbe Rezeptmenge.

Mein Tip Ragout fin läßt sich gut einfrieren. Wenn Sie das Ragout für 4 Portionen wie im Rezept angegeben zubereiten, jedoch auf die Legierung mit Eigelb und Sahne verzichten, können Sie die Hälfte davon einfrieren.

Gelingt leicht

Wiener Kalbsgulasch

600 g Kalbfleisch aus dem Schulterfilet
2 weiße Zwiebeln
¼ l Wasser
3 Eßl. Schweineschmalz
1 Prise getrockneter Salbei
1 Teel. Salz
1 Eßl. Delikateß-Paprikapulver
1 Eßl. Mehl
2 Eßl. Tomatenmark
⅛ l saure Sahne

Pro Portion etwa 1830 Joule/435 Kalorien

Zubereitungszeit: 1 Stunde und 30 Minuten

Das Kalbfleisch waschen, abtrocknen, von allen Häutchen befreien und in 3 cm große Würfel schneiden. • Die Zwiebeln schälen und würfeln. Das Wasser zum Kochen bringen. • Das Schweineschmalz in einem Schmortopf erhitzen und den Salbei hineinstreuen. Die Zwiebelwürfel im heißen Schmalz glasig braten, die Fleischwürfel zugeben und unter Umwenden von allen Seiten braun anbraten. Das Salz und das Paprikapulver über das Fleisch streuen, die Hitze zurückschalten und so viel vom kochendheißen Wasser um das Fleisch gießen, daß es gerade davon umgeben ist. Den Topf zudecken und das Fleisch bei schwacher Hitze 1 Stunde schmoren lassen. • Den Topf von Zeit zu Zeit schütteln und wenn nötig mehrmals etwas heißes Wasser zugießen. • Das Mehl mit dem Tomatenmark und etwa ½ Tasse Wasser verrühren, unter das gare Fleisch mischen und bei schwacher Hitze einige Minuten kochen lassen. • Das Gulasch vom Herd nehmen und mit der sauren Sahne verrühren.

Das paßt dazu: Knödel oder Nudeln und grüner Salat.

Zum Bild rechts:

Am Wiener Schnitzel entzündet sich der Streit der Kenner: Die einen halten es nur für echt, wenn es in purer Butter gebraten wird, die anderen lassen es nur gelten, wenn seine Panade in Schweineschmalz zur knusprigen Vollendung gelangt. So wie auf dem nebenstehenden Bild müssen die feinen Kalbsschnitzel jedenfalls aussehen, wenn sie vor einem Wiener bestehen sollen. Und dazu muß es Kopfsalat und Kartoffelsalat – mit Mayonnaise angemacht – geben. Das Rezept für Wiener Schnitzel finden Sie auf Seite 133.

Schweinefleischgerichte

Schweinefleisch zählt zu den Hits im Fleischerladen. Es ist beliebt, weil es saftiger bleibt, als viele Teile vom Rind und vom Kalb, weil es einen herzhaften Geschmack hat und weil es preiswerter angeboten wird als andere Fleischarten.

Folgende Hinweise sollen Ihnen den Umgang mit Schweinefleisch leicht machen:
• Schweinefleisch muß nach dem Schlachten nicht nachreifen, braucht also nicht abzuhängen, und es sollte nach dem Einkauf so frisch wie möglich zubereitet werden.
• Schweinefleisch schmeckt nur dann wirklich gut, wenn es von Fettadern durchzogen ist und eine kräftige Farbe hat. Solches Fleisch bieten Nackenstücke und Schulter. Koteletts und Schnitzel sollen kleinflächig sein.
• Fettarmes, blasses und feucht glänzendes, wässriges Fleisch – ein Produkt der auf mageres Fleisch zielenden Züchtung – ist minderwertig. Koteletts, Schnitzel, Filet und Schinken haben häufig diese Beschaffenheit. Solches Fleisch wird bei der Zubereitung trocken und schrumpft zusammen. Fertiges Kasseler aus Fleisch dieser Art sieht hell und trocken aus. Bei Koteletts und Schnitzeln aus solchem Fleisch empfiehlt sich das Panieren. Weitere Informationen dazu finden Sie im Kapitel Essen heute – kleine Ernährungskunde.
• In der Zeit zwischen Einkauf und Zubereitung das Fleisch aus dem Papier oder der Folie nehmen und lose zugedeckt in einer Schüssel an der kältesten Stelle des Kühlschranks nicht länger als 2 Tage lagern.
• Im übrigen gilt für das Garen von Schweinefleisch das, was zu Beginn des Kapitels Rindfleischgerichte gesagt worden ist.
• Wenn Sie Schweineschnitzel und Schweinekoteletts naturell oder paniert braten möchten, so orientieren Sie sich bitte an den jeweiligen Grundrezepten für Kalbsschnitzel und Kalbskoteletts.
• Alle Schweinefleischgerichte, die im Backofen gegart werden, gelingen hervorragend – bei längerer Garzeit im Tontopf – bei normaler Garzeit auch in Bratfolie.
• Welche Stücke sich für welche Garart eignen, entnehmen Sie der Aufstellung beim Stichwort Fleischteile im großen Küchen-ABC.

Zum Bild links:

Das gefüllte Schweinefilet, das auf dem gegenüberliegenden Bild zu sehen ist, sollten Sie einmal nachkochen. Das von Natur aus etwas trockene Filet gewinnt durch die fruchtige Füllung an Saft und lockerer Konsistenz. Außerdem schmeckt die Kombination köstlich und die sahnige Sauce verlangt nach sanften Begleitern wie Kartoffelpüree. Wenn Sie dazu noch einen frischen Salat auftischen, bleiben keine Wünsche hinsichtlich eines runden Essens offen. Das Rezept finden Sie auf Seite 149.

Gelingt leicht

Jägerschnitzel

Für die Pilze:
1 weiße Zwiebel
400 g frische Pfifferlinge oder Champignons
50 g durchwachsener Speck
1 Eßl. Butter
2 Messersp. Salz
1/8 l Bouillon
1/8 l saure Sahne
2 Eßl. gehackte Petersilie

Für das Fleisch:
4 Schweineschnitzel zu je 150 g
1/4 Teel. weißer Pfeffer
2 Eßl. Öl
1/2 Teel. Salz

Pro Portion etwa 1990 Joule/475 Kalorien

Zubereitungszeit: 40 Minuten

Für die Pilze die Zwiebel schälen und kleinwürfeln. Die Pilze putzen, waschen und große Pilze vierteln. Den Speck in kleine Würfel schneiden. • Die Butter in einer Kasserolle zerlassen, die Zwiebelwürfel und die Speckwürfel darin glasig braten, die Pilze zugeben, salzen, unter Umwenden kurz mitbraten und mit der Bouillon aufgießen. Die Pilze 5 Minuten bei mittlerer Hitze im offenen Topf kochen und dabei die Flüssigkeit etwas einkochen lassen. Die saure Sahne unterrühren und die Pilze zugedeckt bei schwacher Hitze weitere 5 Minuten dünsten und anschließend warm halten. • Die Schnitzel kalt abbrausen und trockentupfen. Einen eventuellen Fettrand in Abständen von 5 cm einschneiden, damit sich die Schnitzel beim Braten nicht wölben. Die Schnitzel mit dem Handballen gleichmäßig flach drükken und von beiden Seiten mit Pfeffer einreiben. Das Öl erhitzen und die Schnitzel von jeder Seite 4 Minuten braten. Die Schnitzel nach dem Braten salzen und auf einer vorgewärmten Platte anrichten. • Die Pilze mit der Petersilie bestreuen und auf die Schnitzel geben.

Das paßt dazu: kleine Semmelknödel oder Salzkartoffeln.

Paprikaschnitzel

2 grüne und 1 rote Paprikaschote in Streifen schneiden, in 1 Eßlöffel Öl anbraten, mit 1 Eßlöffel edelsüßem Paprikapulver und 1 Messerspitze Salz bestreuen, mit 1/8 l heißer Bouillon aufgießen und zugedeckt bei schwacher Hitze 20 Minuten schmoren lassen. • Die Schnitzel wie im Rezept Jägerschnitzel beschrieben vorbereiten, in wenig Mehl wenden und in 2 Eßlöffeln Butterschmalz braten. • Die Schnitzel salzen, von beiden Seiten mit etwa 1 Teelöffel Delikateß-Paprikapulver bestäuben und auf einer vorgewärmten Platte anrichten. • Den Bratensatz in der Pfanne mit 1/8 l saurer Sahne lösen, mit den Paprikaschoten mischen und das Gemüse über die Schnitzel geben. • Mit körnig gekochtem Reis servieren.

Schnell

Käseschnitzel

Die vorbereiteten Schnitzel mit einem Gemisch aus je 1 Messerspitze gerebeltem Salbei, schwarzem Pfeffer und Rosmarinpulver einreiben. In wenig Mehl wenden und in 3 Eßlöffeln Öl von jeder Seite 3 Minuten braun braten. • Jedes Schnitzel mit 1 dünnen Scheibe Edamer Käse belegen, die Pfanne zudecken und den Käse bei schwacher Hitze schmelzen lassen. • Die Schnitzel mit Scheiben von gefüllten grünen Oliven belegen. • Nudeln, gedünstete Erbsen und Salat dazu reichen.

Preiswert · Schnell

Koteletts in Sahnesauce

4 Schweinekoteletts zu je 180 g
1/2 Teel. Salz
1/4 Teel. schwarzer Pfeffer
1 Messersp. Knoblauchpulver
2 Eßl. Mehl
3 Eßl. Öl
1/8 l Bouillon
1/8 l saure Sahne
2 Eßl. Schnittlauchröllchen

Pro Portion etwa 2755 Joule/655 Kalorien

Zubereitungszeit: 30 Minuten

Die Koteletts kalt waschen, trockentupfen und die Fettränder im Abstand von etwa 2 cm senkrecht einschneiden, damit sich die Koteletts beim Braten nicht wölben. Das Fleisch entlang des Knochens beidseitig mit einem spitzen Messer etwas einschneiden, damit auch an diese Stelle die Hitze gelangen kann. • Das Salz mit dem Pfeffer und dem Knoblauchpulver mischen und die Koteletts von beiden Seiten damit einreiben. Die Koteletts dann in Mehl wenden und nicht festhaftendes Mehl wieder abschütteln. • Das Öl erhitzen und jedes Kotelett je Seite bei mittlerer Hitze 2 Minuten scharf anbraten. • Die Bouillon um die Koteletts gießen, zum Kochen kommen lassen, die Hitze zurückschalten und die Koteletts bei schwacher Hitze etwa 5 Minuten in der Bouillon schmoren. • Die Koteletts aus der Pfanne nehmen und warm stellen. Die saure Sahne mit der Bouillon mischen, die Sauce noch einmal abschmecken, mit den Schnittlauchröllchen bestreuen und über die Koteletts geben.

Das paßt dazu: Bandnudeln oder Spätzle.

Gefüllte Koteletts

Bild Seite 124

Die Koteletts wie im Rezept Koteletts in Sahnesauce vorbereiten und mit einem scharfen Messer in jedes Kotelett eine tiefe Tasche schneiden. • Für die Füllung 100 g Champignons waschen und würfeln. 1 Zwiebel ebenfalls würfeln und beides mit 2 Eßlöffeln gehackter Petersilie und 2 Eigelben mischen, mit Salz und weißem Pfeffer abschmecken. • Die Füllung in die Kotelett-Taschen streichen und diese mit Küchengarn zunähen. • Die Koteletts in heißem Bratfett von jeder Seite 10 Minuten braten. Vor dem Servieren die Fäden entfernen. • Gegrillte Tomaten passen gut dazu.

Berliner Koteletts

Die Koteletts wie im Rezept Koteletts in Sahnesauce beschrieben vorbereiten, in 3 Eßlöffeln Mehl, 1 verquirltem Ei und 8 Eßlöffeln Semmelbröseln wenden und von jeder Seite 4–5 Minuten braten. • Zu Berliner Koteletts Kartoffelpüree mit Rotkohl reichen.

Koteletts auf Mailänder Art

Die vorbereiteten Koteletts in 3 Eßlöffeln Mehl wenden, dann in 1 verquirltes Ei tauchen und zuletzt in 4 Eßlöffeln Semmelbröseln wenden, die mit der gleichen Menge frisch geriebenem Parmesankäse gemischt wurden. Die Koteletts in Olivenöl braten. • Mit Makkaroni servieren.

Schnell

Medaillons in Senfsauce

600 g Schweinefilet
6 Schalotten
je 2 frische Zweige Estragon, Petersilie, Schnittlauch und Kerbel
1 Teel. Salz
1/4 Teel. weißer Pfeffer
4 Eßl. Semmelbrösel
6 Eßl. Butter
4 Eßl. heißes Wasser
1 Teel. Mehl
1–2 Teel. Senf

Pro Portion etwa
2040 Joule/485 Kalorien

Zubereitungszeit: 30 Minuten

Das Schweinefilet von Haut und Sehnen befreien, waschen, trockentupfen und in 8 gleich dicke Scheiben schneiden. • Die Schalotten schälen und würfeln. Die Kräuter hacken und mit dem Salz, dem Pfeffer und den Semmelbröseln mischen. • 3 Eßlöffel Butter bei mittlerer Hitze zerlassen und die Medaillons von jeder Seite 2 Minuten braun anbraten. • Während des Bratens die Semmelbröselmischung auf die Medaillons streuen und mit einem Spatel etwas festdrücken. Wenn beide Seiten der Medaillons mit Semmelbröseln behaftet sind, die Medaillons von jeder Seite weitere 2 Minuten braten, dann auf einer vorgewärmten Platte anrichten und warm stellen. • Für die Sauce den Bratensatz in der Pfanne mit 4 Eßlöffeln heißem Wasser lösen. • 1 Eßlöffel Butter in einer Kasserolle erhitzen, die Schalottenwürfel darin glasig braten und den gelösten Bratenfond zugießen. • Das Mehl mit der restlichen Butter verkneten, zu den Schalottenwürfeln rühren, einige Male aufkochen lassen und die Sauce mit dem Senf und wenn nötig noch mit etwas Salz abschmecken. • Die Sauce heiß über die Medaillons gießen.

Das paßt dazu: körnig gekochter Reis oder Kartoffelpüree und Chicoréesalat.

Raffiniert

Flambierte Medaillons

Das Schweinefilet wie im Rezept Medaillons in Senfsauce beschrieben vorbereiten und die Medaillons von beiden Seiten in gehacktem grünem Pfeffer (eingelegt in Gläsern) drücken. • 2 Kiwis schälen und in Scheiben schneiden. 1 Eßlöffel Cognac mit 1 Teelöffel Sanddornsirup und 1 Prise weißem Pfeffer mischen, über die Kiwischeiben träufeln und diese öfter wenden. • Die Medaillons in Butter von jeder Seite 3 Minuten braten, salzen und mit 3 Eßlöffeln erwärmtem Cognac beträufeln. Den Cognac anzünden und ausbrennen lassen. • Die Medaillons auf einer vorgewärmten Platte warm stellen und die Kiwischeiben mit der Marinierflüssigkeit im Bratenfond erwärmen. • Die Kiwischeiben auf die Medaillons legen und den Bratenfond darübergießen.

Raffiniert · Preiswert

Spareribs

Schälrippchen vom Rost

Schälrippchen, früher der Braten des armen Mannes, sind unter der Bezeichnung Spareribs salonfähig geworden, und jeder Fleischer weiß, was Sie wünschen, wenn Sie statt Schälrippchen Spareribs verlangen. Sie werden aus dem vorderen Brustkorb mit den Rippenknorpeln geschnitten oder aus dem rückwärtigen Brustkorb ohne Rückenwirbel. Natürlich ist nur wenig Fleisch an den Rippen, aber gerade das Fleisch in Knochennähe ist besonders zart und begehrt. Seitdem sich auch feine Leute nicht mehr scheuen, Fleisch vom Knochen zu nagen oder zu fieseln, kann man Spareribs in bester Gesellschaft genießen.

Für die Zwiebelsauce:
1 kleine Zwiebel
2 Eßl. Schweineschmalz
4 Eßl. Tomatenketchup
5 Eßl. Wasser
3 Eßl. Worcestershiresauce
2 Eßl. roter Obstessig
4 Eßl. Zitronensaft
1/2 Teel. Salz
2 Messersp. schwarzer Pfeffer
2 Teel. milder Senf
2 Eßl. Zucker
1 Teel. getrocknetes Basilikum
1/2 Teel. Chilipulver
Für das Fleisch:
2 kg Spareribs oder Schälrippchen
1 Teel. Salz
2 Messersp. schwarzer Pfeffer

Pro Portion etwa
1765 Joule/420 Kalorien

Zubereitungszeit: 2 Stunden

Den Backofen auf 230° vorheizen. • Die Zwiebel schälen und sehr klein hacken. Das Schmalz erhitzen und die Zwiebelwürfel unter Umwenden darin glasig braten und dabei möglichst zerdrücken. • Das Tomatenketchup mit dem Wasser, der Worcestershiresauce, dem Essig, dem Zitronensaft, dem Salz, dem Pfeffer, dem Senf, dem Zucker, dem gerebelten Basilikum und dem Chilipulver mischen, zu den Zwiebeln gießen und diese zugedeckt bei sehr schwacher Hitze 30 Minuten köcheln lassen. • Die Spareribs mit dem Salz und dem Pfeffer einreiben und in der Bratenpfanne des Backofens etwa 30 Minuten braten. • Den Backofen dann auf 180° zurückschalten. • Die Spareribs auf den Rost über die Bratenpfanne legen, 1 Stunde braten und dabei öfter wenden und mit der Sauce bestreichen, bis sie knusprig und dunkelbraun geworden sind.

Das paßt dazu: Pommes frites oder frisches Landbrot und gemischter Salat.

Mein Tip Spareribs lassen sich hervorragend über Holzkohle grillen. Etwa 1 Tasse Öl mit Salz, schwarzem Pfeffer, scharfem Paprikapulver und getrocknetem gerebeltem Estragon würzen. Die Spareribs gut damit bestreichen und unter öfterem Umwenden je nach Hitze 20–30 Minuten braten.

Etwas schwierig

Glasierter Schinken

Zutaten für 10 Personen:

1 Prager (roher) Schinken von 3½ kg	*¼ l Bouillon*
je 2 frische Zweige Thymian, Petersilie und Rosmarin	*1 Eßl. Speisestärke*
¾ l halbtrockener Champagner oder Sekt	*¼ l Sahne*
3 Eßl. Puderzucker	*1 Messersp. Salz*
	2 Messersp. weißer Pfeffer
	Pro Portion etwa 3110 Joule/740 Kalorien

Zeit zum Wässern: 24–36 Stunden
Zubereitungszeit: 3 Stunden und 30 Minuten
Besondere Küchengeräte: großer Bräter, Alufolie

Den Schinken probieren und je nach Salzgehalt 24 bis 36 Stunden in kaltes Wasser legen, damit ihm Salz entzogen wird. • Den Schinken nach dem Wässern in einen großen Topf legen und so viel frisches kaltes Wasser dazugießen, daß der Schinken von Wasser bedeckt ist. • Die Kräuter waschen, zusammenbinden und zum Schinken geben. Das Wasser bei mittlerer Hitze zum Sieden bringen, den Topf dann bis auf einen Spalt breit zudecken und den Schinken bei schwacher Hitze in 1 Stunde und 15 Minuten gar ziehen lassen; das Wasser darf nicht kochen, sondern sich nur ganz leicht kräuseln. • Den Schinken dann aus dem Kochsud heben und etwas abkühlen lassen. • Den Backofen auf 200° vorheizen. • Die Schinkenschwarte mit einem dünnen scharfen Messer längs einschneiden und die Schwarten nach beiden Seiten hin völlig vom Schinken lösen und wegnehmen. Die darunterliegende Fettschicht abschneiden; knapp 1 cm Fett auf dem Schinken stehen lassen. Die verbliebene Fettschicht längs zum Knochen im Abstand von 5 cm bis zum Beginn des Fleisches einschneiden; möglichst aber das Fleisch selbst nicht mit berühren. • Den Schinken in einen großen Bräter legen, mit dem Champagner oder dem Sekt übergießen, mit Alufolie zudecken und auf der untersten Schiebeleiste in den Backofen geben. • Den Backofen auf 180° zurückschalten und den Schinken in 1 Stunde garen. • Zum Glasieren nach 1 Stunde Garzeit die Alufolie entfernen, den Puderzucker in ein kleines Haarsieb schütten und gleichmäßig über den Schinken stäuben. Den herausstehenden Schinkenknochen mit etwas Alufolie umwickeln, damit er nicht verbrennt. • Den Backofen auf 220° schalten und den Schinken so lange im Backofen braten, bis der Zucker goldbraun ist; das dauert 10–15 Minuten. Den Schinken während des Bräunens kräftig mit dem Bratenfond beschöpfen. • Den Schinken auf eine vorgewärmte Platte legen und im abgeschalteten Backofen 15 Minuten ruhen lassen, damit sich der Bratensaft im Innern gleichmäßig ausbreitet. • Für die Sauce den Bratenfond mit der Bouillon lösen und in eine kleine Kasserolle gießen. Die Speisestärke mit der Sahne verrühren, in die Sauce geben und unter Rühren einmal aufkochen lassen. Die Sauce mit etwas Salz und Pfeffer abschmecken und gesondert zum Schinken reichen.

Das paßt dazu: frisches Stangenweißbrot und eine große Salatplatte.

Mein Tip Gebratener Schinken mit dem Knochen wird wie jede Keule aufgeschnitten. Eine Zeichnung im großen Küchen-ABC veranschaulicht dies unter dem Stichwort Hammelkeule.

Raffiniert

Gebratener Schinken auf kalifornische Art

Den Schinken wie im Rezept glasierter Schinken beschrieben wässern, in Wasser vorgaren, die Schwarte und die dicke Fettschicht entfernen und das verbliebene Fett rautenförmig einschneiden. Den Schinken in einen Bräter ohne Deckel legen, mit $^{3}/_{4}$ l heißem Wasser umgießen und 1 Stunde bei 180° im vorgeheizten Backofen braten. • $^{1}/_{4}$ l Ananassaft mit 100 g Farinzucker, 1 Eßlöffel Senfpulver, $^{1}/_{2}$ Teelöffel Ingwerpulver, 1 Teelöffel Salz und 6 Gewürznelken stark einkochen lassen und den Schinken nach 1 Stunde Bratzeit etwa alle 5 Minuten mit dem Saft beträufeln. • Den Schinken in weiteren 20–30 Minuten knusprig braun braten. • Den Schinken dann auf einer vorgewärmten Platte anrichten, warm stellen und ruhen lassen. • Den Bratenfond mit heißem Wasser lösen, in eine Kasserolle geben und 6 Scheiben frische Ananas im Bratenfond erhitzen. Die Ananasscheiben auf den Schinken legen und die Mitte der Scheiben mit eingelegtem grünem Pfeffer füllen. Den Bratenfond um den Schinken gießen. • Wilden Reis dazu reichen.

Schinken in Teig

500 g Mischbrotteig beim Bäcker kaufen oder nach dem Rezept für einfaches Roggenbrot, Seite 390 ($^{1}/_{2}$ Rezeptmenge), selbst bereiten und etwa 1 cm dick ausrollen. • Den gewässerten und vorgegarten Schinken von Schwarte und Fettschicht befreien, mit Kümmelpulver bestäuben und in den Brotteig hüllen. Die Teigränder fest zusammendrücken. • Den Schinken mit der Teig-»Naht« nach unten auf ein Backblech legen, den Teig an der Oberfläche der Länge nach im Abstand von 5 cm schräg einschneiden und mit 1 verquirltem Eiweiß bestreichen. • Den Schinken bei 170° im vorgeheizten Backofen 2 Stunden garen. Die Brotkruste zuletzt mit Bier bestreichen und noch gut bräunen lassen; dabei nötigenfalls die Temperatur auf 220° erhöhen.

Mein Tip Man kann den Schinken im Teig auch zu seinem Bäcker bringen und dort im großen Backofen mitbacken lassen.

Braucht Zeit · Preiswert

Berliner Eisbein auf Sauerkraut

Im Gegensatz zur bayerischen Schweinshaxe wird das Berliner Eisbein aus einem gepökelten Dickbein vom Bug, also vom vorderen Teil des Schweines, bereitet. Die Schweinshaxe stammt dagegen von der Schinkenkeule, also dem rückwärtigen Teil, und bleibt ungepökelt.

2 Eisbeine zu je 500 g
1 Zwiebel
1 Lorbeerblatt
2 Gewürznelken
4 Pfefferkörner
750 g Sauerkraut
1 Zwiebel
2 Eßl. Schweineschmalz
1 Teel. Salz
2 Messersp. weißer Pfeffer
4 Wacholderbeeren
1 Eßl. Zucker
1 säuerlicher Apfel
$^{1}/_{4}$ l Bouillon oder Gemüsebrühe
4 Eßl. Weißwein

Pro Portion etwa
2015 Joule/480 Kalorien

Zubereitungszeit: 2 Stunden und 20 Minuten

Die Eisbeine kalt abspülen, in einen großen Topf legen und mit kaltem Wasser bedeckt zum Kochen bringen. Während der ersten 30 Minuten den sich bildenden Schaum wiederholt abschöpfen. • Die Zwiebel schälen, halbieren und 1 Hälfte mit dem Lorbeerblatt und den Gewürznelken bestecken. Die Zwiebelhälften mit den Pfefferkörnern zu den Eisbeinen geben und alles bei schwacher Hitze weitere 40 Minuten sacht kochen lassen; den Topf dabei bis auf einen Spalt breit zudekken. • Das Sauerkraut mit 2 Gabeln auflockern. Die Zwiebel schälen und kleinwürfeln. Das Schweineschmalz in einem Topf erhitzen, die Zwiebelwürfel darin glasig braten, das Sauerkraut zugeben und unter Umwenden andünsten. Das Salz, den Pfeffer, die Wacholderbeeren und den Zucker zufügen. • Den Apfel schälen, vierteln, das Kerngehäuse entfernen, die Apfelviertel in Scheibchen schneiden und unter das Sauerkraut mischen. Die Bouillon oder Gemüsebrühe und den Wein über das Kraut gießen und alles zugedeckt bei schwacher Hitze in etwa 40 Minuten garen. • Die Eisbeine aus dem Wasser heben, abtropfen lassen, auf das Sauerkraut legen und weitere 15 Minuten mit dem Kraut ziehen lassen.

Das paßt dazu: Erbsenpüree aus gelben Erbsen.

Braucht Zeit · Preiswert

Bayerische Schweinshaxe

2 hintere Haxen von insgesamt 1 ½ kg
Wasser nach Bedarf
1 Teel. Salz
½ Teel. weißer Pfeffer
1 große Zwiebel
1 große Möhre
¼ Sellerieknolle
1 Stange Lauch/Porree
⅛ l Bier

Pro Portion etwa
2740 Joule/655 Kalorien

Zubereitungszeit: 3 Stunden

Die Haxen kalt abbrausen, in einen großen Topf legen und so viel kaltes Wasser zugießen, daß die Haxen davon bedeckt sind. Die Haxen zum Sieden bringen und im offenen Topf 30 Minuten sieden – nicht sprudelnd kochen – lassen. • Den Backofen auf 200° vorheizen. • Die Haxen aus dem Sud heben, etwas abtrocknen, mit dem Salz und dem Pfeffer einreiben und in einen großen Bräter legen. • ¼ l Wasser in den Bräter schütten und die Haxen auf der unteren Schiebeleiste im Backofen insgesamt 2 Stunden braten. Während der gesamten Bratzeit etwa alle 15 Minuten die Haxen mit dem Bratenfond beschöpfen. Wenn nötig, immer wieder etwas Wasser zugießen; es sollte stets ⅛ l Flüssigkeit im Bratgeschirr sein, damit der Bratensatz im Bräter nicht zu dunkel wird. • Die Zwiebel schälen und vierteln. Die Möhre schaben, waschen und in Stifte schneiden. Die Sellerieknolle schälen, waschen und grob zerkleinern. Das Weiße vom Lauch zerschneiden, waschen und mit dem übrigen Gemüse nach 1 Stunde Bratzeit zu den Haxen geben. • Nach 1 Stunde und 30 Minuten Bratzeit die Temperatur auf 250° erhöhen. • Das Fleisch dann wiederholt mit dem Bier bepinseln und fertig braten. Die Haut wird dadurch besonders knusprig. • Die fertigen Haxen im abgeschalteten Backofen warm halten, damit sich der Fleischsaft gleichmäßig verteilt. • Für die Sauce den Bratenfond mit wenig Wasser aus dem Bratgeschirr lösen, durch ein Sieb in einen Topf gießen, einmal aufkochen lassen, gut abschmecken und gesondert zu den Haxen servieren.

Das paßt dazu: Weißbrot oder Graubrot und ein großer Salatteller.

Grundrezept

Schweinebraten mit Kruste

1 kg magerer Schweinebauch oder Schweineschulter mit Schwarte
6 Gewürznelken
1 zerhackter Schweineknochen
1 große Zwiebel
1 Bund Suppengrün
1 Stange Lauch/Porree
1 Teel. Salz
2 Messersp. weißer Pfeffer
2 Messersp. gemahlener Kümmel
¾ l Wasser
½ Tasse Bier oder Honigwasser

Pro Portion etwa
3180 Joule/760 Kalorien

Zubereitungszeit: 2 Stunden

Den Backofen auf 220° vorheizen. • Das Schweinefleisch kalt waschen und abtrocknen. Die Schwarte des Bratens rautenförmig einschneiden, damit beim Braten Fett ausfließen kann. In einige Schnittpunkte Gewürznelken stecken (siehe dazu im großen Küchen-ABC die Zeichnung unter dem Stichwort Schweinebraten). • Die Knochen kalt waschen und abtrocknen. Die Zwiebel schälen und achteln. Das Suppengrün putzen, waschen und etwas kleinschneiden. Das Weiße vom Lauch in Stücke schneiden und waschen. • Das Fleisch mit dem Salz, dem Pfeffer und dem Kümmel einreiben und mit der Schwartenseite nach unten in einen Bräter legen. Die Zwiebelachtel, das Suppengrün, den Lauch und die Knochen um das Fleisch geben und das Fleisch auf der zweiten Schiebeleiste von unten im offenen Bräter in etwa 1 Stunde und 30 Minuten im Backofen garen. • Das Wasser zum Kochen bringen und ¼ l davon um das Fleisch gießen. Durch das kochende Wasser entwickelt sich im Backofen Dampf, wodurch die Schwarte rasch weich wird. • Den Braten nach 30 Minuten Bratzeit umdrehen, erneut kochendheißes Wasser zugießen, den Bratenfond damit lösen und den Braten wiederholt damit beschöpfen; nach Bedarf immer weiter heißes Wasser zugießen. 15 Minuten vor Ende der Garzeit den Braten wiederholt mit Bier oder Honigwasser bestreichen; dadurch wird die Schwarte besonders knusprig. Der Braten ist gar, wenn die Schwarte goldbraun und knusprig ist. • Den Braten dann auf einer vorgewärmten Platte im abgeschalteten heißen Backofen ruhen lassen. Für die Sauce den Bratenfond mit wenig Wasser loskochen, durchsieben und zum Braten reichen.

Das paßt dazu: Semmelknödel oder Kartoffelklöße.

Preiswert · Gelingt leicht

Schweinekarree

Etwa 1 kg Schweinekarree – der vordere Teil eines halben Rückenstücks, mit Rippen und Schwarte, aber ohne Wirbelknochen, am besten vom Jungschwein – wie im Grundrezept beschrieben vorbereiten und braten. • Den gelösten Bratenfond durch ein Sieb passieren, mit Mehl binden, mit saurer Sahne verfeinern und mit Salzkartoffeln servieren.

Preiswert · Gelingt leicht

Schweinerollbraten

Schweinerollbraten hat keine Schwarte und wird fertig als Rollbraten gebunden verkauft. 1 kg Schulter- oder Schinkenrollbraten wie im Grundrezept beschrieben vorbereiten und braten. • Den Bratenfond mit etwas trockenem Weißwein lösen und durchseihen. • Mit Bratkartoffeln und Rotkohl, erwärmtem Apfelmus oder englischer Apfelsauce servieren.

Preiswert · Gelingt leicht

Kasseler Rippenspeer

Das gepökelte und schwach geräucherte Rippenstück wurde früher am Speer (Spieß) gegrillt. Da es durch das Pökeln und Räuchern bereits vorgegart ist, hat es eine kürzere Garzeit als andere Schweinebraten. Sein Name hat übrigens nichts mit der Stadt Kassel zu tun, sondern stammt vom Berliner Fleischer Cassel, der dort vor 100 Jahren die Methode des Vorgarens für dieses Fleischstück populär machte.

1 kg Kasseler Rippenspeer
1/4 l Wasser
4 Eßl. Honigwasser (1 Eßl. Honig, 3 Eßl. Wasser)
1/4 l Bouillon
1 Teel. Speisestärke
nach Belieben: 1 Messersp. Ingwerpulver

Pro Portion etwa 2835 Joule/675 Kalorien

Zubereitungszeit: 1 Stunde

Den Backofen auf 230° vorheizen. • Das Fleisch kalt waschen und abtrocknen. Das Wasser zum Kochen bringen. Das Kasseler in einen Bräter ohne Deckel legen, mit dem kochenden Wasser begießen und im Backofen auf der zweiten Schiebeleiste von unten 50 Minuten braten. Wenn das Wasser in dem Bräter verdampft ist, keine Flüssigkeit mehr zugießen, der Braten soll dann im eigenen Fett garen. Etwa 10 Minuten vor Ende der Garzeit das Kasseler mehrmals mit dem Honigwasser bestreichen. • Das gare Kasseler – es gibt auf Fingerdruck kaum mehr nach – auf einer vorgewärmten Platte im abgeschalteten Backofen warm stellen und ruhen lassen, damit sich der Fleischsaft gleichmäßig ausbreitet. • Den Bratensatz in der Bratreine mit der Bouillon lösen, in eine Kasserolle gießen und zum Kochen bringen. Die Speisestärke mit wenig kaltem Wasser anrühren, die Bouillon damit binden und nach Belieben mit Ingwerpulver abschmecken.

Das paßt dazu: Klöße aus rohen oder gegarten Kartoffeln und Rotkohl oder Erbsenpüree und Sauerkraut.

Raffiniert

Gefülltes Schweinefilet

Bild Seite 142

12 Backpflaumen
1/8 l trockenen Weißwein
2 kleine säuerliche Äpfel
1/4 l Bouillon
2 Schweinefilets zu je 300 g
1/2 Teel. Salz
2 Messersp. weißer Pfeffer
1 Eßl. Mehl
2 Eßl. Öl
1/8 l saure Sahne

Pro Portion etwa 1890 Joule/450 Kalorien

Zeit zum Weichen: 4 Stunden
Zubereitungszeit: 1 Stunde
Besonderes Küchengerät: Küchengarn

Die Backpflaumen in dem Weißwein zugedeckt 4 Stunden weichen lassen. Die Backpflaumen dann abtropfen lassen, den Wein aufbewahren und die Pflaumen, wenn nötig, entsteinen. • Die Äpfel schälen, vierteln, vom Kerngehäuse befreien und die Apfelviertel in längliche Scheiben schneiden. • Die Bouillon erhitzen. • Die Filets von Haut und Sehnen befreien, waschen, abtrocknen und der Länge nach so tief einschneiden, daß man sie aufklappen kann. Die aufgeklappten Filets mit dem Salz und dem Pfeffer einreiben. Die Apfelscheiben auf eines der aufgeklappten Filets legen und darauf die Backpflaumen geben. Das zweite Filet auf die Füllung legen und beide Filets längs aufrollen und mit Küchengarn zu einer Rolle zusammenbinden. • Das Filet in dem Mehl wenden und das Mehl etwas antrocknen lassen. • Das Öl in einem genügend großen Schmortopf erhitzen und das Filet von allen Seiten darin braun anbraten; das dauert etwa 10 Minuten. • Die heiße Bouillon um das Filet gießen und das Filet zugedeckt bei schwacher Hitze 25–30 Minuten schmoren lassen. Das Filet während der Schmorzeit einmal umdrehen. • Das gare Filet – es gibt auf Fingerdruck kaum mehr nach –, auf einer vorgewärmten Platte im auf 100° vorgeheizten Backofen warm stellen und ruhen lassen, damit sich der Fleischsaft gleichmäßig verteilt. • Für die Sauce die Schmorflüssigkeit mit der sauren Sahne und dem Weißwein von den Backpflaumen verrühren und wenn nötig noch mit Salz und Pfeffer abschmecken.

Das paßt dazu: Kartoffelpüree und Rosenkohl, gedünsteter Chicorée oder grüne Bohnen.

Schweinefilet Wellington

2 Schweinefilets von je 300–400 g häuten, salzen und pfeffern und in Öl von allen Seiten etwa 10 Minuten anbraten. • Die Filets dann mit gebratenem Gemüse bestreichen, in Blätterteig hüllen und im vorgeheizten Backofen bei 230° in 25 Minuten garen.Das Gemüse und die Blätterteighülle nach dem Rezept Filet Wellington, Seite 121, bereiten.

Schweinefilet auf französische Art

2 Schweinefilets von je 300 g häuten und leicht salzen. Die äußeren schönen Blätter von 1 Weißkohl in kochendem Salzwasser 3 Minuten blanchieren und als Rechteck auf eine Arbeitsplatte legen. • In Größe der Filets dünne Scheiben von fettem Speck auf die Kohlblätter legen, die Filets daraufgeben, mit Speckscheiben bedecken und die Kohlblätter über den Filets zusammenschlagen. Die Kohlblätter mit Küchengarn um die Filets binden. • 2 Eßlöffel Butter erhitzen, in einen Bräter gießen, die Filetrolle darauflegen, mit ¼ l heißer Bouillon umgießen und im vorgeheizten Backofen bei 230° in 45 Minuten im geschlossenen Topf garen. • Gegen Ende der Garzeit die Filetrolle wiederholt mit trockenem Weißwein begießen. • Die Filetrolle dann im abgeschalteten Backofen warm halten, die Garflüssigkeit mit etwas Weißwein, Salz und Pfeffer abschmecken und über die Filetrolle gießen.

Braucht Zeit · Etwas schwierig

Gebratenes Spanferkel

Spanferkel sind junge Tiere, die noch gesäugt werden und im Alter von etwa 6 Wochen 5–6 kg wiegen. Bei einem Spanferkel von 5 kg Gewicht kann man mit 4 kg Fleisch ohne Knochen rechnen.

Zutaten für 16 Personen:

1 Spanferkel von etwa 5 kg
2 Eßl. Salz
1 Teel. weißer Pfeffer
3 Zweige frischer Majoran oder Thymian, oder 1 Teel. getrockneter Majoran oder Thymian
⅛ l Öl
½ l Bier

Pro Portion etwa 1945 Joule/465 Kalorien

Zubereitungszeit: 4 Stunden und 30 Minuten
Besonderes Küchengerät: Küchengarn, Alufolie

Den Backofen auf 200° vorheizen. • Das Spanferkel innen und außen gründlich kalt waschen und gut trokkentupfen. Innen mit Salz und Pfeffer einreiben, außen nur mit dem Salz einreiben. • Die frischen Kräuter waschen, trockenschleudern und in die Bauchhöhle legen, oder getrocknete Kräuter gut rebeln und in die Bauchhöhle streuen. • Die Ohren und die Enden der Hinterfüße mit geölter Alufolie umwickeln. Die Vorderfüße im Gelenk nach hinten knicken und in dieser Stellung mit Küchengarn festbinden, damit die dünnen Enden beim Braten nicht zu sehr bräunen. • Das Spanferkel in die Bratenpfanne des Backofens legen und 4–4½ Stunden auf der untersten Schiebeleiste braten. Das Spanferkel während der ganzen Bratzeit häufig mit Öl bestreichen. • In der letzten Stunde den Braten wiederholt mit Bier beträufeln, damit die Haut knusprig wird. Wenn nötig, die auf der knusprig werdenden Haut entstehenden Blasen mit einer Nadel aufstechen. • Das fertig gebratene Spanferkel – beim Anstechen fließt farbloser Fleischsaft heraus – auf eine große Holzplatte legen und möglichst erst bei Tisch tranchieren.

Das paßt dazu: Semmelknödel oder Klöße aus rohen oder aus gekochten Kartoffeln und Sauerkraut, das mit Ananaswürfeln angereichert worden ist, oder Weißkohlsalat oder Kartoffelsalat und eine große gemischte Salatplatte.

Etwas schwierig · Raffiniert

Süß-saures Schweinefleisch

Für das Nationalgericht der chinesischen Küche, das süß-saure Schweinefleisch, gibt es vielerlei Rezepte, die sich durch geringfügige Varianten unterscheiden. In jedem Fall wird das Fleisch aber in seiner typischen Geschmacksnuance serviert.

Für das Fleisch:
600 g Schweineschnitzel
2 Eßl. Sojasauce
2 Eßl. Reiswein oder Sherry
1 Prise weißer Pfeffer
Für den Ausbackteig:
1 Ei
2 Eßl. Mehl
2 Eßl. Speisestärke
2 Eßl. Mineralwasser
½ Teel. Salz
Für die Sauce:
je 1 grüne und 1 rote Paprikaschote
½ Tasse frische Ananasstücke
1 kleines Stück frische Ingwerwurzel
1 Knoblauchzehe
1 Eßl. Öl
⅛ l Hühnerbrühe
2 Eßl. Zucker
2 Eßl. Tomatenketchup
3 Eßl. Weinessig
1 Eßl. Sojasauce
1 Prise Salz
1 Eßl. Speisestärke
Zum Fritieren:
1 l Öl

Pro Portion etwa
2680 Joule/460 Kalorien

Zeit zum Marinieren: 30 Minuten
Zubereitungszeit: 50 Minuten

Das Schweinefleisch waschen, abtrocknen, in 2 cm große Würfel schneiden und dabei alles Fett entfernen. • Die Sojasauce mit dem Reiswein oder dem Sherry und dem Pfeffer mischen, über die Fleischwürfel gießen und diese zugedeckt 30 Minuten stehen lassen. • Für den Teig das Ei verquirlen, mit dem Mehl, der Speisestärke, dem Mineralwasser und dem Salz verrühren und zugedeckt 15 Minuten quellen lassen. • Für die Sauce die Paprikaschoten vierteln, von Rippen und Kernen befreien, waschen und in sehr kleine Würfel schneiden. Die Ananasstücke in 1 cm große Würfel schneiden. Die Ingwerwurzel und die Knoblauchzehe schälen und beides feinhacken. • Den Backofen auf 75° vorheizen. • Das Fritieröl in einem Fritiertopf oder in der elektrischen Friteuse auf 180° erhitzen (für den Fritiertopf ein Fritierthermometer benützen). • Die Fleischwürfel durch den Ausbackteig ziehen, leicht abtropfen lassen und rasch hintereinander in das heiße Öl geben. Die Fleischwürfel etwa 3 Minuten fritieren, bis sie rundherum knusprig braun sind. • Die garen Fleischwürfel mit dem Schaumlöffel aus dem Öl heben, auf saugfähigem Küchenkrepp rasch abtropfen lassen und in einer Schüssel im Backofen warm halten. • Nach und nach alle Fleischwürfel fritieren; dabei immer wieder die Öltemperatur überprüfen und die Hitzezufuhr so regulieren, daß 180° gehalten werden. • Das Öl für die Sauce in einer Pfanne stark erhitzen, die Hitze dann sofort reduzieren und die Ingwer- und Knoblauchstückchen mit den Paprikawürfeln anbraten. Die Ananaswürfel zugeben und unter Umwenden 3 Minuten braten. • Die Hühnerbrühe, den Zucker, das Tomatenketchup, den Essig, die Sojasauce und das Salz zufügen und 1 Minute kochen lassen. • Die Speisestärke mit wenig kaltem Wasser anrühren, unter die Sauce mischen, einmal aufkochen lassen und vom Herd nehmen. • Die fritierten Fleischwürfel mit der Sauce übergießen.

Das paßt dazu: körnig gekochter Reis und Sojasprossensalat.

Preiswert · Gelingt leicht

Szegediner Gulasch

600 g Schweinehalsgrat
2 Zwiebeln
2 Eßl. Schweineschmalz
1 Eßl. Rosenpaprikapulver
1 Teel. Salz
2 grüne Paprikaschoten
2 Knoblauchzehen
1 Teel. Kümmel
2 Eßl. Tomatenmark
500 g Sauerkraut
⅛ l saure Sahne
1 Eßl. Mehl

Pro Portion etwa
3190 Joule/760 Kalorien

Zubereitungszeit: 1 Stunde und 30 Minuten

Das Fleisch waschen, abtrocknen und in 3 cm große Würfel schneiden. Die Zwiebeln schälen und würfeln. • Das Schmalz in einem Topf erhitzen und die Zwiebelwürfel darin glasig braten. Die Zwiebelwürfel mit dem Paprikapulver bestäuben, gut unterrühren und mit 3 Eßlöffeln Wasser ablöschen. • Wenn das Wasser verdampft ist, die Fleischwürfel zufügen, unter Umwenden braun anbraten und zugedeckt bei schwacher Hitze 10 Minuten schmoren lassen. Das Salz über das Fleisch streuen. • Die Paprikaschoten halbieren, von Rippen und Kernen befreien, die Schotenhälften waschen und in Streifen schneiden. Die Knoblauchzehen schälen und feinhacken. Die Paprikastreifen, den

Knoblauch und den Kümmel zum Fleisch geben. • Das Tomatenmark mit wenig Wasser anrühren, unter das Fleisch mischen und das Fleisch zugedeckt weitere 20 Minuten schmoren lassen. • Das Sauerkraut mit 2 Gabeln auseinanderzupfen, zum Fleisch geben, alles gut mischen und zugedeckt weitere 30 Minuten schmoren lassen. • Die saure Sahne mit dem Mehl verrühren, das Gulasch damit binden und bei äußerst schwacher Hitze 10 Minuten im offenen Topf etwas einkochen lassen.

Das paßt dazu: frisches Landbrot oder Salzkartoffeln.

Gelingt leicht · Preiswert

Schweinepörkölt

600 g Schweinehalsgrat
3 Zwiebeln
2 Eßl. Schweineschmalz
1 Eßl. Rosenpaprikapulver
1 Teel. Salz
4 Fleischtomaten
2 Knoblauchzehen

Pro Portion etwa
2540 Joule/605 Kalorien

Zubereitungszeit: 1 Stunde und 30 Minuten

Das Fleisch waschen, abtrocknen und in etwa 3 cm große Würfel schneiden. Die Zwiebeln schälen und würfeln. • Das Schmalz in einem Topf erhitzen, die Zwiebelwürfel darin glasig braten, das Paprikapulver zufügen und mit 3 Eßlöffeln Wasser ablöschen. Alles mit den Zwiebeln verrühren und das Wasser wieder verdunsten lassen. • Das Fleisch zugeben, unter Umwenden von allen Seiten braun anbraten, salzen und zugedeckt bei schwacher Hitze 40 Minuten schmoren lassen; wenn nötig ab und zu einige Eßlöffel heißes Wasser zufügen. • Die Tomaten häuten und in Stücke schneiden. Die Knoblauchzehen schälen, kleinschneiden und zerdrücken. • Die Tomaten mit dem Knoblauch zum Fleisch geben, alles gut mischen und zugedeckt noch weitere 20 Minuten bei schwacher Hitze kochen lassen.

Das paßt dazu: körnig gekochter Reis oder kleine Mehlklößchen.

Kalt · Kann vorbereitet werden

Tellersülze

2 Schweinsfüße (Spitzbeine)
1 Schweinsohr
400 g Schweinehalsgrat
1½ l Wasser
1 Bund Suppengrün
1 Zwiebel
1 Lorbeerblatt
3 Gewürznelken
4 Pfefferkörner
2 Teel. Salz
¼ l Weinessig
4 kleine Gewürzgurken
1 hartgekochtes Ei

Pro Portion etwa
1890 Joule/450 Kalorien

Zubereitungszeit: 1 Stunde und 30 Minuten
Zeit zum Erstarren: 5 Stunden

Die Schweinsfüße und das Schweinsohr schon beim Einkaufen vom Fleischer zerhacken lassen. Das Fleisch waschen, in das kalte Wasser geben und zum Kochen bringen. Wenn das Wasser kocht, die Hitze zurückschalten und den sich bildenden Schaum wiederholt abschöpfen. • Das Suppengrün putzen, waschen und etwas kleinschneiden. Die Zwiebel schälen und achteln. Das Suppengrün, die Zwiebelachtel, das Lorbeerblatt, die Gewürznelken, die Pfefferkörner, das Salz und den Essig in die Kochbrühe geben und alles bei schwacher Hitze 1 Stunde und 20 Minuten zugedeckt kochen lassen. • Die Gewürzgurken in kleine Würfel schneiden. Das hartgekochte Ei schälen und in Scheiben schneiden. • Das gare, weiche Fleisch aus der Brühe nehmen und das Fleisch von den Füßen und dem Ohr lösen; die Knochen wegwerfen. Das Fleisch vom Halsgrat, von den Füßen und vom Ohr in kleine Würfel schneiden. • Die Fleischwürfel mit den Gurkenwürfeln mischen, in 4 Suppentellern verteilen und auf jede Portion 2 Eierscheiben legen. Die Brühe durchsieben, noch einmal kräftig mit Salz und wenn nötig mit etwas Essig abschmecken, zum Fleisch in den Tellern gießen und alles abkühlen lassen. Die Sülze zum Erstarren 5 Stunden in den Kühlschrank stellen.

Das paßt dazu: Vollkornbrot, Bratkartoffeln oder Kartoffelsalat.

Lamm- und Hammelspezialitäten

Der Lammbraten zu Ostern ist hierzulande Tradition; er hat nicht nur religiöse Bedeutung, sondern Lämmer werden in unseren Breitengraden im zeitigen Frühjahr geboren, so daß gerade um Ostern herum die Frühlingslämmer oder Milchlämmer auf dem Markt sind. Mastlämmer, die während ihres ersten Lebensjahres, und Hammel, die zwischen dem ersten und zweiten Lebensjahr geschlachtet werden, sind zwar ganzjährig zu haben, aber weniger gefragt.
Gerichte mit Lamm- oder Hammelfleisch gehören bei uns mehr zu den Spezialitäten aus fremden Küchen als in den althergebrachten Speisenplan. Doch haben Reisende in anderen Ländern ausgezeichnete Zubereitungen für Lamm- und Hammelfleisch kennengelernt, die man nun auch zu Hause kochen möchte. Zudem zeigt sich nach dem ersten Ausprobieren, daß die Herstellung von Lamm- und Hammelgerichten gar nicht so schwer ist. So steigt allmählich die Nachfrage nach Lammfleisch, das von Übersee in bester Qualität tiefgefroren eingeführt wird. Schaffleisch, das von älteren Schafen und Böcken stammt und einen starken Artgeschmack hat, ist nicht jedermanns Sache und wird bei uns kaum verwendet.

Folgende Punkte sind beim Einkauf und Umgang mit Lamm- und Hammelfleisch zu beachten:

- Lammfleisch muß nach dem Schlachten 3–4 Tage abhängen, Hammelfleisch bis zu 3 Wochen.
- Lammfleisch ist zarter als Hammelfleisch, dennoch ist es zartfaserig, saftig und von typischem Eigengeschmack.
- Lamm- und Hammelfleisch sollte nicht völlig durchgegart, sondern noch zartrosa auf den Tisch kommen.
- Ebenso wie Milchlämmer kann man auch Zicklein zubereiten.
- Für alle Hammelgerichte sollte das sichtbare Fett schon vor dem Garen entfernt werden, da es nach dem Garen bereits bei 40° erstarrt und dann leicht nach Talg schmeckt. Alle Hammelgerichte müssen deshalb sehr heiß serviert werden.
- Suppen und Saucen aus Hammelfleisch vor dem Binden und Abschmecken gut entfetten.
- Hammelfleisch eignet sich gut zum Grillen, da es von Fettadern durchsetzt ist und daher bei starker Hitze nicht rasch austrocknet.
- Auf dem Rost gelingen fette Stücke vom Hammel gut, weil man das abtropfende Fett vollständig entfernen kann. Außerdem wird der Braten schön knusprig.
- Brät man fette Stücke im Backofen in der Fettpfanne oder im Bräter, schöpft man das Fett am besten ab; man erhält einen guten Fond für die Sauce.
- Bratfolie und Tontopf eignen sich besonders gut für Lammbraten – die Garzeit im Tontopf, der gewässert werden muß und in den kalten Backofen kommt, ist länger als normal.
- Hammel und Pfefferminze ist eine beliebte Kombination in England – eine pikante Geschmacksverbindung.
- Im übrigen gilt für das Garen von Lamm- und Hammelfleisch das, was zu Beginn des Kapitels Rindfleischgerichte gesagt worden ist.
- Welche Stücke sich für welche Garart eignen, entnehmen Sie der Aufstellung im Stichwort Fleischteile im großen Küchen-ABC.

Grundrezept

Gegrillte Hammelkoteletts

Ob Holzkohlengrill, Elektrogrill oder Grillpfanne – die Hitze muß beim Grillen von Hammelfleisch vor Garbeginn stark sein, damit die Fleischoberfläche schnell verkrustet; anschließend läßt man das Stück bei schwächerer Hitze garen. Beim Holzkohlengrill wird schwächere Hitze erreicht, indem man den Rost von der Glut entfernt oder das Fleisch an den Rand des Rostes legt; beim Elektrogrill den Rost senken, also von den Heizstäben entfernen; bei der Grillpfanne die Herdtemperatur zurückschalten, bei kleineren Fleischstücken genügt sogar die Eigenhitze der Pfanne für die restliche Gardauer.

4 Hammelkoteletts zu je 180 g
½ Teel. gerebelte Pfefferminzblättchen
1 Teel. Salz
¼ Teel. weißer Pfeffer
2 Eßl. Öl

Pro Portion etwa 1430 Joule/340 Kalorien

Zubereitungszeit: 20 Minuten

Den Rost vom Holzkohlengrill hoch erhitzen; den Elektrogrill auf starke Hitze schalten oder die Grillpfanne 10 Minuten leer auf der Herdplatte erhitzen. • Die Hammelkoteletts kalt waschen, abtrocknen, das Fett von den Rändern abschneiden und die Ränder im Abstand von 3 cm senkrecht einschneiden, damit sich die Koteletts beim Grillen nicht wölben. • Die Pfefferminzblättchen mit dem Salz, dem Pfeffer und dem Öl mischen. • Die Koteletts kräftig mit dem gewürzten Öl bestreichen und auf dem Rost oder in der Pfanne von beiden Seiten braun grillen. Die Koteletts anschließend bei reduzierter Hitze noch weitere 4–6 Minuten grillen.

Das paßt dazu: Bohnensalat und neue Kartoffeln mit Petersilie.

Schnell

Gegrillte Lammkoteletts

Lammfleisch ist kaum fett und muß daher beim Garen vor dem Austrocknen geschützt werden. Am besten verwendet man zusätzliches Fett zum Garen für Lammfleisch. Lammkoteletts wiegen nur etwa 125 g. • Die Koteletts waschen, abtrocknen und die zarten Fettränder im Abstand von 3 cm einschneiden, damit sich die Koteletts beim Grillen nicht wölben. Die Koteletts von beiden Seiten mit reichlich Öl beträufeln und 20 Minuten in Öl ziehen lassen; dabei öfter wenden. • Die Koteletts dann von jeder Seite bei starker Hitze 3 Minuten grillen. • Gedünsteten Blattspinat und in Butter geschwenkte, frisch gekochte Kartoffelscheiben dazu reichen.

Gelingt leicht

Panierte Stielkoteletts

4 Stielkoteletts vom Lamm waschen, abtrocknen und mit einem spitzen scharfen Messer das Fleisch entlang der Kotelettknochen abschneiden, so daß die Enden der Kotelettknochen blank erscheinen. (Die Fleischreste für eine Sauce verwenden). • Die Koteletts dann wie im Grundrezept beschrieben vorbereiten, durch zerlassene Butter ziehen, in 2 Eßlöffel Mehl wenden und das Mehl auf einem Kuchengitter gut antrocknen lassen. Die Koteletts dann durch 1 verquirltes Ei ziehen und zuletzt in einer Mischung aus 4 Eßlöffeln Semmelbrösel und 4 Eßlöffel Parmesankäse wenden. • Die Koteletts behutsam schütteln, damit nicht festhaftende Semmelbrösel abfallen und beim Garen nicht verbrennen. • In einer Bratpfanne etwa 6 cm hoch Öl erhitzen und die Koteletts bei starker Hitze von jeder Seite etwa 4 Minuten braten. • Die Koteletts vor dem Servieren auf saugfähigem Papier abtropfen lassen. • Mit gedünsteten jungen Erbsen und Kartoffelkroketten servieren.

Schnell · Gelingt leicht

Schaschlik

Bild Seite 159

Schaschliks sind eine Spezialität des Orients, sie werden original mit Hammelstückchen bereitet. Für Schaschliks gibt es unzählige Rezepte, die sich untereinander wenig unterscheiden. Hierzulande bereitet man sie auch mit in viel Delikateß-Paprikapulver gewendeten Rindfleisch- und durchwachsenen Speckwürfelchen zu.

600 g Hammelfilet
1 Lammniere
24 kleine Champignons
8 kleine feste Tomaten
1 grüne Paprikaschote
12 Schalotten
2 Eßl. Öl
1 Teel. Salz
½ Teel. scharfes Paprikapulver oder 1 Teel. getrocknete Pfefferminze

Pro Portion etwa
1325 Joule/315 Kalorien

Zubereitungszeit: 30 Minuten
Besondere Küchengeräte: 4 größere oder 8 kleinere Metallspieße

Das Fleisch waschen, abtrocknen und in 4 cm große Würfel schneiden. Die Lammniere häuten, längs halbieren, gründlich waschen und in Scheiben schneiden. • Die Champignons putzen, waschen und die Stiele etwas kürzen. Die Tomaten waschen, abtrocknen und halbieren. Die Paprikaschote halbieren, von Rippen und Kernen befreien, die Schotenhälften waschen und in 16 gleich große Stücke schneiden. Die Schalotten schälen und halbieren. • Die Fleischwürfel abwechselnd mit den Tomatenhälften, den Paprikastücken, den Champignons, den Schalotten und den Nierenscheiben auf 4 größere oder 8 kleinere Spieße verteilen. Die Spieße mit dem Öl bestreichen, salzen und mit dem Paprikapulver oder der gerebelten Minze würzen und 15 Minuten bei starker Hitze unter öfterem Wenden grillen oder in der Pfanne braten. • Die Spieße nach dem Garen salzen und auf einer vorgewärmten Platte anrichten.

Das paßt dazu: frisches Weißbrot, reichlich Zwiebelscheiben, Gurkenwürfel und gehackte Petersilie.

Gelingt leicht

Rasniči

Jugoslawische Spieße

Je 400 g Hammelfilet und Schweinefilet in etwa 4 cm große Würfel schneiden und mit 2 in Scheiben geschnittenen Zwiebeln und 4 Eßlöffeln Öl 4 Stunden marinieren. • Das Fleisch dann auf Spieße reihen, pfeffern, 15 Minuten grillen oder braten und salzen. • Mit vielen Zwiebelwürfeln, Pommes frites und Salat servieren.

Raffiniert · Gelingt leicht

Suwlakja

Griechische Spieße

Die Fleischwürfel aus der Lammkeule 12 Stunden im Kühlschrank in einer Marinade aus 8 Eßlöffeln Olivenöl, 4 Eßlöffeln trockenem Weißwein, 2 Eßlöffeln Zitronensaft, ½ Teelöffel schwarzem Pfeffer, je 1 Teelöffel gehacktem frischem (oder je ½ Teelöffel getrocknetem) Oregano und Thymian und 1 zerbröckeltem Lorbeerblatt ziehen lassen. • Das Fleisch danach auf saugfähigem Papier abtropfen lassen, auf Spieße reihen, 15–20 Minuten grillen oder braten und danach salzen. • Gurkensalat dazu reichen.

Preiswert · Gelingt leicht

Shish Kebab

Türkische Hammelspieße

Die Fleischwürfel aus der Hammelschulter in 8 Eßlöffeln Öl mit 1 Teelöffel getrocknetem Oregano und 1 gewürfelten Zwiebel 12 Stunden marinieren. • Das Fleisch danach mit Tomatenachteln, mit Stücken von grüner Paprikaschote und Zwiebelachteln auf Spieße reihen, 15 Minuten grillen oder braten und danach salzen. • Auf Paprikareis servieren.

Yogortlu Kebab

Türkische Lammfleischspieße

Die Lammfleischwürfel aus der Lammschulter 2 Stunden in einer Marinade aus 1 großen feingeriebenen Zwiebel und 8 Eßlöffeln Olivenöl ziehen lassen. • 4 Scheiben Graubrot entrinden, toasten, würfeln, mit 5 Eßlöffeln Butterflöckchen belegen und die Butter im Backofen bei 100° schmelzen lassen; das Brot bis zum Servieren im Backofen warm halten. • 2 Becher Joghurt mit ½ Teelöffel Salz verrühren. • 2 große Fleischtomaten häuten, entkernen, kleinwürfeln, salzen und in wenig Olivenöl erhitzen, bis sie zerfallen. • Das Fleisch aus der Marinade nehmen, auf Spieße reihen und 15 Minuten grillen oder braten und salzen. • Die Brotwürfel auf eine Platte geben, die Fleischwürfel darauf verteilen, mit dem Tomatenmus bedecken und den Joghurt darübergießen. • Mit Salat servieren.

Grundrezept

Gebratene Lammkeule

Zutaten für 6 Personen:

1 Lammkeule von etwa 1½ kg
2 Teel. Salz
1 Teel. schwarzer Pfeffer
50 g fetter Speck in dünnen Scheiben
⅛ l trockener Weißwein
3 Eßl. Butter
1 Teel. frischer gehackter Rosmarin

Pro Portion etwa 2660 Joule/360 Kalorien

Zubereitungszeit: 1 Stunde und 30 Minuten

Den Backofen auf 250° vorheizen. • Die Lammkeule kalt abwaschen und abtrocknen. Das Salz mit dem schwarzen Pfeffer mischen und die Lammkeule damit einreiben. • Die Lammkeule in einen Bräter ohne Deckel legen und möglichst dicht mit den Speckscheiben bedecken. • Die Lammkeule auf der untersten Schiebeleiste im Backofen 15 Minuten braten. • Die Hitze dann auf 200° zurückschalten und den Weißwein um die Lammkeule gießen. Wenn die Speckscheiben glasig ausgebraten sind, die Speckscheiben entfernen und die Lammkeule wiederholt mit dem Weißweinfond beschöpfen, damit sie nicht austrocknet. • Die Speckscheiben in Streifen schneiden und in einer Pfanne knusprig braun ausbraten. Die Butter zerlassen und mit dem Rosmarin mischen. • Nach weiteren 40 Bratminuten die Lammkeule wiederholt mit der Rosmarinbutter bestreichen und so lange braten, bis die Oberfläche gut gebräunt ist und das Fleisch auf Fingerdruck kaum mehr nachgibt. • Die Lammkeule dann auf einer vorgewärmten Platte im abgeschalteten

Backofen warm halten und ruhen lassen, damit sich der Fleischsaft im Inneren des Bratens gleichmäßig ausbreitet. • Für die Sauce den Bratenfond aus der Bratreine mit wenig kochendem Wasser lösen, noch einmal aufkochen lassen, mit Salz und schwarzem Pfeffer abschmecken, die Speckstreifen hineingeben und gesondert als Sauce dazu reichen. Wie man eine Lammkeule tranchiert, veranschaulichen die Zeichnungen unter dem Stichwort Hammelkeule im großen Küchen-ABC.

Das paßt dazu: neue in Butter geschwenkte Kartoffeln, grüne Bohnen und kleine, im ganzen geschmolzene Tomaten.

Lammkeule mit Kruste

Die Lammkeule wie im Grundrezept beschrieben vorbereiten, mit Salz und Pfeffer einreiben, mit 2 Eßlöffeln Öl beträufeln und im vorgeheizten Backofen bei 200° in 1 Stunde und 30 Minuten braten. • 4 Eßlöffel Butter zerlassen und mit 5 Eßlöffeln Semmelbrösel, 1 Eßlöffel gehackter Petersilie, 1 geriebenen Schalotte und 2 ausgepreßten Knoblauchzehen mischen. Die Lammkeule nach 1 Stunde Bratzeit damit bestreichen und fertigbraten. • Mit Broccoli und Kartoffelkroketten servieren.

Raffiniert · Gelingt leicht

Englische Lammkeule

Die Lammkeule wie im Grundrezept beschrieben vorbereiten, salzen und pfeffern, mit Öl bestreichen und im vorgeheizten Backofen bei 200° 1 Stunde und 30 Minuten braten. • Nach etwa 20 Minuten Bratzeit ¼ l heiße Bouillon um die Lammkeule gießen und diese wiederholt mit dem Bratenfond beschöpfen. • Die Lammkeule mit Bratkartoffeln und Mintsauce, Rezept Seite 294, servieren.

Gebratene Hammelkeule

Nach den Rezepten für Lammkeule können Sie auch Hammelkeule zubereiten. Man gart eine Hammelkeule bei 200° im vorgeheizten Backofen. Die Bratzeit hängt von dem Gewicht der Keule ab; pro 500 g muß man 15–20 Minuten Garzeit rechnen. • Tomatenreis und Bohnengemüse dazu reichen.

Etwas schwierig

Gebratene Lammkrone

1½ kg Stielkotelettstück vom Lamm
½ Knoblauchzehe
1 Teel. Salz
2 Teel. gehackter frischer Estragon
½ Teel. schwarzer Pfeffer
4 Eßl. Öl
1 Zwiebel
1 Möhre
1 Stange Lauch/Porree
⅛ l Bouillon
⅛ l herber Weißwein
⅛ l saure Sahne

Pro Portion etwa 3545 Joule/845 Kalorien

Zubereitungszeit: 1 Stunde und 30 Minuten
Besondere Küchengeräte: Küchengarn, Holzspießchen

Den Backofen auf 200° vorheizen. • Vom Kotelettstück alle Häutchen, Sehnen und die dicken Fettpolster abschneiden. Vom Ende der Kotelettknochen mit einem scharfen Messer das Fleisch und die Häute wegschneiden, so daß die Knochen völlig freiliegen. Das Kotelettstück gründlich kalt abspülen und abtrocknen. Das Fleisch zwischen den unteren Teilen der Koteletts einschneiden. Das Kotelettstück mit der Fleischseite nach innen rund formen, mit Küchengarn entlang der unteren Knochen zusammenbinden und das obere Ende mit Holzspießchen zusammenstecken; die leeren Kotelettstiele zeigen dann wie eine Krone nach oben. • Die Knoblauchzehe schälen, kleinwürfeln, mit dem Salz zerdrücken und mit der Hälfte des Estragons, dem Pfeffer und dem Öl mischen. • Die Lammkrone damit einreiben und auf dem Rost über der kalt ausgespülten Bratenpfanne des Backofens auf der untersten Schiebeleiste in 35–40 Minuten garen (nach etwa 30 Minuten ist das Fleisch noch rosarot, nach 35 Minuten ist es rosa, nach 40 Minuten fast durchgegart). • Die Zwiebel schälen und achteln. Die Möhre schaben, waschen und in Scheiben schneiden. Das Weiße vom Lauch waschen und in Stücke schneiden. Das Gemüse nach 15 Minuten Bratzeit in die Bratenpfanne unter den Rost geben. • Die Bouillon erhitzen. Sobald das Gemüse zu bräunen beginnt, die Bouillon in die Fleischpfanne gießen und die Lammkrone ab und zu mit dem Bratenfond beschöpfen. • Die gare Lammkrone im abgeschalteten Backofen warm halten und ruhen lassen, damit sich der Fleischsaft setzen kann. • Für die Sauce den Bratenfond in der Bratenpfanne mit dem Wein lösen, durchsieben, mit der sauren Sahne verrühren und noch einmal gut erhitzen. Die

Sauce abschmecken und den restlichen Estragon in die Sauce rühren. • Von der Lammkrone das Küchengarn und die Holzspießchen entfernen und das Fleisch auf einer vorgewärmten Platte tranchiert servieren.

Das paßt dazu: grüne Bohnen mit ausgebratenen Speckwürfeln und frisches Weißbrot.

Raffiniert

Gebratener Lammrücken

1 kg Lendenkotelettstück von Haut, Sehnen und Fett befreien, waschen und abtrocknen. • Je 1 Prise getrocknete, gerebelte Kräuter – Majoran, Oregano und Thymian – mischen, mit 2 gehackten, zerdrückten Knoblauchzehen und 5 Eßlöffeln Olivenöl verrühren. Das Fleisch gründlich mit dem gewürzten Öl einreiben. • Die Bauchlappen nach innen rollen, so daß sich die Rippenenden fast berühren und das Fleisch so in Form binden. • Das Fleisch außen mit Salz und Pfeffer bestreuen und mit dem restlichen gewürzten Öl beträufeln. Den Lammrücken im vorgeheizten Backofen bei 210° 10 Minuten braten. • Die Temperatur dann auf 180° zurückschalten. • 1/8 l heiße Bouillon um das Fleisch gießen und weitere 20 Minuten braten, dabei wiederholt mit dem Bratenfond beschöpfen. • Das Fleisch dann im abgeschalteten Backofen 10 Minuten ruhen lassen, damit sich der Fleischsaft im Inneren gleichmäßig verteilt, und warm halten. • Den Bratenfond mit etwas Weißwein und saurer Sahne lösen und als Sauce zum Fleisch reichen. • Körnig gekochter Reis und Gurkensalat schmecken gut dazu.

Gebratene Lammschulter

1 kg Lammschulter von Häuten, Sehnen und Fett befreien, waschen und abtrocknen. Die Lammschulter wie den Lammrücken braten, jedoch bei 220° insgesamt 40–45 Minuten lang. • Grüne Bohnen und Bratkartoffeln dazu reichen.

Braucht Zeit

Geschmorte Hammelkeule

800 g entbeinte Hammelkeule
je 1/2 Teel. geriebene Muskatnuß und gemahlener Zimt
1 Zwiebel
2 Knoblauchzehen
3 Gewürznelken
1 Lorbeerblatt
150 g Farinzucker
1/2 l Weinessig
1 Tasse Wasser
1/2 l Bouillon
1/2 Teel. Salz
1 Messersp. weißer Pfeffer

Pro Portion etwa 2625 Joule/625 Kalorien

Zeit zum Marinieren: 24 Stunden
Zubereitungszeit: 3 Stunden

Das Fleisch waschen, abtrocknen, von Häuten und Sehnen befreien und mit dem Muskat und dem Zimt einreiben. • Für die Marinade die Zwiebel schälen und in Ringe schneiden. Die Knoblauchzehen schälen, kleinwürfeln und zerdrücken. • Das Fleisch auf eine Schicht Zwiebeln in eine große Schüssel legen, den Knoblauch, die Nelken und das Lorbeerblatt zufügen und mit Zwiebelringen bedecken. • Den Zucker in dem Essig auflösen und das Fleisch damit begießen. Die Hammelkeule zugedeckt 24 Stunden im Kühlschrank marinieren. Während dieser Zeit das Fleisch öfter in der Marinade wenden. • Vor dem Zubereiten den Backofen auf 190° vorheizen. • Das Fleisch aus der Marinade nehmen und in einen genügend großen Bräter mit Deckel legen. Die Marinade mit dem Wasser verdünnen, über das Fleisch gießen und das Fleisch zugedeckt auf der zweiten Schiebeleiste von unten in 2 Stunden und 30 Minuten weich schmoren. • Für die Sauce die Bouillon erhitzen und hin und wieder etwas heiße Bouillon um die Hammelkeule gießen. • Die fertige Hammelkeule im abgeschalteten Backofen warm stellen. • Die Schmorflüssigkeit mit der restlichen Bouillon lösen, durchseihen, salzen und pfeffern und als Sauce zum Fleisch reichen. Wie man eine Hammelkeule tranchiert, veranschaulichen die Zeichnungen unter dem Stichwort Hammelkeule im großen Küchen-ABC.

Das paßt dazu: Bratkartoffeln und Weißkohl.

Braucht Zeit

Gefüllte Lammbrust auf russische Art

Zutaten für 8 Personen:
1½ kg Lammbrust
1 Zwiebel
1 grüne Paprikaschote
2 Knoblauchzehen
100 g Reis
2 Eßl. Butter
4 Eßl. gehackte Petersilie
⅛ l Wasser
2 Eßl. Pinienkerne
1½ Teel. Salz
4 Messersp. schwarzer Pfeffer
⅛ l Tomatensaft

Pro Portion etwa
2385 Joule/570 Kalorien

Zubereitungszeit: 2 Stunden und 30 Minuten
Besonderes Küchengerät: Holzspießchen

In die Lammbrust schon beim Einkauf vom Metzger eine tiefe Tasche einschneiden lassen. Die Lammbrust innen und außen gründlich kalt waschen und abtrocknen. • Für den Gemüsereis die Zwiebel schälen und würfeln. Die Paprikaschote auf der heißen Elektroplatte erhitzen, bis die Haut aufreißt. Die Haut der Schote abziehen und die Schote in kleine Würfel schneiden; dabei Rippen und Kerne entfernen. Die Knoblauchzehen schälen, eine davon kleinwürfeln, die andere halbieren und beiseite stellen. • Den Reis waschen und abtropfen lassen. Die Butter in einem Topf erhitzen und den Reis darin anbraten. Die Zwiebelwürfel, die Paprikawürfel, die Knoblauchstückchen und die Petersilie zugeben, kurz mitbraten, mit dem Wasser auffüllen, die Pinienkerne, ½ Teelöffel Salz und 2 Messerspitzen Pfeffer zugeben und alles zugedeckt bei schwacher Hitze kochen lassen, bis der Reis die Flüssigkeit aufgesogen hat; das dauert 15–20 Minuten. • Den Backofen auf 220° vorheizen. • Die Lammbrust innen und außen mit dem restlichen Salz und dem Pfeffer einreiben. Den Gemüsereis in die Tasche der Lammbrust füllen und die beiden halbierten Knoblauchzehen zugeben. • Die Lammbrust mit Holzspießchen zustecken, in einen Bräter legen, mit dem Tomatensaft umgießen und das Fleisch 1 Stunde und 30 Minuten braten. • Wenn der Tomatensaft zu verdampfen beginnt, immer etwas heißes Wasser zur Lammbrust gießen und diese mit dem Bratenfond beschöpfen, damit sie nicht austrocknet. • Die gare Lammbrust – sie gibt auf Fingerdruck kaum mehr nach – im abgeschalteten Backofen etwa 10 Minuten ruhen lassen, damit sich der Fleischsaft gleichmäßig verteilt.

Das paßt dazu: Tomatensauce und Kartoffelpürree.

Braucht Zeit

Algerisches Lammragout

Zutaten für 6 Personen:
1 kg magere Lammschulter ohne Knochen
2 Eßl. Öl
1 Teel. Salz
60 g abgezogene Mandeln
100 g Zucker
½ Zimtstange
¼ l Wasser
2 Eßl. Orangenblütenwasser
300 g Backpflaumen ohne Steine

Pro Portion etwa
2905 Joule/690 Kalorien

Zubereitungszeit: 1 Stunde und 30 Minuten

Das Fleisch waschen, abtrocknen und in etwa 3 cm große Würfel schneiden. • Das Öl in einem Topf erhitzen und die Fleischwürfel darin in Portionen nacheinander von allen Seiten scharf anbraten. Jede Portion gebratenes Fleisch in eine Schüssel geben und das Fleisch dann mit dem Salz bestreuen. • Die Mandeln, den Zucker und die zerbrochene Zimtstange in den Topf mit dem verbliebenen Öl geben, umrühren, das Wasser und das Orangenblütenwasser zugeben und alles unter Rühren zum Kochen bringen. Das Lammfleisch mit dem Fleischsaft, der sich inzwischen gebildet hat, ins Wasser geben und zugedeckt in etwa 1 Stunde weich schmoren. • 15 Minuten vor Beendigung der Garzeit die Backpflaumen unter das Ragout rühren.

Das paßt dazu: Couscous, Rezept Seite 316.

Zum Bild rechts:

Schaschlik, das sind auf Spießen gebratene oder gegrillte Fleischstücke, wie sie das nebenstehende Bild zeigt. Sie wurden im Orient erfunden und haben einen wahren Siegeszug durch ganz Europa angetreten. Natürlich hat jede Region und jedes Land seine besonderen Vorlieben, diese Spießchen zu bestükken und zu würzen. Zwiebeln gehören meistens dazu, oft auch Speck und Paprikaschoten. Erlaubt ist, was gut schmeckt! Probieren Sie eigene Kombinationen, aber auch den Vorschlag im Rezept auf Seite 154.

Gelingt leicht

Cochifrito

Lammfrikassee nach einem Rezept aus Navarra

800 g Lammkeule
1 Zwiebel
1 Knoblauchzehe
6 Eßl. Olivenöl
1/2 Teel. Salz
1 Eßl gehackte Petersilie
1 Eßl. edelsüßes Paprikapulver
4 Pfefferkörner
Saft von 1 Zitrone

Pro Portion etwa
2310 Joule/550 Kalorien

Zubereitungszeit: 40 Minuten

Das Fleisch waschen, abtrocknen und in etwa 3 cm große Würfel schneiden. Die Zwiebel und die Knoblauchzehe schälen und kleinwürfeln. • Das Olivenöl erhitzen, die Lammfleischwürfel und die Zwiebelwürfel zugeben und unter Umwenden so lange anbraten, bis alle Fleischwürfel leicht gebräunt sind; das dauert ungefähr 10 Minuten. • Die Knoblauchstückchen, das Salz, die Petersilie, das Paprikapulver, die Pfefferkörner und den Zitronensaft zufügen und so viel Wasser über das Frikassee gießen, daß das Fleisch etwa 1 cm hoch von Wasser umgeben ist. Das Frikassee zugedeckt bei mittlerer Hitze in 20–25 Minuten garen.

Das paßt dazu: körnig gekochter Reis oder Pariser Kartoffeln und Gurkensalat.

Zum Bild links:

Zürcher Kalbsgeschnetzeltes ist eines der berühmtesten Schweizer Rezepte und fast auf jeder Speisenkarte guter Restaurants zu finden. Allerdings schmeckt es am besten, wenn man das Geschnetzelte selbst bereitet und unmittelbar nach dem Garen verzehrt. Da die erforderliche Beilage, das Zürcher Rösti, eine etwas längere Zubereitungszeit erfordert, sollte es schon fast fertig sein, bevor man das Geschnetzelte macht. Das Rösti dann in der offenen Pfanne bei milder Hitze warm halten und vor dem Servieren noch einmal wenden, damit es wirklich heiß serviert werden kann. Das Rezept für Zürcher Geschnetzeltes finden Sie auf Seite 139 und für das Rösti auf Seite 263.

Raffiniert · Braucht Zeit

Indischer Hammel-Curry

800 g Hammelkeule ohne Knochen
4 Eßl. Butterschmalz
1 Teel. Salz
4 Lorbeerblätter
1/2 Teel. Kardamomsamen
4 Gewürznelken
4 schwarze Pfefferkörner
1 Teel. Kümmel
1 Stück Zimtstange
2 Zwiebeln
3 Knoblauchzehen
1 Eßl. gehackte Petersilie
5 Eßl. Tomatenmark
1 Eßl. Koriander
1 Eßl. geriebene Ingwerwurzel
1/2 Teel. Chilipulver
1 Teel. gemahlener Kurkuma
1 Becher Magerjoghurt
1/2 l Wasser

Pro Portion etwa
2875 Joule/685 Kalorien

Zubereitungszeit: 3 Stunden

Das Fleisch waschen, abtrocknen und in etwa 3 cm große Würfel schneiden. • Die Hälfte des Butterschmalzes in einer Kasserolle zerlassen, die Fleischwürfel darin anbraten, salzen und die Lorbeerblätter, den Kardamomsamen, die Gewürznelken, die Pfefferkörner, den Kümmel und die Zimtstange zufügen. Alles bei schwacher Hitze unter Umwenden 15 Minuten braten. • Die Fleischwürfel dann aus der Kasserolle nehmen, beiseite stellen und die Lorbeerblätter aus dem Fett entfernen. • Die Zwiebeln schälen und sehr klein würfeln. Die Knoblauchzehen ebenfalls schälen und kleinwürfeln. Das restliche Butterschmalz in die Kasserolle geben, die Hälfte der Zwiebelwürfel mit der Petersilie unter Wenden 5 Minuten darin anbraten und das Tomatenmark unterrühren. • Den Koriander in einer leer erhitzten Pfanne unter Rühren 3 Minuten rösten. • Den Knoblauch, die restlichen Zwiebelwürfel, den gerösteten Koriander, den Ingwer, das Chilipulver und den Kurkuma miteinander mischen und klein zerstoßen. • Die Gewürzmischung zu den gebratenen Zwiebeln geben und alles weitere 5 Minuten braten. • Die Fleischwürfel in die Kasserolle zurückgeben. • Den Joghurt und das Wasser verrühren, über das Fleisch gießen und alles bei schwacher Hitze in 2 Stunden garen. • Nötigenfalls zwischendurch wenig heißes Wasser nachfüllen. Das Fleisch soll zuletzt sehr weich und durchgegart sein.

Das paßt dazu: körnig gekochter Reis.

Hackfleisch und Tatar

Hackfleisch bietet einiges: Es ist preiswert, hat kurze Garzeiten, läßt sich in 1000 Varianten zubereiten und ist vom Gesetzgeber geschützt gegen zweifelhafte Zusammensetzung, unsachgemäßes Verfahren, zu lange Lagerung; denn die Hackfleischverordnung gilt für jede Art rohes zerkleinertes Fleisch und besagt, daß Hackfleisch nur von Meistern hergestellt und von Fachkräften verkauft werden darf. Hackfleisch muß am Tage der Herstellung verkauft und darf nicht bis zum nächsten Tag gelagert werden. Gleichgültig von welchem Tier Hackfleisch stammt, es darf keinerlei Zusätze haben, sogar die Zusammensetzung der verschiedenen Arten ist geregelt.

Hier einige nützliche Hinweise:
- Hackfleisch halb und halb besteht zu gleichen Teilen aus Rindfleisch und Schweinefleisch, sein Fettanteil darf nicht höher sein als 25 Prozent.
- Rinderhackfleisch besteht aus reinem Muskelfleisch vom Rind, sein Fettanteil darf nicht höher sein als 15 Prozent.
- Tatar – auch Beefsteakhack oder Schabefleisch genannt – besteht aus dem sehnenfreien Schlegel vom Rind, sein Fettanteil darf nicht höher sein als 10 Prozent.
- Schweinehackfleisch – auch Mett, Thüringer Mett, Hackepeter oder Häckerle genannt – besteht aus Muskelfleisch vom Schwein, sein Fettanteil darf nicht höher sein als 30 Prozent; es wird auch bereits gewürzt angeboten.
- Hackfleisch sollte nach dem Einkauf nicht länger als 12 Stunden zugedeckt an der kältesten Stelle im Kühlschrank aufbewahrt werden. Industriell tiefgefrorenes Hackfleisch kann man bei mindestens minus 18° im Gefriergerät bis zu 3 Monaten lagern. An- oder aufgetautes Hackfleisch muß sofort verbraucht werden. – Frisch gehacktes Fleisch kann in Portionen zu 250–300 g sofort nach dem Einkaufen auch selbst eingefroren werden. Gefriergerät auf – 30° schalten, Fleischportionen ins Vorfrierfach legen, nach 12–24 Stunden normal lagern – bis zu 3 Monate.
- Wer besonders gutes Hackfleisch möchte, stellt es am besten selber aus einem Stück Fleisch seiner Wahl her, indem er frisches Fleisch in Würfel schneidet und durch den Fleischwolf dreht oder in der Moulinette zerkleinert. So kann man auch Geflügel- und Wildhackfleisch bekommen, Innereien verarbeiten oder beliebige Mischungen erzielen.
- Für die Vorratshaltung kann man frisches Fleisch, in Würfel geschnitten, einfrieren, und nach dem Auftauen zu Hackfleisch zerkleinern.
- Zur Lockerung und Bindung wird Hackfleischteig mit anderen Substanzen gemischt. Für 500 g Hackfleisch nimmt man zur Bindung 1 Ei oder 2 Eiweiße – verquirlt oder zu Schnee geschlagen; zur Lockerung nimmt man 1 kalt eingeweichtes und wieder ausgedrücktes, möglichst altbackenes Brötchen oder 40 g Semmelbrösel (dann etwa 2–3 Eßlöffel Flüssigkeit zugeben) oder geriebene gekochte Kartoffeln oder gekochten Reis. Statt Brötchen und Ei kann man den Fleischteig auch nur mit Flüssigkeit wie Mineralwasser, Bier, Milch, Wein, Sahne, Joghurt, Gemüsebrühe mischen oder mit 1–2 Eßlöffeln Öl oder Speckwürfeln.
- Hackfleisch eignet sich zum Braten, Schmoren oder – in Klößchenform – zum Garziehen.
- Für Hackbraten sind Tonform und Bratfolie sehr zu empfehlen.

Grundrezept

Frikadellen

1 altbackenes Brötchen
1/4 l Wasser
1 Zwiebel
1 Eßl. Butter
500 g Hackfleisch halb und halb
1 Ei
1 Teel. Salz
2 Messersp. weißer Pfeffer
1 Messersp. getrockneter Majoran
3 Eßl. Öl

Pro Portion etwa
1620 Joule/385 Kalorien

Zubereitungszeit: 40 Minuten

Das Brötchen halbieren oder vierteln und in dem kalten Wasser einweichen. • Die Zwiebel schälen, sehr klein würfeln und in der Butter glasig braten. • Das Hackfleisch in eine Schüssel geben und die Zwiebelwürfel mit der Butter darüber verteilen. Das Brötchen gut ausdrücken und ebenfalls auf das Hackfleisch geben. Das Ei mit dem Salz, dem Pfeffer und dem Majoran verquirlen, zum Hackfleisch geben und alles gut durchkneten, damit sich alle Bestandteile mischen. • Mit nassen Händen aus dem Fleischteig etwa 7 cm große Frikadellen – das sind abgeflachte Kugeln, die in der Mitte etwa 3 cm hoch sind – formen. • Das Öl in einer Pfanne erhitzen, die Frikadellen von jeder Seite 2 Minuten kräftig anbraten, dann bei schwacher Hitze von jeder Seite 6–8 Minuten weiterbraten.

Das paßt dazu: Kartoffelsalat und Gurkensalat.

Mein Tip Gerät der Fleischteig zu locker, gibt man noch etwas Semmelbrösel zu. – Wird der Fleischteig zu fest, lockert man ihn mit 1 Eiweiß oder mit etwas Milch. – Wer die Frikadellen besonders knusprig mag, kann sie vor dem Braten in Semmelbröseln wenden.

Preiswert · Schnell

Frikadellen mit Weizenschrot

Den Fleischteig wie im Grundrezept beschrieben herstellen, aber statt des Brötchens mit 8 Eßlöffeln grobem Weizenschrot mischen; 2 Eier verwenden. Mit Salz, Pfeffer und 1–2 gehackten Knoblauchzehen würzen und die Frikadellen in Öl braten. • In Butter geschwenkte Maiskörner und Kartoffelpüree dazu reichen.

Raffiniert

Gratinierte Bitoks

Russische Frikadellen

Den Fleischteig wie im Grundrezept beschrieben zubereiten, aber aus reinem Rinderhackfleisch oder Kalbshackfleisch. • Besonders kleine Frikadellen formen, von jeder Seite 3 Minuten in Butter braten und mit der Butter in eine feuerfeste Form legen. • Die Bitoks mit Scheiben von gekochten Kartoffeln umlegen und über alles 1/8–1/4 l saure Sahne gießen. Über die saure Sahne je 2 Eßlöffel Semmelbrösel und frisch geriebenen Käse streuen und im vorgeheizten Backofen bei 220° etwa 15 Minuten überbacken.

Schnell · Gelingt leicht

Schwedische Kjøttbullar

Den Fleischteig wie im Grundrezept beschrieben bereiten, aber nur aus Rinderhackfleisch. Mit 2 Eßlöffeln gehacktem Rindernierenfett, den Brötchen und dem Ei mischen. Mit Salz und Pfeffer würzen. • Frikadellen formen und in Butter von jeder Seite 3 Minuten anbraten. • 1/8 l Consommé, Rezept Seite 39, um die Kjøttbullar gießen und diese in weiteren 15 Minuten gar schmoren. • Die Sauce zuletzt mit 1/8 l Sahne und 1 Eigelb legieren. • Rote-Bete-Salat dazu reichen.

Griechische Hacksteaks

Den Fleischteig wie im Grundrezept beschrieben, aber nur aus Rinderhackfleisch bereiten und statt des Brötchens 1 1/2 Tassen gekochten kalten Reis untermischen. • Die Frikadellen formen und in Olivenöl braten. • Mit Tomatensauce und Bauernbrot servieren.

Salisbury-Hacksteaks

Den Fleischteig wie im Grundrezept beschrieben, aber nur aus reinem Rinderhackfleisch bereiten. 50 g feingehackten, durchwachsenen Speck, 4 Eßlöffel gehackte grüne Paprikaschote und 2 Eßlöffel gehackte Petersilie untermischen. Den Teig mit Salz und Pfeffer würzen. • Frikadellen formen und diese in Öl braten. • Kartoffelsalat dazu reichen.

Preiswert · Raffiniert

Türkische Keuftés

Den Fleischteig wie im Grundrezept beschrieben, aber aus Hammelhackfleisch bereiten. Mit Salz, Pfeffer und je 1 Messerspitze geriebener Muskatnuß, Nelkenpulver und Cayennepfeffer würzen. • Frikadellen formen, diese in wenig kochendem Salzwasser mit 1 gehackten Zwiebel, 1 Lorbeerblatt und 1 Prise Zucker in etwa 20 Minuten gar schmoren. • Dazu eine kräftig gewürzte (Zimt, Essig, Zucker und Knoblauch), nicht angedickte Tomatensauce und Reis reichen.

Afrikanische Koftas

Den Fleischteig wie im Grundrezept beschrieben, aber nur aus Rinderhackfleisch bereiten. Mit Salz, Zimt und Cayennepfeffer scharf würzen. • Frikadellen formen und in Öl braten. • Reis und grünen Salat dazu servieren.

Preiswert · Raffiniert

Bori-Bori

Südamerikanische Frikadellen

500 g Hackfleisch halb und halb mit Salz, weißem Pfeffer und scharfem Paprikapulver würzen, mit 340 g gegarten und abgetropften Maiskörnern, 2 Eiern und so

viel Semmelbrösel mischen, daß ein gut formbarer Teig entsteht. • Frikadellen daraus formen und in Olivenöl braten. • Frisch aufgebackenes Stangenweißbrot und Chicoréesalat dazu reichen.

Schnell · Gelingt leicht

Hamburger

Die echten amerikanischen Hamburger werden aus den besten Teilen des Rindes gemacht, aus der Schulter, dem Hüftdeckel, dem Roastbeef oder aus dem Filet, aber nur in privaten Haushalten. Hamburger, die man als Massenwaren in Schnellimbißläden oder aus Bretterbuden am Straßenrand erwirbt, sind keinesfalls von gleicher Qualität und schmecken entsprechend. Die echten aber sind ohne nennenswerte Beimengung von anderen Substanzen. Man schätzt Hamburger aus purem Fleisch und verzichtet daher auf Lockerungsmittel; sie werden also ohne Brot und Semmelbrösel und ohne Ei bereitet, höchstens nach persönlichem Geschmack gewürzt und dann belegt mit den verschiedensten Garnierungen. Ganz stilecht muß ein Hamburger in einem aufgeschnittenen Brötchen stecken.

500 g Beefsteakhack
1 Teel. Salz
1/4 Teel. schwarzer Pfeffer
2 Eßl. feingeriebene Zwiebel
4 Eßl. Öl
4 Brötchen (am besten salzige Milchbrötchen)

Pro Portion etwa 1620 Joule/385 Kalorien

Zubereitungszeit: 30 Minuten

Das Hackfleisch locker mit einer Gabel mit dem Salz, dem Pfeffer und der geriebenen Zwiebel mischen; das Fleisch dabei so wenig wie möglich quetschen. • Mit nassen Händen 8 kleine flache, nur 1 cm dicke Frikadellen von etwa 7 cm Durchmesser aus dem Fleischteig formen und dabei den Teig nicht stark drücken. • Das Öl bei mittlerer Hitze in einer flachen Pfanne erwärmen und die Hamburger von jeder Seite 2–3 Minuten braten. Die Hamburger beim Braten nur einmal wenden und nicht mit dem Pfannenwender flachdrücken oder klopfen, das würde sie hart werden lassen. • Die Brötchen halbieren, auf jede Hälfte 1 Hamburger legen und jeweils 1 Brötchen zusammengeklappt oder offen servieren.

Das paßt dazu: Zwiebelringe, Gewürzgürkchen, gehackte grüne Oliven, Senf, zerbröckelter Blauschimmelkäse, geriebener Meerrettich, geraspelte frische Ananas, Apfelraspel oder Tomatenketchup.

Cheeseburger

Hamburger mit Käse

Die Hamburger wie in obigem Rezept beschrieben zubereiten, aber den Fleischteig zusätzlich mit 1 Tasse frisch geriebenem Gouda- oder Chesterkäse und 4 Eßlöffeln Mineralwasser mischen. • Mit gemischtem Salat reichen.

Moreburger

Die Hamburger wie in obigem Rezept beschrieben zubereiten, den Fleischteig aber zusätzlich mit 1 Tasse Weizenschrot, 1/2 Tasse Tomatensaft und 1 Eßlöffel geriebenem Meerrettich mischen.

Grundrezept

Fleischklößchen

1 Brötchen
1/4 l Wasser
1/2 weiße Zwiebel
500 g Hackfleisch halb und halb
1 Ei
1 Eßl. gehackte Petersilie
1 Teel. Salz
2 Messersp. weißer Pfeffer
1 Messersp. geriebene Muskatnuß

Zum Garen:
3 Eßl. Öl oder 1 l Bouillon oder Salzwasser

Pro Portion etwa 1345 Joule/320 Kalorien (in Brühe gegart)
1620 Joule/385 Kalorien (in Öl gebraten)

Zubereitungszeit: 40 Minuten

Das Brötchen vierteln und in dem kalten Wasser einweichen. • Die Zwiebel schälen und sehr fein hacken oder reiben. • Das Hackfleisch in eine Schüssel geben, mit dem Ei, der Petersilie, dem Salz, dem Pfeffer, der Muskatnuß, der Zwiebel und dem gut ausgedrückten Brötchen mischen. • Den Fleischteig gründlich durchkneten und mit nassen Händen etwa walnußgroße oder tischtennisballgroße Klößchen daraus formen. • Die Klößchen entweder im heißen Öl unter öfterem Wenden insgesamt 12–15 Minuten braten. Oder die Fleischklößchen in die kochende Bouillon oder in das kochende Salzwasser einlegen, die Hitze sofort zurückschalten und die Klößchen in 15 Minuten gar ziehen, nicht kochen lassen; sie würden sonst zerfallen.

Das paßt dazu: Kartoffelpüree und Tomatensauce, Meerrettichsauce oder Béchamelsauce – zu gebratenen Fleischklößchen Salzkartoffeln und Gemüse oder Kartoffelsalat und Gurkensalat.

Mein Tip Wenn Sie die Fleischklößchen in einer Sauce servieren möchten, so braten Sie sie nur rundherum braun an und lassen sie dann noch 10 Minuten in der fertigen Sauce ziehen – nicht kochen. – Sollen die Fleischklößchen eine Suppe anreichern, so genügt die halbe Rezeptmenge, die Klößchen können viel kleiner, etwa in Größe einer Haselnuß geformt werden und brauchen dann höchstens 8 Minuten in der heißen Brühe zu ziehen.

Preiswert · Schnell

Schwedische Fleischklößchen

Die Fleischklößchen wie im Grundrezept beschrieben, aber aus purem Rinderhackfleisch bereiten und den Fleischteig mit je 1 Teelöffel Salz und gemahlenem Piment würzen. • Die Klößchen in Schweineschmalz oder Butter braten. • Dazu Kartoffelpüree und Preiselbeerkonfitüre servieren.

Kalbfleischklößchen

Den Fleischteig wie im Grundrezept beschrieben, aber mit Kalbshackfleisch bereiten und den Fleischteig statt mit der Petersilie und dem Muskat mit 2 Eßlöffeln gehackten Kapern und ½ Teelöffel gemahlenen Gewürznelken würzen. • Die Klößchen in Butter braun anbraten und in weiteren 10 Minuten in einer Béchamelsauce, Rezept Seite 288, gar ziehen lassen. • Mit Naturreis und gemischtem, gedünstetem Gemüse reichen.

Preiswert · Gelingt leicht

Königsberger Klopse

Die Fleischklößchen wie im Grundrezept beschrieben zubereiten, zusätzlich aber noch 6 gehackte Sardellenfilets unter den Fleischteig mischen. • Die Klöße dann in 1–1½ l kochendem Salzwasser, angereichert mit ½ geschälten Zwiebel, 3 Pfefferkörnern, 3 Pimentkörnern und 1 Lorbeerblatt, 10 Minuten ziehen und abtropfen lassen. • 2 Eßlöffel Butter zerlassen, 2 Eßlöffel Mehl darin hellgelb anbraten und unter Rühren mit ⅜ l der durchgeseihten Kochbrühe von den Klopsen aufgießen. Die Sauce 10 Minuten leicht kochen lassen, dann mit ½ Tasse trockenem Weißwein, 2 Eßlöffeln kleinen Kapern, 1 Teelöffel Zitronensaft, je 1 Prise Salz und Zucker abschmecken und mit ⅛ l Sahne abrunden. • Die Klopse 5 Minuten in der Sauce ziehen lassen. • Salzkartoffeln oder Kartoffelpüree dazu reichen.

Raffiniert

Polpettine

Italienische Fleischklößchen

Je 200 g Schweine-, Kalbs- und Rinderhackfleisch mit 1 eingeweichten und ausgedrückten Brötchen, 2 kleingewürfelten, in Butter angebratenen Zwiebeln, 1 Ei, 1 Teelöffel Salz und 2 Messerspitzen schwarzem Pfeffer mischen. • Klößchen daraus formen, in Öl anbraten. • 2 große gehäutete, gewürfelte Fleischtomaten, 2 Eßlöffel gehackte Petersilie und 2 gehackte Knoblauchzehen zugeben, alles durchschmoren, mit ⅛ l Bouillon aufgießen und in 10 Minuten gar schmoren. • Die Polpettinen mit frisch geriebenem Parmesankäse bestreuen und zu Spaghetti oder Polenta servieren.

Schnell · Preiswert

Mudjemeri

Hammelklößchen

500 g gehacktes Hammelfleisch mit 1 großen gehackten Zwiebel, 2 gehackten Knoblauchzehen, 1 Ei, 1 Teelöffel Salz, je 1 Teelöffel gehacktem Dill, Schnittlauch und Kerbel sowie 1 Tasse gekochtem kaltem Reis mischen. • Klößchen daraus formen, in Öl in 10–12 Minuten braten. • Mit einer kräftig gewürzten Tomatensauce und Weißbrot servieren.

Geflügelklößchen in pikanter Sauce

500 g ausgelöstes Geflügelfleisch durch die feinste Scheibe des Fleischwolfs drehen oder in der Moulinette hacken. Mit 5 Eßlöffeln geriebenem Zwieback, 1 Ei, 4 Eßlöffeln Sahne, 1 Teelöffel Salz, 2 Messerspitzen weißem Pfeffer und 1 Teelöffel abgeriebener Zitronenschale mischen. • Zu Klößchen formen und diese 10 Minuten in Geflügelbrühe gar ziehen lassen. • Für die Sauce ½ l Geflügelbrühe mit 2 Eßlöffeln in Wasser angerührtem Mehl binden, die Sauce 10 Minuten leicht kochen lassen, mit 1 Eigelb und Sahne legieren und mit 3 Tassen frisch gegarten jungen grünen Erbsen mischen. • Die abgetropften Klößchen darin noch einmal 5 Minuten erhitzen. • Mit körnig gekochtem Reis servieren.

Raffiniert

Wildklößchen

500 g Wildfleisch (kleine Abschnitte) durch die feine Scheibe des Fleischwolfs drehen oder in der Moulinette hacken und mit 1 eingeweichten und ausgedrückten Brötchen, 200 g gehackten Champignons, 1 Ei, 1 Teelöffel Salz, ½ Teelöffel zerstoßenem Rosmarin mischen. • Klößchen daraus formen und 3 Minuten in leicht kochendem Salzwasser pochieren. • Die Klößchen dann abtropfen lassen, in 1 verquirltem Ei und in 8 Eßlöffeln Semmelbröseln wenden, in Öl in etwa 8 Minuten knusprig braun braten. • Mit Maronenpüree und Weißbrot servieren.

Braucht Zeit · Preiswert

Cevapčiči

Hackfleischröllchen

500 g Hackfleisch halb und halb
300 g gehacktes Lammfleisch
3 Knoblauchzehen
2 Eßl. Salz
½ Teel. weißer Pfeffer
3 große weiße Zwiebeln
4 Eßl. Öl

Pro Portion etwa:
2455 Joule/585 Kalorien

Zeit zum Durchziehen: 3 Stunden
Zubereitungszeit: 40 Minuten
Besonderes Küchengerät: Fleischwolf oder Moulinette

Das Hackfleisch zweimal durch die feinste Scheibe des Fleischwolfes drehen oder in der Moulinette zerhakken. • Die Knoblauchzehen schälen, kleinwürfeln und mit dem Salz zerdrücken. • Das Fleisch mit dem Knoblauchsalz und dem Pfeffer gründlich verkneten, Röllchen aus dem Fleischteig formen und diese zugedeckt im Kühlschrank etwa 3 Stunden durchziehen und kühlen lassen. • Die Zwiebeln schälen und in kleine Würfel schneiden. • Das Öl in einer großen Pfanne erhitzen und die Fleischröllchen darin nacheinander unter öfterem Wenden von allen Seiten knusprig braun anbraten; das dauert etwa 10–12 Minuten. • Die fertigen Röllchen im vorgeheizten Backofen warm stellen, bis alle gebraten sind. • Die Zwiebelwürfel gesondert dazu reichen.

Grundrezept

Hackbraten

1 altbackenes Brötchen
¼ l Wasser
1 große Zwiebel
3 Eßl. Öl
600 g Hackfleisch halb und halb
2 Eier
1 Teel. Salz
2 Messersp. weißer Pfeffer
je ¼ Teel. getrockneter Thymian und Oregano
2 Eßl. gehackte Petersilie
2 Eßl. Mehl
1 Bund Suppengrün
1 kleine Zwiebel
⅜ l Bouillon
4 Eßl. saure Sahne
1 Teel. milder Senf
2 Eßl. Tomatenketchup

Pro Portion etwa
2550 Joule/610 Kalorien

Zubereitungszeit: 1 Stunde und 30 Minuten

Das Brötchen vierteln und in dem kalten Wasser einweichen. • Die Zwiebel schälen, sehr klein würfeln und in ½ Eßlöffel Öl glasig und weich braten. • Das Brötchen ausdrücken, das Wasser wegschütten. • Das Hackfleisch in einer großen Schüssel mit dem ausgedrückten Brötchen, den Eiern, dem Salz, dem Pfeffer, den gerebelten getrockneten Kräutern, der Petersilie und den Zwiebelwürfeln mischen und alles gut verkneten. • Den Backofen auf 220° vorheizen. • Aus dem Fleischteig einen länglichen Laib formen, diesen mit Mehl bestäuben, das Mehl etwas anklopfen und antrocknen lassen. Den Hackbraten in einen Bräter ohne Deckel legen und mit dem Öl beträufeln. Den Hackbraten auf der untersten Schiebeleiste 1 Stunde braten. • Das Suppengrün waschen, putzen und grob kleinschneiden. Die Zwiebel schälen und achteln. Sobald der Hackbraten zu bräunen beginnt, die Zwiebelachtel und das Suppengrün zugeben. • Die Bouillon erhitzen, etwa ½ Tasse davon um den Hackbraten gießen und den Braten, damit er nicht austrocknet, von Zeit zu Zeit mit dem Bratenfond beschöpfen. • Gegen Ende der Bratzeit den Braten mit der sauren Sahne bestreichen und fertigbraten. • Den Hackbraten auf einer vorgewärmten Platte im abgeschalteten Backofen warm halten und ruhen lassen, damit sich der Fleischsaft gleichmäßig verteilen kann. • Den Bratenfond für die Sauce mit der restlichen Bouillon lösen, durch ein Sieb passieren und mit dem Senf und dem Tomatenketchup mischen. Die Sauce noch einmal aufkochen lassen und getrennt zum Hackbraten reichen.

Das paßt dazu: Kartoffelpüree und Rosenkohl, grüne Bohnen, Wirsing oder Rotkohl.

Mein Tip Kalter Hackbraten schmeckt ausgezeichnet als Brotbelag oder als Beilage zu Kartoffelsalat und zu grünem Salat. – Kalter Hackbraten, in Scheiben geschnitten, läßt sich hervorragend etwa für 3 Monate einfrieren und aufgetaut kalt verwenden.

Preiswert · Gelingt leicht

Netzbraten

Den Hackbraten wie im Grundrezept beschrieben zubereiten, aber nicht mit Mehl bestäuben, sondern in ein großes Kalbsnetz, das man beim Fleischer bestellen und kaufen kann, einhüllen. (Das Kalbsnetz vor der Verwendung in gut warmem Wasser schwenken, damit es geschmeidig bleibt.) • Den Hackbraten so in den Bräter legen, daß die Enden der Netzhaut unter dem Braten liegen, dann mit Öl beträufeln und wie im Grundrezept beschrieben garen.

Falscher Hase

Den Hackbraten wie im Grundrezept beschrieben, aber aus je 200 g Schweine-, Kalbs- und Rinderhackfleisch bereiten. Den Fleischteig zusätzlich mit 2 Eßlöffeln gehackten Kapern und etwas Zitronensaft würzen. • Den Braten nicht mit Öl, sondern mit zerlassener Butter beträufeln und wie im Grundrezept beschrieben garen. • Den Bratenfond zuletzt mit Bouillon lösen, durchpassieren und mit Sahne abrunden.

Mein Tip Wenn man den falschen Hasen bei 180° statt bei 220° im Backofen 1 Stunde und 30 Minuten gart, schmeckt er pastetenähnlich und macht sich kalt aufgeschnitten sehr gut.

Raffiniert

Nancy's Hamloaf

Amerikanischer Hackbraten

400 g gehackten rohen Schinken, 200 g gehackte Rinderlende und 200 g gehackte Schweinelende mit 1 feingewürfelten Zwiebel, 1 Tasse sehr kleinen frischen Weißbrotwürfeln, 1 Teelöffel Salz, 1 Messerspitze weißem Pfeffer, 1 Ei und 1 Tasse Tomatensaft mischen. • Aus dem Fleischteig einen Laib formen, diesen in den Bräter legen, mit Öl beträufeln und in 1 Stunde im vorgeheizten Backofen bei 220° ohne Deckel braten. • 20 Minuten vor Ende der Garzeit den Braten mit frischen geviertelten Ananasscheiben belegen. Die Ananasscheiben mit Butterflöckchen versehen und mit dem Braten bräunen lassen. • Dazu körnig gekochten Reis und Salat reichen.

Speckbraten

2 geschälte Zwiebeln, 2 geschälte Knoblauchzehen, 100 g geputzte Pfifferlinge oder Champignons hacken und mit 2 Eßlöffeln gehackter Petersilie, 1 großen gehäuteten, gewürfelten Fleischtomate und mit den gehackten Herzblättern von 1 Wirsingkohl in 3 Eßlöffeln Butter weich braten. • 750 g Hackfleisch halb und halb mit 1 eingeweichten und ausgedrückten Brötchen, dem angebratenen Gemüse, 2 Eßlöffeln grünem abgetropftem Pfeffer aus dem Glas, 1 Messerspitze schwarzem Pfeffer, je 1 Teelöffel Salz und edelsüßem Paprikapulver, 1 Spritzer Tobascosauce und 1 Ei verkneten und zu einem Laib formen. • Die großen Blätter des Wirsingkohls blanchieren und die Rippen entfernen. Die Blätter zu einer großen Platte übereinanderlegen und den

Fleischlaib darin einschlagen. Dünne Scheiben von durchwachsenem Speck (etwa 100 g) um den Braten wickeln und mit Küchengarn festbinden. • Den Speckbraten im vorgeheizten Backofen bei 220° 1 Stunde braten. Wenn der Speck zu bräunen beginnt, wiederholt etwas Öl auf den Speck träufeln. • Nach 2/3 der Bratzeit 1 Tasse trockenen Weißwein um den Braten gießen und den Braten öfter damit beschöpfen, damit er saftig bleibt. • Für die Sauce den Bratenfond mit 1/8 l Sahne lösen und als Sauce dazu reichen. • Gedünstete und in Butter geschwenkte Erbsen und Möhrenstifte und Kartoffelpürree dazu reichen.

Kann vorbereitet werden · Gute Vorspeise

Schinken-Terrine

600 g Schweinehackfleisch aus der Keule
200 g gekochter Schinken
1 Teel. Salz
1/2 Teel. weißer Pfeffer
3 Eßl. gemischte frische Kräuter: Petersilie, Estragon, Salbei und Kerbel
2 Eier
8 Eßl. saure Sahne
200 g geräucherter Schweinebauch
300 g frischer fetter Speck in dünnen Scheiben
1 Zwiebel
1 Eßl. Öl
2 Lorbeerblätter

Pro Scheibe:
1365 Joule/325 Kalorien

Zeit zum Kühlen: 5 Stunden
Zubereitungszeit: 2 Stunden
Besonderes Küchengerät: feuerfeste Steingutform mit Deckel von 1 1/2 l Fassungsvermögen

Das Schweinehackfleisch in eine große Schüssel geben. Den gekochten Schinken in kleine Würfel schneiden und mit dem Salz, dem Pfeffer, den Kräutern, den Eiern und der sauren Sahne zum Hackfleisch geben und alles gut durchkneten. • Das Hackfleisch zugedeckt im Kühlschrank 5 Stunden durchziehen lassen. • Den geräucherten Schweinebauch in etwa 1 cm große Würfel schneiden und unter das gut gekühlte Hackfleisch mischen. • Den Backofen auf 200° vorheizen. • Die Steingutform nahtlos mit den Speckstreifen auslegen, die Fleischfüllung hineingeben, glattstreichen und mit Speckstreifen abdecken. • Die Zwiebel schälen, in Ringe schneiden und in dem Öl goldgelb braten. Die Zwiebelringe und die Lorbeerblätter auf die Speckscheiben legen und die Steingutform zudecken. • Einen genügend großen Topf oder die Bratenpfanne des Backofens mit heißem Wasser füllen, die Steingutform hineinstellen; sie soll gut zu 1/3 von Wasser umgeben sein. • Die Steingutform im Wasserbad auf die unterste Schiebeleiste in den Backofen geben und die Terrine in 1 Stunde und 30 Minuten garen. • Den Deckel der Terrine nach der Garzeit abnehmen, die Terrine im geöffneten Backofen abkühlen und anschließend im Kühlschrank kalt werden lassen. • Die Terrine vor dem Servieren möglichst 1 Stunde – am besten 24 Stunden – im Kühlschrank gut durchziehen lassen. • Die Terrine in 20 Stücke teilen.

Das paßt dazu: Toast und gekühlte Butterkugeln.

Braucht Zeit · Etwas schwierig

Hackfleischpastete

Abbildungen zur Pastetenbereitung finden Sie im großen Küchen-ABC unter dem Stichwort Pastete.

Für den Teig:
300 g Mehl
1 Eßl. Salz
150 g Butter
1 Ei
1/2 Tasse saure Sahne
Für die Füllung:
1 altbackenes Brötchen
1/4 l Wasser
2 kleine Zwiebeln
150 g Champignons
1 Eßl. Butter
2 Eßl. gehackte Petersilie
150 g rohen Schinken
500 g Hackfleisch halb und halb
150 g Tatar
1 Ei
1 Eigelb
1 Teel. Salz
1/4 Teel. weißer Pfeffer
2 Eßl. grüne Pfefferkörner aus dem Glas
1 Teel. abgeriebene Zitronenschale
Für die Form:
Butter
Zum Bestreichen:
1 Eigelb

Pro Pastetenstück:
1720 Joule/410 Kalorien

Zeit zum Kühlen: 1 Stunde und 30 Minuten
Zubereitungszeit: 2 Stunden
Besonderes Küchengerät: Springform von 26 cm Durchmesser, Alufolie oder Pergamentpapier

Das Mehl auf ein Backbrett sieben. Das Salz über das Mehl streuen und die Butter in Flöckchen darauf verteilen. In die Mitte eine Vertiefung drücken und das Ei und die saure Sahne hineingeben. Alle Zutaten rasch zu einem Mürbeteig verkneten. • Den Teig in Alufolie oder in Pergamentpapier wickeln und 1 Stunde im Kühlschrank ruhen lassen. • Für die Füllung das Brötchen in dem kalten Wasser einweichen. • Die Zwiebeln schälen und kleinwürfeln. Die Champignons putzen, waschen und würfeln. • Die Butter zerlassen und die Zwiebelwürfel darin glasig braten. Die Champignons zu den Zwiebelwürfeln geben und unter Umwenden ebenfalls kurz anbraten. Die Petersilie über die Pilze streuen und alles gut mischen. • Den Schinken in kleine Würfelchen hacken. Das Hackfleisch mit dem Tatar in eine große Schüssel geben, die Schinkenwürfel und die Pilze mit den Zwiebelwürfeln, das Ei, das Eigelb, das Salz, den Pfeffer, die Pfefferkörner und die Zitronenschale dazugeben, alles zu einem geschmeidigen Fleischteig verkneten und kühl stellen. • Den Backofen auf 200° vorheizen. • Den Mürbeteig in 2 größere und 1 kleineres Stück teilen. 1 Stück davon auf einer leicht bemehlten Arbeitsfläche in Größe der Springform etwa 3 mm dick ausrollen. • Die Springform auf die Teigplatte stellen, den Rand davon mit einem Messer auf dem Teigblatt leicht markieren und das Teigblatt dann entsprechend ausschneiden. • Die Springform mit der Butter ausfetten und die Bodenplatte in die Form legen. • Aus dem kleineren Stück Mürbeteig einen Rand ausrollen, in die Form legen und leicht am Boden festdrücken. • Den Teigboden mit einer Gabel mehrmals einstechen. Die Fleischfüllung in die Form geben und glattstreichen. • Das restliche Stück Mürbeteig etwa 2 mm dünn ausrollen, ausschneiden und auf die Füllung legen. In die Mitte der Teigdecke ein kleines Loch schneiden, damit Dampf abziehen kann. • Aus den Teigresten kleine Figuren ausstechen. Die Oberfläche mit verquirltem Eigelb bestreichen, die Teigförmchen als Verzierungen darauflegen und ebenfalls mit Eigelb bestreichen. • Die Pastete im vorgeheizten Backofen auf der zweiten Schiebeleiste von unten in 60–70 Minuten backen. • Die Pastete nach dem Backen in der Form etwa 15 Minuten abkühlen lassen, dann auf ein Kuchengitter schieben und restlos kalt werden lassen. • Die Pastete vor dem Servieren in 12 gleich große Stücke schneiden. • Dazu eine beliebige Würzsauce servieren.

Schwedische Pastete

Den Teig wie im Rezept für Hackfleischpastete beschrieben zubereiten, aber in 2 dünnen Platten in Größe eines Backblechs ausrollen. • Für die Füllung je 200 g Hackfleisch halb und halb, Kalbshackfleisch, Tatar und rohen Schinken verwenden. Die Füllung ebenfalls mit angebratenen Pilzen, Zwiebeln und Petersilie sowie mit Salz, weißem Pfeffer und 1 Tasse geriebenem skandinavischem Käse mischen (ersatzweise alten Goudakäse verwenden). • Die Füllung auf das untere Teigblatt streichen, mit einem zweiten Teigblatt bedecken, mit Eigelb bestreichen und im Backofen bei 190° auf der mittleren Schiebeleiste in etwa 45 Minuten goldbraun backen. • Die schwedische Pastete wird heiß mit Preiselbeerkonfitüre und saurer Sahne serviert.

Kalt · Schnell

Tatar

600 g Tatar
4 Eigelbe
3 große weiße Zwiebeln
8 Sardellenfilets
4 kleine Gewürzgurken
4 Eßl. Kapern
4 Eßl. Öl

Gewürze:
Salz, Pfeffer, edelsüßes Paprikapulver, Rosenpaprikapulver

Pro Portion etwa:
1850 Joule/440 Kalorien

Zubereitungszeit: 30 Minuten

Aus dem Tatar 4 gleich große Halbkugeln formen und diese auf einer großen Holzplatte anrichten. • In jede Halbkugel in der Mitte eine Vertiefung drücken und da hinein jeweils 1 Eigelb gleiten lassen. • Die Zwiebeln schälen, 2 in Ringe schneiden, die dritte würfeln. • Die Sardellenfilets längs halbieren und zu Röllchen formen. Die Gewürzgurken längs halbieren und jede Hälfte in Fächer schneiden. Die Sardellenröllchen und die Gewürzgurkenfächer mit den Zwiebelringen um die Tatarhalbkugeln anrichten. • Die Zwiebelringe abwechselnd mit Kapern und den verschiedenen Arten von Paprikapulver füllen. • Das Öl in einem kleinen Schälchen auf die Platte stellen. • Das Salz und den Pfeffer in der Mühle gesondert auf den Tisch stellen. • Jeder Teilnehmer an der Tafelrunde nimmt sich seine Portion Tatar und würzt sie nach Belieben mit den angebotenen Würzzutaten.

Das paßt dazu: Schwarzbrot und Butter.

Innereien

Zu Gerichten aus Innereien hat fast jeder Mensch eine individuelle Einstellung. Die einen mögen sie, die anderen lehnen sie ab, einige essen alle Arten von Innereien gern, andere sagen ja zur Leber, sind aber sonst voller Zurückhaltung. Wo keine Voreingenommenheit gegen Innereien besteht, sind sie willkommene Abwechslung auf dem Speisezettel. Sie werden preiswert angeboten, die meisten lassen sich auch schnell delikat zubereiten.
Allerdings sollte man nach den neuesten Erkenntnissen der Ernährungsphysiologie Nieren und Leber vom Rind (ausgenommen vom Kalb) und vom Schwein nicht häufiger als alle 2–3 Wochen einmal essen, da sie einen erhöhten Cadmiumgehalt aufweisen.
Dieser Nachteil gilt nicht für junge Tiere, also für Kalbs- und Lammleber, die viele Vitamine enthalten und besonders zart und wohlschmeckend sind. Auf den Verzehr dieser Köstlichkeiten sollte man also nicht so einfach verzichten.
Und dies ist beim Umgang mit Innereien zu beachten:

- Alle Innereien kommen nur frisch, nämlich am Schlachttag, in den Handel und sollten nach dem Einkauf sofort im Haushalt zubereitet werden.
- Man sollte Innereien möglichst frisch verwenden. Muß man sie lagern, so sollen sie gut zugedeckt in einer nichtmetallischen Schüssel an der kältesten Stelle des Kühlschranks nicht länger als 24 Stunden aufbewahrt werden.
- Bries, Gekröse, Herz, Hirn, Leber, Milz, Nieren, Lunge und Zunge von allen Schlachttieren können in mannigfaltigen Arten zubereitet werden. Stets sind die Organe junger Tiere zarter, delikater und weniger belastet als die älterer.
- Grundsätzlich ist die Vor- und Zubereitung einer bestimmten Innerei, von welchem Tier auch das entsprechende Organ stammt, jeweils die gleiche. Wie die einzelnen Organe speziell behandelt werden, zeigt das jeweilige Grundrezept.

Grundrezept

Gebratene Leber

Kalbsleber und Lammleber liegen qualitativ an der Spitze. Schweineleber ist zwar ebenfalls von zarter Konsistenz, hat aber einen intensiveren Eigengeschmack. Hammelleber ist in Konsistenz und Geschmack der Schweineleber ähnlich. Rinderleber schmeckt kräftig, manchmal etwas bitter und wird meistens mit anderen Innereien oder Fleischsorten gemischt zubereitet. Vor dem Garen legt man Rinderleber mindestens 1 Stunde in kalte Milch, die der Leber Bitterstoffe entzieht.

4 etwa 2 cm dicke Scheiben Kalbsleber zu je 125 g
1 Tasse Milch
2 Eßl. Mehl
1 Teel. weißer Pfeffer
2 Eßl. Öl
4 Messersp. Salz

Pro Portion etwa
1070 Joule/255 Kalorien

Zubereitungszeit: 30 Minuten

Die Leberscheiben kalt waschen und gut trockentupfen. Die Leber dann häuten: Mit einem dünnen, spitzen Messer unter die feinen Häutchen fahren und diese abziehen. Dabei harte Stränge in der Leber ausschneiden. • Die Leberscheiben dann in die Milch tauchen und etwas abtropfen lassen. • Das Mehl mit dem Pfeffer mischen und die Leberscheiben in dem gewürzten Mehl wenden. Die Leberscheiben dann gründlich schütteln, damit nicht fest haftendes Mehl wieder abfällt. Die bemehlten Leberscheiben auf ein Kuchengitter legen, damit das Mehl etwas antrocknet. • Das Öl in einer Pfanne erhitzen, die Leberscheiben hineinlegen und von jeder Seite 3 Minuten braten; die Leber dabei nur einmal wenden und die Hitze nach dem Einlegen der Leber auf mittlere Hitze zurückschalten. • Die fertiggebratene Leber von jeder Seite salzen und auf einer vorgewärmten Platte anrichten.

Das paßt dazu: Kartoffelpüree oder Bratkartoffeln und Feldsalat oder Waldorfsalat.

Mein Tip Alle Rezepte für Kalbsleber können ebenso mit Lammleber zubereitet werden.

Preiswert · Schnell

Berliner Leber

Die Leber wie im Grundrezept beschrieben vorbereiten und braten. • Runde, geschälte Apfelscheiben, deren Kerngehäuse ausgestochen wurde, und reichlich Zwiebelringe in Butter braun braten, auf die gebratene Leber geben und die Bratbutter der Apfelscheiben und der Zwiebelringe darüberträufeln. • Mit Kartoffelpüree reichen.

Lammleber auf griechische Art

700 g Lammleber im Stück wie im Grundrezept beschrieben vorbereiten, in 3 cm große Würfel schneiden und in reichlich Olivenöl bei starker Hitze von allen Seiten 3 Minuten anbraten. • Die Leber salzen und pfeffern, mit 2 Eßlöffeln Zitronensaft beträufeln, mit 2 Eßlöffeln frischem gehacktem Basilikum bestreuen und bei schwacher Hitze in weiteren 3–4 Minuten fertig braten. • Die Leber mit gehackter Petersilie bestreuen. Im Reisrand mit gedünsteten jungen Erbsen servieren.

Grundrezept

Geschmorte Leber

600 g Kalbsleber
½ l Milch
50 g fetter Speck in ½ cm dicken Scheiben
2 Eßl. Öl
¼ l Bouillon
½ Teel. Salz
½ Teel. getrockneter Oregano
⅛ l saure Sahne
2 Teel. Mehl

Pro Portion etwa
1785 Joule/425 Kalorien

Zeit zum Marinieren: 1 Stunde
Zubereitungszeit: 40 Minuten
Besonderes Küchengerät: dicke Spicknadel

Die Leber im Stück waschen, abtrocknen und häuten: Mit einem dünnen spitzen Messer unter die Häutchen fahren und diese stückweise abziehen. Die harten Stränge aus der Leber schneiden. Die Leber in die Milch legen und 1 Stunde darin marinieren. • Den Speck in etwa 5 cm lange Streifen schneiden. • Die Leber abtrocknen. Die Speckstreifen in eine dicke Spicknadel zum Durchziehen größerer Fleischstücke einlegen und das Stück Leber in gleichmäßigen Abständen mit den Speckstreifen spicken (durchziehen). • Das Öl erhitzen und die Leber von allen Seiten unter ständigem Umwenden darin braun anbraten. • Die Bouillon erhitzen. • Die angebratene Leber salzen und mit dem Oregano bestreuen. ⅔ der heißen Bouillon zur Leber gießen und diese zugedeckt bei schwacher Hitze in etwa 20–25 Minuten garen; dabei nach und nach die restliche heiße Bouillon zugießen. • Die gegarte Leber in Scheiben schneiden, auf einer vorgewärmten Platte anrichten und warm stellen. Für die Sauce die saure Sahne mit dem Mehl verquirlen, in die Schmorflüssigkeit der Leber rühren und unter Rühren bei schwacher Hitze einige Minuten kochen lassen. Die Sauce über die Leber gießen.

Das paßt dazu: Kartoffelpüree und Rote-Bete-Salat.

Gelingt leicht · Preiswert

Venezianische Leber

Bild Seite 177

600 g Kalbsleber wie im Grundrezept beschrieben vorbereiten und in Streifen schneiden. • 2 Zwiebeln in Ringe schneiden, in Olivenöl weich und glasig braten. 1 Teelöffel frischen gehackten Salbei (oder ¼ Teelöffel getrockneten gerebelten Salbei) und 1 Prise getrockneten Majoran zugeben und mitbraten. • Die Leberstreifen in einer zweiten Pfanne in 2 Eßlöffeln Olivenöl und 2 Eßlöffeln Butter unter Umwenden 3 Minuten braten, mit den Zwiebeln mischen, salzen, pfeffern, und alles noch 2 Minuten bei schwacher Hitze braten. • Dazu Spaghetti reichen.

Preiswert · Schnell

Saure Leber

600 g Kalbs- oder Schweineleber wie im Grundrezept beschrieben vorbereiten und in knapp 1 cm dicke Scheiben von etwa 4 cm Seitenlänge schneiden. • 1 Zwiebel in Ringe schneiden und diese mit 30 g fetten Speckwürfeln in 2 Eßlöffeln Butter glasig braten. • Die Leber zugeben und bei starker Hitze rasch von allen Seiten scharf anbraten. Dann auf schwache Hitze zurückschalten, die Leber mit 1 Eßlöffel Mehl bestäuben und nach und nach mit ⅛ l heißer Bouillon ablöschen. • ⅛ l saure Sahne zur Leber gießen, alles 2 Minuten schwach kochen lassen und die Sauce mit Salz, Pfeffer und Weinessig oder trockenem Weißwein säuerlich abschmecken. • Semmelknödel und gemischten Salat dazu reichen.

Preiswert · Schnell

Panierte Schweineleber

4 2 cm dicke Scheiben Schweineleber zu je 125 g
2 Eßl. Mehl
1 Teel. Salz
½ Teel. weißer Pfeffer
1 Ei
1 Eßl. Wasser
4 Eßl. Semmelbrösel
3 Eßl. Öl
4 Sardellenfilets
10 rotgefüllte Oliven

Pro Portion etwa 1510 Joule/360 Kalorien

Zubereitungszeit: 30 Minuten

Die Leber kalt waschen, abtrocknen, häuten und harte Stränge aus der Leber schneiden. • Das Mehl mit dem Salz und dem Pfeffer mischen. Die Leberscheiben in dem Mehl wenden und auf einem Kuchengitter kurz antrocknen lassen. • Das Ei mit dem Wasser verquirlen. Die Semmelbrösel in einen Suppenteller schütten. • Die Leberscheiben ins verquirlte Ei tauchen und anschließend in den Semmelbröseln wenden. • Die Semmelbrösel leicht andrücken, die Leberscheiben dann aber schütteln, damit nicht fest haftende Brösel abfallen. • Das Öl in einer Bratpfanne erhitzen und die Leberscheiben von jeder Seite bei mittlerer Hitze so lange braten, bis die Panierung goldgelb ist. • Die Sardellenfilets und die Oliven feinhacken und über die gebratene Leber streuen.

Das paßt dazu: frisches Stangenweißbrot oder Salzkartoffeln und Gurkensalat oder Tomatensalat.

Preiswert · Schnell

Gebratene Geflügelleber

500 g Geflügelleber
1 große weiße Zwiebel
2 Eßl. Öl
2 Eßl. Butter
½ Teel. Salz
1–2 Teel. edelsüßes Paprikapulver

Pro Portion etwa 1200 Joule/295 Kalorien

Zubereitungszeit: 25 Minuten

Die Geflügelleber kalt waschen, gut trockentupfen und von allen anhängenden Fetteilchen befreien. • Die Zwiebel schälen und würfeln. • Das Öl erhitzen, die Zwiebelwürfel darin hellgelb braten, die Geflügelleber zugeben und bei mittlerer Hitze unter ständigem Umwenden von allen Seiten in 5 Minuten braun braten. • Das Öl aus der Pfanne abtropfen lassen, die Butter in die Pfanne geben, bei schwacher Hitze in der Pfanne zerlassen und die Leber darin wenden. • Die Leber mit Salz und dem Paprikapulver würzen und auf einer vorgewärmten Platte anrichten.

Das paßt dazu: frisches Stangenweißbrot und Salat aus jungen grünen Erbsen oder Erbsengemüse.

Grundrezept

Gebratene Nieren

Nieren vom Kalb und vom Lamm haben einen angenehmen Eigengeschmack und sind besonders zart. Rindernieren schmecken etwas streng und sind von derberer Konsistenz. Die Nieren bestehen aus vielen zusammenhängenden kleinen Lappen, die von einer Fettschicht umgeben sind. Die Fettschicht ist jedoch beim Einkaufen bereits entfernt. Die Schweineniere hat als einzige die typisch glatte Nierenform, ist ebenfalls von zarter Konsistenz, hat aber den strengen Nierengeschmack.

• Rinder-, Kalbs- und Lammnieren waagrecht halbieren und die zähen Häutchen und Röhren an der Innenseite sorgfältig ausschneiden.
• Lamm- und Kalbsnieren danach 30–40 Minuten wässern; das kalte Wasser während dieser Zeit einige Male wechseln.
• Rindernieren nach dem Halbieren und säubern 40–60 Minuten in Milch oder Buttermilch legen, das mildert den strengen Geschmack – oder die Nieren 5 Minuten blanchieren, kalt abbrausen und dann nach Rezeptanweisung garen.
• Schweinenieren ebenfalls waagrecht halbieren, von Häutchen und Röhren befreien, wie Rindernieren in Milch oder Buttermilch einlegen oder 5 Minuten blanchieren.

600 g Schweinenieren
¼ l Milch oder Buttermilch
¼ l Bouillon
1 Eßl. Mehl
1 mittelgroße weiße Zwiebel
2 Eßl. Öl
½ Teel. Salz
2 Messersp. weißer Pfeffer
4 Eßl. trockener Weißwein
⅛ l saure Sahne

Pro Portion etwa 1255 Joule/300 Kalorien

Zeit zum Marinieren: 1 Stunde
Zubereitungszeit: 30 Minuten

Die Nieren längs halbieren und alle Harnstränge und Häutchen entfernen. Die Nieren gründlich kalt waschen und 1 Stunde in Milch oder Buttermilch legen. • Die Bouillon erhitzen. • Die Nieren aus der Milch nehmen, kalt abbrausen und trockentupfen. Die Nieren in etwa 1 cm dicke Scheiben schneiden und in dem Mehl wenden. • Die Zwiebel schälen und in Ringe schneiden. • Das Öl in einer Pfanne erhitzen, die Zwiebelringe darin glasig braten, die Nierenscheiben zugeben und unter Umwenden von allen Seiten 4 Minuten anbraten. Die heiße Bouillon zu den Nieren gießen und unter Rühren kurz aufkochen lassen. Die Nieren dann vom Herd nehmen, die Sauce mit dem Salz, dem Pfeffer und dem Weißwein abschmecken und mit der sauren Sahne verrühren. Die Sauce danach noch einmal erwärmen, aber nicht kochen lassen, sonst wird die Niere zäh.

Das paßt dazu: Salzkartoffeln oder breite Nudeln und Chiccoréesalat oder gedünsteten Broccoli.

Saure Niere

600 g Kalbs- oder Schweinenieren wie im Grundrezept beschrieben vorbereiten, in Scheiben schneiden, in Mehl wenden, in etwa 4 Eßlöffeln heißer Butter bei starker Hitze unter Umwenden von allen Seiten 2 Minuten anbraten und aus der Pfanne nehmen. • 2 Zwiebeln in Ringe geschnitten, in der Butter glasig braten, mit $^1/_4$ l heißer Bouillon auffüllen. 1 Eßlöffel Mehl in 2 Eßlöffeln Wasser kalt anrühren und die Sauce damit binden. Mit Salz, Pfeffer, 1–2 Teelöffeln Zitronensaft, 1 Prise Zucker und etwas trockenem Weißwein säuerlich abschmecken. Mit $^1/_8$ l saurer Sahne verrühren. • Die Nieren in der Sauce noch 3 Minuten ziehen, aber nicht kochen lassen. • Kartoffelpüree und Chicoréesalat dazu reichen.

Grundrezept

Ragout aus Kalbsherz

Das Herz von Rind, Kalb, Schwein und Lamm ist so zart wie bestes Muskelfleisch. Das Herz vom Kalb wiegt etwa 700 g, das vom Schwein und vom Lamm etwa 400 g und das vom Rind etwa $1^1/_2$ kg.

• Wenn noch nicht beim Einkauf geschehen, muß gestocktes Blut vollständig aus dem Inneren des Herzens entfernt werden, indem man das Herz tief einschneidet oder halbiert, gründlich unter fließendem kaltem Wasser abspült und die Blutgefäße, Sehnen, Knorpel und das Fett aus dem Inneren wegschneidet. Beim Rinderherz auch das Fett an der oberen Öffnung entfernen.
• Herz wird in Scheiben geschnitten als Ragout zubereitet, im ganzen – gespickt oder gefüllt – im Bräter oder im Tontopf im Backofen gegart.
• Kalbsherz im ganzen benötigt etwa 1 Stunde zum Garen, Lamm- und Schweineherz 40 Minuten und Rinderherz $2^1/_2$ Stunden.

$^1/_4$ l Kalbsknochenbrühe, Rezept Seite 39
600 g Kalbsherz
$^1/_2$ Teel. Salz
2 Messersp. weißer Pfeffer
2 Eßl. Mehl
1 Eßl. Öl
2 Eßl. Tomatenmark
1 Teel. Mehl
$^1/_8$ l saure Sahne
1 Teel. edelsüßes Paprikapulver
einige Tropfen Zitronensaft

Pro Portion etwa
1255 Joule/300 Kalorien

Zubereitungszeit: 1 Stunde

Die Kalbsknochenbrühe zum Kochen bringen. • Das Kalbsherz halbieren, gründlich kalt waschen, dabei die Herzkammern gut ausspülen. Die großen Adern, Sehnen, Knorpel und die harte Fettschicht herausschneiden. Das Herz in dickere Scheiben schneiden und trokkentupfen. • Die Scheiben mit dem Salz und dem Pfeffer einreiben und in dem Mehl wenden. • Das Öl erhitzen und die Herzscheiben bei mittlerer Hitze von beiden Seiten kräftig anbraten. Die Hälfte der kochendheißen Brühe zum Fleisch gießen und dieses zugedeckt bei schwacher Hitze 30 Minuten schmoren lassen. Während der Garzeit nach und nach die restliche heiße Brühe zugießen. • Die Herzscheiben dann mit dem Schaumlöffel aus der Sauce heben und warm stellen. • Das Tomatenmark in die Sauce rühren. Das Mehl mit der sauren Sahne verquirlen, in die Sauce rühren und einige Male aufkochen lassen. Die Sauce mit dem Paprikapulver und dem Zitronensaft abschmecken. • Die Herzscheiben wieder in die Sauce legen, darin noch einmal erwärmen, aber nicht kochen lassen.

Das paßt dazu: Kartoffelpüree und Salat aus geriebenen rohen Möhren oder Siebenbürger Bohnensalat, Rezept Seite 72.

Raffiniert · Braucht Zeit

Gefülltes Schweineherz

400–500 g Schweineherz
½ Teel. Salz
2 Messersp. schwarzer Pfeffer
200 g Champignons
1 kleine rote Zwiebel
1 Teel. Butter
1 Eßl. gehackte Petersilie
1 Ei
4 Eßl. Semmelbrösel
2 Messersp. Salz
1 Messersp. getrockneter Majoran
⅜ l Bouillon
1 Eßl. Öl
1 Eßl. Mehl
5 Eßl. saure Sahne

Pro Portion etwa
1370 Joule/330 Kalorien

Zubereitungszeit: 1 Stunde und 30 Minuten
Besonderes Küchengerät: Küchengarn

Das Schweineherz wie im Grundrezept beschrieben gründlich vorbereiten und aus dem Inneren des Herzens etwa 4 cm Fleisch herausschneiden und dieses kleinhacken. • Die verbliebenen Herzhälften mit dem Salz und dem Pfeffer einreiben. • Die Pilze putzen, waschen und kleinwürfeln. Die Zwiebel schälen und ebenfalls kleinwürfeln. • Die Butter in einer Pfanne zerlassen, die Pilzstückchen und die Zwiebelwürfel mit der Petersilie darin anbraten, in eine Schüssel geben, mit dem Ei, dem kleingeschnittenen Herzfleisch, den Semmelbröseln, dem Salz und dem Majoran mischen. • Das Herz damit füllen und mit Küchengarn rundherum zunähen. • Die Bouillon zum Kochen bringen. • Das Öl in einem Schmortopf erhitzen, das Herz rundherum darin braun anbraten, die Hälfte der heißen Bouillon zugießen und zugedeckt bei schwacher Hitze 1 Stunde schmoren lassen. Von Zeit zu Zeit etwas heiße Bouillon zum Herz gießen und dieses mit der Schmorflüssigkeit beschöpfen. • Das Herz dann aus der Sauce nehmen und warm stellen. • Den Schmorfond mit Wasser zu ¼ l Flüssigkeit auffüllen und einmal aufkochen lassen. • Das Mehl mit der sauren Sahne verquirlen und unter Rühren in der Sauce einige Male aufkochen lassen. • Die Fäden vom Herzen entfernen, das Herz mit der Füllung in Scheiben schneiden, auf einer heißen Platte anrichten und mit einem Teil der Sauce übergießen. Die restliche Sauce gesondert dazu reichen.

Das paßt dazu: körnig gekochter Reis, breite Nudeln oder Salzkartoffeln und Rosenkohlgemüse oder gedünstete Tomaten.

Mein Tip Nach der gleichen Art kann auch das größere Rinderherz zum Füllen verwendet werden. Das Rinderherz dann vor dem Füllen noch mit Speckstreifen spicken und zwar ganz mit den Speckstreifen durchziehen, nicht nur die Oberfläche spicken. Für das Rinderherz brauchen Sie zum Füllen jeweils die doppelte Menge, die Garzeit beträgt dann 2½ Stunden, und die Menge reicht für 6–8 Personen.

Grundrezept

Gebratenes Bries

Bries, auch Bröschen, Milcher oder Kalbsmilch genannt, gilt als Delikatesse und kann nur vom Kalb oder vom Lamm stammen (es ist die Wachstumsdrüse). Bries wiegt zwischen 250 und 300 g.
• Es muß vor dem Garen 2 Stunden gewässert werden, wobei man das Wasser wiederholt wechselt, damit sich alle Blutreste völlig lösen. Anschließend übergießt man das Bries mit kochendem Wasser und läßt es 10 Minuten darin ziehen oder man gibt es in kaltem Wasser auf den Herd und läßt es bei schwacher Hitze 10 Minuten sieden. Danach kalt abschrecken, die das Bries umschließende feine Haut abziehen und alle blutigen und knorpeligen Stellen entfernen.
• Die anschließende Garzeit beträgt für Briesscheiben etwa 15 Minuten, für Bries im ganzen 25 Minuten.
• Alle Rezepte, in denen Kalbsbries verwendet wird, können auch mit Lammbries oder mit Hirn zubereitet werden.

600 g Bries
2 l Wasser
2 Teel. Salz
3 Eßl. Essig
4 Eßl. Mehl
1 Ei
1 Eßl. Wasser
1 Tasse Semmelbrösel
4 Eßl. Öl

Pro Portion etwa
1430 Joule/340 Kalorien

Zeit zum Wässern: 2 Stunden
Zubereitungszeit: 30 Minuten
Das Bries in kaltes Wasser legen und 2 Stunden wässern, das Wasser während dieser Zeit wiederholt erneuern. • Das frische Wasser mit 1 Teelöffel Salz und dem Essig zum Kochen bringen. Das Bries gut abspülen, ins kochende Wasser legen und bei schwacher

Hitze 10 Minuten leicht kochen lassen. Das Bries dann mit einem Schaumlöffel aus dem Kochwasser heben, in kaltes Wasser legen und darin abkühlen lassen. • Mit einem spitzen Messer die feine Haut einschneiden und rundherum abziehen. Dabei alle blutigen und knorpeligen Stellen entfernen. Das Bries abtrocknen und in 4 gleich dicke Scheiben schneiden. • Die Scheiben salzen, in Mehl wenden und das Mehl etwas antrocknen lassen; die Scheiben dafür auf ein Kuchengitter legen. • Das Ei mit dem Wasser verquirlen und die Briesscheiben darin wenden. Anschließend die Briesscheiben in den Semmelbröseln wenden, die Semmelbrösel leicht andrücken, die Scheiben dann aber behutsam schütteln, damit nicht fest haftende Semmelbrösel abfallen und nicht im heißen Bratfett verbrennen. • Das Öl erhitzen und die Briesscheiben bei mittlerer Hitze von jeder Seite 7–8 Minuten braten.

Das paßt dazu: Petersilienkartoffeln und Erbsen-Möhren-Gemüse oder Stielmangold.

Raffiniert

Bries nach Art der Schäferin

Das Bries wie im Grundrezept beschrieben vorbereiten und in kleinere Scheiben schneiden. • 6 Eßlöffel Öl mit 1 Teelöffel Sojasauce, 2 Messerspitzen weißem Pfeffer und einigen Tropfen Worcestershiresauce mischen. Die Briesscheiben damit einreiben und zugedeckt 2 Stunden im Kühlschrank marinieren lassen. • Die Briesscheiben danach gut trockentupfen und in 2–3 Eßlöffeln heißer Butter bei schwacher Hitze von jeder Seite 6–7 Minuten braten. • 2 Eßlöffel Bourbon-Whiskey in einem Schöpflöffel über einer Kerzenflamme erwärmen, über das Bries gießen, anzünden und ausbrennen lassen. • Die Briesscheiben salzen, pfeffern und warm stellen. • 1 Eßlöffel Butter erhitzen, 2 kleingewürfelte Schalotten darin anbraten, 200 g junge Zuckererbsen zugeben und kurz mitbraten. Mit 150 g Crème fraîche und ½ Tasse Kalbfleischbrühe verrühren, mit Salz und Pfeffer abschmecken und bei äußerst schwacher Hitze einige Minuten ziehen lassen. • Die Briesscheiben wieder in die Sauce legen und darin noch 2 Minuten erwärmen. • Körnig gekochten Reis dazu reichen.

Grundrezept

Paniertes Hirn

Das Hirn aller Schlachttiere läßt sich in gleicher Weise zubereiten. Kalbshirn wird am häufigsten angeboten, Schweine- und Rinderhirn werden vorwiegend zur Herstellung von speziellen Würsten verarbeitet. Hirn ist leicht verdaulich und bedarf keiner langen Garzeit.

600 g Kalbshirn
1 l Wasser
3 Eßl. Essig
3 Teel. Zitronensaft
1 Teel. Salz
2 Messersp. weißer Pfeffer
4 Eßl. Mehl
1 Ei
1 Eßl. Wasser
1 Tasse Semmelbrösel
2 Eßl. Butter

Pro Portion etwa
1450 Joule/345 Kalorien

Zeit zum Wässern: 1 Stunde
Zubereitungszeit: 30 Minuten

Das Hirn gründlich kalt waschen und so lange im kalten Wasser liegen lassen, bis sich alles Blut völlig gelöst hat, das Wasser dabei wiederholt wechseln. • Das frische Wasser mit dem Essig zum Kochen bringen. Das Hirn noch einmal kalt abspülen, ins leicht kochende Essigwasser legen und 7 Minuten im offenen Topf bei schwacher Hitze ziehen lassen. • Das Hirn dann in einem Sieb kalt abbrausen und die dünne Haut sowie sämtliche Blutgerinnsel und Äderchen entfernen. • Das Hirn in 4 gleich große Scheiben schneiden, jede Scheibe mit Zitronensaft bestreichen und mit Salz und Pfeffer würzen. Die Hirnscheiben dann in dem Mehl wenden und das Mehl auf einem Kuchengitter kurze Zeit fest werden lassen. • Das Ei mit dem Wasser verquirlen, die Hirnscheiben in das Ei tauchen und dann in den Semmelbröseln wenden. • Die Butter erhitzen und die Hirnscheiben in der heißen Butter von jeder Seite 4 Minuten braten.

Das paßt dazu: Kartoffelpüree und Rosenkohl in einer Buttersauce.

Mein Tip Alle Rezepte für Hirn lassen sich auch mit Bries zubereiten. – Wenn Hirn als Vorspeise gereicht werden soll, so genügen pro Portion 100 g Hirn.

Etwas schwierig

Ausgebackenes Hirn

Das Hirn wie im Grundrezept beschrieben vorbereiten, in etwa 2 cm dicke Scheiben schneiden, salzen und durch Ausbackteig, Rezept süß-saures Schweinefleisch, Seite 151, ziehen. • Die Hirnscheiben in heißem, auf 180° erhitztem Fritierfett schwimmend ausbacken. Die Hirnscheiben nach dem Einlegen in das heiße Fett von jeder Seite 2–3 Minuten fritieren, auf saugfähigem Papier abtrocknen lassen und heiß halten.

Grundrezept

Saure Lunge

Im süddeutschen Sprachbereich wird die Lunge Beuscherl genannt. Unter dieser Bezeichnung gibt es einige beliebte Spezialitäten, die vor allem in Wirtschaften mit Lokalkolorit angeboten werden, die aber auch in vielen Familien regelmäßig auf den Tisch kommen.
• Für alle Gerichte mit Lunge bevorzugt man Kalbs- und Schweinelunge, da Rinderlunge von vielen festen Röhren durchzogen ist, die man alle mühsam entfernen muß.
• Lunge wird immer gekocht, gepreßt und möglichst erst am Tage danach in Streifen geschnitten, da sie sich dann viel leichter schneiden läßt.

Für die Lunge:
600 g Kalbs- oder Schweinelunge
1 Bund Suppengrün
1 Zwiebel
1½ l Wasser
1 Teel. Salz
5 Pfefferkörner
3 Lorbeerblätter
3 Eßl. Essig
Für die Sauce:
3/8 l vom Kochsud
2 Eßl. Butter
2 Eßl. Mehl
1 Eßl. Zitronensaft
3 Eßl. Weißwein
2 Messersp. weißer Pfeffer
½–1 Teel. Salz
1/8 l saure Sahne

Pro Portion etwa
1310 Joule/315 Kalorien

Kochzeit: 1 Stunde
Zeit zum Pressen: 12 Stunden
Zubereitungszeit: 40 Minuten

Die Lunge gründlich kalt waschen. Das Suppengrün waschen, putzen und grob zerschneiden. Die Zwiebel schälen und achteln. Das Wasser mit dem Salz, den Pfefferkörnern, den Lorbeerblättern, dem Essig, dem Suppengrün und den Zwiebelachteln zum Kochen bringen. • Die Lunge ins kochende Wasser legen und bei schwacher Hitze im geschlossenen Topf 1 Stunde kochen lassen. Vorsicht, die Lunge schäumt anfangs sehr stark auf, der Kochsud läuft leicht über! Deshalb einen genügend großen Topf zum Kochen benützen und den Schaum in den ersten 20–30 Minuten häufig mit dem Schaumlöffel abschöpfen. • Nach Ende der Kochzeit die Lunge aus dem Sud heben und in einem Sieb abtropfen lassen. Die Lunge dann zwischen 2 Küchenbretter legen und das oberste Brett mit einem Gewicht (volle Konservendosen) beschweren und möglichst 12 Stunden lang pressen und erkalten lassen. • Den Kochsud durchseihen, 3/8 l davon abmessen und im Kühlschrank aufbewahren. • Die Lunge vor dem Zubereiten in makkaronidicke Scheiben schneiden. • Für die Sauce die Butter in einem großen Topf zerlassen, das Mehl hineinstäuben und unter Rühren hellgelb braten. Nach und nach mit dem Kochsud aufgießen und die Sauce bei schwacher Hitze 10 Minuten kochen lassen, den Zitronensaft und den Weißwein zugeben. • Die Sauce mit dem Pfeffer und dem Salz abschmecken und die Lungenstreifen bei schwacher Hitze 15 Minuten darin zugedeckt kochen lassen. • Die Sauce vor dem Servieren mit der sauren Sahne verrühren.

Das paßt dazu: Semmelknödel und grüner Salat oder Krautsalat.

Zum Bild rechts:

Kalbsleber zählt zu den feinsten und beliebtesten Innereien und ergibt in jedem Fall eine leichte und besondere Mahlzeit. Man muß sie nicht immer auf die berühmte Berliner Art zubereiten, auch auf venezianische Art mit feinem Salbei-Aroma schmeckt sie ausgezeichnet. Traditionell wird sie mit Polenta als Beilage serviert, aber die Kombination mit Kartoffelpüree ist ebenso passend. Das Rezept finden Sie auf Seite 171.

Preiswert · Gelingt leicht

Wiener Kalbsbeuscherl

750 g Kalbslunge wie im Grundrezept beschrieben 1 Stunde lang kochen lassen, dem Sud aber 2 geviertelte Zwiebeln, 2 geschabte Möhren, 2 geschabte Petersilienwurzeln, ¹/₄ geschabte Sellerieknolle, 10 Pfefferkörner, 2 Gewürznelken, 2 Lorbeerblätter, 1 Teelöffel getrockneten Thymian und 1 Teelöffel Salz zufügen. • Die Lunge nach der Kochzeit zwischen 2 Bretter pressen und erkalten lassen und danach in schmale Streifen schneiden. • Die Sauce für das Beuscherl aus ¹/₂ l durchgeseihten Kochsud und 3 gehäuften Eßlöffeln Mehl, das mit kaltem Wasser angerührt wird, zubereiten. Die Sauce mit abgeriebener Zitronenschale von 1 ungespritzten Zitrone, 2 Eßlöffeln Kapern, 4 kleingehackten Sardellenfilets, etwas Zitronensaft, Zucker, Salz und Pfeffer leicht süß-sauer abschmecken. Die Sauce mit 2–3 Eßlöffeln Sahne verfeinern. • Die kleingeschnittene Lunge in der Sauce noch einmal erhitzen und die Sauce vor dem Servieren mit 2 Eßlöffeln Butterflöckchen verfeinern. • Zu Wiener Kalbsbeuscherl werden kleine Grießklößchen oder Weißbrot gereicht.

Zum Bild links:

Aus Hähnchen lassen sich die herrlichsten Gerichte zubereiten. Nicht von ungefähr nehmen sie auch in der klassischen Küche einen großen Raum ein. Dabei sind sie zudem noch preiswert und gesund. Probieren Sie es einmal mit dem Rezept für das auf nebenstehendem Bild gezeigte Rosmarinhähnchen. Braun und knusprig bringt es mit seinem Rosmarinaroma den Duft südlicher Kochkunst in unsere Küche. Das Rezept finden Sie auf *Seite 183.*

Lungenhaschee

600 g Kalbs- oder Schweinelunge wie im Grundrezept beschrieben vorbereiten, kochen, pressen und in grobe Stücke schneiden. • Die Lunge durch die grobe Scheibe des Fleischwolfs drehen oder in der Moulinette zerkleinern. • 2 kleine Zwiebeln würfeln, in Butter hellgelb braten, die durchgedrehte Lunge zugeben, kurz mitbraten, 2 Eßlöffel Mehl darüberstäuben und nach und nach mit ³/₈ l des durchgeseihten Kochsuds aufgießen. • Die Sauce mit etwas abgeriebener Zitronenschale, ¹/₂ Tasse Sahne, Salz und weißem Pfeffer abschmecken und mit reichlich gehackter Petersilie bestreut servieren. • Zum Lungenhaschee schmecken pochierte Eier und Kartoffelpüree ausgezeichnet.

Grundrezept

Kutteln auf bürgerliche Art

Kutteln – auch Kaldaunen, Fleck oder Pansen genannt – werden aus dem Vormagen des Rindes gewonnen und meist als Ragout zubereitet. Wer Kutteln mag, bedauert, daß sie bei uns nur selten angeboten werden und genießt sie als Spezialität in anderen europäischen Ländern, wo sie – vor allem in Frankreich als »tripes« – fast auf keiner Speisenkarte fehlen.

• Rohe Kutteln selbst zuzubereiten ist mühevoll und zeitraubend; denn sie müssen 6–10 Stunden lang gekocht werden. Deshalb kauft man Kutteln am besten bereits gekocht beim Fleischer, schneidet sie in Streifen und benützt sie so vorgegart für das ausgewählte Rezept.

600 g vorgegarte Kutteln
2 mittelgroße Zwiebeln
1 Möhre
1 Knoblauchzehe
2 Eßl. Öl
1 Eßl. Mehl
¹/₄ l Bouillon
2 Zweige Petersilie
1 Zweig Thymian
1 Lorbeerblatt
1 Teel. Salz
1 Messersp. schwarzer Pfeffer

2 große Kartoffeln
¹/₈ l trockener Weißwein oder 1–2 Eßl. Weinessig, mit Wasser zu ¹/₄ l aufgefüllt
200 g Champignons
¹/₈ l saure Sahne
2 Eßl. gehackte Petersilie

Pro Portion etwa
1345 Joule/320 Kalorien

Zubereitungszeit: 1 Stunde

Die Kutteln waschen, abtrocknen und in bandnudelbreite Streifen oder kleine Vierecke schneiden. Die Zwiebeln schälen und kleinwürfeln. Die Möhre schaben, waschen und in Scheiben schneiden. Die Knoblauchzehe schälen und kleinwürfeln. • Für die Sauce das Öl in einem genügend großen Schmortopf erhitzen, die Zwiebelwürfel und die Knoblauchstückchen darin glasig braten, die Möhrenscheiben zugeben, kurz mit anbraten, mit dem Mehl bestäuben und unter Umwenden mitbraten, bis eine homogene Masse entstanden ist. • Nach und nach mit der Bouillon auffüllen und die Kutteln in die Sauce geben. • Die Petersilienzweige, den Thymian und das Lorbeerblatt mit Küchengarn zusammenbinden und mit dem Salz und dem Pfeffer zu den Kutteln geben und alles zugedeckt bei schwacher Hitze 40 Minuten schmoren lassen. • Die Kartoffeln schälen, waschen und würfeln und nach 25 Minuten Kochzeit mit dem Weißwein oder dem Essigwasser unter die Kutteln mischen. • Die Champignons putzen, waschen, blättrig schneiden, etwa 8 Minuten vor Ende der Garzeit unter die Kutteln heben und kurz darin mitgaren. • Das Kräutersträußchen zuletzt entfernen und die Kutteln mit der sauren Sahne verrühren. Vor dem Servieren die Petersilie über die Kutteln streuen.

Das paßt dazu: Kartoffelpüree und grüner Salat.

Raffiniert

Tripes à la niçoise

Kutteln auf Nizzaer Art

Die Kutteln wie im Grundrezept beschrieben vorbereiten und in nicht zu große Stücke schneiden. • Für die Sauce 100 g durchwachsenen Speck würfeln, in 1 Eßlöffel Butter ausbraten, 1 Eßlöffel Mehl darüberstäuben, 70 g Tomatenmark unterrühren, mit ¼ l trockenem Weißwein aufgießen und alles kurz kochen lassen. • Die Kutteln mit 1 geschälten Zwiebel, die mit 2 Gewürznelken besteckt wurde, 1 Kräutersträußchen (2 Zweige Petersilie, 1 Zweig Thymian, 1 Lorbeerblatt), 2 geschälten Knoblauchzehen, 1½ Teelöffeln Salz und 2 Messerspitzen weißem Pfeffer in die Sauce geben und zugedeckt 40 Minuten bei schwacher Hitze kochen lassen; eventuell während der Garzeit etwas Wasser zufügen. • Vor dem Servieren die Zwiebeln, die Knoblauchzehen und das Kräutersträußchen entfernen und 1 Schnapsglas (2 cl) Cognac unter die Kutteln mischen. • Stangenweißbrot dazu servieren.

Königsberger Fleck

Die Kutteln in Streifen schneiden, mit 1½ Teelöffeln Salz, ¼ Teelöffel weißem Pfeffer, 1 Bund Suppengrün und 2 in Scheiben geschnittenen Zwiebeln mit Wasser bedeckt 40 Minuten kochen lassen, in ein Sieb schütten und den Sud auffangen. • Aus 2 Eßlöffeln Butter, 2 Eßlöffeln Mehl und ½ l vom Sud eine Sauce bereiten, diese mit 1 Lorbeerblatt, 4 schwarzen Pfefferkörnern und 1 Prise geriebener Muskatnuß würzen, 10 Minuten durchkochen lassen, mit Weinessig und eventuell noch mit Salz abschmecken und die Kutteln darin noch 10 Minuten ziehen lassen. • Die Kutteln vor dem Servieren mit 2 Messerspitzen getrocknetem, gerebeltem Majoran bestreuen.

Grundrezept

Kalbszunge in Kapernsauce

Eine Kalbszunge wiegt 600–750 g und benötigt etwa 1 Stunde Garzeit. Die Schweinezunge wiegt etwa 400 g und benötigt 40 Minuten Garzeit, Lammzunge von etwa 250 g benötigt 30 Minuten Garzeit und eine Rinderzunge von etwa 1½ kg benötigt 3 Stunden Garzeit.
• Da Zunge immer im ganzen angeboten wird, reicht eine Rinderzunge für eine Malzeit für 8 Personen. Die Rinderzunge wird frisch, gepökelt und geräuchert angeboten. Gepökelte Rinderzunge muß vor dem Garen etwa 10 Stunden wässern und wird anschließend ohne Salzzugabe gekocht.
• Vor dem Kochen wird jede Zunge unter fließendem kaltem Wasser gewaschen und die Oberseite gründlich abgebürstet.
• Nach dem Kochen wird die Zunge immer kalt abgeschreckt, danach die Haut abgezogen und bei Rinderzunge wird gegebenenfalls noch das Zungenbein ausgelöst und der Schlund entfernt.

750 g Kalbszunge
2 Stengel Selleriegrün, ersatzweise Petersilie
1½ l Wasser
1½ Teel. Salz
2 Eßl. Butter
2 Eßl. Mehl
⅛ l trockener Weißwein
4 Eßl. kleine Kapern
einige Tropfen Zitronensaft
je 2 Messersp. Salz und weißer Pfeffer
1 Eigelb
6 Eßl. Sahne

Pro Portion etwa 1720 Joule/410 Kalorien

Zubereitungszeit: 1 Stunde und 30 Minuten

Die Zunge unter fließendem kaltem Wasser waschen und die Oberseite gründlich abbürsten. • Das Selleriegrün oder die Petersilie kalt abbrausen. Das Wasser mit dem Salz, dem Selleriegrün oder der Petersilie zum Kochen bringen, die Zunge hineinlegen und zugedeckt 1 Stunde kochen lassen; in den ersten 15 Minuten den Topf aber offen lassen und den sich bildenden Schaum wiederholt abschöpfen. • Die Zunge ist gar, wenn sich die Zungenspitze leicht mit einer Gabel durchstechen läßt. • Die weichgekochte Zunge aus dem Kochsud heben, kalt abschrecken, die Haut abziehen und gegebenenfalls das Zungenbein sowie den Schlund entfernen. Die Zunge in schräge Scheiben schneiden und zugedeckt warm stellen. • Die Butter in einem Topf zerlassen, das Mehl hineinstäuben und unter Rühren kurz anbraten. 3/8 l durchgeseihten Kochsud von der Zunge nach und nach zur Einbrenne gießen und unter Rühren zum Kochen bringen. Die Sauce bei sehr schwacher Hitze 5 Minuten kochen lassen. • Den Weißwein und die Kapern in die Sauce rühren und mit Zitronensaft, Salz und Pfeffer abschmecken. • Das Eigelb mit der Sahne verquirlen, einige Eßlöffel der heißen Sauce in die Eigelbsahne rühren, die Sauce vom Herd nehmen und die Eigelbsahne unter die Sauce ziehen. • Die noch warmen Zungenscheiben in die Sauce legen und darin noch einmal bei äußerst schwacher Hitze erwärmen, aber nicht mehr kochen lassen, sonst werden die Zungenscheiben zäh.

Das paßt dazu: Kartoffelpüree oder körnig gekochter Reis und gedünsteter Broccoli, Blattspinat oder Kressesalat.

Grundrezept

Rinderzunge in Burgundersauce

Zutaten für 8 Personen:

1 frische Rinderzunge von etwa 2 kg
2 Bund Suppengrün
1 kleine Zwiebel
1 kleine Stange Lauch/ Porree
1 1/2 Teel. Salz
2–3 l Wasser
3 Eßl. Öl
2 Teel. Zucker
4 Eßl. Mehl
1 Lorbeerblatt
5 Wacholderbeeren
1/4 l roter Burgunderwein
4 Teel. Johannisbeergelee
8 Eßl. Sahne
je 2 Messersp. Salz, schwarzer Pfeffer und scharfes Paprikapulver

Pro Portion etwa 2690 Joule/640 Kalorien

Zubereitungszeit: 4 Stunden

Die Zunge unter fließendem kaltem Wasser waschen und die Oberseite der Zunge noch einmal gründlich abbürsten. • Das Suppengrün putzen, waschen und etwas kleinschneiden. Die Zwiebel schälen und vierteln. Vom Lauch nur das Weiße verwenden, waschen und in Stücke schneiden. • Das vorbereitete Gemüse mit dem Salz in den Topf geben, das Wasser zugießen und zum Kochen bringen. Die Zunge ins kochende Wasser legen, etwa 20 Minuten lang im offenen Topf sprudelnd kochen lassen und dabei den sich bildenden Schaum mehrmals entfernen. • Den Topf dann bis auf einen Spaltbreit zudecken, die Hitze zurückschalten und die Zunge weitere 3 Stunden leicht kochen lassen. • Die Zunge ist gar, wenn sich die Zungenspitze leicht mit einer Gabel durchstechen läßt. • Die Zunge dann aus dem Kochsud heben, kalt abschrecken, die Haut abziehen und dabei das Zungenbein und den Schlund entfernen. • Den Kochsud durchsieben und 3/4 l davon abmessen. Die Zunge zurück in den Kochtopf legen und mit dem restlichen Sud bedeckt warm halten. • Für die Sauce das Öl in einem Topf erhitzen, den Zucker hineinstreuen und unter Rühren hellgelb anbraten. Das Mehl darüberstäuben und alles kräftig braun anbraten, aber keinesfalls zu dunkel werden lassen, da die Sauce sonst bitter schmecken würde. Den Kochsud von der Zunge nach und nach in die dunkle Einbrenne gießen, das Lorbeerblatt und die Wacholderbeeren zugeben und alles zugedeckt bei schwacher Hitze 20 Minuten leicht kochen lassen. • Den Burgunderwein in die Sauce rühren und heiß werden lassen. Das Johannisbeergelee mit der Sahne verrühren und die Sauce damit abrunden. Die Sauce mit Salz, Pfeffer und Paprikapulver abschmecken. • Die Zunge aus dem Topf nehmen, in Scheiben schneiden und die Zungenscheiben in der Sauce noch einmal erhitzen, aber nicht kochen lassen.

Das paßt dazu: breite Nudeln, Kartoffelkroketten oder kleine Semmelknödel und Blumenkohl, gedünstete Tomaten oder Wachsbohnensalat.

Huhn, Ente, Gans, Puter

Seit Jahren wird Geflügel überwiegend tiefgefroren angeboten. Nachdem man zunächst die Vorteile und die günstigen Preise des tiefgefrorenen Geflügels geschätzt hat, will der Verbraucher heute lieber gegen Mehrpreis frisches Geflügel, auch wenn manchmal aufwendigere Arbeitsgänge in der Küche damit verbunden sind. Geflügel, das in Tausenderscharen unter unnatürlichen Lebensbedingungen mit industriell gefertigter Einheitsnahrung aufwächst, maschinell geschlachtet, schockgefrostet und verpackt wird, kann letztlich geschmacklich nicht mit Tieren konkurrieren, die im Freilauf Frischnahrung und zusätzlich das althergebrachte Körnerfutter erhalten.

Der Trend zu frischem Schlachtgeflügel vom Bauernhof oder aus der ländlichen Geflügelfarm ist daher verständlich. Bei den Rezepten dieses Kapitels gehen wir jedoch stets von küchenfertigem Geflügel aus, egal in welcher Form es eingekauft wurde.

- Tiefgefrorenes Geflügel ist zwar küchenfertig, das heißt gerupft, ausgenommen und gereinigt, aber nicht brat- oder kochfertig; denn es muß zuvor aufgetaut werden. Selbst wenn es nicht gebraten, sondern gekocht wird, muß es soweit auftauen, daß man die Innereien, die sich in einem Beutel im Körperinneren befinden, entnehmen kann. Ausnahmen sind lediglich Geflügelteile wie tiefgefrorene Keulen, Brüstchen oder Geflügelklein, sie können noch gefroren oder nur angetaut gegart werden. Zum Auftauen muß man die Verpackung entfernen, und das Fleisch zugedeckt in einer Schüssel im Kühlschrank oder rascher bei Raumtemperatur auftauen.
- **Wichtig!** Das beim Auftauen austretende Blut- und Auftauwasser, das sich in der Schüssel sammelt, unbedingt wegschütten; denn es könnte Salmonellen enthalten. Das Tier gründlich innen und außen kalt waschen und vor dem Braten oder Grillen außen abtrocknen. Das zum Vorbereiten benutzte Geschirr und Besteck anschließend unbedingt mit heißem Wasser gründlich reinigen.
- Die in einem Plastikbeutel befindlichen Innereien sobald wie möglich aus dem Körperinneren entnehmen, ebenfalls waschen und mit dem Geflügel zur Verbesserung der Sauce oder der Brühe garen oder für eine Füllung verwenden.
- Die Auftauzeiten für tiefgefrorenes Geflügel sind relativ lang; man muß ein Essen also zeitlich richtig planen, um nicht in Verlegenheit zu geraten.
- Frisch geschlachtetes Geflügel wird meist ebenfalls küchenfertig angeboten, also gerupft, ausgenommen und gereinigt. Aber man muß sich dessen vergewissern. Informationen dazu finden Sie im großen Küchen-ABC unter dem Stichwort Geflügel.
- Frisch geschlachtetes Geflügel vor dem Garen ebenfalls innen und außen gründlich kalt waschen und vor dem Braten oder Grillen außen gut abtrocknen.
- Jegliches Geflügel stets nur innen würzen und salzen; die Haut nur würzen, nicht salzen; Salz würde die Haut zäh werden lassen.
- Soll Geflügel eine knusprige Haut bekommen, so bestreicht man magere Tiere 10 Minuten vor Ende der Garzeit – beim Braten, Grillen (beim Garen im Tontopf oder in Alufolie den Tontopf oder die Alufolie öffnen) – mit Butter, Öl, Sahne oder saurer Sahne. Fette Tiere bestreicht man mit Salzwasser, Bier, Honigwasser (auf 1 Eßlöffel Honig 3 Eßlöffel Wasser) oder Fruchtsaft.
- Die Garzeiten für Geflügel lassen sich nicht eindeutig angeben, denn sie sind abhängig vom Alter und Gewicht des Tieres sowie von dessen Qualität (Lebensbedingungen, Ernährung). Als Faustregel für das Garen von ganzem Geflügel mag jedoch folgende Aufstellung dienen:

Garzeiten von Geflügel

Küken/Tauben	400–600 g	35– 50 Minuten
Perlhuhn	700–1000 g	45– 55 Minuten
Brathähnchen	800–1200 g	50– 60 Minuten
Poularde/Kapaun	1200 g–1½ kg	90–110 Minuten
Jungmasthuhn	1½–2 kg	90–120 Minuten
Suppenhuhn	1½ kg	90–120 Minuten
Ente	1600 g–2 kg	90–120 Minuten
Jungmastgans	3 kg	2–3 Stunden
Mastgans	4–6 kg	3–4 Stunden
Junger Puter	3 kg	2½–3 Stunden
Puter	4–6 kg	3½–4½ Stunden

Gefülltes Geflügel braucht je nach Größe 30–60 Minuten länger zum Braten als ungefülltes.

- Garprobe für Geflügel: Mit einer dicken Stopfnadel in die dickste Stelle der Keule stechen. Ist das Fleisch weich und tritt klarer farbloser Saft aus, ist der Braten gar.
- Pro Portion rechnet man 300–400 g bratfertiges Geflügel mit Knochen oder 150–200 g ausgelöstes Geflügel.
- Die althergebrachte Küchenüberlieferung besagt, junges Geflügel solle man braten, grillen oder fritieren, älteres Geflügel schmoren oder kochen. Lassen Sie sich aber die unzähligen wohlschmeckenden Spezialitäten nicht entgehen, für die ebenfalls junges Geflügel in raffinierten Saucen geschmort wird.

• Kleines Geflügel läßt sich hervorragend im Tontopf, im geschlossenen Bräter oder in der Bratfolie garen.
• Fettes Geflügel brät man am besten im Backofen auf dem Rost, weil das Fett dabei abtropfen kann.
• Brät man fettes Geflügel in der Fettpfanne des Backofens, muß das Fett gegebenenfalls vom Bratenfond abgeschöpft werden.
• Suppenhühner können gut im Dampfdrucktopf gekocht werden.

Grundrezept

Brathähnchen

2 Brathähnchen zu je 700 g oder 1 Poularde zu 1400 g
1/2 Bund Petersilie
1 1/2 Teel. Salz
2 Messersp. weißer Pfeffer
1 Teel. edelsüßes Paprikapulver
50 g Butter

Pro Portion etwa 2530 Joule/600 Kalorien

Zubereitungszeit: 1 Stunde und 15 Minuten
Besonderes Küchengerät: Küchengarn und große Stopfnadel

Den Backofen auf 210° vorheizen. • Die Brathähnchen oder die Poularde innen und außen kalt waschen und von außen gut abtrocknen. • Die Petersilie waschen und abtropfen lassen. • Das Salz mit dem Pfeffer und dem Paprikapulver mischen und die Hähnchen oder die Poularde innen mit dieser Würzmischung einreiben. • Die Petersilie in die Bauchhöhle stecken und die Hähnchen dressieren: Die Flügel in den Gelenken drehen und unter den Rücken legen. Die Keulen fest an den Körper drücken und Flügel und Keulen in dieser Lage festbinden, indem man das Küchengarn mit einer großen Stopfnadel durch einen Flügel, den Brustkorb und den anderen Flügel zieht, dann beide Schenkel durchsticht, das Garn festzieht und beide Enden verknotet (siehe auch im großen Küchen-ABC unter dem Stichwort Hähnchen). • Die Butter zerlassen. Die Hähnchen oder die Poularde von allen Seiten mit der Butter bestreichen und mit der Brustseite nach unten in einen Bräter ohne Deckel legen. • Die Hähnchen auf der zweiten Schiebeleiste von unten in 50–60 Minuten, die Poularde in 1 Stunde und 30 Minuten im Backofen gar braten. • Das Geflügel während der Bratzeit alle 10 Minuten mit zerlassener Butter bestreichen; nach 30 Minuten Bratzeit das Geflügel wenden. • Die Hähnchen oder die Poularde sind gar, wenn nach einem Einstich im Schenkel farbloser Fleischsaft austritt. Das Geflügel dann noch weitere 10 Minuten im abgeschalteten Backofen bei leicht geöffneter Türe ruhen lassen, damit sich der Fleischsaft verteilen kann. • Die Hähnchen oder die Poularde mit einem scharfen Messer, mit der Geflügelschere oder mit der Küchenschere zunächst längs halbieren und die Längshälften noch einmal quer halbieren; dabei das Küchengarn entfernen.

Das paßt dazu: Pommes frites oder frisches Weißbrot und in Butter gedünstetes Gemüse oder ein Salat.

Preiswert

Rosmarinhähnchen

Bild Seite 178

Die Hähnchen statt mit Petersilie mit Apfel und Rosmarin füllen: 1 Apfel schälen, vierteln, vom Kerngehäuse befreien und die Apfelviertel in kleine Scheiben schneiden. Etwa 1 Teelöffel getrockneten Rosmarin zerdrücken, mit den Apfelstücken mischen und in die Hähnchen füllen. • Die Hähnchen mit Küchengarn zunähen und dressieren. • Die Hähnchen wie im Grundrezept beschrieben im vorgeheizten Backofen bei 210° auf der zweiten Schiebeleiste von unten in 60–70 Minuten im Bräter ohne Deckel gar braten. Nach etwa 30 Minuten Bratzeit etwas heißes Wasser um die Hähnchen gießen, die Hähnchen wenden und wiederholt damit beschöpfen. Im abgeschalteten Backofen warm halten. • Für die Sauce den Bratenfond zuletzt mit heißem Wasser aus dem Bräter lösen, auf 3/8 l Flüssigkeit mit Wasser auffüllen, mit 1 Teelöffel kalt angerührter Speisestärke binden und die Sauce mit 2 Eßlöffeln saurer Sahne und 1/2 Tasse trockenem Weißwein abrunden. • Die Apfelstückchen aus dem Inneren in die Sauce geben. • Tomatensalat dazu reichen.

Gelingt leicht · Schnell

Gebratene Perlhühner

2 junge Perlhühner von je 700–800 g wie Brathähnchen vorbereiten, würzen, dressieren, mit reichlich weicher, nicht zerlassener Butter bestreichen und im vorgeheizten Backofen bei 220° in 35–40 Minuten im Bräter ohne Deckel gar braten. • Nach 10 Minuten Bratzeit etwa 1 Tasse heiße Bouillon zugießen und die

Hühner alle 5 Minuten mit dem Bratenfond beschöpfen; wenn nötig notfalls heiße Bouillon zugießen. • Die Perlhühner nach der halben Garzeit wenden. Die fertig gebratenen Perlhühner im abgeschalteten Backofen warm halten. Das Fleisch junger Perlhühner soll nach dem Garen noch leicht rosa sein, da es sonst etwas trocken ist. • Gebutterte Nudeln und eine Salatplatte dazu reichen.

Perlhühner auf Försterart

2 junge Perlhühner von 700–800 g wie Brathähnchen vorbereiten, würzen, mit Speckscheiben belegen und diese beim Dressieren mit festbinden. • Die Hühner mit Öl bestreichen und bei 220° im vorgeheizten Backofen im Bräter ohne Deckel in 40 Minuten braten. • 10 Minuten vor Ende der Bratzeit den Speck entfernen und die Hühner noch bräunen lassen. • Nach 10 Minuten Bratzeit etwa 1 Tasse heiße Bouillon zugießen und die Hühner alle 5 Minuten mit dem Bratenfond beschöpfen; wenn nötig nochmals heiße Bouillon zugießen. • Die fertigen Hühner im abgeschalteten Backofen warm halten. • Den Speck in Streifen schneiden. • Für die Sauce den Bratensatz zuletzt mit heißem Wasser aus dem Bräter lösen, aufkochen lassen, abschmekken, mit etwa ½ Tasse trockenem Weißwein abrunden und die Speckstreifen in die Sauce geben. • Dazu gehören in Butter gedünstete Pfifferlinge, Morcheln oder Champignons mit Rahm und überbackenes Kartoffelpürree.

Schnell

Gebratene Tauben

4 junge Tauben zu je 400 g wie im Grundrezept für Brathähnchen beschrieben vorbereiten, würzen, dressieren und dabei die Brustseite mit je 1 dünnen Scheibe durchwachsenem Speck belegen. Die nicht vom Speck bedeckten Stellen der Tauben mit zerlassener Butter bestreichen. • Die Tauben mit der Brust nach unten in einen Bräter ohne Deckel legen und bei 210° im vorgeheizten Backofen auf der zweiten Schiebeleiste von unten in 35 Minuten garen. • Nach 10 Minuten 1 Tasse heiße Bouillon zu den Tauben gießen und diese nach 15 Minuten wenden. Die Tauben öfters mit dem Bratenfond beschöpfen und wenn nötig erneut heiße Bouillon zugießen. Die fertigen Tauben im abgeschalteten Backofen ruhen lassen. • Den Speck und das Küchengarn vor dem Servieren entfernen. • Für die Sauce den Bratenfond aus dem Bräter mit heißem Wasser lösen, würzig abschmecken und die Sauce gesondert dazu reichen. • Dazu schmecken frisches Stangenweißbrot und Broccoli.

Raffiniert

Poularde Florida

Eine Poularde von etwa 1200 g wie im Grundrezept für Brathähnchen beschrieben vorbereiten, würzen, dressieren, mit zerlassener Butter bestreichen und im offenen Bräter bei 210° im vorgeheizten Backofen in 1 Stunde und 30 Minuten auf der zweiten Schiebeleiste von unten gar braten. • Während der Bratzeit öfter wenig heiße Kalbfleischbrühe (Tip zum Rezept Bouillon, Seite 39) zugießen und die Poularde mit dem Bratenfond beschöpfen. Die Poularde nach der halben Bratzeit wenden. Die fertige Poularde im abgeschalteten Backofen warm halten. • Für die Sauce den Bratenfond zuletzt mit etwas Kalbfleischbrühe lösen und als Sauce dazu reichen. • Zur Poularde Florida werden 4 gebratene Tomaten, 2 gebratene halbierte Bananen und 2 gebratene halbierte Pfirsiche serviert.

Preiswert

Jungmasthähnchen aus der Tonform

Für dieses Gericht braucht man eine Tonform mit Dekkel. Man legt sie vor dem Gebrauch für 20 Minuten in kaltes Wasser, damit sie sich voll Flüssigkeit saugen kann, die dann während des Garens allmählich an das Gargut abgegeben wird.

1 Jungmasthähnchen von 1½ kg wie im Grundrezept beschrieben vorbereiten und leicht würzen. • 1 ungespritzte Limette warm waschen, rundherum bis ins Fruchtfleisch mit einer spitzen Gabel einstechen und in die Bauchhöhle des Hähnchens schieben. Knapp 1 Handvoll frische gemischte Kräuter ins Innere der Höhle geben. • Das Hähnchen dressieren, mit zerlassener Butter bestreichen und mit der Brust nach oben in die Tonform legen. ½ Tasse trockenen Weißwein zugießen, den Deckel auflegen und die Tonform auf die unterste Schiebeleiste in den kalten Backofen schieben. • Den Herd auf 220° heizen und das Hähnchen in 1 Stunde und 30 Minuten garen. • Während des Garens sammelt sich Limetten- und Fleischsaft im Topf. Diesen Saft nach der Garzeit abgießen und das Hähnchen weitere 10–15 Minuten in der offenen Form bräunen lassen und dabei öfters mit kaltem Zucker-

wasser bestreichen. • Die Garflüssigkeit abschmecken, mit Sahne oder saurer Sahne abrunden und als Sauce dazu reichen.

Preiswert · Gelingt leicht

Brathähnchen aus der Folie

2 Brathähnchen zu je 1 kg wie im Grundrezept beschrieben vorbereiten, würzen, in die Bauchhöhle je 1 Eßlöffel Knoblauchbutter geben. Die Hähnchen dressieren und mit Öl bestreichen. • 2 genügend große Blätter Alufolie ebenfalls mit Öl bestreichen, die Hähnchen auf je ein Blatt legen, locker mit der Folie umhüllen, die Folienränder gut zusammenkniffen und die Hähnchen auf der mittleren Schiebeleiste bei 240° im vorgeheizten Backofen in 40 Minuten garen. • Die Pakete dann aus dem Herd nehmen, die Folie oben aufschneiden, auseinanderbiegen, die Hähnchen mit kaltem Salzwasser bestreichen und in der geöffneten Folie noch weitere 10–15 Minuten braten und dabei bräunen lassen. • Kartoffeln in der Folie und Salat dazu reichen.

Preiswert · Gelingt leicht

Gegrillte Brathähnchen

2 Brathähnchen zu je 1 kg wie im Grundrezept beschrieben vorbereiten, würzen und in die Bauchhöhle je 1 Zweig Petersilie geben. • Die Hähnchen dressieren, mit zerlassenem Butterschmalz bestreichen, auf den Spieß des Grillgerätes stecken, 1 Stunde grillen und während der Grillzeit öfter mit zerlassenem Butterschmalz bestreichen. • Mit gemischtem Salat und Stangenweißbrot servieren.

Grillhähnchen auf amerikanische Art

2 Brathähnchen wie im Rezept für gegrillte Hähnchen grillen. • Mit knusprig ausgebratenen, durchwachsenen Speckscheiben (Frühstücksspeck) und gegrillten Tomaten servieren.

Raffiniert

Fritierte Hähnchen

Überaus saftig und wohlschmeckend sind Hähnchen, die schwimmend in heißem Fett gegart wurden. Für diese Zubereitungsart müssen die Hähnchen allerdings besonders kräftig gewürzt werden, da das heiße Fett die Wirkung der Gewürze mildert. • Reiben Sie deshalb die Hähnchen innen mit ½ Teelöffel Salz, 4 Messerspitzen weißem Pfeffer und 2 Teelöffeln edelsüßem Paprikapulver und außen mit 1 Teelöffel edelsüßem Paprikapulver ein. • 1 l Öl oder 1 kg Pflanzenfett in der Friteuse auf 160° erhitzen und die Brathähnchen nacheinander in etwa 40 Minuten darin fritieren. Das zuerst fritierte Hähnchen muß vor dem Servieren noch einmal 5 Minuten im auf 200° erhitzten Fett fritiert werden. • Mit verschiedenen Salaten servieren.

Grundrezept

Gefüllte Hähnchen

2 Brathähnchen zu je 800 g mit Leber und Herz
1 Teel. Salz
2 Messersp. weißer Pfeffer
1 Brötchen vom Vortag
1 kleine Zwiebel
2 Eßl. Butter
250 g Hackfleisch halb und halb
2 Eßl. gehackte Petersilie
½ Teel. Salz
1 Prise getrockneter Majoran
4 Eßl. Sahne
1 Ei
2 Eßl. Öl
1 Teel. mildes Paprikapulver

Pro Portion etwa
2750 Joule/650 Kalorien

Zubereitungszeit: 2 Stunden
Besonderes Küchengerät: Küchengarn und dicke Stopfnadel

Den Backofen auf 210° vorheizen. Die Hähnchen innen und außen kalt waschen und außen gut abtrocknen. Das Salz und den Pfeffer mischen und die Hähnchen damit innen einreiben. • Das Brötchen in kaltem Wasser einweichen. Die Zwiebel schälen, kleinwürfeln und in der Butter hellgelb anbraten. • Die Herzen und die Lebern der Hähnchen waschen und hacken. Das Hackfleisch mit den Zwiebelwürfeln, den gehackten Innereien, dem gut ausgedrückten Brötchen, der Petersilie, dem Salz, dem Majoran, der Sahne und dem Ei mischen. • Die Hähnchen nicht zu prall mit der Farce füllen (zu prall gefülltes Geflügel könnte während des Garens aufplatzen) und mit Küchengarn zunähen. • Die Hähnchen anschließend dressieren; dafür die Flügel im Gelenk drehen, auf den Rücken legen, mit der Nadel beide Flügel durchstechen, das Garn durchziehen, ebenso durch beide Schenkel stechen und das Küchengarn an beiden Enden zusammenbinden und so Flügel und Schenkel fest an den Körper drücken. • Das Öl mit dem Paprikapulver mischen und die Hähnchen von allen Seiten gut damit bestreichen. • Die Hähnchen im offenen Bräter auf der zweiten Schiebeleiste von unten in 1 Stunde und 20 Minuten im Backofen garen. Während der Garzeit hin und wieder heißes Wasser seitlich zu den Hähnchen gießen und diese öfter mit dem entstehenden Bratenfond beschöpfen. Die Hähnchen nach 30 Minuten Garzeit von der Brust auf den Rücken drehen. Die garen Hähnchen im abgeschalteten Backofen heiß halten. • Für die Sauce den Bratenfond währenddessen mit heißem Wasser lösen, abschmecken und nach Belieben ungebunden oder mit wenig Sahne verrührt dazu reichen.

Das paßt dazu: Wildkräutersalat, Gurkensalat oder Chicoréesalat.

Mein Tip Hähnchen, Poularden und Tauben können mit dieser Füllung zubereitet werden. Hat man Füllung übrig, gart man sie gesondert in einer kleinen feuerfesten Form in den letzten 30 Minuten im Backofen neben den Hähnchen mit und reicht sie als Beilage. Den Vorgang des Dressierens und Tranchierens veranschaulichen die Zeichnungen im großen Küchen-ABC unter dem Stichwort Hähnchen.

Raffiniert

Poulet farci au mais frais

Huhn, mit Mais gefüllt

1 Poularde von etwa 1300 g wie im Grundrezept beschrieben vorbereiten, innen würzen, füllen, zunähen und dressieren. • Die Poularde mit Öl bestreichen, bei 200° im Backofen in 1 Stunde und 20 Minuten im offenen Bräter garen. • Für die Füllung 2 große Maiskolben in Salzwasser 20 Minuten kochen und die Körner ablösen. • 1 kleine grüne Paprikaschote würfeln und 4 große Kopfsalatblätter kleinschneiden. • 50 g Bratwurstfüllung mit den Paprikawürfeln und dem Salat in Butter braten, salzen und pfeffern und mit den Maiskörnern und 1 Ei mischen. • Für die Sauce 1 kleine Zwiebel und 1 Knoblauchzehe kleinwürfeln und mit dem gehackten Herzen und der gehackten Leber von der Poularde in Butter goldgelb anbraten. 1 Eßlöffel Mehl darüberstäuben, mit ½ Tasse Weißwein und ⅜ l Geflügelbrühe aufgießen, 30 Minuten sacht kochen lassen, mit 100 g Crème fraîche mischen und mit Salz und Pfeffer abschmecken. • Mit einer Mischung aus wildem Reis und Langkornreis und Preiselbeerenkompott servieren.

Gefüllte Perlhühner

2 junge Perlhühner von 700 g wie im Grundrezept beschrieben vorbereiten, innen würzen, füllen und zunähen. Die Hühner dressieren und mit je 2 großen dünnen Speckscheiben belegen. Bei 210° in 1 Stunde im vorgeheizten Backofen im offenen Bräter braten und zum Schluß warm halten. • Während der Bratzeit öfter heiße Bouillon zugießen und die Hühner damit beschöpfen. • Für die Sauce den Bratenfond zuletzt mit heißer Bouillon lösen und mit 1 Eßlöffel Johannisbeergelee abrunden. • Für die Füllung 2 eingeweichte, gut ausgedrückte Brötchen mit 1 kleinen gehackten, in Butter angebratenen Zwiebel, mit 2 Eiern, 2 Eßlöffeln gehackter Petersilie, 50 g kleingewürfeltem fettem Speck, 2 Prisen getrocknetem Salbei, 1 Teelöffel Salz und 2 Messerspitzen weißem Pfeffer mischen. • Mit Kartoffelpüree und gedünsteten jungen Erbsen servieren.

Gefüllte Tauben

4 junge Tauben zu je 400 g wie im Grundrezept beschrieben vorbereiten, innen würzen, füllen und zunähen. Die Tauben dressieren und mit je 1 großen dünnen Speckscheibe belegen. • Die Tauben bei 210° 1 Stunde im vorgeheizten Backofen im offenen Bräter braten; dabei nach und nach etwas heiße Bouillon zugießen. • Für die Füllung 2 eingeweichte, ausgedrückte Brötchen mit 2 Eiern, 3 Eßlöffeln Schnittlauchröllchen, 1 Teelöffel Salz, 4 Eßlöffeln Sahne, 1 geschälten, kleingewürfelten säuerlichen Apfel und 2 Eßlöffeln heiß gewaschenen Rosinen mischen.

Raffiniert

Wiener Backhendl

2 Brathähnchen zu je 800 g
1 Teel. Salz
2 Teel. edelsüßes Paprikapulver
4 Eßl. Mehl
1 Ei
3 Eßl. Wasser
1 Tasse Semmelbrösel
Zum Fritieren:
1 kg reines Pflanzenfett oder 1 l Öl

Pro Portion etwa 2555 Joule/600 Kalorien

Zubereitungszeit: 40 Minuten
Besonderes Küchengerät: elektrische Friteuse oder Fritiertopf mit Fritierthermometer

Das Fritierfett in der Friteuse oder im Fritiertopf auf 180° erhitzen. • Die Hähnchen in je 8 Portionsstücke zerlegen, kalt waschen und gut abtrocknen. Das Salz mit dem Paprikapulver mischen, die Hähnchenteile damit einreiben, anschließend in dem Mehl wenden und auf einem Kuchengitter etwas antrocknen lassen. • Das Ei mit dem Wasser verquirlen. • Die Hähnchenteile in das verquirlte Ei tauchen und anschließend in den Semmelbröseln wenden. Die Semmelbrösel leicht andrücken; die Hähnchenteile dann schütteln, damit nicht fest haftende Panade wieder abfällt und nicht im heißen Fett verbrennt. • Die Hähnchenteile ins heiße Öl geben und 15 Minuten fritieren; dabei 2–3mal mit dem Schaumlöffel wenden. • Die fertigen Stücke aus der Friteuse nehmen, auf Küchenkrepp abtropfen lassen und im vorgeheizten Backofen bei 100° heiß halten, bis alle Hähnchenteile fertig fritiert sind.

Das paßt dazu: Zitronenachtel und Kartoffelsalat mit Mayonnaise und grüner Salat.

Hähnchen Maryland

Maryland heißt das Wiener Backhendl in den USA. Es wird ebenso fritiert, zuletzt aber mit knusprig ausgebratenem Frühstücksspeck, gebratenen Bananenhälften, Meerrettichsahne und Maiskrusteln, Rezept Seite 284, serviert.

Grundrezept

Geschmortes Paprikahuhn

1 mittelgroße weiße Zwiebel
2 grüne Paprikaschoten
1/8 l Geflügelbrühe
1 Poularde zu 1200 g
1 Teel. Salz
2 Messersp. weißer Pfeffer
3 Eßl. Butter
2 Eßl. edelsüßes Paprikapulver
1/8 l saure Sahne

Pro Portion etwa 2210 Joule/525 Kalorien

Zubereitungszeit: 1 Stunde und 30 Minuten

Die Zwiebel schälen und kleinwürfeln. Die Paprikaschoten halbieren, von Rippen und Kernen befreien, die Schotenhälften waschen, abtrocknen und in nicht zu dünne Streifen schneiden. Die Geflügelbrühe erhitzen. • Die Poularde in 8 Portionsstücke zerlegen, diese waschen und abtrocknen. Das Salz mit dem Pfeffer mischen und die Poulardenstücke damit einreiben. • Die Butter in einem Schmortopf zerlassen, die Zwiebelwürfel darin hellgelb braten, die Poulardenstücke in 2 Portionen zugeben, von allen Seiten kräftig anbraten, die Paprikastreifen zufügen, mit dem Paprikapulver bestäuben und seitlich die Geflügelbrühe zugießen. • Die Geflügelteile dicht nebeneinander oder auch übereinander zugedeckt bei schwacher Hitze 50 Minuten schmoren lassen. • Die Sauce zuletzt mit der sauren Sahne verrühren.

Das paßt dazu: Risi e bisi oder Kartoffelpürree.

Huhn Marengo

Eine Poularde von 1 1/2 kg in 8 Portionsstücke zerteilen, waschen, abtrocknen, salzen und pfeffern. • Die Geflügelteile in 3 Eßlöffeln heißem Öl nacheinander von allen Seiten braun anbraten, 1 Schnapsglas Cognac und 1/8 l trockenen Weißwein zugießen und alles kurz im offenen Topf kochen lassen. • 4 große gehäutete gewürfelte Tomaten, 1 zerdrückte Knoblauchzehe, 200 g kleine feste Champignonköpfe und 3 Eßlöffel Tomatenmark, die mit 1 Tasse heißem Wasser verrührt wurden, zum Huhn geben und alles zugedeckt bei schwacher Hitze 40 Minuten schmoren lassen. • Das Huhn vor dem Servieren mit gehackter Petersilie bestreuen. Mit Kartoffelkroketten und Salat auftragen.

Raffiniert

Coq au vin

Hähnchen in Rotweinsauce

Eine Poularde von 1½ kg in 8 Portionsstücke zerlegen, waschen, abtrocknen, salzen und pfeffern. • 3 Eßlöffel Butter in einem Schmortopf zerlassen, 1 Stück kleingeschnittene Speckschwarte, 4 gewürfelte Schalotten, 1 kleine gewürfelte Möhre und 3 zerdrückte Knoblauchzehen darin anbraten. Die Geflügelteile nacheinander mit dem Gemüse anbraten. 2 Eßlöffel Mehl über das Geflügel stäuben und 1 Schnapsglas (2 cl) Cognac zugießen. Den Cognac anzünden und ausbrennen lassen. • ⅜ l roten Burgunderwein zugießen und zum Kochen bringen. 2 Eßlöffel Tomatenmark mit 1 Tasse heißem Wasser verrühren und mit 1 frischen Zweig Thymian, 1 Lorbeerblatt und 1 Teelöffel Salz unter die Sauce rühren. Alles zugedeckt 1 Stunde schmoren lassen. • 250 g halbierte Champignons mit 50 g fetten Speckwürfeln ausbraten und weitere 10 Minuten garen. • Die Sauce im offenen Topf etwas einkochen lassen, mit der zerdrückten Geflügelleber durch ein Sieb passieren und über die Hähnchenteile gießen. • Kartoffelpüree und Broccoli dazu reichen.

Raffiniert

Arroz con pollo

Spanisches Huhn mit Safranreis

Ein Huhn oder eine Poularde von 1½ kg in 8 Portionsstücke zerteilen, waschen, abtrocknen, salzen und pfeffern. • 1 Eßlöffel Schweineschmalz erhitzen und 100 g gepökelten fetten kleingewürfelten Speck darin ausbraten. Die Speckwürfel wieder aus der Pfanne nehmen und aufbewahren. • Die Geflügelteile nacheinander im heißen Fett von allen Seiten braun anbraten, ebenfalls aus der Pfanne nehmen und warm stellen. • 2 kleingewürfelte Zwiebeln und 1 zerdrückte Knoblauchzehe im verbliebenen Schmalz in der Pfanne glasig braten, 3 große gehäutete, gewürfelte, reife Tomaten und 1 Teelöffel scharfes Paprikapulver zugeben. Alles so lange braten, bis eine dicke Masse entstanden ist. • Die Geflügelteile und die Speckwürfel wieder in die Pfanne geben, 1 Tasse grüne ausgehülste Erbsen und 200 g Langkornreis unterrühren. • 1 Messerspitze Safran in ⅜ l kochendem Wasser auflösen, zugießen und alles zugedeckt bei schwacher Hitze in 30 Minuten garen. • Mit gehackter Petersilie bestreut servieren.

Geschmorte Tauben

2 Tauben von je 600 g vierteln, waschen, abtrocknen und mit Salz und weißem Pfeffer einreiben. • 3 Eßlöffel Butter in einer großen Deckelpfanne erhitzen, 1 Zwiebel, das Weiße von 2 Stangen Lauch/Porree und 100 g Champignons – alles in Scheiben geschnitten – in der Butter anbraten. Die Taubenstücke nacheinander zufügen und ebenfalls hellbraun anbraten. • ¼ l heiße Geflügelbrühe über die Tauben gießen und zugedeckt bei schwacher Hitze in 40 Minuten gar schmoren. • Die Tauben dann auf einer vorgewärmten Platte warm halten. • Für die Sauce die Schmorflüssigkeit mit dem Gemüse durch ein Sieb passieren, mit ⅛ l Sahne verrühren, noch einmal aufkochen lassen, abschmecken und über die Tauben gießen. • Mit Kartoffelnudeln und jungen Erbsen auftragen.

Grundrezept

Pochierte Hähnchen

Ein gekochtes Suppenhuhn wird für eine Suppe, einen Eintopf verwendet, oft auch für ein Frikassee. Das ergibt eine herzhafte Brühe und eine reichliche Fleischportion. Will man aber das Geflügelfleisch für besonders feine Speisen weiterverwenden, lohnt es sich, zarte Brathähnchen oder auch eine Poularde zu pochieren. Die dabei anfallende Brühe läßt sich danach durch weiteres Einkochen (Reduzieren) konzentrieren und als Vorsuppe oder, in Würfeln eingefroren, als Substanz für feine Saucen verwenden. Das pochierte Geflügelfleisch kann mit dem berühmten Tafelspitz konkurrieren, ergibt als zartes »Tellerfleisch« eine hervorragende und bekömmliche Mahlzeit oder läßt sich zu anderweitigen Varianten verarbeiten.

2 Brathähnchen zu je 800 g (mit Innereien)
2 Teel. Salz
4 mittelgroße Möhren
4 mittelgroße Stangen Lauch/Porree
4 kleine Zwiebeln
4 kleine Kartoffeln
je 1 Zweig Petersilie, Selleriegrün und frischer Thymian
2 Lorbeerblätter

Pro Portion etwa
1805 Joule/430 Kalorien

Zubereitungszeit: 1 Stunde und 30 Minuten

Die Brathähnchen innen und außen gründlich unter fließendem kaltem Wasser abspülen; ebenfalls die

Herzen und die Lebern. • Die Hähnchen mit dem Salz in einen genügend großen Topf geben und so viel kaltes Wasser zugießen, daß die Hähnchen von Wasser bedeckt sind. Die Hähnchen langsam zum Kochen bringen, den Schaum in den ersten 15 Minuten mehrmals abschöpfen, danach die Hitze reduzieren und alles 1 Stunde bei schwacher Hitze im offenen Topf gar ziehen lassen; die Oberfläche der Brühe darf dabei nicht sprudelnd kochen, sondern nur leichte Blasen werfen. • Die Möhren schaben, waschen, der Länge nach vierteln und nötigenfalls den harten Mittelteil herausschneiden. Das Weiße vom Lauch längs halbieren und waschen. Die Zwiebeln schälen und ganz lassen. Die Kartoffeln schälen und ganz lassen. • Die Kräuter kalt abbrausen, trockenschleudern und mit den Lorbeerblättern zusammenbinden. Das Kräutersträußchen gleich nach dem Abschäumen zu den Hähnchen geben. • Nach 30 Minuten Garzeit das vorbereitete Gemüse zugeben und alles zugedeckt in weiteren 30 Minuten bei schwacher Hitze gar ziehen lassen. • Die Hähnchen halbieren oder vierteln und mit dem Gemüse auf einer Platte anrichten.

Das paßt dazu: frisches Brot oder Brötchen.

Raffiniert

Türkisches Tscherkessen-Huhn

1 Jungmasthuhn von 1200 g wie im Grundrezept beschrieben mit 2 Teelöffeln Salz in kaltem Wasser aufsetzen, zum Kochen bringen, den Schaum mehrmals abschöpfen und anschließend 1 Stunde lang bei schwacher Hitze pochieren. • 1 Bund Suppengrün putzen, waschen und etwas zerschneiden. 1 geschälte geviertelte Zwiebel nach 30 Minuten mit dem Suppengrün zum Huhn geben. • 2 Brötchen in kaltem Wasser einweichen. 2 Zwiebeln schälen und hacken. 350 g Walnußkerne mahlen oder im Mixer pürieren. • Die Brötchen ausdrücken und mit den Zwiebelwürfeln, den pürierten Nüssen, 1 Eßlöffel mildem Paprikapulver und mit 1 Teelöffel Salz zu einer glatten Masse verrühren. • Das Huhn aus der Brühe nehmen, etwas abkühlen lassen, das Fleisch von den Knochen lösen, die Haut abnehmen, das Fleisch in nicht zu kleine Stücke schneiden und warm stellen. • ½ l von der geseihten Hühnerbrühe abmessen. Die Walnußmasse in einem Topf erhitzen, unter Rühren die Hühnerbrühe zugießen, aufkochen lassen und über das Hühnerfleisch gießen. • Körnig gekochten Reis dazu reichen.

Gute Vorspeise · Preiswert

Creamed Chicken

Amerikanisches Hühnerfrikassee

1 Jungmasthuhn von 1200 g wie im Grundrezept beschrieben in Salzwasser pochieren. Dabei dem abgeschäumten Kochsud 1 zerkleinerte Möhre, 1 Zwiebel, 2 zerkleinerte Stangen Lauch und 1 Stück Sellerieknolle zugeben. • Das gare Huhn häuten, das Fleisch von den Knochen lösen und kleinwürfeln. • Für die Sauce ¼ l Sahne über die Fleischwürfel gießen und bei schwacher Hitze im offenen Topf einkochen lassen. Mit 1 Schnapsglas (2 cl) Sherry, mit Salz und edelsüßem Paprikapulver abschmecken und wenn nötig mit wenig durchgeseihter Hühnerbrühe verlängern; die Sauce soll aber ziemlich sämig bleiben. • Das Frikassee auf heißem Toastbrot anrichten.

Gelingt leicht · Preiswert

Berliner Hühnerfrikassee

1 Jungmasthuhn von etwa 1 kg wie im Grundrezept beschrieben pochieren. Dabei dem Sud nach dem Abschäumen 1 Bund Suppengrün und 1 Kräutersträußchen wie im Grundrezept beschrieben zufügen. • Das gare Huhn häuten, das Fleisch von den Knochen lösen und in gleichmäßige, nicht zu große Stücke schneiden. • 200 g Champignons putzen, halbieren und in 1 Eßlöffel Butter mit wenig Salz 5 Minuten dünsten. 2 Tassen tiefgefrorene Perlerbsen und ⅛ l trockenen Weißwein zugeben und alles weitere 5 Minuten zugedeckt dünsten. • ⅜ l der Hühnerbrühe abmessen. • Für die Sauce 2 Eßlöffel Butter zerlassen, 2 Eßlöffel Mehl darin anbraten, nach und nach mit der abgemessenen Brühe aufgießen und 10 Minuten kochen lassen. • Die Champignons mit den Erbsen, der Dünstflüssigkeit und dem Geflügelfleisch unter die Sauce mischen und das Frikassee noch erhitzen. • 6 Eßlöffel Sahne mit 1 Eigelb verquirlen, die Sauce damit legieren und mit etwas Zitronensaft, Salz und weißem Pfeffer abschmecken. • Im Reisrand servieren.

Grundrezept

Gebratene Ente

Zutaten für 5–6 Personen:

1 Ente von 1600 g (mit Innereien)
½ Teel. getrockneter Beifuß
1 Teel. Salz
¼ l Wasser
1 Eßl. Mehl
½ Teel. Salz
1 Messersp. weißer Pfeffer

Pro Portion bei 5 Personen etwa 3040 Joule/720 Kalorien

Zubereitungszeit: 2 Stunden und 15 Minuten
Besondere Küchengeräte: Küchengarn und große Stopfnadel

Den Backofen auf 210° vorheizen. • Die Ente innen und außen kalt waschen und außen gut abtrocknen. Die Entenleber waschen und aufbewahren. • Den Beifuß zerreiben und die Ente innen mit Salz und dem Beifuß einreiben. Die Ente dressieren: Die Flügel im Gelenk drehen und auf den Rücken legen. Das Küchengarn mit Hilfe der Stopfnadel durch die oberen Teile der Flügel und den Brustkorb ziehen, dann die beiden Schenkel durchstechen und das Küchengarn zusammenbinden. • Die Ente mit der Brustseite nach unten samt Herz und Magen in einen Bräter ohne Deckel legen und auf der zweiten Schiebeleiste von unten 1½–2 Stunden im Backofen braten. Wer die Ente möglichst mager bekommen will, sticht beim Braten wiederholt mit der Gabel vorsichtig durch die Haut in die Fettpolster, ohne dabei das Fleisch zu treffen. Das Fett kann so beim Bratvorgang abtropfen. • Das Wasser zum Kochen bringen. • Wenn die Ente zu bräunen beginnt, 1 Tasse heißes Wasser über sie gießen. Den Bratenfond mit der Flüssigkeit lösen und die Ente alle 15 Minuten während der Bratzeit mit dem Bratenfond beschöpfen, damit die Ente nicht austrocknet. Wenn nötig immer wieder etwas heißes Wasser nachgießen. • Die Ente nach 50 Minuten Bratzeit auf den Rücken drehen und fertig braten. Die Ente ist gar, wenn beim Einstechen mit einer Stopfnadel aus der Keule heller Fleischsaft austritt. • Die Ente dann nicht mehr beschöpfen, sondern einige Male mit kaltem Salzwasser bestreichen und knusprig braun braten. • Die gare Ente auf einer vorgewärmten Platte anrichten, die Fäden vom Dressieren entfernen und die Ente im abgeschalteten Backofen ruhen lassen, damit sich der Fleischsaft im Inneren verteilen kann, und warm halten. • Für die Sauce den Bratenfond aus der Bratreine mit heißem Wasser lösen, in eine kleine Kasserolle gießen (Magen und Herz wegwerfen). Das Fett abschöpfen und zuletzt mit Küchenkrepp absaugen. • Das Mehl in wenig kaltem Wasser anrühren, in die Sauce rühren und unter Rühren etwa 5 Minuten leicht kochen lassen. • Die Leber der Ente kleinschneiden, mit einer Gabel zerdrücken und in die Sauce rühren. Die Sauce mit Salz und Pfeffer abschmecken und gesondert zur Ente reichen.

Das paßt dazu: Salzkartoffeln oder Klöße aus halb rohen und halb gekochten Kartoffeln oder Klöße aus rohen Kartoffeln und Sauerkraut mit Weintrauben und gedünsteten Äpfeln oder Rotkohl mit Eßkastanien.

Mein Tip Eine besonders fette Ente kann man auf dem Rost über der Fettpfanne braten. Die Ente dann mit heißem Wasser beschöpfen und den Bratensatz in der Fettpfanne damit lösen. Vom Bratenfond zuletzt das Fett weitgehend abnehmen.

Raffiniert

Canard à l'orange

Ente mit Orangen

Die Ente wie im Grundrezept beschrieben vorbereiten, im vorgeheizten Backofen bei 210° im offenen Bräter 1½–2 Stunden braten und im abgeschalteten Backofen warm stellen und ruhen lassen. • Für die Sauce den Bratenfond aus dem Bräter mit frisch gepreßtem Saft von 4 Orangen lösen. • 1 Eßlöffel Zucker in 2 Eßlöffeln Butter in einer Kasserolle hellbraun karamelisieren lassen, mit 2 Eßlöffeln mildem Weinessig ablöschen und den gelösten Bratenfond unterrühren. • Die Schale von 1 ungespritzten Orange dünn abschälen (die weiße Unterhaut sollte nicht an der Orangenschale haften). Die Schalenstücke 2 Minuten in kochendem Wasser blanchieren, abtropfen lassen und in Julienne (feine Streifen) schneiden und diese in die Sauce geben. • Die Sauce mit etwa 1 Schnapsglas (2 cl) Sherry, Salz, Pfeffer und nach Belieben mit etwas Zitronensaft abschmecken. • Die Entenleber waschen, mit einer Gabel zerdrücken und unter die Sauce rühren. • 1 Orange schälen, in runde Scheiben schneiden, die Orangenscheiben in etwas Butter anbraten und auf der Ente anrichten. • Dazu Stangenweißbrot reichen.

Grundrezept

Gefüllte Ente

Zutaten für 6 Personen:
1 Ente von 1600 g (mit Entenleber)
1/2 Teel. Salz
1 altbackenes Brötchen
3 Eßl. Rosinen
1 kleine Zwiebel
2 kleine säuerliche Äpfel
1 Eßl. Butter
1 Teel. Salz
1 Messersp. Nelkenpulver
1/4 l Wasser
Salz und Pfeffer zum Abschmecken

Pro Portion etwa 3060 Joule/730 Kalorien

Zubereitungszeit: 3 Stunden
Besondere Küchengeräte: Küchengarn und große Stopfnadel

Den Backofen auf 210° vorheizen. • Die Ente innen und außen kalt waschen und außen abtrocknen. Die Entenleber waschen und beiseite stellen. Die Ente innen mit Salz einreiben. • Für die Füllung das Brötchen mit kaltem Wasser bedeckt einweichen. Die Rosinen in heißem Wasser einweichen. Die Zwiebel schälen und kleinwürfeln. Die Äpfel ebenfalls schälen, vierteln, vom Kerngehäuse befreien und die Apfelviertel in Scheibchen schneiden. Die Butter erhitzen, die Zwiebelwürfel darin hellgelb anbraten, die Apfelscheibchen zugeben und unter öfterem Umwenden etwa 5 Minuten ebenfalls mitbraten. • Das Brötchen gut ausdrükken und in eine Schüssel geben. Die Rosinen in einem Sieb abtropfen lassen. Die angebratenen Zwiebelwürfel, die Rosinen und die Apfelscheibchen zum Brötchen geben. Die Leber der Ente in kleine Stücke schneiden, mit der Gabel zerdrücken und mit dem Salz und dem Nelkenpulver ebenfalls zum Brötchen geben und alles mischen. • Die Ente locker damit füllen, mit Küchengarn zunähen und anschließend dressieren: Die Flügel im Gelenk drehen und auf den Rücken legen. Das Küchengarn mit der Stopfnadel durch die oberen Flügelteile und den Brustkorb führen, beide Schenkel durchstechen und das Küchengarn festbinden. • Die Ente mit der Bauchseite nach unten in einen Bräter legen und auf der zweiten Schiebeleiste von unten im Backofen 2–2 1/2 Stunden braten. Wer mag, kann während des Bratens wiederholt vorsichtig durch die Haut hindurch in die Fettpolster der Ente stechen, damit das Fett nach außen abfließen kann. • Das Wasser zum Kochen bringen. • Wenn die Ente zu bräunen beginnt, 1 Tasse heißes Wasser über die Ente gießen, den Bratenfond mit der Flüssigkeit lösen und die Ente alle 15 Minuten während der ganzen Bratzeit mit dem Bratenfond beschöpfen. Wenn nötig immer wieder heißes Wasser nachgießen, damit die Ente nicht austrocknet. • Die Ente nach 1 Stunde Bratzeit umdrehen und fertig braten. Die Ente ist gar, wenn beim Einstechen mit einer Stopfnadel heller Fleischsaft aus der Keule fließt. • Die Ente dann nicht mehr beschöpfen, sondern einige Male mit kaltem Salzwasser bestreichen und knusprig braun braten. • Die gare Ente auf einer vorgewärmten Platte anrichten, die Dressierfäden entfernen und im abgeschalteten Backofen warm stellen und ruhen lassen, damit sich der Fleischsaft verteilen kann. • Für die Sauce den Bratenfond aus dem Bräter mit wenig heißem Wasser lösen, in eine kleine Kasserolle gießen und das Fett abschöpfen. Die Sauce noch mit Salz und Pfeffer abschmecken und nach Belieben mit einigen Tropfen trockenem Sherry abrunden.

Das paßt dazu: Semmelknödel und Rotkohl oder gedünsteter Chicorée.

Ente auf Bordelaiser Art

1 Ente von etwa 1600 g wie im Grundrezept beschrieben vorbereiten, innen mit Salz einreiben und mit folgender Farce füllen: Die gehackte Leber und das Herz der Ente mit 2 Eßlöffeln gehackter Petersilie, 15 entsteinten, gewürfelten grünen Oliven, 1 zerdrückten Knoblauchzehe, 1/2 Teelöffel Salz, 200 g in Scheiben geschnittenen, kleinen Steinpilzen – ersatzweise Champignons – und so viel eingeweichtem und gut ausgedrücktem, entrindetem Weißbrot mischen, daß eine geschmeidige Masse entsteht. • Die Ente nach dem Füllen zunähen und dressieren. • Wie im Grundrezept beschrieben die Ente in 2–2 1/2 Stunden im vorgeheizten Backofen bei 210° braten. • Für die Sauce den Bratenfond mit stark eingekochter Bouillon lösen. • Mit Salzkartoffeln und Rotkohl servieren.

Grundrezept

Geschmorte Ente

in Wein-Sahnesauce

Zutaten für 6 Personen:

1 Ente von etwa 2 kg
100 g geräucherter durchwachsener Speck
50 g Schweineleber
3 Schalotten
1 Knoblauchzehe
1/4 l Bouillon
1/2 Teel. Salz
1 Eßl. Butter
1/2 Tasse herber Rotwein
1 Eßl. Rotweinessig
1 Schnapsglas Calvados (2 cl)
1/8 l Sahne
1 Messersp. weißer Pfeffer

Pro Portion etwa
3650 Joule/870 Kalorien

Zubereitungszeit: 2 Stunden

Die Ente waschen, abtrocknen und in 8 Stücke schneiden; die Keulen abtrennen, die beiden Flügel mit dem umgebenden Brustfleisch und dem Rumpf dann vierteln. (1 Keule oder 1 Flügelstück entspricht 2 Vierteln des Rumpfes). • Den Speck in Würfel schneiden. Die Schweineleber waschen und in Streifen schneiden. Die Schalotten schälen und würfeln. Die Knoblauchzehe schälen und zerdrücken. Die Bouillon erhitzen. • Die Ententeile mit dem Salz einreiben. • Die Butter in einem Schmortopf erhitzen und die Speckwürfel darin ausbraten. Die goldbraunen Speckwürfel aus dem Fett nehmen und die Entenstücke im Bratfett von allen Seiten knusprig braun anbraten. Die Schalottenwürfel zugeben und glasig braten. • Den größten Teil des Fettes aus dem Topf abgießen und aufbewahren. Die Speckwürfel wieder zu den Ententeilen geben, die heiße Bouillon seitlich zugießen und alles zugedeckt bei schwacher Hitze 50 Minuten schmoren lassen. • Danach den Rotwein und den Essig zugießen und die Ente weitere 40 Minuten schmoren. • Wenn die Ententeile gar und weich sind, die Schmorflüssigkeit in einen anderen Topf abgießen und die Ententeile im Backofen bei 100° im zugedeckten Topf heiß halten und ruhen lassen, damit sich der Fleischsaft beruhigt. • Für die Sauce die Schmorflüssigkeit zur Intensivierung des Geschmacks im offenen Topf bis auf die Hälfte einkochen lassen. • Die Schweineleber im aufbewahrten Fett anbraten, den Knoblauch zugeben und die Leber während des Bratens fein zerstoßen. Den Calvados zugießen, alles mit der reduzierten Schmorflüssigkeit mischen und einige Minuten kochen lassen. Die Sahne unterrühren und die Sauce mit Salz und Pfeffer abschmecken. • Die Entenstücke in der Sauce bei sehr schwacher Hitze noch 10 Minuten ziehen lassen, aber nicht kochen, da das Fleisch sonst zäh wird.

Das paßt dazu: Salzkartoffeln und grüne Erbsen.

Raffiniert

Ente auf normannische Art

1 Ente von etwa 1600 g in Portionsstücke teilen, waschen, abtrocknen, salzen und in Butter von allen Seiten braun anbraten. • 1 1/2 Schnapsgläser (3 cl) Calvados in einem Schöpflöffel über einer Kerzenflamme erhitzen, über die Entenstücke gießen, anzünden und ausbrennen lassen. • 1/8 l heiße Consommé double, Rezept Seite 39, um die Entenstücke gießen, nach und nach mit 1/8 l Apfelwein auffüllen und zugedeckt bei schwacher Hitze 1 Stunde und 30 Minuten schmoren lassen. • Die Ententeile dann warm stellen. Die Schmorflüssigkeit mit 1/8 l Sahne verrühren, mit Salz, weißem Pfeffer und 1 Prise gemahlenem Kardamom abschmecken und die Ententeile in der Sauce 10 Minuten ziehen und gut warm werden lassen. • In Butter gebratene Apfelspalten dazu reichen.

Raffiniert

Honigente vom Rost

Zutaten für 6 Personen:

2 Knoblauchzehen
3 Lauchzwiebeln oder 5 Schalotten
3 Eßl. Sojasauce
1 Schnapsglas trockener Sherry (2 cl)
2 Eßl. Honig
1 Ente von etwa 2 kg (mit Leber und Herz)
1 Teel. Salz

Pro Portion etwa
3190 Joule/760 Kalorien

Zubereitungszeit: 2 Stunden und 30 Minuten
Besondere Küchengeräte: Küchengarn und große Stopfnadel

Den Backofen auf 200° vorheizen. • Die Knoblauchzehen schälen und zerdrücken. Die Lauchzwiebeln oder die Schalotten schälen und kleinwürfeln. Die Knoblauchstückchen, die Zwiebelwürfel, die Sojasauce und den Sherry miteinander mischen und die Masse halbieren. Eine Hälfte mit dem Honig mischen. • Die

Ente innen und außen gründlich kalt waschen, abtrocknen und innen mit dem Salz einreiben. Die Ente mit der ungesüßten Zwiebelmischung füllen, zunähen und anschließend wie im Grundrezept für gebratene Ente beschrieben mit dem Küchengarn dressieren. • Einen Teil der mit Honig gesüßten Zwiebelmischung auf die Haut der Ente streichen und antrocknen lassen. Die Ente dann noch einmal mit der Mischung bestreichen, mit der Brustseite nach unten auf den Rost des Backofens legen, die Fettpfanne unter den Rost schieben, in die Fettpfanne etwa 2 cm hoch heißes Wasser füllen und Leber und Herz der Ente in die Fettpfanne legen. • Die Ente in 2 Stunden gar braten. Die Ente nach 1 Stunde Garzeit umdrehen. Die noch nicht verbrauchte, mit Honig gesüßte Zwiebelmischung mit kochendheißem Wasser verdünnen und die Ente während der Garzeit alle 15 Minuten damit bestreichen; so bleibt sie saftig. • Die gare Ente im abgeschalteten Backofen warm stellen und ruhen lassen, damit sich der Fleischsaft gleichmäßig verteilen kann. • Für die Sauce den Bratensatz aus der Fettpfanne mit heißem Wasser lösen, durch ein Sieb in eine Kasserolle gießen, entfetten, mit Salz, etwas Sojasauce und einigen Tropfen Honig abschmecken.

Das paßt dazu: Kartoffelpürree, Preiselbeerkompott und in Weißwein gedünstete Birnenhälften.

Grundrezept

Gebratene Gans vom Rost

Zutaten für 6–8 Personen:

1 Jungmastgans von 3 kg (mit Innereien)
2 Teel. Salz
½ Teel. weißer Pfeffer
2 Zweige Petersilie
1 Zweig frischer Salbei, ersatzweise ½ Teel. getrockneter Salbei
½ l Wasser
1 Tasse Bier
1 Eßl. Speisestärke

Bei 8 Personen pro Portion etwa 2770 Joule/660 Kalorien

Zubereitungszeit: 3½–4 Stunden
Besondere Küchengeräte: Küchengarn und dicke Stopfnadel

Den Backofen auf 180° vorheizen. • Die Gans innen und außen kalt waschen und außen gut trockentupfen. • Die Innereien ebenfalls waschen und in nicht zu kleine Stücke schneiden. • Die Gans innen mit dem Salz und dem Pfeffer einreiben. Die gewaschenen Petersilienzweige und den Salbeizweig oder den gerebelten getrockneten Salbei in die Bauchhöhle der Gans legen. • Das Wasser zum Kochen bringen. • Die Gans dressieren: Die Flügel im Gelenk drehen und auf den Rücken legen. Mit der Stopfnadel durch den oberen Teil des Flügels stechen, das Küchengarn durch die Brusthöhle führen und am gegenüberliegenden Flügel herausfahren. Auf die gleiche Weise durch beide Keulen stechen und das Ende des Küchengarns verknoten. • Die Gans mit der Brustseite nach unten auf den Rost des Backofens legen und den Rost über die kalt ausgespülte Fettpfanne auf die unterste Schiebeleiste des Backofens geben. • Nach etwa 10 Minuten Bratzeit die Gans mit der Hälfte des kochenden Wassers übergießen und die Gans bräunen lassen. Sobald der Rücken gebräunt ist, die Gans erneut mit heißem Wasser begießen, die Innereien in die Fettpfanne legen und die Gans von nun an etwa alle 15 Minuten mit dem Bratenfond aus der Fettpfanne beschöpfen; wenn nötig heißes Wasser zugießen; so bleibt die Gans saftig. • Nach 1 Stunde und 30 Minuten Bratzeit die Gans wenden. Die Fettschicht auf dem Bratenfond mit einem Löffel abnehmen. • Nach 2 Stunden und 30 Minuten Garzeit mit einer dicken Stopfnadel in die Schenkel der Gans stechen, tritt heller Fleischsaft aus, ist die Gans gar. • Den Backofen dann auf 220° schalten und in den letzten 20 Minuten die Gans wiederholt mit dem Bier bestreichen. • Die knusprig gebratene Gans auf eine vorgewärmte Platte legen. Die Fäden vom Dressieren entfernen und die Gans im abgeschalteten Backofen bei leicht geöffneter Türe 10 Minuten ruhen lassen, damit sich der Fleischsaft im Inneren gleichmäßig verteilen kann. • Vom Bratenfond in der Pfanne das Fett an der Oberfläche abnehmen. (Das Fett für Brotaufstrich aufbewahren). • Für die Sauce den übrigen Bratenfond mit heißem Wasser lösen, in eine Kasserolle seihen und die Flüssigkeit bis zu ¾ l mit Wasser auffüllen. • Die Speisestärke mit kaltem Wasser anrühren, den Bratenfond damit binden, einmal kräftig aufkochen lassen, nötigenfalls mit Salz und weißem Pfeffer nachwürzen und gesondert als Sauce zur Gans reichen. • Beim Tranchieren der Gans zuerst die Keulen abschneiden, dann die Flügel mit dem umgebenden Muskelfleisch. Die Gans dann längs halbieren, die Längshälften noch einmal teilen oder das Fleisch von den Längsseiten in Scheiben abschneiden.

Das paßt dazu: Klöße aus rohen Kartoffeln oder Semmelknödel und Rotkohl mit Äpfeln und Eßkastanien.

Braucht Zeit

Gebratener Puter vom Rost

Zutaten für 10 Personen:

1 junger Puter von etwa 4 kg (mit Innereien)
1 Teel. Salz
1/4 Teel. weißer Pfeffer
100 g fetter Speck in dünnen Scheiben
Wasser nach Bedarf

Für die Sauce:

1/4–1/8 l Bouillon
1/4 Teel. getrockneter Rosmarin
1/8 l trockener Weißwein
1 Eßl. Mehl
1 Eßl. weiche Butter
10 Scheiben frische Ananas
3 Eßl. Butter

Pro Portion etwa 2680 Joule/640 Kalorien

Zubereitungszeit: 4 Stunden und 30 Minuten
Besondere Küchengeräte: Küchengarn und dicke Stopfnadel

Den Backofen auf 190° vorheizen. • Den Puter innen und außen kalt waschen und außen gut abtrocknen. Die Innereien ebenfalls waschen und in nicht zu kleine Stücke schneiden. Den Puter innen mit dem Salz und dem Pfeffer einreiben. • Den Puter dressieren: Die Flügel im Gelenk drehen und auf den Rücken legen. Mit der Stopfnadel durch den oberen Teil des Flügels stechen, das Küchengarn durch die Brusthöhle führen und am gegenüberliegenden Flügel herausfahren. Auf die gleiche Weise durch die beiden Keulen stechen und das Ende des Küchengarns verknoten. • Den Puter mit der Brustseite nach unten auf den Rost des Backofens legen und den Rücken des Puters locker mit knapp der Hälfte der Speckscheiben belegen. • Den Puter über der kalt ausgespülten Fettpfanne mit dem Rost auf die unterste Schiebeleiste des Backofens geben und braten. Nach 10 Minuten Bratzeit etwa 1/4 l kochendheißes Wasser um den Puter gießen und die Innereien in die Fettpfanne legen. Von Zeit zu Zeit erneut heißes Wasser in die Pfanne geben, damit der Bratensatz nicht anbrennt. • Nach 2 Stunden Bratzeit die Speckscheiben entfernen, den Puter wenden und die Brust mit neuen Speckscheiben belegen. Nach 3 Stunden Bratzeit mit einer dicken Stopfnadel in die Puterkeulen stechen; tritt heller Fleischsaft aus, ist der Puter gar. • Die Hitze dann auf 220° schalten und den Puter in den letzten 20 Minuten mehrmals mit kaltem Salzwasser bestreichen. • Den knusprig gebratenen Puter auf eine vorgewärmte Platte legen, die Dressierfäden entfernen, die Speckscheiben wegwerfen und den Puter im abgeschalteten Backofen bei leicht geöffneter Türe etwa 15 Minuten ruhen lassen, damit sich der Fleischsaft gleichmäßig verteilt. • Für die Sauce den Bratenfond aus der Bratenpfanne mit heißem Wasser lösen, in eine Kasserolle gießen, mit Bouillon zu knapp 1 l Flüssigkeit auffüllen und zum Kochen bringen. Den zerdrückten Rosmarin in die Sauce geben und den Weißwein unterrühren. • Die Sauce zur Intensivierung des Geschmacks auf 1/2 l Flüssigkeit einkochen lassen. • Das Mehl mit der Butter zu Mehlbutter verkneten, in die nur leicht kochende Sauce rühren, bis sich die Mehlbutter aufgelöst hat und die Sauce noch einige Minuten schwach kochen lassen. Die Sauce mit Salz und Pfeffer abschmecken. • Den Puter tranchieren (siehe im großen Küchen-ABC unter dem Stichwort Puter). • Die Ananasscheiben in der Butter braten und um den Puter legen.

Das paßt dazu: Kartoffelkroketten und Rosenkohlgemüse oder Salat aus rohen Champignons.

Zum Bild rechts:

Rehrücken auf badische Art gehört zum klassischen Repertoire der hohen Kochkunst. Wird er warm serviert, so gibt es zu den gedünsteten Birnen noch eine würzige Sauce und Kartoffelkroketten; man kann ihn aber auch als Hauptstück eines Buffets kalt anbieten, wie das Bild auf der gegenüberliegenden Seite zeigt. Dann reicht man eine fertige Cumberlandsauce dazu und frisch aufgebackenes Weißbrot. Das Rezept finden Sie auf Seite 201.

Grundrezept

Gefüllte Gans vom Rost

Zutaten für 8 Personen:

1 Jungmastgans von 3 kg (mit Innereien)	*1 l Wasser*
2 Teel. Salz	*1 Eßl. Speisestärke*
1½ altbackene Brötchen	*2 frische Blättchen Salbei, ersatzweise 1 Messersp. getrockneter Salbei*
3 säuerliche Äpfel	*2 Schnapsgläser Sherry, medium (4 cl)*
2 kleine weiße Zwiebeln	
1 Eßl. Butter	
2 frische Blätter Zitronenmelisse	*Pro Portion etwa*
¼ Teel. weißer Pfeffer	*3420 Joule/815 Kalorien*

Zubereitungszeit: 4–4½ Stunden
Besondere Küchengeräte: Küchengarn und dicke Stopfnadel

Den Backofen auf 180° vorheizen. • Die Gans innen und außen kalt waschen und außen gut abtrocknen. Die Innereien waschen und sehr klein würfeln. Die Gans innen mit der Hälfte des Salzes einreiben. • Für die Füllung die Brötchen mit kaltem Wasser einweichen. Die Äpfel schälen, vierteln, vom Kerngehäuse befreien und die Apfelviertel in Scheiben schneiden. Die Zwiebeln schälen, würfeln und in der Butter hellgelb anbraten. Die Brötchen ausdrücken, mit dem restlichen Salz, den Innereien, den Apfelscheiben, den angebratenen Zwiebelwürfeln, den gehackten Blättern der Zitronenmelisse und dem Pfeffer mischen. • Die Gans damit füllen, mit Küchengarn zunähen und wie im Grundrezept für gebratene Gans beschrieben dressieren. • Die Gans mit der Brust nach unten auf den Rost des Backofens über der kalt ausgespülten Fettpfanne auf die unterste Schiebeleiste geben und 3–3½ Stunden braten. • Das Wasser zum Kochen bringen. Nach 10 Minuten Bratzeit die Gans mit etwa 2 Tassen kochendheißem Wasser übergießen. Sobald der Rücken gebräunt ist, die Gans erneut mit heißem Wasser begießen und die Gans von nun an alle 15 Minuten mit dem Bratenfond aus der Fettpfanne beschöpfen; damit sie saftig bleibt. Wenn nötig heißes Wasser zugießen. • Die Gans nach 1 Stunde und 30 Minuten Bratzeit wenden und die Fettschicht auf dem Bratenfond mit einem Löffel abschöpfen oder mit Küchenkrepp entfernen. • Nach 3 Stunden Garzeit mit der Stopfnadel in die Schenkel der Gans stechen; tritt heller Fleischsaft aus, ist die Gans gar. • Den Backofen dann auf 220° schalten und die Gans in den letzten 20 Bratminuten wiederholt mit kaltem Wasser bestreichen. • Die knusprig gebratene Gans auf eine vorgewärmte Platte legen, die Fäden vom Dressieren entfernen und die Gans im abgeschalteten Backofen bei leicht geöffneter Türe 10 Minuten ruhen lassen, damit sich der Fleischsaft gleichmäßig verteilen kann. • Das Fett auf dem Bratenfond in der Fettpfanne abschöpfen. (Das Fett für Brotaufstrich aufbewahren.) • Den übrigen Bratenfond für die Sauce mit heißem Wasser lösen, in eine Kasserolle gießen und die Flüssigkeit mit Wasser bis zu 1¼ l auffüllen. Die Speisestärke mit 2 Eßlöffeln kaltem Wasser anrühren, den Bratenfond damit binden und einmal kräftig aufkochen lassen. • Die Sauce wenn nötig mit Salz und weißem Pfeffer abschmecken und die kleingeschnittenen Salbeiblätter oder den gerebelten Salbei mit dem Sherry unter die Sauce rühren. Die Sauce danach zugedeckt einige Minuten ziehen, aber nicht mehr kochen lassen. • Die Gans dann wie im Grundrezept für gebratene Gans tranchieren und zu jeder Portion einen Teil der Füllung geben.

Das paßt dazu: Kartoffelkroketten und in Butter geschwenkter Broccoli oder Chicoréesalat.

Braucht Zeit

Gans mit Maronen-Apfel-Füllung

1 Gans von 3–4 kg wie im Grundrezept beschrieben vorbereiten, füllen, dressieren und im vorgeheizten Backofen auf dem Rost und bei 180° in 3½–4 Stunden braten. • Für die Füllung 500 g Maroni (Eßkastanien)

Zum Bild links:

Einige Jahre lang sah man davon ab, Wild zu spicken. Es wurde häufiger bardiert, also mit Speckscheiben umwickelt, weil man sich scheute, das zarte Fleisch so gewalttätig zu durchstoßen. Spezialisten für Wildbret raten nun aber wieder zum Spicken. Sie finden, der Speck im Fleischinneren schütze nicht nur vor dem Austrocknen, sondern vermittle dem Braten auch den gewünschten typischen Geschmack. Allerdings braucht man zum Spicken einer Keule einen richtigen Spickstab, »Lardoire« heißt er auf französisch; wer ihn nicht besitzt, kann sich aber mit einem Wetzstahl helfen – wie, sagt Ihnen das Rezept auf Seite 202.

am spitzen Ende einschneiden, auf dem Backblech im Backofen bei 200° 30 Minuten rösten, bis die Schalen aufplatzen; nach 10 Minuten 1 Tasse kaltes Wasser auf das Backblech schütten, damit die Kastanien nicht trocken werden. Die Kastanien dann schälen und halbieren. • 5 Eßlöffel Sultaninen heiß waschen, abtropfen lassen und in 3–4 Eßlöffeln Madeirawein ziehen lassen. • 2 große säuerliche Äpfel schälen, vierteln, vom Kerngehäuse befreien und die Apfelviertel in dünne Scheiben schneiden. • Die Kastanien mit den Apfelscheiben, den Sultaninen und dem Madeirawein mischen und die Gans damit füllen. • Nach Belieben die Sauce zuletzt mit 1–2 Eßlöffeln Apfelmus und ebenfalls etwas Madeirawein abschmecken. • Salzkartoffeln und Rotkohl dazu reichen.

Roast goose

Gans auf englische Art

1 Gans von 3–4 kg wie im Grundrezept beschrieben vorbereiten, füllen, dressieren und im vorgeheizten Backofen auf dem Rost bei 180° in 3½–4 Stunden braten. • Für die Füllung 4 mittelgroße weiße Zwiebeln schälen, in Wasser in etwa 15 Minuten weich kochen, hacken, mit 200 g kleingezupfter Weißbrotkrume, 4 frischen gehackten Salbeiblättern – ersatzweise ½ Teelöffel getrocknetem gerebeltem Salbei – 2 Eßlöffeln zerlassener Butter, 2 verquirlten Eiern, 1 Teelöffel Salz und ¼ Teelöffel weißem Pfeffer mischen und die Gans damit füllen. • Mit Kartoffelpüree und gebutterten jungen Erbsen reichen.

Mit Brotfarce gefüllter Puter

1 Puter von etwa 4 kg wie im Grundrezept für gebratenen Puter beschrieben vorbereiten, füllen, dressieren und im vorgeheizten Backofen auf dem Rost bei 190° 3½–4 Stunden braten; Rücken und Brust dabei jeweils locker mit frischen, ungeräucherten Speckscheiben belegen. • Für die Füllung 3 altbackene Brötchen kalt einweichen und gut ausdrücken. 6 Schalotten schälen, würfeln, in 3 Eßlöffeln Butter hellgelb anbraten, 100 g gewürfelten rohen Schinken zugeben, mitbraten und alles mit dem ausgedrückten Brot, 2 verquirlten Eiern, 1 Teelöffel Salz und je 1 Messerspitze weißem Pfeffer, scharfem Paprikapulver und Nelkenpulver mischen. Den Puter damit füllen. • Mit einem Kartoffelauflauf, gedünstetem Broccoli und Preiselbeeren servieren.

Kann vorbereitet werden

Pochierte Gans auf jüdische Art

Zutaten für 8 Personen:
1 Bund Suppengrün
1 Zwiebel
1 Lorbeerblatt
2 Gewürznelken
1 Stange Lauch/Porree
1 kleine Petersilienwurzel
200 g Graupen
4 Teel. Salz
1 Jungmastgans von 3 kg (mit Innereien)

Pro Portion etwa 2940 Joule/700 Kalorien

Zubereitungszeit: 4 Stunden und 30 Minuten

Das Suppengrün putzen und grob kleinschneiden. Die Zwiebel schälen, halbieren und eine Hälfte mit dem Lorbeerblatt und den Gewürznelken bestecken. Den Lauch und die Petersilienwurzel putzen, waschen und in Stücke schneiden. • Das Gemüse mit den Graupen, 2 Teelöffeln Salz und 3–4 l Wasser zum Kochen bringen und zugedeckt bei schwacher Hitze 2 Stunden leicht kochen lassen. • Die Gans in 8 Portionsstücke zerlegen, gründlich kalt waschen und trockentupfen. Die Gansstücke mit dem restlichen Salz einreiben und bei Raumtemperatur 30 Minuten ruhen lassen. Die Stücke dann noch einmal kalt abwaschen, mit den gewaschenen Innereien in die Graupenbrühe legen und bei schwacher Hitze in 1–1½ Stunden gar ziehen lassen; den Topf dabei bis auf einen Spalt breit zudekken. • Den Backofen auf 230° vorheizen. • Die garen Gansstücke aus der Brühe heben, abtropfen lassen und in eine feuerfeste Form legen. Von der Kochbrühe das Fett an der Oberfläche abschöpfen, die Gansstücke damit bestreichen und auf der mittleren Schiebeleiste im Backofen so lange braten, bis sie knusprig braun sind. • Die Kochbrühe durch ein Sieb passieren, abschmecken und als Vorsuppe reichen.

Das paßt dazu: breite Nudeln, in Gänsefett geschwenkt, und Kopfsalat mit Orangen und Ananas.

Mein Tip Die Gans kann bereits am Vortag pochiert und vor dem Servieren im Backofen gebräunt und erhitzt werden; man kann die fertige Gans aber auch kalt zu Toastbrot reichen. – Das Rezept eignet sich in gleicher Weise auch für Puter und Ente.

Gänseklein auf Hausfrauenart

1 kg Gänseklein, bestehend aus Hals, Herz, Magen, Leber und den unteren Flügelteilen
1 Bund Suppengrün
1 Zwiebel
1½ Teel. Salz
2 Lorbeerblätter
5 Pfefferkörner
4 Pimentkörner
1 l Wasser
2 Eßl. Butter
2 Eßl. Mehl
4 Eßl. trockener Weißwein
½ Teel. abgeriebene Zitronenschale
⅛ l Sahne
2 Eßl. gehackte Petersilie

Pro Portion etwa
1640 Joule/390 Kalorien

Zubereitungszeit: 2 Stunden

Das Gänseklein gründlich kalt waschen und große Stücke kleiner schneiden. Das Suppengrün putzen und waschen. Die Zwiebel schälen. • Das Gemüse mit dem Salz, den Lorbeerblättern, den Gewürzkörnern und dem Wasser zum Kochen bringen. • Das Gänseklein zufügen, alles bei mittlerer Hitze etwa 20 Minuten sprudelnd kochen lassen und während dieser Zeit den sich bildenden Schaum wiederholt abschöpfen. • Das Gänseklein dann zugedeckt bei schwacher Hitze 1 Stunde kochen lassen. • Das gare Gänseklein mit dem Schaumlöffel aus der Brühe heben, das Fleisch von den Knochen lösen, den Magen häuten, alles in gleich große Stücke schneiden und beiseite stellen. • Die Kochbrühe im offenen Topf noch etwas einkochen lassen – sie schmeckt dann besser –, durchsieben und ½ l davon abmessen. • Für die Sauce die Butter in einem Topf zerlassen, das Mehl unter ständigem Rühren hellbraun darin anbraten, nach und nach mit der durchgesiebten Kochbrühe aufgießen und einige Minuten kochen lassen. • Die Sauce mit dem Weißwein, der abgeriebenen Zitronenschale, wenn nötig noch mit Salz abschmecken und das Gänseklein in der Sauce noch einmal gut erhitzen. Die Sauce zuletzt mit der Sahne verrühren und mit der Petersilie bestreuen.

Das paßt dazu: körnig gekochter Reis oder Semmelknödel und ein frischer Blattsalat.

Gelingt leicht

Mecklenburger Gänseklein

Das Gänseklein wie im Rezept nach Hausfrauenart beschrieben zubereiten, die helle Sauce zuletzt aber mit Salz, Zucker und Weinessig süß-sauer abschmecken. • 2 weiche Birnen schälen, vom Kerngehäuse befreien, durch ein Sieb passieren und in der Sauce erhitzen. Dazu Mehlklößchen reichen. – Völlig originalgetreu wäre das Mecklenburger Gänseklein, wenn die Sauce noch mit Gänseblut angereichert würde.

Raffiniert

Russisches Gänseklein

Das vorbereitete Gänseklein mit Suppengrün, 1 mit 1 Lorbeerblatt und 2 Gewürznelken gespickten Zwiebel, 1 Stück Ingwerwurzel, Salz und je 4 Pfeffer- und Pimentkörnern kochen. Aus der Brühe wie im Rezept nach Hausfrauenart beschrieben eine Sauce bereiten und diese mit 400 g vorgekochtem, gemischtem Trokkenobst anreichern und das Gänseklein darin erhitzen. • Im Reisrand servieren.

Preiswert · Gelingt leicht

Putenschnitzel auf Mailänder Art

200 g Champignons
4 Putenschnitzel zu je 150 g
2 Eßl. Butter
½ Teel. Salz
50 g Pökelzunge in 4 dünnen Scheiben
50 g Parmesankäse in 4 dünnen Scheiben

Pro Portion etwa
1375 Joule/330 Kalorien

Zubereitungszeit: 30 Minuten

Die Champignons putzen, waschen und in Scheiben schneiden. Die Putenschnitzel waschen, alle anhaftenden Häutchen abschneiden und die Schnitzel trockentupfen. • Den Backofen auf 230° vorheizen. • Die Butter in einer Pfanne zerlassen, die Putenschnitzel bei starker Hitze von jeder Seite 3 Minuten in der heißen Butter braten und nach dem Wenden salzen. Die Putenschnitzel auf eine feuerfeste Platte legen, jeweils 1 Scheibe Pökelzunge daraufgeben, die Champignonscheiben auf den Zungenscheiben verteilen und mit je 1 Scheibe Parmesankäse abdecken. • Die Schnitzel im Backofen auf der mittleren Schiebeleiste so lange gratinieren, bis der Käse schmilzt.

Das paßt dazu: Risotto und Tomatensauce.

Wild und Wildgeflügel

Wild und Wildgeflügel – also Wildbret und Federwild – gehören heute zu den besonders geschätzten Produkten, da ihr Fleisch fettarm und eiweißreich ist. Wenn auch das Wild von der allgemeinen Umweltbelastung betroffen ist und sich beispielsweise auch von »gespritzten« Feldern seine Nahrung holt, so ist sein Fleisch doch frei von all den Nachteilen, die die mastintensiven Aufzuchtmethoden mit sich bringen. Wildbret von Hirschen, Rehen, Wildschweinen, Hasen, Wildkaninchen und selten auch von Gemsen werden zur Zeit der offenen Jagd in Spezialgeschäften angeboten; es ist aber auch ganzjährig tiefgefroren zu bekommen. Fasan, Rebhuhn, Wachtel und Wildente sind Federwild, das ebenfalls nur während festgesetzter Jagdzeiten erlegt werden darf.

Folgende Hinweise sollen Ihnen den Umgang mit Wild erleichtern:

- Im Handel angebotenes Wild ist bereits genügend lange abgehangen und wird küchenfertig angeboten; zum Teil in Rücken (Ziemer), Keule (Schlegel) oder Schulter (Blatt, Schäuferl) zerlegt. Hase, Kaninchen und Federwild werden meistens im ganzen verkauft.
- Sollten Sie Federwild direkt vom Jäger bekommen, dann informieren Sie sich über die Behandlung im großen Küchen-ABC unter dem Stichwort Wildgeflügel und unter dem Namen des betreffenden Federwildes.
- Für alles jagdbare Wild gilt grundsätzlich: Das Fleisch junger Tiere ist hellrot, zart und eignet sich vorzüglich – ohne zuvor mariniert zu werden – zum Braten und Schmoren. Das kräftig rote bis dunkelrote Fleisch älterer Tiere eignet sich nur zum Schmoren und sollte zuvor durch Marinieren mürbe gemacht werden.
- Alles Wild vor dem Zubereiten kurz unter fließendem kaltem Wasser gründlich abspülen und sofort mit Küchenkrepp trockentupfen.
- Wildbret – nicht Federwild – muß vor dem Zubereiten von den feinen Häuten befreit werden, die die Muskelstränge umgeben, denn diese feinen Häute würden den Braten in seiner Form beeinträchtigen und den Genuß schmälern. Außerdem entfernt man möglichst alle Sehnen und das Fett, das den Geschmack beeinträchtigen könnte.
- Wildbret und Wildgeflügel sollte immer gut durchgegart werden, auch wenn es zarte Stücke sind. Von jeder Wildart bieten junge Tiere zarteres Fleisch als ältere. Der Rücken ist stets zarter als die Keulen, und diese sind wiederum zarter als die Schultern.
- Tiefgefrorenes Wildbret aus der Verpackung nehmen und zugedeckt bei Raumtemperatur auftauen lassen. Den beim Auftauen abfließenden Blutsaft wegschütten, da er Keime enthalten kann, und das aufgetaute Fleisch gründlich kalt waschen. Alles, was mit dem rohen Fleisch in Berührung gekommen ist – Arbeitsfläche, Geschirr, Arbeitsgerät, Hände – zum Schluß gründlich mit heißem Wasser säubern. – Tiefgefrorenes Wildbret darf weder in einer Marinade auftauen noch nach dem Auftauen mariniert werden, da das Fleisch durch das Tiefkühlen bereits denaturiert (das heißt mürbe geworden) ist. In einer Marinade würde das Fleisch zuviel Saft verlieren und dadurch austrocknen.
- Wildbraten müssen während des Garens vor dem Austrocknen geschützt werden. Man erreicht dies durch Spicken (siehe dazu auch die Zeichnung im großen Küchen-ABC unter dem Stichwort Hase). Rücken und Keule werden meist dicht unter der Oberfläche gespickt. Die Speckstreifen dafür in das gezackte Ende der Spicknadel klemmen, das Fleisch etwa 1 cm tief einstechen und beide Speckenden 1–2 cm an der Oberfläche überstehen lassen. Wird eine große Keule oder ein dicker Wildbraten – vorwiegend von nicht mehr ganz jungen Tieren – gespickt, durchzieht man diese Stücke im Abstand von etwa 3 cm durch und durch mit langen Speckstreifen. Dafür ist die dickere Spicknadel geeignet, in die lange Speckstreifen eingelegt werden können.
- Zum Spicken am besten fetten geräucherten oder ungeräucherten Speck verwenden; geräucherter Speck ist salzhaltig, was beim Würzen des Bratens berücksichtigt werden muß.
- Besser als Spicken hat sich das Bardieren erwiesen. Da beim Spicken die feine Faserstruktur des Fleisches etwas zerstört wird, belegt man den Braten heute lieber mit dünnen Speckscheiben und bindet diese fest. Der Speck wird in den letzten 10–15 Bratminuten entfernt, damit der Braten bräunen kann.
- Federwild wird vor dem Garen stets wie Hausgeflügel dressiert: Mit Hilfe einer dicken Stopfnadel Küchengarn durch die oberen Teile der beiden Flügel und den Brustkorb ziehen, dann beide Schenkel durchstechen, das Küchengarn festziehen und verknoten. Außerdem bedeckt man Brust und Schenkel von Wildgeflügel – kleinere Tiere völlig – mit dünnen Scheiben aus ungeräuchertem fettem Speck und bindet die Speckscheiben ebenfalls mit Küchengarn am Körper fest. (Über das Bardieren und Dressieren informieren anschaulich die Zeichnungen im großen Küchen-ABC unter den Stichworten Fasan und Hähnchen.) – Federwild wird niemals gespickt.
- Die zarte Leber von Wildgeflügel wird während der

Garzeit in Milch gelegt. Vor dem Servieren trocknet man die Leber ab, brät sie 2–3 Minuten in aufschäumender Butter und gibt sie kleingehackt in die Sauce oder reicht sie als besondere Delikatesse im ganzen zum Geflügel.

• Ob Sie zarte Teile von Wildbret oder auch Federwild marinieren möchten, ist eine Frage des Geschmacks; denn das Fleisch nimmt durch die Marinade Geschmacksstoffe auf. Das Fleisch von älteren Wildtieren, aber auch alle Fleischstücke, die sich nicht zum Braten eignen – oft auch Schulter und Keule – werden durch Marinieren mürber und bekommen einen angenehmen, intensiven Wildgeschmack. Die Marinierzeit sollte etwa 3 Tage betragen.

• Eine Marinade ist immer eine säuerliche Flüssigkeit. Der Grad der Säure richtet sich nach dem persönlichen Geschmack. Man kann dazu Rotwein, Weinessig, Zitronensaft, Buttermilch oder Sauermilch verwenden. Letztere enthalten Milchsäure. Durch Zugabe von Gewürzen und Gemüse wird ein besonders pikanter Geschmack erzielt. Die in der Marinade enthaltene Säure verhindert, daß das Fleisch rasch verdirbt und macht es zugleich mürbe. Das eingelegte Fleisch muß völlig von der Marinade bedeckt und umgeben sein.

Grundrezept

Rehrücken auf badische Art

Bild auf Seite 195

1 kg Rehrücken von einem jungen Tier
3 Wacholderbeeren
½ Teel. getrockneter Thymian
50 g fetter Speck
½ Teel. Salz
4 Eßl. Butterschmalz
¼ l Wildkraftbrühe oder Bouillon

2 reife Birnen
2 Teel. Zitronensaft
¼ l leichter Weißwein
⅛ l saure Sahne
⅛ l herber Rotwein
1 Teel. Speisestärke
4 Eßl. Johannisbeergelee

Pro Portion etwa 2835 Joule/675 Kalorien

Ruhezeit: 30 Minuten
Zubereitungszeit: 1 Stunde und 45 Minuten
Besondere Küchengeräte: Spicknadel mit gezackter Klemme, Alufolie

Den Rehrücken kalt abbrausen, gut trockentupfen und häuten: Die Haut an der Schnittkante lösen, etwas hochziehen und mit einem scharfen spitzen Messer darunterfahren. Die Haut so stückchenweise vom Fleisch abziehen. • Die Wacholderbeeren zerdrücken und mit dem gerebelten Thymian mischen. Den gehäuteten Rehrücken mit dieser Mischung einreiben und 30 Minuten ruhen lassen. • Den Speck in etwa ½ cm dicke und 4 cm lange Streifen schneiden und die Speckstreifen während der Ruhezeit des Rehrückens ins Eiswürfelfach des Kühlschranks oder ins Gefriergerät legen. • Das Gewürz vom Rehrücken wieder abreiben, damit es beim Braten nicht verbrennt. Das Fleisch mit dem Salz einreiben. • Die Speckstreifen mit Hilfe der Spicknadel entlang den beiden Muskelsträngen des Rückens gleichmäßig spicken: Jeweils etwa 1 cm tief unter die Haut stechen und die Speckstreifen durchziehen, so daß sie an beiden Seiten überstehen. • Den Backofen auf 220° vorheizen. • Das Butterschmalz in einem Bräter auf der Herdplatte zerlassen und den Rehrücken von allen Seiten kräftig darin anbraten; das dauert etwa 10 Minuten. Den Rehrücken dann auf der zweiten Schiebeleiste von unten im Backofen 35–45 Minuten braten. • Die Wildkraftbrühe oder Bouillon erhitzen und nach 10 Minuten Bratzeit ½ Tasse davon über den Rehrücken gießen. Den Bratensatz damit lösen und den Braten während der ganzen Garzeit etwa alle 8 Minuten beschöpfen. Wenn nötig immer etwas heiße Brühe zugießen. • Die Birnen schälen, halbieren und die Kerngehäuse entfernen. Die Birnenhälften mit dem Zitronensaft beträufeln, in einen kleinen Topf legen, mit dem Weißwein übergießen und zugedeckt bei schwacher Hitze 10 Minuten dünsten. Die Birnen dann abtropfen und abkühlen lassen. • Nach 30 Bratminuten den Rehrücken mit 2–3 Eßlöffeln saurer Sahne bestreichen. Den Rücken noch so lange weiterbraten, bis er außen schön braun ist, innen aber noch rosa. Ist das Fleisch noch rosa, gibt der Rehrücken auf Fingerdruck elastisch nach; ist das Fleisch durchgebraten, gibt es kaum mehr auf Fingerdruck nach. • Den Rehrücken auf eine vorgewärmte Platte legen, mit Alufolie bedekken und im abgeschalteten Backofen bei leicht geöffneter Tür etwa 15 Minuten ruhen lassen, damit sich der Fleischsaft gleichmäßig in den Fasern verteilt und beim Aufschneiden nicht ausläuft. • Für die Sauce den Bratenfond im Bräter mit der restlichen Brühe lösen, in einen Topf gießen und mit dem Rotwein mischen. Die restliche saure Sahne mit der Speisestärke verrühren, die Sauce damit binden und einmal kräftig aufkochen lassen. • Den Rehrücken tranchieren (siehe dazu auch die Zeichnung im großen Küchen-ABC unter dem Stichwort Rehrücken): Beide Rückenstränge entlang der Knochen lösen und die Stränge in schräge Scheiben schneiden. Die Scheiben fächerförmig auf den Knochen wieder anrichten. • Die Birnenhälften auf die Platte legen und die Birnen mit dem Johannisbeergelee füllen. Die Sauce gesondert dazu reichen.

Das paßt dazu: Kastanien-Rotkohl oder gedünstete Kastanien und Mandelkroketten, breite Nudeln oder Spätzle.

Mein Tip Der Rehrücken auf badische Art läßt sich warm mit Sauce oder kalt nur mit den gefüllten Birnen servieren. – Wenn Sie bei Wildbraten nicht sicher sind, ob es sich wirklich um Fleich sehr junger – einjähriger – Tiere handelt, legen Sie es vor dem Braten 2–3 Tage in eine Rotweinmarinade wie in dem Rezept für gespickten Hirschrücken angegeben.

Gespickte Hirschkeule

Bild Seite 196

Für die Marinade 6 Pfefferkörner, 4 Gewürznelken, 6 Wacholderbeeren, 1 Teelöffel getrockneten Thymian, 2 Lorbeerblätter und zwei längshalbierte Knoblauchzehen in ¼ l Wasser aufkochen lassen. Mit 1 l herben Rotwein mischen und die Marinade abkühlen lassen. • Die Keule wie im Grundrezept für Rehrücken vorbereiten, in eine Glasschale legen, mit der Marinade begießen und zugedeckt 2–3 Tage in den Kühlschrank stellen; dabei mehrmals wenden. • 100 g frischen, fetten Speck in bleistiftdünne Streifen schneiden und 1 Stunde ins Gefrierfach legen. • Das Fleisch abtrocknen. Die Speckstreifen entweder mit dem Spickstab in Faserrichtung durch den Braten ziehen, oder das Fleisch mit dem Wetzstahl durchstoßen und die hartgefrorenen Speckstreifen in die Öffnungen schieben. • Den Braten mit Salz und Pfeffer einreiben und von allen Seiten in heißem Butterschmalz anbraten. Dann 1 zerschnittene Zwiebel und 2 Tomaten zum Fleisch geben, ¼ l Marinade hinzufügen und im Backofen bei 220° zugedeckt 90 Minuten schmoren lassen. Die Keule während der Garzeit mehrmals mit Marinade beschöpfen und nötigenfalls etwas Marinade nachfüllen. • Die Hirschkeule dann im abgeschalteten Backofen warm stellen und aus der Schmorflüssigkeit mit Sahne, 1 Saucenlebkuchen, etwas Marinade und 1 Eßlöffel Preiselbeeren eine Sauce bereiten.

Rehrücken Cumberland

1 kg Rehrücken von einem jungen Tier wie im Grundrezept beschrieben vorbereiten, spicken und braten. • Den Bratenfond mit fertiger Cumberlandsauce aus der Flasche abrunden und den Rehrücken mit Kastanienpüree servieren.

Gebratene Rehkeule

1 kg Rehkeule von einem jungen Tier wie im Grundrezept für Rehrücken beschrieben vorbereiten, häuten und 2–3 Tage in eine Rotweinmarinade legen, die im Rezept für gespickten Hirschrücken angegeben ist. • Die Rehkeule nach dem Marinieren trockentupfen, wie im Grundrezept für Rehrücken würzen, spicken und bei 220° im Backofen auf der zweiten Schiebeleiste von unten in 60–90 Minuten gar braten. • Für die Sauce den Bratenfond statt mit Rotwein mit durchgeseihter Marinade ablöschen. Mit Sahne abrunden und mit Orangensaft und abgeriebener Orangenschale würzen. • Zur Rehkeule gedünstete Apfelscheiben und Preiselbeerkonfitüre servieren.

Braucht Zeit

Geschmorte Hirschkeule

1 kg Hirschkeule von einem jungen Tier
2 Eßl. Öl
1 l Rotweinmarinade nach dem Rezept für gespickten Hirschrücken
50 g durchwachsener Speck
2 Zwiebeln
1 Möhre
1 kleines Stück Sellerieknolle
½ l Wildkraftbrühe oder Bouillon
½ Teel. Salz
2 Messersp. weißer Pfeffer
1 Eßl. Butterschmalz
1 Lorbeerblatt
1 Gewürznelke
4 Wacholderbeeren
1 Eßl. Speisestärke
⅛ l saure Sahne
einige Tropfen Zitronensaft
1 Messersp. Zucker

Pro Portion etwa 2090 Joule/500 Kalorien

Zeit zum Marinieren: 3 Tage
Zubereitungszeit: 2 Stunden

Die Hirschkeule kalt waschen, abtrocknen, häuten und mit dem Öl bestreichen. Die Keule in die abgekühlte

Rotweinmarinade legen und zugedeckt 3 Tage an einem kühlen Ort oder im Kühlschrank marinieren. Das Fleisch während dieser Zeit ab und zu wenden und kontrollieren, ob es noch gut von Marinade bedeckt ist. • Den Speck in kleine Würfel schneiden. Die Zwiebeln schälen und ebenfalls würfeln. Die Möhre und die Sellerieknolle schälen, waschen und in Stücke schneiden. Die Wildkraftbrühe oder Bouillon erhitzen. • Das Fleisch aus der Marinade nehmen, abtrocknen und mit dem Salz und dem Pfeffer einreiben. $^1/_8$ l Rotweinmarinade abmessen. • Das Schmalz in einem genügend großen Schmortopf erhitzen, die Speckwürfel und die Hirschkeule darin von allen Seiten kräftig anbraten und die Hitze zurückschalten. Die Zwiebelwürfel, die Möhrenstückchen und die Selleriestückchen zugeben, mitbräunen lassen, das Lorbeerblatt, die Gewürznelke, die Wacholderbeeren zufügen und mit $^1/_8$ l von der erhitzten Wildkraftbrühe oder Bouillon umgießen. • Die Hirschkeule zugedeckt bei schwacher Hitze im geschlossenen Topf 1 Stunde und 30 Minuten schmoren lassen. Die Keule ab und zu umdrehen und wenn nötig immer wieder heiße Brühe nachfüllen. • Die gare Hirschkeule zugedeckt heiß halten. • Für die Sauce den Schmorfond im Topf mit der restlichen heißen Brühe lösen, durch ein Sieb passieren und mit $^1/_8$ l durchgesiebter Marinade aufgießen. Die Speisestärke mit kaltem Wasser anrühren, in die Sauce rühren und einmal kräftig aufkochen lassen. Die saure Sahne, den Zitronensaft und den Zucker unterrühren und die Sauce gesondert zur Hirschkeule reichen.

Das paßt dazu: Kartoffelpüree mit gebratenen Selleriescheiben oder Salzkartoffeln und Rosenkohl mit Kastanien.

Mein Tip Wenn Sie einige Kalbs- oder Wildknochen (mit Fleischresten daran) anbraten und mitschmoren, wird die Sauce besonders kräftig im Geschmack.

Raffiniert

Rehkoteletts mit Pfeffersauce

Rehkoteletts werden aus dem Rippenstück geschnitten, meistens 2 Rippen dick, wobei ein Rippenknochen entfernt, der verbleibende am Ende wie bei Lammkoteletts freigelegt wird.

Für die Rehkoteletts:
4 Rehkoteletts zu je etwa 150 g
4 Eßl. Olivenöl
1 Eßl. Zitronensaft
$^1/_2$ Teel. Nelkenpfeffer
4 Eßl. Butter
$^1/_2$ Teel. Salz
Für die Birnen:
2 reife Birnen
1 Eßl. Zitronensaft
1 Teel. Honig
4 Eßl. trockener Weißwein
1 Teel. gemahlener Zimt
Für die Sauce:
$^1/_4$ l Wildkraft- oder Geflügelbrühe
$^1/_8$ l trockener Weißwein
schwarzer Pfeffer und Salz

Pro Portion etwa 1880 Joule/450 Kalorien

Zeit zum Marinieren: 30 Minuten
Zubereitungszeit: 40 Minuten

Die Rehkoteletts kalt waschen, trockentupfen, von Häutchen befreien und beidseitig entlang dem Knochen mit einem spitzen Messer etwas einschneiden, damit das Fleisch am Knochen genügend Hitze bekommt. • Das Olivenöl mit dem Zitronensaft und dem Nelkenpfeffer mischen, die Koteletts damit einreiben und zugedeckt 30 Minuten ruhen lassen. • Die Birnen schälen und achteln. Die Birnenachtel mit dem Zitronensaft, dem Honig und dem Weißwein bei schwacher Hitze zugedeckt 15 Minuten dünsten, abtropfen lassen, die Flüssigkeit aufbewahren. Die Birnen auf einer vorgewärmten Platte anrichten, mit dem Zimt bestreuen und zugedeckt im Backofen heiß halten. • Die Rehkoteletts mit Küchenkrepp abtupfen und mit dem Handballen leicht flachdrücken. • Die Butter erhitzen und die Rehkoteletts bei mittlerer Hitze von jeder Seite 4 Minuten braten. Nach dem Wenden die Koteletts leicht salzen und nach dem Braten zu den heißen Birnen auf die Platte geben. • Für die Sauce die Wildkraftbrühe erhitzen. Den Bratensatz mit dem Weißwein ablöschen. Die Flüssigkeit von den gedünsteten Birnen zugeben. Die Wildkraftbrühe unter die Weißweinsauce rühren und die Sauce nach Geschmack noch mit schwarzem Pfeffer und Salz abschmecken. • Die Rehkoteletts in die Sauce legen und 5 Minuten darin ziehen lassen, die Sauce darf dabei aber nicht mehr kochen, da die Rehkoteletts sonst zäh werden. • Die Rehkoteletts mit den Birnen auf einer Platte anrichten und die Sauce gesondert dazu reichen.

Das paßt dazu: Kartoffelkroketten und Johannisbeergelee.

Raffiniert

Hirschsteaks mit Orangen

4 Hirschsteaks zu je 180 g
Für die Marinade:
4 Eßl. Öl
1 kleine Zwiebel
4 Wacholderbeeren
3 Eßl. Obstessig
6 Eßl. herber Rotwein
1 Teel. scharfer Senf

Zum Braten:
2 Eßl. Öl
1 Teel. Salz
2 Messersp. weißer Pfeffer
2 Orangen

Pro Portion etwa
2210 Joule/525 Kalorien

Zeit zum Marinieren: 1 Tag
Zubereitungszeit: 45 Minuten

Die Hirschsteaks kalt waschen, trockentupfen und von allen Häutchen befreien. • Für die Marinade das Öl in eine kleine Schüssel geben. Die Zwiebel schälen und ins Öl reiben. Die Wacholderbeeren zerdrücken und mit dem Obstessig, dem Rotwein und dem Senf zum Öl geben. Alles gut mischen. Die Steaks in eine tiefe Platte geben, mit der Öl-Zwiebel-Mischung bestreichen und zugedeckt 24 Stunden im Kühlschrank marinieren lassen. Während dieser Zeit die Steaks wiederholt in der Marinade wenden. • Die Steaks dann mit Küchenkrepp abreiben und trockentupfen. Das ungewürzte Öl erhitzen und die Steaks bei mittlere Hitze von jeder Seite 5–6 Minuten braten. Nach dem Braten salzen und pfeffern und auf einer vorgewärmten Platte heiß halten. • Von 1 Orange die Schale abreiben und dann auspressen. Die zweite Orange heiß waschen, abtrocknen und aus der Mitte 4 dünne Scheiben mit der Schale schneiden. Die Orangenscheiben im restlichen Bratfett der Steaks von beiden Seiten kurz anbraten und auf den Hirschsteaks anrichten. • Den Bratensatz mit dem Orangensaft ablöschen, die Orangenschale untermischen und die Orangensauce um die Steaks gießen.

Das paßt dazu: Butterreis und Chicoréesalat.

Etwas schwierig

Flambierte Rehschnitzel

4 Rehschnitzel zu je 125 g wie im Rezept für Hirschsteaks beschrieben vorbereiten, in die gleiche Marinade legen, darin öfter wenden, aber nur 4–5 Stunden marinieren lassen. • 2 geschälte Pfirsichhälften 5 Minuten in wenig Weißwein dünsten und in Spalten schneiden. In wenig Butter von beiden Seiten etwas anbraten und heiß halten. • Die Rehschnitzel aus der Marinade nehmen, abreiben und trockentupfen und in 2 Eßlöffeln Butter bei mittlerer Hitze von jeder Seite 4 Minuten braten. Nach dem Braten salzen und pfeffern. • 1 weiteren Eßlöffel Butter in der Pfanne mit den Rehschnitzeln zerlassen und 4 Eßlöffel vom Pfirsichsaft in die Pfanne geben. Die Pfirsichspalten auf den Rehschnitzeln anrichten. 3 Eßlöffel Cognac in einem kleinen Schöpflöffel über einer Kerzenflamme erwärmen, über die Pfirsiche gießen, anzünden und ausbrennen lassen. • Auf Croûtons servieren.

Etwas schwierig

Flambierte Rehmedaillons

2 Scheiben frische Ananas
1 Clementine
1 Kiwi
1 kleiner säuerlicher Apfel
2 Teel. Zitronensaft
1 Eßl. Cognac
1 Eßl. Ahornsirup
500 g Rehfilet
8 Scheiben Weißbrot
4 Eßl. Butter
½ Teel. Salz
2 Messersp. weißer Pfeffer
3 Eßl. Cognac

Pro Portion etwa
2185 Joule/520 Kalorien

Zubereitungszeit: 1 Stunde

Die Ananasscheiben schälen, vom Strunk befreien und kleinwürfeln. Die Clementine, die Kiwi und den Apfel ebenfalls schälen, kleinwürfeln und gegebenenfalls die Kerne entfernen. Den Zitronensaft mit dem Cognac und dem Ahornsirup mischen, unter das Obst heben und das Obst zugedeckt durchziehen lassen. • Das Rehfilet waschen, häuten und in 8 gleich dicke Scheiben schneiden. • Das Weißbrot in Größe der Filets zurechtschneiden. Die Brotscheiben toasten und auf einer gut vorgewärmten Platte anrichten. • Die Butter erhitzen und die Filetscheiben von jeder Seite bei mittlerer Hitze 2 Minuten braten. Sollten nicht alle Rehfilets auf einmal in der Pfanne Platz haben, in 2 Portionen braten, nach dem Braten salzen und pfeffern und warm stellen. • Dann die Filets – eventuell in 2 Portionen – noch einmal in die Pfanne geben. Den Cognac in einen Schöpflöffel gießen und über einer Kerzenflamme etwas erwärmen. Über die Rehfilets gießen, anzünden und die Flamme ausbrennen lassen. • Die Rehfilets auf den Toastbroten anrichten. Auf jedes Filet 1 Löffel von dem Obstsalat geben.

Braucht Zeit

Geschmorte Hirschrouladen

4 Hirschsteaks zu je 150 g (aus der Keule oder Schulter geschnitten)
Für die Marinade:
6 Eßl. Öl
2 Eßl. Rotweinessig
1 kleine Zwiebel
Für die Rouladen:
1 grüne Paprikaschote
1 kleine Zwiebel
100 g Pökelzunge
½ Teel. scharfes Paprikapulver
½ Teel. Salz
1 Teel. grüne Pfefferkörner aus dem Glas
50 g fetter Speck in Scheiben
¼ l Wildkraft- oder Geflügelbrühe
2 Eßl. Öl
Für die Sauce:
100 g Crème fraîche

Pro Portion etwa
1890 Joule/450 Kalorien

Zeit zum Marinieren: 1 Tag
Zubereitungszeit: 1 Stunde und 40 Minuten
Besonderes Küchengerät: Rouladenklammern

Die Hirschsteaks kalt waschen, trockentupfen und alle Häutchen abschneiden. • Für die Marinade das Öl und den Rotweinessig mischen. Die Zwiebel schälen und in die Öl-Essig-Mischung reiben. • Die Hirschsteaks damit übergießen und zugedeckt im Kühlschrank 1 Tag marinieren lassen. Die Steaks während dieser Zeit öfter in der Marinade wenden. • Die Paprikaschote über der Gasflamme oder auf der heißen Elektroplatte rösten, bis die glänzende äußere Haut aufspringt. Die Haut dann abziehen, die Paprikaschote in Streifen schneiden und dabei die weißen Rippen und Kerne entfernen. Die Zwiebel schälen und in dünne Ringe schneiden. Die Pökelzunge in Streifen schneiden. • Die Hirschsteaks aus der Marinade nehmen, abreiben und jedes Steak mit Paprikapulver und Salz bestreuen. Den grünen Pfeffer mit der Gabel etwas zerdrücken und ebenfalls auf den Steaks verteilen. Auf jedes Steak einige Streifen Paprikaschote, Zwiebelringe und Pökelzunge legen, die Steaks aufrollen, mit Speckscheiben umwickeln und mit Rouladenklammern befestigen. • Die Wildkraftbrühe erhitzen. • Das Öl in einem Schmortopf erhitzen und die Rouladen bei starker Hitze von allen Seiten scharf anbraten. Die Hitze dann reduzieren. Die heiße Wildbrühe um die Rouladen gießen und diese zugedeckt bei schwacher Hitze 40 Minuten schmoren lassen. Den Topf hin und wieder rütteln und nachsehen, ob noch genügend Flüssigkeit im Topf ist. Bei Bedarf etwas heißes Wasser oder weitere Wildbrühe zugießen. • Die Rouladen dann auf einer vorgewärmten Platte anrichten und die Klammern und den Speck entfernen. • Die Schmorflüssigkeit mit der Crème fraîche ablöschen und die Sauce über die Rouladen gießen.

Das paßt dazu: Kartoffelpüree und Rotkohl.

Hasenpfeffer

Zutaten für 6 Personen:
1½ kg Hasenklein oder 1 Hase von etwa 1½ kg
Für die Marinade:
1 große Zwiebel
je 1 frischer Zweig Petersilie und Selleriegrün
¼ l Olivenöl
6 Eßl. Cognac
Für den Hasenpfeffer:
¾ l Wildkraftbrühe, ersatzweise Geflügelbrühe
2 Knoblauchzehen
je 1 frischer Zweig Petersilie und Thymian
½ Stange Lauch/Porree
1 Lorbeerblatt
50 g fetter Speck
4 Schalotten
4 Eßl. Butter
2 Eßl. Mehl
Für die Sauce:
⅛ l herber Rotwein
⅛ l Sahne
Zum Abschmecken:
Salz und grobgemahlener Pfeffer

Pro Portion etwa
2340 Joule/550 Kalorien

Zeit zum Marinieren: 2 Tage
Zubereitungszeit: 2 Stunden
Besonderes Küchengerät: Küchengarn

Das Hasenklein waschen, in gleich große Stücke schneiden und dabei alle Sehnen und Knorpel entfernen. Oder den Hasen in Hals, Vorderläufe mit Schultern und Keulen zerlegen und in nicht zu große Stücke zerschneiden; dann waschen und abtrocknen. Die Hasenstücke in eine genügend große Schüssel geben. • Für die Marinade die Zwiebel schälen und würfeln. Die Petersilie und das Selleriegrün etwas kleinschneiden. Das Olivenöl mit dem Cognac, den Zwiebelwürfeln und den Kräutern mischen, über die Hasenstücke gießen und diese zugedeckt 2 Tage im Kühlschrank marinieren lassen. Während dieser Zeit die Hasenstücke öfter in der Marinade wenden. • Am Zubereitungstag die Wildkraftbrühe erhitzen. • Die Knoblauchzehen schälen und mit dem Petersilienzweig und dem Thymianzweig, dem Lauch und dem Lorbeerblatt mit Küchengarn zu einem Kräuterbündel zusammenbinden. Den Speck würfeln. Die Schalotten schälen und achteln. • Die Hasenstücke aus der Marinade nehmen, trockentupfen und alles Gewürz abreiben. • Die Butter in einem genügend großen Topf zerlassen, die Speckwürfel und die Schalottenachtel darin leicht anbräunen, die Hasenstücke zufügen und gut anbraten. Das Mehl über die Hasenstücke stäuben und nach und nach mit ½ l der Wildkraftbrühe aufgießen. Das Kräuterbündel zugeben und alles zugedeckt bei schwacher Hitze 1 Stunde und 30 Minuten schmoren lassen. Während dieser Zeit hin und wieder prüfen, ob noch genügend Flüssigkeit im Topf ist und nötigenfalls weitere Wildkraftbrühe zugießen. • Nach 1 Stunde und 30 Minuten die Hasenstücke und das Kräuterbündel aus der Schmorflüssigkeit nehmen und warm stellen. • Für die Sauce den Rotwein in die Schmorflüssigkeit rühren. Die Sauce mit der Sahne verfeinern und mit Salz und grobgemahlenem Pfeffer abschmecken. Die Hasenstücke wieder in die Sauce legen und darin noch etwa 5 Minuten ziehen, aber nicht mehr kochen lassen.

Das paßt dazu: Semmelknödel oder Kartoffelpüree und Weißkohlsalat.

Hirschpfeffer

Nach dem Rezept für Hasenpfeffer können Sie auch Hirschpfeffer zubereiten. Die Schmorzeit erhöht sich jedoch je nach Fleischqualität auf 1½–2 Stunden. • Mit Johannisbeergelee verzierte gedünstete Birnen und Kartoffelkroketten dazu reichen.

Grundrezept

Wildschweinkeule

Braten von 1–2jährigen Wildschweinen gehören mit zu dem begehrtesten Wildbret. Wenn Sie sicher sind, daß es sich bei einem Bratenstück um ein wirklich so junges Tier handelt, brauchen Sie es zuvor nicht zu marinieren; andernfalls den Braten 2–4 Tage in eine Rotweinmarinade legen. Die Schwarte und die eventuell darunterliegende Fettschicht wird beim Wildschwein immer entfernt; es schmeckt leicht ranzig. Ebenfalls werden die Innereien vom Wildschwein nicht verwendet. – Zum Garen von Wildfleischbraten oder Schmorstükken stets Speck verwenden; den Braten spicken oder bardieren, für Schmorfleisch den Speck in Würfeln beim Anbraten zugeben.

1 Keule von einem jungen Wildschwein von etwa 800 g (ohne Knochen gewogen, den Knochen zerhackt mitnehmen)
je ½ Teel. Salz und weißer Pfeffer
1 Messersp. gemahlener Piment
5 Wacholderbeeren
1 Zwiebel
1 Petersilienwurzel
4 Eßl. Schweineschmalz
50 g fetter ungeräucherter Speck in sehr dünnen Scheiben
¼ l Bouillon
1 Lorbeerblatt
¼ l Rotwein
2 Teel. Speisestärke
⅛ l saure Sahne

Pro Portion etwa 1800 Joule/430 Kalorien

Zubereitungszeit: 2 Stunden und 30 Minuten

Die Schwarte und das darunterliegende Fett von der Keule abschneiden und, falls der Händler es nicht schon getan hat, den Knochen auslösen und zerhacken. Das Fleisch kalt waschen und trockentupfen. • Das Salz mit dem Pfeffer, dem Piment und den zerdrückten Wacholderbeeren mischen und das Fleisch damit einreiben. • Die Zwiebel und die Petersilienwurzel schälen oder schaben, waschen und in grobe Stücke schneiden. • Den Backofen auf 220° vorheizen. • Das Schweineschmalz in einer großen Pfanne erhitzen und das Fleisch auf dem Herd von allen Seiten im heißen Fett gut braun anbraten. Das Fleisch mit dem Fett in einen Bräter legen und die Keule mit den Speckscheiben belegen. Die Keule auf der untersten Schiebeleiste 60–80 Minuten im Backofen braten. • Die Knochen waschen, abtrocknen und mit den Zwiebelstücken und der Petersilienwurzel zum Fleisch geben. Die Knochen, das Fleisch, die Zwiebeln und die Petersilienwurzel öfter wenden; die Keule stets wieder mit den Speckscheiben belegen. • Die Bouillon erhitzen. • Wenn die Zwiebelstücke zu bräunen beginnen, seitlich etwa ⅛ l heiße Bouillon zugießen und das Lorbeerblatt zufügen. Den Braten etwa alle 10 Minuten mit dem entstandenen Bratenfond beschöpfen und wenn nötig immer wieder heiße Bouillon nachfüllen. • Den weichgeschmorten Braten von den Speckscheiben befreien, mit Alufolie zudecken und im abgeschalteten Backofen bei leicht geöffneter Tür 15 Minuten ruhen lassen. • Für die Sauce den Bratenfond mit der restlichen Bouillon und etwas heißem Wasser lösen und in einen Topf passieren. Den Bratenfond mit dem Rotwein verrühren. Die Speisestärke mit der sauren Sahne verquirlen, die Sauce damit binden und einmal aufkochen lassen.

Das paßt dazu: Klöße aus rohen oder gekochten Kartoffeln und Rosenkohl oder Broccoli.

Gebratener Wildschweinrücken

Etwa 1 kg Wildschweinrücken waschen, gut abtrocknen und mit einem Gemisch aus ½ Teelöffel Salz, 2 Messerspitzen weißem Pfeffer, 1 Messerspitze getrocknetem Thymian und 4 zerdrückten Wacholderbeeren einreiben. Den Wildschweinrücken mit fetten ungeräucherten Speckscheiben belegen und im vorgeheizten Backofen bei 220° in 50–60 Minuten gar braten. • Nach etwa 10 Bratminuten ⅛ l heiße Bouillon um den Braten gießen, den Bratensatz damit lösen und den Braten wiederholt beschöpfen; wenn nötig erneut heiße Bouillon zugießen. • Nach 40 Bratminuten ⅛ l herben Rotwein zum Schweinerücken gießen, die Speckscheiben entfernen und den Braten mit 3–4 Eßlöffeln Crème fraîche bestreichen. • Den Schweinerücken noch gut bräunen lassen, dann auf einer vorgewärmten Platte anrichten und im abgeschalteten Backofen bei leicht geöffneter Tür etwa 15 Minuten ruhen lassen. • Warmes Apfelmus dazu reichen.

Grundrezept

Hasenbraten

2 Hasenkeulen und
1 Hasenrücken
Saft von 1 Zitrone
1 Teel. Salz
3 Messersp. weißer Pfeffer
100 g fetter ungepökelter, ungeräucherter Speck in dünnen Scheiben
3 Eßl. Butterschmalz
1 Bund Suppengrün
1 Zwiebel
½ Stange Lauch/Porree
½ l Bouillon
5 Wacholderbeeren
3 schwarze Pfefferkörner
⅛ l saure Sahne
2 Teel. Mehl
1 Teel. Zitronensaft
2 Teel. Johannisbeergelee

Pro Portion etwa
2520 Joule/600 Kalorien

Zeit zum Marinieren: 12 Stunden
Zubereitungszeit: 1 Stunde und 30 Minuten
Besonderes Küchengerät: Küchengarn

Die Keulen vom Rücken trennen. Das Fleisch kalt waschen, gut abtrocknen und sorgfältig häuten. Den Rükken und die Keulen mit dem Zitronensaft bestreichen und zugedeckt im Kühlschrank 12 Stunden marinieren lassen. • Den Backofen auf 220° vorheizen. • Die Keulen und den Rücken trockentupfen, mit Salz und Pfeffer einreiben und mit den Speckscheiben umwikkeln. Die Speckscheiben mit Küchengarn festbinden. • Zunächst nur die Keulen in einen Bräter legen. Das Butterschmalz erhitzen, über die Keulen gießen und diese auf der mittleren Schiebeleiste im Backofen 1 Stunde braten. • Das Suppengrün putzen, waschen und grob kleinschneiden. Die Zwiebel schälen und achteln. Den Lauch längs halbieren, waschen und noch einmal die Längshälften vierteln. Die Bouillon erhitzen. • Wenn der Speck auf den Keulen zu bräunen beginnt, das Suppengrün, die Zwiebelachtel, die Lauchstücke, die Wacholderbeeren und die Pfefferkörner zugeben und seitlich die Hälfte der heißen Bouillon zugießen. Die Hasenkeulen alle 10 Minuten mit dem Bratenfond beschöpfen und wenn nötig weitere heiße Bouillon nachgießen. • Nach 30 Bratminuten den Rücken zu den Keulen legen und mitbraten. Nach weiteren 20 Minuten Bratzeit die Speckscheiben von Rücken und Keulen abnehmen und wegwerfen. Den Braten mit einigen Löffeln saurer Sahne überziehen und weitere 10 Minuten braten. • Das Fleisch vom Rücken soll innen noch rosa sein; es gibt auf Fingerdruck elastisch nach. Dann den Hasenbraten auf eine vorgewärmte Platte legen, mit Alufolie zudecken und im abgeschalteten Backofen bei leicht geöffneter Türe warm halten. • Für die Sauce den Bratenfond mit der restlichen Bouillon lösen und in einen kleinen Topf passieren. Die restliche saure Sahne mit dem Mehl vermischen, in die Sauce rühren und diese bei schwacher Hitze 10 Minuten leicht kochen lassen. Die Sauce mit dem Zitronensaft und dem Johannisbeergelee abschmecken. • Den Braten tranchieren, anrichten, mit etwas Sauce übergießen und die restliche Sauce gesondert dazu reichen.

Das paßt dazu: breite Nudeln und Sojabohnensalat.

Gelingt leicht · Preiswert

Kaninchenbraten

Den Rücken und die Keulen eines Kaninchens können Sie nach dem Rezept für Hasenbraten zubereiten. Die Garzeit beträgt insgesamt etwa 1 Stunde. • Dazu schmecken Chicoréesalat und Pellkartoffelscheiben mit frischen Champignonscheibchen, in zerlassener Butter gewärmt und mit Zitronensaft beträufelt.

Hasenkeulen · Gebratenes Kaninchen

Raffiniert · Braucht Zeit

Geschmorte Hasenkeulen

4 Hasenkeulen
Für die Marinade:
1 kleine Zwiebel
1 kleine Petersilienwurzel
1 mittelgroße Möhre
2 schwarze Pfefferkörner
4 Wacholderbeeren
1 Prise getrockneter Thymian
½ Lorbeerblatt
2 Eßl. Öl
Essig nach Bedarf
Für das Spicken:
75 g ungeräucherten fetten Speck
Für das Schmoren:
2 Eßl. Butter- oder Schweineschmalz
¼ l Wildkraftbrühe
Für die Sauce:
4 Eßl. herber Rotwein
⅛ l saure Sahne
Zum Einwickeln:
1 mit Essig getränktes Tuch

Pro Portion etwa
3800 Joule/910 Kalorien

Zeit zum Marinieren: 12–24 Stunden
Zubereitungszeit: 1 Stunde und 50 Minuten

Die Hasenkeulen waschen, abtrocknen und häuten. • Für die Marinade die Zwiebel, die Petersilienwurzel und die Möhre schälen oder schaben und kleinraspeln. Die Pfefferkörner, die Wacholderbeeren, den Thymian und das Lorbeerblatt miteinander zerdrücken und zerreiben und mit dem kleingeraspelten Gemüse mischen. • Die Hasenkeulen dick mit dem Öl bepinseln und in der Gemüse-Gewürz-Mischung wenden. Die Mischung leicht andrücken. Die Keulen in ein mit Essig getränktes Tuch wickeln, in eine Schüssel legen und zugedeckt 12–24 Stunden im Kühlschrank marinieren lassen. Während der Kühlzeit das Tuch hin und wieder mit Essig beträufeln. • Für das Spicken den Speck in dünne Streifen schneiden und die Streifen im Eiswürfelfach oder im Gefriergerät hart werden lassen. Die Hasenkeulen abreiben, damit keine Gewürzreste zurückbleiben und die Oberfläche mit den Speckstreifen spicken. • Das Butter- oder das Schweineschmalz erhitzen und die Hasenkeulen von allen Seiten gut braun anbraten. Mit der Wildkraftbrühe ablöschen und zugedeckt bei mittlerer Hitze 1 Stunde schmoren lassen. Wenn nötig weitere Wildkraftbrühe oder etwas heißes Wasser während der Schmorzeit zugeben. • Die Hasenkeulen warm stellen. Für die Sauce die Schmorflüssigkeit mit dem Rotwein kurz aufkochen lassen. Die saure Sahne unterrühren.

Das paßt dazu: Kartoffelpüree und Rotkohl.

Hasenkeulen auf französische Art

Die Hasenkeulen werden mit Speckstreifen gespickt und in etwa 45–50 Minuten gegart; sie sollen innen noch leicht rosa sein. • Zu den Hasenkeulen auf französische Art wird Kastanienpüree, Rezept Seite 251, serviert.

Gebratenes Kaninchen

1 Kaninchen von 1½ kg
2 Eßl. scharfer Senf
3 Eßl. Öl
1 Teel. Salz
3 Messersp. weißer Pfeffer
¼ l kochendheißes Wasser
⅛ l trockener Weißwein
8 Eßl. Crème fraîche
Zum Abschmecken:
Salz und Pfeffer

Pro Portion etwa
2760 Joule/655 Kalorien

Zubereitungszeit: 1 Stunde und 20 Minuten

Den Backofen auf 230° vorheizen. • Das Kaninchen in Keulen, Schultern und Vorderläufe, Rücken und Brustfleisch zerlegen und den Rücken längs und quer halbieren. Die Kaninchenstücke waschen, trockentupfen und sorgfältig häuten (den Kopf, die spitzen Enden der Läufe und die Bauchlappen zu einem Extrakt auskochen und für andere Wildsaucen einfrieren). • Den Senf mit dem Öl, dem Salz und dem Pfeffer mischen, die Kaninchenstücke von allen Seiten gut damit einreiben und in eine feuerfeste Form legen. • Die Kaninchenstücke auf der zweiten Schiebeleiste von unten in den Backofen geben und 25 Minuten lang braten. Nach 5 Minuten das kochendheiße Wasser über die Kaninchenstücke geben und diese alle 5 Minuten im Bratenfond wenden. • Nach 25–30 Minuten sollte das Kaninchenfleisch weich sein. Das Fleisch dann aus der Form nehmen und locker zugedeckt im abgeschalteten, leicht geöffneten Backofen etwa 10 Minuten ruhen lassen, damit sich der Fleischsaft verteilen kann. • Für die Sauce den Bratensatz bei starker Hitze auf der Herdplatte mit einem Holzlöffel aus der Form lösen. Mit dem Weißwein verrühren, einige Minuten kochen lassen, nötigenfalls noch mit etwas Salz und Pfeffer abschmecken und mit der Crème fraîche verrühren. Die Sauce dann über die Kaninchenstücke gießen.

Das paßt dazu: breite Nudeln und Feldsalat.

Italienische Kaninchenkasserolle

Ein Kaninchen von etwa 1½ kg wie im Rezept für gebratenes Kaninchen beschrieben zerlegen. In Essigwasser waschen, trockentupfen und gut häuten. • Für das Marinieren die Kaninchenstücke in eine Schüssel legen, mit 2 gehackten Knoblauchzehen, 1 kleinem Stück gehackter frischer Pfefferschote, 1 Zweig getrocknetem Rosmarin und 1 Tasse Olivenöl begießen. Zugedeckt im Kühlschrank 12 Stunden marinieren lassen. Während dieser Zeit die Kaninchenstücke öfter in der Marinade wenden. • Die Kaninchenstücke nach der Marinierzeit im Marinieröl von allen Seiten bei mittlerer Hitze braun anbraten. Die Knoblauchstückchen entfernen, etwa 1 Teelöffel Salz und ¼ Teelöffel weißen Pfeffer, ⅛ l trockenen Rotwein zum Kaninchen geben und zugedeckt bei schwacher Hitze 40 Minuten schmoren lassen. Während der Schmorzeit nach und nach etwa ⅛ l heiße Bouillon zu den Kaninchenstücken gießen. • Zur Kaninchenkasserolle Polenta servieren.

Grundrezept

Gebratener Fasan

Zum Braten eignen sich vor allem junge, besonders einjährige Fasane von einem Gewicht zwischen 800 und 900 g. Für 4 Personen bereitet man 2 Fasane. Ältere oder besonders schwere Fasane (ältere erkennt man am spitzen Dorn an der Rückseite der Beine – Ständer –) werden am besten geschmort. Während der Zeit der offenen Jagd vom 16. 9.–15. 1. werden Fasane in Spezialgeschäften küchenfertig oder nur ausgenommen, aber noch im Federkleid angeboten. Ganzjährig gibt es Fasane bratfertig tiefgefroren zu kaufen. Weitere Informationen finden Sie im großen Küchen-ABC unter den Stichworten Fasan und Wildgeflügel.

2 bratfertige Fasane zu je 800 g
1 Teel. Salz
2 Messersp. weißer Pfeffer
Saft von ½ Zitrone
16 Weinblätter, frisch oder aus der Dose
125 g ungeräucherter fetter Speck in 8 dünnen breiten Scheiben
¼ l Wildkraftbrühe oder Bouillon
⅛ l saure Sahne
⅛ l trockener Weißwein
1 Teel. Mehl
Zum Abschmecken:
Salz und Pfeffer

Pro Portion etwa 2220 Joule/530 Kalorien

Zubereitungszeit: 2 Stunden

Besondere Küchengeräte: große Stopfnadel und Küchengarn

Den Backofen auf 210° vorheizen. Die Fasane innen und außen unter fließendem kaltem Wasser gründlich waschen und abtrocknen. Das Salz mit dem Pfeffer mischen, die Fasane innen damit einreiben und außen mit dem Zitronensaft beträufeln. • Die Fasane dressieren: Das Küchengarn mit Hilfe der Stopfnadel durch beide Flügel ziehen, dann durch beide Keulen stechen und das Küchengarn festbinden. • Zum Bardieren jede Brustseite und die Schenkel mit je 2 Weinblättern und mit 1 Speckscheibe belegen und diese festbinden. • Die Fasane auf die Schenkelseite (seitliche Bauchlage) in ein Bratgeschirr legen – falls vorhanden auch die Herzen und die Hälse dazulegen; die Leber waschen und aufbewahren. • Die Fasane im Backofen auf der zweiten Schiebeleiste von unten 40–50 Minuten braten. • Die Wildkraftbrühe oder Bouillon erhitzen und nach 10 Minuten Bratzeit seitlich etwa 1 Tasse davon zugießen, den Bratenfond damit lösen und die Fasane damit beschöpfen. Diesen Vorgang etwa alle 10 Minuten wiederholen und immer etwas heiße Wildkraftbrühe oder Bouillon nachfüllen. Die Fasane nach jeweils 10 Minuten auf die andere Schenkelseite und zuletzt auf den Rücken legen. Etwa 10 Minuten vor Ende der Bratzeit die Speckscheiben abnehmen und wegwerfen. Die Fasane dann mit saurer Sahne bestreichen und bräunen lassen. • Nach 40 Minuten Bratzeit die Garprobe machen: Die Fasane sind gar, wenn das Fleisch auf Fingerdruck elastisch nachgibt; es ist dann innen noch rosig und saftig. • Die Fasane aus dem Bräter nehmen, auf einer vorgewärmten Platte im abgeschalteten Backofen bei leicht geöffneter Tür heiß halten. • Für die Sauce den Bratenfond mit dem Wein und der restlichen Wildkraftbrühe oder Bouillon lösen und in einen kleinen Topf geben. Die Leber der Fasane – wenn vorhanden – kleinhacken, mit einer Gabel pürieren, mit der restlichen sauren Sahne und dem Mehl verrühren, in die Sauce mischen und unter Rühren einige Male aufkochen lassen. Die Sauce noch einmal mit Salz und Pfeffer abschmecken. • Die Dressierfäden von den Fasanen entfernen, die Fasane in Längshälften tranchieren, anrichten und die Sauce getrennt dazu servieren.

Das paßt dazu: gedünstete Kastanien mit Kartoffelpüree und Rotkohl.

Fasan mit Ananas

2 bratfertige Fasane wie im Grundrezept beschrieben vorbereiten, würzen, dressieren und bardieren und bei 210° im vorgeheizten Backofen in 40–50 Minuten zartrosa braten. • 1 kleine Ananas schälen, aus der Mitte 4 etwa 1 cm dicke Scheiben schneiden, den holzigen Strunk entfernen und die Scheiben vierteln. Die restliche Ananas raspeln und im Entsafter entsaften oder durch ein Sieb passieren. • Nach dem Entfernen der Speckscheiben die Fasane statt mit saurer Sahne mit dem Ananassaft bestreichen. Die Ananasscheiben in etwas heißer Butter von beiden Seiten hellbraun braten und die tranchierten Fasane damit belegen. • Den Bratenfond mit etwas heißem Wasser lösen, mit 1/8 l Wildkraftbrühe und dem übrigen Ananassaft mischen und mit Salz, 1 Prise gemahlenem Ingwerpulver und einigen Tropfen Ingwersirup abschmecken.

Grundrezept

Gefüllter Fasan

Für die Füllung:
250 g Kastanien (Maronen)
300 g blaue Weintrauben
Für den Fasan:
1 bratfertiger junger Fasan von 1 kg
1 Teel. Salz
1 Messersp. schwarzer Pfeffer
1/2 Teel. scharfes Paprikapulver
50 g fetter ungeräucherter Speck in 4 dünnen Scheiben
1/4 l Bouillon
1/8 l herber Rotwein
4 Eßl Crème fraîche
Zum Abschmecken:
Salz und Pfeffer

Pro Portion etwa 2930 Joule/700 Kalorien

Zubereitungszeit: 2 Stunden und 30 Minuten
Besonderes Küchengerät: große Stopfnadel und Küchengarn

Den Backofen auf 220° vorheizen. • Die Kastanien am spitzen Ende kreuzweise einschneiden, auf ein Backblech legen, 1/2 Tasse Wasser aufs Backblech schütten und die Kastanien im Backofen erhitzen, bis die Schalen platzen; das dauert etwa 20 Minuten. • Die Weintrauben lauwarm waschen, gut abtropfen lassen, die Trauben halbieren und entkernen. • Den Fasan innen und außen gründlich kalt waschen und trockentupfen. Den Fasan innen mit dem Salz und dem Pfeffer, außen mit dem Paprikapulver einreiben. • Für die Füllung die Kastanien etwas abkühlen lassen, schälen und halbieren. Die Kastanien mit den Weintrauben mischen, den Fasan damit füllen und mit Küchengarn zunähen. • Den Fasan dressieren: Das Küchengarn mit Hilfe der Stopfnadel durch beide Flügel führen, beide Schenkel durchstechen, das Küchengarn nachziehen und fest verknoten, so daß Schenkel und Flügel fest am Körper anliegen. • Zum Bardieren die Brust und beide Schenkel mit Speckscheiben belegen und diese mit Küchengarn festbinden. • Den Fasan auf eine Schenkelseite (seitliche Bauchlage) in ein Bratgeschirr legen – falls vorhanden auch die Herzen und die Hälse dazulegen; die Leber aufbewahren. • Den Fasan im Backofen auf der zweiten Schiebeleiste von unten 60–70 Minuten braten. • Die Bouillon erhitzen. Nach 10 Minuten Bratzeit seitlich 1 Tasse heiße Bouillon zugießen, den Bratenfond damit lösen und den Fasan damit beschöpfen. Diesen Vorgang alle 10 Minuten wiederholen und immer etwas heiße Bouillon nachfüllen. Den Fasan nach 15 Minuten Bratzeit auf die andere Schenkelseite und nach weiteren 15 Minuten auf den Rücken legen. Etwa 10 Minuten vor Ende der Bratzeit die Speckscheiben abnehmen und wegwerfen. • Nach 1 Stunde Bratzeit die Garprobe machen: Der Fasan ist gar, wenn er auf Fingerdruck elastisch nachgibt; das Fleisch ist dann rosa und saftig. • Den Fasan dann auf einer vorgewärmten Platte im abgeschalteten Backofen bei leicht geöffneter Tür warm halten, damit sich der Fleischsaft gleichmäßig verteilen kann. • Für die Sauce den Bratenfond mit der restlichen Bouillon im Bratgeschirr lösen und in einen kleinen Topf gießen. Die Leber waschen, kleinschneiden, mit einer Gabel pürieren und in die Sauce rühren. Mit dem Rotwein mischen, mit Salz und Pfeffer abschmecken und die Crème fraîche darunterrühren. Die Sauce gesondert zum Fasan reichen.

Das paßt dazu: frisch aufgebackenes Weißbrot oder Kartoffelpüree mit Ananaskraut.

Gefüllter Fasan auf elsässische Art

Für die Füllung 1 kleine Zwiebel hacken und mit wenig Butter hellgelb braten. 1 eingeweichtes und gut ausgedrücktes Brötchen mit den Zwiebelwürfeln, 2 Messerspitzen Salz, 1 Messerspitze weißem Pfeffer, 2 Eßlöffeln Sahne und 200 g Kalbsbrät mischen. Den Fasan damit füllen und mit Küchengarn zunähen. • Den Fasan außen mit 1/2 Teelöffel getrocknetem gerebeltem

Thymian einreiben, dressieren, bardieren und wie im Grundrezept beschrieben braten. • Die Speckscheiben nach dem Entfernen vom Fasan in einer Pfanne knusprig ausbraten und mit Champagnerkraut servieren.

Faisan farci aux noix

Fasan, mit Nüssen gefüllt

Für die Füllung das Herz und die Leber des Fasans feinhacken. 50 g Sultaninen mit 2 Schnapsgläsern Cognac (4 cl) übergießen und weichen lassen. 50 g altbackenes Weißbrot in 1/2 Tasse Milch einweichen. 250 g Walnüsse kleinhacken. • Die Innereien mit den Nüssen, dem ausgedrückten Brot, den abgetropften Sultaninen, 1/2 Teelöffel Salz, 1 Messerspitze weißem Pfeffer und 1 Ei mischen. • Den Fasan damit füllen, zunähen, außen mit Salz und Pfeffer einreiben und mit den Speckscheiben belegen. Den Fasan dressieren und die Speckscheiben dabei festbinden. • 1 kleine Möhre putzen, schaben und längs halbieren. 1 kleine Zwiebel schälen und achteln. 2 Zweige Petersilie mit 1 Lorbeerblatt zusammenbinden. 50 g Butter in einem Bräter zerlassen. Den Fasan, die Möhren- und die Zwiebelstücke sowie das Kräuterbündel zugeben und im vorgeheizten Backofen wie im Grundrezept beschrieben braten. • Den garen Fasan von Speck und Fäden befreien und warm stellen. • Für die Sauce den Bratenfond mit wenig heißer Wildkraftbrühe lösen und mit dem Cognac von den Sultaninen mischen.

Braucht Zeit

Geschmorter Fasan

1 bratfertiger junger Fasan von 1 kg
1 Teel. Salz
50 g geräucherter fetter Speck
1 kleine Zwiebel
1/4 l Wildkraftbrühe oder Bouillon
1 Eßl. Schweine- oder Gänseschmalz
1/2 Lorbeerblatt
1 kleines Stück Zitronenschale
3 schwarze Pfefferkörner
1/8 l herber Rotwein
1/8 l saure Sahne
Zum Abschmecken:
Salz und Pfeffer

Pro Portion etwa
2250 Joule/535 Kalorien

Zubereitungszeit: 1 Stunde und 20 Minuten

Den Fasan in Portionsstücke zerschneiden, gründlich kalt waschen und abtrocknen. Die Fasanstücke mit dem Salz einreiben. • Den Speck würfeln. Die Zwiebel schälen und ebenfalls würfeln. Die Wildkraftbrühe oder Bouillon erhitzen. • Das Schmalz in einem großen Schmortopf zerlassen und die Speckwürfel und die Zwiebelwürfel darin glasig braten. Die Fasanstücke zugeben und von allen Seiten scharf anbraten. Die Hälfte der heißen Wildkraftbrühe oder Bouillon um die Fasanstücke gießen, das Lorbeerblatt, die Zitronenschale und die Pfefferkörner zugeben und den Fasan zugedeckt bei schwacher Hitze 40 Minuten schmoren lassen. • Während der Garzeit nach und nach die gesamte Brühe zugießen. Die Fasanstücke aus dem Schmortopf nehmen und warm stellen. • Für die Sauce die Leber des Fasans waschen, kleinschneiden und mit einer Gabel pürieren. Die Leber unter die Schmorflüssigkeit rühren, den Rotwein zugießen und die Sauce noch mit Salz und Pfeffer abschmecken. Die Schmorflüssigkeit zuletzt mit der sauren Sahne verrühren. Die Sauce durch ein Sieb über die Fasanenstücke gießen.

Das paßt dazu: Kartoffelpüree und Rotkohl.

Grundrezept

Gebratene Rebhühner

Nur junge Rebhühner – die sogenannten Gabelhühner – eignen sich zum Braten. Man erkennt ein junges Rebhuhn am schwarzen Schnabel und an den gelblichen Beinen; ältere Hühner haben hellere Schnäbel und dunkelgraue Beine. Rebhühner wiegen zwischen 400 und 500 g. Sie werden nur zur Zeit der offenen Jagd zwischen dem 25. 8. und dem 30. 11. angeboten.

2 bratfertige Rebhühner zu je 500 g
1 Teel. Salz
4 Messersp. weißer Pfeffer
1 Tasse gedünstete saure Kirschen
100 g ungeräucherter fetter Speck in 8 dünnen Scheiben
1/8 l Wildkraftbrühe oder Bouillon
1 kleine Möhre
1/2 Stange Staudensellerie oder 1 Stück Sellerieknolle
1 kleine Zwiebel
4 Eßl. Butter
4 Eßl. Crème fraîche

Pro Portion etwa
2095 Joule/500 Kalorien

Zubereitungszeit: 1 Stunde und 10 Minuten
Besonderes Küchengerät: Küchengarn

Den Backofen auf 230° vorheizen. • Die Rebhühner innen und außen kalt waschen und gut trockentupfen. Das Salz und den Pfeffer mischen und die Hühner innen damit einreiben. • Mit den gedünsteten sauren Kirschen die Rebhühner füllen und zunähen. Die Rebhühner dressieren: Mit Hilfe der Stopfnadel das Küchengarn durch beide Flügel ziehen, durch beide Schenkel stechen, das Küchengarn nachziehen und fest verknoten, so daß Flügel und Schenkel fest am Körper anliegen. (Über den Vorgang des Dressierens von Geflügel informiert auch die Zeichnung im großen Küchen-ABC unter dem Stichwort Hähnchen.) • Zum Bardieren den Rücken, den Bauch und beide Schenkel der Hühner mit je 1 Speckscheibe umwickeln und diese festbinden. • Die Rebhühner zuerst mit dem Rücken nach oben in einen Bräter legen und im Backofen auf der zweiten Schiebeleiste von unten 30 Minuten braten. • Die Wildkraftbrühe oder Bouillon erhitzen. • Die Möhre und den Sellerie putzen, waschen und grob kleinschneiden. Die Zwiebel schälen und achteln. Die Butter zerlassen. • Wenn der Speck auf den Hühnern ausgebraten ist, die Hühner mit etwas Butter beträufeln und wenden. Das Gemüse in den Bräter geben und die Hälfte der Wildkraftbrühe oder Bouillon zugießen. Den Bratensatz mit der Brühe lösen und die Hühner damit beschöpfen. • Wenn der Speck nach dem Wenden der Hühner auch auf der Brustseite ausgebraten ist und zu bräunen beginnt, die Hühner noch einmal mit Butter bestreichen. • Nach 30 Minuten Bratzeit ist das Fleisch an den Knochen noch rosa; nach 35 Minuten ist es durchgegart. • Die gebratenen Rebhühner auf einer vorgewärmten Platte im abgeschalteten Backofen bei leicht geöffneter Türe warm halten. • Für die Sauce den Bratenfond aus dem Bräter mit der Crème fraîche lösen, durch ein Sieb in einen kleinen Topf passieren und noch einmal aufkochen lassen. Von den Rebhühnern den Speck und das Küchengarn entfernen und die Sauce getrennt dazu reichen.

Das paßt dazu: frisch aufgebackenes Weißbrot und Feldsalat oder Kartoffelpüree und Sauerkraut mit Weintrauben.

Schnell

Rebhühner Andrassy

3 grüne Paprikaschoten häuten, in Streifen schneiden und in 1/8 l trockenem Weißwein und 1/8 l Geflügelbrühe 10 Minuten dünsten lassen. • 2 junge Rebhühner in Viertel schneiden, die Viertel waschen, abtrocknen und mit Salz und weißem Pfeffer einreiben. Die Viertel in einem Bratgeschirr auf der Herdplatte in 100 g zerlassener Butter von allen Seiten braun anbraten; das dauert etwa 10 Minuten. • Die Hühner dann mit den Paprikastreifen und der Dünstflüssigkeit umgießen und im vorgeheizten Backofen bei 220° auf der mittleren Schiebeleiste weitere 20 Minuten braten. • Den Bratenfond zuletzt mit 1/8 l saurer Sahne mischen und mit Salz und edelsüßem Paprikapulver abschmecken. • Kartoffelpüree dazu reichen.

Gelingt leicht

Rebhühner auf deutsche Art

2 junge Rebhühner wie im Grundrezept beschrieben vorbereiten, aber ungefüllt dressieren, mit Speckscheiben belegen und im vorgeheizten Backofen bei 230° 30 Minuten braten. • Von 4 Scheiben Toastbrot die Rinde abschneiden, die Brote würfeln und in Butter goldbraun braten. • Für die Sauce den Bratenfond zuletzt durch ein Sieb passieren, mit 1/8 l saurer Sahne verrühren, 3 Teelöffel Preiselbeerkonfitüre durch ein Sieb in die Sauce passieren und die Sauce mit Salz, Pfeffer und einigen Tropfen Zitronensaft abschmecken. • Die gebratenen Brotwürfel über die angerichteten Rebhühner streuen und dazu Sauerkraut und Kartoffelpüree servieren.

Zum Bild rechts:

Mit feinem gewürztem Hackfleisch läßt sich ausgehöhltes Gemüse füllen und garen. Es schmeckt warm so lecker wie kalt und eignet sich deshalb ebenso als Vorspeise, Hauptgericht, als Beigabe auf einer kalten Platte wie zu einem Picknick. Das nebenstehende Bild zeigt gefüllte Zwiebeln, Tomaten und Zucchini. Doch eignen sich auch Auberginen, Kohlrabi und Paprikaschoten für diese Zubereitungsart. Das Rezept (Les farcis à la provençale) finden Sie auf der Seite 235.

Raffiniert

Gebratene Rebhühner mit Kastanien-Apfel-Füllung

Für die Füllung von 1 Brötchen die Rinde abreiben, das Brötchen würfeln und mit 4 Eßlöffeln Sahne, gemischt mit 4 Eßlöffeln Apfelsaft, beträufeln. • 200 g geröstete Kastanien schälen und vierteln. 1 säuerlichen Apfel schälen und in Scheibchen schneiden. 4 Eßlöffel Rosinen waschen, abtropfen lassen und mit 1 Schnapsglas Calvados (2 cl) beträufeln. • Alle Zutaten dann locker mischen. 2 junge Rebhühner wie im Grundrezept beschrieben damit füllen und zunähen. Die Hühner dressieren, mit Speckscheiben belegen und im vorgeheizten Backofen bei 230° 40–45 Minuten braten. • Für die Sauce den Bratenfond zuletzt durch ein Sieb passieren, mit 1/8 l saurer Sahne mischen und mit Salz, weißem Pfeffer und einigen Tropfen Calvados abschmecken. • Mit Kartoffelpüree und Preiselbeerkompott servieren.

Rebhühner auf Béarner Art

2 junge Rebhühner zu je 500 g	*1/8 l kräftige Bouillon*
1 Teel. Salz	*3 Eßl. Tomatenmark*
4 Messersp. weißer Pfeffer	*1/4 l trockener Weißwein*
1 Knoblauchzehe	*Pro Portion etwa*
4 Eßl. Olivenöl	*1850 Joule/440 Kalorien*

Zubereitungszeit: 1 Stunde und 10 Minuten

Die Rebhühner in Viertel schneiden, waschen, abtrocknen und mit dem Salz und dem Pfeffer einreiben. Die Knoblauchzehe schälen und kleinhacken. • Das Olivenöl in einem Schmortopf erhitzen. Die Knoblauchzehe kurz darin anbraten, die Hühnerteile zugeben und von allen Seiten braun anbraten; das dauert etwa 10 Minuten. • Die Bouillon inzwischen erhitzen. • Das Tomatenmark im Öl verrühren und die heiße Bouillon zu den Hühnern gießen. Die Rebhühner zugedeckt bei schwacher Hitze 30 Minuten schmoren lassen. Während der Schmorzeit 2mal einige Eßlöffel Wein zu den Hühnern geben. • Die garen Hühner auf einer vorgewärmten Platte anrichten und zugedeckt im Backofen warm halten. • Die Schmorflüssigkeit mit dem Weißwein mischen und im offenen Topf bei schwacher Hitze einige Minuten einkochen lassen. Die Schmorflüssigkeit dann über die Rebhühner gießen.

Das paßt dazu: frisch aufgebackenes Stangenweißbrot und Wildkräutersalat.

Rebhühner nach Grenobler Art

2 junge Rebhühner wie im Rezept für geschmorte Rebhühner auf Béarner Art beschrieben vierteln, salzen und pfeffern. • 150 g durchwachsenen geräucherten gewürfelten Speck mit 1 gehackten Knoblauchzehe in einem Schmortopf ausbraten. Die Hühnerteile darin kräftig anbraten, mit 1/4 l erhitzter Wildkraftbrühe aufgießen und 30 Minuten schmoren lassen. • Statt des Weißweins 1/8 l Madeirawein in die Schmorflüssigkeit mischen und leicht einkochen lassen.

Grundrezept

Gebratene Wachteln

Wachteln gehören zu den kleinsten und köstlichsten aller wilden Hühner. Leider sind sie in Europa in freier Wildbahn am Aussterben. Die Wachteln kommen deshalb heute aus Farmen und werden in dem Alter geschlachtet, in dem sie am besten sind: nämlich wenn sie eine genügend dicke Fettschicht angesetzt haben. Wachteln wiegen zwischen 200 und 300 g. Ungefüllt mit einer leichten Beilage eignen sich Wachteln hervorragend als Vorspeise. Für ein festliches Hauptgericht rechnet man pro Person 2 Wachteln.

Zum Bild links:

Broccoli bereichert seit Jahren unsere Märkte. Dieses feine Gemüse liegt geschmacklich zwischen Spargel und Blumenkohl – man nennt es auch Spargelkohl – und ist von äußerst zarter Konsistenz. Broccoli wird in sehr guter Qualität auch tiefgefroren angeboten. Am besten schmeckt er in einer zarten samtigen Sauce zu feinem Braten, kurzgebratenem Fleisch oder auch nur mit Pariser Kartoffeln als vegetarische Mahlzeit. Probieren Sie einmal Broccoli mit Sahne-Mandel-Sauce nach dem Rezept auf Seite 237, wie er auf der gegenüberliegenden Seite abgebildet ist.

8 junge bratfertige Wachteln zu je 200 g
1 Teel. Salz
½ Teel. getrockneter Thymian
200 g fetter Speck in 16 dünnen Scheiben
1 kleine Zwiebel
½ Stange Lauch/Porree
¼ l kräftige Geflügelbrühe
2 Eßl. Öl
⅛ l frisch gepreßter Orangensaft
2 Schnapsgläser Cointreau (4 cl)
Salz und Pfeffer

Pro Portion etwa 3500 Joule/715 Kalorien

Zubereitungszeit: 50 Minuten
Besonderes Küchengerät: Küchengarn

Den Backofen auf 220° vorheizen. • Die Wachteln innen und außen kalt waschen und gut abtrocknen. Das Salz und den gerebelten Thymian mischen und die Wachteln innen damit einreiben. • Die Wachteln bardieren und dressieren: Auf Rücken und Bauch jeder Wachtel je 1 Speckscheibe legen, diese mit Küchengarn festbinden und dabei Flügel und Keulen am Körper befestigen. • Die Zwiebel schälen und achteln. Den Lauch putzen, waschen und kleinschneiden. Die Geflügelbrühe erhitzen. • Das Öl in einem Bratgeschirr erhitzen und die Wachteln von beiden Seiten kräftig darin anbraten. Die Zwiebel und den Lauch um die Wachteln legen und die Geflügelbrühe zugießen. Die Wachteln auf der mittleren Schiebeleiste im vorgeheizten Backofen 15–20 Minuten braten. • Die Wachteln dann aus der Brühe nehmen, die Brühe durch ein Sieb in einen kleinen Topf passieren. • Die Wachteln vom Speck und dem Küchengarn befreien, ins Bratgeschirr legen und weitere 5 Minuten im Backofen braten. • Für die Sauce den Bratenfond entfetten, mit dem Orangensaft und dem Cointreau verrühren und mit Salz und Pfeffer abschmecken.

Das paßt dazu: Kartoffelkroketten und Broccoli.

Gefüllte Wachteln

Für die Füllung 400 g gehacktes Kalbfleisch mit 2 kleingewürfelten Schalotten, 2 Eßlöffeln Semmelbrösel, 1 Ei, ½ Teelöffel Salz und 1 Teelöffel edelsüßem Paprikapulver mischen. • 4 Wachteln zu je 200 g wie im Grundrezept beschrieben vorbereiten, mit der Kalbfleischmasse füllen und zunähen. Die Wachteln mit Speckscheiben belegen, diese festbinden und die Wachteln dabei dressieren. • Die Wachteln im vorgeheizten Backofen bei 220° auf der mittleren Schiebeleiste 20–30 Minuten braten. • Nach 10 Minuten Bratzeit ¼ l heiße Geflügelbrühe um die Wachteln gießen, die Wachteln häufiger beschöpfen und wenden. • Die Wachteln dann aus dem Bratenfond nehmen und die Speckscheiben und die Dressierfäden entfernen. Die Wachteln auf einer vorgewärmten Platte weitere 10 Minuten im Backofen braten. • Für die Sauce den Bratenfond aus dem Bratgeschirr mit etwas heißem Wasser lösen, in einen Topf gießen, mit ⅛ l saurer Sahne verrühren und mit Salz, Pfeffer und Paprikapulver abschmecken. • Mit gedünsteten Pilzen reichen.

Raffiniert · Gelingt leicht

Geschmorte Wachteln auf Croûtons

4 küchenfertige Wachteln zu je 300 g
1 Teel. Salz
2 Eßl. Öl
2 Eßl. Butter
4 Schnapsgläser Madeirawein (8 cl)
1½ Tassen Geflügelbrühe
2 säuerliche Äpfel
Saft von ½ Zitrone
3 Eßl. Butter
1 Teel. Zucker
1 Prise weißer Pfeffer
4 dicke Scheiben Kastenweißbrot zu je 100 g

Pro Portion etwa 2640 Joule/630 Kalorien

Zubereitungszeit: 1 Stunde und 20 Minuten

Die Wachteln waschen, gut abtrocknen, innen mit dem Salz einreiben und dressieren. • Das Öl und die Butter in einem großen Schmortopf erhitzen, die Wachteln von allen Seiten darin anbraten; das dauert etwa 5 Minuten. • Die Wachteln dann zudecken und 5 Minuten weiterbraten. Die Wachteln aus dem Topf nehmen und zugedeckt warm stellen. • Den Bratenfond mit dem Madeirawein und der Geflügelbrühe lösen und zum Kochen bringen. Die Wachteln wieder in den Topf legen und zugedeckt bei schwacher Hitze 10 Minuten schmoren lassen. • Für die gedünsteten Äpfel die Äpfel schälen, vom Kerngehäuse befreien, vierteln und mit dem Zitronensaft beträufeln. 1 Eßlöffel Butter erhitzen und die Apfelviertel mit dem Zucker und dem Pfeffer in der Butter zugedeckt weich dünsten. Die Apfelviertel sollen aber nicht zerfallen. • Für die Croûtons das Weißbrot einseitig aushöhlen, so daß etwa 1 Wachtel in die Höhlung paßt. Die Brote in der restlichen Butter goldbraun braten. • Die Wachteln aus der Schmorflüssigkeit nehmen, auf den Brotscheiben anrichten und mit den Apfelspalten umlegen.

Grundrezept

Gebratene Wildente

Wildenten wiegen je nach Art 1–2 kg. Man rechnet für 4 Personen 1 große Ente oder 2 kleine. Vor allem die großen Stockenten und die viel kleineren aber delikaten Krickenten werden im Handel angeboten. Die Jagdzeit für beide Arten geht vom 16. 7.–31. 12. Junge Wildenten werden möglichst nicht durchgebraten, sondern noch rosa verzehrt. Ältere Enten mariniert man 1–2 Tage und schmort sie dann etwa 1 Stunde und 30 Minuten.

1 bratfertige Wildente von 1½ kg
1 Teel. Salz
2 Messersp. weißer Pfeffer
½ Teel. zerdrückte Wacholderbeeren
3 kleine Äpfel
50 g ungeräucherter fetter Speck in 4 dünnen breiten Scheiben
1 Zwiebel
¼ l Wasser
⅛ l trockener Weißwein
⅛ l saure Sahne
getrockneter Thymian

Pro Portion etwa 2260 Joule/540 Kalorien

Zubereitungszeit: 2 Stunden
Besondere Küchengeräte: große Stopfnadel und Küchengarn

Den Backofen auf 210° vorheizen. • Die Wildente innen und außen kalt waschen und gut abtrocknen. Die Ente innen mit dem Salz, dem Pfeffer und den zerdrückten Wacholderbeeren einreiben. • Die Äpfel schälen, vierteln, das Kerngehäuse entfernen und die Apfelviertel in die Wildente stecken. • Die Bauchöffnung zunähen und die Ente dressieren: Mit Hilfe der Stopfnadel das Küchengarn durch beide Flügel stechen, durch beide Schenkel das Küchengarn nachziehen und festbinden, so daß Schenkel und Flügel dicht am Körper liegen. • Dann die Ente bardieren: Brust, Rücken und beide Schenkel der Wildente mit je 1 Speckscheibe belegen und diese mit Küchengarn festbinden. • Die Wildente auf eine Schenkelseite in den Bräter legen und auf der zweiten Schiebeleiste von unten im Backofen 1 Stunde und 15 Minuten braten. • Die Zwiebel schälen und in Scheiben schneiden. Das Wasser erhitzen. Wenn der Speck, der um die Ente gewickelt ist, zu bräunen beginnt, die Zwiebelscheiben und die Hälfte des heißen Wassers um die Wildente geben. Den Bratensatz lösen und die Wildente wiederholt damit beschöpfen. Wenn nötig immer etwas heißes Wasser nachfüllen. • Nach 20 Minuten Bratzeit die Ente auf die andere Schenkelseite und nach weiteren 20 Bratminuten auf den Rücken legen und fertigbraten. Nach 1 Stunde Bratzeit die Garprobe machen: Das Fleisch der Ente ist innen noch rosa, aber bereits durch, wenn es auf Fingerdruck elastisch nachgibt. • Wer die Ente ganz durchgebraten haben möchte, muß 15 Minuten Bratzeit zugeben. • Die gebratene Ente auf einer vorgewärmten Platte im abgeschalteten Backofen bei leicht geöffneter Türe warm stellen, damit sich der Fleischsaft im Inneren gleichmäßig verteilen kann. • Den Bratenfond aus dem Bräter mit wenig heißem Wasser lösen, durch ein Sieb in einen kleinen Topf passieren, mit dem Weißwein und der sauren Sahne verrühren, mit Salz, Pfeffer und wenig getrocknetem Thymian abschmecken und einmal aufkochen lassen. • Die Fäden von der Ente lösen, die Ente tranchieren und mit den Äpfeln anrichten; den Speck entfernen. Die Sauce gesondert dazu reichen.

Das paßt dazu: Petersilienkartoffeln und Ananaskraut oder Kastanien-Rotkohl.

Kalt · Kann vorgekocht werden

Wildente in Blätterteigkruste

1 Wildente wie im Grundrezept beschrieben vorbereiten, ungefüllt mit Speck bardieren, dressieren und im vorgeheizten Backofen bei 230° auf der zweiten Schiebeleiste von unten 30 Minuten braten. • Die Ente dann abkühlen lassen, vom Speck und den Dressierfäden befreien. • 150 g tiefgefrorenen Blätterteig auftauen lassen und zu einem dünnen Teigblatt von 40 × 60 cm ausrollen. • Die kalte Ente rundherum mit verquirltem Eigelb bestreichen, in den Blätterteig hüllen und die Teignähte gut zusammendrücken. Den Blätterteig mit einer Gabel mehrmals einstechen. • Aus Blätterteigresten dünne Streifen mit dem Teigrädchen schneiden, die Streifen mit Eigelb bestreichen und auf die Ente setzen. Die gesamte Blätterteighülle ebenfalls mit Eigelb bestreichen und die Ente auf ein kalt abgespültes Backblech legen. • Die Ente 15 Minuten ruhen lassen, dann im vorgeheizten Backofen bei 230° auf der zweiten Schiebeleiste von unten 10–15 Minuten backen; die Blätterteigkruste soll goldbraun werden. • Die Ente wird in der unverletzten Teigkruste serviert und erst bei Tisch tranchiert. Dazu eine Cumberlandsauce reichen.

Gemüse · Hülsenfrüchte · Pilze

Gemüse erfreut sich heute immer größerer Beliebtheit – nicht nur als Beilage zu Fleisch oder Fisch, sondern zunehmend auch als Hauptmahlzeit. Und dies zu Recht: Kommt ihm doch in unserer gesamten Ernährung ein wichtiger Platz zu, weil es reich an Vitaminen, Mineralien und Spurenelementen ist. Gemüse ist auch reich an Ballaststoffen, die für die Verdauung wichtig sind. Das Angebot an verschiedenen Gemüsearten ist das ganze Jahr hindurch reichlich. Und wer beim Einkauf jeweils auf appetitlich frisches, gut ausgereiftes Freilandgemüse der Saison Wert legt, wer weniger auf makelloses Äußeres als vielmehr auf Duft und Geschmack achtet, wer die Wochenmärkte und Gärtnereien aufsucht und das frisch geerntete Gemüse der vertrauten Umgebung seines Wohnortes bevorzugt, kann sicher sein, daß er eine Ware von bester Qualität nach Hause trägt.

Folgende Regeln gelten für alle Gemüsearten:

- Problematisch im Hinblick auf chemische Rückstände ist Gemüse aus dem Unterglasanbau. Man sollte deshalb dem jeweiligen Gemüse der Saison den Vorzug geben. Freilandgemüse ist unterschiedlich belastet – je nachdem, ob es an einem luftverschmutzten Ort gewachsen ist oder nicht. Nach Empfehlungen des Bundesgesundheitsamtes läßt sich die Belastung durch das Schwermetall Blei erheblich vermindern, wenn man das Gemüse, dessen Herkunft man nicht kennt, gründlich – am besten mit warmem Wasser – wäscht. Gemüse mit glatter Schale braucht man nicht so intensiv zu reinigen wie solches mit rauher oder gekräuselter Oberfläche. Man sollte in solchen Fällen die Früchte auch dann schälen, wenn sie eigentlich mit Schale gegessen werden können. Bei Krautarten sollte man von den äußeren Hüllblättern mehrere Schichten entfernen.
- Gemüse nicht auf Vorrat kaufen, es sei denn, es soll eingefroren werden. Wurzelgemüse und Kohl können jedoch ohne größere Wertverluste einige Tage gelagert werden.
- Die schonendste Garmethode ist sicher das kurze Braten von kleingeschnittenem Gemüse in wenig Fett. Dabei bleiben die Wertstoffe und auch der Geschmack der Gemüsepflanze am besten erhalten. Das Gemüse hat noch »Biß« und schmeckt so intensiv, daß nur wenig würzende Zutaten – vor allem wenig Salz – notwendig sind. Für diese Garmethoden eignen sich Auberginen, Fenchelknollen, Lauch, Paprikaschoten, Tomaten und Zucchini besonders gut.
- Für andere Arten bietet sich das Dünsten an: das Garen bei schwacher Hitze im geschlossenen Topf unter Zugabe von etwas Fett und wenig Flüssigkeit. Bei wasserreichen Gemüsesorten wie beispielsweise Gurken, Tomaten oder Spinat kann dabei völlig auf die Zugabe von Flüssigkeit verzichtet werden. Das Gemüse gart im eigenen Saft. Auch auf das Fett kann man verzichten, wenn dies beispielsweise wegen einer Diät erforderlich ist.
- Das Dämpfen, ebenfalls wertschonend, ist immer dann angezeigt, wenn das Gemüse auch bei längerer Garzeit nicht an Farbe oder Aromastoffen verliert. Ungeschälte Rote Bete, Sellerieknolle, Blumenkohl – jeweils im ganzen – eignen sich gut zum Dämpfen. Gedämpft wird im geschlossenen Topf im Siebeinsatz über Wasserdampf.
- Nur wenige Gemüsesorten gelingen am besten im kochenden Wasser. Dazu gehören Maiskolben, Spargel, Schwarzwurzeln und große Rüben.
- Liebhaber von Gemüse schwören darauf, gegartem Gemüse, das ja beim Garvorgang immer etwas an Nährwert einbüßt, zuletzt ein wenig rohes, geraspeltes oder kleingeschnittenes Gemüse der gleichen Sorte zuzusetzen. Dies empfiehlt sich bei grünen Erbsen, Kohlrabi, Möhren, Roten Beten, Sauerkraut oder Spinat. Die Zugabe von frischen Kräutern erfüllt einen ähnlichen Zweck. Bei grünen Bohnen, die ungegart einen Giftstoff enthalten, kann man nichts roh zufügen. Hier bietet sich ein Aufwerten durch frische Kräuter besonders an wie auch bei Tomaten, Paprikaschoten, Pilzen oder Fenchel.
- Gemüsegerichte nicht lange Zeit auf dem Herd warm halten. Wenn nötig, das Gemüse besser abkühlen lassen, im Kühlschrank aufbewahren und dann möglichst rasch wieder erwärmen. Am besten Reste überhaupt vermeiden, die Portionen so bemessen, daß alles gegessen wird. Je länger Gemüse warm gehalten wird, desto größer ist der Verlust an Wertstoffen! Wichtig: Spinat niemals erneut aufgewärmt essen, er entwickelt dabei Schadstoffe, die vor allem für Kinder unzuträglich sind.
- Hülsenfrüchte werden im Einweichwasser (außer Linsen) ohne Salzzugabe gegart. Salz bewirkt, daß die Hülsenfrüchte nicht ganz weich werden.
- Würzt man Hülsenfruchtgerichte mit Kümmel oder Koriander, sind sie leichter verdaulich. Hülsenfrüchte sollten besser nicht als Abendmahlzeit serviert werden.
- Pilze nicht länger als 10–15 Minuten garen, sie werden sonst zäh. – Pilze nicht in Aluminiumtöpfen garen und gegart nicht in Metallgefäßen servieren, da sich das Metall negativ auf den Geschmack auswirkt. Pilzgerichte sollten nach dem Garen nicht ein zweites Mal aufgewärmt werden, da sie dabei Schadstoffe entwikkeln können, die unzuträglich sind.

• Der Gehalt von Cadmium und Quecksilber ist bei verschiedenen Pilzarten höher als bei anderen Pflanzen. Nach den Empfehlungen des Bundesgesundheitsamtes sollten Pilzfreunde, die regelmäßig Pilze essen, nicht mehr als 200–250 g Wildpilze verzehren. Wer Pilze nur selten auf dem Speiseplan hat, darf die Portionen ruhig größer ausfallen lassen. – Regelmäßige Pilzesser sollten auf andere mit Schwermetallen belastete Nahrungsmittel wie Niere oder Fisch verzichten. – Da der stärkste Gehalt an Schwermetallen in den Lamellen, den Röhren und der Huthaut zu finden ist, sollten diese Teile beim Putzen entfernt werden.

Grundrezept

Gedünstete Möhren

Möhren, auch Mohrrüben oder gelbe Rüben genannt, enthalten von allen Gemüsearten das meiste Carotin, der Vorstufe von Vitamin A. Karotten nennt man die kleinen kugelförmigen Frühmöhren. Bei den länglichen Sommer- und Herbstmöhren kommt es bei älteren Exemplaren zu Verholzungen des inneren Teils, der am besten nicht mit verwendet wird. Die Haupterntezeit von Freilandmöhren reicht von August bis März. Möhren eignen sich zum Einfrieren.

1 kg Möhren
2 Eßl. Butter
2 Teel. Zucker
1 Teel. Salz
1 Tasse Wasser
½ Würfel Gemüsebrühe
4 Eßl. gehackte Petersilie

Pro Portion etwa
505 Joule/120 Kalorien

Zubereitungszeit: 30–60 Minuten

Von den Möhren die Wurzelspitzen und die Blattansätze abschneiden. Die Möhren unter fließendem kaltem Wasser gründlich bürsten. Junge Möhren mit der Schale verwenden. Ältere Möhren dünn schälen oder schaben. Große Wintermöhren danach halbieren und die holzige Mitte aus den Hälften herausschneiden. Die Möhren in Würfel, Scheiben oder Stifte schneiden. • Die Butter in einem großen Topf zerlassen, den Zucker hineinstreuen und unter Rühren leicht bräunen lassen. Die Möhren zufügen und bei mittlerer Hitze etwa 3 Minuten im Butter-Zucker-Gemisch wenden, bis sie glänzen. • Das Salz und ½ Tasse Wasser zu den Möhren geben, den Gemüsebrühewürfel zufügen und die Möhren zugedeckt bei schwacher Hitze in 20–45 Minuten weich dünsten. Die Garzeit richtet sich nach dem Alter der Möhren. Nach 15 Minuten Garzeit die Möhren einmal umrühren und dabei prüfen, ob noch genügend Flüssigkeit im Topf ist. Wenn nötig wenig Wasser nachfüllen. Am Ende der Garzeit sollte nur noch ganz wenig Flüssigkeit im Topf sein. • Die garen Möhren eventuell noch mit etwas Salz abschmecken, anrichten und mit der Petersilie bestreuen.

Paßt gut zu: Kalbsbraten, Frikadellen oder Hackbraten mit Kartoffelpüree oder Salzkartoffeln.

Mein Tip Für diese einfache Zubereitungsart für Möhren eignen sich auch die kleinen runden Karotten ausgezeichnet.

Schnell · Preiswert

Möhren in der Folie

Für diese Zubereitungsart eignen sich vor allem die etwas zarteren Sommermöhren.

750 g–1 kg Möhren wie im Grundrezept beschrieben bürsten und je nach Beschaffenheit schaben, abtrocknen und auf ein großes Stück leicht geölte Alufolie legen. Die Möhren mit wenig Salz und etwas weißem Pfeffer bestreuen und mit etwa 2 Eßlöffeln Butterflöckchen belegen. Die Folie locker über den Möhren schließen, alle Ränder gut zusammenkniffen. • Die Möhren in der Folie dann entweder neben einem Braten im Backofen in 25–30 Minuten garen (je nach Größe der Möhren) oder das Folienpaket in kochendes Wasser legen und zugedeckt im kochenden Wasser bei schwacher Hitze ebenfalls in 25–30 Minuten garen.

Schnell · Preiswert

Sautierte Möhrenscheibchen

750 g mittelgroße Möhren wie im Grundrezept beschrieben vorbereiten, bürsten, nötigenfalls schaben und mit dem Gemüsehobel in Scheibchen hobeln. • Etwa 3 Eßlöffel Öl in einer großen Pfanne erhitzen, die Möhrenscheibchen ins heiße Fett geben und unter Umwenden 1–2 Minuten darin braten. 4 Eßlöffel Crème fraîche mit wenig Salz und weißem Pfeffer verrühren, über die Möhren gießen und diese zugedeckt bei äu-

ßerst schwacher Hitze weitere 3–4 Minuten ziehen lassen. • Nach Belieben die sautierten Möhrenscheibchen mit frischer gehackter Zitronenmelisse bestreut servieren.

Raffiniert

Pastinakenküchlein

Das mit der Möhre eng verwandte Wurzelgemüse schmeckt leicht süßlich. Sein Aroma erinnert an Petersilienwurzel. Man kann Pastinaken wie Möhren zubereiten.

500 g Pastinaken
1/8–1/4 l Gemüsebrühe
75–100 g Mehl
2 Eier
1 Eßl. Hefeextrakt
1/4–1/2 Teel. Salz
2 Eßl. gehackte Petersilie
3–5 Eßl. Öl

Pro Portion etwa
1090 Joule/260 Kalorien

Zubereitungszeit: 1 Stunde

Die Pastinaken waschen, schälen oder schaben, in Scheiben schneiden und in der Gemüsebrühe in 30–40 Minuten weich dünsten. Wenn nötig während des Garens wenig Gemüsebrühe nachfüllen. • Die Pastinaken pürieren und das Mehl, die Eier und den Hefeextrakt unterarbeiten. Es soll eine formbare Masse entstehen. Nach Belieben den Pastinakenteig etwas salzen und die gehackte Petersilie unterrühren. • Aus der Masse flache Küchlein, ähnlich wie kleine Frikadellen formen. • 2 Eßlöffel Öl in einer Pfanne erhitzen und die Pastinaken-Küchlein portionsweise nacheinander in Öl goldbraun braten.

Das paßt dazu: Feldsalat, Kopfsalat, Wildkräutersalat und Hackbraten.

Grundrezept

Schwarzwurzeln auf Hausfrauenart

Schwarzwurzeln haben einen dem Spargel ähnlichen Geschmack. Damit die milchig weiße Farbe des Fleisches erhalten bleibt, kommen die geschälten rohen Wurzeln sogleich in Essigwasser. Schwarzwurzeln sind von Dezember bis März auf dem Markt. Sie lassen sich gut einfrieren.

1 1/2 l Wasser
2 Eßl. Essig
1 kg feste Schwarzwurzeln
1 Teel. Salz
1 Eßl. Butter
1 Eßl. Mehl
je 1 Messersp. weißer Pfeffer und Zucker
1/2 Teel. Salz
1–2 Teel. Zitronensaft
1/2 Tasse Sahne
2 Eigelbe

Pro Portion etwa
1090 Joule/260 Kalorien

Zubereitungszeit: 45 Minuten

Das Wasser mit dem Essig in einen Topf füllen. • Die Schwarzwurzeln unter fließendem kaltem Wasser bürsten, schaben oder schälen, in etwa 5 cm lange Stücke schneiden und diese gleich ins Essigwasser legen, damit die Wurzeln sich nicht braun färben. • Das Salz zu den Schwarzwurzeln geben und diese zugedeckt bei schwacher Hitze in etwa 25 Minuten weich kochen. • Die Schwarzwurzeln abtropfen lassen und in einer vorgewärmten Schüssel zugedeckt warm halten. • Vom Kochsud 1/4 l abmessen. • Für die Sauce die Butter zerlassen, das Mehl darüberstäuben und zu einer homogenen Masse verrühren. Nach und nach den heißen Kochsud von den Schwarzwurzeln unter die Einbrenne rühren und zugedeckt bei schwacher Hitze 10 Minuten kochen lassen. • Die Sauce mit dem Pfeffer, dem Zukker, dem Salz und dem Zitronensaft abschmecken. • Die Sahne mit den Eigelben verquirlen. • Die Sauce vom Herd nehmen, 1–2 Eßlöffel der heißen Sauce unter die Eigelbsahne rühren, diese dann mit der Sauce mischen und die Schwarzwurzeln in die Sauce geben. • Die Schwarzwurzeln in der Sauce noch einmal erhitzen, aber nicht mehr kochen lassen.

Paßt gut zu: Hackbraten, Tellerfleisch, Kalbsbraten, Rinderbraten oder zu gebratenen Hähnchen.

Grundrezept

Rote Bete auf alte Art

Rote Beten oder Rote Rüben werden von September bis Februar auf dem Markt angeboten. Rote Beten werden in den Wintermonaten gelagert. Länger gelagerte Knollen haben eine entsprechend längere Garzeit als frisch geerntete.

750 g Rote Bete
2 Teel. Kümmel
Wasser nach Bedarf
1 mittelgroße Zwiebel
1 Eßl. Butter
2 Teel. Mehl
1/8 l Milch
1/2 Teel. Zucker
1 Teel. Salz
1 Teel. Zitronensaft
1 Tasse Sahne
1 Eigelb
4 Eßl. Schnittlauchröllchen

Pro Portion etwa
2100 Joule/500 Kalorien

Zubereitungszeit: 1 1/2–2 Stunden

Von den Roten Beten die Blattansätze abschneiden und die Knollen unter fließendem Wasser mit einer weichen Bürste reinigen und dabei die Schalen nicht verletzen. • Die Roten Beten dann mit dem Kümmel von Wasser bedeckt in 60–90 Minuten weich kochen. Die Garzeit richtet sich nach der Größe und dem Alter der Rüben. • Die Roten Beten abgießen, kalt abschrecken und die Haut abziehen. Die Rüben in Würfel schneiden und in einer vorgewärmten Schüssel zugedeckt warm halten. • Für die Sauce die Zwiebel schälen, kleinwürfeln und in der Butter glasig braten. Das Mehl darüberstäuben, hellgelb anbraten und unter Rühren mit dem Schneebesen nach und nach die Milch zufügen. Die Sauce mit dem Zucker, dem Salz und dem Zitronensaft abschmecken und zugedeckt bei äußerst schwacher Hitze 10 Minuten kochen lassen. • Die Sahne mit dem Eigelb verquirlen, die Sauce vom Herd nehmen und einige Eßlöffel heißer Sauce in die Eigelbsahne rühren. Die Eigelbsahne dann mit der Sauce mischen und die Rote-Bete-Würfel behutsam unter die Sauce heben. • Das Gemüse zugedeckt erwärmen, aber nicht mehr kochen lassen. Die Roten Bete vor dem Servieren mit den Schnittlauchröllchen bestreuen.

Das paßt dazu: Pellkartoffeln und Brathähnchen aus der Folie, Käseschnitzel oder Frikadellen mit Weizenschrot.

Gute Vorspeise

Gebratene Rote Bete

500 g Rote Beten wie im Grundrezept für Rote-Bete-Gemüse garen und in 1 cm dicke Scheiben schneiden. Die Scheiben erst in Mehl, dann in 1 verquirltem Ei und zuletzt in mit je 1/2 Teelöffel gemahlenem Kümmel und Selleriesalz gemischten Semmelbröseln wenden. In heißem Öl von beiden Seiten goldbraun backen. • Als Teil eines Gemüsevorspeisentellers reichen.

Grundrezept

Knollensellerie mit Speck

Knollensellerie ist in den Monaten von September bis April am schmackhaftesten. Sellerie eignet sich gut zum Einfrieren (einschließlich der Blätter).

750 g Knollensellerie in möglichst 2 gleich großen Knollen
1 Teel. Salz
Wasser nach Bedarf
50 g durchwachsener Speck
2 Eßl. Butter
1 Eigelb
1/8 l saure Sahne
je 1 Messersp. Salz, weißer Pfeffer und Zucker

Pro Portion etwa
945 Joule/225 Kalorien

Zubereitungszeit: 1 Stunde

Die Blätter von den Sellerieknollen abschneiden und die zarten Blättchen davon waschen, trockenschleudern und aufbewahren. Die Sellerieknollen unter fließendem kaltem Wasser gründlich bürsten. • Mit dem Salz und Wasser bedeckt bei mittlerer Hitze zugedeckt zum Kochen bringen und in 30–45 Minuten je nach Größe der Knollen gar kochen. Oder die Sellerieknollen über kochendem Salzwasser im Siebeinsatz 30–45 Minuten dämpfen. • Den Speck in kleine Würfel schneiden. Die garen Sellerieknollen kalt abbrausen, schälen und in etwa 1/2 cm große Würfel schneiden. • Die Butter in einem großen Schmortopf zerlassen, die Speckwürfel darin ausbraten, die Selleriewürfel zugeben und unter Umwenden kurz im Speckfett mitbraten. Die Hitze auf geringste Stufe zurückschalten. • Das Eigelb mit der sauren Sahne, dem Salz, dem Pfeffer und dem Zucker verquirlen, unter die Selleriewürfel mischen und das Gemüse zugedeckt auf der abgeschalteten Herdplatte ziehen lassen. • Die Sellerieblättchen hacken und vor dem Servieren über das Gemüse streuen.

Paßt gut zu: Grünkernschrotbratlingen, zu Schweinebraten oder Hammelkoteletts.

Mein Tip Ungeschälte ganze Sellerieknollen werden am besten im Dampfdrucktopf in 5–10 Minuten gegart. Diese Methode ist für Sellerie die wertschonendste.

Gelingt leicht

Selleriepüree

500 g Knollensellerie wie im Grundrezept beschrieben in kochendem Salzwasser oder im Siebeinsatz garen, schälen und in Stücke schneiden. • Die Selleriestücke entweder im Mixer pürieren und dabei nach und nach 1/8 l Sahne zufügen oder durch ein Sieb passieren und anschließend mit der Sahne verrühren. • Das Selleriepüree mit so viel Kartoffelpüree, Rezept Seite 261, (1/3 Rezeptmenge) verrühren, daß eine geschmeidige Masse entsteht. Das Selleriepüree mit Salz, Zucker und Zitronensaft abschmecken und mit feingehackten Sellerieblättern bestreuen. • Das Püree schmeckt gut zu Roastbeef, Steaks und gebratenem Geflügel.

Schnell · Preiswert

Gedünsteter Staudensellerie

Staudensellerie oder Bleichsellerie wird wegen seines zarten Geschmacks immer mehr geschätzt.

750 g Staudensellerie
1 große Zwiebel
1 große Möhre
2 Eßl. Butter
1 Stück Speckschwarte
1 Tasse heiße Consommé
1/16 l Sahne
1 Eigelb
2 Messersp. Salz
1 Messersp. weißer Pfeffer

Pro Portion etwa
990 Joule/235 Kalorien

Zubereitungszeit: 40 Minuten

Den Staudensellerie am Wurzelende abschneiden, so daß die einzelnen Stangen auseinanderfallen. Die zarten Sellerieblätter abschneiden, waschen und trockenschleudern. Die Selleriestangen waschen, abtrocknen und in etwa 5 cm lange Stücke schneiden. Die Zwiebel schälen und in Scheiben schneiden. Die Möhre schaben, waschen und ebenfalls in Scheiben schneiden. • Die Butter in einem Schmortopf erhitzen. Die Zwiebelscheiben und die Möhrenscheiben in der Butter unter Umwenden bei mittlerer Hitze hellbraun anbraten, auf dem Topfboden verteilen und die Speckschwarte darüberlegen. Die Selleriestücke auf die Speckschwarte schichten, die heiße Consommé dazugießen und alles zugedeckt in etwa 20 Minuten garen. • Die Sahne mit dem Eigelb, dem Salz und dem Pfeffer verquirlen. • Die Speckschwarte aus dem garen Sellerie entfernen, die Eigelbsahne unter das Gemüse mischen und bei äußerst schwacher Hitze cremig werden lassen, ohne es zu kochen. • Das Selleriegemüse mit den feingehackten Sellerieblättern bestreuen.

Paßt gut zu: gargezogenem Fisch oder Rinderbraten.

Grundrezept

Kohlrübengemüse

Kohlrüben oder Steckrüben gehören zu den typischen Wintergemüsen. Sie haben oft holzige Stellen und eine ziemlich dicke Schale. Da man also mit viel Abfall rechnen muß, sollte man 1 1/2 kg Kohlrüben für 4 Personen einkaufen.

1 1/2 kg Kohlrüben (Steckrüben)
2 große Zwiebeln
4 Eßl. Schweineschmalz
2 Teel. Zucker
1/2 l Bouillon
1 Teel. Salz
1/4 Teel. weißer Pfeffer
1/2 Teel. getrockneter Majoran
1/8 l saure Sahne
4 Eßl. gehackte Petersilie

Pro Portion etwa
1280 Joule/305 Kalorien

Zubereitungszeit: 1 Stunde

Die Kohlrüben unter fließendem Wasser bürsten, nicht zu dünn schälen, noch einmal abspülen und holzige Stellen abschneiden. Die Kohlrüben in etwa 2 cm große Würfel schneiden. Die Zwiebeln schälen und würfeln. • Das Schweineschmalz erhitzen. Die Zwiebeln darin glasig braten. Die Kohlrüben zufügen, mit dem Zucker bestreuen und bei mittlerer Hitze unter ständigem Umrühren so lange braten, bis der Zucker zergangen ist und die Rübenwürfel bräunlich glänzen. • Die Bouillon erhitzen, zu den Kohlrüben gießen, das Salz, den Pfeffer und den Majoran untermischen und alles zugedeckt bei schwacher Hitze in 45 Minuten garen. Gegen Ende der Garzeit prüfen, ob noch genügend Flüssigkeit im Topf ist. • Die saure Sahne unter die Kohlrüben ziehen. Die Kohlrüben dann bei äußerst schwacher Hitze fertig garen. • Die Kohlrüben vor dem Servieren noch einmal abschmecken und mit der gehackten Petersilie bestreuen.

Das paßt dazu: Salzkartoffeln und Bratwürste, gebratener Fleischkäse oder Schweinekoteletts.

Teltower Rübchen

Diese schmackhafte Rübenart ist von Oktober bis November auf dem Markt.

750 g Teltower Rübchen	*1 Teel. Speisestärke*
2 Eßl. Butter	*4 Eßl. Crème fraîche*
2 Teel. Zucker	*4 Eßl. gehackte Petersilie*
¼ l Bouillon	
½ Teel. Salz	*Pro Portion etwa*
2 Messersp. weißer Pfeffer	*1095 Joule/260 Kalorien*

Zubereitungszeit: 45 Minuten

Die Rübchen unter fließendem Wasser waschen, dünn schälen, kleine Rübchen im ganzen lassen, größere 1 bis 2mal durchschneiden. • Die Butter in einem Topf zerlassen. Den Zucker zufügen und unter Rühren schmelzen und leicht bräunen lassen. Die Bouillon erhitzen. • Die Rübchen in den gebräunten Zucker geben und unter Wenden 5 Minuten braten, bis sie sich braun färben. Die Bouillon zugießen und mit dem Salz und dem Pfeffer würzen. Die Rübchen zugedeckt bei schwacher Hitze in etwa 30 Minuten weich dünsten. • Die Speisestärke mit der Crème fraîche anrühren und die Flüssigkeit damit binden. • Die Teltower Rübchen mit der Petersilie bestreuen.

Paßt gut zu: Bratwürstchen und Pellkartoffeln.

Grundrezept

Gedünsteter Blattspinat

Spinat gibt es aus dem Unterglasanbau und als Freilandspinat. Der letztere wird im Frühling, Herbst und Winter angebaut. Im März und April ist der starkblättrige Winterspinat auf dem Markt, von April bis Juni der feinblättrige Frühlingsspinat und im September und Oktober der ebenfalls feinblättrige Herbstspinat. Spinat soll nicht aufgewärmt werden.

1 kg Spinat	*1 Messersp. Zucker*
1 kleine Zwiebel	
1 Knoblauchzehe	*Pro Portion etwa*
2 Eßl. Butter	*505 Joule/120 Kalorien*
½ Teel. Salz	

Zubereitungszeit: 20 Minuten

Welke und schlechte Blätter aus dem Spinat herauslesen und sehr grobe Stiele entfernen. Den Spinat in reichlich kaltem Wasser waschen, das Wasser mehrmals wechseln, bis sich kein Sand mehr am Boden der Schüssel absetzt. • Die Zwiebel und die Knoblauchzehe schälen und sehr fein hacken. • Die Butter in einem großen Topf zerlassen und die Zwiebel und den Knoblauch darin glasig braten. • Den Spinat nur leicht ausdrücken, zu der Zwiebel und dem Knoblauch geben, mit dem Salz und dem Zucker bestreuen und zugedeckt bei schwacher Hitze 5–10 Minuten dünsten. Die Garzeit richtet sich nach der Spinatsorte.

Paßt gut zu: Spiegeleiern, herzhaften Omelettes, kleinen gebratenen Pellkartoffeln, Kalbsbraten und kurzgebratenem Fleisch.

Mein Tip Wenn kein Knoblauch gewünscht wird, den Spinat zuletzt mit 1 Messerspitze geriebener Muskatnuß oder mit ½ Eßlöffel gehacktem Liebstöckel würzen.

Gute Vorspeise

Ligurischer Spinat

1 kg Spinat wie im Grundrezept beschrieben verlesen und waschen. • Den Spinat dann in 2 l kochendem Salzwasser 1 Minute blanchieren und in einem Sieb abtropfen lassen. • 2 Zwiebeln und 4 Knoblauchzehen schälen und mit 6 Sardellenfilets und 2 Eßlöffeln Kapern hacken und zusammen in 5 Eßlöffeln Olivenöl 3 Minuten andünsten. Den Spinat unterrühren und mit wenig Salz, 1 Messerspitze grobgemahlenem schwarzem Pfeffer und 1 Eßlöffel Zitronensaft würzen. 6 Eßlöffel trockenen Weißwein zum Spinat geben und den Spinat bei schwacher Hitze im offenen Topf 3 Minuten kochen lassen, bis die Flüssigkeit verdampft ist. • Den Spinat mit 4 hartgekochten Eiachteln belegen.

Preiswert · Gelingt leicht

Rahmspinat

1 kg Spinat wie im Grundrezept beschrieben vorbereiten, dünsten und etwas abtropfen lassen. • Den Spinat grob- oder feinhacken und in den Topf zurückgeben. 2 Teelöffel Speisestärke mit 2 Eßlöffeln Sahne anrühren und den Spinat damit binden.

Raffiniert

Stielmangold in Rahm

Mangold wird im Juni und Juli angeboten. Blattmangold mit schmalen Stielen wird wie Spinat zubereitet. Er schmeckt ähnlich wie Spinat, aber herber. Vom Stiel- oder Rippenmangold werden die Stiele – ähnlich wie Rhabarber – zubereitet.

2 l Wasser
1 Teel. Salz
1 kg Mangold
3 Eßl. Butter
½ Teel. Salz
2 Messersp. weißer Pfeffer
100 g Crème fraîche

Pro Portion etwa
880 Joule/210 Kalorien

Zubereitungszeit: 40 Minuten

Das Wasser mit dem Salz zum Kochen bringen. • Den Mangold gründlich in kaltem Wasser waschen, dabei das Wasser mehrmals wechseln. Den Mangold dann abtropfen lassen und die Blätter von den Rippen streifen. Von den Stielen die Fasern abziehen (ähnlich wie bei Rhabarber) und die Rippen sowie die Stiele in etwa 3 cm lange Stücke schneiden. • Den Mangold ins kochende Wasser geben und zugedeckt 20 Minuten kochen lassen. Den Mangold dann abtropfen lassen. • Die Butter in einem genügend großen Topf zerlassen, den Mangold in der Butter wenden und mit Salz und Pfeffer mischen. Die Crème fraîche unter den Mangold geben und bei äußerst schwacher Hitze im offenen Topf so lange ziehen lassen, bis die Crème fraîche sämig ist.

Paßt gut zu: kurzgebratenem Fleisch und Risotto.

Mangold mit Sauce hollandaise

1 kg Stielmangold wie im Rezept für Stielmangold in Rahm beschrieben vorbereiten und ebenfalls nur die Stiele verwenden. Die Stiele aber nicht kleinschneiden, sondern in einer Länge von 8–10 cm belassen. • Mit Küchengarn 4 gleich dicke Mangoldbündel zusammenbinden und diese in kochendem Salzwasser in 20 Minuten garen. • Die Stiele gut abtropfen lassen, das Küchengarn entfernen, und den Mangold auf einer vorgewärmten Platte anrichten. • Die Mangoldstiele mit Sauce hollandaise, Rezept Seite 291, überziehen. • Zu Steaks, Roastbeef oder Lendenbraten vom Rind reichen.

Grundrezept

Buttererbsen

Erbsen haben ihre Haupterntezeit von April bis August, am besten schmecken sie in den Monaten Mai und Juni. Zuckererbsen kann man mit der Hülse essen, Pal- und Markerbsen werden enthülst. Sie eignen sich gut zum Einfrieren.

1½ kg grüne, möglichst junge Erbsen in den Schoten (500–600 g enthülste Erbsen)
1 l Wasser
1 Teel. Salz
1 Kräutersträußchen, bestehend aus Dill, Kerbel und Estragon
2 Eßl. Butter
½ Teel. Zucker
Salz nach Geschmack

Pro Portion etwa
880 Joule/210 Kalorien

Zubereitungszeit: 30 Minuten

Die Erbsen aus den Schoten streifen. • Das Wasser mit dem Salz und dem Kräutersträußchen zum Kochen bringen, die Erbsen einstreuen und zugedeckt 15 Minuten kochen lassen. • Die Erbsen danach in einem Sieb abtropfen lassen und das Kräutersträußchen entfernen. • Die Butter bei schwacher Hitze zerlassen, die Erbsen darin wenden, mit dem Zucker und mit Salz nach Geschmack würzen und zugedeckt noch so lange in der Butter dünsten, bis die Erbsen gut weich sind.

Paßt gut zu: Kalbs- oder Lammbraten, gebratenem oder gedünstetem Fisch.

Preiswert

Erbsen-Möhren-Gemüse

Je 300 g ausgehülste Erbsen und in Würfel geschnittene Möhren in 2 Eßlöffeln Butter andünsten, mit Salz und Zucker würzen und wenig Wasser zugedeckt in 20 Minuten gar dünsten. • Nach Belieben das Gemüse mit 1 Eigelb, mit 4 Eßlöffeln Sahne verquirlt legieren. • Zu Kalbsbraten oder Hackbraten mit Kartoffelpüree reichen.

Raffiniert

Junge Erbsen auf französische Art

600 g enthülste junge Erbsen waschen. • 2 Eßlöffel Butter zerlassen, 2 gewürfelte Schalotten und 2 Eßlöffel gehackten Kerbel darin anbraten. Die Erbsen mit dem Tropfwasser zufügen, 1 kleinen streifig geschnittenen Kopfsalat, 1/2 Teelöffel Salz und 1 Tasse Wasser zufügen. • Alles bei schwacher Hitze zugedeckt in 20 Minuten gar dünsten. • 1 Eßlöffel Butter mit 1 Eßlöffel Mehl zu Mehlbutter verkneten, diese unter Rühren in der Gemüseflüssigkeit auflösen und bei äußerst milder Hitze 5 Minuten leicht kochen lassen. • Zu Kalbsmedaillons, Kalbsschnitzel oder Tournedos reichen.

Gelingt leicht

Püree aus frischen Erbsen

1 1/2 kg Erbsen enthülsen und wie im Grundrezept beschrieben in 1 l Salzwasser mit 1 Kräutersträußchen garen. • Die Erbsen in einem Sieb abtropfen lassen, durch das Sieb passieren und das Püree mit 1 Eßlöffel Butter und so viel Sahne verrühren, daß das Püree eine cremige Konsistenz bekommt. • Das Püree mit Salz und wenig weißem Pfeffer abschmecken und nach Belieben mit frisch gehackten Pfefferminzblättchen bestreuen. • Zu Kalbshaxe oder glasiertem Schinken reichen.

Schnell

Erbsen in der Schote

500 g Zuckererbsenschoten
1 Zwiebel
30 g Butter
je 2 Messersp. Salz und Zucker
1 Prise weißer Pfeffer
1 Tasse Wasser
1 Eßl. feingehackte Petersilie

Pro Portion etwa 860 Joule/205 Kalorien

Zubereitungszeit: 30 Minuten

Die Zuckererbsenschoten waschen, abtropfen lassen, die Stiele und Blütenansätze abschneiden und dabei die Fäden von den Schoten abziehen. Die Zwiebel schälen und in kleine Würfel schneiden. • Die Butter in einem Topf zerlassen und die Zwiebelwürfel darin glasig braten. Die Schoten zufügen und unter Rühren einige Minuten andünsten. Mit dem Salz, dem Zucker und dem Pfeffer würzen und mit dem Wasser auffüllen. • Die Schoten zugedeckt bei schwacher Hitze in 10–15 Minuten garen, jedoch nicht zu weich dünsten. Sie sollen noch einen »Biß« haben. • Die Schoten mit der Petersilie bestreut servieren.

Mein Tip Zuckererbsenschoten lassen sich gut mit Pilzen oder anderem Gemüse mischen. Mit 50 g frischen, in Butter gedünsteten Pfifferlingen sind sie eine feine Beilage zu gebratenem Wild und Wildgeflügel. Mit kleinen Schalotten oder jungen Karotten zusammen gegart passen sie besonders gut zu gebratenem Lammfleisch oder Kalbfleisch. Ein wenig Knoblauchsaft oder ein Küchenkraut wie Basilikum oder Minze verleihen diesem zarten Gemüse eine aparte Note.

Grundrezept

Grüne Butterbohnen

Bohnen gibt es aus dem Unterglas- und aus dem Freilandanbau. Am besten schmecken die Freilandbohnen von Mai bis August. Sie lassen sich gut einfrieren. – Die gelben Wachsbohnen können wie die grünen Bohnen zubereitet werden.

750 g grüne Bohnen
1 l Wasser
1 Teel. Salz
1 Zweig frisches Bohnenkraut
1 mittelgroße Zwiebel
2 Eßl. Butter
je 1 Prise Salz und weißer Pfeffer

Pro Portion etwa 525 Joule/125 Kalorien

Zubereitungszeit: 40 Minuten

Die Bohnen waschen, abtropfen lassen, die Stielenden und die Spitzen abschneiden und wenn nötig die Fäden von den Bohnen abziehen. Kleine Bohnen im ganzen lassen, große Bohnen halbieren oder vierteln; sehr dicke Bohnen längs halbieren und dann kleiner schneiden. • Das Wasser mit dem Salz und dem Bohnenkraut zum Kochen bringen. Die Bohnen ins kochende Wasser geben und zugedeckt in etwa 20 Minuten weich kochen. • Die Zwiebel schälen und würfeln. Die Bohnen in ein Sieb schütten, kalt abbrausen und abtropfen lassen. • Die Butter in einem Schmortopf erhitzen, die Zwiebelwürfel unter Umwenden darin hellgelb braten. Die abgetropften Bohnen untermischen, bei schwacher Hitze im geschlossenen Topf noch einmal gut erwärmen und mit Salz und Pfeffer abschmecken.

Paßt gut zu: Lamm- oder Hammelbraten, zu gekochtem Rindfleisch, Tafelspitz oder Hackfleischklößchen.

Mein Tip Grüne Bohnen nicht lange warm halten; sie zersetzen sich rasch bei Wärme. – Grüne Bohnen dürfen roh nicht gegessen werden, da sie das giftige Phasin enthalten.

Preiswert · Gelingt leicht

Oldenburger Schnippelbohnen

750 g frische grüne Stangenbohnen
1 l Wasser
100 g geräucherter durchwachsener Speck
½ l Milch
2 Teel. Salz
60 g Butter
2 Eßl. Mehl
1 Teel. Zucker

Pro Portion etwa 1200 Joule/285 Kalorien

Zubereitungszeit: 45 Minuten

Die Bohnen waschen und die Stielenden und Blütenansätze abschneiden. Die Bohnen schräg in dünne Scheiben schneiden. • Das Wasser zum Kochen bringen. Die Bohnenscheiben darin bei schwacher Hitze in etwa 20 Minuten garen und dann abtropfen lassen. • Den Speck in kleine Würfel schneiden und glasig braten. • Für die Sauce die Milch mit dem Salz zum Kochen bringen. Die Butter mit dem Mehl verkneten und die Mehlbutter unter Rühren mit dem Schneebesen in der schwach kochenden Milch auflösen. Die Sauce bei schwacher Hitze unter ständigem Rühren aufkochen und eindicken lassen. • Den Speck und den Zucker unterrühren, die Bohnen zufügen und noch 5 Minuten in der heißen Sauce ziehen lassen.

Paßt gut zu: Matjesfilets und Salzkartoffeln.

Grundrezept

Gebundene dicke Bohnen

Die im Rheinland und in Westfalen beliebten dicken Bohnen schmecken jung am besten. Die Kerne sollen milchig und weich sein. Dicke Bohnen lassen sich gut einfrieren.

600 g dicke Bohnenkerne (etwa 2½ kg Bohnen in den Hülsen)
1 l Wasser
1 Teel. Salz
1 Zweig Bohnenkraut
1 Zwiebel
2 Teel. Butter
1 Eßl. Mehl
⅛ l Milch
je 1 Messersp. Salz und weißer Pfeffer
4 Eßl. Schnittlauchröllchen

Pro Portion etwa 735 Joule/175 Kalorien

Zubereitungszeit: 40 Minuten

Die Bohnenkerne aus den Hülsen streifen. • Das Wasser mit dem Salz und dem Bohnenkraut zum Kochen bringen. Die Bohnenkerne ins Wasser geben und zugedeckt bei schwacher Hitze 25 Minuten kochen lassen. Die Bohnen dann in ein Sieb gießen und abtropfen lassen; das Bohnenkraut entfernen. ⅛ l Kochsud aufbewahren. • Die Zwiebel schälen und feinwürfeln. • Für die Sauce die Butter zerlassen, die Zwiebelwürfel darin glasig braten, das Mehl darüberstäuben und kurz mitbraten. Nach und nach mit dem Kochsud aufgießen. Die Milch unterrühren und die Sauce bei schwacher Hitze zugedeckt 5 Minuten leicht kochen lassen. Die Bohnenkerne unter die Sauce mischen und zugedeckt weitere 5 Minuten kochen lassen. • Die Bohnen mit Salz und Pfeffer abschmecken und mit dem Schnittlauch bestreut servieren.

Das paßt dazu: Bratkartoffeln oder Pellkartoffeln und ausgebratener Frühstücksspeck.

Mein Tip Ebenso wie dicke Bohnen können auch frische weiße Bohnenkerne zubereitet werden.

Dicke Bohnen mit Speck

Die Bohnen wie im Rezept für gebundene dicke Bohnen beschrieben vorbereiten und in Salzwasser mit dem Bohnenkraut 25 Minuten kochen. In einem Sieb abtropfen lassen. • 1 Eßlöffel Butter zerlassen, 100 g geräucherten durchwachsenen Speck würfeln. Die Speckwürfel in der Butter ausbraten, die Bohnen mit dem Speckfett mischen. Mit Salz, weißem Pfeffer und 1 Prise Zucker abschmecken. • Mit Kartoffelpüree servieren.

Braucht Zeit

Stangenspargel mit Butter

Deutscher Spargel wird von Mitte April bis zum 24. Juni (Johanni) geerntet. Die Spargelköpfe sollen weiß und dicht geschlossen, die Stangenenden nicht hart und holzig sein. Französischer Spargel wird schon im März auf dem Markt angeboten. Seine Spitzen sind violett. Er schmeckt – wie auch der grüne Spargel – würziger und strenger als der weiße.

2 kg frischer Spargel
2 l Wasser
1 Stück Würfelzucker
1 Teel. Salz
2 Eßl. Zitronensaft
100 g Butter

Pro Portion etwa
1155 Joule/275 Kalorien

Zubereitungszeit: 1 Stunde und 15 Minuten

Besonderes Küchengerät: Spargelkochtopf oder großer flacher Topf mit Deckel

Den Spargel in reichlich kaltem Wasser waschen und abtropfen lassen. Die Spargelstangen mit einem scharfen Küchenmesser oder einem Spargelschäler vom Kopf zum Stielende hin rundherum sorgfältig schälen. Dabei die Spargelenden so weit abschneiden, daß keine verholzten Teile mehr stehen bleiben. • Das Wasser mit dem Zucker und dem Salz im Spargelkochtopf zum Kochen bringen. Die Spargelstangen in 4 gleich großen Portionen mit Küchengarn zu Bündeln zusammenbinden und behutsam in das kochende Wasser gleiten lassen. Den Zitronensaft zufügen und die Spargelstangen in 20–30 Minuten zugedeckt bei schwacher Hitze weich kochen. Die Garzeit richtet sich nach der Dicke der Stangen. • Die Butter zerlassen, den gekochten Spargel auf dem Einsatz des Spargelkochtopfs aus dem Sud heben, noch gebündelt abtropfen lassen und auf einer vorgewärmten tiefen Platte anrichten. Die Fäden lösen und den Spargel mit der Butter begießen.

Das paßt dazu: in Scheiben geschnittener roher oder gekochter Schinken und Pellkartoffeln von neuen Kartoffeln.

Spargel auf badische Art

Den Spargel wie im Rezept für Stangenspargel mit Butter vorbereiten, bündeln und in Salzwasser in 20–30 Minuten zugedeckt bei schwacher Hitze weich kochen. • Den Spargel gut abtropfen lassen, auf einer vorgewärmten Platte anrichten und dazu kleine dünne Eierpfannkuchen, Rezept Seite 305, und eine Platte mit rohem und gekochtem Schinken reichen.

Grundrezept

Geschmolzene Tomaten

Tomaten werden zwar das ganze Jahr über frisch angeboten, haben aber nur dann ein wirklich gutes Aroma, wenn sie im Freien angebaut und reif geerntet werden. Besonders gut schmecken sie von Juli bis September.

1 kg reife Tomaten
2 Schalotten
1 Knoblauchzehe
2 Eßl. Butter
1 Teel. Salz
1 Eßl. gehackter frischer Thymian oder Oregano

Pro Portion etwa
480 Joule/115 Kalorien

Zubereitungszeit: 30 Minuten

Die Tomaten häuten: Dazu die Tomatenhaut am stiellosen Ende kreuzweise einritzen, die Tomaten mit kochendem Wasser übergießen und 2 Minuten darin liegen lassen. Das Wasser dann abgießen und die aufgesprungene Haut der Tomaten abziehen. Die Tomaten vierteln und die harten hellen Stellen unterhalb der Stielansätze herausschneiden. Die Tomatenviertel noch einmal durchschneiden und dabei die Kerne entfernen. • Die Schalotten schälen und würfeln. Die Knoblauchzehe ebenfalls schälen und feinhacken. • Die Butter zerlassen, die Schalottenwürfel und den

Knoblauch unter Umwenden darin hellgelb braten. Die Tomaten zufügen, alles salzen und unter öfterem Umwenden im offenen Topf so lange dünsten, bis die meiste Flüssigkeit verdampft ist. • Die Tomaten mit den kleingehackten Kräutern bestreut servieren.

Das paßt dazu: Kalbsschnitzel oder Cordon bleu mit Reis oder Tournedos auf Croûtons.

Preiswert · Gelingt leicht

Gedünstete Tomaten

4 große Fleischtomaten wie im Grundrezept beschrieben häuten. • 1 Zwiebel schälen, würfeln und in 2 Eßlöffeln Butter glasig braten. • Die ganzen Tomaten nebeneinander in einen Topf auf die Zwiebelwürfel setzen. Die Tomaten mit Salz, wenig Zucker und weißem Pfeffer bestreuen, 2 Eßlöffel heißes Wasser zufügen und die Tomaten zugedeckt bei schwacher Hitze in 15–20 Minuten weich dünsten. • Die gedünsteten Tomaten mit gehackter Petersilie bestreut zu feinen Braten, Steaks oder körnig gekochtem Reis und Schinken servieren.

Raffiniert

Tomaten mit Schafkäse

750 g reife Fleischtomaten
2 Eßl. Olivenöl
300 g Schafkäse
2 Knoblauchzehen
1 Teel. Salz
2 Messersp. grobgemahlener schwarzer Pfeffer
3 Teel. gehackter frischer Thymian

Pro Portion etwa
1505 Joule/360 Kalorien

Zubereitungszeit: 30 Minuten

Den Backofen auf 200° vorheizen. • Die Tomaten waschen, abtrocknen, den Stielansatz herausschneiden und die Tomaten halbieren. • Eine flache feuerfeste Form mit wenig Olivenöl ausstreichen. • Die Tomatenhälften mit der Schnittfläche nach oben in die Form setzen. Den Schafkäse in Scheiben schneiden und die Zwischenräume zwischen den Tomaten damit füllen. • Die Knoblauchzehen schälen, zerschneiden und mit dem Salz zerdrücken. • Das Knoblauchsalz mit dem Pfeffer mischen und die Tomaten damit bestreuen. Den Thymian ebenfalls über die Tomaten streuen. • Das restliche Öl darüberträufeln und die Tomaten auf der mittleren Schiebeleiste 15 Minuten im Backofen gratinieren.

Paßt gut zu: kurzgebratenem Fleisch.

Braucht Zeit · Preiswert

Tomaten mit Reisfüllung

4 große, feste Tomaten (etwa 600 g)
2 Eßl. Zitronensaft
4 Prisen Salz
Für die Füllung:
1 große Zwiebel
2 Eßl. Öl
2 Tassen körnig gekochter Reis
60 g geriebener Emmentaler Käse
1 Ei
4 Eßl. gehacktes frisches Basilikum
2 Eßl. Olivenöl
Für die Form:
1 Eßl. Butter

Pro Portion etwa
1765 Joule/420 Kalorien

Zubereitungszeit: 45 Minuten

Die Tomaten waschen, die Stiele entfernen und jeweils oben eine Kappe abschneiden. Die Tomaten mit einem spitzen Löffel aushöhlen und die Kerne entfernen. Die Tomaten innen mit dem Zitronensaft und mit dem Salz würzen. Das ausgehöhlte Tomatenfleisch hacken. • Die Zwiebel schälen und kleinwürfeln. • Das Öl in einem Topf erhitzen und die Zwiebelwürfel darin glasig braten. Das gehackte Tomatenfleisch zufügen und 3 Minuten mitbraten lassen. • Den Topf vom Herd nehmen. Den Reis zufügen, den Käse und das Ei unterrühren. Zuletzt das Basilikum untermischen. • Den Backofen auf 200° vorheizen. Eine feuerfeste flache Form mit der Butter ausstreichen. • Die Reismischung in die Tomaten füllen. Das Olivenöl daraufträufeln und die abgeschnittenen Kappen wieder auf die gefüllten Tomaten legen. Die Tomaten nebeneinander in die Form setzen und in 30 Minuten im Backofen auf der mittleren Schiebeleiste garen.

Paßt gut zu: gebratener Leber, gebratenem oder gedünstetem Fisch.

Gute Vorspeise

Tomaten mit Spinatfüllung

4 große Tomaten wie im Rezept für Tomaten mit Reisfüllung beschrieben aushöhlen, würzen und füllen. • Für die Füllung 500 g Spinat verlesen, mehrmals kalt waschen, 5 Minuten in kochendem Salzwasser blanchieren und abtropfen lassen. Den Spinat mit einem großen Messer grobhacken, mit ½ Teelöffel Salz, 1 zerdrückten Knoblauchzehe, 1 Messerspitze weißem Pfeffer und 4 Eßlöffeln frisch geriebenem Käse mischen. • Damit die Tomaten füllen. Jede Tomate mit einigen Butterflöckchen belegen, die Deckelchen aufsetzen und die Tomaten in eine feuerfeste Form setzen. • 1 Eßlöffel Öl um die Tomaten träufeln und die Tomaten im vorgeheizten Backofen bei 200° 30 Minuten auf der mittleren Schiebeleiste backen.

Grundrezept

Paprikaschotengemüse

Paprikaschoten sind ein vitaminreiches Gemüse. Wir bekommen rote, grüne, gelbe und hellgrüne Sorten angeboten. Die dunkelgrünen Schoten sind kräftig im Geschmack. Rote Paprikaschoten schmecken süßlich, aromatisch und die hellen Sorten, die meist eine längliche Form aufweisen, sind ausgesprochen mild im Geschmack. Die Haupterntezeit für Paprikaschoten liegt in den Monaten August bis Oktober. Frische Früchte erkennt man an ihrer glänzenden Haut. Paprikaschoten lassen sich gut einfrieren.

750 g grüne, rote und gelbe Paprikaschoten
3 Zwiebel
2 Knoblauchzehen
5 Eßl. Olivenöl
1 Teel. Salz
2 Messersp. schwarzer Pfeffer
1 Eßl. edelsüßes Paprikapulver
3 Eßl. gehackte Petersilie

Pro Portion etwa 720 Joule/170 Kalorien

Zubereitungszeit: 50 Minuten

Die Paprikaschoten auf ein Kuchenblech legen und im Backofen bei 250° etwa 3 Minuten rösten, dabei ab und zu wenden. Wenn die Schotenhaut fast schwarz geworden ist, die Paprikaschoten aus dem Backofen nehmen und 5 Minuten in ein feuchtes Tuch eingeschlagen liegen lassen. Danach läßt sich die Haut leicht abziehen. • Von den gehäuteten Schoten die Stiele abschneiden. Die Schoten längs halbieren, von den Kernen und weißen Rippen befreien und die Schotenhälften kurz kalt abspülen, so daß noch anhaftende Kerne entfernt werden. Die Schotenhälften dann nochmals längs halbieren und die Viertel quer in breite Streifen schneiden. • Die Zwiebeln schälen und würfeln, die Knoblauchzehen schälen und kleinschneiden. • Das Öl in einem Topf erhitzen und die Zwiebeln und den Knoblauch unter Rühren darin Farbe annehmen lassen. Die Paprikastücke zufügen und das Gemüse zugedeckt bei schwacher Hitze in etwa 25 Minuten weich dünsten. • Mit dem Salz, dem Pfeffer und dem Paprikapulver würzen und die Petersilie unterrühren.

Paßt gut zu: Bratwürsten oder Brathähnchen, Kartoffelpüree oder körnig gekochtem Reis.

Peperonata

Italienisches Paprikagemüse

1 kg rote Paprikaschoten wie im Grundrezept für Paprikagemüse häuten, putzen und in Streifen schneiden. • 1 große Gemüsezwiebel schälen, würfeln und in 2 Eßlöffel Butter und 2 Eßlöffeln Olivenöl goldgelb braten. • Die Paprikaschoten, 1 Teelöffel Salz und knapp ⅛ l Wasser zufügen und das Gemüse zugedeckt 15 Minuten dünsten. 500 g reife Tomaten häuten, vierteln und 30 Minuten mitschmoren. • Mit gehacktem Basilikum und Zitronensaft abrunden.

Gute Vorspeise

Gefüllte Paprikaschoten auf bulgarische Art

4 hellgrüne längliche Paprikaschoten wie im Grundrezept für Paprikagemüse häuten, längs aufschneiden und die Kerne und Rippen entfernen. Die Paprikaschoten innen und außen waschen und auseinanderklappen. • Für die Füllung 200 g bulgarischen Schafkäse, ersatzweise griechischen Schafkäse, zerdrücken, mit 1 Ei und so viel saurer Sahne verrühren, daß eine sämige Masse entsteht. • Die Paprikaschoten damit füllen, nebeneinander in eine flache, feuerfeste Form legen, mit Salz bestreuen und mit Olivenöl beträufeln. • Die gefüllten Paprikaschoten im auf 180° vorgeheizten Backofen in etwa 40 Minuten garen. • Frisches Weißbrot und einen leichten Rotwein dazu reichen.

Preiswert · Gelingt leicht

Lesco

Paprika-Tomaten-Gemüse

500 g rote und grüne Paprikaschoten entkernen, waschen und in Streifen schneiden. • 500 g Fleischtomaten häuten und in Stücke schneiden. • 1 Gemüsezwiebel kleinwürfeln. • 50 g fetten Speck würfeln und in einem Topf glasig braten. Die Zwiebelwürfel darin goldbraun braten. • Die Paprikastreifen zufügen und 5 Minuten mitdünsten. • Die Tomaten unterrühren, mit 1 Eßlöffel edelsüßem Paprikapulver, ½ Teelöffel Salz und 2 Messerspitzen weißem Pfeffer würzen und alles zugedeckt bei schwacher Hitze in etwa 40 Minuten sehr weich kochen.

Paßt gut zu: Reis und Rührei, Omelettes oder Debrecziner Würstchen.

Braucht Zeit · Raffiniert

Gefüllte Paprikaschoten

8 mittelgroße Paprikaschoten (etwa 1 kg)
8 Prisen Salz
Für die Füllung:
1 große Zwiebel
2 Knoblauchzehen
2 Eßl. Öl
300 g mageres gehacktes Lammfleisch, ersatzweise Rinderhackfleisch
2 Tassen gekochter Reis
2 Eier
1 Eßl. Zitronensaft
1 Teel. Salz
½ Teel. schwarzer Pfeffer
50 g Mandelstifte
50 g Rosinen
2 Eßl. gehackte frische Minze, ersatzweise 1 Eßlöffel getrocknete gerebelte Minze oder je 1 Teel. getrockneter Thymian und Rosmarin
Zum Dünsten:
¼ l Bouillon

Pro Portion etwa 2055 Joule/485 Kalorien

Zubereitungszeit: 1 Stunde und 15 Minuten

Vom Stielende der Paprikaschoten eine Kappe abschneiden. Die Kerne und Rippen entfernen, die Schoten innen und außen waschen und innen mit dem Salz bestreuen. • Für die Füllung die Zwiebel und die Knoblauchzehen schälen, kleinwürfeln und im Öl goldgelb braten. Das Hackfleisch zufügen und unter Rühren 5 Minuten mitbraten. Die Hackfleischmasse mit dem Reis, den Eiern, dem Zitronensaft, dem Salz, dem Pfeffer, den Mandeln und den überbrausten, abgetropften Rosinen und der Minze vermengen. • Die Paprikaschoten damit füllen und nebeneinander in einen Topf mit gut schließendem Deckel setzen. Die abgeschnittenen Kappen auf die Schoten setzen und das gefüllte Gemüse mit der Bouillon umgießen. In 40–50 Minuten zugedeckt bei schwacher Hitze weich dünsten. • Im Topf servieren.

Das paßt dazu: frisches Stangenweißbrot.

Mein Tip Man kann die gefüllten Paprikaschoten auch mit 150 g verquirltem Sahnejoghurt beträufeln. Er darf dabei in die Bouillon fließen.

Gute Vorspeise

Mit Hackfleisch gefüllte Paprikaschoten

8 kleine Paprikaschoten wie im Grundrezept beschrieben füllen und in der Bouillon garen. • Für die Füllung aus 600 g Hackfleisch halb und halb, 1 gewürfelter Zwiebel, 1 zerdrückter Knoblauchzehe, 1 eingeweichtem, ausgedrücktem Brötchen, 1 Ei, Salz, Pfeffer und 2 Eßlöffeln gehackter Petersilie einen Fleischteig bereiten. • Zum Schluß die Dünstflüssigkeit mit 3 Eßlöffeln saurer Sahne oder Tomatenmark verrühren und mit Salz, Pfeffer und Zitronensaft abschmecken.

Zum Bild rechts

Gratin dauphinois nennt sich das überbackene Kartoffelgericht auf der gegenüberliegenden Bildseite in der internationalen Küchensprache. Dauphin wurde der jeweilige Thronfolger in der französischen Monarchie genannt. Der Gratin muß wohl für die verwöhnten Prinzen ein Leibgericht gewesen sein. Verständlich, denn raffinierter und wohlschmeckender kann man Kartoffeln als Hauptgericht kaum servieren. Ein zarter Salat dazu, und die Mahlzeit ist komplett. Das Rezept finden Sie auf Seite 266.

valon

Grundrezept

Geschmorte Auberginen

Auberginen haben ihre Haupterntezeit von Mai bis August. Wegen ihres leicht bitteren Geschmacks läßt man die Früchte mit Salz bestreut ziehen. Probieren Sie aus, ob und wie lange Sie die Bitterstoffe ausschwemmen lassen wollen.

1 kg Auberginen
etwa 2 Eßl. Salz
1 Gemüsezwiebel
2 Knoblauchzehen
5 Eßl. Olivenöl
1 Teel. Salz
1/4 Teel. schwarzer Pfeffer
Saft von 1/2 Zitrone
2 Stengel Thymian oder 1 Teel. getrockneter Thymian
1 Zweiglein Rosmarin

Pro Portion etwa 750 Joule/170 Kalorien

Zubereitungszeit: 40 Minuten

Die Auberginen waschen, abtrocknen, die Stielenden abschneiden und die Auberginen längs in Scheiben schneiden. Die Auberginenscheiben mit Salz bestreuen und 15 Minuten ziehen lassen. • Inzwischen die Zwiebel und die Knoblauchzehen schälen. Die Zwiebel in Scheiben schneiden und den Knoblauch feinwürfeln. Die Auberginenscheiben trockentupfen. • Das Öl in einem Topf erhitzen und die Zwiebel und den Knoblauch darin unter Rühren goldgelb braten. • Die Auberginen zufügen und einige Minuten bei starker Hitze anbraten. Dann auf schwache Hitze schalten. • Das Salz, den Pfeffer, den Zitronensaft, den Thymian und den Rosmarin zufügen und das Gemüse zugedeckt in etwa 20 Minuten weich schmoren.

Paßt gut zu: Lammbraten oder -koteletts und allen gegrillten kleinen Fleischstücken.

Zum Bild links:

Krautwickerl heißen im süddeutschen Sprachraum die norddeutschen Kohlrouladen. Satt machen sie aber gleichermaßen in Nord und Süd, und außerdem schmecken sie wundervoll herzhaft, vor allem, wenn sie wie in unserem Rezept mit knusprig ausgebratenem Speck zubereitet werden. Ob man für diese Rouladen lieber Weißkohl oder lieber Wirsing verwendet, ist vom persönlichen Geschmack abhängig. Sie sollten die Kohlrouladen aber unbedingt einmal versuchen, wenn Weißkohl im Spätsommer frisch vom Feld auf den Markt kommt. Das Rezept finden Sie auf Seite 239.

Auberginen nach Art des Papstes

1 kg Auberginen wie im Grundrezept beschrieben vorbereiten, in 5 Eßlöffeln Öl in 30 Minuten gar dünsten, abtropfen lassen und passieren. • Das Püree mit 1/4 l Milch, 3 Eiern, Salz und Pfeffer verrühren, in eine gefettete Auflaufform füllen und 30 Minuten im leicht kochenden Wasserbad stocken lassen. • Die Auberginenmasse auf eine vorgewärmte Platte stürzen und mit Tomatenpüree aus geschmolzenen Tomaten, Rezept Seite 227, übergießen.

Gelingt leicht

Gefüllte Auberginen

4 mittelgroße feste Auberginen
1 Eßl. Salz
Für die Füllung:
100 g Langkornreis
2 Eßl. Öl
1/4–3/8 l Bouillon
2 Zwiebeln
500 g Rinderhackfleisch
3 Eßl. frische gehackte Kräuter
2 Teel. Salz
1/2 Teel. schwarzer Pfeffer
3 Eßl. geriebener Parmesankäse
3 Eßl. Butter
Zum Garen:
1/8 l Bouillon

Pro Portion etwa 1930 Joule/460 Kalorien

Zubereitungszeit: 1 Stunde und 15 Minuten

Die Auberginen waschen, die Stielenden abschneiden und die Früchte längs halbieren. Die Schnittflächen mit Salz bestreuen und die Auberginen 15 Minuten ziehen lassen. • Für die Füllung inzwischen den Reis waschen, das Öl in einem Topf erhitzen, den Reis darin glasig braten und gerade von Bouillon bedeckt trocken kochen und abkühlen lassen. • Die Zwiebeln schälen und auf den Reis reiben. Das Hackfleisch, die Kräuter, das Salz und den Pfeffer zufügen. • Die Auberginenhälften trockentupfen, mit einem spitzen Löffel so viel Fruchtfleisch herauskratzen, daß ein etwa 2 cm breiter Rand bestehen bleibt. Das herausgelöste Auberginenfleisch hacken und mit dem Hackfleisch und dem Reis zu einem geschmeidigen Teig verarbeiten. • Den Backofen auf 180° vorheizen. • Die Auberginen mit der Fleisch-Reis-Farce füllen, mit dem Parmesankäse bestreuen und die Butter in Flöckchen daraufsetzen. • Die gefüllten Auberginen nebeneinander in eine flache Backform setzen, die Bouillon zugießen und das Gemüse in etwa 40 Minuten im Backofen auf der mittleren Schiebeleiste garen. Wenn nötig, während des Garens wenig heiße Bouillon zugießen.

Das paßt dazu: Risotto oder körnig gekochter Reis und Tomatensauce.

Imam bayaldi

Der Imam fiel um

4 mittelgroße Auberginen im Backofen bei 100° rösten, bis die Haut aufspringt. Die Haut dann von den Auberginen abziehen, die Früchte halbieren und aushöhlen. • Für die Füllung 3 gehackte Zwiebeln und Knoblauchzehen in 3 Eßlöffeln Olivenöl anbraten. 500 g Tomatenwürfel, 4 Eßlöffel gehackte Petersilie, das kleingeschnittene Auberginenfleisch, 1 Stück Zimtstange, 1 Lorbeerblatt, Salz und 1/2 Teelöffel Zukker zufügen und alles 10 Minuten braten. Das Lorbeerblatt und die Zimtstange entfernen und 2 Eßlöffel gehackte Mandeln unterrühren. • Die Masse in die Auberginenhälften füllen, diese nebeneinander in eine flache mit Öl gefettete Backform legen, mit Öl beträufeln und bei 180° im Backofen 40 Minuten garen.

Ratatouille niçoise

500 g Auberginen	*6 Eßl. Olivenöl*
Saft von 1/2 Zitrone	*1 Teel. Salz*
250 g Zwiebeln	*1 Kräutersträußchen (Thymian, Basilikum)*
500 g Fleischtomaten	*1/8 l Wasser*
500 g Zucchini	
3 Knoblauchzehen	
1 Messersp. Safranfäden oder gemahlener Safran	*Pro Portion etwa 935 Joule/260 Kalorien*

Zubereitungszeit: 1 Stunde

Die Auberginen waschen, in Scheiben schneiden und mit dem Zitronensaft beträufeln. • Die Zwiebeln schälen, halbieren und die Hälften in Scheiben schneiden. • Die Tomaten häuten, entkernen und grobhacken. • Die Zucchini waschen und ebenfalls in Scheiben schneiden. • Die Knoblauchzehen schälen und hakken. • Die Safranfäden in wenig heißem Wasser einweichen. • Das Öl in einem Schmortopf erhitzen und die Zwiebeln darin glasig braten. Das Tomatenfleisch zufügen und fast zerkochen lassen. • Die Auberginenscheiben auf die Zwiebel-Tomaten-Mischung geben, mit etwas Salz bestreuen, die Zucchini zufügen, salzen und mit dem Knoblauch bestreuen. • Das Kräutersträußchen waschen, abtupfen und oben auflegen. Das Wasser erhitzen und mit dem Safranwasser oder dem Safranpulver mischen und über das Gemüse gießen. • Das Ratatouille zugedeckt bei schwacher Hitze in etwa 25 Minuten garen. Dabei nicht umrühren. • Das Kräutersträußchen entfernen und das Gericht im Topf servieren.

Das paßt dazu: Reis, frisches Stangenweißbrot oder kurzgebratenes Fleisch.

Grundrezept

Zucchinigemüse

Die Haupterntezeit für Zucchini liegt in den Monaten Mai und Juni. Während sich für Salate nur die kleinen Früchte eignen, kann man für Gemüsegerichte auch größere Exemplare verwenden.

1 1/2 l Wasser	*1 Eßl. gehacktes Basilikum*
2 Teel. Salz	*Zitronensaft*
750 g kleine Zucchini	*Salz*
125 g Schalotten	*weißer Pfeffer*
2 Knoblauchzehen	
5 Eßl. Olivenöl	*Pro Portion etwa*
3 Eßl. gehackte Petersilie	*750 Joule/175 Kalorien*

Zubereitungszeit: 35 Minuten

Das Wasser mit dem Salz zum Kochen bringen. Die Zucchini waschen, ins kochende Salzwasser geben und 5 Minuten kochen lassen. Die Zucchini aus dem Wasser nehmen, kalt abschrecken, abtropfen lassen und in Scheiben schneiden. • Für die Sauce die Schalotten schälen und feinhacken. Die Knoblauchzehen schälen und in Scheiben schneiden. Dann das Öl in einem flachen Topf erhitzen, die Schalotten darin goldgelb braten, den Knoblauch, die Petersilie und das Basilikum zufügen und mit Zitronensaft, Salz und Pfeffer würzen. • Die Zucchinischeiben daruntermischen und noch etwa 3 Minuten mitkochen lassen.

Das paßt dazu: Polenta, gekochte Hirse oder in der Folie gegarte Kartoffeln.

Schnell · Preiswert

Geschmorte Zucchini

750 g kleine Zucchini
2 Knoblauchzehen
1 Teel. Salz
1 Messersp. schwarzer Pfeffer
150 g durchwachsener Speck
1/8 l trockener Weißwein
1 Eßl. gehackte Salbeiblätter

Pro Portion etwa
1170 Joule/280 Kalorien

Zubereitungszeit: 30 Minuten

Die Zucchini waschen, abtrocknen und längs halbieren. Die Knoblauchzehen schälen, kleinwürfeln und mit dem Salz und dem Pfeffer zerdrücken. Die Schnittflächen der Zucchini mit dem Gewürzgemisch bestreuen. • Den Speck in sehr kleine Würfel schneiden und in einer Pfanne knusprig braun ausbraten. Die Speckgrieben aus der Pfanne nehmen und die Zucchini mit den Schnittflächen nach unten ins Speckfett legen und braten. Nach 2 Minuten Bratzeit den Wein um die Zucchini gießen und diese mit dem Salbei bestreuen. Das Gemüse zugedeckt bei schwacher Hitze 5 Minuten schmoren lassen, dann in der offenen Pfanne noch weitere 5–7 Minuten kochen lassen. • Die Zucchini mit den Speckgrieben bestreut servieren.

Paßt gut zu: ausgebackenem Hirn oder Geflügel.

Les farcis à la provencale

Gefülltes Gemüse auf provenzalische Art
Bild Seite 213

2 Gemüsezwiebeln
4 Tomaten
4 Zucchini
5 Eßl. Olivenöl
400 g gemischtes Hackfleisch
4 Knoblauchzehen
2 Eßl. feingeschnittene frische Kräuter
2 Eier
50 g geriebener Greyerzer Käse (Gruyère)
1 Teel. Salz
2 Messersp. weißer Pfeffer
4 Eßl. Semmelbröseln
Für das Backblech:
Öl

Pro Portion etwa
2060 Joule/490 Kalorien

Zubereitungszeit: 1 Stunde und 30 Minuten

Die Zwiebeln schälen, 5 Minuten in kochendem Wasser blanchieren, halbieren und die Hälften aushöhlen. • Die Tomaten und Zucchini waschen, halbieren und ebenfalls aushöhlen. Das herausgelöste Fruchtfleisch hacken, in 1 Eßlöffel Öl 5 Minuten schmoren und in eine Schüssel geben. Das Hackfleisch in 3 Eßlöffel Öl anbraten und mit dem geschmorten Gemüse mischen. • Den Backofen auf 240° vorheizen. • Die Knoblauchzehen durch die Knoblauchpresse drücken und mit den Kräutern, den Eiern, dem Käse, dem Salz und dem Pfeffer unter die Hackfleischmasse arbeiten. Die Farce in die ausgehöhlten Früchte füllen, leicht andrücken, mit Semmelbröseln bestreuen und mit dem restlichen Öl beträufeln. • Ein Backblech mit Öl einpinseln. • Das gefüllte Gemüse daraufsetzen und etwa 45 Minuten überbacken, bis es weich ist.

Gelingt leicht

Österreichisches Kürbiskraut

Die dicken gelbfleischigen Gartenkürbisse werden ab September geerntet. Sie lassen sich zu wohlschmeckenden Gemüsegerichten verarbeiten.

750 g Kürbis
1 Eßl. Salz
200 g Zwiebeln
2 Eßl. Butter
2 Eßl. Mehl
1/8 l Buttermilch
je 1 Messersp. Salz und weißer Pfeffer
1/2 Teel. gemahlener Anis
1 Eßl. Weinessig

Pro Portion etwa
730 Joule/175 Kalorien

Zubereitungszeit: 1 Stunde

Den Kürbis schälen, die Kerne entfernen, das Kürbisfleisch grobraspeln, mit dem Salz bestreuen, locker mischen und 20 Minuten ziehen lassen. • Die Zwiebeln schälen und in Ringe schneiden. • Die Butter zerlassen und die Zwiebelringe darin goldbraun braten. Das Kürbismus ausdrücken, zu den Zwiebeln geben, das Mehl darüberstreuen und die Buttermilch mit dem Salz, dem Pfeffer, dem Anis und dem Weinessig unterrühren. Das Kürbiskraut zugedeckt bei schwacher Hitze 20 Minuten dünsten.

Das paßt dazu: Schweinekoteletts oder gebratene Schweinelende und frisch aufgebackenes Weißbrot.

Schnell · Preiswert

Süß-saures Gurkengemüse

1 kg Schmorgurken
3 Eßl. Butter
1–2 Teel. Dijonsenf
½ Teel. Salz
1 Teel. Zucker
1 Messersp. weißer Pfeffer
150 g Crème fraîche
2 Eigelbe
1 Eßl. Zitronensaft
3 Eßl. gehackter Dill

Pro Portion etwa
1000 Joule/240 Kalorien

Zubereitungszeit: 25 Minuten

Die Gurken schälen, von beiden Enden ein Stückchen abschneiden und prüfen, ob die Gurken bitter sind. Bitteres Gurkenfleisch abschneiden. Die Gurken längs vierteln und die Kerne herauskratzen. Die Gurkenviertel in etwa 4 cm lange Stücke schneiden. • Die Butter erhitzen und die Gurkenstücke bei mittlerer Hitze glasig braten; dabei ab und zu wenden. • Den Senf zufügen. Die Gurken mit dem Salz, dem Zucker und dem Pfeffer bestreuen und das Gemüse zugedeckt bei schwacher Hitze in 10 Minuten garen. • Die Crème fraîche untermischen, auf schwache Hitze schalten und die Flüssigkeit etwas einkochen lassen. Die Eigelbe mit 2 Eßlöffeln der Schmorflüssigkeit verrühren und das Gemüse damit legieren. • Zuletzt den Zitronensaft und den Dill unterrühren.

Paßt gut zu: Bratwurst und Kartoffelpüree.

Grundrezept

Gedünsteter Kohlrabi

Von Februar bis Oktober gibt es Kohlrabi auf dem Markt. Freilandkohlrabi aus deutschen Landen kommt ab Ende Mai auf den Markt.

1 kg junge Kohlrabi
3 Eßl. Butter
1 Teel. Salz
⅛ l Wasser
1 Messersp. geriebene Muskatnuß

Pro Portion etwa
675 Joule/135 Kalorien

Zubereitungszeit: 45 Minuten

Von den Kohlrabi die zarten Blätter abschneiden, waschen, abtropfen lassen und aufbewahren. • Die Knollen schälen und holzige Teile abschneiden. Die Kohlrabi vierteln und in Stifte oder dünne Scheiben schneiden. • Die Butter in einem Topf zerlassen und den Kohlrabi einige Minuten darin andünsten. Dabei ab und zu umrühren. Den Kohlrabi mit dem Salz bestreuen und das Wasser zugießen. Das Gemüse bei schwacher Hitze in etwa 30 Minuten weich dünsten. • Die Kohlrabiblätter sehr fein schneiden und mit dem Muskat unter das gegarte Gemüse mischen.

Paßt gut zu: Hackbraten oder gebratenem Fisch.

Kohlrabi auf Wiener Art

Die Kohlrabi wie im Grundrezept beschrieben vorbereiten und in etwa 1 cm breite Stifte schneiden. Die Kohlrabistifte in einem Sieb 4 Minuten in kochendem Salzwasser blanchieren, kalt abschrecken und gut abtropfen lassen. • 2 Eßlöffel Butter zerlassen. Die Kohlrabistifte darin andünsten, mit 1 Messerspitze Zucker und 1 Teelöffel Salz bestreuen, mit 1 Eßlöffel Mehl bestäuben und nach und nach mit 1 Tasse heißer Bouillon aufgießen. Die Kohlrabi zugedeckt bei schwacher Hitze 15 Minuten dünsten. • Die zarten inneren Kohlrabiblättchen waschen, abtropfen lassen, feinhacken und zuletzt über das Gemüse streuen.

Grundrezept

Gedämpfter Blumenkohl

Blumenkohl gibt es das ganze Jahr auf dem Markt. Er hat in den Monaten März und April und dann wieder von Juli bis Anfang November Hochsaison. Er kommt aus Deutschland, Italien und Frankreich.

1 großer Blumenkohl
1½ Eßl. Salz
1 Prise geriebene Muskatnuß
50 g Butter
3 Eßl. Semmelbrösel

Pro Portion etwa
670 Joule/160 Kalorien

Zubereitungszeit: 50 Minuten
Besonderes Küchengerät: Topf zum Dämpfen mit Siebeinsatz

Vom Blumenkohl die grünen Blätter ablösen und den Strunk abschneiden. Den Kohl von stark gesalzenem Wasser bedeckt 20 Minuten stehen lassen. Das Salzwasser bewirkt, daß Ungeziefer ausgeschwemmt wird. • Je nach Topfgröße ⅛–¼ l Wasser in den Topf gießen und den Blumenkohl in einem Siebeinsatz im Topf über das Wasser hängen. Den Kohl bei mittlerer Hitze zugedeckt im aufsteigenden Dampf in 15–20 Minuten nicht zu weich dämpfen. Die Röschen sollen noch einen Biß haben. • Den Kohl auf eine vorgewärmte Platte setzen, mit etwas Salz und einem Hauch von Muskat bestreuen und warm stellen. • Die Butter zerlassen, die Semmelbrösel darin unter Wenden goldbraun braten und auf den Blumenkohl geben.

Das paßt dazu: hauchdünn geschnittener roher Schinken und Salzkartoffeln.

Mein Tip Die Dampfflüssigkeit nicht wegschütten, sondern als Grundstock für eine Blumenkohlsuppe verwenden. – Wer keinen Topf mit Dämpfeinsatz besitzt, kann den Blumenkohl auch in Alufolie garen. Ein genügend großes Stück Alufolie mit Öl oder Butter bestreichen. Den gewaschenen, abgetropften Blumenkohl auf die Folie legen, mit Salz und Pfeffer bestreuen und mit etwa 1 Eßlöffel Butterflöckchen belegen. Die Folie lokker über dem Blumenkohl zusammenfalten und die Ränder mehrfach zusammenkniffen. Den Blumenkohl in kochendes Wasser legen und zugedeckt 30 Minuten darin kochen lassen.

Raffiniert · Etwas schwierig

Gratinierter Blumenkohl auf Florentiner Art

1 Blumenkohl wie im Grundrezept beschrieben dämpfen und auf 300 g gedünsteten Blattspinat, Rezept Seite 223, in eine gebutterte, feuerfeste Form setzen. • Mit Sauce Mornay, Rezept Seite 288, überziehen, mit einem Gemisch aus geriebenem Parmesankäse und Semmelbröseln bestreuen und mit zerlassener Butter beträufeln. • Im auf 190° vorgeheizten Backofen auf der mittleren Schiebeleiste in 10 Minuten goldbraun überbacken.

Grundrezept

Broccoli mit Butter

Broccoli gibt es in den Monaten April und Mai auf dem Markt. Er kann wie Blumenkohl zubereitet werden.

1 kg Broccoli
1 l Wasser
1 Teel. Salz
2 Eßl. Zitronensaft
50 g Butter

Pro Portion etwa
755 Joule/180 Kalorien

Zubereitungszeit: 30 Minuten

Die Stiele der Broccolistauden etwas kürzen und die verbleibenden Stiele vom Ende bis zu den Blattansätzen dünn schälen. Die dicken Enden der Strünke kreuzweise einschneiden, damit sie zur gleichen Zeit wie die zarten Röschen gar werden. Den Broccoli mehrmals in kaltem Wasser waschen und etwas abtropfen lassen. • Das Wasser mit dem Salz zum Kochen bringen, den Zitronensaft unterrühren, den Broccoli ins kochende Salzwasser legen und zugedeckt bei mittlerer Hitze 15 Minuten kochen lassen. • Die Butter erhitzen und leicht bräunen lassen. Den Broccoli auf Küchenkrepp abtropfen lassen, auf eine vorgewärmte Platte legen und mit der zerlassenen Butter beträufeln.

Das paßt dazu: kurzgebratenes Fleisch.

Raffiniert · Gelingt leicht

Broccoli mit Sahne-Mandel-Sauce

Bild Seite 214

Für den Broccoli:
1 kg Broccoli
½ l Gemüsebrühe
¼ l trockener Weißwein
Saft von 1 Zitrone
Für die Sauce:
80 g Mandeln
150 g Doppelrahm-Frischkäse
½ Tasse Milch
1 Eigelb
2 Messersp. Salz
1 Messersp. weißer Pfeffer
1 Eßl. sehr fein gehackte Petersilie
⅛ l Sahne

Pro Portion etwa
1770 Joule/450 Kalorien

Zubereitungszeit: 30 Minuten

Vom Broccoli die Blätter lösen und von den Strunkenden ein Stück abschneiden. Die Strünke und auch die dünneren Stiele bis zum Röschenansatz dünn schälen und die dicken Strünke kreuzweise einschneiden, damit sie zur gleichen Zeit wie die zarten Röschen gar werden. Den Broccoli waschen. • Die Brühe mit dem Wein und dem Zitronensaft gemischt zum Kochen bringen. Den Broccoli darin zugedeckt bei schwacher Hitze in 10–15 Minuten garen. • Inzwischen die Mandeln häuten, 60 g davon feinmahlen, den Rest in Blättchen schneiden. Die gemahlenen Mandeln und die Mandelblättchen nacheinander in einer trockenen Pfanne unter ständigem Umrühren etwas anrösten. • Für die Sauce den Frischkäse mit der Milch schaumig rühren. Die gemahlenen Mandeln zufügen. Das Eigelb, das Salz, den Pfeffer und die Petersilie unterrühren. Die Sahne halbsteif schlagen und unter die Käse-Mandel-Creme ziehen. • Den Broccoli abtropfen lassen, in einer Schüssel anrichten, mit der Sauce begießen und mit den Mandelblättchen garnieren.

Paßt gut zu: feinen Braten.

Grundrezept

Gekochter junger Kohl

In der Zubereitung besteht grundsätzlich kein Unterschied zwischen Weißkohl und Wirsingkohl. Beide Arten schmecken jeweils nach dem gleichen Rezept und lassen sich gut untereinander austauschen. – Die Erntezeit für Kohl beginnt im Frühjahr, doch gibt es Kohl das ganze Jahr über in guter Qualität.

1 kg junger Weißkohl
1½ l Wasser
2 Teel. Salz
1 Lorbeerblatt
4 Eßl. Butter
1 Teel. Zucker
2 Teel. Kümmel

Pro Portion etwa
780 Joule/185 Kalorien

Zubereitungszeit: 45 Minuten

Vom Kohlkopf die welken und fleckigen Blätter entfernen. Den Kohlkopf vierteln, die Strunkteile aus den Vierteln herausschneiden, die einzelnen Kohlblätter waschen und in etwa streichholzschachtelgroße Stücke reißen. • Das Wasser mit dem Salz und dem Lorbeerblatt zum Kochen bringen, die Kohlstücke hineingeben und zugedeckt bei schwacher Hitze 30 Minuten kochen lassen. Den Kohl in ein Sieb schütten und abtropfen lassen. • Die Butter in einem Topf zerlassen, den Zukker einstreuen und unter Rühren hellgelb braten. Die Kohlstücke in den Topf geben und unter Umwenden mit der Butter mischen. Den Kümmel über den Kohl streuen und den Kohl bei äußerst schwacher Hitze zugedeckt ziehen lassen.

Paßt gut zu: Schweinebraten oder Schweinekoteletts.

Gebundener Kohl

1 kg Weißkohl oder Wirsingkohl wie im Grundrezept beschrieben vorbereiten. Den Kohlkopf vierteln, die Strunkteile herausschneiden und die Kohlviertel in reichlich kochendem Salzwasser in 30 Minuten garen. • Die Kohlviertel dann abtropfen lassen, in Streifen schneiden oder hacken und mit 2 gehackten Zwiebeln in 2 Eßlöffeln Schweineschmalz von allen Seiten anbraten. 1 Eßlöffel Mehl über den Kohl stäuben und mit ⅛–3/16 l vom Kochsud aufgießen. Alles gut mischen, mit Salz und geriebener Muskatnuß abschmecken und bei schwacher Hitze 5 Minuten kochen lassen.

Kohl auf holländische Art

1 kg Weißkohl oder Wirsingkohl wie im Grundrezept beschrieben vorbereiten, vierteln, die Strünke herausschneiden und die Kohlviertel in kochendem Salzwasser in etwa 30 Minuten gar kochen. Die Kohlviertel abtropfen lassen. • Eine Béchamelsauce, Rezept Seite 288, zubereiten. Die Kohlviertel in der Sauce noch einmal gut erhitzen, aber nicht mehr kochen lassen.

Raffiniert

Gratinierter Kohl

1 kg Weißkohl oder Wirsingkohl wie im Grundrezept beschrieben vorbereiten und die Kohlviertel in kochendem Salzwasser 10 Minuten kochen lassen. • Die Kohlviertel dann abtropfen lassen, in Streifen schneiden und in eine mit Butter ausgestrichene feuerfeste Form geben. • Den Kohl mit dünnen Scheiben von Emmentaler Käse belegen, auf den Käse etwa 2 Eßlöffel Butterflöckchen geben und den Kohl im vorgeheizten Backofen bei 220° so lange gratinieren, bis der Käse geschmolzen ist und leicht zu bräunen beginnt.

Preiswert

Gedünsteter Weißkohl auf bayerische Art

1 kg Weißkohl
100 g durchwachsener Speck
1 große Zwiebel
2 Eßl. Schweineschmalz
1½ Teel. Zucker
1 Teel. Salz
2 Messersp. weißer Pfeffer
1 Eßl. Kümmel
1 Eßl. Weinessig
1 Tasse heißes Wasser
1 Eßl. Butter
1 Eßl. Mehl

Pro Portion etwa
1475 Joule/350 Kalorien

Zubereitungszeit: 1 Stunde

Vom Kohlkopf welke oder schlechte Blätter entfernen. Den Kohlkopf vierteln, die harten Strunkteile herausschneiden und die Kohlviertel in Streifen schneiden. Die Kohlviertel im Sieb kalt abbrausen und abtropfen lassen. • Den Speck in Würfel schneiden. Die Zwiebel schälen und würfeln. • Das Schweineschmalz erhitzen, die Speckwürfel und die Zwiebelwürfel zugeben und glasig braten. Die gut abgetropften Kohlstreifen mit dem Fett mischen und unter Umwenden einige Minuten andünsten. Den Zucker, das Salz, den Pfeffer, den Kümmel, den Weinessig und das heiße Wasser zum Kohl geben. Alles mischen und zugedeckt bei schwacher Hitze 30 Minuten dünsten. • Die Butter mit dem Mehl zu Mehlbutter verkneten und diese nach Ende der Garzeit zum Kohl geben. Den Kohl unter leichtem Umwenden noch so lange kochen lassen, bis sich die Mehlbutter gelöst hat. Den Kohl zugedeckt bei schwacher Hitze noch 5 Minuten schwach kochen lassen.

Weißkohl mit Äpfeln

1 kg Weißkohl wie im Rezept für Weißkohl auf bayerische Art beschrieben vorbereiten und in Streifen schneiden. • 3 Eßlöffel Butter erhitzen und die Kohlstreifen unter Umrühren darin andünsten. ½ Tasse Wasser und ½ Tasse trockenen Weißwein über die Kohlstreifen gießen und 1 Teelöffel Salz und 1 Teelöffel Obstessig zufügen. Die Kohlstreifen zugedeckt bei schwacher Hitze 15 Minuten dünsten. • 2 mittelgroße Äpfel schälen, vierteln, vom Kerngehäuse befreien und die Apfelviertel in Scheibchen schneiden. Die Apfelscheibchen nach 15 Minuten Garzeit unter den Kohl mischen und den Kohl zugedeckt in weiteren 10 bis 15 Minuten gar dünsten.

Etwas schwierig · Preiswert

Kohlrouladen

Bild Seite 232

Für die Rouladen:
2 l Wasser
1 Eßl. Salz
1 mittelgroßer Kohlkopf (etwa 1 kg)
Für die Füllung:
1 Brötchen
1 kleine Zwiebel
500 g Hackfleisch halb und halb
1 Ei
1 Teel. Salz
2 Messersp. weißer Pfeffer
1 Teel. getrockneter Majoran
1 Eßl. gehackte Petersilie

Für die Sauce und zum Schmoren:
50 g durchwachsener Speck
1 Eßl. Öl
⅜ l Bouillon
4 Eßl. Tomatenmark
4 Eßl. saure Sahne
½ Teel. edelsüßes Paprikapulver
2 Messersp. Salz
2 Messersp. weißer Pfeffer

Pro Portion etwa
3150 Joule/750 Kalorien

Zubereitungszeit: 1 Stunde und 30 Minuten
Besonderes Küchengerät: Küchengarn oder Rouladenklammern

Das Wasser mit dem Salz zum Kochen bringen. Vom Kohl schlechte Blätter entfernen und den Strunk abschneiden. Den Kohlkopf ins kochende Wasser legen und bei mittlerer Hitze 10 Minuten kochen lassen, bis sich die Blätter leicht ablösen lassen. • Die großen Blätter behutsam vom Kohlkopf lösen und dicke Blattrippen etwas abflachen. Die kleinen Kohlblätter aus der Mitte des Kohlkopfs in weiteren 10–15 Minuten im Kochwasser weich kochen und abtropfen lassen. • Für die Füllung das Brötchen in lauwarmem Wasser einweichen. Die Zwiebel schälen und in kleine Würfel schneiden. Die kleinen Kohlblätter sehr fein hacken. Das eingeweichte Brötchen gut ausdrücken und mit dem Hackfleisch, den Zwiebelwürfeln, den gehackten Kohlblättern, dem Ei, dem Salz, dem Pfeffer, dem Majoran und der Petersilie zu einem geschmeidigen Teig verkneten. • Den Fleischteig auf die abgelösten großen Kohlblätter verteilen, die Blätter aufrollen, dabei die Seiten einschlagen und die Rouladen mit Küchengarn umwickeln oder mit Rouladenklammern feststekken. • Den Speck würfeln, in dem Öl knusprig-braun ausbraten, die Rouladen im Speckfett von allen Seiten gut anbräunen. • Die Bouillon erhitzen und zugießen, die Rouladen bei schwacher Hitze in etwa 30 Minuten weich schmoren, aus der Sauce nehmen und die Klammern entfernen. Die Rouladen warm stellen. • Die Schmorflüssigkeit durch ein Sieb passieren, mit dem Tomatenmark verrühren und bei schwacher Hitze einige Minuten einkochen lassen. Die saure Sahne zufügen und die Sauce mit dem Paprikapulver, dem Salz und dem Pfeffer abschmecken. Die Kohlrouladen in der Sauce servieren.

Das paßt dazu: Kartoffelpüree oder Bratkartoffeln.

Mein Tip Kohlrouladen aus Wirsingkohl schmecken besonders würzig. Bestreuen Sie die fertigen Rouladen mit reichlich gehackter Petersilie.

Raffiniert

Griechische Hackfleischröllchen mit Kohl

1 Weißkohlkopf wie im Rezept für Kohlrouladen beschrieben zerlegen. • Für die Füllung 250 g gehacktes Lammfleisch, 200 g gekochten Reis, 1 Eßlöffel Tomatenmark, 1 gehackte, in Olivenöl angebratene Zwiebel, 3 gehackte Knoblauchzehen, 1 Eßlöffel kleingeschnittene Pfefferminze, 100 g Schafkäse, Salz, Pfeffer und je 1 Messerspitze Cayennepfeffer und Zimtpulver mischen. • Die Kohlblätter füllen, aufrollen, in Olivenöl anbraten und mit Zitronensaft beträufeln. • 1/2 Tasse heiße Bouillon zugießen und die Rouladen im vorgeheizten Backofen bei 180° auf der mittleren Schiebeleiste in 50 Minuten garen. Dabei nach und nach mit 1/8 l trockenem Weißwein beträufeln. • Für die Sauce den Bratensatz mit 1/8 l Weißwein loskochen, etwas einkochen lassen und durchseihen. Die Sauce über die Kohlrouladen gießen. • Gekühlten Joghurt mit Zitronensaft, Salz und Pfeffer gewürzt dazu servieren.

Gelingt leicht

Spitzkohl mit Speck

Spitzkohl, eine zarte lockere Kohlart mit spitzzulaufenden Blättern, gibt es bei uns nur von April bis Juni. Dieser Sommerkohl ist nicht zum Lagern geeignet und schmeckt ganz frisch am besten. 1 Spitzkohl, etwa 1 kg, wie im Grundrezept für gekochten jungen Kohl, Seite 238, beschrieben putzen und unzerteilt in 15 Minuten in Salzwasser garen. • 150 g durchwachsenen gewürfelten Speck ausbraten und 2 gewürfelte Zwiebeln im Speckfett goldbraun braten. 3 Eßlöffel gehackte Petersilie untermischen. • Den Kohl abtropfen lassen, vierteln, mit der Specksauce übergießen und mit Pfeffer übermahlen. Mit Salzkartoffeln oder Kartoffelpüree servieren.

Grundrezept

Gedünsteter Rotkohl

750 g Rotkohl	*2 Eßl. Rotweinessig*
2 säuerliche Äpfel	*1–2 Eßl. Johannisbeergelee*
2 Eßl. Butterschmalz	
1/8 l Wasser	
1 Teel. Salz	*Pro Portion etwa*
3 Gewürznelken	*685 Joule/165 Kalorien*

Zubereitungszeit: 1 Stunde und 20 Minuten

Vom Rotkohl die schlechten äußeren Blätter entfernen. Den Kohl vierteln, die dicken Strunkteile keilförmig herausschneiden und die Kohlviertel hobeln oder in Streifen schneiden. Die Äpfel schälen, vierteln, vom Kerngehäuse befreien und in nicht zu dünne Scheibchen schneiden. • Das Butterschmalz zerlassen und die Kohlstreifen unter Umwenden 5 Minuten im Fett andünsten. Das Wasser, das Salz und die Gewürznelken zufügen und den Kohl zugedeckt bei schwacher Hitze 1 Stunde dünsten. Ab und zu prüfen, ob noch genügend Flüssigkeit im Topf ist. Wenn nötig etwas Wasser nachgießen. Nach 30 Minuten Garzeit die Äpfel mit dem Essig unter den Kohl mischen. Den garen Rotkohl mit dem Johannisbeergelee, nötigenfalls noch mit etwas Salz und Essig zart süß-sauer abschmecken.

Paßt gut zu: gebratenem Geflügel, gebratenem Wildgeflügel, Schweinebraten, Hackbraten oder Koteletts.

Gelingt leicht

Kastanien-Rotkohl

1 Rotkohl wie im Grundrezept beschrieben vorbereiten. • 1 gehackte Zwiebel in 75 g ausgebratenen Speckwürfeln anbraten und den Rotkohl darin andünsten. 1 Tasse Rotwein und 1/8 l Bouillon zugießen. Mit 2 Eßlöffeln Rotweinessig, je 1 Prise geriebener Muskatnuß, Nelkenpulver und Zucker sowie 1 Teelöffel Salz würzen. Den Kohl 30 Minuten schmoren. • Dann

500 g geschälte, abgezogene Eßkastanien unterheben und alles in weiteren 30–40 Minuten fertig garen. Wenn nötig dabei noch etwas Brühe oder Rotwein nachfüllen. • Zu Wild oder Wildgeflügel reichen.

Preiswert · Schnell

Gedünsteter Chinakohl

Chinakohl hat sich als Salat bei uns schon seit längerem durchgesetzt, als Gemüse findet man ihn allerdings nur ausnahmsweise und nur auf dem Tisch von Kennern. Als Gemüse läßt sich Chinakohl mit Wirsing vergleichen, doch fehlt ihm der leicht strenge Geschmack von Wirsing, weshalb er als Gemüsebeilage auch zu zartem Fisch, zu hellem Geflügel und kurzgebratenem Fleisch ausgezeichnet paßt.

1 großer Kopf Chinakohl (750 g–1 kg)
1 Zwiebel
1 Eßl. Öl
1 Teel. Salz
1 Messersp. weißer Pfeffer
1 Prise geriebene Muskatnuß
2 Teel. Zitronensaft
1 Prise Zucker
1 Tasse Wasser
2 Eßl. Butter

Pro Portion etwa 485 Joule/115 Kalorien

Zubereitungszeit: 25 Minuten

Vom Chinakohl den Strunk abschneiden, die schlechten äußeren Blätter entfernen und von den übrigen Blättern schlechte Stellen abschneiden. Die Blätter mehmals mit kaltem Wasser waschen und in etwa streichholzschachtelgroße Stücke reißen. Die Zwiebel schälen und würfeln. • Das Öl erhitzen und die Zwiebelwürfel unter Rühren hellgelb darin anbraten. Den Chinakohl zugeben, mit dem Salz, dem Pfeffer und dem Muskat würzen und unter ständigem Umwenden andünsten. Den Zitronensaft mit dem Zucker und dem Wasser verrühren, über den Chinakohl gießen und diesen zugedeckt 15 Minuten bei schwacher Hitze dünsten. • Die Butter schmelzen lassen. Den Chinakohl in einer vorgewärmten Schüssel anrichten und mit der geschmolzenen Butter beträufeln.

Paßt gut zu: gedünstetem Fisch, geschmortem oder gebratenem Geflügel und kurzgebratenem Fleisch.

Raffiniert

Chinesisch gebratener Chinakohl

In China wird Gemüse im Wok gegart, einer großen runden Schale aus Metall mit flacher Bodenwölbung. Im Wok gart alles besonders rasch und schonend über Holzfeuer. Man wendet den Inhalt ständig, aber gemächlich um, so daß alle Bestandteile häufig, aber nur kurz mit der heißesten Zone des Woks in Berührung kommen. So ist das Gargut nicht dauerhaft zu großer Hitze ausgesetzt. Bei uns bieten Fachgeschäfte bereits diesen chinesischen »Topf«, den Wok, an, den man aber gut durch eine tiefe Pfanne ersetzen kann.
1 großen Kopf Chinakohl wie im Rezept für gedünsteten Chinakohl beschrieben vorbereiten und in etwa streichholzschachtelgroße Stücke reißen. • 2 Eßlöffel braunen Zucker mit 2 Eßlöffeln Essig, 1 Eßlöffel Sojasauce, 1 Teelöffel Salz und 2 Messerspitzen Cayennepfeffer verrühren. • 2 Eßlöffel Öl in der tiefen Pfanne erhitzen. Den Chinakohl in die Pfanne geben und unter ständigem Umwenden mit einem Spatel bei schwacher Hitze 2–3 Minuten braten. • Das Sojasaucen-Gemisch unter den Chinakohl heben und das Gemüse zu körnig gekochtem Reis servieren.

Braucht Zeit · Preiswert

Grünkohl mit Pinkel

Grünkohl oder Braunkohl, wie er in Niedersachsen heißt, wird vom ersten Frost bis ins zeitige Frühjahr geerntet. Frost macht die Zellwände des Kohls mürbe und porös.

2 kg Grünkohl
1 l Wasser
1 Zwiebel
4 Eßl. Schweine- oder Gänseschmalz
2 Teel. Salz
¼ Teel. geriebene Muskatnuß
½ l möglichst fette Bouillon
500 g Pinkelwurst (Bremer Spezialität, fette Grützwurst) oder Kochwurst

Pro Portion etwa 2500 Joule/595 Kalorien

Zubereitungszeit: 2 Stunden und 30 Minuten

Die Kohlblätter von den Rippen streifen und gründlich waschen. Das Wasser zum Kochen bringen und den Kohl 5 Minuten darin blanchieren. Den Grünkohl abtropfen lassen und grobhacken. • Die Zwiebel schälen und würfeln und im heißen Schmalz goldgelb braten. Den Grünkohl zufügen und andünsten. Salz und Muskat darüberstreuen und die Bouillon zugießen. Den Kohl in etwa 1 Stunde und 30 Minuten zugedeckt bei schwacher Hitze garen. • In den letzten 15 Garminuten die Wurst auf dem Grünkohl erhitzen. Der Kohl muß unbedingt weichgekocht sein.

Das paßt dazu: Salzkartoffeln oder kleine, in Butter gebräunte Pellkartoffeln.

Braunschweiger Braunkohl mit Brägenwürsten

Den Grünkohl wie im Rezept für Grünkohl mit Pinkel beschrieben blanchieren und grobhacken. • Den Kohl mit 500 g in Würfel geschnittenem Schweinenacken in ½ l Wasser in etwa 1 Stunde und 30 Minuten zugedeckt bei schwacher Hitze garen. • Den Kohl mit Salz und Pfeffer abschmecken und 4 Brägenwürste oder 4 Kasseler Rippchen 5 Minuten auf dem Kohl erhitzen.

Das paßt dazu: Bratkartoffeln.

Preiswert · Gelingt leicht

Gedünsteter Rosenkohl

Rosenkohl ist wie Grünkohl ein Wintergemüse. Er wird durch leichten Frost milder. Haupterntezeit hat er von November bis Februar.

750 g kleine grüne Kohlröschen
2 l Wasser
2 Teel. Salz
2 Eßl. Butter
½ Teel. Salz
1 Messersp. weißer Pfeffer
1 Tasse Gemüsebrühe
50 g Speck

Pro Portion etwa 900 Joule/215 Kalorien

Zubereitungszeit: 50 Minuten

Vom Rosenkohl welke Blättchen entfernen und die Strünke kurzschneiden. Die Kohlröschen waschen. • Das Wasser mit dem Salz zum Kochen bringen, den Rosenkohl 5 Minuten sprudelnd darin kochen und dann abtropfen lassen. • Die Butter zerlassen, die Kohlröschen darin schwenken, mit dem Salz und dem Pfeffer bestreuen und die Gemüsebrühe zugießen. • Den Kohl bei schwacher Hitze zugedeckt in etwa 20 Minuten weich dünsten. • Den Speck feinwürfeln, goldbraun braten und auf den Rosenkohl geben.

Paßt gut zu: Rinderrouladen und Braten.

Rosenkohl mit Brätklößchen

750 g Rosenkohl wie im Rezept für gedünsteten Rosenkohl beschrieben blanchieren. • Den Kohl dann in 50 g ausgelassenen Speckwürfeln anbraten, mit Gemüsebrühe auffüllen und 20 Minuten dünsten. In den letzten 5 Minuten kleine Kugeln aus 150 g Brät (aus rheinischer Bratwurst oder aus Schweinsbratwürstchen) darin ziehen lassen. • Mit gehackter Petersilie bestreut servieren. Nach Belieben geriebenen Parmesankäse dazu servieren.

Glasierter Rosenkohl mit Kastanien

500 g Rosenkohl wie im Rezept für gedünsteten Rosenkohl beschrieben blanchieren und abtropfen lassen. • 500 g geschälte, beinahe weichgekochte Kastanien (Maronen) in 2 Eßlöffeln Butter und 3 Eßlöffeln Wasser 5 Minuten dünsten. • Den Rosenkohl zufügen, 2 Eßlöffel Zucker darüberstreuen und alles noch 10–15 Minuten schmoren, bis das Gemüse goldbraun glasiert ist. • Zu Wildgerichten reichen.

Grundrezept

Gedünstetes Sauerkraut

Sauerkraut ist gehobelter, mit Salz eingelegter Weißkohl. Es hat einen hohen Gehalt an Mineralstoffen und an Vitamin C. Letzteres geht leider beim Garen schnell verloren. Geben Sie daher am Ende der Kochzeit rohes Sauerkraut im Verhältnis 1:4 zum gegarten Kraut.

750 g Sauerkraut
1 Zwiebel
2 Äpfel
30 g fetter Speck
1 Eßl. Schweineschmalz
6 Wacholderbeeren
1 Lorbeerblatt
1 Teel. Zucker
¼ l Bouillon

Pro Portion etwa 1090 Joule/260 Kalorien

Zubereitungszeit: 1 Stunde und 15 Minuten

Das Sauerkraut mit einer Gabel auflockern. Die Zwiebel schälen und würfeln. Die Äpfel schälen, vom Kerngehäuse befreien und in Spalten schneiden. Den Speck ebenfalls würfeln. • Das Schmalz in einem Topf zerlassen und den Speck darin glasig braten. Die Zwiebelwürfel und die Äpfel 5 Minuten darin anbraten. • Das Sauerkraut zugeben, andünsten und die Gewürze zufügen. Mit der Bouillon auffüllen, alles zum Kochen bringen und das Sauerkraut zugedeckt bei schwacher Hitze in 45–60 Minuten garen.

Paßt gut zu: Schweinebraten, Bratwürsten und Eisbein.

Raffiniert · Schnell

Champagnerkraut

Das Sauerkraut mit 1/8 l Bouillon und 1/8 l Weißwein mischen und bei schwacher Hitze erwärmen. 1 mit 1 Lorbeerblatt und 2 Gewürznelken gespickte Zwiebel mitdünsten. Wenn das Kraut weich ist, die Zwiebel herausnehmen und das Sauerkraut mit 1 Glas Champagner oder Sekt verfeinern. • Zu Wildgeflügel und Kartoffelgerichten reichen.

Ananaskraut

750 g Sauerkraut anstatt in Schmalz und in Speck nur in 3 Eßlöffel Öl andünsten. In 1/8 l Ananassaft und 1/8 l trockenem Weißwein garen. Kurz vor Beendigung der Garzeit 200 g Ananaswürfel im Sauerkraut erhitzen. • Das Kraut in der ausgehöhlten Ananas zu Fasan servieren.

Sauerkraut mit Weintrauben

750 g Sauerkraut in 3 Eßlöffeln Öl andünsten, wie im Grundrezept für gedünstetes Sauerkraut würzen und in 1/8 l Bouillon und 1/8 l trockenem Weißwein garen. 250 g halbierte entkernte Weintrauben darin erhitzen. • Zu gebratenen Rebhühnern reichen.

Grundrezept

Gedünsteter Lauch

Lauch oder Porree wird in den Sommermonaten (Sommerlauch) und ab Oktober (Winterlauch) geerntet. Sommerlauch bildet lockere Stangen. Er ist zarter in der Konsistenz und milder als Winterlauch. Lauch eignet sich gut zum Einfrieren.

1 kg Lauch/Porree
60 g Butter
1/2 Teel. Salz
2 Messersp. weißer Pfeffer
1 Eßl. Zitronensaft
1 Kräutersträußchen aus je 1 Zweig Petersilie, Selleriegrün, Thymian und 1 Lorbeerblatt
1/8 l Bouillon oder Gemüsebrühe

Pro Portion etwa 820 Joule/195 Kalorien

Zubereitungszeit: 30–35 Minuten

Von den Lauchstangen die dunkelgrünen Enden und die Wurzelenden abschneiden. Die Stangen mit einem spitzen Messer dort einschneiden, wo das Weiße der Stange in Grün übergeht und zu den Blattspitzen hin aufschlitzen. Den Lauch unter fließendem kaltem Wasser sehr gut waschen. Die aufgeschnittenen Enden dabei auseinanderbiegen. • Die gewaschenen Stangen gut abtropfen lassen und in etwa 5 cm lange Stücke schneiden. • Die Butter in einem flachen Topf zerlassen. Die Lauchstücke nebeneinander hineinlegen, mit dem Salz und dem Pfeffer bestreuen und mit dem Zitronensaft beträufeln. Das Kräutersträußchen darauflegen, die Bouillon zugießen und den Lauch zugedeckt bei schwacher Hitze in etwa 20 Minuten dünsten.

Paßt gut zu: gedünstetem Seefisch.

Gelingt leicht · Preiswert

Lauch mit Tomaten

1 kg Lauch wie im Grundrezept beschrieben putzen, waschen und die Stangen quer halbieren. • 2 Gemüsezwiebeln in Scheiben schneiden und in 5 Eßlöffeln Olivenöl glasig braten. • Den Lauch zufügen, wenden und 1 gehäutete, gehackte und entkernte große Fleischtomate unterrühren. Mit Salz und Pfeffer würzen und in 1/4 l Bouillon bei schwacher Hitze in 30 Minuten garen. • Mit reichlich gehacktem Dill bestreut servieren.

Überbackener Lauch

1 kg nicht zu dicke Lauchstangen putzen, waschen, in Salzwasser 15 Minuten kochen und abtropfen lassen. • Aus 4 Eßlöffeln Butter, 4 Eßlöffeln Mehl, ¼ l vom Lauchkochwasser, gut ¼ l Milch, etwas Salz, geriebener Muskatnuß und weißem Pfeffer eine dicke Béchamelsauce, Rezept Seite 288, bereiten und mit 1 Eigelb verfeinern. • Den Lauch in eine gebutterte flache Auflaufform legen. 150 g durchwachsenen Speck in kleine Würfel schneiden und in 2 Teelöffeln Öl knusprig braun braten. • Die Hälfte davon auf dem Lauch verteilen, die Sauce darübergießen, den restlichen Speck daraufgeben und alles dick mit geriebenem Käse bestreuen. Den Porree im auf 225° vorgeheizten Backofen auf der oberen Schiebeleiste in 20 Minuten überbacken. • Mit Bratkartoffeln, Kartoffelpüree und Gurkensalat servieren.

Grundrezept

Zwiebelgemüse

Für Gemüsegerichte eignet sich neben der apfelgroßen, milden Gemüsezwiebel die kleine aromatische Schalotte, die Zwiebel der feinen Küche. Man bewahrt Zwiebeln am besten in einem Netz kühl und luftig, niemals jedoch im Kühlschrank auf. Rohe Zwiebeln sind nicht zum Einfrieren geeignet; sie werden dabei bitter.

750 g Gemüsezwiebeln
3 Eßl. Butter
1 Eßl. Zucker
1 Teel. Salz
⅛ l Gemüsebrühe
5 Eßl. Sahne
1 Eßl. Zitronensaft
1 Eßl. gehackter frischer Salbei

Pro Portion etwa 990 Joule/335 Kalorien

Zubereitungszeit: 1 Stunde

Von den Zwiebeln die Wurzelenden abschneiden und die Zwiebeln Schicht für Schicht von den trockenen Schalen befreien. Die dünne unterste Haut auch abziehen. Die Zwiebeln längs halbieren und die Hälften quer in dicke Scheiben schneiden. • Die Butter in einem Topf zerlassen und den Zucker unter ständigem Rühren darin zergehen und hellbraun werden lassen. • Die Zwiebelscheiben zugeben und wenden, bis sie vollständig von der Butter-Zucker-Mischung überzogen sind und schön glänzen. Das Salz daraufstreuen und die Brühe zugießen. Die Flüssigkeit aufkochen lassen und die Zwiebeln zugedeckt bei schwacher Hitze in etwa 40 Minuten weich dünsten. • Während der letzten 10 Minuten Garzeit den Deckel abnehmen und die Dünstflüssigkeit weitgehend verdampfen lassen. Das Gemüse mit der Sahne verrühren, mit dem Zitronensaft würzen und den Salbei vor dem Servieren darüberstreuen.

Paßt gut zu: gebratener Leber, Frikadellen oder Bratwurst.

Mein Tip Schwefelhaltige ätherische Öle in der Zwiebel geben ihr die Schärfe. Sie sind es auch, die das Brennen in den Augen verursachen. Man kann sich dagegen schützen, indem man die Zwiebeln unter fließendem kaltem Wasser schält und die geschälten Zwiebeln bis zu ihrer Weiterverarbeitung zugedeckt aufbewahrt. Kleine Zwiebeln schälen sich leichter, wenn man sie zuvor 1 Minute in kochendem Wasser blanchiert.

Schnell

Ausgebackene Zwiebelringe

2 große Zwiebeln quer in dicke Scheiben schneiden und in Ringe zerpflücken. • Die Ringe in Milch tauchen, in mit Salz und Pfeffer gewürztem Mehl wenden und in einer tiefen Pfanne in Öl schwimmend goldgelb backen. • Auf Küchenkrepp abtropfen lassen. • Zu Steaks und gegrillten Koteletts reichen.

Raffiniert

Glasierte Schmorzwiebeln

500 g Schalotten oder andere kleine Zwiebeln blanchieren und schälen. • 4 Eßlöffel Butter zerlassen, 2 Eßlöffel Honig und 2 Messerspitzen Salz zufügen. Die Zwiebeln in die Honig-Butter-Mischung geben und wenden, bis sie ganz davon überzogen sind. • Wenn das Gemüse goldbraun ist, wenig Gemüsebrühe zugießen und die Zwiebeln bei schwacher Hitze zugedeckt in etwa 30 Minuten weich schmoren. • Zu Hirschbraten, gebratener Ente oder Gans reichen.

Raffiniert · Preiswert

Schweizer Zwiebelgratin

500 g Kartoffeln hobeln und 500 g Zwiebeln in dünne Scheiben schneiden. • Den Boden einer gebutterten Auflaufform mit einer Schicht Kartoffelscheiben bedecken. Salz und grobgemahlenen schwarzen Pfeffer daraufstreuen und eine Schicht Zwiebeln daraufgeben. So fortfahren, bis alles eingeschichtet ist. Jede Lage salzen (insgesamt 1 Teelöffel) und pfeffern (insgesamt ½ Teelöffel). • Gut 1 Tasse Milch zugießen und den Gratin 1 Stunde im auf 200° vorgeheizten Backofen auf der mittleren Schiebeleiste garen. • ⅛ l Sahne seitlich zugießen und 160 g geriebenen Greyerzer Käse (Gruyère) darüberstreuen. 3 Eßlöffel Butter in Flöckchen daraufsetzen und den Auflauf in 15 Minuten bei 225° überbacken. • Mit grünem Salat und Bratwürsten servieren.

Grundrezept

Fenchel, in Weißwein gedünstet

Fenchel hat ein feines Anisaroma. Er kommt von Oktober bis April vor allem aus Italien und Frankreich auf unseren Markt. Fenchel ist gut zum Einfrieren geeignet.

750 g kleine Fenchelknollen
3 Eßl. Butter
1 Eßl. Zucker
1 Teel. Salz
⅛ l trockener Weißwein
1 Teel. Zitronensaft

Pro Portion etwa
820 Joule/195 Kalorien

Zubereitungszeit: 50 Minuten

Von den Fenchelknollen die Stiele und die Wurzelansätze abschneiden. Zartes Fenchelgrün aufbewahren. Von den äußeren Fenchelblättern vom Stielansatz zur Wurzel hin die Fäden abziehen. Braune Stellen an den Blättern entfernen. Die geputzten Knollen kurz kalt waschen und halbieren. Größere Knollen vierteln. Die Butter zerlassen und den Zucker darin unter Rühren schmelzen und hellbraun karamelisieren lassen. Den Fenchel zufügen, mit dem Salz bestreuen und die Fenchelstücke so lange in der Butter-Zucker-Mischung wenden, bis sie ganz davon überzogen sind. • Das Gemüse bei mittlerer Hitze etwas bräunen lassen, den Wein zufügen und den Fenchel bei schwacher Hitze in etwa 25 Minuten weich dünsten. Die Sauce mit dem Zitronensaft würzen. • Das Fenchelgrün waschen, abtropfen lassen, feinhacken und vor dem Servieren über das Gemüse streuen.

Paßt gut zu: Kalbssteaks und Kartoffelkroketten oder Kartoffelgnocchi.

Grundrezept

Gedünsteter Chicorée mit brauner Butter

Aus Chicorée lassen sich nicht nur Salate, sondern auch feine Gemüsegerichte bereiten. Chicorée wird von Oktober bis April angeboten.

8 Stauden Chicorée (etwa 750 g)
½ Teel. Salz
⅛ l Wasser
2 Eßl. Zitronensaft
1 Messersp. Zucker
4 Eßl. Butter

Pro Portion etwa
635 Joule/150 Kalorien

Zubereitungszeit: 30 Minuten

Vom Chicorée die äußeren welken Blätter entfernen. Die Wurzelenden etwas abschneiden und mit einem spitzen Messer einen Keil aus dem Ende der Stauden herausschneiden, denn dieser Kern enthält besonders viel Bitterstoffe. • Den Chicorée waschen, in einen flachen Topf nebeneinander legen, das Salz darüberstreuen, das Wasser, den Zitronensaft und den Zucker zugeben und den Chicorée zugedeckt bei schwacher Hitze 15–20 Minuten – je nach Dicke der Stauden – dünsten. • Die Butter schmelzen und leicht bräunen lassen. • Den Chicorée abtropfen lassen, auf einer vorgewärmten Platte anrichten und mit der Butter beträufelt servieren.

Das paßt dazu: roher Schinken in dünnen Scheiben und frisch aufgebackenes Weißbrot oder Pommes duchesse.

Raffiniert

Chicorée-Schinkenrollen

8 kleine Chicoréestauden waschen, 10 Minuten dünsten und abtropfen lassen. • Jede Chicoréestaude mit

1 dünnen Scheibe mildem rohem Schinken umwickeln und in eine gefettete feuerfeste Form legen. • Mit Butterflöckchen belegen. Geriebenen Käse mit Sahne und Ei mischen, über den Chicorée gießen und alles im Backofen bei 225° goldbraun backen. • Mit Pellkartoffeln oder kleinen Pfannkuchen servieren.

Grundrezept · Gute Vorspeise

Gekochte Artischocken

Frische Artischocken werden von Oktober bis Mai angeboten. Für ganze Artischocken als Vorspeise sowie für gefüllte Artischocken nimmt man junge Exemplare. Weitere Informationen finden Sie im großen Küchenlexikon unter dem Stichwort Artischocke.

1 l Wasser
2 Teel. Salz
1 Eßl. Zitronensaft
4 Artischocken

Pro Portion etwa
1340 Joule/320 Kalorien

Zubereitungszeit: 1 Stunde

Das Wasser mit dem Salz und dem Zitronensaft zum Kochen bringen. • Von den Artischocken die Stiele abbrechen und die harten äußeren Blätter entfernen. Von den verbliebenen Blättern die Blattspitzen um etwa 1/3 ihrer Länge kürzen. • Die Artischocken waschen und mit dem Stielansatz nach unten ins kochende Wasser legen und im offenen Topf bei mittlerer Hitze in etwa 40 Minuten im leicht sprudelnd kochenden Wasser garen. Die Artischocken sind gar, wenn der Boden auf Druck nachgibt und ein Blatt sich leicht herausziehen läßt. • Die gegarten Artischocken aus dem Kochsud heben und mit dem Stielansatz nach oben auf Küchenkrepp abtropfen lassen. Die Artischocken heiß servieren.

Das paßt dazu: Sauce vinaigrette, Sauce hollandaise oder Sauce béarnaise.

Mein Tip Artischocken weder in Eisen- noch Aluminiumtöpfen kochen, sondern in Emailletöpfen oder Glasgeschirr, denn sonst werden Geschmack und Aussehen beeinträchtigt.

Gute Vorspeise

Gefüllte Artischocken

Von 4 jungen Artischocken die Stiele und die Blattspitzen (etwa 1/3 des Blattes) abschneiden. Die Artischokken waschen und abtropfen lassen. • Für die Füllung 2 gehackte Schalotten in 2 Eßlöffeln Butter anbraten. 300 g gehackte Garnelen (Krabben), 1 gehackte Knoblauchzehe, 4 Eßlöffel Semmelbrösel, 1 Teelöffel Salz und 1 Eßlöffel gehackten Dill mit anbraten. Das Ganze dann vom Herd nehmen und mit 4–6 Eßlöffeln Crème fraîche und 2 Eßlöffeln geriebenem Käse mischen. • Die Artischockenblätter auseinanderbiegen, das »Heu« in der Mitte entfernen und in die Mitte und zwischen die Artischockenblätter von der Füllung geben. Die Füllung etwas festdrücken. • Die Artischokken in einer ausgebutterten feuerfesten Form mit je 1 Eßlöffel Olivenöl beträufeln, 1/8 l trockenem Weißwein umgießen und im auf 190° vorgeheizten Backofen in 40–60 Minuten garen.

Cardy in Rotwein

Von Cardy, auch spanische Artischocken genannt, werden nur die breiten, fleischigen Stiele gegessen. Cardy gibt es von September bis Dezember auf dem Markt.

1 l Wasser
1 Teel. Salz
3 Eßl. Essig
1 Eßl. Mehl
1 Cardystaude (etwa 2 kg)
1/8 l Bouillon
1/8 l Rotwein
1 Eßl. Mehl
2 Eßl. Butter
einige Tropfen Zitronensaft

Pro Portion etwa
725 Joule/175 Kalorien

Zubereitungszeit: 1 Stunde

Das Wasser mit dem Salz, dem Essig und dem Mehl verrühren und zum Kochen bringen. • Die Cardystaude in Stangen zerlegen. Von den Stangen das Blattgrün, die Enden und die stacheligen Ränder abschneiden. Zum Enthäuten das Gemüse in etwa 6 cm lange Stücke schneiden, ins kochende Essigwasser legen, im offenen Topf 5 Minuten kochen, abtropfen, abkühlen lassen und die faserige Haut abziehen. • Die Bouillon zum Kochen bringen. Die abgezogenen Cardystücke in die Bouillon legen, zugedeckt zum Kochen bringen, den Rotwein zugießen und das Gemüse zugedeckt bei schwacher Hitze 40 Minuten kochen lassen. • Das Mehl mit der Butter zu Mehlbutter verkneten. Die Mehlbutter am Ende der Garzeit zu den Cardy geben und auflösen. Das Gemüse zugedeckt noch weitere 5 Minuten leicht köcheln lassen und mit Zitronensaft und wenn nötig noch mit Salz abschmecken.

Paßt gut zu: Kalbsbraten oder Kalbsschnitzel.

Gute Vorspeise · Schnell

Gekochte Maiskolben

Frischer, milchreifer Mais ist eine besondere Delikatesse. Ritzt man eines der dickeren Körner am Kolben mit dem Fingernagel ein, soll ein milchig weißer, süßlich schmeckender Saft austreten. Dann hat der Mais als Gemüse den richtigen Reifegrad. Er ist von August bis November auf dem Markt.

2 l Wasser
2 Teel. Zucker
8 junge Maiskolben

Pro Portion etwa
1430 Joule/350 Kalorien

Zubereitungszeit: 30 Minuten

Das Wasser mit dem Zucker zum Kochen bringen. • Von den Maiskolben die grünen Blätter, die Seidenfäden und die Stiele entfernen. • Die Kolben ohne Salzzugabe in das kochende Wasser legen und bei mittlerer Hitze in etwa 15 Minuten weich garen. Frisch geernteter Mais gart rascher als Mais, der schon einige Tage gelagert wurde. • Den Mais auf einer vorgewärmten Platte heiß servieren.

Das paßt dazu: Butter, Salz und Pfeffer.

Gegrillte Maiskolben

Die Kolben wie im Rezept beschrieben vorbereiten, dick mit Butter bestreichen, auf der Grillpfanne möglichst dicht unter die Stäbe des Elektrogrills legen und in 10 Minuten rundherum goldbraun grillen. Dabei häufig wenden und mit Butter bestreichen. • Den Mais mit Salz und Paprikapulver bestreuen, auf einer Platte mit frischen Salatblättern anrichten und gekühlte Butter dazu reichen.

Gelingt leicht

Okragemüse

Bei den exotischen Okraschoten darauf achten, daß sie unverletzt sind, da sie sonst die in ihnen enthaltene Flüssigkeit verlieren. Herzhaft würzen.

750 g frische Okraschoten mit weicher Haut
200 g Lauchzwiebeln mit dem Grün
300 g Fleischtomaten
3 Knoblauchzehen
2 Teel. Salz
3 Eßl. Butter
1 Chilischote
1/2 Teel. schwarzer Pfeffer

Pro Portion etwa
800 Joule/120 Kalorien

Zubereitungszeit: 40 Minuten

Von den Okras mit einem Tuch den weichen Flaum abreiben. Die Schoten waschen, abtropfen lassen und die Stielenden kürzen. Dabei nicht in das Fruchtfleisch schneiden. • Die Zwiebeln waschen und mit dem Zwiebelgrün in dünne Scheiben schneiden. • Die Tomaten häuten, entkernen und grobhacken. Die Knoblauchzehen schälen und mit etwas Salz zerdrücken. • Die Butter in einem Topf erhitzen. Die Zwiebeln darin glasig braten. Die Tomaten, die Chilischote und den Knoblauch zufügen und unter gelegentlichem Umrühren 5 Minuten schmoren lassen. • Die Okraschoten mit dem restlichen Salz und dem Pfeffer zufügen und zugedeckt bei schwacher Hitze 15–20 Minuten dünsten.

Paßt gut zu: Lammkoteletts und Reis.

Okras mit brauner Butter

750 g Okraschoten wie im Rezept für Okragemüse beschrieben vorbereiten. Die Schoten in Salzwasser zugedeckt 20 Minuten kochen und abtropfen lassen. • Die Schoten auf einer vorgewärmten Platte anrichten, mit Zitronensaft beträufeln und mit zerlassener, leicht gebräunter Butter beträufelt servieren. • Zu Zungenragout, Haschee oder Hackfleischklößchen servieren.

Raffiniert

Okras à la Crème

Die Okraschoten wie im Rezept für Okragemüse beschrieben vorbereiten. In reichlich Salzwasser zugedeckt 20 Minuten kochen, abtropfen lassen und auf einer vorgewärmten Platte anrichten. • Inzwischen 200 g Crème fraîche mit 2 Eßlöffeln Tomatenmark unter Rühren erhitzen und über die Okraschoten geben. • Zu Hammelbraten servieren.

Glasierte Bataten

Glasierte Süßkartoffeln

Bataten, die in den USA sehr beliebten süßen Kartoffeln, werden bei uns in den Wintermonaten angeboten. Rotschalige Bataten schmecken am besten.

4 mittelgroße rotschalige Bataten (Süßkartoffeln)
2 Teel. Salz
1 l Wasser
100 g brauner Zucker
1/2 Tasse Wasser
2 Eßl. Butter

Pro Portion etwa
1700 Joule/405 Kalorien

Zubereitungszeit: 45 Minuten

Die Bataten waschen, von Salzwasser bedeckt zum Kochen bringen und in etwa 30 Minuten weich kochen. Wie Kartoffeln anstechen, um zu prüfen, ob sie weich sind. Die Bataten abgießen, schälen, vierteln und mit etwas Salz bestreuen. • Den Zucker mit dem Wasser in einen Topf geben und bei schwacher Hitze so lange rühren, bis sich der Zucker aufgelöst hat. Die Butter zufügen und die Mischung zum Kochen bringen. • Die Bataten darin bei schwacher Hitze unter gelegentlichem Wenden kochen lassen, bis die Kartoffelviertel ganz mit der braunen Flüssigkeit überzogen sind.

Paßt gut zu: gebratenem Truthahn, Fleischbällchen, gebratenem gekochtem Schinken und Gulasch aus Rind- oder Lammfleisch.

Gelingt leicht

Bataten in Ahornsirup

Die Bataten wie im Rezept für glasierte Bataten beschrieben waschen und von Salzwasser bedeckt in 30 Minuten weich kochen. Die Bataten abgießen, schälen, vierteln und mit etwas Salz bestreuen. • 1/8 l Ahornsirup mit 100 g Butter unter Rühren erhitzen, 1 Teelöffel Angostura Bitter unterrühren und die Bataten unter ständigem Umwenden darin glasieren.

Braucht Zeit · Raffiniert

Glasierte Kastanien

Eßkastanien, auch Maronen genannt, werden im November geerntet. Vor Gebrauch müssen Schale und Innenhaut entfernt werden.

1 1/2 l Wasser
500 g Kastanien/Maronen
3 Eßl. Butter
1 Eßl. Zucker
2 Eßl. Ahornsirup

Pro Portion etwa
1805 Joule/430 Kalorien

Zubereitungszeit: 1 Stunde und 20 Minuten

Das Wasser zum Kochen bringen. Die Kastanien am spitzen Ende kreuzweise tief einschneiden, ins kochende Wasser werfen und sprudelnd kochen lassen bis die Schalen aufspringen; das dauert 15–20 Minuten. Die Kastanien dann vom Herd nehmen, im Wasser liegen lassen und immer nur 2–3 Kastanien herausheben und die dicke braune und die dünne untere Haut abziehen. • Wenn alle Kastanien geschält sind, die Butter in einer großen Pfanne zerlassen, den Zucker unter Rühren darin hellbraun anbraten, den Ahornsirup untermischen und die Kastanien möglichst nebeneinander – nicht übereinander – in die Pfanne geben. Die Kastanien bei schwacher Hitze unter Umwenden etwa 10 Minuten im Butter-Sirup-Gemisch wenden.

Paßt gut zu: Rosenkohl, Rotkohl und zu gebratenem Geflügel wie auch zu Schweinebraten.

Zum Bild rechts:

Unter den vielen Möglichkeiten, Spaghetti zuzubereiten, ist die Version »al pesto genovese«, die auf dem gegenüberliegenden Bild zu sehen ist, besonders reizvoll. Mit Knoblauch und Basilikum gewürzt und mit Pinienkernen und Schafkäse verfeinert können Sie dieses Spaghettigericht als Vorspeise für ein italienisches Menü servieren oder als Mahlzeit für fleischlose Tage. *Das Rezept finden Sie auf Seite 271.*

Gedünstete Kastanien

Die Kastanien wie im Rezept für glasierte Kastanien beschrieben vorbereiten, 20 Minuten kochen und schälen. • 3 Eßlöffel Butter in einem breiten flachen Topf erhitzen. Die Kastanien in der Butter wenden, mit je 1 Prise Salz und weißem Pfeffer bestreuen, ¼ l Bouillon zugießen und die Kastanien im offenen Topf etwa 45 Minuten bei äußerst schwacher Hitze dünsten, wobei die Bouillon nach Möglichkeit verdampfen soll. • Zu Wild oder Wildgeflügel servieren.

Etwas schwierig

Kastanienpüree

Die Kastanien wie im Rezept für glasierte Kastanien beschrieben vorbereiten, schälen und in Bouillon garen. • Die gegarten Kastanien durch ein Sieb passieren und mit 3 Eßlöffeln Butter mischen. Oder die Kastanien im Mixer pürieren und anschließend mit der Butter mischen. Das Kastanienpüree mit 1–2 Messerspitzen Salz und 1 Prise Zucker abschmecken. • Zu Wild, Wildgeflügel und glasiertem Schinken reichen.

Gelingt leicht

Geröstete Kastanien

Den Backofen auf 250° vorheizen. • Die Kastanien am spitzen Ende kreuzweise einschneiden, auf den Rost über die Bratenpfanne auf der mittleren Schiebeleiste in den Backofen schieben. • In die Bratenpfanne 1–2 Tassen Wasser gießen und die Kastanien so lange rösten, bis die Schalen aufspringen; das dauert etwa 30 Minuten. – Das Wasser deshalb in die Bratenpfanne gießen, weil die Kastanien sonst während des Röstens leicht zu trocken und hart werden. • Rotkohl oder Rosenkohl damit anreichern.

Zum Bild links:

Wer die vielen verlockenden Nudelgerichte mag, wird sicherlich auch gern seine eigenen Nudeln herstellen wollen. In einer Stunde schafft man leicht eine reichliche 4-Personen-Portion. Da sich selbstgemachte Nudeln einige Wochen aufbewahren lassen, lohnt es sich, gleich größere Portionen herzustellen. Das Rezept für selbstgemachte Nudeln finden Sie auf Seite 270.

Preiswert · Raffiniert

Erna Winklers Wildgemüse

Im vorigen Jahrhundert wurden Wildkräuter nicht nur als Heilmittel geschätzt. Man bereitete aus vielen von ihnen wohlschmeckende Gemüsegerichte. Einige dieser würzigen gesunden Pflanzen wurden sogar kultiviert, verwilderten aber wieder und gerieten in Vergessenheit. Wildgemüse enthält mehr ätherische Öle als Kulturpflanzen und schmeckt dadurch sehr aromatisch, oft etwas streng. Deshalb mischt man das Gemüse gern mit Milch- oder Sahnesaucen, gibt mild schmeckendes Gartengemüse bei, serviert es zu Kartoffelgerichten, Teigwaren oder in Verbindung mit Eiern. Brennessel, Löwenzahn und Sauerampfer sind die bekanntesten wildwachsenden Gemüsepflanzen.
• Kennern von Wildkräutern macht das folgende Rezept sicher Freude. Weniger geübte Sammler müssen sich auf die ihnen vertrauten Pflanzen beschränken.
• Wildkräuter nicht an Autostraßen sammeln; sich vergewissern, ob die Wiesen oder Feldraine »naturbelassen« sind.
• Waldwiesen, Bergwiesen, Bachufer, auch Bahndämme sind gute Reviere für den Wildkräuter- und Früchtefreund.
• Nur junge Blätter und Blütenknospen wählen. Keine Wildkräuter mit schlechten Blättern pflücken.

Etwa 500 g Wildkräuter: junge Brennesselspitzen, Löwenzahnblätter, Gänseblümchenblätter und noch fest geschlossene Gänseblümchenknospen, Weiße-Melde-Blätter, Bibernelleblätter (großer Wiesenknopf), kriechender Günzel (nur wenige junge Blätter), einige zarte Huflattichblätter, Hirtentäschelblätter, Sauerampfer, einige Spitzwegerichblätter,
1 Handvoll Erdbeer- und Himbeerblätter
½ Tasse Wasser
5 Schalotten
¼ l kräftige Gemüsebrühe
3 Eßl. Butter
1 Eßl. Mehl
⅛ l saure oder süße Sahne
2 Eigelbe
1–2 Messersp. Salz

Pro Portion etwa 670 Joule/160 Kalorien

Zubereitungszeit: 30 Minuten

Die Kräuter sorgfältig waschen, im Wasser im geschlossenen Topf etwa 3 Minuten dünsten, bis die Blätter zusammengefallen sind. Abtropfen lassen und grobhacken. • Für die Sauce die Schalotten schälen und hacken. • Die Brühe erhitzen. • Die Butter zerlassen, die Schalotten darin glasig braten, das Mehl darüberstäuben und umrühren. Die heiße Brühe zugießen und die Sauce bei schwacher Hitze 2 Minuten kochen lassen. Die Sahne mit den Eigelben und 2 Eßlöffeln der Sauce verrühren und die Sauce damit legieren. Mit dem Salz abschmecken und das Wildgemüse unterrühren.

Paßt gut zu: Kalbsschnitzel natur und kleinen Crêpes.

Mein Tip Von Wildgemüse nur kleine Portionen servieren, da es einen sehr intensiven, leicht herben Geschmack hat. – Wenn die Kräuterausbeute zu gering ist, kann sie mit einer entsprechenden Menge Blattmangold, Spinat oder Kopfsalat ergänzt werden.

Brunnenkressegemüse

Diese Wildpflanze kann man das ganze Jahr über finden. Brunnenkresse wächst in fließenden klaren Gewässern, Bächen, Gräben und Flüssen, so lange diese nicht zufrieren. Man sammelt die Pflanzen vor der Blüte, weil die Blätter während der Blütezeit recht scharf schmecken. Gekocht und wie Spinat zubereitet schmecken sie würzig, verlieren jedoch an Schärfe.

Etwa 500 g Brunnenkresseblätter 1 Minute in Salzwasser blanchieren, kalt überbrausen, abtropfen lassen und grobhacken. Die Kresse in wenig Bouillon in etwa 15 Minuten weich dünsten. • 5 Eßlöffel Semmelbrösel in Butter bräunen, unterrühren und mit wenig Salz, 1 Prise Zucker und 1 Teelöffel frischer geriebener Ingwerwurzel würzen.

Raffiniert

Kräuterbratlinge

500 g gemischte Wildkräuter (Brennesselspitzen, Huflattichblätter, Löwenzahn, Weiße-Melde-Blätter, Gänseblümchenblätter, Schafgarbe, ein wenig Sauerampfer) waschen, kurz in wenig Wasser dünsten, gut abtropfen lassen und grobhacken. • 3 Eßlöffel Haferflocken, 100–125 g Grünkernschrot, 3 Eßlöffel Quark, 2 Eier und 1 Teelöffel Salz zufügen und alles gut miteinander verrühren. Die Masse 30 Minuten ruhen lassen, damit Haferflocken und Grünkern ausquellen können und die Mischung formbar wird. Gegebenenfalls noch Haferflocken oder 1–2 Eßlöffel Grünkernschrot zufügen. • Etwa 5 cm lange flache Bratlinge daraus formen und in Öl von beiden Seiten knusprig braun braten. • Zu Käsesauce und Kopfsalat reichen oder zu Hirtengulasch.

Grundrezept

Klassisches Erbsenpüree

Von den Trockenerbsen sind die grünen im Geschmack feiner als die gelben. Es gibt sie geschält und ungeschält auf dem Markt. Die letzteren sind vor allem für Püree geeignet.

300 g gelbe oder grüne Trockenerbsen
1½ l Wasser
1 Bund Suppengrün
2 Zwiebeln
1 Lorbeerblatt
50 g Butter
1 Eßl. Mehl
¼ l Gemüsebrühe
2 Teel. Salz
1 Messersp. weißer Pfeffer

Pro Portion etwa
1680 Joule/400 Kalorien

Zeit zum Einweichen: 8–12 Stunden
Zubereitungszeit: 2–2½ Stunden

Die Erbsen verlesen – das heißt, schlechte, verfärbte Erbsen aussortieren – und unter fließendem kaltem Wasser waschen. • Hartes, stark kalkhaltiges Wasser abkochen, abkühlen lassen und die Erbsen darin zugedeckt mindestens 8 Stunden weichen lassen. • Das Suppengrün waschen, schlechte Stellen abschneiden, die Teile wieder zusammenbinden und auf die Erbsen legen. • Die Erbsen dann vom Einweichwasser bedeckt ohne Salzzugabe zum Kochen bringen; wenn nötig noch etwas Wasser nachfüllen. • Die Zwiebeln schälen. 1 Zwiebel mit dem Lorbeerblatt bestecken, auf die Erbsen legen und diese zugedeckt bei schwacher Hitze in 1½–2 Stunden weich kochen. Die Garflüssigkeit ist am Ende der Garzeit völlig von den Erbsen aufgesogen. • Für die Sauce die Hälfte der Butter bei mittlerer Hitze zerlassen, das Mehl darüberstäuben und rühren, bis eine glatte Masse entstanden ist. Unter Rühren mit dem Schneebesen die Brühe zugießen und die Sauce bei schwacher Hitze 5 Minuten köcheln lassen. Dann vom Herd nehmen. • Die zweite Zwiebel in dünne Ringe schneiden und in der restlichen Butter goldbraun braten. • Die Zwiebel und das Suppengrün entfernen. Die Erbsen durch ein grobes Sieb streichen.

Die Sauce unter das Püree ziehen und mit dem Salz und dem Pfeffer würzen. • Das Püree in eine Schüssel füllen und mit den gebratenen Zwiebelringen garnieren.

Paßt gut zu: Eisbein und Sauerkraut oder zusammen mit Kastanienpüree zu geräuchertem Kasseler.

Braucht Zeit · Preiswert

Linsenpüree

300–400 g Linsen wie im Grundrezept für Linsen auf Bauernart vorbereiten und von Wasser bedeckt bei schwacher Hitze 1 Stunde kochen lassen und durch ein Sieb passieren. • Das Linsenpüree mit 2 Eßlöffeln Butter und so viel Kartoffelpüree verrühren, daß eine feste Masse entsteht. Das Linsenpüree mit Salz, weißem Pfeffer und kleingehacktem frischem Estragon abschmecken.

Grundrezept

Linsen auf Bauernart

Linsen gibt es in verschiedenen Größen und Farben (grau, gelblich, rötlich). Obgleich sie preiswerter sind, schmecken kleine Linsen besser als große.

375 g Linsen
1½ l Wasser
4 kleine Schalotten
2 mittelgroße Möhren
2 Teel. Zucker
2 Eßl. Butter
1 Teel. Salz
1 Tasse Bouillon
100 g gekochter Schinken
1 Eßl. Weinessig

Pro Portion etwa
1985 Joule/470 Kalorien

Zeit zum Einweichen: 8–12 Stunden
Zubereitungszeit: 1 Stunde und 20 Minuten

Die Linsen in ein Drahtsieb schütten, unter Umwenden gründlich kalt abbrausen und dabei schlechte oder beschädigte Linsen entfernen. Die Linsen mit Wasser bedeckt im offenen Topf zum Kochen bringen und bei schwacher Hitze etwa 20 Minuten kochen lassen. • Inzwischen die Schalotten schälen und große Schalotten halbieren. Die Möhren schaben, waschen und in Würfel schneiden. • Den Zucker mit der Butter in einem Topf erhitzen und unter Rühren hellbraun werden lassen. Die Schalotten zugeben und unter Umwenden mit dem Butter-Zucker-Gemisch überziehen. Die Möhren zugeben, ebenfalls glasieren. • Das Wasser von den Linsen sollte inzwischen fast verdampft sein. Die Linsen zu den Schalotten und den Möhren schütten, das Salz und die Bouillon unterrühren und zugedeckt weitere 20–30 Minuten kochen lassen. • Inzwischen den Schinken in kleine Würfel schneiden. • Die Linsen am Ende der Garzeit mit dem Weinessig und nötigenfalls noch mit etwas Salz und Zucker abschmecken. Den gekochten Schinken unterrühren und die Linsen im offenen Topf noch ein paar Minuten kochen lassen, damit gegebenenfalls noch mehr Flüssigkeit verdampft.

Das paßt dazu: Petersilienkartoffeln oder Bratkartoffeln und Bratwurst.

Braucht Zeit · Raffiniert

Schwäbische Linsen

Die Linsen wie im Grundrezept beschrieben waschen und verlesen. • 1 Zwiebel und 100 g durchwachsenen Speck in Würfel schneiden und in einem Topf glasig braten. Die Linsen dazugeben, soviel Wasser hinzufügen, daß die Linsen eben bedeckt sind. Die Linsen zugedeckt bei schwacher Hitze kochen lassen. • 1 Bund Suppengrün putzen, waschen, wieder zusammenbinden und mit den Linsen kochen lassen. • Inzwischen Spätzle bereiten, Rezept Seite 273, und beiseite stellen. • Nach 1 Stunde Kochzeit die Linsen mit Salz, schwarzem Pfeffer, etwas Essig und nach Belieben 1 Prise Zucker abschmecken und die Spätzle untermischen. Die Linsen bei äußerst schwacher Hitze noch so lange auf dem Herd lassen, bis die Spätzle wieder richtig heiß sind. • Zu schwäbischen Linsen gekochten Schweinebauch oder erhitzte Bauernbratwürste reichen.

Linsen auf russische Art

375 g Linsen wie im Grundrezept beschrieben verlesen, waschen und von Wasser bedeckt zunächst 30 Minuten im offenen, dann 40 Minuten im geschlossenen Topf kochen lassen. • 2 mittelgroße Zwiebeln hacken, in wenig Butter anbraten, die fast garen Linsen dazuschütten, mit Salz und weißem Pfeffer abschmecken und gar kochen. • Die Linsen vor dem Servieren mit ½ Tasse saurer Sahne verrühren und mit Schnittlauchröllchen bestreuen. • Die Linsen zu gebratenem Huhn servieren.

Grundrezept

Weiße Bohnen mit Butter

Je jünger getrocknete weiße Bohnen sind, um so besser schmecken sie. Sie sollen eine glänzende, eng anliegende Schale haben. Es gibt sie auch in guter Qualität in Konserven. Alle Rezepte für weiße Bohnen können auch mit roten Bohnen bereitet werden.

320 g weiße Bohnenkerne	*1 Teel. Salz*
1½ l Wasser	*2 Messersp. weißer Pfeffer*
1 Bund Suppengrün	*2 Eßl. Butterflöckchen*
1 Zwiebel	*1 Eßl. gehackte Petersilie*
1 Lorbeerblatt	
2 Gewürznelken	*Pro Portion etwa*
1 Stück Speckschwarte	*1430 Joule/340 Kalorien*

Zeit zum Einweichen: 12 Stunden
Zubereitungszeit: 2 Stunden und 30 Minuten

Die weißen Bohnen verlesen – das heißt schlechte Bohnen aussortieren – die Bohnen waschen und mit Wasser bedeckt 12 Stunden einweichen. • Die Bohnen dann im Einweichwasser zum Kochen bringen. • Das Suppengrün putzen, waschen und wieder zusammenbinden. Die Zwiebel schälen und mit dem Lorbeerblatt und den Gewürznelken bestecken. • Das Suppengrün, die besteckte Zwiebel und die Speckschwarte zu den Bohnen geben und die Bohnen zugedeckt 2 Stunden bei schwacher Hitze kochen lassen. • Die Bohnen dann in ein Sieb schütten, in eine vorgewärmte Schüssel geben, mit dem Salz und dem Pfeffer mischen, mit den Butterflöckchen belegen und mit der Petersilie bestreut servieren.

Paßt gut zu: gebratener oder geschmorter Hammelkeule oder zu algerischem Lammragout.

Braucht Zeit

Eingebrannte Fisolen

Weiße Bohnen auf österreichische Art

Die weißen Bohnen wie im Grundrezept beschrieben verlesen, waschen und 12 Stunden einweichen. • Die Bohnen dann im Einweichwasser mit 1 Bund Suppengrün und 1 mit Lorbeerblatt und Gewürznelken besteckten Zwiebel in 2 Stunden gar kochen. • Die Bohnen dann in ein Sieb schütten und die Kochflüssigkeit aufbewahren. • 2 kleine gewürfelte Zwiebeln in 2 Eßlöffeln Butter hellgelb anbraten, mit 1 gehäuftem Eßlöffel Mehl bestäuben, unter Rühren auch das Mehl etwas anbraten und mit der Kochbrühe von den Bohnen ablöschen. Die Bohnen in die Einbrenne geben, mit Salz, weißem Pfeffer und 1 Schuß Essig würzen und bei schwacher Hitze noch 10 Minuten im offenen Topf kochen lassen. • Zu Reindlrostbraten oder zu Kronfleisch servieren.

Preiswert · Gelingt leicht

Westfälische weiße Bohnen

320 g weiße Bohnen wie im Grundrezept beschrieben verlesen, waschen und 12 Stunden in Wasser einweichen. • Die Bohnen dann im Einweichwasser mit 1 Bund Suppengrün und 1 Lorbeerblatt 2 Stunden kochen lassen. • 125 g durchwachsenen Speck in Würfel schneiden, ausbraten und 2 gehackte Zwiebeln und 1 gehackte Knoblauchzehe darin goldgelb braten. • Das Suppengrün und das Lorbeerblatt aus den Bohnen nehmen und die Bohnen mit dem Speck und den Zwiebeln mischen. Das Gericht mit Salz, schwarzem Pfeffer und 1 Teelöffel getrocknetem gerebeltem Majoran würzen. • Dazu in Weißwein gedünstete Birnen und gekochten Schweinebauch reichen.

Braucht Zeit

Rote Bohnen auf Burgunder Art

320 g rote Bohnenkerne	*1 Eßl. Mehl*
1½ l Wasser	*1 Eßl. Butter*
100 g durchwachsener Speck	*1 Eßl. frischer gehackter Thymian*
2 Zwiebeln	
1 Möhre	*Pro Portion etwa*
1 Teel. Salz	*2050 Joule/490 Kalorien*
1 Tasse herber Rotwein	

Zeit zum Einweichen: 12 Stunden
Zubereitungszeit: 2 Stunden und 30 Minuten

Die Bohnenkerne verlesen, waschen und mit dem Wasser übergießen und 12 Stunden weichen lassen. • Die Bohnen im Einweichwasser dann 1 Stunde und 30 Minuten bei schwacher Hitze zugedeckt kochen lassen. • Den Speck in Würfel schneiden. Die Zwiebeln schälen und ebenfalls würfeln. Die Möhre schaben, waschen und in Würfel schneiden. • Die Bohnen in ein Sieb gießen und abtropfen lassen. • Die Speckwürfel ausbraten, die Zwiebelwürfel und die Möhrenwürfel darin anbraten und die Bohnen zugeben. Das Salz und den Rotwein unter die Bohnen mischen und das Ganze zugedeckt weitere 20 Minuten kochen lassen. • Das Mehl mit der Butter zu Mehlbutter verkneten, in den Bohnen auflösen und zugedeckt bei schwacher Hitze weitere 10 Minuten kochen lassen. • Die Bohnen vor dem Servieren mit dem gehackten Thymian bestreuen.

Paßt gut zu: Lamm- oder Hammelbraten.

Braucht Zeit

Sojabohnen mit Öl

Sojabohnen sind ihres Eiweißes, ihrer Vitamine und ihrer Mineralstoffe wegen sehr wertvoll.

320 g Sojabohnen
1½ l Wasser
½ l Gemüsebrühe
2 Eßl. Sesamöl
1 Knoblauchzehe
1 Teel. Salz
1 Eßl. gehackter Salbei oder Thymian

Pro Portion etwa
1485 Joule/355 Kalorien

Zeit zum Einweichen: 12 Stunden
Zubereitungszeit: 2 Stunden und 30 Minuten

Die Sojabohnen mit dem Wasser bedeckt 12 Stunden weichen lassen. • Die Sojabohnen dann in ein Sieb schütten, kalt abbrausen und abtropfen lassen. Die Gemüsebrühe zum Kochen bringen, die Sojabohnen hineinschütten und zugedeckt bei schwacher Hitze 2 Stunden kochen lassen. Während der Kochzeit ab und zu prüfen, ob noch genügend Flüssigkeit im Topf der Bohnen ist und gegebenenfalls etwas Wasser zugießen. Die Bohnen dann in einem Sieb abtropfen lassen. • Das Sesamöl erhitzen. • Die Knoblauchzehe schälen, zerschneiden und mit dem Salz zerdrücken. • Die Sojabohnen im Öl wenden und erwärmen, das Knoblauchsalz zugeben und die Bohnen zugedeckt bei schwacher Hitze noch einmal gut heiß werden lassen. • Die Bohnen vor dem Servieren mit dem gehackten Salbei oder Thymian bestreuen.

Paßt gut zu: Grünkernschrotbratlingen oder zu Frikadellen.

Grundrezept

Gedünstete Pfifferlinge

Je kleiner die Pfifferlinge, je geschlossener ihre Köpfe, um so schmackhafter sind sie. Sie sind von Juni bis September auf dem Markt.

800 g frische Pfifferlinge
2 Schalotten
3 Eßl. Butter
½ Teel. Salz
1 Eßl. gehackte Petersilie oder Kerbel

Pro Portion etwa
600 Joule/145 Kalorien

Zubereitungszeit: 45 Minuten

Die Pilze putzen, das heißt alle schlechten oder wurmigen Stellen von den Pilzen abschneiden, die Lamellen entfernen, die Hüte schaben, ebenso die Stiele unter leichtem Druck von oben nach unten dünn abschaben. Die Stielenden glattschneiden. Die Pilze mehrmals in kaltem Wasser waschen und abtropfen lassen. Große Pfifferlinge halbieren oder vierteln, kleine ganz lassen. Die Schalotten schälen und würfeln. • Die Butter zerlassen, die Schalottenwürfel bei mittlerer Hitze darin glasig braten, die Pilze in die Pfanne geben und unter häufigem Umwenden 15–20 Minuten dünsten. • Die Pilze zuletzt salzen und mit den Kräutern bestreuen.

Paßt gut zu: Rehmedaillons, Hirschsteaks, Kalbsbraten oder als Füllung für Omelettes oder Crêpes.

Gelingt leicht · Schnell

Pfifferlinge auf Berner Art

Die Pfifferlinge wie im Grundrezept beschrieben putzen, waschen und abtropfen lassen. • 3 Eßlöffel Schweineschmalz erhitzen, 1 große gehackte Zwiebel darin anbraten, die Pilze zugeben und unter Umwenden in 15–20 Minuten gar dünsten. • Die Pilze mit gehackter Petersilie und mit geriebenem Emmentaler Käse bestreut zu Rühreiern servieren.

Pfifferlinge auf Haushälterinart

Die Pfifferlinge wie im Grundrezept beschrieben putzen, waschen und abtropfen lassen. • 2 kleine gehackte Zwiebeln in 2 Eßlöffeln Butter anbraten. 2 Teelöffel gehacktes Fenchelgrün und die Pilze zugeben und 5 Minuten unter Umwenden dünsten. • 1 Eßlöffel Butter mit 1 knappen Eßlöffel Mehl zu Mehlbutter verkneten. • 4 Eßlöffel Kalbfleischbrühe zu den Pilzen geben, die Mehlbutter darin auflösen und die Pilze zugedeckt bei äußerst schwacher Hitze noch weitere 10–15 Minuten köcheln lassen. • Die Pilze mit Schnittlauchröllchen bestreut zu Kalbsschnitzeln und Salzkartoffeln reichen.

Mein Tip Die Rezepte für Pfifferlinge können auch mit Stockschwämmchen, mit Trompetenpfifferlingen, mit Hallimasch, Perlpilzen, Grünlingen oder Ritterlingen zubereitet werden.

Steinpilze in Rahmsauce

800 g Steinpilze
2 Zwiebeln
2 Eßl. Butter
1/8 l heiße Bouillon
1/2 Teel. Salz
1 Messersp. Pfeffer
2 Eigelbe
1/8 l Sahne

Pro Portion etwa
1135 Joule/270 Kalorien

Zubereitungszeit: 45 Minuten

Die Steinpilze putzen; das heißt alle schlechten und wurmigen Stellen abschneiden. Die Hüte, vor allem wenn sie schleimig sind, abschaben. Die Lamellen entfernen. Die Stiele von oben nach unten ebenfalls leicht abschaben und die Stielenden glattschneiden. Große Pilze halbieren oder vierteln, kleine ganz lassen. Die Pilze mehrmals in kaltem Wasser waschen und abtropfen lassen. Die Zwiebeln schälen und würfeln. • Die Butter zerlassen, die Zwiebelwürfel darin hellgelb braten. Die Pilze zugeben, kurz in der Butter andünsten, mit der heißen Bouillon aufgießen, salzen und pfeffern und zugedeckt 10–15 Minuten – je nach Größe der Pilze – dünsten. • Für die Rahmsauce die Eigelbe mit der Sahne verquirlen. Die Pilze vom Herd nehmen, die Eigelbsahne untermischen und bei äußerst schwacher Hitze einige Minuten erwärmen, aber nicht mehr kochen lassen.

Das paßt dazu: Semmelknödel.

Gute Vorspeise

Panierte Parasolhüte

Zur Zubereitung eignen sich nur junge Pilze, die einen kugeligen Kopf haben. Die Stiele werden nicht verwendet.

4 junge mittelgroße Parasolhüte
1 Teel. Salz
2 Messersp. weißer Pfeffer
4 Eßl. Mehl
1 Ei
1 Eßl. Milch
5 Eßl. Semmelbrösel
3 Eßl. Öl

Pro Portion etwa
735 Joule/175 Kalorien

Zubereitungszeit: 20 Minuten

Die Parasolhüte nicht waschen, sondern behutsam mit Küchenkrepp abreiben. Das Salz, den Pfeffer und das Mehl mischen. Die Pilzhüte zuerst in dem Mehl wenden, auf ein Kuchengitter legen und das Mehl etwas antrocknen lassen. • Das Ei mit der Milch verquirlen, die Hüte von beiden Seiten hineintauchen und dann in Semmelbröseln wenden. Die Semmelbrösel leicht andrücken. • Das Öl in einer Pfanne erhitzen und die Parasolhüte nebeneinander bei mittlerer Hitze von beiden Seiten goldbraun braten; das dauert 8–10 Minuten.

Das paßt dazu: frisch aufgebackenes Weißbrot oder Reis mit Tomatensauce.

Raffiniert · Etwas schwierig

Gebratener Riesenbovist

Nur junge Exemplare sind zum Verzehr geeignet. Man erkennt sie an ihrer weißen, leicht filzigen Haut.
Von 2 jungen Riesenbovisten von etwa 15 cm Durchmesser 8 1 cm dicke Scheiben schneiden und die bröckelige Schale, die den ganzen kugelförmigen Bovist umgibt, entfernen. Die Pilzscheiben nicht waschen! • Die Scheiben mit Salz und weißem Pfeffer bestreuen, in Mehl wenden und durch mit Milch verquirltes Ei ziehen. 5 Eßlöffel Semmelbrösel mit 3 Eßlöffeln Kräutern (getrocknetem gerebeltem Basilikum, wenig Salbei und Thymian) vermengen. • Die Bovistscheiben darin panieren und die Semmelbrösel leicht andrükken. • 2–3 Eßlöffel Öl oder Butter erhitzen und die Bovistscheiben von beiden Seiten darin goldbraun braten. • Kartoffelsalat und Kopfsalat dazu reichen.

Gelingt leicht · Preiswert

Champignons aux fines herbes

Champignons mit feinen Kräutern

Champignons werden mit Erfolg gezüchtet. Es gibt sie das ganze Jahr hindurch frisch auf dem Markt. In der Qualität am besten sind Exemplare mit geschlossenem festem Kopf und kräftigem Aroma.

800 g Champignons
4 Eßl. Butter
1 Teel. Salz
1 Messersp. weißer Pfeffer
je 1 Teel. gehackter Dill, Fenchelgrün und Thymian

Pro Portion etwa
690 Joule/165 Kalorien

Zubereitungszeit: 30 Minuten

Die Pilzköpfe, vor allem wenn sie schwammig oder schleimig sind, abschaben. Die Lamellen möglichst entfernen. Die Stiele leicht von oben nach unten schaben und die Stielenden glattschneiden. Die Pilze mehrmals in kaltem Wasser waschen und abtropfen lassen. Kleine Pilze ganz lassen, größere Pilze halbieren, ganz große Exemplare in Scheiben schneiden. • Die Butter in einem großen flachen Topf erhitzen, die Champignons hineinstreuen und unter Umwenden 5 Minuten braten. Die Pilze salzen und pfeffern und zugedeckt bei äußerst milder Hitze noch weitere 5 Minuten dünsten. • Die Pilze vor dem Servieren mit den kleingehackten Kräutern bestreuen.

Paßt gut zu: Kalbsschnitzel oder Steaks oder als Füllung für Omelettes oder Crêpes.

Mein Tip Wenn Sie die Champignons zu einer Zeit bereiten, wo Sie die genannten Kräuter nicht frisch auf dem Markt bekommen, so nehmen Sie entweder nur ein Kraut oder statt der genannten Schnittlauch.

Raffiniert

Champignons à la crème

Champignons mit Rahm

800 g Champignons wie im Rezept für Champignons aux fines herbes beschrieben putzen, waschen und abtropfen lassen. Große Pilze in Scheiben schneiden, kleine halbieren oder ganz lassen. • 4 Schalotten schälen, hacken und in 3 Eßlöffeln Butter glasig braten. Die Pilze zugeben, bei mittlerer Hitze von allen Seiten mit den Schalotten andünsten, mit Salz und weißem Pfeffer bestreuen und zugedeckt bei schwacher Hitze 5 Minuten dünsten. • 150 g Crème fraîche unter die Pilze rühren, noch einmal gut erhitzen und mit 1–2 Eßlöffeln Petersilie bestreuen. • 4 etwa 2 cm dicke Scheiben Kastenweißbrot entrinden, von einer Seite leicht aushöhlen, die glatte Seite in Butter anbraten und die Champignons in Rahm in das Weißbrot füllen.

Schnell

Morcheln auf andalusische Art

Morcheln sind Hutpilze von besonders würzigem Aroma. In der feinen Küche sind sie fast so begehrt wie Trüffel.

500 g Morcheln
250 g rote Paprikaschoten
3 Eßl. Olivenöl
200 g roher Schinken
1/2 Tasse Bouillon
je 1 Messersp. Salz und weißer Pfeffer
4 Eßl. Sherry, demi sec

Pro Portion etwa
1465 Joule/350 Kalorien

Zubereitungszeit: 30 Minuten

Die Morcheln mehrmals gründlich kalt waschen, die Stielenden und alle schlechten Stellen abschneiden und die Morcheln abtropfen lassen. • Die Paprikaschoten über einer Gasflamme oder über der heißen Herdplatte von allen Seiten scharf rösten, bis die dünne Außenhaut aufspringt. Die Außenhaut dann abziehen. Die Schoten vierteln, dabei die Rippen und Kerne entfernen und die Schoten in sehr kleine Würfel schneiden. • Das Olivenöl in einem flachen breiten Topf erhitzen. Die Paprikawürfel bei äußerst schwacher Hitze darin anbraten und zugedeckt 10 Minuten dünsten lassen. •

Die Morcheln längs halbieren, zu den Paprikawürfeln geben, ebenfalls im Öl andünsten und weitere 10 Minuten dünsten. • Den Schinken in Würfel schneiden und mit der Bouillon, dem Salz und dem Pfeffer zu den Pilzen geben. Die Pilze im offenen Topf bei schwacher Hitze weitere 5 Minuten dünsten und vor dem Servieren mit dem Sherry abschmecken.

Das paßt dazu: ein Reisrand.

Mein Tip Bei einer Mahlzeit sollten pro Person nicht mehr als 150 g Morcheln gereicht werden, da sie nicht gut bekömmlich sind. In kleinen Mengen zugefügt verfeinern sie jedes Pilzgericht.

Gelingt leicht · Schnell

Ragout aus gemischten Pilzen

Bild Seite 196

800 g Pilze wie Ritterlinge, Röhrlinge, Schopftintlinge, Butterpilze, Rotkappen, Grünlinge, Austernseitlinge, nach Möglichkeit auch 1–2 Morcheln
1 grüne Paprikaschote
2 Zwiebeln
1 Knoblauchzehe
3 Eßl. Butter
3 Eßl. Tomatenmark
1 Teel. Salz
2 Messersp. weißer Pfeffer
1 Eßl. edelsüßes Paprikapulver
1/16 l heiße Bouillon
1/8 l Sahne

Pro Portion etwa
1280 Joule/305 Kalorien

Zubereitungszeit: 30 Minuten

Die Pilze gründlich putzen, die Hüte schaben, die Lamellen entfernen und die Stielenden kürzen. Alle schlechten und fauligen Stellen herausschneiden. Die Pilze mehrmals kalt waschen und abtropfen lassen. Große Pilze in Scheiben schneiden, kleine Pilze halbieren oder vierteln. • Die Paprikaschote halbieren, von Rippen und Kernen befreien, die Schotenhälften waschen und in Würfel schneiden. Die Zwiebeln und die Knoblauchzehe schälen und kleinwürfeln. • Die Butter in einem großen flachen Topf erhitzen. Die Zwiebel- und Knoblauchwürfel darin glasig braten, die Pilze untermischen und unter Umwenden 5 Minuten bei mittlerer Hitze braten. Die Schotenwürfel, das Tomatenmark, das Salz, den Pfeffer, das Paprikapulver und die Bouillon zu den Pilzen geben und diese zugedeckt bei schwacher Hitze 10 Minuten köcheln lassen. • Die Pilze mit der Sahne mischen.

Das paßt dazu: Semmelknödel oder ein Serviettenkloß.

Raffiniert

Gratinierte Maronenröhrlinge

Den schmackhaften Röhrenpilz gibt es ab September auf dem Markt.

800 g Maronenröhrlinge
1/8 l Wasser
1 große Zwiebel
1 Eßl. Butter
1 Eßl. Mehl
4 Eßl. Sahne
1 Eigelb
3 Eßl. geriebener Käse
Für die Form:
Butter

Pro Portion etwa
820 Joule/195 Kalorien

Zubereitungszeit: 40 Minuten

Die Maronenröhrlinge gründlich putzen, die Hüte schaben und die Röhren entfernen. Die Pilze waschen und große Pilze halbieren oder vierteln. • Die Pilze mit dem Wasser übergießen und bei schwacher Hitze zugedeckt 5 Minuten kochen lassen. • Die Zwiebel schälen und würfeln. • Die Pilze in einem Sieb abtropfen lassen und das Kochwasser auffangen. • Die Butter in einer Pfanne erhitzen. Die Zwiebelwürfel darin glasig braten, das Mehl darüberstäuben und nach und nach mit dem Kochwasser von den Pilzen aufgießen. • Den Backofen auf 220° vorheizen. Eine feuerfeste Form mit Butter ausstreichen. • Die Pilze unter die Einbrenne mischen und in die feuerfeste Form füllen. • Die Sahne mit dem Eigelb verquirlen und zu den Pilzen gießen. Den geriebenen Käse darüberstreuen und die Pilze im Backofen auf der mittleren Schiebeleiste überbacken, bis der Käse schmilzt und zu bräunen beginnt; das dauert etwa 10 Minuten.

Das paßt dazu: Schweinefleischmedaillons und frisch aufgebackenes Weißbrot.

Kartoffelgerichte

Die Zeit der Verleumdung der Kartoffel als »Dickmacher« ist vorbei. Wir wissen inzwischen, daß die Kartoffel vitamin- und mineralstoffreich ist. Sie bietet wenig, aber hochwertiges Eiweiß und hat weit weniger Kalorien als beispielsweise Nudeln, Reis, Grieß oder Brot. Und die Kartoffel schmeckt! Ob Beilage oder Hauptgericht: Es gibt Variationsmöglichkeiten in unübersehbarer Fülle, in unerwartet köstlichen Geschmacksnuancen, in überraschenden Kombinationen.

Von weit über 100 verschiedenen Sorten Speisekartoffeln werden auf den europäischen Märkten nur etwa 20 angeboten, überwiegend in Portionen von 2½ kg, in Klarsichtbeuteln verpackt als »Ackergold«. Diese Beutel unterscheiden sich durch grüne, rote und blaue Streifen, die folgendes besagen:

- Grün: Fest kochende (speckige) Kartoffeln, auch Salatkartoffeln genannt, der Sorten Hansa und Sieglinde. Sie eignen sich vorwiegend für Salate, Pommes frites, auch für Salz-, Pell- und Bratkartoffeln und Kartoffelgemüse.
- Rot: Vorwiegend festkochende Kartoffeln (zwischen speckig und mehlig) der Sorten Clivia, Hela, Grata. Sie eignen sich vor allem für Salz, Pell- und Bratkartoffeln (besonders für Bratkartoffeln aus rohen Kartoffeln), für Puffer, Rösti, Klöße, auch für Pommes frites, Salate und Suppen.
- Blau: Mehlig kochende Kartoffeln der Sorten Datura und Irmgard. Sie eignen sich besonders für Salzkartoffeln, Kartoffelpüree, Suppen, Eintöpfe, Klöße aus gekochten Kartoffeln, Kroketten, Kartoffelteig.
- Nur wer einen wirklich kühlen, gut zu lüftenden Keller zur Verfügung hat, sollte Kartoffeln für den Winter in größeren Mengen einlagern. Die Temperatur muß etwa +4° betragen; unterhalb des Gefrierpunktes erfrieren Kartoffeln und schmecken danach unangenehm süßlich. Sehr viel höhere Temperaturen und zuviel Feuchtigkeit des Lagerortes fördern die Fäulnisbildung.
- Kartoffeln immer aus der Verpackung nehmen und möglichst dunkel und luftig lagern – in der Küche bleiben sie etwa 3 Wochen genießbar.
- Vor dem Zubereiten stets die weißen Keime, die sich eventuell gebildet haben, entfernen; denn diese enthalten ebenso wie grüne Knollenteile das giftige Solanin, das sich bei Lichteinfluß bildet. Das Solanin ist bei Frühkartoffeln weniger gesundheitsschädlich als bei Lagerkartoffeln.
- Um die in der Kartoffel enthaltenen Nährstoffe weitgehend zu erhalten, gart man Kartoffeln am besten in der Schale. Pellkartoffeln werden in Dampf schonender gegart als in kochendem Wasser. Dafür entweder einen Kartoffeldämpfer verwenden oder die Kartoffeln in einem Sieb über Dampf in einem normalen Kochtopf garen (Drahtkörbe mit umklappbarem Rand zum Aufstellen über dem Wasser gibt es zu kaufen). Besonders schmackhaft werden auch die im Backofen in der Schale gebackenen Kartoffeln.
- Sollen Kartoffeln für Salzkartoffeln oder andere Kartoffelgerichte bereits geschält gegart werden, so schält man sie möglichst dünn, am besten mit einem Kartoffelschäler; denn ein großer Teil der Nährstoffe sitzt unmittelbar unter der Schale.
- Geschälte Kartoffeln niemals längere Zeit im Wasser liegen lassen. Immer nur rasch unter fließendem kaltem Wasser abspülen und möglichst im ganzen garen. Große Kartoffeln höchstens halbieren oder vierteln; je kleiner die Kartoffeln geschnitten werden, desto mehr Nährstoffe werden beim Garen ausgeschwemmt.

Grundrezept

Pellkartoffeln

1 kg Kartoffeln gleicher Größe
¼ l Wasser
1 Teel. Salz

Pro Portion etwa 880 Joule/210 Kalorien

Zubereitungszeit: 35 Minuten
Besonderes Küchengerät: möglichst ein Kartoffeldämpfer

Die Kartoffeln unter fließendem kaltem Wasser gründlich bürsten und wenn nötig die weißen Keimansätze entfernen. Die Kartoffeln mit dem Wasser und dem Salz in einen Topf geben – besser noch in einen Dämpfeinsatz über das Salzwasser legen – und zugedeckt bei schwacher Hitze in 25–30 Minuten garen. • Die Garzeit hängt sehr von der Größe der Kartoffeln und auch von der Sorte ab. Im Dämpfeinsatz ist die Garzeit etwa 10 Minuten länger; im Dampfdrucktopf beträgt sie im ganzen etwa 10 Minuten. • Vor dem Abgießen des Wassers die Garprobe machen: Eine Kartoffel mit einem Hölzchen bis zur Mitte durchstechen; spürt man keinen Widerstand mehr, sind die Kartoffeln gar. • Das Wasser dann abgießen und die Kartoffeln bei äußerst schwacher Hitze (abgeschaltete Herdplatte) im offenen Topf noch 2–3 Minuten ausdämpfen lassen, bis die Schalen trocken sind. • Werden die Pellkartoffeln für Salat, Bratkartoffeln oder einen Kartoffelteig weiterverarbeitet, müssen sie sofort nach dem Garen mit kaltem Wasser überbraust und noch heiß geschält werden. Dabei die Schadstellen entfernen. • Pellkartoffeln als Hauptgericht oder Beilage sehr heiß in einer Schüssel, in einer Holzschale oder in einem Korb von einem Tuch umhüllt servieren und erst bei Tisch schälen.

Das paßt dazu: eisgekühlte Butter und grobes Salz, eine Butter- oder Quarkmischung mit frischen Kräutern.

Gelingt leicht

Creamed potatoes

Cremekartoffeln

Die Pellkartoffeln wie im Grundrezept beschrieben vorbereiten und garen, noch heiß kalt abbrausen, schälen und in Scheiben schneiden. • 2 Eßlöffel Butter in einem Topf zerlassen, die Kartoffelscheiben in die zerlassene Butter geben, mit etwa 1 Teelöffel Salz bestreuen und mit so viel heißer Milch umgießen, daß die Kartoffeln von Milch umgeben sind. • Die Kartoffeln bei schwacher Hitze zugedeckt etwa 10 Minuten kochen lassen und kurz vor dem Servieren mit $^1/_8$ l Sahne mischen. • Zu Geflügel servieren.

Grundrezept

Salzkartoffeln

1 kg Kartoffeln (mehlig kochende oder halbfest kochende)
1–2 Tassen Wasser
$^1/_2$ Teel. Salz

Pro Portion etwa 750 Joule/180 Kalorien

Zubereitungszeit: 35–40 Minuten
Besonderes Küchengerät: möglichst ein Kartoffeldämpfer

Die Kartoffeln dünn schälen, alle Keimansätze ausstechen und Schadstellen entfernen. Große Kartoffeln halbieren oder vierteln, kleine ganz lassen; alle Kartoffeln oder Kartoffelstücke sollen ungefähr gleich groß sein. • Die Kartoffeln noch einmal kalt abbrausen, mit dem Wasser und dem Salz in einen Topf geben, das Wasser zum Kochen bringen und die Kartoffeln zugedeckt bei schwacher Hitze in 25–30 Minuten garen. • Oder die Kartoffeln in den Dämpfeinsatz des Kartoffeldämpfers geben, mit dem Salz bestreuen und über dem kochenden Wasser im Dampf garen. Das kann 5–10 Minuten länger dauern. • Zur Garprobe die Kartoffeln mit einem Hölzchen bis zur Mitte anstechen; spürt man keinen Widerstand mehr, sind sie gar. • Das Wasser dann abgießen und die Kartoffeln bei äußerst schwacher Hitze (abgeschaltete Herdplatte) 1 Minute im offenen Topf ausdämpfen lassen. Die Kartoffeln in einer gut vorgewärmten Schüssel anrichten.

Paßt gut zu: Kohlgerichten, Braten mit Sauce und Fisch.

Gelingt leicht · Preiswert

Petersilienkartoffeln

Die Salzkartoffeln wie im Grundrezept beschrieben vorbereiten und garen. Die ausgedämpften Kartoffeln in 1 Eßlöffel zerlassener Butter wenden und mit reichlich gehackter Petersilie bestreuen. • Zu Fleischgerichten mit Gemüse reichen.

Schnell · Preiswert

Kartoffelschnee

Die Salzkartoffeln wie im Grundrezept beschrieben garen, kurz ausdämpfen lassen und noch heiß durch eine Kartoffelpresse in eine gut vorgewärmte Schüssel drücken. • Den Kartoffelschnee mit etwas zerlassener Butter beträufeln und mit etwas edelsüßem Paprikapulver oder gehackter Petersilie bestreuen. Für Kartoffelschnee eignen sich besonders gut mehlig kochende Kartoffeln. • Zu feinen Braten reichen.

Gelingt leicht

Gedünstete Kartoffeln

1 kg Kartoffeln
$^1/_4$ l Bouillon oder Gemüsebrühe
2 Eßl. Schweineschmalz oder Öl
2 Eßl. Schnittlauchröllchen

Pro Portion etwa 965 Joule/230 Kalorien

Zubereitungszeit: 35–40 Minuten

Die Kartoffeln dünn schälen und alle Keimansätze und Schadstellen entfernen. Die Kartoffeln kalt abbrausen, große Kartoffeln halbieren oder vierteln, kleine ganz lassen. • Die Bouillon oder Gemüsebrühe zum Kochen bringen. Das Schweineschmalz oder das Öl in einem genügend großen Topf zerlassen. • Die Kartoffeln abtrocknen, in das heiße Fett geben und von allen Seiten anbraten. Die heiße Bouillon oder Gemüsebrühe zugießen und die Kartoffeln zugedeckt bei schwacher Hitze 20–25 Minuten dünsten. • Die Kartoffeln saugen während des Garens den größten Teil der Flüssigkeit auf, den Rest mit den Kartoffeln servieren. • Die Kartoffeln mit den Schnittlauchröllchen bestreuen.

Paßt gut zu: Tellerfleisch und Bratwürsten.

Grundrezept

Kartoffelpüree

1 kg mehlig kochende Kartoffeln
1 Teel. Salz
3/8 l Milch
8 Eßl. Butter
1 Prise geriebene Muskatnuß

Pro Portion etwa 1660 Joule/395 Kalorien

Zubereitungszeit: 45 Minuten
Besonderes Küchengerät: Kartoffelstampfer oder Kartoffelpresse

Die Kartoffeln dünn schälen, alle Keimansätze ausstechen und schlechte Stellen entfernen. Die Kartoffeln kurz kalt abbrausen und in gleich große Stücke schneiden. • Die Kartoffeln mit dem Salz in einen Topf geben und so viel Wasser zugießen, daß die Kartoffeln knapp von Wasser bedeckt sind. Die Kartoffeln zugedeckt bei schwacher Hitze zum Kochen bringen und etwa 25 Minuten kochen lassen. Die Kartoffelstücke sollen weich, aber nicht wässrig sein. • Die Milch erhitzen. • Von den weichen Kartoffelstücken das Wasser abgießen und die Kartoffeln mit dem Kartoffelstampfer zerdrükken oder durch die Kartoffelpresse in den Topf drükken. Mit einem Schneebesen (eventuell elektrisches Rührgerät) die Kartoffeln nach und nach mit der kleingeschnittenen Butter verrühren, bis eine helle Creme entsteht. Dann nach und nach die Milch einrühren. Je gründlicher Kartoffelpüree geschlagen wird, desto lockerer wird es; von Hand muß man etwa 10 Minuten, mit dem elektrischen Rührgerät 5 Minuten schlagen. • Das Püree mit dem Muskat und wenn nötig noch mit etwas Salz abschmecken.

Paßt gut zu: Braten, Geflügel und Hackfleischgerichten, Leber und gedünstetem Gemüse.

Braucht Zeit

Kartoffelrand

Ein Kartoffelpüree wie im Grundrezept beschrieben zubereiten. • Den Backofen auf 200° vorheizen. • Eine Ringform mit Butter ausstreichen und mit Semmelbröseln ausstreuen. • Das Kartoffelpüree in die Ringform füllen, etwas festdrücken und glattstreichen. Das Püree mit einigen Butterflöckchen belegen und auf der mittleren Schiebeleiste in 15–20 Minuten im Backofen goldgelb backen. • Den Kartoffelrand auf eine vorgewärmte Platte stürzen und ein Gericht mit Sauce wie Gulasch, Kalbsfrikassee oder Pilzgemüse einfüllen.

Etwas schwierig

Pommes duchesse

Herzoginkartoffeln

750 g mehlig kochende Kartoffeln
1 Teel. Salz
50 g Butter
2 Eigelbe
je 1 Messersp. geriebene Muskatnuß und weißer Pfeffer

Zum Bestreichen:
1 Eigelb
1 Eßl. Milch
Für das Backblech:
Butter oder Öl

Pro Portion etwa 1310 Joule/315 Kalorien

Zubereitungszeit: 1 Stunde
Besondere Küchengeräte: Kartoffelpresse und Spritzbeutel mit großer Sterntülle

Die Kartoffeln dünn schälen, alle Keimansätze ausstechen und schlechte Stellen entfernen. Die Kartoffeln würfeln und mit dem Salz in einen Topf geben. So viel Wasser zugießen, daß die Kartoffeln knapp von Wasser bedeckt sind, und die Kartoffeln bei schwacher Hitze zugedeckt in 20–25 Minuten sehr weich kochen. • Die Kartoffeln abgießen und ausdämpfen lassen. • Ein Backblech mit Fett bestreichen. Den Backofen auf

200° vorheizen. • Die Kartoffeln durch eine Kartoffelpresse drücken, die Butter in Flöckchen auf der Masse verteilen, alles miteinander verrühren und nach und nach die beiden Eigelbe unterziehen. Die Kartoffelmasse mit Muskat und Pfeffer abschmecken, in einen Spritzbeutel mit großer Sterntülle füllen und in genügend großem Abstand kleine Rosetten auf das Backblech spritzen. • Das Eigelb mit der Milch verquirlen und die Rosetten damit bestreichen. Die Kartoffelrosetten im Backofen auf der mittleren Schiebeleiste in 15 Minuten goldgelb backen.

Paßt gut zu: kleinen Fleischstücken mit Blumenkohlpüree, gedünstetem Kopfsalat oder einem anderen gedünsteten Gemüse.

Grundrezept

Pommes frites

Kartoffelstäbchen

1 kg Kartoffeln
1 l Öl oder 750 g Kokosfett
1 Teel. Salz
½ Teel. edelsüßes Paprikapulver

Pro Portion etwa
1470 Joule/350 Kalorien

Zubereitungszeit: 45 Minuten
Besonderes Küchengerät: elektrische Friteuse oder Fritiertopf mit Fritierthermometer

Die Kartoffeln dünn schälen, alle Keimansätze ausstechen und schlechte Stellen entfernen. Die Kartoffeln kalt abbrausen, zunächst in ½ cm dicke Scheiben und diese in ½ cm dicke Stäbchen schneiden. • Die Kartoffelstäbchen in einem Sieb noch einmal kalt überbrausen, gut abtropfen lassen und mit einem Küchentuch trockentupfen. • Das Fett in der Friteuse auf 180° erhitzen. • Die Kartoffelstäbchen portionsweise in das heiße Fett geben – am leichtesten geht es in einem Fritierkorb – und die Stäbchen unter leichtem Hin- und Herbewegen so lange fritieren, bis sie goldbraun sind; das dauert pro Portion etwa 7 Minuten. • Stets nur so viel Kartoffelstäbchen auf einmal in das heiße Fett geben, daß sich die Stäbchen leicht im Fett bewegen können, ohne aneinander zu kleben. • Die jeweils goldbraun fritierten Stäbchen mit dem Korb oder dem Schaumlöffel aus dem heißen Fett heben, kurz abtropfen lassen, auf Küchenkrepp schütten und nach Belieben salzen oder auch mit Paprikapulver bestäuben. • Die Stäbchen in einer gut vorgewärmten Schüssel heiß halten, bis alle Portionen fritiert sind. • Vor dem Einlegen der nächsten Portion immer darauf achten, daß das Fett wieder die Temperatur von 180° erreicht hat.

Paßt gut zu: gebratenem Fleisch, Fisch und Geflügel.

Grundrezept

Bratkartoffeln aus gekochten Kartoffeln

750 g Kartoffeln
1 Teel. Salz
Wasser nach Bedarf
2 kleine Zwiebeln
3 Eßl. Butterschmalz, Schweineschmalz oder Öl
½ Teel. Salz
2 Messersp. weißer Pfeffer

Pro Portion etwa
880 Joule/210 Kalorien

Zubereitungszeit: 1 Stunde

Die Kartoffeln in der Schale unter fließendem Wasser gründlich bürsten, mit dem Salz in einen Topf geben und so viel Wasser zugießen, daß die Kartoffeln knapp von Wasser bedeckt sind. Oder die Kartoffeln im Kartoffeldämpfer über Wasser auf den Herd setzen und bei schwacher Hitze 25–30 Minuten – je nach Größe und Sorte – kochen lassen. • Die Kartoffeln dann abgießen, kalt überbrausen, schälen und in Scheiben schneiden. Die Kartoffelscheiben möglichst abkühlen lassen. Die Zwiebeln schälen und in kleine Würfel schneiden. • Das Bratfett in einer großen Pfanne erhitzen. Die Zwiebelwürfel darin glasig braten und die Kartoffelscheiben dazugeben. Mit Salz und Pfeffer bestreuen und unter häufigem Umwenden von allen Seiten goldbraun braten.

Paßt gut zu: Eigerichten, Steaks oder Wild und Salat.

Gelingt leicht · Preiswert

Kartoffelschmarrn

750 g Kartoffeln in der Schale kochen, kalt abbrausen, schälen und in kleine Stücke schneiden. • Das Bratfett in der Pfanne zerlassen. Die möglichst abgekühlten

Kartoffelwürfel darin unter Umwenden anbraten. Mit Salz, weißem Pfeffer und edelsüßem Paprikapulver würzen und während des Bratens mit dem Pfannenwender klein zerstoßen. • Wenn die untere Seite der Kartoffeln gebräunt ist, 1 Prise Zucker auf die Oberseite streuen. Die Kartoffeln wenden und weiterbraten, bis auch die zweite Seite eine goldbraune Kruste hat. • Zu Wildgerichten mit Pilzen servieren.

Preiswert

Tiroler Gröstl

Die in der Schale gekochten Kartoffeln kalt abbrausen, schälen, in Scheiben schneiden und abkühlen lassen. • 100 g durchwachsenen Speck und 1 große Zwiebel würfeln, 300 g gekochtes Rindfleisch in Würfel schneiden. • Das Bratfett in einer großen Pfanne erhitzen und die Speck- und Zwiebelwürfel darin hellgelb braten. Die Kartoffelscheiben zugeben, leicht salzen und mit wenig schwarzem Pfeffer würzen. • Alles unter Wenden kräftig anbraten und anschließend mit den Fleischwürfeln mischen. 2 Eier mit 2 Eßlöffeln Wasser verquirlen, über das Gröstl gießen und die Eier stocken lassen. • Das Tiroler Gröstl mit 1–2 Eßlöffeln Schnittlauchröllchen bestreuen. • Mit gemischtem Salat reichen.

Gelingt leicht

Bauernfrühstück

Das Bauernfrühstück wie Tiroler Gröstl herstellen, statt des gekochten Rindfleisches aber gekochten Schinken oder Fleischwurst verwenden. • Mit grünem Salat servieren.

Grundrezept

Bratkartoffeln aus rohen Kartoffeln

750 g Kartoffeln
4 Eßl. Schweineschmalz, Butterschmalz oder Öl
½ Teel. Salz
2 Teel. Kümmel

Pro Portion etwa
990 Joule/235 Kalorien

Zubereitungszeit: 40 Minuten
Besonderes Küchengerät: Gemüsehobel

Die Kartoffeln dünn schälen, alle Keimansätze ausstechen und schlechte Stellen entfernen. Die Kartoffeln kalt abbrausen und in sehr dünne Scheiben hobeln. • Die Kartoffelscheiben mit Küchenkrepp trockentupfen, da sonst das Fett in der Pfanne spritzt. • Das Bratfett in einer großen Pfanne erhitzen, die Kartoffelscheiben hineingeben und mit dem Salz bestreuen. 10 Minuten bei mittlerer Hitze zugedeckt braten lassen. • Den Kümmel über die Kartoffeln streuen und alles unter wiederholtem Umwenden in der offenen Pfanne noch weitere 10 Minuten bei schwacher Hitze braten. • Die Kartoffeln vor dem Servieren mit der Petersilie bestreuen.

Paßt gut zu: Rührei mit gemischtem Salat oder zu kurzgebratenem Fleisch mit glasierten Schmorzwiebeln und Paprikaschotengemüse.

Raffiniert · Schnell

Kartoffeln auf provenzalische Art

Die geschälten Kartoffeln wie im Rezept für rohe Bratkartoffeln beschrieben in dünne Scheiben hobeln und trockentupfen. • Die Kartoffeln in Olivenöl in der geschlossenen Pfanne 10 Minuten braten. • Die Kartoffeln dann mit 2 kleingehackten Knoblauchzehen und Salz mischen und in der offenen Pfanne unter Umwenden in weiteren 10 Minuten goldbraun braten. • Die Kartoffeln vor dem Servieren mit kleingehacktem Estragon oder Thymian bestreuen. • Zu Filetbraten, gefülltem Gemüse und Salat reichen.

Zürcher Rösti

1 kg gekochte Pellkartoffeln
1 kleine Zwiebel
100 g Butter
1 Teel. Salz
2 Messersp. weißer Pfeffer

Pro Portion etwa
1670 Joule/400 Kalorien

Zubereitungszeit: 45 Minuten
Besonderes Küchengerät: Gemüsereibe

Die Kartoffeln schälen und grobreiben. • Die Zwiebel schälen und in kleine Würfel schneiden. • 1 Eßlöffel Butter in einer großen Pfanne zerlassen und die Zwiebelwürfel darin glasig braten. Die geriebenen Kartoffeln zugeben und bei mittlerer Hitze unter häufigem

Wenden anbraten. • Dabei immer etwas Salz und Pfeffer über die Kartoffeln streuen, so daß die Kartoffeln gut durch und durch gewürzt sind. • 1 weiteren Eßlöffel Butter in die Pfanne geben und die angebratenen Kartoffeln mit einem Pfannenwender kuchenartig zusammendrücken. So lange braten, bis auf der Unterseite eine zusammenhängende knusprige braune Kruste entstanden ist. • Den Kartoffelkuchen vorsichtig mit Hilfe eines großen Tellers oder Topfdeckels wenden. • Die restliche Butter in der Pfanne zerlassen, den Kartoffelkuchen in die Pfanne gleiten lassen und die andere Seite ebenfalls knusprig braun braten. • Zu Zürcher Kalbsgeschnetzeltem oder zu Wildgerichten mit Pilzsauce reichen.

Pommes parisiennes

Pariser Kartoffeln

1 kg große Kartoffeln
Salzwasser nach Bedarf
50 g Butter
1 Teel. Salz

Pro Portion etwa
1320 Joule/315 Kalorien

Zubereitungszeit: 45 Minuten
Besondere Küchengeräte: Kugelausstecher, Blanchiersieb oder Haarsieb

Die Kartoffeln dünn schälen, alle Keimansätze ausstechen und schlechte Stellen entfernen. Die Kartoffeln kalt abbrausen und mit einem Kugelausstecher etwa haselnußgroße Kartoffelkugeln aus den Kartoffeln stechen. • Die Kartoffelkugeln in ein Blanchiersieb oder in ein Haarsieb geben und in so viel kochendes Salzwasser hängen, daß alle Kartoffeln vom Wasser bedeckt sind. Die Kartoffeln im sprudelnd kochenden Salzwasser 10 Minuten blanchieren, im Sieb kalt abbrausen und auf Küchenkrepp gut abtropfen lassen. • Die Butter in einer großen Pfanne erhitzen, die gut abgetropften Kartoffelkugeln in die Butter geben, mit dem Salz bestreuen und unter ständigem Wenden in etwa 10 Minuten goldbraun braten. • Zu kleinen Fleischstücken mit gedünsteten Champignons, Artischockenböden und Erbsen reichen.

Gelingt leicht · Raffiniert

Gebackene Kümmelkartoffeln

1 kg mehlig kochende, möglichst längliche Kartoffeln
1 Teel. Salz
2 Teel. Kümmel

Zum Bestreichen:
4 Eßl. Sonnenblumenöl

Pro Portion etwa
1260 Joule/300 Kalorien

Zubereitungszeit: 40 Minuten
Besonderes Küchengerät: Alufolie

Ein Backblech mit der Alufolie belegen, so daß die glänzende Seite nach oben zeigt, und die Folie dünn mit Öl bestreichen. Den Backofen auf 200° vorheizen. • Die Kartoffeln unter fließendem kaltem Wasser gründlich bürsten, abtrocknen und längs halbieren. Die Kartoffeln rundherum mit Öl bestreichen, besonders die Schnittflächen, und diese mit Salz und Kümmel bestreuen. • Die Kartoffeln mit der Schnittseite nach unten auf das Backblech legen und im vorgeheizten Backofen auf der mittleren Schiebeleiste je nach Größe in 30–35 Minuten fertig backen.

Paßt gut zu: Kasseler mit Salat oder Kräuterquark.

Braucht Zeit

Folienkartoffeln

1 kg möglichst große, mehlig kochende Kartoffeln gründlich unter fließendem kaltem Wasser bürsten und abtrocknen. • Für jede Kartoffel ein genügend großes Stück Alufolie zurechtschneiden. Jede Kartoffel einzeln locker in Folie einwickeln, die Folie aber oben gut zusammenkniffen. Die Kartoffeln im vorgeheizten Backofen bei 230° auf der mittleren Schiebeleiste 60–70 Minuten backen. • Die Kartoffeln dann aus dem Backofen nehmen, die Folie öffnen, die Kartoffeln kreuzweise einschneiden und in der Folie so zusammendrücken, daß sie aufspringen. • Die Kartoffeln an der Oberfläche leicht salzen und mit Kräutersahne servieren: Für die Kräutersahne ¼ l saure Sahne mit 4 Eßlöffeln frischen gehackten Kräutern wie Petersilie, Dill, Liebstöckel und Kerbel verrühren.

Preiswert · Gelingt leicht

Reibekuchen

Reiberdatschi

1 kg mehlig kochende Kartoffeln
2 Eier
1 Prise Salz
1/8 l Öl oder 6 Eßl. Schmalz

Pro Portion etwa 1990 Joule/475 Kalorien

Zubereitungszeit: 1 Stunde
Besonderes Küchengerät: Gemüsereibe

Die Kartoffeln dünn schälen, alle Keimansätze ausstechen und schlechte Stellen entfernen. Die Kartoffeln kalt abbrausen, abtrocknen und auf der Gemüsereibe in eine Schüssel reiben. • Die Kartoffelraspel in ein mit einem Tuch ausgelegtes Sieb schütten und abtropfen lassen. • Die Kartoffelraspel dann wieder in die Schüssel geben, mit den Eiern und dem Salz verrühren. • Nach und nach das Fett in einer Pfanne erhitzen. Pro Reibekuchen 1–2 Eßlöffel Kartoffelteig in die Pfanne geben, etwas flachstreichen und die Fladen von jeder Seite in 3–4 Minuten knusprig braun braten. – Ein Essen mit Reibekuchen wird am besten in der Küche veranstaltet, so daß die Reibekuchen frisch aus der Pfanne auf den Tisch kommen.

Das paßt dazu: Die Reibekuchen mit einigen Butterflöckchen belegen und mit Zimt-Zucker bestreuen.

Gelingt leicht · Preiswert

Kartoffelpuffer

Rheinländer protestieren, wenn man behauptet, Reibekuchen oder Reiberdatschi seien dasselbe! Im Rheinland werden Puffer nämlich nicht aus rohen Kartoffeln bereitet, sondern aus einem Teig von gekochten Kartoffeln.

750 g mehlig kochende Kartoffeln
1/2 Teel. Salz
Wasser nach Bedarf
4 Eßl. Mehl
2 Eier
4 Eßl. Butter oder Butterschmalz

Pro Portion etwa 1670 Joule/400 Kalorien

Zubereitungszeit: 1 Stunde
Besonderes Küchengerät: Kartoffelpresse oder Kartoffelstampfer

Die Kartoffeln dünn schälen, alle Keimansätze ausstechen, schlechte Stellen entfernen, die Kartoffeln waschen und würfeln. • Die Kartoffeln mit dem Salz in einen Topf geben und so viel Wasser zugießen, daß die Kartoffeln eben vom Wasser umgeben sind. Die Kartoffeln zugedeckt bei schwacher Hitze 20–25 Minuten kochen lassen. • Von den Kartoffeln dann gegebenenfalls noch das Wasser abgießen und die Kartoffeln gut ausdämpfen lassen. • Die Kartoffeln durch eine Kartoffelpresse drücken oder mit dem Stampfer zerdrükken. Den Kartoffelteig mit dem Mehl und den Eiern mischen, aus dem Teig etwa handtellergroße Fladen formen und diese im heißen Fett von jeder Seite 4 Minuten braten, bis beide Seiten goldgelb und knusprig sind.

Das paßt dazu: Apfelmus, Zwetschgenkompott oder knusprig ausgebratener Frühstücksspeck mit dem Speckfett.

Fingernudeln

Bubespitz

Für Fingernudeln den gleichen Teig wie für Kartoffelpuffer bereiten. Aus dem Kartoffelteig aber an beiden Enden zugespitzte Rollen formen in der Größe und Dicke eines Fingers. • Die Nudeln in heißem Fett von allen Seiten knusprig braun braten. • Fingernudeln sind eine geschätzte Beilage zu feinem Gemüse oder zu Fleischgerichten mit Sauce.

Kartoffelnudeln

Aus dem gleichen Teig wie für Kartoffelpuffer etwa bleistiftdicke lange Rollen formen. Die Rollen in 4–5 cm lange Stücke schneiden, in sprudelnd kochendes Salzwasser legen, die Hitze zurückschalten und die Nudeln im siedenden Wasser 3–4 Minuten ziehen lassen. • Die Nudeln mit dem Schaumlöffel aus dem Wasser heben, gut abtropfen lassen und mit in Butter gebräunten Semmelbröseln bestreuen. • Zu feinen Braten mit Sauce reichen.

Gelingt leicht · Preiswert

Himmel und Erde

1 kg Kartoffeln
Wasser nach Bedarf
1 Teel. Salz
1 kg Äpfel
1 Tasse Wasser
2 Eßl. Zucker
125 g durchwachsener Speck
2 große Zwiebeln
je 1 Messersp. Salz und weißer Pfeffer
350 g Blutwurst

Pro Portion etwa
4070 Joule/970 Kalorien

Zubereitungszeit: 1 Stunde
Besonderes Küchengerät: Kartoffelstampfer

Die Kartoffeln dünn schälen, von allen Keimansätzen und schlechten Stellen befreien und von Wasser bedeckt mit dem Salz zugedeckt bei schwacher Hitze 20–25 Minuten kochen lassen. • Die Äpfel schälen, vierteln, vom Kerngehäuse befreien und mit 1 Tasse Wasser und dem Zucker in einem Topf zugedeckt bei schwacher Hitze 15 Minuten kochen lassen, bis die Äpfel zerfallen. • Die Kartoffeln abgießen und zerstampfen. Die Äpfel mit dem Schneebesen unter die Kartoffeln rühren. • Den Speck in Würfel schneiden und ausbraten. Die Zwiebeln schälen, in Scheiben schneiden und im Speckfett bräunen lassen. • Die Zwiebelringe und den Speck mit dem Speckfett unter die Kartoffelmasse rühren. Das Gericht mit dem Salz und dem Pfeffer abschmecken und warm stellen. • Die Blutwurst in gleich dicke Scheiben schneiden, in 5 Minuten von jeder Seite knusprig braun braten und Himmel und Erde damit belegen.

Gelingt leicht · Preiswert

Gratin dauphinois

Kartoffelgratin
Bild Seite 231

Dieser Auflauf ist ein Gericht aus Frankreichs klassischer Küche. Als kräftige Beilage zu gekochtem oder gebratenem Fleisch bereitet man ihn nur mit der Hälfte des Käses und nur mit 1 Ei zu. Mit den im Rezept angegebenen Mengen ist er ein bekömmliches Hauptgericht, wenn einmal auf Fleisch verzichtet werden soll.

1 kg Kartoffeln
1 Knoblauchzehe
3/8 l Milch
1 Teel. Salz
1 Messersp. weißer Pfeffer
3 Eßl. Butter
100 g geriebener Greyerzer Käse (Gruyère)
2 Eier
4 Eßl. Sahne
1 Eßl. gehackte Petersilie

Pro Portion etwa
2180 Joule/520 Kalorien

Zubereitungszeit: 1 Stunde und 20 Minuten

Die Kartoffeln schälen, waschen und in dünne Scheiben schneiden. Die Knoblauchzehe schälen und sehr fein würfeln. • Die Milch mit dem Salz und dem Pfeffer zum Kochen bringen. • Den Backofen auf 220° vorheizen. Eine feuerfeste Form mit 1 Eßlöffel Butter ausstreichen und mit den Knoblauchstückchen ausstreuen. • Die Hälfte der Kartoffeln in die feuerfeste Form schichten, mit der Hälfte des Käses bestreuen und die restlichen Kartoffeln darauf verteilen. Die heiße Milch über die Kartoffeln gießen und den Auflauf auf der mittleren Schiebeleiste im Backofen 40 Minuten backen. Während der Garzeit die Kartoffeln 3mal mit 2 Gabeln mischen, damit sie gleichmäßig garen. • Nach 40 Minuten die Eier mit der Sahne verquirlen und über die Kartoffeln gießen. Den restlichen Käse und die übrige Butter in Flöckchen auf den Kartoffeln verteilen und den Auflauf noch 10 Minuten bei 200° backen, bis die Eimasse zu stocken und der Käse zu bräunen beginnt. Den Gratin vor dem Servieren mit der Petersilie bestreuen.

Das paßt dazu: Eisbergsalat, Gemüsesalat oder Möhrenrohkost.

Zum Bild rechts:

Grünkernschrotbratlinge sind nicht so modern, wie es die neue Ernährungswelle vermuten läßt. Noch vor weniger als 100 Jahren konnten sich nur wenige die tägliche Fleischportion leisten, die breite Masse mußte sich an preiswerteren Lebensmitteln satt essen. Getreideerzeugnisse in jeder Form machten mit Kohl, Rüben und Hülsenfrüchten den Hauptteil der Ernährung aus. Überraschen Sie einmal Ihre Familie mit den knusprigen Frikadellen aus Grünkern oder Weizenschrot, wie sie das nebenstehende Bild zeigt, und ergänzen Sie die Mahlzeit mit feinem Gemüse in Sahnesauce. Das Rezept finden Sie auf Seite 277.

Nudeln · Reis · Vollkorn

Aus Nudeln, Reis und Getreide lassen sich die herrlichsten Beilagen bereiten. Mit speziellen Saucen oder Salat kombiniert ergeben sie auch kleine Mahlzeiten. Die Vielfalt der im Handel angebotenen Produkte ist groß, so daß man mit geringem Kostenaufwand reiche Abwechslung in den täglichen Speisenplan bringen kann.

Die nachfolgenden Informationen sollen Ihnen den Umgang mit Nudeln, Reis und Getreide erleichtern.

- Die meisten Nudeln werden aus Hartweizengrieß und Eiern hergestellt. Hartweizengrießnudeln kochen kernig und geben wenig Stärke ins Kochwasser ab. Teigwaren aus Weizenauszugsmehl sind weicher in der Konsistenz, garen rascher und zerkochen leichter.
- Für Ernährungsbewußte gibt es jetzt mehrere Sorten Vollkornnudeln im Handel. Einige werden mit einem Anteil Buchweizenmehl oder gemahlener Hirse hergestellt. Sie schmecken ausgesprochen herzhaft. Vollkornnudeln sind etwas fester als normale Teigwaren, benötigen jedoch etwa die gleiche Garzeit.
- Alle im Handel angebotenen Teigwaren können in der Originalverpackung mehrere Monate gelagert werden.
- Gekocht werden sollen Nudeln am besten »al dente«, was soviel wie bißfest heißt. Bißfest sollen Nudeln, ob fertig gekauft oder hausgemacht, in jedem Fall gekocht werden. Auf den Nudelpackungen sind zwar Garzeiten angegeben, nach denen man sich richten, aber auf die man sich nicht immer verlassen kann. Probieren Sie nach etwa ²/₃ der angegebenen Kochzeit, ob die Nudeln gar sind. Haben die Teigwaren einen harten Kern, müssen sie noch einige Minuten kochen. Sind sie von elastischer Beschaffenheit und lassen sie sich mit ein wenig Widerstand leicht durchbeißen, sind die Nudeln gerade richtig und müssen gleich abgegossen werden.

Zum Bild links:

Sättigende Beilagen dürfen getrost geschmackliche Eigenart beweisen, wenn sie entsprechend mit passendem Drumherum kombiniert werden. So kann aus den hellen Spätzle (im Bild vorne rechts) mit braunen Zwiebeln und frisch geriebenem Käse eine eigenständige Mahlzeit entstehen, während die grünen Spätzle (im Bild oben links) eine feine Ergänzung zu Frikassee oder Ragout ergeben. Der Reis mit Rosinen und Mandeln (oben rechts) paßt zu Lamm- und Hammelgerichten, die Pfifferlingsknödel (Mitte links) gut zu Wildragouts, die Kartoffelklöße (ganz vorne) zu Geflügel und die Kümmelkartoffeln (vorne links) zu gegrillten Koteletts. Die Rezepte zur nebenstehenden Abbildung finden Sie auf den Seiten 264, 273, 276, 279, 282.

Reis wird zur Haltbarmachung von seinen Randschichten und dem darunterliegenden Silberhäutchen und dem Keimling befreit. Anschließend wird der Reis mit Stärke gepudert und poliert. Durch diese Behandlung verliert er über 80 Prozent B-Vitamine, 70 Prozent Fette und rund 10 Prozent Eiweiß. Beim Naturreis oder Vollreis, wie er auch bezeichnet wird, werden nur die harten Hüllen des Reiskornes entfernt, Silberhäutchen und Keimling bleiben erhalten. Von der Form des Reiskornes her unterscheidet man Langkornreis, Rundkornreis und Mittelkornreis.

- Langkornreis ist fest in der Konsistenz und gibt beim Garen wenig Stärke ab. Diesen Reis verwenden wir, wenn wir den Reis körnig garen.
- Rundkornreis ist weicher und zerkocht leichter. Er gibt klebrige Stärke in die Garflüssigkeit ab, die bindend wirkt. Man verwendet ihn für Milchreis und Risotto.
- Mittelkornreis mit großen runden Körnern liegt in Form und Kocheigenschaft zwischen Lang- und Rundkornreis. Bekannt ist der italienische Avarioreis, der vorzüglich für Risotto oder für feine süße Reisspeisen wie Trauttmansdorf geeignet ist.
- Parboiled Reis ist in einem besonders schonenden Verfahren vorgegarter weißer Reis. Er enthält mehr Wertstoffe als anderer weißer Reis, da bei dem Garprozeß die Nährstoffe des Silberhäutchens in das Korninnere eingedämpft werden. Parboiled Reis kocht körnig und gelingt immer.
- Reiskörner müssen unter fließendem Wasser gründlich gewaschen werden, damit die ihnen noch anhaftende lose Stärke entfernt wird; sonst quillt der Reis nicht richtig beziehungsweise wird nicht körnig.
- Reis für Risotto wird trocken mit einem Tuch abgerieben, damit das Fett beim Anbraten nicht spritzt.

Gerichte mit Vollkorn werden in unserer Küche wiederentdeckt, weil sie gesund sind; denn im vollen Getreide, das heißt im Korn mit seinen Randschichten und dem Keimling, sind der Vitamin-B-Komplex und Mineralstoffe enthalten. Je dunkler das Mehl, um so mehr Wertstoffe enthält es. Gegenüber dem hellen Auszugsmehl hat gemahlenes Vollkorngetreide freilich den Nachteil, daß es leicht verdirbt. Dennoch ist der Umgang mit Vollkorn relativ unproblematisch. Von Nutzen ist dabei eine Getreidemühle. Reformhäuser und viele Naturkostläden führen diese Mühle.

- Vollkornmehl verliert durch Oxidation rasch an Wert und sollte deshalb immer nach Bedarf frisch gemahlen werden. Ungemahlenes Getreide ist bei trockener Lagerung mindestens 1 Jahr lang ohne Einbußen haltbar.

• Erkundigen Sie sich beim Händler, ob das Korn vor der Weiterverarbeitung noch gewaschen und/oder verlesen werden muß. Gute Qualitäten sind verlesen und gereinigt.
• Gedarrtes Getreide gart rascher und ist leichter verdaulich. Zum Darren die Körner auf einem Backblech ausbreiten und bei höchstens 80° im Backofen 1 Stunde rösten. Dabei ab und zu umrühren. • Ungeschrotetes Getreide außer Hirse muß vor dem Garen 6–8 Stunden in kaltem Wasser eingeweicht werden.
• Buchweizen, der nicht zum Getreide gehört, sondern eine Knöterichpflanze ist, braucht nicht eingeweicht zu werden. In seinen Randschichten enthält Buchweizen einen roten Farbstoff, der bei empfindlichen Menschen eine Allergie auslösen kann. Buchweizen soll vor dem Garen mit kochendheißem Wasser überbrüht werden. Dabei wird der Farbstoff gelöst und weggespült.
• Bei Gerichten aus Vollkorngetreide muß man darauf achten, daß zum Binden oder Lockern von Schrot- und Körnermischungen nicht zu viele Eier verwendet werden. Im vollen Korn ist schon viel Eiweiß enthalten. Zum Binden eignen sich Buchweizenmehl, Getreideflocken, Quark. Lockern kann man mit eisgekühltem Mineralwasser, eiskaltem Wasser, Buttermilch, saurer Milch und ebenfalls mit Quark.

Grundrezept

Hausgemachte Nudeln

Bild Seite 250

400 g Mehl
4 Eier
½ Teel. Salz

Pro Portion etwa
1835 Joule/345 Kalorien

Zubereitungszeit: 50–60 Minuten

Das Mehl hügelartig auf ein Backbrett sieben und in die Mitte eine Vertiefung drücken. Die Eier nacheinander über 1 Tasse aufschlagen, prüfen, ob sie nicht verdorben sind, und in die Mulde im Mehl gleiten lassen. Das Salz auf die Eier streuen und alle Zutaten von der Mitte her zuerst mit der Gabel verrühren und anschließend mit dem Handballen 10–15 Minuten kräftig kneten. Der Teig wird dabei glatt und glänzend und löst sich vom Brett. • Den Nudelteig zu einer Kugel formen, in ein Küchentuch wickeln und eine angewärmte Schüssel darüberstülpen. Den Teig 30 Minuten bei Raumtemperatur ruhen lassen. • Das Backbrett und das Nudelholz leicht mit Mehl bestäuben. Die Teigkugel in 4 gleich große Portionen schneiden und diese von der Mitte aus zu messerrückendicken Teigblättern ausrollen. • Die Teigplatten 15 Minuten trocknen lassen (für Lasagnenudeln und Nudeln zum Füllen wie Ravioli jedoch nur 5 Minuten). • Die Teigblätter dünn mit Mehl bestreuen und das Mehl mit der Hand gleichmäßig verstreichen. Die Blätter aufrollen und mit einem scharfen Messer in Streifen in der gewünschten Nudelbreite schneiden. Die Nudelrollen behutsam etwas schütteln und lockern und auf ein bemehltes Küchentuch fallen lassen. Die Nudeln mit der Gabel vollends entrollen und trocknen lassen. Wenn die Nudeln gut getrocknet sind, können sie in einem dicht verschließbaren Gefäß mehrere Wochen aufbewahrt werden.

Raffiniert

Pasta Verde

Grüne Nudeln

Das Mehl hügelartig auf ein Backbrett sieben und eine Mulde hineindrücken. 2 Eier in die Vertiefung gleiten lassen und 200 g blanchierten, gut abgetropften und pürierten Spinat, ½ Teelöffel Salz und 2 Teelöffel Olivenöl zufügen. • Die Zutaten mit der Gabel von der Mitte aus verrühren und den Teig wie im Grundrezept für hausgemachte Nudeln beschrieben fertigstellen und ausrollen.

Gelingt leicht

Selbstgemachte Vollkornnudeln

400 g Weizenvollkornmehl mit 3 Eßlöffeln Sojamehl mischen und auf ein Backbrett schütten. In die Mitte eine Vertiefung drücken und 1 Ei und 3 Eßlöffel Olivenöl hineingeben. 1 Teelöffel feines Meersalz darüberstreuen und die Zutaten mit der Hand verkneten. Dabei eßlöffelweise so viel kaltes Wasser zufügen, daß ein fester glatter Teig entsteht. • Den Teig noch etwa 10 Minuten weiterkneten, bis er glänzt, zur Kugel formen und in Alufolie gewickelt 30 Minuten kühl stellen. • Wie im Grundrezept für hausgemachte Nudeln beschrieben ausrollen, 5 Minuten trocknen lassen und dann in handbreite Streifen schneiden. Die Streifen dünn mit Vollkornweizenmehl bestreuen, aufrollen und zu Nudeln in der gewünschten Breite aufschneiden.

Grundrezept

Spaghetti mit Knoblauch-Öl-Sauce

4 l Wasser
2 Teel. Salz
1 Eßl. Öl
4 Knoblauchzehen
½ Teel. Salz
1 Peperonischote
⅛ l Olivenöl
400 g Spaghetti
3 Eßl. gehackte Petersilie
4 Eßl. geriebener Parmesankäse

Pro Portion etwa
2750 Joule/655 Kalorien

Zubereitungszeit: 30 Minuten

Für die Spaghetti das Wasser mit dem Salz und dem Eßlöffel Öl zum Kochen bringen. • Inzwischen für die Sauce die Knoblauchzehen schälen, grobhacken, das Salz darüberstreuen und den Knoblauch mit der Messerklinge zerdrücken oder die geschälten Knoblauchzehen mit der Knoblauchpresse zermusen und mit dem Salz bestreuen. Die Peperonischote feinhacken. • Die Spaghetti unzerbrochen am Topfrand entlang ins kochende Salzwasser gleiten lassen, einmal umrühren und im sprudelnd kochenden Wasser im offenen Topf in 5–10 Minuten »al dente« kochen. • Währenddessen das Öl in einer Pfanne erhitzen. Die gehackte Peperonischote und den Knoblauch darin bei schwacher Hitze anbraten. Die Petersilie in einer gut vorgewärmten Schüssel mit der Ölsauce verrühren. • Die Spaghetti abtropfen lassen, in der Schüssel mit der Sauce mischen. Den Parmesankäse dazu reichen.

Das paßt dazu: gemischter Salat.

Spaghetti al pesto genovese

Spaghetti mit Basilikumsauce
Bild Seite 249

Für die Sauce 5 geschälte, gehackte Knoblauchzehen mit 50 g gehackten Pinienkernen und 1 Teelöffel Salz im Mörser zerstoßen. 2 Messerspitzen weißen Pfeffer, 100 g geriebenen Pecorinokäse und 100 g frische Basilikumblätter zufügen und alles zu einer glatten Paste zerstoßen. Nach und nach ¼ l Olivenöl unterrühren. • Die Spaghetti wie im Grundrezept beschrieben »al dente« kochen, abtropfen lassen und sofort mit 1 Tasse vom sehr heißen Kochsud mischen und auftragen. • Die Basilikumsauce dazu reichen.

Preiswert · Braucht Zeit

Spaghetti alla napoletana

Spaghetti mit Tomatensauce

Für die Sauce 1 in dünne Ringe geschnittene große Zwiebel in 4 Eßlöffeln Olivenöl goldgelb braten. 3 Eßlöffel gehackte Petersilie, 3 Zweige kleingeschnittenes Basilikum und 500 g grobgehackte Tomaten aus der Dose mit dem Tomatensaft aus der Dose zufügen. Mit 1 Stück getrockneter Peperoni und 1 Teelöffel Salz würzen. Die Sauce bei sehr schwacher Hitze zugedeckt etwa 1 Stunde kochen und eindicken lassen. • Inzwischen die Spaghetti nach dem Grundrezept »al dente« kochen, abtropfen lassen und auf 4 vorgewärmte Teller verteilen. Das Peperonistück aus der Sauce entfernen und die Tomatensauce auf die Spaghetti gießen. 2 Eßlöffel Butter in Flöckchen darauf verteilen. Geriebenen Pecorinokäse (Schafkäse) dazu servieren.

Grundrezept

Maccheroni all' italiana

Makkaroni auf italienische Art

4 l Wasser
4 Teel. Salz
1 Eßl. Öl
400 g Makkaroni
100 g Butter
1 Prise geriebene Muskatnuß
1 Messersp. schwarzer Pfeffer
je 50 g frisch geriebener Parmesan- und Greyerzer Käse (Gruyère)

Pro Portion etwa
2900 Joule/690 Kalorien

Zubereitungszeit: 30 Minuten

Das Wasser mit dem Salz und dem Öl zum Kochen bringen. • Die Makkaroni einmal durchbrechen, ins sprudelnd kochende Wasser werfen und mit 1 Gabel einmal kräftig umrühren. Sollte das Wasser beim Einlegen der Makkaroni nicht mehr kochen, dann einen Deckel auf den Topf legen und ihn erst wieder abnehmen, wenn das Wasser wirklich sprudelnd kocht. Die Hitze ein wenig zurückschalten, damit das Wasser nicht überkocht, aber der Kochvorgang sollte nicht unterbrochen werden. Die Makkaroni 10–15 Minuten kochen, dabei ab und zu mit der Gabel umrühren, damit die Nudeln nicht am Topfboden anhängen. Nach 10 Minuten eine Nudel probieren; sie sollte noch »al dente« sein, so daß man sie kräftig zwischen den Zähnen spürt. • Die garen Nudeln in ein Sieb schütten und abtropfen lassen. • Inzwischen die Butter schmelzen lassen und mit dem Muskat und dem Pfeffer verrühren. Die abgetropften Makkaroni in eine vorgewärmte Schüssel geben, mit der gewürzten Butter beträufeln und mit dem Käse bestreuen.

Das paßt dazu: Tomatensalat oder Wildkräutersalat.

Preiswert

Maccheroni alla bolognese

Makkaroni auf Bologner Art

2 mittelgroße Zwiebeln würfeln und die Zwiebelwürfel bei schwacher Hitze in etwa 1 knappen Tasse Bouillon in der offenen Kasserolle weich und dick einkochen lassen. • Die Makkaroni wie im Grundrezept beschrieben kochen, abgießen, mit 50 g zerlassener Butter und 50 g frisch geriebenem Parmesankäse binden. • 300–400 g gebratene Rinderfiletwürfel mit den eingekochten Zwiebeln unter die Makkaroni mischen.

Gelingt leicht · Preiswert

Maccheroni alla carbonara

Makkaroni auf Köhlerinart

Die Makkaroni wie im Grundrezept beschrieben kochen und abtropfen lassen. • Mit 50 g zerlassener Butter, 50 g geriebenem Parmesankäse und 4 verquirlten Eiern mischen. 200 g gekochte Schinkenwürfel und 10 gehackte Sardellenfilets unter die Makkaroni geben.

Gratinierte Makkaroni

Die Makkaroni wie im Grundrezept beschrieben kochen, abtropfen lassen und in eine mit Butter ausgestrichene feuerfeste Form geben. • Eine Béchamelsauce, Rezept Seite 288, bereiten und über die Makkaroni gießen. Die Makkaroni mit 4–5 Eßlöffeln Parmesankäse bestreuen, mit wenig zerlassener Butter beträufeln und im Backofen bei 200° goldbraun überbacken. • Zu kurzgebratenem Fleisch reichen.

Raffiniert

Lasagne al forno

Italienischer Nudelauflauf

Für die Lasagnenudeln:
4 l Wasser
4 Teel. Salz
400 g Lasagnenudeln, hausgemacht nach dem Rezept auf Seite 270 oder fertig gekauft
Für die Fleischsauce:
1 Zwiebel
1 Knoblauchzehe
1 Möhre
1 Stange Staudensellerie
20 g eingeweichte Trockenpilze
50 g durchwachsener Speck in Würfeln
50 g Butter
3 Eßl. Öl
400 g Hackfleisch, halb und halb
1/4 l herber Rotwein
1/4 l Bouillon
500 g gehäutete, pürierte Tomaten
1 Lorbeerblatt
1 Gewürznelke
1/2–1 Teel. Salz
1/4 l Béchamelsauce, Rezept Seite 288
Für die Form:
1 Eßl. Butter
Zum Bestreuen:
100 g geriebener Parmesankäse

Pro Portion etwa 4960 Joule/1180 Kalorien

Zubereitungszeit: 2 Stunden

Für die Nudeln das Wasser mit dem Salz zum Kochen bringen und jeweils 2–3 Nudelplatten 5 Minuten darin kochen. Die Nudeln aus dem Wasser heben, lauwarm abbrausen, abtropfen lassen und nebeneinander auf ein sauberes Küchentuch legen. • Für die Fleischsauce die Zwiebel und die Knoblauchzehe schälen und hakken. Die Möhre waschen, schaben und kleinschneiden. Den Staudensellerie waschen und kleinschneiden und die Trockenpilze ebenfalls kleinschneiden. • Den durchwachsenen Speck in einem flachen, großen Topf in der Butter glasig braten. Das Olivenöl zufügen und die Zwiebel, die Knoblauchzehe, die Möhre, die Selleriestange und die kleingeschnittenen Trockenpilze bei starker Hitze unter Rühren darin Farbe annehmen lassen. Das Hackfleisch zufügen und unter Rühren braten, bis es eine graue Farbe angenommen hat. Den Rotwein zugießen und die Flüssigkeit bei mittlerer Hitze im offenen Topf etwas verdampfen lassen. Die Bouillon zugießen und die Sauce bei schwacher Hitze in etwa 15 Minuten etwas einkochen lassen. Das Tomatenpüree mit dem Lorbeerblatt und der Gewürznelke zufügen, mit dem Salz abschmecken und die Fleischsauce bei schwacher Hitze im geschlossenen Topf in etwa 1 Stunde und 30 Minuten dick und sämig kochen lassen. • Inzwischen eine Béchamelsauce kochen. • Den Backofen auf 200° vorheizen. • Eine feuerfeste, möglichst rechteckige Form mit der Butter ausstreichen und den Boden der Form mit etwas Fleischsauce bedecken. Darauf eine Lage Lasagnenudeln geben und diese mit weißer Sauce und geriebenem Parmesankäse abdecken. So fortfahren, bis alle Zutaten in die Form geschichtet sind. Mit Béchamelsauce und geriebenem Käse abschließen. • Den Auflauf in etwa 30 Minuten goldbraun überbacken und heiß servieren.

Das paßt dazu: frischer gemischter Blattsalat.

Preiswert · Etwas schwierig

Echte Spätzle

Bild Seite 268

4 l Wasser
4 Teel. Salz
400 g Mehl
1/8 l Wasser
4 Eier
1 Teel. Salz

Pro Portion etwa
1640 Joule/410 Kalorien

Zubereitungszeit: 30 Minuten
Besonderes Küchengerät: Spätzlesieb oder Spätzlehobel

Das Wasser mit dem Salz zum Kochen bringen. • Das Mehl in eine Schüssel schütten, nach und nach das Wasser dazugießen und mit dem Mehl verrühren. Die Eier einzeln über 1 Tasse aufschlagen, prüfen, ob sie gut sind, und mit dem Salz in die Schüssel geben. Alles zu einem weichen Teig verarbeiten. Bei Bedarf noch etwas Wasser unterrühren. Den Teig mit dem Rührlöffel schlagen, bis er Blasen wirft. • Die Spätzle entweder mit dem Spätzlehobel oder durch das Spätzlesieb portionsweise ins kochende Salzwasser drücken. Sind weder Sieb noch Hobel vorhanden, den Spätzleteig portionsweise auf ein nasses Holzbrett streichen und mit einer langen Messerklinge in Streifen vom Brett ins kochende Wasser schaben (siehe auch die Zeichnung im großen Küchen-ABC unter dem Stichwort Spätzle). Die Spätzle umrühren und das Wasser einmal kräftig aufkochen lassen. • Die Spätzle sind gar, wenn sie an der Oberfläche schwimmen. Die Spätzle dann mit dem Schaumlöffel aus dem Wasser heben, abtropfen lassen und warm stellen, bis der ganze Teig verarbeitet ist.

Paßt gut zu: Rehrücken, Hirschbraten, Gulasch oder Geschnetzeltem.

Raffiniert

Grüne Spätzle

Bild Seite 268

Einen etwas festeren Spätzleteig nach dem Rezept für echte Spätzle bereiten. • 250 g Blattspinat verlesen, waschen, sehr gut abtropfen lassen und mit 1 Bund gewaschener Petersilie im Mixer pürieren oder durch die feinste Scheibe des Fleischwolfes drehen. • Den Spinat zum Spätzleteig geben und rühren, bis der Teig gleichmäßig grün ist und nach dem Grundrezept weiterverarbeiten.

Braucht Zeit

Schwäbische Maultaschen

400 g Mehl
1/2 Teel. Salz
1/8 l lauwarmes Wasser
1 Eßl. Essig
5 Eßl. Öl
1 altbackenes Brötchen
200 g frischer Spinat
je 200 g Hackfleisch, halb und halb und Schweinsbratwurstbrät
2 Eßl. Zwiebelwürfel
1 Eßl. gehackte Petersilie
2 Eier
1 Teel. Salz
je 1 Messersp. Pfeffer und geriebene Muskatnuß
1 1/2 l Bouillon
1 Zwiebel
2 Eßl. Butter

Pro Portion etwa
3775 Joule/885 Kalorien

Zubereitungszeit: 1 Stunde und 40 Minuten

Aus dem Mehl, dem Salz, dem Wasser, dem Essig und dem Öl einen Nudelteig kneten, zur Kugel formen und 30 Minuten unter einer angewärmten Schüssel ruhen lassen. • Die Brötchen einweichen. • Den Spinat verlesen, waschen und mit dem anhaftenden Wasser 3 Minuten zugedeckt dünsten, bis er zusammengefallen ist. Den Spinat abtropfen lassen, hacken und mit den eingeweichten, ausgedrückten Brötchen, dem Hackfleisch, dem Brät, den Zwiebelwürfeln, der Petersilie, den Eiern und den Gewürzen zu einer glatten Farce verarbeiten. • Den Nudelteig dünn ausrollen und in Quadrate von 12 cm Seitenlänge schneiden. Auf die Mitte jedes Teigquadrates 2 Eßlöffel der Füllung geben. Die Ränder mit Wasser bestreichen und eine Ecke über die Füllung schlagen (siehe dazu auch die Zeichnung im großen Küchen-ABC unter dem Stichwort Maultaschen). Die Außenkanten der Maultaschen fest zusammendrücken. • Die Bouillon zum Kochen bringen und die Maultaschen im offenen Topf in etwa 12 Minuten gar ziehen, jedoch nicht kochen lassen. • Die Zwiebel in Ringe schneiden und in der Butter goldgelb braten. • Die Maultaschen aus der Brühe heben, in einer vorgewärmten Schüssel anrichten und die Zwiebelringe darauf verteilen.

Das paßt dazu: Kopfsalat oder Endiviensalat.

Braucht Zeit

Ravioli

Italienische Maultaschen

Für den Teig:
400 g Mehl
4 Eier
½ Teel. Salz
Zum Füllen:
200 g roher Schinken ohne Fettrand
2 Eßl. Butter
300 g mageres Rinderhackfleisch
6 Eßl. frisch geriebener Pecorinokäse, ersatzweise Mozzarella
4 Eßl. herber Rotwein
2 Eigelbe
je 1 Prise geriebene Muskatnuß, Salz und schwarzer Pfeffer
2 Eiweiße

Pro Portion etwa 3230 Joule/770 Kalorien

Zubereitungszeit: 1 Stunde und 40 Minuten

Aus dem Mehl, den Eiern und dem Salz wie im Grundrezept für hausgemachte Nudeln auf Seite 270 beschrieben einen Teig bereiten und diesen mindestens 30 Minuten ruhen lassen. • Für die Füllung den Schinken in kleine Würfel schneiden. Die Butter in einer Pfanne zerlassen und das Rinderhackfleisch unter ständigem Umwenden darin anbraten, bis es grau geworden ist. Die Schinkenwürfel, den geriebenen Käse, den Rotwein, die Eigelbe, den Muskat, das Salz und den Pfeffer untermischen und alles zu einer geschmeidigen Farce verarbeiten. • Den Nudelteig zu 2 gleich großen messerrückendünnen Platten ausrollen. Die eine Teigplatte mit einem feuchten Tuch zudecken. Auf die andere Teigplatte im Abstand von 5 cm jeweils 1 Teelöffel von der Füllung setzen. Die Zwischenräume mit dem Eiweiß bestreichen. Die zweite Teigplatte darüberlegen und den Teig rund um die Füllung festdrükken. Die Ravioli mit einem Teigrädchen voneinander trennen und etwas antrocknen lassen. • 4 l Salzwasser zum Kochen bringen, die Ravioli hineinwerfen und 7–10 Minuten sprudelnd kochen lassen. Die Ravioli dann abtropfen lassen und mit Tomatensauce nach dem Rezept Seite 292 übergießen.

Das paßt dazu: grüner Salat, Radicchiosalat oder Gemüsesalat.

Raffiniert

Ravioli di ricotta

Ravioli mit Quarkfüllung

Einen Ravioliteig wie im Rezept für Ravioli beschrieben zubereiten und folgendermaßen füllen:
400 g Quark mit 2 Eigelben, 4 Eßlöffeln gehackter Petersilie und 4 Eßlöffeln frisch geriebenem Romanokäse, ersatzweise Parmesankäse mischen. Mit Salz, Pfeffer und wenig Zucker abschmecken und auf dem Teigblatt verteilen. • Die Ravioli wie beschrieben fertigstellen, in einer heißen Schüssel anrichten und mit reichlich brauner Butter beträufeln. • Die Ravioli mit frisch geriebenem Romanokäse oder Parmesankäse bestreuen.

Braucht Zeit

Tortellini

Einen Nudelteig nach dem Grundrezept für hausgemachte Nudeln, Seite 270, bereiten. • Den Teig messerrückendünn ausrollen und Kreise mit 4 cm Durchmesser ausstechen. • In die Mitte jedes Teigkreises etwas Füllung, bestehend aus 250 g blanchiertem, gehacktem Spinat, 250 g trockenem Quark, 100 g geriebenem Parmesankäse, 5 Eßlöffeln saurer Sahne, 3 Eßlöffeln Semmelbrösel, Salz und Pfeffer geben. • Die Kreisränder mit Wasser bestreichen, die Kreise zu Halbmonde zusammenklappen und die Ränder festdrücken. Die Tortellini entweder als Halbmonde garen oder zu Ringen formen: Die Enden der Halbmonde um einen Finger zu einem fast geschlossenen Kreis formen, dabei den Halbmondrand nach oben biegen. Die Enden dann fest zusammendrücken. • Wie Ravioli garen und mit Saucen anrichten, wie man sie auch für Spaghetti oder Makkaroni verwendet.

Grundrezept

Wasserreis

2 l Wasser	*Pro Portion etwa*
2 Teel. Salz	*970 Joule/230 Kalorien*
250 g weißer Langkornreis oder Naturreis	

Zubereitungszeit: 25–45 Minuten

Das Wasser mit dem Salz zum Kochen bringen. • Inzwischen den Reis in einem Sieb unter fließendem kaltem Wasser waschen, bis das ablaufende Wasser klar bleibt. • Den Reis ins sprudelnd kochende Wasser streuen, umrühren und leicht sprudelnd kochend in etwa 20–40 Minuten je nach Reissorte garen. Den Reis dann in einem Sieb abtropfen lassen, wieder in den Topf geben und bei schwacher Hitze ausdämpfen lassen.

Preiswert · Gelingt leicht

Quellreis

250 g weißer Langkornreis oder Naturreis	*Pro Portion etwa 970 Joule/230 Kalorien*
½ l Wasser	
1 Teel. Salz	

Zubereitungszeit: 25–45 Minuten

Den Reis in einem Sieb unter fließendem kaltem Wasser waschen, bis das ablaufende Wasser klar bleibt. • Das Wasser mit dem Salz zum Kochen bringen. Den Reis ins sprudelnd kochende Salzwasser schütten und bei sehr schwacher Hitze im geschlossenen Topf oder bei 150° im Backofen in 20–40 Minuten je nach Reissorte ausquellen lassen. Den gegarten Reis vorsichtig mit einer Fleischgabel lockern und im offenen Topf bei schwacher Hitze noch einige Minuten ausdämpfen lassen.

Curryreis

250 g Reis wie im Grundrezept für Wasserreis beschrieben garen. Zu Beginn des Garvorgangs aber 1 Eßlöffel Currypulver ins Kochwasser rühren. Den Reis zuletzt ausdämpfen lassen, mit 2 Eßlöffeln Mandelblättchen und ½ Tasse Weißwein mischen.

Gelingt leicht

Reisrand

Den Backofen auf 180° vorheizen, eine Reisrandform (Ringform) mit Öl auspinseln, den garen Quellreis einfüllen, festdrücken (die Form muß voll sein), mit Butterflöckchen belegen und im Backofen 10 Minuten erhitzen. • Auf eine vorgewärmte Platte stürzen und mit Mischgemüse, Pilzen, Gulasch oder Ragout füllen.

Risi e bisi

Reis mit Erbsen aus Venezia

3 Eßlöffel Butter mit 2 Eßlöffeln Olivenöl zusammen in einem Topf erhitzen und 100 g gewürfelten fetten Speck und 1 in Scheiben geschnittene Lauchzwiebel mit dem Grün darin braun braten. 450 g frische grüne Erbsen und 5 Eßlöffel Bouillon zufügen und alles 15 Minuten dünsten. • 250 g gewaschenen Mittelkornreis (Avarioreis) zugeben und mit 1 l Bouillon auffüllen. 20 Minuten bei schwacher Hitze garen. • Der Reis soll weich, die Flüssigkeit noch nicht ganz aufgesogen sein. • Mit geriebenem Parmesankäse und gehackter Petersilie bestreuen.

Raffiniert

Risotto alla milanese

Risotto auf Mailänder Art

400 g Rundkornreis	*3 Eßl. Butter*
2 Eßl. Olivenöl	*100 g geriebener Parmesankäse*
3 Eßl. Butter	
1 feingewürfelte Zwiebel	
1 l Bouillon	*Pro Portion etwa*
⅛ l trockener Weißwein	*2690 Joule/640 Kalorien*
1 Messersp. Safranpulver	

Zubereitungszeit je nach Reissorte: 30–50 Minuten

Den Reis auf ein Küchentuch schütten und mit dem Tuch abreiben. Das Olivenöl und die Butter in einem Topf erhitzen und die Zwiebelwürfel darin glasig braten. Den Reis zufügen und unter Wenden 2–3 Minuten braten, bis die Körner durchscheinend sind und glänzen. • Die Bouillon erhitzen. Den Wein und $^1/_8$ l Bouillon mit dem Safran auf den Reis gießen, umrühren und den Reis im offenen Topf bei schwacher Hitze kochen lassen, bis er die Flüssigkeit aufgesogen hat. Dabei behutsam umrühren. Etwas heiße Bouillon nachgießen und wieder unter langsamem Rühren leise kochen lassen, bis sie aufgesogen ist. So fortfahren, bis die Bouillon verbraucht und der Reis ausgequollen ist. • Den Topf vom Herd nehmen, die Butter in Stückchen unterarbeiten und 3 Eßlöffel geriebenen Parmesankäse unterrühren. • Den übrigen Parmesan dazu reichen.

Das paßt dazu: Salat aus rohem Fenchel oder Kopfsalat.

Kräuterrisotto

1 gewürfelte Zwiebel, 2 Eßlöffel Olivenöl und 2 Eßlöffel Butter glasig werden lassen. 200 g Rundkornreis zufügen, anbraten und $^1/_8$ l heiße Gemüsebrühe zugießen. Den Reis wie im Rezept für Risotto alla milanese beschrieben mit insgesamt $^3/_4$ l Bouillon garen und ausdämpfen lassen. • 5 Eßlöffel frische gehackte Kräuter wie Petersilie, Dill, Kerbel oder auch Wildkräuter wie Löwenzahn, Brennessel und Sauerampfer unterheben. • Als Beilage zu Gemüsegerichten reichen.

Braucht Zeit

Nasi goreng

Indonesischer gebratener Reis

150 g Langkornreis körnig kochen. • 150 g Garnelen (Krabben) und 250 g Rinderfiletstreifen in 3 Eßlöffeln Öl in einer großen Bratpfanne anbraten. • 6 in dünne Scheiben geschnittene Lauchzwiebeln mit dem Grün und 2 feingehackte Knoblauchzehen unterrühren und alles braun braten. • Den Reis und 2 Eßlöffel milde Sojasauce unterrühren und weiterbraten, bis auch die Reiskörner braun sind. • Aus 2 Eiern und je 1 Prise Salz und Pfeffer eine Omelette braten, auskühlen lassen, in dünne Streifen schneiden. Mit den Zutaten in der Pfanne mischen. • Nasi goreng auf einer tiefen Platte auf Salatblättern anrichten. Nach Belieben mit gehackten roten Zwiebeln und kleinen roten Pfefferschoten sowie gehackter Petersilie garnieren.

Preiswert

Reis mit Rosinen und Mandeln

Bild Seite 268

300 g Langkornreis nach dem Grundrezept für Wasserreis oder Quellreis, Seite 275, körnig kochen. • Mit 125 g eingeweichten, abgetropften Rosinen, 100 g abgezogenen, grobgehackten Mandeln, abgeriebener Schale von $^1/_2$ Zitrone und 60 g zerlassener Butter mischen. Mit Cayennepfeffer würzen.

Grundrezept

Gegarte Getreidekörner

300 g Getreide (Weizen, Roggen, Gerste, Hafer oder eine beliebige Mischung daraus)
gut $^1/_2$ l Wasser zum Vorquellen
$^1/_8$–$^1/_4$ l Wasser zum Kochen und Ausquellen
1 Teel. Salz
3 Eßl. Öl oder Butter

Pro Portion etwa 735 Joule/175 Kalorien

Vorquellzeit: 6–8 Stunden
Zubereitungszeit: 1 Stunde und 10 Minuten

Das Getreide wenn nötig verlesen und in einem Sieb unter kaltem Wasser waschen. Im Wasser 6–8 Stunden quellen lassen. • Das Getreide dann im Einweichwasser zum Kochen bringen, umrühren und bei mittlerer Hitze 20 Minuten wallend kochen lassen. Wenn nötig etwas kaltes Wasser nachfüllen. Auf sehr schwache Hitze schalten – Elektroherd auf die schwächste Stufe, Gasherd auf die kleinste Flamme – und einen Drahtuntersetzer oder ähnliches unter den Topf legen. Die Körner salzen und im geschlossenen Topf in etwa 40 Minuten ausquellen lassen. Wenn nötig noch etwas Wasser nachfüllen. • Im offenen Topf noch einige Minuten ausdämpfen lassen und das Öl oder die Butter unterrühren.

Grundrezept

Brei aus Getreideschrot

300 g Getreide (Weizen, Roggen, Hafer, Gerste)
¾–1 l Wasser
1 Teel. Salz
3 Eßl. Pflanzenöl oder Butter

Pro Portion etwa 1450 Joule/345 Kalorien

Zubereitungszeit: 40–60 Minuten

Das Getreide grob schroten oder bereits geschrotet kaufen. • ½ l Wasser zum Kochen bringen, den Schrot einrühren und bei schwacher Hitze 20–30 Minuten kochen lassen. Dabei ab und zu umrühren und nach und nach so viel vom restlichen Wasser zugießen, bis der Schrotbrei die gewünschte Festigkeit hat. Den Brei salzen, mit Öl verrühren und bei ganz schwacher Hitze zugedeckt 10–15 Minuten nachquellen lassen.

Mein Tip Diese Schrotmischung ist auch gut zum Füllen von Gemüse geeignet.

Gemüsebratlinge

200 g gegarten Getreideschrot mit 100 g feingeriebenen Möhren und 100 g geriebener Sellerieknolle oder mit 200 g geriebenen Pastinaken, mit Salz, 2 Eßlöffeln Öl, 2 Eßlöffeln Buchweizenmehl oder Sojamehl und 1 Teelöffel getrocknetem Thymian mischen. • Flache Bratlinge daraus formen, im gerösteten Sesamsamen wenden und in heißem Öl von beiden Seiten hellbraun braten. • Mit gemischtem Salat servieren.

Pfannkuchen aus ganzen Getreidekörnern

300 g gegarte ganze Getreidekörner (Gerste, Weizen, Grünkern) mit 2 Eßlöffeln Buchweizenmehl oder Sojamehl, 3 Eßlöffeln saurer Sahne, je ½ Bund gehackte Petersilie und Schnittlauchröllchen, 1 Teelöffel Kräutersalz und 1 Eßlöffel Öl verrühren. • Die Mischung in heißes Öl in die Pfanne geben, glattstreichen und bei mittlerer Hitze in etwa 15 Minuten von beiden Seiten goldbraun braten. • Zu Kräuterquark und Salat reichen.

Raffiniert

Grünkernschrotbratlinge

Bild Seite 267

200 g Grünkern
¾ l Gemüsebrühe
75 g feine Haferflocken
2 Eßl. Öl
1 geriebene Zwiebel
1 Teel. Salz
50 g gemahlene Haselnüsse
3 Eßl. gehackte Kräuter

Pro Portion etwa 1595 Joule/380 Kalorien

Zubereitungszeit: 45 Minuten

Den Grünkern feinschroten. • Die Gemüsebrühe zum Kochen bringen und den Schrot mit den Haferflocken unter Rühren einstreuen. Den Topf von der Herdplatte nehmen und das Getreide im geschlossenen Topf 15 Minuten ausquellen lassen. • 1 Eßlöffel Öl, die Zwiebel, das Salz, die Haselnüsse und die Kräuter unterarbeiten und aus der Masse mit nassen Händen flache Küchlein formen. • Die Bratlinge im restlichen Öl in der Pfanne von beiden Seiten goldbraun braten.

Paßt gut zu: Gemüsegerichten.

Preiswert

Kascha

Buchweizengrütze

300 g grobe Buchweizengrütze
¾ l Wasser
1 Teel. Salz
75 g Butter

Pro Portion etwa 1785 Joule/425 Kalorien

Zubereitungszeit: 1 Stunde

Den Buchweizen in einer Pfanne ohne Fettzugabe unter Rühren goldgelb rösten. • Das Wasser zum Kochen bringen und in einem Topf auf den gedarrten Buchweizen gießen. Wieder aufkochen lassen, den sich bildenden rötlichen Schaum abschöpfen, den Buchweizen salzen und 10 Minuten wallend kochen lassen. • Inzwischen den Backofen auf 200° vorheizen. • Die Buchweizengrütze im geschlossenen Topf im Backofen in etwa 30 Minuten ausquellen lassen. Die weiche Butter unterrühren.

Paßt gut zu: gebratenem Wildgeflügel und Fleischgerichten in viel Sauce.

Raffiniert

Blinis

Buchweizenpfannkuchen

20 g Hefe in 2 Tassen lauwarmem Wasser und 1 Tasse lauwarmer Milch auflösen. 100 g Buchweizenmehl unterrühren und den Teig zugedeckt 1 Stunde gehen lassen. • 1 Eigelb mit 1 Teelöffel Honig, ½ Teelöffel Salz, 1 Tasse lauwarmer Milch und 2 Eßlöffeln zerlassener Butter verrühren. Die Mischung unter den Vorteig rühren und weitere 100 g Buchweizenmehl und 100 g Weizenmehl unterarbeiten. Den Teig schlagen, bis er glatt ist und weitere 30 Minuten gehen lassen. Der Teig soll nicht zu dickflüssig sein; gegebenenfalls noch 2–3 Eßlöffel eiskaltes Mineralwasser zufügen. • 1 Eiweiß steif schlagen und unterheben. Aus dem Teig im heißen Öl dünne kleine Pfannkuchen braten. • Zucchini, saure Sahne und Kaviar passen gut dazu.

Gelingt leicht

Heidensterz

300 g Buchweizenmehl rasch in 1½ l kochendes Salzwasser schütten; dabei nicht rühren. Den Kloß, der sich gebildet hat, 10 Minuten wallend kochen lassen. Den Kloß wenden, mit dem Kochlöffelstiel durchstechen und weitere 10 Minuten kochen lassen. • Das Wasser in ein anderes Gefäß abgießen. • Den Kloß mit 2 Gabeln zerreißen und nach und nach das Wasser wieder zugießen, es wird völlig von der Sterzmasse aufgesogen. • 75 g zerlassenes Schweineschmalz unter den Buchweizenbrei rühren und diesen 15 Minuten ausquellen lassen. • 100 g gewürfelten Speck ausbraten und den Heidensterz damit übergießen. • Grünen Salat dazu reichen.

Braucht Zeit

Hirse als Beilage

Hirse braucht nicht vorgequollen zu werden. Sie paßt zu allen Gerichten, zu denen man Reis serviert.

300 g Hirse
¾ l Wasser
1 Teel. Salz
1 Teel. getrockneter Estragon oder je 2 Messersp. Rosmarin und Salbei
1 Teel. edelsüßes Paprikapulver
50 g Butter

Pro Portion etwa
1470 Joule/350 Kalorien

Zeit zum Darren: 40–60 Minuten
Zubereitungszeit: 50 Minuten

Die Hirse in einem Sieb heiß überbrausen, gut abtropfen lassen und auf einem Blech im Backofen bei 80° 40–60 Minuten darren. Dabei hin und wieder umrühren. (Auf das Darren kann bei Zeitmangel auch verzichtet werden. Hirse gart auch ungedarrt verhältnismäßig rasch.) • Das Wasser zum Kochen bringen, die Hirse einstreuen, umrühren und leise wallend 10 Minuten kochen lassen. Die Hirse salzen, die Gewürze zufügen und die Körner bei ganz schwacher Hitze zugedeckt in etwa 30 Minuten ausquellen lassen. Zuletzt die Butter unterarbeiten.

Polenta

Italienischer Maisbrei

1 l Gemüsebrühe oder Bouillon
250 g Maisgrieß
4 Eßl. geriebener Parmesankäse
½ Teel. Salz
4 Eßl. Sahne oder Butter

Pro Portion etwa
1600 Joule/380 Kalorien

Zubereitungszeit: 40 Minuten

Die Brühe zum Kochen bringen und den Maisgrieß unter Rühren einstreuen. Den Grieß 1–2 Minuten wallend kochen lassen und dann bei sehr schwacher Hitze 30 Minuten ausquellen lassen. • Den Käse unter den Maisbrei rühren, mit Salz abschmecken und die Sahne oder die Butter unterziehen.

Das paßt dazu: Wildgerichte.

Klöße, Knödel und Kroketten

Klöße oder Knödel sind beliebte Beilagen zu Gerichten mit viel Sauce. Gut geraten sind sie, wenn sie beim Garen ihre Form behalten und innen locker bleiben. Die meisten Kloßrezepte enthalten deshalb Eier, die zugleich binden und lockern. Beachten Sie beim Kochen von Klößen die folgenden Hinweise:

- Auch bei exakter Einhaltung der Rezeptanweisungen kommt es vor, daß Klöße beim Garen zerfallen. Deshalb immer erst 1 Probekloß garen. Wird er beim Kochen merklich kleiner, muß der Teig stärker gebunden werden. Man arbeitet noch etwas Mehl, Grieß oder Semmelbrösel unter. Ist der Teig zu fest, fügt man Eiweiß oder etwas Milch zu.
- Klöße müssen in viel Wasser gegart werden. Sie vergrößern ihr Volumen beim Garen beträchtlich.
- Die Kochflüssigkeit darf nicht sprudelnd kochen, sondern nur leise wallen, sonst zerkochen auch Klöße aus festeren Teigen. Den Topf beim Garen nicht zudecken, damit der Dampf entweichen kann.

Grundrezept

Klöße aus gekochten Kartoffeln

1 kg mehlig kochende Kartoffeln	*3 Teel. Salz*
1 Brötchen	*4 l Wasser*
1 Eßl. Butter	*Pro Portion etwa*
150 g Mehl	*1880 Joule/450 Kalorien*
2 Eier	

Zubereitungszeit: 1 Stunde und 20 Minuten
Besonderes Küchengerät: Kartoffelpresse

Die Kartoffeln in der Schale in 25–30 Minuten je nach Größe gar kochen. • Das Brötchen in kleine Würfel schneiden. Die Butter in einer Pfanne erhitzen und die Brotwürfel von allen Seiten unter Umwenden goldbraun braten. Die Brotwürfel dann beiseite stellen und abkühlen lassen. • Die garen Kartoffeln abgießen, ausdämpfen lassen, schälen und noch heiß durch die Kartoffelpresse drücken. Die Kartoffelmasse locker auf einer Arbeitsplatte ausbreiten und abkühlen lassen. Das Mehl darüberstreuen und mit der Kartoffelmasse zu Streuseln zerreiben. Die Eier mit 1 Teelöffel Salz verquirlen und unter die Kartoffelmasse mischen. Es soll ein lockerer, trockener Teig entstehen. • Das Wasser mit dem restlichen Salz zum Kochen bringen. Aus dem Teig 1 Probekloß, etwa so groß wie eine kleine Mandarine, formen, ins kochende Salzwasser legen und bei schwacher Hitze in 15–20 Minuten gar ziehen lassen. Zerkocht der Probekloß, muß noch etwas Mehl unter den Teig gearbeitet werden. Aus dem übrigen Teig dann ebenfalls Klöße formen, in die Mitte jedes Kloßes aber 2–3 Brötchenwürfel geben. Die Klöße ins leicht sprudelnde Wasser geben, einmal aufkochen lassen und im offenen Topf bei schwacher Hitze in 15–20 Minuten gar ziehen lassen. Die Klöße schwimmen an der Oberfläche, wenn sie gar sind. Sie sollen seidig glänzend und innen locker sein. • Die fertigen Klöße mit einem Schaumlöffel aus dem Wasser heben und gut abgetropft in einer vorgewärmten Schüssel servieren.

Paßt gut zu: Schweinebraten, Gänsebraten, Ragouts, Pilzgerichten oder Sauerkraut.

Braucht Zeit

Klöße aus rohen Kartoffeln

2 kg mehlig kochende Kartoffeln	*¼ l Milch*
Wasser nach Bedarf	*3 Teel. Salz*
1 Brötchen	*Pro Portion etwa*
1 Eßl. Butter	*1205 Joule/290 Kalorien*

Zubereitungszeit: 1 Stunde und 45 Minuten
Besonderes Küchengerät: Gemüsereibe oder elektrischer Entsafter, Kartoffelpresse

Die Kartoffeln schälen, 500 g abwiegen, große Kartoffeln halbieren oder vierteln und im kochenden Wasser zugedeckt in 25 Minuten weich kochen. • Inzwischen das Brötchen würfeln. Die Butter in einer kleinen Pfanne erhitzen und die Brotwürfel unter ständigem Umwenden goldbraun braten. Die Brotwürfel beiseite stellen und abkühlen lassen. • Die nicht gekochten Kartoffeln auf der Gemüsereibe in eine Schüssel mit kaltem Wasser reiben; das Wasser verhindert, daß die Kartoffeln sich dunkel färben. Oder die rohen Kartoffeln in kleine Stücke schneiden und im elektrischen Entsafter auspressen. Die geriebene Kartoffelmasse in einem Küchentuch kräftig auspressen, das Kartoffelwasser dabei sammeln und stehen lassen, bis sich die Stärke am Boden abgesetzt hat. • Die Milch in einem kleinen Topf zum Kochen bringen. • Das Wasser mit 2 Teelöffeln Salz in einem großen Topf zum Kochen bringen. • Die ausgepreßten Kartoffeln in eine Schüssel geben. Das Kartoffelwasser vorsichtig abgießen und die abgesetzte Stärke mit dem restlichen Salz zur Rohkartoffelmasse geben. • Die frisch gekochten Kartoffeln abgießen, gut ausdämpfen lassen und durch eine Kartoffelpresse zu der Rohkartoffelmasse drücken. Alles miteinander mischen und so viel von der kochendheißen Milch zugießen, daß ein fester, aber leicht formbarer Teig entsteht. • 1 Probekloß formen, diesen ins kochende Salzwasser legen, die Hitze zurückschalten und den Kloß in etwa 25 Minuten gar ziehen lassen. Ist der Kloß zu weich, löst sich von der Außenschicht etwas ab und der Kloß sieht zerfranst aus. In diesem Fall muß man 1–2 Eßlöffel Mehl unter den Kartoffelteig kneten. • Die übrige Kartoffelmasse zu etwa mandarinengroßen Klößen formen und in die Mitte eines jeden Kloßes einige Brotwürfel arbeiten. Die Klöße ins kochende Salzwasser geben, einmal aufwallen und dann bei schwacher Hitze in 25–30 Minuten im offenen Topf gar ziehen lassen. Die fertigen Klöße steigen an die Oberfläche. Sie sollen außen glänzend und innen locker sein. • Die Klöße mit einem Schaumlöffel aus dem Wasser heben, gut abtropfen lassen und in einer heißen Schüssel anrichten.

Paßt gut zu: Schweinebraten, Rouladen, Gänsebraten, Sauerkrautgerichten und Rotkohl mit Kastanien.

Etwas schwierig

Kartoffelkroketten

750 g mehlig kochende Kartoffeln
2 Eßl. Butter
2 Eier
1 Eßl. Wasser
1 Teel. Salz
1 Prise geriebene Muskatnuß
4 Eßl. Mehl
1 Tasse Semmelbrösel
Zum Fritieren:
750 g Pflanzenfett oder 1 l Öl

Pro Portion etwa 1700 Joule/405 Kalorien

Zubereitungszeit: 1 Stunde

Besondere Küchengeräte: Kartoffelpresse, elektrische Friteuse oder Fritiertopf mit Fritierthermometer.

Die Kartoffeln unter fließendem kaltem Wasser bürsten, in kochendes Wasser legen und zugedeckt in 25–30 Minuten weich kochen. • Die Kartoffeln ausdämpfen lassen, schälen und durch die Kartoffelpresse drücken. Die Butter in Flöckchen über der Kartoffelmasse verteilen. 1 Ei zur Kartoffelmasse geben, das andere Ei mit dem Wasser verquirlen und beiseite stellen. Das Salz, den Muskat und das Mehl unter den Kartoffelteig mischen und knapp tischtennisballgroße Kugeln daraus formen. • Das Fett zum Fritieren auf 180° erhitzen. • Die Kartoffelkugeln zuerst in dem verquirlten Ei, dann in den Semmelbröseln wenden und die Semmelbrösel leicht andrücken. Die Kartoffelkroketten portionsweise ins heiße Fett geben und schwimmend darin in 7–10 Minuten goldbraun fritieren. Die Kartoffelbällchen während des Fritierens mindestens einmal wenden. • Die Kroketten auf Küchenkrepp abtropfen lassen, in eine vorgewärmte Schüssel geben und heiß halten, bis alle Kroketten fertig sind.

Paßt gut zu: Wildbraten, gebratenem Wildgeflügel oder Roastbeef.

Raffiniert

Mandelkroketten

Kartoffelbällchen oder kleine Nudeln mit abgeflachten Enden aus dem gleichen Teig wie für Kartoffelkroketten herstellen. Die Kugeln oder Nudeln in verquirltem Eigelb und anschließend nicht in Semmelbröseln, sondern in kleingebrochenen Mandelblättchen wenden. • Die Mandelkroketten dann wie die Kartoffelkroketten schwimmend in heißem Fett fritieren. • Zu Steaks oder Medaillons reichen.

Preiswert

Italienische Kartoffelgnocchi

1 kg mehlig kochende Kartoffeln
150 g Mehl
2 Eigelbe
3 Teel. Salz
je 2 Messersp. weißer Pfeffer und getrockneter Majoran
3 l Wasser
4 Eßl. geriebener Parmesankäse
3 Eßl. Butter
Für die Form:
Butter

Pro Portion etwa 2175 Joule/520 Kalorien

Zubereitungszeit: 1 Stunde und 20 Minuten
Besonderes Küchengerät: Kartoffelpresse

Die Kartoffeln schälen, in kochendes Wasser legen und je nach Größe in 25–30 Minuten weich kochen. Die Kartoffeln abgießen, ausdämpfen lassen und noch heiß durch die Kartoffelpresse drücken. • Den Kartoffelteig etwas auskühlen lassen, das Mehl darüberstäuben und mit der Kartoffelmasse zu Streuseln reiben. Die Eigelbe, 1 Teelöffel Salz, den Pfeffer und den Majoran zum Kartoffelteig geben und alles rasch zu einem lokkeren trockenen Teig zusammenkneten. • Das Wasser mit dem restlichen Salz zum Kochen bringen. • Aus dem Kartoffelteig etwa 4 cm große Kugeln formen, ins kochende Salzwasser legen und bei schwacher Hitze in 15 Minuten gar ziehen lassen. • Den Backofen auf 200° vorheizen. • Die feuerfeste Form mit Butter ausstreichen. Die garen Kartoffelklöße mit einem Schaumlöffel aus dem Wasser heben, gut abtropfen lassen und nebeneinander in die feuerfeste Form schichten. Die Klöße mit dem Parmesankäse bestreuen. Die Butter zerlassen und über die Klöße träufeln. • Die Klöße auf der mittleren Schiebeleiste 10–20 Minuten im Backofen überbacken, bis der Käse goldgelb ist.

Das paßt dazu: Tomatensauce, Rezept Seite 292, ein frischer gemischter Salat und nach Belieben Schnitzel.

Preiswert

Schlesische Mehlklöße

350 g Mehl
2 Eier
1½ Teel. Salz
2 Eßl. Butter
2 l Wasser

Pro Portion etwa
1765 Joule/420 Kalorien

Zubereitungszeit: 30 Minuten

Das Mehl mit den Eiern, ½ Teelöffel Salz und der zerlassenen Butter mischen. So viel kaltes Wasser unter den Teig rühren, daß ein dicker, aber nicht zu fester Teig entsteht. • Das Wasser mit dem restlichen Salz zum Kochen bringen. • Mit einem nassen Eßlöffel kleine Klöße vom Teig abstechen, ins kochende Wasser geben, die Hitze zurückschalten und die Klöße etwa 15 Minuten im Salzwasser ziehen lassen. Die garen Mehlklöße schwimmen an der Oberfläche und glänzen.

Paßt gut zu: gebratenem Fleisch oder zu Schweinebauch mit Backobst.

Grundrezept

Semmelknödel

10 altbackene Brötchen (Semmeln)
3/8 l Milch (3 Tassen)
3 Teel. Salz
3 l Wasser
6 Eier
Semmelbrösel nach Bedarf

Pro Portion etwa
2245 Joule/535 Kalorien

Zeit zum Ziehen: 1 Stunde
Zubereitungszeit: 40 Minuten

Die Brötchen in dünne Scheiben schneiden. • Die Milch sehr heiß werden lassen. • 1 Teelöffel Salz über die Brötchenscheiben streuen und die heiße Milch daraufgießen. Die Brötchen zugedeckt 1 Stunde durchziehen lassen. • Das Wasser mit dem restlichen Salz in einem großen Topf zum Kochen bringen. • Die Eier einzeln über einer Tasse aufschlagen, prüfen, ob sie nicht verdorben sind, und auf die eingeweichten Brötchen geben. Alle Zutaten rasch mit den Händen zu einem Teig verarbeiten. Er soll geschmeidig und nicht zu fest sein, jedoch so trocken, daß er nicht an den Fingern klebt. Ist der Teig zu fest, den Milchtopf mit ein wenig warmem Wasser ausschwenken und die Flüssigkeit an den Teig geben. Ist der Teig zu feucht, 2–3 Eßlöffel Semmelbrösel unterarbeiten. Kein Mehl verwenden, die Knödel würden dadurch zäh. • 1 Probekloß ins kochende Salzwasser legen. Zerkocht er oder verliert rasch an Volumen, noch wenig Semmelbrösel unter die Brötchenmasse arbeiten. • Aus dem Teig mit nassen Händen 8–10 Knödel formen. Die Knödel nebeneinander ins kochende Salzwasser legen und bei schwacher bis mittlerer Hitze in 15–20 Minuten im nur leise kochenden Wasser garen. • Die Knödel mit dem Schaumlöffel aus dem Wasser heben, abtropfen lassen und in einer vorgewärmten Schüssel anrichten.

Paßt gut zu: Fleischgerichten mit viel Sauce, besonders zu Wildragouts, saurer Lunge oder Pilzen in Sahnesauce.

Bayerische Leberknödel

8 Brötchen wie im Grundrezept für Semmelknödel beschrieben in Milch einweichen. • 1 kleine gewürfelte Zwiebel und 2 Eßlöffel gehackte Petersilie in 2 Eßlöffeln Butter anbraten. Mit den Eiern, 350 g geschabter oder durch den Fleischwolf gedrehter Rinderleber,

1 Teelöffel Majoran und 2 Messerspitzen weißem Pfeffer unter die Brötchenmasse kneten. • Klöße formen und in 1½ l Bouillon garen.

Tiroler Speckknödel

100 g kleingewürfelten durchwachsenen Speck glasig braten. 1 gewürfelte Zwiebel und 1 Bund gehackte Petersilie 3 Minuten mitbraten. • Dann 6 in 1 cm große Würfel geschnittene altbackene Brötchen und 200 g gekochtes geräuchertes Schweinefleisch – ebenfalls gewürfelt – 10 Minuten mitbraten. • Die Masse in eine Schüssel geben, 5 Eßlöffel Mehl und 2 mit Salz, Pfeffer und ¼ l kalter Milch verquirlte Eier untermischen und alles verkneten. • Den Teig 10 Minuten ruhen lassen. • 8 Klöße daraus formen und in Salzwasser garen. • Sauerkraut dazu reichen.

Etwas schwierig

Böhmischer Serviettenkloß

6 kleingewürfelte altbackene Brötchen in 3 Eßlöffeln Butter goldgelb braten und in eine Schüssel geben. 1 kleingehackte Zwiebel in 2 Eßlöffeln Butter glasig braten und mit 135 g Mehl, 2 Eßlöffeln gehackter Petersilie, Salz, Pfeffer und geriebener Muskatnuß mit den Brotwürfeln mischen. ⅛ l erwärmte Milch mit 3 Eigelben verquirlen und über die Brötchenmischung gießen. • Eine große Serviette mit 1 Eßlöffel zerlassener Butter bestreichen. Die Brötchenmasse darauf zu einem Laib formen, die Serviette zubinden und den Kloß in der Serviette an einem langen Kochlöffelstiel hängend in kochendem Salzwasser in 40 Minuten garen, kalt abschrecken und in Scheiben schneiden. • Zu Fleischgerichten mit viel Sauce servieren.

Raffiniert

Pfifferlingsknödel

Bild Seite 268

6 Brötchen wie im Rezept für einen böhmischen Serviettenkloß in Würfel schneiden und in Butter anbraten. Die Zwiebelwürfel und 125 g kleingeschnittene Pfifferlinge mitbraten. • Den Knödelteig nach dem Rezept für den böhmischen Serviettenkloß fertigstellen, 8 Knödel daraus formen und diese in Bouillon garen.

Preiswert · Etwas schwierig

Zwetschgenknödel

Zutaten für 6 Personen:
1 kg Zwetschgen
pro Zwetschge 1 Stück Würfelzucker
50 g Butter
200 g Magerquark
2½ Teel. Salz
2 Eigelbe
300 g Mehl
3 l Wasser
Zum Abrunden:
50 g Butter
4 Eßl. Semmelbrösel
3 Eßl. Zimt-Zucker

Pro Portion etwa
2560 Joule/610 Kalorien

Zubereitungszeit: 1 Stunde

Die Zwetschgen waschen, abtrocknen, entsteinen und jede Zwetschge mit 1 Stück Würfelzucker füllen. • Die Butter schaumig rühren, den Magerquark, ½ Teelöffel Salz, die Eigelbe und das Mehl untermischen und einen recht festen Teig daraus kneten; nötigenfalls etwas kaltes Wasser zum Teig geben. • Den Teig ½ cm dick ausrollen und 6 cm große Quadrate daraus schneiden. Auf jedes Teigquadrat 1 Zwetschge legen. Die Zwetschge mit dem Teig umhüllen und mit den Händen einen kleinen Knödel formen. • Das Wasser mit dem restlichen Salz zum Kochen bringen. Die Zwetschgenknödel ins kochende Salzwasser legen, die Hitze zurückschalten und die Knödel in 7–8 Minuten im leicht wallenden Wasser gar ziehen lassen. • Die Knödel gut abtropfen lassen, in einer vorgewärmten Schüssel heiß halten. • Die Butter zerlassen, die Semmelbrösel darin bräunen, über die Knödel streuen und darüber noch den Zimt-Zucker geben.

Marillenknödel

1 kg Aprikosen waschen, abtrocknen, entsteinen und jede Frucht mit 1 Stück Würfelzucker füllen. • Den gleichen Teig wie für die Zwetschgenknödel herstellen. Die Aprikosen in den Teig einhüllen, die Knödel in kochendes Salzwasser legen und bei schwacher Hitze in 7–8 Minuten darin gar ziehen lassen. • Die Marillenknödel ebenfalls mit gebräunten Semmelbröseln und Zimt-Zucker bestreut servieren.

Preiswert · Gelingt leicht

Quarkklöße

1 kg Magerquark (Topfen)	*75 g Butter*
3 Eier	*2 Eßl. Semmelbrösel*
1 1/2 Teel. Salz	
150–175 g Mehl oder Weizengrieß	*Pro Portion etwa 2370 Joule/565 Kalorien*
3 l Wasser	

Zubereitungszeit: 40 Minuten

Den Quark durch ein Sieb streichen und mit den Eiern, 1/2 Teelöffel Salz und so viel Mehl oder Grieß verrühren, daß eine fast formbare Masse entsteht. Den Quarkteig 20 Minuten zum Ausquellen stehen lassen. • Das Wasser mit dem restlichen Salz zum Kochen bringen. • Mit nassen Händen kleine Klöße aus dem Quarkteig formen, in etwa 15 Minuten im leicht kochenden Salzwasser garen und abtropfen lassen. • Die Butter zerlassen, die Semmelbrösel darin bräunen und die fertigen Quarkklöße damit übergießen.

Das paßt dazu: Tomatensauce und Feldsalat.

Grießklöße

1/4 l Milch mit 1/4 l Wasser, 1/2 Teelöffel Salz und 50 g Butter zum Kochen bringen. 250 g Weizengrieß einrühren und bei sehr schwacher Hitze 10 Minuten ausquellen lassen. • Den heißen Grießbrei mit 3 verquirlten Eiern und 3 Eßlöffeln gehackter Petersilie mischen. Mit nassen Händen Klöße aus der Grießmasse formen und in etwa 15 Minuten in leise kochendem Salzwasser gar ziehen lassen. • Die abgetropften Klöße anrichten und mit in Butter gebräunten Semmelbröseln oder gebratenen Zwiebelringen garnieren. • Zu Rinderbraten oder Gulasch reichen.

Haferflocken-Quarkklößchen

250 g Haferflocken mit 200 g Magerquark, 3 Eßlöffeln Mineralwasser, 2 Eßlöffeln Öl, 1 Teelöffel Salz, 1 Prise Muskatnuß und 2 Teelöffeln Currypulver verrühren. • Mit bemehlten Händen kleine Klöße aus der Masse formen. Die Klöße im kochenden Salzwasser gar ziehen lassen. • Als Beilage zu Gemüsegerichten reichen.

Vollkornweizenklöße

500 g Weizenkörner nach dem Grundrezept für gegarte ganze Getreidekörner Rezept Seite 276, einweichen, garen und durch den Fleischwolf drehen. • Die zerkleinerten Weizenkörner mit 200 g Magerquark, 1 Teelöffel Salz, 2 Eßlöffeln Sojamehl oder Semmelbröseln mischen und mit je 1 Prise gemahlenem Ingwer und geriebener Muskatnuß oder je 1 Teelöffel getrocknetem Basilikum oder Bohnenkraut würzen. • Vom Teig Klöße mit 1 nassen Eßlöffel abstechen und in kochendem Salzwasser in 10 Minuten gar ziehen lassen.

Grundrezept

Hefeklöße

Zutaten für 6 Personen:

500 g Mehl	*1 Prise Salz*
40 g Hefe	*50 g Butter*
knapp 1/4 l Milch	*etwas gebräunte Butter*
1 Teel. Zucker	
60 g Butter	*Pro Portion etwa*
1 Ei	*2250 Joule/535 Kalorien*

Zeit zum Gehenlassen: 1 Stunde und 40 Minuten
Zubereitungszeit: 40 Minuten

Das Mehl in eine Schüssel sieben, eine Vertiefung in die Mitte drücken und die Hefe hineinbröckeln. • Die Milch lauwarm werden lassen. • Den Zucker auf die Hefe streuen, die Milch zufügen und mit etwas Mehl zu einem Brei rühren. Eine dünne Mehlschicht über den Hefevorteig stäuben und diesen zugedeckt bei 22–24° Raumtemperatur gehen lassen, bis die Mehlschicht Risse zeigt. • Den gegangenen Hefevorteig mit dem Mehl in der Schüssel mischen. Die Butter zerlassen und mit dem Ei und dem Salz zufügen. Den Teig schlagen, bis er Blasen wirft. • Den Hefeteig zugedeckt etwa 1 Stunde gehen lassen, bis er sein Volumen verdoppelt hat. • Den gegangenen Hefeteig in 12 gleich große Portionen teilen und runde Klöße daraus formen. Die Hefeklöße nochmals auf einem leicht bemehlten Brett zugedeckt etwa 20 Minuten gehen lassen. • Einen großen Topf zu 2/3 mit Wasser füllen. Ein Mulltuch so am Topfrand befestigen, daß es leicht durchhängt, jedoch nicht mit dem Wasser in Berührung kommt. • Das Wasser zum Kochen bringen und die Klöße auf das Tuch geben. Eine feuerfeste Schüssel darüberstülpen und die Klöße über dem kochenden Wasser im heißen

Dampf in 15–20 Minuten garen. Die Klöße nach der Hälfte der Garzeit wenden. • Die fertigen Klöße mit 2 Gabeln aufreißen und in die Öffnung etwas gebräunte Butter träufeln.

Das paßt dazu: Pflaumenmus, Kompott aus frischen Früchten oder aus Backobst.

Etwas schwierig

Österreichische Germknödel

Österreichische Hefeknödel

Einen Hefeteig wie im Grundrezept für Hefeklöße beschrieben bereiten. An den Teig jedoch 3 Eßlöffel Zucker geben und 2 Teelöffel abgeriebene Zitronenschale. • Den gegangenen Hefeteig dick ausrollen und Kreise von etwa 5 cm Durchmesser ausstechen. • 200 g Powidl (Pflaumenmus) mit 2 Eßlöffeln Rum und 2 Messerspitzen gemahlenem Zimt verrühren. • Auf jeden Teigkreis 1 Teelöffel vom gewürzten Pflaumenmus geben und die Scheiben zu Kugeln formen. • Die Hefeklöße wie im Grundrezept beschrieben über Dampf garen, mit zerlassener Butter begießen und dick mit einer Mischung aus Puderzucker und gemahlenem Mohn bestreuen.

Raffiniert

Reiskroketten

200 g Rundkornreis
1 Teel. Salz
½ l Wasser
2 Eier
100 g gewürfelter roher Schinken
100 g geriebener Pecorinokäse oder alter Goudakäse
5 Eßl. Semmelbrösel
Zum Fritieren:
500 g reines Pflanzenfett oder ½ l Öl

Pro Portion etwa 2100 Joule/500 Kalorien

Zubereitungszeit: 1 Stunde
Besonderes Küchengerät: Elektrische Friteuse oder Fritiertopf mit Thermometer

Den Reis unter fließendem kaltem Wasser gründlich waschen und im kochenden Salzwasser sehr weich ausquellen lassen. • Den Reis abkühlen lassen und mit den verquirlten Eiern mischen. Die Schinkenwürfel mit dem Käse mischen. • Jeweils knapp 1 Eßlöffel voll Reis auf der Innenhandfläche etwas breitdrücken, 1–2 Teelöffel der Schinken-Käse-Mischung daraufgeben, mit 1 Eßlöffel Reis bedecken und vorsichtig zur Kugel rollen. • Das Fett in der Friteuse auf etwa 180° erhitzen. • Die Reisbällchen in den Semmelbröseln wälzen und im heißen Fett schwimmend in etwa 8–10 Minuten von allen Seiten goldgelb ausbacken. • Auf Küchenkrepp abtropfen lassen.

Paßt gut zu: Kalbsschnitzel mit Sahnesauce.

Maiskrusteln

100 g Mehl mit ½ Teelöffel Backpulver, ½ Teelöffel Salz, 2 Messerspitzen Cayennepfeffer, 2 Teelöffeln Sojasauce und 2 Eigelben verrühren. • 2½ Tassen abgetropfte gare Maiskörner unterziehen und 2 steifgeschlagene Eiweiße unterheben. • ½ l Öl erhitzen. Mit 1 nassen Löffel Maismasse abstechen und im heißen Öl von allen Seiten goldbraun fritieren. • Zu gebratenem Huhn reichen.

Zum Bild rechts:

Süße Crêpes sind seit langem als feine Desserts begehrt; man kennt sie in den verschiedensten Abwandlungen, doch vor allem süß! Seit kurzem bieten aber findige Bäcker sie auch mit herzhafter Füllung an Straßenständen zum Verzehr an. Man kann diese zarten Eierkuchen in der eigenen Küche noch viel raffinierter zubereiten und sie dann als kleine Vorspeise oder als leichtes Abendessen planen. Probieren Sie einmal die Crêpes mit Spargelspitzen, die auf dem Bild gegenüber gezeigt werden. Das Rezept finden Sie auf Seite 307.

Helle Saucen · Dunkle Saucen

Halten wir uns nicht lange mit Elogen zugunsten der Sauce auf! Wer Saucen liebt, weiß ohnehin, die Sauce gibt der Speise Glanz, erhöht ihren Genuß und rundet den Geschmack angenehm ab. Wer es versteht, die wenigen Grundsaucen mit Feingefühl zu kochen, der hat die Ausgangsbasis für mehr als 600 aufgezeichnete Saucen der klassischen Küche; denn sie unterscheiden sich meist nur durch geringfügige Abänderungen in der Zusammensetzung. Doch eben diese Nuancen machen den Reiz aus. Die Sauce soll ein Gericht stets ergänzen, veredeln, aber niemals geschmacklich übertönen.
Grundsubstanzen für die berühmtesten Saucen sind sorgsam bereitete Fonds, Jus und Glaces.

- Ein Fond besteht aus stark eingekochter Fleisch-, Fisch-, Wild-, Geflügel-, Knochen- oder Gemüsebrühe, angereichert mit Gemüse und Würzzutaten, passiert und oft verfeinert mit Wein.
- Jus ist entfetteter, stark eingekochter Bratensaft.
- Glace ist bis zum Gelieren eingekochte Brühe aus Fleisch, Fisch, Geflügel oder Wild.
- Im privaten Haushalt steht das erforderliche Ausgangsprodukt nur zur Verfügung, wenn ohnehin ein entsprechendes Gericht bereitet wird. In diesem Falle sollte man stets versuchen, etwas mehr Bratensaft oder Brühe als sofort benötigt herzustellen und einen Teil zu Extrakt reduziert in kleinen Portionen einfrieren, um auch dann eine gute Sauce kochen zu können, wenn der Hauptgang der Mahlzeit keinen Fond oder Jus erbringt. Notfalls muß man für Saucen auf Fleischextrakt oder fertige Brühen zurückgreifen. Es gibt im Handel – insbesondere in Feinkostgeschäften – Erzeugnisse von sehr guter Qualität.
- Wichtig ist, daß die Grundsubstanz niemals zu stark gesalzen und möglichst entfettet ist; sie soll genügend Spielraum für die besondere geschmackliche Eigenart einer Sauce liefern.

Zum Bild links:

In Österreich gibt es nicht nur ein einziges Rezept für Topfen-Palatschinken, dieser köstlichen Spezialität aus der Hochburg für feine Mehlspeisen! Jeder gute Österreicher schwört auf sein Rezept und hält es für das einzig originale. Dabei unterscheiden sich alle nur durch winzige Details, das Ergebnis bleibt in jedem Fall eine Sünde wider die schlanke Linie wert. Auf dem Bild gegenüber wurden Topfen-Palatschinken nach dem Rezept eines alten Wiener Kochbuchs zubereitet. Das Rezept dafür finden Sie auf Seite 306.

- Frische Kräuter immer zuletzt in die Sauce mischen, nicht mitkochen, es sei denn, ein besonderes Rezept erfordert dies.
- Soll eine Sauce mit Wein verfeinert werden – helle Saucen mit Weißwein, dunkle Saucen mit Rotwein –, dann verwenden Sie dafür keinen sogenannten Kochwein, sondern den, der auch bei Tisch serviert wird. Der Wein soll die Sauce nicht »strecken«, sondern veredeln, und das kann nur ein edler Wein. Unabhängig vom Wein können viele Saucen noch mit einem Schuß Sherry, Portwein, Marsala, Cognac oder einem »Geist« abgeschmeckt werden. Die Sauce nach der Zugabe der Spirituose noch einige Minuten kochen lassen, denn diese soll nur geschmacklich wirken.
- Die helle Einbrenne stets mit gesiebtem Mehl und mit Butter bei schwacher Hitze zubereiten. Die Herstellung ist in ein paar Minuten erledigt; doch sollte man die Einbrenne so lange als möglich kochen, da auf diese Weise die Bindefähigkeit des Mehls am besten genutzt wird. – Für die dunkle Einbrenne kann man auch Schmalz verwenden.
- Bedenken Sie beim Zubereiten einer Sauce stets: Sauce ist kein Hauptgericht! Feinschmecker bevorzugen Qualität vor Quantität. Man rechnet für 4 Personen ¼ l Sauce, für ein ausgesprochenes Saucengericht wie beispielsweise Königsberger Klopse, ein Ragout oder ein Spaghetti-Essen ⅜–½ l Sauce. Von klaren Bratensaucen genügt ⅛ l.

Grundrezept

Helle Sauce

Weiße Sauce

Für die helle Einbrenne:
2 Eßl. Butter
1½ Eßl. Mehl
Für die helle Sauce:
1 Eßl. Wasser nach Bedarf
⅜ l stark eingekochte, nur leicht gesalzene Brühe aus Kalbfleisch, Kalbsknochen oder aus Rindfleisch und Schinkenknochen oder Geflügel, Wild oder Gemüse
je 1 Messersp. Salz und weißer Pfeffer

Pro Portion etwa 515 Joule/120 Kalorien

Zubereitungszeit: 30 Minuten

Für die helle Einbrenne die Butter in einem Topf bei schwacher Hitze zerlassen. Das Mehl über die Butter stäuben und mit einem Kochlöffel umrühren, bis es sich völlig mit der Butter verbunden hat. Das Butter-Mehl-Gemisch unter Rühren langsam erhitzen; das Mehl soll dabei hellgelb werden, aber nicht bräunen – die Einbrenne darf nicht mehr nach rohem Mehl schmecken. • Ist die vorgesehene Brühe bereits heiß, 1 Eßlöffel kaltes Wasser unter die Einbrenne rühren und anschließend nach und nach in kleinen Mengen unter ständigem Rühren mit dem Schneebesen die heiße Brühe zugießen. • Die Sauce dann bei schwacher Hitze unter ständigem Rühren zum Kochen bringen und unter öfterem Umrühren 25 Minuten schwach kochen lassen. Die Sauce zuletzt mit dem Salz und dem Pfeffer abschmecken.

Preiswert · Gelingt leicht · Schnell

Béchamelsauce

Aus Butter und Mehl eine helle Einbrenne wie im Grundrezept beschrieben bereiten und diese statt mit Brühe mit Milch ablöschen. 1 kleine geschälte, mit ½ Lorbeerblatt und 2 Gewürznelken besteckte Zwiebel in die Sauce legen und bei äußerst schwacher Hitze (eventuell Drahtsieb unter den Topf schieben) 40 Minuten köcheln lassen. Die Milch kocht während dieser Zeit etwas ein. • Dann die Zwiebel wieder entfernen. Die Sauce mit Salz, weißem Pfeffer und geriebener Muskatnuß würzen und mit ⅛ l Sahne verfeinern. • Paßt gut zu neuen Kartoffeln, mit Schnittlauch bestreut, zu gekochten Eiern und feinem Gemüse wie Chiçorée, Gurken, Blumenkohl, grünen Bohnen, Broccoli, Rosenkohl oder Schwarzwurzeln.

Kapernsauce

Aus Butter und Mehl eine helle Einbrenne wie im Grundrezept beschrieben bereiten und diese mit ⅜ l beliebiger Brühe ablöschen. Die Sauce bei schwacher Hitze unter öfterem Umrühren 25 Minuten leicht köcheln lassen. • ⅛ l saure Sahne mit 1 Eigelb, 1 Messerspitze Salz, 1 Messerspitze Zucker und ½ Teelöffel Zitronensaft verquirlen. Einige Eßlöffel der heißen Sauce unter das Sahnegemisch rühren, die Sauce vom Herd nehmen und die Mischung unter die Sauce ziehen. Die Sauce noch einmal kräftig abschmecken. • 1 Röhrchen möglichst kleine Kapern abtropfen lassen und zuletzt unter die Sauce rühren. • Zu gekochtem Rindfleisch, gargezogenem Fisch oder Fleischklößchen servieren.

Senfsauce

Aus Butter und Mehl eine helle Einbrenne wie im Grundrezept beschrieben bereiten und mit ⅛ l Kalbfleischbrühe ablöschen. • ⅛ l Milch und 3 Senfkörner in die Sauce rühren und diese bei schwacher Hitze unter öfterem Umrühren 25 Minuten köcheln lassen. Die Sauce dann mit Salz und 1–2 Teelöffeln Senf abschmecken, wenn nötig mit 1 kleinen Prise Zucker verfeinern und mit 4–5 Eßlöffeln Sahne verrühren. • Schmeckt gut zu gekochten oder pochierten Eiern oder gargezogenem Fisch; sie eignet sich auch als Frikasseesauce.

Dillsauce

Aus Butter und Mehl eine helle Einbrenne wie im Grundrezept beschrieben bereiten und mit ⅛ l Kalbfleischbrühe ablöschen. ⅛ l Milch zugießen, die Sauce unter Rühren zum Kochen bringen und bei schwacher Hitze 25 Minuten leicht köcheln lassen. • Die Sauce zuletzt mit Salz, weißem Pfeffer und einigen Teelöffeln Zitronensaft abschmecken und mit ⅛ l Sahne verrühren. • 4 Eßlöffel frisch geschnittene und feingehackte Dillspitzen unter die Sauce rühren. • Die Sauce paßt gut zu Fischgerichten, neuen Kartoffeln mit Matjesfilets oder Kalbfleischklößchen.

Currysauce

1 kleine geschälte, gehackte Zwiebel in der Butter anbraten, das Mehl und 1 Eßlöffel Currypulver darüberstäuben und daraus eine helle Einbrenne bereiten. Mit ⅛ l Kalbfleischbrühe ablöschen. ⅛ l Kokosmilch (ersatzweise Milch) in die Sauce rühren und diese 25 Minuten leicht köcheln lassen. • Die Sauce mit Salz und wenn nötig noch mit etwas Currypulver abschmekken und mit ⅛ l Sahne verfeinern. • Zu gargezogenem Fisch, Eiergerichten und Reisgerichten reichen. Currysauce eignet sich auch für Frikassees aus hellem Geflügelfleisch.

Preiswert · Raffiniert

Sauce Mornay

Eine Béchamelsauce bereiten. Die Sauce jedoch nicht mit ⅛ l Sahne verfeinern, sondern 2 Eigelbe mit 4 Eßlöffeln Sahne verquirlen, einige Eßlöffel heiße Sauce in das Eigelb-Sahne-Gemisch rühren, die Sauce vom

Herd nehmen und mit dem Gemisch legieren. • Je 2 Eßlöffel frisch geriebenen Parmesan- und Emmentaler Käse in die Sauce rühren. • Diese klassische Sauce schmeckt gut zu heiß servierten Austern, Garnelen, Eierspeisen, Hirngerichten und feinem Gemüse. Sie eignet sich vorzüglich zum Überbacken von gargezogenem Fisch, Geflügelgerichten oder zu Frikassees.

Grundrezept

Dunkle Sauce

Braune Sauce

Für die dunkle Einbrenne:
1 kleine Zwiebel
1 kleine Möhre
1 Stange Lauch/Porree
2 Eßl. Butter oder Schmalz
2 Eßl. Mehl
1 Eßl. kaltes Wasser nach Bedarf
Für die dunkle Sauce:
¼ l Bouillon und 6–8 Eßl. Bratensaft oder ⅜ l Bouillon und 2 Teel. Fleischextrakt
je 1 Zweig Petersilie und Thymian oder Liebstöckel
½ Lorbeerblatt
1 Gewürznelke
2 mittelgroße Tomaten
1–2 Messersp. Salz
je 1 Prise schwarzer Pfeffer und scharfes Paprikapulver

Pro Portion etwa 570 Joule/135 Kalorien

Zubereitungszeit: 1 Stunde

Für die dunkle Einbrenne die Zwiebel schälen und kleinwürfeln. Die Möhre schaben, waschen und in Scheiben schneiden. Das Weiße vom Lauch waschen und ebenfalls in Scheiben schneiden. • Die Butter oder das Schmalz erhitzen, das kleingeschnittene Gemüse darin braun anbraten, das Mehl darüberstäuben und unter ständigem Rühren goldbraun rösten. • Wenn die Brühe schon heiß ist, 1 Eßlöffel kaltes Wasser unter die Einbrenne gießen und anschließend nach und nach mit der heißen Bouillon ablöschen. Den Bratensaft oder den Fleischextrakt zugeben und die Sauce unter Rühren zum Kochen bringen. • Die Kräuter unzerkleinert mit dem Lorbeerblatt und der Gewürznelke in die Sauce geben. Die Tomaten waschen, abtrocknen, achteln und ebenfalls in die Sauce geben. Die Sauce zugedeckt bei schwacher Hitze 40 Minuten köcheln lassen und dabei wiederholt umrühren. • Die Sauce zuletzt durch ein Sieb passieren und mit dem Salz, dem Pfeffer und dem Paprikapulver abschmecken.

Braucht Zeit

Madeirasauce

Eine dunkle Sauce wie im Grundrezept beschrieben herstellen, zuletzt im offenen Topf etwas einkochen lassen und nach dem Passieren mit ⅛ l Madeirawein mischen. • Die Sauce mit Salz, weißem Pfeffer und nach Belieben mit einigen Tropfen Zitronensaft abschmecken. • Diese Sauce der klassischen Küche paßt gut zu gekochter Rinderzunge, Schmorbraten und Filet Wellington.

Preiswert · Raffiniert

Orangensauce

Eine dunkle Sauce wie im Grundrezept beschrieben herstellen, zuletzt im offenen Topf etwas einkochen lassen und nach dem Passieren mit dem frisch gepreßten Saft von 2 Orangen und ½ Zitrone verrühren. • Die Sauce mit Salz und weißem Pfeffer abschmecken und vor dem Servieren mit 2 Eßlöffeln Julienne von Orangenschale bestreuen. • Zu gebratener Ente, geschmortem Fasan oder geschmortem Kaninchen reichen.

Teufelssauce

5 Schalotten schälen, hacken und mit 4 Pfefferkörnern und ⅛ l Rotweinessig im offenen Topf bei schwacher Hitze kochen lassen, bis der Essig zur Hälfte eingekocht ist. • Eine dunkle Sauce wie im Grundrezept beschrieben herstellen, zuletzt im offenen Topf etwas einkochen lassen, mit dem eingekochten Essig mischen, passieren und mit Salz und Cayennepfeffer abschmecken. • Mit Hackfleischklößchen, geschmortem Rindfleisch oder Rinderrouladen kombinieren.

Gelingt leicht · Raffiniert

Zigeunersauce

Eine dunkle Sauce wie im Grundrezept beschrieben herstellen. Zuletzt im offenen Topf etwas einkochen lassen und nach dem Passieren mit 2 Eßlöffeln Tomatenmark, 5 Eßlöffeln Madeirawein und nach Belieben mit Cayennepfeffer kräftig abschmecken. • Die Sauce mit je 2 Eßlöffeln Julienne von Schinken, Champignons und Pökelzunge bestreut servieren. • Zu Reis, breiten Nudeln oder Schweinefilet reichen.

Sauce bourguignonne

Burgundersauce

2 Schalotten
2 Petersilienstiele
2 Zweige Thymian
½ Lorbeerblatt
100 g Champignons
⅛ l herber roter Burgunderwein
Mehlbutter aus 2 Eßl. Butter und 2 Eßl. Mehl
1–2 Prisen Salz
1 Prise Zucker
1–2 Prisen Cayennepfeffer

Pro Portion etwa
760 Joule/180 Kalorien

Zubereitungszeit: 45 Minuten

Die Schalotten schälen und kleinwürfeln. Die Schalottenwürfel mit den Petersilienstielen, den Thymianzweigen und dem Lorbeerblatt in einen Topf geben. Die Champignons putzen, waschen, blättrig schneiden und mit dem Rotwein ebenfalls in den Topf geben. Alles zum Kochen bringen und bei schwacher Hitze im offenen Topf kochen lassen, bis der Rotwein zur Hälfte eingekocht ist. • Die Butter mit dem Mehl zu einem kleinen Kloß verkneten. Die Mehlbutter in der Sauce unter ständigem Rühren auflösen und die Sauce bei schwacher Hitze weitere 15 Minuten kochen lassen. Die Sauce dann durch ein Sieb passieren und mit Salz, Zucker und Cayennepfeffer abschmecken.

Paßt gut zu: Rinderschmorbraten, Rinderzunge und gebratenem Schinken.

Grundrezept

Sauce Bastard

Sauce bâtarde, Buttersauce

Für die helle Einbrenne:
30 g Butter (2 Eßl.)
30 g Mehl (3 Eßl.)
Für die Buttersauce:
¼ l Wasser oder Gemüsebrühe
½ Teel. Salz
1 Messersp. weißer Pfeffer
etwas Zitronensaft
2 Eigelbe
1/16 l Sahne
2 Eßl. Butterflöckchen

Pro Portion etwa
1070 Joule/255 Kalorien

Zubereitungszeit: 40 Minuten

Für die helle Einbrenne die Butter in einem Topf zerlassen, das Mehl hineinstäuben und unter ständigem Rühren hellgelb anbraten. Nach und nach in kleinen Mengen das Wasser oder die Gemüsebrühe unter die Einbrenne rühren und zum Kochen bringen. • Die Sauce mit dem Salz, dem Pfeffer und dem Zitronensaft abschmecken und bei schwacher Hitze unter öfterem Umrühren 25 Minuten kochen lassen. • Die Eigelbe mit der Sahne verquirlen. Einige Eßlöffel der heißen Sauce in die Eigelbsahne rühren, die Sauce vom Herd nehmen und die Eigelbmasse unter die Sauce ziehen. • Die Sauce auf den Herd setzen, aber nicht kochen lassen. Die kalten Butterflöckchen unterziehen.

Paßt gut zu: hellem Geflügel, gargezogenem Fisch, Aufläufen, Blumenkohl, Rosenkohl oder Kohlrabi.

Grundrezept

Weißweinsauce

Für die helle Einbrenne:
2 Eßl. Butter
1½ Eßl. Mehl
1 Eßl. kaltes Wasser nach Bedarf
Für die Weißweinsauce:
⅛ l Fischbrühe
1 Eigelb
4 Eßl. Sahne
1–2 Prisen Salz
1 Prise weißer Pfeffer
⅛ l trockener Weißwein

Pro Portion etwa
530 Joule/125 Kalorien

Zubereitungszeit: 30 Minuten

Für die helle Einbrenne die Butter in einem Topf zerlassen, das Mehl hineinstäuben und unter Rühren hellgelb darin anbraten. • Wenn die Fischbrühe schon heiß ist, zuerst 1 Eßlöffel kaltes Wasser unter die Einbrenne rühren, dann nach und nach mit der Fischbrühe ablöschen. Die Sauce bei schwacher Hitze unter öfterem Umrühren 25 Minuten leicht kochen lassen. • Das Eigelb mit der Sahne verquirlen und 1–2 Eßlöffel der heißen Sauce in die Eigelbsahne rühren. Die Sauce vom Herd nehmen und die Eigelbsahne unterziehen. • Die Sauce mit Salz und weißem Pfeffer kräftig abschmekken, mit dem Weißwein verrühren und noch einmal gut erhitzen, aber nicht mehr kochen lassen.

Paßt gut zu: gargezogenem Seezungenfilet, Steinbutt oder gekochtem Hummer.

Mein Tip Für die Fischbrühe 300 g Fischabfälle (Köpfe, Gräten, Flossen) und 300 g Seefisch (Kopfstück) mit ½ Lorbeerblatt, 1 Stück Lauch/Porree, 1 Stück Sellerieknolle, 2–3 Petersilienstengeln und ½ Teelöffel Salz in 1½ l Wasser 40–50 Minuten im offenen Topf leise kochen lassen. Dabei die Fischbrühe auf ¼ l einkochen lassen und vor der Weiterverwendung durchseihen.

Sardellensauce

Die Sauce wie im Grundrezept für Weißweinsauce beschrieben zubereiten, jedoch statt der Fischbrühe ⅛ l trockenen Weißwein verwenden. • 2 Eßlöffel Butter mit 1 Eßlöffel Sardellenpaste verkneten und unter die fertig gekochte Sauce mischen. • Die Sauce vom Herd nehmen, mit 1 Eigelb verfeinern, mit etwas weißem Pfeffer und nötigenfalls mit etwas Salz abschmekken. • Den zweiten ⅛ l Weißwein unter die Sauce mischen und diese noch einmal erhitzen, aber nicht kochen lassen. • Die Sauce mit 3 Eßlöffeln kleingehackten Sardellenfilets bestreuen und für Kalbfleischfrikassee oder Geflügelfrikassee mit Kalbfleischklößchen verwenden. Zu Gemüsegerichten reichen.

Grundrezept

Sauce hollandaise

Holländische Sauce

Bild Seite 304

125 g Butter
2 kleine Eigelbe
1 Eßl. Wasser
1 Eßl. Weinessig
1 Prise weißer Pfeffer
1–2 Messersp. Salz
1 Prise Cayennepfeffer
einige Tropfen Zitronensaft

Pro Portion etwa
1145 Joule/275 Kalorien

Zubereitungszeit: 20 Minuten
Besonderes Küchengerät: flacher Topf für das Wasserbad, in dem die Kasserolle, in der die Sauce bereitet wird, gut Platz hat.

Die Butter in einem kleinen Topf bei sehr schwacher Hitze zerlassen, aber nicht erhitzen. • Die Eigelbe mit dem Wasser, dem Weinessig, dem Pfeffer und dem Salz in der Kasserolle verquirlen. • In dem Wasserbadtopf so viel Wasser zum Kochen bringen, daß der Topf mit der Sauce zu ⅔ vom Wasser umgeben ist. Neben das Wasserbad ein Glas mit kaltem Wasser stellen. • Den Topf mit den verquirlten Eigelben ins heiße, aber nicht kochende Wasserbad stellen und die Masse mit dem Schneebesen rühren bis sie cremig wird. Sollte das Wasser während dieser Zeit zu kochen beginnen, einen Schuß kaltes Wasser hineinschütten, damit für das Wasserbad wieder eine Temperatur unterhalb des Siedepunktes erreicht wird. • Die cremig geschlagene Eigelbmasse aus dem Wasserbad heben. Die zerlassene Butter unter ständigem Rühren mit dem Schneebesen tropfenweise unter die Eigelbmasse schlagen. Später darf die Butter teelöffelweise untergemischt werden, gegen Ende eßlöffelweise. • Die Sauce mit dem Cayennepfeffer, einigen Tropfen Zitronensaft und nach Bedarf noch mit etwas Salz abschmecken und sofort servieren.

Paßt gut zu: gegrilltem oder kurzgebratenem Fleisch, feinem Seefisch, gekochten Hummern oder Langusten, Scampi, Spargel oder Broccoli.

Etwas schwierig · Raffiniert

Sauce bavaroise

Bayerische Sauce

Eine Sauce wie im Grundrezept für Sauce hollandaise beschrieben herstellen, statt der Butter aber 125 g Krabbenbutter, Rezept Seite 295, verwenden. • Unter die fertige Sauce vor dem Servieren 3 Eßlöffel geschlagene Sahne heben und die Sauce mit 2 Eßlöffeln Krebsschwänzen oder Krabben bestreuen. • Diese Sauce der klassischen Küche schmeckt gut zu gedünstetem Kalbfleisch, gegrilltem Lachs, gargezogenem Heilbutt, zu Spargel, Blumenkohl oder Broccoli.

Sauce Chantilly

Mousselinesauce

Eine Sauce hollandaise wie im Grundrezept beschrieben zubereiten und vor dem Servieren 4 Eßlöffel geschlagene Sahne unter die Sauce ziehen. • Diese klassische Sauce schmeckt gut zu Roastbeef, gebratenem Rinderfilet, Filet Wellington, gargezogenem Lachs oder gebratenen Rebhühnern.

Raffiniert

Sauce maltaise

Malteser Sauce

Eine Sauce hollandaise wie im Grundrezept beschrieben zubereiten und die Sauce zuletzt mit etwa 1 Eßlöffel fein abgeriebener Orangenschale und dem frisch gepreßten Saft von 1 Blutorange mischen. • Diese klassische Sauce schmeckt gut zu gratiniertem Hummer, gratinierten Muscheln oder Austern.

Raffiniert

Sauce au citron

Zitronensauce

Eine Sauce hollandaise wie im Grundrezept beschrieben zubereiten, die Sauce zuletzt aber kräftig mit Zitronensaft und abgeriebener Zitronenschale abschmecken. • Zu Lammbraten, Lammkoteletts und überbackenem Fenchel reichen.

Etwas schwierig · Schnell

Sauce béarnaise

Béarner Sauce

2 Schalotten
4 weiße Pfefferkörner
je ½ Eßl. Estragon- und Kerbelblättchen
2 Eßl. Estragonessig
2 Eßl. Wasser
100 g Butter
3 Eigelbe
je 1 Prise Salz und Cayennepfeffer
je 1 Teel. gehackte Kerbel- und Estragonblättchen

Pro Portion etwa
1065 Joule/255 Kalorien

Zubereitungszeit: 30 Minuten
Besonderes Küchengerät: großer flacher Topf für das Wasserbad und kleinere Kasserolle für die Sauce

Die Schalotten schälen und hacken. Die Pfefferkörner zerdrücken. Die Schalotten, den zerdrückten Pfeffer, die Estragon- und Kerbelblättchen, den Estragonessig und das Wasser zugedeckt 5 Minuten kochen lassen. • Das Wasser für das Wasserbad in dem großen Topf zum Kochen bringen. • Die Butter zerlassen, aber nicht erhitzen. • Das gewürzte Essigwasser offen auf etwa 2 Eßlöffel Flüssigkeit einkochen lassen. Die Flüssigkeit durchsieben, etwas abkühlen lassen und mit den Eigelben in der Kasserolle im Wasserbad verquirlen. Die Eigelbmischung so lange mit dem Schneebesen schlagen, bis sie cremig wird. Dabei das Wasserbad nicht kochen lassen, sondern unter dem Siedepunkt halten. • Den Topf dann aus dem Wasserbad nehmen und die geschmolzene Butter teelöffelweise unter die Eigelbcreme rühren. Die Sauce mit Salz und Cayennepfeffer kräftig abschmecken und mit den kleingehackten Kräutern bestreuen.

Paßt gut zu: kurzgebratenem Fleisch, zu kleinen Grillspießchen und zur gebratenen Wildkeule.

Grundrezept · Preiswert · Kann vorgekocht werden

Tomatensauce

8 mittelgroße Tomaten
¼ l Wasser
1 mittelgroße weiße Zwiebel
50 g durchwachsener Speck
1 Stange Lauch/Porree
¼ Sellerieknolle
1 Eßl. Öl
2 Eßl. Mehl
¼ l Bouillon oder Gemüsebrühe
½ Lorbeerblatt
1 Zweig Thymian
2 Eßl. Butter
½ Teel. Zucker
½ Teel. Salz
1 Prise weißer Pfeffer

Pro Portion etwa
990 Joule/235 Kalorien

Zubereitungszeit: 1 Stunde

Die Tomaten waschen, vierteln, mit dem Wasser im offenen Topf zum Kochen bringen und anschließend bei schwacher Hitze 20 Minuten kochen lassen. Dabei öfter umrühren, damit die Tomaten nicht anbrennen. • Die Zwiebel schälen und würfeln. Den Speck ebenfalls würfeln. Das Weiße vom Lauch waschen und in Scheiben schneiden. Die Sellerieknolle schälen, waschen und in kleine Würfel schneiden. • Das Öl in einem großen Topf erhitzen. Die Speckwürfel und das kleingeschnittene Gemüse unter Rühren darin hellbraun anbraten. Das Mehl darüberstäuben, kurz mitbraten und nach und nach mit der Bouillon oder Gemüsebrühe auffüllen. Das Lorbeerblatt und den Thymianzweig zugeben und alles bei schwacher Hitze im offenen Topf 30 Minuten kochen lassen; die Flüssigkeit verdampft dabei etwa um die Hälfte. • Die Tomaten abgießen, in ein Sieb schütten und durchpassieren. • Die Butter in einem zweiten Topf zerlassen. Das Tomatenpüree zugeben und unter Rühren dick einkochen lassen. Das dauert 5–10 Minuten. Das Tomatenpüree dann zugedeckt zur Seite stellen. • Die Brühe mit dem Gemüse durch ein Sieb passieren, mit dem dick eingekochten Tomatenpüree verrühren und mit dem Zucker, dem Salz und dem weißen Pfeffer abschmecken.

Paßt gut zu: Hackbraten, allen Reis- und Nudelgerichten, Polenta und Fleischklößchen.

Gelingt leicht

Algerische Sauce

Eine Tomatensauce wie im Grundrezept beschrieben zubereiten und die Sauce mit 4 Eßlöffeln gedünsteten Julienne von grünen und roten Paprikaschoten bestreuen. • Schmeckt gut zu allen Reisgerichten und zu geschmortem Hammelfleisch.

Hackfleischsauce

Eine Tomatensauce wie im Grundrezept beschrieben herstellen. 200 g gemischtes Hackfleisch in wenig Öl in einer Pfanne kurz von allen Seiten anbraten und zuletzt in die Sauce geben. • Zu Nudeln, Spaghetti oder Makkaroni reichen.

Schnell · Preiswert

Griechische Zitronensauce

2 Eßl. Butter
1½ Eßl. Mehl
¼ l Bouillon, Fisch- oder Geflügelbrühe
3 Eigelbe
Saft von 1 Zitrone
Salz nach Geschmack
1 Eßl. gehackte Petersilie

Pro Portion etwa
775 Joule/185 Kalorien

Zubereitungszeit: 30 Minuten

Die Butter in einem Topf schmelzen lassen. Das Mehl unter Rühren darin hellgelb anbraten und nach und nach mit der heißen Bouillon oder Fisch- oder Geflügelbrühe ablöschen (jeweils die Brühe verwenden, die sich aus der Hauptzutat ergibt, zu der die Zitronensauce serviert werden soll). • Die Sauce bei schwacher Hitze unter öfterem Umrühren 25 Minuten leicht kochen lassen. • Die Eigelbe mit dem Zitronensaft verquirlen. 2 Eßlöffel der fertig gekochten Sauce unter das Eigelbgemisch rühren, die Sauce vom Herd nehmen und die Eigelbmischung unter die Sauce ziehen. • Die Sauce mit der Petersilie bestreuen.

Paßt gut zu: allen gargezogenen Fischen, gekochtem Fleisch oder Geflügel und gegartem Gemüse.

Preiswert · Schnell

Meerrettichsahne

⅛ l Sahne
1 Prise Zucker
2 Messersp. Salz
1 Eßl. frisch geriebener Meerrettich

Pro Portion etwa
420 Joule/100 Kalorien

Zubereitungszeit: 15 Minuten

Die Sahne mit dem Zucker und dem Salz steif schlagen und den Meerrettich unter die Sahne ziehen.

Paßt gut zu: geräucherten Forellenfilets, Lachsröllchen, kaltem Roastbeef und Schinken.

Gelingt leicht

Apfel-Meerrettichsahne

Eine Meerrettichsahne herstellen, jedoch mit 2 Eßlöffeln frisch geriebenem Meerrettich und 1 geraspelten Apfel mischen. • Zu Kasseler reichen.

Schnell · Preiswert

Senfsahne

1–2 Teelöffel scharfen Senf mit 1 Teelöffel Obstessig und ⅛ l Sahne verrühren. Die Sahne mit 1 Prise Zucker und 2 Messerspitzen Salz würzen und steif schlagen. – Es hängt weitgehend von der Senfsorte ab, ob die Senfsahne mit der angegebenen Menge Senf dem persönlichen Geschmack entspricht oder ob man sie etwas milder oder schärfer wünscht. • Zu gekochten oder pochierten Eiern, zu gedünstetem Fisch servieren.

Schnell · Preiswert

Mintsauce

Englische Pfefferminzsauce

1 Tasse frische Pfefferminzblätter
1/2 Tasse Wasser
4 Eßl. Weißweinessig
2 Eßl. Zucker
1/2 Teel. Salz
2 Messersp. weißer Pfeffer

Pro Portion etwa
170 Joule/40 Kalorien

Zubereitungszeit: 10 Minuten

Die Pfefferminzblätter waschen und feinhacken. • Das Wasser zum Kochen bringen, über die Pfefferminzblätter gießen und mit dem Essig, dem Zucker, dem Salz und dem Pfeffer mischen. Die Sauce erkalten lassen und noch einmal abschmecken. • Die Sauce kalt servieren.

Paßt gut zu: Lamm- oder Hammelbraten.

Preiswert · Kann vorgekocht werden

Englische Apfelsauce

500 g säuerliche Äpfel
1 Eßl. Butter
1 Eßl. brauner Zucker
1/8 l Wasser
1/2 Stange Zimt
1 Prise Salz
2 Teel. englisches Senfpulver oder scharfer Senf

Pro Portion etwa
800 Joule/190 Kalorien

Zubereitungszeit: 50 Minuten

Die Äpfel waschen, vierteln, vom Kerngehäuse befreien und in kleine Stücke schneiden. Die Butter mit dem Zucker unter ständigem Rühren erhitzen und goldgelb werden lassen. Die Apfelstücke mit dem Wasser, der Zimtstange und dem Salz zur Butter geben und alles zugedeckt bei schwacher Hitze 30 Minuten leicht kochen lassen. • Die Äpfel durch ein Sieb in eine Schüssel passieren und mit dem Senfpulver oder mit dem Senf verrühren. Die Sauce je nach Geschmack noch mit etwas Salz abschmecken und heiß oder kalt servieren.

Paßt gut zu: Schweinebraten, Spanferkel oder gebakkenem Schinken.

Wiener Apfelkren

2 Äpfel
2 Eßl. frisch geriebener Meerrettich
1 Eßl. Zucker
1/2 Teel. Salz
1 Teel. Zitronensaft

Pro Portion etwa
220 Joule/52 Kalorien

Zubereitungszeit: 30 Minuten

Den Backofen auf 250° vorheizen. • Die Äpfel waschen, abtrocknen, in den vorgeheizten Backofen geben und 25 Minuten braten. • Die Äpfel etwas abkühlen lassen, die Haut abziehen, das Fruchtfleisch vom Kerngehäuse lösen und durch ein Sieb streichen. • Die Apfelmasse mit dem Meerrettich, dem Zucker, dem Salz und dem Zitronensaft abschmecken.

Paßt gut zu: gekochtem Rindfleisch.

Mein Tip Für Tafelspitz kann man den Apfelkren noch zarter bereiten, indem man 1/8 l geschlagene Sahne unterzieht.

Raffiniert · Schnell

Aioli

Knoblauchsauce

Zutaten für 6 Personen:
5 Knoblauchzehen
50 g hartes Weißbrot
3 Eigelbe
1 Teel. Weinessig
1/2 Teel. Salz
2 Messersp. weißer Pfeffer
1/4 l Olivenöl

Zum Abschmecken:
Salz und Pfeffer
1 Teel. Zitronensaft

Pro Portion etwa
1720 Joule/410 Kalorien

Zubereitungszeit: 15 Minuten
Besonderes Küchengerät: Mörser

Die Knoblauchzehen schälen und in kleine Stücke schneiden. Vom Brot die Rinde abreiben und die Krume in den Mörser reiben. Die Knoblauchstückchen zugeben und beides zu Brei zerquetschen. • Den Brei in eine Schüssel geben und nach und nach die Eigelbe, den Essig, das Salz und den Pfeffer untermischen. • Das Öl zuerst tropfenweise, dann teelöffelweise unter die Knoblauchmasse rühren. Die Sauce wird dick wie eine Mayonnaise. • Die Knoblauchsauce noch mit Salz, Pfeffer und dem Zitronensaft abschmecken.

Paßt gut zu: gedünstetem Gemüse, gekochten Eiern, gedünstetem Fisch oder gekochtem Rindfleisch.

Grundrezept · Gelingt leicht · Schnell

Kräuterbutter

100 g Butter
1 Bund feingehackte Petersilie
1 Bund feingehackter Dill
1/2 Bund feingehackter Estragon
1/2 Teel. Salz
1 Messersp. weißer Pfeffer
einige Tropfen Zitronensaft

Pro Portion etwa
840 Joule/200 Kalorien

Zubereitungszeit: 15 Minuten
Zeit zum Festwerden: 1 Stunde
Besonderes Küchengerät: Pergamentpapier oder Alufolie

Die Butter einige Zeit bei Raumtemperatur weich werden lassen. Die Butter dann schaumig rühren und mit den Kräutern, dem Salz, dem Pfeffer und dem Zitronensaft mischen. Die Butter in Pergamentpapier oder ein Stück Alufolie einschlagen und zu einer Rolle von der Stärke eines 5-Mark-Stückes formen. • Eingewickelt im Kühlschrank fest werden lassen.

Paßt gut zu: Steaks, Schnecken, Austern und Heringen.

Krabbenbutter

100 g Krabben (Garnelen) feinwiegen und mit 100 g schaumig gerührter Butter mischen. Die Butter ganz nach Geschmack mit Salz, weißem Pfeffer, einigen Tropfen Zitronensaft und einigen Tropfen Tabascosauce würzen. Die Butter nach Belieben noch durch ein Haarsieb streichen. • Zu gargezogenem oder gegrilltem Fisch servieren.

Kann vorbereitet werden · Gelingt leicht

Sardellenbutter

100 g Sardellenfilets feinwiegen und mit 100 g schaumig gerührter Butter mischen. Die Butter durch ein Haarsieb streichen, zur Rolle formen und im Kühlschrank aufbewahren. • Zu hartgekochten Eiern, Rühreiern oder Steaks reichen.

Grundrezept

Gewürztes Weingelee

100 g Eiweiß
1 kleine Zwiebel
50 g Lauch/Porree
50 g Sellerieknolle
2 Petersilienzweige
1 Teel. Salz
8 Pfefferkörner
1/2 Lorbeerblatt
1 l entfettete klare Bouillon
1/8 l trockener Weißwein
35 g Aspikpulver oder 15 Blätter farblose Gelatine

Pro Liter Gelee etwa
800 Joule/190 Kalorien

Zubereitungszeit: 1 Stunde und 30 Minuten

Das Eiweiß halbsteif schlagen. • Die Zwiebel schälen und kleinwürfeln. Das Gemüse waschen, putzen oder schälen und ebenfalls kleinwürfeln. Das kleingeschnittene Gemüse mit dem Salz, den Pfefferkörnern und dem Lorbeerblatt unter das Eiweiß rühren. • Die Bouillon erhitzen. Die Eiweiß-Gemüse-Mischung in die Bouillon rühren und alles bei starker Hitze zum Kochen bringen. Dabei kräftig mit dem Schneebesen am Topfboden kreisend umrühren, damit sich das Eiweiß nicht festsetzen kann. • Wenn das Eiweiß geronnen ist und an der Oberfläche schwimmt, den Weißwein in die Brühe gießen und alles 50 Minuten bei schwacher Hitze im offenen Topf ziehen – nicht kochen lassen, weil sonst zuviel Flüssigkeit verdampft. Die geklärte Brühe durch ein feines Haarsieb – besser noch durch ein Mulltuch – gießen. • Das Aspikpulver in wenig kaltem Wasser oder die Blattgelatine in reichlich kaltem Wasser einweichen und 15 Minuten quellen lassen. • Das Aspikpulver mit dem Einweichwasser in die heiße Bouillon rühren oder die Blattgelatine ausdrükken, in die heiße Bouillon geben und unter ständigem Rühren darin auflösen. Wenn die Bouillon durch das Filtern nicht mehr heiß genug sein sollte, muß man sie vor dem Auflösen der Gelatine noch einmal erhitzen, aber nicht kochen lassen. • Die Brühe dann unter öfterem Umrühren erkalten lassen. Das Gelee entweder für das vorgesehene Rezept verwenden oder in eine Schüssel oder auf eine Platte füllen, im Kühlschrank erstarren lassen und vor dem Anrichten kleinwürfeln.

Paßt gut zu: Schinken oder Kasseler.

Mein Tip Nach dem Rezept für Weingelee können Sie auch Portwein-, Sherry- und Madeiragelee herstellen. Statt 1/8 l Weißwein den jeweilig gewünschten Südwein verwenden.

Vanillesauce

1/2 l Milch
1 1/2 Eßl. Speisestärke
1 Eigelb
2 Eßl. Zucker
1 Vanilleschote

Pro Portion etwa
630 Joule/150 Kalorien

Zubereitungszeit: 10 Minuten

Von der Milch 4 Eßlöffel abnehmen und die Speisestärke mit dem Eigelb darin anrühren. • Die übrige Milch mit dem Zucker in einen Topf geben. Die Vanilleschote aufschneiden und das Mark in die Milch geben. • Die Milch zum Kochen bringen, mit der angerührten Speisestärke verrühren und aufkochen lassen. • Die Sauce vom Herd nehmen und unter Umrühren erkalten lassen.

Paßt gut zu: roter Grütze, dick gekochtem Rhabarberkompott oder zu Schokoladenflammeri.

Raffiniert · Schnell · Kann vorgekocht werden

Chaudeau

Weinschaumsauce

3 Eier
100 g Zucker
1 Teel. Speisestärke
1/4 l trockener Weißwein
2 Teel. Zitronensaft
1/2 Teel. abgeriebene Zitronenschale

Pro Portion etwa
840 Joule/200 Kalorien

Zubereitungszeit: 20 Minuten
Besonderes Küchengerät: großer flacher Topf für das Wasserbad

2 Eier in Eigelbe und Eiweiße trennen. • Die Eigelbe mit dem dritten ganzen Ei, dem Zucker und der Speisestärke in einem kleinen Topf schaumig rühren. Den Weißwein und den Zitronensaft unterrühren. Den Topf ins heiße – nicht ins kochende – Wasserbad stellen und so lange schlagen, bis die Masse cremig wird. Das Wasserbad darf während dieser Zeit nicht kochen. Am besten 1 Tasse kaltes Wasser neben den Herd stellen für den Fall, daß das Wasserbad zu kochen beginnt. Dann einen Schuß kaltes Wasser ins Wasserbad gießen. • Die Creme im Wasserbad warm halten, aber vom Herd nehmen. • Die Eiweiße zu steifem Schnee schlagen und unter die noch warme Sauce ziehen. Die Sauce kann kalt oder warm serviert werden.

Paßt gut zu: Pudding, roter Grütze oder Obstsalat.

Preiswert · Schnell

Schokoladensauce

Bild Seite 339

100 g zartbittere Schokolade
1/4 l Milch
1 Prise Salz
2 Eßl. Zucker
2 Päckchen Vanillinzucker
2 Eßl. Speisestärke
1 Eigelb

Pro Portion etwa
1015 Joule/255 Kalorien

Zubereitungszeit: 25 Minuten

Die Schokolade zerbröckeln und mit der Milch und dem Salz unter Rühren bei schwacher Hitze zum Kochen bringen, bis sich die Schokolade aufgelöst hat. • Den Zucker und den Vanillinzucker in die Milch rühren. Die Speisestärke mit wenig kaltem Wasser anrühren, in die kochende Milch mengen und einmal aufkochen lassen. Die Sauce vom Herd nehmen. • Das Eigelb mit einigen Eßlöffeln heißer Sauce verquirlen und unter die Sauce ziehen. Die Sauce entweder heiß oder abgekühlt servieren.

Paßt gut zu: Vanille- oder Grießflammeri, Weinschaumcreme oder Vanille-Eiscreme.

Eierspeisen

Das Ei ist Star in der Küche. Es lockert und legiert, es bereichert, verfeinert, verziert, und es lassen sich mit ihm schnell die herrlichsten Speisen bereiten.
Je frischer das in der Küche verarbeitete Ei ist, desto höher sind seine Wertstoffe. Verwenden Sie generell nur ganz frische Eier und erhitzen Sie sie möglichst auf 70–80°, um das Salmonellenrisiko auszuschalten. Reste von Speisen, die rohe Eier enthalten, wegwerfen. Siehe auch S. 473.
- Beim Einkaufen von Eiern sollten Sie auf das Mindesthaltbarkeitsdatum achten.
- Tierfreunde bevorzugen Eier von Legehennen, die in naturgemäßer Bodenhaltung leben; auch das geht aus einem Aufdruck auf oder in der Packung hervor.
- Eier bewahrt man unbedingt im Eierfach des Kühlschranks auf.
- Werden für eine Eierspeise mehrere Eier gebraucht, schlägt man sie nacheinander einzeln in eine Tasse, um zu prüfen, ob jedes Ei einwandfrei ist. Ein einziges faules Ei könnte alle Zutaten verderben.
- Beim Trennen von Eiweiß und Eigelb schlägt man die Eierschale kräftig auf einen Schüsselrand, bricht sie auseinander und läßt das Eigelb über einer Schüssel von einer Schalenhälfte in die andere gleiten; dabei tropft das Eiweiß ab. Der sogenannte »Hahnentritt«, das Hagelschnürchen, ein gallertartiges Gerinnsel am Rande des Eigelbs, sollte entfernt werden. Je kühler die Eier sind, um so geringer ist die Gefahr, daß das Eigelb bei dieser Aktion zerläuft.
- Steifen Eischnee erhält man nur, wenn keine Spuren von Eigelb ins Eiweiß geraten sind. Die Schüssel und der Schneebesen müssen stets völlig fettfrei sein.
- Vor dem Kochen von Eiern sticht man jedes Ei am runden Ende mit einer Nadel oder mit dem Eipicker an, dann kann die Luft aus der Luftkammer entweichen und das Ei platzt nicht beim Kochen.
- Gekochte Eier sofort nach Ende der Garzeit abgießen und unter fließendem kaltem Wasser abschrecken. Der Garvorgang wird dadurch unterbrochen. Vom abgeschreckten Ei läßt sich die feine Haut unter der Schale mühelos abziehen.
- Enteneier sind größer und fettreicher als Hühnereier. Weil sie Salmonellenträger sein können, müssen sie unbedingt mindestens 12 Minuten hart gekocht werden.
- Gänseeier wiegen bis zu 160 g und sind unter Kennern besonders beliebt. Das Eiweiß bleibt auch nach dem Kochen leicht glasig. Die Kochzeit beträgt 10–12 Minuten.
- Perlhuhneier haben einen aromatischen, würzigen Geschmack. Ihre Schale ist mittelbraun und besonders hart. Die Kochzeit für weiche Perlhuhneier beträgt 3–3½ Minuten. Werden harte Perlhuhneier gewünscht, verdoppelt man die Kochzeit.
- Puteneier haben ein feines mildes Aroma. Die Kochzeit für weiche Puteneier beträgt 6–8, für harte Puteneier 12–16 Minuten – je nach Größe der Eier.
- Möweneier zählen zu den begehrten Delikatessen. Sie dürfen nur bis zum 15. Juni gesammelt werden, danach ist die Brut von Möwen geschützt. Weil Möwen ebenfalls Salmonellenträger sein können und weil das Eiweiß dieser Eier schwer gerinnt, sollen sie 12–15 Minuten gekocht werden.
- Wachteleier werden frisch importiert, auf dem Markt aber selten angeboten. Ein Wachtelei wiegt nur etwa 10 g und muß nur 1½–2 Minuten gekocht werden. Am häufigsten werden Wachteleier konserviert in Gläsern angeboten. Man garniert mit Wachteleiern gerne feine Vorspeisen oder Häppchen; für einen Imbiß aus Wachteleiern rechnet man pro Person 3–4 Eier.

Grundrezept

Rühreier

8 Eier
4 Eßl. Sahne
½ Teel. Salz
2 Messersp. weißer Pfeffer
3 Eßl. Butter
3 Eßl. Schnittlauchröllchen

Pro Portion etwa
1220 Joule/290 Kalorien

Zubereitungszeit: 20 Minuten

Die Eier nacheinander über einer Tasse aufschlagen und prüfen, ob kein schlechtes dabei ist. Die Eier alle in eine Schüssel geben und mit der Sahne, dem Salz und dem Pfeffer mit dem Schneebesen gut verquirlen.
- Die Butter in einer Pfanne auf dem Herd schmelzen lassen. Die Eimasse in die Butter gießen. Bei schwacher Hitze mit einem Spatel die Eimasse sanft in der Pfanne bewegen. Während die Eier langsam stocken (mind. 70°), entsteht eine großflockige weiche Eiermasse, die an der Oberfläche glänzen soll. Die gestockten Rühreier auf einer gut heißen Platte anrichten und mit dem Schnittlauch bestreuen.

Das paßt dazu: Bratkartoffeln oder frisch aufgebackenes Weißbrot, grüner Salat, Tomatensalat oder Gurkensalat.

Gute Vorspeise

Eierrösti

Von 150 g Kastenweißbrot die Rinde abreiben, das Brot in kleine Würfel schneiden und in wenig kalter Milch einweichen. • Die Eimasse wie im Grundrezept für Rühreier beschrieben zubereiten, aber die Sahne weglassen. Die Eimasse mit dem eingeweichten Weißbrot mischen und bei schwacher Hitze in heißer Butter in der Pfanne stocken lassen. • Eierrösti mit gehackter Petersilie bestreut servieren.

Rührei mit Geflügelleber

400 g Geflügelleber kalt waschen, trockentupfen und von allen anhängenden Fetteilchen befreien. • Die Butter in einer Pfanne erhitzen und die Geflügelleber unter Umwenden darin 5 Minuten braten. Die Leber auf einer heißen Platte im Backofen warm halten. • Die Eimasse im Geflügelleberbratfett wie im Grundrezept für Rührei beschrieben zubereiten und unter sachtem Hin- und Herbewegen stocken lassen. • Auf der Geflügelleber anrichten und mit Petersilie bestreuen. Stangenweißbrot dazu servieren.

Rühreier auf norwegische Art

4 Scheiben Toastbrot rösten, etwas abkühlen lassen und einseitig mit Sardellenbutter, Rezept Seite 295, bestreichen. • Die Eimasse wie im Grundrezept für Rühreier beschrieben zubereiten, in der Pfanne großflockig stocken lassen und auf den Toastscheiben anrichten. • Jede Portion mit 2 Sardellenfilets belegen.

Raffiniert · Preiswert

Rühreier in Wurstschüsselchen

1 grüne Paprikaschote häuten, die Schote in kleine Würfel schneiden und dabei die Rippen und Kerne im Inneren entfernen. • 4 ungehäutete Scheiben von Bierwurst oder Mortadellawurst etwa 1 cm dick in wenig Öl von einer Seite in der Pfanne braten. Da die Wurstscheiben nicht gehäutet sind, wölben sie sich während des Bratens zu kleinen Schüsseln. Die Wurstschüsseln auf einer heißen Platte im Backofen heiß halten. • Die Eimasse wie im Grundrezept für Rühreier beschrieben zubereiten. Die Butter erhitzen und die Paprikawürfel 5 Minuten in der Butter von allen Seiten anbraten. Die Eimasse zugießen und wie im Grundrezept beschrieben stocken lassen. Die Eimasse in die Wurstschüsselchen füllen. • Verschiedene Rohkostsalate dazu reichen.

Rühreier mit Parmesankäse

Die Eimasse wie im Grundrezept beschrieben zubereiten, jedoch mit 100 g frisch geriebenem Parmesankäse mischen. • Die Eimasse großflockig stocken lassen und mit Feldsalat servieren.

Gelingt leicht · Preiswert

Rühreier mit Schinken

Die Eimasse wie im Grundrezept beschrieben zubereiten, jedoch mit 200 g kleingewürfeltem gekochtem Schinken mischen und großflockig stocken lassen. • Mit Stangenweißbrot reichen.

Grundrezept

Eier im Näpfchen

Für Eier im Näpfchen (Oeufs en cocotte) gibt es kleine feuerfeste Portionsgefäße mit Deckel unter einer Metallklammer, die den Deckel festhält. Die Eier werden im Wasserbad gegart und ergeben kleine Gerichte, die man als Vorspeise reicht oder mit Salat und Bratkartoffeln als leichte Mahlzeit. Statt der speziellen Kokotten kann man auch Tassen oder andere kleine Förmchen verwenden und diese mit Alufolie verschließen.

200 g Lachsschinken
10 grüne rotgefüllte Oliven
4 Eier
je Ei 1 Prise Salz und weißer Pfeffer
2 Eßl. Schnittlauchröllchen
4 Teel. Butter
Für die Förmchen:
Butter

Pro Portion etwa 965 Joule/230 Kalorien

Zubereitungszeit: 30 Minuten
Besondere Küchengeräte: 4 Eier-Kokotten oder 4 Tassen und Alufolie, flacher Topf fürs Wasserbad

In einem flachen Topf Wasser fürs Wasserbad erhitzen, die Förmchen hineinstellen. Das Wasser sollte bis 1 cm unter dem Förmchenrand stehen. In jedes Förmchen einige Butterflöckchen geben und die Butter schmelzen lassen. Durch Schwenken der Förmchen die zerlassene Butter an den Innenwänden verteilen und die Förmchen aus dem Wasserbad nehmen. • Den Lachsschinken und die Oliven kleinwürfeln und in die 4 Förmchen verteilen. Die Eier nacheinander über einer Tasse aufschlagen, jeweils 1 Ei in 1 Förmchen geben. Die Eier salzen und pfeffern, mit Butterflöckchen belegen und mit Schnittlauch bestreuen. • Die Förmchen mit Deckel und Klammer oder mit Alufolie schließen und ins Wasserbad stellen. Das Wasser im Wasserbad nicht zum Kochen kommen lassen, sondern nur zum Sieden. Vorsichtshalber 1 Tasse kaltes Wasser neben den Topf stellen; sollte das Wasser doch zu kochen beginnen, mit einem Schuß »Kälte« die Hitze wieder regulieren. Die Eier in den Förmchen in etwa 12 Minuten stocken lassen.

Das paßt dazu: getoastetes Weißbrot mit Butter oder Bratkartoffeln und ein Salat.

Preiswert

Eier auf Florentiner Art mit Blattspinat

4 Eier-Kokotten mit Butter auskleiden. Etwa 200 g Spinat verlesen, waschen, 5 Minuten blanchieren und abtropfen lassen. Den Blattspinat mit 4 gehackten Sardellenfilets und 2–3 Eßlöffeln Sahne mischen und in die Förmchen verteilen. • Auf den Spinat je 1 Ei geben, das Ei leicht salzen und pfeffern und mit je 1 Eßlöffel frisch geriebenem Parmesankäse bestreuen. • Die Eier wie im Grundrezept für Eier im Näpfchen beschrieben im Wasserbad garen.

Raffiniert

Eier auf schottische Art

200 g gekochten Schinken und 100 g Champignons hacken. 2 Eßlöffel Tomatenmark und 2 Eßlöffel Crème fraîche miteinander verrühren, mit 1 Prise schwarzem Pfeffer und mit 1 Prise Salz würzen und mit den Schinken- und den Champignonstückchen mischen. • Die Mischung in die ausgebutterten Förmchen verteilen, jeweils 1 Ei daraufgeben, jedes Ei mit einigen Raspel von Trüffeln bestreuen und die Eier mit einigen Tropfen Tomatenmark umkränzen. • Die Förmchen schließen und wie im Grundrezept für Eier im Näpfchen beschrieben im Wasserbad garen.

Grundrezept

Spiegeleier

Spiegeleier, Setzeier, Ochsenauge – eigentlich verbirgt sich hinter diesen Bezeichnungen nichts weiter als ein aufgeschlagenes, gebratenes Ei. Doch gibt es feine Unterschiede. – Für Spiegeleier bietet der Handel spezielle Pfannen mit kreisrunden Vertiefungen im Boden an, damit die Eier die richtige Form bekommen. Statt der Spezialpfannen kann man auch eine beliebige Pfanne verwenden und Metallringe hineinlegen, die ebenfalls ein rundes Spiegelei garantieren. Wer mit weniger Perfektion zufrieden ist, brät die Eier einfach nebeneinander in 1 oder 2 Pfannen; das Spiegelei erhält dann zwar etwas unregelmäßige, aber appetitlich knusprige Ränder.

2 Eßl. Öl
8 Eier
je Ei 1 Prise Salz und weißer Pfeffer
2 Eßl. Butter

Pro Portion etwa 1255 Joule/300 Kalorien

Zubereitungszeit: 20 Minuten
Besondere Küchengeräte: 2 große Bratpfannen

Je 1 Eßlöffel Öl in einer Pfanne hoch erhitzen, die Temperatur auf schwache Hitze schalten und die Eier nacheinander in eine Tasse aufschlagen und jeweils 4 Eier in eine Pfanne gleiten lassen. Die Ränder der Eier mit dem Spatel anfangs immer wieder zu den Eigelben hinschieben, bis sie etwas fest werden. Die Eiweiße mit Salz und Pfeffer bestreuen; die Eigelbe sollten nicht bestreut werden, da sie durch das Salz sonst weiße Flecken bekommen. • Wenn die Eiweiße fest zu werden beginnen, in jede Pfanne 1 Eßlöffel Butter geben und die Butter durch Schwenken der Pfanne um die Eier fließen lassen. Nach etwa 10 Bratminuten sind die Eiweiße fest, die Eigelbe aber noch richtig weich. Die Eier noch so lange weiterbraten, bis die Ränder zu bräunen beginnen. Die Eier dann mit einem breiten Spatel vorsichtig aus der Pfanne auf eine Platte oder einen Servierteller legen und möglichst heiß servieren.

Das paßt dazu: Spinat und Salzkartoffeln oder Bratkartoffeln und grüner Salat, Gurkensalat oder Tomatensalat.

Gelingt leicht · Preiswert

Spiegeleier auf Speck

Je 1 Eßlöffel Butter in einer Pfanne zerlassen und darin 4 Scheiben Frühstücksspeck knusprig braun ausbraten. Auf jede Speckscheibe 1 aufgeschlagenes Ei gleiten lassen und die Eiweißränder mit Salz und Pfeffer bestreuen. Die Spiegeleier bei schwacher Hitze braten, bis das Eiweiß fest wird und die Ränder zu bräunen beginnen. • Mit Stangenweißbrot reichen.

Grundrezept

Pochierte Eier

Pochieren heißt Garziehen bei schwacher Hitze, knapp unterhalb des Siedepunktes. Diese Garmethode bietet sich für ganz frische Eier an, die in Sauce, auf Toast oder auf feinem Gemüse serviert werden. Wichtig ist, daß die Eier nicht älter als 1 Woche sind, denn dann hält sich das Eiweiß noch geleeartig dicht um das Eigelb und fließt nicht auseinander wie bei älteren Eiern. Zum Pochieren von Eiern braucht man einen besonders flachen großen Topf, in dem die Eier nebeneinander schwimmen können, ohne einander zu berühren.

Wasser nach Bedarf
1 Teel. Salz
4 Eßl. Essig
8 Eier

Pro Portion etwa
730 Joule/175 Kalorien

Zubereitungszeit: 15 Minuten

Einen großen flachen Topf etwa 20 cm hoch mit Wasser füllen, das Salz und den Essig unterrühren und das Wasser zum Kochen bringen. Wenn das Wasser sprudelnd kocht, die Elektroplatte auf 0 schalten, die Gasflamme auf minimalste Größe stellen. • Die Eier nacheinander in eine Tasse schlagen und ins schwach kochende Essigwasser gleiten lassen. Mit einem Löffel möglichst das Eiweiß an das Eigelb heranschieben. • Nach und nach so viele Eier in den Topf geben, daß die Eier darin garen können, ohne einander zu berühren. Die Eier eventuell in 2 Portionen garen. Das Wasser darf keinesfalls sprudelnd kochen, sondern sich nur leicht an der Oberfläche kräuseln, wenn die Eier eingelegt werden. Den Topf dann vom Herd nehmen und die Eier 5 Minuten im heißen Wasser ziehen lassen. • Das Eigelb soll bei pochierten Eiern weich bleiben, aber von einem dünnen Film von Eiweiß überzogen sein. Das Eiweiß selbst wird im heißen Wasser fest. • Die Eier nacheinander mit dem Schaumlöffel aus dem Wasser heben, in eiskaltes Wasser tauchen, um ein Nachgaren zu verhindern. Die Ränder der Eier dann »parieren«, das heißt mit einem scharfen Messer die unregelmäßig auseinandergezogenen Eiweißränder glattschneiden. • Die Eier bis zum Servieren – oder bis zum Fertigstellen der zweiten Portion – in heißem Salzwasser warm halten. Die Eier vor dem Servieren auf einem Tuch oder auf Küchenkrepp abtropfen lassen.

Das paßt dazu: geröstetes Brot und eine Würzsauce wie Tomatenketchup, Meerrettichsahne oder Senfsauce.

Raffiniert · Preiswert

Pochierte Eier auf Brüsseler Art

4 Eier wie im Grundrezept für pochierte Eier beschrieben garen, parieren und in Salzwasser heiß halten. • 2 mittelgroße Stauden Chicorée feinhacken, in 1 Eßlöffel Butter unter ständigem Rühren anbraten, mit Salz und weißem Pfeffer abschmecken und mit 5 Eßlöffeln Crème fraîche verrühren. • Das Chicoréepüree auf eine feuerfeste Platte geben und die pochierten Eier darauf anrichten. Die Eier mit 2–3 Eßlöffeln Semmelbrösel bestreuen und die Semmelbrösel mit Butterflöckchen belegen. Die Eier im vorgeheizten Backofen bei 230° so lange überbacken, bis die Butter geschmolzen ist und die Semmelbrösel zu bräunen beginnen. • Stangenweißbrot dazu reichen.

Raffiniert

Verlorene Eier in Senfsauce

1 Zwiebel schälen und kleinschneiden und die Zwiebelstückchen mit 4 Senfkörnern, 1 Teelöffel Salz und ¼ l Wasser zum Kochen bringen. Im offenen Topf kochen lassen, bis das Wasser zur Hälfte verdampft ist. • ⅜ l trockenen Weißwein zum Zwiebelwasser gießen, zum Kochen bringen und in 2 Portionen 8 Eier im Weinsud wie im Grundrezept für pochierte Eier garen, parieren und in Salzwasser heiß halten. • Den Kochsud durch ein Sieb gießen und aufbewahren. • Für die Sauce 2 Eßlöffel Butter in einem Topf zerlassen, 1 Eßlöffel Mehl in die Butter streuen, unter Rühren langsam goldgelb anbraten und nach und nach mit dem durchgesiebten Kochsud aufgießen. Die Sauce etwa

10 Minuten bei schwacher Hitze kochen lassen. • 1–2 Teelöffel scharfen Senf mit 4 Eßlöffeln Créme fraîche verrühren und in die Sauce mischen. Mit Salz, 1 Prise Zucker und nach Belieben mit mehr Senf abschmecken. • Die Eier aus dem Salzwasser heben und in der Sauce noch 5 Minuten ziehen, aber nicht mehr kochen lassen. • Dazu Kartoffelpüree und einen grünen Salat reichen.

Grundrezept

Eierstich

1 Teel. Öl
2 Eier
2 Eßl. Bouillon
2 Messersp. Salz
1 Messersp. geriebene Muskatnuß
1 Messersp. weißer Pfeffer

Pro Portion etwa 210 Joule/50 Kalorien

Zubereitungszeit: 30 Minuten
Besonderes Küchengerät: kleine feuerfeste Form mit Deckel oder eine Tasse und Alufolie

In einem genügend großen flachen Topf Wasser für das Wasserbad erhitzen. Das feuerfeste Förmchen oder eine Tasse mit dem Öl ausstreichen. • Die Eier mit der Bouillon, dem Salz, dem Muskat und dem Pfeffer verquirlen und in das Förmchen oder in die Tasse füllen. Das Förmchen zudecken, die Tasse mit Alufolie verschließen und die Ränder gut andrücken. • Förmchen oder Tasse ins ganz leicht kochende, keinesfalls sprudelnde Wasser stellen und 25 Minuten im zugedeckten Topf stocken lassen. • Der Wasserspiegel soll etwa so hoch sein, wie der Spiegel der Eimasse im Förmchen, damit der Eierstich gleichmäßig gart. • Nach 25 Minuten die Eimasse vorsichtig durch Fingerdruck auf Festigkeit prüfen. Ist der Eierstich fest genug, läßt man ihn im Förmchen im Kühlschrank kalt werden. • Den Rand der Eimasse mit einem spitzen Messer vom Förmchen lösen und den Eierstich auf eine Platte stürzen. Die Eimasse mit einem Buntmesser in Würfel oder Rauten schneiden.

Paßt gut zu: klaren Suppen als Einlage oder aufgeschnitten als Belag für Partyhappen mit gehäutetem Räucheraal.

Grundrezept

Omelettes

8 Eier
1 Eßl. Sahne
1 Teel. Salz
2 Messersp. schwarzer Pfeffer
2 Eßl. Butter

Pro Portion etwa 1250 Joule/300 Kalorien

Zubereitungszeit: 1 Stunde

Omelettes müssen nacheinander fertiggestellt werden. Deshalb am besten den Backofen auf 80° vorheizen und eine feuerfeste Platte gut vorwärmen. • Die Eier mit der Sahne, dem Salz und dem Pfeffer verquirlen. • Eine Pfanne leer erhitzen, etwa ½ Eßlöffel Butter darin schmelzen lassen und ¼ der Omelettemasse in die Pfanne geben. Während der ersten Minuten die Masse mit einem Löffelrücken in der Pfanne leicht bewegen. Die Pfanne während des Bratens ständig leicht hin- und herbewegen, damit die Unterseite nicht ansetzt. Die Temperatur sofort nach dem Einfüllen der Masse auf äußerst schwache Hitze zurückschalten und die Eimasse in der Pfanne stocken lassen. • Die Unterseite der Omelettes soll fest zusammenhängend sein, aber nicht bräunen. Die Oberseite soll zwar stocken, aber weich bleiben und glänzen. Ist dies erreicht, den Stiel der Pfanne leicht anheben und die Omelette an den Rand gleiten lassen (siehe dazu im großen Küchen-ABC unter dem Stichwort Omelette). • Je nach Rezept eine Füllung auf die eine Hälfte der Omelette geben oder die Omelette ungefüllt lassen, die zweite Hälfte darüberklappen und die Omelette auf einem gut vorgewärmten Portionsteller im Backofen warm halten, bis alle 4 Omeletts gebacken sind.

Das paßt dazu: in Butter geschwenkte Perlerbsen, junger Blattspinat, frisch gekochter Spargel oder ein grüner Salat.

Gute Vorspeise

Omelettes mit feinen Kräutern

Je 1 Eßlöffel gehackte Petersilie, gehackten Kerbel, gehackten Estragon und Schnittlauchröllchen unter die wie im Grundrezept beschriebene Omelettemasse rühren und die Omelettes wie im Grundrezept beschrieben braten, zusammenklappen und auf vorgewärmten Tellern servieren.

Omelettes auf Bauernart

Die Eiermasse für die Omelettes wie im Grundrezept beschrieben verquirlen. • 100 g durchwachsenen Speck kleinwürfeln, in der Pfanne knusprig braun ausbraten und anschließend aus der Pfanne nehmen. Im verbliebenen Speckfett 2 kleingewürfelte, gekochte Kartoffeln anbraten und dann ebenfalls aus der Pfanne nehmen. • ½ Tasse Sauerampferblätter waschen, abtrocknen, in Streifen schneiden und im Speckfett kurz anbraten. • Die Speckwürfel, die Kartoffelwürfel und die Sauerampferstreifen unter die Omelettemasse mischen und daraus im verbliebenen Speckfett 4 Omelettes backen; dabei kleine Stückchen Butter zugeben und in der Pfanne schmelzen lassen. • Die Omelettes auf Bauernart werden glatt – nicht zusammengeklappt – serviert. Salat schmeckt gut dazu.

Etwas schwierig · Preiswert

Schaumomelettes mit Käse

Schaumomelettes werden meist süß gefüllt als festliches Dessert gereicht. Mit herzhafter Füllung serviert man sie als Vorspeise oder Zwischengericht.

4 Eier
4 Eßl. Wasser
1 Prise Salz
1 Eßl. Sahne
je 1 Messersp. Salz und schwarzer Pfeffer
100 g frisch geriebener Emmentaler Käse
4 Eßl. Butter

Pro Portion etwa 1700 Joule/405 Kalorien

Zubereitungszeit: 30 Minuten

Die Eier in Eigelbe und Eiweiße trennen. Die Eiweiße mit dem Wasser und dem Salz zu steifem Schnee schlagen. • Die Eigelbe mit der Sahne, dem Salz, dem Pfeffer und dem geriebenen Käse verrühren, über den Eischnee füllen und mit dem Schneebesen unterheben. • Die Omelettes in 4 Portionen backen. Pro Portion in der Pfanne 1 Eßlöffel Butter schäumend erhitzen, ¼ der Omelettemasse hineingeben und durch Schwenken der Pfanne über den Pfannenboden verteilen. Die Omelettemasse bei schwacher Hitze stocken lassen und die Pfanne dabei etwas rütteln, damit die Omelette unten nicht ansetzt. • Wenn die Luftbläschen an der Teigoberfläche geplatzt sind, die Teigoberfläche kräftig gelb geworden ist und die Unterseite eben zu bräunen beginnt, die Omelette von beiden Seiten her zur Mitte übereinanderklappen und auf einer vorgewärmten Platte im Backofen bei 80° heiß halten, bis die letzte Omelette fertig ist.

Das paßt dazu: frisches Stangenweißbrot und ein beliebiger Salat.

Schaumomelettes mit Konfitüre

6 Eßlöffel Erdbeerkonfitüre mit 2 Teelöffeln Zitronensaft und 1 Teelöffel Himbeergeist verrühren. • Die Eiermasse wie im Rezept für süße Schaumomelettes beschrieben zubereiten, statt Vanillinzucker jedoch fein abgeriebene Schale von ½ Zitrone unter die Masse mischen. • Die Omelettes braten und vor dem Zusammenklappen mit je ¼ der vorbereiteten Konfitüre bestreichen.

Schaumomelettes mit Himbeeren

400 g Himbeeren verlesen, waschen und abtropfen lassen. Die Himbeeren mit 2 Eßlöffeln Zucker und 1 Eßlöffel Himbeergeist mischen und zugedeckt etwas durchziehen lassen. • 4 Schaumomelettes wie im Rezept für süße Schaumomelettes beschrieben zubereiten. Die Omelettes braten und vor dem Zusammenklappen mit je ¼ der Himbeeren füllen.

Mein Tip Jede Schaumomelette kann im übrigen mit den gleichen Zutaten gefüllt werden wie die normalen Omelettes oder auch wie die Crêpes.

Zum Bild rechts:

Birnen, Bohnen und Speck, diese Hamburger Spezialität auf dem nebenstehenden Bild sollte man nicht nur in der Hafenstadt probieren. Der Eintopf schmeckt so köstlich, daß auch Nicht-Hamburger davon begeistert sind und die Zeit nicht versäumen möchten, in der grüne Bohnen und Kochbirnen Hochsaison haben; denn ganz echt kann man den Eintopf aus Birnen, Bohnen und Speck nur mit marktfrischem Obst und Gemüse bereiten. Dabei stört niemanden, daß es kein komplettes Eintopfessen ist; denn Salzkartoffeln werden extra gekocht und dazu gereicht. Das Rezept finden Sie auf Seite 313.

Grundrezept

Eierpfannkuchen

4 Eier	*4 Eßl. Butter oder Pflanzenfett*
1/8 l Milch	
1/8 l Mineralwasser	
1 Prise Salz	*Pro Portion etwa*
200 g Mehl	*1705 Joule/405 Kalorien*

Zeit zum Quellen: 30 Minuten
Zubereitungszeit: 30 Minuten

Die Eier mit der Milch, dem Mineralwasser und dem Salz verquirlen und löffelweise das Mehl unterrühren. Der Teig soll zähflüssig werden. Den Teig zugedeckt 30 Minuten ruhen lassen. • Nacheinander wenig Bratfett in einer Pfanne zerlassen. Den Pfannkuchenteig noch einmal gut durchrühren und jeweils 1 kleinen Schöpflöffel voll in die angefettete heiße Pfanne geben. Den Teig durch Schwenken der Pfanne breitlaufen und die Masse bei schwacher Hitze stocken lassen. • Wenn die Masse fest ist, die Oberfläche aber noch leicht glänzt und die Unterseite bereits knusprig gebraten ist, die Pfanne leicht rütteln, damit sich der Pfannkuchen vom Boden löst. Den Pfannkuchen entweder mit einem breiten Pfannenwender drehen oder auf einen großen Topfdeckel stürzen und umgedreht wieder in die Pfanne gleiten lassen. Dann die Unterseite fertig braten. • Das Braten pro Pfannkuchen dauert 8–10 Minuten. Die fertig gebratenen Pfannkuchen auf einer vorgewärmten Platte im Backofen bei 150° warm halten, bis alle Pfannkuchen gebraten sind.

Das paßt dazu: entweder Zimt und Zucker oder Apfelmus oder ein beliebiges Kompott; oder Gemüse oder ein beliebiger Salat.

Zum Bild links:

Sauce hollandaise – zu deutsch holländische Sauce – gehört zur feinen Küche wie Sahnemeerrettich, Kräuterbutter, kleines Blätterteiggebäck und anderes mehr. Leider ist diese edle Sauce nicht gerade preiswert und auch nicht kalorienarm. Aber man sollte sich ihrer erinnern, so oft etwas Exquisites für eine festliche Gelegenheit gewünscht wird. Die Sauce paßt gut zu Spargel, Broccoli, Seezungenröllchen, feine Filetsteaks, Garnelen, Blumenkohl oder gedünstetem Chicorée. Das Rezept finden Sie auf Seite 291.

Gelingt leicht · Preiswert

Eierpfannkuchen mit Speck

Den Eierpfannkuchen wie im Grundrezept beschrieben zubereiten und zugedeckt 30 Minuten quellen lassen. • Für jeden Pfannkuchen 2 dünne Scheiben Frühstücksspeck in der Pfanne knusprig braun braten, den Teig darüberfließen lassen, die Eierkuchen wie im Grundrezept beschrieben braten und warm stellen, bis alle Pfannkuchen fertig sind. • Zu Speckpfannkuchen schmeckt Feldsalat besonders gut.

Schweizer Eierhaber

Einen Eierpfannkuchenteig wie im Grundrezept beschrieben bereiten und zugedeckt 30 Minuten quellen lassen. • Jeweils wenig Bratfett in einer Pfanne zerlassen, besonders kleine Eierkuchen aus dem Teig braten und nach dem Wenden die Eierkuchen in kleine Stücke zerreißen. • Die Stücke auf einer heißen Platte im Backofen warm halten, bis die ganze Eierpfannkuchenmasse verarbeitet ist. • Zu Eierhaber Sauerkraut und kleine gebratene Schweinswürstchen servieren.

Gelingt leicht · Preiswert

Apfelpfannkuchen

Einen Eierpfannkuchenteig wie im Grundrezept beschrieben zubereiten und zugedeckt 30 Minuten quellen lassen. • 2 große säuerliche Äpfel schälen, das Kerngehäuse entfernen, die Apfelviertel in Scheibchen schneiden und unter den Eierkuchenteig heben. • Den Eierpfannkuchenteig in 4 Portionen zu Pfannkuchen braten und auf einer vorgewärmten Platte im Backofen heiß halten, bis der gesamte Teig verarbeitet ist. • Die Apfelpfannkuchen vor dem Servieren mit Zimt-Zucker bestreuen.

Eierpfannkuchen mit Beerenquark

Einen Eierpfannkuchenteig wie im Grundrezept beschrieben zubereiten und zugedeckt 30 Minuten quellen lassen. • 400 g Himbeeren, Erdbeeren, Brombeeren oder Johannisbeeren verlesen, waschen, gut abtropfen lassen und je nach Süße der Beeren mit 1–2 Eßlöffeln Zucker bestreut zugedeckt durchziehen lassen. • 500 g Magerquark mit 2 Eßlöffeln Zucker, 1 Päckchen Vanillinzucker, abgeriebener Schale von

½ Zitrone und so viel Milch verrühren, daß eine cremige Masse entsteht. Diese Quarkmasse leicht erwärmen und die Beeren mit dem gezogenen Saft unterheben. • Aus dem Eierpfannkuchenteig 4 gleich große Pfannkuchen backen. • Jede Hälfte mit Beerenquark bestreichen und die andere Hälfte darüberklappen. Die Pfannkuchen mit Puderzucker besieben.

Preiswert · Gelingt leicht

Wiener Kaiserschmarrn

4 Eier
1 Prise Salz
2 Eßl. Zucker
⅜ l Milch
120 g Mehl
50 g Rosinen
4 Eßl. Butter
Zum Besieben:
2 Eßl. Puderzucker

Pro Portion etwa
1545 Joule/365 Kalorien

Zubereitungszeit: 30 Minuten

Die Eier in Eigelbe und Eiweiße trennen. Die Eiweiße mit dem Salz zu steifem Schnee schlagen. • Die Eigelbe mit dem Zucker und der Milch verquirlen und eßlöffelweise das Mehl unterrühren. • Die Rosinen heiß waschen und gut trockentupfen. • Den Eischnee unter die Eigelbmasse heben. • Die Hälfte der Butter in der Pfanne schäumend erhitzen und die Hälfte der Eimasse in die Pfanne gießen. Die Masse anziehen lassen, die Rosinen darüberstreuen und den Schmarrn wenden, sobald die Unterseite fest genug dafür ist. Von der anderen Seite ebenfalls goldbraun braten und dabei in kleine Stücke zerreißen. Die Elektroplatte abschalten, die Gasflamme auf kleinste Höhe stellen und den Kaiserschmarrn kurz bei schwächster Hitze etwas ausdünsten lassen. Die zweite Hälfte ebenso zubereiten. • Den Kaiserschmarrn auf einer vorgewärmten Platte anrichten und mit dem Puderzucker besieben.

Das paßt dazu: Kompott oder Pflaumenröster.

Kirschenschmarrn

Den Teig wie für Kaiserschmarrn zubereiten, in die Pfanne gießen, statt der Rosinen jedoch 300 g frische entsteinte süße Kirschen oder Sauerkirschen auf den Teig streuen. • Den fertigen Kaiserschmarrn zerreißen und mit Puderzucker besieben.

Raffiniert

Palatschinken mit Marillenmarmelade

150 g Mehl
2 Eier
1 Prise Salz
1/16 l Milch
⅛ l Mineralwasser
4 Eßl. Butter
100 g Marillenmarmelade (Aprikosenmarmelade)
Wasser nach Bedarf
Zum Besieben:
3 Eßl. Puderzucker

Pro Portion etwa
1560 Joule/370 Kalorien

Zubereitungszeit: 40 Minuten

Das Mehl in eine Schüssel sieben und mit den Eiern und dem Salz zu einem dicken Teig verrühren. Nach und nach so viel von der Milch und dem Mineralwasser zugeben, daß ein dünnflüssiger Teig entsteht. • Wenig Butter in einer Pfanne erhitzen und so viel Teig in die Pfanne gießen, daß der Boden dünn von Teig bedeckt ist. Die Pfanne dabei schwenken, damit sich der Teig gleichmäßig über den Pfannenboden verteilt. Die Palatschinken bei schwacher Hitze von einer Seite hellbraun braten, wenden und die zweite Seite ebenfalls goldgelb braten. • Die fertigen Palatschinken übereinanderlegen und im vorgeheizten Backofen bei 150° warm halten. • Die Marillenmarmelade erhitzen und mit ganz wenig heißem Wasser verrühren. Die Palatschinken damit bestreichen, zusammenrollen, dicht nebeneinander auf einer vorgewärmten Platte anrichten und vor dem Servieren mit dem Puderzucker besieben.

Mein Tip Zum Füllen der Palatschinken können Sie statt der Marillenmarmelade jede andere Konfitüre oder auch Gelee verwenden.

Topfen-Palatschinken

Bild Seite 286

Einen Palatschinkenteig zubereiten. Die Palatschinken braten, übereinanderlegen und im Backofen warm halten, bis alle gebacken sind. • Für die Topfenmasse 50 g Butter mit 3 Eßlöffeln Zucker, 1 Prise Salz, abgeriebener Schale von 1/4 Zitrone und 3 Eigelben schaumig rühren. 300 g Topfen (Speisequark), 1/8 l Sahne und 4 Eßlöffel gewaschene Rosinen unter die Eigelbmasse rühren. • 3 Eiweiße mit 2 Eßlöffeln Zucker zu steifem Schnee schlagen und unter die Topfenmasse heben. • Den Backofen auf 180° vorheizen. • Die Palatschinken mit der Topfenmasse bestreichen, aufrollen und in eine ausgebutterte feuerfeste Form legen. • 1 Ei mit 1 Eßlöffel Zucker und 1/8 l Milch verquirlen, über die Palatschinken gießen und diese im Backofen 20 Minuten goldbraun backen. • Die Topfen-Palatschinken vor dem Servieren mit Puderzucker besieben.

Grundrezept

Crêpes mit Spargelspitzen

Bild Seite 285

Zutaten für 6 Personen:

Zum Füllen und Überbacken:
1 kg Spargel
3 kleine Tomaten
1 Schalotte
1 Eßl. Butter
1/2 Teel. Salz
4 Eßl. Crème fraîche
50 g frisch geriebener Emmentaler Käse
1 Eßl. grüner Pfeffer aus dem Glas

Für die Crêpes:
120 g Mehl
1 Ei
2 Eigelbe
1/8 l Sahne
3/8 l Milch
1 Prise Salz
4 Eßl. Butter

Pro Portion etwa 1580 Joule/375 Kalorien

Zubereitungszeit: 1 Stunde
Zeit zum Quellen: 1 Stunde

Den Spargel von oben nach unten schälen, die holzigen Enden abschneiden und den Spargel bündeln. Den Spargel in sprudelnd kochendes Salzwasser legen und zugedeckt bei mittlerer Hitze je nach Dicke der Spargelstangen 25–30 Minuten kochen lassen. • Die Tomaten häuten, entkernen und würfeln. Die Schalotte schälen und hacken. Die Butter zerlassen und die Schalottenwürfel unter Umwenden darin goldbraun braten. Die Tomatenwürfel zugeben, salzen, die Hitze zurückschalten und die Tomatenstückchen in etwa 10 Minuten bei schwacher Hitze dünsten und beiseite stellen. • Für die Crêpes das Mehl in eine Schüssel sieben, das Ei, die Eigelbe und die Sahne mit dem Mehl mit einem Schneebesen glattrühren. Zuletzt so viel Milch zugeben, daß ein dünnflüssiger Teig entsteht. Den Teig mit dem Salz verrühren und zugedeckt mindestens 1 Stunde quellen lassen. • Den weichgekochten Spargel abtropfen lassen und die Spargelstangen halbieren. Die unteren Hälften der Spargelstangen für eine Suppe oder für einen Salat verwenden. • Nach und nach die Butter für die Crêpes in einer Pfanne zerlassen. Den Teig für die Crêpes noch einmal gut durchrühren und nach und nach jeweils so viel Teig in die heiße Butter geben, daß ein sehr dünner, etwa untertassengroßer Pfannkuchen entsteht. Den Pfannkuchen bei mittlerer Hitze von jeder Seite goldbraun braten und die fertigen Crêpes übereinander auf einen vorgewärmten Teller legen. • Den Backofen auf 250° vorheizen. • Die Spargelspitzen gleichmäßig auf den Crêpes verteilen und die Crêpes über den Spargelspitzen aufrollen. Die Rollen in eine feuerfeste Form legen. • Die Tomatenwürfel mit den Schalottenwürfeln und der Crème fraîche verrühren und über die Crêpes gießen. Den Käse darüberstreuen und die Crêpes auf der mittleren Schiebeleiste 8–10 Minuten überbacken, bis der Käse zu schmelzen beginnt und goldbraun wird. • Die Crêpes vor dem Servieren mit dem grünen Pfeffer bestreuen.

Das paßt dazu: frisch aufgebackenes Weißbrot.

Etwas schwierig · Raffiniert

Crêpes Suzette

Zutaten für 6 Personen:
Einen Teig wie im Grundrezept für Crêpes beschrieben bereiten und etwa 12 dünne Crêpes daraus backen. • 10 Stücke Würfelzucker an 3 gewaschenen ungespritzten Orangen so lange reiben, bis die Zuckerstücke rundherum von der Schale gefärbt sind und das Aroma eingezogen ist. • 2 Eßlöffel Butter in einer Pfanne zerlassen, den Würfelzucker und 1 Eßlöffel Puderzucker unter Rühren darin anbraten, den Saft der 3 Orangen und von 1 Zitrone zugießen und unter Rühren etwas einkochen lassen. 1 Schnapsglas (2 cl) Orangenlikör zugießen und das Gemisch heiß halten. Die Crêpes zu Dreiecken zusammenfalten, in eine Flambierpfanne legen und über der Flamme eines Rechauds erhitzen. Die Orangenflüssigkeit über die Crêpes gießen. • 2 Schnapsgläser Cognac (4 cl) in einem Schöpflöffel über einer Kerzenflamme erwärmen, anzünden und brennend über die Crêpes gießen. • Die Flamme ausbrennen lassen und die Crêpes mit der Orangenflüssigkeit servieren.

Das Geheimnis des runden Wohlgeschmacks dieser in aller Welt beliebten Gerichte ist die relativ lange Garzeit bei niederen Temperaturen, in der die Aromen der harmonisch aufeinander abgestimmten Ingredienzen eine innige Verbindung eingehen. Aufläufe und Eintöpfe sind gut zur Gästebewirtung geeignet, wenn man wenig Zeit zum Kochen hat. Eintöpfe lassen sich zudem sehr gut vorkochen; die meisten schmecken nach dem Aufwärmen sogar noch besser.

Eintöpfe und Aufläufe sollten so sorgfältig vorbereitet werden wie komplizierte »feine« Speisen.
• Die Zutaten sollten frisch sein und von guter Qualität.
• Eintöpfe garen am besten in einem eisernen Topf mit gut schließendem Deckel. Die Hitze verteilt sich in den Töpfen gleichmäßig, so daß auch die Zutaten gleichmäßig garen und nicht umgerührt zu werden brauchen.
• 1 Prise Zucker unterstreicht die natürliche Süße vieler Gemüsesorten.
• Frische Küchenkräuter nicht mitgaren, sondern zuletzt an das Eintopfgericht geben, damit die in ihnen enthaltenen Wertstoffe erhalten bleiben.
• Fleisch für Eintöpfe braucht nicht vom teuersten Stück zu sein. Im Gegenteil, ein zart durchwachsenes Stück wie Halsgrat, ein Stück Bauchfleisch oder Hochrippe oder eine Beinscheibe geben mehr Geschmack und bleiben saftiger als ein völlig mageres Stück Fleisch. Eine vorhandene Fettschicht kann man vor dem Servieren entfernen.

Grundrezept

Gemüsetopf

500 g Erbsen in den Schoten
200 g Karotten
200 g kleine grüne Bohnen
200 g frischer Spargel
2 junge Kohlrabi
300 g neue Kartoffeln
3 Schalotten
1 Stengel Selleriegrün
1 Zweig Liebstöckel
4 Eßl. Butter
1 l Wasser
1 Eßl. Hefepaste
2 Eßl. gekörnte Gemüsebrühe
1 Teel. Zucker
1 Prise geriebene Muskatnuß
3 Eßl. gehackte Petersilie

Pro Portion etwa
1260 Joule/300 Kalorien

Zubereitungszeit: 1 Stunde

Die Erbsen aus den Schoten streifen und waschen. Die Karotten waschen und in Scheiben schneiden. Die Bohnen waschen, größere Bohnen durchbrechen, kleinere im ganzen lassen. Den Spargel waschen, schälen und in 1–2 cm lange Stücke schneiden. Den Kohlrabi schälen und würfeln oder in kleine Scheiben schneiden. Die Kartoffeln ebenfalls schälen und entsprechend kleinschneiden. Die Schalotten schälen. Das Selleriegrün und den Liebstöckel waschen und grob kleinschneiden. • Die Butter in einer großen Pfanne zerlassen. Das Gemüse mit dem Sellerie, dem Liebstöckel und den Kartoffeln darin bei nicht zu starker Hitze unter Wenden braten, aber nicht bräunen lassen. • Das Wasser erhitzen und die Hefepaste und Gemüsebrühe darin auflösen. • Das Gemüse mit dem Zucker und dem Muskat bestreuen und mit der heißen Brühe übergießen. Die Flüssigkeit im Topf aufkochen lassen, die Hitze reduzieren und den Eintopf bei schwacher Hitze in etwa 30 Minuten garen. • Im Topf oder in einer vorgewärmten Suppenschüssel mit der Petersilie bestreut servieren.

Mein Tip Für Hungrige den leichten Eintopf mit in Scheiben geschnittenen Mettwürsten oder Wiener Würstchen anreichern. Frisches Brot dazu reichen. Variieren Sie je nach Jahreszeit die Zusammenstellung von Gemüse: Wirsingkohl, Lauch, Sellerie und Möhren passen beispielsweise gut zusammen. Kochen Sie dann ein Stück geräucherten durchwachsenen Speck mit.

Grüne Bohnen mit Hammelfleisch

750 g nicht zu fettes Hammel- oder Lammfleisch in 1½ l Salzwasser zum Kochen bringen, abschäumen und bei schwacher Hitze je nach Fleischsorte in 1–1½ Stunden fast weich kochen. • 750 g in Stücke gebrochene grüne Bohnen und 500 g geschälte, in nicht zu kleine Würfel geschnittene Kartoffeln sowie 3 Zweige frisches oder 1 Teelöffel getrocknetes Bohnenkraut zufügen und 20–30 Minuten mitgaren. • Das Fleisch in Würfel schneiden, dabei nach Belieben die Fettschicht entfernen. • Die Fleischwürfel unter die Bohnen und Kartoffeln mischen. Den Eintopf mit Pfeffer und Salz abschmecken und mit gehackter Petersilie bestreut servieren.

Dicke Bohnen mit Hammelfleisch

500 g nicht zu fettes Hammel- oder Lammfleisch in 1½ l Salzwasser zum Kochen bringen, abschäumen und bei schwacher Hitze 1 Stunde kochen lassen. • 750 g dicke Bohnen nach 30 Minuten Kochzeit zum Fleisch geben. 300 g Kartoffeln schälen, in Würfel schneiden und nach 45 Minuten Garzeit zum Eintopf geben. Die Kartoffeln sollen während der letzten 15–20 Minuten Garzeit fast zerfallen und den Eintopf leicht binden. • 2 Eigelbe mit 2 Messerspitzen weißem Pfeffer, 1 Teelöffel scharfem Paprikapulver und 4 Eßlöffeln Sahne verquirlen. Den garen Eintopf vom Herd nehmen und mit der Eigelbsahne legieren. • Den Eintopf vor dem Servieren mit 4 Eßlöffeln Schnittlauchröllchen bestreuen.

Steckrüben mit Hammelfleisch

500 g nicht zu fettes Hammel- oder Lammfleisch in 1½ l Salzwasser 1 Stunde bei schwacher Hitze kochen lassen. • 1 kg Steckrüben schälen, waschen und kleinwürfeln. Die Rübenwürfel nach 20 Minuten Garzeit zum Fleisch geben und mit ihm garen. Inzwischen 300 g Kartoffeln schälen und würfeln und diese nach 45 Minuten Garzeit in den Eintopf geben. • Den garen Eintopf mit 4 Eßlöffeln Semmelbrösel binden, mit Salz, schwarzem Pfeffer und 1 Prise Nelkenpulver abschmecken und mit gehackter Petersilie bestreuen.

Preiswert

Reiseintopf mit Huhn

1 Brathähnchen von 1200 g in 2 l kochendes Salzwasser geben und nach dem Abschäumen bei schwacher Hitze in 1 Stunde gar ziehen lassen. • Nach 30 Garminuten 1 Bündel aus je 1 Zweig Petersilie, Selleriegrün, Thymian und Estragon zum Huhn geben. Außerdem ein kleines Stück Sellerieknolle, 1 Stück Lauch, 1 kleine halbierte Möhre und ½ Zwiebel zufügen. • In der Zwischenzeit 500 g Erbsen enthülsen und 200 g Möhren schaben, waschen und in Würfel schneiden. 200 g Reis waschen und abtropfen lassen. • Das gare Brathähnchen aus der Brühe nehmen, die Brühe durchsieben und in den Topf zurückgeben. Das Gemüse und den Reis in die Brühe rühren und zugedeckt bei schwacher Hitze in 25 Minuten garen. • Das Huhn auslösen, Knochen und Haut entfernen und vor dem Servieren kleingeschnitten wieder in den Eintopf geben.

Braucht Zeit

Garbure

Provenzalischer Gemüse-Eintopf

Dieser ausgezeichnete Gemüsetopf hat eine lange Vergangenheit, früher garte die Garbure stundenlang auf Holzfeuern.

500 g Rinderbrust
1½ l Wasser
1 Teel. Salz
1 Lorbeerblatt
1 Zwiebel
300 g Kartoffeln
1 große Möhre
2 weiße Rübchen
250 g grüne Bohnen
250 g gehäutete dicke Bohnen
250 g frische weiße Bohnenkerne
2 Knoblauchzehen
1 Kräutersträußchen, bestehend aus Petersilienwurzel, Kerbel, Liebstöckel
500 g gepökelte Gänsekeule oder -brust, ersatzweise gepökeltes Schweinefleisch
250 g junger Weißkohl
6 dünne Scheiben altbackenes Graubrot
2 Eßl. gehackte Petersilie
60 g geriebener Cataloukäse

Pro Portion etwa
2750 Joule/680 Kalorien

Zubereitungszeit: 2½–3 Stunden

Das Rindfleisch waschen. Das Wasser mit dem Salz und dem Lorbeerblatt zum Kochen bringen. Das Rindfleisch und die geschälte Zwiebel einlegen und zugedeckt bei sehr schwacher Hitze 1 Stunde und 30 Minuten leise kochen lassen. Anfangs abschäumen. • Inzwischen die Kartoffeln schälen und in dicke Scheiben schneiden. Die Möhre und die Rübchen schaben und würfeln. Die grünen Bohnen waschen, in Stücke brechen und diese Zutaten zusammen mit allen Bohnenkernen, den geschälten Knoblauchzehen und dem Kräutersträußchen zum Fleisch geben. • Bei sehr schwacher Hitze alles zugedeckt simmern lassen. • Nach 30 Minuten das Pökelfleisch zufügen. • Den Kohl waschen, in ganz feine Streifen schneiden, nach 50 Minuten in den Eintopf geben und noch 10 Minuten mitkochen lassen. • Das Rindfleisch und das Pökelfleisch in Scheiben schneiden. Das Kräutersträußchen aus der Brühe entfernen. Das Fleisch mit dem Gemüse anrichten. • Die Brotscheiben in eine Suppenterrine legen und die Brühe daraufgießen. Die Petersilie auf die Fleischbrühe streuen und diese mit dem Käse zum Fleisch und Gemüse servieren.

Pot au feu

Französischer Fleischtopf

2 Suppenknochen 5 Minuten sprudelnd kochen lassen, abgießen und abspülen. • $2\frac{1}{2}$ l Salzwasser zum Kochen bringen. Die Knochen, 1 Suppenhuhn, 500 g Rinderschulter und 2 Lorbeerblätter einlegen und alles 5 Minuten sprudelnd kochen lassen. Während dieser Zeit wiederholt abschäumen. • Das Fleisch bei sehr schwacher Hitze zugedeckt in 2 Stunden garen. • Danach 2 längs geviertelte Möhren, 4 geviertelte weiße Rübchen, 2 in Achtel geschnittene Zwiebeln und 4 längs halbierte dünne Lauchstangen zufügen. • Nach weiteren 30 Minuten Garzeit das in Portionsstücke zerteilte Fleisch mit dem Gemüse auf einer Platte anrichten. • Die Brühe durchseihen, mit Pfeffer und Salz abschmecken, mit etwas Cognac verfeinern und mit viel gehackter Petersilie zum Fleisch und Gemüse servieren.

Raffiniert

Bollito misto

Italienischer Fleischeintopf

Zutaten für 6 Personen:
500 g Rinderbrust in Salzwasser mit 2 Zwiebeln, 1 Knoblauchzehe, je 3 Pimentkörnern, Pfefferkörnern und Wacholderbeeren 2 Stunden ganz schwach kochen lassen. • Nach 30 Minuten 350 g Kalbszunge und nach weiteren 30 Minuten 350 g Kalbsbug und 1 kleines Jungmasthuhn mitkochen. • 30 Minuten bevor das Rindfleisch weich wird, 3 geschabte, halbierte Möhren und 3 in Stücke geschnittene dünne Lauchstangen zufügen. • Das Fleisch und Gemüse aus der Brühe heben. Die Zunge häuten und alle Fleischstücke unzerteilt mit dem Gemüse anrichten und erst bei Tisch aufschneiden.

Etwas schwierig

Gaisburger Marsch

500 g Rinderbug in 1 l Salzwasser 1 Stunde und 30 Minuten zugedeckt bei schwacher Hitze garen. 1 mit 2 Nelken und 1 Lorbeerblatt besteckte Zwiebel mitkochen. • Inzwischen Spätzle, Rezept Seite 273 ($\frac{1}{2}$ Rezeptmenge), bereiten. • Etwa 20 Minuten vor Beendigung der Garzeit 1 in Scheiben geschnittene Lauchstange, 500 g in Würfel geschnittene Kartoffeln, 250 g in Scheiben geschnittene Möhren und 250 g in Streifen geschnittenen Wirsingkohl zum Fleisch geben und mitkochen lassen. • Das weichgekochte Rindfleisch würfeln. Den Eintopf mit geriebener Muskatnuß und Salz abschmecken und die Spätzle und das Fleisch unterheben. • Den Eintopf mit in Butter gebratenen Zwiebelringen belegen und mit gehackter Petersilie bestreut servieren.

Gelingt leicht

Pichelsteiner aus dem Bayerischen Wald

Zutaten für 6 Personen:
350 g Rindfleisch (Hochrippe oder Bug)
250 g Lammfleisch (Schulter oder Keule)
250 g mageres Schweinefleisch
1 kg Gemüse (Lauch/Porree, Möhren, Sellerieknolle, Weißkohl)
500 g Kartoffeln
2 Zwiebeln
100 g durchwachsener Speck
2 Teel. Salz
$\frac{1}{2}$–1 Teel. schwarzer Pfeffer
2 Teel. getrockneter Majoran
1 Teel. Kümmel
$\frac{3}{4}$ l kräftige Bouillon
2 Eßl. gehackte Petersilie

Pro Portion etwa 2060 Joule/490 Kalorien

Zubereitungszeit: 2 Stunden

Das Fleisch waschen, trockentupfen und in große Würfel schneiden. Das Gemüse waschen, putzen und den Lauch in Ringe, die Möhren und den Sellerie in Würfel und den Kohl in Streifen schneiden. Die Kartoffeln in nicht zu kleine Würfel schneiden. Die Zwiebeln und den Speck würfeln. • Den Speck und die Zwiebeln zusammen glasig braten, das Fleisch zufügen und bei starker Hitze von allen Seiten bräunen. • Das Fleisch lageweise abwechselnd mit dem Gemüse und den Kartoffeln in den Schmortopf schichten. Jede Schicht mit etwas Salz, Pfeffer, Majoran und Kümmel bestreuen. Mit einer Lage Kartoffeln abschließen. Die Bouillon erhitzen und über die Zutaten im Topf gießen; alles zum Kochen bringen und zugedeckt bei schwacher Hitze ohne umzurühren in 1 Stunde und 30 Minuten garen. • Mit Petersilie bestreut im Topf servieren.

Irish Stew

750 g Kartoffeln, 1 kg Hammelfleisch und 500 g Zwiebeln in Scheiben schneiden. Mit Kartoffelscheiben beginnend alles lageweise in eine hohe feuerfeste Form schichten. Die einzelnen Lagen mit Salz und Thymian würzen. Mit Kartoffelscheiben abschließen. • ¼ l heiße Hühnerbrühe darübergießen und das Stew zugedeckt im auf 180° vorgeheizten Backofen in 1½–2 Stunden garen. Nach 1 Stunde etwas heiße Hühnerbrühe nachfüllen. • Mit Petersilie bestreut servieren.

Raffiniert

Cassoulet

Toulouser Bohneneintopf
Bild Seite 321

Zutaten für 8 Personen:
150 g getrocknete weiße Bohnen
300 g Schweinebauch
je 1 Zweig Petersilie, Thymian und Selleriegrün
3 Zwiebeln
1 Lorbeerblatt
2 Gewürznelken
3 Knoblauchzehen
½ Teel. weißer Pfeffer
Wasser nach Bedarf
500 g Lammschulter
2 Eßl. Mehl
3 Eßl. Gänseschmalz
2 Eßl. Tomatenmark
1 Tasse Wasser
100 g Knoblauchwurst
1 Tasse Semmelbrösel
2 Eßl. Butter

Pro Portion etwa
2880 Joule/685 Kalorien

Zeit zum Weichen: 12 Stunden
Zubereitungszeit: 2 Stunden und 30 Minuten

Die weißen Bohnen in einem genügend großen Schmortopf mit Wasser bedeckt 12 Stunden einweichen. • Den Schweinebauch in Würfel schneiden. Die Petersilie, den Thymian und den Sellerie zusammenbinden. Die Zwiebeln schälen, 1 halbieren und 2 kleinwürfeln. 1 Zwiebelhälfte mit dem Lorbeerblatt und den beiden Gewürznelken bestecken. Die Knoblauchzehen schälen, 1 ganz lassen, 2 sehr klein würfeln und zerdrücken. • Das gewürfelte Schweinefleisch mit dem Kräutersträußchen, der besteckten Zwiebelhälfte, der ganzen Knoblauchzehe, dem zerdrückten Knoblauch und dem Pfeffer zu den Bohnen geben. So viel Wasser zufügen, daß alles von Wasser bedeckt ist und 1 Stunde bei schwacher Hitze kochen lassen. • Die Lammschulter ebenfalls in Würfel schneiden und die Würfel in Mehl wenden. • Das Gänseschmalz zerlassen, die gehackten Zwiebeln darin anbraten, die Fleischwürfel zugeben und alles unter Umwenden bräunen lassen. Das Tomatenmark unterrühren, mit dem Wasser ablöschen und das Fleisch zugedeckt bei schwacher Hitze 1 Stunde schmoren lassen. • Den Backofen auf 220° vorheizen. • Die Knoblauchwurst in Scheiben schneiden. Das Lammfleisch unter die weißen Bohnen heben, die Wurstscheiben zufügen, den Eintopf mit den Semmelbröseln bestreuen und die Butter in Flöckchen darauf verteilen. • Den Eintopf offen im Backofen auf der untersten Schiebeleiste 20 Minuten überbacken.

Raffiniert

Bigos

Polnischer Jägertopf

Zutaten für 6 Personen:
1 Zwiebel
2 Äpfel
250 g Weißkohl
3 Tomaten
250 g Rindfleisch (Hochrippe)
250 g Schweineschulter
250 g Rehschulter, ersatzweise Lammschulter
50 g fetter Speck
3 Eßl. Schweineschmalz
500 g Sauerkraut
2 polnische Würste zu je 50 g
Wasser nach Bedarf
1 Tasse herber Rotwein
½ Teel. Zucker
1 Teel. Salz
2 Messersp. schwarzer Pfeffer
1 Eßl. edelsüßes Paprikapulver
1 Lorbeerblatt
6 Pimentkörner

Pro Portion etwa
2415 Joule/575 Kalorien

Zubereitungszeit: 2 Stunden und 30 Minuten

Die Zwiebel schälen und würfeln. Die Äpfel vierteln, schälen, vom Kerngehäuse befreien und ebenfalls würfeln. Den Weißkohl in Streifen schneiden. Die Tomaten häuten und in Stücke schneiden. Das Fleisch und den Speck ebenfalls würfeln. • Das Schweineschmalz in einem großen Schmortopf erhitzen, die Zwiebel- und Apfelwürfel unter Umwenden in etwa 5 Minuten darin braun anbraten. Den Weißkohl, das Sauerkraut und die Tomaten zufügen, umrühren und alles zugedeckt bei schwacher Hitze kurz dünsten lassen. • Die Speckwürfel in einer großen Pfanne ausbraten, die

Fleischwürfel zugeben und unter Umwenden braun anbraten und in den Schmortopf zum Sauerkraut geben. • Den Backofen auf 180° vorheizen. • Die polnischen Würstchen in Scheiben schneiden und ebenfalls zum Sauerkraut geben. • Für die Sauce den Bratensatz aus der Pfanne mit wenig Wasser loskochen, mit dem Rotwein mischen. Mit dem Zucker, dem Salz, dem Pfeffer, dem Paprikapulver, dem Lorbeerblatt und den Pimentkörnern unter den Eintopf heben. • Den Eintopf zugedeckt auf der untersten Schiebeleiste im Backofen 1 Stunde und 20 Minuten schmoren lassen, den Deckel dann abnehmen und den Eintopf in weiteren 30 Minuten garen.

Zum Einfrieren geeignet

Chili con carne

Mexikanisches Pfefferfleisch

Zutaten für 6 Personen:
350 g getrocknete rote Bohnen
2 Zwiebeln
2 Knoblauchzehen
60 g Rindertalg
500 g Rinderhackfleisch (Keule)
2 Teel. Salz
2 Messersp. schwarzer Pfeffer
1 Teel. Cayennepfeffer
1 getrocknete Chilischote
1 Eßl. edelsüßes Paprikapulver
¼ l Tomatensaft

Pro Portion etwa
2000 Joule/475 Kalorien

Zeit zum Weichen: 12 Stunden
Zubereitungszeit: 2 Stunden

Die Bohnenkerne verlesen und mit Wasser bedeckt 12 Stunden einweichen. • Die Zwiebeln und die Knoblauchzehen schälen und feinhacken. Den Rindertalg würfeln, ausbraten und die Zwiebel- und Knoblauchwürfel darin goldgelb anbraten. Das Rinderhackfleisch zufügen und unter Umwenden braten, bis es grau geworden ist. • Das Hackfleisch mit den eingeweichten Bohnen und dem Einweichwasser in einen großen Schmortopf geben. Das Salz, den Pfeffer, den Cayennepfeffer, die zerdrückte Chilischote, das Paprikapulver und den Tomatensaft unterrühren und alles im offenen Topf bei sehr schwacher Hitze 1 Stunde und 30 Minuten kochen lassen. Während der Garzeit ab und zu umrühren und noch etwas Tomatensaft zufügen.

Mein Tip Wenn es schnell gehen soll, 500 g rote Bohnen aus der Dose abtropfen lassen, mit dem Tomatensaft zu den angebratenen Zwiebeln, den Knoblauchzehen und dem Hackfleisch geben, wie im Rezept beschrieben würzen und alles zugedeckt 20 Minuten leicht köcheln lassen.

Preiswert

Westfälisches Blindhuhn

Zutaten für 8 Personen:
350 g getrocknete weiße Bohnen
1 Bund Suppengrün
2 Teel. Salz
400 g Rindfleisch (Hochrippe)
400 g Möhren
2 große säuerliche Äpfel
4 große Kartoffeln
200 g durchwachsener Speck
2 große Zwiebeln
2 Eßl. Mehl
2 Messersp. schwarzer Pfeffer
1 Eßl. Weinessig
1 Teel. Zucker

Pro Portion etwa
2265 Joule/540 Kalorien

Zeit zum Weichen: 12 Stunden
Zubereitungszeit: 2 Stunden und 30 Minuten

Die Bohnen verlesen und 12 Stunden mit Wasser bedeckt einweichen. • Das Suppengrün putzen, waschen und kleinschneiden. • Die Bohnen mit dem Einweichwasser, dem Suppengrün, dem Salz und dem Rindfleisch in einen großen Topf geben und so viel Wasser zugießen, daß alles von Wasser bedeckt ist. Die Bohnen zum Kochen bringen und zugedeckt bei schwacher Hitze 1½–2 Stunden kochen lassen. • Die Möhren schaben oder schälen, waschen und in Stifte schneiden. Die Äpfel schälen, vom Kerngehäuse befreien und würfeln. Die Kartoffeln schälen und ebenfalls würfeln. Den Speck in kleine Würfel schneiden. Die Zwiebeln schälen und in Ringe schneiden. • Nach 1 Stunde Garzeit die Möhrenstifte zu den Bohnen geben. Nach weiteren 10 Minuten die Apfel- und Kartoffelwürfel zufügen. • Den Speck in einer Pfanne ausbraten, die Zwiebelringe im Speckfett goldbraun braten, das Mehl darüberstäuben und das Mehl ebenfalls gelb anbraten. Etwa 1 Tasse Flüssigkeit vom Bohneneintopf zu den Zwiebeln gießen und alles bei schwacher Hitze 3 Minuten köcheln lassen. Unter den Bohneneintopf mischen und alles zugedeckt noch weitere 5–10 Minuten kochen lassen. • Den Eintopf mit dem Pfeffer, dem Essig, dem Zucker und nötigenfalls noch mit etwas Salz abschmecken. Das Fleisch in Würfel schneiden und unter den Eintopf mischen.

Preiswert · Gelingt leicht

Hamburger Birnen, Bohnen und Speck

Bild Seite 303

500 g durchwachsener frischer Speck
3/4 l Wasser
1 Teel. Salz
1 kg grüne Bohnen
750 g Kochbirnen (Bergamotte)
3 Zweige Bohnenkraut
2 Messersp. schwarzer Pfeffer
Salz

Pro Portion etwa 2730 Joule/650 Kalorien

Zubereitungszeit: 1 Stunde und 10 Minuten

Den Speck mit dem Wasser und dem Salz zum Kochen bringen und zugedeckt bei schwacher Hitze 30 Minuten kochen lassen. • Inzwischen die Bohnen waschen, wenn nötig die Fäden abziehen und die Bohnen einmal durchbrechen. Die Birnen vierteln, schälen und vom Kerngehäuse befreien. • Bohnen, Birnen und das Bohnenkraut zum Speck geben und alles zugedeckt weitere 30 Minuten kochen lassen. • Den Speck in Stücke schneiden und wieder in den Eintopf geben. Das Bohnenkraut entfernen und das Gericht mit Pfeffer und Salz abschmecken.

Das paßt dazu: Petersilienkartoffeln.

Preiswert

Schlesisches Himmelreich

500 g gemischtes Trockenobst von Wasser bedeckt 12 Stunden einweichen. • 500 g durchwachsenen Speck in 1/2 l Wasser 30 Minuten kochen lassen. • Das Trockenobst im Einweichwasser mit 1 Zitronenschalenspirale, dem Saft von 1 Zitrone, 1 Zimtstange und den vorgegarten Speck bei schwacher Hitze in weiteren 30 Minuten garen. • Die Schwarte vom Speck entfernen und diesen in Scheiben schneiden. Die Kochflüssigkeit vom Trockenobst mit 1 Eßlöffel Speisestärke, in wenig kaltem Wasser angerührt, binden. Die Zitronenschale und die Zimtstange aus dem Trockenobst entfernen. • Das Obst in einer Schüssel anrichten und die Speckscheiben darauflegen. • Hefeklöße, Rezept Seite 283, dazu reichen.

Raffiniert

Serbisches Reisfleisch

600 g mageres Schweinefleisch
2 Knoblauchzehen
4 Eßl. Schweineschmalz
2 Eßl. mildes Paprikapulver
1/8–1/4 l herber Rotwein (Plavac)
200 g Langkornreis
1/2 l Bouillon
2 große Zwiebeln
500 g rote Paprikaschoten
2 Eßl. Öl
350 g Fleischtomaten
Salz

Pro Portion etwa 3130 Joule/745 Kalorien

Zubereitungszeit: 1 Stunde und 30 Minuten

Das Fleisch waschen, trockentupfen und in nicht zu kleine Würfel schneiden. Die Knoblauchzehen feinhacken. • Das Schmalz in einem flachen Topf heiß werden lassen. Den Knoblauch und das Fleisch hineingeben und bei mittlerer Hitze unter Wenden rundherum kräftig braun anbraten. Das Paprikapulver darüberstäuben und gleich mit 1/8 l Rotwein ablöschen. Das Fleisch dann zugedeckt bei schwacher Hitze in 50–60 Minuten weich schmoren. Wenn erforderlich, während des Garens noch Rotwein nachfüllen. • Den Reis waschen und abtropfen lassen. Die Bouillon zum Kochen bringen. Die Zwiebeln würfeln. Die Paprikaschoten entkernen, von den Rippen befreien, waschen und in Stücke schneiden. • Das Öl in einem Topf erhitzen und die Zwiebelwürfel und Paprikaschoten darin glasig braten. Den Reis zufügen, umrühren und ebenfalls glasig braten. Die kochendheiße Brühe zugießen und den Reis und das Gemüse bei schwacher Hitze zugedeckt in etwa 30 Minuten weich kochen. 10 Minuten vor Beendigung der Garzeit die Tomaten häuten, in Stücke schneiden und zum Paprikareis geben. Mit Salz abschmecken. • Das Fleisch in einer großen vorgewärmten Schüssel mit dem Reis mischen und sehr heiß servieren.

Das paßt dazu: ein beliebiger grüner Salat.

Raffiniert

Karişik pilav

Türkischer Hammelpilaw

Zutaten für 6 Personen:
125 g Lammnieren, ersatzweise Kalbsnieren
125 g Lammleber, ersatzweise Kalbsleber
350 g mageres Hammelfleisch
2 große Zwiebeln
1 Eßl. Butter
4 Eßl. Olivenöl
300 g Langkornreis
2 Eßl. Pinienkerne
1 Teel. Salz
2 Messersp. schwarzer Pfeffer
2 Messersp. Zimtpulver
1 Teel. Pimentkörner
3/4 l Bouillon
2 Eßl. Korinthen
1 Teel. Zucker
2 Eßl. Tomatenmark
2 Eßl. gehackter Dill

Pro Portion etwa
2410 Joule/575 Kalorien

Zubereitungszeit: 1 Stunde und 30 Minuten

Die Lamm- oder Kalbsnieren wässern, in Stücke schneiden und dabei die Stränge und alles Fett entfernen. Die Lamm- oder Kalbsleber und das Hammelfleisch waschen, trockentupfen und ebenfalls in Würfel schneiden. Die Zwiebeln schälen und kleinwürfeln. • Die Butter in einer kleinen Pfanne erhitzen und die Nieren- und Leberwürfel unter Umwenden von allen Seiten braun anbraten und beiseite stellen. • Das Olivenöl in einem Schmortopf erhitzen und die gehackten Zwiebeln und die Fleischwürfel darin von allen Seiten braun anbraten. Den Reis kalt waschen, gut abtropfen lassen und unter Rühren mit dem Fleisch anbraten, bis er glasig ist. Die Pinienkerne, das Salz, den Pfeffer, den Zimt und die Pimentkörner zufügen. Während des Bratens die Bouillon erhitzen und die Korinthen heiß waschen. Die Korinthen mit der Bouillon, dem Zucker und dem Tomatenmark unter das Fleisch rühren und alles bei mittlerer Hitze im offenen Topf kochen lassen, bis die Flüssigkeit fast verdampft ist. Die Leber- und Nierenwürfel unter den Reis mischen und den Reis zugedeckt bei schwacher Hitze in 20 Minuten ausquellen lassen. • Den Pilaw vor dem Servieren mit dem gehackten Dill bestreuen.

Etwas schwierig

Paella valencianne

Reispfanne aus Valencia

Eine Paella wird je nach Region und Marktangebot mit unterschiedlichen Zutaten bereitet. An den Küsten liebt man sie mit Tintenfisch, mit Shrimps oder Seefisch. Eine ländliche Paella enthält oft die berühmte Knoblauchwurst (Chorizo) und den unvergleichlichen spanischen Schinken oder Lammfleisch. Außerdem können auch Artischockenböden, Auberginenscheiben oder grüne Bohnen mitgegart werden.

Zutaten für 8 Personen:
2 rote Paprikaschoten
3 Knoblauchzehen
2 Zwiebeln
1 Jungmasthuhn von 1200 g
4 Tomaten
1/8 l Olivenöl
3 Eßl. gehackte Petersilie
1 Teel. Salz
2 Messersp. weißer Pfeffer
1/2 Teel. Safranpulver
3/8 l heiße Geflügelbrühe
250 g Langkornreis
200 g grüne Erbsen
250 g frisch gegarte Miesmuscheln
250 g gegarte Garnelen (Krabben)
20 schwarze Oliven

Pro Portion etwa
2165 Joule/515 Kalorien

Zubereitungszeit: 2 Stunden
Besonderes Küchengerät: Paellapfanne oder eine große tiefe Bratpfanne

Die Paprikaschoten halbieren, von Rippen und Kernen befreien, waschen, abtrocknen und in Streifen schneiden. Die Knoblauchzehen schälen und kleinhacken. Die Zwiebeln ebenfalls schälen und würfeln. Das Huhn innen und außen kalt waschen, abtrocknen und in 8 Portionsteile zerlegen. Die Tomaten häuten und in Stücke schneiden. • Das Olivenöl in der Paellapfanne oder Bratpfanne erhitzen, die Paprikastreifen darin glasig braten, wieder aus dem Fett nehmen und beiseite stellen. Die Knoblauchstückchen, die Zwiebelwürfel und die Geflügelteile im Öl von allen Seiten knusprig braun anbraten. Die Tomaten und die Petersilie zufügen, das Salz, den Pfeffer und den Safran untermischen und alles zugedeckt bei schwacher Hitze dünsten lassen. Ab und zu 1/2 Tasse Hühnerbrühe zum Fleisch gießen. • Den Langkornreis waschen, abtropfen lassen und nach 45 Minuten Dünstzeit zum Hühnerfleisch geben. Die restliche Geflügelbrühe zum Reis gießen und alles bei schwacher Hitze in der offenen Pfanne 10 Minuten kochen lassen. Die Erbsen unterrühren und in weiteren 10 Minuten darin garen. • Wenn der Reis ausgequollen ist, die ausgelösten Muscheln und die Krabben unter die Paella mischen und darin etwa 5 Minuten erwärmen. • Die Paella mit den Paprikastreifen und den schwarzen Oliven garnieren.

Braucht Zeit

Gjuwetsch

Bulgarischer Eintopf

Zutaten für 6 Personen:

250 g Lammschulter	*250 g Zucchini*
250 g Schulterfilet vom Rind	*6 Eßl. Olivenöl*
250 g Schweinefilet	*1 Teel. Salz*
3 Zwiebeln	*3 Eier*
250 g grüne Bohnen	*2 Teel. Mehl*
250 g Auberginen	*1 Becher Joghurt*
250 g Paprikaschoten	*3 Eßl. gehackte Petersilie*
250 g Tomaten	*Pro Portion etwa*
250 g Kartoffeln	*2030 Joule/485 Kalorien*

Zubereitungszeit: 2 Stunden und 45 Minuten

Das Fleisch waschen, abtrocknen und in gleich große Würfel schneiden. Die Zwiebeln schälen und in Ringe schneiden. Die grünen Bohnen putzen und große Bohnen in Stücke brechen. Die Auberginen waschen, abtrocknen und in Würfel schneiden. Die Paprikaschoten halbieren, von Rippen und Kernen befreien und die Schotenhälften in Stücke schneiden. Die Tomaten häuten und würfeln. Die Kartoffeln schälen und ebenfalls würfeln. Die Zucchini waschen, abtrocknen und in Scheiben schneiden. • Das Olivenöl in einem großen Schmortopf erhitzen und die Fleischwürfel mit den Zwiebelringen unter Umwenden darin anbraten. • Den Backofen auf 160° vorheizen. • Das Fleisch mit den Zwiebelringen in eine große feuerfeste Form füllen, das gewürfelte Gemüse darüberstreuen, das Salz zufügen und alles im Backofen in der offenen Form in 2 Stunden garen. Nach etwa 45 Minuten Garzeit die Form mit Alufolie abdecken. • Die Eier mit dem Mehl und dem Joghurt verquirlen, nach 1¾ Stunden unter den Eintopf mischen und das Gericht ohne Alufolie noch weitere 10 Minuten bei 200° überbacken. • Den Eintopf vor dem Servieren mit der Petersilie bestreuen.

Djuveč

Jugoslawischer Reistopf

4 in Ringe geschnittene Zwiebeln in 6 Eßlöffeln Olivenöl goldbraun braten. Je 200 g Kürbiswürfel, geschälte, gewürfelte Auberginen und grüne Paprikaschotenwürfel zufügen. Das Gemüse 10 Minuten zugedeckt bei schwacher Hitze dünsten. • 750 g gewürfeltes Lammfleisch und 1 Tasse gewaschenen Langkornreis zum Gemüse geben, mit 1 Teelöffel Salz, 2 Messerspitzen weißem Pfeffer und 1 Eßlöffel edelsüßem Paprikapulver mischen. 1 Tasse Wasser darübergießen und den Eintopf mit Tomatenscheiben bedecken. Den Djuveč zugedeckt bei 175° im Backofen in 1 Stunde und 30 Minuten garen.

Gut zum Einfrieren

Chop suey

Ein Gericht, das auf jeder Speisekarte chinesischer Restaurants in Amerika und Europa zu finden ist, nur nicht in China selbst. Chop suey heißt übersetzt soviel wie »gemischte Reste«.

500 g Schweinefilet	*100 g frische Champignons*
3 Eßl. Reiswein	*100 g frische Sojakeimlinge, ersatzweise Sojakeimlinge aus der Dose*
3 Eßl. dunkle Sojasauce	*100 g Bambussprossen aus der Dose*
1 Messersp. gemahlene Ingwerwurzel	*8 Eßl. Sesamöl oder Sojaöl*
1 Messersp. weißer Pfeffer	*3 Eßl. helle Sojasauce*
6 chinesische getrocknete Pilze (Mu-Err)	*Salz*
50 g Glasnudeln	*3 Eßl. trockener Sherry*
1 l Wasser	*2 Teel. Speisestärke*
1 Teel. Salz	
100 g frischer Staudensellerie	*Pro Portion etwa*
5 Lauchzwiebeln, ersatzweise 3 Schalotten	*2310 Joule/550 Kalorien*

Zeit zum Marinieren: 1 Stunde
Zubereitungszeit: 40 Minuten
Besonderes Küchengerät: Wok oder tiefe Pfanne

Das Filet waschen, abtrocknen, in dünne Scheiben schneiden und diese halbieren. Den Reiswein in einer Schüssel mit der Sojasauce, dem Ingwer und dem Pfeffer mischen und das Fleisch darin wenden; zugedeckt

1 Stunde marinieren. • Die chinesischen Pilze in wenig warmem Wasser einweichen. • Inzwischen die Glasnudeln kleinbrechen. Das Wasser mit dem Salz zum Kochen bringen, die Glasnudeln in etwa 3 Minuten darin weich kochen, abgießen und abtropfen lassen. • Den Sellerie waschen, putzen und in kleine Stücke schneiden. Die Zwiebeln waschen und mit dem Zwiebelgrün kleinschneiden. Die Champignons waschen und feinblättrig schneiden. Frische Sojakeimlinge waschen und abtropfen lassen. Sojakeimlinge aus der Dose abtropfen lassen. Die Bambussprossen in dünne Scheiben schneiden. • Das Öl in einem Wok oder einer tiefen Pfanne erhitzen. Das marinierte Fleisch bei starker Hitze darin unter Wenden 2 Minuten anbraten, herausnehmen und warm stellen. • Die chinesischen Pilze abtropfen lassen und kleinschneiden. • Die Zwiebeln im verbliebenen Öl anbraten. Danach alles Gemüse und die Pilze zufügen. Alles bei starker Hitze 5 Minuten braten. Das Fleisch und die Glasnudeln unterheben, mit der Sojasauce und Salz würzen und 3 Minuten erhitzen. Den Sherry mit der Speisestärke verrühren und die Flüssigkeit damit binden.

Das paßt dazu: körnig gekochter Reis.

Braucht Zeit

Labskaus

Der berühmte Seemannsschmaus wird in 2 Töpfen zubereitet, deren Inhalte dann jedoch miteinander zu einem Brei verrührt werden, in dem die einzelnen Zutaten nicht mehr erkennbar sind. – Den süddeutschen Gaumen eine zumindest fremdartige Geschmackskomposition, dem Waterkantler ein Festessen!

500 g gepökelte Rinderbrust
1 l Wasser
2 Zwiebeln
5 Gewürznelken
1 Bund Suppengrün
5 Pfefferkörner
1 Salzhering
1 kg Kartoffeln
150 g Zwiebeln
80 g Schweineschmalz
2 Messersp. Pfeffer
1 Messersp. geriebene Muskatnuß
4 Eier
250 g Salzgurken
250 g Rote Bete aus dem Glas

Pro Portion etwa
4030 Joule/960 Kalorien

Zubereitungszeit: 2 Stunden und 30 Minuten

Das Rindfleisch waschen. • Das Wasser zum Kochen bringen. • Die Zwiebeln schälen und mit den Gewürznelken spicken. Das Suppengrün putzen, waschen und kleinschneiden. • Das Rindfleisch mit den Pfefferkörnern, dem Suppengrün und den gespickten Zwiebeln ins kochende Wasser legen und zugedeckt bei schwacher Hitze 2 Stunden kochen lassen. • Inzwischen den Salzhering wässern. • 30 Minuten vor Beendigung der Garzeit die Kartoffeln schälen, kleinschneiden und in Salzwasser 20 Minuten kochen. • Die Zwiebeln würfeln und im Schweineschmalz goldgelb braten. Den gewässerten Salzhering kleinschneiden. Die gegarte Rinderbrust in Würfel schneiden und mit dem Salzhering und den angebratenen Zwiebeln durch die grobe Scheibe des Fleischwolfes drehen. • Die Kartoffeln abgießen und durch die Kartoffelpresse zu Schnee drükken. Die Fleisch-Salzhering-Masse mit dem Kartoffelschnee mischen und mit dem Pfeffer und der geriebenen Muskatnuß würzen. • Die Mischung locker auf eine vorgewärmte Platte häufen und warm stellen. • Aus den Eiern Spiegeleier braten, den angerichteten Labskaus damit belegen und die Salzgurken und die Roten Beten dazu servieren.

Raffiniert

Couscous mit Ragout

Couscous ist in allen Ländern Nordafrikas beliebt. Er wird im Couscousier bereitet. Das ist ein Topf, in dem der Couscous in einem Siebeinsatz über dem kochenden Ragout im Dampf gart. Man kann Couscous aber ebensogut im Siebeinsatz über Wasserdampf garen.

Zutaten für 6 Personen:
Für den Couscous:
300 g Weizengrieß
1/4 l Wasser
1 Teel. Salz
1 Eßl. Öl
Für das Ragout:
250 g Zwiebeln
250 g Möhren
250 g Zucchini
250 g frische Okras, ersatzweise Okras aus der Dose
3 große Fleischtomaten
375 g Weißkohl
250 g Kichererbsen aus der Dose
250 g Lammkeule
1/8 l Öl
je 1/2 Teel. gemahlener Cayennepfeffer und Kreuzkümmel
2 Messersp. Piment
1 Teel. Salz
Wasser nach Bedarf

Pro Portion etwa
2075 Joule/495 Kalorien

Zubereitungszeit: 2 Stunden und 30 Minuten
Besondere Küchengeräte: hitzebeständiger Durchschlag, Mulltuch, Schmortopf

Für den Couscous den Grieß auf einem Backbrett ausbreiten und zuerst mit Salzwasser und dann mit dem Öl beträufeln. Den Grieß zwischen den Handflächen reiben, so daß kleine Kügelchen entstehen und mit einem Tuch bedeckt quellen lassen. • Inzwischen für das Ragout die Zwiebeln grobhacken, die Möhren schälen und mit den Zucchini in 5 cm lange Stücke schneiden. Frische Okras abreiben, die Stielenden abschneiden; Okras aus der Dose nur abtropfen lassen. Die Okrasschoten jedoch im ganzen lassen. Die Tomaten häuten und grobhacken. Den Kohl in feine Streifen schneiden. Die Kichererbsen abtropfen lassen. Das Lammfleisch waschen, abtrocknen und in 4 cm große Würfel schneiden. • Das Öl im Schmortopf erhitzen. Das Fleisch bei starker Hitze darin unter Wenden 5 Minuten anbraten, die Zwiebeln zufügen und goldgelb braten. Die Gewürze, das Salz und 1/8 l Wasser zufügen. Das Fleisch zugedeckt bei schwacher Hitze 30 Minuten schmoren lassen, dabei hin und wieder umrühren. Das Gemüse zufügen und so viel Wasser, daß Fleisch und Gemüse knapp davon bedeckt sind. Das Ragout zugedeckt bei schwacher Hitze in weiteren 30–45 Minuten weich garen. • Inzwischen einen hohen Topf zur Hälfte mit Wasser füllen. Einen hitzebeständigen Durchschlag mit einem Mulltuch auslegen und in den Topf mit dem Wasser hängen. Den Raum zwischen Durchschlag und Topfrand mit feuchten zusammengedrehten Tüchern abdichten. Das Wasser zum Kochen bringen. Eine Tasse Couscous zwischen den Handflächen in den Durchschlag reiben. Sobald Dampf aufsteigt, die nächste Portion hineinreiben. So fortfahren, bis der gesamte Couscous verbraucht ist. Im offenen Topf 20 Minuten dämpfen lassen, dann auf eine Platte geben und ausgebreitet 10 Minuten trocknen lassen. • Das Wasser abermals zum Kochen bringen und den gesamten Couscous noch 10–15 Minuten im Durchschlag über dem kochenden Wasser dämpfen, bis er weich, aber noch körnig ist. • Den Couscous auf eine große Platte häufen und warm stellen. • Das Fleisch und das Gemüse aus der Sauce schöpfen und um den Couscous garnieren. Die Sauce gesondert dazu reichen.

Preiswert

Kartoffel-Gemüseauflauf

300 g Schweinehalsgrat
50 g durchwachsener Speck
2 Zwiebeln
2 Knoblauchzehen
1 grüne Paprikaschote
4 Tomaten
1 Stange Lauch/Porree
2 Eßl. Öl
500 g Kartoffeln
1 Teel. Salz
2 Messersp. schwarzer Pfeffer
1 Teel. Kümmel
1 Teel. edelsüßes Paprikapulver
1/2 Teel. getrockneter Rosmarin
1/8 l saure Sahne
2 Eier
je 1 Prise Salz, schwarzer Pfeffer und scharfes Paprikapulver
50 g frisch geriebener Emmentaler Käse
2 Eßl. Semmelbrösel
Für die Form:
Öl

Pro Portion etwa
1930 Joule/460 Kalorien

Zubereitungszeit: 1 Stunde und 30 Minuten
Besonderes Küchengerät: feuerfeste Form mit Deckel

Das Fleisch waschen, abtrocknen und in Würfel schneiden. Den Speck kleinwürfeln. Die Zwiebeln und die Knoblauchzehen schälen und kleinhacken. Die Paprikaschote von Rippen und Kernen befreien und in Ringe schneiden. Die Tomaten häuten und achteln. Den Lauch längs halbieren, waschen und in Scheiben schneiden. • Das Öl erhitzen, die Zwiebel- und Knoblauchstückchen darin anbraten. Die Speckwürfel mitbraten, die Fleischwürfel zugeben und alles unter Rühren hellbraun braten. • Den Backofen auf 200° vorheizen. Eine feuerfeste Form mit Öl ausstreichen. • Die Kartoffeln schälen, waschen und in Scheiben schneiden. Den Boden der Form mit Kartoffelscheiben belegen. Die Kartoffeln salzen und das vorbereitete Gemüse mit den Fleischwürfeln mischen, auf die Kartoffeln geben und alles salzen, pfeffern, mit dem Kümmel, dem Paprikapulver und dem gerebelten Rosmarin bestreuen. Den Auflauf mit Kartoffelscheiben bedekken. • Die saure Sahne mit den Eiern, mit etwas Salz, Pfeffer und Paprikapulver verquirlen. Über den Auflauf gießen und die Oberfläche mit dem geriebenen Käse und den Semmelbröseln bestreuen. • Den Auflauf auf der zweiten Schiebeleiste von unten in der geschlossenen Form in 1 Stunde im Backofen garen. Dann 10 Minuten offen überbacken.

Etwas schwierig

Griechische Auberginen-Musaka

Bild Seite 322

Zutaten für 6 Personen:
1 kg Auberginen
Salz
2 große Zwiebeln
2 Knoblauchzehen
6 Eßl. Olivenöl
600 g gehacktes Lammfleisch
1 Glas roter Wermutwein (5 cl)
1 kleine Dose Tomatenmark
je 1 Teel. Salz und Zucker
2 Messersp. Pfeffer
2 Messersp. Zimt
1 Messersp. geriebene Muskatnuß
2 Teel. getrockneter Oregano
1 Tasse Semmelbrösel
3 Eßl. geriebener Käse
Für die Béchamelsauce:
2 Eßl. Butter
2 Eßl. Mehl
3/8 l Milch
2 Messersp. Salz
1 Messersp. geriebene Muskatnuß
2 Eßl. geriebener Käse
3 Eigelbe
Für die Form:
1 Eßl. Öl
3 Eßl. Semmelbrösel

Pro Portion etwa
2590 Joule/615 Kalorien

Zubereitungszeit: 2 Stunden und 30 Minuten
Besonderes Küchengerät: große, rechteckige Backform oder feuerfeste Form

Die Auberginen waschen, in Scheiben schneiden, mit Salz bestreuen und 15 Minuten ziehen lassen. Dadurch werden die in ihnen enthaltenen Bitterstoffe ausgeschwemmt. Die Zwiebeln und die Knoblauchzehen schälen und würfeln. Die Auberginenscheiben trokkentupfen. • 3 Eßlöffel Öl erhitzen, die Auberginenscheiben portionsweise darin von beiden Seiten goldgelb braten und anschließend auf Küchenkrepp abtropfen lassen. Das restliche Öl erhitzen und die Zwiebeln und den Knoblauch darin Farbe annehmen lassen. Das Lammhack zugeben und unter Wenden und Zerstoßen braten, bis es grau geworden ist. Den Wermut unterrühren. Das Tomatenmark mit der gleichen Menge Wasser verrühren und zum Lammfleisch geben. Das Salz, den Zucker und die übrigen Gewürze darüberstreuen und umrühren. Den Oregano dabei zerreiben. Alles 10 Minuten köcheln lassen. Die Semmelbrösel und den Käse unterrühren. Die Pfanne vom Herd nehmen. • Aus der Butter, dem Mehl, der Milch, dem Salz, dem Muskat, dem geriebenen Käse und den Eigelben eine dicke Béchamelsauce, Rezept Seite 288, bereiten. • Den Backofen auf 180° vorheizen. Die Form mit Öl ausstreichen und mit den Semmelbröseln ausstreuen. • Den Boden der Form mit Auberginenscheiben belegen, Hackfleischmasse darauf verteilen und wieder Auberginenscheiben darauflegen. So fortfahren, bis Fleischmasse und Auberginen eingeschichtet sind. Die Béchamelsauce als oberste Schicht daraufstreichen und das Gericht in 1 Stunde im Backofen garen.

Das paßt dazu: frisches Stangenweißbrot, grüner Salat mit Schafkäse und ein gut gekühlter Rezina.

Mein Tip Wem diese Form der Musaka zu gehaltvoll ist, der gibt, wie auf der Abbildung zu sehen, statt der Sauce 500 g in Scheiben geschnittene Tomaten als oberste Schicht auf den Auflauf.

Preiswert

Pastizio

Griechischer Makkaroniauflauf

Zutaten für 6 Personen:
250 g Makkaroni
2 1/2 l Salzwasser
1 Zwiebel
1 Knoblauchzehe
1 Eßl. Butter
500 g Hackfleisch, halb und halb
3 Tomaten
3 Eßl. gehackte Petersilie
1 Teel. Salz
2 Messersp. weißer Pfeffer
1 Glas trockener Weißwein (5 cl)
Für die Sauce:
1/2 l Milch
1 Eßl. Butter
1 Eßl. Mehl
1 Prise geriebene Muskatnuß
je 2 Messersp. weißer Pfeffer und Salz
2 Eier
2 Eigelbe
4 Eßl. geriebener Käse
Für die Form:
Butter

Pro Portion etwa
2190 Joule/520 Kalorien

Zubereitungszeit: 1 Stunde und 30 Minuten

Die Makkaroni in sprudelnd kochendes Salzwasser geben und in etwa 15 Minuten »al dente« kochen und abtropfen lassen. • Die Zwiebel und die Knoblauchzehe schälen und kleinhacken. • Die Butter in einer großen Pfanne erhitzen, die Zwiebel- und Knoblauchwürfel darin anbraten, das Hackfleisch zugeben und unter ständigem Wenden mitbraten, bis es grau geworden ist. Die Tomaten häuten, in kleine Stücke schneiden und mit der Petersilie, dem Salz, dem Pfeffer und dem Weißwein zum Hackfleisch geben und unter öfterem Umrühren bei schwacher Hitze in der offenen Pfanne 15 Minuten köcheln lassen. • Für die Sauce die Milch erhitzen. Die Butter in einem Topf zerlassen, das Mehl hineinstäuben, unter Rühren hellgelb anbraten und nach und nach mit der heißen Milch ablöschen. Die Sauce mit dem Muskat, dem Pfeffer und dem Salz würzen und einige Minuten bei schwacher Hitze köcheln lassen. Die Eier mit den Eigelben verquirlen, die Sauce vom Herd nehmen und mit der Eiermasse legieren. • Den Backofen auf 200° vorheizen. Eine große feuerfeste Form mit Butter ausstreichen. • Die Hälfte der Makkaroni in die Form geben und mit 2 Eßlöffeln Käse bestreuen. Die Hackfleischmasse auf die Makkaroni füllen und darüber die restlichen Makkaroni geben. Die Sauce über den Auflauf gießen und den restlichen Käse darüberstreuen. • Den Auflauf auf der zweiten Schiebeleiste von unten in 45 Minuten im Backofen goldgelb backen. • Den Auflauf einige Minuten im abgeschalteten Backofen ruhen lassen und anschließend in der Form in Quadrate schneiden.

Das paßt dazu: Tomatensalat.

Polenta-Auflauf mit Leberfüllung

1 l Wasser
2 Teel. Salz
200 g Maisgrieß
5 Eßl. Butter
5 Eßl. geriebener Greyerzer Käse (Gruyère)
1 Zwiebel
50 g durchwachsener Speck
125 g Champignons
375 g Rinderleber
2 Teel. Mehl
1 Glas herber Rotwein
1 Teel. Rosmarinnadeln
1/2 Teel. Salz
1 Messersp. weißer Pfeffer
Für die Form:
Butter
Zum Bestreuen und Belegen:
2 Eßl. Semmelbrösel
1 Eßl. Butter

Pro Portion etwa
2875 Joule/685 Kalorien

Zubereitungszeit: 1 Stunde und 10 Minuten

Aus dem Wasser, dem Salz und dem Maisgrieß einen Maisbrei nach dem Grundrezept für Polenta, Rezept Seite 278, kochen. Je 3 Eßlöffel Butter und Käse unterrühren und den Maisbrei 20 Minuten ausquellen lassen. • Inzwischen die Zwiebel und den Speck würfeln, die Champignons putzen und blättrig schneiden. Die Leber häuten und in dünne Scheibchen schneiden. • 2 Eßlöffel Butter in einer Pfanne zerlassen. Den Speck und die Zwiebeln darin goldgelb braten. Die Leber zufügen und bei starker Hitze unter Wenden rasch rundherum anbraten. Das Mehl darüberstäuben, umrühren, mit dem Rotwein ablöschen und die Hitze reduzieren. Alles noch 2 Minuten leise köcheln lassen. Mit dem Rosmarin, dem Salz und dem Pfeffer würzen. • Den Backofen auf 220° vorheizen. Eine feuerfeste Form mit Butter ausstreichen. • Die Hälfte des Maisbreis einfüllen und glattstreichen. Die Leber darauf verteilen und mit der restlichen Polenta abdecken. Den restlichen Käse mit den Semmelbröseln mischen, auf den Auflauf streuen und die Butter in Flöckchen daraufsetzen. • Den Auflauf im Backofen auf der mittleren Schiebeleiste 20–30 Minuten goldbraun überbacken.

Das paßt dazu: grüner Salat oder Broccoligemüse.

Raffiniert

Bäckeofe

Fleischtopf aus dem Elsaß

Zutaten für 8 Personen:
500 g Schweinekamm oder -schulter
500 g Lammschulter
500 g Rinderbrust
2 Zwiebeln
2 Knoblauchzehen
1 Kräutersträußchen
1 Lorbeerblatt
1 Teel. getrockneter Thymian
5 Pfefferkörner
1/2 l Elsässer Weißwein
1 kg Kartoffeln
250 g Zwiebeln
2 Teel. Salz
1/2 Teel. weißer Pfeffer
1/4 l der Marinade

Pro Portion etwa
2730 Joule/650 Kalorien

Zeit zum Marinieren: 24 Stunden
Zubereitungszeit: 3 Stunden
Besonderes Küchengerät: feuerfeste Form mit Deckel

Alles Fleisch waschen und in 2–3 cm große Würfel schneiden. Die Zwiebeln und die Knoblauchzehen schälen, grobhacken und mit dem Kräutersträußchen, dem Lorbeerblatt, dem Thymian und den Pfefferkörnern in einer großen Schüssel mit dem Wein übergießen. Die Fleischwürfel darin wenden und zugedeckt 24 Stunden marinieren. Dabei hin und wieder umrühren. • Die Kartoffeln und die Zwiebeln schälen und beides in Scheiben schneiden. Den Boden der Form mit der Hälfte der Kartoffelscheiben belegen, salzen und pfeffern und die Hälfte der Zwiebeln darauf verteilen. Die Fleischwürfel aus der Marinade nehmen, abtropfen lassen und auf die Zwiebelringe legen. Mit Salz und Pfeffer bestreuen. Die restlichen Kartoffelscheiben einschichten, wiederum salzen und pfeffern und mit den restlichen Zwiebelringen abschließen. Die Marinade durch ein Sieb gießen und 1/4 l davon über die Zwiebelringe gießen. • Den Deckel auf die Form legen und Bäckeofe in 2 Stunden und 30 Minuten bei 180° im Backofen garen.

Clam Chowder

Amerikanischer Muscheltopf

Für die Muscheln:
2 kg Venusmuscheln oder Miesmuscheln
1 Zwiebel
1 Möhre
1/4 Sellerieknolle
1/8 l herber Weißwein
1 Eßl. gehackte Petersilie
1 Prise Salz
3 Prisen weißer Pfeffer
3/8 l Wasser
Für die Suppe:
1 Zwiebel
50 g fetter Speck
1 grüne Paprikaschote
2 mehlig kochende Kartoffeln
1 Eßl. Butter
1 Eßl. Mehl
1/2 l Muschelbrühe
1/8 l Geflügelbrühe
1/4 l Milch
4 Tomaten
je 2 Zweige Thymian, Dill und Petersilie
1/2 Teel. Salz
1 Teel. edelsüßes Paprikapulver
1/8 l Sahne
2 hartgekochte Eier

Pro Portion etwa 2960 Joule/705 Kalorien

Zubereitungszeit: 1 Stunde

Die Muscheln unter fließendem kaltem Wasser gründlich abbürsten und die Fäden entfernen. (Alle bereits geöffneten Muscheln wegwerfen, da sie schon tot sind und daher giftig sein können.) • Die Zwiebel schälen und hacken. Die Möhre und die Sellerieknolle schälen oder schaben, waschen und würfeln. • Den Weißwein mit dem Gemüse, der gehackten Petersilie, dem Salz, dem Pfeffer und dem Wasser zum Kochen bringen. Die Muscheln in den sprudelnd kochenden Sud schütten, den Topf zudecken und die Muscheln bei mittlerer Hitze 5 Minuten kochen lassen. Den Topf dabei geschlossen mehrmals rütteln, damit alle Muscheln gleichzeitig gar werden. • Die Muscheln aus dem Sud heben; dabei alle Muscheln entfernen, die jetzt noch geschlossen sind (auch diese können verdorben sein). • Den Muschelsud durch ein Sieb gießen, das mit einem feuchten feinen Tuch ausgelegt ist. • Für die Suppe die Zwiebel schälen und würfeln. Den Speck ebenfalls würfeln. Die Paprikaschote halbieren, von Rippen und Kernen befreien, die Kartoffeln schälen und beides waschen und würfeln. • Die Butter zerlassen, die Speck- und Zwiebelwürfel darin glasig braten. Die Paprikawürfel zugeben, kurz mitbraten, das Mehl darüberstäuben und alles rühren, bis sich die Masse gut verbunden hat. Mit der Muschelbrühe aufgießen, die Geflügelbrühe und die Milch zufügen, die Kartoffelwürfel in die Suppe geben und alles im offenen Topf 15 Minuten bei schwacher Hitze leicht kochen lassen; von der Flüssigkeit soll noch ein Teil verdampfen. • Die Tomaten häuten, vierteln, entkernen und in sehr kleine Stücke schneiden. Die Kräuter waschen, abtropfen lassen und kleinschneiden. • Die Muscheln aus den Schalen lösen, die harten Stellen von den Muscheln abschneiden, 2/3 der Muscheln kleinwürfeln und mit den ganzen Muscheln und den Tomaten in die Suppe geben. Die Suppe zugedeckt weitere 5 Minuten bei schwacher Hitze leicht kochen lassen. • Die Suppe vom Herd nehmen, mit dem Salz und dem Paprikapulver abschmekken und mit der Sahne mischen und die Kräuter sowie die gewürfelten Eier darüberstreuen.

Zum Bild rechts:

Toulouse, einstmals Hauptstadt des Westgotenreichs, hat Tradition, trotz seiner bewegten Geschichte! Schon seit dem Jahre 1271 gehört die alte Universitätsstadt zur französischen Krone und hat in mannigfacher Hinsicht spezifische Eigenarten entwickelt. Einflüsse aus dem bäuerlichen, ärmlichen Languedoc sind besonders auf kulinarischem Sektor spürbar; man ißt dort im Alltag kräftig-deftige, aber mit Geschmack und Umsicht zubereitete Speisen. Ein Beispiel dafür ist der Toulouser Bohneneintopf, auf der gegenüberliegenden Seite abgebildet, der weit über seine Heimatstadt hinaus ein Begriff wurde. Das Rezept finden Sie auf Seite 311.

Raffiniert

Schöne Melusine

Blumenkohl aus der Tonform

1 Blumenkohl von etwa 600 g	*2 Messersp. weißer Pfeffer*
500 g kleine feste Tomaten	*1 Teel. Salz*
½ Brötchen	*6 Eßl. geriebener Parmesankäse*
Wasser nach Bedarf	*4 Eßl. Butter*
375 g gehackter Schweinekamm	*3 Eßl. gehackte Petersilie*
1 Eßl. gehackte Zwiebeln	*Pro Portion etwa*
1 Ei	*2604 Joule/620 Kalorien*

Zubereitungszeit: 1 Stunde und 30 Minuten
Besonderes Küchengerät: Tontopf mit Deckel

Den Tontopf mit Deckel von Wasser bedeckt 15–20 Minuten einweichen, damit er sich voll Wasser saugen kann. • Vom Blumenkohl die äußeren grünen Blätter entfernen, den Strunk kürzen und schlechte Stellen abschneiden. Den Blumenkohl 15 Minuten mit den Röschen nach unten ins Wasser legen, damit Ungeziefer ausgeschwemmt wird. Die Tomaten häuten. Das Brötchen in kaltem Wasser einweichen. • Das Hackfleisch mit den Zwiebelwürfeln, dem Ei, der Hälfte des Pfeffers, der Hälfte des Salzes und dem gut ausgedrückten Brötchen verkneten. • Den Römertopf abtropfen lassen und den Blumenkohl in die Mitte legen. Die Fleischfarce um den Blumenkohl herum verteilen, die Tomaten um das Fleisch legen. Den Blumenkohl und die Tomaten mit dem restlichen Salz und Pfeffer würzen. Alles mit dem geriebenen Käse bestreuen und mit den Butterflöckchen belegen. Den Tontopf schließen und auf der untersten Schiebeleiste in den kalten Backofen schieben. • Den Backofen auf 200° anheizen und den Auflauf in 1 Stunde darin garen. Den Auflauf vor dem Servieren mit der gehackten Petersilie bestreuen.

Das paßt dazu: Kartoffelpüree.

Türkischer Weißkohlauflauf

2 Zwiebeln	*2 Eßl. Tomatenmark*
750 g Weißkohl	*50 g trockener Schafkäse*
2 Eßl. Butter	*2 Eier*
300 g gehacktes Lamm- oder Rindfleisch	*¼ l Milch*
2 Teel. Salz	Für die Form: *Butter*
2 Teel. scharfes Paprikapulver	*Pro Portion etwa*
¼ l Bouillon	*2010 Joule/480 Kalorien*

Zubereitungszeit: 1 Stunde und 30 Minuten

Die Zwiebeln schälen und würfeln. Vom Weißkohl die schlechten äußeren Blätter entfernen, den Kohlkopf vierteln, die Strünke herausschneiden und die Kohlviertel hobeln. • Die Butter in einem großen Topf zerlassen und die Zwiebelwürfel darin goldgelb braten. Das Hackfleisch zu den Zwiebeln geben und unter Umwenden 5 Minuten mitbraten. • Die Kohlstreifen mit dem Salz und dem Paprikapulver unter das Hackfleisch rühren und alles zugedeckt bei schwacher Hitze 30 Minuten dünsten. • Eine große Auflaufform mit Butter ausstreichen. • Das Hackfleisch-Kohl-Gemisch in die Auflaufform füllen. Die Bouillon mit dem Tomatenmark verrühren, über den Kohl gießen und die Flüssigkeit auf der Herdplatte bei mittlerer Hitze fast verdunsten lassen. • Den Backofen auf 175° vorheizen. • Den Schafkäse zerkrümeln und über den Auflauf streuen. Die Eier mit der Milch verquirlen und über den Auflauf gießen. • Den Auflauf im Backofen auf der mittleren Schiebeleiste in 45 Minuten garen.

Zum Bild links:

Viele Gerichte der griechischen Küche werden im Backofen gegart wie die Auberginen-Musaka auf dem nebenstehenden Bild. Es ist ein kräftiger Auflauf mit Lagen von Auberginen, würzigem Hackfleisch, Kartoffeln und Tomaten als Abschluß. Geriebener Käse und Butterflöckchen geben dem Auflauf die verlockende Kruste. Wie vielseitig Auberginen sich zubereiten lassen, zeigen auch die Rezepte im Gemüsekapitel. Das Rezept für Musaka finden Sie auf Seite 318.

Möhrensoufflé

500 g Möhren
Wasser nach Bedarf
1 Teel. Salz
je 1 Messersp. weißer Pfeffer und gemahlene Muskatblüte
4 Eßl. Butter
4 Eßl. Mehl
1/8–1/4 l Milch
4 Eier
Für die Form:
Butter

Pro Portion etwa
1505 Joule/360 Kalorien

Zubereitungszeit: 1 Stunde und 30 Minuten

Von den Möhren die Wurzelspitzen und die Blattansätze abschneiden, die Möhren schaben oder schälen, gründlich kalt waschen und in Scheiben schneiden. Die Möhren knapp mit Wasser bedeckt mit 1/2 Teelöffel Salz zugedeckt bei schwacher Hitze 30 Minuten kochen lassen. Die Möhren dann abgießen und durch ein Sieb passieren. Das Salz, den Pfeffer, die Muskatblüte mit dem Möhrenpüree verrühren. • Die Butter in einem Topf zerlassen, das Mehl hineinstäuben und glattrühren. Zunächst die Einbrenne mit 1/8 l Milch aufgießen und unter das Möhrenpüree mischen. Es soll ein dicker Brei entstehen; nötigenfalls noch etwas Milch zugeben. • Eine Auflaufform mit Butter ausstreichen und den Backofen auf 200° vorheizen. • Die Eier in Eigelbe und Eiweiße trennen. • Die Eigelbe unter das Möhrenpüree rühren. Die Eiweiße zu steifem Schnee schlagen und unter das Püree heben. Das Püree in die Auflaufform füllen und im Backofen auf der zweiten Schiebeleiste von unten 40 Minuten backen.

Das paßt dazu: frisches Weißbrot und Lachsschinken.

Spinatsoufflé

1 l Wasser
1 Teel. Salz
1 kg Spinat
6 Schalotten
2 Eßl. Öl
2 Teel. Zitronensaft
Für die Sauce:
3 Eßl. Butter
4 Eßl. Mehl
1/8 l Milch
1 Messersp. Cayennepfeffer
1 Prise Muskatnuß
50 g geriebener Parmesankäse
6 Eier
1/2 Teel. Salz
1 Messersp. grobgemahlener schwarzer Pfeffer
Für die Form:
Butter

Pro Portion etwa
1720 Joule/410 Kalorien

Zubereitungszeit: 1 Stunde und 15 Minuten

Das Wasser mit dem Salz zum Kochen bringen. Den Spinat verlesen, waschen und 1 Minute im kochenden Salzwasser blanchieren. Den Spinat dann gut abtropfen lassen, im Mixer pürieren oder sehr fein hacken. Die Schalotten schälen und feinwürfeln. • Das Öl in einem Topf erhitzen und die Schalotten darin von allen Seiten glasig braten. Den Spinat und den Zitronensaft zufügen, umrühren und vom Herd nehmen. • Für die Béchamelsauce die Butter zerlassen, das Mehl darin hellgelb anbraten, mit der Milch ablöschen und einige Male aufkochen lassen. Die Sauce mit dem Cayennepfeffer und dem Muskat würzen. Den Topf vom Herd nehmen und den Parmesankäse unter die Sauce rühren. • Die Eier in Eigelbe und Eiweiße trennen und die Eigelbe einzeln unter die Béchamelsauce ziehen. Den Spinat unterrühren und mit Salz und Pfeffer würzen. • Den Backofen auf 180° vorheizen. Eine feuerfeste Form mit Butter ausstreichen. • Die Eiweiße zu steifem Schnee schlagen und diesen unter die Spinatmasse heben. Die Spinatmasse in die Souffléform füllen, die Oberfläche glattstreichen und das Soufflé auf der zweiten Schiebeleiste von unten in 40 Minuten im Backofen goldbraun backen.

Das paßt dazu: hauchdünne Weißbrotscheiben, mit Knoblauch berieben und im Backofen gebäht.

Mein Tip Wenn Sie das Spinatsoufflé aus tiefgefrorenem Spinat bereiten möchten, so entsprechen 600 g tiefgefrorener Spinat 1 kg frischem Spinat.

Etwas schwierig

Tomatensoufflé

600 g reife Fleischtomaten
2 Eßl. Pfeilwurzelmehl, ersatzweise Speisestärke
3 Eier
1 Knoblauchzehe
2 Eßl. Tomatenmark
1 Teel. Salz
1/2 Teel. Zucker
je 1 Messersp. geriebene Muskatnuß und Cayennepfeffer
Für die Form:
Butter

Pro Portion etwa
715 Joule/170 Kalorien

Zubereitungszeit: 45 Minuten

Die Tomaten häuten, kleinschneiden und dabei die Kerne entfernen. Die Tomaten durch ein Sieb passieren. • Die Hälfte des Tomatenpürees mit dem Pfeilwurzelmehl verrühren und unter Rühren erhitzen, bis die Masse fest zu werden beginnt. Dann vom Herd nehmen. • Die Eier in Eigelbe und Eiweiße trennen. Die Eigelbe mit der zweiten Hälfte Tomatenpüree verrühren. • Die Knoblauchzehe schälen und durch die Knoblauchpresse drücken. Mit dem Tomatenmark, dem Salz, dem Zucker, dem Muskat und dem Cayennepfeffer unter das Tomatenpüree rühren. • Den Backofen auf 180° vorheizen. Eine Souffléform mit Butter ausstreichen. • Die Eiweiße zu steifem Schnee schlagen. Das mit Pfeilwurzelmehl gemischte Tomatenpüree mit dem gewürzten Püree mischen und den Eischnee unterheben. • Die Tomatenmasse in die Souffléform füllen und auf der zweiten Schiebeleiste von unten in 30 Minuten im Backofen garen. Das Soufflé noch heiß sofort servieren.

Das paßt dazu: Grünkernschrotbratlinge oder Weißbrot.

Preiswert

Tomatenauflauf

4 Scheiben Vollkornbrot
2 Eßl. Butter
3 Eßl. geriebener Cheddar oder junger Goudakäse
1 Knoblauchzehe
250 g Rinderhackfleisch
1/2 Teel. Salz
1 Messersp. weißer Pfeffer
500 g Tomaten
1 kleine Stange Lauch/Porree
2 Eigelbe
1/8 l saure Sahne
2 Messersp. Salz
1 Messersp. schwarzer Pfeffer
2 Eßl. Semmelbrösel
Für die Form:
Butter

Pro Portion etwa 1620 Joule/385 Kalorien

Zubereitungszeit: 1 Stunde und 20 Minuten

Eine flache feuerfeste Form mit Butter ausstreichen. • Die Brote mit der Butter bestreichen, mit dem geriebenen Käse bestreuen und in die gebutterte Form legen. • Die Knoblauchzehe schälen und hacken. Das Rinderhackfleisch mit dem Knoblauch, dem Salz und dem Pfeffer mischen und auf den Broten verteilen. • Den Backofen auf 200° vorheizen. • Die Tomaten häuten, in Scheiben schneiden und fächerförmig auf dem Hackfleisch anordnen. Das Weiße vom Lauch waschen, in dünne Ringe schneiden und auf den Tomaten verteilen. Die Eigelbe mit der sauren Sahne, dem Salz und dem schwarzen Pfeffer verquirlen und über den Auflauf gießen. • Die Semmelbrösel darüberstreuen und den Auflauf auf der zweiten Schiebeleiste von unten in 30–40 Minuten goldgelb überbacken.

Preiswert

Sauerkrautauflauf

Für das Kartoffelpüree:
750 g mehlig kochende Kartoffeln
1 Teel. Salz
Wasser nach Bedarf
3/16 l heiße Milch
1 Eßl. Butter
1 Prise geriebene Muskatnuß
Für das Kraut:
750 g Sauerkraut
1/8 l heißes Wasser
1/2 Teel. Zucker
1/2 Lorbeerblatt
4 Wacholderbeeren
400 g geräuchertes Kasseler
4 Eßl. Semmelbrösel
2 Eßl. Butter
Für die Form:
Butter

Pro Portion etwa 2650 Joule/630 Kalorien

Zubereitungszeit: 2 Stunden

Die Kartoffeln schälen, waschen, in Würfel schneiden und mit dem Salz und mit Wasser bedeckt in etwa 25 Minuten gar kochen. Die Kartoffeln abgießen, ausdämpfen lassen, zerstampfen oder durch die Kartoffelpresse drücken und mit der heißen Milch, der Butter und dem Muskat verrühren. • Das Sauerkraut mit einer Gabel lockern, in einen Topf geben und mit dem heißen Wasser aufgießen. Den Zucker, das Lorbeerblatt und die Wacholderbeeren zufügen und das Kraut zugedeckt bei schwacher Hitze 45 Minuten dünsten. • Eine feuerfeste Form mit Butter ausstreichen. Den Backofen auf 200° vorheizen. • Die Hälfte des Kartoffelpürees in die feuerfeste Form füllen. Das Sauerkraut abtropfen lassen. Das Kasseler würfeln, mit dem Sauerkraut mischen und auf dem Kartoffelpüree verteilen. Das restliche Kartoffelpüree über das Sauerkraut streichen. • Den Auflauf mit den Semmelbröseln bestreuen, mit den Butterflöckchen belegen und im vorgeheizten Backofen auf der zweiten Schiebeleiste von unten 30 Minuten überbacken.

Mehlspeisen und süße Desserts

Wären sie nicht so beliebt, die Mehlspeisen und die süßen Desserts, ihre Rezepte könnten keine dicken Bücher füllen. Wären sie nicht so gefährlich für die schlanke Linie, man würde ihretwegen viel öfter von der Gewohnheit lassen, ein Stück Fleisch in den Mittelpunkt einer Mahlzeit zu stellen. Dabei braucht, wer nicht auf den Genuß von Süßspeisen verzichten möchte, nur die Menüzusammenstellung etwas vernünftig planen und einer kalorienreichen Nachspeise ein leichtes Hauptgericht voranschicken. Es können ihm rechte Festessen gelingen.
Wichtig ist nur, daß niemals zu viel vom süßen Gang und niemals zu wenig an Gemüse, Salat oder Obst bei einer Mahlzeit serviert wird.

- Neben Eiern, Milch, Mehl, Reis, Grieß, Sahne und Obst ist Zucker der Stoff, der uns die süßen Gerichte so verlockend macht. Wer Zucker meiden möchte, kann kalorienlos mit Süßstoff süßen oder auf die geschmacklich besonders delikaten natürlichen Süßmittel ausweichen wie Honig, Ahornsirup, Birnen- oder Apfeldicksaft, Malzextrakt.
- Schlagsahne gibt vielen Desserts die zarte Konsistenz, den cremigen Charakter. Auch sie hat hohen Kalorienwert; wer sparen möchte, ersetzt Sahne oder einen Teil davon durch Eischnee.
- Flammeri, Creme und Pudding gewinnen ihre Festigkeit zum Stürzen meist durch Getreideprodukte, durch Eier und Sahne; wenig Kalorien erreicht man durch Festigen mit Gelatine. Je nach hellen oder dunklen Ausgangsprodukten kann man farblose oder rötliche Gelatine verwenden, gemahlen aus dem Beutel oder fest in Form von Blättern. Um ein Dessert stürzen zu können, rechnet man auf ½ l Flüssigkeit 1 Beutel gemahlene Gelatine (etwa 13 g) oder 6 Blätter Gelatine; für Flüssigkeiten mit viel Säure, wie Zitronen- oder Orangensaft, 7 Blätter oder 15 g gemahlene Gelatine.
- Blattgelatine stets in reichlich kaltem Wasser (1 l auf 6–7 Blätter) 10–15 Minuten quellen, in einem Sieb abtropfen lassen, ausdrücken und in heißer, aber nicht kochender Flüssigkeit auflösen. Man gibt sie in die flüssige heiße Substanz, aus der das Dessert gemacht wird. Bei kalt bereiteten Desserts rührt man die Gelatine in wenig heißem Wasser oder Fruchtsaft an und gibt sie unter die zu steifende kalte Flüssigkeit.
- 1 Beutel gemahlene Gelatine muß 10 Minuten in 5–6 Eßlöffeln kaltem Wasser quellen, wobei die Gelatine das Wasser aufsaugt. Diesen Brei dann bei äußerst schwacher Hitze unter ständigem Rühren erwärmen, bis er flüssig wird. Dann durch ein Sieb in die zu steifende Masse streichen und gut untermischen.
- Pudding und Flammeri werden beide gekocht und gestürzt serviert. Dennoch gibt es einen Unterschied: Der Flammeri wird auf dem Herd – Flamme – aus Milch, Wasser, Sahne oder einem Gemisch davon mit Bindemittel (z. B. Reis, Grieß, Speisestärke) gekocht und nach dem Erkalten gestürzt. Der Pudding besteht bereits beim Einfüllen in die Form aus fester oder halbfester Materie und wird in der geschlossenen Puddingform im Wasserbad auf dem Herd oder im Backofen gegart und oft noch heiß gestürzt und serviert.

Preiswert

Milchreis

160 g Rundkornreis
¾ l Milch
1 Prise Salz
abgeriebene Schale von 1 Orange
2 Eßl. Zucker
1 Eßl. Butter

Zum Bestreuen:
2 Eßl. Zucker
1 Teel. gemahlener Zimt

Pro Portion etwa
1550 Joule/370 Kalorien

Zubereitungszeit: 45 Minuten

Den Reis in kaltem Wasser so lange waschen, bis das Wasser klar bleibt; er quillt dann besser. Den Reis dann abtropfen lassen. • Die Milch mit dem Salz und der Orangenschale unter öfterem Umrühren zum Kochen bringen. Den Reis in die Milch schütten, umrühren und bei äußerst schwacher Hitze zugedeckt in 30 Minuten ausquellen lassen. • Den garen Reis mit dem Zucker und der Butter verrühren. • Den Zucker mit dem Zimt mischen, den Reis in 4 Portionstellern anrichten und jede Portion mit Zimt-Zucker bestreuen.

Das paßt dazu: braune Butter, warmes Apfelmus und Kompott von sauren Kirschen.

Rosinenreis

Einen Milchreis wie im Rezept beschrieben zubereiten. • 100 g Rosinen oder Sultaninen heiß waschen, abtropfen lassen, in 1 Tasse frisch gepreßtem Orangensaft einweichen und zuletzt mit der Butter und dem Zucker unter den Reis mischen.

Haferflockenbrei

Wie im Rezept für Milchreis 3/4 l Milch mit 1 Prise Salz und abgeriebener Zitronenschale zum Kochen bringen. 100 g Haferflocken einstreuen, unter ständigem Rühren einige Male aufkochen und anschließend bei äußerst schwacher Hitze 5 Minuten quellen lassen. • Vor dem Servieren 2 Eßlöffel Zucker und 1 Eßlöffel Butter unter den Brei rühren und den Brei mit Zimt-Zucker bestreut servieren.

Raffiniert

Hollerküchlein

16 Holunderblütendolden
Für den Ausbackteig:
100 g Mehl
1 Ei
1 Tasse helles Bier
1 Prise Salz
Zum Fritieren:
1 l Öl oder 750 g Plattenfett (reines Pflanzenfett)

Zum Bestreuen:
4 Eßl. Zucker
2 Teel. Zimt

Pro Portion etwa
1045 Joule/250 Kalorien

Zubereitungszeit: 45 Minuten
Besonderes Küchengerät: elektrische Friteuse oder Fritiertopf mit Fritierthermometer

Die Holunderblüten unter zartem Wasserstrahl abbrausen und auf einem Küchentuch abtropfen lassen. • Das Mehl in eine Schüssel sieben. • Das Ei in Eigelb und Eiweiß trennen. Das Eigelb mit dem Mehl verrühren und so viel von dem Bier unterrühren, daß ein dickflüssiger Teig entsteht. Den Teig zugedeckt 20 Minuten quellen lassen. • Das Eiweiß mit dem Salz zu steifem Schnee schlagen. • Das Fett in der Friteuse auf 180° erhitzen. • Den Ausbackteig noch einmal gut durchrühren und den Eischnee unterheben. • Die Blütendolden nacheinander in den Ausbackteig tauchen und ins heiße Fett geben. Jede Dolde in 4–6 Minuten goldbraun ausbacken und auf Küchenkrepp abtropfen lassen. • Die fertigen Dolden auf einer heißen Platte warm halten. Wenn alle Blütendolden gebacken sind, den Zucker mit dem Zimt mischen und über die Dolden streuen. • Die Holunderküchlein heiß servieren.

Braucht Zeit

Kabinettpudding

250 g Löffelbiskuits
100 g kandierte Kirschen
100 g Orangeat
100 g Rosinen
1/2 l Milch
4 Eier
1 Eßl. Puderzucker

Für die Form:
Butter

Pro Portion etwa
1975 Joule/470 Kalorien

Zeit zum Durchziehen: 30 Minuten
Zubereitungszeit: 1 Stunde und 30 Minuten
Besonderes Küchengerät: Puddingform mit Deckel

Die Löffelbiskuits in kleine Stücke brechen. Die kandierten Kirschen und das Orangeat kleinwürfeln. Die Rosinen heiß waschen und abtropfen lassen. Die Milch mit den Eiern und dem Puderzucker verquirlen. • Die Puddingform mit Butter ausstreichen; auch den Deckel fetten. • Die Früchte miteinander mischen. • Abwechselnd Löffelbiskuits und kandierte Früchte in die Puddingform füllen. Die Eiermilch über den Inhalt gießen, den Pudding schließen und zugedeckt 30 Minuten durchziehen lassen. • In einem großen Topf so viel Wasser zum Kochen bringen, daß die Form bis zu 2/3 hoch im Wasser steht. Den Pudding ins leicht kochende Wasserbad stellen und 1 Stunde kochen lassen. • Den Pudding noch heiß auf eine Platte stürzen.

Das paßt dazu: Chaudeau.

Deutscher Brotpudding

500 g entrindetes Weißbrot kleinwürfeln und in 1/2 l Mosel- oder Rheinwein einweichen. • Das Brot dann durch ein Sieb streichen, mit 4 Eßlöffeln Puderzucker, 1 Prise gemahlenem Zimt, 2 Eiern und 2 Eigelben sowie 2 Eßlöffeln zerlassener Butter mischen. • 2 Eiweiße zu steifem Schnee schlagen und unter die Puddingmasse heben. • Eine Puddingform mit Butter ausstreichen und mit Semmelbröseln ausstreuen. • Die Puddingmasse einfüllen und den Pudding in der geschlossenen Puddingform im Wasserbad 1 Stunde kochen lassen. • Den Pudding noch heiß auf eine Platte stürzen und mit Himbeersaft servieren.

Gelingt leicht

Mohr im Hemd

50 g Butter schaumig rühren und nach und nach 5 Eigelbe und 100 g Zucker unter die Butter rühren. • 100 g halbbittere Schokolade bei schwacher Hitze schmelzen lassen. • 120 g gemahlene Haselnüsse und die geschmolzene Schokolade unter die Buttermasse rühren. Die Masse soll schwerreißend vom Löffel fallen; ist sie zu dünnflüssig, 1–2 Eßlöffel Semmelbrösel unterrühren. • 5 Eiweiße zu steifem Schnee schlagen und unter die Puddingmasse heben. • Die Puddingmasse in die ausgebutterte Puddingform füllen, den Deckel schließen und den Pudding im leicht kochenden Wasserbad in 50 Minuten garen. • Den Pudding auf eine Platte stürzen und als »Hemd« Vanillesauce, Rezept Seite 296, darübergießen.

Preiswert

Quarkkeulchen

Eine Spezialität aus Sachsen, die man als Hauptgericht nach einer leichten Gemüsesuppe serviert.

100 g Rosinen
400 g Pellkartoffeln vom Vortag
500 g Magerquark
2 Eier
1 Prise Salz
3 Eßl. Butterschmalz

Zum Bestreuen:
4 Eßl. Zucker
2 Teel. Zimt

Pro Portion etwa
2075 Joule/495 Kalorien

Zubereitungszeit: 45 Minuten

Die Rosinen heiß waschen, abgießen und in heißem Wasser einige Minuten quellen lassen. • Die Kartoffeln schälen und reiben. • Den Quark mit den Eiern und dem Salz verrühren, die Rosinen und die geriebenen Kartoffeln untermischen. • In einer Pfanne die Hälfte vom Schmalz zerlassen. • Mit leicht bemehlten Händen vom Teig »Keulchen« – etwa 2 cm dicke und 5 cm länglich-ovale Teigplätzchen – formen. • Die Quarkkeulchen im heißen Fett von jeder Seite knusprig braun braten und auf einer vorgewärmten Platte im Backofen heiß halten, bis alle Keulchen gebraten sind. • Den Zucker mit dem Zimt mischen und die Quarkkeulchen vor dem Auftragen damit bestreuen.

Preiswert

Quarkauflauf mit Pfirsichen

2 reife Pfirsiche
500 g Magerquark
4 Eßl. Zucker
2 Eier
4 Eßl. Milch
1 Teel. Zitronensaft
1 Prise Salz

Für die Form:
Butter und Semmelbrösel

Pro Portion etwa
1115 Joule/265 Kalorien

Zubereitungszeit: 30 Minuten
Backzeit: 45 Minuten
Besonderes Küchengerät: hohe Auflaufform

Den Backofen auf 200° vorheizen. • Die Pfirsiche mit einer Gabel mehrmals einstechen, in kochendheißes Wasser legen, die Haut abziehen, die Pfirsiche halbieren und die Steine auslösen. • Den Magerquark mit dem Zucker in eine Schüssel geben. • Die Eier in Eigelbe und Eiweiße trennen. • Die Eigelbe mit der Milch unter die Quarkmasse rühren. • Die Eiweiße mit dem Zitronensaft und dem Salz zu steifem Schnee schlagen. • Die feuerfeste Form mit Butter ausstreichen und reichlich mit Semmelbröseln ausstreuen. • Den Eischnee unter die Quarkmasse heben. Die Pfirsiche in die feuerfeste Form legen. • Die Quarkmasse darüberstreichen und auf der zweiten Schiebeleiste von unten im Backofen 45 Minuten backen. • Den Auflauf sofort nach dem Garen servieren, da er rasch in sich zusammensinkt.

Braucht Zeit

Kirschenmichel

4 altbackene Brötchen
¼ l Milch
500 g süße Kirschen
6 Eßl. Zucker
3 Eier
2 Eßl. Butter
1 Teel. abgeriebene Zitronenschale
1 Prise Salz

Zum Belegen und Bestreuen:
2 Eßl. Butterflöckchen
2 Eßl. Puderzucker
Für die Form:
Butter

Pro Portion etwa
2515 Joule/600 Kalorien

Zubereitungszeit: 40 Minuten
Backzeit: 50 Minuten

Die Brötchen in dünne Scheiben schneiden, mit der Milch übergießen und weichen lassen. • Die Kirschen waschen und entsteinen. Die Kirschen mit der Hälfte des Zuckers bestreuen und etwas durchziehen lassen. • Die Eier in Eigelbe und Eiweiße trennen. Die Butter mit dem restlichen Zucker und den Eigelben schaumig rühren. Die Brötchenmasse untermischen und so lange rühren, bis die Brötchenscheiben zerfallen sind. Die Kirschen und die abgeriebene Zitronenschale unter die Brötchenmasse heben. • Die Eiweiße mit dem Salz zu steifem Schnee schlagen. • Den Backofen auf 220° vorheizen. Eine Auflaufform reichlich mit Butter ausstreichen. • Den Eischnee unter die Brötchenmasse heben, die Masse in die Form füllen, die Oberfläche glattstreichen und mit Butterflöckchen belegen. • Den Auflauf auf der zweiten Schiebeleiste von unten 50 Minuten im Backofen backen. • Den heißen Auflauf mit Puderzucker besieben und servieren.

Preiswert

Scheiterhaufen

Dieselbe Masse aus Brötchen, Milch, Eiern, Butter und Zucker herstellen wie im Rezept für Kirschenmichel beschrieben. • Statt der Kirschen jedoch 500 g Äpfel schälen, vom Kerngehäuse befreien und in Spalten schneiden. Die Spalten in Scheibchen schneiden. Die Apfelspalten mit 1 Eßlöffel Zitronensaft beträufeln und mit 3 Eßlöffeln Zucker mischen. • Den Auflauf dann wie Kirschenmichel fertigstellen.

Etwas schwierig

Dampfnudeln

Für den Teig:
500 g Mehl
20 g Hefe
1½ Tassen lauwarme Milch (⅜ l)
4 Eßl. Zucker
3 Eier

Zum Garen:
100 g Butter
3 Eßl. Zucker
¼ l Milch

Pro Portion etwa 2780 Joule/660 Kalorien

Zubereitungszeit: 1 Stunde
Zeit zum Gehenlassen: 45 Minuten

Für den Teig das Mehl in eine Schüssel sieben, in die Mitte eine Vertiefung drücken, die Hefe hineinbrökkeln und die Hefe mit der halben Menge Milch, 1 Eßlöffel Zucker und etwas Mehl zu einem Hefevorteig verrühren. • Etwas Mehl über den Hefeansatz streuen und diesen zugedeckt etwa 15 Minuten bei Raumtemperatur (22–24°) gehen lassen, bis das Mehl auf der Oberfläche des Hefeansatzes Risse zeigt. • Das gesamte Mehl dann mit der restlichen lauwarmen Milch, dem restlichen Zucker und den Eiern zu einem glatten Teig rühren und schlagen, bis der Teig Blasen wirft. Aus dem Hefeteig etwa tennisballgroße Klöße formen, diese auf eine bemehlte Arbeitsfläche legen, mit einem Tuch zudecken und wiederum 20–30 Minuten gehen lassen, bis die Kugeln etwa die doppelte Größe angenommen haben. • In einem weiten, flachen Topf, dessen Deckel sehr dicht schließt, die Butter mit dem Zukker zerlassen. Die Milch zugeben und anwärmen. Die gegangenen Nudeln dicht nebeneinander in den Topf setzen, diesen schließen und möglichst ein feuchtes Küchentuch zu einer Spirale drehen und um den Topfdekkel legen. Die Dampfnudeln bei schwacher Hitze in 30 Minuten garen. Während der Garzeit darf der Dekkel keineswegs abgenommen werden, sonst fallen die Dampfnudeln in sich zusammen und werden zu fest. • Wenn die Dampfnudeln alle Flüssigkeit im Topf angezogen haben und sich am Boden des Topfes eine karamelartige Kruste gebildet hat, hört man deutlich ein leises Knacken im Topf. Die Elektroplatte dann ganz abschalten, zwischen kleinster Gasflamme und Topf ein Drahtsieb legen und die Dampfnudeln danach noch 2–3 Minuten im Topf ziehen lassen. • Erst dann den Deckel abnehmen, und die Dampfnudeln sofort servieren.

Das paßt dazu: Weinschaumsauce.

Preiswert

Buchteln

Einen Hefeteig wie im Rezept für Dampfnudeln beschrieben herstellen. Etwas kleinere Kugeln aus dem gut geschlagenen Teig formen und diese zugedeckt gehen lassen, bis sie ihr Volumen verdoppelt haben. • Die Buchteln in eine gut ausgefettete Auflaufform dicht nebeneinander setzen und im vorgeheizten Backofen bei 220° auf der zweiten Schiebeleiste von unten in 30 Minuten goldbraun backen. • Die Buchteln vor dem Servieren mit Puderzucker besieben und Vanillesauce dazu reichen.

Grundrezept

Altwiener Apfelstrudel

Für den Teig:	*80 g Rosinen*
250 g Mehl	*80 g gehackte Haselnüsse*
1 Ei	*1/8 l saure Sahne*
1 Messersp. Salz	Zum Bestreichen und Bestreuen:
knapp 1 Tasse lauwarmes Wasser	*4 Eßl. Butter*
1 Eßl. Öl	*3 Eßl. Puderzucker*
Zum Füllen:	Für das Backblech:
1 kg säuerliche Äpfel	*Butter*
5 Eßl. Butter	
4 Eßl. Semmelbrösel	*Bei 10 Stücken*
1 Teel. gemahlener Zimt	*pro Stück etwa*
100 g Zucker	*1805 Joule/430 Kalorien*

Zubereitungszeit: 1 Stunde
Zeit zum Ruhen: 30 Minuten
Backzeit: 30 Minuten
Besonderes Küchengerät: sehr großes Tuch (Tischtuch)

Für den Teig das Mehl auf eine Arbeitsplatte sieben. In die Mitte das Ei und das Salz und die Hälfte vom lauwarmen Wasser geben. Alles rasch zu einem Teig verkneten und so viel Wasser zugeben, daß sich das Mehl gut unterkneten läßt. Den Teig anschließend so lange kneten, bis der anfangs klebrige Teig sich von den Händen und der Arbeitsfläche löst und seidig glatt geworden ist. Den Teig dann zu einer Kugel formen, auf ein leicht bemehltes Brett legen, mit dem Öl bestreichen, eine Schüssel darüberstülpen und 30 Minuten ruhen lassen. • Die Äpfel vierteln, schälen, vom Kerngehäuse befreien und in Scheibchen schneiden. • 3 Eßlöffel Butter in einer Pfanne zerlassen und die Semmelbrösel darin goldgelb braten. • Die Apfelscheibchen mit dem Zimt und dem Zucker mischen. Die Rosinen heiß waschen und abtropfen lassen. • Das Tuch auf eine große Arbeitsfläche legen, leicht mit Mehl bestäuben und den Teig zunächst zu einer möglichst großen rechteckigen Platte ausrollen. Mit leicht bemehltem Handrücken dann unter den Teig greifen und diesen von der Mitte aus nach außen dehnen, daß ein papierdünner Teig entsteht. (Diesen Arbeitsvorgang veranschaulicht eine Zeichnung im großen Küchen-ABC unter dem Stichwort Strudel.) Die etwas dickeren Ränder abschneiden. • Die restliche Butter zerlassen und den Strudelteig damit bestreichen. Die gerösteten Semmelbrösel, die Äpfel, die Rosinen und die gehackten Nüsse gleichmäßig auf dem Teig verteilen. Die Ränder dick mit Butter bestreichen und zuletzt die saure Sahne über die Füllung gießen. • Den Teig mit Hilfe des Tuches von der Längsseite her aufrollen und mit der restlichen Butter bestreichen. • Den Backofen auf 200° vorheizen. • Das Backblech mit Butter bestreichen, den Strudel mit Hilfe des Tuches auf das Backblech heben und mit der Teignaht nach unten notfalls hufeisenförmig zurechtlegen. Den Apfelstrudel auf der zweiten Schiebeleiste von unten 1 Stunde backen. Sobald der Strudel leicht zu bräunen beginnt, ihn wiederholt mit zerlassener Butter bestreichen. • Den Strudel nach dem Backen mit Puderzucker besieben, in 10 gleich große Stücke schneiden und heiß oder kalt servieren.

Kirschenstrudel

Einen Strudelteig wie im Rezept für Altwiener Apfelstrudel beschrieben zubereiten und papierdünn auf einem großen Tuch ausziehen. • Für die Füllung 1 1/2 kg Kirschen entsteinen. • 120 g Butter mit 100 g Semmelbrösel in einer Pfanne braun anbraten und auf dem Strudelteig verteilen. Die Kirschen darüberstreuen und mit 120 g Zucker bestreuen. • Den Strudel aufrollen, dick mit Butter bestreichen und wie beschrieben backen. Während der Backzeit den Strudel 1–2mal mit heißer Butter bestreichen und zuletzt mit Puderzucker besieben.

Raffiniert

Milchrahmstrudel

Einen Strudelteig wie im Rezept für Altwiener Apfelstrudel beschrieben herstellen und auf einem Tuch papierdünn ausziehen. • Für die Füllung von 8 Semmeln (Brötchen) die Rinde abreiben. Die Semmeln in Würfel schneiden und in etwa 1/4 l Milch einweichen. • 120 g Rosinen waschen und abtropfen lassen. • 100 g Butter mit 100 g Puderzucker, 4 Eigelben, 1/2 Teelöffel Vanillezucker und etwas abgeriebener Zitronenschale schaumig rühren. Die eingeweichten Semmelwürfel dazugeben und den Eischnee von 4 Eiern unterheben. • Die Füllung nur auf 2/3 der Teigfläche streichen, das restliche Drittel dick mit Butter bestreichen. • Den Strudel von der gefüllten Seite her aufrollen, dick mit Butter bestreichen und im auf 200° vorgeheizten Backofen 1 Stunde backen. • Während der Backzeit wiederholt mit Butter bestreichen und vor dem Servieren mit Puderzucker besieben.

Topfenstrudel

Bild Seite 358

Einen Strudelteig wie im Rezept für Altwiener Apfelstrudel beschrieben zubereiten und den ausgerollten Teig mit einer Mischung aus Zwiebackbröseln und wenig Zimt-Zucker bestreuen. • Für die Füllung 100 g Butter mit 100 g Puderzucker, 4 Eigelben, 1 Prise Salz und 1 Teelöffel abgeriebener Zitronenschale schaumig rühren. 600 g Mager- oder Sahnequark, 3 abgeriebene, in Würfel geschnittene Semmeln (Brötchen) und ⅛ l saure Sahne unter die Buttermischung rühren. 100 g heiß gewaschene Rosinen untermischen und alles auf dem Strudelteig verteilen. • Den Strudel aufrollen, die Rollen halbieren und in eine ausgefettete Bratreine legen. • Im vorgeheizten Backofen bei 200° 1 Stunde backen, dabei wiederholt mit Milch bestreichen. Zuletzt mit Puderzucker besieben.

Preiswert · Gelingt leicht

Bratäpfel

4 große Äpfel
4 Eßl. Butter
4 Eßl. Zucker

Pro Portion etwa
1240 Joule/295 Kalorien

Zubereitungszeit: 40 Minuten
Besonderes Küchengerät: Apfelausstecher

Den Backofen auf 200° vorheizen. • Die Äpfel waschen, abtrocknen und die Kerngehäuse mit einem Apfelausstecher ausstechen. Die Butter mit dem Zucker verkneten und jedes Loch im Apfel mit der gezuckerten Butter füllen. • Die Äpfel in eine feuerfeste Form setzen und auf der zweiten Schiebeleiste von unten 30 Minuten im Backofen braten.

Preiswert

Äpfel im Schlafrock

Für den Teig:
150 g Mehl
100 g Butter
50 g Zucker
Für die Äpfel:
4 mittelgroße Äpfel
2 Eßl. Rosinen
1 Eßl. Zucker
1 Eßl. Butter

Pro Portion etwa
2255 Joule/535 Kalorien

Zubereitungszeit: 45 Minuten
Backzeit: 30 Minuten
Besonderes Küchengerät: Apfelausstecher

Für den Teig das Mehl auf eine Arbeitsplatte sieben, die Butter in Flöckchen darübergeben und den Zucker darüberstreuen. Alles rasch zu einem Mürbeteig verkneten und den Teig auf einer leicht bemehlten Arbeitsfläche etwa ½ cm dick ausrollen. • Die Äpfel schälen und die Kerngehäuse ausstechen. Die Rosinen heiß waschen und abtropfen lassen. Den Zucker mit den Rosinen und der Butter verkneten und die Löcher in den Äpfeln damit füllen. • Den Backofen auf 210° vorheizen. • Aus dem Teigblatt 4 gleich große Quadrate schneiden. Die Äpfel auf je 1 Teigquadrat legen und den Teig über den Äpfeln zusammenschlagen und die Ränder gut zusammendrücken. • Die Äpfel im Schlafrock in eine feuerfeste Form setzen und auf der zweiten Schiebeleiste von unten 30 Minuten backen.

Gelingt leicht

Gebratene Bananen

Das folgende Rezept ist für ein Dessert überaus kalorienreich. Doch ist es so einfach herzustellen, daß es eine sehr beschäftigte Hausfrau dazu verlocken könnte, es nach einer leichten Gemüsesuppe als Mahlzeit zu servieren. Außerdem befriedigen die gebratenen Bananen das Bedürfnis von jung und alt nach Süßem, ohne daß Industriezucker im Spiel ist.

4 möglichst reife Bananen

Pro Portion etwa
795 Joule/190 Kalorien

Zubereitungszeit: mindestens 1 Stunde

Die Bananen schälen, längs und quer halbieren und die Bananenviertel in eine möglichst schwere Pfanne legen. Die Pfanne bei schwächster Hitze auf den Herd stellen und die Bananen mindestens 1 Stunde braten. Von Zeit zu Zeit sollte man sie umwenden. Die Bananen karamelisieren während dieser Zeit und schmekken hervorragend süß.

Überbackene Ananas

1 Haushaltspackung Vanilleeis (500 ml)
4 Scheiben frische Ananas zu je 50–70 g
2 Eiweiße
1 Prise Salz
50 g Puderzucker

Pro Portion etwa 880 Joule/210 Kalorien

Zubereitungszeit: 30 Minuten

Den Backofen auf 200° vorheizen. • Das Vanilleeis in 4 gleich dicke Scheiben schneiden und diese auf eine feuerfeste Platte legen. Jede Scheibe Vanilleeis mit 1 Ananasscheibe belegen. • Die Eiweiße mit dem Salz zu Schnee schlagen. Den Puderzucker darübersieben, unterrühren und weiterschlagen, bis der Schnee sehr steif ist und glänzt. • Jede Portion dick mit dem Eischnee bestreichen, nicht nur die Ananasscheibe, sondern auch das Eis soll von Eischnee bedeckt sein. • Die feuerfeste Platte auf die mittlere Schiebeleiste in den Backofen geben und das Dessert so lange überbacken, bis der Eischnee leicht zu bräunen beginnt.

Schokoladenflammeri

100 g halbbittere Schokolade
½ l Milch
1 Prise Salz
2 Eßl. Speisestärke
4 Eigelbe
6 Eßl. Puderzucker

Pro Portion etwa 1675 Joule/400 Kalorien

Zubereitungszeit: 20 Minuten
Zeit zum Kühlen: 2–3 Stunden

Die Schokolade in kleine Stücke zerbrechen. Die Milch mit dem Salz und der Schokolade unter ständigem Rühren zum Kochen bringen. Die Speisestärke mit wenig Milch anrühren, in die kochende Milch mischen, einmal aufkochen lassen und vom Herd nehmen. • Die Eigelbe in einer Schüssel mit dem Puderzucker schaumig rühren, bis die Creme weiß wird. Kleinweise die heiße Schokoladenmilch unter die Eigelbmasse rühren, alles wieder in den Topf schütten und auf dem Herd bei äußerst schwacher Hitze unter ständigem Rühren erhitzen, bis die Masse leicht cremig wird und den Rührlöffel überzieht. • Sofort nach dem Aufschäumen in einer kalt ausgespülten Form im Kühlschrank gut durchkühlen lassen.

Vanilleflammeri

½ l Milch mit 1 aufgeschnittenen Vanilleschote und 1 Prise Salz zum Kochen bringen. • 2 Eigelbe mit 2 Päckchen Vanillinzucker und 2 Eßlöffeln Puderzukker schaumig rühren. 3 Eßlöffel Speisestärke mit wenig Weißwein anrühren, in die kochende Milch mischen, einmal aufkochen lassen und die Milch vom Herd nehmen. • 2 Eiweiße mit wenig Zitronensaft und 1 Prise Salz steif schlagen. • Die noch heiße Milch mit der Eicreme mischen, etwas abkühlen lassen und den Eischnee unterheben. Die Vanilleschote entfernen. Den Flammeri in eine kalt ausgespülte Form füllen und im Kühlschrank erstarren lassen.

Preiswert

Grießflammeri mit Schokoladensauce

Bild Seite 339

Für den Flammeri:
½ l Milch
1 Stück Zitronenschale
80 g Grieß
4 Eßl. Zucker
2 Eier
1 Prise Salz
Für die Sauce:
100 g halbbittere Schokolade
1 Eßl. Zucker
1 Teel. abgeriebene Zitronenschale
⅛ l Milch

Pro Portion etwa 1785 Joule/425 Kalorien

Zubereitungszeit: 35 Minuten
Zeit zum Erstarren: 2 Stunden

Die Milch mit der Zitronenschale zum Kochen bringen. Den Grieß unter Rühren in die Milch rieseln lassen, einmal aufkochen lassen und den Grieß bei äußerst schwacher Hitze 15 Minuten quellen lassen; dabei gegebenenfalls ein Drahtsieb unter den Topf legen. Den Zucker unter den Grießbrei rühren. • Die Eier in Eigelbe und Eiweiße trennen. Die Eiweiße mit dem Salz zu steifem Schnee schlagen. • Den gut gequollenen Grießbrei mit den Eigelben verrühren und den Eischnee unterheben. Den Flammeri in eine kalt ausgespülte Puddingform füllen und im Kühlschrank 2 Stunden kalt werden und erstarren lassen. • Kurz vor dem Servieren die Schokoladensauce zubereiten: Die Schokolade zerbrechen, in einen kleinen Topf geben und bei schwacher Hitze schmelzen lassen. Dabei ständig umrühren und nach und nach den Zucker und die Zitronenschale unterrühren. Die Milch erhitzen und unter Rühren unter die Schokolade mischen. Die Sauce vom Herd nehmen und unter Rühren abkühlen lassen. • Die Sauce lauwarm zum gestürzten Pudding reichen.

Preiswert

Einfacher Grießbrei

3/4 l Milch mit 1 aufgeschnittenen Vanilleschote zum Kochen bringen. 100 g Grieß einrieseln lassen, unter Rühren aufkochen lassen, mit 4 Eßlöffeln Zucker mischen und bei schwacher Hitze 15 Minuten quellen lassen. Den Grießbrei dann noch einmal gut erhitzen, die Vanilleschote entfernen und 1 Prise Salz und 2 Eßlöffel Butter unterrühren. • Mit Zimt-Zucker servieren.

Gelingt leicht

Grießschmarrn

2 Eier mit 1/4 l Milch und 1 Prise Salz verquirlen. 60 g Grieß (5 Eßlöffel) in die Milch rühren und alles zugedeckt 1 Stunde quellen lassen. • 2–3 Eßlöffel Butter oder Butterschmalz in einer Pfanne erhitzen. • Den Grießbrei noch einmal gut durchrühren, in die Pfanne gießen und unter ständigem Umwenden bei sehr schwacher Hitze braten, bis alle Flüssigkeit verdampft ist und der Grieß in kleinen Bröckchen fest wird. Weiterbraten, bis er leicht gebräunt ist. • Den Grießschmarrn heiß mit Zimt-Zucker bestreut oder mit einem beliebigen Kompott servieren.

Grießauflauf

Eier, Milch, Salz und Grieß wie im Rezept für Grießschmarrn beschrieben mischen und zugedeckt 1 Stunde quellen lassen. • 500 g Johannisbeeren waschen, abtropfen lassen und von den Stielen zupfen. Die Johannisbeeren mit 4–5 Eßlöffeln Zucker mischen und zugedeckt etwas durchziehen lassen. • Den Backofen auf 200° vorheizen. Eine feuerfeste Form mit Butter ausstreichen und mit Semmelbröseln ausstreuen. • Den gequollenen Grieß noch einmal gut durchrühren, mit den Johannisbeeren mischen, in die feuerfeste Form füllen und auf der zweiten Schiebeleiste von unten in 40 Minuten im Backofen garen.

Raffiniert

Reis Trauttmansdorff

Zutaten für 6 Personen:
100 g Rundkornreis
1/2 l Milch
abgeriebene Schale von 1 Orange
1 Prise Salz
50 g Butter
5 Eßl. Zucker
4 Blätter farblose Gelatine
Wasser nach Bedarf
200 g Aprikosen
1 Schnapsglas Maraschinolikör (2 cl)
Saft von 1 Orange
1/8 l Sahne
400 g Himbeeren
2 Eßl. Puderzucker

Pro Portion etwa 1625 Joule/390 Kalorien

Zubereitungszeit: 50 Minuten
Zeit zum Erstarren: 2–3 Stunden
Besonderes Küchengerät: Puddingform

Den Reis mehrmals kalt waschen, bis das Wasser klar bleibt. Den Reis dann abtropfen lassen. • Die Milch mit der Orangenschale und dem Salz zum Kochen bringen. Den Reis hineinschütten, einmal umrühren und bei schwacher Hitze in 30 Minuten ausquellen lassen. Den Reis zuletzt mit der Butter und dem Zucker verrühren und heiß halten. • Die Gelatine in reichlich kaltem Wasser einweichen. • Die Aprikosen häuten, halbieren, entsteinen und kleinwürfeln. Die Aprikosenwürfel mit dem Maraschinolikör beträufeln und zugedeckt durchziehen lassen. • Den Orangensaft in einem kleinen Topf erhitzen. Die Gelatine in einem Sieb abtropfen lassen, gut ausdrücken und im heißen, aber nicht kochenden Orangensaft auflösen. • Die Gelatineflüssigkeit unter den Reis rühren und den Reis abkühlen lassen. • Die Sahne steif schlagen. Die Puddingform mit kaltem Wasser ausspülen. • Die geschlagene Sahne mit den Aprikosenwürfeln und dem Fruchtsaft unter den Reis heben, in die Puddingform füllen und im Kühlschrank erstarren lassen. • Die Himbeeren durch ein Sieb passieren und mit dem Puderzucker verrühren. • Den Pudding vor dem Servieren auf eine Platte stürzen und mit dem Himbeerpüree beträufeln.

Mein Tip Sollten Sie für den Reis Trauttmansdorff tiefgefrorene Himbeeren verwenden, so achten Sie darauf, ob die Himbeeren bereits gezuckert sind. In diesem Fall keinen Zucker zufügen.

Braucht Zeit

Brombeerpudding

750 g Brombeeren
1 Stück Zitronenschale
1/2 Stange Zimt
1/8 l Rotwein (Spätburgunder)
4 Eßl. Zucker
2 Eßl. Speisestärke
Wasser nach Bedarf
2 Eier
1 Prise Salz

Pro Portion etwa
1130 Joule/270 Kalorien

Zubereitungszeit: 40 Minuten
Zeit zum Kühlen: 2 Stunden

Die Brombeeren verlesen, waschen und abtropfen lassen. 1/3 der Beeren beiseite stellen, die übrigen Beeren mit der Zitronenschale, dem Zimt, dem Rotwein und 3 Eßlöffeln Zucker zugedeckt bei schwacher Hitze 10 Minuten kochen lassen; dabei ab und zu umrühren, damit sich der Zucker völlig löst. • Die Speisestärke in wenig kaltem Wasser anrühren, unter die Brombeermasse rühren und einmal aufkochen lassen. Die Masse vom Herd nehmen. • Die Eier in Eigelbe und Eiweiße trennen. Die Eiweiße mit dem restlichen Zucker und der Prise Salz zu steifem Schnee schlagen. • Die Eigelbe verquirlen, unter die Brombeermasse ziehen und die ganzen Beeren untermischen. • Den Eischnee unter die Puddingmasse heben und den Pudding im Kühlschrank in 2 Stunden durchkühlen lassen.

Das paßt dazu: kalte Vanillesauce.

Himbeerpudding
Statt der Brombeeren 750 g Himbeeren für den Pudding verwenden.

Erdbeerpudding
Statt der Brombeeren 750 g Erdbeeren für den Pudding verwenden. Die Erdbeeren aber nicht in Rotwein, sondern in einem Roséwein dünsten.

Gelingt leicht · Preiswert

Beerenquark

400 g frische Beeren je nach Saison
2 Eßl. Zucker
500 g Magerquark
1/2 Tasse Milch
2 Eßl. Honig
abgeriebene Schale und Saft von 1 Orange
1/8 l Sahne

Pro Portion etwa
1410 Joule/335 Kalorien

Zubereitungszeit: 20 Minuten

Die Beeren verlesen, waschen, nötigenfalls von den Stielansätzen befreien, abtropfen lassen und mit dem Zucker bestreut zugedeckt etwas durchziehen lassen. • Den Quark mit der Milch, dem Honig, der Orangenschale und dem Orangensaft verrühren. • Die Sahne steif schlagen. • Die gezuckerten Beeren zuerst unter den Quark mischen und zuletzt die Sahne unterheben.

Pfirsichquark
4 reife Pfirsiche häuten, entsteinen und in Würfel schneiden. Die Pfirsichwürfel mit 1 Eßlöffel Zucker bestreut durchziehen lassen. • Die Quarkcreme wie im Rezept für Beerenquark beschrieben herstellen. Mit den Pfirsichwürfeln mischen und die Sahne unterheben.

Etwas schwierig

Sahnebaisers

2 Eiweiße
100 g Puderzucker
1 Teel. Zitronensaft
1/8 l Sahne
1 Eßl. Puderzucker
4 Teel. feingeriebene Schokolade

Pro Portion etwa
990 Joule/235 Kalorien

Zubereitungszeit: 30 Minuten
Backzeit: 2 Stunden
Besonderes Küchengerät: Pergamentpapier und Spritzbeutel mit Lochtülle und mit Sterntülle

Den Backofen auf 100° vorheizen. • Die Eiweiße in eine hohe fettfreie Schüssel geben. Den Puderzucker sieben. • Die Eiweiße zu Schnee schlagen, den Zitronensaft untermischen und nach und nach den Puderzucker einrieseln lassen. So lange weiterschlagen, bis ein steifer glänzender Eischnee entsteht. Ein Schnitt mit dem Messer auf der Oberfläche des Eischnees muß deutlich zu sehen sein und darf nicht rasch verschwimmen. • Ein Backblech mit Pergamentpapier auslegen. Die Eischneemasse in den Spritzbeutel füllen und mit einer Lochtülle 4 gleich große Baisers auf das Pergamentpapier spritzen. • Die Baisers auf der mittleren Schiebeleiste im Backofen in 2 Stunden mehr trocknen lassen als backen. Während der Garzeit die Backofentür durch einen Kochlöffelstiel einen Spalt offen halten. • Die Sahne mit dem Puderzucker steif schlagen. • Die garen Baisers auf einem Kuchengitter abkühlen lassen. • Die Sahne in einen Spritzbeutel mit Sterntülle füllen und in die Baisers spritzen. Jedes Baiser mit etwas geriebener Schokolade bestreuen.

Himbeerbaisers

Die Baisers wie im Rezept für Sahnebaisers beschrieben herstellen, backen und abkühlen lassen. • 200 g reife Himbeeren mit 2 Eßlöffeln Puderzucker durch ein Sieb passieren und unter die steifgeschlagene Sahne heben. • Die Sahne in die Baisers füllen.

Gelingt leicht · Preiswert

Apfelkompott

750 g säuerliche Äpfel
Saft von 1 Zitrone
3/8 l Wasser
1/2 Stange Zimt
3 Eßl. Zucker

Pro Portion etwa
670 Joule/160 Kalorien

Zubereitungszeit: 30 Minuten

Die Äpfel schälen, vierteln, das Kerngehäuse herausschneiden und die Apfelviertel in etwa 1 cm dicke Spalten schneiden. Die Apfelspalten in einem Topf mit dem Zitronensaft beträufeln, mit dem Wasser übergießen, die Zimtstange zugeben, den Zucker unterrühren und alles zugedeckt bei schwacher Hitze 10 Minuten kochen lassen. • Das Apfelkompott abkühlen lassen und die Zimtstange entfernen.

Birnenkompott

Nach dem Rezept für Apfelkompott die Birnen vorbereiten und in Wasser mit Zitronensaft und nur 2 Eßlöffeln Zucker kochen lassen. Statt der Zimtstange 2 Gewürznelken und 1 kleines Stückchen Ingwerknolle zu den Birnen geben. • Die Gewürznelken und den Ingwer vor dem Servieren entfernen.

Kirschkompott

500 g süße Kirschen oder Sauerkirschen entsteinen, mit 1/4 l Wasser, 1 Stück Zitronenschale, 2 Pimentkörnern und 1–3 Eßlöffeln Zucker – je nach Süße der Kirschen – 10 Minuten zugedeckt bei schwacher Hitze kochen lassen. • Die Pimentkörner vor dem Servieren entfernen.

Mirabellenkompott

500 g Mirabellen wie Kirschen entsteinen, in 1/4 l Wasser mit 1 Stück Zitronenschale und 2–3 Eßlöffeln Zukker – je nach Süße der Früchte – und 3 Mirabellensteinen zugedeckt 10–15 Minuten bei schwacher Hitze kochen lassen. • Die Mirabellensteine vor dem Servieren wieder entfernen.

Pflaumenkompott

500 g Pflaumen entsteinen, mit 1/4 l Wasser, 1 Stück Zitronenschale, 1–3 Eßlöffeln Zucker – je nach Süße der Früchte –, 2 Pflaumenkernen und 2 Gewürznelken zugedeckt bei schwacher Hitze 15 Minuten kochen lassen. • Vor dem Servieren die Zitronenschale, die Pflaumenkerne und die Gewürznelken entfernen.

Rhabarberkompott

500 g Rhabarber längs schälen, in 4 cm lange Stücke schneiden, mit 4 Eßlöffeln Zucker bestreuen und mit 1/8 l Wasser übergießen. 1 aufgeschnittene Vanilleschote zugeben und alles zugedeckt bei schwacher Hitze 15–20 Minuten kochen lassen. Während des Kochens nötigenfalls noch etwas Wasser zufügen. • Die Vanilleschote vor dem Servieren entfernen.

Gelingt leicht · Preiswert

Apfelmus

3/8 l Wasser
Saft von 1 Zitrone
4 Gewürznelken
1 Stück Zitronenschale
750 g säuerliche Äpfel
3 Eßl. Zucker

Pro Portion etwa
670 Joule/160 Kalorien

Zubereitungszeit: 45 Minuten

Das Wasser mit dem Zitronensaft in einen Topf gießen und zum Kochen bringen. Die Gewürznelken in die Zitronenschale stecken und ins Wasser geben. • Die Äpfel waschen, vierteln und die Kerngehäuse herausschneiden. Die Apfelviertel ins Wasser geben und zugedeckt 15–20 Minuten kochen lassen. • Die Zitronenschale mit den Gewürznelken danach entfernen, die Apfelviertel mit der Kochflüssigkeit durch ein Sieb streichen, zurück in den Topf geben, den Zucker unterrühren und unter Rühren im offenen Topf noch einmal kurz aufkochen lassen. • Das Apfelmus dann zugedeckt abkühlen lassen.

Apfelschnee

Aus 500 g säuerlichen Äpfeln und 1/4 l Wasser wie im Rezept beschrieben ein Apfelmus bereiten. Das Mus zuletzt mit 2 Eßlöffeln Zucker verrühren, einmal aufkochen und abkühlen lassen. • 2 Eiweiße zu steifem Schnee schlagen, 1 Eßlöffel Zucker einrieseln lassen und weiterschlagen, bis der Eischnee steif ist und glänzt. • Den Eischnee unter das abgekühlte Apfelmus heben und so servieren.

Raffiniert

Zwetschkenröster

500 g Zwetschken
100 g Zucker
1 Stückchen Zimtstange
1/2 Tasse Wasser oder Weißwein oder Wasser und Weißwein gemischt

Pro Portion etwa
690 Joule/165 Kalorien

Zubereitungszeit: 30 Minuten

Die Zwetschken waschen, abtrocknen, halbieren und die Steine entfernen. Den Zucker mit der Zimtstange, dem Wasser oder dem Weißwein mischen, zum Kochen bringen, die Zwetschken zugeben und zugedeckt bei schwacher Hitze dünsten, bis sich die Haut der Zwetschken zu ringeln beginnt. • Den Zwetschkenröster dann vom Herd nehmen und abkühlen lassen.

Paßt gut zu: Kaiserschmarrn, Palatschinken oder Hefeklößchen.

Braucht Zeit

Gedünstetes Backobst

je 50 g Backpflaumen, getrocknete Aprikosen, getrocknete Apfelringe und Dörrbirnen
Saft und abgeriebene Schale von 1 Zitrone
50 g Zucker
1 Teel. Speisestärke
1 Eßl. Weißwein

Pro Portion etwa
805 Joule/190 Kalorien

Zeit zum Weichen: 12 Stunden
Zubereitungszeit: 35 Minuten

Das Backobst unter fließendem kaltem Wasser gründlich waschen, in eine Schüssel geben, mit kaltem Wasser bedeckt und zugedeckt 12 Stunden weichen lassen. • Das Backobst dann bei schwacher Hitze im Einweichwasser zum Kochen bringen. Den Zitronensaft, die Zitronenschale und den Zucker unterrühren und zugedeckt bei schwacher Hitze 30 Minuten kochen lassen. • Die Speisestärke mit dem Weißwein anrühren, nach 30 Minuten Kochzeit unter das Obst mischen und einmal aufkochen lassen. Vom Herd nehmen und das Obst abkühlen lassen.

Paßt gut zu: süßen Aufläufen, Klößen aus gekochten Kartoffeln, Mehl- oder Hefeklößen, Gänsebraten oder Sauerbraten.

Preiswert

Gefüllte Orangen

4 Blutorangen
4 Eßl. Zucker
4 Eßl. Sahne
2 Eiweiße
1 Prise Salz

Pro Portion etwa
735 Joule/175 Kalorien

Zubereitungszeit: 30 Minuten

Das obere Drittel der Orangen abschneiden, das Fruchtfleisch aus dem oberen Drittel und aus dem größeren unteren Teil sorgfältig herauslösen und die weiße Unterhaut restlos entfernen. Die Orangenspalten filetieren und kleinwürfeln. • Das kleingeschnittene Fruchtfleisch mit dem Saft in einen kleinen Topf geben, mit 2 Eßlöffeln Zucker und der Sahne verrühren und bei schwacher Hitze unter ständigem Rühren einmal aufkochen lassen. Vom Herd nehmen und unter Rühren wieder etwas abkühlen lassen. • Die Eiweiße zu Schnee schlagen, den restlichen Zucker und das Salz unterrühren und weiterschlagen, bis der Eischnee steif ist und glänzt. • Den Eischnee mit der abgekühlten Fruchtmasse mischen, in die größeren Orangenschalen füllen und sofort servieren.

Gelingt leicht

Melone Atlantik

1 Honigmelone von etwa 750 g
1 Banane
2 Teel. Zitronensaft
1/8 l Sahne
50 g Schokoladenstreusel

Pro Portion etwa
1030 Joule/245 Kalorien

Zubereitungszeit: 30 Minuten
Zeit zum Gefrieren: 2–3 Stunden

Von der Melone das obere Drittel als Deckel abschneiden, das Fruchtfleisch mit einem Löffel aushöhlen und die Samenkerne entfernen. Das Fruchtfleisch der Melone durch ein Sieb passieren. • Die Banane schälen, kleinwürfeln und mit dem Zitronensaft beträufeln. • Die Sahne steif schlagen, mit dem Fruchtfleisch und den Bananenwürfeln mischen, in die Melone füllen und im Gefriergerät 2–3 Stunden durchfrieren lassen. • Die Melone etwa 30 Minuten vor dem Servieren aus dem Gefriergerät nehmen und in den Kühlschrank stellen. Vor dem Servieren mit den Schokoladenstreuseln bestreuen.

Raffiniert · Gute Vorspeise

Melone mit Cognac

Von 1 Honigmelone das obere Drittel als Deckel abschneiden und die Samenkerne aus dem Inneren vollständig entfernen. • 2 Schnapsgläser Cognac (4 cl) in die Melone gießen, den Deckel wieder aufsetzen und die Melone im Kühlschrank 30–60 Minuten durchziehen lassen. • Die Melone auf gestoßenem Eis servieren.

Schnell

Heidelbeeren auf Schweizer Art

500 g Heidelbeeren
6 Eßl. Naturvanillezucker (Reformhaus)
2 Eßl. Rum
1/4 l Sahne
2 Eßl. Puderzucker

Pro Portion etwa
1810 Joule/430 Kalorien

Zubereitungszeit: 30 Minuten

Die Heidelbeeren in Wasser schütten, kurz darin schwenken und alle Tannennadeln und Blättchen, die an der Oberfläche schwimmen, entfernen. Die Heidelbeeren nach dreimaligem Waschen abtropfen lassen und in einer Schüssel mit dem Naturvanillezucker mischen. Den Rum über die Heidelbeeren träufeln und diese zugedeckt kurz durchziehen lassen. • Die Sahne mit dem Puderzucker steif schlagen. • Die Heidelbeeren auf Dessertbecher verteilen und mit der Sahne bedecken.

Preiswert

Heidelbeeren mit Milch

500 g Heidelbeeren wie im Rezept für Heidelbeeren auf Schweizer Art beschrieben waschen, in 4 Suppenteller verteilen, mit je 1 Eßlöffel Zucker bestreuen und jeweils 1 Tasse kalter Milch übergießen. • Die Heidelbeeren während des Essens leicht mit dem Löffel zerdrücken.

Schnell

Feigen auf griechische Art

16 frische Feigen
1/8 l trockener Weißwein
1 Eßl. Zitronensaft
2 Eßl. Puderzucker

Pro Portion etwa
915 Joule/220 Kalorien

Zubereitungszeit: 15 Minuten
Zeit zum Kühlen: 1–2 Stunden

Die Feigen waschen, abtrocknen und halbieren. • Den Weißwein mit dem Zitronensaft und dem Puderzucker verrühren, über die Feigen gießen und diese zugedeckt bei schwacher Hitze 5 Minuten darin kochen. Im Fond im Kühlschrank 1–2 Stunden gut durchkühlen lassen.

Kirschen auf Dijoner Art

500 g Kirschen
100 g schwarze Johannisbeeren
1/8 l Wasser
6 Eßl. Zucker
1 Eßl. Zitronensaft
1 Stück Zitronenschale

Pro Portion etwa
880 Joule/210 Kalorien

Zubereitungszeit: 40 Minuten

Die Kirschen waschen, abtropfen lassen, entstielen und entsteinen. Die Johannisbeeren ebenfalls waschen und von den Stielen zupfen. • Das Wasser mit dem Zucker und dem Zitronensaft verrühren und mit dem Stück Zitronenschale zum Kochen bringen. Das Wasser bei schwacher Hitze etwa 5 Minuten kochen lassen. Die Johannisbeeren durch ein Sieb in das Zuckerwasser drücken, die Kirschen untermischen und zugedeckt bei schwacher Hitze 5 Minuten dünsten, in eine Schüssel geben und im Kühlschrank kühlen lassen.

Kirschen Frascati

500 g Kirschen wie im Rezept für Kirschen auf Dijoner Art beschrieben vorbereiten. • 1/8 l Wasser mit 6 Eßlöffeln Zucker, 1 Eßlöffel Zitronensaft und 1 Stück Zitronenschale 5 Minuten kochen lassen. Die Kirschen darin zugedeckt 5 Minuten dünsten und abkühlen lassen. • Die Zitronenschale entfernen und die gekühlten Kirschen mit Schlagsahne bedeckt servieren.

Gelingt leicht

Erdbeeren Cecil

500 g Erdbeeren
Saft von 2 Orangen
4 Eßl. Puderzucker
1/8 l Sahne

Pro Portion etwa
925 Joule/220 Kalorien

Zubereitungszeit: 20 Minuten
Zeit zum Durchziehen: 1 Stunde

Die Erdbeeren waschen, abtropfen lassen und die Stielansätze wegzupfen. Große Beeren halbieren oder vierteln, kleine ganz lassen. • Den Orangensaft mit dem Puderzucker verrühren, über die Erdbeeren gießen und die Erdbeeren zugedeckt 1 Stunde im Kühlschrank durchziehen lassen. • Die Sahne steif schlagen und vor dem Servieren über die Erdbeeren füllen.

Erdbeeren Romanow

500 g Erdbeeren waschen, abtropfen lassen und die Blattansätze abzupfen. Große Beeren halbieren, kleine ganz lassen. Die Erdbeeren mit 1/8 l Portwein übergießen und zugedeckt im Kühlschrank durchziehen lassen. • 1/8 l Schlagsahne mit 1 Eßlöffel Puderzucker steif schlagen. • Die Erdbeeren mit dem Portwein in hohe Stielgläser füllen und mit Sahne bedeckt servieren.

Zum Bild rechts:

Grießflammeri mit Schokoladensauce wie auf dem nebenstehenden Bild bleibt wohl für Kinder, aber auch für viele Erwachsene der liebste Nachtisch. Rasch gekocht läßt er sich gut vorbereiten und ergibt mit einer Gemüsesuppe zuvor, einer Salatplatte oder einem Fischgericht eine preiswerte Mahlzeit. Die Schokoladensauce paßt übrigens auch zu allen anderen hellen Flammeris und heiß serviert und mit Ingwer angereichert zum Vanilleeis. Das Rezept für den Grießflammeri finden Sie auf Seite 332 und für die Schokoladensauce auf Seite 296.

Gelingt leicht

Birnen à la Hiller

2 große reife Birnen
1 Schnapsglas Birnengeist (2 cl)
2 Schnapsgläser Cointreau (4 cl)
1/8 l Sahne
4 Eßl. Schokoladenstreusel

Pro Portion etwa 1030 Joule/245 Kalorien

Zubereitungszeit: 40 Minuten

Die Birnen schälen, vierteln, die Kerngehäuse ausschneiden und die Birnenviertel in Würfel schneiden. Die Birnenwürfel mit dem Birnengeist und dem Cointreau mischen und zugedeckt 15 Minuten durchziehen lassen. • Die Sahne steif schlagen. • Die Birnenwürfel in Dessertgläsern anrichten, mit der Sahne bedecken und mit den Schokoladenstreuseln bestreuen.

Pfirsiche à la Hiller

2 große reife Pfirsiche häuten, halbieren, die Steine entfernen und die Pfirsiche würfeln. • Die Pfirsiche mit 1 Schnapsglas Himbeergeist und 2 Schnapsgläsern Cointreau mischen, ziehen lassen und in Dessertgläsern anrichten. Mit Schlagsahne bedecken und mit Schokoladenstreuseln bestreuen.

Zum Bild links:

Mousse au chocolat, das Nationaldessert der Franzosen, besteht aus geschmolzener Schokolade, Eiern, Butter und Sahne. Wie auf dem Bild gegenüber gezeigt, ergeben die gemischten Substanzen eine zarte Creme, die nach Belieben mit etwas Cognac oder Armagnac abgeschmeckt werden darf oder den Kindern zuliebe mit Krokantstreuseln oder gehackten kandierten Kirschen verziert wird. Auch für die Mousse au chocolat hat fast jede französische Familie ihr besonders gehütetes Rezept, aber immer läßt ihre Köstlichkeit spätere Reue ob der vielen Kalorien vergessen. Das Rezept finden Sie auf Seite 347.

Schnell

Avocados Jaipur

2 reife Avocados
4 Eßl. trockener Weißwein
1 Stückchen Zitronenschale
2 Eßl. Zitronensaft
1 Prise Salz
1 große Blutorange
50 g gehackte Mandeln
1 Eßl. Zucker
2 Teel. Butter

Pro Portion etwa 945 Joule/225 Kalorien

Zubereitungszeit: 30 Minuten

Die Avocados waschen, abtrocknen und längs halbieren. Die Steine herauslösen und das Fruchtfleisch mit einem Löffel aus den Fruchtschalen lösen. Das Fruchtfleisch würfeln und mit dem Weißwein, der Zitronenschale, dem Zitronensaft und dem Salz in einem Topf bei schwacher Hitze zunächst zugedeckt 5 Minuten dünsten, dann im offenen Topf weiterdünsten, bis fast alle Flüssigkeit verdampft ist. • Die Blutorange schälen, filetieren und die Filets kleinwürfeln. • Die Avocadowürfel abtropfen lassen, mit den Orangenwürfeln mischen und in die Fruchthälften füllen. • Die gehackten Mandeln mit dem Zucker und der Butter goldbraun rösten und auf den Avocados verteilen.

Schnell · Raffiniert

Cherimoyas mit Champagner

6 mittelgroße Cherimoyas
1/2 l Champagner demi sec

Pro Portion etwa 255 Joule/60 Kalorien

Zubereitungszeit: 20 Minuten

Die Cherimoyas schälen, halbieren, die Kerne entfernen und die Hälften in dünne Scheibchen schneiden. • Die Scheibchen in 4 Stielgläser für Desserts verteilen und mit eisgekühltem Champagner auffüllen.

Erdbeeren mit Champagner

500 g sehr reife Erdbeeren waschen und die Stielansätze entfernen. Große Beeren halbieren, kleine ganz lassen. • Die Erdbeeren in Stielgläsern anrichten und mit eisgekühltem Champagner aufgießen.

Schnell

Ananas à la Crème Chantilly

Ananas mit Schlagsahne

1 kleine Ananas von etwa 600 g
8 Eßl. Puderzucker
¼ l Sahne
1 Schnapsglas Cointreau (2 cl)

Pro Portion etwa 1725 Joule/410 Kalorien

Zubereitungszeit: 20 Minuten

Die Ananas schälen, längs halbieren und großzügig den holzigen Kern aus der Mitte herauslösen. Die Ananashälften in dünne Scheiben schneiden, die Scheiben lagenweise auf einer Platte anrichten und jede Lage dünn mit Puderzucker besieben. • Die Sahne steif schlagen, den Cointreau unter die Sahne rühren und die Ananasscheiben mit der Sahne überziehen.

Erdbeeren à la Crème Chantilly

Erdbeeren mit Schlagsahne

Etwa 500 g sehr reife Erdbeeren waschen, abtropfen lassen und die Blattansätze entfernen. Große Beeren halbieren oder vierteln, kleine Beeren ganz lassen. Die Erdbeeren lagenweise in eine Schüssel geben, jede Lage mit Puderzucker besieben und zuletzt zugedeckt etwa 20 Minuten im Kühlschrank durchziehen lassen. Mit ¼ l steifgeschlagener Sahne überziehen.

Etwas schwierig

Flambierte Aprikosen

600 g reife Aprikosen
⅛ l Wasser
4 Eßl. Zucker
1 Stück Zitronenschale
Saft von ½ Zitrone
2 Schnapsgläser Kirschwasser (4 cl)
1 Schnapsglas Apricot Brandy (2 cl)

Pro Portion etwa 900 Joule/215 Kalorien

Zubereitungszeit: 30 Minuten

Besonderes Küchengerät: Flambierpfanne und Rechaud

Die Aprikosen häuten, halbieren und die Steine entfernen. • Das Wasser mit dem Zucker, der Zitronenschale und dem Zitronensaft verrühren, bei schwacher Hitze etwa 10 Minuten kochen lassen, vom Herd nehmen, die Zitronenschale entfernen und etwas abkühlen lassen. • ⅔ der Aprikosen durch ein Sieb passieren und mit dem abgekühlten Sirup mischen. Den Sirup in der Flambierpfanne über der Rechaudflamme mit den halbierten Aprikosen unter öfterem Umwenden erhitzen. • Das Kirschwasser mit dem Apricot Brandy mischen, in einem Schöpflöffel über einer Kerzenflamme erwärmen, um die Aprikosen gießen, anzünden und brennend servieren.

Raffiniert

Citronfromage

Dänische Zitronencreme

4 Eier
5 Eßl. Puderzucker
abgeriebene Schale von 1 Zitrone
Saft von 2 Zitronen
1 Päckchen gemahlene Gelatine
⅛ l Sahne
4 Eßl. Borkenschokolade

Pro Portion etwa 1255 Joule/300 Kalorien

Zubereitungszeit: 30 Minuten
Zeit zum Erstarren: 3 Stunden

Die Eier in Eigelbe und Eiweiße trennen. Die Eigelbe mit dem Zucker und der Zitronenschale schaumig rühren. • Den Zitronensaft in einer kleinen Kasserolle erhitzen und die Gelatine darin auflösen, aber nicht kochen lassen. • Die Eiweiße zu steifem Schnee schlagen. • Den abgekühlten Zitronensaft unter die Eigelbcreme mischen und den Eischnee unterheben. Die Creme in eine Glasschüssel füllen und im Kühlschrank erstarren lassen. • Die Sahne steif schlagen und unter die erstarrte Creme ziehen. • Die Creme in 4 Portionsschälchen anrichten und jede Portion mit etwas Borkenschokolade verzieren.

Kakicreme

4 reife Kakifrüchte
2 Eßl. Kirschwasser
1 Eßl. Zucker
4 Teel. Zitronensaft
1/8 l Sahne

Pro Portion etwa
860 Joule/205 Kalorien

Zubereitungszeit: 20 Minuten

Die Kakis schälen, halbieren, die Kerne entfernen und die Früchte durch ein Sieb streichen. • Das Fruchtpüree mit dem Kirschwasser, dem Zucker und dem Zitronensaft mischen. • Die Sahne steif schlagen, unter das Fruchtpüree heben und sofort servieren.

Kaki auf Opernart

Von 4 reifen Kakifrüchten das obere Drittel als Deckel abschneiden, das Fruchtfleisch aushöhlen und die Kerne entfernen. Das Fruchtfleisch durch ein Sieb passieren. 1 reife Banane schälen und ebenfalls durch ein Sieb passieren. 1/8 l Sahne steif schlagen. • Das Fruchtpüree mit 2 Teelöffeln Zitronensaft und 4 Eßlöffeln Schlagsahne mischen, in die Früchte füllen und die Früchte im Kühlschrank in etwa 1 Stunde gut durchkühlen lassen. • Die restliche Sahne kurz vor dem Servieren als Häubchen auf die Früchte setzen.

Schnell

Cherimoyacreme

4 mittelgroße Cherimoyas
1 Eßl. Limettensaft
4 Eßl. Puderzucker
1/8 l Sahne

Pro Portion etwa
905 Joule/215 Kalorien

Zubereitungszeit: 25 Minuten

Die Cherimoyas schälen, halbieren, die Kerne entfernen und das Fruchtfleisch in kleine Stücke schneiden. Die Cherimoyas entweder durch ein Sieb passieren oder mit dem Limettensaft und dem Puderzucker im Mixer pürieren. Durchpassiertes Fruchtfleisch ebenfalls mit dem Limettensaft und dem Puderzucker mischen. • Die Sahne steif schlagen und unter das Fruchtpüree heben. • Die Creme rasch servieren.

Mangocreme

1 große reife Mangofrucht dünn schälen, halbieren, den Stein auslösen und das Fruchtfleisch würfeln. • Dann die Creme bereiten wie im Rezept Cherimoyacreme beschrieben.

Etwas schwierig

Aprikosencreme

500 g reife Aprikosen
4 Blätter farblose Gelatine
1/8 l Wasser
2 Eßl. Limettensaft, ersatzweise Zitronensaft
4 Eier
4 Eßl. Zucker
2 Eßl. Cointreau
1 Prise Salz

Pro Portion etwa
1100 Joule/260 Kalorien

Zubereitungszeit: 45 Minuten
Zeit zum Erstarren: 3 Stunden

Die Aprikosen häuten, halbieren, die Kerne entfernen und die Früchte im Mixer pürieren oder durch ein Passiersieb streichen. • Die Gelatine in reichlich kaltem Wasser einweichen. • Das Wasser zum Kochen bringen, vom Herd nehmen und mit dem Limettensaft mischen. • Die Eier in Eigelbe und Eiweiße trennen. Die Eigelbe mit dem Zucker und dem Cointreau schaumig rühren und die pürierten Aprikosen untermischen. • Die Gelatine in einem Sieb abtropfen lassen, in dem heißen Limettenwasser auflösen, wenn nötig das Wasser noch einmal kurz erhitzen, aber keinesfalls zum Kochen bringen. Das Wasser unter Rühren wieder etwas abkühlen lassen und unter die Aprikosencreme ziehen. • Die Eiweiße mit dem Salz zu steifem Schnee schlagen, unter die Creme heben und die Creme im Kühlschrank erstarren lassen.

Brombeercreme

Nach dem Rezept für Aprikosencreme können Sie auch eine Brombeercreme aus 500 g Brombeeren bereiten. • Die Creme mit Brombeerlikör abschmecken.

Pfirsichcreme

Nach dem Rezept für Aprikosencreme können Sie auch eine Pfirsichcreme aus 500 g Pfirsichen bereiten.

Raffiniert

Pflaumen mit Weinschaumsauce

500 g Edelpflaumen oder Reineclauden
100 g Zucker
1 Vanilleschote
¹/₄ l Wasser
3 Eigelbe
4 Eßl. Zucker
1 Teel. Speisestärke
¹/₈ l frisch gepreßter Orangensaft
¹/₈ l leichter Weißwein

Pro Portion etwa
1070 Joule/255 Kalorien

Zubereitungszeit: 45 Minuten
Zeit zum Kühlen: 1 Stunde

Die Pflaumen waschen, abtrocknen, halbieren und entsteinen. • Den Zucker, die längs aufgeschnittene Vanilleschote und das Wasser zum Kochen bringen, die Pflaumen hineingeben und zugedeckt 10 Minuten dünsten. Die Pflaumen in dem Zuckersirup abkühlen lassen. • Die Eigelbe mit dem Zucker und der Speisestärke schaumig rühren. Die Eicreme bei schwacher Hitze unter Rühren nach und nach mit dem Orangensaft und dem Weißwein mischen, einmal kurz aufkochen lassen, vom Herd nehmen und abkühlen lassen. • Die Pflaumen abtropfen lassen, in einer Schüssel anrichten und mit der kalten Weinschaumsauce übergießen.

Papayas mit Weinschaumsauce

500 g ausgelöstes Papaya-Fruchtfleisch in nicht zu dünne Spalten schneiden und wie die Pflaumen in Vanille-Zucker-Wasser zugedeckt 10 Minuten dünsten und darin erkalten lassen. • Die Papayas abtropfen lassen, in einer Schüssel anrichten und mit der Weinschaumsauce übergießen.

Raffiniert

Melonen-Chaudeau

1 mittelgroße Honigmelone von etwa 750 g
3 Blätter farblose Gelatine
Wasser nach Bedarf
3 Eier
100 g Zucker
¹/₈ l trockener Weißwein
1 Eßl. Zitronensaft
abgeriebene Schale von 1 Zitrone

Pro Portion etwa
1171 Joule/255 Kalorien

Zubereitungszeit: 30 Minuten
Zeit zum Erstarren: 3 Stunden
Besondere Küchengeräte: größerer und kleinerer Topf für das Wasserbad

Die Melone halbieren, die Samenkerne entfernen und das Melonenfleisch aus den Schalen lösen. Das Melonenfleisch durch ein Sieb streichen oder im Mixer pürieren. • Die Gelatine in reichlich kaltem Wasser einweichen. • 2 Eier in Eigelbe und Eiweiße trennen. Die Eigelbe mit dem ganzen Ei und dem Zucker schaumig rühren. • Den kleinen Topf ins nicht kochende, aber heiße Wasserbad im größeren Topf stellen und nach und nach den Weißwein, den Zitronensaft und die abgeriebene Zitronenschale unterrühren. So lange rühren, bis sich eine cremige Masse gebildet hat. Das Wasserbad darf während dieser Zeit nicht kochen. Die Creme vom Herd nehmen, aber im Wasserbad warm halten. • Die Gelatine in einem Sieb gut abtropfen lassen, etwas ausdrücken und in der warmen Creme unter Rühren auflösen. • Die Eiweiße zu steifem Schnee schlagen. • Die Weincreme in einer Schüssel mit dem Melonenpüree verrühren, den Eischnee unter die Creme heben und die Creme im Kühlschrank in etwa 3 Stunden erstarren lassen.

Etwas schwierig

Rhabarber-Mousse

Rhabarberschaum

1 kg Rhabarber
100 g Zucker
1 Vanilleschote
2 Tassen Wasser
2 Blätter farblose Gelatine
3 Eiweiße
2 Päckchen Vanillinzucker

Pro Portion etwa
715 Joule/170 Kalorien

Zubereitungszeit: 40 Minuten
Zeit zum Erstarren: 3–4 Stunden

Den Rhabarber längs dünn schälen und in etwa 3 cm lange Stücke schneiden. • Den Rhabarber mit dem Zucker, der längs aufgeschnittenen Vanilleschote und ¹/₂ Tasse Wasser in einen Topf geben und zugedeckt bei schwacher Hitze 15 Minuten dünsten. Während der Garzeit ab und zu prüfen, ob noch genügend Flüssigkeit im Topf ist und eventuell etwas Wasser zufügen. • Die Gelatine in 1¹/₂ Tassen Wasser einweichen. • Den garen Rhabarber durch ein Sieb passieren. • Die Gelatine in einem Sieb abtropfen lassen, gut ausdrücken und unter das noch heiße Rhabarberpüree mischen. Das Rhabarberpüree unter öfterem Umrühren etwas abkühlen lassen. • Die Eiweiße mit dem Vanillinzukker zu steifem Schnee schlagen, unter das abgekühlte Püree heben und damit gleich große Förmchen (Tassen oder Gläser) füllen. Die Mousse im Kühlschrank erstarren lassen. • Vor dem Servieren mit einem spitzen Messer den Rand zwischen Mousse und Förmchen lösen. Die Förmchen kurz in heißes Wasser tauchen und die Mousse stürzen. • Nach Belieben die Mousse mit etwas Schlagsahne verziert servieren.

Gelingt leicht · Preiswert

Englische Stachelbeercreme

750 g Stachelbeeren
1 Vanilleschote
1 Tasse Wasser
2 Eigelbe
100 g Zucker
1/8 l Sahne

Pro Portion etwa
1305 Joule/310 Kalorien

Zubereitungszeit: 40 Minuten

Die Stachelbeeren waschen, abtropfen lassen, von Stiel- und Blütenansätzen befreien und in einen Topf geben. Die Vanilleschote längs aufschneiden und mit dem Wasser zu den Stachelbeeren geben. Die Stachelbeeren zugedeckt bei schwacher Hitze 15 Minuten dünsten und durch ein Sieb streichen. Das Püree unter öfterem Umrühren abkühlen lassen. • Die Eigelbe mit dem Zucker schaumig schlagen und das Stachelbeerpüree unterrühren. Die Sahne steif schlagen, unter die kalte Stachelbeermasse heben, in Stielgläsern anrichten und sofort servieren.

Rhabarber-Fool

750 g Rhabarber schälen, in Stücke schneiden und mit 1 Vanilleschote, 100 g Zucker, 2 Päckchen Vanillinzucker und 1 Tasse Wasser zugedeckt bei schwacher Hitze 15 Minuten dünsten. • Den Rhabarber durch ein Sieb streichen, das Püree unter Umrühren abkühlen lassen und mit 1/4 l steifgeschlagener Sahne mischen.

Schnell

Trollcreme

Norwegische Preiselbeercreme

400 g frische Preiselbeeren
150 g Zucker
Wasser nach Bedarf
3 Eiweiße
1 Teel. Zitronensaft

Pro Portion etwa
870 Joule/210 Kalorien

Zubereitungszeit: 20 Minuten
Zeit zum Kühlen: 2 Stunden

Die Preiselbeeren verlesen, waschen und in einen Topf schütten. • Vom Zucker 2 Eßlöffel abnehmen, den restlichen Zucker zu den Preiselbeeren schütten und so viel Wasser zugeben, daß die Beeren knapp davon bedeckt sind. Die Beeren zugedeckt bei schwacher Hitze 10 Minuten kochen lassen und anschließend durch ein Sieb passieren. • Die Eiweiße mit dem Zitronensaft zu Schnee schlagen, den restlichen Zucker einrieseln lassen und weiterschlagen, bis der Eischnee steif ist und glänzt. Das Preiselbeerpüree unter Rühren etwas abkühlen lassen, den Eischnee unterheben, in eine kalt ausgespülte Schüssel füllen und im Kühlschrank fest werden lassen.

Braucht Zeit

Hagebuttencreme

500 g Hagebutten waschen, die Blütenansätze abschneiden, die Hagebutten halbieren und die Kerne entfernen. • Die Hagebutten mit 1/2 l Wasser zugedeckt bei schwacher Hitze 1 Stunde kochen lassen. Die Hagebutten dann durch ein Sieb passieren, mit 200 g Zukker verrühren und unter Rühren im Topf noch etwas aufkochen lassen, damit die Flüssigkeit verdampft. • Das Hagebuttenmark dann abkühlen lassen und wie im Rezept für Trollcreme beschrieben mit Eischnee mischen und abkühlen lassen.

Quittencreme

Von 500 g Quitten mit einem Tuch den Flaum abreiben, die Früchte halbieren, die Blütenansätze entfernen und die Früchte in Würfel schneiden. • Die Würfel mit Wasser bedeckt zugedeckt 30 Minuten kochen lassen, durch ein Sieb passieren, mit 100–120 g Zucker verrühren und noch einmal aufkochen lassen. • Das abgekühlte Quittenpüree wie im Rezept für Trollcreme beschrieben mit gesüßtem steifem Eischnee mischen und im Kühlschrank restlos erkalten lassen. • Mit Preiselbeerkonfitüre garnieren.

Rote Grütze

je 250 g rote Johannisbeeren, Erdbeeren, Himbeeren und süße Kirschen
1/8 l Wasser
5 Eßl. Zucker
3 Eßl. Speisestärke oder 5 Eßl. Grieß

Pro Portion etwa
995 Joule/240 Kalorien

Zubereitungszeit: 40 Minuten
Zeit zum Erstarren: 2 Stunden

Die Beeren verlesen, waschen und abtropfen lassen. Die Kirschen waschen, von den Stielen und den Kernen befreien und beiseite stellen. • Die Beeren mit dem Wasser bei schwacher Hitze im offenen Topf 5 Minuten kochen lassen, durch ein Sieb passieren und 1/2 l Fruchtpüree abmessen. Das Fruchtpüree mit dem Zucker verrühren und noch einmal bei schwacher Hitze aufkochen lassen. • Die Speisestärke mit wenig kaltem Wasser anrühren und in das Fruchtpüree mischen. Oder den Grieß einrieseln lassen und unter Rühren einige Male aufkochen lassen. • Die Kirschen unter die rote Grütze rühren, die Grütze in eine kalt ausgespülte Schüssel füllen, abkühlen und dann im Kühlschrank erstarren lassen.

Das paßt dazu: Vanillesauce.

Etwas schwierig

Weingelee

6 Blätter farblose Gelatine
Wasser nach Bedarf
3/8 l leichter Weißwein
Saft von 1 Zitrone
100 g Zucker

Pro Portion etwa
620 Joule/150 Kalorien

Zubereitungszeit: 25 Minuten
Zeit zum Erstarren: 3–4 Stunden

Die Gelatine in reichlich kaltem Wasser einweichen. • Den Weißwein mit dem Zitronensaft und dem Zucker unter Rühren erhitzen, bis sich der Zucker völlig gelöst hat. • Die Gelatine in einem Sieb abtropfen lassen und gut ausdrücken. Den Weißweinsirup vom Herd nehmen und die Gelatine unter Rühren darin auflösen. Das Weingelee unter Rühren etwas abkühlen lassen, in 4 Dessertgläser füllen und im Kühlschrank restlos erstarren lassen. • Das Gelee nach Belieben vor dem Servieren mit Schlagsahne garnieren.

Raffiniert

Weingelee mit Trauben

200 g helle Weintrauben häuten, halbieren und entkernen. • Ein Weingelee wie im Rezept beschrieben herstellen und kurz vor dem Erstarren und dem Einfüllen in die einzelnen Gläser die halbierten Weintrauben unter das Gelee mischen.

Schnell

Sabayon

Weinschaum

4 Eigelbe
4 Eßl. Puderzucker
1 Teel. Zitronensaft
1/4 l Portwein, Madeira- oder Marsallawein

Pro Portion etwa
2170 Joule/515 Kalorien

Zubereitungszeit: 10 Minuten
Besondere Küchengeräte: größerer und kleinerer Topf für das Wasserbad

Die Eigelbe mit dem Puderzucker und dem Zitronensaft in dem kleineren Topf schaumig rühren. Im größeren Topf Wasser für das Wasserbad fast bis zum Kochen bringen. Den kleineren Topf ins heiße Wasser stellen, unter Rühren in kleinen Portionen den Wein zugießen und weiterrühren, bis die Weincreme schaumig wird. • Sabayon wird noch warm in Dessertgläsern serviert.

Etwas schwierig

Mousse au chocolat

Schokoladenschaum
Bild Seite 340

100 g halbbittere Schokolade
1 Eßl. Butter
2 Eier
1 Eßl. Zucker
1 Prise Salz
1/8 l Sahne
1 Eßl. Puderzucker

Pro Portion etwa
1450 Joule/340 Kalorien

Zubereitungszeit: 30 Minuten
Zeit zum Erstarren: 2–3 Stunden

Die Schokolade zerbröckeln, mit der Butter in eine Kasserolle geben und bei äußerst schwacher Hitze schmelzen lassen. • Die Eier in Eigelbe und Eiweiße trennen. Die Eigelbe mit dem Zucker schaumig rühren. Die Eiweiße mit dem Salz zu steifem Schnee schlagen. Die Sahne mit dem Puderzucker steif schlagen. • Die geschmolzene Schokolade vom Herd nehmen, mit den schaumig gerührten Eigelben mischen und 2 Eßlöffel vom Eischnee unterrühren. Die Schokoladencreme mit dem restlichen Eischnee und der geschlagenen Sahne mischen. • Die Creme in eine kalt ausgespülte Schüssel füllen und im Kühlschrank erstarren lassen.

Mousse au citron

Zitronenschaum

4 Eigelbe mit 120 g Zucker schaumig rühren. • Die Eicreme ins heiße Wasserbad stellen, den Saft von 3 Zitronen unterrühren und unter ständigem Schlagen im Wasserbad die Creme so lange erhitzen, bis sie schaumig zu werden beginnt. Die Creme dann aus dem Wasserbad nehmen und unter öfterem Umrühren wieder kalt werden lassen. • Die Eiweiße der 4 Eier mit 1 Prise Salz zu steifem Schnee schlagen und unter den abgekühlten Schaum heben. • Die Creme in eine Schüssel füllen und im Kühlschrank fest werden lassen.

Preiswert

Karamelcreme

7 Eßl. Zucker
1 Eßl. Wasser
1/4 l Milch
1 Vanilleschote
4 Eier

Pro Portion etwa
1105 Joule/265 Kalorien

Zubereitungszeit: 50 Minuten
Besondere Küchengeräte: 4 feuerfeste Förmchen

5 Eßlöffel Zucker in einem Topf unter Rühren erhitzen, das Wasser zugeben und den Zucker so lange unter Rühren kochen lassen, bis er zu bräunen und karamelisieren beginnt. Die 4 feuerfesten Förmchen kalt ausspülen und den karamelisierten Zucker auf die Förmchen verteilen. Jedes Förmchen schwenken, so daß die Innenseiten völlig von Karamel überzogen sind. • Den Backofen auf 180° vorheizen. • Die Milch zum Kochen bringen. Die Vanilleschote längs aufschneiden und in die Milch geben. • Die Eier mit dem restlichen Zucker verquirlen. Die Vanilleschote aus der Milch nehmen und die heiße Milch nach und nach zu der Eimasse rühren. • Die Eimasse in die 4 Förmchen verteilen und die feuerfesten Förmchen in eine große feuerfeste Form stellen. So viel kochendheißes Wasser um die Förmchen gießen, daß sie zu 2/3 von Wasser umgeben sind. Die feuerfeste Form auf der mittleren Schiebeleiste in den Backofen geben und die Karamelcreme in 30 Minuten stocken lassen. • Die Creme dann etwas abkühlen lassen, in den Kühlschrank stellen und restlos kalt werden lassen. • Die Karamelcreme vor dem Servieren auf Dessertteller stürzen (siehe dazu die Zeichnung im großen Küchen-ABC unter dem Stichwort Creme) und nach Belieben mit etwas Schlagsahne garnieren.

Etwas schwierig

Crème russe

Russische Creme

4 Blätter farblose Gelatine
Wasser nach Bedarf
4 Eier
1 Teel. Zitronensaft
100 g Zucker
1/8 l Weißwein
1 Schnapsglas Cognac (2 cl)
1/8 l Sahne

Pro Portion etwa
1330 Joule/320 Kalorien

Zubereitungszeit: 30 Minuten
Zeit zum Erstarren: 2–3 Stunden

Die Gelatine in reichlich kaltem Wasser einweichen. • Die Eier in Eigelbe und Eiweiße trennen. Die Eiweiße mit dem Zitronensaft flaumig schlagen, 1 Eßlöffel Zucker einrieseln lassen und weiterschlagen, bis der Eischnee glänzt und steif ist. • Die Eigelbe mit dem restlichen Zucker und dem Weißwein cremig rühren. • Die Gelatine in einem Sieb abtropfen lassen, gut ausdrücken und in 2 Eßlöffeln kochendheißem Wasser auflösen, aber nicht kochen lassen. Die Gelatine unter Umrühren etwas abkühlen lassen und mit dem Cognac unter die Eicreme rühren. • Die Sahne steif schlagen und mit dem Eischnee unter die Eicreme heben. • Die Creme in eine kalt ausgespülte Schale füllen und im Kühlschrank erstarren lassen.

Etwas schwierig

Crème bavaroise

Bayerische Creme

8 Blätter farblose Gelatine
1 Teel. Naturvanillepulver (Reformhaus)
5 Eigelbe
5 Eßl. Zucker
2 Eßl. Wasser
1 Tasse Milch
1/4 l Sahne
2 Eßl. Naturvanillezucker

Pro Portion etwa
1860 Joule/440 Kalorien

Zubereitungszeit: 30 Minuten
Zeit zum Erstarren: 2–3 Stunden
Besondere Küchengeräte: größerer und kleinerer Topf für das Wasserbad

Die Gelatine in reichlich kaltem Wasser einweichen. • Das Wasser für das Wasserbad im größeren Topf zum Kochen bringen. Das Vanillepulver mit den Eigelben, dem Zucker und dem Wasser in dem kleineren Topf schaumig rühren. Den kleineren Topf ins leicht kochende Wasserbad stellen und die Hitze so regulieren, daß das Wasser nur schwach kocht. Unter ständigem Rühren nach und nach die Milch in die Eicreme gießen und so lange rühren, bis die Masse cremig wird. • Die Gelatine in einem Sieb gut abtropfen lassen, ausdrükken, in die Eicreme geben und gut unterrühren. Die Creme aus dem Wasserbad nehmen und unter öfterem Umrühren abkühlen lassen. • Die Sahne mit dem Vanillezucker steif schlagen und unter die abgekühlte Creme ziehen. Die Creme in eine kalt ausgespülte Schüssel füllen und im Kühlschrank restlos erkalten und erstarren lassen. • Die Creme nach Belieben vor dem Servieren auf eine Platte stürzen; dafür den Rand der Creme an der Schüssel entlang mit einem spitzen Messer lösen, die Schüssel kurz in heißes Wasser tauchen und die Creme stürzen (diesen Vorgang veranschaulicht eine Zeichnung im großen Küchen-ABC unter dem Stichwort Creme).

Creme Adelheid

Die Creme Adelheid wird grundsätzlich wie die Crème bavaroise hergestellt. Statt des Wassers und der Milch jedoch 1/4 l frisch gepreßten Orangensaft und 1/2 Tasse Madeirawein zu der Eigelbcreme rühren. Das Vanillepulver und den Vanillezucker weglassen, die Sahne mit 1 Eßlöffel Puderzucker steif schlagen und 1 Eßlöffel abgeriebene Orangenschale unterrühren.

Creme Malakoff

Die Creme Malakoff wird wie die Crème bavaroise hergestellt, mit Vanillepulver und mit Vanillezucker. • 3 Löffelbiskuits in kleine Würfel schneiden, mit 1–2 Eßlöffeln Maraschinolikör tränken und mit je 2 Eßlöffeln gehackten Mandeln und kleinen Korinthen mit der Sahne unter die Eicreme heben.

Creme Pompadour

Eine Crème bavaroise wie im Rezept beschrieben herstellen. Die Eicreme sowie die geschlagene Sahne jedoch halbieren und eine Hälfte der Eicreme und der Sahne mit je 1 Eßlöffel geschmolzener Kuvertüre vermischen. • Die Vanillecreme und die Schokoladencreme abwechselnd in Lagen in eine Schüssel füllen und erstarren lassen.

Haselnußcreme

100 g Haselnüsse mahlen, in einem trockenen Topf leicht unter Rühren anrösten und abkühlen lassen. • Eine Crème bavaroise wie im Rezept beschrieben herstellen und mit der Sahne die gemahlenen Haselnüsse unter die Creme heben.

Raffiniert

Creme Nesselrode

250 g Kastanien (Maronen) am spitzen Ende einschneiden, in kochendes Wasser legen, 30 Minuten kochen, von Schale und Haut befreien und pürieren. • 100 g kandierte Kirschen und 100 g Orangeat kleinwürfeln. 50 g Sultaninen in 1 Eßlöffel Madeirawein einweichen. • Eine Crème bavaroise herstellen, $^2/_3$ davon abnehmen und mit den Früchten mischen. Die übrige Creme mit 2 Eßlöffeln geschmolzener Kuvertüre mischen, über die Vanillecreme streichen und das Ganze im Kühlschrank erstarren lassen.

Charlotte Montreuil

Eine Schüssel mit Löffelbiskuits auslegen. • 3 reife Pfirsiche häuten, 1 davon in Würfel schneiden, 2 pürieren und alles unter eine Crème bavaroise mischen. • Die Creme über die Löffelbiskuits streichen und im Kühlschrank fest werden lassen.

Raffiniert

Berliner Luft

1 Päckchen farblose gemahlene Gelatine
6 Eßl. Wasser
4 Eier
Saft und abgeriebene Schale von 1 Zitrone
5 Eßl. Puderzucker

Pro Portion etwa 800 Joule/195 Kalorien

Zubereitungszeit: 25 Minuten
Zeit zum Erstarren: 2–3 Stunden
Besondere Küchengeräte: 4 gleich große Förmchen

Die Gelatine in den 6 Eßlöffeln kaltem Wasser in einem kleinen Töpfchen einweichen. • Die Eier in Eigelbe und Eiweiße trennen. Die Eigelbe mit dem Zitronensaft, der Zitronenschale und 4 Eßlöffeln Puderzucker schaumig rühren. • Die Eiweiße zu Schnee schlagen, den restlichen Zucker einrieseln lassen und weiterschlagen, bis der Eischnee steif ist und glänzt. • Die Gelatine im Einweichwasser bei äußerst schwacher Hitze unter ständigem Rühren flüssig werden lassen, unter Rühren etwas abkühlen lassen, unter die Eicreme ziehen und den Eischnee unterheben. • Die Berliner Luft in die 4 kalt ausgespülten Förmchen verteilen und im Kühlschrank erstarren lassen. • Die Berliner Luft vor dem Servieren aus den Förmchen auf Dessertteller stürzen und mit Himbeersaft servieren.

Preiswert · Etwas schwierig

Vanille-Eiscreme

Zutaten für 6 Personen:
1 Vanilleschote
$^1/_4$ l Milch
5 Eßl. Zucker
2 Päckchen Vanillinzucker
4 Eigelbe
$^1/_8$ l Sahne

Pro Portion etwa 1165 Joule/280 Kalorien

Zubereitungszeit: 30 Minuten
Zeit zum Gefrieren: 3 Stunden
Besonderes Küchengerät: elektrische Eismaschine oder elektrisches Rührgerät

Die Vanilleschote längs aufschneiden, das Vanillemark mit der Messerklinge herausschaben und mit der Milch in einen Topf geben. Den Zucker mit dem Vanillinzucker und den Eigelben verquirlen, unter Rühren in die Milch mischen und die Milch unter Rühren erhitzen, bis sie cremig wird. Den Topf dann vom Herd nehmen und die Eicreme abkühlen lassen. • Die Sahne steif schlagen und mit der abgekühlten Vanillecreme mischen. • Die Masse in die elektrische Eismaschine füllen, diese ins Gefriergerät stellen und einschalten. Oder die Vanillecreme in Eiswürfelschalen ohne die Würfelgitter füllen und etwa 2 Stunden im Gefriergerät gefrieren lassen. Die Eiscreme dann aus den Schalen stürzen, mit dem Messer zerkleinern, mit dem elektrischen Rührgerät kräftig durchrühren, wieder in die Eisbehälter füllen und noch einmal gefrieren lassen.

Schokoladen-Eiscreme

Eine Eicreme wie im Rezept für Vanille-Eiscreme beschrieben herstellen, jedoch statt der Vanilleschote 50 g geriebene halbbittere Schokolade mit der Milch erhitzen. • Die abgekühlte Schokoladencreme dann unter die Sahne mischen und gefrieren lassen.

Haselnuß-Eiscreme

Eine Eicreme wie im Rezept für Vanille-Eiscreme beschrieben herstellen, jedoch statt der Vanilleschote 50 g feingemahlene Haselnüsse unter die Creme heben. • Die abgekühlte Creme mit der Sahne mischen und gefrieren lassen.

Himbeer-Eiscreme

500 g reife Himbeeren verlesen, waschen, abtropfen lassen, durch ein Sieb passieren und mit 5 Eßlöffeln Puderzucker mischen. • ¼ l Sahne steif schlagen, unter das Himbeerpüree ziehen und wie im Rezept für Vanille-Eiscreme beschrieben gefrieren lassen.

Erdbeer-Eiscreme

Statt der Himbeeren 500 g Erdbeeren putzen, waschen, abtropfen lassen und pürieren. Mit 5 Eßlöffeln Zucker mischen, mit ¼ l Schlagsahne verrühren und wie im Rezept für Vanille-Eiscreme beschrieben gefrieren lassen.

Gelingt leicht · Preiswert

Pfirsich Melba

4 reife Pfirsiche
1 Vanilleschote
¼ l Wasser
100 g Zucker
400 g reife Himbeeren

1 Haushaltspackung Vanilleeis (500 ml)

Pro Portion etwa
995 Joule/240 Kalorien

Zubereitungszeit: 45 Minuten

Die Pfirsiche waschen, abtrocknen und mit einer spitzen Gabel die Pfirsichhaut mehrmals in gleichmäßigen Abständen einstechen. Die Vanilleschote längs aufschneiden. • Die Vanilleschote mit dem Wasser und dem Zucker zum Kochen bringen. Die Pfirsiche ins kochende Wasser legen und zugedeckt bei schwacher Hitze 10 Minuten darin kochen lassen. Die Pfirsiche dann aus dem Wasser heben und abkühlen lassen. • Die Himbeeren verlesen, waschen, abtropfen lassen und durch ein Sieb passieren. • Die Pfirsiche häuten, halbieren und die Steine entfernen. Das Vanilleeis auf 4 Portionstellern verteilen, je 2 Pfirsichhälften auf dem Eis anrichten und die Pfirsiche mit dem Himbeerpüree übergießen.

Birne Melba

4 reife Birnen schälen, halbieren, die Kerngehäuse entfernen und die Birnenhälften zugedeckt bei schwacher Hitze 7 Minuten in dem gleichen Vanille-Zucker-Wasser wie für Pfirsich Melba kochen lassen. • Die abgekühlten Birnenhälften auf Vanilleeis anrichten und mit Pfirsichpüree beträufeln.

Etwas schwierig

Birne belle Hélène

Birne schöne Helene

2 große reife Birnen
⅛ l trockener Weißwein
1 Stück Zitronenschale
100 g halbbittere Schokolade
4 Eßl. Sahne
2 Teel. Zucker

1 Haushaltspackung Vanilleeis (500 ml)

Pro Portion etwa
1525 Joule/360 Kalorien

Zubereitungszeit: 35 Minuten
Besondere Küchengeräte: größerer und kleinerer Topf für das Wasserbad

Die Birnen schälen, längs halbieren, die Kerngehäuse auslösen und die Birnenhälften mit dem Weißwein und der Zitronenschale zugedeckt bei schwacher Hitze 10 Minuten dünsten. • Die Schokolade zerbrechen und im Wasserbad zerlassen. • Die Birnen abtropfen lassen und abkühlen lassen. • Die geschmolzene Schokolade mit der Sahne und dem Zucker verrühren und im Wasserbad warm halten. • Wenn die Birnen abgekühlt sind, das Vanilleeis in 4 gleich große Portionen teilen, auf Desserttellern anrichten, mit je 1 Birnenhälfte belegen und die Birnen mit der noch warmen Schokoladensauce übergießen. Heiß servieren.

Preiswert

Orangenparfait

6 Blutorangen
2 Eier
4 Eßl. Zucker
1/8 l Sahne
1 Messersp. Ingwerpulver
1 Eßl. Puderzucker
1 Prise Salz

Pro Portion etwa
1310 Joule/310 Kalorien

Zubereitungszeit: 30 Minuten
Zeit zum Gefrieren: 5 Stunden
Besonderes Küchengerät: größerer und kleinerer Topf für das Wasserbad

2 der Orangen schälen, die weiße Unterhaut sorgfältig entfernen, die Orangen filetieren und die Filets in Würfel schneiden. Die restlichen 4 Orangen auspressen und den Saft aufbewahren. • In einem größeren Topf Wasser für das Wasserbad erhitzen. Die Eier in Eigelbe und Eiweiße trennen. Die Eigelbe mit dem Zucker verrühren und im kleineren Topf im Wasserbad unter ständigem Rühren erhitzen. Nach und nach den ausgepreßten Orangensaft zufügen und alles erhitzen, bis eine Creme entsteht. • Die Creme dann aus dem Wasserbad heben und unter öfterem Umrühren abkühlen lassen. • Die Sahne mit dem Ingwerpulver steif schlagen. Die Eiweiße zu Schnee schlagen, den Puderzucker und das Salz einrieseln lassen und weiterschlagen, bis der Eischnee steif ist und glänzt. • Die Eicreme mit den Orangenwürfeln und der Schlagsahne mischen und den Eischnee unter die Creme heben. • Die Creme in eine kalt ausgespülte Schüssel füllen und zugedeckt 4 Stunden im Gefriergerät gefrieren lassen. • 1 Stunde vor dem Servieren die Schüssel in den Kühlschrank stellen, damit das Parfait nur halb gefroren zu Tisch kommt.

Himbeerparfait

500 g Himbeeren verlesen, waschen und gut abtropfen lassen. 1/3 davon durch ein Sieb streichen und den Himbeersaft mit Himbeersirup zu 1/8 l auffüllen. • Die Eicreme mit dem Zucker wie im Rezept für Orangenparfait beschrieben herstellen. Mit dem Himbeersaft mischen und mit den unzerkleinerten Himbeeren verrühren. • Die Sahne steif schlagen und statt mit Ingwerpulver mit 1 Eßlöffel Himbeergeist abschmecken. Den Eischnee mit dem Puderzucker und dem Salz steif schlagen. • Sahne und Eischnee unter die Eicreme mischen und alles im Gefriergerät gefrieren lassen.

Etwas schwierig

Cherimoyasorbet

1/2 l Wasser
200 g Zucker
Saft von 2 Limetten, ersatzweise Zitronen
4 große Cherimoyas

Pro Portion etwa
1060 Joule/250 Kalorien

Zubereitungszeit: 30 Minuten
Zeit zum Gefrieren: 2–4 Stunden
Besondere Küchengeräte: elektrische Eismaschine (Glacière) oder Mixer und Gefriergerät

Das Wasser mit dem Zucker unter öfterem Umrühren zum Kochen bringen und rühren, bis sich der Zucker völlig gelöst hat. Den Sirup dann vom Herd nehmen, mit dem Limettensaft mischen und unter öfterem Umrühren kalt werden lassen. • Die Cherimoyas schälen, entkernen, kleinschneiden und durch ein Sieb passieren oder im Mixer pürieren. • Das Fruchtpüree unter den kalten Sirup mischen, in die elektrische Eismaschine füllen und diese im Gefrierfach des Kühlschranks, besser noch im Gefriergerät cremig rühren lassen. Wenn keine Eismaschine vorhanden ist, das Sorbet in eine Form füllen, mit Deckel verschließen und im Gefriergerät bei −15° gefrieren lassen. Nach 1 Stunde Gefrierzeit das Sorbet aus der Form lösen, etwas zerkleinern und im Mixer pürieren, erneut wieder in die Form füllen und zugedeckt 1 weitere Stunde gefrieren lassen. Das Sorbet ein zweites Mal im Mixer pürieren und wieder gefrieren lassen. • 1 Stunde vor dem Servieren das Sorbet aus dem Gefriergerät nehmen und im Kühlschrank zugedeckt antauen lassen, dann in eisgekühlte Gläser füllen und sofort servieren.

Mangosorbet

Nach dem Rezept für Cherimoyasorbet einen Sirup herstellen. • 2 mittelgroße oder 1 sehr große, gut reife Mangos schälen, das Fruchtfleisch pürieren, unter den erkalteten Sirup mischen und das Sorbet bereiten.

Maracujasorbet

Nach dem Rezept für Cherimoyasorbet einen Sirup bereiten. • Aus 4 reifen Maracuja-Früchten ein Fruchtpüree herstellen, unter den erkalteten Sirup mischen und das Sorbet bereiten.

Kuchen · Torten · Plätzchen

Backen macht Spaß! Selbstgebackenes schmeckt meistens viel besser als fertig gekauftes Gebäck, es ist preiswerter, und man kann stolz darauf sein! Trotz der verbindlichen Mengenverhältnisse aller Zutaten für eine bestimmte Teigart, die das Gelingen bestimmen, braucht man beim Backen etwas Fingerspitzengefühl, Neigung zur Genauigkeit und Liebe zum Detail.

Damit Ihnen beim Backen Enttäuschungen erspart bleiben, beachten Sie die folgenden Hinweise:

- In diesem Kapitel finden Sie Gebäck aus allen Teigarten, jeweils mit vielen Abwandlungen, die mehrfach mit den verschiedenen Herdtypen erprobt wurden. Trotzdem muß jeder seinen eigenen Herd gut kennen, um die angegebenen Backzeiten und Backtemperaturen nötigenfalls mit den Eigenschaften seines Herdes in Einklang bringen zu können. Schwankungen im Energie-Versorgungsnetz, Altersschwächen des Herdes oder unterschiedliche Leistungsstärken der einzelnen Typen lassen sich nur durch persönliche Erfahrungen herausfinden. Beachten Sie in jedem Falle die Umrechnungstabelle auf Seite 509, die angibt, welcher Temperaturbereich beim Gasbackofen und beim Heißluftbackofen dem des konventionellen Elektrobackherdes entspricht.
- Was bei einer Teigart besonders zu beachten ist, lesen Sie jeweils im Vorspann der einzelnen Grundrezepte.
- Dem Kuchenteig wird gerne etwas Salz zugesetzt, weil es den Geschmack hebt.
- Rosinen und Korinthen immer heiß waschen und trockentupfen. Sie kommen erst nach dem kräftigen Rühren in den Teig, damit sie nicht verletzt werden und den Teig grau färben. Am besten wendet man sie in etwas Mehl, da sie dann beim Backen nicht nach unten sinken.
- Eier einzeln in eine Tasse aufschlagen und sich überzeugen, ob sie nicht schlecht sind, bevor man sie in den Teig gibt. – Ins Eiweiß darf kein Eigelb gelangen, und die Schüssel muß völlig fettfrei sein, wenn man wirklich steifen Eischnee erhalten will.
- Mehl wird beim Backen stets gesiebt, damit man alle Klümpchen und alle Unreinheiten zurückbehält.
- Eine gute Hilfe beim Backen ist das Backtrennpapier, weil das Gebäck dann garantiert nicht am Backblech anhängt. Beim Plätzchenbacken kann man Backtrennpapier für mehrere Backvorgänge benutzen. Auch Kastenformen lassen sich mit Backtrennpapier auslegen.
- Für alle Kuchen aus Hefeteig, Rührteig oder Biskuitteig empfiehlt es sich, nach beendeter Backzeit die Garprobe zu machen: Man sticht mit einem Holzspießchen an der höchsten Stelle in das Gebäck und zieht es langsam wieder heraus. Haften am Holz noch Teigspuren, ist der Kuchen noch nicht ganz durchgebacken; man nennt das die Stäbchenprobe. Der Kuchen muß dann weitere 10–15 Minuten im Backofen bleiben. Ist er an der Oberfläche bereits gut gebräunt, deckt man ihn mit Pergamentpapier ab, damit die Kruste nicht zu dunkel wird oder gar verbrennt. Das sollte man auch tun, wenn der Kuchen bereits nach der halben Backzeit schon sehr braun ist und während der noch nötigen Garzeit zu dunkel würde.
- Kuchen und Gebäck nach dem Backen je nach Größe etwa 10 Minuten in der Form oder auf dem Backblech abkühlen lassen (ganz heißes Gebäck wird auf diese Weise beim Abkühlen etwas fester und bricht dann nicht). Das Backwerk dann aus der Form stürzen, eventuell auf dem Backblech in Stücke schneiden und auf einem Kuchengitter kalt werden lassen. Das Kuchengitter ist wichtig, da das Gebäck nur auf ihm auch von unten her gut ausdämpfen kann. Man sollte es unbedingt vermeiden, Kuchen in der Form oder auf dem Backblech völlig kalt werden zu lassen, da sie erstens so nicht gut ausdämpfen können und zweitens leicht den Metallgeschmack annehmen.
- Löst sich ein Kuchen beim Stürzen nicht aus der Form, so sollte man ein feuchtwarmes Tuch über die Form legen, bis der Kuchen sich löst.
- Hat man das Pech, daß der Kuchen beim Stürzen aus der Form zerbricht, so bestreicht man die Bruchstellen mit verquirltem Eiweiß, setzt den Kuchen unter leichtem Andrücken wieder zusammen und überzieht ihn anschließend mit Glasur.
- Ist ein Kuchen einmal doch zu braun oder gar schwarz geworden, so reibt man die verbrannten Stellen mit einem Reibeisen ab oder schneidet sie auch mit dem Messer ab. Damit der Kuchen trotzdem appetitlich aussieht, wird er dick mit Puderzucker übersiebt oder mit einer Glasur überzogen.

Grundrezept

Einfacher Hefezopf

Aus einfachem, leichtem Hefeteig lassen sich unzählige Abwandlungen bereiten. Er enthält wenig Fett, Zucker und Eier und ergibt ein lockeres Gebäck.

- Das A und O für das Gelingen ist erstens das genügend lange Kneten oder Schlagen des Teigs – man muß

ihn so lange bearbeiten, bis er die zugegebene Flüssigkeit völlig in sich aufgenommen hat – und zweitens das genügend lange Gehenlassen, ohne daß diese Phasen aber zu lange ausgedehnt werden.
• Man kann diesen Hefeteig in der Form backen, als Kuchenboden, zu Laiben, Zöpfen, Hörnchen oder Brötchen geformt auf dem Backblech oder kleingeformt auch schwimmend in heißem Fett fritieren.
• Je nach Rezept wird der Teig noch mit speziellen Geschmackszutaten verändert, mit besonderen Massen gefüllt oder als Kuchenboden mit Obst oder einer Masse belegt.

3/16 l lauwarme Milch
500 g Mehl
30 g Hefe
100 g Zucker
2 Eier
abgeriebene Schale von 1 Zitrone
1 Prise Salz
100 g Butter
Für das Backblech:
Butter

Bei 20 Scheiben pro Scheibe etwa 715 Joule/ 170 Kalorien

Zubereitungszeit: 40 Minuten
Zeit zum Gehen: 1 Stunde und 10 Minuten
Backzeit: 35–40 Minuten

Alle Zutaten für den Hefeteig sollen Raumtemperatur haben, das heißt nicht direkt aus dem Kühlschrank entnommen sein. Die Milch soll lauwarm sein, also etwa 30° haben. • Das Mehl in eine genügend große Schüssel sieben und in die Mitte des Mehls eine Vertiefung drücken. Die Hefe in die Mulde bröckeln. Etwa die Hälfte der lauwarmen Milch mit 1 Teelöffel Zucker, der zerbröckelten Hefe und etwas Mehl in der Mulde zu einem Hefevorteig verrühren. Den Hefevorteig mit wenig Mehl bestreuen. Die Schüssel mit einem Tuch zudecken und den Hefevorteig in einem warmen Raum (22–24°) so lange gehen lassen, bis die Mehlschicht auf dem Hefevorteig feine Risse zeigt; das dauert 15–20 Minuten. Den restlichen Zucker, die Eier, die abgeriebene Zitronenschale, das Salz und die möglichst weiche, aber nicht heiße Butter in Flöckchen auf dem Mehlrand um den Hefevorteig verteilen (nicht auf den Hefevorteig, da der Teig sonst später nicht gut aufgeht). Die restliche lauwarme Milch zum Hefevorteig schütten und alle Zutaten mit einem großen Lochkochlöffel mischen. • Den Hefevorteig dann mit den Knethaken des elektrischen Rührgeräts oder in der Küchenmaschine so lange schlagen, bis der Teig glänzend ist und sich leicht von der Schüssel löst: das dauert etwa 10 Minuten. • Besser wird der Teig aber nicht elektrisch, sondern mit der Hand bearbeitet: Man mischt alle Zutaten zunächst mit dem Kochlöffel, dann mit der Faust. Man knetet den Teig auf der Arbeitsplatte mit dem Handballen durch, bis er glänzt und locker ist. • Den gut gekneteten Teig erneut zugedeckt in der Schüssel gehen lassen, bis er sein Volumen ungefähr verdoppelt hat; das dauert 20–30 Minuten. • Das Backblech inzwischen mit der Butter bestreichen. • Aus dem gegangenen Hefeteig 3 gleich große Kugeln formen. Aus den Kugeln gleich lange und gleich dicke Stränge drehen. Aus den Teigsträngen auf dem Backblech einen Zopf flechten. Den Zopf locker mit einem Tuch bedecken und ihn noch einmal 15–20 Minuten gehen lassen. • Den Backofen auf 200° vorheizen. • Den Hefezopf auf der zweiten Schiebeleiste von unten im Backofen in etwa 35–40 Minuten goldbraun backen. Je nach Bräunungsgrad kann man bereits nach 35 Minuten die Stäbchenprobe machen. • Den goldbraun gebackenen Hefezopf aus dem Backofen nehmen, etwa 10 Minuten auf dem Backblech ruhen lassen, dann auf ein Kuchengitter legen und kalt werden lassen.

Mein Tip Dieser lockere, trockene Hefezopf, der sich übrigens hervorragend zum Einfrieren eignet, schmeckt ausgezeichnet mit Butter und Marmelade oder Honig bestrichen. – Wie man einen Hefezopf formt, veranschaulicht eine Zeichnung im großen Küchen-ABC unter dem Stichwort Hefezopf.

Mohnrolle

Einen Hefeteig aus den gleichen Zutaten wie im Grundrezept bereiten. Den Hefeteig nach dem zweiten Gehenlassen auf einer leicht bemehlten Arbeitsfläche rechteckig ausrollen und mit folgender Füllung bestreichen: 200 g gemahlenen Mohn in 1/8 l kochende Milch streuen, einmal aufkochen lassen, vom Herd nehmen und mit 100 g Zucker, 50 g Rosinen und 1 Eigelb verrühren. Dann abkühlen lassen. 2 Eiweiße mit 2 Eßlöffeln kaltem Wasser zu Schnee schlagen, unter die Mohnmasse heben und diese auf die Teigplatte streichen. • Die Teigplatte aufrollen und mit der »Nahtseite« nach unten auf ein gefettetes Backblech legen. Die Mohnrolle weitere 20–30 Minuten gehen lassen und dann bei 200° auf der zweiten Schiebeleiste von unten in 40–45 Minuten im Backofen goldbraun backen.

Ideal zum Einfrieren

Frühstückshörnchen

Einen Hefeteig wie im Grundrezept beschrieben zubereiten, für den Teig aber nur 2 Teelöffel Zucker verwenden und ½ Teelöffel Salz. Die abgeriebene Zitronenschale weglassen. • Den Teig nach dem zweiten Gehenlassen auf einer leicht bemehlten Arbeitsfläche etwa ½ cm dick ausrollen und aus der Teigplatte langschenkelige Dreiecke mit einer Basis von etwa 12 cm Länge schneiden (dies veranschaulicht die Zeichnung im großen Küchen-ABC unter dem Stichwort Formgebäck). Die Schmalseiten der Dreiecke in der Mitte etwa 1½ cm tief einschneiden, damit sich die Teigrollen besser zu Hörnchen formen lassen. Die Teigdreiecke von der Schmalseite her aufrollen, zu Hörnchen biegen, auf dem gefetteten Backblech weitere 20 Minuten gehen lassen. • Die Hörnchen dann mit verquirltem Eigelb bestreichen und im vorgeheizten Backofen bei 220° auf der mittleren Schiebeleiste in 15–20 Minuten goldbraun backen.

Nußhörnchen

Einen Hefeteig aus den gleichen Zutaten wie im Grundrezept beschrieben bereiten und den Teig nach dem zweiten Gehenlassen wie im Rezept für Frühstückshörnchen beschrieben ausrollen und in Dreiecke schneiden. • Jeweils 2 Teelöffel Nußfüllung über den kleinen Einschnitt an der Schmalseite der Dreiecke geben, die Hörnchen aufrollen, noch einmal gehen lassen, mit verquirltem Eigelb bestreichen und im vorgeheizten Backofen bei 220° auf der mittleren Schiebeleiste in 20 Minuten goldbraun backen. • Für die Füllung 150 g geriebene Haselnüsse, 4 Eßlöffel gewaschene Rosinen, 4 Eßlöffel Zucker und so viel Sahne mischen, daß eine geschmeidige Masse entsteht.

Etwas schwierig

Gefüllte Hefeschnecken

Einen Hefeteig wie im Grundrezept beschrieben bereiten, zusätzlich aber mit 1 Messerspitze gemahlenem Piment würzen. Den Teig nach dem zweiten Gehenlassen etwa 1 cm dick zu einem Quadrat ausrollen und reichlich mit geschmolzener Butter bestreichen. Für die Füllung je 50 g gewaschene Sultaninen und Korinthen mit 50 g gehacktem Zitronat, 200 g geriebenen Haselnüssen und 6 Eßlöffeln braunem Zucker mischen. Auf dem Teigblatt verteilen, den Teig aufrollen und in etwa 3 cm dicke Scheiben schneiden. • Die Schnecken auf einem gefetteten Backblech weitere 20 Minuten gehen lassen, mit verquirltem Eigelb bestreichen, mit braunem Zucker bestreuen und im vorgeheizten Backofen auf der mittleren Schiebeleiste bei 220° in 20 Minuten goldgelb backen. Der Zucker karamelisiert.

Schneckennudeln

Einen Hefeteig wie im Grundrezept beschrieben bereiten, nach dem zweiten Gehenlassen in 2 gleich große Teile schneiden und diese etwa 1 cm dick zu 2 Rechtekken ausrollen. • Für die Füllung 200 g gehackte Erdnüsse mit 100 g Zucker, 100 g Rosinen und 2 Teelöffeln Zimt mischen. Die Teigplatten dick mit zerlassener Butter bestreichen, mit der Füllung bestreuen und zu festen Rollen formen. Die Rollen in etwa 5 cm lange Stücke schneiden. • 100 g Butter in einem Bräter zerlassen. Die Schneckennudeln senkrecht, dicht nebeneinander in die Form setzen und 20 Minuten gehen lassen. • Auf der zweiten Schiebeleiste von unten im vorgeheizten Backofen bei 220° in 35 Minuten goldbraun backen. Die Schneckennudeln kleben dicht aneinander, wenn sie fertig sind.

Preiswert

Bayrische Rohrnudeln

Einen Hefeteig wie im Grundrezept bereiten; zum Teig aber 1 weiteres Eigelb und 1 Päckchen Vanillinzucker geben. • Nach dem zweiten Gehenlassen etwa 40 g schwere Kugeln daraus formen und diese zugedeckt weitere 15 Minuten gehen lassen. • 100 g Butterschmalz in einem Bräter zerlassen. • Die Kugeln nacheinander in dem Butterschmalz wenden und dicht nebeneinander in den Bräter setzen. Die Nudeln mit 2 Eßlöffeln feinem Zucker bestreuen und im vorgeheizten Backofen bei 200° auf der zweiten Schiebeleiste von unten in 30–35 Minuten goldbraun backen.

Zwetschgennudeln

Die Zwetschgennudeln wie Rohrnudeln herstellen. In jede Nudel jedoch 1 entsteinte, mit 1 Stück Würfelzukker gefüllte Zwetschge wickeln.

Gelingt leicht · Preiswert

Apfelkuchen vom Blech

Wird der leichte Hefeteig als Boden für Blechkuchen gebraucht, ändern sich die Mengen für den Teig ein wenig, da man ja einen möglichst dünnen Boden möchte, der dem jeweiligen Belag – der Hauptattraktion des Kuchens – nur als solide Unterlage dienen soll.

Für den Teig:
400 g Mehl
25 g Hefe
3/16 l lauwarme Milch
80 g Zucker
1 Ei
1 Prise Salz
50 g Butter
Für den Belag:
1 1/2 kg säuerliche Äpfel
Saft von 1 Zitrone
100 g Rosinen
4 Eßl. geschmolzene Butter
Zum Besieben:
4 Eßl. Puderzucker
Für das Backblech:
Butter

Bei 25 Stücken pro Stück etwa 650 Joule/ 155 Kalorien

Zubereitungszeit: 1 Stunde und 30 Minuten
Zeit zum Gehenlassen: 1 Stunde
Backzeit: 40 Minuten

Für den Teig das Mehl in eine Schüssel sieben und in die Mitte eine Vertiefung hineindrücken. Die Hefe in die Mulde bröckeln und mit der Hälfte der lauwarmen Milch, 2 Teelöffeln Zucker und etwas Mehl verrühren. Etwas Mehl über den Hefevorteig stäuben, die Schüssel mit einem Tuch zudecken und den Hefevorteig bei Raumtemperatur (22–24°) so lange gehen lassen, bis das Mehl auf der Oberfläche feine Risse zeigt; das dauert 15–20 Minuten. • Die übrige Milch, den übrigen Zucker, das Ei, das Salz und die Butter in Flöckchen auf dem Mehlrand verteilen und alle Zutaten mit dem gesamten Mehl und dem Hefevorteig gut verkneten. Den Teig dabei mit dem Knethaken der Küchenmaschine oder des elektrischen Rührgerätes etwa 10 Minuten kneten lassen, bis er Blasen wirft und sich vom Schüsselrand löst. Oder den Teig mit dem Kochlöffel schlagen, bis er Blasen wirft und sich leicht vom Rand der Schüssel löst. Den Teig danach zugedeckt so lange gehen lassen, bis er sein Volumen etwa verdoppelt hat; das dauert wiederum 15–20 Minuten. • In der Zwischenzeit ein Backblech mit Butter bestreichen. • Für den Belag die Äpfel vierteln, schälen, vom Kerngehäuse befreien und die Apfelviertel in dünne Spalten schneiden. Die Apfelspalten mit dem Zitronensaft beträufeln, damit sie nicht braun werden, und zugedeckt aufbewahren. Die Rosinen heiß waschen und trockentupfen. • Den gegangenen Hefeteig auf einer bemehlten Arbeitsfläche in Größe des Backblechs ausrollen, auf das Backblech legen und an allen Seiten einen kleinen Rand formen. Den Teigboden mit einer Gabel in gleichmäßigen Abständen mehrmals einstechen, damit der Teig beim Backen keine Blasen wirft, sondern die Feuchtigkeit durch die kleinen Einstiche entweichen kann. • Die Apfelscheiben dachziegelartig auf den Teigboden legen. Die Rosinen über die Äpfel streuen, den Apfelkuchen noch einmal 15–20 Minuten gehen lassen und vor dem Backen mit der Butter beträufeln. • Den Backofen auf 200° vorheizen. • Den Apfelkuchen auf der mittleren Schiebeleiste in 40 Minuten goldbraun backen. • Den Kuchen aus dem Ofen nehmen, noch heiß auf dem Backblech in 25 gleich große Stücke schneiden und diese auf einem Kuchengitter abkühlen lassen. Die noch warmen Kuchenstücke mit dem Puderzucker besieben.

Mein Tip Wenn Sie den Apfelkuchen am liebsten mit möglichst weichen Apfelspalten essen, so bedecken Sie den Kuchen während der ersten 15 Minuten Backzeit mit 1 Stück Pergamentpapier.

Gelingt leicht

Apfelkuchen mit Streuseln

Den Apfelkuchen wie im Rezept für Apfelkuchen vom Blech beschrieben zubereiten, mit den Äpfeln belegen, die Äpfel aber nicht mit Rosinen belegen, sondern Streuseln nach dem Rezept für einfachen Streuselkuchen (1/2 Rezeptmenge) bereiten. • Die Streusel über die Äpfel verteilen und den Kuchen auf der mittleren Schiebeleiste bei 200° im vorgeheizten Backofen in etwa 45 Minuten goldbraun backen.

Gelingt leicht

Zwetschgendatschi

Den Teig wie im Rezept für Apfelkuchen vom Blech bereiten und ein gebuttertes Backblech damit belegen. Für den Belag 1 1/2 kg Zwetschgen waschen, abtrocknen, längs aufschneiden, ohne die beiden Zwetschgenhälften zu zertrennen und die Steine entfernen. Jede Zwetschgenhälfte in der Mitte einmal längs einschneiden, so daß die 4 Viertel entlang der Schale noch zusammenhängen. Die Zwetschgen mit der Schale zum Teig hin in Reihen dicht nebeneinander auf den Hefeteig legen, den Kuchen noch einmal 15–20 Minuten gehen lassen und dann im vorgeheizten Backofen bei 200° auf der mittleren Schiebeleiste in 40 Minuten bakken. • Den noch heißen Zwetschgendatschi sofort mit 100 g Zucker bestreuen und in 25 gleich große Stücke teilen. Die Kuchenstücke nach einigen Minuten auf ein Kuchengitter zum Kaltwerden legen.

Preiswert · Ideal zum Einfrieren

Einfacher Streuselkuchen

Für den Kuchenboden einen Hefeteig nach dem Rezept für Apfelkuchen vom Blech bereiten und ein gebuttertes Backblech damit auslegen. • Für die Streusel 350 g Mehl in eine Schüssel sieben, mit 200 g Zucker und 1 Teelöffel Zimt mischen und 200 g zerlassene Butter über das Mehl träufeln. Das Mehl mit der Butter verkneten und zwischen den Händen reiben, bis kleine Streusel entstehen. • Die Streusel auf dem Kuchenboden verteilen und den Kuchen im vorgeheizten Backofen bei 200° auf der mittleren Schiebeleiste in 35 bis 40 Minuten fertig backen. • Den Kuchen noch heiß in 25 gleich große Stücke schneiden, nach kurzem Abkühlen auf ein Kuchengitter legen und kalt werden lassen. Zum Servieren die Kuchenstücke mit Puderzucker besieben.

Preiswert · Ideal zum Einfrieren

Butterkuchen

Einen Teigboden nach dem Rezept für Apfelkuchen vom Blech herstellen und ein gebuttertes Backblech damit auslegen. • Für den Belag den Teigboden mit 50 g zerlassener Butter bestreichen und in gleichmäßigen Abständen kleine Vertiefungen hineindrücken. 200 g möglichst kalte Butterflöckchen leicht in die Vertiefungen drücken. 200 g Zucker mit 1 Eßlöffel gemahlenem Zimt und 100 g gemahlenen Mandeln mischen und über den Kuchen streuen. • Den Kuchen nach dem dritten Gehenlassen im vorgeheizten Backofen bei 200° auf der mittleren Schiebeleiste 30 Minuten goldbraun backen. Noch heiß in 25 gleich große Stücke schneiden.

Gefüllter Bienenstich

Für den Teig:
400 g Mehl
25 g Hefe
3/16 l lauwarme Milch
60 g Zucker
1 Ei
1 Prise Salz
50 g Butter
Für den Belag:
100 g Butter
150 g Zucker
200 g feine Mandelstifte
2 Eßl. Milch

Für die Füllung:
1/4 l Milch
1/2 Päckchen Vanille-Puddingpulver
4 Eßl. Zucker
1/8 l Sahne
Für das Backblech:
Butter

Bei 25 Stücken pro Stück etwa
1030 Joule/245 Kalorien

Zubereitungszeit: 1 Stunde und 30 Minuten
Zeit zum Gehenlassen: 1 Stunde
Backzeit: 35–40 Minuten

Für den Teig das Mehl in eine Schüssel sieben, in die Mitte eine Vertiefung drücken und die Hefe in die Mulde bröckeln. Die Hefe mit der Hälfte der lauwarmen Milch, 2 Teelöffeln Zucker und etwas Mehl verrühren. Den Hefevorteig mit Mehl bestäuben und bei Raumtemperatur (22–24°) zugedeckt 20–25 Minuten gehen lassen. • Die restliche Milch, den übrigen Zukker, das Ei, das Salz und die Butter in Flöckchen auf dem Mehlrand verteilen und alle Zutaten mit einem Rührlöffel mischen. Den Teig mit der Faust zunächst in der Schüssel kneten und weiterschlagen, bis er Blasen wirft und sich vom Schüsselboden löst. Den Teig zugedeckt weitere 20–30 Minuten gehen lassen. • Für den Belag die Butter mit dem Zucker und den Mandelstiften bei mittlerer Hitze karamelisieren und leicht bräunen lassen. 2 Eßlöffel Milch unter die Masse rühren,

Zum Bild rechts:

Einen Marmorkuchen wie auf der gegenüberliegenden Bildseite könnte schon das Rotkäppchen auf seinem Weg zur Großmutter in seinem Korb gehabt haben, so lange wird dieser Kuchen nun schon zu Sonn- und Feiertagen gebacken. Nicht so bekannt dagegen ist der Orangenkuchen (im Bild vorne), den ich jedem empfehlen möchte, der für nicht zu trockene, aromatische Rührkuchen schwärmt. Das Rezept für den Marmorkuchen finden Sie auf Seite 366 und das für den Orangenkuchen auf Seite 368.

Cac

auf einer Platte ausbreiten und abkühlen lassen. • Ein Backblech mit Butter bestreichen. Den Backofen auf 200° vorheizen. • Den Hefeteig auf einer leicht bemehlten Arbeitsfläche ausrollen, das Backblech damit auslegen, den Teig mit der Mandelmasse bestreuen und weitere 15–20 Minuten bei Raumtemperatur gehen lassen. • Den Bienenstich auf der mittleren Schiebeleiste 35 Minuten backen, noch heiß in 25 gleich große Stücke schneiden und auf einem Kuchengitter abkühlen lassen. • Für die Füllung 5 Eßlöffel von der Milch abnehmen und das Puddingpulver damit anrühren. Die restliche Milch mit dem Zucker unter ständigem Rühren zum Kochen bringen, das angerührte Puddingpulver unterrühren und einige Male aufkochen lassen. Den Pudding in eine kalt ausgespülte Schüssel geben und während des Abkühlens wiederholt umrühren, damit sich keine Haut bildet. • Die Sahne steif schlagen und unter den kalten Pudding ziehen. Die Bienenstichstücke waagerecht durchschneiden, mit der Vanillecreme füllen und wieder zusammensetzen.

Etwas schwierig

Krapfen

Die kleinen lockeren Kugeln, schwimmend in heißem Fett ausgebacken, erfreuen sich überall in der Welt in den unterschiedlichsten Abwandlungen großer Beliebtheit. Man nennt sie Faschingskrapfen, Silvesterkrapfen, Berliner Pfannkuchen, in Holland Oliebols, als Ringe gebacken in den USA Doughnuts und ausgezogen in Bayern Kirchweihnudeln.

Zum Bild links:

Natürlich ist es eine Frage des persönlichen Geschmacks, aber für mich gibt es keinen besseren Strudel als den mit der feinen Topfenfüllung. Damit die Freude auf den Strudelgenuß durch nichts getrübt wird, darf es davor höchstens einen gemischten Salat geben oder Gemüsebrühe mit Gemüseeinlage. Und danach oder auch gleich zum Strudel ist eine gute Tasse Kaffee die beste Begleitung. Das Rezept für den Topfenstrudel finden Sie auf Seite 331.

Für den Teig:
500 g Mehl
40 g Hefe
1/16–1/8 l lauwarme Milch
100 g Zucker
1 gute Prise Salz
4 Eigelbe
abgeriebene Schale von 1 Zitrone
1 Schnapsglas Rum (2 cl)
100 g Butter
Zum Fritieren:
1 l Öl oder 1 kg reines Pflanzenfett

Zum Füllen und Bestreuen:
1 Tasse Aprikosenmarmelade
2 Teel. Arrak
1 Tasse Puderzucker

Bei 24 Krapfen pro Stück etwa
840 Joule/200 Kalorien

Zubereitungszeit: 30 Minuten
Zeit zum Gehenlassen: 1 Stunde
Zeit zum Fritieren: 30–40 Minuten
Besondere Küchengeräte: Elektrische Friteuse oder Fritiertopf mit Fritierthermometer, Spritzbeutel mit langer Tülle oder Tortenspritze

Das Mehl in eine Schüssel sieben und in die Mitte eine Vertiefung drücken. Die Hefe in die Mulde bröckeln. Die Hälfte der Milch und 2 Eßlöffel Zucker mit der Hefe und etwas Mehl zu einem Hefevorteig verrühren. Etwas Mehl über den Hefevorteig streuen und diesen zugedeckt bei Raumtemperatur (22–24°) gehen lassen, bis sich auf der bemehlten Oberfläche feine Risse zeigen; das dauert 15–20 Minuten. • Die restliche Milch, den übrigen Zucker, das Salz, die Eigelbe, die Zitronenschale, den Rum und die geschmolzene, aber nicht heiße Butter auf den Mehlrand (nicht auf den Hefevorteig, da der Teig sonst später nicht richtig aufgeht) geben und alle Zutaten mit dem gesamten Mehl und dem Hefevorteig zu einem glatten glänzenden Hefeteig schlagen. In der elektrischen Küchenmaschine oder mit dem elektrischen Rührgerät dauert das etwa 10 Minuten, mit der Hand gute 20 Minuten. • Den Hefeteig zugedeckt gehen lassen, bis er sein Volumen verdoppelt hat; das dauert etwa weitere 20 Minuten. • Den Hefeteig dann noch einmal kurz durchkneten und auf einer leicht bemehlten Arbeitsfläche etwa 3 cm dick ausrollen. Dann 25 gleich große Scheiben von etwa 6 cm Durchmesser mit einem Ausstechförmchen oder mit einem Glas ausstechen und diese Teigscheiben zugedeckt noch einmal so lange gehen lassen, bis sie doppelt so hoch aufgegangen sind. • Das Fritierfett in der Friteuse auf 180° erhitzen. • Die Teigkugeln nacheinander jeweils mit der Unterseite nach oben ins heiße Fett legen und darauf achten, daß die Oberseite nicht mit Fett bespritzt wird. Die Friteuse schließen und die Krapfen fritieren, bis die Unterseite goldgelb geworden ist. • Die Krapfen dann vorsichtig mit dem Schaumlöffel wenden und in der offenen Friteuse in weiteren 3–4 Minuten garen. Die Krapfen sind nun auf beiden Seiten goldbraun und haben in der Mitte eine leicht eingezogene helle »Taille«. • Die Krapfen mit dem Schaumlöffel aus dem Fritierfett heben und auf Küchenkrepp abtropfen lassen, bis alle Krapfen fritiert sind. • Für die Füllung die Aprikosenmarmelade mit dem Arrak verrühren, in einen Spritzbeutel mit langer spitzer Tülle oder in eine Tortenspritze füllen und die Krapfen damit füllen. • Die noch warmen Krapfen von beiden Seiten mit Puderzucker besieben und am besten noch lauwarm servieren.

Mein Tip Man kann die Krapfen auch bereits vor dem Fritieren füllen. In diesem Fall drückt man die Teigscheiben flach, gibt auf die Mitte jeweils ½ Teelöffel der angerührten Marmelade, zieht den Teig um die Füllung hoch und drückt ihn wie einen Beutel oben zusammen. Die Bällchen dann mit der »Nahtseite« nach unten auf einer bemehlten Arbeitsfläche zugedeckt noch einmal 15 Minuten gehen lassen. Die Krapfen dann wie im Rezept beschrieben im heißen Fett fritieren.

Raffiniert

Savarin mit Beeren

Für den Teig:
350 g Mehl
20 g Hefe
⅛ l lauwarme Milch
4 Eier
100 g Zucker
1 Prise Salz
200 g Butter
Zum Tränken:
¼ l leichter Weißwein
100 g Zucker
Zum Füllen:
400 g Himbeeren
4 Eßl. Zucker
Für die Form:
Butter und Semmelbrösel

Bei 16 Stücken pro Stück etwa 1200 Joule/285 Kalorien

Zubereitungszeit: 40 Minuten
Zeit zum Gehenlassen: 1 Stunde
Backzeit: 40–50 Minuten

Besonderes Küchengerät: Kranzform oder Ringform von etwa 26 cm Durchmesser

Das Mehl in eine Schüssel sieben und in die Mitte eine Vertiefung drücken. Die Hefe in die Mulde bröckeln und mit etwas Zucker, Mehl und der lauwarmen Milch zu einem Hefevorteig verrühren. Den Hefevorteig leicht mit Mehl bestäuben und zugedeckt bei Raumtemperatur (22–24°) gehen lassen, bis das Mehl auf dem Vorteig feine Risse zeigt; das dauert 15–20 Minuten. • Die Eier mit dem restlichen Zucker schaumig rühren, das Salz und die geschmolzene, aber nicht heiße Butter unterrühren. Den Hefevorteig mit dem gesamten Mehl und dem Eier-Butter-Gemisch verrühren und alles zu einem glatten glänzenden Rührteig verarbeiten. Den Teig zugedeckt noch einmal 20 bis 25 Minuten gehen lassen. • Die Kuchenform mit Butter ausstreichen und mit Semmelbröseln ausstäuben. Den Hefeteig in die Form füllen und zugedeckt so lange gehen lassen, bis er die Form fast ausfüllt. • Den Backofen auf 220° vorheizen. • Den Kuchen auf der untersten Schiebeleiste in 40–50 Minuten goldgelb backen. • Den Savarin in der Form 10 Minuten abkühlen lassen, dann auf ein Kuchengitter stürzen und ausdämpfen lassen. • Den Weißwein und den Zucker unter Rühren in einem Topf aufkochen lassen; der Topf muß unbedingt im Durchmesser etwas größer als der Savarin sein. Den Topf vom Herd nehmen und den Savarin so lange in die Flüssigkeit legen, bis er sich gut vollgesogen hat. Den Savarin dann auf eine Platte setzen. • Die Himbeeren verlesen, abbrausen und abtropfen lassen. Die Himbeeren mit dem Zucker mischen und in die Mitte des Savarins füllen.

Mein Tip Ein Savarin kann auch mit Erdbeeren, Brombeeren, Kirschen oder gemischten gewürfelten exotischen Früchten gefüllt werden. Wählen Sie jeweils zum Obst eine passende Spirituose und servieren Sie zum Savarin etwas Schlagsahne.

Guglhupf

Napfkuchen

Einen Hefeteig wie im Grundrezept für Savarin bereiten. • Nach dem zweiten Gehenlassen 75 g Rosinen, je 50 g Zitronat, Orangeat und Mandeln, alles feingehackt, abgeriebene Schale von ½ Zitrone, 1 Prise Muskat und 2 Eßlöffel Rum rasch und kurz unter den Teig arbeiten, damit dieser nicht grau wird. Den Teig in eine mit Butter ausgefettete und mit Semmelbröseln ausgestreute Napfkuchenform füllen und weitere 30 Minuten gehen lassen. Den Kuchen im vorgeheizten Backofen bei 200° auf der untersten Schiebeleiste 40 bis 50 Minuten backen. • Den Guglhupf noch warm mit Puderzucker besieben.

Etwas schwierig

Weihnachtsstollen auf Dresdner Art

1 kg Mehl
100 g Hefe
⅜ l lauwarme Milch
120 g Zucker
2 Eier
das Innere von 1 Vanilleschote
abgeriebene Schale von 1 Zitrone
½ Teel. Salz
400 g Butter
200 g Mehl
350 g Rosinen
je 100 g gehacktes Zitronat und Orangeat
2 Schnapsgläser Rum (4 cl)
150 g Butter
lauwarmes Wasser nach Bedarf
150 g Zucker
Für das Backblech:
Pergamentpapier und Butter

Pro Scheibe zu 100 g etwa 1775 Joule/420 Kalorien

Zubereitungszeit: 1 Stunde und 30 Minuten
Zeit zum Gehenlassen: 2 Stunden und 15 Minuten
Backzeit: 1 Stunde und 30 Minuten

Das Mehl in eine Schüssel sieben und in die Mitte eine Vertiefung drücken. Die Hefe in die Mulde bröckeln und mit der Milch, etwas Zucker und etwas Mehl zu einem Hefevorteig verrühren. Den Hefevorteig leicht mit Mehl bestäuben und zugedeckt bei Raumtemperatur (22–24°) 20–30 Minuten gehen lassen, bis sich auf der Oberfläche leichte Risse in der Mehlschicht zeigen. • Den restlichen Zucker mit den Eiern, der Vanille, der Zitronenschale und dem Salz verrühren und mit dem gesamten Mehl und dem Hefevorteig zu einem trockenen festen Hefeteig schlagen. Der Teig soll Blasen werfen und sich vom Schüsselboden lösen. Da die meisten elektrischen Rührgeräte nur Teige aus etwa 500 g Mehl bearbeiten können, müssen Sie diesen Stollenteig in 2 Portionen elektrisch bearbeiten und dann beide Portionen noch einmal mit der Hand durchkneten; besser wird der Teig jedoch, wenn Sie ihn nur mit der Hand kneten. Den Teig nach dem Schlagen 100mal auf den Küchentisch werfen, in die Schüssel geben und zugedeckt weitere 20–30 Minuten gehen lassen. • Die Butter mit dem Mehl verkneten, unter den gegangenen Hefeteig arbeiten und den Teig noch einmal 30 Minuten gehen lassen. • Die Rosinen heiß waschen und trockentupfen. Die Rosinen mit dem Zitronat und dem Orangeat mischen, mit dem Rum übergießen und zugedeckt durchziehen lassen. Die Fruchtmischung dann rasch und kurz unter den Teig kneten und diesen nochmals 15 Minuten gehen lassen. • Das Backblech mit Pergamentpapier auslegen und das Pergamentpapier dick mit Butter bestreichen. • Den Hefeteig auf einer leicht bemehlten Arbeitsfläche etwa 4 cm dick zu einem Rechteck ausrollen. ⅓ der Teigplatte längs einschlagen, die freiliegende Schicht leicht nach innen schlagen und über die doppelte Schicht legen. Die Oberseite des Stollens ganz leicht mit den Handkanten einkerben, so daß die typische Stollenform entsteht (siehe dazu auch die Zeichnung im großen Küchen-ABC unter dem Stichwort Christstollen). Den Stollen auf das Backblech legen und zugedeckt weitere 20 bis 30 Minuten gehen lassen. • Den Backofen auf 200° vorheizen. • Den Stollen mit lauwarmem Wasser bepinseln und auf der untersten Schiebeleiste 20 Minuten backen. Den Backofen nach 20 Minuten auf 180° zurückschalten und den Stollen in weiteren 60–70 Minuten fertig backen. • Sollte der Stollen zu rasch bräunen, gefettetes Pergamentpapier auf die Oberseite legen. • Den leicht abgekühlten Stollen vorsichtig vom Backblech auf ein Kuchengitter legen. Die restliche Butter zerlassen und den Stollen, solange er noch heiß ist, wiederholt dick mit der Butter bestreichen und mit dem Zucker bestreuen. • Wenn der Stollen völlig kalt ist, wird er locker in doppelt starke Alufolie eingeschlagen und 2–3 Wochen kühl gelagert.

Mandelstollen

Aus denselben Zutaten für den Teig wie für den Weihnachtsstollen wird auch der Mandelstollen bereitet. Die 400 g Butter verknetet man jedoch nur mit 100 g Mehl und mit 300 g abgezogenen gehackten Mandeln. • Den Teig danach zugedeckt noch einmal 20 Minuten gehen lassen, dann ausrollen, zum Stollen formen und wie den Weihnachtsstollen backen.

Grundrezept

Croissants

Plunderteig-Hörnchen

Plunderteig ist die delikateste Form von leichtem Hefeteig. In der Herstellung ähnelt er dem Blätterteig, das Ergebnis ist aber trotz zarter Konsistenz nicht ganz so luftig, flüchtig wie die des Blätterteigs, sondern eher handfest, wenngleich von duftendem Schmelz!

500 g Mehl
30 g Hefe
1 Teel. Zucker
3/16 l lauwarme Milch
80 g Butter
1 Ei
1 Teel. Salz
200 g kalte Butter
1–2 Eigelbe

Pro Hörnchen etwa
1175 Joule/280 Kalorien

Zubereitungszeit: 1 Stunde
Zeit zum Gehenlassen und Kühlen: 3 Stunden und 30 Minuten
Backzeit: 20–25 Minuten

Das Mehl in eine Schüssel sieben und in die Mitte eine Vertiefung drücken. Die Hefe in die Mulde bröckeln und mit dem Zucker, etwas Mehl und der Milch zu einem leichten Hefevorteig verrühren. Etwas Mehl über den Hefevorteig stäuben und diesen zugedeckt bei Raumtemperatur (22–24°) gehen lassen, bis das Mehl auf der Oberfläche leichte Risse zeigt; das dauert 15–20 Minuten. • Die Butter in Flöckchen auf dem Mehlrand verteilen (nicht auf den Hefevorteig, weil sonst der Teig später schlecht aufgeht). Das Ei und das Salz zugeben und alle Zutaten mit dem Mehl und dem Hefevorteig zu einem geschmeidigen glänzenden Hefeteig schlagen. Mit den Knethaken des elektrischen Rührgerätes oder der Küchenmaschine dauert das etwa 10 Minuten. Von Hand muß der Teig mit dem Kochlöffel 20 Minuten geschlagen und anschließend etwa 100mal auf die Tischplatte geworfen werden. • Den Teig dann zugedeckt in einem kühlen Raum oder locker in Pergamentpapier eingeschlagen im Kühlschrank gehen lassen. (Im kühlen Raum dauert das etwa 40 Minuten; im Kühlschrank 50–60 Minuten). Den Teig dann auf einer leicht bemehlten Arbeitsfläche etwa 1 cm dick ausrollen und auf dem Teigblatt mit einem Messer 3 gleich große Teile markieren. • Die 200 g Butter, die noch nicht verarbeitet sind, möglichst jetzt erst aus dem Kühlschrank nehmen und zu Flöckchen schneiden. Die Hälfte der Butterflöckchen auf das Mittelstück der Teigplatte verteilen und das linke Drittel darauflegen. Die restlichen Butterflöckchen auf dieser Teigfläche verteilen und das rechte unbelegte Teigstück darüberschlagen. Den Teig mit den Handballen leicht flachdrücken und dann mit dem Rollholz von der Mitte aus leicht klopfend nach den offenen Seiten hin ausrollen. • Den Teig daraufhin wieder 3fach zusammenschlagen, locker in Pergamentpapier einwickeln und 30 Minuten im Kühlschrank ruhen lassen. (In der Fachsprache nennt man dieses Zusammenschlagen und erneute Auseinanderrollen eine Tour. • Nach der Ruhezeit von 30 Minuten den Teig weitere 3mal erneut zu einer Größe von 30 × 40 cm ausrollen, 3fach zusammenklappen und jedesmal 30 Minuten im Kühlschrank ruhen lassen. • Nach der letzten Ruhepause den Teig auf einer bemehlten Arbeitsfläche zu einer Größe von 25 × 80 cm ausrollen. Aus der Teigplatte 7 langschenkelige Dreiecke von 10 cm Basislänge und 25 cm Schenkellänge schneiden; man erhält so 14 Hörnchen. Die Dreiecke in der Mitte der Basisseite 1 cm hoch einschneiden, damit sich die Hörnchen besser biegen lassen. Die Hörnchen dann von der Basisseite zur Spitze hin aufrollen und leicht biegen (siehe dazu auch die Zeichnung im großen Küchen-ABC unter dem Stichwort Formgebäck). Die Hörnchen auf ein Backblech legen (für Plunderteig braucht das Blech nicht eingefettet zu werden, da der Teig genügend Fett enthält). Die Hörnchen aber nicht zu dicht nebeneinander legen, da sie beim Backen noch sehr aufgehen. Die Hörnchen zugedeckt so lange gehen lassen, bis sie etwa doppelt so groß geworden sind. • Den Backofen auf 220° vorheizen. • Die Eigelbe mit etwas Wasser verquirlen, die Hörnchen damit bestreichen und auf der zweiten Schiebeleiste von unten im Backofen in 20–25 Minuten backen, bis sie goldgelb sind. • Die Hörnchen 5–10 Minuten auf dem Backblech abkühlen lassen, dann auf ein Kuchengitter legen und die Croissants möglichst noch lauwarm servieren.

Kopenhagener Schnecken

Einen Plunderteig wie im Grundrezept für Croissants beschrieben, herstellen, den Teig jedoch nur mit 1 Prise Salz würzen und dafür 50 g Zucker zugeben. Den fertigen Teig auf einer leicht bemehlten Arbeitsfläche zu einer Platte von 36 × 50 cm ausrollen und mit kaltem Wasser bestreichen. • 50 g gewaschene Rosinen mit 4 Eßlöffeln braunem Zucker und 1/2 Teelöffel Zimt mischen, auf den Teig streuen und die Teigplatte von beiden schmalen Seiten her zur Mitte hin aufrollen.

Den 2fach nach innen gerollten Teig in 2 cm breite Scheiben schneiden. Die Scheiben mit genügend Abstand voneinander auf ein Backblech legen und so lange zugedeckt gehen lassen, bis sie etwa doppelt so groß geworden sind. • Die Schnecken dann im vorgeheizten Backofen bei 220° auf der zweiten Schiebeleiste von unten in 20–25 Minuten goldgelb backen.

Grundrezept

Blätterteig-Brezeln

Blätterteig wird ohne Zucker gebacken. Aus diesem Grund bräunt er schlechter als anderes Gebäck und benötigt eine Backtemperatur von mindestens 220°. Wegen seines neutralen Geschmacks läßt er sich gut mit salzigen oder süßen Zutaten kombinieren. Die lokkere, blättrige Konsistenz ergibt sich aus der Art der Teigzubereitung.

• Frische, gut gekühlte Butter oder eine Margarine von bester Qualität wird schichtweise in den Mehlteig eingearbeitet. Die Butter soll dabei weder weicher noch härter als der Teig sein. Beim Backen schmilzt das Fett und das Wasser verdampft. Dadurch heben sich die einzelnen dünnen Teigschichten voneinander ab, und der Blätterteig geht hoch.

• Durch die notwendigen Kühlzeiten erfordert die Zubereitung von Blätterteig viel Zeit. Über die einzelnen Arbeitsgänge informieren auch Zeichnungen im großen Küchen-ABC unter dem Stichwort Blätterteig.

• Ein durchaus befriedigender Ausweg ist tiefgefrorener Blätterteig, der in Paketen zu 300 g angeboten wird und vor dem Zubereiten auftauen muß. Tiefgefrorener Blätterteig wird nach dem Auftauen wie frisch zubereiteter verarbeitet.

• Hände, Arbeitsplatte und Arbeitsgerät sollen möglichst kühl sein, der Raum kalt.

250 g Mehl
knapp 1/8 l kaltes Wasser
1 Messersp. Salz
200 g Butter
Für die Glasur:
200 g Puderzucker
2 Eßl. Zitronensaft
2 Eßl. Wasser

Pro Brezel etwa
690 Joule/165 Kalorien

Zubereitungszeit: 1 Stunde und 30 Minuten
Zeit zum Kühlen: 3 Stunden und 20 Minuten
Backzeit: 20 Minuten
Besonderes Küchengerät: Alufolie, Pergamentpapier

Das Mehl auf eine Arbeitsfläche sieben. Eine Vertiefung in das Mehl drücken, das Wasser und das Salz in die Vertiefung geben und alles von außen nach innen rasch zu einem festen elastischen Teig verkneten. Der Teig soll nicht kleben, sich aber leicht von der Arbeitsfläche und von den Händen lösen. • Eine Kugel aus dem Teig formen, die Kugel oben kreuzweise einschneiden, damit sich der Teig während der Ruhezeit entspannen kann. Den Teig zugedeckt 30 Minuten im Kühlschrank durchziehen lassen. • Die Butter zwischen 2 Blättern Alufolie oder Pergamentpapier zu einem Rechteck von 22 × 25 cm ausrollen und mindestens 20 Minuten im Kühlschrank durchkühlen lassen. • Die Arbeitsfläche hauchdünn mit Mehl bestäuben. Den kalten Mehlteig darauf zu einem Rechteck von 30 × 50 cm ausrollen. Die kalte Butterplatte auf die linke Teighälfte legen, die Teigplatte über der Butter zusammenklappen und die Ränder gut festdrükken. • Den Teig nun zu einer Größe von etwa 30 × 60 cm ausrollen. (Dieses Zusammenklappen und Auseinanderrollen nennt man in der Fachsprache eine Tour.) Wichtig beim Ausrollen: Den Teig niemals nur in einer Richtung, sondern stets in zwei Richtungen – nämlich von unten nach oben und von links nach rechts rollen. Wird Blätterteig nur in einer Richtung ausgerollt, so schrumpft er beim Backen leicht nach einer Seite hin zusammen. Beim Ausrollen nicht fest mit dem Rollholz aufdrücken, sondern mehr klopfen und ziehen. • Für die zweite Tour beide Schmalseiten der 30 × 60 cm großen Teigplatte zur Mitte hin einschlagen, so daß sich die beiden Enden fast in der Mitte berühren. Die Teigplatte in der Mitte zusammenklappen und den Teig erneut in Alufolie oder Pergamentpapier einschlagen und 30 Minuten im Kühlschrank ruhen lassen. • Für die dritte Tour den Teig erneut zu einer Größe von 30 × 60 cm ausrollen, wieder in derselben Weise zusammenklappen und weitere 30 Minuten im Kühlschrank ruhen lassen. Diesen Vorgang noch 3mal wiederholen (man nimmt beim Blätterteig etwa 6 Touren vor – je mehr Touren, desto blättriger das Ergebnis). • Darauf achten, daß beim Ausrollen die Arbeitsplatte nur sehr dünn mit Mehl bestäubt ist, damit der Teig nicht zuviel Mehl aufnimmt. • Nach der letzten Ruhepause den Blätterteig zu einer Größe von 30 × 50 cm ausrollen. Blätterteig stets mit einem scharfen Messer oder mit einem scharfrandigen Teigrädchen schneiden oder scharfe Ausstechförmchen benützen, damit die Teigschichten beim Schneiden nicht gedrückt werden, da die Ränder sonst leicht beim Backen zusammenkleben könnten und der Teig nicht gleichmäßig aufgehen würde. • Aus dem Teigblatt

15 2 cm breite und 50 cm lange Streifen schneiden. Die Teigstreifen zu leichten Spiralen drehen und diese Spiralen zu Brezeln formen. Die Brezeln auf einer Platte oder auf einem Holzbrett weitere 15–20 Minuten kühl stellen (ideal wäre wiederum eine Lagerung im Kühlschrank; wenn nicht so viel Platz vorhanden ist, muß ein kühler Raum genügen). • Den Backofen auf 220° vorheizen. • Das Backblech mit kaltem Wasser abspülen und einige Wassertropfen auf dem Backblech belassen. Die Blätterteigbrezeln auf das Backblech legen und auf der zweiten Schiebeleiste von unten im Backofen in 15–20 Minuten goldgelb backen. • Blätterteiggebäck sofort nach dem Backen mit einem Spatel vom Backblech nehmen und auf einem Kuchengitter abkühlen lassen. • Den Puderzucker sieben. Den Zitronensaft mit dem Wasser zum Kochen bringen und mit dem Puderzucker verrühren. Die dicke Glasur auf die noch heißen Blätterteig-Brezeln streichen und die Brezeln am besten noch ofenwarm servieren.

Apfeltaschen

Den Blätterteig wie im Grundrezept für Brezeln zubereiten oder 500 g tiefgefrorenen Blätterteig auftauen lassen. • Den Teig in 2 Portionen etwa 3 mm dick und 80 × 80 cm groß ausrollen. Jeweils 8 Quadrate von 10 × 10 cm daraus schneiden. • Auf eine Hälfte jedes Quadrats 1 Eßlöffel Füllung geben. Die Ränder dünn mit verquirltem Eigelb bestreichen, die Quadrate zusammenklappen, die Ränder leicht zusammendrücken und die Oberfläche mit Eigelb bestreichen. Die Apfeltaschen 15 Minuten kühl lagern. Die Apfeltaschen auf ein kalt abgespültes Backblech legen und im vorgeheizten Backofen bei 220° auf der zweiten Schiebeleiste von unten in 20 Minuten goldgelb backen. • Für die Füllung 3 Äpfel schälen, grobraspeln, mit 2 Teelöffeln Zitronensaft, 3 Eßlöffeln Rosinen, 1 Messerspitze Zimt und 2 Eßlöffeln Zucker vermengen.

Nußecken

Den Blätterteig wie im Grundrezept für Blätterteig-Brezeln beschrieben bereiten oder 500 g tiefgefrorenen Blätterteig auftauen lassen, in 2 Portionen wie für Apfeltaschen ausrollen und Quadrate von 10 × 10 cm daraus schneiden. Auf eine Ecke der Quadrate jeweils 1 Eßlöffel folgender Füllung geben: 2 Eiweiße zu steifem Schnee schlagen und den Eischnee mit 8 Eßlöffeln Puderzucker, 1 Teelöffel Zitronensaft und 350 g gemahlenen Haselnüssen mischen. • 1 Eigelb mit wenig Wasser verquirlen und mit einem Teil davon die Ränder der Teigquadrate wie im Rezept für Apfeltaschen beschrieben, dünn bestreichen. Die Teigquadrate über Eck zusammenklappen und die Ränder leicht festdrükken. Die Ecken mit dem restlichen verquirlten Eigelb bestreichen und 15 Minuten kühl lagern. • Die Nußekken auf ein kalt abgespültes Backblech legen und im vorgeheizten Backofen bei 220° auf der zweiten Schiebeleiste von unten in 20 Minuten goldbraun backen.

Etwas schwierig

Gefüllte Hahnenkämme

Den Blätterteig wie im Grundrezept für Blätterteig-Brezeln beschrieben bereiten oder 500 g tiefgefrorenen Blätterteig auftauen lassen. • Den Blätterteig wie im Rezept für Apfeltaschen beschrieben in 2 Portionen etwa 3 mm dick zu 2 Platten von je 80 × 80 cm ausrollen und jeweils 8 Quadrate von 10 cm daraus schneiden. • Auf die Mitte jedes Teigquadrates einen Streifen von der Füllung geben. Eine Seite jedes Teigquadrates mit verquirltem Eigelb bestreichen, die gegenüberliegende Seite darüberklappen und in gleichmäßigen Abständen mit einem sehr scharfen Messer bis kurz vor die Füllung einschneiden. Die Einschnitte etwas auseinanderziehen, so daß ein Kamm entsteht. Nun die Hahnenkämme formen (siehe dazu auch die Zeichnung im großen Küchen-ABC unter dem Stichwort Formgebäck). • Die Hahnenkämme 15 Minuten kalt lagern, auf ein kalt abgespültes Backblech legen und im vorgeheizten Backofen bei 220° auf der zweiten Schiebeleiste von unten in 20 Minuten goldbraun backen. • Für die Füllung: 250 g geriebene Haselnüsse mit 1 verquirltem Ei und 80 g braunem Zucker mischen und die Füllung mit 1 Eßlöffel Rum abschmecken.

Windrädchen

Zutaten für 14 Stück:
500 g tiefgefrorener Blätterteig
100 g Marzipan-Rohmasse
3 Eßl. Orangenkonfitüre
1 Eßl. Orangenlikör
4 Eßl. gemahlene Mandeln

Für die Glasur:
200 g Puderzucker
2 Eßl. Zitronensaft
2 Eßl. Wasser

Pro Windrädchen etwa 2290 Joule/550 Kalorien

Zeit zum Auftauen: 2–3 Stunden
Zubereitungszeit: 45 Minuten
Backzeit: 20 Minuten

Den aufgetauten Blätterteig in 2 Portionen etwa 3 mm dick ausrollen und aus den Teigplatten Quadrate von 12 x 12 cm schneiden. Die Teigreste zusammenkneten, wieder ausrollen und 14 etwa 6 cm gleich große Plätzchen davon ausstechen. Nun die Windrädchen formen (siehe dazu auch die Zeichnung im großen Küchen-ABC unter dem Stichwort Formgebäck). Jede Ecke eines Quadrates etwa 4 cm lang diagonal zur Mitte hin einschneiden. • Für die Füllung die Marzipan-Rohmasse mit der Konfitüre, dem Likör und den gemahlenen Mandeln mischen. • Je 1 Eßlöffel der Füllung in die Mitte der Quadrate geben und die eingeschnittenen Ecken zur Mitte hin einschlagen, so daß Windrädchen entstehen. Die Enden über der Füllung leicht zusammendrücken. Die Windrädchen mit verquirltem Eigelb bestreichen. Die Teigplätzchen ebenfalls mit Eigelb bestreichen, auf die Mitte der Windrädchen drücken und auch die Oberseite mit Eigelb bestreichen. Die Windrädchen 15 Minuten kühl lagern. • Den Backofen auf 220° vorheizen. • Die Windrädchen auf ein kalt abgespültes Backblech legen und auf der zweiten Schiebeleiste von unten in 20 Minuten goldbraun backen. • Für die Glasur den Puderzucker sieben, den Zitronensaft mit dem Wasser zum Kochen bringen und mit dem Puderzucker verrühren. Die noch warmen Windrädchen mit der Glasur bestreichen und auf einem Kuchengitter abkühlen lassen.

Schweinsöhrchen

Zutaten für 20 Stück:
500 g tiefgefrorener Blätterteig
8 Eßl. Zucker

Pro Schweinsöhrchen etwa 555 Joule/135 Kalorien

Zeit zum Auftauen: 2–3 Stunden
Zubereitungszeit: 30 Minuten
Backzeit: 12 Minuten

Den aufgetauten Blätterteig etwa $^1/_2$ cm dick ausrollen, in 5 gleich große Quadrate schneiden und auf jedes Quadrat 1 Eßlöffel Zucker streuen. Die Quadrate dann übereinanderlegen und auf einer mit Zucker bestreuten Arbeitsfläche in 2 Portionen zu je 2 Platten von 20 × 30cm ausrollen. Die Platten dann von den Längsseiten her zur Mitte hin so einschlagen, daß die beiden Außenkanten auf der Mitte des Teiges etwa 2 cm auseinanderliegen. Die Oberfläche des Teiges wiederum mit 1 Eßlöffel Zucker bestreuen, noch einmal zur Mitte hin zusammenklappen und von diesen Teigpaketen 1 cm breite Streifen abschneiden. Die Streifen dann 15 Minuten kühl lagern. • Den Backofen auf 220° vorheizen. • Die Schweinsöhrchen auf ein kalt abgespültes Backblech legen – dabei genügend Zwischenraum lassen, denn die schmalen Streifen gehen beim Backen fast um das Doppelte auf und ergeben dann die bekannte Form der Schweinsöhrchen. Das Gebäck im vorgeheizten Backofen auf der mittleren Schiebeleiste in 12 Minuten goldbraun backen. • Nach 6 Minuten Backzeit beginnen die Schweinsöhrchen auf der Unterseite zu karamelisieren und bräunen leicht. Die Schweinsöhrchen dann mit einem breiten Messer oder Spatel wenden und so lange weiterbacken, bis die Unterseiten knusprig karamelisiert sind.

Grundrezept

Brandteig-Sahne-Windbeutel

Brandteig, auch Brühteig genannt, wird wie Blätterteig ohne Zucker gebacken und kann daher ganz nach Wunsch mit salzigen oder süßen Füllungen versehen werden. Zum Füllen eignet sich Gebäck aus Brandteig deshalb, weil es durch die besondere Zubereitungstechnik beim Backen hoch aufgeht und innen hohl bleibt. Brandteig kann aber auch schwimmend in heißem Fett fritiert werden. Er ist einfach und schnell herzustellen. Gebäck aus Brandteig sollte aber innerhalb einiger Stunden nach dem Backen serviert werden.

Für den Teig:
200 g Mehl
$^1/_4$ l Wasser
80 g Butter
1 Messersp. Salz
4–5 Eier
Zum Füllen:
$^1/_2$ l Sahne
2 Eßl. Puderzucker
2 Eßl. Cointreau (Orangenlikör)
Zum Besieben:
2 Eßl. Puderzucker

Pro Windbeutel etwa 606 Joule/145 Kalorien

Zubereitungszeit: 30 Minuten
Backzeit: 30 Minuten
Besonderes Küchengerät: Spritzbeutel mit großer Sterntülle

Das Mehl auf ein großes gefaltetes Stück Pergamentpapier sieben. • Das Wasser mit der Butter und dem Salz zum Kochen bringen. Wenn sich die Butter aufgelöst hat, den Topf kurz vom Herd nehmen, das Mehl auf einmal in das kochendheiße Wasser schütten und mit einem Kochlöffel kräftig zu einem glatten Kloß rühren. Den Topf wieder auf die Herdplatte setzen und den Teigkloß bei schwacher Hitze weiterrühren, bis er glänzend wird und sich ein dünner, weißer Belag auf dem Topfboden gebildet hat. • Den Teig dann in eine große Rührschüssel – eventuell die der Küchenmaschine – geben und etwa 10 Minuten abkühlen lassen. • Die Eier einzeln in eine Tasse aufschlagen und nacheinander mit dem elektrischen Rührgerät oder mit der Hand unter den noch heißen Teigkloß rühren. Stets erst das nächste Ei zugeben, wenn das erste völlig unter den Teig gemischt ist. • Wenn der Teig zähflüssig ist, glänzt und in langen Spitzen vom Löffel fällt, kein weiteres Ei mehr zugeben. Zu flüssiger Teig würde auf dem Backblech zerlaufen. • Den Backofen auf 200° vorheizen. • Das Backblech für Brandteig wird nicht eingefettet und nicht mit Mehl bestäubt. • Den Brandteig in einen Spritzbeutel mit großer Sterntülle füllen und 18 Windbeutel von etwa 5 cm Durchmesser in großen Abständen auf ein Backblech spritzen. Der große Abstand der einzelnen Gebäckstücke voneinander ist wichtig, da Brandteig beim Backen stark aufgeht. Wenn kein Spritzbeutel vorhanden ist, kann man den Brandteig auch mit einem Eßlöffel in Häufchen auf das Backblech setzen. • Das Backblech mit den Windbeuteln in den Backofen auf die zweite Schiebeleiste von unten geben und etwa ½ Tasse Wasser auf den Boden des heißen Backofens schütten. Der Fachmann nennt dies »Schwaden geben«. Die Backofentür sofort schließen, damit sich starker Dampf im Innern entwikkeln kann, der das Aufgehen des Gebäcks unterstützt. • Während der ersten ⅔ der Backzeit die Backofentür unter keinen Umständen öffnen, das Gebäck würde unweigerlich zusammenfallen, weil seine Kruste noch nicht fest genug ist. • Nach 30 Minuten Backzeit sollen die Windbeutel goldgelb und hoch aufgegangen sein. • Die Windbeutel dann gleich mit einem breiten Spatel vom Backblech lösen und auf einem Kuchengitter etwas abkühlen lassen. • Die Windbeutel noch warm mit einer Küchenschere horizontal halbieren: mit einem Messer würde man sie zu leicht zerdrükken. • Für die Füllung die Sahne steif schlagen und mit dem gesiebten Puderzucker und dem Cointreau verrühren. • Die unteren Hälften der Windbeutel mit der Sahne füllen, die oberen Hälften als Deckelchen auflegen und mit dem Puderzucker besieben.

Etwas schwierig

Strauben

Eberswalder Spritzkuchen

Einen Brandteig wie im Grundrezept beschrieben herstellen, dem Teig aber 2 Eßlöffel Zucker zufügen. • 1 l Öl oder 1 kg Fritierfett in der Friteuse auf 180° erhitzen. • 1 Stück Pergamentpapier mit Öl bestreichen. • Vom Teig mit dem Spritzbeutel mit großer Sterntülle nacheinander etwa 6 cm große Ringe auf das geölte Pergamentpapier spritzen. • Jeden Teigring mit dem Pergamentpapier ins heiße Fett tauchen, ins Fett gleiten lassen und von jeder Seite goldgelb fritieren. • Die Strauben noch warm dick mit folgender Glasur überziehen: 3 Eßlöffel kochendheißen Zitronensaft und 1 Eßlöffel kochendheißes Wasser mit 200 g gesiebtem Puderzucker mischen.

Grundrezept

Marmorkuchen

Bild Seite 357

Rührkuchen gelingen problemlos, der Teig läßt sich mit dem elektrischen Rührgerät rasch bereiten, und die Kuchen können mannigfaltig abgewandelt werden. Für feine Rührkuchen sollte die Fett-Zucker-Menge der des Mehls entsprechen. Möchte man eine extra zarte Krume erhalten, ersetzt man einen Teil des Mehls durch Speisestärke. Wird das Eiweiß außerdem als steifer Schnee unter den fertig gerührten Teig gehoben, gerät der Kuchen besonders locker. Als Lockerungsmittel dient außerdem das Backpulver, man rechnet 1 Päckchen auf 500 g Mehl. Für Rührkuchen muß die Backform stets gut ausgefettet und zusätzlich mit Mehl, Semmelbröseln, Grieß oder gemahlenen Nüssen ausgestreut werden. Noch leichter löst sich ein Kuchen aus einer Kastenform, wenn man diese zuvor mit gefettetem Pergamentpapier oder mit Backtrennpapier auslegt. – Wichtig für alle Rührkuchen:

- Alle Zutaten sollten immer Raumtemperatur haben; also Fett, Eier und Milch oder Sahne rechtzeitig aus dem Kühlschrank nehmen!
- Nach der angegebenen Backzeit die Stäbchenprobe machen: Mit einem Holzstäbchen in die höchste Stelle des Kuchens stechen. Bleiben keine Teigspuren am Holzstäbchen hängen, ist der Teig gar.

• Ist der Kuchen zwar durchgebacken aber an der Oberfläche noch zu hell, die Temperatur des Backofens um 20° höher schalten und den Kuchen um eine Schiebeleiste höher noch weitere 10 Minuten backen, dabei aber wiederholt prüfen, ob die Oberfläche nicht zu stark bräunt.
• Ist der Kuchen noch nicht gar, die Oberfläche aber bereits gut gebräunt, so legt man ein doppelt gefaltetes Stück Pergamentpapier auf den Kuchen und bäckt ihn gegebenenfalls eine Schiebeleiste tiefer zu Ende.
• Während der ersten 20 Minuten Backzeit den Backofen niemals öffnen (ausgenommen im Rezept ist eine anderslautende Anweisung angegeben).

250 g Butter
250 g Zucker
abgeriebene Schale von 1 Orange
5 Eier
400 g Mehl
1 Messersp. Salz
etwa 1/16 l Milch
100 g Speisestärke
1 Päckchen Backpulver
3 Eßl. Kakaopulver
2 Eßl. Zucker
Zum Besieben:
2 Eßl. Puderzucker
Für die Form:
Butter und Semmelbrösel

Bei 20 Stücken pro Stück etwa
1240 Joule/295 Kalorien

Zubereitungszeit: 25–55 Minuten
Backzeit: 1 Stunde

Eine Guglhupfform mit Butter ausstreichen und mit Semmelbröseln ausstreuen. Den Backofen auf 190° vorheizen. • Die möglichst weiche Butter mit dem Zucker und der Orangenschale zu einer weiß-schaumigen Masse verrühren. Die Eier einzeln aufschlagen und nacheinander mit jeweils 1 Teelöffel Mehl unter das Buttergemisch rühren. Das Salz zufügen und die Milch löffelweise untermischen. • Die Speisestärke mit dem restlichen Mehl und dem Backpulver auf die Schaummasse sieben und rasch unter den Teig rühren. Der Teig soll zähflüssig vom Rührlöffel fließen! Mit dem elektrischen Rührgerät dauert das etwa nur 15–20 Minuten, mit der Hand 45 Minuten. Wenn das Mehl unter den Teig gemischt ist, mit dem Rühren aufhören, denn überrührter Teig würde zäh. • 2/3 des Teigs in die vorbereitete Guglhupfform füllen. • Den restlichen Teig mit dem Kakaopulver und dem Zucker verrühren und auf den hellen Teig geben. Die beiden Teigarten mit einer Gabel spiralförmig in der Form mischen. Dadurch entsteht die »Marmorierung«. • Die Oberfläche des Kuchens glattstreichen und den Kuchen auf der untersten Schiebeleiste im Backofen in 1 Stunde goldbraun backen. Vor dem Herausnehmen aus dem Ofen die Stäbchenprobe machen. • Den Kuchen 10 Minuten in der Form abkühlen lassen, dann auf ein Kuchengitter stürzen und kalt werden lassen. Den Kuchen mit Puderzucker übersieben und in 20 Stücke teilen.

Mein Tip Marmorkuchen läßt sich gut einfrieren und bei 100° wieder auftauen.

Ideal zum Einfrieren

Königskuchen

200 g Butter
200 g Zucker
5 Eier
1 Messersp. Salz
abgeriebene Schale von 1/2 Zitrone
1/8 l Milch
1 Eßl. Rum
500 g Mehl
1 Päckchen Backpulver
je 200 g Korinthen und Rosinen
175 g kleingehacktes Zitronat
Zum Wälzen:
Mehl nach Bedarf
Zum Besieben:
3 Eßl. Puderzucker
Für die Form:
Butter und Semmelbrösel

Bei 20 Stücken pro Stück etwa
1200 Joule/285 Kalorien

Zubereitungszeit: 35 Minuten
Backzeit: 1 Stunde und 20 Minuten

Eine Kastenkuchenform von 30 cm Länge mit Butter ausstreichen und mit Semmelbröseln ausstreuen. • Den Backofen auf 180° vorheizen. • Die Butter mit dem Zucker schaumig rühren, nach und nach die Eier, das Salz und die Zitronenschale untermischen. Die Milch und den Rum unter die Masse rühren. Das Mehl mit dem Backpulver zusammen über die Buttermasse sieben und kräftig darunterrühren. Die Rosinen und die Korinthen heiß waschen, trockentupfen und in Mehl wälzen; dann mit dem kleingehackten Zitronat unter den Teig mischen. • Den Teig in die vorbereitete Form füllen, die Oberfläche glattstreichen und den Kuchen auf der zweiten Schiebeleiste von unten im vorgeheizten Backofen in 1 Stunde und 20 Minuten goldbraun backen. • Den Königskuchen nach dem Backen 10 Minuten in der Form abkühlen lassen, auf ein Kuchengitter stürzen und mit dem Puderzucker besieben.

Nußkuchen

Aus Butter, Zucker, Eiern, Salz, Zitronenschale und der Milch wie für den Königskuchen einen geschmeidigen Teig rühren, jedoch nur 250 g Mehl mit dem Backpulver darübersieben und zusätzlich 300 g gemahlene Haselnüsse unter den Teig ziehen. • Den Teig in die vorbereitete Backform füllen und den Kuchen im vorgeheizten Backofen bei 180° auf der zweiten Schiebeleiste von unten 1 Stunde backen. • Abkühlen lassen und mit folgender Glasur überziehen: 4 Eßlöffel kochendheißes Wasser mit 1 Eßlöffel Arrak und 200 g gesiebtem Puderzucker verrühren.

Raffiniert · Ideal zum Einfrieren

Orangenkuchen

Bild Seite 357

250 g Butter
250 g Zucker
3 Eier
4 Eigelbe
1 Prise Salz
2 Eßl. Cointreau (Orangenlikör)
abgeriebene Schale von 2 Orangen und 1 Zitrone
2 Eßl. frisch gepreßter Orangensaft
1 Eßl. frisch gepreßter Zitronensaft
100 g Mehl
100 g Speisestärke
100 g geschälte gemahlene Mandeln
80 g feingehacktes Orangeat
Zum Bestreichen:
100 g Orangenkonfitüre
50 g geröstete Mandelblättchen
Für die Form:
Butter und Semmelbrösel

Bei 20 Stücken pro Stück etwa
1220 Joule/290 Kalorien

Zubereitungszeit: 30 Minuten
Backzeit: 1 Stunde und 20 Minuten

Eine Kastenkuchenform von 30 cm Länge mit Butter ausstreichen und mit Semmelbröseln ausstreuen. • Den Backofen auf 180° vorheizen. • Die Butter mit dem Zucker schaumig rühren, nach und nach die Eier, die Eigelbe und das Salz unter die Schaummasse ziehen. Den Cointreau, die abgeriebene Orangen- und Zitronenschale sowie den Orangen- und Zitronensaft unter die Buttermasse mischen. Das Mehl mit der Speisestärke darübersieben, die gemahlenen Mandeln und das Orangeat darüberstreuen und unter den Teig ziehen. • Den Teig in die vorbereitete Kastenform füllen, die Oberfläche glattstreichen und den Kuchen auf der zweiten Schiebeleiste von unten im vorgeheizten Backofen 1 Stunde und 20 Minuten backen. • Den Kuchen etwa 10 Minuten in der Form abkühlen lassen und auf ein Kuchengitter stürzen. • Für den Überzug die Orangenkonfitüre erwärmen, durch ein Sieb streichen und den Kuchen damit überziehen. Den Kuchen mit den Mandelblättchen bestreuen.

Mein Tip Dieser besonders zarte und feine Rührkuchen wird ohne Backpulver gebacken, da der hohe Anteil an Eiern ein gutes Ergebnis garantiert.

Raffiniert · Ideal zum Einfrieren

Rehrücken

50 g Blockschokolade
100 g braune Mandeln
200 g Butter
200 g Zucker
1 Päckchen Vanillinzucker
4 Eier
1 Prise Salz
2 Eßl. Rum
150 g Mehl
2 Eßl. Kakaopulver
2 Teel. Backpulver
4 Eßl. Johannisbeergelee
Zum Überziehen und Bestecken:
150 g halbbittere Schokoladen-Fettglasur
200 g Mandelstifte
Für die Form:
Butter und Semmelbrösel

Bei 20 Stücken pro Stück etwa
1365 Joule/325 Kalorien

Zubereitungszeit: 45 Minuten
Backzeit: 1 Stunde und 10 Minuten

Eine Rehrückenform oder eine Kastenform von 30 cm Länge mit Butter ausstreichen und mit Semmelbröseln ausstreuen. • Die Blockschokolade und die Mandeln im Mixer zerkleinern oder reiben. • Den Backofen auf 180° vorheizen. • Die Butter mit dem Zucker, dem Vanillinzucker, den Eiern, dem Salz und dem Rum schaumig rühren. Das Mehl mit dem Kakaopulver und dem Backpulver über die Schaummasse sieben. Die geriebene Schokolade und die Mandeln darüberstreuen und alles unter den Teig ziehen. • Den Teig in die vorbereitete Form füllen, die Oberfläche glattstreichen und den Kuchen auf der zweiten Schiebeleiste von unten 1 Stunde und 10 Minuten backen. • Den Kuchen dann 10 Minuten in der Form abkühlen lassen, auf ein Kuchengitter stürzen und völlig kalt werden lassen. • Den Kuchen längs durchschneiden und die Schnittflächen mit dem Johannisbeergelee bestreichen. Die Kuchenstücke wieder zusammensetzen. Die Schokoladenglasur schmelzen lassen und gleichmäßig auf den Kuchen streichen. In den erstarrten Guß in gleichmäßigen Abständen mit einem Holzspießchen kleine Löcher stechen und in jedes Loch 1 Mandelstift stecken.

Preiswert · Ideal zum Einfrieren

Apfel-Schlupfkuchen

Obstkuchen mit Rührteig zu bereiten hat seinen Reiz; denn das Obst sinkt je nach Größe ganz oder teilweise in den Teig ein und macht den Kuchen besonders saftig. Diese Obstkuchen werden deshalb Schlupfkuchen oder auch versunkener Kirsch-, Beeren-, Aprikosen- oder Pflaumenkuchen genannt.

Für den Belag:
500 g kleine säuerliche Äpfel
Saft von 1 Zitrone
Für den Rührteig:
150 g Butter
150 g Zucker
3 Eier
1 Prise Salz
abgeriebene Schale von 1 Zitrone
300 g Mehl
3 Teel. Backpulver
Zum Besieben:
2 Eßl. Puderzucker
Für die Form:
Butter und Semmelbrösel

Bei 12 Stücken pro Stück etwa
1240 Joule/295 Kalorien

Zubereitungszeit: 40 Minuten
Backzeit: 40 Minuten

Den Boden einer Springform von 26 cm Durchmesser mit Butter ausstreichen und mit Semmelbröseln ausstreuen. • Für den Belag die Äpfel schälen, vierteln, das Kerngehäuse entfernen und die Apfelviertel außen in gleichmäßigen Abständen längs mit dem Messer einschneiden. • Die Äpfel mit dem Zitronensaft beträufeln. • Den Backofen auf 200° vorheizen. • Für den Rührteig die Butter mit dem Zucker schaumig rühren. Nach und nach die Eier, das Salz und die Zitronenschale untermischen. • Das Mehl mit dem Backpulver über die Schaummasse sieben, rasch unter den Teig ziehen und den Teig in die Springform füllen. Die Oberfläche glattstreichen und die Apfelviertel ringförmig auf den Kuchen legen. • Den Kuchen auf der mittleren Schiebeleiste im Backofen 40 Minuten backen. • Den Kuchen 10 Minuten in der Form abkühlen lassen, dann auf ein Kuchengitter schieben und mit Puderzucker besieben.

Ideal zum Einfrieren

Versunkener Kirschkuchen

Einen Teig wie für den Apfel-Schlupfkuchen bereiten, jedoch nur die Eigelbe unterrühren. Die Eiweiße zu steifem Schnee schlagen und zuletzt unter den Teig heben. • Den Teig in die vorbereitete Springform füllen und 500 g gewaschene, entsteinte Kirschen darauf verteilen. Die Kirschen mit einem Kochlöffelstiel leicht in den Teig drücken und den Kuchen auf der zweiten Schiebeleiste von unten im vorgeheizten Backofen bei 200° 40 Minuten backen.

Mein Tip Versunkenen Obstkuchen können Sie auch mit Rhabarberstückchen, mit Stachelbeeren, Himbeeren, Aprikosenhälften oder Pflaumenhälften zubereiten.

Frankfurter Kranz

Für den Teig:
150 g Butter
150 g Zucker
3 Eier
1 Prise Salz
abgeriebene Schale von 1 Orange
250 g Mehl
50 g Speisestärke
2 Teel. Backpulver
Für die Buttercreme:
½ l Milch
1 Päckchen Vanille-Puddingpulver
4 Eßl. Zucker
200 g Butter
Für den Krokant:
200 grobgehackte, nicht abgezogene Mandeln
2 Eßl. Butter
8 Eßl. Zucker
1 Teel. Öl
Für die Form:
Butter und Semmelbrösel

Bei 12 Stücken pro Stück etwa
2400 Joule/570 Kalorien

Zubereitungszeit: 1 Stunde und 30 Minuten

Sachertorte

Backzeit: 50 Minuten
Besonderes Küchengerät: Pergamentpapier

Eine Kranzkuchenform mit Butter ausstreichen und mit Semmelbröseln ausstreuen. Den Backofen auf 180° vorheizen. • Für den Rührteig die Butter mit dem Zucker schaumig rühren, nach und nach die Eier, das Salz und die Orangenschale untermischen. • Das Mehl, die Speisestärke und das Backpulver mischen, über die Schaummasse sieben und rasch unter den Teig ziehen. • Den Teig in die vorbereitete Form füllen, die Oberfläche glattstreichen und den Kuchen auf der zweiten Schiebeleiste von unten im Backofen in 50 Minuten goldgelb backen. • Den Kuchen in der Form etwa 10 Minuten abkühlen lassen, dann auf ein Kuchengitter stürzen und restlos kalt werden lassen. • Für die Buttercreme von der Milch 3 Eßlöffel abnehmen und das Puddingpulver damit anrühren. Die restliche Milch unter ständigem Rühren mit dem Zucker zum Kochen bringen, das angerührte Puddingpulver hineinrühren und nach Anweisung auf dem Päckchen kochen lassen. Den Pudding anschließend unter öfterem Umrühren erkalten lassen, damit sich keine Haut auf der Oberfläche bildet. Den Pudding aber nicht in den Kühlschrank stellen. • Vor dem nächsten Arbeitsgang sollen Pudding und Butter die gleiche Temperatur haben. Die Butter schmelzen, aber nicht bräunen lassen und anschließend auf die Temperatur des Puddings abkühlen lassen. Die Butter teelöffelweise unter den Pudding rühren. • Für den Krokant die Mandeln feinhacken. Die Butter mit dem Zucker in einer Pfanne erhitzen, bis der Zucker geschmolzen und goldgelb ist. Die gehackten Mandeln zufügen und weiterrühren, bis die Masse goldbraun ist. Die Pfanne sofort vom Herd nehmen. • Eine Porzellanplatte mit dem Öl bestreichen, den noch heißen Krokant daraufgeben, auseinanderbreiten und abkühlen lassen. Den Krokant auf Pergamentpapier mit der Teigrolle in kleinste Stücke zerbrechen. • Den abgekühlten Kuchen 2mal horizontal durchschneiden und mit der Hälfte der Buttercreme füllen. Den Kuchen wieder zusammensetzen, rundherum mit Buttercreme bestreichen und darauf den Krokant streuen. Den Kuchen in 12 Stücke teilen.

Mein Tip Backen Sie den Kuchen am besten schon einen Tag vor dem Füllen; der Kuchen läßt sich dann bedeutend leichter durchschneiden.

Raffiniert

Sachertorte

Wiener Spezialität

Für den Rührteig:
200 g Blockschokolade
200 g Butter
200 g Zucker
6 Eier
200 g Mehl
2 Teel. Backpulver
Zum Überziehen:
4 Eßl. Aprikosenmarmelade
200 g Kuvertüre
Für die Form:
Butter und Mehl

Bei 16 Stücken pro Stück etwa
1800 Joule/430 Kalorien

Zubereitungszeit: 30 Minuten
Backzeit: 50–60 Minuten
Zeit zum Durchziehen: 30 Minuten

Eine Springform von 22 cm Durchmesser mit Butter ausstreichen und mit Mehl ausstreuen. • Für den Schokoladenrührteig die Blockschokolade in kleine Stücke brechen und im heißen Wasserbad zerlassen. Die Schüssel dann aus dem Wasserbad nehmen und die Schokolade wieder abkühlen lassen. Die noch weiche Schokolade mit der Butter und dem Zucker schaumig rühren. • Den Backofen auf 180° vorheizen. • Die Eier in Eigelbe und Eiweiße trennen. Die Eiweiße zu steifem Schnee schlagen. • Die Eigelbe nacheinander einzeln unter die Butter-Schokoladen-Masse rühren, den Eischnee darüberhäufen und mit einem Rührlöffel unterheben. • Das Mehl mit dem Backpulver vermischen, über die Schaummasse sieben und rasch unter den Teig ziehen. Den Teig in die Springform füllen, die Oberfläche glattstreichen und den Kuchen auf der zweiten Schiebeleiste von unten im Backofen 50 bis 60 Minuten backen. • Den Kuchen etwa 10 Minuten in der Form abkühlen lassen. Den Rand des Kuchens dann mit einem spitzen Messer lösen, den Ring der Springform abnehmen und den Kuchen behutsam auf ein Kuchengitter stürzen. Den Kuchen kalt werden lassen. • Nun den Kuchen überziehen: Dafür die Aprikosenmarmelade erwärmen und durch ein Sieb passieren. Die Oberfläche des Kuchens damit bestreichen und 30 Minuten einziehen lassen. • Die Kuvertüre im Wasserbad erwärmen und den Kuchen damit überziehen. Die Kuvertüre etwas antrocknen lassen und auf der Oberfläche der Torte mit einem Kuchenmesser 16 gleich große Stücke markieren.

Grundrezept

Mürbeteigkuchen mit Pflaumen

Mürbeteig ergibt den idealen Boden für Kuchen und Törtchen, er wird für viele bekannte Plätzchen gebraucht und läßt sich süß oder salzig zubereiten. Seine Herstellung ist nicht ganz einfach, aber mit etwas Geduld gelingt Mürbeteiggebäck auch weniger Geübten. Für Mürbeteig gibt es mancherlei Zusammensetzungen. Einige Rezepte erleichtern das Zusammenkneten, indem 1 Ei, 1 Eigelb oder Eiweiß zum Teig gegeben wird. In anderen Rezepten ist etwas Backpulver vorgesehen, obgleich Mürbeteig nicht wirklich aufgehen soll.
• Das grundsätzliche Verhältnis für zarten Mürbeteig ist 1–2–3: Nämlich 1 Teil Zucker oder Puderzucker, 2 Teile Butter, 3 Teile Mehl. Kleine Abwandlungen ergeben sich aus dem speziellen Rezept.
• Fehlt der Zucker wie beispielsweise bei salzigem Mürbeteig, so muß diese fehlende Menge durch 1 Ei, durch Eiweiß oder durch etwas Wasser ersetzt werden.
• Mürbeteig mit hohem Fettanteil läßt sich besser verarbeiten, wenn er 1–2 Stunden im Kühlschrank ruht, ehe man ihn ausrollt oder schneidet. – Manche Hausfrauen verzichten aber lieber auf diese Kühlzeit und verarbeiten den Teig sofort nach dem Zusammenkneten.
• Bei Mürbeteiggebäck erübrigt sich die Garprobe. Garer Mürbeteig hat eine goldgelbe Farbe angenommen: bleibt er zu hell, schmeckt er etwas fade, wird er zu dunkel, kann er leicht bitter schmecken.
• Wichtig für Kuchen- und Törtchenböden aus Mürbeteig: Den Teigboden in der Form mit einer Gabel in gleichmäßigen Abständen einstechen, damit der Kuchen beim Backen keine Blasen wirft.

Für den Mürbeteig:
250 g Mehl
50 g Zucker
100 g kalte Butter
1 Eigelb
2–3 Eßl. kaltes Wasser
Für den Belag:
1 kg Pflaumen
4 Eßl. Hagelzucker

Bei 8 Stücken pro Stück etwa
1380 Joule/330 Kalorien

Zubereitungszeit: 40 Minuten
Zeit zum Kühlen: 1 Stunde
Backzeit: 45 Minuten
Besonderes Küchengerät: Alufolie oder Pergamentpapier

Für den Mürbeteig das Mehl auf ein Backbrett sieben und in die Mitte eine Vertiefung drücken. Den Zucker auf dem Mehlrand verteilen und die Butter in Flöckchen darüberschneiden. Das Eigelb in die Kuhle geben und alles mit möglichst kühlen Händen rasch zu einem geschmeidigen Teig verkneten; wenn nötig, etwas kaltes Wasser zum Teig geben. • Den Teig zu einer Kugel formen und in Alufolie oder in Pergamentpapier eingewickelt 1 Stunde im Kühlschrank ruhen lassen. • Für den Belag die Pflaumen waschen, abtrocknen, der Länge nach aufschneiden, den Stein entfernen und die Pflaumenhälften so einschneiden, daß sie noch zusammenhängen. • Den Backofen auf 200° vorheizen. • Den Mürbeteig auf einer schwach bemehlten Arbeitsfläche auf einen Durchmesser von etwa 28 cm ausrollen und damit eine Springform von 26 cm Durchmesser auslegen. Den Rand der etwas zu großen Teigplatte senkrecht leicht an den Rand der Springform drükken. • Den Teigboden mehrmals mit einer Gabel einstechen und die Pflaumen gleichmäßig dicht rosettenartig auf dem Teigboden verteilen. • Den Kuchen im Backofen auf der zweiten Schiebeleiste von unten in 45 Minuten goldbraun backen. • Den Kuchen in der Form etwa 10 Minuten abkühlen lassen, dann mit einem spitzen Messer den Rand von dem Springformrand lösen, den Springformrand entfernen und den Kuchen vorsichtig auf ein Kuchengitter zum Kaltwerden schieben. Solange der Kuchen noch warm ist, die Pflaumen mit dem Hagelzucker bestreuen.

Raffiniert · Preiswert

Elsässer Apfelkuchen

Einen Mürbeteig wie im Grundrezept beschrieben herstellen und den Boden sowie den Rand einer Springform von 26 cm Durchmesser damit auslegen. • Für den Belag 1 kg säuerliche Äpfel schälen, vierteln und vom Kerngehäuse befreien. Die Apfelviertel an der runden Seite gleichmäßig längs einschneiden und mit Zitronensaft beträufeln. • Den Kuchen mit den Apfelvierteln belegen und im vorgeheizten Backofen bei 200° auf der zweiten Schiebeleiste von unten in 25 Minuten goldbraun backen. • Für die Creme 100 g Zukker mit 3 Eiern, ⅛ l Sahne und dem Inneren von 1 Vanilleschote schaumig rühren. Die Eimasse über die Äpfel gießen und den Kuchen in weiteren 20 Minuten fertig backen.

Etwas schwierig · Ideal zum Einfrieren

Gedeckter Apfelkuchen

Einen Mürbeteig aus 375 g Mehl, 200 g Butter, 100 g Zucker, 1 Prise Salz und 2 Eigelben wie im Grundrezept beschrieben herstellen und den Boden und den Rand einer Springform von 26 cm Durchmesser mit ²/₃ des Teigs auslegen. Mehrmals mit einer Gabel einstechen. • Für die Füllung 500 g Äpfel schälen, vierteln, vom Kerngehäuse befreien, in Scheiben schneiden und mit dem Saft von 1 Zitrone, ½ Teelöffel gemahlenem Zimt, 50 g gewaschenen Rosinen und 50 g gemahlenen Haselnüssen mischen. Die Apfelmasse auf den Teig füllen. • Den restlichen Teig zu einer dünnen Platte in Größe der Springform ausrollen, die Apfelfüllung damit belegen und die Teigränder etwas zusammendrükken. • Den Teigdeckel ebenfalls mehrmals mit einer Gabel einstechen, mit 1 verquirltem Eigelb bestreichen und den Kuchen im vorgeheizten Backofen bei 200° in 45–50 Minuten goldbraun backen. • Den kalten Kuchen mit erhitzter Aprikosenmarmelade bestreichen. 50 g Puderzucker mit 2 Schnapsgläsern (4 cl) Kirschwasser verrühren und den Kuchen zusätzlich damit bestreichen.

Etwas schwierig

Zitronenkuchen mit Vollkornmürbeteig

200 g mehlfein gemahlene Weizenkörner
50 g Schweineschmalz
50 g Butter
1 Teel. Salz
etwa 5 Eßl. kaltes Wasser
50 g Butter
150 g Honig
2 Eier
Saft und abgeriebene Schale von 2 Zitronen
2 Eßl. Vollkorngrieß

Bei 12 Stücken pro Stück etwa 990 Joule/235 Kalorien

Zubereitungszeit: 40 Minuten
Zeit zum Kühlen: 30 Minuten
Backzeit: 20 Minuten
Besonderes Küchengerät: Alufolie

Für den Vollkornmürbeteig das Weizenvollkornmehl auf ein Backbrett sieben und in die Mitte eine Vertiefung drücken. Das Schweineschmalz und die Butter in Flöckchen auf dem Mehl verteilen. In die Mitte das Salz und 2 Eßlöffel Wasser geben. Alles möglichst rasch zusammenkneten; wenn nötig, noch 1–2 Eßlöffel Wasser zugeben. • Den Teig in Alufolie wickeln und 30 Minuten im Kühlschrank ruhen lassen. • Den Backofen auf 250° vorheizen. • Für die Zitronencreme die Butter mit dem Honig, den Eiern, dem Zitronensaft, der Zitronenschale und dem Grieß mit dem Schneebesen möglichst im Rührgerät zu einer Creme verrühren; das dauert etwa 10 Minuten. • Den Mürbeteig auf einer leicht bemehlten Arbeitsfläche in Größe einer Springform von 26 cm Durchmesser behutsam ausrollen; dabei mit der Teigrolle mehr klopfen als drücken. Den Teig in die Springform legen und einen etwa 1 cm hohen Rand aus dem Teig formen. Den Teigboden mehrmals mit einer Gabel einstechen und die Zitronencreme darauf verteilen. • Den Kuchen im Backofen auf der mittleren Schiebeleiste 20 Minuten bakken; eventuell gegen Ende der Backzeit doppelt gefaltetes Pergamentpapier auf den Kuchen legen, damit die Oberfläche nicht zu sehr bräunt. Am Ende der Garzeit muß die Füllung fest geworden sein. • Den Kuchen einige Minuten in der Form abkühlen lassen. Den Rand dann vorsichtig mit einem Messer lösen, den Springformrand abnehmen und den Kuchen behutsam auf ein Kuchengitter zum Kaltwerden schieben.

Preiswert · Ideal zum Einfrieren

Einfacher Käsekuchen

250 g Mehl
125 g Butter
1 Messersp. Salz
2 Eßl. Zucker
1 Eigelb
2 Eßl. Wasser
750 g Quark (20 Prozent)
2 Eßl. Öl
250 g Zucker
3 Eigelbe
2 Eßl. Speisestärke
das Innere von 1 Vanilleschote
3 Eiweiße

Bei 12 Stücken pro Stück etwa 1530 Joule/365 Kalorien

Zubereitungszeit: 40 Minuten
Zeit zum Kühlen: 1 Stunde
Backzeit: 1 Stunde
Besonderes Küchengerät: Alufolie

Für den Mürbeteig das Mehl auf ein Backbrett sieben und die Butter in Flöckchen darauf verteilen. Das Salz und den Zucker auf das Mehl streuen, das Eigelb und das Wasser in die Mitte geben und alles rasch zu einem Teig verkneten. Den Mürbeteig in Alufolie wickeln und 1 Stunde im Kühlschrank ruhen lassen. • Den Backofen auf 190° vorheizen. • Für die Quarkcreme den Quark mit dem Öl, dem Zucker, den Eigelben, der Speisestärke und der Vanille verrühren. • Die Eiweiße zu steifem Schnee schlagen und unter die Quarkcreme heben. • Den Mürbeteig auf einer leicht bemehlten Arbeitsplatte ausrollen und den Boden und den Rand einer Springform von 26 cm Durchmesser damit auslegen. Den Boden mehrmals mit einer Gabel einstechen, die Quarkmasse darauffüllen und glattstreichen. • Den Kuchen im Backofen auf der zweiten Schiebeleiste von unten 1 Stunde backen. Die Backofentür darf erst während der letzten 10 Backminuten geöffnet werden, sonst fällt der Kuchen zusammen. • Wenn die Oberfläche des Kuchens goldbraun ist, den Kuchen im geöffneten, abgeschalteten Backofen etwa 15 Minuten abkühlen lassen. Dann aus der Springform lösen und auf einem Kuchengitter restlos erkalten lassen.

Raffiniert · Ideal zum Einfrieren

Käsekuchen ohne Boden

125 g Butter
350 g Zucker
1 Päckchen Vanillinzucker
4 Eigelbe
1 Päckchen Vanille-Puddingpulver
1 Päckchen Backpulver
3 Eßl. Grieß
abgeriebene Schale von 1 Zitrone
4 Eiweiße
1 kg Magerquark
Saft von 1 Zitrone
Für die Form:
Butter und Grieß

Bei 12 Stücken pro Stück etwa 1645 Joule/390 Kalorien

Zubereitungszeit: 40 Minuten
Backzeit: 1 Stunde und 30 Minuten

Eine Springform von 26 cm Durchmesser mit Butter ausstreichen und mit Grieß ausstreuen. • Den Backofen auf 180° vorheizen. • Die Butter schmelzen, aber nicht heiß werden lassen. Dann mit dem Zucker, dem Vanillinzucker und den Eigelben schaumig rühren. Das Puddingpulver, das Backpulver und den Grieß mischen und mit der abgeriebenen Zitronenschale unter die Schaummasse mengen. • Die Eiweiße zu steifem Schnee schlagen. • Den Magerquark mit dem Zitronensaft verrühren und den Quark mit der Butter-Zucker-Masse mischen. Den Eischnee unter die Quarkmasse heben. Alles in die vorbereitete Springform füllen, die Oberfläche glattstreichen und den Kuchen auf der mittleren Schiebeleiste 1 Stunde und 30 Minuten backen. Der Kuchen wird goldgelb und geht hoch auf, sinkt jedoch beim Kaltwerden wieder in sich zusammen, schmeckt aber dennoch hervorragend.

Engadiner Nußtorte

Versprechen Sie sich kein prächtiges hohes Tortengebilde von diesem Backwerk; es gleicht im Aussehen eher einem bescheidenen niedrigen Kuchen. Diese Engadiner Spezialität ist jedoch so inhaltsreich, daß man das ganze Rund in 16 kleine Teile teilt, da diese Delikatesse wie Konfekt genossen wird.

Für den Mürbeteig:
300 g Mehl
100 g Zucker
1 Prise Salz
200 g Butter
1 Ei
Für die Füllung:
2 Eßl. Butter
300 g Zucker
200 g grobgehackte Walnüsse
1/8 l Sahne
1 Eigelb

Bei 16 Stücken pro Stück etwa 1680 Joule/400 Kalorien

Zubereitungszeit: 40 Minuten
Zeit zum Kühlen: 1 Stunde
Backzeit: 40 Minuten

Für den Mürbeteig das Mehl auf ein Backbrett sieben und in die Mitte eine Vertiefung drücken. Den Zucker und das Salz auf dem Mehl verteilen, die Butter in Flöckchen auf den Mehlrand und das Ei in die Mulde geben. Alle Zutaten rasch zu einem Mürbeteig verkneten und diesen zugedeckt 1 Stunde im Kühlschrank ruhen lassen. • 2/3 des Teigs auf dünn bemehlter Arbeitsfläche zur Größe einer Obstkuchenform von 24 cm Durchmesser ausrollen. Die Obstkuchenform mit dem Teig auslegen, den Rand mit den Fingern formen und dabei etwas überstehen lassen. Den Boden mit einer Gabel mehrmals einstechen. • Den Backofen auf 200° vorheizen. • Für die Füllung die Butter zerlassen, den Zucker unter Rühren darin hellbraun karamelisieren lassen, die Walnüsse und die Sahne zugeben, alles einmal aufkochen und dann abkühlen lassen. • Aus dem restlichen Teig eine runde Platte in Größe der Obstkuchenform ausrollen. • Die Füllung auf den Teigboden streichen, die Abdeckplatte ebenfalls mit der Gabel mehrmals einstechen, auf die Füllung legen und die

Teigränder mit etwas verquirltem Eigelb bestreichen. Den überstehenden Teigrand fest auf die Abdeckplatte drücken und die Oberfläche mit dem restlichen Eigelb bestreichen. • Die Torte im Backofen auf der zweiten Schiebeleiste von unten 40 Minuten backen. • Die Torte in der Obstkuchenform etwa 10 Minuten abkühlen lassen, dann auf ein Kuchengitter schieben und restlos kalt werden lassen.

Raffiniert

Linzer Torte

Für den Mürbeteig:
200 g Zucker
250 g gemahlene Mandeln
200 g Mehl
2 Teel. Kakaopulver
1 Teel. gemahlener Zimt
1 Päckchen Vanillinzucker
1 Messersp. gemahlene Gewürznelken
1 Ei
1 Schnapsglas Kirschwasser (2 cl)
250 g Butter
Für den Belag:
200 g Himbeermarmelade
Zum Bestreichen:
1 Eigelb
Für die Form:
Butter und Semmelbrösel

Bei 12 Stücken
pro Stück etwa
2080 Joule/495 Kalorien

Zubereitungszeit: 40 Minuten
Zeit zum Kühlen: 1 Stunde
Backzeit: 1 Stunde
Besonderes Küchengerät: Alufolie

Eine Springform von 26 cm Durchmesser mit Butter ausstreichen und mit Semmelbröseln ausstreuen. • Für den Mürbeteig den Zucker mit den Mandeln, dem Mehl, dem Kakaopulver, dem Zimt, dem Vanillinzukker und dem Nelkenpulver mischen, auf ein Backbrett geben und eine Mulde in die Mitte drücken. Das Ei und das Kirschwasser in die Mitte geben. Die Butter in Flöckchen auf dem Mehlrand verteilen und alles rasch mit kühlen Händen zu einem Teig verkneten. Den Mürbeteig in Alufolie einwickeln und 1 Stunde im Kühlschrank ruhen lassen. • Den Backofen auf 180° vorheizen. • ²/₃ des Teigs in der Größe der Springform ausrollen und mit den Fingern einen 2 cm hohen Rand formen. Den Teigboden mehrmals mit einer Gabel einstechen. • Den restlichen Teig etwa ¹/₂ cm dick ausrollen und mit dem Teigrädchen in Streifen schneiden. • Den Teigboden mit der Himbeermarmelade bestreichen, die Teigstreifen gitterartig darüberlegen und mit dem verquirlten Eigelb bestreichen. • Den Kuchen auf der zweiten Schiebeleiste von unten 1 Stunde backen. • Den Kuchen 10 Minuten in der Form abkühlen lassen und zum Erkalten auf ein Kuchengitter legen.

Grundrezept

Biskuitroulade

Für die feine Biskuitmasse – Fachleute scheuen sich, sie als Teig zu bezeichnen – gibt es je nach gewünschtem Endprodukt verschiedene Zusammensetzungen. Die Anzahl der verwendeten Eier bestimmt das Volumen des Backergebnisses. Obgleich Biskuit eigentlich nur aus Eiern, Zucker und Mehl (eventuell mit Speisestärke gemischt) besteht, bereiten auf Sicherheit bedachte Bäcker Biskuitteig gerne mit Backpulver. Große Könner befremdet dies wiederum.
Wir halten es mit dem Kompromiß:
• Ein einfacher Biskuitboden für Obstkuchen kann mit Backpulver gebacken werden, ebenso die Schichten für eine Torte, die besonders hoch werden soll.
• Für feine, klassische Torten und Rouladen läßt man das Backpulver lieber fort und gewinnt die Höhe durch das richtige Verhältnis von Formengröße und Teigzutaten.
• Als Grundrezept kann das Herstellen einer Roulade gelten, da das Bereiten einer Biskuitmasse – ob mit oder ohne Backpulver – sorgfältiges und rasches Arbeiten erfordert.
• Zum Herstellen von Biskuitmasse eignet sich das elektrische Rührgerät hervorragend, da man mit ihm die Schaummasse optimal zubereiten kann.

Zum Bild rechts:

Das nebenstehende Bild zeigt die Schwarzwälder Kirschtorte, wie man sie sich nicht schöner wünschen kann. Aber so gelingt sie nicht nur dem Konditor, sondern auch der Hausfrau und dem Hobby-Bäcker, wenn sie genau nach Anweisung vorgehen und jedem Arbeitsgang genügend Geduld und Aufmerksamkeit widmen. Nach dem Fertigstellen und Verzieren sollte die Torte dann im Kühlschrank auf ihren Auftritt auf der Kaffeetafel warten; denn als echte Sahnetore ist sie besonders empfindlich gegen Wärme. Das Rezept finden Sie auf Seite 378.

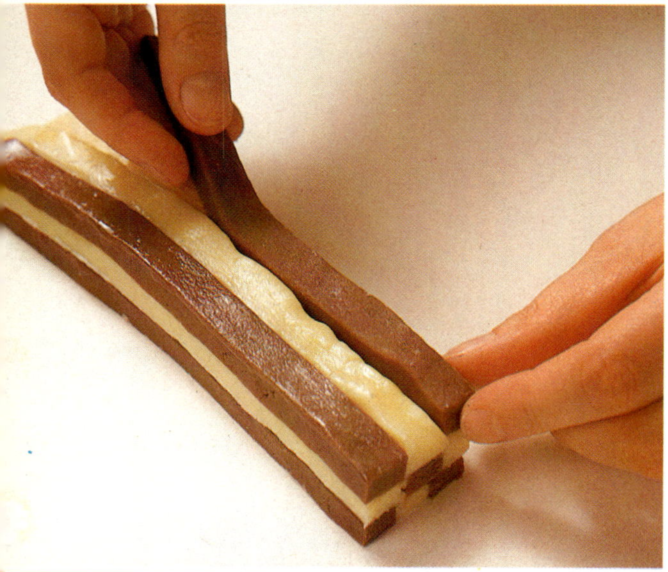

Biskuitroulade

• Wichtig für das Gelingen: Ins Eiweiß darf keine Spur Eigelb gelangen! Die Schüssel muß völlig fettfrei sein! Nur so gelingt wirklich steifer Eischnee.

Für den Teig:
4 Eiweiße
100 g Zucker
8 Eigelbe
80 g Mehl
20 g Speisestärke
Zum Füllen:
200 g Erdbeerkonfitüre
2 Eßl. ungesüßter Sanddornsaft
Zum Besieben:
2 Eßl. Puderzucker

Bei 12 Stücken pro Stück etwa 740 Joule/175 Kalorien

Zubereitungszeit: 20 Minuten
Backzeit: 5–6 Minuten
Besonderes Küchengerät: Pergamentpapier

Den Backofen auf 240° vorheizen. Ein Backblech mit Pergamentpapier auslegen. • Die Eiweiße flaumig schlagen, die Hälfte des Zuckers einrieseln lassen und weiterschlagen, bis ein glänzender steifer Eischnee entsteht. Der Eischnee muß so steif sein, daß die Spitze des mit dem Schneebesen entnommenen Eiweißes spitz nach oben stehen bleibt. • Die Eigelbe und die andere Hälfte des Zuckers mit dem elektrischen Rührgerät gut schaumig rühren, bis sich der Zucker völlig gelöst hat. • Den Eischnee auf die Eigelbmasse häufen. Das Mehl mit der Speisestärke über den Eischnee sieben und alles mit einem Rührlöffel locker unter die Eigelbmasse heben; für diesen letzten Arbeitsgang darf auf keinen Fall das Rührgerät benützt werden, da sonst die feinen Luftblasen im Eischnee und im Eigelbschaum zerstört würden. • Die Biskuitmasse gleichmäßig auf das Pergamentpapier streichen. Das Backblech auf der mittleren Schiebeleiste in den vorgeheizten Backofen schieben und die Teigplatte in 5–6 Minuten goldgelb backen. • Die Biskuitplatte dann auf ein Küchentuch stürzen und das Pergamentpapier abziehen; sollte das Papier schwer abgehen, bestreicht man es mit kaltem Wasser. Die Biskuitplatte locker mit einem gut feuchten Küchentuch zudecken und abkühlen lassen. • Für die Füllung die Erdbeerkonfitüre mit dem Sanddornsaft verrühren. Die fast kalte Biskuitplatte mit der Füllung bestreichen und mit Hilfe des Küchentuches, auf dem sie liegt, zu einer Roulade formen. • Die Roulade mit der »Naht« nach unten auf eine Platte legen und mit dem Puderzucker besieben. Die Roulade nach dem Abkühlen in 12 gleich große Stücke schneiden.

Zum Bild links:

Zu den beliebtesten Weihnachtsplätzchen gehört das etwas schwierig herzustellende Schwarzweiß-Gebäck! Als Begleiter zum Tee schätzt man es aber das ganze Jahr hindurch. Die einfachere Form sind die hell-dunklen Spiralen, für die zwei dünn ausgerollte Teigplatten – eine dunkle und eine helle – aufeinander gelegt, zur Rolle geformt und in Scheiben geschnitten werden. Wer aber besonders viel Geduld aufbringt und über Talent zur Präzisionsarbeit verfügt, kann das Schwarzweiß-Gebäck auch im Schachbrettmuster herstellen. Dafür am besten nur kleine Portionen Teig aus dem Kühlschrank so rasch wie möglich verarbeiten. Das Rezept finden Sie auf Seite 382.

Biskuitroulade mit Weincreme

Für die Weincreme 6 Blätter weiße Gelatine in 1/8 l kaltem Wasser einweichen. 1/8 l Weißwein mit dem Saft von 1 Zitrone und 100 g Zucker verrühren und unter Rühren erhitzen, aber nicht kochen lassen. Die Gelatine ausdrücken, in der heißen Weinflüssigkeit auflösen und diese unter öfterem Umrühren abkühlen lassen, bis sie zu gelieren beginnt. • 1/2 l Sahne steif schlagen und unter die fast kalte Weincreme ziehen. Die Creme im Kühlschrank aufbewahren. • Eine Biskuitroulade nach dem Grundrezept backen und dabei die Weincreme als Füllung verwenden. • Die fertige Roulade im Kühlschrank gut durchkühlen lassen und vor dem Servieren mit Puderzucker besieben.

Etwas schwierig

Biskuitroulade mit Himbeersahne

Für die Himbeersahne 300 g reife Himbeeren waschen, sehr gut abtropfen lassen und mit einer Gabel zerdrükken. 1/2 l Sahne mit 4 Eßlöffeln Puderzucker und 2 Päckchen Sahnesteif steif schlagen und mit den zerdrückten Himbeeren mischen. Die Himbeersahne im Kühlschrank aufbewahren. • Eine Biskuitroulade wie im Grundrezept beschrieben backen und die Himbeersahne als Füllung verwenden. Zuletzt im Kühlschrank gut durchkühlen lassen und vor dem Servieren mit Puderzucker besieben.

Raffiniert

Ananas-Buttercremetorte aus dunklem Biskuitteig

Die Biskuitmasse für die Buttercremetorte wird nach einem Rezept der feinen Pâtisserie bereitet: also ohne Backpulver. Der Arbeitsablauf ist für alle folgenden Torten verbindlich. Der Tortenboden läßt sich am besten horizontal durchschneiden, wenn er nach dem Backen einige Stunden ruht; am besten bäckt man ihn schon am Vortag! Wie man einen Tortenboden durchschneidet, eine Torte füllt und verziert, veranschaulicht die Zeichnung im großen Küchen-ABC unter dem Stichwort Torte.

Für den dunklen Biskuitteig:
6 Eiweiße
150 g Zucker
6 Eigelbe
100 g Mehl
50 g Speisestärke
50 g Kakaopulver
50 g abgezogene gemahlene Mandeln
Für die Füllung:
½ l Milch
1 Päckchen Vanille-Puddingpulver
4 Eßl. Puderzucker
250 g Butter
5 Scheiben Ananas
50 g geröstete Mandelblättchen
Für die Form:
Butter und Mehl

Bei 16 Stücken pro Stück etwa 1470 Joule/350 Kalorien

Zubereitungszeit: 1 Stunde und 30 Minuten
Backzeit: 30 Minuten
Zeit zum Ruhen: 6–12 Stunden
Besonderes Küchengerät: Spritzbeutel mit kleiner Sterntülle

Den Boden einer Springform von 24 cm Durchmesser mit Butter ausstreichen und mit Mehl bestäuben. (Nur den Boden der Springform einfetten, nicht den Rand, denn der Teig kann am ungefetteten Rand besser hochsteigen). Den Backofen auf 180° vorheizen. • Die Eiweiße flaumig schlagen, nach und nach ⅓ des Zuckers einrieseln lassen und die Eiweiße zu glänzendem steifem Schnee schlagen. • Die Eigelbe mit dem restlichen Zucker am besten mit dem elektrischen Rührgerät gut schaumig rühren. Den Eischnee auf die Eigelbmasse füllen. Das Mehl mit der Speisestärke und dem Kakaopulver über den Eischnee sieben, die gemahlenen Mandeln darüberstreuen und alles locker und rasch mit dem Rührlöffel – keinesfalls mit dem elektrischen Rührgerät – unter die Eigelbmasse heben. • Die Biskuitmasse in die Springform füllen, die Oberfläche glattstreichen und den Kuchen auf der zweiten Schiebeleiste von unten 30 Minuten backen. • Während der ersten 15 Minuten Backzeit den Backofen keinesfalls öffnen, damit der Kuchen nicht zusammenfällt. Bereits nach 25 Minuten Backzeit die Garprobe machen: Mit einem Holzstäbchen in den Tortenboden stechen; bleiben keine Teigspuren am Holzstäbchen hängen, ist der Kuchen durchgebacken. • Den Tortenboden in der Form etwa 10 Minuten abkühlen lassen, auf ein Kuchengitter stürzen und mehrere Stunden ruhen lassen. • Für die Füllung von der Milch 3 Eßlöffel abnehmen und das Puddingpulver damit anrühren. Die Milch mit dem Puderzucker unter Rühren zum Kochen bringen, das angerührte Puddingpulver hineingeben, den Pudding einige Male aufkochen lassen, vom Herd nehmen und unter wiederholtem Umrühren abkühlen lassen. • Die Butter schaumig rühren. Sobald Pudding und Butter die gleiche Temperatur haben, den Pudding teelöffelweise auf niedriger Schaltstufe mit dem elektrischen Rührgerät oder mit dem Rührlöffel unter die Butter rühren. • Den Biskuitboden nach der Ruhezeit mit einem scharfen Messer 2 mal horizontal durchschneiden. • Die geschälten Ananasscheiben vom Strunk befreien und in gleich große Spalten schneiden. 16 Spalten beiseite stellen. • Den untersten Biskuitboden dünn mit Buttercreme bestreichen und die übrigen Ananasstücke darauf verteilen. Über die Ananasstücke ebenfalls etwas Buttercreme streichen und den nächsten Boden auf die Torte setzen. Diesen Boden wiederum etwa ½ cm dick mit Buttercreme bestreichen und den dritten Boden daraufsetzen. • Die Oberfläche und den Rand der Torte dünn mit dem Spatel mit Buttercreme bestreichen, die restliche Buttercreme in den Spritzbeutel mit kleiner Sterntülle füllen. Die Tortenoberfläche und den Rand mit den gerösteten Mandelblättchen bestreuen. • In gleichmäßigen Abständen 16 Buttercremerosetten auf die Oberfläche der Torte spritzen und jede Rosette mit einem zurückbehaltenen Stückchen Ananas belegen.

Etwas schwierig

Schwarzwälder Kirschtorte

Bild Seite 375

Einen dunklen Biskuit-Tortenboden nach dem Rezept für Ananas-Buttercremetorte backen und nach der Ruhezeit 2mal horizontal durchschneiden. • Die unterste Platte mit etwa 2 Eßlöffeln Kirschwasser beträufeln. 1/2 l Sahne mit 2 Eßlöffeln Puderzucker und 2 Päckchen Sahnesteif steif schlagen. Die beträufelte Platte und eine zweite jeweils 2 cm hoch mit der Sahne bestreichen. 750 g abgetropfte Sauerkirschen aus dem Glas darauf verteilen. Die oberste Platte nur mit Sahne bestreichen und die Mitte mit Borkenschokolade bestreuen. Den Rand der Torte ebenfalls mit Sahne bestreichen und nach Belieben mit einigen Schokoladenstreuseln bestreuen. • Von der restlichen Sahne mit einem Spritzbeutel mit kleiner Sterntülle 16 Rosetten auf den Rand der Torte spritzen und jede Rosette mit 1/2 kandierten Kirsche oder 1 Sauerkirsche belegen.

Etwas schwierig

Himbeer-Sahne-Torte

Für den hellen Biskuitteig:
6 Eiweiße
60 g Zucker
6 Eigelbe
120 g Zucker
120 g Mehl
80 g Speisestärke
Zum Füllen:
500 g Himbeeren
2 Eßl. Zucker
2 Blätter farblose Gelatine
1/4 l Wasser
1/2 l Sahne
1 Päckchen Sahnesteif
2 Eßl. Puderzucker
2 Eßl. Himbeergeist
Für die Form:
Butter und Mehl

Bei 12 Stücken pro Stück etwa 1550 Joule/370 Kalorien

Zubereitungszeit: 1 Stunde und 30 Minuten
Backzeit: 30 Minuten
Zeit zum Ruhen: 6–12 Stunden
Besonderes Küchengerät: Spritzbeutel mit kleiner Sterntülle

Den Boden einer Springform von 24 cm Durchmesser mit Butter ausstreichen und mit Mehl ausstäuben. (Nur den Boden der Springform einfetten, nicht den Rand, denn der Teig kann am ungefetteten Rand besser hochsteigen). • Den Backofen auf 180° vorheizen. • Die Eiweiße flaumig schlagen, nach und nach die erste Zuckermenge einrieseln lassen und die Eiweiße zu glänzendem steifem Schnee schlagen. • Die Eigelbe mit der zweiten Zuckermenge am besten mit dem elektrischen Rührgerät gut schaumig rühren. Den Eischnee auf die Eigelbmasse füllen. Das Mehl mit der Speisestärke darübersieben und alles rasch mit dem Rührlöffel – keinesfalls mit dem elektrischen Rührgerät – unter die Eigelbmasse heben. • Die Biskuitmasse in die Springform füllen, die Oberfläche glattstreichen und den Kuchen auf der zweiten Schiebeleiste von unten 30 Minuten backen. Während der ersten 15 Minuten Backzeit darf der Backofen keinesfalls geöffnet werden. Bereits nach 25 Minuten Backzeit die Garprobe machen: Mit einem Holzstäbchen in den Tortenboden stechen; bleiben keine Teigspuren am Holzstäbchen hängen, ist der Kuchen durchgebacken. • Den Tortenboden in der Form etwa 10 Minuten abkühlen lassen, auf ein Kuchengitter stürzen und 6–12 Stunden ruhen lassen. • Für die Füllung die Himbeeren verlesen, waschen, abtropfen lassen und 12 schöne Beeren zum Garnieren zurückbehalten. Die restlichen Beeren mit dem Zucker mischen und zugedeckt durchziehen lassen. • Die Gelatine in dem Wasser 15 Minuten quellen lassen. Die Gelatine dann gut ausdrücken und in 3 Eßlöffeln sehr heißem Wasser auflösen, unter die gezukkerten Himbeeren mischen und im Kühlschrank erstarren lassen. Die Sahne steif schlagen, das Sahnesteif, den Puderzucker und den Himbeergeist unterrühren. • Den Tortenboden nach der Ruhezeit 2mal horizontal durchschneiden. Den untersten Tortenboden mit den gelierten Himbeeren belegen und darauf knapp 1/3 der Schlagsahne streichen. Den zweiten Tortenboden daraufsetzen, leicht andrücken und wiederum mit Sahne bestreichen. Den dritten Boden auflegen und die Oberfläche und den Rand dünn mit Sahne bestreichen. 12 gleich große Tortenstücke auf der Oberfläche markieren. Die restliche Sahne in einen Spritzbeutel mit kleiner Sterntülle füllen und auf jedes Tortenstück am Rand eine Rosette aus Schlagsahne spritzen. Die Rosetten mit den zurückbehaltenen Himbeeren belegen. • Die Torte bis zum Servieren kühl stellen.

Erdbeer-Sahne-Torte

Die Torte wie die Himbeer-Sahne-Torte herstellen, jedoch statt der Himbeeren 500 g Erdbeeren verwenden.

Mokka-Sahne-Torte

2 Teelöffel gemahlene farblose Gelatine in einem kleinen Topf mit 6 Eßlöffeln Wasser quellen lassen, bei schwacher Hitze auflösen und beiseite stellen. • 1/2 l Sahne mit 50 g Puderzucker, 2 Eßlöffel Mokkalikör, und 5 Teelöffeln Pulverkaffee steif schlagen und die abgekühlte Gelatine unter die Sahne ziehen. • Einen hellen Biskuitboden wie im Rezept für Himbeer-Sah-

netorte beschrieben zubereiten und nach der Ruhezeit 2mal durchschneiden. Die Tortenböden mit der Mokkasahne bestreichen, aufeinandersetzen und die Oberfläche sowie den Rand ebenfalls mit Mokkasahne bestreichen. • Den Rand und die Oberfläche der Torte mit Schokoladenstreuseln bestreuen.

Gelingt leicht · Schnell

Obstkuchen mit Schnellbiskuit

Für den Teig:
3 Eiweiße
3 Eßl. Wasser
100 g Zucker
3 Eigelbe
1 Päckchen Vanillinzucker
150 g Mehl
1 Teel. Backpulver
Zum Belegen:
4 Eßl. Aprikosenmarmelade
2 Bananen
2 Kiwis
1 Tasse Sauerkirschen aus dem Glas
2 Pfirsiche
50 g geröstete Mandelblättchen
1 Päckchen klarer Tortenguß
Für die Form:
Butter und Mehl

Bei 12 Stücken pro Stück etwa 800 Joule/190 Kalorien

Zubereitungszeit: 30 Minuten
Backzeit: 30 Minuten

Eine Springform von 26 cm Durchmesser mit Butter ausstreichen und mit Mehl ausstäuben. Den Backofen auf 200° vorheizen. • Für den Teig die Eiweiße mit dem Wasser zu Schnee schlagen, löffelweise den Zukker einrieseln lassen und weiterschlagen, bis der Eischnee sehr steif ist und glänzt. • Die Eigelbe mit dem Vanillinzucker verquirlen und unter das Eiweiß heben. Das Mehl mit dem Backpulver darübersieben und unter den Teig ziehen. • Den Teig in die vorbereitete Springform füllen, die Oberfläche glattstreichen und den Kuchenboden auf der mittleren Schiebeleiste im Backofen 30 Minuten backen. Vor dem Herausnehmen aus dem Backofen unbedingt die Stäbchenprobe machen! • Den Kuchenboden etwa 10 Minuten in der Form abkühlen lassen, dann auf ein Kuchengitter schieben und restlos kalt werden lassen. • Für den Belag die Aprikosenmarmelade unter Rühren erhitzen und den Kuchenboden sowie den Rand damit bestreichen. • Die Bananen schälen und in Scheiben schneiden. Die Kiwis ebenfalls schälen und in Scheiben schneiden. Die Sauerkirschen abtropfen lassen. Die Pfirsiche häuten und in Spalten schneiden. • Das Obst gefällig auf dem Kuchenboden verteilen. Den Rand des Kuchens mit den Mandelblättchen bestreuen. • Den klaren Tortenguß nach Vorschrift auf dem Päckchen zubereiten, das Obst damit überziehen und den Kuchen bis zum Servieren im Kühlschrank ruhen lassen.

Mein Tip Nach diesem Rezept können Sie jeden Obstkuchen zubereiten. Am besten wählen Sie Obst der jeweiligen Saison und belegen den Kuchenboden kurz vor dem Servieren. Je nach Säuregehalt der Früchte streut man etwas Zucker über das Obst. Nach Belieben kann der Tortenguß auch entfallen, statt dessen kann der Kuchen mit Schlagsahne verziert werden.

Etwas schwierig

Charlotte royal

Für den Biskuitteig:
4 Eiweiße
1 Prise Salz
100 g Zucker
4 Eigelbe
100 g Mehl
50 g Speisestärke
1 Teel. Backpulver
Für die Füllung:
200 g Kirschmarmelade
6 Blätter farblose Gelatine
1/8 l Wasser
1/4 l Weißwein
100 g Zucker
1 Eßl. Zitronensaft
3/8 l Sahne

Bei 12 Stücken pro Stück etwa 1245 Joule/295 Kalorien

Zubereitungszeit: 1 Stunde
Backzeit: 5–6 Minuten
Zeit zum Erstarren: 3–4 Stunden
Besonderes Küchengerät: Pergamentpapier

Ein Backblech mit Pergamentpapier auslegen. Den Backofen auf 240° vorheizen. • Für den Biskuitteig die Eiweiße mit dem Salz schaumig schlagen, die Hälfte des Zuckers einrieseln lassen und weiterschlagen, bis der Eischnee steif ist und glänzt. • Die Eigelbe mit dem restlichen Zucker schaumig rühren und den Eischnee daraufgeben. Das Mehl mit der Speisestärke und dem Backpulver über den Eischnee sieben und alles mit einem Rührlöffel unter die Eicreme heben. • Den Biskuit auf das Backblech streichen und im Backofen auf der mittleren Schiebeleiste 5–6 Minuten backen. • Das Teigblatt dann auf ein Tuch stürzen, das Papier abziehen und die Biskuitplatte mit einem feuchten Tuch bedeckt etwas abkühlen lassen. • Für die Füllung die Kirschmarmelade erhitzen, auf das etwas abgekühlte Teigblatt streichen und die Roulade mit Hilfe des Tuches, auf der sie liegt, aufrollen. • Die Roulade mit der »Naht« nach unten auf eine Platte legen und etwas fest werden lassen. • Die Gelatine in 1/8 l kaltem Wasser einweichen. • Den Wein mit dem Zucker und dem Zitronensaft erhitzen, die Gelatine ausdrücken und in der heißen, aber nicht kochenden Weißweinflüssigkeit auflösen und unter öfterem Umrühren abkühlen lassen. • Die Sahne steif schlagen. Sobald die Weißweinflüssigkeit zu gelieren beginnt, die Sahne unterziehen und im Kühlschrank kalt werden lassen. • Die Roulade in 24 dünne Scheiben schneiden und mit diesen Scheiben eine kuppelähnliche Schüssel auslegen. Die Weißweinsahne in die Mitte der Schüssel füllen und mit den restlichen Rouladenscheiben abdecken. Die Charlotte im Kühlschrank einige Stunden erstarren lassen und vor dem Servieren auf eine Platte stürzen.

Braucht Zeit

Früchtebrot

Bild Seite 393

Für den Teig:
250 g Rosinen
125 Zitronat
125 g getrocknete Feigen
125 g gehackte Haselnüsse
65 g gehackte Mandeln
3 Eier
125 g Zucker
1 Päckchen Vanillinzucker
1 Schnapsglas Rum (2 cl)
1/2 Teel. gemahlener Zimt
125 g Mehl
50 g Speisestärke
1 Teel. Backpulver
Zum Garnieren:
etwa 6 kandierte Kirschen und 1 Stück Zitronat
Für die Form:
Butter und Pergamentpapier

Bei 16 Stücken pro Stück etwa 1015 Joule/241 Kalorien

Zubereitungszeit: 40 Minuten
Backzeit: 1 Stunde und 20 Minuten

Eine Kastenkuchenform von etwa 20 cm Länge mit Butter ausstreichen, mit Pergamentpapier auslegen und dieses ebenfalls mit Butter bestreichen. Den Backofen auf 200° vorheizen. • Für den Teig die Rosinen waschen und trockentupfen. Das Zitronat und die Feigen kleinwürfeln. Die Rosinen, das Zitronat, die Feigen mit den Haselnüssen und den Mandeln mischen. • Die Eier mit dem Zucker, dem Vanillinzucker, dem Rum und dem Zimt schaumig rühren. Das Mehl mit der Speisestärke und dem Backpulver über die Schaummasse sieben, die Früchte dazugeben und alles unterrühren. • Den Teig in die vorbereitete Kastenkuchenform füllen, die Oberfläche glattstreichen und den Kuchen im Backofen auf der zweiten Schiebeleiste von unten 70–80 Minuten backen. • Das Früchtebrot in der Form etwa 10 Minuten abkühlen lassen, auf ein Kuchengitter stürzen, das Pergamentpapier abziehen und mit halbierten Kirschen und Zitronat garnieren.

Etwas schwierig

Heidesand

Zutaten für 90 Plätzchen:
200 g Butter
150 g Zucker
1 Päckchen Vanillinzucker
250 g Mehl
1–2 Eßl. Milch

Pro Plätzchen etwa 145 Joule/35 Kalorien

Zubereitungszeit: 1 Stunde
Zeit zum Kühlen: 12 Stunden
Backzeit pro Blech: 20 Minuten
Besonderes Küchengerät: Pergamentpapier oder Alufolie

Die Butter bei schwacher Hitze schmelzen und leicht bräunen lassen, dann in eine Schüssel gießen und erkalten lassen. Mit dem Zucker und dem Vanillinzucker schaumig rühren. Das Mehl über die Buttermasse sieben und untermischen. Zuletzt kneten und nach Bedarf 1–2 Eßlöffel Milch zum Teig geben. • Den Teig in 2 etwa fünfmarkstückdicke Rollen formen, in Pergamentpapier oder Alufolie einwickeln und 12 Stunden im Kühlschrank ruhen lassen. • Den Backofen auf 180° vorheizen. • Die Teigrollen mit einem scharfen Messer in etwa 1/2 cm dicke Scheiben schneiden und mit genügend Abstand voneinander auf das Backblech legen. Die Heidesand im Backofen auf der mittleren Schiebeleiste in 20 Minuten goldgelb backen. • Die noch heißen Plätzchen vom Backblech nehmen und auf einem Kuchengitter abkühlen lassen.

Gelingt leicht

Butterplätzchen

Zutaten für 80 Plätzchen:
125 g Butter
125 g Butterschmalz
150 g Puderzucker
1 Prise Salz
3 Eigelbe
abgeriebene Schale von ½ Zitrone
375 g Mehl

Zum Wenden:
Zucker und Zimt
Für das Backblech:
Butter

Pro Plätzchen etwa 245 Joule/60 Kalorien

Zubereitungszeit: 40 Minuten
Zeit zum Kühlen: 2 Stunden
Backzeit pro Blech: 8–10 Minuten
Besonderes Küchengerät: Pergamentpapier oder Alufolie

Die Butter mit dem Butterschmalz schaumig rühren, nach und nach den Puderzucker, das Salz, die Eigelbe und die Zitronenschale unterarbeiten. • Das Mehl über die Schaummasse sieben, unterkneten und den Teig in 3 gleich große Teile schneiden. Die Teigportionen in Pergamentpapier oder Alufolie wickeln und 2 Stunden im Kühlschrank ruhen lassen. • Den Backofen auf 190° vorheizen. Das Backblech mit Butter bestreichen. • Die 3 Teigportionen nacheinander auf einer dünn bemehlten Arbeitsfläche etwa 2 mm dick ausrollen und beliebige Förmchen daraus ausstechen. • Die Plätzchen auf der mittleren Schiebeleiste im Backofen in 8–10 Minuten goldbraun backen. • Die Plätzchen nach dem Backen mit einem Spatel vom Backblech nehmen und noch heiß behutsam von beiden Seiten in mit Zucker vermischtem Zimt wenden.

Schwarzweiß-Gebäck

Bild Seite 376

Zutaten für 120 Stück:
300 g Butter
200 g Puderzucker
1 Prise Salz
400 g Mehl
20 g Kakaopulver
1–2 Eiweiße

Pro Stück etwa 125 Joule/30 Kalorien

Zubereitungszeit: 1 Stunde und 30 Minuten
Zeit zum Kühlen: 2 Stunden
Backzeit pro Blech: 15 Minuten
Besonderes Küchengerät: Pergamentpapier oder Alufolie

Die Butter in Flöckchen auf ein Backbrett schneiden. Den Puderzucker über die Butterflöckchen sieben und das Salz daraufstreuen. Das Mehl darübersieben und alles zu einem festen geschmeidigen Teig verkneten. • Den Teig halbieren und unter einen Teil das Kakaopulver kneten. Beide Teigportionen in Pergamentpapier oder Alufolie wickeln und 2 Stunden im Kühlschrank ruhen lassen. • Vom hellen und vom dunklen Teig jeweils die Hälfte auf einer leicht bemehlten Arbeitsfläche etwa 2 mm dünn ausrollen. • Eine der beiden Teigplatten mit verquirltem Eiweiß bestreichen, mit der anderen Teigplatte belegen und zu einer Rolle formen. (Siehe dazu auch die Zeichnung im großen Küchen-ABC unter dem Stichwort Schwarzweiß-Gebäck). • Den Backofen auf 190° vorheizen. • Die geformte Rolle wieder in den Kühlschrank geben. • Von den nächsten beiden Teigportionen entweder vom hellen oder vom dunklen Teig etwas beiseite legen. Die übrigen Teigportionen jeweils etwa ½ cm dick ausrollen und daraus rechteckige Stränge schneiden. Die Stränge mit Eiweiß bestreichen und schachbrettartig zusammensetzen. Den zurückbehaltenen Teig dünner ausrollen und die Stränge damit umhüllen. Auch diese zweite Portion wieder in den Kühlschrank legen. • Die erste Teigrolle dann in etwa ½ cm dicke Scheiben schneiden. Alle Gebäckstücke auf das Backblech legen und auf der mittleren Schiebeleiste im vorgeheizten Backofen 15 Minuten backen. • Die Plätzchen auf einem Kuchengitter völlig abkühlen lassen.

Gelingt leicht · Braucht Zeit

Wiener Vanillekipferl

Vanillehörnchen

Zutaten für 80 Hörnchen:
280 g Mehl
je 50 g feingemahlene Mandeln und Haselnüsse
100 g Zucker
1 Prise Salz
200 g Butter
2 Eigelbe
Zum Wenden:
5 Päckchen Vanillinzucker
½ Tasse Puderzucker

Pro Hörnchen etwa 230 Joule/55 Kalorien

Zubereitungszeit: 1 Stunde und 30 Minuten
Zeit zum Kühlen: 2 Stunden
Backzeit pro Backblech: 10 Minuten
Besonderes Küchengerät: Pergamentpapier oder Alufolie

Das Mehl auf ein Backbrett sieben, die Mandeln, die Haselnüsse, den Zucker und das Salz darüberstreuen und die Butter in Flöckchen darauf verteilen. Die Eigelbe in die Mitte geben und alles rasch zu einem Mürbeteig verkneten. Den Teig in 3 Portionen teilen und in Pergamentpapier oder Alufolie eingewickelt 2 Stunden im Kühlschrank ruhen lassen. • Den Backofen auf 190° vorheizen. • Den Teig portionsweise zu etwa bleistiftdicken Rollen formen, diese in etwa 8 cm lange Stücke schneiden und zu Hörnchen (Kipferl) biegen. • Die Hörnchen auf ein Backblech legen und im Backofen auf der mittleren Schiebeleiste in 10 Minuten goldgelb backen. • Den Vanillinzucker mit dem gesiebten Puderzucker mischen. Die Vanillehörnchen noch warm in dem Zuckergemisch wenden.

Raffiniert · Gelingt leicht

Nougatkipferl

Nougathörnchen
Bild Seite 393

Zutaten für 100 Hörnchen:

100 g Butter	*300 g Mehl*
200 g Nougatmasse	*50 g Schokoladen-Fettglasur*
1 Ei	
1 Päckchen Vanillinzucker	
1 Messersp. Salz	*Pro Hörnchen etwa*
½ Teel. Backpulver	*150 Joule/35 Kalorien*

Zubereitungszeit: 2 Stunden
Zeit zum Kühlen: 1 Stunde
Backzeit pro Blech: 10–15 Minuten
Besonderes Küchengerät: Pergamentpapier oder Alufolie

Die möglichst weiche Butter mit der Nougatmasse, dem Ei, dem Vanillinzucker und dem Salz mit dem elektrischen Rührgerät oder mit dem Rührlöffel zu einer glatten Masse mischen. Das mit dem Backpulver gemischte Mehl darübersieben. Nach und nach alles unter die Nougatmasse kneten. Den Teig zu einer Kugel formen, in Pergamentpapier oder Alufolie einwikkeln und 1 Stunde im Kühlschrank ruhen lassen. • Den Backofen auf 180° vorheizen. • Den Teig dann in kleineren Portionen aus dem Kühlschrank nehmen, zu langen, etwa bleistiftdicken Rollen formen und diese in 10 cm lange Stücke schneiden. Aus den Stücken kleine Hörnchen (Kipferl) formen, auf ein Backblech legen und im Backofen auf der mittleren Schiebeleiste 10 bis 15 Minuten backen. Die Hörnchen sollen hellbraun werden. • Die Kipferl mit einem breiten Messer oder Spatel vorsichtig vom Backblech lösen und auf einem Kuchengitter abkühlen lassen. • Die Schokoladen-Fettglasur im Wasserbad schmelzen lassen und die Spitzen der Hörnchen in die Glasur tauchen. Die Glasur gut trocknen lassen, ehe die Hörnchen in eine Dose gelegt werden.

Raffiniert · Braucht Zeit

Walnußherzen

Bild Seite 393

Zutaten für 90 Herzen:

Für den Teig:	Zum Ausrollen:
200 g Butter	*Puderzucker*
125 g Puderzucker	Zum Überziehen:
1 Päckchen Vanillinzucker	*400 g Schokoladen-kuvertüre*
1 Eigelb	
60 g gemahlene Walnüsse	Zum Garnieren:
300 g Mehl	*90 Walnußkernhälften*
Für den Belag:	Für das Backblech:
300 g Marzipan-Rohmasse	*Butter und Pergamentpapier*
Zum Bestreichen:	
Aprikosenmarmelade	*Pro Walnußherz etwa 420 Joule/100 Kalorien*

Zubereitungszeit: 2 Stunden
Zeit zum Kühlen: 1 Stunde
Backzeit pro Blech: 15–20 Minuten

Für den Teig die Butter mit dem Puderzucker, dem Vanillinzucker, dem Eigelb und den gemahlenen Walnüssen verrühren. Das Mehl über diese Masse sieben und rasch unterkneten. Den Teig in Pergamentpapier oder Alufolie wickeln und 1 Stunde im Kühlschrank ruhen lassen. • Ein Backblech mit Pergamentpapier auslegen und das Pergamentpapier mit Butter bestreichen. Den Backofen auf 150° vorheizen. • Den Teig auf einer leicht bemehlten Arbeitsfläche etwa ½ cm dick ausrollen, Herzen ausstechen, diese aufs Backblech legen und im Backofen auf der mittleren Schiebeleiste 15–20 Minuten backen. • Die Herzen mit einem breiten Spatel vom Backblech nehmen und auf einem Kuchengitter abkühlen lassen. • Für den Belag die Marzipan-Rohmasse auf einer mit Puderzucker bestreuten Arbeitsfläche dünn ausrollen und gleich große Herzen wie die gebackenen Plätzchen ausstechen. Die Marzipanherzen auf einer Seite dünn mit Aprikosenmarmelade bestreichen und auf die abgekühlten gebackenen Plätzchen legen. • Für den Schokoladenüberzug die Kuvertüre im Wasserbad zerlassen. Die Herzen auf eine Gabel legen, in die Kuvertüre tauchen und auf einem Kuchengitter abtropfen und trocknen lassen. Solange die Kuvertüre noch weich ist, auf jedes Herz ½ Walnußkern legen.

Husaren-Krapferl

Zutaten für 80 Stück:
200 g Butter
100 g Zucker
2 Eigelbe
das Innere von 1 Vanilleschote
1 Prise Salz
300 g Mehl
80 g feingemahlene Haselnüsse

Zum Besieben und Füllen:
4 Eßl. Puderzucker
150 g Johannisbeergelee

Pro Stück etwa
230 Joule/55 Kalorien

Zubereitungszeit: 40 Minuten
Zeit zum Kühlen: 2 Stunden
Backzeit pro Backblech: 12–15 Minuten
Besonderes Küchengerät: Pergamentpapier oder Alufolie

Für den Mürbeteig die Butter in Flöckchen auf ein Backbrett schneiden. Den Zucker darüberstreuen, die Eigelbe, das Innere der Vanilleschote und das Salz darübergeben, das Mehl darübersieben, die gemahlenen Nüsse darüberstreuen und alles rasch zu einem Mürbeteig zusammenkneten. Den Teig in 2 Teile schneiden, in Pergamentpapier oder Alufolie einwickeln und 2 Stunden im Kühlschrank ruhen lassen. • Den Backofen auf 200° vorheizen. • Aus den beiden Teigportionen lange Rollen formen und gleichmäßige Stücke davon abschneiden. Etwa kirschgroße Kugeln daraus rollen und auf ein Backblech legen. In jede Kugel mit dem Kochlöffelstiel eine kleine Vertiefung drücken. • Die Krapferl im Backofen auf der mittleren Schiebeleiste in 12–15 Minuten goldbraun backen. • Die Krapferl vom Blech nehmen, auf einem Kuchengitter erkalten lassen und mit dem Puderzucker besieben. • Wenn alle Krapferl gebacken sind, das Johannisbeergelee erhitzen, glattrühren und die Vertiefungen in den Krapferln damit füllen. • Die Marmelade 1–2 Tage gut antrocknen lassen, ehe man die Krapferl zwischen Pergamentpapier in eine Dose schichtet.

Etwas schwierig · Braucht Zeit

Zimtsterne

Bild Seite 393

Zutaten für 60 Sterne:
5 Eiweiße
450 g Puderzucker
500 g abgezogene, feingemahlene Mandeln
2 Teel. gemahlener Zimt
1 Eßl. Kirschwasser

Für die Arbeitsfläche:
Zucker

Pro Stern etwa
360 Joule/85 Kalorien

Zubereitungszeit: 30 Minuten
Zeit zum Kühlen und Ruhen: 12–14 Stunden
Backzeit pro Backblech: 5 Minuten

Die Eiweiße zu steifem Schnee schlagen. Den Puderzucker über den Eischnee sieben und unterheben.
1 Tasse der Eischneemasse für die Glasur zugedeckt im Kühlschrank aufbewahren. • Für den Teig die gemahlenen Mandeln, den Zimt und das Kirschwasser unter den übrigen Eischnee mischen, alles rasch und kurz zusammenkneten und den Teig zugedeckt 1 Stunde im Kühlschrank ruhen lassen. • Die Arbeitsfläche mit Zucker bestreuen, den Teig darauf 1 cm dick ausrollen und Sterne ausstechen. Beim Ausrollen das Rollholz wiederholt mit kaltem Wasser anfeuchten. Mit den Ausstechförmchen ebenso verfahren. • Die Sterne gleichmäßig mit der Eischneeglasur überziehen, auf ein Backblech legen und etwa 12 Stunden bei Raumtemperatur trocknen lassen. • Den Backofen auf 220° vorheizen. • Die Zimtsterne auf der mittleren Schiebeleiste im gut vorgeheizten Backofen 5 Minuten – nicht länger – backen. Die Sterne sollen innen noch weich sein und die Oberfläche soll weiß bleiben.

Braucht Zeit · Etwas schwierig

Schwäbische Springerle

Zutaten für 60 Stück:
500 g Puderzucker
4 Eier
abgeriebene Schale von 1 Zitrone
500 g Mehl

Für das Backblech:
Butter und Mehl

Pro Stück etwa
290 Joule/70 Kalorien

Zubereitungszeit: 1 Stunde
Zeit zum Ruhen: 24 Stunden
Backzeit: 30 Minuten
Besondere Küchengeräte: kleine Holzmodeln in verschiedenen Formen, Backpinsel, Pergamentpapier

1–2 Backbleche mit Butter bestreichen und mit Mehl bestäuben. • Den Puderzucker sieben und am besten mit dem elektrischen Rührgerät mit den Eiern schaumig rühren. • Die Zitronenschale und das gesiebte Mehl nach und nach unter die Schaummasse rühren. Den Teig zuletzt durchkneten und auf einer leicht bemehlten Arbeitsfläche etwa 1 cm dick ausrollen. • Die Holzmodeln mit Mehl ausstäuben. Die Oberfläche der Teigplatte ebenfalls dünn mit Mehl bestäuben. • Kleine Teigstücke aus dem Teigblatt schneiden, in die Modeln drücken, die Kanten mit einem scharfen Messer glattschneiden und den Teig wieder aus den Modeln klopfen. Das Mehl an der Teigoberfläche mit einem Pinsel entfernen. • Die Springerle auf ein Backblech legen und 24 Stunden bei Raumtemperatur trocknen lassen • Den Backofen auf 120° vorheizen. • Die Springerle mit Pergamentpapier bedecken und 30 Minuten im Backofen auf der mittleren Schiebeleiste bakken. Während der ersten 20 Minuten die Backofentür nicht öffnen! • Die Oberfläche der Springerle soll weiß bleiben, nur die Unterseite darf leicht bräunen. • Die Springerle 2–3 Wochen kühl lagern.

Anisplätzchen

Zutaten für 60 Plätzchen:
2 Eier
150 g Puderzucker
1 Prise Salz
1 Päckchen Vanillinzucker
150 g Mehl
1 Teel. gemahlener Anis

Für das Backblech:
Butter und Mehl

Pro Plätzchen etwa
85 Joule/20 Kalorien

Zubereitungszeit: 30 Minuten
Zeit zum Ruhen: 12 Stunden
Backzeit pro Blech: 30–40 Minuten
Besonderes Küchengerät: Spritzbeutel mit Lochtülle

1–2 Backbleche mit Butter bestreichen und mit Mehl bestäuben. • Den Puderzucker sieben und mit den Eiern, dem Salz und dem Vanillinzucker mit dem elektrischen Rührgerät schaumig rühren. • Das gesiebte Mehl mit dem Anis mischen und unter die Schaummasse heben. • Den Teig in einen Spritzbeutel mit Lochtülle füllen und auf die Backbleche etwa markstückgroße Plätzchen spritzen. Die Plätzchen 12 Stunden bei Raumtemperatur trocknen lassen. • Den Backofen auf 130–140° vorheizen. • Die Anisplätzchen 30–40 Minuten backen. In den ersten 20 Minuten die Backofentür nicht öffnen, weil die Plätzchen sonst zusammenfallen! Die Plätzchen sind fertig, wenn der Boden leicht zu bräunen beginnt, die Häubchen aber noch fast weiß sind. • Die Anisplätzchen abkühlen lassen und 2–3 Wochen kühl lagern, damit sie weicher werden.

Schnell · Gelingt leicht

Elisenlebkuchen

Foto Seite 393

Zutaten für 30 Stück:
Für den Teig:
2 Eier
200 g Zucker
1 Päckchen Vanillinzucker
1 Messersp. Nelkenpulver
50 g Speisestärke
1 Eßl. Rum
100 g kleingehacktes Orangeat
100 g gemahlene Mandeln
100 g gemahlene Haselnüsse
½ Teel. Backpulver
40 Backoblaten von 6 cm Durchmesser

Für die Glasur:
50 g Puderzucker
4–5 Eßl. frisch gepreßter Orangensaft
pro Lebkuchen ½ kandierte Kirsche

Pro Lebkuchen etwa
410 Joule/40 Kalorien

Zubereitungszeit: 50 Minuten
Backzeit pro Backblech: 30 Minuten

Den Backofen auf 140–150° vorheizen. • Für den Teig die Eier mit dem Zucker, dem Vanillinzucker, dem Nelkenpulver, der Speisestärke und dem Rum mit dem elektrischen Rührgerät schaumig rühren. • Das Orangeat, die Mandeln, die Haselnüsse und das Backpulver mischen und unter die Schaummasse mengen. • Die Backoblaten auf das Backblech legen und auf jede Oblate etwa 2 Teelöffel Teig geben. Den Teig mit einem nassen Messer flachstreichen. • Die Lebkuchen auf der mittleren Schiebeleiste im Backofen 25–30 Minuten backen. • Die Lebkuchen dann auf einem Kuchengitter abkühlen lassen. • Für die Glasur den Puderzucker sieben. Den Orangensaft erhitzen und mit dem Puderzucker zu einer dicken Glasur verrühren. • Die noch warmen Lebkuchen mit der noch warmen Glasur bestreichen und in die Mitte jedes Lebkuchens ½ kandierte Kirsche setzen.

Raffiniert

Baseler Leckerli

Zutaten für 150 Stück:
350 g Honig
350 g Zucker
je 100 g gemahlene Haselnüsse, Mandeln und Walnüsse
500 g Mehl
abgeriebene Schale von 1 Zitrone
je 100 g feingewürfeltes Zitronat und Orangeat
2 Teel. gemahlener Zimt
2 Teel. Nelkenpulver
1 Messersp. gemahlene Muskatnuß
2 Teel. Pottasche
2 Teel. Hirschhornsalz
je 1 Schnapsglas Kirschwasser und Arrak (je 2 cl)
Für das Backblech:
Butter

Pro Plätzchen etwa 200 Joule/45 Kalorien

Zubereitungszeit: 40 Minuten
Zeit zum Ruhen: 1–2 Tage
Backzeit pro Backblech: 25 Minuten

Für den Honigkuchenteig den Honig mit 150 g Zucker unter Rühren aufkochen lassen. • Die Haselnüsse, die Mandeln, die Walnüsse, das gesiebte Mehl, die Zitronenschale, das Zitronat, das Orangeat, den Zimt, das Nelkenpulver, den Muskat, die Pottasche und das Hirschhornsalz miteinander mischen und unter die noch heiße Honig-Zucker-Masse rühren. Das Kirschwasser und den Arrak unterkneten. Einen Laib aus dem Teig formen und diesen zugedeckt 1–2 Tage bei Raumtemperatur ruhen lassen. • Am Backtag den Backofen auf 180° vorheizen. Das Backblech mit Butter bestreichen. • Den Teig auf einer leicht bemehlten Arbeitsfläche etwa 1 cm dick ausrollen, auf das Backblech legen und im Backofen auf der mittleren Schiebeleiste 25 Minuten backen. • Den restlichen Zucker mit wenig Wasser aufkochen lassen. Die Honigkuchenplatte aus dem Backofen nehmen und noch warm mit dem aufgelösten Zucker dick bestreichen. • Die Lekkerli auf dem Backblech in Rechtecke schneiden und auf einem Kuchengitter abkühlen lassen.

Gelingt leicht

Ingwer-Honigkuchen

Bild Seite 393

Für den Honigkuchenteig 350 g Honig mit 250 g Zukker unter Rühren aufkochen lassen. • 500 g Mehl mit 1 Päckchen Backpulver sieben, mit 250 g gemahlenen Mandeln, 150 g kleingehacktem kandiertem Ingwer, 2 Teelöffeln gemahlenem Zimt, 1 Messerspitze Nelkenpulver, ½ Teelöffel gemahlenem Piment und 1 Prise Salz mischen und mit der Honig-Zucker-Masse verrühren. Sollte der Teig zu weich sein, noch etwas Honig unterkneten und den Teig 1 Stunde zugedeckt im Kühlschrank ruhen lassen. • Den Teig dann 1 cm dick ausrollen, auf ein gefettetes Backblech legen und bei 200° im vorgeheizten Backofen 25 Minuten bakken. • Den Honigkuchenteig aus dem Backofen nehmen und noch warm in kleine Quadrate schneiden. Die Quadrate auf einem Kuchengitter abkühlen lassen.

Raffiniert · Gelingt leicht

Whiskytrüffel

Foto Seite 393

Zutaten für 40 Stück:
150 g gemahlene Haselnüsse
125 g Butter
125 g geriebene Blockschokolade
125 g Puderzucker
3 Eßl. Whisky
100 g Kokosraspel

Pro Stück etwa 420 Joule/100 Kalorien (insgesamt 4014 Kalorien)

Zubereitungszeit: 1 Stunde

Die Haselnüsse unter ständigem Rühren in einer Pfanne ohne Fett rösten. Die Butter schaumig rühren, mit der geriebenen Schokolade, dem gesiebten Puderzucker, den gerösteten Haselnüssen und dem Whisky verrühren. Die Masse einige Minuten fest werden lassen, zu gleich kleinen Kugeln formen und die Kugeln in Kokosraspel wenden.

Mein Tip Die Whiskytrüffeln kann man statt in Kokosraspel auch in Schokoladenraspel wenden.

Gelingt leicht

Mandeltrüffel

Bild Seite 393

Zutaten für 40 Stück:
100 g Rosinen
1 Schnapsglas Rum (2 cl)
400 g zartbittere Schokolade
2 Eßl. Kokosfett
150 g Mandelstifte

Pro Stück etwa 420 Joule/100 Kalorien (insgesamt 3844 Kalorien)

Zubereitungszeit: 1 Stunde
Zeit zum Erstarren: 6–8 Stunden
Besonderes Küchengerät: Alufolie

Die Rosinen waschen, auf einem Tuch abtropfen lassen, in eine Schüssel geben, mit dem Rum übergießen und 30 Minuten ziehen lassen. • Die Schokolade feinreiben und im Wasserbad schmelzen lassen. Das Kokosfett zugeben und mit der Schokolade verrühren. Die Schokolade aus dem Wasserbad nehmen und unter Rühren etwas abkühlen lassen. • Die Mandelstifte in einer trockenen Pfanne unter Rühren hellbraun rösten. • Die Schokoladenmasse mit den Mandelstiften und den Rosinen mischen. • Eine Platte oder ein Brett mit Alufolie auslegen. Mit einem Teelöffel kleine Häufchen von der abgekühlten Masse abstechen, auf die Alufolie setzen, etwas antrocknen lassen und im Kühlschrank restlos erstarren lassen.

Raffiniert

Dattel-Konfekt

Foto Seite 393

Zutaten für 30 Stück:
30 getrocknete Datteln
Für die Füllung:
100 g Marzipan-Rohmasse
50 g Puderzucker
40 g gemahlene Mandeln
1 Schnapsglas Kirschwasser (2 cl)
Zum Überziehen:
100 g Schokoladen-Fettglasur
Zum Garnieren:
2 Eßl. gehackte Pistazien

Pro Stück etwa 400 Joule/95 Kalorien

Zubereitungszeit: 1 Stunde
Zeit zum Erstarren: 4–5 Stunden
Besonderes Küchengerät: Holzspießchen

Die Datteln längs aufschneiden und die Steine herauslösen. Für die Füllung die Marzipan-Rohmasse mit dem gesiebten Puderzucker, den gemahlenen Mandeln und dem Kirschwasser verkneten. Jede Dattel mit etwas Marzipan füllen. • Die Schokoladen-Fettglasur im Wasserbad schmelzen lassen. • Die Datteln auf Holzspießchen stecken, in die Schokoladenglasur tauchen und auf einem Kuchengitter antrocknen lassen. • Auf die noch feuchte Glasur etwas von den gehackten Pistazien streuen. Das Dattelkonfekt im Kühlschrank fest werden lassen.

Gelingt leicht

Haselnußmakronen

Zutaten für 100 Makronen:
100 kleine runde Backoblaten
6 Eiweiße
300 g Zucker
300 g feingemahlene Haselnüsse
abgeriebene Schale von 1 Zitrone
100 ganze Haselnüsse

Pro Makrone etwa 170 Joule/40 Kalorien

Zubereitungszeit: 1 Stunde und 30 Minuten
Backzeit pro Backblech: 25–30 Minuten
Besonderes Küchengerät: Spritzbeutel mit großer Sterntülle

Den Backofen auf 150° vorheizen. Ein Backblech mit den Oblaten belegen. • Die Eiweiße möglichst mit dem elektrischen Rührgerät steif schlagen, nach und nach den Zucker einrieseln lassen und weiterschlagen, bis die Baisermasse steif und glänzend ist. • Die gemahlenen Haselnüsse und die Zitronenschale über die Baisermasse streuen und mit einem Rührlöffel – nicht mit dem elektrischen Rührgerät – unterheben. • Das Nußbaiser in einen Spritzbeutel mit großer Sterntülle füllen und etwa walnußgroße Tupfen auf die Backoblaten spritzen. • In jede Nußmakrone 1 ganze Haselnuß drücken und die Makronen im vorgeheizten Backofen auf der mittleren Schiebeleiste 25–30 Minuten backen. • Die Makronen vom Backblech nehmen und auf einem Kuchengitter abkühlen lassen. Nach Belieben von den kalten Makronen die Backoblaten abziehen.

Kokosmakronen

6 Eiweiße zu steifem Schnee schlagen, 300 g Zucker einrieseln lassen und weiterschlagen, bis der Eischnee steif und glänzend ist. • Den Saft von ½ und die abgeriebene Schale von 1 ganzen Zitrone auf die Baisermasse geben, 200 g Kokosraspel und 100 g gesiebtes Mehl darüberstreuen und unter die Baisermasse heben. • Die Baisermasse auf kleine Backoblaten setzen und wie die Haselnußmakronen im vorgeheizten Backofen bei 160° 35 Minuten backen. • Die Kokosmakronen nach dem Abkühlen in einer fest verschließbaren Dose aufbewahren; sie werden durch das Aufbewahren zarter.

Etwas schwierig

Schokoladenschäumchen

Zutaten für 80 Stück:
2 Eiweiße
500 g Puderzucker
1 Eßl. Zitronensaft
50 g feingeriebene bittere Schokolade

Pro Schäumchen etwa 120 Joule/30 Kalorien

Zubereitungszeit: 1 Stunde
Backzeit pro Backblech: 15 Minuten
Besonderes Küchengerät: Spritzbeutel mit kleiner Sterntülle

Ein Backblech mit Pergamentpapier auslegen. Den Backofen auf 150° vorheizen. • Die Eiweiße mit dem elektrischen Rührgerät steif schlagen, nach und nach den gesiebten Puderzucker unter den Eischnee rühren und weiterschlagen, bis ein glänzender steifer Eischnee entsteht. • Den Zitronensaft und die feingeriebene Schokolade über den Eischnee streuen, unter die Baisermasse heben und die Baisermasse in einen Spritzbeutel mit kleiner Sterntülle füllen. • Etwa haselnußgroße Tüpfchen in genügend Abstand auf das Backblech spritzen (die Schäumchen gehen etwa um das Dreifache auf). Die Schäumchen auf der mittleren Schiebeleiste im Backofen 15 Minuten backen.

Vollkorn-Ingwerplätzchen

Zutaten für 40 Stück:
300 g Vollkornweizenmehl
2 Messersp. gemahlener Ingwer
1 Teel. Natron
abgeriebene Schale von ½ Zitrone
3 Eßl. Honig
3 Eßl. Ingwermarmelade
2 Eier
150 g Butter
Für das Backblech:
Butter

Pro Plätzchen etwa 310 Joule/75 Kalorien

Zubereitungszeit: 20 Minuten
Backzeit pro Blech: 15 Minuten

Den Backofen auf 150° vorheizen. • Das Mehl mit dem Ingwer, dem Natron und der Zitronenschale in einer Schüssel mischen. Den Honig, die Ingwermarmelade, die Eier und die Butter in Flöckchen darübergeben und alle Zutaten mit dem Rührlöffel zu einem geschmeidigen festen Teig schlagen. • Ein Backblech mit Butter bestreichen und vom Teig etwa walnußgroße Kugeln in genügend Abstand voneinander auf das gefettete Backblech setzen. Die Kugeln laufen während des Backens etwas breit auseinander. • Die Plätzchen auf der mittleren Schiebeleiste im vorgeheizten Backofen in 15 Minuten goldbraun backen.

Mein Tip Wie das meiste Gebäck aus Vollkornmehl schmecken auch die Ingwerplätzchen frisch am allerbesten. Vollkorngebäck, vor allem Kleingebäck, hält sich nicht lange frisch.

Vollkorn-Früchtebrötchen

Zutaten für 20 Stück:
300 g Vollkornweizenmehl
2 gestr. Teel. Weinstein-Backpulver (Reformhaus)
½ Teel. Delifrut (Brecht-Gewürz, Reformhaus)
1 Päckchen Natur-Vanillezucker
abgeriebene Schale von ½ Zitrone
100 g heller Blütenhonig
150 g Butter
3 Eier
50 g Haselnüsse
50 g Zitronat
50 g Orangeat
50 g Rosinen
50 g zartbittere Schokolade
10 Belegkirschen
Für das Backblech:
Butter

Pro Brötchen etwa
825 Joule/195 Kalorien

Zubereitungszeit: 40 Minuten
Backzeit pro Blech: 20 Minuten

Das Mehl mit dem Backpulver, dem Delifrut, dem Vanillezucker und der Zitronenschale in einer Schüssel mischen. Den flüssigen Honig über die Mehlmischung träufeln (wenn der Honig nicht flüssig ist, muß man ihn im Wasserbad flüssig werden lassen). Die Butter in Flöckchen auf dem Mehl verteilen, die Eier dazugeben und alles zu einem zähflüssigen Rührteig verrühren. • Die Haselnüsse mit dem Zitronat, dem Orangeat, den Rosinen und der Schokolade entweder hacken oder im Mixer zerkleinern und unter den Teig mischen. • Den Backofen auf 150° vorheizen. • Ein Backblech mit Butter bestreichen. Mit 2 Teelöffeln vom Teig walnußgroße Häufchen in genügend Abstand voneinander auf das Backblech setzen. Die Belegkirschen halbieren und auf jedes Brötchen ½ Belegkirsche drücken. • Die Früchtebrötchen auf der mittleren Schiebeleiste 20 Minuten backen.

Vollkorn-Pflaumenbrötchen

Zunächst den gleichen Teig wie für die Vollkorn-Früchtebrötchen zubereiten, statt der dort angegebenen Früchte aber 200 g Backpflaumen ohne Steine, 80 g Walnußkerne und 50 g zartbittere Schokolade im Mixer zerkleinern und mit 2 Eßlöffeln Sliwowitz mischen. • Mit 2 Teelöffeln walnußgroße Häufchen auf ein gefettetes Backblech setzen und auf jedes Brötchen ¼ Walnuß drücken. • Die Pflaumenbrötchen auf der mittleren Schiebeleiste im auf 150° vorgeheizten Backofen 20 Minuten backen.

Vollkorn-Kirschbrötchen

Einen Teig wie im Rezept für Vollkorn-Früchtebrötchen zubereiten. Statt der dort angegebenen Früchte aber 50 g Belegkirschen, 100 g abgezogene Mandeln und 100 g zartbittere Schokolade im Mixer zerkleinern und mit 2 Eßlöffeln Kakaopulver, 2 Eßlöffeln Honig, ½ Teelöffel Zimtpulver und 2 Eßlöffeln Kirschwasser unter den Teig heben. • Vom Teig mit 2 Teelöffeln walnußgroße Häufchen auf ein gefettetes Backblech setzen und die Kirschbrötchen auf der mittleren Schiebeleiste im auf 150° vorgeheizten Backofen 20 Minuten backen.

Vollkorn-Nußtaler

Zutaten für 60 Stück:
150 g Haselnüsse
400 g Vollkornweizenmehl
2 gestr. Teel. Weinstein-Backpulver (Reformhaus)
½ Teel. Zimtpulver
150 g brauner Zucker
200 g Butter
2 Eier
Zum Verzieren:
30 ganze Haselnüsse
Für das Backblech:
Butter

Pro Taler etwa
440 Joule/105 Kalorien

Zubereitungszeit: 40 Minuten
Zeit zum Kühlen: 1 Stunde
Backzeit pro Blech: 25 Minuten

Die Haselnüsse in einer trockenen schweren Pfanne bei mittlerer Hitze rösten, bis die braunen Schalen platzen. Die Haselnüsse während des Röstens oft umwenden. Die Nüsse etwas abkühlen lassen, die braunen Schalen abreiben und die Nüsse im Mixer zerkleinern. • Das Mehl mit dem Backpulver, dem Zimt, dem Zucker und den zerkleinerten Nüssen mischen.
Die Butter in Flöckchen auf dem Mehl verteilen und die Eier dazugeben. Alles mit dem Rührlöffel rasch zu einem Knetteig verarbeiten. • Aus dem Teig 2 oder 3 gleich große Rollen formen und diese zugedeckt 1 Stunde im Kühlschrank ruhen lassen. • Den Backofen auf 150° vorheizen. Ein Backblech mit Butter bestreichen. • Von den Teigrollen ½ cm dicke Scheiben abschneiden, diese auf das Backblech legen und auf jede Scheibe 1 halbierte Haselnuß drücken. • Die Nußtaler auf der mittleren Schiebeleiste im vorgeheizten Backofen 25 Minuten backen.

Brot und herzhaftes Gebäck

Nichts schmeckt so gut wie selbstgebackenes Brot, vorausgesetzt es ist gelungen! Für das Gelingen gibt es 1001 sichere Tips, erprobte Backmethoden, garantierte Erfolgsrezepte. Und trotzdem ist das Ergebnis oft enttäuschend. Man hat mir an die 50 einmalige, ganz besondere, bisher geheimgehaltene oder nur Familienmitgliedern bekannte Brotrezepte verraten. Gelungen sind die danach gebackenen Brote zwar meist, aber Geschmack, Konsistenz und Gebilde entsprachen nicht immer meinen Wünschen. Brot ist eben Eßtradition! Von Region zu Region, von Ort zu Ort, von Familie zu Familie wird Brot nach besonderen Vorstellungen gewünscht. So muß jeder einige Rezepte probieren, ehe er »sein« Brot gefunden hat.
Die folgende Auswahl bietet helle und dunkle Brote, Sauerteigbrot, Hefeteigbrot, sogar ein Honig-Salz-Brot – also ohne die übliche Treibkraft –!

- Wichtig für alle Brote und Brötchen: Arbeiten Sie genau nach Rezept, messen Sie die angegebenen Temperaturen und Mengen, lassen Sie dem Ansatz und dem Teig genügend Zeit zum Gehen.
- Erproben Sie Ihren Herd! Nicht alle Herde leisten das, was sie der Gradeinstellung nach leisten sollten. Manche Herde sind altersschwach, andere steigern bei längerer Backzeit die Temperatur um einiges, andere sind abhängig von Schwankungen des Versorgungsnetzes.
- Weniger kompliziert ist die Bäckerei bei Brötchen, salzigen Kuchen, Pizzen, Quiches, Hörnchen und Törtchen, da diese kleinen Gebilde weit weniger anfällig für die dem Brot oft gefährlichen Details sind.
- Sauerteig bekommen Sie bei Ihrem Bäcker. Am besten bestellen Sie ihn 1 Tag vorher. Wie man den Sauerteig selbst herstellen kann, erfahren Sie im Rezept »Pruttinger Roggenbrot«, Seite 392.
- Brote vor dem Backen schräg, kreuzweise oder karoförmig einschneiden, damit die Kruste beim Backen nicht reißt.
- Brotteig benötigt zum Gehen eine Raumtemperatur von mindestens 22°; ideal ist eine Temperatur von 24–25°. Je kühler der Raum, desto länger die Gehzeit.
- Anders als beim Kuchenbacken muß beim Brotbakken genügend Feuchtigkeit vorhanden sein. Man stellt deshalb eine feuerfeste kleine Form mit Wasser auf den Boden des Backofens.
- Um der Kruste einen schönen Glanz zu geben und um sie mit genügend Feuchtigkeit zu versorgen, kann man das Brot vor dem Backen mit Wasser bestreichen, das nach Belieben mit etwas Speisestärke angerührt wird. Einen besonders guten Effekt erzielt man, wenn man erst kurz vor Ende der Backzeit mit Wasser bestreicht. Man kann auch nach der Beendigung der Backzeit bestreichen.
- Zum Brotbacken benötigt man Spezialzutaten wie Roggenschrot, Weizenschrot, Melasse, Sesamsamen, Maisgrieß und Grünkernschrot. Man bekommt all dies in Reformhäusern oder Naturkostläden. Dort erhält man auch frisch gemahlenes Korn. Man kann sich sein Korn aber auch mit Getreidemühlen selbst mahlen.

Grundrezept

Einfaches Roggenbrot

1 kg frisch gemahlenes Roggenmehl
3 Eßl. Sauerteig (vom Bäcker)
25 g Hefe
½ l lauwarmes Wasser
1 Eßl. Salz
1 Teel. gemahlener Kümmel
4 Eßl. Butter
Zum Bestreichen:
Wasser
Für das Backblech:
Butter oder Öl und Mehl

Bei 30 Brotscheiben pro Scheibe etwa 590 Joule/140 Kalorien

Zubereitungszeit: 1 Stunde
Zeit zum Gehenlassen: 14 Stunden
Backzeit: 1 Stunde und 15 Minuten

Die Hälfte des Mehls in eine Schüssel sieben. Den Sauerteig mit der zerbröckelten Hefe und dem lauwarmen Wasser verrühren, unter das Mehl mischen und diesen Vorteig zugedeckt bei etwa 22° 12 Stunden gehen lassen. • Das übrige Mehl nach 12 Stunden über den Vorteig sieben, das Salz und den Kümmel darüberstreuen und die Butter in Flöckchen darauf verteilen. Alles zu einem Teig schlagen, bis dieser Blasen wirft und sich vom Schüsselboden löst. Den Teig dann zugedeckt noch einmal 1 Stunde und 30 Minuten gehen lassen. • Das Backblech mit Fett bestreichen und mit Mehl bestreuen. • Aus dem gegangenen Hefeteig mit nassen Händen einen Laib formen. Den Brotlaib auf das Backblech legen und mit dem Messer kreuzweise an der Oberseite schräg einschneiden. Den Brotlaib mit einem Tuch bedeckt weitere 30 Minuten bei mindestens 22° gehen lassen. • Den Backofen auf 250° vorheizen. Eine kleine feuerfeste Form mit Wasser füllen und auf den Boden des Backofens stellen. • Den gut gegangenen Brotlaib mit lauwarmem Wasser bestreichen und auf der zweiten Schiebeleiste von unten in den Backofen geben. Die Temperatur auf 200° zurückschalten und das Brot in 1 Stunde und 15 Minuten knusprig braun backen. • Das gebackene Brot auf einem Kuchengitter abkühlen lassen und mehrmals mit kaltem Wasser bestreichen, solange es noch heiß ist.

Etwas schwierig · Gut zum Einfrieren

Roggen-Kastenbrot

Bild Seite 394

1/8 l Wasser
125 g Roggenkörner
je 200 g Roggen- und Weizenschrot
500 g frisch gemahlenes Roggenmehl
1 Eßl. Salz
1/2 Teel. gemahlener Kardamom
1/2 Teel. frisch gemahlener schwarzer Pfeffer
2 Teel. Melasse
120 g Hefe
1/4 l warmes Wasser
250 g Dickmilch
Zum Bestreichen:
Wasser
Für die Form:
Butter oder Öl und Weizenschrot

Bei 30 Brotscheiben pro Scheibe etwa 590 Joule/140 Kalorien

Zubereitungszeit: 1 Stunde
Zeit zum Quellen: 12 Stunden
Zeit zum Gehenlassen: 2 1/2–4 Stunden
Backzeit: 1 Stunde und 30 Minuten

Das Wasser zum Kochen bringen. Den Roggen in eine Schüssel geben, mit dem kochenden Wasser übergießen und zugedeckt 12 Stunden quellen lassen. • Den Schrot mit dem Roggenmehl mischen, in eine Schüssel geben und in die Mitte eine Vertiefung drücken. Das Salz, den Kardamom, den Pfeffer und die Melasse auf dem Mehlrand verteilen. Die Hefe in die Mulde bröckeln. Das warme Wasser mit der Dickmilch verquirlen, mit der Hefe mischen und dem gesamten Mehl verkneten. Den Teig kräftig mit den Händen 10–15 Minuten durchkneten. • Den gequollenen Roggen zuletzt unter den Teig kneten. Den Teig mit etwas Mehl bestäuben, mit einem Tuch zudecken und 2–3 Stunden in einem warmen Raum von 22–24° gehen lassen. • 2 Kastenkuchenformen von 25–30 cm Länge ausfetten und mit Weizenschrot ausstreuen. • Den Hefeteig zu 2 länglichen Laiben formen, in die Kastenformen drücken und zugedeckt weitere 30–60 Minuten gehen lassen. • Den Backofen auf 180° vorheizen. Eine kleine feuerfeste Form mit Wasser füllen und in den Backofen stellen. Die in der Form gegangenen Brote mit einem spitzen Messer mehrmals kreuzweise an der Oberfläche einschneiden, mit warmem Wasser bestreichen und auf der untersten Schiebeleiste im Backofen 1 Stunde und 30 Minuten backen. • Das kräftig braune Brot in der Kastenform etwa 20 Minuten abkühlen lassen, dann auf ein Kuchengitter stürzen und restlos erkalten lassen.

Mein Tip Frisch gebackenes Roggenbrot sollte vor dem Anschneiden mindestens 12 Stunden ruhen.

Etwas schwierig · Gut zum Einfrieren

Roggenschrotbrot

50 g Sauerteig (vom Bäcker)
3/4 l lauwarmes Wasser
750 g Roggenschrot
250 g frisch gemahlenes Vollkornweizenmehl
2 Teel. Salz
Zum Bestreichen:
Wasser

Bei 30 Scheiben pro Scheibe etwa 540 Joule/130 Kalorien

Zubereitungszeit: 1 Stunde
Zeit zum Gehenlassen: 17 Stunden
Backzeit: 2 Stunden
Besonderes Küchengerät: Backtrennpapier

Den Sauerteig mit 1/2 l lauwarmem Wasser in einer Schüssel gut verrühren. • Den Roggenschrot und das Weizenmehl in einer gut vorgewärmten Schüssel mischen und in die Mitte eine Vertiefung drücken. Den angerührten Sauerteig in die Vertiefung gießen und nach und nach die Hälfte des Mehls mit dem Sauerteig zu einem dickflüssigen Brei verrühren. Die Schüssel mit Tüchern zudecken und 12 Stunden bei 22–24° gehen lassen. • Das restliche warme Wasser mit dem Salz zum Mehl gießen und das gesamte Mehl mit dem Vorteig verkneten, bis der Teig fest ist und nicht mehr auseinanderläuft. Den Teig mit den Händen etwa 10 Minuten kräftig durchkneten. Den Teig dann zu einer Kugel formen und in eine gut angewärmte und mit Mehl ausgestreute Schüssel legen. Mit Tüchern zudecken und wiederum 3 Stunden bei 22–24° gehen lassen. • Das Backblech mit Backtrennpapier auslegen. • Mit bemehlten Händen aus dem Teig einen runden, nicht zu hohen Laib formen, auf das Backblech legen und bei 22–24° zugedeckt weitere 2 Stunden gehen lassen. • Während dieser Zeit die Oberfläche des Brotes halbstündig mit lauwarmem Wasser bestreichen, damit sich keine Risse bilden. • Den Backofen auf 200° vorheizen. Eine feuerfeste Schüssel mit Wasser in den Backofen stellen. • Die Oberfläche des gegangenen Brotlaibs mit einem scharfen Messer karoförmig einschneiden und auf der untersten Schiebeleiste 2 Stunden im Backofen backen. • Das knusprig braune Brot aus dem Ofen nehmen, mit kaltem Wasser bestreichen und zum Trocknen noch einmal für einige Minuten in den abgeschalteten aber noch warmen Backofen schieben.

Etwas schwierig · Gut zum Einfrieren

Pruttinger Roggenbrot

Das Rezept für einen Brotlaib aus selbst hergestelltem Sauerteig und Roggenmehl ist seit Generationen erprobt. Früher wurde das Brot in der Gegend von Rosenheim in Holzbutten für den wöchentlichen Bedarf einer Familie gebacken.

Für den Sauerteig:
300 g Mehl
300 ccm Wasser
Für den Teig:
1 kg frisch gemahlenes Roggenmehl
200 g frisch gemahlenes Vollkornweizenmehl
1/4 l lauwarmes Wasser
1/2 l Buttermilch
1 Eßl. Salz
je 2 Teel. Kümmel, Fenchelsamen und geschroteter Koriander
1 Päckchen Trockenhefe
Zum Bestreichen:
2 Teel. Speisestärke
1 Tasse Wasser

Bei 20 Scheiben zu je 100 g pro Scheibe etwa 985 Joule/235 Kalorien

Zeit für den Sauerteig: 48 Stunden
Zubereitungszeit: 1 Stunde und 30 Minuten
Zeit zum Gehenlassen: 19 Stunden
Backzeit: 1 Stunde und 10 Minuten
Besonderes Küchengerät: Backtrennpapier

Für den Sauerteig das Mehl mit dem Wasser verrühren und zugedeckt bei 22–24° 48 Stunden stehen lassen. Die Mehlmasse riecht danach angenehm sauer, ist leicht cremig und hat kleine Bläschen. • Das Roggenmehl mit dem Weizenmehl mischen, in eine Schüssel sieben, eine Mulde hineindrücken und den Sauerteig mit dem lauwarmem Wasser und 1/4 des Mehls darin verrühren. Etwas Mehl über den Sauerteig streuen und diesen zugedeckt 14 Stunden bei 22–24° gehen lassen. • Den Vorteig danach mit dem gesamten Mehl, der Buttermilch, dem Salz, den Gewürzen und der Trockenhefe in einer Schüssel zu einer schwer reißenden Masse verkneten. Dieses Kneten geht sehr rasch, und die Teigmenge läßt sich leicht mit den Händen bearbeiten. Die Schüssel dann mit einem gut feuchten Tuch zudecken, in ein möglichst warmes Zimmer (24°) stellen und 3 Stunden ruhen lassen. • Ein Backblech mit dem Backtrennpapier auslegen. • Aus dem Teig einen Brotlaib formen, auf das Backblech legen, mit einem Tuch zudecken und 2 weitere Stunden gehen lassen. • Den Backofen auf 200° vorheizen. Eine kleine feuerfeste Form mit Wasser auf den Boden des Backofens stellen. • Den Brotlaib mit einem scharfen Messer an der Oberfläche kreuzweise einige Male einschneiden. Die Speisestärke mit dem kalten Wasser anrühren und den Brotlaib damit bestreichen. • Das Brot auf der zweiten Schiebeleiste von unten in den Backofen schieben und 10 Minuten backen. • Danach die Temperatur auf 170° zurückschalten und das Brot noch 1 weitere Stunde backen. 15 Minuten vor Ende der Backzeit das Brot noch einmal mit der angerührten Speisestärke bestreichen. Das kräftig braune Brot dann aus dem Backofen nehmen und auf einem Kuchengitter abkühlen lassen. Das Brot sollte vor dem Anschneiden etwa 12 Stunden ruhen.

Zum Bild rechts:

Warten Sie nicht zu lange mit dem Backen von Weihnachtsplätzchen, denn sie kosten Zeit, Geduld und Muße, diese kleinen weihnachtlichen Vorboten, die ohnehin auch schon während der Adventszeit gerne genascht werden. Auf dem nebenstehenden Bild eine kleine Auswahl für Weihnachtsgebäck – im Uhrzeigersinn rechts unten beginnend: Elisenlebkuchen, Rezept Seite 385, Whiskytrüffel, Rezept Seite 386, Ingwer-Honigkuchen, Rezept Seite 386, Zimtsterne, Rezept Seite 384, Dattel-Konfekt, Rezept Seite 387, Walnußherzen, Rezept Seite 383, Nougatkipferl, Rezept Seite 383, Mandeltrüffel, Rezept Seite 387, Früchtebrot, Rezept Seite 381.

Etwas schwierig · Gut zum Einfrieren

Weizenkeimbrot

200 g Weizenkörner
60 g Hefe
¼ l lauwarmes Wasser
900 g frisch gemahlenes Vollkornweizenmehl
1 Eßl. Salz
8 Eßl. Honig
3 Eßl. Öl
½ l lauwarmes Wasser
Zum Bestreichen:
Wasser nach Bedarf

Bei 30 Scheiben pro Scheibe etwa 500 Joule/120 Kalorien

Zeit zum Keimen: 3 Tage
Zubereitungszeit: 1 Stunde
Zeit zum Gehenlassen: 2 Stunden und 30 Minuten
Backzeit: pro Brotlaib 1 Stunde
Besonderes Küchengerät: Backtrennpapier

Die Weizenkörner 3 Tage vor dem Backtag nach Empfehlung auf der Packung zum Keimen ansetzen. • Am Backtag die Hefe mit dem lauwarmen Wasser und mit der Hälfte des gesiebten Mehls verrühren und zugedeckt 30 Minuten bei 22–24°gehen lassen. • Das restliche Mehl, den gekeimten Weizen, das Salz, den Honig, das Öl und das Wasser mit dem Hefevorteig kräftig etwa 10 Minuten durchkneten. • Den Teig dann in eine gut vorgewärmte und mit Mehl ausgestreute Schüssel legen und noch einmal zugedeckt 1 Stunde und 30 Minuten bei 22–24° gehen lassen. • Aus dem Teig nach dem Gehenlassen 2 gleich große Brotlaibe formen. • Das Backblech mit Backtrennpapier auslegen, einen Brotlaib auf das Backblech legen und weitere 30 Minuten gehen lassen. • Den Backofen auf 220° vorheizen. Eine kleine feuerfeste Form mit Wasser gefüllt in den Backofen stellen. • Die Brotlaibe kreuzweise auf der Oberfläche einschneiden, einen Laib mit kaltem Wasser bestreichen und auf der zweiten Schiebeleiste von unten 1 Stunde backen. • Das knusprige, hellbraune Brot dann auf einem Kuchengitter abkühlen lassen und den zweiten Brotlaib ebenso backen.

Zum Bild links:

Das Roggen-Kastenbrot, das Sie auf dem Bild gegenüber sehen, hat jeden begeistert, der es in unserer Versuchsküche probieren durfte. Es ist locker in der Krume, aber fest in seiner Konsistenz und von würzigem Geschmack. Die Kaisersemmeln (im Bild hinten) und die Partysemmeln (im Bild vorne und Mitte) sollte es am liebsten täglich geben, denn sie sind die schärfste Konkurrenz für alle professionellen Backstuben. Die Rezepte für das Roggen-Kastenbrot finden Sie auf Seite 391 und für Semmeln auf Seite 398.

Braucht Zeit

Honig-Salz-Brot aus dem Römertopf

Für das Honig-Salz-Brot braucht man einen Zeitplan, will man nicht unversehens bis in die späte Nacht hinein backen. Den ersten Ansatz sollte man gegen 18 Uhr vor dem Backtag herstellen. Er benötigt 12 Stunden Zeit zum Gären. Wenn man um 6 Uhr am nächsten Morgen den zweiten Ansatz mischt, der weitere 4 Stunden gären muß, kann man das Brot gegen 10 Uhr fertig kneten. Dann muß es noch einmal 6 Stunden in der Form gehen und anschließend 5 Stunden gebacken werden.

500 g mittelgroben Roggenschrot
1,1 l Wasser
2¼ Teel. Salz
2 Teel. Honig
500 g Weizenschrot
500 g mehlfein gemahlener Weizen
je 2 Teel. gemahlene Anis-körner, Fenchelsamen, Koriandersamen, Kardamom und Kümmel
Für den Römertopf:
2 Eßl. weiche Butter
3 Eßl. Sesamsamen

Bei 35 Scheiben pro Scheibe etwa 600 Joule/145 Kalorien

Zubereitungszeit: 1 Stunde und 30 Minuten
Zeit zum Gären und Gehen: 22 Stunden
Backzeit: 5 Stunden

Für den ersten Ansatz den Roggenschrot in eine Schüssel geben. 0,6 l Wasser auf 40° erwärmen und ½ Teelöffel Salz und 1 Teelöffel Honig darin auflösen. Das Wasser mit dem Roggenschrot verrühren und den Ansatz mit einem feuchten Tuch zugedeckt bei Raumtemperatur 12 Stunden gären lassen. • ½ l Wasser auf 40° erwärmen, 1 Teelöffel Salz und 1 Teelöffel Honig darin auflösen und mit dem Weizenschrot verrühren. Den Weizenschrot mit dem ersten Ansatz gut mischen, mit einem feuchten Tuch zudecken und 4 Stunden bei 22–24° gären lassen. • Einen großen Römertopf mit Deckel mindestens 20 Minuten wässern; der Römertopf soll dabei völlig von Wasser bedeckt sein. • Das Weizenmehl mit den gemahlenen Gewürzen und dem restlichen Salz auf den zweiten Ansatz streuen und alles untermischen. Der Teig soll so weich sein, daß er sich nicht kneten läßt. Wenn nötig noch etwas lauwarmes Wasser unterarbeiten. • Den Römertopf mit Butter ausstreichen und mit den Sesamsamen ausstreuen. • Aus dem Teig mit nassen Händen einen Laib formen, in den Römertopf legen und mit einem scharfen Messer ein Kreuz in die Oberfläche schneiden. Den Deckel auf den Römertopf legen und den Teig weitere 6 Stunden bei 22–24° gehen lassen. • Klafft der Einschnitt im Teig auseinander, den geschlossenen Römertopf auf den Rost auf der untersten Schiebeleiste des kalten Backofens stellen. Den Backofen auf 150° schalten und das Brot 4 Stunden im geschlossenen Römertopf und 1 Stunde ohne Deckel backen. • Das kräftig braune Brot dann im abgeschalteten Backofen über Nacht auskühlen lassen. Das Brot vor dem Anschneiden noch weitere 12 Stunden ruhen lassen.

Gelingt leicht · Gut zum Einfrieren

Kastenweißbrot

400 g Weizenmehl
25 g Hefe
1/4 l lauwarme Milch
1 Teel. Salz
Zum Bestreichen:
Wasser nach Bedarf

Für die Form:
Butter und Mehl

Bei 12 Scheiben pro Scheibe etwa 580 Joule/140 Kalorien

Zubereitungszeit: 30 Minuten
Zeit zum Gehenlassen: 1 Stunde und 40 Minuten
Backzeit: 1 Stunde und 10 Minuten

Eine Kastenkuchenform von 30 cm Länge mit Butter ausstreichen und mit Mehl ausstäuben. • Das Mehl in eine Schüssel sieben und in die Mitte eine Vertiefung drücken. Die Hefe hineinbröckeln und mit der lauwarmen Milch und etwas Mehl verrühren. Über den Hefevorteig etwas Mehl streuen und den Vorteig zugedeckt bei 22°–24° 20 Minuten gehen lassen. • Das Salz auf den Heferand streuen, das gesamte Mehl mit dem Hefevorteig zu einem lockeren Hefeteig schlagen und den Hefteig zugedeckt bei Raumtemperatur (22°) 1 Stunde gehen lassen. • Den Backofen auf 250° vorheizen. • Den gut gegangenen Hefeteig in die Kastenform füllen, die Oberfläche kreuzweise mit einem Messer einschneiden und das Brot weitere 20 Minuten bei 22°–24° gehen lassen. • Eine kleine mit Wasser gefüllte feuerfeste Form auf den Boden des Backofens stellen. Das Brot dann auf der untersten Schiebeleiste 10 Minuten im Backofen backen. Die Oberfläche des Brotes dann mit lauwarmem Wasser bestreichen, die Hitze auf 180° zurückschalten und das Brot in 1 Stunde hellbraun backen.

Schnell

Leinsamen-Fladenbrot

Dieses Brot wird noch flacher als übliches Fladenbrot. Da aus dem Teig auch keine runden Fladen gebacken werden, sondern ein Backblech mit Teig belegt und die gebackene Brotplatte in Rechtecke geschnitten wird, ist es eher ein Mittelding zwischen echten Fladen und etwas weicherem Knäckebrot.

100 g Weizen
100 g Buchweizen
100 g Leinsamen
1/4 Teel. gemahlener Piment
2 Teel. gemahlener Fenchelsamen
2 Teel. Kräutersalz
6 Eßl. Öl
2 Tassen Wasser

Zum Bestreichen:
Wasser nach Bedarf
Zum Bestreuen:
4 Eßl. Leinsamen

Bei 25 Stück pro Stück etwa 295 Joule/70 Kalorien

Zubereitungszeit: 40 Minuten
Zeit zum Quellen: 30 Minuten
Backzeit: 15 Minuten
Besonderes Küchengerät: Backtrennpapier

Den Weizen und den Buchweizen mehlfein mahlen oder bereits gemahlen kaufen. Das Getreide mit dem Leinsamen, dem Piment, den Fenchelsamen, dem Kräutersalz, dem Öl und dem Wasser verrühren und den Teig zugedeckt bei Raumtemperatur (22–24°) 30 Minuten quellen lassen. • Ein Backblech mit Backtrennpapier auslegen. Den Backofen auf 200° vorheizen. Eine kleine feuerfeste Form mit Wasser auf den Boden des Backofens stellen. • Den Teig auf einer schwach bemehlten Arbeitsfläche in der Größe des Backblechs ausrollen, auf das Backblech legen und mit der Gabel in gleichmäßigen Abständen den Teig einstechen. Den Teig mit etwas Wasser bestreichen und mit Leinsamen bestreuen. • Das Fladenbrot auf der mittleren Schiebeleiste in 15 Minuten im Backofen knusprig braun backen. • Das Brot noch warm in 25 gleich große Stücke schneiden und abkühlen lassen.

Käse-Fladenbrot

100 g Grünkernschrot, 60 g Weizenmehl, 60 g Buchweizenmehl, 150 g feingeriebenen Emmentaler Käse, 1/2 Teel. Salz und 2 Teelöffel gemahlenen Kümmel mit 3 Eßlöffeln Öl und 1/8 l kaltem Wasser verrühren. Den Teig zugedeckt 20 Minuten bei 22–24° quellen lassen. • Den Teig dann auf einer leicht bemehlten Arbeitsfläche in Größe eines Backblechs ausrollen, auf ein mit Backtrennpapier ausgelegtes Blech legen und bei 200° 15 Minuten auf der mittleren Schiebeleiste backen. Eine kleine feuerfeste Form mit Wasser gefüllt auf den Boden des Backofens stellen. • Das Fladenbrot noch warm in 25 gleich große Stücke schneiden, abkühlen lassen und frisch servieren.

Gelingt leicht · Gut zum Einfrieren

Meterbrote

2 Eßl. Butter	Zum Bestreichen:
knapp 1/2 l lauwarme Milch	*Wasser nach Bedarf*
40 g Hefe	
600–650 g Weizenmehl	*Bei 30 Scheiben pro*
1 Eßl. Zucker	*Scheibe etwa*
2 Teel. Salz	*430 Joule/105 Kalorien*

Zubereitungszeit: 40 Minuten
Zeit zum Gehenlassen: 1 Stunde und 30 Minuten
Backzeit: 40 Minuten
Besonderes Küchengerät: Backtrennpapier

Die Butter zerlassen und wieder etwas abkühlen lassen. • 4 Eßlöffel von der lauwarmen Milch abnehmen, die Hefe hineinbröckeln und in der Milch zu Brei verrühren. • Die restliche Milch mit der zerlassenen Butter und etwa 300 g gesiebtem Mehl nach und nach unter den Hefebrei rühren. Den Zucker, das Salz und weitere 100 g Mehl unterrühren, bis ein elastisch weicher Teig entsteht. Weitere 150 g Mehl unter den Teig arbeiten. Den Teig dann auf einer bemehlten Arbeitsfläche kneten und dabei noch so viel Mehl unterarbeiten, daß der Teig nicht mehr klebt. Den Teig gut 10 Minuten mit der Hand durchkneten, bis er glatt und glänzend ist. • Den Teig dann zu einem Ballen formen, in eine vorgewärmte und mit Mehl ausgestreute Schüssel geben, mit einem Tuch zudecken und in einem warmen Raum (etwa 22°–24°) 1 Stunde gehen lassen. • Ein Backblech mit Backtrennpapier auslegen. Den Backofen auf 200° vorheizen. • Den gegangenen Hefeteig noch einmal kurz durchkneten und aus dem Teig 2 etwa 50 cm lange Rollen formen und auf dem Backblech 30 Minuten gehen lassen. Die Teigrollen auf das Backblech legen und mit einem scharfen Messer in Abständen von 5 cm schräg einschneiden. • Eine kleine feuerfeste Form mit Wasser gefüllt auf den Boden des Backofens stellen. Die Brote mit wenig lauwarmem Wasser bestreichen und auf der zweiten Schiebeleiste von unten im Backofen in 40 Minuten kroß backen.

Raffiniert

Kleine Zwiebelbrote

1 kg Roggenmehl	*4 mittelgroße Zwiebeln*
100 g Sauerteig (vom Bäcker)	*2 Eßl. Butter*
3/4 l Wasser	Zum Bestreichen:
20 g Hefe	*Wasser nach Bedarf*
1 Eßl. Salz	Für das Backblech:
1/2 Teel. schwarzer Pfeffer	*Mehl*
2 Messersp. gemahlener Kardamom	*Bei 4 Broten pro Brot etwa 820 Joule/195 Kalorien*

Zubereitungszeit: 40 Minuten
Zeit zum Gehenlassen: 12 Stunden und 30 Minuten
Backzeit: 25–30 Minuten

Die Hälfte des Mehls in eine Schüssel sieben. Den Sauerteig mit dem Wasser und der zerbröckelten Hefe verrühren, unter das Mehl mischen und diesen Vorteig zugedeckt bei 22–24° 12 Stunden gehen lassen. • Das Salz, den Pfeffer und den Kardamom mit dem restlichen Mehl unter den gesäuerten Teig kneten und den Teig schlagen, bis er Blasen wirft und sich vom Schüsselboden löst. • Die Zwiebeln schälen und feinhacken. Die Hälfte der Zwiebeln in der Butter anbraten und zusammen mit den rohen Zwiebeln unter den Teig kneten. • Aus dem Teig 4 gleich große Laibe formen und die Laibe an der Oberfläche mit einem scharfen Messer mehrmals schräg einschneiden. • Ein Backblech mit Mehl bestäuben, 2 der Brote auf das Backblech legen und zugedeckt noch einmal 30 Minuten gehen lassen. • Den Backofen auf 230° vorheizen. • Eine kleine feuerfeste Schüssel mit Wasser auf den Boden des Backofens stellen. • Die Brote mit Wasser bestreichen und auf der zweiten Schiebeleiste von unten 25–30 Minuten backen. Den Rest ebenso backen.

Preiswert · Gut zum Einfrieren

Kaisersemmeln

Bild Seite 376

Zutaten für 12 Semmeln:
500 g Vollkornweizenmehl
40 g Hefe
300 ccm Wasser
1 Teel. Salz
2 Eßl. Öl

Zum Bestreuen:
5 Eßl. Mohn

Pro Semmel etwa
820 Joule/195 Kalorien

Zubereitungszeit: 35 Minuten
Zeit zum Gehenlassen: 1 Stunde
Backzeit: 35 Minuten
Besonderes Küchengerät: Backtrennpapier

Das Mehl in eine Schüssel sieben, in die Mitte eine Vertiefung drücken, die Hefe hineinbröckeln und die Hefe mit etwas warmem Wasser auflösen. • Das Salz auf den Mehlrand streuen, das Öl daraufträufeln (nichts auf die Hefe kommen lassen, da der Teig sonst nicht gut aufgeht) und das gesamte Mehl mit dem restlichen Wasser und dem Hefevorteig verrühren. Zuletzt kneten und schlagen, bis sich der Teig vom Schüsselrand löst. • Den Teig in eine angewärmte, mit etwas Mehl ausgestreute Schüssel geben und zugedeckt bei 22°–24° gehen lassen, bis sich das Volumen des Teigs verdoppelt hat; das dauert etwa 40 Minuten. • Ein Backblech mit Backtrennpapier auslegen. • Aus dem gut gegangenen Teig 12 gleich große Kugeln formen, diese auf das Backblech setzen und mit einem scharfen Messer in der Oberfläche der Kugeln 5 sternförmige Einschnitte anbringen. • Den Backofen auf 225° vorheizen. • Die Semmeln zugedeckt noch einmal bei Raumtemperatur 20 Minuten gehen lassen. • Die Semmeln dann mit lauwarmem Wasser bestreichen und mit dem Mohn bestreuen. Dabei läßt es sich nicht vermeiden, daß einige Mohnkörner auf das Backblech fallen. Diese Mohnkörner mit einem Pinsel vom Blech entfernen, damit der Mohn nicht verbrennt. • Eine kleine feuerfeste Form mit Wasser gefüllt auf den Boden des Backofens stellen, die Semmeln auf der mittleren Schiebeleiste in den Backofen geben und in 35 Minuten goldgelb und knusprig backen.

Gelingt leicht · Gut zum Einfrieren

Partysemmeln

Bild Seite 394

Für die Partysemmeln einen Teig wie für Kaisersemmeln bereiten, jedoch das Öl weglassen und nur 200 ccm Wasser, dafür noch 1/8 l Milch zum Teig mischen. • Den Teig wie für Kaisersemmeln zusammenkneten, gehen lassen und aus dem Teig dann 16–18 kleinere Kugeln formen. Die Kugeln dicht nebeneinander in eine ausgefettete Springform setzen und noch einmal 20 Minuten bei 22°–24° gehen lassen. • Die Semmeln vor dem Backen mit lauwarmem Wasser bestreichen und ganz nach Belieben mit Sesam, Kümmel oder Mohn bestreuen. • Eine mit Wasser gefüllte feuerfeste Form auf den Boden des Backofens stellen und und die Semmeln auf der mittleren Schiebeleiste im vorgeheizten Backofen in 30–35 Minuten kroß backen. Die Semmeln zum Auskühlen auf ein Kuchengitter stürzen.

Gelingt leicht · Gut zum Einfrieren

Knusprige Roggenbrötchen

Zutaten für 12 Brötchen:
600 g frisch gemahlenes Roggenmehl
50 g Sauerteig (vom Bäcker)
1/2 l lauwarmes Wasser
10 g Hefe
2 Teel. Salz

Pro Brötchen etwa
710 Joule/170 Kalorien

Zubereitungszeit: 40 Minuten
Zeit zum Gehenlassen: 13 Stunden und 30 Minuten
Backzeit: 25–30 Minuten
Besonderes Küchengerät: Backtrennpapier

Die Hälfte des Mehls in eine gut angewärmte Schüssel sieben. Den Sauerteig mit dem Wasser verrühren, mit der zerbröckelten Hefe mischen und mit dem Mehl verrühren. Diesen Vorteig mit Tüchern zudecken und bei 22–24° 12 Stunden gehen lassen. • Das Salz mit dem restlichen gesiebten Mehl unter den Vorteig kneten und den Teig schlagen, bis er Blasen wirft. • Den Teig zugedeckt 1 weitere Stunde gehen lassen. • Aus dem Teig dann 12 gleich große Stücke abnehmen, diese zu Kugeln formen, auf das mit Backtrennpapier ausgelegte Backblech setzen und zugedeckt weitere 30 Minuten bei 22°–24° gehen lassen. • Den Backofen auf 220° vorheizen. Eine kleine feuerfeste Form mit Wasser gefüllt in den Backofen stellen. • Die aufgegangenen Brötchen mit einem scharfen Messer einmal einschneiden, die Brötchen mit kaltem Wasser bepinseln und mit etwas Mehl bestäuben. Die Brötchen auf der zweiten Schiebeleiste von unten in 25–30 Minuten knusprig dunkelbraun backen.

Etwas schwierig

Pariser Brioches

Zutaten für 24 Brötchen:
500 g Mehl
30 g Hefe
3 Eßl. lauwarme Milch
1 Teel. Zucker
200 g Butter
4 Eier
1/2 Teel. Salz

Zum Bestreichen:
1 Eigelb
Für die Förmchen:
Butter

Pro Brioche etwa
865 Joule/205 Kalorien

Zubereitungszeit: 1 Stunde
Zeit zum Gehenlassen: 1 Stunde und 20 Minuten
Backzeit: 20 Minuten
Besondere Küchengeräte: 24 kleine Pastetenförmchen oder schwedische Papierförmchen

Die Förmchen mit flüssiger Butter ausstreichen. • Das Mehl in eine Schüssel sieben und in die Mitte eine Mulde drücken. Die Hefe in die Mulde bröckeln und mit der Milch, dem Zucker, und wenig Mehl zu einem Hefevorteig verrühren. Etwas Mehl über den Hefevorteig streuen und diesen zugedeckt bei Raumtemperatur (22°–24°) 30 Minuten gehen lassen. • Die Butter zerlassen. Die flüssige, aber nicht heiße Butter mit den Eiern und dem Salz zum Mehl geben und alles mit dem Vorteig verrühren und schlagen, bis der Teig Blasen wirft und sich leicht von der Schüssel löst. • Den Teig weitere 30 Minuten zugedeckt bei Raumtemperatur gehen lassen. • Aus dem Teig dann eine Rolle formen und diese Rolle in 24 gleich große Stücke schneiden. Von jedem Teigstück 1/4 abnehmen und mit bemehlten Händen jeweils eine große und eine kleine Kugel daraus formen. Die großen Kugeln in die vorbereiteten Förmchen legen. In die Mitte eine Vertiefung drücken, die Vertiefung mit verquirltem Eigelb bestreichen und die kleinen Kugeln hineinsetzen. Die Brioches rundherum mit dem Eigelb bestreichen und weitere 20 Minuten bei Raumtemperatur gehen lassen. • Den Backofen auf 200° vorheizen. • Das Gebäck auf der zweiten Schiebeleiste von unten in 20 Minuten goldgelb backen. Die Brioches aus dem Backofen nehmen, vorsichtig aus den Förmchen stürzen und auf einem Kuchengitter abkühlen lassen. • Die Brioches aber möglichst ofenfrisch servieren.

Gelingt leicht · Gut zum Einfrieren

Muffins

Englische Tafelbrötchen

Muffins werden in England bei festlichen Essen statt des üblichen Weißbrots gereicht. Sie schmecken auch ausgezeichnet als festliche Frühstücksbrötchen.

Zutaten für 10 Muffins:
1/4 l Milch
200 g feiner Maisgrieß
30 g Mehl
2 Teel. Backpulver
1 Teel. Salz
1 Eßl. Zucker
1 Ei
40 g Butter

Für die Förmchen:
Butter und Semmelbrösel

Pro Muffin etwa
655 Joule/155 Kalorien

Zubereitungszeit: 30 Minuten
Backzeit: 20 Minuten
Besondere Küchengeräte: 8 kleine runde Förmchen für Muffins oder schwedische Papierförmchen

Die Förmchen mit flüssiger Butter ausstreichen und mit Semmelbröseln ausstreuen. Den Backofen auf 200° vorheizen. • Die Milch zum Kochen bringen, den Grieß mit der kochendheißen Milch übergießen und zugedeckt (bei schwächster Hitze mit einem Drahtsieb unter dem Topf) 10 Minuten quellen lassen. • Das Mehl mit dem Backpulver über den Grieß sieben, das Salz, den Zucker, das Ei und die möglichst weiche Butter darübergeben und alles mit dem Grieß zu einem geschmeidigen Teig verrühren. • Den Teig in die vorbereiteten Förmchen füllen und auf der zweiten Schiebeleiste von unten 20 Minuten backen. • Die goldgelben Muffins sofort aus den Förmchen stürzen und noch warm mit sehr kalter Butter servieren.

Raffiniert

Piroggen

Diese russische Spezialität kann aus Hefeteig, aber auch aus Mürbeteig hergestellt werden. Piroggen lassen sich süß oder salzig füllen. Mit herzhafter Füllung werden sie gerne zu Bier oder Wein gereicht.

Zutaten für 25 Piroggen:
Für den Teig:
300 g Mehl
½ Teel. Salz
100 g Butter
75 g Schweineschmalz
3–4 Eßl. Wasser
Zum Füllen:
1 große Zwiebel
1 Knoblauchzehe
½ Teel. Salz
1 Eßl. Schweineschmalz
400 g Hackfleisch halb und halb
2 Messersp. schwarzer Pfeffer
1 Messersp. getrockneter Majoran
1 Teel. frische Dillspitzen
1 kleine Salzgurke
Zum Bestreichen:
1 Eigelb
2 Eßl. Milch
Für das Backblech:
Butter

Pro Pirogge etwa 540 Joule/130 Kalorien

Zubereitungszeit: 40 Minuten
Zeit zum Kühlen: 1 Stunde
Backzeit: 35 Minuten
Besonderes Küchengerät: Alufolie oder Pergamentpapier

Das Mehl auf eine Arbeitsplatte sieben, das Salz darüberstreuen, die Butter und das Schweineschmalz in Flöckchen darauf verteilen und alles mit einem großen Messer zusammenhacken. Den Teig zuletzt rasch mit den Händen zusammenkneten und nötigenfalls Wasser zum Teig geben und untermischen. Den Teig in Alufolie oder Pergamentpapier wickeln und 1 Stunde im Kühlschrank ruhen lassen. • Für die Füllung die Zwiebel schälen und kleinwürfeln. Die Knoblauchzehe ebenfalls schälen, etwas kleinschneiden und mit dem Salz zerdrücken. • Das Schweineschmalz erhitzen, das Hackfleisch unter ständigem Umwenden darin anbraten, die Zwiebelwürfel und den zerdrückten Knoblauch zugeben und bei schwacher Hitze 5 Minuten braten. Das Hackfleisch mit dem Pfeffer, dem Majoran und dem Dill mischen. • Die Salzgurke in kleine Würfel schneiden und unter das Hackfleisch mengen. Die Füllung abkühlen lassen. • Den Backofen auf 200° vorheizen. Ein Backblech mit Butter bestreichen. • Den Teig auf einer leicht bemehlten Arbeitsfläche etwa 3 mm dick ausrollen. Mit einem Glas 25 Scheiben von etwa 8 cm Durchmesser ausstechen. Jede Teigscheibe mit 1 Eßlöffel Füllung belegen, die Scheiben zusammenklappen und die Ränder gut andrücken. Das Eigelb mit der Milch verquirlen und die Piroggen damit bestreichen. Auf das Backblech legen und im vorgeheizten Backofen auf der mittleren Schiebeleiste in 35 Minuten goldbraun backen. Die Piroggen noch heiß servieren.

Gelingt leicht · Gut zum Einfrieren

Fleurons

Französische Blätterteigmonde

Fleurons werden bei festlichen Essen zu feinen Suppen oder Cocktails gereicht. Man kann die Fleurons aber ebenso als Knabberwerk zu Bier und Wein nach dem Abendessen servieren.

Zutaten für 32 Fleurons:
300 g tiefgefrorener Blätterteig
1 Eigelb
1 Eßl. Milch

Pro Fleuron etwa 130 Joule/30 Kalorien

Zeit zum Auftauen: 1–2 Stunden
Zubereitungszeit: 20 Minuten
Ruhezeit: 15 Minuten
Backzeit: 10–15 Minuten
Besonderes Küchengerät: Ausstechförmchen

Den Blätterteig auftauen lassen. • Ein Backblech mit kaltem Wasser abbrausen und nicht abtrocknen. • Den Teig etwa 4 mm dick ausrollen und mit sehr kleinen Ausstechformen Halbmonde aus dem Teig ausstechen. Die Halbmonde auf das nasse Backblech legen und 15 Minuten an einem kühlen Ort ruhen lassen. • Den Backofen auf 230° vorheizen. • Das Eigelb mit der Milch verquirlen. Die Fleurons damit dünn bestreichen und auf der mittleren Schiebeleiste im vorgeheizten Backofen in 10–15 Minuten goldgelb backen. • Die Fleurons sofort mit einem breiten Messer vom Backblech nehmen, auf einem Kuchengitter etwas abkühlen lassen, aber möglichst noch warm servieren.

Gedrehte Käsestangen

Den ausgerollten Blätterteig mit verquirltem Eigelb bestreichen und die Hälfte des Teigblatts mit 50 g frisch geriebenem Emmentaler Käse bestreuen. Die Teigplatte dann zusammenklappen und mit der Teigrolle leicht darüberrollen. • Den Teig in etwa 1 cm breite und 10 cm lange Streifen schneiden. Diese spiralförmig drehen, auf ein kalt abgespültes Backblech legen und 15 Minuten ruhen lassen. • Die Käsestangen dann bei 230° im vorgeheizten Backofen auf der mittleren Schiebeleiste in 10 Minuten goldgelb backen.

Schinkenhörnchen

Zutaten für 10 Hörnchen:
300 g tiefgefrorener Blätterteig
100 g mittelalter Goudakäse
200 g gekochter Schinken ohne Fett
1 kleine halbe Zwiebel
1 Eßl. gehackte Petersilie
je 1 Messersp. weißer Pfeffer und getrockneter Oregano
2 Eigelbe

Pro Hörnchen etwa 925 Joule/220 Kalorien

Zeit zum Auftauen: 1–2 Stunden
Zubereitungszeit: 40 Minuten
Backzeit: 15–20 Minuten

Den Blätterteig auftauen lassen. • Den Käse und den Schinken in kleine Würfel schneiden. Die Zwiebel schälen und ebenfalls kleinwürfeln. Den Käse, den Schinken, die Zwiebel, die Petersilie, den Pfeffer und den Oregano mit 1 Eigelb mischen. • Den Backofen auf 220° vorheizen. • Den Blätterteig auf einer leicht bemehlten Arbeitsfläche zu einer Platte von 25×45 cm ausrollen. Aus der Teigplatte 10 langschenkelige gleich große Dreiecke schneiden. (Eine anschauliche Zeichnung hierzu finden Sie im großen Küchen-ABC unter dem Stichwort Formgebäck.) Jedes Dreieck an der unteren Seite etwa 2 cm hoch einschneiden und 1 Eßlöffel der Füllung über den Einschnitt geben. Die Dreiecke locker zu Hörnchen aufrollen. • Ein Backblech kalt abspülen, die Hörnchen darauflegen und 15 Minuten möglichst kühl ruhen lassen. • Das übrige Eigelb mit etwas Wasser verquirlen und die Hörnchen damit bestreichen. Auf der zweiten Schiebeleiste von unten im vorgeheizten Backofen in 15–20 Minuten goldgelb backen. • Die Hörnchen warm servieren.

Gelingt leicht · Preiswert

Badischer Zwiebelkuchen

Für den Hefeteig:
300 g Mehl
20 g Hefe
1/8 l lauwarme Milch
80 g Butter
1 Teel. Salz
Zum Belegen:
1 1/2 kg Zwiebeln
100 g durchwachsener Speck
1/4 l saure Sahne
4 Eier
1 Prise Salz
1 Eßl. Kümmel
Für das Backblech:
Butter oder Öl

Bei 25 Stücken pro Stück etwa 615 Joule/145 Kalorien

Zubereitungszeit: 1 Stunde und 30 Minuten
Zeit zum Gehenlassen: 1 Stunde
Backzeit: 45 Minuten

Für den Hefeteig das Mehl in eine Schüssel sieben und in die Mitte eine Vertiefung drücken. Die Hefe hineinbröckeln und mit der Milch und wenig Mehl zu einem Hefevorteig verrühren. Den Hefevorteig mit wenig Mehl bestäuben und zugedeckt bei Raumtemperatur (22°–24°) 15 Minuten gehen lassen, bis das Mehl auf der Oberfläche des Vorteigs Risse zeigt. • Die Butter schmelzen, aber nicht heiß werden lassen. Die Butter mit dem Salz auf den Mehlrand geben (es darf nichts auf die Hefe kommen, da der Teig sonst nicht aufgeht) und alles rasch mit dem gesamten Mehl und dem Hefevorteig verrühren. Den Teig schlagen, bis er Blasen wirft. • Den Hefeteig zugedeckt bei Raumtemperatur 30 Minuten gehen lassen. • Die Zwiebeln schälen und in Scheiben hobeln. Den Speck in kleine Würfel schneiden und in einer Pfanne ausbraten. Die Zwiebelscheiben in das Speckfett geben und darin glasig werden lassen. • Ein Backblech mit Butter oder Öl bestreichen. • Den gegangenen Hefeteig auf einer leicht bemehlten Arbeitsfläche in Größe des Backblechs ausrollen. Das Backblech damit belegen und den Kuchenboden mehrmals mit einer Gabel in gleichmäßigen Abständen einstechen. • Für den Belag die saure Sahne mit den Eiern, dem Salz und dem Kümmel verquirlen. Die Zwiebelscheiben und die Speckwürfel mit der Eiermasse mischen und auf der Teigplatte verteilen. • Den Backofen auf 200° vorheizen. • Den Kuchen weitere 15 Minuten bei Raumtemperatur gehen lassen und dann auf der mittleren Schiebeleiste in 45 Minuten goldbraun backen. • Möglichst heiß servieren.

Raffiniert

Schweizer Käsewähe

Für den Mürbeteig:
250 g Mehl
1 Prise Salz
100 g Butter
2 Eßl. Schweineschmalz
3 Eßl. kaltes Wasser
1 Eßl. zerlassene Butter
Für den Belag:
1 Zwiebel
300 g Greyerzer Käse (Gruyère)
2 Eßl. Öl
1 Messersp. scharfes Paprikapulver
2 Eier
1/8 l Milch
1 Eßl. Mehl
1/8 l Sahne
1/4 Teel. Salz
1 Prise geriebene Muskatnuß

Bei 16 Stücken pro Stück etwa 920 Joule/220 Kalorien

Zubereitungszeit: 1 Stunde
Zeit zum Kühlen: 1 Stunde
Backzeit: 40 Minuten
Besonderes Küchengerät: Alufolie

Das Mehl mit dem Salz auf ein Backbrett sieben. Die Butter in Flöckchen und das Schmalz darauf verteilen. Etwa 3 Eßlöffel kaltes Wasser in die Mitte träufeln und alles rasch zu einem festen Teig verkneten. • Den Teig in Alufolie wickeln und 1 Stunde in den Kühlschrank stellen. • Den Backofen auf 200° vorheizen. • Den Teig etwa 3 mm dick ausrollen. Eine Springform von 22 cm Durchmesser damit auslegen und einen Rand formen. Den Mürbeteigboden in der Form mit einer Gabel mehrmals einstechen und mit der zerlassenen Butter bestreichen. Ein Stück Alufolie in Größe der Backform ausschneiden, ebenfalls mit Butter bestreichen und auf den Teigboden legen; die Folie verhindert, daß der Teig schon bei diesem Vorbacken zu dunkel wird. Den Rand ebenfalls mit Alufolie versehen. • Den Kuchen im Backofen auf der mittleren Schiebeleiste 10 Minuten backen, die Folie dann entfernen und den Kuchen weitere 5 Minuten backen. • Den Kuchen in der Form abkühlen lassen. • Den Backofen auf 175° zurückschalten. • Für den Belag die Zwiebel schälen und würfeln. Den Käse grobreiben. Die Zwiebelwürfel in dem Öl glasig braten, vom Herd nehmen und mit dem Paprikapulver mischen. Die Hälfte des Käses auf den vorgebackenen Mürbeteigboden streuen, darauf die Zwiebelwürfel verteilen und den restlichen Käse darübergeben. Die Eier mit der Milch, dem Mehl, der Sahne, dem Salz und dem Muskat verquirlen, über den Käse gießen und den Kuchen 10 Minuten auf der mittleren Schiebeleiste im vorgeheizten Backofen backen. • Die Temperatur dann auf 220° schalten und die Käsewähe noch weitere 15 Minuten goldbraun backen. • Die Käsewähe 10 Minuten in der Form ruhen lassen, dann auf ein Kuchengitter legen und etwas abkühlen lassen. Die Käsewähe sollte noch ofenwarm serviert werden.

Mein Tip Aus dem Teig für die Schweizer Käsewähe können Sie für herzhaft gefüllte Törtchen auch 6–8 Torteletts – je nach Größe der Förmchen – backen. Die Backzeit beträgt mit Füllung 15–25 Minuten, ohne Füllung 10–15 Minuten.

Gelingt leicht

Pizza napoletana

Neapolitanische Pizza

Am besten schmeckt die Pizza, wenn sie im Holzbackofen zubereitet wird, doch läßt sie sich auch im herkömmlichen Backofen backen.

Zutaten für 6 Pizzen:
Für den Hefeteig:
500 g Mehl
20 g Hefe
knapp 1/8 l lauwarmes Wasser
1/2 Teel. Salz
Zum Belegen:
24 Anchovisfilets
500 g Tomaten
1 große Zwiebel
1 Knoblauchzehe
20 schwarze Oliven
6 Eßl. Olivenöl
12 frische Blätter Basilikum
300 g Mozzarellakäse, ersatzweise Emmentaler Käse
1/2 Teel. Salz
1 Messersp. schwarzer Pfeffer
Für die Backbleche:
Olivenöl

pro Pizza etwa 2505 Joule/600 Kalorien

Zubereitungszeit: 1 Stunde
Zeit zum Gehenlassen: 2 Stunden
Backzeit: 20 Minuten

Für den Hefeteig das Mehl in eine Schüssel sieben, in die Mitte eine Vertiefung drücken, die Hefe hineinbröckeln und mit etwas Mehl und mit etwa der Hälfte des lauwarmen Wassers zu einem Hefevorteig verrühren. Den Hefevorteig mit einer dünnen Mehlschicht bestreuen und zugedeckt bei Raumtemperatur (22–24°) gehen lassen, bis das Mehl auf der Oberfläche feine Risse zeigt; das dauert 15–20 Minuten. • Den Hefevorteig dann mit dem restlichen Wasser, dem übrigen Mehl und dem Salz verkneten und schlagen, bis der Teig Blasen wirft. Den Teig in 6 gleich große Stücke teilen, Kugeln daraus formen und die Kugeln zugedeckt in einer bemehlten Schüssel 1 Stunde und 30 Minuten im Kühlschrank ruhen lassen. • 2 oder 3 Backbleche mit Öl bestreichen. Den Backofen auf 220° vorheizen. • Für den Belag die Anchovisfilets mit kaltem Wasser abbrausen und abtropfen lassen. Die Tomaten häuten, entkernen und in Scheiben schneiden. Die Zwiebel schälen und in Ringe schneiden. Die Knoblauchzehe schälen und hacken. Die Oliven halbieren und die Steine entfernen. • 2 Eßlöffel Öl erhitzen. Die Zwiebelringe und die Knoblauchstückchen darin anbraten, die Tomaten zugeben und etwa 5 Minuten dünsten. Das Basilikum in Streifen schneiden und zu den Tomaten geben. Die Tomaten vom Herd nehmen. • Aus dem Hefeteig 6 dünne Fladen formen, deren Rand etwas höher als die Innenfläche ist, und auf die Backbleche legen. (Die Pizzen eventuell nacheinander backen.) Die Tomaten, die Käsescheiben, die Anchovisfilets und die Oliven auf den Fladen verteilen. Jede Pizza mit Salz und Pfeffer bestreuen, mit etwas Öl beträufeln und auf der mittleren Schiebeleiste im vorgeheizten Backofen 15–20 Minuten backen. Der Rand soll knusprig braun, der Boden gut durchgebacken sein. Die Pizzen heiß servieren.

Pizza Margherita

Für 6 Pizzen nach dem Rezept für Pizza Napoletana den Teig bereiten, Pizzen formen und auf mit Öl bestrichene Backbleche legen. • Für den Belag 400 g Tomaten häuten, entkernen und in Scheiben schneiden. 300 g Mozzarellakäse in Scheiben schneiden und abwechselnd mit den Tomatenscheiben auf die Pizzaböden verteilen. Die Tomaten salzen und pfeffern. Über alles 100 g frisch geriebenen Parmesankäse und 1 Teelöffel getrockneten Oregano streuen. Auf jede Pizza 1 Eßlöffel Olivenöl verteilen. • Die Pizzen im vorgeheizten Backofen bei 220° auf der mittleren Schiebeleiste in 15–20 Minuten backen.

Pizza romana

Einen Hefeteig wie im Rezept für Pizza Napoletana bereiten. 6 Fladen daraus formen und diese auf ein geöltes Backblech legen. • Für den Belag 200 g Mozzarellakäse in kleine Würfel schneiden. 6 Sardellenfilets ebenfalls in kleine Stücke schneiden. 600 g Tomaten häuten, in Scheiben schneiden und die Pizzaböden damit belegen. Auf den Tomatenscheiben den Käse und die Sardellenfilets verteilen, jede Pizza mit 1 Eßlöffel Öl beträufeln und im vorgeheizten Backofen bei 220° auf der mittleren Schiebeleiste 15–20 Minuten backen.

Pizza mit Pilzen

Für die Pizzaböden einen Hefeteig nach dem Rezept für Pizza Napoletana bereiten. 6 Fladen daraus formen und diese auf geölte Backbleche legen. • Für den Belag 500 g Champignons putzen, waschen und halbieren. 2 Zwiebeln schälen und würfeln. Die Zwiebelwürfel in 1 Eßlöffel Öl glasig braten, die Pilze zugeben, salzen und pfeffern und 5 Minuten zugedeckt dünsten lassen. • 600 g Tomaten häuten, in Scheiben schneiden und die Pizzaböden damit belegen. Das Pilzgemisch auf den Tomatenscheiben verteilen. 125 g frisch geriebenen Käse darüberstreuen, die Pizzen mit Öl beträufeln und auf der mittleren Schiebeleiste im vorgeheizten Backofen bei 220° 15–20 Minuten backen.

Pizza »4 Jahreszeiten«

Für die Pizzaböden einen Hefeteig nach dem Rezept für Pizza Napoletana bereiten. 6 Fladen daraus formen und auf geölte Backbleche legen. Auf den Pizzaböden mit dem Messer ein Kreuz markieren, so daß 4 Felder sichtbar werden. • Für den Belag 600 g Tomaten häuten, in Scheiben schneiden und auf je 1 Feld der Pizzaböden verteilen. 250 g Champignons putzen, waschen, blättrig schneiden und auf den zweiten Feldern verteilen. 200 g gekochte Schinkenscheiben ohne Fettrand in Streifen schneiden und auf den dritten Feldern verteilen. Für die vierten Felder 400 g eingelegte Artischokkenböden kleinschneiden. Über jede Pizza frisch geriebenen Käse streuen und gehackte Sardellen und 1 Eßlöffel Olivenöl darüberträufeln. • Die Pizzen im vorgeheizten Backofen bei 220° auf der mittleren Schiebeleiste 15–20 Minuten backen.

Eingemachte Vorräte

Viele Menschen haben ihre Liebe zur Kunst des Haltbarmachens neu entdeckt. Selbstgemachte Marmelade, frisch gepreßter Fruchtsaft, ein vielschichtiger Rumtopf oder Essig-Gemüse aus der eigenen Küche sind besondere Köstlichkeiten. Zudem sind sie gesund, wenn man wertschonend, das heißt mit möglichst kurzen Kochzeiten einmacht. Allerdings soll man seine Vorräte recht rasch verbrauchen, da sonst der Vitaminverlust zu hoch wird.

Wichtig für jede Art des Konservierens:
- Genau nach den Empfehlungen des jeweiligen Grundrezepts arbeiten, die angegebenen Koch-, Kühl- oder Ruhezeiten einhalten und die nötigen Geräte und Vorratsbehälter sorgfältig reinigen.
- Nur erstklassige Produkte zum Haltbarmachen verwenden; kein überlagertes, welkes Obst und Gemüse mit Faulstellen verarbeiten, aber auch – bis auf wenige angegebene Ausnahmen – nur vollreife Früchte.
- Hausgemachte Vorräte kühl, luftig und möglichst dunkel aufbewahren; nötigenfalls Gläser und Flaschen durch Papierhüllen vor Lichteinfall schützen.

Grundrezept

Gedörrte Apfelringe

Beim Dörren wird den Lebensmitteln etwa 90 Prozent der in ihnen enthaltenen Flüssigkeit entzogen. Dadurch haben Fäulniserreger keine Überlebenschance, Wertstoffe und Aroma aber bleiben erhalten. Wichtig ist, daß Obst, Gemüse oder Pilze absolut sauber und ohne Faulstellen sind. Gedörrt wird auf dem Rost des Backofens bei 40–45°, je nach Art des Dörrgutes 12–24 Stunden; dabei die Backofentüre einen Spalt breit geöffnet lassen, damit die Luft zirkulieren und die Feuchtigkeit abziehen kann. Dörrt man im Heißluftherd, bleibt die Backofentür ganz offen. Obst und Gemüse sind dann lange genug gedörrt, wenn sie beim Zerbrechen kein feuchtes Fruchtfleisch mehr zeigen. Dörrobst und Dörrgemüse am besten in Zellophanbeuteln in einem trockenen Raum lagern.

1 kg reife säuerliche Äpfel
3 Zitronen
1½ l Wasser

Pro Apfelring etwa
115 Joule/25 Kalorien

Zubereitungszeit: 30 Minuten
Zeit zum Dörren: Etwa 12 Stunden

Die Äpfel waschen, abtrocknen, die Stiele und die Blütenansätze ausschneiden und die Äpfel in etwa 1½ cm dicke Scheiben schneiden. • Die Zitronen auspressen, mit dem Wasser mischen und die geschnittenen Apfelscheiben in das Zitronenwasser legen, damit sie bis zum Dörren nicht braun werden. • Den Backofen auf 40° vorheizen. • Die geschnittenen Apfelscheiben dann auf Tüchern von beiden Seiten gut trockentupfen und so nebeneinander auf den Rost des Backofens legen, daß sie sich nicht gegenseitig bedecken. • Die Apfelringe auf der mittleren Schiebeleiste 12 Stunden dörren; den Backofen durch einen Kochlöffelstiel einen Spalt breit offen halten.

Gedörrte Aprikosenhälften

2 kg reife Aprikosen waschen, abtrocknen, halbieren und die Steine entfernen. Die Aprikosenhälften in einem Sieb über einer Schüssel etwa 1 Stunde lang abtropfen lassen; den sich bildenden Saft als Getränk verwenden. • Die Aprikosen wie im Grundrezept beschrieben in 12–16 Stunden bei 45° dörren.

Dörrpflaumen

1–2 kg gut reife Pflaumen waschen, abtrocknen, halbieren und die Steine auslösen. • Die Pflaumen mit der Haut nach unten nebeneinander auf den Rost des Backofens legen und wie im Grundrezept beschrieben bei 45° in 16 Stunden dörren. Die gedörrten Pflaumen ein paar Stunden in der Sonne nachdörren lassen.

Preiswert

Pikant eingelegte Gurken

2 kg junge Salatgurken
200 g Orangeat
¾ l Weinessig
¾ l Wasser
750 g Zucker
2 Zimtstangen
12 Gewürznelken

Pro 100 g etwa
125 Joule/30 Kalorien

Zubereitungszeit: 1 Stunde
Zeit zum Durchziehen: 4–8 Wochen
Besondere Küchengeräte: großer Topf, großer Steinguttopf oder Marmeladengläser, Einmach-Zellophan, Küchengarn

Die Gurken abwaschen, abtrocknen und dünn schälen. Die Gurken längs halbieren und mit einem Löffel die Kerne herauskratzen. Die Gurkenhälften in fingerlange Stücke schneiden. Das Orangeat in kleine Würfel schneiden. • Den Essig mit dem Wasser und 200 g Zucker verrühren. Die Zimtstangen zerbrechen und mit den Gewürznelken in den Zuckersud geben. Unter Rühren einmal aufkochen lassen und abschäumen. Die Gurkenstückchen in den Zuckersud legen und so lange bei sehr schwacher Hitze zugedeckt kochen lassen, bis die Gurkenstückchen glasig sind. • Die Gurkenstückchen dann in ein Sieb schütten und die Flüssigkeit im Topf auffangen. Den restlichen Zucker mit dem Orangeat in den Zuckersud geben und diesen unter ständigem Rühren bei schwacher Hitze so lange kochen lassen, bis er leicht dicklich wird. • Die Gurkenstückchen dann in den Sirup geben und bei schwacher Hitze noch weitere 5 Minuten zugedeckt durchziehen lassen. • Die Gurken noch einmal durch ein Sieb gießen und den Sud im Topf auffangen. • Die Gurken in den Steinguttopf oder in die Marmeladengläser schichten. • Den Sirup noch einmal aufkochen lassen und heiß über die Gurkenstückchen gießen. Die Gurkenstückchen sollen von dem Sirup bedeckt sein. Den Steinguttopf oder die Marmeladengläser mit feuchtem Einmach-Zellophan verschließen und dieses mit Küchengarn festbinden. • Die Gurken in den Gläsern erkalten lassen, die Gläser dann beschriften und in einem kühlen dunklen Raum aufbewahren.

Preiswert

Pikant eingelegte Kürbiswürfel

1 1/2 kg Kürbiswürfel mit 1/2 l Essig und 1/2 l Wasser übergießen und zugedeckt 12 Stunden im Kühlschrank durchziehen lassen. • 1 1/2 kg Zucker mit 1 Tasse Weinessig, 1 Tasse Wasser, 10 Gewürznelken und 1 Stück Zitronenschale in einem großen Topf zum Kochen bringen. Die abgetropften Kürbiswürfel hineingeben und zugedeckt bei schwacher Hitze kochen lassen, bis die Kürbiswürfel glasig, aber noch nicht weich sind. • Die Kürbiswürfel dann mit einem Schaumlöffel aus der Marinade heben und in einen Steinguttopf oder in große Gläser füllen. • Die Marinade zurück in den Topf gießen, mit dem Saft von 2 Orangen mischen, einige Sekunden sprudelnd kochen lassen und heiß über die Kürbiswürfel füllen. • Die Gefäße mit Einmach-Zellophan verschließen, mit Küchengarn festbinden und abkühlen lassen. • Die kalten Gläser beschriften und an einem kühlen dunklen Ort aufbewahren.

Raffiniert

Stachelbeer-Sherry-Relish

500 g grüne Stachelbeeren
100 g brauner Zucker
1 Tasse trockener Sherry
1 mittelgroße weiße Zwiebel
1 Eßl. Butter
3 Eßl. gehackte Petersilie
1/2 Teel. grobgemahlener schwarzer Pfeffer
1 Teel. Salz

Pro Eßlöffel etwa 175 Joule/40 Kalorien

Zubereitungszeit: 40 Minuten
Zeit zum Durchziehen: 30 Minuten
Besonderes Küchengerät: Schraubglas

Die Stachelbeeren waschen, abtropfen lassen, von Stengeln und Blütenansätzen befreien. Die Beeren mit dem Zucker mischen und 30 Minuten zugedeckt durchziehen lassen. • Den Sherry mit den Beeren in einen Topf geben und zugedeckt bei schwacher Hitze 15 Minuten leicht kochen lassen. • Die Zwiebel schälen und sehr klein würfeln. Die Butter zerlassen, die Zwiebelwürfel mit der Petersilie darin weich braten und mit den Stachelbeeren durch ein Sieb streichen. Mit dem Pfeffer und dem Salz verrühren und zugedeckt kalt werden lassen. • Die Sauce dann in ein gespültes trockenes Schraubglas füllen, verschließen und bis zu 1 Woche im Kühlschrank aufbewahren.

Paßt gut zu: gegrilltem Fleisch, gebratener Leber oder zu Fleisch-Fondue.

Tomatenrelish

1 kg reife Fleischtomaten häuten, in kleine Stücke schneiden und entkernen. 3 große Zwiebeln schälen und sehr klein würfeln. 2 Knoblauchzehen ebenfalls schälen, sehr klein würfeln und anschließend zerdrükken. • 2 Eßlöffel Olivenöl in einem großen Topf erhitzen, die Zwiebelwürfel darin weich braten, den Knoblauch und die Tomaten zugeben und alles kurz mitbraten. 1/2 Tasse Essig, 1/2 Tasse Wasser, 100 g Zucker und 1 Teelöffel Salz zufügen und alles bei schwacher Hitze unter ständigem Rühren so lange kochen, bis das meiste der Flüssigkeit verdampft ist. • Das Relish noch heiß in heiß gespülte Schraubgläser füllen, verschließen, erkalten lassen und im Kühlschrank bis zu 3 Monaten aufbewahren. Es schmeckt gut zu gebratenen Steaks und Raclette.

Paprikarelish

500 g rote Paprikaschoten halbieren, von Kernen und Rippen befreien, waschen und in 1 cm große Würfel schneiden. 400 g Tomaten häuten und ebenfalls würfeln. 200 g Zwiebeln schälen und würfeln. 4 Knoblauchzehen schälen, würfeln und mit 1 Teelöffel Salz zerdrücken. • Die Paprikawürfel, die Tomatenstückchen, die Zwiebelwürfel, den Knoblauch mit 150 g braunem Zucker, ¼ l Weinessig und 100 g gewaschenen Rosinen in einen Topf geben und zum Kochen bringen. 2 Eßlöffel edelsüßes Paprikapulver, 1 Teelöffel Senfpulver und 1 Teelöffel Ingwerpulver unterrühren und alles bei schwacher Hitze rühren, bis es cremig wird und die meiste Flüssigkeit verdampft ist. • Das Relish noch heiß in heiß gespülte Gläser füllen, verschließen und abgekühlt im Kühlschrank bis zu 4 Monate lagern. • Zu gegrilltem Fleisch reichen.

Pfirsichchutney

1½ kg reife Pfirsiche	*1 Teel. Pimentkörner*
200 g Zwiebeln	*2 Teel. Korianderkörner*
1 frische Ingwerknolle	*1 Teel. Senfpulver*
4 Knoblauchzehen	*¼ l Weinessig*
1 Teel. Salz	
100 g Korinthen	*Pro Eßlöffel etwa*
200 g Zucker	*185 Joule/45 Kalorien*

Zubereitungszeit: 1 Stunde und 30 Minuten

Die Pfirsiche mit einer Gabel mehrmals einstechen, mit kochendheißem Wasser überbrühen, abtropfen lassen und die Haut abziehen. Die Pfirsiche halbieren, die Steine herauslösen und die Pfirsiche kleinwürfeln. Die Zwiebeln schälen und ebenfalls kleinwürfeln. Die Ingwerknolle schälen und reiben. Die Knoblauchzehen schälen, kleinwürfeln und mit dem Salz zerdrücken. Die Korinthen heiß waschen und abtropfen lassen. • Die Korinthen mit dem Zucker, den Pimentkörnern, den Korianderkörnern und dem Senfpulver in einen Mörser geben oder in eine große Schüssel und alles ganz klein zerdrücken. • Die Pfirsichwürfel, die Zwiebelwürfel mit dem Ingwer, dem zerdrückten Knoblauch und der Mischung aus dem Mörser in einen Topf geben, mit dem Essig verrühren und alles unter Rühren bei schwacher Hitze 20 Minuten dick einkochen lassen. • Das Chutney in heiß ausgespülte Gläser füllen, verschließen und abgekühlt im Kühlschrank 3 Monate aufbewahren.

Paßt gut zu: gegrilltem Geflügel oder Kalbssteak.

Mangochutney

Statt der Pfirsiche sehr reife Mangos verwenden; statt der Knoblauchzehen und Korianderkörner 1–2 Eßlöffel Currypulver zum Chutney geben.

Grundrezept

Sterilisiertes Kirschkompott

Nach diesem Rezept kann grundsätzlich aus allen Obstarten Kompott in Gläsern eingekocht werden. Voraussetzung: Einmachgläser mit unbeschädigten Rändern und passenden Deckeln, elastischen Gummiringen und Klammern zum Festhalten der Deckel auf dem Glas. Außerdem braucht man einen großen Topf mit Deckel. Ideal sind die alten Einmachkessel mit Bodenrost und Thermometer. Der Einkochtopf kann aber durch den Backofen ersetzt werden.

4 kg saftige dunkle Kirschen	*1 kg Gelierzucker*
1 l Wasser	*Pro ¼ l Kompott etwa*
4 Gewürznelken	*1365 Joule/325 Kalorien*

Zubereitungszeit: 1 Stunde und 30 Minuten
Einmachzeit: 16–30 Minuten
Besondere Küchengeräte: Einmachgläser mit Deckel, Bügeln und Gummiringen, Einkochkessel oder Backofen

Die Gläser und die Deckel möglichst heiß mit einem Spülmittel mit einer weichen Bürste gründlich reinigen, dann in klarem sehr heißem Wasser gut abspülen und auf ein frisches Küchentuch zum Abtropfen stellen (nicht abtrocknen). Die Gummiringe mit etwas Spülmittel einige Minuten auskochen, in klarem Wasser heiß abspülen und in klarem abgekochtem Wasser liegend aufbewahren. • Die Kirschen waschen, von den Stielen zupfen und nach Wunsch entsteinen. Die Kirschen dann in die Einmachgläser füllen; etwa 3 cm unter dem Rand der Gläser frei lassen. • Das Wasser mit den Gewürznelken und dem Gelierzucker zum Kochen bringen, gut umrühren und heiß über die Kirschen gießen. Die Gläser sollen bis höchstens 2 cm unter dem Rand gefüllt sein. • Die Glasränder mit einem feuchten Tuch gut abwischen, die Gummiringe und die Deckel auflegen und die Deckel mit den Bügeln verschließen. Die Gläser so in den Einkochtopf stellen, daß sie beim Kochvorgang nicht aneinanderschlagen können. Bei niedrigen Gläsern dürfen 2 Reihen Gläser übereinander in den Einkochkessel gestellt werden. So viel kaltes Wasser in den Kessel gießen, daß die Gläser gut ¾ von Wasser umgeben sind. • Den Kessel schließen, das Wasser zum Kochen bringen und die Gläser 16 Minuten bei 100° oder 30 Minuten bei 80° kochen lassen. Ist kein Einkochthermometer vorhanden, so wählt man die erste Möglichkeit. Wenn das Wasser im Kessel zu kochen beginnt, sind 100° erreicht; man darf anschließend die Gasflamme etwa auf halbhoch oder die Elektroplatte um 1½ Stufen zurückschalten, ohne daß der Kochvorgang dabei unterbrochen wird. Haben Sie einen Kessel mit Einkochthermometer, so brauchen Sie das Einmachgut gar nicht bis auf 100° zu erhitzen, sondern Sie schalten die Energie schon zurück, wenn die Quecksilbersäule etwa 3 Striche unterhalb des zu erreichenden Grades steht. • Für das Einmachen im Backofen werden die gefüllten, geschlossenen Gläser in die 1 cm hoch mit warmem Wasser gefüllte Bratenpfanne des Backofens gestellt. Der Backofen wird auf 175° vorgeheizt und die Bratenpfanne auf die unterste Schiebeleiste in den Backofen geschoben. Man soll darauf achten, daß die Gläser nicht die Wände des Backofens berühren. Zur Schonung der Gummiringe legt man ein feuchtes Tuch über die Gläser. Die Backofentür und der eventuell vorhandene Dampfabzug sollen gut verschlossen bleiben. Beim Erhitzen steigen im Glas kleine Bläschen auf. Es dauert je nach Größe und Anzahl der Gläser etwa 40–50 Minuten, bis das sogenannte Perlen beginnt. Von diesem Zeitpunkt an wird dann die eigentliche Einkochzeit berechnet. Für Kirschen nach dem Perlen den Backofen abschalten und die Kirschen noch 30 Minuten im Herd lassen. • Nach dem Einkochen die Gläser auf ein doppelt gefaltetes, feuchtheißes Tuch stellen und mit einem feuchtheißen Tuch vor Luftzug schützen. Die Gläser abkühlen lassen. • Von den kalten Gläsern die Bügel abnehmen.

Preiswert

Pikante Senfbirnen

4 kg reife Birnen schälen, vierteln und die Kerngehäuse herausschneiden. • ¾ l Wasser mit ¾ l Weinessig, 500 g Gelierzucker, 1 Stange Zimt und 1 Eßlöffel Senfkörnern zum Kochen bringen. Die Birnenviertel in die Einmachgläser legen, mit der kochendheißen Flüssigkeit übergießen. • Die Gläser sorgfältig verschließen und im Einmachtopf entweder 20 Minuten bei 100° oder 30 Minuten bei 90° einkochen. Oder die Gläser im Backofen bei 175° zum Perlen bringen und 30 Minuten im abgeschalteten Backofen einkochen lassen.

Gelingt leicht · Preiswert

Pflaumenkompott

3 kg reife Pflaumen sorgfältig waschen, abtropfen lassen und die anhaftenden Stiele entfernen. Die Pflaumen nicht entsteinen, sondern in die Einmachgläser füllen. • 1 l Wasser mit 600 g Zucker zum Kochen bringen und die Pflaumen damit übergießen. • Die Gläser schließen und entweder bei 100° 20 Minuten oder bei 75° 30 Minuten lang einkochen. Im Backofen die Gläser bei 175° zum Perlen bringen und danach noch 30 Minuten im abgeschalteten Backofen lassen.

Apfelmus

5 kg Äpfel waschen, in Viertel schneiden und die Kerngehäuse entfernen. Die Äpfel sofort nach dem Schneiden in Essigwasser legen, damit sie sich nicht verfärben. • 4 Tassen Wasser mit 700 g Zucker zum Kochen bringen und den Saft von 2 Zitronen und 1 Stück Zitronenschale zugeben. Die abgetropften Apfelviertel in den Sirup mischen, weich kochen, durch ein Sieb passieren und in die Einmachgläser füllen. Die Gläser sollen etwa nur ¾ voll sein. • Die Gläser verschließen und entweder 25 Minuten bei 100° oder 30 Minuten bei 90° im Einkochkessel einkochen. Die Gläser im Backofen bei 175° zum Perlen bringen und danach noch 25 Minuten im abgeschalteten Ofen lassen.

Gelingt leicht · Preiswert

Sterilisierte Bohnen

2 kg möglichst kleine grüne Bohnen waschen, von Stielansätzen und den Spitzen befreien und eventuell die Fäden abziehen. Nur große Bohnen in Stücke schneiden. Die Bohnen abtropfen lassen und fest in Einmachgläser schichten. • 1 l Wasser mit 1 gehäuften Teelöffel Salz zum Kochen bringen und abkühlen lassen. Das Salzwasser bis zu 2 cm unter dem Rand der Gläser über die Bohnen gießen. Die Gläser verschließen, in den Einkochkessel stellen und mit lauwarmem Wasser umgießen. • Das Wasser zum Kochen bringen und die Bohnen 1 Stunde und 30 Minuten bei 100° sterilisieren. Oder die Bohnen im Backofen bei 175° zum Perlen bringen, dann auf 150° zurückschalten und die Bohnen noch 1 Stunde und 30 Minuten im Backofen sterilisieren. Die Gläser dann noch 30 Minuten im abgeschalteten Backofen stehen lassen.

Braucht Zeit

Zwetschgenmus

Pflaumenmus, Powidl
Bild Seite 411

5 kg sehr reife Zwetschgen	*Pro Eßlöffel etwa*
½ Tasse Weinessig	*220 Joule/50 Kalorien*
1 kg Zucker	

Zubereitungszeit: 1 Stunde
Kochzeit: 3–7 Stunden
Besondere Küchengeräte: Schnellkochtopf oder breiter großer Kochtopf, Elektromixer oder Fleischwolf

Die Zwetschgen unter fließendem kaltem Wasser waschen und entsteinen. • Den Essig und den Zucker mit den Zwetschgen in den Schnellkochtopf füllen, den Topf nach Vorschrift schließen und die Zwetschgen bei schwacher Hitze 3 Stunden kochen lassen. Wenn kein Schnellkochtopf vorhanden ist, das Zwetschgenmus in einen breiten Kochtopf füllen und das Mus unter öfterem Umrühren auf der Elektroplatte bei Schaltstufe ½–1 oder auf der Automatikplatte bei Schaltstufe 6 oder bei viertelhoher Gasflamme unter öfterem Umrühren 6–7 Stunden kochen lassen. • Die entsteinten Zwetschgen können aber auch im Mixer püriert oder durch den Fleischwolf gedreht werden. Das Zwetschgenmus dann mit dem Zucker verrühren (den Essig weglassen) in die Fettpfanne des Backofens füllen und bei 175° zum Brodeln bringen. Anschließend die Hitze auf 150° zurückschalten und das Pflaumenmus 7 Stunden einkochen lassen. • Man kann die Zwetschgen aber auch kochen, durch ein Sieb passieren, das Mus in Einmachgläser füllen und die Einmachgläser im Einkochkessel 8 Minuten bei 100° sterilisieren. • Das noch heiße Zwetschgenmus in gut gereinigte, heiß ausgespülte Marmeladengläser füllen. Die Marmeladengläser mit angefeuchtetem Einmach-Zellophan verschließen, zubinden und dunkel und kühl aufbewahren.

Raffiniert · Schnell

Roh gerührte Himbeerkonfitüre

1 kg frische Himbeeren	*Pro Eßlöffel etwa*
1 kg Gelierzucker	*415 Joule/95 Kalorien*

Zubereitungszeit: 30–60 Minuten
Besondere Küchengeräte: elektrisches Rührgerät oder Schneebesen, Marmeladengläser, Einmach-Zellophan, Küchengarn oder Schraubdeckel

Die Beeren sorgfältig verlesen, zerdrückte wurmige oder faulige Beeren aussortieren. Die guten Beeren ungewaschen in eine große Schüssel geben und mit der Gabel etwas zerdrücken. Den Gelierzucker über die Beeren schütten und mit dem elektrischen Rührgerät 5 Minuten rühren. Nach dem Rühren die Masse 5 Minuten ruhen lassen und wieder 5 Minuten rühren. An der Oberfläche des Fruchtmuses muß sich ein weißer Schaum bilden. Nach dreimaligem Rühren mit dem elektrischen Rührgerät hat sich der Gelierzucker völlig mit den Beeren gemischt. Mit dem Schneebesen dauert das Rühren jeweils 15 Minuten und die Ruhezeit zwischen dem Rühren muß 10 Minuten betragen. Das Herstellen der roh gerührten Konfitüre von Hand dauert etwa 1 Stunde. • Die fertige Konfitüre in gereinigte abgetropfte Gläser füllen, mit doppelt gefaltetem angefeuchtetem Einmach-Zellophan und Küchengarn oder mit Schraubdeckeln verschließen. Die Konfitüre kühl – am besten im Kühlschrank – lagern. Nach dem Öffnen eines Glases muß die Konfitüre innerhalb von 4 Tagen verbraucht sein.

Roh gerührte Erdbeerkonfitüre

Statt der Himbeeren Erdbeeren verwenden und wie im Rezept für Himbeerkonfitüre beschrieben verfahren.

Roh gerührte Brombeerkonfitüre

Statt der Himbeeren Brombeeren verwenden und wie im Rezept für Himbeerkonfitüre beschrieben verfahren.

Gelingt leicht · Schnell

Aprikosenkonfitüre

Bild Seite 411

2 kg vollreife entsteinte Aprikosen
2 kg Gelierzucker
20 g Zitronensäure (Drogerie)
Saft von 2 Zitronen

Pro Eßlöffel etwa 335 Joule/80 Kalorien

Zubereitungszeit: 30 Minuten
Besondere Küchengeräte: Fleischwolf oder Elektromixer, breiter Kochtopf, Marmeladengläser, Einmach-Zellophan und Küchengarn oder Schraubdeckel

Die Aprikosen kalt waschen, abtrocknen, halbieren und entsteinen. • Die Marmeladengläser und die Dekkel heiß waschen und auf einem Küchentuch abtropfen lassen. • Die Hälfte der Aprikosen in größere Würfel schneiden, die zweite Hälfte durch den Fleischwolf drehen oder im Mixer pürieren. • Die Aprikosenstückchen und das Aprikosenpüree mit dem Zucker und der Zitronensäure unter Rühren zum Kochen bringen und 10 Minuten kochen lassen. Den Zitronensaft unter die heiße Marmelade rühren. • Die Marmelade in die noch warmen Gläser füllen, mit angefeuchtetem Einmach-Zellophan verschließen, zubinden oder mit Schraubdeckeln verschließen. • Die Konfitüre in den Gläsern erkalten lassen und dann beschriften.

Mirabellenkonfitüre

Die Mirabellenkonfitüre nach dem Rezept für Aprikosenkonfitüre zubereiten, jedoch den Zitronensaft weglassen.

Pfirsichkonfitüre

Die Pfirsichkonfitüre nach dem Rezept für Aprikosenkonfitüre herstellen, mit dem Zitronensaft verrühren und nach Belieben noch mit 2 Schnapsgläsern (4 cl) Cointreau verfeinern.

Grundrezept

Quittengelee

Wer Gelee bereiten möchte, muß die dafür bestimmten Früchte zuerst auspressen, um Saft zu gewinnen. Erst aus dem Saft entsteht das Gelee. Somit ist dieses Grundrezept sowohl für Saft als auch für Gelee anwendbar. Für Gelee rechnet man mit 1 Teil Saft und 1 Teil Zucker, bei Säften genügt es – falls man ihn überhaupt mit Zucker bereitet – wenn auf 2 Teile Saft 1 Teil Zucker kommt.

1 kg Quitten
10 g Gelierpulver
500 g Zucker

Pro Eßlöffel etwa 240 Joule/55 Kalorien

Zubereitungszeit: Je nach Gerätschaft 1–2 Stunden

Die Quitten waschen, mit einem Tuch gründlich den weißen Flaum abreiben, die Quitten vierteln, das Kerngehäuse mit möglichst allen kleinen Kernchen herausschneiden und die Quittenviertel in der Fruchtpresse oder im Entsafter verarbeiten. Sind diese Geräte nicht vorhanden, so werden die Quittenviertel mit Wasser bei schwacher Hitze unter ständigem Rühren so lange gekocht, bis sie zu Mus zerfallen. Das Quittenmus dann in ein Mulltuch geben, das Mulltuch zwischen die 4 Beine eines umgedrehten Hockers spannen und es befestigen. Den Quittensaft in einer darunterstehenden Schüssel auffangen. • Vom puren Quittensaft 500 g (= ½ l) abwiegen und diesen mit dem Gelierpulver im Topf mischen. Den Quittensaft unter Rühren erhitzen und bei Kochbeginn den Zucker einrieseln lassen. Den Quittensaft unter ständigem Umrühren 1 Minute sprudelnd kochen lassen, vom Herd nehmen und noch heiß in die heiß ausgespülten Gläser füllen. • Die Gläser mit angefeuchtetem Einmach-Zellophan verschließen und mit Küchengarn zubinden oder mit Schraubdeckeln verschließen. • Das Quittengelee erkalten lassen und die Gläser dann beschriften.

Etwas schwierig

Apfelgelee

2 kg Äpfel waschen, vierteln, vom Kerngehäuse befreien und die Apfelviertel entweder durch die Fruchtpresse drücken oder im Entsafter verarbeiten. Sind beide Geräte nicht vorhanden, die Äpfel unter ständigem Rühren zu Mus kochen, in einem Mulltuch abtropfen lassen, den Apfelsaft abwiegen und mit der gleichen Menge Zucker und 10 g Zitronensäure unter Rühren zum Kochen bringen. • Eine Normalflasche flüssiges Geliermittel in den Apfelsaft gießen, noch einmal aufkochen lassen und vom Herd nehmen.

Minzgelee

Bild Seite 411

100 g frische Minzblätter abbrausen und abtropfen lassen. Mit ¹/₄ l kochendheißem Wasser übergießen und 1 Stunde ziehen lassen. Dann den Sud durchseihen, mit 1 l fruchtigem Weißwein aufgießen und wie im Rezept für Quittengelee beschrieben mit dem Zucker aufkochen lassen. Das Geliermittel zufügen, unter Rühren einige Male aufkochen lassen und vom Herd nehmen.

Raffiniert

Hollersekt

10 Hollunder-Blütendolden
2 Zitronen
10 l Wasser
¹/₄ l Obstessig
1 kg Zucker

Pro ¹/₂ l etwa
840 Joule/200 Kalorien

Zubereitungszeit: 40 Minuten
Zeit zum Gären: 15 Tage
Besondere Küchengeräte: großer Glasballon von 11 l Fassungsvermögen oder 2 6-l-Einmachgläser, 10–15 Limonadenflaschen mit Schraubverschluß, Trichter

Die Blütendolden unter zartem, kaltem Wasserstrahl abbrausen und auf einem Tuch abtropfen lassen. • Die Zitronen heiß waschen, abtrocknen und ungeschält in Scheiben schneiden. • Das Wasser mit dem Obstessig und dem Zucker verrühren, bis sich der Zucker völlig gelöst hat. • Die Hollunderblüten und die Zitronenscheiben in den Glasballon oder in die Einmachgläser geben, das Zucker-Essig-Wasser darübergießen und bei Raumtemperatur (etwa 22°) 24 Stunden stehen lassen. Während dieser Zeit immer wieder einmal umrühren. • Die Limonadenflaschen und die Schraubverschlüsse mit heißem Spülwasser auswaschen, mit klarem heißem Wasser nachspülen und abtropfen lassen. Die Flüssigkeit nach 24 Stunden durch ein Sieb gießen und mit Hilfe des Trichters in die Flaschen füllen. • Die Flaschen gut verschließen und 14 Tage im kühlen Keller liegend ruhen lassen. • Der Sekt kann aber auch gut mehrere Monate gelagert werden.

Waldmeistersekt

Aus etwa 2 Tassen frischen Waldmeisterblättchen den Sekt ebenso zubereiten wie im Rezept für Hollersekt beschrieben.

Lindenblütensekt

Aus 2 Tassen frischen Lindenblüten einen Sekt nach dem Rezept für Hollersekt bereiten.

Zum Bild rechts:

Selbstgemachte Konfitüren und Gelees wie auf nebenstehendem Bild, sind ein regelrechter Schatz im Hause. Es gibt kaum einen Vergleich in der Qualität und vor allem im Geschmack zwischen industriell hergestellten und hausgemachten Vorräten dieser Art; denn je frischer die Rohzutaten und je schneller deren Verarbeitung, desto überzeugender ist das Ergebnis. Und zudem kann man beliebig experimentieren, mischen, abschmecken, wenn nur die grundsätzlichen Methoden und Mengenverhältnisse berücksichtigt werden. Die Rezepte für die Aprikosenkonfitüre, das Minzgelee und das beliebte Zwetschgenmus – oder Powidl – finden Sie auf den Seiten 408, 409, 410.

Etwas schwierig

Rumtopf

In vielen Haushalten wird der Obstsegen des Sommers im Rumtopf für die Festtage des Winters aufbewahrt. Je nach Bedarf an Rumfrüchten braucht man dafür ein möglichst geradwandiges Gefäß aus glasiertem Steingut, Porzellan oder Glas mit Deckel, das 5–8 l fassen sollte. Die Öffnung muß groß genug sein, um die Früchte im Topf stets mit einem passenden Teller beschweren zu können. Für den Rumtopf eignen sich nur vollreife, völlig einwandfreie Früchte und nur bester Rum von mindestens 54 Prozent Vol. Alkohol. Den Anfang macht man Ende Mai/Mitte Juni mit Erdbeeren. Den ganzen Sommer über fügt man dann weiteres Obst zu, übergießt es mit dem Rum und hütet den Rumtopf, indem man etwa 14tägig prüft, ob die Früchte wirklich noch alle von Rum bedeckt sind. Man schützt vor allem ein Glasgefäß vor Lichteinfall, denn dadurch würden die Früchte ihre kräftige Eigenfarbe einbüßen. Nach dem letzten Einlegen im November von Ananas sollten die Früchte noch genug Zeit haben, um im Rum zu »reifen«. Dem ersten Probierversuch widersteht man am besten bis zum Dezember; anschließend ist es eine Frage des Beschlusses, wie lange die Rumfrüchte reichen sollen.

500 g Erdbeeren
500 g Zucker
Eine 0,7 l-Flasche Rum mit mindestens 54 Prozent Vol. Alkohol
Früchte nach Geschmack

Pro Eßlöffel etwa 420 Joule/100 Kalorien

Zubereitungszeit: jeweils 30 Minuten
Zeit zum Durchziehen: 8 Monate

Zum Bild links

Partyhäppchen, Schnittchen oder Canapés mit Tatar sind für Party-Fans und Feinschmecker das begehrliche Ziel. Die mit Tatar verschwinden stets zuerst von den gereichten Platten. Wie vielseitig und unterschiedlich man Tatarschnittchen verzieren kann, zeigt das gegenüberliegende Bild. Doch können Sie getrost noch eigene Ideen beim Garnieren verwirklichen; denn auch Cornichons, Perlzwiebeln, geriebener Meerrettich, Senf, Mixed Pickles oder gehacktes mariniertes Gemüse passen zu Tatar. Das Rezept für die Tatarschnittchen finden Sie auf Seite 416.

Besondere Küchengeräte: einen Rumtopf wie im Vorspann beschrieben, Einmach-Zellophan und Küchengarn

Die Erdbeeren unter sanftem Wasserstrahl waschen, gründlich trockentupfen und von den Blattansätzen befreien. Die Erdbeeren schichtweise mit dem Zucker in eine Schüssel geben und zugedeckt im Kühlschrank 1 Stunde durchziehen lassen. • Die Erdbeeren dann in den gut gereinigten Rumtopf geben und so viel Rum darübergießen, daß die Früchte gut 2 cm hoch von Rum bedeckt sind. Einen heiß abgespülten, abgetrockneten Teller auf die Erdbeeren legen, den Rumtopf mit angefeuchtetem Einmach-Zellophan verschließen, mit Küchengarn zubinden und den Deckel auflegen. • In den ersten 8 Tagen den Rumtopf vorsichtig bewegen oder einmal mit einem einwandfrei sauberen Holzlöffel umrühren. Später genügt es, alle 14 Tage einmal vorsichtig umzurühren. • Der Jahreszeit folgend werden als nächstes süße Kirschen entstielt, aber nicht entsteint zum Rumtopf gegeben. Von nun an genügt jeweils ½ Zuckermenge der neu einzulegenden Früchte. Die Früchte stets vorbereiten, mit dem Zucker mischen und erst 1 Stunde im Kühlschrank durchziehen lassen, damit sich der Zucker schon im Fruchtsaft etwas lösen kann. • Danach kommen entsteinte und entstielte Sauerkirschen in den Rumtopf, Stachelbeeren und schwarze Johannisbeeren. Später gibt man abgezogene, halbierte Aprikosen und abgezogene, geviertelte Pfirsiche in den Rumtopf. Mirabellen oder Reineclauden werden nicht entsteint, sondern nur einige Male mit einem Holzstäbchen eingestochen, damit sie sich gut voll Rum saugen können. Im Herbst folgen dann entsteinte Zwetschgen, geschälte, geviertelte Birnen und gewürfelte Honigmelonen. Im Oktober wird der Rumtopf durch frische, geachtelte Ananasscheiben vervollständigt. Ganz nach Belieben kann man im November noch dünne Scheiben von 1–2 unbehandelten Orangen und Limetten, aber ohne Kerne, auf den Rumtopf legen. • Den Rumtopf nach jedem Einlegen der Früchte einmal vorsichtig mit einem sauberen Holzlöffel umrühren und immer wieder prüfen, ob noch genügend Rum über den Früchten steht. Den Rumtopf stets wieder mit angefeuchtetem Einmach-Zellophan, Küchengarn und dem Deckel verschließen. • Den Rumtopf kühl und dunkel aufbewahren.

Paßt gut zu: trockenem Kuchen, heißem Pudding, Vanilleeiscreme oder Wildbraten. Der Saft des Rumtopfes kann mit Sekt aufgegossen als Cocktail gereicht werden.

Bunte Happen · Kalte Platten

Zu vielerlei Anlässen serviert man lieber etwas Kaltes, als kleine Aufmerksamkeit zu einem Drink, als Stärkung für einen langen Abend bei Bier oder Wein, zum Sattwerden anstelle eines warmen Essens. Vorteil Nummer 1 der kalten Küche: Vieles kann vorbereitet werden! Wer Liebe zum Detail und Lust zum Erfinden hat, kann sein Genie beweisen.

Zu bedenken ist aber immer folgendes:

- Mehr als in jedem anderen Ressort der Küche kommt es bei bunten Happen und kalten Platten auf den optischen Eindruck an, weshalb das Verzieren und Garnieren wichtig ist.
- Die Mittel zum Garnieren dürfen einfach sein: Eiachtel oder -scheiben, Sardellenringe oder -streifen, Olivenscheiben, Tomatenachtel oder -scheiben, Radieschenscheiben, Gurkenscheiben, Obstspalten, Kräutersträußchen, gehackte Kräuter, einige Kaviareier, grüner Pfeffer, Kapern, in Fächer geschnittene Gürkchen, Zwiebelringe oder -würfel, Walnußhälften, Pistazienkerne, Garnelen, Trüffeln, kleine Champignons, Perlzwiebeln, Wachteleier, Gemüsejulienne, Spargelspitzen (aber möglichst nur frisch gekochte), Paprikaringe, Senffrüchte, Mixed Pickles, Tupfen aus Mayonnaise oder anderen Würzsaucen und, nicht vergessen, gewürfeltes, gewürztes Gelee sind die gängigsten Garniermittel.
- Wichtig ist dabei, daß alle diese Mittel nicht nur dem gefälligen Aussehen dienen dürfen, sondern geschmacklich auch zum Verzierten passen müssen.
- Außerdem gibt es beim Verzieren und Garnieren noch zweierlei zu beachten:

1. Die Farben sollten einen Kontrast bilden, also passen beispielsweise keine Tomatenscheiben auf Schinken, keine Radieschen neben Tatarbrötchen; besser sehen rote Garnierfrüchte auf hellem Grund aus.
2. Alles, was verzieren soll, aber auch alle Bestandteile eines Salates, eines belegten Brotes, einer Platte sollten in gleicher Form und Größe geschnitten sein; also gleich dünne Streifen, gleich dicke Scheiben, gleich große Würfel.

- Konkrete Beispiele für Garnierungen finden Sie im großen Küchen-ABC unter dem Stichwort Garnierungen.
- Bereiten Sie Happen in jedem Falle so zu, daß man sie wirklich mit 2 Fingern greifen kann; versehen Sie sie am besten mit Holzspießchen, wenn keine Gelegenheit zum Benützen von Tellern, Besteck und Servietten gegeben ist.
- Arrangieren Sie kalte Platten mit System. Die verschiedenen Häppchen, Brote, Wurst- oder Bratenscheiben entweder in Reihen von gleicher Art nebeneinanderlegen oder Gleiches in Paarreihen nebeneinander, im Kreis oder diagonal anrichten.
- Servieren Sie nichts zu kalt. Die Speisen entfalten erst bei Raumtemperatur ihr volles Aroma.

Braucht Zeit

Klassische Canapés

Diese kleinen Schnittchen werden bei festlichen Gelegenheiten zum appetitanregenden Aperitif gereicht oder bei Empfängen, die nur diverse Getränke vorsehen. Die Größe dieser Schnittchen sollte die eines Fünfmarkstückes nicht übersteigen, auch wenn die Grundlage aus Brot in Quadrate, Dreiecke oder Rechtecke geschnitten wird. Da diese kleinen Kunstwerke viel Kleinarbeit verlangen, muß man sie vorbereiten. Am besten so: Das Brot entrinden, in die gewünschte Form schneiden und in Frischhaltefolie pakken. Butter oder Gewürzbutter bei Raumtemperatur streichfähig halten. Für jede Art von Canapé den Belag und die Verzierung in passende Größe schneiden und ebenfalls in Folie aufbewahren. Kräuter, Obst und Gemüse gewaschen und zurechtgeschnitten im Kühlschrank bereithalten. Servieren Sie am besten nur 2, höchstens 4 verschiedene Arten.

Zutaten für jeweils 8 gleiche Canapés:

Andalusische Canapés

Aus Toastbrot 8 etwa fünfmarkstückgroße Kreise ausstechen, von beiden Seiten in einer trockenen Pfanne leicht rösten und kalt werden lassen. • Jeden Taler mit Butter bestreichen. • 4 Sardellenfilets hacken und auf die Butter geben. ½ grüne Paprikaschote in winzige Würfel schneiden und mit 3 Eßlöffeln Delikateßmayonnaise mischen. • Auf jeden Brottaler 4 Garnelen (Krabben) legen und die Paprika-Mayonnaise darüberstreichen.

Dänische Canapés

Aus dünnem Vollkornbrot 8 etwa 4 cm große Quadrate schneiden. • 2 Eßlöffel geriebenen Rettich mit 2 Eßlöffeln Butter mischen und die Brote damit bestreichen. • Jedes Quadrat mit 1 Röllchen geräuchertem Lachs und 1 kleinen Stück Räucherhering belegen. Die Lachsröllchen mit 1 kleinen Dillzweig garnieren.

Schinken-Canapés

Aus Toastbrot 8 etwa fünfmarkstückgroße Kreise ausstechen, von beiden Seiten in einer trockenen Pfanne rösten und kalt werden lassen. • Jeden Brottaler dünn mit Mayonnaise bestreichen. Auf jede Brotscheibe 1 Eßlöffel kleingehackten gekochten Schinken häufen. 4 Walnußkerne hacken und auf den Schinken streuen. Jedes Canapé mit 1/4 Scheibe geschälter Kiwi bedecken.

Preiswert

Indische Canapés

Aus Toastbrot 8 etwa 4 cm große Quadrate schneiden, in einer trockenen Pfanne von beiden Seiten leicht rösten und kalt werden lassen. • 1 Eßlöffel Butter mit 1 Teelöffel Currypulver mischen und die Brote damit bestreichen. • Auf jedes Quadrat 1 Scheibe hartgekochtes Ei legen und die Eischeiben mit kleingehacktem Mangochutney bestreuen.

Sultan-Canapés

Aus Toastbrot 8 etwa 4 cm große Dreiecke schneiden und diese mit Sardellenbutter, Rezept Seite 295, bestreichen. • Die Brote mit kleingewürfeltem Hummerfleisch bestreuen. Einige feingehackte Kopfsalatblätter und 1/2 feingehackte rote Paprikaschote mit 2 Eßlöffeln Mayonnaise mischen. Auf jedes Brot 1 Tupfen von der Mayonnaisemischung geben.

Gelingt leicht

Eiersalat in Chicorée-Schiffchen

2 mittelgroße Stauden Chicorée
4 Eier
2 Tomaten
1 kleine Gewürzgurke
1 säuerlicher Apfel
100 g Lachsschinken
3 Eßl. Magerquark
4 Eßl. Crème fraîche
1 Teel. Zitronensaft
1 Teel. milder Senf
1 Teel. Salz
1/2 Teel. Zucker
1/2 Tasse Apfelwein oder lieblicher Weißwein

Pro Portion etwa
860 Joule/205 Kalorien

Zubereitungszeit: 40 Minuten
Zeit zum Durchziehen: 30 Minuten

Von den Chicoréestauden die äußeren schlechten Blätter entfernen. Die Stauden waschen, abtrocknen und die Wurzelenden so weit abschneiden, daß die Stauden in einzelne Blätter zerfallen. Von den äußeren Blättern der Chicoréestauden jeweils 3–4 Blätter ineinanderlegen, als Schiffchen für den Salat. • Die inneren Chicoréestauden in Streifen schneiden. Die Eier hart kochen, kalt abschrecken, schälen und abkühlen lassen. Die Tomaten häuten und kleinwürfeln. Die Gewürzgurke ebenfalls kleinwürfeln. Den Apfel schälen, vierteln, vom Kerngehäuse befreien und die Apfelviertel in Würfel schneiden. Den Lachsschinken in Streifen schneiden. Die abgekühlten Eier würfeln. • Den Quark mit der Crème fraîche, dem Zitronensaft, dem Senf, dem Salz und dem Zucker verrühren; diese Salatsauce abschmecken und nach Belieben noch etwas mehr Zitronensaft und Zucker zugeben. • Die kleingeschnittenen Salatzutaten mit der Salatsauce mischen und den Salat zugedeckt bei Raumtemperatur 30 Minuten durchziehen lassen. • Den Salat vor dem Einfüllen in die Chicoréeblätter mit dem Apfelwein oder dem Weißwein mischen und noch einmal abschmecken. Den Salat in den Chicoréeschiffchen servieren.

Das paßt dazu: 1/2 cm dünne geröstete Weißbrotscheiben.

Gelingt leicht

Champignonsalat in Krustaden

Krustaden gibt es in Packungen zu je 24 Stück zu kaufen. Das sind salzige Teigförmchen von etwa 4 cm Durchmesser, die man warm oder kalt füllen kann.

12 Krustaden
1 Eßl. Butter
250 g möglichst kleine Champignons
2 Teel. Zitronensaft
100 g Lachsschinken
5 Eßl. Crème fraîche
1 Eßl. herber Weißwein
1 Teel. Ahornsirup
1 Messersp. Cayennepfeffer
1 hartgekochtes Ei

Pro Krustade etwa
230 Joule/55 Kalorien

Die Krustaden auf ein Kuchengitter legen. Die Butter bei schwacher Hitze zerlassen und die Krustaden innen damit ausstreichen und die Butter erkalten lassen. • Die Champignons putzen, waschen und in Scheibchen schneiden. Die Champignonscheibchen mit dem Zitronensaft beträufeln. Den Lachsschinken kleinwürfeln. • Die Crème fraîche mit dem Weißwein, dem Ahornsirup und dem Cayennepfeffer verrühren und mit den Champignons und den Schinkenwürfeln mischen. Den Salat in die Krustaden füllen. Das hartgekochte Ei feinhacken und die Krustade damit bestreuen.

Mein Tip Der Champignonsalat eignet sich gegebenenfalls in doppelter Menge bereitet auch als hervorragender Partysalat.

Crevetten-Krustaden

12 Krustaden mit zerlassener Butter ausstreichen. • 200 g Crevetten (Krabben) kalt abbrausen, abtropfen lassen und 12 davon beiseite legen. • Die restlichen Crevetten mit 1 Matjesfilet hacken. 2 Eßlöffel Delikateßmayonnaise mit 1 Eßlöffel Tomatenketchup, 1 Eßlöffel Crème fraîche, 2 Teelöffeln Zitronensaft, je 1 Messerspitze Salz, scharfem Paprikapulver, Zucker und ½ zerdrückten Banane verrühren und mit den gehackten Crevetten (Krabben) und Matjes mischen. • Die Masse in die Krustaden füllen. Jede Krustade mit 1 Krabbe und 1 kleinen Dillzweig belegen.

Schnell · Gelingt leicht

Tatarschnittchen

Bild Seite 412

Zutaten für
20 Schnittchen:
2 Scheiben Graubrot
2 Scheiben Toastbrot
1 große Zwiebel
500 g Tatar
2 Eigelbe
1 Eßl. Öl
1 Teel. Salz
je 1 Messersp. schwarzer Pfeffer und Cayennepfeffer

Zum Garnieren:
4 Sardellenröllchen
einige Kapern
1 Döschen Lachskaviar
2 hartgekochte Eier
4 Teel. deutscher Kaviar
2 rotgefüllte Oliven

Pro Schnittchen etwa 315 Joule/75 Kalorien

Zubereitungszeit: 30 Minuten

Alle Brote von beiden Seiten leicht rösten und kalt werden lassen. • Die Graubrote in jeweils 3 Längsstreifen schneiden und die 4 runden Kappen halbieren, so daß 4 Dreiecke entstehen. Ein Toastbrot in Quadrate, das andere in Streifen schneiden. • Die Zwiebel schälen und aus der Mitte 8 Ringe herausschneiden, die restliche Zwiebel feinhacken. • Das Tatar mit den gehackten Zwiebeln, den Eigelben, dem Öl, dem Salz, dem Pfeffer und dem Cayennepfeffer gut mischen und abschmecken. • Alle Brotschnittchen mit dem Tatar bestreichen, ausgenommen die Toaststreifen, diese nur zur Hälfte mit Tatar bestreichen. Die mit Tatar bestrichenen Weißbrotquadrate mit je 1 Sardellenröllchen belegen und darauf 1 Kaper geben. • Von den Toastbrotstreifen, die nur zur Hälfte mit Tatar bestrichen sind, die andere Hälfte mit Lachskaviar belegen. • 1 Ei in 6 Scheiben schneiden und jeweils 1 Streifen Graubrot mit 1 Eischeibe belegen. Die Eischeiben mit deutschem Kaviar verzieren. • Das restliche Ei feinhacken und auf die Tatarstreifen streuen, die halbseitig mit Lachskaviar belegt sind. • Die rotgefüllten Oliven in Scheiben schneiden und die Dreiecke der Graubrote damit belegen. Um jede Olivenscheibe 1 Zwiebelring geben und um die Zwiebelringe herum Kapern legen.

Preiswert

Käse-Zebras

Zutaten für 16 Schnitten:
10 Scheiben Pumpernickel
50 g Butter
8 Scheiben Goudakäse (in der Größe der Pumpernickelscheiben, etwa 100 g)

Pro Schnitte etwa 460 Joule/110 Kalorien

Zubereitungszeit: 20 Minuten

Alle 10 Scheiben Pumpernickel mit Butter bestreichen. • Auf 8 Scheiben jeweils 1 Scheibe Goudakäse legen. • Jeweils 4 Pumpernickelscheiben übereinanderlegen und mit 1 Scheibe Pumpernickel ohne Käse mit der gebutterten Seite nach unten abschließen. • Die beiden Pakete in 4 Längsstreifen schneiden und jeden Längsstreifen noch einmal halbieren.

Schnell

Aufschnittplatte

Eine Aufschnittplatte kann aus beliebigen Wurstsorten und kaltem Braten zusammengestellt werden. Man sollte auf eine gefällige Anordnung achten, auf passende Garnierungen, eine Platte aber nicht überladen. Wenn möglich die Wurst schon vor dem Aufschneiden häuten, nur Hartwurst und Streichwurst werden mit der Haut aufgeschnitten. Man rechnet pro Person mit 200 g Wurst oder Braten oder 100–150 g, wenn danach noch eine Käseplatte gereicht wird.

Zutaten für 8 Personen:
150 g hauchdünn geschnittenes Bündner Fleisch
150 g Salami in dünnen Scheiben
100 g Kalbsleberwurst
150 g Mortadella
100 g Gelbwurst
150 g Zungenwurst
150 g Bierschinken
1 grüne Paprikaschote
300 g Fleisch-, Krabben- oder Waldorfsalat
4 hartgekochte Eier
8 Delikateßgürkchen

Pro Portion etwa
2600 Joule/620 Kalorien

Zubereitungszeit: 20 Minuten

Den oberen Rand einer ovalen, großen Platte mit den Bündner Fleischscheiben belegen. Darunter die Salamischeiben anordnen. Die Kalbsleberwurst in 8 gleich dicke Scheiben schneiden und eine Schmalseite der Platte damit belegen. Die Mortadellascheiben zu Röllchen formen. Die Gelbwurst auf die gegenüberliegende Seite der Kalbsleberwurst geben. Die Zungenwurst und den Bierschinken auf die entgegengesetzte Seite des Bündner Fleisches und der Salamischeiben anordnen. • Die Paprikaschote waschen, abtrocknen, halbieren und von Rippen und Kernen befreien. Die beiden Schotenhälften mit dem Fleischsalat, dem Krabben- oder dem Waldorfsalat füllen und in die Mitte der Platte stellen. • Um die Paprikaschote herum die Mortadellaröllchen legen. Die hartgekochten Eier in Achtel schneiden und auf die Reihe mit Bündner Fleisch und Salamischeiben legen. Die Delikateßgürkchen zu Fächern schneiden, in dem man mit einem spitzen Messer die Gürkchen längs bis kurz vor das runde Ende in Scheiben schneidet und die Scheiben dann etwas auseinanderzieht. Die Gurkenfächer auf die Zungenwurst und auf den Bierschinken legen.

Das paßt dazu: verschiedene Brotsorten und Butter.

Schnell

Käseplatte

Für eine Käseplatte, die als Abschluß einer Mahlzeit gedacht ist, rechnet man höchstens 50 g Käse pro Person. 100 g Käse brauchen Sie pro Person, wenn die Käseplatte Bestandteil eines Abendessens ist. Wird bei einer Einladung zu Wein ausschließlich Käse gereicht, so benötigt man pro Person bis zu 200 g davon. Die Käseplatte sollte außerdem für jeden Geschmack etwas bereithalten: also milde und würzige Käsesorten, Käse mit unterschiedlichem Fettgehalt sowie harte und weiche Käse.

Zutaten für 8 Personen:
200 g französischer Briekäse
200 g mittelalter Goudakäse
200 g Chabichou oder Bresse Bleu
100 g Gorgonzola
200 g Bavaria Blue
100 g Schafkäse
300 g Emmentaler Käse
300 g Pecorino oder Provolone

Pro Portion etwa
2475 Joule/600 Kalorien

Zubereitungszeit: 10 Minuten

Lagern Sie die verschiedenen Käsearten bis zum Anrichten möglichst bei Raumtemperatur; im Kühlschrank gelagerter Käse kann sein Aroma nicht voll entfalten. Wählen Sie eine genügend große, flache Platte oder ein Holzbrett und legen Sie die einzelnen Käsesorten im Stück auf die Platte. • Servieren Sie die einzelnen Käsesorten unzerteilt und überlassen Sie es Ihren Gästen, sich mit mehr oder weniger großen Stükken zu bedienen. Aufgeschnittener Käse trocknet rasch aus. So können Sie übrig gebliebene Käsestücke wieder einwickeln und für eine andere Mahlzeit aufbewahren. • Die einzelnen Käsestücke so auf der Platte arrangieren, daß sie sich gegenseitig nicht berühren und daß zwischen den einzelnen Sorten genügend Platz ist, damit sich jeder selbst mit dem Käsemesser ein Stück davon abschneiden kann. • Die Käseplatte ganz nach Belieben mit Radieschen, Salzbrezeln oder mit Nüssen, Oliven, Gurkenscheiben oder Mixed Pickles garnieren. Zu Käse paßt aber auch Obst, besonders Weintrauben, Ananasstückchen, Mandarinenspalten oder Kiwischeiben.

Das paßt dazu: verschiedene Brotsorten, vor allem Pumpernickel und frisches französisches Weißbrot.

Braucht Zeit

Große Räucherfischplatte

Zutaten für 8 Personen:
4 Schillerlocken (200 g)
400 g geräucherter Heilbutt
Für die Matjesröllchen:
8 Matjesfilets
3 Eßl. Milch
3 Eßl. Weißwein
3 Eßl. Weinessig
2 Gewürzgurken
1 Banane
1 Teel. Zitronensaft
4 Eßl. Senffrüchte aus dem Glas
Für die Aalspieße:
1 Apfel
2 Scheiben frische Ananas
200 g geräucherter Aal im Stück
Für den Muschelsalat:
400 g naturell eingelegte Muscheln
4 Eßl. Salatmayonnaise
1/2 Teel. Worcestershiresauce
1 Eßl. frische Dillspitzen
Für die Lachsröllchen:
8 dünne Scheiben geräucherter Lachs (200 g)
8 Eßl. Sahne
je 1 Prise Salz und weißer Pfeffer
1–2 Teel. geriebener Meerrettich

Pro Portion etwa 2820 Joule/670 Kalorien

Zubereitungszeit: 1 Stunde
Zeit zum Wässern: 2 Stunden

Die Schillerlocken und den geräucherten Heilbutt in 8 gleich große Stücke schneiden und in Folie verpackt im Kühlschrank lagern. • Die Matjesfilets kalt waschen, in kaltes Wasser legen und 2 Stunden wässern. • Die Matjesfilets dann abtrocknen und in eine Schüssel legen. Die Milch, den Weißwein und den Weinessig miteinander mischen und über die Matjesfilets gießen. Die Gewürzgurken in kleine Würfel schneiden. Die Banane ebenfalls kleinwürfeln und mit dem Zitronensaft beträufeln. Die Senffrüchte ebenfalls kleinwürfeln und mit den Gewürzgurkenwürfeln und den Bananenwürfeln mischen. • Für die Aalspieße den Apfel schälen, 4 gleich dicke Scheiben aus dem Apfel schneiden, das Kerngehäuse herausschneiden und die Apfelscheiben halbieren. Die Ananasscheiben in 8 Stücke schneiden und auf die Apfelscheiben legen. Den Aal häuten, von der Mittelgräte lösen, in 8 Stücke schneiden und mit Holzspießchen auf die Ananas und auf den Apfel stecken. • Für den Muschelsalat die Muscheln abtropfen lassen und den Muschelsaft auffangen. Den Muschelsaft mit der Mayonnaise, der Worcestershiresauce und den Dillspitzen verrühren, die Muscheln unterheben und in einer kleinen Schale anrichten. • Für die Lachsröllchen die Lachsscheiben auf eine Arbeitsplatte legen. Die Sahne mit dem Salz und dem Pfeffer steif schlagen und mit dem Meerrettich abschmecken. Die Sahne auf die Lachsscheiben streichen, diese zu Röllchen aufrollen. • Die Matjesfilets aus der Marinade nehmen und in der Mitte der zu belegenden Platte zu Rollen formen. Die gemischten Früchte für die Matjesfilets abschmecken und wenn nötig noch mit 1 Prise Zucker und etwas Marinade mischen. Die Rollen mit den gewürzten Früchten füllen. • Den Muschelsalat im Schälchen auf die Platte stellen. Die Schillerlocken und die Heilbuttstücke, die Lachsröllchen und die Aalspieße darum herum verteilen.

Das paßt dazu: eine Auswahl an verschiedenem Brot.

Schnell

Belegte Crackers

Zutaten für jeweils 12 Crackers:

Thunfisch-Crackers

12 Crackers mit Sardellenbutter, Rezept Seite 295, bestreichen. • 250 g Thunfisch aus der Dose abtropfen lassen, hacken und mit 2 hartgekochten, gehackten Eiern, 1/2 zerdrückten Banane, 3 Eßlöffeln Mayonnaise, 1 Teelöffel Zitronensaft, 1 Messerspitze Cayennepfefferpulver und 2 Eßlöffeln Sahne mischen. • Auf die Crackers streichen und jede Portion mit 1 Stückchen hauchdünner Orangenscheibe mit der Schale garnieren.

Roquefort-Crackers

12 Crackers mit Butter bestreichen. • 50 g Roquefort mit 150 g Speisequark, 3 Eßlöffeln Crème fraîche, 1 Messerspitze schwarzem Pfeffer und einigen Tropfen Worcestershiresauce mischen. • Die Käsecreme auf die Crackers streichen und jede Portion mit 1 kleinen Dreieck gehäuteter Tomate garnieren.

Champignon-Crackers

12 Crackers mit Butter bestreichen und auf jedes Stück 1 kleines Salatblatt legen. • 200 g kleine Champignons putzen, waschen, hacken und mit 1/2 gehackten Apfel, 2 gehackten Delikateßgürkchen, 4 Eßlöffeln Mayon-

naise und 2 Eßlöffeln Crème fraîche mischen. • Die Creme auf die Crackers streichen und mit je 1 winzigen Röllchen rohem Schinken garnieren.

Kalt · Kann vorbereitet werden

Kalbsmedaillons mit Broccolipüree

8 Kalbsmedaillons zu je 80–100 g
1/4 Teel. weißer Pfeffer
1 Prise scharfes Paprikapulver
4 Eßl. Öl
1 Teel. Salz
300 g Broccoli
Salzwasser nach Bedarf
6 Blätter farblose Gelatine
1 l Wasser
je 1/4 Teel. Salz, weißer Pfeffer, getrockneter Thymian und getrocknetes Basilikum
3 Eßl. Gemüsebrühe oder Bouillon
1/8 l Sahne
1/4 l Weingelee, Rezept Seite 295

Pro Portion etwa 1930 Joule/460 Kalorien

Zubereitungszeit: 45 Minuten
Kühlzeit: 2–3 Stunden

Die Kalbsmedaillons waschen, trockentupfen, mit dem Pfeffer und dem Paprikapulver einreiben und von jeder Seite im heißen Öl 3–4 Minuten braten. Die Medaillons dann salzen und kalt werden lassen. • Den Broccoli putzen, waschen und mit Salzwasser bedeckt im geschlossenen Topf bei schwacher Hitze 10 Minuten kochen lassen. Den Broccoli dann in einem Sieb abtropfen lassen und kalt werden lassen. • Die Gelatine in dem kalten Wasser 15 Minuten einweichen. • Den Broccoli im Mixer pürieren und das Püree mit dem Salz, dem Pfeffer, dem Thymian und dem Basilikum verrühren. • Die Gemüsebrühe oder Bouillon erhitzen. • Die Gelatine in einem Sieb abtropfen lassen, gut ausdrücken und in der heißen Brühe auflösen. Die Gelatineflüssigkeit unter das Broccolipüree rühren. • Die Sahne steif schlagen und unter das Püree ziehen. • Das Broccolipüree in einen Spritzbeutel mit Sterntülle füllen und auf jedes Kalbsmedaillon 1 dicke Rosette davon spritzen. • Die Medaillons und das Broccolipüree mit flüssigem Weingelee überziehen und alles im Kühlschrank erstarren lassen.

Das paßt dazu: frisch aufgebackenes Weißbrot.

Preiswert

Krabbensülzen

200 g tiefgefrorene Perlerbsen (Petits pois)
Wasser nach Bedarf
400 g Krabben (Garnelen)
1 Eßl. Zitronensaft
10 Blätter farblose Gelatine
1 1/2 l Wasser
1/4 l herber Weißwein
2 Eßl. Weinessig
je 1 Prise Salz und Zucker
1 Spritzer Worcestershiresauce
2–3 Tropfen Tabascosauce
1 hartgekochtes Ei
1 rotgefüllte Olive

Pro Portion etwa 840 Joule/200 Kalorien

Zubereitungszeit: 30 Minuten
Zeit zum Erstarren: 3–4 Stunden
Besondere Küchengeräte: 4 gleich große Förmchen in der Größe einer Kaffeetasse oder 4 Kaffeetassen

Die Erbsen in wenig kochendes Salzwasser schütten und zugedeckt bei schwacher Hitze 3–4 Minuten kochen lassen. Die Erbsen dann in einem Sieb abtropfen und kalt werden lassen. • Die Krabben kalt abbrausen, abtropfen lassen, in eine Schüssel geben und mit dem Zitronensaft beträufeln. • Die Gelatine in dem kalten Wasser 15 Minuten einweichen. • Den Weißwein mit 1/4 l Wasser und dem Essig erhitzen. Das Salz, den Zukker, die Worcestershiresauce und die Tabascosauce unter die Flüssigkeit rühren. Die Gelatine im Sieb abtropfen lassen, gut ausdrücken und in der heißen Brühe auflösen. • Die Geleeflüssigkeit unter Rühren etwas abkühlen lassen und 4 Förmchen damit ausgießen und so schwenken, daß die Förmchen innen völlig von Gelee überzogen sind. Das Gelee dann im Kühlschrank erstarren lassen. • Aus der Eimitte 4 gleich große Scheiben schneiden. Aus der Olive ebenfalls 4 gleich dünne Scheibchen schneiden. Zunächst auf den Boden der Förmchen 1 Olivenscheibe legen, darauf die Eischeibe geben und diese mit Erbsen bedecken. Etwas Geleeflüssigkeit auf die Erbsen gießen und das Gelee wiederum im Kühlschrank erstarren lassen. • Die Krabben und die restlichen Erbsen dann in die Förmchen schichten, die restliche Geleeflüssigkeit darübergießen und die Sülzchen im Kühlschrank erstarren lassen. • Die Förmchen vor dem Servieren kurz in heißes Wasser tauchen, den Rand mit einem spitzen Messer lösen und die Krabbensülzen auf eine Platte stürzen.

Das paßt dazu: getoastetes Weißbrot.

Grillen und Kochen am Tisch

Für den Spaß, in größerer Runde direkt am Tisch zu brutzeln, braucht man bestimmte Geräte, die einen weitgehend von der Küche unabhängig machen. Natürlich wird vieles fertig vorbereitet aus der Küche zu Tisch gebracht, doch jedem Teilnehmer am Essen bleibt die Möglichkeit, eigene geschmackliche Vorstellungen zu verwirklichen. Bei der berühmten Fondue bourguignonne sind es beispielsweise die verschiedenartigen Würzsaucen, die Spielraum für persönliche Zusammenstellungen lassen. Bei den Toasts stellt man einfach auf den Tisch, was der Kühlschrank zu bieten hat: nämlich Wurst, Schinken, Käse, Obst, Gemüse, Eingelegtes, Würzsaucen und vielerlei Brot. Jeder kann sich seinen Toast kreativ belegen und überkrusten.

Folgende Spezialgeräte sind für solche Vorhaben notwendig:
• Für die reich belegten Toasts ist der Toastgrill das ideale Tischgerät oder der elektrische Tischgrill, in dem man außer Toasts auch Spießchen, Steaks, Hackfleisch, Obst und Gemüse knusprig garen kann.
• Für Fondue braucht man einiges mehr: Ein Rechaud, das ist ein meist formschöner Spiritusbrenner, dessen Flammenhöhe leicht zu regulieren ist und über der sich eine Fläche für den Fonduetopf befindet. Einen Fonduetopf, der für alle Arten von Käsefondue aus feuerfestem Steingut – der Caquelon – besteht und für andere Arten von Fondues aus Gußeisen, Messing, Kupfer, Edelstahl oder emailliertem Metall. Für jeden Teilnehmer am Essen sind 1–2 langstielige Spieße nötig, die durch farbige Punkte oder Symbole gekennzeichnet sind, damit jeder stets sein eigenes Besteck wiederfindet. Dazu braucht jeder noch einen Teller – es gibt Spezialteller mit Unterteilungen für die verschiedenen Beilagen – und je nach Art der Fondues noch Messer, Gabel und Löffel zum manierlichen Speisen.
• Für die Raclette – dem vor offenem Feuer geschmolzenen Käse, von dem man mit einem Messer jeweils das Weiche abschabt, auf Teller gibt und zu Brot und Kartoffeln ißt – braucht der echte Schweizer ein riesiges Stück vom Walliser Raclettekäse oder vom Greyerzer Käse (Gruyère), Gomser oder Bagneskäse, das in einer besonderen Halterung vor dem Feuer schmilzt. Das ist fast nur noch in der Gastronomie möglich. Für den Privatmann hat die Industrie elektrische Raclettegeräte entwickelt, in denen man in 1-Personen-Pfännchen gleichzeitig viele kleine Käseportionen schmelzen kann.
• Raffiniert ist die elektrisch beheizte Crêpepfanne, deren gerundete Unterseite in den Teig getaucht wird, der auf dem heißen Metall blitzschnell zu einer dünnen vorbildlichen Crêpe gerät. Damit bei einem solchen Essen alle gleichmäßig in den Genuß kommen, sich seine Crêpes beliebig aus dem reichen Angebot zu füllen, muß beim Braten in Schichten verfahren werden.
• Und weil die Crêpes, aber nicht nur sie, von Feinschmeckern gerne flambiert gewünscht werden, wäre noch eine Flambierpfanne aus Metall, aus feuerfestem Porzellan oder Steingut nötig. Unerläßlich ist außerdem zum Flambieren auch noch ein Rechaud.

Etwas schwierig

Neuenburger Fondue

Schweizer Käsefondue

Es ist die eigentliche Ur-Fondue, denn das Wort leitet sich vom französischen Verb »fondre« ab, was schmelzen heißt, und somit am ehesten auf alle Arten von Käsefondue zutrifft.

Zutaten für 8 Personen:
1 Knoblauchzehe
½ l Weißwein aus Neuchâtel
400 g Greyerzer Käse (Gruyère)
200 g Emmentaler Käse
2 Teel. Speisestärke
2 Schnapsgläser Kirschwasser (4 cl)
je 1 Prise frisch geriebene Muskatnuß und weißer Pfeffer aus der Mühle
800 g französisches Stangenweißbrot

Pro Portion etwa
2670 Joule/635 Kalorien

Zubereitungszeit: 30 Minuten
Besondere Küchengeräte: Rechaud, Caquelon (Fondue-Steinguttopf) und Fonduegabeln

Die Knoblauchzehe schälen, halbieren und das Caquelon damit ausreiben. • Den Wein in den Fonduetopf gießen und leicht erwärmen. Den Käse in gleich kleine Würfel schneiden und unter ständigem Rühren bei schwacher Hitze auf dem Herd im erwärmten Wein schmelzen lassen. Die Speisestärke mit dem Kirschwasser anrühren und unter den geschmolzenen Käse mischen. • Die Käsemasse mit dem Muskat und dem Pfeffer würzen, auf ein Rechaud stellen und die Flamme so regulieren, daß die Käsemasse kurz vor dem Siedepunkt gehalten wird. • Das Weißbrot in etwa 3 cm große Stücke schneiden und in einem Korb gesondert dazu reichen. • Bei Tisch spießt jeder Teilnehmer einen Weißbrotwürfel auf eine Fonduegabel, taucht ihn in die Käsemasse und läßt das Brot mit dem Käse vollsaugen.

Mein Tip Die Würze einer Käsefondue ist weitgehend vom Alter des Käses abhängig; je jünger der Käse, desto milder ist er im Geschmack. – Als Getränk reicht man entweder den gleichen Wein zum Fondue, der auch bei der Zubereitung verwendet wurde; besser für die Bekömmlichkeit der doch recht schweren Fondue ist heißer schwarzer Tee und etwas Kirschwasser.

Gelingt leicht

Fondue bourguignonne

Fleischfondue

Wenn Sie eine Fondue bourguignonne planen, so bestellen Sie das Fleisch am besten schon 1 Woche vorher bei Ihrem Fleischer, damit Sie ein wirklich gut abgehangenes und sehnenfreies Stück erhalten.

800 g Rinderlende oder -filet
1 l Öl
Gewürze zur Wahl:
Salz, Pfeffer aus der Mühle, Rosenpaprikapulver, Chilipulver,
Senf, geriebener Meerrettich und Zwiebelwürfel

Pro Portion etwa 1890 Joule/450 Kalorien

Zubereitungszeit: 30 Minuten
Besondere Küchengeräte: Rechaud, Fonduetopf, Fonduegabeln oder -spieße

Das Rindfleisch am besten am Tage vor dem Fondueessen einkaufen, kalt waschen, gut abtrocknen und in etwa 3 cm große Würfel schneiden. Die Fleischwürfel in eine flache Schüssel legen, mit geschmacksneutralem Öl beträufeln und zugedeckt bis zur Verwendung im Kühlschrank liegen lassen. • Die Fleischwürfel dann auf 1 oder 2 Platten gefällig anordnen und mit den Gewürzen in kleinen Schälchen auf den Tisch stellen. • Das Öl auf dem Küchenherd im Fonduetopf stark erhitzen. Den Topf dann auf das Rechaud über die brennende Flamme stellen und die Hitze so regulieren, daß das Fett heiß bleibt, aber nicht etwa zu brutzeln oder zu rauchen beginnt. Jeder Teilnehmer spießt nun einen Fleischwürfel auf seine Fonduegabel und hängt sie ins heiße Fett. Es bleibt jedem überlassen, wie durchgegart er sein Fleischstück wieder herausnimmt, wie er es würzt und mit den gebotenen zusätzlichen Dingen verspeist.

Das paßt dazu: Weißbrot, Cornichons, Oliven, Chutney, Relish, verschiedene Würzsaucen, möglichst scharf, mild und süß-sauer: beispielsweise Aioli, Rezept Seite 294, Meerrettichsauce, Rezept Seite 293, oder Remouladensauce.

Raffiniert

Sukiyaki

Japanisches Nationalgericht

Sukiyaki ist eine Art Fondue, das bei Tisch bereitet wird und aus einer Vielfalt von Zutaten besteht. Man braucht zu dieser Zeremonie ein großes Rechaud und eine passende Pfanne – am besten eine schwere Eisenpfanne. Während des Essens auf gleichbleibende Hitze achten: Sinkt die Temperatur, die Flamme des Rechauds höher stellen und warten, bis die Pfanne wieder genügend heiß ist – oder umgekehrt, die Flamme drosseln und ein paar Tropfen kaltes Wasser in die Pfanne zum Inhalt träufeln.

600 g Rinderfilet
200 g Sojabohnenquark (Tufu)
1 Zwiebel
100 g Bambussprossen
100 g kleine feste Champignons
200 g Chinakohl
4 Lauchzwiebeln
4 Eßl. Zucker
1/8 l Sojasauce
1/8 l Sake (japanischer Reiswein)
1 Streifen Rindernierenfett oder 1 Stück Speckschwarte

Pro Portion etwa 1785 Joule/425 Kalorien

Zubereitungszeit: 40 Minuten
Besonderes Küchengerät: ein großes Rechaud mit passender Pfanne

Das Filet quer zur Faser in etwa 3 mm dicke Scheiben schneiden. Die Scheiben noch einmal halbieren, so daß sie etwa die Größe einer Zündholzschachtel haben. • Den Sojabohnenquark in kleinere Würfel schneiden. Die Zwiebel schälen und würfeln. Die Bambussprossen abtropfen lassen. Die Champignons putzen, waschen und blättrig schneiden. Den Chinakohl waschen, die Blätter gut abtropfen lassen und in etwa 3 cm breite Streifen schneiden. Die Lauchzwiebeln putzen, waschen und in Streifen schneiden. • Alle kleingeschnittenen Zutaten auf einer großen Platte portionsweise anrichten. • Den Zucker, die Sojasauce und den Sake in Schalen mit je einem Löffel bereitstellen. • Die Rechaudflamme entzünden und die Pfanne darauf erhitzen. • Alles zu Tisch bringen und die heiße Pfanne mit dem Rindernierenfett oder mit der Speckschwarte ausreiben. Nach und nach immer einige Fleischscheiben in der heißen Pfanne von beiden Seiten anbraten, mit etwas Sojasauce beträufeln und wenig Zucker bestreuen und in 1 Minute garen. Das Fleisch dann an den Rand der Pfanne schieben und in der Mitte einige Würfel vom Sojabohnenquark, einige Zwiebelwürfel, Bambussprossen, Champignonscheibchen, Kohlstreifen, Zwiebelstreifen in 4–5 Minuten garen, mit etwas Sake beträufeln und aus der Pfanne nehmen. • So bereitet sich jeder Teilnehmer sein Sukiyaki selbst.

Das paßt dazu: körnig gekochter Reis oder Glasnudeln.

Gelingt leicht

Raclette

Die meisten elektrisch beheizten Raclettegeräte sehen 6 Portionspfännchen vor. Die Abdeckplatte des Gerätes, unter der die Hitzequelle zum Schmelzen des Käses ist, erwärmt sich auch von oben und eignet sich gut zum Heißhalten der Pellkartoffeln.

Zutaten für 6 Personen:
1 kg Kartoffeln
1 Teel. Salz
1 Teel. Kümmel
Wasser nach Bedarf
1 kg Walliser Raclettekäse, ersatzweise Sbrinzkäse

Pro Portion etwa
3425 Joule/815 Kalorien

Zubereitungszeit: 30 Minuten
Besonderes Küchengerät: elektrisches Raclettegerät

Die Kartoffeln unter fließendem kaltem Wasser bürsten, mit dem Salz und dem Kümmel von Wasser bedeckt zum Kochen bringen und zugedeckt etwa 30 Minuten kochen lassen. • Den Käse inzwischen in Würfel schneiden und in einer Schüssel auf den Tisch stellen. • Das Raclettegerät anheizen. • Die Kartoffeln abgießen, ausdämpfen lassen und auf der heißen Raclette-platte anrichten. • Jeder Teilnehmer am Essen füllt sich nun sein Pfännchen mit Käse und läßt diesen unter dem Gerät schmelzen. Inzwischen werden Pellkartoffeln geschält und auf möglichst vorgewärmte Teller gelegt. Den geschmolzenen Käse zu den Pellkartoffeln essen.

Das paßt dazu: schwarzer Pfeffer aus der Mühle, Cornichons, süß-saure Delikateßgürkchen oder Perlzwiebeln und ein kräftiger Rotwein.

Mein Tip Wer Raclette gerne mag, aber trotzdem nicht gar so viel vom Käse essen möchte, kann mit der halben Käsemenge auskommen und Schwarzgeräuchertes oder eine beliebige aufgeschnittene Hartwurst verwenden.

Gelingt leicht

Toast Hawaii

Reich belegte und gratinierte Toastbrote sind seit vielen Jahren ein beliebtes, weil problemloses Gäste-Essen. Wer diese schmackhaften Überraschungsschnitten einmal probiert hat, wird gerne nach eigenen Ideen neue Zusammenstellungen erfinden. Die folgenden Vorschläge sollen Ihnen den Start erleichtern.

4 Scheiben Toastbrot
2 Eßl. Butter
4 Scheiben magerer gekochter Schinken zu je 30 g
4 Scheiben von 1 frischen Ananas, etwa 1 cm dick
4 Teel. Mangosauce
4 Scheiben Mozzarellakäse oder Chesterkäse zu je 30 g
1 Teel. mildes Paprikapulver

Pro Portion etwa
1285 Joule/305 Kalorien

Zubereitungszeit: 20 Minuten
Besonderes Küchengerät: elektrischer Toastgrill

Die Toastbrote von beiden Seiten im Grill rösten. Den Elektrogrill vorheizen. • Die Toastbrote abkühlen lassen und mit der Butter bestreichen. Die Brote mit 1 Schinkenscheibe und 1 Ananasscheibe belegen und in die Mitte der Ananasscheiben je 1 Teelöffel Mangosauce träufeln. Die Brote mit dem Käse bedecken und im Grill etwa 10 Minuten überbacken. • Zuletzt das Paprikapulver über den geschmolzenen Käse stäuben.

Florentiner Toast

250 g Spinat vorbereiten und unzerkleinert in 1 Eßlöffel Butter mit etwas Salz und weißem Pfeffer 5 Minuten dünsten. 150 g Champignons putzen, waschen und vierteln. • Die Toastbrote beidseitig rösten, mit Butter bestreichen, mit dem abgetropften Spinat belegen und die Champignons auf dem Spinat verteilen. • Jedes Brot mit 1 Scheibe Emmentaler Käse belegen und im Grill etwa 10 Minuten überbacken.

Raffiniert

Sardellentoast

In der Küche 130 g in Öl eingelegte Sardellen mit dem Öl pürieren. 1 Zwiebel schälen und feinwürfeln, 2 hartgekochte Eier hacken. Die Zwiebelwürfel, die Ei-Stückchen mit 2 Eßlöffeln Mayonnaise, 2 Eßlöffeln gehackter Petersilie und 2 frischen Eigelben und dem Sardellenpüree mischen. • Die Sardellencreme bei Tisch auf den gerösteten Toastbroten verteilen. Jedes Brot mit 1 gehäuften Eßlöffel frisch geriebenem Emmentaler Käse bestreuen, mit Butterflöckchen belegen und die Brote im Grill 10 Minuten überbacken.

Gelingt leicht

Gegrillte Speckwürstchen

4 Paar Wiener oder Saftwürstchen
4 Emmentaler Käsescheibletten
100 g durchwachsener Speck in 8 sehr dünnen Scheiben

Pro Portion etwa 1735 Joule/415 Kalorien

Zubereitungszeit: 20 Minuten
Besondere Küchengeräte: elektrischer Toastgrill oder Tischgrill, 8 Holzspießchen

Die Würstchen heiß waschen, abtrocknen und der Länge nach aufschneiden, so daß sie aber noch zusammenhängen. Die Käsescheibletten in dünne Streifen schneiden, die aufgeschnittenen Würste damit füllen und jedes Würstchen mit einer Speckscheibe umwikkeln. Den Speck mit Holzspießchen feststecken. • Die Würstchen vorbereitet zu Tisch bringen. Den Grill anheizen und die Würstchen unter öfterem Umwenden so lange grillen, bis der Käse zu schmelzen beginnt und der Speck knusprig wird.

Das paßt dazu: verschiedene Senfsorten, eine Rohkostplatte und kräftiges Landbrot.

Schnell · Preiswert

Gegrillte Wurstschüsseln

8 etwa ½ cm dicke Scheiben von Mortadellawurst mit der Haut auf dem Rost des vorgeheizten Grills so lange grillen, bis sich die Wurstscheiben zu Schüsselchen wölben; durch die verbliebene Wursthaut formt sich die Wurst beim Erhitzen unweigerlich zu Schüsselchen. • Die Wurstschüsselchen aus dem Grill nehmen und mit Gemüsesalat, der mit Mayonnaise angemacht wurde, füllen.

Gelingt leicht

Schweinefiletspieße

600 g Schweinefilet
100 g durchwachsener Speck in dünnen Scheiben
8 Schalotten
16 große Champignons
2 rote Paprikaschoten
1 Eßl. Öl
1 Eßl. edelsüßes Paprikapulver
1 Messersp. Salz

Pro Portion etwa 2180 Joule/520 Kalorien

Zubereitungszeit: 30 Minuten
Besondere Küchengeräte: elektrischer Toastgrill oder Tischgrill, 4 Metallspieße

Das Schweinefilet waschen, abtrocknen und in etwa 4 cm große Würfel schneiden. Jeden Fleischwürfel in 1 Stückchen Speckscheibe einwickeln. Die Schalotten schälen und halbieren. Die Champignons putzen, waschen und abtropfen lassen. Aus den Paprikaschoten etwa 4 cm große Quadrate schneiden. Diese waschen und abtrocknen. Das Öl mit dem Paprikapulver und dem Salz verrühren und die Schalotten, die Champignons und die Paprikaschoten damit bestreichen. • Alle Zutaten abwechselnd auf 4 Spieße stecken und bei Tisch im vorgeheizten Grill von allen Seiten 10–12 Minuten grillen.

Das paßt dazu: frisches Brot und eine beliebige Würzsauce.

Braucht Zeit

Schweinenierenspieße

16 entsteinte Backpflaumen 4–5 Stunden in Rotwein weichen lassen, abtrocknen und jede Pflaume mit 1 dünnen Scheibe durchwachsenem Speck umwikkeln. • 400 g Schweinenieren längs halbieren, von allen Strängen befreien, 1 Stunde in Milch legen, abtrocknen und in Scheiben schneiden. 200 g geräucherten Schweinebauch in ½ cm dicke und 4 cm große Quadrate schneiden: Alles abwechselnd auf 4 Spieße verteilen, mit Öl bestreichen und 8–10 Minuten grillen. Die Spieße nach dem Grillen mit Salz und Pfeffer aus der Mühle würzen. • Dazu frisches Bauernbrot reichen.

Raffiniert

Crêpes am Tisch

Wenn Sie keine spezielle Crêpepfanne besitzen, wären die Gesellschafts-Crêpes – nämlich am Tisch auf der Rechaudflamme gebraten – nicht besonders sinnvoll. Dann geht man besser zum Braten in die Küche und bereitet Crêpes nach den klassischen Rezepten, die im Kapitel Eiergerichte angegeben sind. Mit der Spezialpfanne aber kann kulinarisches Teamwork bei Tisch geleistet werden. Die Crêpes können von der Tischrunde abwechselnd gebraten werden, während sich die übrige Gesellschaft damit beschäftigt, die fertigen Crêpes nach eigenem Geschmack zu füllen und nach Belieben auch noch zu flambieren.

• Stellen Sie in kleinen Schalen reichlich Zutaten für die Füllsel auf den Tisch: sauer oder süß-sauer eingelegtes Gemüse, frisch geraspeltes Gemüse, Würzsaucen, aufgetaute Shrimps oder Garnelen, Schinkenwürfel, geriebenen Käse, frisches oder konserviertes Obst, Konfitüre, Honig und Sirup.

• Zum Flambieren brauchen Sie Spirituosen von mindestens 38 Vol. Prozent Alkoholgehalt; herzhafte für die salzigen Crêpes wie Rum, Cognac, Whisky oder Obstgeister und süße für die süßen Crêpes wie Kirschlikör, Brombeerlikör oder Cointreau.

• Der Teig für diese Crêpes wird besonders dünn angerührt, deshalb weicht die Zusammensetzung etwas von der des Grundrezepts für Crêpes ab.

3 Eßl. Butter
125 g Mehl
1 Messersp. Salz
3 Eier

knapp 2 Tassen Milch

Pro Portion etwa
1285 Joule/305 Kalorien

Zubereitungszeit: 20 Minuten
Zeit zum Ruhen: 1 Stunde
Besondere Küchengeräte: Crêpepfanne, Rechaud, Warmhalteplatte – gegebenenfalls zum Flambieren ein zweites Rechaud und Flambierpfanne

Die Butter zerlassen und mit dem Mehl, dem Salz, den Eiern und der Milch zu einem dünnflüssigen Teig verrühren. Den Teig in der Schüssel, die zur Crêpepfanne geliefert wird, 1 Stunde zugedeckt ruhen lassen. Den Teig dann noch einmal gründlich durchrühren und zu Tisch bringen. • Die Crêpepfanne mit der Wölbung nach oben über dem Rechaud erhitzen, leicht in den Teig tauchen, so daß die gewölbte Seite der Pfanne dünn von Teig überzogen ist. Die Crêpepfanne wieder mit der Wölbung nach oben auf das Rechaud geben und so lange erhitzen, bis die Unterseite der Crêpe knusprig braun und die Oberseite fest geworden ist. • Die Crêpe dann halbieren, vierteln und auf die Warmhalteplatte geben.

Etwas schwierig

Flambierte Crêpes mit Hühnerleber

400 g Hühnerleber waschen, trockentupfen, von allen Fetteilchen befreien und in etwa 3 cm große Würfel schneiden. Die Hühnerleber mit 1 kleingewürfelten Zwiebel in 2 Eßlöffeln Öl unter ständigem Umwenden in der Pfanne 3 Minuten braten, salzen und pfeffern und warm stellen. • Die Crêpes wie im Rezept für Crêpes am Tisch beschrieben zubereiten und warm halten. • In der Flambierpfanne jeweils 1–2 Eßlöffel Butter erhitzen, 4 zu Viertel zusammengeklappte Crêpes von beiden Seiten darin wenden, mit jeweils ¼ der Hühnerleber bedecken. 2 Eßlöffel Sahne über die Hühnerleber gießen und alles noch einmal gut erhit-

zen. Pro Crêpepfanne 1 Schnapsglas Whisky (2 cl) in einem Schöpflöffel über einer Kerzenflamme leicht erwärmen, über die Crêpe gießen, anzünden und ausbrennen lassen. • Die restlichen 3 Portionen ebenso zubereiten und flambieren.

Flambierte Crêpes mit Himbeeren

500 g frische gewaschene oder tiefgefrorene aufgetaute Himbeeren in 3 Eßlöffeln Butter mit 2–3 Eßlöffeln Puderzucker unter Umwenden bei schwacher Hitze erwärmen. • Die Crêpes wie im Rezept für Crêpes am Tisch zubereiten und warm halten. • In der Flambierpfanne jeweils 1 Eßlöffel Butter mit 2 Eßlöffeln vom Himbeersaft erhitzen. Jeweils 4 Crêpes in der Pfanne wenden, mit $^1/_4$ der Himbeeren bedecken und diese gut heiß werden lassen. In einer kleinen Schöpfkelle je 1 Schnapsglas Himbeergeist (2 cl) und Cointreau mischen, über einer Kerzenflamme erwärmen, über die Himbeeren gießen, anzünden und ausbrennen lassen. • Die restlichen 3 Portionen ebenso zubereiten und flambieren.

Raffiniert

Flambierte Kalbsmedaillons

8 Kalbsmedaillons zu je 50 g
1 Teel. getrockneter Rosmarin
je Medaillon 1 Prise weißer Pfeffer, 4 kleine Orangen, 1 Teel. Salz, 4 Eßl. Butter, 3 Schnapsgläser Cognac (6 cl), 4 Teel. Johannisbeergelee

Pro Portion etwa 1220 Joule/290 Kalorien

Zubereitungszeit: 40 Minuten
Besondere Küchengeräte: Rechaud, Flambierpfanne, Kerze

Die Kalbsmedaillons waschen und trockentupfen. Den Rosmarin zerbrechen und die Kalbsmedaillons mit dem Rosmarin und dem Pfeffer einreiben. 2 Orangen heiß waschen, abtrocknen, und 8 dünne ungeschälte runde Scheiben daraus schneiden. Die anderen beiden Orangen auspressen und den Saft mit dem Salz verrühren. • Alle Zutaten zu Tisch bringen und die Hälfte der Butter in der Flambierpfanne auf der Rechaudflamme zerlassen. 4 der Kalbsmedaillons in die Pfanne geben und von jeder Seite goldbraun braten; das dauert pro Seite 2–3 Minuten. • 4 der Orangenscheiben um die Medaillons geben, in der Bratbutter erhitzen und die Hälfte des gesalzenen Orangensaftes zu den Medaillons gießen. Die Hälfte des Cognacs in einem kleinen Schöpflöffel über einer Kerzenflamme erhitzen, über die Medaillons gießen, anzünden und die Pfanne etwas rütteln, damit sich der Alkohol gut über den Medaillons verteilt. Die Flamme ausbrennen lassen und die Medaillons mit je 1 Orangenscheibe belegt und 1 Tupfen Johannisbeergelee servieren. • Die zweite Portion ebenso bereiten und flambieren.

Das paßt dazu: gedünstete grüne Erbsen, Champignons mit Rahm und frisches Stangenweißbrot.

Flambierte Scampi

12 gegarte Scampi in 2 Portionen in je 2 Eßlöffeln Olivenöl mit 2 zerdrückten Knoblauchzehen in der Flambierpfanne erhitzen. Jeweils $1^1/_2$ Schnapsgläser leicht erwärmten Whisky (3 cl) darüberträufeln, anzünden und unter Hin- und Herbewegen der Pfanne ausbrennen lassen. • Die Scampi mit etwas Salz und Cayennepfeffer würzen und zu frischem Stangenweißbrot reichen.

Raffiniert

Flambierte Pfirsiche auf Vanilleeis

2 große reife Pfirsiche häuten, halbieren, den Stein herauslösen und die Pfirsichhälften mit 1 Eßlöffel Puderzucker, 1 Stückchen Zimtstange und $^1/_2$ Tasse Weißwein zugedeckt 5 Minuten dünsten. • 2 Eßlöffel Butter in der Flambierpfanne über dem Rechaud erhitzen und die abgetropften Pfirsiche von jeder Seite 2 Minuten darin braten. • Mit je 1 Schnapsglas Kirschwasser (2 cl) und Kirschlikör beträufeln, anzünden und ausbrennen lassen. Die durchgeseihte Dünstflüssigkeit um die Pfirsiche gießen und erwärmen. • Die Pfirsiche mit dem Saft auf je 1 Portion Vanilleeis legen und servieren.

Weine und Getränke zur Mahlzeit

Getränke vollenden die Mahlzeit. Es muß aber nicht unbedingt Wein sein, der das tägliche Essen ergänzt. Wohl gibt es Regionen – vor allem die traditionellen Weinbaugebiete und -länder, in denen eine Mahlzeit ohne Wein kaum denkbar ist, aber daneben bestehen auch andere Gepflogenheiten mit Tradition. Zu mancher regionalen oder fremdländischen Spezialität gehört Bier, und zu bestimmten fernöstlichen Gerichten schmeckt nichts besser als Tee. Damit soll nur betont werden, daß die Devise, wer Eßkultur beweisen möchte, trinkt Wein zur Mahlzeit, nicht ganz stimmt. Man sollte bedenken, daß der Alkoholgenuß in den meisten Industrieländern überhöht ist, und respektieren, daß viele Menschen aus verschiedenen Gründen auf alle alkoholischen Getränke verzichten.
Machen Sie es sich daher zur Gewohnheit, für ein besonderes Essen nicht nur den passenden Wein auszuwählen, sondern für »Andersgläubige« auch Bier, Mineralwasser oder Saft bereitzuhalten.
Das Hauptgetränk bei einer festlichen Mahlzeit wird aber der Wein sein. Wenden wir uns also der Auswahl des Weins zu. Wer ohnehin über einen gut sortierten Weinkeller verfügt, darf sich schon zu den Kennern zählen und wird aus seinen Beständen das Passende zu den einzelnen Gängen eines Menüs aussuchen. Wie aber vorgehen, wenn man noch nicht viel Weinerfahrung hat? Hier einige Tips für den Einkauf von Wein: Für den alltäglichen Gebrauch können Sie den Wein ruhig in einem Kaufhaus oder Supermarkt erwerben. Allerdings bekommen Sie hier keine Beratung. Für festliche Gelegenheiten empfiehlt sich der Besuch eines Fachgeschäftes, wo Sie beraten werden. Es gibt leichte bis schwere Weine, trockene – also herb bis säuerlich – und liebliche – also mit mehr Süße! Kaufen Sie zum Essen lieber einen trockenen Wein, süßer Wein eignet sich nur als Begleiter zum Dessert.
Wählen Sie bei deutschen Weinen einen Qualitätswein oder einen Qualitätswein mit Prädikat; beides geht aus dem Etikett hervor. Diese Weine unterliegen besonderen Kontrollen, was eine Garantie für ihre Qualität bietet.
Zusätzlich hilft bei deutschen Qualitätsweinen das Weinsiegel, eine kleine runde Marke. Ein gelbes Weinsiegel besagt, daß der Wein trocken ist (bis 9 g/l Restzucker). Der Vermerk »für Diabetiker geeignet« weist darauf hin, daß er pro Liter höchstens 4 g Restzucker enthält. Das grüne Weinsiegel deklariert einen halbtrockenen Qualitätswein. Außerdem gibt es noch das rote Weinsiegel, ein Gütezeichen für Qualitätsweine, die mehr als die amtlich geforderte Mindestpunktzahl erreicht haben. Trägt eine Flasche eine bronzene, silberne oder goldene Banderole, so wurde diesem Wein eine amtliche Prämierung zuteil.
Spätlesen, Auslesen, Beerenauslesen, Trockenbeerenauslesen und Eisweine sind aus besonders reifen Trauben gepreßt. Sie gehören zu den teuersten und süßesten Weinen. Bei großen Festmenüs passen sie zum erlesenen Dessert.
So einfach wäre der erste Schritt in die Welt der Weinkenner. Aber die Weinregale sind prall gefüllt mit Weinen aus ganz Europa, und die Preisunterschiede bei Weinen gleicher Qualität sind oft erheblich. Ein Vergleich lohnt sich in jedem Fall.
Österreich hat seine Weinetiketten den deutschen weitgehend angeglichen; unserer Kategorie der Qualitätsweine mit Prädikat entspricht der österreichische »Qualitätswein besonderer Reife und Lesart«.
Die Weine, die aus der Schweiz zu uns gelangen, lassen sich in der Qualität ebenfalls mit den deutschen Qualitäts- und Prädikatsweinen vergleichen.
Wenn Sie französische Weine kaufen, so achten Sie auf die Angaben auf dem Etikett »Appellation contrôlée« (A.C.) und »Vins délimités de qualité supérieure« (V.D.Q.S.). Weine mit dieser Auszeichnung entsprechen den deutschen Qualitätsweinen. Darüber hinaus hat jedes große Anbaugebiet Frankreichs seine eigenen Qualitätsaussagen, zu deren Verständnis schon ein Spezialstudium nötig ist. Wird zusätzlich zum Herkunftsgebiet ein Untergebiet, eine bestimmte Lage oder ein Château angegeben, so lassen sich diese Weine mit unseren Prädikatsweinen vergleichen.
Italienische Weinetiketten sind weniger problematisch. Tragen sie die Aufschrift D.O.C., was soviel wie kontrollierte Ursprungsbezeichnung heißt, so handelt es sich um einen Qualitätswein, der bestimmten Anforderungen bezüglich der Traubensorte, des Alkoholgehaltes und des Säuregehaltes erfüllt. Der Zusatz »classico« bezeichnet Weine, die aus bevorzugten Lagen stammen; findet sich der Zusatz »superiore«, so hat der Wein mindestens 1 Jahr gelagert, »vecchia riserva« garantiert eine noch längere Lagerzeit.
Alle bisher erwähnten Kriterien treffen für Rot-, Weiß- und Roséweine zu. Weitere Angaben auf einem Etikett sind beispielsweise der Jahrgang eines Weines, der aber nur dem Weinkenner etwas über Qualität und Geschmack sagt. Mit ein wenig Erfahrung kann man jedoch auch aus der genannten Rebsorte auf den Charakter (geschmackliche Eigenschaft) eines Weines schließen. So wurde zum Beispiel ein Riesling aus der wertvollsten weißen Traubenart gepreßt, er schmeckt rassig und elegant, ein Müller-Thurgau aus Reben mit dezentem Muskatgeschmack, ein Silvaner aus Reben

mit fruchtigem Geschmack. Ein Wein aus Ruländer-Trauben ist häufig etwas schwerer und alkoholreicher als die bereits erwähnten, er enthält weniger Säure. Die wichtigste blaue Rebsorte ist der Blaue Spätburgunder. Er liefert die großen edlen Rotweine. Die Portugieser-Traube liefert Konsumqualitäten. An dritter Stelle steht in Deutschland die Trollinger-Rebe, die fast ausschließlich in Württemberg angebaut wird. Diese Rebsorten werden sowohl in Deutschland als auch in den anderen Ländern auch verschieden genannt.

Synonyme für Riesling: Rheingauer, Hochheimer, Moselriesling, Klingelberger (in Deutschland); Petit Riesling, Riesling blanc, Gentil aromatique (in Frankreich); Riesling Renano bianco (in Italien); Petit Rhin (in der Schweiz); Rheinriesling (in Österreich); Rajnski Rizling (in Jugoslawien).

Synonyme für Müller-Thurgau: Riesling X Silvaner (in der Schweiz); Rivaner (in Luxemburg).

Synonyme für Silvaner: Grüner Silvaner, Österreicher, Frankenriesling (in Deutschland); Sylvaner, Grüner Zierfandl, Fliegentraubl (in Österreich); Silvain vert, Gentil vert, Gamay blanc (in Frankreich); Zöldszilváni (in Ungarn); Silvanai Zeleni, Zelena Smedmogradk (in Jugoslawien).

Synonyme für Ruländer: Grauer Burgunder, Grauklevner (in Deutschland); Malvoisie, Tokajer (in der Schweiz); Pinot gris (in Frankreich); Rulendac sivi (in Jugoslawien).

Synonyme für Blauer Spätburgunder: Blauburgunder, Clävener, Klebrot (in Deutschland); Pinot noir, Franc noirien, Bourguignon noir (in Frankreich); Pinot nero, Pignol, Pignola (in Italien); Burgundac Crni, Modra Klevanyka (in Jugoslawien); Klevner, Pinot noir (in der Schweiz).

Synonyme für Portugieser: Blauer Portugieser Oportorebe, Vöslauer, Badener (in Österreich); Autrichien (in Frankreich); Kraljevina (in Jugoslawien).

Für deutschen Schaumwein gibt es folgende Güteklassen: Den preiswerten Schaumwein ohne weitere Angaben, aber vom genannten Hersteller oft mit Phantasienamen bedacht, den Qualitätsschaumwein oder Sekt und den Qualitätsschaumwein b. A. (bestimmter Anbaugebiete), der aus Trauben einer der 11 deutschen Weinanbaugebiete hergestellt sein muß. Qualitätsschaumweine unterliegen einer amtlichen Prüfung.

Wichtig für die Wahl von Sekt, Champagner und anderen Schaumweinen sind die Hinweise auf den Geschmack, die für alle Schaumweine gelten; wenig Restsüße, nämlich 0–15 g/l, haben die mit herb oder brut bezeichneten; sehr trocken, extra dry oder extra sec, mit 12–20 g/l; trocken, dry, sec, mit 15–35 g/l; halbtrocken, medium, dry, demi-sec, demi-doux, mit 33–50 g/l; mild, süß, doux, mit über 45 g/l.

Der Name Champagner ist geschützt, ihn dürfen nur Erzeugnisse tragen, die aus der Champagne stammen und den Herkunfts- und Qualitätsbestimmungen der Champagne-Winzer entsprechen. Alle anderen französischen Schaumweine heißen Vins mousseux oder mouseseux.

Die Lagerfähigkeit hängt von verschiedenen Faktoren ab: Leichte, milde Weine kann man nicht so lange lagern wie kräftige, säurereiche. Höhere Qualitäten lagern besser als geringere, das gilt sowohl für die Qualität der Rebsorten als auch des Weines. Rotweine eignen sich für längere Lagerung als Weißweine.

Wenn Sie den Wein Ihrer Wahl gekauft haben, lagern Sie ihn kühl, luftig, liegend und dunkel. Liegend sollen alle mit Korken verschlossenen Weinflaschen lagern, weil der Korken dann mit dem Wein in Berührung kommt, feucht bleibt und die Flasche luftundurchlässig abdichtet. Flaschen mit Kronkorken oder Kunststoffverschluß können auch stehend aufbewahrt werden.

Lassen Sie Wein nach dem Kauf ein paar Tage ausruhen, je edler die Qualität, desto länger. Am Tag, an dem der Wein getrunken werden soll, bringen Sie ihn langsam auf die jeweils gewünschte Temperatur. Wie lange dies zu geschehen hat, hängt davon ab, wie kühl der Wein bis zu diesem Zeitpunkt gelagert wurde. Nur richtig temperierter Wein kann seine vollen Aroma- und Geschmacksstoffe entfalten. Leichte Weißweine sollten mit etwa 11° serviert werden, schwere edle Weißweine bei 12–13°, Champagner und Sekt bei 8–10°. Weißweine und Schaumweine können also bis zum Öffnen im Kühlschrank lagern; sie erwärmen sich dann im Glas. Die anderen Weine läßt man einige Stunden bis 30 Minuten vor dem Servieren bei Raumtemperatur die gewünschten Grade erreichen.

Denken Sie daran, daß die Farbe, Duft und Geschmack eines Weines nur im speziellen Weinglas zur Geltung kommen. Das Glas, das nur zu $^2/_3$ gefüllt wird, sollte nicht zu klein sein, damit sich das Bukett des Weines entfalten kann. Es sollte bauchig geformt sein und sich nach oben verjüngen, damit es das Bukett bewahrt.

Wenn zu den Gängen eines Menüs verschiedene Weine serviert werden, so reicht man stets leichtere Weine vor den schwereren, kühlere vor den temperierten und trockene Weißweine vor Rotweinen.

Wenn Sie für die einzelnen Speisen eines Menüs Wein zum Veredeln verwenden, so servieren Sie am besten auch den gleichen Wein zu diesem Gang.

Weine und Getränke zur Mahlzeit

Welcher Wein wozu?
Heutzutage gilt im allgemeinen »Erlaubt ist, was gut schmeckt«, und die strengen Regeln früherer Zeiten sind stark gelockert worden. Dennoch einige Tips zum Ausprobieren:
Zu warmen und kalten Vorspeisen passen leichte Weißweine wie ein badischer Gutedel, ein Silvaner oder ein leichter Rosé. Werden Austern als Vorspeise serviert, schmeckt ein Chablis, ein trockener Champagner oder ein Muscadet gut dazu. Zu Fischen, Schal- und Krustentieren passen leichte trockene bis halbtrockene Weißweine, zum Beispiel ein junger Mosel- oder Loirewein, ein Riesling von Mosel oder Nahe oder auch ein Silvaner. Zu Lachs paßt ein guter weißer Burgunder oder ein Pfälzer Riesling; zu Süßwasserfischen sollte man einmal einen italienischen Soave, einen Frascati secco oder auch einen trockenen Roséwein probieren. Kalbs- und Lammbraten harmonieren mit badischem Weißwein vom Kaiserstuhl, einem Silvaner aus Rheinhessen, aber ebenso mit trockenen Rotweinen wie Bordeaux oder Burgunder.
Zu Rinderbraten und kurzgebratenem Rindfleisch passen sowohl kräftige Rotweine aus Bordeaux, Burgund, aus dem Aargau oder aus Württemberg wie leichtere Roséweine.
Zu Schweinebraten und kurzgebratenem Schweinefleisch paßt am besten ein kühles Bier. Soll Wein dazu gereicht werden, empfiehlt sich ein nicht zu schwerer Rotwein, beispielsweise ein französischer Beaujolais, ein italienischer Bardolino, aber auch ein Pfälzer Weißwein oder Frankenwein.
Zu Hausgeflügel ohne besonderen Eigengeschmack paßt ein roter Bordeaux so gut wie ein weißer Burgunder, ein Rotwein aus Baden oder Tirol, ein Weißwein aus dem Rheingau oder aus der Pfalz. Dies gilt auch für Perlhuhn, Truthahn und Kapaun. Roter Bordeaux paßt dagegen zu Wildgeflügel, zu Pasteten und Galantinen; zu Entenbraten und Gänsebraten schmeckt zum Beispiel ein Rotwein wie Châteauneuf-du-Pape.
Zu Wildbret werden schwerere Rotweine bevorzugt. Sie können aber ruhig einmal einen nicht ganz trockenen Weißwein dazu probieren.
Es hängt von der Würze des Käses ab, wie schwer der Wein dazu sein soll. Zu mildem Käse paßt Riesling, Kerner, ein Roséwein, ein Weißherbst oder ein Beaujolais Primeur. Zu würzigen Käsesorten empfiehlt sich ein schwererer Württemberger Rotwein, ein Bordeaux, ein Burgunder oder sogar eine weiße Spätlese.
Je kostbarer das Dessert, desto wertvoller darf der Wein dazu sein – wenn man überhaupt zum Dessert Wein anbieten möchte. Zu feinen Cremes passen eine Trockenbeerenauslese, ein Eiswein oder ein Strohwein, ein Sauternes oder ein Vino santo aus Süditalien.
Zur Begrüßung der Gäste wird vor einem festlichen Essen, möglichst noch nicht im Speisezimmer, ein Aperitif gereicht. Gut geeignet ist dazu ein trockener Sekt oder Champagner. Sekt darf etwa zu gleichen Teilen mit Orangensaft gemischt werden. Auch trockener Sherry, Portwein, Madeira oder Wermut werden gern gereicht. Beliebt sind Aperitifs mit Bittergeschmack wie Campari, Cinzano oder solche mit Anisgeschmack wie Pernod oder Ricard. Aperitifs mit Bittergeschmack werden mit einem etwa fingerlangen Stück Zitronenschale ins Glas gegeben und mit kühlem Mineralwasser aufgefüllt. Aperitifs mit Anisgeschmack serviert man pur in einem hohen Glas und reicht dazu kaltes Wasser mit Eiswürfeln. Denken Sie aber auch an Gäste, die keine alkoholischen Getränke mögen und reichen Sie ihnen einen Grapefruit-, Orangen- oder Maracujasaft, einen leicht mit Pfeffer und Salz gewürzten Tomatensaft oder frisch gepreßten Gemüsesaft mit eingehackten Kräutern. Digestiv nennt man das Getränk, das nach einem Menü gereicht wird. Es dient der guten Bekömmlichkeit eines Essens. Zusammen mit dem Kaffee oder Mokka oder auch danach kann man einen Obstbranntwein wie Himbeergeist, Kirschwasser oder Calvados reichen, einen bitteren Fernet branca, einen Aquavit, einen Wodka, einen Cognac oder Armagnac. Zuspruch findet auch immer ein edler Likör wie beispielsweise Cointreau.

Zum Bild rechts:

So sehen die gebräuchlichsten Gewürzkräuter aus, wenn sie frisch auf den Markt kommen. Kaufen Sie immer nur Kräuter, die noch nicht welk oder lasch in sich zusammengefallen sind. Auf der nebenstehenden Abbildung sehen Sie von links nach rechts in der oberen Reihe: Pimpinelle, Salbei und Borretsch; in der mittleren Reihe: Basilikum, Dill und Ysop; in der unteren Reihe: Zitronenmelisse, Estragon und Koriandergrün.

Kräuter und Gewürze

Gewürze sind die Gruppen von Würzstoffen, die aus Wurzeln, Wurzelstücken, Blättern, Rinden, Blüten oder Blütenteilen, Beeren, Kapseln, Spaltfrüchten oder Samen gewonnen werden. Die meisten Gewürze sind tropischer Herkunft und kommen getrocknet, vielfach bereits pulverisiert, in den Handel. Die meisten Küchenkräuter oder Gewürzkräuter wachsen dagegen im mitteleuropäischen Klima und werden frisch oder getrocknet verwendet. Gewürze und Kräuter enthalten besondere Reizstoffe, die den Appetit anregen und die Bekömmlichkeit der Speisen steigern. Viele von ihnen sind seit langem auch als Heilpflanzen bekannt.

Folgendes ist beim Umgang mit Kräutern und Gewürzen zu beachten:

- Beim Würzen ist die richtige Dosis entscheidend. Natürlich hängt das Wieviel immer vom persönlichen Geschmack und vom jeweiligen Gericht ab. Grundsätzlich rechnet man bei frischen, zerkleinerten Kräutern pro Portion ½–1 Teelöffel, je nach Intensität des Krautes. Von getrockneten Kräutern nimmt man nur die Hälfte oder 1 Prise pro Portion. Von pulverisierten Gewürzen genügt 1 Messerspitze oder 1 Prise pro Portion; Ausnahmen ergeben sich durch spezielle Rezepte.

Zum Bild links:

Manches Würzkraut kennt man nur im getrockneten Zustand. Sollten Sie sie frisch angeboten bekommen, so greifen Sie auf jeden Fall zu. Damit Sie feststellen können, was Sie erworben haben, sehen Sie auf der gegenüberliegenden Seite weitere neun wichtige Würzkräuter. Von links nach rechts in der oberen Reihe: Oregano, Rosmarin und Liebstöckel; in der mittleren Reihe: Petersilie, Minze und Schnittlauch; in der unteren Reihe: Majoran, Thymian und Bohnenkraut.

- Geben Sie beim Einkaufen von Gewürzen den luftdicht verschlossenen Behältern den Vorzug. Viele Gewürze sind lichtempfindlich, deshalb ist es ratsam, lichtundurchlässige Gläser oder Dosen zu wählen. Kaufen Sie getrocknete Gewürze und Kräuter möglichst grobkörnig oder grobblättrig, damit man sie kurz vor dem Gebrauch zerkleinern kann; das Aroma wird dann stärker. Kaufen Sie nach Möglichkeit Körnergewürz nicht bereits gemahlen, sondern mahlen Sie es kurz vor Gebrauch in einer Mühle.
- Jede Art Gewürzkorn sollte nur in einer separaten Mühle gemahlen werden. Also schwarzer Pfeffer in einer eigenen Mühle, weißer Pfeffer in einer eigenen und jedes andere Gewürz ebenfalls in einer eigenen Mühle.
- Frische Kräuter werden vor dem Gebrauch kalt abgebraust, trockengeschleudert und in den meisten Fällen kleingeschnitten oder gehackt. Verwenden Sie dafür kein Holzbrett, da Holz den Kräutersaft aufsaugt. Nehmen Sie lieber eine Porzellanplatte oder ein Kunststoffbrett.
- Bewahren Sie alle Gewürzbehälter nach Gebrauch fest verschlossen und möglichst lichtgeschützt auf. Gewürze nie im offenen Gefäß stehen lassen. Gewürze und Kräuter nicht länger als 1 Jahr aufbewahren; sie haben dann keine Würzkraft mehr. Pulverisierte Gewürze verlieren noch rascher Aroma und Würzkraft.
- Ideal zum Zerkleinern oder Pulverisieren aller getrockneten Gewürze oder Kräuter und selbstzusammengestellten Gewürzmischungen ist der Mörser mit Stößel. Die Duft- und Aromastoffe werden dabei besonders gut freigesetzt.
- Beim Einfrieren von fertigen Speisen reagieren Gewürze unterschiedlich. Unverändert durch das Einfrieren bleiben Ingwer, Kapern, Kümmel, Meerrettich, Nelken, Salz, Vanille, Zitrone und Zucker.
- An Würzkraft verlieren Anis, Bohnenkraut, Essig, Majoran, Muskat, Paprikapulver, Pfeffer und Senf. Speisen, die mit diesen Gewürzen abgeschmeckt wurden, müssen nach dem Wiedererhitzen noch einmal nachgewürzt werden.
- An Intensität gewinnen Basilikum, Dill, Estragon, Salbei und Thymian – diese Gewürze am besten erst nach dem Einfrieren beim Wiedererhitzen zugeben.
- Nicht geeignet zum Einfrieren ist Knoblauch.
- Frische oder tiefgefrorene Kräuter stets an die fertigen Gerichte geben und nicht mitkochen lassen, es sei denn, in einem Rezept wird ausdrücklich etwas anderes angegeben.

Die Tabelle auf den nachfolgenden Seiten gibt eine Übersicht über die Verwendung von Kräutern und Gewürzen.

Kräuter und Gewürze

	Anis	**Basilikum**	**Beifuß**	**Bohnenkraut**	**Borretsch**	**Cayennepfeffer**

Suppen	Milch-, Brot-, Obstsuppen	Fisch-, Tomatensuppe, Minestrone	Zwiebelsuppe, Bohnensuppe	Hülsenfrucht-, Gemüse-, Kartoffelsuppe	Kräutersuppen	Fisch-, Gulasch-, Cremesuppen
Saucen		Tomaten-, Kräuter-, Bratensauce	Kräutersauce	Salatsauce, braune Saucen, Kräutermayonnaise	Kräuter-, Salat-, Tomatensauce, Sahnesauce	helle Saucen, Salatsaucen
Salate	Möhren-, Obstsalat	Tomaten-, Gurkensalat	Gurken-, gemischter Salat	Bohnen-, Gurken-, grüner Salat	Gurken-, grüner Salat	Krabben-, Tomaten-, Wurst-, Reissalat
Eierspeisen		Rührei, Käseomelette		Rührei, Spiegelei, Omelette	Eierkuchen, Omelette	Omelette, Spiegelei
Fisch		gebratener, gekochter Fisch	Aal, Karpfen, gebratener Fisch	gebratener, gekochter Fisch	gegrillter Fisch	Fischgerichte, Muscheln
Fleisch		Kalbs-, Lamm-, Schweinebraten, Frikadellen	Kalbs-, Schweinebraten, Schweinebauch, Hackfleisch	Lammragout, gedünstetes Fleisch, Farcen, Schweinefleisch	Hackfleischgerichte, gegrilltes Fleisch	Schwein, Rind, Steaks, Gulasch, Bratwurst
Geflügel, Wild		gebratenes, geschmortes Hähnchen	gebratene Gans, Ente, Geflügel-, Wildragout			gebratenes Geflügel, Wildschwein
Gemüse	Gurken, Kohl, Pilze	Tomaten, Rotkohl, Grünkohl	Weißkohl, Wirsing, Eintopf	Hülsenfrüchte, Gurke, Rotkohl, Kartoffeln	Weißkohl, Gurken, Pilze, Tomaten, Kartoffeln	Bohnen, Blumenkohl
Verschiedenes		Nudeln, Kräuterkartoffeln		Salz-, Bratkartoffeln	Kräuterbutter, -quark	Risotto
Dessert, Gebäck	Plätzchen, Biskuits, Kompott, Brot	Pizza		Käsegebäck		
Bitte beachten		frisch sparsam verwenden	frisch sparsam verwenden	nicht mitkochen		vorsichtig dosieren

Kräuter und Gewürze

Chillipulver	Currypulver	Dill	Estragon	Fenchel	Ingwer	Kapern

Tomatensuppe	Fisch-, Pilz-, Schildkrötensuppe	Kräutersuppe	Geflügel-, Fleischbrühe, Kartoffelsuppe	Brotsuppe	Bohnensuppe, Obstsuppen	
Ragoutsaucen	Currysauce	Gemüsesaucen, Dillsauce, Kräutersauce	Sauce béarnaise, hollandaise, Vinaigrette		Käsesauce	Kapernsauce, Remoulade
Fleisch-, Maissalat	Reis-, Eier-, Geflügelsalat	Gurken-, Tomaten-, Kopf-, Kartoffelsalat	Spargel-, Kartoffel-, Sellerie-, Chicoréesalat	grüner, Gurken-, Tomatensalat	Reis-, Geflügel-, Obstsalat	Herings-, Wurst-, Fleisch-, Käsesalat
Rührei, Omelette	verlorene, gefüllte Eier	Rührei, Omelette	Omelette, Eierkuchen			gefüllte Eier
gedünsteter Seefisch	gekochter Seefisch, Krabben	Aal, Seefischfilet, Lachs, Krebse	Krabben, Thunfisch, Fischragout	Fischmarinade, 1 Zweig im Grillfisch	gebackener, gekochter Fisch	gekochter Fisch, Fischragout
Hackfleischgerichte, Tatar	Kalb-, Lammfleisch, Leber	Kalb-, Lammfleisch, Hackfleisch	Kalb, Lamm, Sauerbraten, Leber, Hackfleisch	Frikadellen	Kalb, Schwein, Hackfleischgerichte	Kalbsragout, Hackfleischgerichte, Tatar
Huhn mit Reis	Hühnercurry	gebratenes, gekochtes Huhn	Huhn, Ente, Gans, Wild, Ragouts		Geflügelgerichte	Huhngerichte
Auberginen, Möhren	Auberginen, Tomaten, Paprika	Bohnen, Erbsen, Gurke, Pilze, Möhren	Möhren, Tomaten, Linsen, Steinpilze	Tomaten, Pilze	Möhren, Kürbis, weiße Bohnen	
Aufläufe, pikanter Quark	Reis	Bratkartoffeln, Kräuterbutter, -quark	Nudelgerichte, Kartoffeln, Spargel	Risotto, Linsen	Reis, pikanter Quark	
	Pizza				Plätzchen, Kompott, Birnen	Pizza
	Dosierung von Würzkraft abhängig	frischen Dill nicht mitkochen	vorsichtig dosieren	vorsichtig dosieren, fein zerreiben	nicht mit Kräutern mischen	nicht kochen

Kräuter und Gewürze

	Kardamom	**Kerbel**	**Knoblauch**	**Koriander**	**Kreuzkümmel**	**Kümmel**

Suppen	klare Bouillon	Kerbel-, Kartoffelsuppe	Gulasch-, Kartoffel-, Tomatensuppe, Bouillon	Hülsenfrucht-, Wildsuppe	gebundene Suppen	Kartoffel-, Brot-, Pilzsuppe
Saucen		Kräuter-, Salatsaucen	Knoblauch-, Tomaten-, Salatsauce		Currysauce	
Salate	Obstsalat	Kartoffel-, Tomaten-, grüner Salat, Rohkost	Fisch-, Tomaten-, Fleisch-, Krautsalat		Reissalat	Rote-Bete-, Kraut-, Wurst-, Käsesalat
Eierspeisen		Omelette, Rührei				
Fisch	gebratener Fisch	gekochter, gebratener Fisch	gegrillter Fisch Scampi	gebratener Fisch		gekochter Fisch, Thunfisch, Krebse
Fleisch	Kalb, Lamm, Hackfleischgerichte	Kalb-, Lammgerichte	Schwein, Lamm, Schaschlik, Hirn, Gulasch	Schweinefleischgerichte, Lamm	Chili con carne, fernöstliche Speisen	Schwein, Lamm, Sauerbraten, Gulasch, Stews
Geflügel, Wild	Wildpastete	Huhngerichte	gebratenes Hähnchen, Geflügelfüllung, Kaninchen	Geflügelfüllungen, Pastete		Gänsebraten
Gemüse		Tomaten, Spinat, Erbsen	Spinat, Auberginen, Paprika, Tomaten, Zucchini	Weißkohl, Wirsing, Möhren, Pilze		Weiß-, Sauer-, Rotkohl, Wirsing, Tomaten
Verschiedenes	Pilaw, Reisgerichte, Punsch, Glühwein	Reis, pikanter Quark	Curries, gebratene Kartoffeln	Wildbeize	Reistafel, Bratkartoffeln	Pellkartoffeln, Bauern-Frühstück, Quark
Dessert, Gebäck	Kompott, Melone, Gewürzbrot, Reis, Lebkuchen			Lebkuchen, Spekulatius, Pasteten		Kümmel-, Käsegebäck, Zwiebelkuchen
Bitte beachten	vorsichtig dosieren	nicht kochen		vorsichtig dosieren		

Kräuter und Gewürze

Kurkuma	**Liebstöckel**	**Lorbeer**	**Macis**	**Majoran**	**Meerrettich**	**Muskatnuß**
					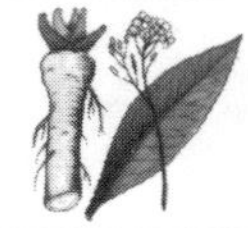	
	Kartoffel-, Gemüse-suppen, Bouillon	Kartoffel-, Tomaten-, Ochsenschwanz-suppe, Bouillon	Bouillon	Kartoffel-, Tomaten-, Ochsenschwanz-suppe, Bouillon		Geflügel-, Gemüse-, Pilzcremesuppen, Bouillon
Senf-, Salat-, scharfe Saucen	helle, braune, Béchamel-, Salatsaucen	braune Saucen	helle Saucen	Braten-, Sahne-, Kräutersaucen	Meerrettich-, Tomaten-, Salatsauce	helle Kräuter-, Braten-, Käsesaucen, Sauce Hollandaise
Fischsalat mit Mayonnaise	grüner, gemischter Salat	Heringssalat		Kartoffel-, Erbsen-, Fleisch-, Fischsalat	grüner, Tomatensalat	Spargel-, Bohnen-, Tomaten-, Käse-, Kartoffelsalat
Rührei, Eierauflauf	Rührei, Omelette, verlorene Eier		Rührei, Omelette, Soufflé	Käseomelette	verlorene Eier	Rührei
Fischcurry	gebratener, gekochter Fisch	gekochter Fisch, Krabben, Krebse		gedünsteter Fisch	gekochter Fisch, Karpfen	gekochter Fisch
Rindfleisch	Rind-, Lammbraten, Fleischfüllung, Hackfleisch	Kalb-, Rindfleisch, Sauer-, Hackbraten, Ragout	Kalbsfrikassee, Pasteten	Schwein-, Hammel-, Leber, Nieren, Hackfleisch	gekochtes Rindfleisch, Würstchen, Schweinefleisch	Schwein, Hammel, Kalb-, Hackfleisch, Irish Stew
Hühnercurry	Geflügelragout	gekochtes Huhn, Wildgeflügel, -ragouts, -marinaden	Geflügelragout	Huhn, Ente, Gans, Ragouts, Füllungen		gekochtes Geflügel
Essiggemüse	Spinat, Kohlrabi	Sauerkraut, Weißkohl, Auberginen, Kartoffelgemüse		Bohnen, Möhren, Tomaten, Eintopf	Tomaten	Spinat, Rosen-, Blumen-, Weißkohl, Erbsen, Schwarzwurzeln
fernöstliche Reisgerichte	Bauern-Frühstück, Kräuterbutter	Brühkartoffeln, Sülzen	Kartoffelpüree	Bratkartoffeln, Leberknödel, Kräuterbutter	belegte Brote	Kartoffelpüree, -klöße, Grießnockerl
			Lebkuchen, Apfelkompott			Käsekuchen, Kompott, Berliner Pfannkuchen
	vorsichtig dosieren	nicht überlagert verwenden		sparsam verwenden	nicht kochen	vor Kindern sichern

Kräuter und Gewürze

	Nelke	**Oregano**	**Paprika**	**Petersilie**	**Pfeffer grün**	**Pfeffer schwarz**

Suppen	Reis-, Erbsen-, Obstsuppe, Bouillon	Tomaten-, Bohnensuppe, Bouillon	Gulasch-, Gemüsecreme-, Ochsenschwanzsuppe	alle salzigen Suppen	Tomaten-, Hühnercremesuppen	dunkle Suppen, Bouillon (Körner)
Saucen	braune Sauce, Pilzsauce	Tomaten-, Kräuter-, Salatsauce	Bratensaucen, Tomatensauce	Kräuter-, Salat-, Petersiliensauce, Sauce bolognese	feine helle Saucen	Bratensaucen
Salate	Rote-Bete-, Obstsalat	Tomaten-, grüner, gemischter Salat	Fleisch-, Geflügel-, Wurst-, Reis-, Kartoffelsalat	alle salzigen Salate	gemischte, pikante Salate	grüne, Gemüse-, Fleischsalate
Eierspeisen		Eierkuchen, Rührei, Omelette	Spiegeleier, Rühreier, gefüllte Eier	Rühreier mit Tomaten, gefüllte Eier	Omelette	
Fisch	gekochter Fisch	gedünsteter Seefisch	gebratener Fisch, Fischgulasch	gekochter, gebratener, gegrillter Fisch	gegrillter Fisch	gebratener, gekochter Fisch, Aal
Fleisch	Schweine-, Lammbraten, Zunge, Sauerbraten	Schweine-, Kalbsbraten, Gulasch	Rind-, Kalb-, Schweinefleisch, Gulasch, Nieren, Tatar	Schwein, Rind, Kalb, Lamm, Hackfleisch, Innereien	Steaks, Pasteten, Füllungen	Steak, Schweine-, Sauerbraten, Rouladen
Geflügel, Wild	gekochtes Huhn, Wildgerichte, Wildbeize	Geflügelfüllungen, Wildgeflügel	gebratenes Geflügel, Frikassee, Wildgerichte, -geflügel	Hühnergerichte, Geflügelklein	Wildgerichte	Huhn, Ente, Puter, Gans, Wildgerichte, Beizen
Gemüse	Sauerkraut, Rotkohl	Bohnen, Erbsen, Tomaten, Zwiebelgemüse	Sauerkraut, Gurken, Porree, Schwarzwurzeln	alle Gemüsegerichte	Paprikaeintopf	alle Kohlsorten, Pilze, Erbsen, Tomaten
Verschiedenes	Glühwein		Bratkartoffeln, Reis, Nudeln, Quark-, Käsegerichte	Kartoffeln jeder Art, pikanter Quark, Kräuterbutter	Pfefferbutter, pikanter Quark	deftige Aufläufe, Tomatensaft
Dessert, Gebäck	Pudding, Kompott, Gebäck	Pizza	Käsegebäck, Pizza			Salzgebäck
Bitte beachten			nicht in heißes Fett geben	nicht mitkochen	eingelegt in Gläsern	am besten aus der Mühle

Kräuter und Gewürze

Pfeffer weiß	Pfefferminze	Piment	Pimpinelle	Portulak	Rosmarin	Safran

klare, helle gebundene Suppen		Ochsen-schwanz-, Erbsen-, Gemüsesuppe	Kartoffel-, Tomaten-, Pilzsuppe, Bouillon	Kräuter-, Tomatensuppe	Tomaten-, Pilzsuppe, Minestrone	Geflügel-, Fischsuppe
helle, Käse-, Salatsaucen, Remoulade	Minzsauce, Tomatensauce	Braten-, Wild-, Salatsaucen	Kräuter-, Salatsaucen	Vinaigrette, Remoulade	Tomaten-, Salat-, Kräutersaucen	
alle salzigen Salate	Obst-, Gurkensalat	Spargel-, Obstsalat	Gurken-, grüner, Tomaten-, Kartoffelsalat	Gurken-, Tomatensalat	Tomaten-, Käse-, Krabbensalat	Reis-, Fischsalat
Rührei, Spiegelei, Omelette		überbackene Eier	Rührei, Eierkuchen, Omelette	Rührei	Gemüseeier-kuchen	
gebratener Fisch, Auflauf	gekochter Fisch	gekochter Fisch, Marinaden	Aal, Hecht, gebratener Fisch		gebratener Fisch, Marinaden	Krustentiere in Saucen
Schwein, Rind, Kalb, Lamm, Hackfleisch	Hammel-, Lammfleisch, Hackfleisch, Leber	Lammragout, Sauerbraten, Hirn, Nieren	Ragout, Frikassee	Grilladen, Steaks	Schwein, Rind Kalb, Lamm, Grilladen, Hackfleisch	Lamm, Hammel, Leber
Geflügel-gerichte		Gans, Wildgerichte, Beizen			geschmortes Huhn, Wildgerichte	Geflügel-gerichte
Bohnen, Blumenkohl, Kohlrabi, Pilze	Erbsen, Möhren, Kohl	Sauerkraut, Tomaten, Auberginen, Spinat	Kohlrabi, Gurken, Tomaten	Tomaten, Eintopf	Tomaten, Pilze, Gurke, Auberginen	Spargel, Tomaten
Kartoffel-gerichte, Nudeln, Risotto	Cocktails		Kräuterquark, Kartoffeln	Kräuterquark	Bratkartoffeln	Reisgerichte
Pfeffernüsse		Gewürzbrot, Lebkuchen			Pizza	Grießbrei, Pudding, Gebäck
am besten aus der Mühle	vorsichtig dosieren			nicht mitkochen	frisch sparsam dosieren	Fäden und Pulver heiß auflösen

Kräuter und Gewürze

	Salbei	**Schnittlauch**	**Selleriegrün**	**Thymian**	**Tripmadam**	**Vanille**

Suppen	Creme-, Fischsuppen, Bouillon	Bohnen-, Tomaten-, Kartoffelsuppe, Bouillon mit Ei	Kartoffel-, Selleriecremesuppe, Bouillon	Bohnen-, Tomaten-, Kartoffel-, Fisch-, Gemüsesuppe	Kräutersuppe	Obst-, Milchsuppe
Saucen	Kräuter-, Salatsaucen	helle, Tomaten-, Kräuter-, Salatsaucen	Salatsaucen	Kräuter-, Tomaten-, Salatsauce	Kräuter-, Salatsauce	Obst-, Vanille-, Schokoladensauce
Salate	Fisch-, Geflügel-, grüner Salat, Rohkost	Kartoffel-, Tomaten-, Gurken-, Gemüsesalat, Rohkost	Sellerie-, Kartoffel-, Gemüse-, Eiersalat	Bohnen-, Kartoffel-, Tomatensalat, Rote Bete	Kopf-, Gemüsesalat, Rohkost	Obstsalate
Eierspeisen	Omelette, Rührei	Rührei, Omelette, gefüllte Eier	gefüllte Eier	Omelette, Eier in Förmchen, Rührei		süße Eierspeisen Kaiserschmarrn
Fisch	gebratener Seefisch, Aal, Brathering	gekochter Seefisch	gekochter Fisch	gebratener, gekochter Fisch, Muscheln, Krebse	Aal, fetter Fisch	
Fleisch	Hammel-, Kalbsbraten, Schinken, Leber	gekochtes Rindfleisch, Ragout	gegrilltes Fleisch, Hackbraten, Ragouts	Rind, Kalb, Schwein, Lamm, Hackfleischgerichte	Rindfleisch, Schweinebraten	
Geflügel, Wild	Haus-, Wildgeflügel, Wild		Geflügelpasteten, -füllungen	Huhn, Puter, Geflügelfüllungen, Wild, Wildragout		
Gemüse	Erbsen, Bohnen, Tomaten, Rosenkohl	Möhren, Erbsen, Blumenkohl, Pilze	Blumenkohl, Tomaten, Eintopf	Hülsenfrüchte, Tomaten, Möhren, Pilze, Eintopf	Bohnen, Erbsen, Möhren, Pilze	
Verschiedenes	Teigwaren	Kartoffeln, pikanter Quark, belegte Brote		Kartoffelgerichte	Kartoffelgerichte	süße Aufläufe
Dessert, Gebäck	Salbeiküchlein			Pizza		Milchreis, Pudding, Quark, Kuchen, Kekse
Bitte beachten	vorsichtig dosieren	nicht mitkochen	nicht mitkochen	sparsam dosieren	nur frisch verwenden	möglichst Naturvanille nehmen

Kräuter und Gewürze

Wacholder	**Waldmeister**	**Wermut**	**Ysop**	**Zimt**	**Zitrone**	**Zitronen melisse**

Wildsuppe	Obstsuppe		Bohnen-, Kartoffelsuppe	Milch-, Obst-, Weinsuppe	Obstsuppen, Bouillon	Gemüse-, Kohlsuppe
Braten-, Wildsaucen, Beizen			Salatsaucen	Wein-, Obstsaucen	Salatsaucen	Kräuter-, Salatsauce
Fischsalate	Obstsalate, Rohkost	gemischter Salat (Schüssel nur ausreiben)	Kartoffelsalat	Obstsalat	alle grünen, frischen Salate, Obstsalat	Blattsalate, Rohkost
			gefüllte Eier	süße Eier-kuchen		
gekochter Fisch, Marinade		Seezunge	Fischeintopf		Fisch blau, paniert, gegrillt	Fischfüllung
Rinds-, Hammelra-gout, Sauerbraten		fettes Schweine-, Hammelfleisch Eisbein	Schweine-braten, Rouladen	Sauerbraten, Spezialitäten	Kalbsfrikassee, panierte Schnitzel	Kalbsragout, Leber, Sülze
Huhn-, Wildragouts, Wildbeizen					Backhendl	Hähnchen, Puter, Wild
Sauerkraut, Rotkohl, Tomaten		Rübengemüse	Bohnen		Rotkohl, Wirsing	Möhren, Pilze
Verschiedenes	süße Aufläufe, Bowlen		Leberknödel	süße Aufläufe		Kräuterquark, -butter
	Geleespeise			Milchreis, Gebäck	Kompotte, Gebäck, Glasuren	Cocktails
		sparsam verwenden	nur frisch verwenden		Schale nur unbehandelt verwenden	nicht mitkochen

Menü-Vorschläge für alle Anlässe

Das Wort Menü klingt vielversprechend, aber es bedeutet nicht mehr als von einem Gang zum anderen geführt zu werden. Wenn es also nach der Suppe noch ein Hauptgericht gibt oder nach dem Hauptgericht noch eine Nachspeise, so ist das bereits ein Menü. Und weil die uralte, stets aktuelle Frage oft Kopfzerbrechen bereitet, haben wir Ihnen viele Menüs für viele Anlässe zusammengestellt: ganz alltägliche, fleischlose, schlanke, solche für heiße Tage, exklusivere und ganz große Festmenüs.
Vermitteln die kleineren Zusammenstellungen nur gute Kochideen, so zeigen die großen Menüs außerdem, welche Speisenfolgen gut ausgewogen sind, was zusammenpaßt und was zu den unterschiedlichsten Gelegenheiten erwartet wird. Wenn Sie aus saisonbedingten oder anderen Gründen ein vorgeschlagenes Menü leicht abändern möchten oder eines nach ganz eigenen Vorstellungen zusammenstellen wollen, dann bedenken Sie dabei noch folgende Punkte:

- Der Wert eines Menüs besteht aus dem anregenden Wechsel verschiedenartiger Speisen und aus deren Bekömmlichkeit. Auch bei einem Festessen sollte man sparsam mit Fett umgehen, Mayonnaise etwa mit Magerjoghurt oder Magerquark mischen und Salate, Gemüse und Obstdesserts in reicher Fülle als Gegengewicht zu kalorienreichen Speisen reichen.
- Alle vorgeschlagenen Speisen sind in diesem Buch, wenn nicht anders angegeben, für 4 Personen rezeptiert. Für Ihr Menü müssen Sie also jedes Rezept auf die benötigte Personenzahl erweitern. Dabei dürfen Sie aber Vorspeise, Suppe, Zwischengericht und Dessert etwas knapper berechnen, damit das Hauptgericht gut zur Geltung kommt.
- Das ideale Menü lebt vom Kontrast und von der Farbigkeit. So kombiniert man etwa Hausgeflügel mit Fisch und Wild in der Menüfolge, mit Schaltieren oder einem Braten.
- Wenn es als Hauptgericht Braten gibt, dann sollten Vorspeise und Fischgericht nicht gebraten, sondern auf andere Art bereitet werden.
- Wichtig bei der Zusammenstellung eines Menüs ist zweifellos auch die Frage: Was kann ohne Hilfskraft und mit der gegebenen Kapazität der eigenen Küche bewältigt werden? Hier läßt sich einiges mit Vorkochen und Einfrieren schon Tage zuvor erledigen. Ein großer Teil des Menüs sollte bereits einige Stunden vor dem Eintreffen der Gäste fertiggestellt sein, da die Hausfrau auch genügend Zeit für sich selbst braucht. Schließlich möchte sie ihre Gäste in Ruhe begrüßen und einen Aperitif mit ihnen trinken.
- Selbstverständlich kann die Hausfrau allein die aufeinanderfolgenden Gänge nicht ohne Zwischenpausen auftragen. Das ist aber kein Grund zur Nervosität. Bei einer gut zusammengestellten Tischrunde werden die Wartezeiten bestimmt mit anregenden Gesprächen ausgefüllt sein.
- Zu bedenken ist auch: Ein erlesen zusammengestelltes Menü besteht nicht nur aus der richtigen Speisenfolge, sondern auch aus den sorgfältig ausgewählten Getränken. Alles Wichtige darüber finden Sie im Kapitel Weine und Getränke zur Mahlzeit.
- Der gut gedeckte Tisch spielt bei jedem Essen eine gewichtige Rolle. Prüfen Sie rechtzeitig, ob Gläser, Porzellan, Besteck und Tischwäsche für die geplante Personenzahl ausreichen.
- Bedenken Sie die Größe Ihres Tisches; pro Gedeck benötigen Sie 60–70 cm Platz an der Tafel; etwas großzügiger darf ohne weiteres gedeckt werden, keinesfalls aber beengter.
- Achten Sie beim Tischdecken darauf, daß die Tafel festlich, gemütlich oder dem jeweiligen Anlaß entsprechend jedenfalls einladend wirkt. Alles gebrauchte Tischzeug muß zusammenpassen, eine unifarbene Tischdecke, die im Ton zum Dekor des Geschirrs paßt, sieht immer hübsch aus, Tongeschirr und Leinen- oder Binsensets sehen ebenfalls gut zusammen aus.
- Tafelgeräte und Besteck sollten nicht aus verschiedenen Metallen sein.
- Stimmen Sie auch Kerzen und Blumenschmuck farblich passend zur Tafel ab. Vermeiden Sie aber, daß sich die Tischrunde nur durch das zu hohe Blumenarrangement sehen kann. Blumenschmuck kann als Strauß in der Mitte der Tafel stehen, oder in mehreren kleineren Sträußchen oder girlandenartig angeordnet werden. Wenn Kerzen brennen, so sollte dies während der ganzen Dauer des Essens sein, also eventuell heruntergebrannte Kerzen auswechseln.
- Verfügen Sie über Platzteller, die etwas größer als normale Speiseteller sind, so wird der Platzteller der Mittelpunkt eines jeden Gedeckes sein. Platzteller können aus anderem, aber zum Speiseservice passenden Material sein, beispielsweise vergoldet oder versilbert, aus Glas oder aus farblich passendem dunklerem Porzellan. Auf den Platzteller werden die Teller mit der Vorspeise oder der Suppe gestellt. Für den Hauptgang oder den ersten warmen Gang wird der Platzteller dann durch vorgewärmte Speiseteller ersetzt.
- Neben und über dem Platzteller – ersatzweise einem normalen Speiseteller – liegt bereits zu Beginn des Essens alles Besteck, das für die vorgesehenen Gänge gebraucht wird. Ebenso stehen die benötigten Gläser von Anfang an beim Gedeck.

• Nach jedem Gang werden mit dem benützten Geschirr auch die gebrauchten Gläser und Bestecke abgeräumt. Nur das Wasserglas bleibt während des ganzen Menüs auf dem Tisch.
• Das Gedeck für ein größeres Menü mit kalter Vorspeise, Suppe, warmem Zwischengericht, Hauptgericht, Käsegang und Dessert sieht folgendermaßen aus. Rechts vom Teller liegen von außen nach innen: das Messer für die Vorspeise, der Suppenlöffel, das Messer für das Zwischengericht, das Messer für das Hauptgericht. Links vom Teller von außen nach innen: die Gabel für die Vorspeise, die Gabel für das Zwischengericht, die Gabel für das Hauptgericht. Über dem Teller liegt ganz innen der Löffel für das Dessert, darüber die Gabel und das Messer für den Käsegang.
• Beim Auflegen der Bestecke darauf achten, daß alle Löffel und Gabeln mit der Öffnung beziehungsweise mit den Zinken nach oben liegen; bei den Messern zeigt die Schneide nach innen. Besitzen Sie kein Fischbesteck, so können Sie für den Fischgang ohne weiteres auch 2 Gabeln bereitlegen.
• Alle Gläser stehen rechts vom Teller über den Messern und neben dem Dessertbesteck.
• Bei vielen Menüs wird von Anfang an Brot und Butter serviert. In diesem Fall stehen links über dem Besteck kleine Teller, auf denen ein Brötchen oder ein Stück Weißbrot liegt. Dieser Teller für Brot wird erst dann durch den Salatteller ersetzt, wenn dieser durch den entsprechenden Menügang erforderlich ist.
• Wichtig bei warmen Speisen ist das Anrichten in gut vorgewärmten Schüsseln und Platten und das Bereitstellen von vorgewärmten Tellern. Das Serviergeschirr kommt entweder in das beheizte Geschirrfach des Elektroherdes, auf eine Warmhalteplatte oder bei etwa 70° in den Backofen. Wenn dieser nicht frei ist, wird das Geschirr 10 Minuten vor Gebrauch in sehr heißes Wasser gelegt und danach kurz abgetrocknet.
• Grundsätzlich gilt für das Anrichten folgendes: Saucengerichte wie Frikassee, Ragout oder Gulasch werden in Ragoutschüsseln angerichtet; Gemüse, Kartoffeln, andere Beilagen oder Salate in Gemüse- oder Salatschüsseln. Fisch, Braten, Wild oder Geflügel serviert man auf Platten, umgießt das Gericht je nach Rezept mit wenig Sauce und reicht die restliche Sauce gesondert in einer Saucière.
• Herzhafte Gerichte verziert man mit Petersiliensträußchen, Kressebündelchen und Tomaten- oder Eiachteln. Gebratenes Fleisch oder Fisch können auch mit Zitronenachteln garniert werden.
• Klöße, Spargel oder frisch gewaschene Weintrauben werden zweckmäßig so angerichtet, daß das Tropfwasser nicht auf den Speiseteller kommt. Dies geschieht in besonderen Schüsseln oder Platten mit einem dazugehörenden Siebeinsatz. Sie können auch auf den Boden einer Schüssel einen umgedrehten Teller legen oder auf eine größere Platte eine umgedrehte kleinere, damit das Tropfwasser nach untenhin abfließen kann.
• Alle Speisen, die serviert werden, bekommt der Gast von links angeboten, während man die Getränke von rechts eingießt; gebrauchtes Geschirr und nicht mehr benötigte Gläser werden von rechts abgeräumt.
• Ist die Tafelrunde sehr groß, so können Gemüse und Beilagen auch in 2 Schüsseln von Gast zu Gast gereicht werden, nachdem die Platte mit dem Hauptstück, also zum Beispiel mit dem Braten, jedem Teilnehmer von links serviert wurde. Der Wein für den entsprechenden Gang darf bereits eingeschenkt sein, ehe das Auftragen der Speisen beginnt.
• In jedem Fall wird Fleisch, Fisch oder Geflügel vor den Beilagen gereicht.
• Eine kleinere Tafelrunde kann dagegen gut von der Hausfrau (und dem Hausherrn) direkt vom Platz aus bedient werden, wobei man beim Ehrengast beginnt. Auch hier dürfen nach dem Austeilen des Hauptstücks die Schüsseln mit den Beilagen die Runde machen.
• Wenn ein Ehepaar einlädt, so ist der Hausherr für die Getränke zuständig, die er auch einschenkt.
• Zum Abstellen der Weinflaschen, der Platten und Schüsseln ist ein Beistelltisch oder ein Teewagen sehr praktisch. Das Mineralwasser kann zum Selbsteingießen während der ganzen Mahlzeit in der Originalflasche oder in einem Krug auf dem Tisch stehen.

Große Festmenüs

Obgleich es früher auch Festmenüs bis zu zwölf und zwanzig Gängen gab, ist heutzutage ein Menü mit sieben Gängen schon eine Seltenheit. Häufiger besteht ein Menü aus sechs Gängen, wobei wir in der folgenden Zusammenstellung den Käse, der meist als fünfter Gang vor dem Dessert gereicht wird, nicht erwähnen. Die Auswahl des Käses bleibt jedem überlassen. Gibt es mehrere, sollte man milde und würzige, harte und weiche Käse anbieten. Gibt es nur eine Käsesorte, so sollte sie möglichst auf den zum Essen servierten Wein abgestimmt sein.

Papayas mit Schinken 17
Bouillon Solange 40
Gegrillte Lachskoteletts 89
Gebratene Lammkrone 156 mit Grünen Butterbohnen 225 und frischem Stangenweißbrot
Himbeerbaisers 335

Menü-Vorschläge für alle Anlässe

Waldorfsalat 20
Markklößchensuppe 42
Gebratene Rebhühner 211 mit Feldsalat 62 oder Buntem Endiviensalat 62
Gefülltes Schweinefilet 149 mit Kartoffelpüree 261 und Rosenkohl 242
Brombeerpudding mit Vanillesauce 334

Weinbergschnecken Grenobler Art 22
Diplomatensalat 80
Ragout fin 139 mit Reis 275
Rehrücken auf badische Art 201 mit Kastanien-Rotkohl 240 und Mandelkroketten 280
Orangenparfait 351

Gefüllte Eier »Christoph Kolumbus« 27
Bouillon Brunoise 40
Goldbrassen auf römische Art 96 und Reis 275
Gebratenes Rinderfilet 121 mit Kartoffelkroketten 280 und Gemüse der Saison
Erdbeeren Romanow 338

Gefüllte Tomaten 19
Potage au cresson (Püreesuppe mit Kresse) 44
Geschmorte Wachteln auf Croûtons 216
Kalbsnierenbraten 138 mit Semmelknödeln 281 und Gedünstetem Chicorée 245
Cherimoyas mit Champagner 341

Normannischer Naturreissalat 21
Belgische Rosenkohlsuppe 46
Hummer auf holländische Art 93
Gefüllter Fasan 210 mit Kartoffelpüree 261 und Ananaskraut 243
Melone Atlantik 337

Avocado-Cocktail 18
Wildkräutersuppe 43
Stangenspargel mit Butter und neuen Kartoffeln 227
Gebratene Hammelkeule 156 mit Kräuterrisotto 276
Trollcreme 345

Céleris à la bonne femme (Sellerie auf Hausfrauenart) 20
Mockturtlesuppe 50
Bries nach Art der Schäferin 175
Filet Wellington 121 mit Madeirasauce 289 und Pommes duchesse (Herzoginkartoffeln) 261
Pfirsich Melba 350

Griechische Artischocken 30
Tomatencremesuppe 45
Seezungenfilets Cecilie 100 mit frischem Stangenweißbrot
Coq au vin (Hähnchen in Rotweinsauce) 188 mit Kartoffelpüree 261 und Broccoli 237
Altwiener Apfelstrudel 330

Gratinierter Mangold 29
Auberginencremesuppe 46
Scampi mit Tomaten 92
Wiener Tafelspitz 130 mit Bratkartoffeln 262, Meerrettichsahne 293 und Grünen Bohnen 225
Melonen-Chaudeau 343

Weihnachtsessen

Welchen Festbraten es zu Weihnachten gibt, bestimmen Familientradition oder die Bräuche der jeweiligen Region. Unsere Vorschläge für Weihnachtsessen sagen Ihnen deshalb in erster Linie, was gut vor und nach dem Hauptgericht schmeckt. Außerdem empfehlen wir Ihnen zugleich einige festliche Menüs, die gut zu Weihnachten passen. So können Sie, wenn Sie den Wunsch haben, sich auch einmal aus den traditionellen Banden lösen.

Potage aux légumes (Gemüsepüreesuppe) 43
Gebratene Ente oder Gefüllte Ente 190/191 mit Semmelknödeln 281 und Sauerkraut mit Weintrauben 243
Birne belle Hélène 350

Blumenkohlcremesuppe 46
Gebratene Gans vom Rost oder Gefüllte Gans vom Rost 193/197 mit Klößen aus rohen Kartoffeln 279 und Kastanien-Rotkohl 240
Gefüllte Orangen 337

Marokkanischer Möhrensalat mit Orangen 67
Mit Brotfarce gefüllter Puter 198 mit Kartoffelkroketten 280 und Rosenkohl 242
Berliner Luft 349

Eierflockensuppe 41
Karpfen in Biersauce 107 mit Petersilienkartoffeln 260 oder Karpfen in polnischer Sauce 108 mit Klößen aus gekochten Kartoffeln 279 und Chicoréesalat 63
Karibik-Salat 81

Käsesoufflé 28
Hasenbraten 207 mit Preiselbeeren und Nudeln
Kaki-Ananas-Salat 81

Mango-Cocktail 18
Gebratene Wildente 217 mit Petersilienkartoffeln 260 und Ananaskraut 243
Mousse au chocolat (Schokoladenschaum) 347

Ostermenüs

Das festliche Osteressen ist weniger Traditionen unterworfen als die Menüs für Weihnachten. Man sehnt sich nach Speisen, die bereits an Frühling und Frühsommer erinnern. Lassen wir uns aber nicht durch farbige Treibhausfrüchte verlocken. Was nämlich weit vor der Saison in verführerischer Schönheit angeboten wird, wurde meist unreif geerntet, um Transportwege zu überstehen und schmeckt trotz Schönheit fade. Mit ein wenig Umsicht findet man aber bereits erste Angebote von ausgereiftem Gemüse aus nächster Nachbarschaft, das ein Ostermenü bereichern kann.

Für den Karfreitag

Gefüllter Staudensellerie 19
Forellen Müllerin 110 mit Kartoffelsalat mit Mayonnaise 74 und Kopfsalat 61
Citronfromage 342

Römische Fenchel-Vorspeise 35
Hecht auf deutsche Art 108 mit Pommes duchesse (Herzoginkartoffeln) 261 und Blattspinat 223
Ananas à la Crème Chantilly 242

Für die Osterfesttage

Kerbelsuppe 44
Gebratene Lammkeule 155 mit Petersilienkartoffeln 260 und Teltower Rübchen 223
Rhabarber-Mousse 344

Schinkenpastete 35
Gebratener Lammrücken 157 mit Reis 275 und Gurkensalat 65
Crème russe 347

Potage au cresson (Püreesuppe mit Kresse) 44
Kalbsbraten mit Rahmsauce 136 mit Semmelknödeln 281 und Möhrengemüse 219
Crème bavaroise 348

Festliche Essen

Festliche Essen müssen sich nicht immer als großes Menü darstellen. Schon zwei oder drei Gänge können einen besonderen Anlaß kulinarisch würdigen. Wer seine Kochkünste gerne unter Beweis stellt, wird sicher nicht die Mühe scheuen, auch etwas zeitaufwendige Speisen anzubieten. Wer dagegen Exquisites will, ohne allzu viele Vorarbeiten, wird in den folgenden Vorschlägen auch das Passende finden. Handelt es sich um ein Menü auf offizieller gesellschaftlicher Ebene, sollte man mindestens drei Gänge servieren, die den internationalen Gepflogenheiten entsprechen.

Offizielle Menüs

Salade niçoise 20
Bouillon Leopold 40
Chateaubriand 117 mit Weißbrot und Sauce béarnaise 292
Cherimoyacreme 343

Zuppa pavese (Italienische Eiersuppe) 40
Roastbeef auf englische Art mit Yorkshire-Pudding 120 und gegrillten Tomaten
Englische Stachelbeercreme 345

Bouillon mille-fanti 40
Gefüllte Kalbsbrust 135 mit Broccoli 237 und Heller Sauce 287
Weingelee 346

Kaviar-Vorspeise 24
Glasierter Schinken 146 mit großer Salatplatte und frischem Weißbrot
Mousse au Citron (Zitronenschaum) 347

Wildpastete 36
Rinderzunge in Burgundersauce 181 mit Kartoffelkroketten 280 und Blumenkohl 236
Tropischer Früchtebecher 81

Nantaiser Naturreissalat 21
Maiscremesuppe 47
Flambierte Rehmedaillons 204 auf Toast
Karamelcreme 347

Gourmet-Menüs

Minestra al pomodoro (Italienische Tomatensuppe) 45
Hummer à la Edison 93 mit geröstetem Weißbrot
Kaki auf Opernart 343

Menü-Vorschläge für alle Anlässe

Flambierte Crêpes mit Hühnerleber 424
Gravad Laks med Hovmästersasse (Marinierter Lachs mit Hofmeistersauce) 104
getoastetem Weißbrot und eisgekühltem Aquavit
Reis Trauttmansdorff 335

Flambierte Pfeffersteaks 117 mit Pommes parisiennes (Pariser Kartoffeln) 264 und Mangold mit Sauce hollandaise 224
Hollerküchlein 327

Sauerampfersuppe 47
Poulet farci au mais frais (Huhn mit Mais gefüllt) 186 mit Reis und Kompott aus Preiselbeeren
Crème Malakoff 348

Melone mit Cognac 337
Geschmorte Hirschrouladen 205 mit Pommes duchesse (Herzoginkartoffeln) 261 und Salat aus gekochten Roten Beten 71
Biskuirtoulade mit Weincreme 377

Tomatensoufflé 324
Gefüllte Wachteln 216 mit Gedünsteten Pilzen 255 und Kartoffelpüree 261
Topfenpalatschinken 306

Leichte Schlemmeressen

Crêpes mit Spargelspitzen 307
Garnierte Kalbsmedaillons 135 mit Pommes parisiennes (Pariser Kartoffeln) 264

Spinatsoufflé 324 mit geröstetem Weißbrot
Scampi in Knoblauchöl 92 mit wildem Reis
Rote Grütze 346

Miesmuscheln im Sud 23
Ragout aus gemischten Pilzen 258 mit Semmelknödeln 281 oder Böhmischer Serviettenkloß 282
Feigen auf griechische Art 338

Schweizer Käsewähe 402
Weinbergschnecken auf Burgunder Art 21
Erdbeeren mit Champagner 341

Gegrillte Lammkoteletts 154 mit Gurkensalat aus der Türkei 65
Himbeer-Omelettes 302

Tägliche Mahlzeiten

Die tägliche Mahlzeit sollte mit größter Sorgfalt geplant und zubereitet werden, denn der Alltag macht doch den überwiegenden Teil unseres Lebens aus. Bei der Zusammenstellung der Mahlzeiten kann man freilich nicht beliebigen Speiseplänen folgen, denn immer spielen die besondere Situation einer Familie und nicht zuletzt die Zeit eine große Rolle. Deshalb haben wir die folgenden Vorschläge für die täglichen Mahlzeiten in Rubriken unterteilt, die Ihnen vielleicht bei der täglichen Planung des Essens helfen können.

Kräftige Menüs

Grießnockerlsuppe 42
Tellerfleisch 130 mit Salzkartoffeln 260 und Wirsingkohl 238
Schokoladenflammeri 332 mit Vanillesauce 296

Rheinischer Sauerbraten 122 mit Klößen aus gekochten Kartoffeln 279 und Siebenbürger Bohnensalat 72
Beerenquark 334

Bayerische Schweinshaxe 148 mit Salatplatte
Apfelschnee 336

Welsh rarebits (Englische Käseschnitten) 27
Szegediner Gulasch 151 und Salzkartoffel 260
Kirschkompott 335

Speckbraten 167 mit Erbsen-Möhren-Gemüse 224 und Kartoffelpüree 261
Quarkauflauf mit Pfirsichen 328

Wiener Kalbsbeuscherl 179 mit Semmelknödeln 281
Milchrahmstrudel 330

Westfälisches Blindhuhn 312
Kirschenmichel 328

Pastizio (Griechischer Makkaroniauflauf) 318
Aprikosencreme 343

Clam Chowder (Amerikanischer Muscheltopf) 320
Äpfel im Schlafrock 331

Preiswerte Essen

Berliner Eisbein auf Sauerkraut 147 mit Erbsenpüree 295
Bratäpfel 331

Menü-Vorschläge für alle Anlässe

Frikadellen 162 mit Kartoffelpüree 261 und Möhrengemüse 219
Pflaumenkompott 335

Kutteln auf bürgerliche Art 179 mit Salzkartoffeln 260 und Blattsalat
Pfirsichquark 334

Schwäbische Linsen 253
Vanilleflammeri 332

Selleriecremesuppe 47
Himmel und Erde 266

Spaghetti alla napoletana (Spaghetti mit Tomatensauce) 271 mit Kopfsalat 61
Apfelkompott 335

Verlorene Eier in Senfsauce 300 mit Kartoffelpüree 261 und Blattsalat
Gebratene Bananen 331

Pfannkuchensuppe 41
Bauernfrühstück 263 mit Blattsalat

Schnelle Küche

Holländische Käsebouillon 41
Kalbsschnitzel naturell 132 mit Buttererbsen 224 und frisch aufgebackenem Weißbrot
Heidelbeeren mit Milch 337

Rosmarinkoteletts 134 mit Gurkensalat 65 und Weißbrot
Pfirsichquark 334

Panierte Stielkoteletts 154 mit Salat aus rohem Stangensellerie 64
Sabayon 346

Bouillon Solange 40
Tatar 169 mit verschiedenem Brot
Überbackene Ananas 332

Gebratene Geflügelleber 172 mit frischem Weißbrot und Tomatensalatplatte 64
Kakicreme 343

Gutes für heiße Tage

Bouillon Garibaldi 40

Gurkensalat mit Schafkäse 65 und Vollkornbrot mit Butter
Erdbeerpudding 334

Salat aus gekeimten Weizenkörnern 75 und Möhrensoufflé 323
Birne Melba 350

Beerenkaltschale 59
Eiersalat mit Kräutern 79 und Roggenbrötchen 398

Gazpacho (Spanische kalte Gemüsesuppe) 59
Krabbensülze 419 mit getoastetem Weißbrot
Pfirsiche à la Hiller 341

Tomaten Bristol 19 mit Wildkräutersalat 62 und frischem Stangenweißbrot
Himbeerparfait 351

Mousse au saumon (Lachs-Mousse) 25
Salat aus rohen Champignons 68 mit Toast und Butter
Erdbeeren Cecile 338
Kalbsmedaillons mit Broccolipüree 419 und Fleurons 400
Heidelbeeren auf Schweizer Art 337

Salat aus Riesengarnelen 77 und Muffins (Englische Tafelbrötchen) 399 mit Butter
Creme Pompadour 349

Möhren-Apfel-Rohkost 67
Eier auf Florentiner Art 299 und getoastetes Brot
Käsekuchen ohne Boden 373

Menüs unter 600 Kalorien

Pochierte Eier 300 mit Provenzalischem Tomatensalat 64 und Toast
Cherimoyas mit Champagner 341

Wildkräutersuppe 43
Kalbsschnitzel naturell 132 mit Möhren in der Folie 219
Weingelee 346

Gebratene Leber 170 mit Kartoffelschnee 260 und Chicoréesalat 63
Tafelobst der Saison

Gratinierte Jacobsmuscheln 22 und Muffins (Englische Tafelbrötchen) 399
Berliner Luft 349

Menü-Vorschläge für alle Anlässe

Griechische Lauch-Vorspeise 31
Garnelen-Curry 91 mit Weißbrot
Rhabarber-Mousse 344

Puterschnitzel auf Mailänder Art 199 mit Feldsalat 62
Apfelschnee 336

Eierflockensuppe 41
Pariser Pfeffersteaks 117 mit Marinierten Zucchini 31 und Toast
Erdbeeren mit Champagner 341

Vegetarische Menüs

Bei den folgenden Vorschlägen handelt es sich nicht um vegetarische Vollwertkost im engeren Sinne, sondern lediglich um wohlschmeckende Mahlzeiten ohne Fleisch, Fisch, Geflügel und Wild. Wer strenge Maßstäbe anlegt, kann bei Rezepten mit Bouillon Gemüsebrühe verwenden.

Midinette-Naturreissalat 21
Auberginen nach Art des Papstes 233
Kirschenstrudel 330

Grünkernschrotbratlinge 277 mit Geschmolzenen Tomaten 227
Quarkauflauf mit Pfirsichen 328

Gefüllte Weinblätter 29
Gekochte oder Gegrillte Maiskolben 247
Pflaumen mit Weinschaumsauce 344

Steinpilze mit Rahmsauce 256 und Semmelknödel 281
Grießflammeri mit Schokoladensauce 332

Passierte Kartoffelsuppe 44
Erna Winklers Wildgemüse 251 in Eierpfannkuchen 305
Mirabellenkompott 335

Gemüsetopf 308
Dampfnudeln mit Weinschaumsauce 329

Rote Bete auf alte Art 220 und Buchweizengrütze 277
Kirschen auf Dijoner Art 338

Gemüsebratlinge 277
Österreichische Germknödel 284 mit Zwetschkenröster 336

Schweizer Zwiebelgratin 245 und Gemischter Salat 65
Gebratene Bananen 331

Ratatouille niçoise 234 mit Kräuterrisotto 276
Kabinettpudding 327

Spaghetti al pesto genovese (Spaghetti mit Basilikumsauce) 271
Tomaten mit Schafkäse 228 und frisches Weißbrot
Birnenkompott 335

Kartoffelsuppe à la cressonière 45
Gefüllte Paprikaschoten auf bulgarische Art 229
Kirschen Frascati 338

Zum Bild rechts:

Exotisches Gemüse, die heute zunehmend bei uns frisch auf den Markt kommen, sind eine willkommene Bereicherung in unserer heimischen Küche.
1 Zucchini, 2 Auberginen, 3 Lauchzwiebeln, 4 Fenchel, 5 Broccoli, 6 spanische Gemüsezwiebeln, 7 Kürbis, 8 italienische Flaschentomaten, 9 Artischocken, 10 Staudensellerie, 11 Paprikaschoten, gelb und rot, 12 Bataten/Süßkartoffeln, 13 Okra, 14 Chillis, 15 Peperoni, 16 Avocado.

Kalte und warme Buffets

Aus den Rezepten dieses Buches lassen sich abwechslungsreiche kalte und warme Buffets zusammenstellen. Doch bevor Sie planen, einkaufen und kochen, sollten einige grundsätzliche Fragen beantwortet werden.

- Soll das Buffet eine runde Mahlzeit bieten, soll es zur Stärkung am späteren Abend dienen?
- Gibt es mehr als Häppchen, muß für jeden Gast Teller, Besteck, Glas, Serviette und auch ein Platz vorhanden sein, an dem man manierlich essen und sein Glas abstellen kann.
- Sind Küche und Geschirrschrank dem geplanten Buffet gewachsen?

Zum Bild links:

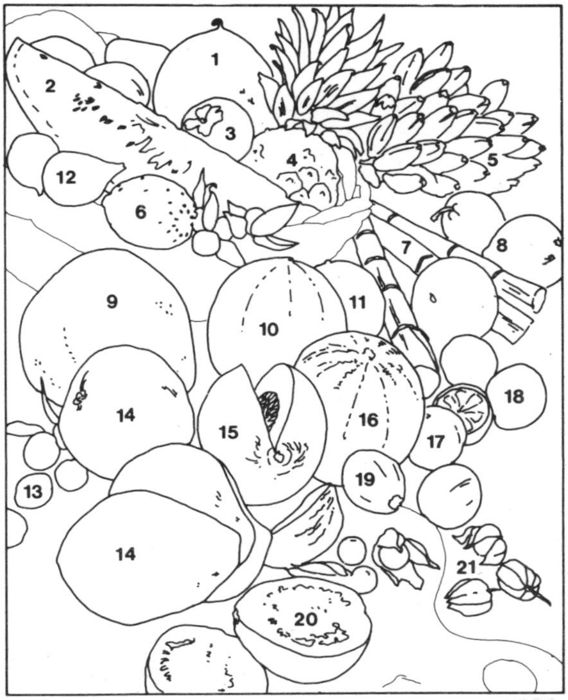

Mit exotischen Früchten lassen sich köstlich frische Vor- und Nachspeisen bereiten. Sie erobern sich auf unseren Märkten und in unseren Küchen zunehmend einen festen Platz. 1 Zucker- oder Honigmelone, 2 Wassermelone, 3 Kaki, 4 Ananas, 5 Zuckerbananen, 6 Kaktusfeigen, 7 Zuckerrohr, 8 Passionsfrucht, 9 Pomelo, 10 Netzmelone, 11 Honigmelone, 12 Feigen, 13 Kumquat, 14 Mango, 15 Honigmelone, 16 Kantalupmelone, 17 Limette, 18 Passionsfrucht, 19 Tamarillo, 20 Guave, 21 Kapstachelbeere/Physalis.

- Welchen Umfang das Buffet auch haben mag, ob es nur aus kalten Speisen besteht oder aus kalten und warmen, Sie brauchen einen großen Tisch, um alles Gebotene plazieren zu können. Für alle warmen Gerichte benötigt man Warmhalteplatten, um sie über längere Zeit auch wirklich warm anbieten zu können.
- Plazieren Sie alle Speisen auf einem länglichen oder auf einem runden Tisch. Stellen Sie alles Gebotene so auf, daß man sich leicht bedienen kann; also die innen oder hinten stehenden Schüsseln und Platten etwas erhöht; dies macht sich besonders dekorativ.
- Ordnen Sie vor allem kalte Platten so an, daß man gut von deren Vielfalt wählen kann, ohne das ganze Arrangement zu zerstören.
- Reichen Sie zusätzlich zu den geplanten Speisen genügend verschiedene Brotsorten, auf Eiswürfeln angerichtete Butterröllchen, Gewürze und Würzsaucen. Geben Sie zusätzlich Mixed Pickles, Gürkchen, Radieschen, Tomatenachtel, Oliven in kleinen Schalen als beliebige Beilagen.
- Zu jedem Buffet gehören selbstverständlich auch die passenden Getränke. Wenn Sie beispielsweise zu einem Buffet mit Bier vom Faß geladen haben, brauchen Sie außer für das Bier nur noch für einige Getränke ohne Alkohol zu sorgen. Welche Getränke zu den für ein Buffet ausgewählten Speisen passen, lesen Sie am besten im Kapitel Weine und Getränke zur Mahlzeit.
- Bedenken Sie aber, daß Sie vielleicht nicht mit einer einzigen Weinsorte auskommen und daß Ihre Gäste sich nicht alle für das gleiche Getränk entscheiden. Halten Sie also mehreres zur Auswahl bereit und dazu auch die benötigten Gläser.
- Erweitern Sie die vorgeschlagenen Rezepte für die Buffets auf die von Ihnen benötigte Personenzahl.

Champagner-Frühstück

Ein Champagner-Frühstück ist ein festlicher Imbiß, den man vormittags reicht – beispielsweise nach der Trauung, wenn später erst das große Festessen folgt. Zu gut gekühltem trockenem Champagner oder Sekt reicht man nur wenige auserlesene Speisen, die nicht sättigen, sondern das stimulierende Getränk bekömmlicher machen sollen.

Kaviar-Vorspeise mit Weißbrot und kalter Butter 24
Getrüffelte Languste 93
Schinken-Canapés und indische Canapés 415
Champignonsalat in Krustaden 415
Käsestangen 401
Brandteig-Sahne-Windbeutel 365

Kalte und warme Buffets

Kaltes Buffet

Austern naturell 24
Avocadosalat 18
Kalbfleisch-Terrine 37
Baroda-Eier 27
Filet auf Präsidentenart 122
Radieschensalat 66
Spargelsalat 73
Aufschnittplatte 417
Käsesalat mit Früchten 79
Kaisersemmeln 398
Feigen auf griechische Art 338
Reis Trauttmansdorff 333

Großes Festbuffet

Melone mit Cognac 337
Weinbergschnecken auf Klosterart 22
Crevetten-Krustaden 416
Hummer-Cocktail 25
Gebratene Seezungen 99
Fleurons 400
Gänsesalat auf Dordogner Art 78
Gebratene Rehkeule 202
Meterbrote 397
Waldorfsalat 20
Salat aus rohem Staudensellerie 64
Gefüllte Artischocken 246
Glasierte Kastanien 248
Käseplatte 417
Maracujasorbet 351
Charlotte royal 380
Schwarzwälder Kirschtorte 378

Buffet zum Bier vom Faß

Heringstöpfchen 26
Tellersülze 152
Hackbraten, kalt 166
Bayerischer Wurstsalat 77
Bunter Maissalat 73
Gebratenes Spanferkel 150
Bayerischer Kartoffelsalat 74
Tomatensalatplatte 64
Gurkensalat 65
Pruttinger Roggenbrot 392
Schinkenhörnchen 401
Käseplatte 417

Gartenfest-Buffet

Mittelpunkt des Gartenfestes ist sicherlich der Holzkohlengrill. Auf das Buffet kann man dabei dennoch nicht verzichten; denn alles, was auf dem Grill gegart werden soll, steht auf dem Buffet zur Wahl: Grillfertig vorbereitete Wurst, Spieße, Steaks, Koteletts, Frikadellen und Gemüse oder Kartoffeln in der Folie. Daneben gibt es natürlich frisches Brot, Würzsaucen, verschiedene Salate, eingelegte Gemüse und frisches Obst.

Gegrillte Speckwürstchen 423
Schweinefilet-Spieße 423
Schweinenieren-Spieße 424
Gegrillte Lachskoteletts 98
Pariser Pfeffersteaks 117
Gegrillte Hammelkoteletts 153
Kopfsalatherzen mit Creme Dressing 61
Kohlrabi-Rohkost 67
Weißkohlsalat 67
Kräuterbutter und Sardellenbutter 295
Zwiebelbrote 397
Knusprige Roggenbrötchen 398
Stachelbeer-Sherry-Relish 405
Pikante Senfbirnen 407
Pikant eingelegte Gurken 404

Faschings-Buffet

Gefüllte Eier in Kapernsahne 26
Heringssalat auf rheinische Art 76
Schweizer Wurstsalat 77
Fleischklößchen, gebraten an Spießchen 164 mit Ketchup
Hackfleischpastete 168
Gurken-Kartoffelsalat 74
Käse-Fladenbrot 396
Paprika-Relish 406
Eingelegte Kürbiswürfel 405
Ungarische Gulaschsuppe (Mitternachtssuppe) 48
Krapfen (mit Kaffee) 359

Buffet für junge Leute

Ostpreußischer Heringssalat 76
Berliner Kartoffelsalat 74
Klassischer Geflügelsalat 78
Nudelsalat 75
Körndlsalat 74
Kasseler Rippenspeer 149
Hamburger 164
Partysemmeln 398
Pizza nach Wahl 402/403
Rote Grütze 346
Einfacher Streuselkuchen (mit Kaffee) 356

Rund um das Gefriergerät

Gefriertruhe, Gefrierschrank, Gefrierbox-Kühlschrank-Kombination und Eiswürfel- oder Gefrierfächer der Kühlschränke bieten die Möglichkeit, bereits tiefgefrorene Lebensmittel gut verpackt über kürzere oder längere Zeit ohne Qualitätseinbuße zu lagern. Doch hängt die mögliche Lagerdauer von den konstanten Minustemperaturen ab, die das benutzte Gerät garantiert. So erreicht der normale Kühlschrank nur +6° bis +3° Celsius, das Ein-Stern-Fach etwa −6° Celsius, das Zwei-Sterne-Fach etwa −12° Celsius, das Drei-Sterne-Fach und das Tiefkühl-Lagergerät −18° Celsius. Das Vier-Sterne-Fach und regelrechte Gefriergeräte haben −18° Celsius als Lagertemperatur und zum Einfrieren Minustemperaturen von −30 bis −35° Celsius.
Über industriell hergestellte Tiefkühlkost muß kaum etwas gesagt werden, da jeder Hersteller sein Produkt mit genauen Angaben über Lagerdauer oder Haltbarkeitsdatum ausstattet sowie über Auftau- oder Zubereitungsmethode. Wichtig ist nur, daß man keine Tiefkühlware aus vereisten oder zu hoch gestapelten Truhen kauft, auf unbeschädigte Verpackung achtet und Angebote meidet, die keine Herstellerangaben haben.

Selbst einfrieren

- Zunächst muß die Bedienungsanleitung des jeweiligen Gerätes befolgt werden, woraus sich etwa ergibt, wieviel Kilogramm innerhalb von 24 Stunden eingefroren werden können, ohne die Qualität des Gefriergutes zu gefährden, und wie lange vor dem Einlagern das Gerät auf die Tiefsttemperatur zu schalten ist.
- Durch die tiefen Temperaturen im Gefriergerät erstarrt das in allen Lebensmitteln enthaltene Wasser zu kleinsten Eiskristallen. Beim langsamem Einfrieren dagegen bilden sich große Eiskristalle, die Zellwände und Strukturen des Lebensmittels werden zerstört.
- Beim Einfrieren bei tiefen Temperaturen werden durch die sich bildenden kleinen Eiskristalle lediglich die Zellmembranen gelockert, wodurch beispielsweise Kohl bekömmlicher, Fleisch mürber und viele Mineralstoffe und Vitamine für den Körper aufgeschlossen, also besser verwertbar werden.
- Damit während der Lagerung von tiefgefrorenen Lebensmitteln aber keine negativen Veränderungen eintreten, muß sowohl die zum Einfrieren nötige Tiefsttemperatur als auch eine konstante Lagertemperatur von −18° garantiert sein.
- Gemüse muß vor dem Verpacken noch blanchiert werden, um die Wirkung von Enzymen zu hemmen.
- Jeweils 500 g oder 1 kg kochfertig vorbereitetes Gemüse (kleine Mengen im Blanchiersieb oder -korb) in 5–10 l kochendes Wasser geben. Vom Wiederbeginn des Kochens an die Blanchierzeit messen. Während des Blanchierens das Gemüse schwenken, damit das kochende Wasser alle Teile umspülen kann. Nach dem Blanchieren das Gemüse in kaltes Wasser/Eiswürfelwasser tauchen, auf einem Tuch abtropfen und abkühlen lassen, verpacken und sofort gefrieren.
- Auberginen, Blumenkohl, Fenchel, Kohlrabi, Pilze mit 2 g Zitronensäure in 5 l Wasser, Rotkohl in leichtem Essigwasser blanchieren.

2 Minuten blanchieren: Blumenkohl, Erbsen, Grün-

Aufbewahrung und Lagerung von Tiefkühlkost im Haushalt*

Produkt	Kühlschrank ca. +5° C	1 *Fach ca. −6° C	2 *Fach ca. −12° C	3 *Fach u. Tiefkühllagergerät −18° C	4 *Gefriergerät −18° C u. tiefer
Speiseeis	2–4 Stunden	einige Stunden	1–2 Tage	mehrere Wochen	einige Monate
Fettfisch, Hackfleisch	6–8 Stunden	1–2 Tage	3–7 Tage	2–3 Monate	3 Monate
Krabben	6–8 Stunden	1–2 Tage	3–7 Tage	3 Monate	3 Mon. u. länger
Fleisch	–24 Stunden	2–3 Tage	–14 Tage	3 Monate	3 Mon. u. länger
Obst	–24 Stunden	2–3 Tage	–14 Tage	3 Monate	3 Mon. u. länger
Gemüse	–24 Stunden	2–3 Tage	–14 Tage	3 Monate	3 Mon. u. länger
Fertiggerichte	–24 Stunden	2–3 Tage	–14 Tage	2–3 Monate	3 Mon. u. länger
alle übrigen Artikel	–24 Stunden	2–3 Tage	–14 Tage	–3 Monate	3 Mon. u. länger

* Sofern der Hersteller nicht kürzere oder längere Lagerfristen beziehungsweise ein Mindest-Haltbarkeitsdatum angibt.
(Quelle: Die Vor- und Zubereitung von tiefgefrorenen Lebensmitteln, hrsg. vom Deutschen Tiefkühlinstitut e. V., Köln)

Rund um das Gefriergerät

Zum Einfrieren gut geeignet Lebensmittel	vorbereiten	Lagerdauer in Monaten	Auftauzeiten in Stunden: Backofen 50° C	Raumtemperatur 20° C	Kühlschrank +2–+4° C
Butter, Süßrahmbutter besser als Sauerrahmbutter	zusätzlich in Folie verpacken	6–8	–	3–4	8–10
Eier, roh; auch Eigelb und Eiweiß getrennt	100 g mit 2 g Salz verrühren, nicht schaumig schlagen	8–10	–	4	15–20
Käse, Hart-, Schnittkäse, Weichkäse	auch Scheiben, gerieben	2–4 6	–	–	6
Quark, alle Arten	zusätzlich verpacken; evtl. bereits gewürzt, gesüßt	10–12	–	5	
Sahne, süße	etwas schaumig schlagen, süßen	2–3	–	3	6
Fleisch, roh oder gegart: vom Rind, Kalb, Schwein, Lamm, Hammel	Braten im ganzen, Scheiben zwischen Folienblättern, Würfel vorgefrieren	1–9	80 g–1 kg 3–5	6–10	12–24
Hackfleisch	nur frisch zerkleinert einfrieren, in flachen Portionen	2–6	–	2–3	4–6
Innereien, Herz, Lunge, Nieren, Zunge, Leber als Püree	in gewünschte Form schneiden; Leber für Farcen und Klöße	3–6	–	5–6	10–12
Wurst, roh und geräuchert (nicht Blut- und Leberwurst)	rohe Wurst brühen; Wurstscheiben zwischen Folienblättern	2–4	–	2–3	4–6
Geflügel, Ente, Gans, Huhn, Puter, Taube	brat- oder kochfertig (dressiert), im ganzen oder in Teilen	2–12	800 g–1½ kg 1½–3 4–6 kg 3½–4	5–15 16–20	12–25 35–38
Wild und Wildgeflügel	bratfertig einfrieren (gespickt oder bardiert nur 2–3 Monate lagern), nach dem Auftauen nicht beizen	8–10	800 g–1½ kg 1½–3	8–15	22–25
Fisch, Forelle, Hecht, Karpfen	nur fangfrisch, ausgenommen, gewaschen, im ganzen vorfrieren, in kaltes Wasser tauchen und verpacken	2–6	–	unaufgetaut wie frischen Fisch garen	

kohl, Mangold, Spinat, Weißkohl, Wirsing, Schwarzwurzeln.
3 Minuten blanchieren: Grüne Bohnen, Broccoli, Kohlrabi, Möhren, Paprikaschoten, Pilze, Rosenkohl, Rotkohl, Schwarzwurzeln, Staudensellerie.
4–6 Minuten blanchieren: Artischocken, dicke Bohnen, Fenchel, Okras, Lauch/Porree, Zuckermais.
• Obst je nach Verwendungszweck vorbereiten (entsteinen, halbieren, in Spalten oder Würfel schneiden). 1 kg Beerenobst je nach Säuregehalt mit 100–200 g Zucker mischen und einfrieren. Helles Obst mit Zuckerlösung plus 0,5 g Zitronensäure auf 1 kg einfrieren: 35prozentige Zuckerlösung für süßes Obst = 540 g Zucker auf 1 l Wasser; 45prozentige Zuckerlösung für saures Obst = 820 g Zucker für 1 l Wasser. Äpfel und Birnen schälen, in Spalten oder Viertel schneiden, 2–3 Minuten mit Zitronensäure blanchieren und mit Zuckerlösung einfrieren. Obst für Kuchenbeläge, spätere Herstellung von Konfitüre oder Gelee ohne Zucker vorfrieren, verpacken und später roh noch gefroren verwenden (mitbacken oder kochen). Ohne Zucker oder Zuckerlösung hat Obst eine kürzere Lagerdauer.

Rund um das Gefriergerät

Zum Einfrieren gut geeignet			Auftauzeit in Stunden:		
Lebensmittel	vorbereiten	Lagerdauer in Monaten	Backofen	Raumtemperatur 20° C	Kühlschrank +2–+4° C
Backwaren, Rührkuchen	im ganzen oder in Stücken	2–3	100°/50 Min.	4–8	–
Biskuitböden	im ganzen	4–6	200°/5–8 Min.	2–4	–
Blätterteiggebäck	ohne Glasur einfrieren	2–3	200°/10 Min.	1–2	–
Hefeteig-Kleingebäck	ohne Glasur einfrieren,	1½–2	200°/6–10 Min.	3–5	–
Hefeteig-Zöpfe	im ganzen oder in Stücken	2–3	100°/50 Min.	4–5	–
Obstkuchen, gedeckte		2–3	150°/30 Min.	4–5	–
Pizza	belegte, rohe Teigböden	2–3	200°/20 Min.	2–4	–
Brötchen	noch ofenwarm einfrieren	1 Woche	180°/5–10 Min.	2–3	–
Brot	im ganzen oder in Scheiben	1½–3	170°/15–30 Min.	2–3	–
Weißbrot		1 Woche			
Obst, von Ananas bis Zwetschgen; nicht oder nur bedingt geeignet: Avocados, Bananen, Cherimoyas, Erdbeeren, Kakis, Lychees, Mangos, Reineclauden	je nach Verwendungszweck schneiden, vorfrieren und verpacken; mit Zuckergemisch oder mit Zuckerlösung einfrieren, Zitrusfrüchte als Saft einfrieren. Für Konfitüren, Saft und Obstmus wenig gesüßt einfrieren	2–12	–	Für Kuchenbelag, Bowlen, Verzierungen roh verwenden; sonst aufgetaut: 2–12	8–20
Nüsse, Hasel-, Walnüsse, Mandeln	mit oder ohne Schalen und Haut, im ganzen oder gemahlen einfrieren	3–4	–	3–4	
Eßkastanien/Maronen	von Schale und Haut befreit einfrieren	6	–	unaufgetaut erhitzen oder aufgetaut verarbeiten	
Gemüse, von Artischocken bis Zuckermais; nicht oder nur bedingt geeignet: Blattsalate, Gurke, Rettich, Radieschen, Spargel, Tomate, Zwiebel	je nach späterer Verwendung schneiden und blanchieren	3–12	–	unaufgetaut in wenig Salzwasser je nach Art dünsten	
Kräuter, Dill, Estragon, Petersilie, Schnittlauch, Sellerieblätter	waschen, gut trockenschleudern, kleinschneiden und in kleinen Portionen verpacken	6–10	–	unaufgetaut verwenden (nicht mitkochen)	

(Quelle: Gefrierkost-Tiefgefrierkost, hrsg. vom Auswertungs- und Informationsdienst für Ernährung, Landwirtschaft und Forsten, AID, e. V., Bonn 1985)

• Zum Verpacken ausschließlich gefriergeeignetes Material verwenden. Bei dessen Einkauf auf den Hinweis »gefriergeeignet« achten. Man kann Kunststoffdosen, extra starke Alufolie, Aluformen, Gefrierbeutel, Gefrierkochbeutel und Kunststoffolie verwenden. Alles Verpackungsmaterial muß unbeschädigt sein. Jede Portion luftdicht verschließen, also jedes Paket mit Klebeband, Gummiringen oder festen Faltstreifen schließen; Folienbeutel eventuell mit Spezialgerät zuschweißen. Bereits verpackte Lebensmittel wie Butter, Quark, Käse zusätzlich verpacken.

• Inhalt, Gewicht oder Stückzahlen und Einfrierdatum auf jeder Packung angeben. Mehrere leichte Päckchen sind besser als wenige große. Familiengerechte Portionen einfrieren; 1 kg sollte jedoch Höchstmenge sein. Möglichst Pakete in leicht stapelbaren Formen packen.

• Fertig verzierte Torten (Sahneverzierungen) auf Folie vorfrieren und dann erst verpacken, damit die Verzierung durch das Verpacken nicht gedrückt und zerstört wird.

Essen heute - kleine Ernährungskunde

Die meisten Menschen halten es mit dem Sprichwort: »Essen und Trinken hält Leib und Seele zusammen«. Und in der Tat spielt die Ernährung für das körperliche und geistige Wohlbefinden eine bedeutende Rolle. Wichtig dabei ist, daß man sich vollwertig ernährt, das heißt, daß man dem Körper alles zuführt, was er an Nährstoffen braucht. Um dem Körper im Alltag das vielfältige Nahrungsangebot zu geben, das er braucht, muß man sich über einige wenige Fragen Klarheit verschaffen:

- Wieviel darf ein Mensch – je nach Alter und Geschlecht – täglich essen, um gesund und leistungsfähig zu bleiben, ohne Übergewicht anzusetzen?
- Welche Zusammensetzung muß das Essen haben, damit es für den einzelnen vollwertig ist?
- Wie müssen die Mahlzeiten geplant und zubereitet, die Nahrungsmittel eingekauft und gelagert werden, damit möglichst wenige wertvolle Nährsubstanzen verlorengehen?

Anhand der nachfolgenden Ausführungen kann jeder einzelne Leser überprüfen, inwieweit er sich richtig ernährt oder ob er einige seiner Eßgewohnheiten ändern muß.

Der Energiebedarf

Jedes Nahrungsmittel liefert uns eine bestimmte Energiemenge. Wir brauchen sie als »Betriebsstoffe« für den Körper. Die Energiemenge wird international in Kilojoule (kJ) angegeben. Der Einfachheit halber wird aber nur der Begriff Joule benützt. Ebenso im Gebrauch ist die alte Maßeinheit Kilokalorie (kcal), kurz Kalorie genannt.

Für unser aller Wohlbefinden ist es wichtig, daß wir nicht zuviel und nicht zuwenig Kalorien mit der Nahrung zu uns nehmen. In der Bundesrepublik wird meist zuviel gegessen, was unerwünschtes Übergewicht zur Folge hat. Wonach richtet sich die Kalorienmenge, die man täglich verbrauchen kann?

Bei völliger Bettruhe braucht ein Mensch etwa 6300 bis 7140 Joule oder 1500 bis 1700 Kalorien täglich. Diese Energiezufuhr reicht aus, um die Körperwärme und alle organischen Funktionen im Ruhezustand aufrecht zu erhalten.

Ein arbeitender Mensch braucht selbstverständlich mehr. Folgende Richtwerte gelten für Menschen, die leichten Arbeiten (mit vorwiegend sitzender Tätigkeit) nachgehen:

19–35jährige	Frauen	Männer
	2 200 kcal	2 600 kcal
	9 200 kJ	10 900 kJ

Bei mittelschwerer Arbeit, wie sie Hausfrauen mit Kindern, Postboten oder Kfz-Mechaniker leisten, dürfen Frauen wie Männer 600 Kalorien/2500 Joule zusätzlich verbrauchen. Bei schwerer Arbeit, wie sie zum Beispiel Bauarbeiter oder Landwirte verrichten, gibt es einen Zuschlag von 1200 Kalorien/5000 Joule. Einen Überblick über die empfehlenswerte Höhe der täglichen Energiezufuhr für Kinder und Erwachsene gibt die nachfolgende Energietabelle. Die für Erwachsene angegebenen Werte sind für 25jährige mit vorwiegend sitzender Tätigkeit gedacht. Wer sein Gewicht kontrollieren muß und seine Mahlzeiten dem Kalorienbedarf entsprechend zusammenstellen will, findet in Klevers Kalorien-Joule-Kompaß aus dem Gräfe und Unzer Verlag alle Angaben, die er braucht.

Energietabelle

Empfehlenswerte Höhe der täglichen Zufuhr

	kcal. männl. weibl.	kJ männl. weibl.
Kinder		
1– 3 Jahre	1100	4500
4– 6 Jahre	1500	6500
7– 9 Jahre	1900	8000
10–12 Jahre	2300/2200	9 500/ 9 000
13–14 Jahre	2700/2500	11 500/10 500
Jugendliche		
15–18 Jahre	3000/2400	12 500/10 000
Erwachsene		
19–35 Jahre	2600/2200	11 000/ 9 000
36–50 Jahre	2400/2000	10 000/ 8 500
51–65 Jahre	2200/1800	9 000/ 7 500
über 65 Jahre	1900/1700	8 000/ 7 000

(Quelle: Empfehlungen für die Nährstoffzufuhr, Deutsche Gesellschaft für Ernährung, Frankfurt 1985)

Übergewicht

Mit zunehmendem Alter kommen die Figurprobleme – und mit ihnen die Krankheiten, die durch Übergewicht verursacht werden, zum Beispiel Bluthochdruck, Herzkranzgefäßverengung, Leberschäden, Zuckerkrankheit, mangelhafte Funktion der Verdauungsorgane. Während 50 Prozent der 20jährigen ihr Idealgewicht haben, besitzen es von den 40jährigen nur noch 15 Prozent. Wir geben also nicht genügend darauf acht, wieviel wir essen und trinken. Alkohol spielt dabei eine erhebliche Rolle. Männer, die täglich 60 g, und Frauen, die täglich 20 g reinen Alkohol trinken, gehen ein großes Gesundheitsrisiko ein. Dem Grenzwert von 60 g reinem Alkohol für Männer entsprechen (bei 0,2 l pro Glas) 9 Gläser Bier, 4 Gläser Weißwein und 3 Gläser Rotwein. Für Frauen liegt der Grenzwert bei 3 Gläsern Bier, 1½ Gläsern Weißwein und 1 Glas Rotwein. Bei Sekt liegt der Grenzwert für Männer (bei 0,1 l pro Glas) bei 7 Gläsern; für Frauen bei 2½ Gläsern. Bei Rum, Whisky und Weinbrand mit 38 Prozent Vol. liegt der Grenzwert für Männer (bei 2 cl pro Glas) bei 10 Gläsern, für Frauen bei 3 Gläsern.

Das Normalgewicht – das Idealgewicht
Normal- und Idealgewicht lassen sich aus der Körpergröße ermitteln: Normalgewicht (in kg) = Körpergröße (in cm) minus 100. Bei einem Gewicht, das unter diesem Normalgewicht liegt, sind Stoffwechselstörungen am seltensten.
Bei Idealgewicht sind alle übergewichtsbezogenen Gesundheitsrisiken besonders gering. Die Deutsche Gesellschaft für Ernährung legt das Idealgewicht folgendermaßen fest: bei Männern zieht man 10 Prozent, bei Frauen 15 Prozent vom Normalgewicht ab.

Beispiel für Männer mit einer Körpergröße von 180 cm
Normalgewicht = 180 cm – 100 = 80 kg
Idealgewicht = 80 kg – 8 kg (10%) = 72 kg
Beispiel für Frauen mit der Körpergröße von 168 cm
Normalgewicht = 168 cm – 100 = 68 kg
Idealgewicht = 68 kg – 10,2 kg (15%) = 57,2 kg

Eine weitere Kontrollmöglichkeit ist der Kneif-Test. Schlank ist, wer nicht mehr als 1 cm Fett als Schicht unter der Haut hat, wenn er sich selbst in die Rippen und in die Hüften kneift! Damit es nicht doch zu überflüssigen Pfunden kommt, sollte man dem täglichen Essen mehr Aufmerksamkeit schenken.

Viele kleinere Mahlzeiten stärken die Lebensenergie
Mit einem 3mal täglich hoch aufgefüllten Magen ist der Körper meist nicht sonderlich gut bedient. Besser als 3 gewichtige Mahlzeiten sind 5 leichte, die über den Tag verteilt werden. Wünschenswert ist es, beim Frühstück 30 bis 35 Prozent der gesamten Tagesenergie zu sich zu nehmen, davon 5 bis 10 Prozent beim zweiten Frühstück, beim Mittagessen 30 bis 33 Prozent; am Nachmittag 5 bis 15 Prozent und am Abend 20 bis 30 Prozent. Ausgesprochene »Morgenmuffel« – unter ihnen gibt es viele Kinder –, die beim ersten Frühstück nichts essen mögen, können sich mit Kakao begnügen und die Hauptmenge zum zweiten Frühstück verzehren.
5 kleine Portionen belasten Magen und Darm weniger, geben dem Verdauungstrakt aber gleichmäßig etwas zu tun. Schwindelgefühl, Streß-Kopfschmerz, nachlassende Konzentrationsfähigkeit und Leistungstiefs zwischen den üblichen »großen Mahlzeiten« rühren nämlich häufig daher, daß der Blutzuckerspiegel sinkt, weil es an »Nachschub« fehlt. Vor allem Kinder bauen im Laufe eines Schulvormittags leicht ab. Deshalb sollte man ihnen immer ein leckeres Pausenbrot mitgeben.
Für die Zusammenstellung der Mahlzeiten ist es wichtig, sich über den Nährwert der einzelnen Nahrungsmittel Klarheit zu verschaffen, damit man weiß, wie viel oder wie wenig man vom einzelnen Produkt essen soll. Die nachfolgenden Informationen zeigen, was im einzelnen zu berücksichtigen ist.

Fett
Besonderes Augenmerk muß beim täglichen Speisenplan den Fetten gelten. Ohne Fett können beispielsweise die Vitamine A, D, E und K nicht vom Körper verwertet werden. Fett hilft beim Aufbau der Körperzellen, aber es ist auch sehr kalorienreich; es besteht aus Glycerin und Fettsäuren. Bei den Fettsäuren unterscheidet man gesättigte, einfach ungesättigte und mehrfach ungesättigte. Ungesättigte Fettsäuren und mehrfach ungesättigte Fettsäuren kann der Körper nicht selbst aufbauen; sie heißen daher auch essentielle (lebenswichtige) Fettsäuren. Viele pflanzliche Fette sind reich an essentiellen Fettsäuren. Darüber hinaus enthalten pflanzliche Fette kein Cholesterin, das in zu großen Mengen in der Ernährung von älteren Menschen und von solchen, die zu Herz- und Gefäßerkrankungen neigen, unerwünscht ist. Vor allem Männer müssen hier acht geben, da sie um 15 Prozent mehr Cholesterin aufnehmen als Frauen. Cholesterin kommt in Butter, Eiern, Milch und Milchprodukten sowie in Fleisch und Fleischwaren vor. Wieviel Fett darf man nun aber generell pro Tag zu sich nehmen? Ernährungswissenschaftler haben ermittelt, daß eine erwachsene Frau 60–70 g Fett, ein erwachsener Mann 70–80 g Fett täglich zu sich nehmen kann, wobei ein Drittel der Gesamtfettsäuren aus mehrfach ungesättigten Fettsäuren bestehen soll. 70 g Fett sind etwa 4–5 Eßlöffel oder rund 14 Teelöffel gestrichen voll Fett. Nicht gerade wenig, möchte man meinen. Tatsächlich verzehren wir im Durchschnitt aber täglich weit mehr Fett, weil wir die versteckten Fette kaum berücksichtigen. Die nachfolgenden Tabellen geben einen Überblick über sichtbare und versteckte Fette.

Sichtbare Fette
100 g Lebensmittel enthalten:

Speiseöle, Plattenfette,	
Schweine-, Gänse-, Butterschmalz	99–100 g
Butter	83 g
Milchhalbfett	40 g
Margarine	80,5 g
Halbfettmargarine	40 g
Rindertalg	96 g
Speck, fett	80 g
durchwachsen	65 g

Versteckte Fette
100 g Lebensmittel enthalten (Mittelwerte):

Schweinefleisch (mager, z. B. Filet)	10 g
Schweinefleisch (mittelfett, z. B. Bauch)	42 g
Gänsefleisch	31 g
Rindfleisch (Rostbraten)	16 g
Flußaal	24 g
Hering	18 g
Haselnüsse	61 g
Walnüsse	64 g
Mayonnaise	80 g
Remoulade	50 g
Mettwurst	51 g
Leberwurst	41 g
Kartoffelchips	40 g
Pommes frites	12 g
Sahnetorte	25 g
Schlagsahne	32 g
Vollmilchschokolade	30 g
Emmentaler, 45% Fett i. Tr.	30 g
Camembert, 45% Fett i. Tr.	23 g
Romadur, 20% Fett i. Tr.	9 g

(Quelle: Fette in der Ernährung, hrsg. vom Auswertungs- und Informationsdienst für Ernährung, Landwirtschaft und Forsten [AID] e. V., Bonn 1983)

Zucker
Zucker wird heute oft als »Kalorienbombe« oder »leere Kalorien« verteufelt. Zucker an sich ist nicht ungesund, wenn er in sehr bescheidenen Mengen genossen wird. Das heißt, man soll ihn als Würzmittel sparsam verwenden. 2 Eßlöffel reichen für einen Erwachsenen pro Tag aus.

Kohlenhydrate
Kohlenhydrate sollen in unserer täglichen Ernährung mengenmäßig den Hauptanteil ausmachen. Als Faustregel gilt: Auf je 1 kg (ideales) Körpergewicht benötigen wir täglich etwa 6,3–6,6 g Kohlenhydrate – jedoch nicht mehr als insgesamt 400 g pro Tag. Kohlenhydrate sind pflanzlicher Herkunft und hauptsächlich in Brot, Teigwaren, Mehl, Grieß, Reis, Haferflocken, Hülsenfrüchten, Kartoffeln, Gemüse, Obst, Honig, Marmelade und Zucker enthalten.

Ballaststoffe
Ballaststoffe sind unverdauliche, faserige und quellfähige Bestandteile der Nahrung. Die kohlenhydrathaltigen Nahrungsmittel sind meist auch die ballaststoffhaltigsten (abgesehen von Honig und Zucker). Ballaststoffe sind für unsere Ernährung wichtiger, als man noch bis vor kurzem annahm. Sie sorgen für eine regelmäßige Verdauung und dienen der Gesunderhaltung. In allen Obst- und Gemüsesorten, im Vollkornbrot, in Teigwaren aus dunklem Mehl, ungeschältem Reis, Vollkorn-Haferflocken, Hülsenfrüchten und Kartoffeln sind sie enthalten. Es wird empfohlen, täglich mindestens 30 g Ballaststoffe zu sich zu nehmen, denn es gilt als gesichert, daß sie eine wirksame Vorbeugung gegen Darmträgheit und Darmerkrankungen sind. Einen besonders hohen Gehalt darmfreundlicher Ballaststoffe hat Weizenkleie. 2 bis 3 Eßlöffel täglich pro Person werden empfohlen. Dazu Müslis als Zwischenmahlzeiten, bestehend aus Vollkornflocken, Weizenschrot, Obst und Milch. Wer Weizenkleie ißt, muß allerdings gleichzeitig viel Flüssigkeit zu sich nehmen, damit die Kleie quellen kann und es nicht zu Verdauungsstörungen kommt.

Eiweiß
Eiweiß (Protein) ist ein lebenswichtiger Aufbaustoff, der in Fleisch, Fisch, Eiern, Milch, Quark, Joghurt und Käse besonders hochwertig enthalten ist, und zwar als tierisches Eiweiß. In Getreideprodukten, Hülsenfrüchten, Nüssen, Kartoffeln und einigen Gemüsesorten kommt ebenfalls Eiweiß vor, pflanzliches Eiweiß. Eiweiß pflanzlicher Herkunft wird vom Körper besser abgebaut, wenn es zusammen mit tierischem Eiweiß gegessen wird. Unsere tägliche Nahrung sollte daher zu $^2/_3$ tierisches und zu $^1/_3$ pflanzliches Eiweiß enthalten. Erwachsene brauchen täglich pro kg Körpergewicht mindestens 0,8 g Eiweiß. Kinder, Jugendliche und alte Menschen benötigen mehr. Mangel an Eiweiß führt zu einem Nachlassen der Leistungsfähigkeit. Die Widerstandskraft gegen Infektionskrankheiten wird herabgesetzt (ausführliche Angaben enthält Cremer, Die große Nährwerttabelle, erschienen im Gräfe und Unzer Verlag München).

Essen heute - kleine Ernährungskunde

Vitamine

Obwohl wir an sich keine Schwierigkeiten haben, unseren Vitaminbedarf voll zu decken, tun wir dies leider weit weniger gut, als wir könnten. Man unterscheidet fettlösliche und wasserlösliche Vitamine. Fettlöslich sind die Vitamine A, D, E und K. Viele Gemüsesorten, vor allem die kräftig gefärbten, enthalten fettlösliche Vitamine. Das heißt, Gemüse muß mit ein wenig Fett gegart werden, damit unser Körper die enthaltenen Vitamine aufschließen kann. Dies gilt vor allem für Kohl, Spinat, Möhren und Tomaten. Wenn man sie zu Salaten verarbeitet, genügen kleine Mengen Öl in der Sauce.

Andere Vitamine wie B_1, B_2, Niacin und C sind wasserlöslich. Sie bedürfen keinerlei Zutaten, um vom Organismus verarbeitet zu werden. Die fettlöslichen Vitamine können im Körper eine Zeitlang gespeichert werden, wenn vorher genügend zugeführt wurden. Die meisten wasserlöslichen Vitamine kann man hingegen nur wenige Tage entbehren. Sie müssen laufend mit der Nahrung zugeführt werden. Als B-Vitamine bezeichnet man eine Reihe recht unterschiedlicher Wirkstoffe, die eines gemeinsam haben: Sie kommen fast alle in den äußeren Schichten des Getreides vor. Beim Ausmahlen der Getreidekörner gehen die Vitamine weitgehend verloren. Wer also gerne nach ausgemahlenen, helleren Mehlsorten und nach geschältem poliertem Reis greift, ist unzureichend mit B-Vitaminen versorgt.

Vitamin B_1 (Thiamin) ist vor allem in kräftigem dunklem Brot und Backwaren sowie in Kartoffeln enthalten. Der Verzehr dieser Nahrungsmittel ist also für eine gesunde Ernährung wichtig. Zwar wird heute reichlich Schweinefleisch gegessen, wodurch man eine gewisse Menge Vitamin B_1 zu sich nimmt. Aber der tägliche Bedarf kann dadurch nicht völlig gedeckt werden. Insbesondere jugendliche und ältere Menschen sollten darauf achten, daß sie ausreichend Vitamin B_1-haltige Nahrungsmittel zu sich nehmen. Mangel an Vitamin B_1 kann zu Störungen der Nervenfunktionen führen.

Das Vitamin B_2 (Riboflavin) ist hauptsächlich in Milch und Milchprodukten enthalten. Vor allem Kinder und Jugendliche decken ihren Vitamin B_2-Bedarf häufig ungenügend. Dies gilt auch für das Vitamin B_6, das in größeren Mengen in Brot, Kartoffeln und Fleisch enthalten ist. Bei Schulkindern wurden Verbrauchswerte ermittelt, die um mehr als 30 Prozent unter der empfohlenen Zufuhr liegen. Auch hier ist die Ursache vor allem darin zu suchen, daß zuwenig dunkles Brot und Kartoffeln gegessen werden. Ein Vitamin-B-Defizit kann durch erhöhten Fleischkonsum nicht vollständig ausgeglichen werden. Unseren heutigen Ernährungsgewohnheiten entsprechend versorgen wir uns im übrigen mit Vitamin B_{12} ausreichend.

Folsäure ist ein Vitamin, das für die Blutbildung wichtig ist. Es wird hauptsächlich mit Kartoffeln, grünen Gemüsen und Zitrusfrüchten aufgenommen. Auch die Folsäure-Zufuhr liegt im kritischen Grenzbereich. Niedrige Werte wurden vor allem bei Kindern, Jugendlichen und Frauen ermittelt.

Das bekannteste Vitamin, das Vitamin C, ist in den meisten Obst- und Gemüsesorten enthalten sowie in Kartoffeln. Es soll reichlich gegessen werden, da es unter anderem dem Körper die Aufnahme von Eisen erleichtert und hemmend auf die Umwandlung von Nitrat in Nitrit und die Entstehung von Nitrosaminen wirkt.

Vitamin D wird in der Haut bei Sonnenbestrahlung gebildet. Es kommt in Eiern, Fisch, Fleisch, Milch und Innereien vor.

Mineralstoffe

Eisen ist ein für die Blutbildung wichtiges Mineral. Insbesondere junge Mädchen und Frauen im gebärfähigen Alter brauchen täglich 18 mg Nahrungseisen. Eisenmangel in der Ernährung führt, besonders wenn Empfängnisverhütungsmittel eingenommen werden, zu Blutarmut. Der Tagesbedarf von 18 mg wird seit vielen Jahren von keiner weiblichen Altersgruppe erreicht. Die Hauptmenge des Nahrungseisens ist in Brot und Backwaren (etwa 27 Prozent) und in Fleisch und Fleischwaren enthalten. Eisen aus pflanzlicher Nahrung wird vom Körper erheblich schlechter genutzt als Eisen aus Lebensmitteln tierischer Herkunft.

Magnesium kommt ebenfalls hauptsächlich in Brot und Backwaren vor, daneben auch in Kartoffeln, Milch und Milchprodukten. Beträchtliche Mengen von Magnesium sind auch in alkoholischen und nichtalkoholischen Getränken wie Kaffee enthalten.

Calcium hingegen wird in kaum einer Altersgruppe in ausreichender Menge aufgenommen. Dies hängt mit dem niedrigen Verbrauch von mineralstoffhaltiger Vollmilch und Milchprodukten zusammen. Auf eine ausreichende Versorgung mit Calcium muß vor allem bei Kindern im Wachstumsalter, aber auch bei älteren Menschen geachtet werden.

An Phosphor nehmen wir aufgrund unserer Ernährungsgewohnheiten mehr zu uns, als wir benötigen. Die Hauptmenge stammt aus Fleisch und Fleischwaren, ein kleiner Teil aus Brot und Milch.

Natrium führen wir unserem Körper besonders durch Kochsalz zu. Mediziner raten Hochdruckkranken, nicht mehr als 5 g Kochsalz pro Tag zu sich zu nehmen.

Die Wissenschaftler sind sich noch nicht schlüssig, ob auch Gesunde ihren Kochsalzkonsum einschränken sollen. Da aber Bluthochdruck in den letzten Jahren vermehrt auftritt, gehen die Empfehlungen in diese Richtung. In jedem Falle sollte auch ein Gesunder nicht mehr als 7,5 g Kochsalz täglich zu sich nehmen.

Schadstoffe

Erst seit jüngerer Zeit spielen in der Ernährungslehre die Umweltbelastung und die damit verbundene Ablagerung von Schadstoffen in und auf unserer Nahrung eine Rolle. Leider sieht man es den Nahrungsmitteln nicht an, ob und in welcher Menge Rückstände in ihnen enthalten sind, beziehungsweise an ihnen haften. Deshalb ist es ratsam, die wichtigsten Richtlinien zum Selbstschutz der Verbraucher, die vom Bundesgesundheitsamt und der Deutschen Gesellschaft für Ernährung herausgegeben wurden, in die Planung und Zubereitung der Mahlzeiten einzubeziehen.
Als besonders belastend gelten die Schwermetalle Cadmium, Blei und Quecksilber, die sich als Rückstände aus der Luft auf den Pflanzen ablagern oder aus dem Boden von den Pflanzen aufgenommen werden. Damit gelangen sie über die Nahrungskette in den Körper der Nutztiere. Cadmium findet sich hauptsächlich im Boden. Es verteilt sich in der gesamten Pflanze ziemlich gleichmäßig und lagert sich nach der Nahrungsaufnahme bei Nutztieren in der Leber und insbesondere in den Nieren ab. Es wird empfohlen, Nierengerichte vom Rind oder vom Schwein wegen des erhöhten Cadmiumgehalts höchstens alle 2 bis 3 Wochen 1mal zu verzehren. Rinder- oder Schweineleber sollte man nicht öfters als 1mal pro Woche essen. Nieren und Leber vom Kalb kann man dagegen so oft essen, wie man mag. Bei jungen Tieren ist der Cadmiumgehalt der Innereien unbedenklich.
Anders sieht die Situation bei wildwachsenden Speisepilzen aus. Sie haben einen erheblich höheren Cadmiumgehalt als andere Lebensmittel pflanzlicher Herkunft. Auch der Quecksilbergehalt liegt bei ihnen leider deutlich höher. Pilzliebhabern wird deshalb geraten, den Verzehr von Wildpilzgerichten auf etwa 200 bis 250 g wöchentlich pro erwachsene Person (1 bis 2 Mahlzeiten) zu beschränken. Kinder sollten ihrem Körpergewicht entsprechend weniger essen. Kulturchampignons kann man hingegen in beliebiger Menge essen. Ihr Cadmiumgehalt liegt deutlich unterhalb der kritischen Grenze.
Während der Verbraucher sich vor einer zu hohen Aufnahme von Cadmium nur dadurch zu schützen vermag, daß er bestimmte Nahrungsmittel in geringeren Mengen verzehrt, kann er die Aufnahme von Blei durch eine sachgemäße Behandlung der Lebensmittel beschränken. Blei wird hauptsächlich beim Verzehr von Obst und Gemüse aufgenommen. Untersuchungen haben gezeigt, daß sich die Bleibelastung durch die Ernährung um etwa 70 Prozent herabsetzen läßt, wenn man das Gemüse besonders gründlich säubert.

- Obst und Gemüse, deren Herkunft man nicht kennt, – möglicherweise stammt beides aus einer durch Industrie oder Verkehr stark umweltbelasteten Gegend – soll man vor dem Verzehr beziehungsweise vor dem Garen sehr gründlich waschen.
- Bei Früchten und Gemüsen, die sowohl gewaschen als auch geschält oder geschabt verzehrt werden können wie zum Beispiel Äpfel, Birnen und Möhren ist auf jeden Fall das Schälen oder Schaben vorzuziehen.
- Obst und Gemüse mit gekräuselten, behaarten oder rauhen Oberflächen wie zum Beispiel Grünkohl, Salat, Stachelbeeren, Erdbeeren oder Pfirsiche müssen besonders intensiv gewaschen beziehungsweise geputzt werden.
- Kleinbeerige, glatte Sorten wie etwa Johannisbeeren haben eine vergleichsweise große Oberfläche, die gründlich gereinigt werden muß.
- Bei geschlossen gewachsenen Gemüsen wie zum Beispiel Rosenkohl muß man darauf achten, daß die äußeren Blätter, auf denen sich die meiste Bleiablagerung befinden kann, vollständig entfernt werden.
- Obst und Gemüse nicht in Wasser legen! Die empfindlichen Poren des Zellgewebes vergrößern sich beim Wässern, und die Schadstoffe können in die Pflanze eindringen.
- Die beste Art der Reinigung ist längeres Abbrausen unter fließendem lauwarmem Wasser. Auf diese Weise werden Staubteilchen und Schadstoffpartikel am gründlichsten weggeschwemmt.
- Blumenkohl zum Beispiel sollte man erst gründlich putzen und unter fließendem Wasser reinigen, bevor man ihn in Salzwasser legt, um Fliegen und Raupen aus dem Inneren zu vertreiben.
- Keine wildwachsenden Früchte und Beeren, die an Straßenrändern stehen, essen – es sei denn, man hat Gelegenheit, sie vorher sehr gründlich zu waschen. – Dies gilt auch allgemein für Obst und Gemüse, das an Verkaufsständen in unmittelbarer Nähe stark befahrener Straßen angeboten wird.

Die Aufnahme von Quecksilber läßt sich dagegen wieder nur durch Beschränkung beim Verzehr in Grenzen halten. Manche Fischarten sind quecksilberbelastet – Süßwasserfische mehr als Hochseefische, Raubfische mehr als Friedfische. Die Empfehlung der Wissen-

schaftler geht dahin: Man sollte Süßwasserfische seltener, jedenfalls nicht täglich auf den Tisch bringen.
Bei Wildpilzen, die ebenfalls höhere Quecksilbermengen enthalten können, gilt es, vor allem während der Zeit des Pilzesammelns, nicht die beim Cadmium genannten Verzehrmengen zu überschreiten.

Schweinefleisch
Das Einkaufen von Fleisch ist heutzutage immer mit einem Risiko verbunden. Das schöne Stück, das man sich vom Metzger mitgeben ließ oder sich selbst aus der Kühltruhe des Supermarkts aussuchte, schrumpft in der Pfanne zusammen, ist zäh und schmeckt langweilig. Bei solcher Ware handelt es sich um PSE-Fleisch; es ist blaß (englisch: pale), weich (englisch: soft), und wässrig (englisch: exudative).
Wie kommt es, daß wir heute so häufig PSE-Fleisch angeboten bekommen? Der Grund hierfür liegt in der Züchtung des extrem mageren modernen Hochleistungsschweins, das besonders streßanfällig ist. Bei dem Fleisch dieser Tiere kommt es häufig nach der Schlachtung zu einer beschleunigten Fleischreifung: das Eiweiß büßt seine Wasserbindefähigkeit ein.
Folgende Verbrauchertips vom AID-Auswertungs- und Informationsdienst für Ernährung, Landwirtschaft und Forsten helfen beim Einkauf von Schweinefleisch:
- Meist sind vom ganzen Schwein nur bestimmte Partien des Muskelfleisches, vorwiegend Rücken und Schinken, PSE-gefährdet. Aus diesen Teilen werden gern Schnitzel und Koteletts geschnitten. Man sollte aber Koteletts und Braten aus dem Nackenstück vorziehen. Auch wer statt Schinkenfleisch Schulterfleisch kauft, geht ein geringeres Risiko ein, später einen zähen Braten im Topf zu haben.
- Finden sich bei fertig abgepacktem Fleisch Spuren einer rosa Flüssigkeit auf dem Verpackungskarton oder ist der Karton durchtränkt davon, dann ist dies ein sicheres Zeichen für PSE-Fleisch.
- Bevorzugen Sie kleinflächige Koteletts und Schnitzel und lassen Sie die Stücke ruhig etwas dicker schneiden; dann bleiben sie nach dem Braten saftiger.
- Kaufen Sie etwas fetteres, »marmoriertes« Fleisch, das also von kleinen Fettadern durchzogen ist, und bevorzugen Sie Fleisch mit kräftiger Farbe.
- Ob die Wurst aus hochwertigem Fleisch hergestellt ist, erkennt man leider meist erst auf dem Teller. Würste aus PSE-Fleisch nehmen schnell eine blasse Farbe an, sie haben kaum Aroma.
- Kasseler oder Kochschinken aus PSE-Fleisch sehen als Endprodukte meist auffällig trocken und hell aus. Knochenschinken sind oft mehrfarbig, mit hellen und dunklen Teilen. Beim Essen stellt sich bei solchen Stücken heraus, daß sie häufig übersalzen sind und so gut wie kein Aroma besitzen.
- Erkennen Sie erst zu Hause, daß Sie PSE-Fleisch erworben haben, können Sie den Nachteil dadurch verringern, daß Sie das Stück panieren. Es verliert dann weniger Saft und schrumpft nicht so stark wie bei anderen Garmethoden.

Rindfleisch
Auch beim Rindfleisch haben die Verbraucherwünsche zur Produktion von besonders magerem Fleisch geführt, das ähnlich wie das fettarme Schweinefleisch Qualitätseinbußen aufweist. Man nennt es DFD-Fleisch; es ist dunkel (englisch: dark), fest (englisch: firm) und trocken (englisch: dry). Diesem Fleisch fehlt es an Aroma, es ist zu fettarm. Derart mageres Rindfleisch eignet sich durchaus zur Hackfleischbereitung, für Rouladen, Gulasch und Eintopfgerichte.
Steaks und Braten aber gelingen mit fettarmem Rindfleisch weniger gut.

Kalbfleisch
Kalbfleisch ist beim Verbraucher in jüngster Zeit wegen verschiedener Auswüchse bei der Mast in Mißkredit geraten. Für den einzelnen sind die Lieferquellen seines Metzgers von Bedeutung. Allgemein soll man dem dunkleren Kalbfleisch bei der Auswahl den Vorzug geben. Es ist nicht nur aromatischer, sondern auch gesünder als helles.

Der tägliche Speiseplan
Ein wichtiger Schritt zu einer vollwertigen Ernährung ist der richtige Einkauf, das heißt, man muß die Nahrungsmittel für sich und seine Familie gezielt auswählen und in bestimmten Mengen nach Hause tragen.
Angesichts der angebotenen Fülle an Nahrungsmitteln stellt sich uns das Problem, unseren Speiseplan nicht zu kalorienreich, aber auch nicht zu nährstoffarm zusammenzustellen. Es muß eine wünschenswerte Nährstoffdichte erreicht werden, damit der Bedarf des Körpers an wichtigen (essentiellen) Nährstoffen gedeckt werden kann. Im Alltag sollte man sich auf 3 Fleischmahlzeiten in der Woche einstellen mit 125 g Fleisch pro Person je Mahlzeit. Wichtig: Fisch gehört zu den gesündesten Lebensmitteln; mindestens einmal pro Woche eine Mahlzeit mit 200–250 g Fisch pro Person. Alle 14 Tage sollte diese Mahlzeit aus Leber von Schwein oder Kalb bestehen. Wurst sollte man an 3–4 Tagen in der Woche essen und je Portion 45–55 g pro Person rechnen.

Essen heute - kleine Ernährungskunde

Beispiele für die Zusammensetzung einer Tageskost für Klein- und Schulkinder:

Nahrungsmittel	Alter	1–3	4–6	7–9	Mädchen 10–12	Jungen 10–12 Mädchen 13–14	Jungen 13–14
		Mengen bei einem Tagesenergiebedarf von etwa					
	kJ	5 000	6 700	8 400	8 800	10 000	11 300
	kcal	1 200	1 600	2 000	2 100	2 400	2 700
Milch	l	1/2	1/2	1/2	1/2	1/2	1/2
Käse	g	15	30	45	45	45	45
Fleisch, Aufschnitt	g	60	85	110	120	160	200
Koch- und Streichfett	g	30	40	50	55	60	65
Brot	g	120	160	210	220	260	300
Kartoffeln	g	60	150	200	200	250	300
Zucker	g	20	30	40	45	45	55
Gemüse, frisch	g	125	125	200	200	250	300
Obst, frisch	g	100	125	150	150	200	200
Nährstoffgehalt (etwa):							
Eiweiß	g	44	57	70	74	84	95
Fett	g	51	68	84	89	99	109
Kohlenhydrate	g	132	178	226	237	273	313

Beispiele für die Zusammensetzung einer Tageskost für Erwachsene und Jugendliche

Nahrungsmittel		Mengen bei einem Tagesenergiebedarf von etwa					
	kJ	8 400	9 200	10 000	10 900	11 700	12 550
	kcal	2 000	2 200	2 400	2 600	2 800	3 000
Milch	l	1/4	1/4	1/4	1/4	1/2	1/2
Buttermilch	l	1/4	1/4	1/4	1/4	–	–
Fleisch, mager	g	120	120	120	130	150	170
Aufschnitt/Käse	g	60	70	80	85	90	90
Koch- und Streichfett	g	40	45	55	60	60	70
Brot	g	220	260	290	320	340	350
Kartoffeln	g	250	250	250	300	300	350
Zucker	g	40	50	55	60	65	70
Gemüse, frisch	g	250	250	250	250	300	300
Obst, frisch	g	200	200	200	200	200	200
Nährstoffgehalt (etwa):							
Eiweiß	g	75	80	86	92	97	102
Fett	g	74	80	90	98	108	119
Kohlenhydrate	g	245	275	295	320	340	360

Einkaufstips

Für eine vollwertige Ernährung ist es nicht nur wichtig, die Nahrungsmittel in der richtigen Art und Menge zusammenzustellen, entscheidend ist auch die Qualität der einzelnen Produkte. Dabei spielt die Frische der Lebensmittel eine bedeutende Rolle. Besonders sorgfältig sollte man bei der Auswahl von Obst und Gemüse vorgehen. Man sollte es so frisch als möglich einkaufen, da der Vitaminverlust bei ungünstigen Lagerungsbedingungen – etwa stundenlanger Aufenthalt in praller Sonne – erheblich sein kann. Während der warmen Jahreszeit kauft man am besten nur für den täglichen Bedarf ein. Das Gemüse muß kühl und dunkel liegen, am besten im Gemüsefach des Kühlschranks. Bleibt zum Beispiel Spinat oder anderes Blattgemüse nur einen Sommertag in der Küche liegen, so sind etwa 2/3 des Vitamin-C-Gehalts verlorengegangen. Bei zerkleinertem Gemüse, das gelegentlich angeboten wird, ist die Gefahr, daß die meisten Vitamine verloren sind, besonders hoch. Frisches Obst und Gemüse erkennt man daran, daß es knackig und fest aussieht, frisch riecht und frei ist von übermäßiger äußerer Feuchtigkeit. Die

Essen heute - kleine Ernährungskunde

Übersicht der Austauschmöglichkeiten

Anstelle von Nahrungsmittel	Menge	können verwendet werden: Nahrungsmittel	Menge	Erläuterungen
Milch	0,1 l	Joghurt oder Trockenvollmilch oder Käse	0,1 l 10–12 g 15–20 g	Milch nur gegen Milcherzeugnisse (bzw. umgekehrt) austauschen, damit die Tageskost genügend Calcium enthält.
Quark, mager	30g	Buttermilch, Magermilch Magermilchjoghurt oder Trockenmagermilch	 0,1–0,125 l 10 g	
Fleisch	50 g	Fischfilet oder Fisch im ganzen	50 g 100 g	Der Eiweißgehalt von 50 g Fisch entspricht dem von 50 g Fleisch. Da Fleisch jedoch einen höheren Fett- und Energiegehalt hat, kann Fisch mit 5 g Fett mehr zubereitet oder die doppelte Fischmenge verwendet werden.
Fleisch	40 g	Ei	1 Stück	
Wurst/Käse	30 g	Ei oder Hering in Soße oder Bismarckhering oder Bückling oder Krabbenfleisch	1 Stück 35–40 g 40–50 g 70 g 100 g	
Koch- und Streichfett	10 g	Sahne 10% Fettgehalt Schlagsahne 30% Fettgehalt	65 g 25 g	Fettmenge nicht überschreiten.
Brot	10 g	Getreideerzeugnisse, Nährmittel, Hülsenfrüchte, Knäckebrot	7 g	1 Scheibe Brot in normaler Größe wiegt etwa 40 g, 1 Scheibe Knäckebrot knapp 10 g.
Zucker	10 g	Marmelade, Honig	15 g	
Kartoffeln	100 g	Kartoffeln ohne Schale oder Brot oder Getreideerzeugnisse, Hülsenfrüchte	80 g 30 g 20 g	
Gemüse, frisch	100 g	Konserven (Tiefgefrier- und Naßkonserven) oder Trockengemüse nach Vorschrift	60–70 g	Möglichst viel abwechseln und frische Kräuter verwenden.
Obst, frisch	100 g	Obstsaft oder Trockenobst	0,1 l 25 g	Es sollte möglichst täglich frisches Obst oder frisches Gemüse verzehrt werden.

(Quelle: Alle 3 Tabellen sind entnommen aus »Richtig gekocht – vollwertig ernährt«, erarbeitet durch den Ernährungsberatungsdienst der Deutschen Gesellschaft für Ernährung, Sektion Schleswig-Holstein, Frankfurt 1981)

Frische, nicht die Größe oder das Gewicht, ist entscheidend für die Menge der darin verbliebenen Vitamine und Mineralstoffe.
Wie aber teilt man seine Einkäufe am besten ein? Blattgemüse und Salate, aber auch Fisch, Hackfleisch und Brötchen sollte man an dem Tag besorgen, an dem man sie essen möchte.
Nach den Empfehlungen des Bundesministeriums für Ernährung, Landwirtschaft und Forsten kauft man Lebensmittel am besten in folgendem Turnus:
3mal in der Woche Frischmilch und Eier;
2mal in der Woche Brot, Butter, Käse, Wurst, Quark, Sahne, Kaffee, Obst und Gemüse;
1mal im Monat H-Milch, Dosenmilch, Öl, Essig, Honig, Tomatenmark, Senf, Reis, Nudeln, Haferflocken, Zucker, Salz, Mehl, Kakao, Backpulver, Stärkemehl, Schokolade, Obst-, Gemüse-, Fleisch- und Fischkonserven, Bier, Limonade, Säfte und Mineralwasser.
Für die Tiefkühltruhe Fleisch, Fertigprodukte u. a.
Wie lange schnell verderbliche Lebensmittel im Kühlschrank aufbewahrt werden können, zeigt die Übersicht auf den beiden nachfolgenden Seiten.

Essen heute - kleine Ernährungskunde

Lagerung kurzfristig haltbarer frischer und verarbeiteter Lebensmittel im Kühlschrank (4–8° C)

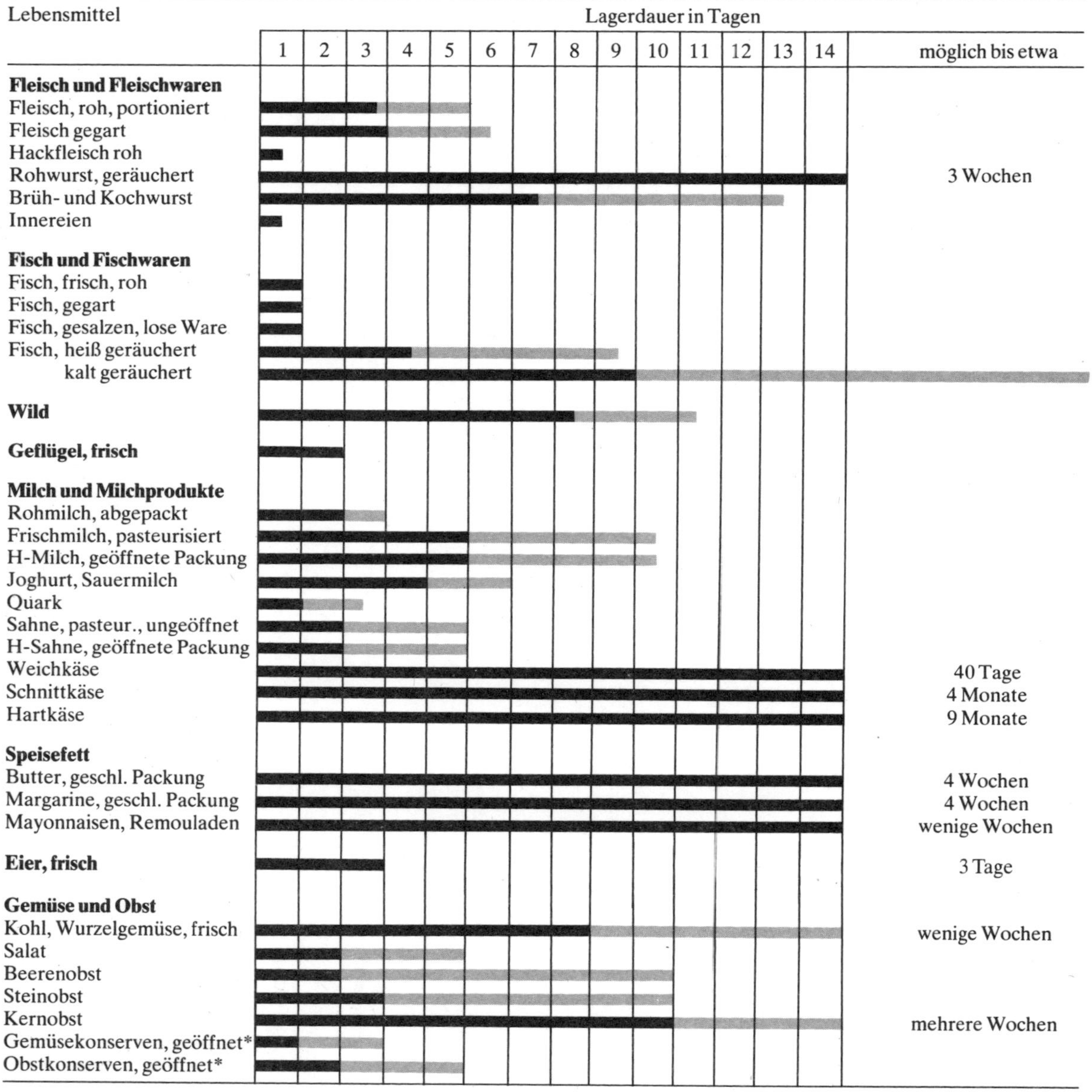

▬ Lagerdauer, wenn Wert auf ein möglichst hochwertiges Verbrauchsprodukt gelegt wird.

▬ mögliche Lagerzeiten. Nur bei frischer Ausgangsware und guten Lagerbedingungen zu erreichen.

*aus Dosen Reste umfüllen

(Quelle: Aufbewahrung und Lagerung von Lebensmitteln im privaten Haushalt, hrsg. von der Deutschen Gesellschaft für Ernährung e. V., Frankfurt 1980)

Richtig Garen

Rohkost-Fanatiker halten das Garen von Lebensmitteln für eine mutwillige Zerstörung von Nährstoffen. In dieser Meinung steckt zwar ein Körnchen Wahrheit, aber es wäre unsinnig, auf das Garen zu verzichten. Das Erhitzen hat eine wichtige Funktion: Viele Nährstoffe werden in gegarter Form besser vom Körper genutzt. Rohe Kartoffeln zum Beispiel sind überhaupt nicht verdaulich. Und beim Knabbern roher Möhren nehmen Sie zwar viele Vitamine zu sich, diese können aber vom Darm für den Körper kaum nutzbar gemacht werden. Bei gekochten Möhren hingegen sind die Zellwände aufgeweicht und die Nährstoffe für die Verdauungssäfte »greifbar«.

Beim Garen von Gemüse und Obst muß man allerdings darauf achten, daß deren Vitamine durch den Kochvorgang nicht gänzlich verlorengehen. Ob Obst und Gemüse, die fertig gekocht auf dem Tisch stehen, noch annähernd den Wert haben, den sie laut Nährwerttabelle haben sollten, liegt nicht zuletzt daran, wie sie vorbereitet werden und welchen Gartemperaturen sie wie lange ausgesetzt werden. Als Faustregel gilt:

- Gemüse unzerkleinert kurz und gründlich unter fließendem Wasser waschen, damit Vitamine und Mineralstoffe nicht ausgelaugt werden. Auf keinen Fall wässern. Die Vitamine B_1, B_2, Niacin und C sind wasserlöslich. Das Gemüse schälen oder schaben, wenn erforderlich.
- Man kann aus Gemüse Rohkost bereiten, man kann es dämpfen, in wenig Wasser kochen oder in wenig Fett dünsten.
- Obst ungeschält und unzerkleinert gründlich waschen, soweit notwendig schälen. Roh essen, als Saft trinken oder dämpfen, dünsten und kochen.
- Zerkleinertes Gemüse oder Obst und frisch gepreßte Säfte nicht stehenlassen, sondern sofort verwenden, da der Vitaminverlust sonst erheblich ist.
- Je länger die Garzeit, desto höher die Verluste. Die Garzeit verkürzt man dadurch, daß man nur wenig Wasser nimmt und zum Kochen bringt, bevor man das Gargut zugibt.
- Hitze ist der ärgste Feind der meisten Vitamine. Deshalb Gemüse oder Obst auf höchster Stufe ankochen und bei Mittelhitze fertig garen.
- Achten Sie darauf, daß der Deckel fest schließt, und schauen Sie nicht zu oft nach, ob das Gemüse schon fertig ist. Sonst kommt zuviel Sauerstoff – ebenfalls ein Vitaminzerstörer – in den Topf.
- Vermeiden Sie unbedingt längere Warmhaltezeiten. Können nicht alle Familienmitglieder zur selben Zeit essen, stellen Sie das Essen nicht wieder auf die warme Herdplatte, sondern in ein kaltes Wasserbad oder in einen kühlen Raum. Wärmen Sie es bei Bedarf dann schnell auf. So schonen Sie die Vitamine.

Vitamin-C-Verlust beim Warmhalten

Ein kurz gegarter Blumenkohl hat 25 Prozent seines Vitamin-C-Gehaltes eingebüßt. Nach 15 Minuten Warmhalten im Wasserbad sind es bereits 36 Prozent Verlust, nach 30 Minuten 47 Prozent, nach 1 Stunde 56 Prozent.

- Küchenkräuter wie Petersilie, Dill und Schnittlauch sind sehr vitaminreich. Verwenden Sie sie reichlich und täglich. Immer erst dann an die Speisen geben, wenn diese fertig gegart sind. Mit Salz und Zucker sollten Sie sparsam umgehen. Informationen dazu finden Sie in diesem Kapitel auf den Seiten 458 und 460.

Wichtig für das Gelingen einer Mahlzeit ist auch die Wahl der Garmethode. Eine sehr empfehlenswerte nährstoffschonende Art zu garen ist das Dünsten in wenig Fett und – falls nötig – in wenig Wasser. Beim Dämpfen im Siebeinsatz ist der Auslaugverlust an wasserlöslichen Nährstoffen geringer als beim Kochen im Wasser. Suppen, Saucen und Eintöpfe eignen sich zum Kochen, da bei ihnen gleichgültig ist, wie viele Nährstoffe in die Flüssigkeit wandern. Man sollte aber die Kochzeit so kurz wie möglich halten. Fleisch und Gemüse nicht sprudelnd gar kochen, sondern nach dem Ankochen bei mittlerer Hitze fertig garen. Beim Braten ist es wichtig, das verborgene Fett zu nutzen und wenig anderes Fett zuzufügen. Dies gelingt vor allem beim Grillen, Braten auf dem Rost und in speziellem – zum Beispiel beschichtetem – Bratgeschirr oder in der Folie.

Großes Küchen-ABC

Aal (Flußaal): Fettreicher Süßwasserfisch, der seine erste Lebenszeit im Salzwasser verbringt. Glasaale sind ganz junge Aale. Frische Aale am besten vom Händler töten und abziehen lassen. Erledigt man diese Arbeit selbst, faßt man den Aal zunächst mit einem feuchten Tuch, damit er einem nicht entgleitet, und schlägt den Kopf zur Betäubung auf eine harte Fläche. Dann schneidet man dem Aal den Kopf ab. Nur so kann man sicher sein, daß der Aal auch wirklich tot ist, denn er zuckt noch stundenlang nach dem Schlachten und springt sogar noch in der Pfanne. Bei uns ist es verboten, Aale lebendig zu häuten. Wenn man den gehäuteten Aal mit Salz abreibt und eine Weile liegen läßt, hört das Zucken auf. Zum Häuten schneidet man am Hals eine Kerbe rund um den Fisch, schlingt eine Schnur um die Kerbe und befestigt die Schnur an der Türklinke oder einem Fensterhaken. Die Aalhaut rund um die Kerbe einschneiden und ein Stück lösen. Dann mit einem Tuch festhalten und mit einem Ruck abziehen. 80 Prozent aller gefangenen Aale werden als Räucheraal verkauft. Wenn Räucheraal im Kühlschrank aufbewahrt werden soll, die Haut mit Öl einreiben, damit sie nicht austrocknet.

Abalone (Seeohr, Meerohr): Schneckenart, die an den felsigen Küsten Kaliforniens gefangen wird. Abalonenfleisch muß vor dem Gebrauch geklopft werden. Bei uns gibt es Abalonen ausschließlich in Dosen auf dem Markt. Im mit Einlegewasser abgeschmeckten und mit Sherry verfeinerten Gemüsefond heiß servieren.

abgießen: Koch- oder Einweichwasser so abgießen, daß das behandelte Gut weiterverarbeitet werden kann; Teigwaren, Reis, Rosinen oder dergleichen schüttet man in ein Sieb und läßt es abtropfen. Kartoffeln, Rote Bete oder Eier nach dem Kochen bei leicht geöffnetem Deckel abgießen. Den Deckel mit einem Tuch festhalten und den Topf kippen; dabei steigt heißer Dampf auf, deshalb Vorsicht.

ablöschen: das Zugießen von heißer oder kalter Flüssigkeit beim Schmoren oder Braten; beispielsweise den Bratensatz ablöschen, indem man Flüssigkeit in das Bratgeschirr gießt und den Bratensatz unter Rühren darin löst. (In der Fachsprache auch deglacieren genannt.)

abschäumen: Das für Bouillon, Fisch-, Geflügel- oder Gemüsebrühe zugesetzte Gargut, auch einige Saucen, Gelee und Konfitüre bilden beim Aufkochen und etwa 10–20 Minuten danach Schaum aus weißen Eiweißteilchen und feinen Schmutzteilchen, der mit einem Schaumlöffel mehrmals entfernt werden muß.

abschmecken: die Würze einer fertigen Speise gegebenenfalls nach dem persönlichen Geschmack intensivieren. Zum Abschmecken werden stets die bei der Zubereitung bereits benutzten Gewürze verwendet.

abschrecken: plötzliches Abbrausen mit kaltem Wasser von heißem Gargut, um einen Kochvorgang zu unterbrechen oder durch den Kälteschock eine gewisse Reaktion zu erreichen; beispielsweise Eier abschrekken, damit sie sich leichter schälen lassen.

Agar-Agar: Extrakt aus Meeresalgen, der eine stärkere Gelierkraft als Gelatine besitzt und wie diese verwendet wird.

Ahornsirup: goldbrauner süßer Sirup, der aus den Stämmen der Ahornbäume gezapft wird. Er ist in der Süßkraft feiner als Rübensirup. In den USA beliebte Beigabe zu frisch gebackenen Waffeln.

al dente: Auf italienisch heißt dente »der Zahn«. Al dente gekocht wünscht man Teigwaren und Gemüse. Das Gargut soll knackig sein, so daß man beim Essen mit den Zähnen Widerstand spürt.

Alse (Maifisch): Salzwasserfisch. Der größte Fisch unter den Heringen. Er wird 50 cm lang und darüber. Zum Laichen zieht der Fisch die Flüsse hinauf. Sein Rogen gilt als Delikatesse. Alse schmeckt besonders gut gebraten und mit einer Weißweinsauce. Er ist heute durch Umweltverschmutzung selten geworden.

Alufolie: Das Garen in Alufolie bringt folgende Vorteile: Kochgeschirr und Backofen bleiben sauber – in Alufolie gart man wertschonend – es bilden sich keine Röststoffe, was für manche Diät wichtig ist – man kann mit kleinsten Fettmengen auskommen. Zum Garen in Alufolie eignen sich Fisch, Fleisch, Gemüse, Kartoffeln und Obst sowie Geflügel. Die Alufolie locker über dem Gargut schließen, alle Ränder aber mehrmals umknikken und gut zusammendrücken, damit weder Luft noch Feuchtigkeit eindringen können. Das in Alufolie verpackte Gargut auf dem Rost des Backofens oder des Elektrogrills oder in kochendem Wasser garen. Soll das Gargut zuletzt bräunen, die Folie oben öffnen, das Gargut je nach Rezept mit Butter, saurer Sahne, Salzwasser, Bier oder Honigwasser bestreichen und im Backofen oder im Elektrogrill noch einige Minuten nachgaren. → braten.

Ananas: Scheinfrucht, die aus vielen Sammelfrüchten besteht, welche untereinander und mit dem Strunk in der Mitte fest verbunden sind. Ananas wird das ganze Jahr hindurch frisch auf dem Markt angeboten. Beim Einkauf darauf achten, daß die Schale gleichmäßig fest und unverletzt ist. Ananas eignet sich besonders für Nachspeisen, aber auch für Salate und warm als Garnierung zu überbackenem Toast und kurzgebratenem Fleisch.

1 Zum Schälen das obere und untere Ende der Ananas abschneiden. 2 Für Ringe die ungeschälte Frucht in Scheiben schneiden, diese schälen, den Strunk entfernen und die Ringe nach Wunsch in Stückchen schneiden. 3 Ansonsten die Frucht im ganzen schälen und mit einem spitzen Messer die »Augen« ausstechen. 4 Die geschälte Ananas vierteln, den Strunk entfernen und die Viertel in Scheibchen schneiden.

Anchovis: pikante Zubereitungsart der Sardelle, die entgrätet, filetiert und in einer Öl-Kräuter-Sauce eingelegt als Vorspeise oder zur Garnierung verwendet wird. Anchovispaste: pikant gewürztes Sardellenfiletpüree.
Antipasti: italienische Vorspeisen, bestehend zum Beispiel aus mariniertem Gemüse, Meeresfrüchten mit Kräutersaucen, Schinken mit Melone, schwarzen Oliven oder auch frischen Feigen mit Salami.
Apfelausstecher: Messer mit röhrenförmiger Klinge. Man sticht damit das Kerngehäuse sauber aus der Mitte des Apfels.
aprikotieren → Gebäck glasieren und verzieren
Arme Ritter: altbackene Weißbrotscheiben in süßer Vanillemilch einweichen, in verquirltem Ei und dann in Semmelbröseln wenden. In heißer Butter goldbraun backen und mit Zimt-Zucker zu Kompott servieren.
Arrowroot → Pfeilwurzelmehl
Artischocken: Blüte der distelartigen Artischockenpflanze. Beim Einkauf darauf achten, daß die Knospen geschlossen, die Blätter glatt sind. Nach dem Einkauf möglichst rasch verwenden. Verzehrt werden die weichen Enden der Blätter und als besondere Delikatesse die Artischockenböden. Artischocken nicht in Aluminium- oder Eisengeschirr kochen, da sie dann Farbe annehmen und nach Metall schmecken.

Zum Garen im ganzen 1 den Strunk abschneiden; 2 die Blätter etwa um $^{1}/_{3}$ kürzen; 3 die Spitze abschneiden. 4 Für Artischockenböden entfernt man dann noch die äußeren Blätter, schält den Boden und entfernt das »Heu« (die Staubfäden der Blüte).

Aspik (Sülze): in Gelee eingebettete Geflügel-, Fleisch- oder Fischspeisen, die nach dem Stürzen noch garniert werden. Das Zubereiten von Aspik wird durch Aspikpulver (gewürzte Gelatine, Sülzenpulver) erleichtert.
Auberginen (Eierfrüchte): violette längliche Früchte aus dem Mittelmeerraum. Frisch haben sie eine glatte glänzende Schale. Auberginen nach dem Einkauf möglichst rasch verwenden. Junge Auberginen können ungeschält zubereitet werden; ältere zuvor 4 Minuten blanchieren oder einige Minuten im Backofen erhitzen und dann schälen. Wegen ihres leicht bitteren Geschmacks läßt man die Früchte vor der Zubereitung mit Salz bestreut 15 Minuten lang ziehen, um die Bitterstoffe auszuschwemmen.
aufwallen: Erreicht eine Substanz beim Kochen den Siedepunkt, kräuselt sich die Oberfläche zunächst leicht. Die Substanz wallt auf, ehe sie zum sprudelnden Kochen kommt. Dieses einmalige Aufwallen genügt oft zum Garen bestimmter Lebensmittel.

ausbraten: fetthaltige Substanzen wie Speck oder Flomen zerkleinert bei mittlerer Hitze so lange unter Umwenden braten, bis der größte Teil des Fetts ausgetreten ist; je nach gewünschtem Resultat die ausgebratenen Substanzen im eigenen Fett weiterbraten, bis sie kroß und gebräunt sind.
Austern → Muscheln
Avocado: dunkelgrüne birnenförmige Steinfrucht aus tropischen Ländern. Von September bis April frisch auf dem Markt. Avocado eignen sich vorzüglich als Vorspeise. Sie werden halbiert, entsteint, ausgehöhlt und mit gemischten Avocadosalaten wieder gefüllt oder einfach halbiert, entsteint, mit Salz, Pfeffer und Zitronensaft gewürzt und bei Tisch gelöffelt. Beliebt sind Avocados auch als Bestandteil verschiedenster Salate.

1 Die Avocado halbieren. 2 Die Frucht entsteinen und aushöhlen. 3 Das Fruchtfleisch würfeln. 4 Die Avocadohälften mit Salat füllen.

Baba: russischer Hefenapfkuchen von hoher runder Form, der mit Rum oder Kirschwasser und Läuterzukker getränkt wird.
backen: Backen ist Garen von Teigen (Gebäck) oder teigartigen Massen (Aufläufen, Pasteten) in trockener Hitze bei Temperaturen von 120–250° im Backofen. Die anfangs trockene Luft im Backofen wird während des Backvorgangs feucht, da das Backgut Feuchtigkeit abgibt und dabei bräunt. Das Backgut gart im Backofen in einer Form oder auf dem Backblech. Temperaturen und Garzeiten richten sich nach der jeweiligen Backmasse, nach deren Größe und Form und nach dem Gefäß, in dem das Backgut gegart wird.

1–3 Während hohes und mittelhohes Backgut auf die zweite Schiebeleiste von unten in den Backofen kommt, wird flaches Gebäck auf der mittleren Schiebeleiste gebacken. 4 Die oberste Schiebeleiste wird nur zum Überbacken oder zum Grillen verwendet.

Backformen: Backformen gibt es aus den verschiedensten Materialien, aus Weißblech, aus Schwarzblech, aus kunststoffbeschichtetem Metall, aus Kupfer, Steingut und feuerfestem Glas. Es bleibt jedem selbst überlassen, welches Material er bevorzugt; den Schwarzblechformen sagt man jedoch die besten Backergebnisse nach. Die häufigsten Formen sind die für Kastenkuchen, Guglhupf oder Napfkuchen, für Kranzkuchen, für Teigringe, für Rehrücken, für Obstkuchen; die Springform für Torten- und Kuchenböden oder auch Obstkuchen und schließlich die Backbleche in der jeweiligen Größe des Herdes. Die meisten dieser Formen gibt es in verschiedenen Größen zu kaufen. Es hängt sehr davon ab, wie oft und wie gerne Sie backen, ob es sich lohnt, die einzelnen Arten in verschiedenen Größen anzuschaffen. Kleine Förmchen für Törtchen, Schiffchen, kleine Ring- oder Guglhupfformen sowie Papierbackförmchen zum Wegwerfen sind auf dem Markt, aber nicht in jedem Haushaltsgeschäft zu finden. Erhalten Sie die gewünschten Förmchen nicht aus Metall, so weichen Sie auf Einweg-Papierförmchen aus oder auf Formen aus Alufolie, die man eventuell auch selbst herstellen kann. Der Rauminhalt von hohen und halbhohen Backformen wird nach Litern gemessen. Füllt man also eine Form mit Wasser und mißt dessen Menge, so ist leicht festzustellen, wieviel Teig Sie einer solchen Form anvertrauen können. Als Faustregel sollten Sie sich merken: Für eine Teigmenge aus 500 g Mehl brauchen Sie mindestens eine Form von 2 l Inhalt, da eine Form stets nur zu $^2/_3$ mit Teig gefüllt werden darf, damit der Teig beim Gehen genügend aufgehen kann.

Backgeräte: Es folgt eine knappe Aufstellung der Geräte, die beim Backen unentbehrlich sind.

Küchenwaage: Beim Backen kommt es auf exaktes Messen und Wiegen an.

Meßbecher: Flüssigkeit und die im Meßbecher eingravierten festen Substanzen können auch im Meßbecher abgemessen werden.

Geeichtes Schnapsglas: Auf einem solchen Glas sind die Eichstriche für 1 cl und 2 cl angegeben. Man kann damit sehr kleine Flüssigkeitsmengen genau ermitteln.

Rührschüsseln: Man benötigt davon 3–4 verschiedene Größen. Zum Backen sind Aluminiumschüsseln ungeeignet, da der Teig in ihnen leicht grau wird. Schüsseln aus schlag-, bruch- und hitzefestem Kunststoff sind zum Backen ideal, besonders wenn sie am Boden einen dicken Gummiring haben, der ihnen Standfestigkeit gibt. Schüsseln ohne diesen Gummiring stellt man zum Rühren auf ein feuchtes Tuch, damit sie nicht wegrutschen.

Rührlöffel: Beim Rühren von Teig soll Luft unter die Masse geraten. Deshalb ist zum Rühren ein Rührlöffel mit Loch in der Mitte gut geeignet.

Schneebesen: Sie sind unentbehrlich für das Schlagen von Eischnee und Sahne, für das Rühren von dünnen Teigen, von Cremes und Quarkmasse. Am besten besitzt man eine Garnitur in verschiedenen Größen aus rostfreiem Material und mit hitzebeständigen Griffen.

Mehlsieb: Das Mehlsieb besitzt eine Schiebeleiste, mit der man das Mehl durch das Sieb streichen kann. Es faßt nur jeweils 2–3 Tassen; man gibt deshalb das bereits abgewogene Mehl portionsweise durch das Mehlsieb.

Teigrolle: Eine gute Teigrolle dreht sich leicht um ihre Achse und hat Griffe, die man aus der Rolle entfernen kann, wenn man Teig direkt auf dem Backblech ausrollen möchte.

Backpinsel: Auch davon braucht man mehrere; einen breiten zum Fetten des Backblechs, einen schmalen zum Ausstreichen der Eckteile in einer Kuchenform, einen mit weichen Borsten zum Bestreichen von Gebäck mit Eiweiß, Eigelb oder Glasur und einen, um damit Brösel, Zucker oder Mehl vom Backblech oder von der Arbeitsplatte zu entfernen.

Kleines Haarsieb: Sie brauchen es zum Durchsieben von Puderzucker und Kakaopulver und zum gleichmäßigen Besieben von Gebäck.

Teigrädchen: Zum Verzieren ist ein Teigrädchen mit gezacktem Rand und zum glatten Ausschneiden eines mit messerscharfer glatter Klinge nötig.

Teigspatel: Man sollte den rechteckigen Kunststoffschaber und den Gummispatel mit Holzgriff besitzen. Der Gummispatel eignet sich gut, um Backmasse, Creme, Sahne oder Eischnee restlos aus der Schüssel zu entfernen, der Kunststoffschaber eignet sich hervorragend zum Glattstreichen des Teigs vor dem Backen.

Kuchengitter: Man braucht ein rundes für Tortenböden und runde Kuchen und ein rechteckiges, um Kleingebäck, Zöpfe, Schnitten, Blechkuchen oder Brote abkühlen zu lassen.

Palette: Ein langes breites dünnes Metallblatt an einem Stiel zum Abheben von Gebäck vom Backblech, zum Glattstreichen von Füllungen und Glasuren.

Spritzbeutel: Man kann die echten Konditor-Spritzbeutel aus festem Stoff kaufen oder Einwegbeutel. Achten Sie bei Stoffbeuteln darauf, daß die Naht immer nach außen zeigt. Zum Spritzbeutel gehören verschieden große Loch- und Sterntüllen, die je nach Arbeitsgang gebraucht werden. Den Spritzbeutel möglichst immer nur zur Hälfte füllen, den leeren Teil über der Füllung gut zusammendrücken und dann die jeweilige Tülle wie gewünscht führen.

Backtrennpapier: Mit ihm kann man eckige Kuchenformen auslegen oder auch das Backblech, wodurch sich das Ausfetten und Ausstreuen erübrigt. Beim Backen von Plätzchen kann das Backtrennpapier für mehrere Backgänge verwendet werden.

Rührgeräte: Das Rühren von Teig wird heute in den meisten Haushalten mit dem elektrischen Handrührgerät oder mit der Küchenmaschine erledigt. Das Handrührgerät bearbeitet Teigmengen bis zu 500 g Mehlanteil; die Küchenmaschine die doppelte Menge. Zum Schaumigrühren oder Schlagen von Eigelbmassen, Eischnee, Schlagsahne, für Cremes oder leichte Teige verwendet man die Rührhaken, zum Kneten für feste Teige die Knethaken. In jedem Fall ist die Bedienungsanleitung des Gerätes zu beachten.

Bacon: magerer, geräucherter englischer Frühstücksspeck. Er wird in dünne Scheiben geschnitten und in der Pfanne knusprig gebraten.

Bambussprossen: spargelähnliches Gemüse aus China von zartem Eigengeschmack. In Dosen erhältlich. Beilage zu exotischen Fleisch- und Geflügelgerichten.
Bananen: Frucht einer tropischen Riesenstaude. Es gibt sie ganzjährig auf dem Markt. Beim Einkauf darauf achten, daß die Bananen reif sind, das heißt eine satte gelbe Farbe haben, aber noch fest sind. Sie sollen keine braunen Flecken haben. Grün gekaufte Bananen reifen bei Zimmertemperatur nach. Die Früchte grundsätzlich nicht im Kühlschrank aufbewahren. Bananen sind vielseitig zu verwenden, für Salate, Aufläufe, für Quarkspeisen oder als Gemüsebeilage.
Barbecue (aus dem Indianischen/gebratenes Tier): Man versteht heute darunter das Grillen von Fleisch, Fisch, Wurst, Gemüse und Früchten über der Holzkohlenglut auf einem Grillrost im Freien. Besonders in den USA beliebt.
bardieren (franz. barder = mit Speck umhüllen): mit Speckscheiben umhüllen. Zum Schutz vor dem Austrocknen werden mageres Fleisch, Geflügel und Wild vor dem Braten bardiert. → Fasan.
Barsch: Süßwasserfisch. Er kann bis zu 40 cm lang und 2 kg schwer werden. Barsche sind Raubfische, die gerne in ruhigen Seen leben. Sie haben leicht verdauliches, festes Fleisch, schmecken am besten von Juli bis September. In der Küche werden die kleinen Barsche vorgezogen. Der Barsch läßt sich nur schwer schuppen. Deshalb entfernt man vom rohen Fisch lediglich die Bauchschuppen und die übrigen Schuppen erst nach dem Garen.
Bataten (Süßkartoffeln): Wurzelknollen mit leicht süßem Geschmack. Es gibt weiße, rote und gelbe Bataten. Auf dem Markt sind sie besonders in den Wintermonaten. Beim Einkauf auf faule Stellen achten.
Béchamelkartoffeln: 1 kg gekochte Kartoffelscheiben in Béchalmelsauce, Rezept Seite 288 (doppelte Rezeptmenge) 5 Minuten ziehen lassen.
Beize → Marinade.
beschöpfen: Häufiges Beschöpfen mit heißem Bratensaft fördert die Entstehung einer braunen Kruste bei Braten jeder Art. Es dient aber auch zur Erhaltung des Fleischsaftes im Braten, denn durch das Beschöpfen schließen sich die feinen Risse, die sich an der Oberfläche des Bratens bilden.
binden: bedeutet Flüssigkeiten die richtige Konsistenz geben. Meist werden Saucen oder Suppen gebunden (sämig gemacht) und zwar mit Mehl oder Speisestärke.
Blätterteig: mittelfester Teig aus Mehl, Salz und Wasser, in den lagenweise Butter von gleicher Konsistenz eingearbeitet wird. Dieses Verfahren erfolgt in 3 × 2 Touren. Für Blätterteig immer nur frische Butter (keine Sauerrahmbutter) oder erstklassige Margarine verwenden. Wegen des hohen Fettgehaltes kommt Blätterteig auf eine ungebutterte, nur leicht mit Wasser ausgespülte Form. Er würde sonst unten zu schnell braun. Der Teig enthält keinen Zucker; er würde sonst zu schwer. Der im Handel erhältliche tiefgefrorene Blätterteig ist von ausgezeichneter Qualität. Nach dem Auftauen kann er wie frischer Blätterteig verwendet werden. Empfehlenswert sind auch die fertig erhältlichen Blätterteigpastetchen (bouchées = Mundbissen), die man zur Vorspeise oder als kleine Zwischenmahlzeit mit pikanten Ragouts füllt.

1 Für die Ruhezeit den Mehlteig kreuzweise einschneiden, dann den Mehlteig 30 × 50 cm groß ausrollen, mit der Butterplatte belegen und den Teig um die Butterplatte schlagen.
2 Den Teig dann zu einer Größe von 30 × 60 cm ausrollen, die Schmalseite zur Mitte hin umlegen, nochmals falten und in den Kühlschrank geben.

blanchieren (franz. blanchir = weiß machen): kurzzeitiges Eintauchen von Lebensmitteln in kochendes Wasser, wobei sich entweder Bitterstoffe herauslösen sollen, Enzyme abgetötet werden oder die Weiterverarbeitung erleichtert wird. Die Blanchierzeit wird von dem Moment an berechnet, in dem das Wasser nach dem Eintauchen des Lebensmittels wieder zu kochen beginnt. Sie beträgt zwischen 2 und 7 Minuten.

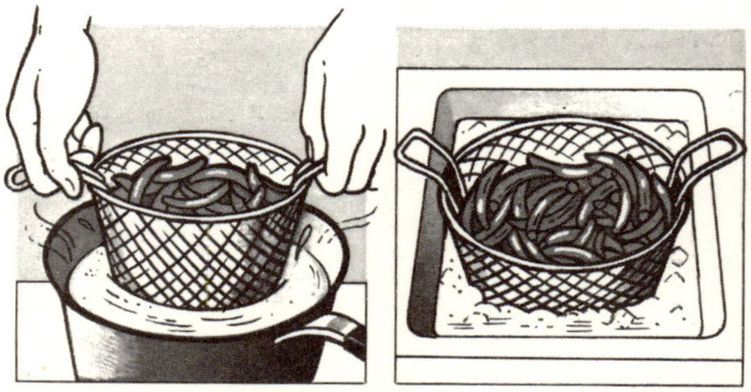

1 Praktisch ist ein Blanchiersieb, mit dem man die Lebensmittel ins kochende Wasser tauchen kann. 2 Gefriergut wird nach dem Blanchieren ins eiskalte Wasser gegeben.

Blauer Wittling: kleiner kabeljauähnlicher Fisch, der wegen seines weichen Fleisches bisher zu Fischmehl verarbeitet worden ist. Tiefgefroren ist er transportfähig und kommt als neue Fischart in den Handel.
blaukochen: Forelle, Karpfen, Schleie und Hecht gehören zu den Fischen, die gern blau bereitet werden. Sie werden nicht geschuppt, sondern nur vorsichtig gewaschen, wobei man sie möglichst wenig anfaßt, damit der Schleim auf der Fischhaut erhalten bleibt. Der Schleim bewirkt beim Kochen die Blaufärbung.
Bleichsellerie → Staudensellerie.
Bouquet garni: heißt zu deutsch geschmückter Strauß. Er wird den Speisen während des Garens zugefügt und vor dem Servieren wieder entfernt. Als klassisches Kräutersträußchen werden gebunden: Petersilienstengel, Lorbeerblatt und Thymian. Nach Belieben können auch andere Kräuter verwendet werden. Zum Binden niemals Gummi verwenden.
Bräter (Bratreine): längliches Bratgeschirr zum Braten und Schmoren (mit Deckel). Zwischen Bräter und Braten muß immer genügend Raum bleiben, damit die Luft zirkulieren kann und der Braten saftig wird.
Brasse (Brachse, Bleie): Süßwasserfisch aus der Familie der Karpfen, der in Schwärmen in Flüssen und Seen lebt. Sein Fleisch ist grätenreich, aber überaus schmackhaft, besonders in Herbst- und Wintermonaten.
braten: Braten ist Garen in mehr oder weniger heißem Fett bei möglichst trockener Hitze, wobei das Bratgut bräunt. Das geschieht in einer offenen Pfanne auf der Elektroplatte oder der Gasflamme bei Temperaturen von 120–180°. Im Backofen im offenen Bratgeschirr bei Temperaturen bis zu 200° oder im Backofen in einem geschlossenen Behälter wie Bräter, Tontopf, Bratfolie oder Alufolie bei Temperaturen bis zu 220°. Für das Braten in der Pfanne eignen sich Fischfilets, Fischkoteletts oder ganze Fische bis zu einem Gewicht von 300 g, Fleischscheiben oder -würfel, kleines Geflügel oder Geflügelteile, Eier, Kartoffeln oder Teigfladen. Die Temperaturregelung richtet sich dabei nach der Art des Bratgutes und nach der Beschaffenheit der Pfanne. Aluminiumpfannen vor dem Braten leer erhitzen, bis ein Wassertropfen darin wie eine Perle tanzt. Dann erst das Fett darin zerlassen und das Bratgut zugeben. Gußeiserne Pfannen vor dem Zugeben des Bratgutes einfetten, hoch erhitzen und nach dem Einlegen die Temperatur zurückschalten. Gußeiserne Pfannen nicht spülen, sondern nach dem Braten mit Papier ausreiben. Kunststoffbeschichtete Pfannen nicht leer hoch erhitzen, sondern das Fett zu Beginn in die Pfanne geben.

1 Den fertig vorbereiteten Braten auf die blanke Seite der Folie legen und locker verpacken, da sich der Braten beim Garen ausdehnt. Die Alufolie mit festen Kniffen verschließen, damit kein Saft ausläuft. Beim Braten in der Alufolie braucht kein zusätzliches Fett verwendet zu werden. 2 In der Bratfolie gebratenes Fleisch hat den Vorteil, daß es braun wird. In der Bratfolie kann man auch Hähnchen, Ente, Hase oder Rehrükken braten. 3 bei der Verwendung eines Bratthermometers kann man den Gargrad des Bratens genau bestimmen. Man stößt das Bratthermometer bis zum Kern des zu bratenden Fleischs vor. Zeigt das Thermometer 65°, ist das Fleisch innen halb roh; bei 70° ist es innen halb gar; bei 80–90° ist es ganz gar. 4 Beim Tranchieren den Braten stets quer zur Faser in Scheiben schneiden. 5 Eine Keule oder einen großen Braten gibt man auf den Rost über der Bratenpfanne in den Backofen. Kleinere Braten kommen in den Bräter.

Im Backofen sollte man Braten mit einem Gewicht von über 1 kg oder Tiere im ganzen braten. Auf dem Bratenrost über der kalt ausgespülten Braten- oder Fettpfanne gart beispielsweise ein Roastbeef am gleichmäßigsten, weil die Hitze das Fleisch von allen Seiten gleichmäßig erreicht. Außerdem brät man so besonders fette Stücke, damit das Fett vom Rost in die darunter befindliche Fettpfanne tropfen kann. In der Fettpfanne oder Bratenpfanne des Backofens werden vor allem so große Stücke gegart, die in einer kleineren Bratenpfanne oder in einem Bratentopf nicht Platz haben. Hierbei liegt das Bratenstück mit dem unteren Teil im Bratenfond und wird dort nicht knusprig; den Braten eventuell nach der halben Bratzeit wenden. Während der Bratzeit eventuell heiße Flüssigkeit um den Braten gießen, damit er nicht austrocknet. Für das Braten im Bräter mit Deckel oder im Tontopf darf das Bratenstück nur so groß sein, daß es nicht allseitig an den Wänden des Bratgeschirrs anliegt. In einer solchen Bratform braucht ein Braten während des Garvorgangs nicht beschöpft zu werden, da die Eigenflüssigkeit nicht verdampfen kann. Die Garzeit im geschlossenen Bräter oder im Tontopf ist etwa um ¹/₅ (20–30 Minuten) länger als im offenen Bratgeschirr bei gleicher Temperatur. Wer Energie sparen möchte, kann die Braten auch in den kalten Backofen schieben. Bei Braten, die mehr als 1 Stunde Zeit zum Garen benötigen, kann man die Vorheizzeit als Bratzeit voll anrechnen. Da die Braten auf diese Weise gut gelingen, basiert die Bratautomatik bei modernen Herden auf dem Einschieben in den kalten Backofen. Auch zum Schluß der Garzeit läßt sich der Backofen entsprechend früher ausschalten.

bratfertig: Fleisch, Fisch oder Geflügel, das zum Braten fertig vorbereitet ist.

Bratfolie: als Planfolie, Beutel oder Schlauch erhältlich. Ideal geeignet für kleine Bratenstücke. In der Bratfolie läßt sich der Braten leicht überwachen; das Fleisch erhält die übliche Bräune. Damit die Sauce nicht ausläuft, werden die Bratbeutel mit Schnüren oder Clips verschlossen. Außerdem sticht man mit der Nadel einige Luftlöcher in die Folie. Die Bratfolie kommt auf den kalten Rost in den heißen Backofen.

Bratenfond (Bratensatz): Fleischsaft, der beim Braten aus dem Fleisch austritt. Er enthält Fett und Eiweißteilchen und bildet entweder die Grundlage für die Sauce, oder er wird zuletzt im Bratgeschirr mit etwas Flüssigkeit gelöst und über den Braten geträufelt.

Bratthermometer = braten

bridieren: Geflügel dressieren

Broccoli: eine Abart des Blumenkohls. Im April und Mai frisch auf dem Markt. Die Röschen sollen beim Einkauf grün sein. Die Stangen werden kräftig über Kreuz eingeschnitten, damit sie gleichzeitig mit den Röschen gar werden. Broccoli haben einen hohen Karotingehalt und sind leicht verdaulich.

Buchweizen: dreieckiger Samen einer Knöterichpflanze mit harter dunkelbrauner Schale. Wird für Grützen (zum Beispiel die russische Kascha) und Suppen verwendet. Aus Buchweizenmehl lassen sich die russischen Blinis und Gebäck bereiten. Im Reformhaus erhältlich.

Butter: enthält mindestens 82 Prozent Milchfett und höchstens 16 Prozent Wasser. Sie ist in 3 Handelsklassen auf dem Markt: Markenbutter (aus Sahne), Molkereibutter (aus Sahne oder Molkereisahne) und Kochbutter (aus Milchsahne oder Molkereisahne). Die Bezeichnung Landbutter weist darauf hin, daß die Butter direkt im ländlichen Betrieb und nicht in der Molkerei hergestellt worden ist. Butter hält sich im Kühlschrank in geschlossener Packung 10–14 Tage ohne an Qualität einzubüßen. Butter immer geschlossen aufbewahren, da sie leicht Fremdgerüche annimmt. Im Kühlschrank gelagerte Butter muß eine Zeitlang bei Zimmertemperatur stehen, bis sie streichfähig wird. Um kalte Butter streichfähig zu machen, kann man auch das Messer in heißes Wasser tauchen. Will man Butter für ein kaltes Buffet oder ein festliches Abendessen besonders schön anrichten, so kann man sie hübsch geformt servieren.

1 Gut gekühlte kleine Butterwürfel zwischen 2 gerillten Brettern zu Butterkugeln formen. 2 Mit einem Butterformer kleine Locken vom Butterstück abziehen. 3 Mit einem Butterformer kleine rechteckige Butterstückchen abschneiden. 4 Mit einem speziellen Buttermodel verzierte Butterstückchen herstellen.

Will man bei hohen Temperaturen braten, keine Butter verwenden, da die in ihr enthaltenen Eiweißteilchen verbrennen. Dies geschieht bereits bei 100°. Will man solche Gerichte mit Butter verfeinern, muß man die Butter im Anschluß an den Garvorgang an das fertige Gericht geben. Butter kann auch durch Margarine ersetzt werden. → Fett, → klären

Canapés: beliebte kleine mundgerechte Schnittchen, die besonders hübsch garniert auf Empfängen zu Wein und Sekt gereicht werden.

1 Das entrindete Weißbrot in Rechtecke, Vierecke oder Dreiecke schneiden und kunstvoll dekorieren. 2 Verzierung mit Eischeiben, Petersiliensträußchen und zur Blume zurechtgeschnittenem Radieschen, das zusammen mit einer Olive auf das Canapé gespießt wird. 3 Mit Cremes lassen sich die Häppchen hübsch bespritzen. 4 Um eine Blume aus kleinen Gemüseteilen auf ein Canapé zu zaubern, braucht man etwas Fingerspitzengefühl.

Cardy (spanische Artischocke): Zum Verzehr werden die Blattstiele verwendet, die von den Blättern und den stacheligen Rändern befreit und in Essig oder Zitronenwasser kurz gekocht werden. Dann kann man die faserige Haut entfernen. Anschließend als Gemüse bereiten.

Cashewnüsse (Kaschunüsse, Acajounüsse): bei uns nur geschält als Kerne auf dem Markt. Cashewnüsse schmecken süß und mandelartig. Sie werden für Süßspeisen, Obst- und Geflügelsalate verwendet. Gesalzen reicht man sie zu Cocktails.

Cassata: Eisspezialität aus Italien. In eine gut ausgekühlte Eisbombenform schichtweise Vanille-, Himbeer- und Schokoladeneis einfüllen, dann Eischnee mit Zuckerlösung, Schlagsahne und Rumfrüchten vermischen, ebenfalls in die Form füllen und alles im Gefrierfach erstarren lassen. Vor dem Servieren die Cassata stürzen und mit Schlagsahne und kandierten Früchten verzieren.

Chantilly (franz.): mit Schlagsahne geschmacklich vollendete Speisen. Dies geschieht bei Süßspeisen, Saucen, Suppen und Püree.

Chaudfroid (franz. chaud = heiß und froid = kalt): Mit einer kalten gelierenden Sauce werden gegarte Fisch-, Geflügel- oder Wildspeisen überzogen. Weiße Chaudfroid wird aus heller Grundsauce mit Kalbs- oder Geflügelgelee und Sahne bereitet, braune Chaudfroid aus dunkler Grundsauce mit Wildgelee, Kalbsfond oder anderem Fleischextrakt.

Cherimoya (Anone): Baumfrucht mit schuppiger grüner bis brauner Haut, hellem Fruchtfleisch und vielen kleinen Kernen, die nicht mitgegessen werden. Die pinienzapfenförmigen Früchte haben einen sehr milden aromatischen Geschmack und einen zimtartigen Duft. Sie sind von Oktober bis April auf dem Markt. Sie sollten auf Druck leicht nachgeben, aber nicht zu weich sein. Man bereitet aus ihnen feine Cremes und Sorbets. Sie werden aber auch roh verzehrt, indem man sie der Länge nach halbiert, die Kerne entfernt und eventuell mit Fruchtlikör beträufelt und auslöffelt.

Chillies: kleine rote, grüne, gelbe oder orangenfarbene Schote des Cayennepfeffers. Frisch werden sie als Gemüse verwendet, getrocknet oder gemahlen als Gewürz.

Chinakohl: dem Weißkohl und Wirsing ähnliche, leicht verdauliche Kohlart mit unaufdringlichem Kohlgeschmack. Als Salat oder Gemüse verwendbar.

Christstollen: Um dem Christstollen seine charakteristische Form zu geben, wird der Teig zu einem 3 cm

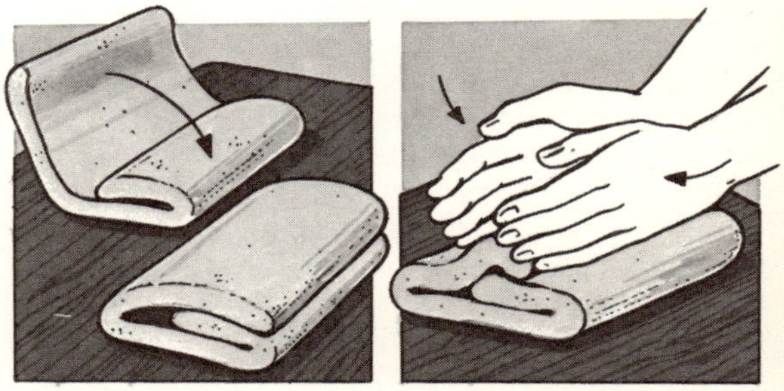

1 Die beiden Schmalseiten der Teigplatte zur Mitte hin übereinanderklappen; 2 den Teigrand mit der Hand leicht eindrücken.

dicken Rechteck ausgerollt; die beiden Schmalseiten werden zur Mitte hin übereinandergeklappt, dann drückt man den oben liegenden Teig mit den Handkanten längs leicht ein.
Clementine: kernlose aromatische Mandarinenart, die von Oktober bis März auf dem Markt ist.
Cocktailkirschen: in Zuckersirup eingelegte gefärbte aromatische Kirschen. Zum Garnieren von Cocktails, Süßspeisen, Kuchen und Gebäck geeignet.
Cordon bleu: Kalbsschnitzel mit Schinken und Käse. Man bereitet Cordon bleu entweder aus 1 langen dünnen Kalbsschnitzel, belegt eine Schnitzelhälfte mit Schinken, Käse und Gurke, klappt die freie Schnitzelhälfte darüber und befestigt die Enden mit Holzspießchen, oder man nimmt 2 kleine Schnitzel.

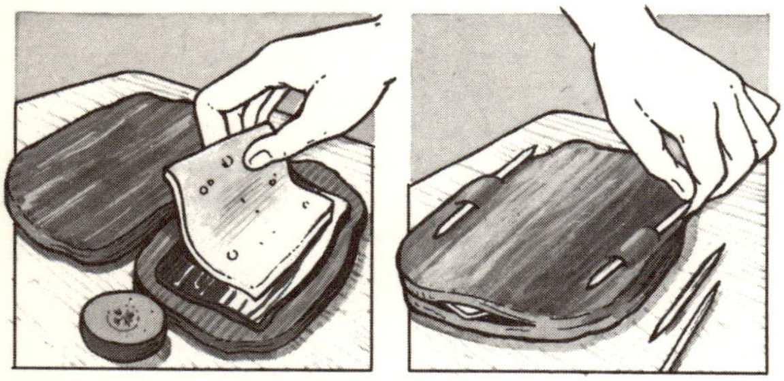

1 Das erste Schnitzel mit Schinken, Käse und Gurkenscheibe belegen; 2 das zweite Schnitzel darüberlegen und beide Seiten mit einem Holzspießchen feststecken.

Crabmeat → Krabben
Cranberry → Moosbeeren
Creme: wird am besten bei mittlerer Hitze oder im Wasserbad auf der Herdplatte gerührt, bis sie kocht. Im Handel erhältliche Fertigmischungen von Cremes (Puddingpulver) haben oft eine recht kurze Garzeit oder können auch kalt in Milch eingerührt werden. Cremes wirken besonders dekorativ in hochstieligen Gläsern mit geraspelter Schokolade oder Schlagsahne garniert; festlich nehmen sich auch gestürzte Cremes, Flammeris oder Geleespeisen aus.
Crème fraîche: leicht saure dicke Sahne mit über 30 Prozent Fett. Sie kann beim Binden von Saucen, Suppen und Gemüsegerichten auf dem Herd eingerührt werden, da sie nicht gerinnt.
Croûtons: geröstete Weißbrotscheiben als Beilage zu Suppen und kleinen feinen Gerichten. Croûtons werden gerne in runder, dreieckiger oder viereckiger Form serviert und in Butter geröstet. In der französischen Küche auch als Unterlage für kleine gebratene Fleischstücke beliebt.
Cumberlandsauce: würzige, fruchtig schmeckende, im Handel erhältliche Sauce, die man zu Wild, Wildgeflügel und Pasteten reichen kann.
dämpfen: ist Garen in heißem Wasserdampf bei Temperaturen von 100°. Zum Dämpfen benötigt man entweder einen Dämpftopf mit Siebeinsatz oder einen aufstellbaren Drahtkorb, der in einem Kochtopf Platz findet. Unter dem Drahtkorb oder dem Dämpfeinsatz wird Wasser zum Kochen gebracht und Fisch, Gemüse oder Kartoffeln darin gegart. Mit der gleichen Methode lassen sich auch Reis, Kartoffeln oder Klöße wieder erwärmen.
darren: Getreidekörner im Backofen bei 80° 1 Stunde rösten. Das Getreide gart anschließend schneller und ist leichter verdaulich.
Datteln: pflaumengroße rötlich-braune, süß schmeckende Früchte der Dattelpalmen, bei uns vorwiegend getrocknet, von Oktober bis Mai aber auch frisch im Handel. Beim Einkauf darauf achten, daß die zarte glatte Haut unbeschädigt ist und die Früchte nicht zu weich sind. Frische Datteln, deren Kerne man entfernen kann, indem man sie seitlich aufschneidet und sie dann herauslöst, lassen sich gut zu Kompott verarbeiten, das man mit Weißwein verfeinern kann.

1 Zum Garen im Wasserbad kommt der Topf mit der Creme in einen größeren Topf, der etwa zur Hälfte mit Wasser gefüllt ist. 2 Cremes, die gestürzt werden sollen, kommen in hübsche Schüsselchen. 3 Die Schüsselchen vor dem Stürzen kurz in heißes Wasser tauchen und den Rand mit dem Messer lösen. 4 Die Creme auf den Dessertteller stürzen.

Demiglace: eine passierte, entfettete und davor dick eingekochte braune Grundsauce, der Kalbsjus, Schinken, Tomaten und Pilze zugesetzt werden. → Glace.
Dinkel: Getreideart, die als → Grünkern vor der Reife geerntet wird. Das Korn wird geschält und gedörrt. Gedarrter Dinkel → darren.
Dip (engl. to dip = eintauchen): Als Dip bezeichnet man eine cremige, pikant abgeschmeckte Sauce auf Mayonnaise- oder Sahnebasis, die man häufig auch auf Parties reicht. Zum Eintauchen in den Dip eignen sich Kartoffelchips, Crackers und frisches, in längliche Stücke geschnittenes Gemüse.
Dorade → Goldbrasse
Dorsch: → Kabeljau
dressieren: eine Speise in eine spezielle Form bringen und dekorativ anrichten. → Hähnchen dressieren.
druckgaren: Garen in einem hermetisch verschlossenen Dampfdrucktopf, in dem Lebensmittel bei Temperaturen von 110–120° bei leichtem Überdruck garen. In ⅙–⅓ der sonst üblichen Garzeiten werden die Speisen unter Ausschluß von Sauerstoff wertschonend gegart. Bei der Handhabung des Topfes muß man sich genau nach den Angaben der jeweiligen Herstellerfirma richten. Meist ist so einem Topf auch ein kleines Rezeptheft beigegeben, aus dem Garzeiten und Methoden ersichtlich sind.
dünsten: Dünsten ist Garen in wenig Wasser, Milch oder Bouillon und etwas Fett (oder fettlos) bei Temperaturen von 90–100°. Dabei soll im Topf nicht mehr als 1 cm hoch Flüssigkeit sein. Nach dem ersten Umrühren wird der Topf geschlossen gehalten und der Inhalt nur noch durch Schwenken »umgerührt«.
durchseihen: Suppen und Saucen durch ein Sieb geben.
Eier: 3 Güteklassen sind auf dem Markt: Die Klassen A oder »frisch«, Klasse B oder »2. Qualität« oder »haltbar gemacht« und Klasse C oder »aussortiert, für die Nahrungsmittelindustrie bestimmt«. Im Handel werden praktisch nur Eier der Klasse A angeboten. Eier der Güteklassen B und C müssen gestempelt sein. Besonders frisch sind Eier der Güteklasse A mit dem Sondervermerk »Extra«. Sie haben kleine Luftkammern bis höchstens 4 mm und dürfen nicht älter als 7 Tage sein. In den verschiedenen Güteklassen werden die Eier nochmals in 7 Gewichtsklassen unterteilt: Gewichtsklasse I umfaßt Eier mit einem Gewicht von 75 g und darüber, Gewichtsklasse VII bezeichnet Eier mit weniger als 45 g. Hühnereier können mit Salmonellen behaftet sein. Und so schützen Sie sich davor: • Eier möglichst frisch kaufen und bald verbrauchen. • Eier immer im Kühlschrank aufbewahren. • Für Speisen, die rohe Eier enthalten (z. B. Mayonnaise), nur ganz frische Eier verwenden! Reste nicht aufheben, • Frühstückseier mit kaltem Wasser aufsetzen und mindestens 5 Minuten kochen, nicht abschrecken. • Wenn das Eigelb geronnen ist, besteht keine Salmonellengefahr. Also: Spiegeleier beidseitig in der Pfanne braten, Rühreier immer gut durchbraten. • Eier, deren Mindesthaltbarkeitsdatum abgelaufen ist, nur noch über 80° erhitzt verzehren. • Eier mit beschädigter Schale sofort verbrauchen und durcherhitzen. • Für harte Eier müssen Sie diese 8–10 Minuten kochen. Die Eier nach dem Kochen mit kaltem Wasser abschrecken.
Einbrenne (Mehlschwitze, Roux): Mehl wird in Butter erhitzt, mit Flüssigkeit (z. B. Milch und/oder Brühe) unter Rühren abgelöscht und als Bindung für Saucen verwendet. Für eine weiße Einbrenne soll sich das Mehl nicht verfärben; für eine blonde Einbrenne muß es Farbe annehmen, und für eine dunkle Einbrenne wird es hellbraun gebraten.
eindicken: einkochen oder in der Küchensprache reduzieren einer Flüssigkeit (Brühe, Suppe, Sauce) bis zur gewünschten Konsistenz.
einkochen lassen: Flüssigkeiten wie Saucen, Brühen oder Suppen bis zur richtigen Konsistenz und Menge bei starker Hitze im offenen Kochgeschirr kochen lassen.
Eisbergsalat: Kopfsalatart mit überaus knackigen und festen Blättern. Zubereitet wird der Eisbergsalat wie Kopfsalat.
Eischwerteig: altes Teigrezept für flaches Gebäck oder Waffeln. Dabei richtet sich das Gewicht der Zutaten nach dem Gewicht der Eier.
Elektro-Heißluftherd: Die Elektro-Kochplatten eines Heißluftherdes entsprechen denen eines → Elektroherdes. Lediglich im Backofen wird die heiße Luft durch Ventilatoren zum Zirkulieren gebracht. Durch diese »Rundumhitze« können im Heißluftbackofen mehrere Kuchen oder verschiedene Gerichte bei gleicher Temperatur auf einmal gegart werden. Geruch und Geschmack der einzelnen Speisen werden nicht übertragen. Der Heißluftherd braucht vor Back- oder Bratbeginn nicht vorgeheizt zu werden, da er die gewünschte Temperatur in wenigen Minuten erreicht.
Elektroherd: standardmäßig mit einer Kochmulde ausgerüstet, in der die elektrischen Kochplatten befestigt sind, und mit einem Elektrobackofen. Meist ist eine der Kochplatten eine Schnellkochplatte, die sich rascher erhitzt als die normalen Kochplatten. Ist er außerdem mit einer Automatik-Kochplatte ausgerüstet, so hält diese die jeweils eingeschaltete Temperatur konstant und schaltet sich auch von selbst aus, wenn sie mit einer Zeitschaltautomatik gekoppelt ist. Die normale Elek-

troplatte wird über einen 7-Takt-Schalter bedient: Schaltstufe 3: Volle Leistung, meist nur kurz zum Ankochen oder Anbraten größerer Mengen benötigt. Schaltstufe 2½: Bratstufe für Gerichte, die hohe Temperaturen brauchen, wie Steaks, die mit einem Gargrad raw oder bleu gewünscht werden. Schaltstufe 2: Normale Fortbrat- oder Fortkochstufe für größere Mengen. Schaltstufe 1½: Fortkochstufe für leichtes Kochgeschirr und größere Mengen, Fortbratstufe für einzelne Fleischscheiben. Schaltstufe 1: Fortkochstufe für Elektrogeschirr und mittlere Mengen. Schaltstufe ½: Warmhaltestufe für größere Mengen, Fortkochstufe für kleinere Mengen. Schaltstufe 0: Zum Warmhalten, Quellen oder Nachkochen ohne Strom. Die 7 Takte entsprechen bei der Automatik-Kochplatte und Gasflamme folgender Einstellung:

	Elektro-platte	Automatik-Kochplatte	Gas-flamme
sehr starke Hitze	2½–3	12	¾–1
starke Hitze	2–2½	8–11	¾
mittlere Hitze	1½–2	4–7	½
schwache Hitze	1–1½	3–4	¼
sehr schwache Hitze	½–1	1–3	knapp ¼

Der Backofen eines Elektroherdes wird meist gleichmäßig von oben bis unten beheizt; manche Modelle können aber auch auf stärkere Ober- und Unterhitze geschaltet werden. Der Elektrobackofen muß vor Brat- oder Backbeginn je nach zu erreichender Temperatur 15–30 Minuten vorgeheizt werden. → backen, →braten

Ente → Geflügel

entfetten: Die sich an der Oberfläche von Brühen und Saucen gebildete Fettschicht wird abgeschöpft (Schaumlöffel), abgegossen, mit saugfähigem Papier vorsichtig abgenommen oder nach dem Erstarren in Stücken abgehoben.

en tortue (franz.): Bezeichnung für eine bestimmte Kräutermischung, die nach Schildkrötenart zusammengestellt ist. Sie verleiht den Speisen eine an den Geschmack von Schildkröten erinnernde Nuance. Die Mischung gibt es fertig im Handel.

Entrecôte: Zwischenrippenstück vom Rind, das aus der Mitte des flachen Roastbeefs geschnitten wird. Damit sich das Steak beim Braten in der Pfanne nicht wölbt, muß man die recht kräftige Sehne der oberen Schicht durchschneiden.

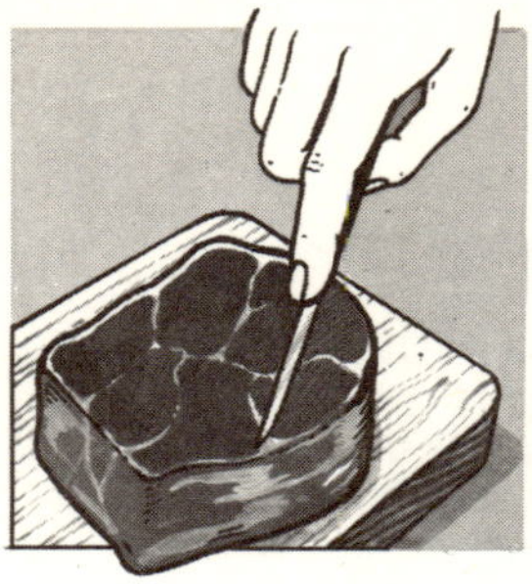

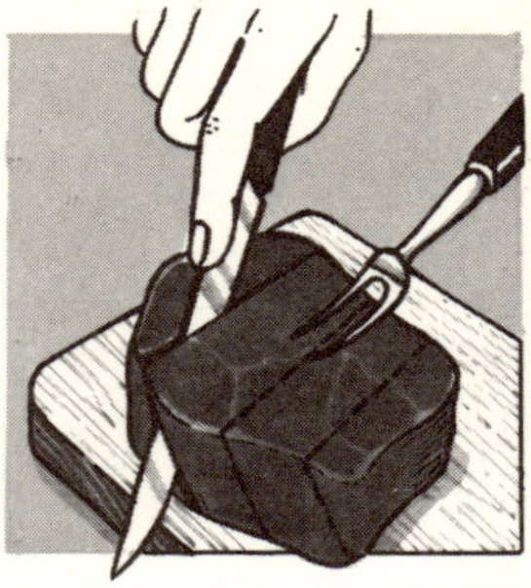

1 Die starke Sehne vor dem Braten durchschneiden, damit sich das Fleisch in der Pfanne nicht wölbt. 2 Zum Tranchieren das Fleisch mit dem Gabelrücken festhalten, keinesfalls in das Steak hineinstechen. Man legt das Steak dazu am besten auf ein leicht geöltes oder feuchtes Holzbrett und schneidet es in 3 cm dicke Scheiben.

Farbe annehmen lassen: geschieht bei schwacher bis mittlerer Hitze, in der das Gargut – meist Gemüse – weder Wasser ziehen, noch zu rasch bräunen darf, sondern durch das langsame Anbraten allmählich eine hellbraune Farbe annehmen soll.

Farce (franz.): feingehackte Masse aus Fisch oder Fleisch, Wild, Gemüse, Geflügel, Kartoffeln, Schaltieren oder Brot, pikant gewürzt oder gebunden. Mit Farcen füllt man Pasteten, Geflügel, Fisch oder Fleisch.

Farinzucker → Zucker, brauner

Fasan: Der bratfertige Fasan wird wie Hähnchen dressiert, aber ohne ihn mit der Nadel zu durchstechen, und dann bardiert, das heißt mit Speck belegt und in Form gebunden. → Wildgeflügel

1 Zum Bardieren die Brust des Fasans mit einer großen dünnen Speckscheibe belegen und diese festbinden. 2 Für einen Fasan im Speckhemd möglichst lange dünne Speckstreifen wie eine Matte zusammenflechten und den Fasan damit umhüllen, so daß nur noch die Keulenenden herausschauen.

Feigen: kleine birnenförmige Frucht mit gelber oder blaugrüner bis violetter Schale und intensivem Ge-

schmack. Frisch ist sie von Juli bis Oktober auf dem Markt; getrocknet ist sie ganzjährig erhältlich. Beim Einkauf darauf achten, daß die frischen Früchte keine Druckstellen haben. Feigen als Vorspeise oder als Nachspeise servieren. Sie werden halbiert und ausgelöffelt oder für Obstsalate und Kleingebäck verwendet.
Felchen (Blaufelchen): ein wohlschmeckender Süßwasserfisch, der wie die Forelle zubereitet werden kann. Größere Vorkommen im Bodensee. Von Mai bis Juni am schmackhaftesten.
Fenchel (Fenchelknolle, Zwiebelfenchel, Finocchi): Gemüse mit knollenartigen dicken Stengeln und leichtem Anisgeschmack. Von Oktober bis April auf dem Markt. Fenchel wird roh als Salat und gekocht oder gebacken als Gemüse verwendet. Das Blattgrün kann gehackt an die fertigen Gerichte gegeben werden.
Fett: Man unterscheidet tierische und pflanzliche Fette. Die Speisefette enthalten sehr viel Energie. Sie helfen dem Körper bei der Verwertung verschiedener Vitamine und bei dem Aufbau von Körperzellen. Zum gesundheitlichen Aspekt der Fette siehe das Kapitel »Essen heute – kleine Ernährungskunde«. In der Küche wird neben → Butter auch Butterschmalz verwendet; es eignet sich gut zum Braten bei höheren Temperaturen. Milchhalbfett ist ein Brotaufstrich, der sich auch zum Backen, nicht aber zum Braten eignet. Die Schlachttierfette Schweineschmalz, Gänse- oder Entenschmalz, Rindertalg und Tran lassen sich hoch erhitzen, sie sind wasserfrei und spritzen nicht in der Pfanne. Sie eignen sich zum Braten und Dünsten, weniger gut zum Fritieren. Von den pflanzlichen Fetten kann die Margarine wie Butter verwendet werden; sie besteht aus 80 Prozent Fett. Sie wird vorwiegend aus pflanzlichen Ölen und Fetten hergestellt. Der Haushaltsmargarine werden meist Vitamine (A, D und E) zugesetzt. Kochmargarine eignet sich nur zum Kochen und Braten. Auch Margarineschmalz eignet sich nur zum Kochen, Braten und Backen; es hat der Kochmargarine gegenüber den Vorteil, daß es praktisch kein Wasser enthält. Halbfett-Margarine eignet sich nur als Brotaufstrich. Speiseöl wird bei hohen oder niedrigen Temperaturen durch Pressen oder Auslaugen gewonnen. Qualitativ am besten ist das kalt gepreßte oder kalt geschlagene Öl, das viele ungesättigte Fettsäuren enthält. Es ist nicht raffiniert worden. Dieses Öl sollte in der Küche nicht zum Kochen verwendet werden, sondern zur Herstellung von Salatsaucen. Brat- und Fritierfette sind Öl sowie Kokos- und Palmkernfett. Sie können bis zu etwa 200° erhitzt werden, ohne zu verbrennen. Fette vor dem Einfluß von Licht, Luft und Wärme und Fremdgerüchen schützen. Wenn Fett bei der Zubereitung Qualm entwickelt oder sich deutlich färbt, ist es überhitzt worden. Überhitzte Fette und wiederholt verwendete Fritierfette sind gesundheitsschädlich.
Feuillets (franz. Blätter): kleine dünne Blätterteigquadrate als Beigabe zu feinen Vorspeisen wie Räucherlachs, Gänseleberpastete oder Kaviar.
filetieren (franz. filet = dünner Faden): filetiert werden hauptsächlich Zitrusfrüchte und Fische. Bei Zitrusfrüchten werden so die einzelnen Segmente des Fruchtfleisches von der sie umgebenden Haut gelöst; Fische werden filetiert, indem man die Seitenteile (Filets) vorsichtig und ohne sie zu beschädigen von der Haut und den Gräten löst.
filtrieren: Brühen oder Saucen durch ein Mulltuch oder ein Filterpapier gießen, damit feste Bestandteile wie zerkochtes Fleisch oder Gemüse zurückbleiben und man eine klare Flüssigkeit erhält.
Fines herbes (franz.): feine Kräuter. Darunter versteht man meist eine Mischung aus Petersilie, Kerbel und Estragon, die sehr fein gewiegt werden.
Fisch: Je nach Jahreszeit schwankt bei Seefischen das Angebot der verschiedenen Arten in Menge und Preis. In der Regel nach dem preisgünstigen Fisch greifen. Bei Süßwasserfischen spielt für den Preis der Fleisch- und der Grätenanteil eine Rolle. Lebende Süßwasserfische kann man beim Fischhändler schlachten lassen; Aale kann man auch abziehen lassen. Um ganze Fische küchenfertig vorzubereiten, muß man sie schuppen, ausnehmen und waschen. Fische, die blau gekocht werden, niemals schuppen, weil der Schleim auf der Fischhaut beim Garen das Blauwerden bewirkt. Zuerst wird der Fisch geschuppt, indem man mit einem Messer mit starker Klinge oder mit dem Messerrücken vom Schwanzende zum Kopf hin gegen die Schuppen kratzt; dabei hält man den Fisch am besten unter Wasser, damit die Schuppen nicht herumfliegen. Dann den Fisch ausnehmen. Dazu mit einem scharfen Schnitt den Bauch vom Darmausgang in Kopfrichtung aufschneiden, vorsichtig die Eingeweide herausnehmen, die Galle, die dicht unter dem Kopf liegt, darf dabei nicht verletzt werden. Geronnenes Blut entfernen, indem man Salz in die Bauchhöhle streut und diese ausreibt. Leber und Rogen können mitverwertet werden. Dann schneidet man am besten mit einer Schere alle Flossen ab. Schließlich wird der Fisch unter fließendem Wasser gewaschen. Dies gilt auch für Fischfilets. → Forelle, → Seezunge. Fische sollen nicht im Wasser liegen. Wiederum wegen des Schleims sollen Fische, die blau gekocht werden, vorsichtig gewaschen werden.

Will man Fisch nach dem Einkauf lagern, ihn aus der Verpackung nehmen und auf einem Teller kühl, höchstens 1 Tag lang aufbewahren. Räucherfisch kann im Kühlschrank ein paar Tage lagern. Fischkonserven außer Dauerkonserven stets kühl lagern. Auf Datumsangaben achten. Fisch oder Fischmarinade sofort wegwerfen, wenn sie auch nur geringfügig ungewöhnlich riecht oder schmeckt. Nach außen gewölbte Dosen enthalten verdorbenen Fisch. Was die Belastung durch Schadstoffe anbelangt, haben manche Fischarten einen hohen Gehalt an Quecksilber. Dies gilt mehr für Süßwasserfische als für Hochseefische, für Raubfische mehr als für Friedfische. Daher gilt die Empfehlung, Süßwasserfische seltener – jedenfalls nicht täglich – auf den Tisch bringen.

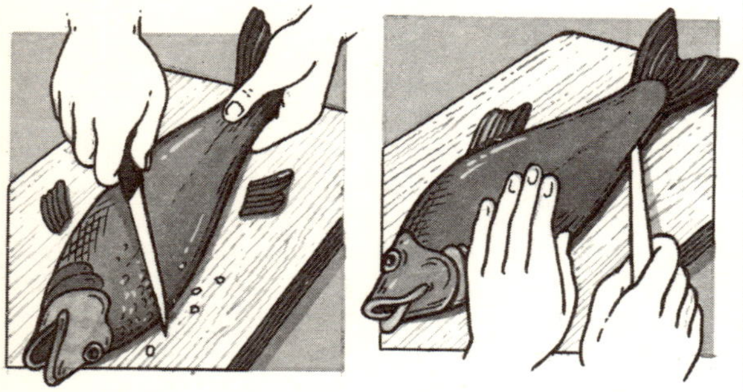

1 Zum Schuppen mit dem Messer gegen die Schuppen kratzen; die Flossen abschneiden. 2 Den Fisch am Bauch vom Schwanzende zum Kopf hin aufschlitzen und ausnehmen.

flambieren: ist geschmackliche Vollendung, kein Garvorgang. Beim Flambieren – auch Abflammen genannt – werden bereits gegarte oder halbgegarte Speisen durch Abbrennen des Alkohols mit der Würze der verwendeten Spirituose aromatisiert. Als Spirituosen eignen sich zum Flambieren Cognac, Weinbrand, Rum, Kirschwasser, Himbeergeist, Calvados mit möglichst über 40 Prozent Alkoholgehalt oder Likör mit über 38 Prozent Alkoholgehalt. Flambiert werden Suppen, Ragouts, Fleischspießchen, Steaks, Geflügelgerichte, Garnelen, Hummer- oder Langustengerichte, Gemüse, Früchte, Crêpes oder Mixgetränke.
Pro Portion rechnet man 1 Schnapsglas (2 cl) Spirituose. Diese wird in einem Saucenlöffel über einer Kerzenflamme erwärmt. Die Speisen in der Flambierpfanne auf dem Rechaud oder auf dem Küchenherd gut erhitzen, die erwärmte Spirituose seitlich um die Speise gießen und mit einem Zündholz anzünden oder auf dem Rechaud die Pfanne so nahe an die Flamme bringen, daß sich der Alkohol der Spirituose entzündet.

Fleischteile: Bezeichnungen für Fleischstücke vom Schwein, Rind, Kalb und Hammel.

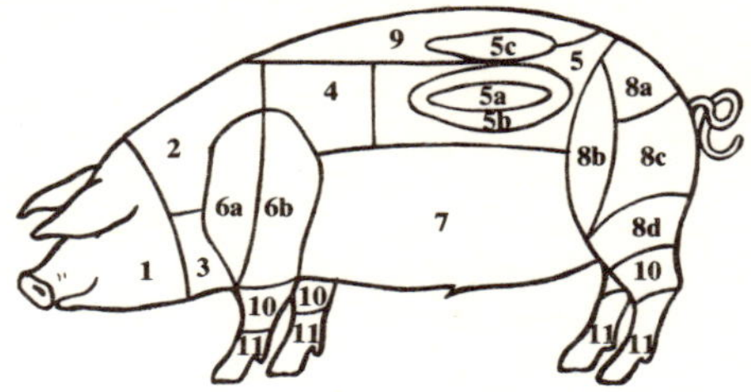

Schweinefleisch: 1 *Kopf und Backe: Geeignet für Eintöpfe, Sülzen, Schweinskopfsülze, Wellfleisch, Zungenragout und gebratenes Hirn.* **2** *Nacken, Kamm, Hals, Halsgrat oder Zungenstück: Geeignet für Kotelettbraten, Rollbraten, Sauerbraten oder Schweinepfeffer.* **3** *Brust und Brustspitze: Geeignet für Gulasch, gefüllte Schweinerippe, Gemüseeintöpfe, zum Beispiel Pichelsteiner.* **4** *Kotelett, Karbonade, Karree oder Rippenspeer: Geeignet für Pökelfleisch, Kasseler Rippenspeer, Kasseler Rippchen, Koteletts oder Schnitzel.* **5** *Filetkotelett: Geeignet als Koteletts oder Schnitzel.* **5 a** *Filet: Geeignet als Lendenbraten, Medaillons, Spießchen, Fleischfondue oder Lendenschnitten.* **5 b** *Flomen oder Grieben: Geeignet für Griebenschmalz.* **5 c** *Lende: wie Filet.* **6** *Schulter, Schaufel, Bug, Blatt oder Bauernschinken: Geeignet für Vorderschinken; wird auch in 6 a und 6 b zerlegt:* **6 a** *Dicke Schulter, Schulterstück oder Schulterfilet: Geeignet für besten Schweinebraten.* **6 b** *Flache Schulter: Geeignet für Schweinepfeffer, Ragouts, Serbisches Reisfleisch, Schweinerollbraten, Eintöpfe oder roh als Hackfleisch.* **7** *Wammerl oder Bauch: Geeignet als großer Braten, falsches Kotelett, für Eintöpfe, Wellfleisch oder Geräuchertes (durchwachsener Speck).* **8** *Keule, Hinterschinken oder Schlegel wird in 8 a, 8 b, 8 c und 8 d zerlegt:* **8 a** *Schinkenspeckstück: Geeignet als großer Braten, zum Räuchern, gekocht als Gemüsebeilage, zum Beispiel mit Grünkohl oder Sauerkraut, kalt als Aufschnitt.* **8 b** *Nuß, Nußschinken oder Maus: Geeignet als großer Braten, für Schnitzel oder Fleischfondue; geräuchert kalt als Nußschinken.* **8 c** *Unterschale oder Schinkenstück: Geeignet als großer Braten oder für Schnitzel, Steaks oder als Geschnetzeltes.* **8 d** *Oberschale: Geeignet als großer Braten oder für Schnitzel.* **9** *Rückenspeck: Geeignet als Zutat zu Suppen und Eintöpfen, als Einlage für Rouladen oder zum Spicken.* **10** *Haxe, Eisbein oder Hämmchen: Geeignet als gebratene oder gegrillte Schweinshaxe, als geschmorte Haxe oder als Haxe blau.* **11** *Pfote oder Spitzbein: Geeignet für Sülzen, Suppen und Eintöpfe.*

Rindfleisch: 1 *Hals oder Nacken: Geeignet für Suppenfleisch oder Schmorgerichte.* **2** *Halsgrat, Kamm, Siegelstück oder Zungenstück: Geeignet für saftige Braten, Sauerbraten oder roh als Tartar.* **3** *Hochrippe, Hohe Rippe, Fehlrippe oder Schorrippe: Geeignet für Schmorbraten, für andere Braten, Grillgerichte oder als feines Kochfleisch.* **4** *Dicker Bug oder Dickes Bugstück: Geeignet für geschmorte Rouladen, für Rollbraten oder Geschnetzeltes.* **5** *Schulternaht oder Bugschaufel-*

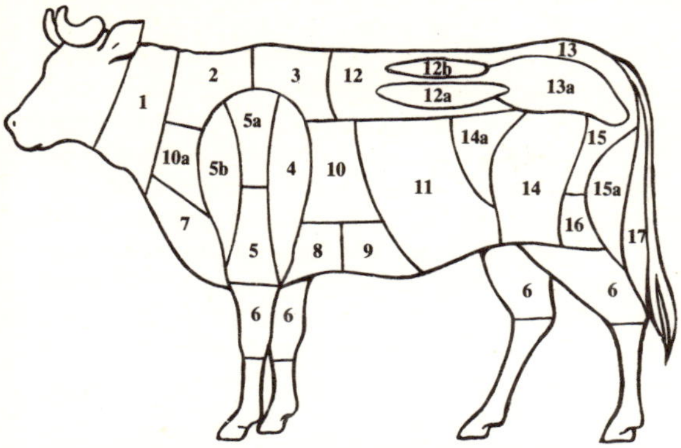

stück: Geeignet als bestes Kochfleisch. **5 a** *Mittelbug: Geeignet als bestes Kochfleisch.* **5 b** *Schulterspitz oder Falsches Filet: Geeignet für Spickbraten, Ragouts oder Pichelsteiner.* **6** *Beinfleisch, Wadenstück oder Hesse: Geeignet als Suppenfleisch, Tellerfleisch oder als Beigabe zu Gulasch.* **7** *Brustspitze: Geeignet als gekochte Rinderbrust und für Eintöpfe.* **8** *Brustkern: Geeignet für gepökelte Rinderbrust und Suppenfleisch.*
9 *Nachbrust: Geeignet als Suppenfleisch und für gebratene Rinderbrust.* **10** *Querrippe, Leiterstück oder Zwerchrippe: Geeignet für Suppen und Eintöpfe.* **10 a** *Abgedeckte Querrippe oder Abgedecktes Leiterstück: Geeignet für Gulaschsuppe oder für Pfefferpothast.* **11** *Bauchlappen oder Spannrippe: Geeignet für Fleischbrühe und für Gemüseeintöpfe.* **12** *Roastbeef: Geeignet zum Schmoren, Grillen und Braten.* **12 a** *Filet: Geeignet zum Braten, Grillen und zum Kurzbraten als Steaks (niemals kochen!).* **12 b** *Lende: wie Filet.* **13** *Hüfte: Geeignet zum Grillen und Kurzbraten als Steaks und als geschmorte Rouladen.* **13 a** *Runde Nuß oder Hüftdeckel: Geeignet für Geschnetzeltes oder Wiener Rostbraten.* **14** *Blume, Rose oder Kugel: Geeignet als Schmorbraten, geschmorte Rouladen oder für Fleischfondue.* **14 a** *Bürgermeisterstück: Geeignet für Schmorbraten, Sauerbraten oder Gulasch.* **15** *Unterschale oder Schwanzstück: Geeignet für Rostbraten, Sauerbraten, Gulasch oder Tafelspitz.* **15 a** *Schwanzrolle: Geeignet zum Braten, Grillen und Schmoren.* **16** *Oberschale oder Kluft: Geeignet zum Kurzbraten, für geschmorte Rouladen oder roh als Tatar.* **17** *Ochsenschwanz: Geeignet zum Kochen, Braten und Schmoren.*

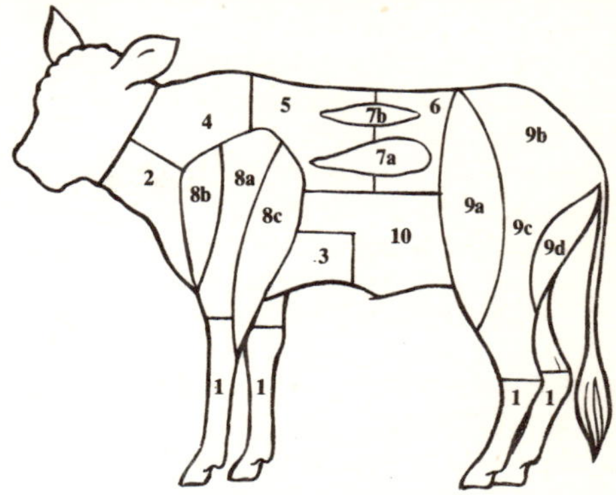

Kalbfleisch: 1 *Haxe oder Bein: Geeignet für Kalbsbrühe, Eintöpfe, Ragouts, Osso buco, gebratene oder gegrillte Kalbshaxe. Achtung: Die Hinterhaxen sind schwerer und fleischiger, also besser als die Vorderhaxen geeignet zum Braten und Grillen.*
2 *Brustspitze oder dünne Brust: Geeignet für eingemachtes Kalbfleisch, Ragouts und Haschees.* **3** *Brust oder Brüsterl: Geeignet für Rollbraten, gefüllte Kalbsbrust und Ragouts. Tendrons (das sind die Brustknorpel) werden in der klassischen Küche für geschmorte Spezialitäten verwendet, sie befinden sich aber auch an der Unterseite der gefüllten Kalbsbrust.*
4 *Hals, Nacken oder Stich: Geeignet für Suppen, Frikassees, Ragouts und Gulasch.* **5** *Kotelett, Kamm oder Mittelstück: Geeignet für Koteletts und Kotelettbraten.* **6** *Nierenbraten, Karree oder Rücken: Geeignet als flaches Bratenstück für Rollbraten, Nierenbraten oder Rückensteaks.* **7 a** *Filet: Geeignet als Lendenbraten oder für Medaillons, Lendenscheiben, Fleischfondue oder Spießchen.* **7 b** *Lende: wie Filet.* **8** *Blatt, Bug, Schulter oder Schäuferl wird in 8 a, 8 b und 8 c zerlegt:* **8 a** *Dicke Schulter: Geeignet für Kalbsbraten.* **8 b** *Dicker oder flacher Bug: Geeignet für Ragouts oder als Schweizer Voressen.* **8 c** *Schulterfilets: Geeignet für Spießchen, Geschnetzeltes, Ragoût fin, Gulasch oder Frikassees.* **9** *Keule oder Schlegel wird in 9 a, 9 b, 9 c und 9 d zerlegt:* **9 a** *Nuß oder Rose: Geeignet für Rahmgulasch, Geschnetzeltes oder Schnitzel.* **9 b** *Huft oder Hüfte: Geeignet für Schnitzel.* **9 c** *Oberschale oder Frikandeau: Geeignet für Schnitzel, Geschnetzeltes oder für große Braten.* **9 d** *Unterschale: Geeignet für Schnitzel, Spießchen, Rouladen und für große Braten.* **10** *Bauch oder Dünnung mit Lappen: Geeignet für Rollbraten.*

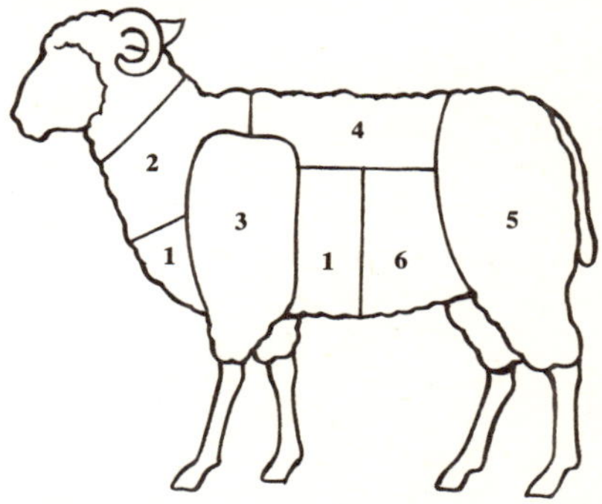

Hammel- und Lammfleisch: 1 *Brust und Spitzbrust: Geeignet für Ragouts, Irish Stew oder als gefüllte gebratene Hammelbrust.* **2** *Hals, Nacken oder Kamm: Geeignet vom Lamm als großer Braten, sonst gekocht für Eintöpfe, Stews oder als Ragouts.* **3** *Schulter, Bug oder Blatt: Geeignet für große Braten oder Rollbraten, für Spießchen oder feine Ragouts.* **4** *Rücken, Sattel oder Kotelettstück: Geeignet für Koteletts oder Rollbraten.* **5** *Keule oder Schlegel: Geeignet für große Braten oder Steaks.* **6** *Bauch oder Flanke: Geeignet für Eintöpfe und Ragouts.*

Fleurons (franz.): kleines Blätterteiggebäck in Halbmond- oder Dreieckform. Beliebt als Beigabe zu Ragouts, Kalbsbries, Kalbshirn. Fleurons werden vor dem Servieren aufgebacken.
Flunder: der Scholle ähnlicher, in Küstengewässern lebender magerer Plattfisch. Er ist kleiner als die Scholle und hat eine rauhere Oberfläche. Er wird frisch (vor allem an den Küsten) und geräuchert angeboten. Wie man Plattfische häutet und wie man Filets erhält → Seezunge.
Fond: entsteht beim Garen von Obst und Gemüse sowie von Wild, Geflügel, Fisch, Knochen und Fleisch. Der Fond ist eine gehaltvolle konzentrierte Brühe, die sowohl als Zutat feiner Farcen für Pasteten und Terrinen geeignet ist, als auch die Grundlage für feine Suppen und Saucen bildet. → Bratenfond.
Forelle: fettarmer Süßwasserfisch. Die aus Nordamerika stammende Regenbogenforelle eignet sich besonders gut zum Züchten. Sie hat einen regenbogenartigen Streifen an den Seiten. Sie ist widerstandsfähiger als die wildlebende Bachforelle, die im Geschmack besonders edel ist. Frische Forellen schmecken am besten in den Monaten April bis August. Die Forelle hat eine schuppenlose Haut, sie wird also nicht geschuppt. Sonst würde man den feinen Schutzfilm der Haut zerstören, der dem Fisch beim Blaukochen die charakteristische Farbe gibt. Hat man zum Blaukochen keinen großen länglichen Fischkessel zur Verfügung, kann man die Fische auch rund binden, indem man Kopf und Schwanz mit Nadel und Faden durchsticht und beides zusammenbindet. Zum Häuten die Forelle entlang dem Rückgrat vom Kopf bis zum Schwanz einschneiden und die Haut zum Bauch hin ablösen. Zum Filetieren den Fisch entlang der Mittelgräte einschneiden und das Filet mit kleinen Schnitten von der Gräte lösen. Dann das Schwanzende mit Messer und Gabel ergreifen und von dem unteren Teil der Forelle abheben.

1 Die Forelle mit Nadel und Faden zusammenbinden. 2 Die Forelle häuten: mit einem Schnitt entlang dem Rückgrat vom Kopf bis zum Schwanz die Haut einschneiden und zum Bauch hin abtrennen. 3 Das Filet entlang der Mittelgräte einschneiden und mit kleinen Schnitten von der Gräte lösen. 4 Die Fischgräte vom Fischfleisch abheben.

Formgebäck: dekorativ geformtes Kleingebäck, das am besten ofenfrisch serviert wird. Hier einige anschauliche Tips zur Herstellung von Hahnenkämmen, Windrädchen, Schweinsöhrchen und Hörnchen.

1 Hahnenkämme: Den Teig mehrmals 1–2 cm tief einschneiden und zum Hahnenkamm biegen. 2 Windrädchen: Das Teigquadrat von den 4 Ecken aus tief einschneiden, mit Füllung belegen und jeweils die linke Spitze zur Mitte biegen.
3 Schweinsöhrchen: Die Teigplatte von der Längsseite her zur Mitte so einschlagen, daß die beiden Außenkanten 2 cm auseinanderliegen, und dann den Teig nochmals zur Mitte hin zusammenklappen. Den so zusammengeklappten Teig in 1 cm dicke Scheiben schneiden. 4 Hörnchen: Langschenkelige Dreiecke in der Basismitte 1 cm hoch einschneiden, je nach Rezept mit Füllung versehen und von der Basis zur Spitze hin aufrollen. Dann zum Hörnchen biegen.

frappieren (franz. frapper = schlagen): plötzlich abkühlen. Frappiert werden Getränke und Speisen im Kühlschrank, Gefrierschrank oder zwischen Eisstückchen.
fritieren: Ausbacken von Nahrungsmitteln schwimmend in heißem Fett. Zum Fritieren eignet sich ausschließlich reines Pflanzenfett oder Schmalz, das Temperaturen zwischen 175 und 200° verträgt, ohne zu verbrennen. Das Fett nach dem Fritieren noch heiß filtern und wieder in die Friteuse geben. Das Fett aber höchstens 3mal zum Fritieren verwenden, sonst ist es gesundheitsschädlich. Zum Fritieren benötigt man eine elektrische Friteuse, auf der sich die gewünschte Temperatur durch Schaltung erreichen läßt. Das rote Kontrollämpchen erlischt, wenn die eingestellte Temperatur des Fettes erreicht ist. Oder man fritiert im Fritiertopf mit Fritierthermometer, um die Temperatur des Fettes messen zu können. Zum perfekten Fritiertopf und zur Friteuse gehört ein Siebeinsatz, den man beidseitig an den Griffen so feststellen kann, daß das Fritiergut nach dem Fritieren über dem Fett abtropfen kann. Nach dem ersten Abtropfen läßt man das Fritiergut noch auf Küchenkrepp oder saugfähigem Papier restlos abtropfen und würzt es erst danach. Je kleiner das Fritiergut, desto kürzer die Garzeiten. Wird in mehreren Portionen fritiert, so stets darauf achten, daß das Fett vor dem Einlegen der neuen Portion wieder die benötigte Temperatur erreicht hat. Zum Fritieren eignen sich Fisch, Fleisch, Geflügel, Kartoffeln, paniertes Obst, Gemüse, Käse und Kleingebäck.
frutti di mare = Meeresfrüchte.
Gänselebercreme: in Dosen fertig im Handel. Aus frischer, in Madeira gedünsteter Gänseleber, die püriert und mit Salz und Cayennepfeffer gewürzt wird.
Gänseleberparfait: besondere Delikatesse, in kleinen Dosen erhältlich. Gänseleber mit einer feinen Farce aus Schweinefleisch, Trüffeln und Gelee verarbeitet. Gänseleberparfait stets eisgekühlt servieren.
Galantine: Rollpastete, früher feinste Pastete, bestehend aus kleinen Fleisch- oder Geflügelstückchen in einer pikant gewürzten Farce. Die Masse wurde in entbeintes Geflügel oder in Schweine- oder Lammschulter eingerollt. Galantinen werden heute in Spezialformen gegart. Es gibt sie fertig im Handel.
Gans → Geflügel
Garnelen → Krabben, → Krustentiere
Garnierungen: Festliche Platten, kalte Buffets bekommen durch hübsche Garnierungen ihren dekorativen Glanz. Gemüse und Obst eignen sich besonders als Grundsubstanzen. Aber auch hartgekochte Eier und Kaviar werden gerne verwendet.

Garnierungen, die jedem gelingen: 1 Gurken zum Fächer geschnitten, Radieschen zur Blüte geformt; 2 aus Gurken und Möhren mit kleinen Förmchen Herzen oder Blätter ausgestochen, die Salatgurkenscheibe mit gezacktem Rand versehen; 4 Tomaten zum Körbchen geschnitten und mit Petersilie und Olive verziert, Tomatenachtel mit Olive gespickt oder eine dünne Tomatenschale zum Röschen geformt, ein Pilz aus einem Ei und einem Tomaten-Pilzkopf und Mayonnaisentupfen. 4 Orangen, Grapefruits oder Zitronenschalen lassen sich zu gezackten Hälften schneiden, indem man sie mit schräg gehaltener Klinge halbiert. In Scheiben geschnittene Früchte wirken hübsch mit Cocktailkirschen gespickt oder zur Blume geschnitten und mit Kaviartupfen versehen.

gar ziehen: läßt man hauptsächlich Klöße aller Art, Reis, Fische und einige Eiergerichte in reichlich heißer Flüssigkeit bei Temperaturen von 75–96°, stets im offenen Topf. Das Gargut sollte keinesfalls zum Kochen kommen, die Wasseroberfläche darf also nicht wallen, sondern sich nur leicht kräuseln. Sicherheitshalber 1 Tasse kaltes Wasser neben den Herd stellen, daß man nötigenfalls mit einem Schuß »Kälte« die Flüssigkeit am Kochen hindern kann.
Gasherd: Seine Energie wird nicht durch Elektrizität, sondern durch Gas erzeugt. In jedem Fall erreicht der Gasherd rascher Koch-, Brat- und Backtemperaturen als der Elektroherd. Beim Kochen auf dem Herd ist es wichtig, daß die Flammen nicht am Topfboden vorbei an der Topfwand hochzüngeln; dabei ginge Hitze verloren. Die größte Hitze vermitteln immer die Flam-

menspitzen. Der Gasbackofen braucht nicht vorgeheizt zu werden, er erreicht innerhalb von wenigen Minuten die gewünschte Back- oder Brattemperatur.

Gebäck glasieren und verzieren: Die Glasur auf Kuchen oder Kleingebäck schützt nicht nur vor dem Austrocknen, sondern sie vermittelt auch eine besondere Geschmacksnuance. Lesen Sie im folgenden, was bei den verschiedenen Glasuren zu beachten ist:
Puderzucker sollte für eine Glasur möglichst mit heißer Flüssigkeit angerührt werden. Das Gebäck noch warm mit der Puderzuckerglasur bestreichen; beim Abkühlen des Gebäcks erstarrt die Glasur und wird fest.
Schokoladen-Fettglasur – gleichgültig ob fertig gekauft oder selbst bereitet – muß immer im Wasserbad erwärmt und darf niemals heiß werden. Schokoladen-Fettglasur wird auf das erkaltete Gebäck aufgetragen und erstarrt, wenn sie selbst kalt wird.
Glasuren, die noch auf warmes Gebäck aufgestrichen werden, lassen sich leichter darauf verteilen, wenn das Gebäck zuvor »aprikotiert« wird. Dafür streicht man Aprikosenmarmelade durch ein feines Haarsieb und läßt sie unter ständigem Umrühren mit wenig heißem Wasser einmal aufkochen. Die so vorbereitete Aprikosenglasur mit einem Pinsel dünn auf das Gebäck auftragen und darüber dann die Glasur streichen.
Eine glatte Torten- oder Kuchenoberfläche wird am leichtesten glasiert, indem man ein breites Messer oder einen Spatel in warmes Wasser taucht und damit die Glasur dann gleichmäßig auf die Oberfläche streicht.
Ist die Oberfläche eines Gebäcks nicht glatt, streicht man die Glasur mit einem Pinsel auf. Plätzchen oder Konfekt werden in die Glasur getaucht. Mit Glasuren läßt sich auch verzieren. Man hält die Glasur besonders dickflüssig, gibt sie in ein selbstgedrehtes Tütchen aus Pergamentpapier, dessen Spitze unten abgeschnitten wird. Aus diesem Tütchen drücken Sie die Glasur dann in den gewünschten Formen auf die Oberfläche des Gebäcks; Sie können damit Figuren, Schriften oder Zahlen anbringen.
Zum Besieben von Gebäck eignen sich Puderzucker oder Kakaopulver. Jeweils eine kleine Menge davon in ein kleines Haarsieb geben und das Gebäck durch Schwenken des Siebs damit bestreuen. Zum Bestreuen eignen sich außerdem bunte Zuckerstreusel, Schokoladenstreusel, Mandelblättchen, Mandelstifte, geraspelte Kokosnuß oder andere gemahlene Nüsse, kleingehackte Trockenfrüchte oder Krokantstreusel.
In den Rezepten heißt es bei Torten und Kuchen des öfteren, ein Rand soll mit einer Substanz »bestreut« werden. Dieses Bestreuen darf man nicht wörtlich nehmen. Man gibt die jeweilige Substanz am besten auf einen Spatel oder auf einen Teigschaber und drückt sie leicht gegen den Rand des Gebäcks.
Zum Bespritzen von Gebäck mit Girlanden oder Rosetten brauchen Sie einen Spritzbeutel mit Stern- oder Lochtülle. Solche Verzierungen lassen sich aus Schlagsahne, aus Quark- oder Buttercreme spritzen. Je kleiner die Öffnung der jeweiligen Tülle, desto zarter wird das Spritzwerk. Aus der Lochtülle bekommt man glatte Stränge, aus der Sterntülle gezackte. Wenn Sie diese Art des Verzierens noch nie geübt haben, so probieren Sie es am besten zuerst auf einem Stück Alufolie, das Material ist deshalb nicht vergeudet, man kann es von der Folie wieder in den Beutel zurückgeben.

Geflügel: Der überwiegende Teil des auf dem Markt angebotenen Geflügels stammt aus Großmastbetrieben, in denen die Tiere mit einem speziellen Kraftfutter ernährt werden. Das Geflügel wird auf verbotene, sogenannte »Zartmacher«, Hemmstoffe (Antibiotika) und aromatisierende Stoffe hin amtlich kontrolliert und erhält ein amtliches Kennzeichen. Besonders schmackhaft ist Hausgeflügel, das von kleinen Geflügelhaltern und Bauern frisch auf den Wochenmärkten oder auch über den Einzelhandel angeboten wird. Einen Überblick über die Geflügelarten und ihre geeigneten Garmethoden gibt die nebenstehende Tabelle.
Wirklich zart ist nur junges Geflügel. Man erkennt dies am elastischen Brustbein, an der straffen Schenkelhaut und den scharfen Krallen. Hat ein Tier trübe Augen, fleckige Haut und riecht merkwürdig, so ist es alt oder schlecht und sollte nicht gekauft werden. Frisch geschlachtetes Geflügel muß sauber und vollständig ausgenommen und gerupft sein. Stehengebliebene Federn und kleine Härchen entfernt man vor dem Waschen, indem man das Geflügel über einer offenen Flamme (Gas, Kerze) hin und her schwenkt und absengt. Aus der Bauchhöhle gegebenenfalls die Reste des Lungengewebes und der Nieren entfernen. Auch kontrollieren, ob die Galle, die an der Leber sitzt, entfernt worden ist. Denn ihre Bitterstoffe ruinieren jeden Braten. Auch die Fettdrüse oder Bürzeldrüse am Schwanzende entfernen. Das aus ihr austretende Fett wirkt sich schlecht auf den Geschmack aus. Sollten Kopf und Beine noch am Geflügel sein, diese entfernen und nicht mit verwerten. Dann das Geflügel innen und außen unter fließendem Wasser gründlich kalt waschen.
Dressieren und tranchieren von Geflügel → Hähnchen; rupfen und ausnehmen → Wildgeflügel.

Hausgeflügel

Geflügelart	Alter	Gewicht	frisch im Handel	geeignete Garmethoden
Stubenküken, Küken	4–8 Wochen	250–500 g	Frühjahr	braten, schmoren, füllen
Brathähnchen, Poulet	7–10 Wochen	700–1150 g	Frühjahr	braten, grillen
Jungmasthuhn (fleischig, mit Fettansatz)	12–16 Wochen	1500 g–2 kg	Sommer, Herbst	braten, grillen, schmoren
Poularde, Junghuhn (beste Sorten: Poularde de Bresse, franz., de Bruxelles, belg., de Houden, holländ.)	16–22 Wochen	1150–1500 g	Herbst, Winter	braten, grillen, füllen
Kapaun (kastrierter Hahn)	16–22 Wochen	1150–1500 g	Herbst, Winter	braten, grillen, füllen
Suppenhuhn (kräftig im Geschmack)	12–18 Wochen	1500 g	ganzjährig	für Suppen, Eintöpfe, Frikassees
Perlhuhn (Geschmack an Wild erinnernd)	bis zu 6 Monate	700–1000 g	Herbst bis Frühjahr	braten, grillen, füllen
Ente	bis zu 1 Jahr	1600 g–2 kg	August bis Februar	braten, schmoren
Jungmastgans	bis zu 5 Monate	3 kg	Oktober bis Januar	braten, grillen, schmoren, füllen
Mastgans	etwa 1 Jahr	bis 6 kg	Oktober bis Januar	braten, grillen, schmoren, füllen
Taube (nur jung genießbar)	6–10 Wochen	250–600 g	Herbst	braten, grillen
junger Puter, Truthahn (mager)	bis 5 Monate	bis 3 kg	Herbst	braten, grillen, füllen
Puter, Truthahn	etwa 1 Jahr	3–10 kg	Winter	braten, schmoren, füllen

Gelatine: meist aus reinem geschmacksneutralem Knochenleim. In Pulver- oder Blattform im Handel. Gelatine schmilzt bei Temperaturen von 30°, quillt in heißem Wasser und trübt die Flüssigkeiten, die sie binden soll, nicht. Sie bildet nach dem Erkalten ein Gelee. Haben sich Klümpchen gebildet, die Speise nochmals erhitzen und gegebenenfalls durch ein Sieb geben. Mit Gelatine kann man Fruchtgelees, Süßspeisen, Gelees aus Fleisch, Fisch und Gemüse herstellen.
Glace (franz.): eingekochter, erkalteter, erstarrter, gallertartiger Fleischextrakt zum Glacieren. Glace kann auch Speiseeis bedeuten.
glacieren, glasieren (überglänzen): geschieht durch Bestreichen von Speisen mit Fett, Glace, aber auch mit butterhaltigem Zuckerguß. → ablöschen → Gebäck glasieren und verzieren.
Glasaal → Aal
glasig braten: Zwiebeln, Reiskörner, Speckwürfel oder -scheiben werden in Fett so lange gebraten, bis sie glasig (durchsichtig) erscheinen. Je fetthaltiger das Bratgut, desto weniger Fett benötigt man.
Glutamat: Natriumsalz der Glutaminsäure. Es hebt den Eigengeschmack der Gerichte. Bei Eierspeisen oder Süßspeisen niemals verwenden.

Goldbarsch → Rotbarsch
Goldbrasse (Dorade): Seefisch besonders aus dem Mittelmeer mit zartem, wohlschmeckendem Fleisch. Die kräftigen harten Schuppen müssen vor der Zubereitung unbedingt alle entfernt werden. Goldbrassen sind bei uns auch tiefgefroren auf dem Markt.
Goldbutt → Scholle
Granadila → Passionsfrüchte
Granatapfel: apfelgroße rötliche Beerenfrucht des Granatapfelbaumes mit vielen Samenkernen im Inneren. Die Frucht kommt aus den Mittelmeerländern von Oktober bis Dezember auf unseren Markt. Verzehrt wird der Saft. Man knetet die Frucht in der Hand weich, schneidet ein Loch in den Apfel und drückt den Saft in ein Glas. Aus dem Saft wird → Grenadinesirup hergestellt. Der Granatapfel eignet sich gut für Sorbets.
Grapefruit: eine Kreuzung aus Pampelmuse und Orange. Die Früchte sind das ganze Jahr frisch im Handel. Beim Einkauf auf eine unverletzte, druckstellenfreie Schale achten. Grapefruit ißt man frisch zum Frühstück mit Honig und Zucker, als Vorspeise mit Salz und Ingwerpulver oder, mit pikanten Salaten gefüllt, als Nachtisch in verschiedenen Zusammenstellungen. Die Grapefruit halbieren, das Fruchtfleisch mit einem speziellen Grapefruitmesser oder einem scharfen Küchenmesser von der Schale lösen und die einzelnen Spalten voneinander trennen. So läßt sich die Frucht bei Tisch leicht auslöffeln.
gratinieren (franz. gratin = Kruste): Überbacken oder Überkrusten einer Speise bei gleichzeitiger Bräunung. Zum Gratinieren bestreut man die Oberfläche eines bereits gegarten Gerichtes mit heller Sauce, Butterflöckchen, geriebenem Käse oder Semmelbröseln und läßt diesen Belag durch starke Hitzeeinwirkung von oben (Elektrogrill, Backofen) bräunen. → backen
Grenadinesirup: eingedickter Saft des Granatapfels. Man verwendet ihn zum Verfeinern von Cocktails, für Obstsalat oder Eis.
Grieben: ganz kleine Bindegewebeteile, die beim Auslassen von Flomen (Fett vom Schlachttier; Schwein oder Gans) entstehen. Schweineschmalz mit Grieben gilt in vielen Gegenden als besondere Delikatesse.
grillen: rösten von Fleisch, Fisch, Gemüse oder Obst auf einem Rost über dem Holzkohlengrill oder im modernen Elektrogrill, wobei die Wärmestrahlung von einer Heizspirale ausgeht. Die Grillpfanne aus Gußeisen mit Rillen oder waffelförmigem Reliefboden ist zum Grillen auf Elektro- oder Gasherden geeignet. Zur Grillparty unter freiem Himmel eignet sich besonders gut eine saftige Hammelkeule, Steaks, Nackenstücke vom Schwein. Rost und Grillgut einölen. Grillgut auf die heißen Stäbe legen, Steaks und Koteletts nach kurzer Zeit auf derselben Seite ein wenig drehen, damit die Grillstäbe ein dunkleres Rautenmuster in das Fleisch prägen. Wenn Blutstropfen heraustreten, die Fleischstücke wenden und wieder ein Rautenmuster einbrennen. Sobald der Fleischsaft aus dem Grillgut perlt, ist es gar. Erst nach dem Grillen würzen. Beim Grillen mit Holzkohle darf kein Fett in die Glut tropfen.
Grünkern: würzig schmeckendes Korn des → Dinkels. Die grünlich-gelben Kerne werden vor der Reife geerntet, getrocknet, geschält und gemahlen und kommen als Grünkerngrütze, Grünkerngrieß, Grünkerngraupen und Grünkernmehl in den Handel. Suppen und Saucen werden durch Grünkern grünlich-gelblich gefärbt.
Guave: apfel- oder birnenförmige Frucht von der Größe einer Zitrone mit hellgelber wächserner Schale. Je nach Sorte ist das Fruchtfleisch weiß, gelb, rosa oder rot. Guaven erinnern im Geschmack an Feigen und Birnen. Sie sind ganzjährig, aber selten auf dem Markt. Guaven dünn schälen, von den Kernen befreien und wie Äpfel oder Birnen zubereiten.
Hähnchen: Das küchen- oder bratfertige Hähnchen, das im ganzen gegart werden soll, muß wie alles Geflügel vor dem Garen dressiert, das heißt, in Form gebunden werden. Dazu die Flügel drehen und unter den Rücken legen. Die Schenkel gegen den Körper drükken. Dann sticht man mit Nadel und Faden durch die Schenkel, führt den Faden zu den Flügeln, durchsticht Flügel und Brustkorb und verknotet den Faden. Man erreicht auf diese Weise, daß der Brustkorb hochgedrückt wird. Man kann zum Dressieren auch die untere Bauchhaut einschneiden und die Keulen durchstecken. Die Flügel werden im Gelenk gedreht und auf den Rücken gelegt. → Geflügel.

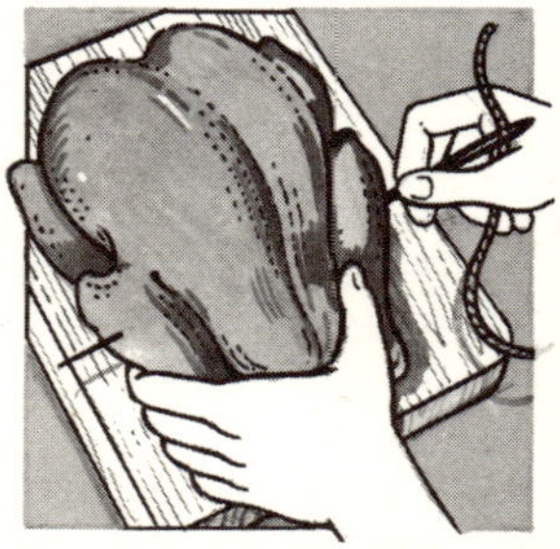

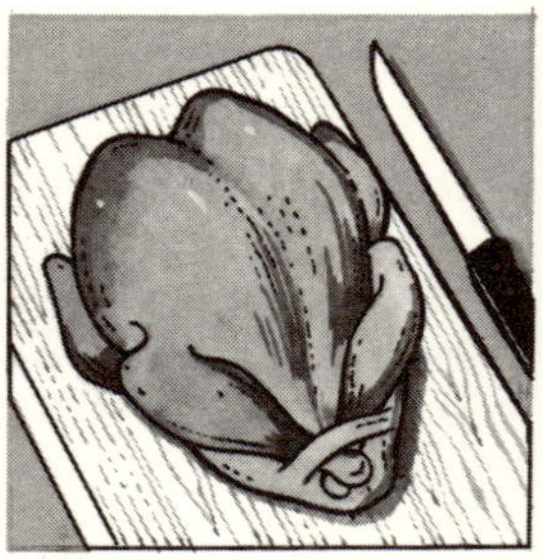

Dressieren: 1 Schenkel an den Körper pressen, die Flügel im Gelenk drehen und unter den Rücken legen und beides mit Nadel und Faden befestigen und verknoten. 2 Oder die untere Bauchhaut einschneiden, die Schenkel durchstecken und die Flügel unter den Rücken legen, ohne sie festzubinden.

Nach dem Braten wird das Hähnchen kunstgerecht tranchiert (zerlegt). Dazu benötigt man ein scharfes kräftiges Messer, gegebenenfalls eine zweizinkige Gabel und eine Tranchierschere (oder Küchenschere). Am besten tranchiert man auf einem feuchten Brett.

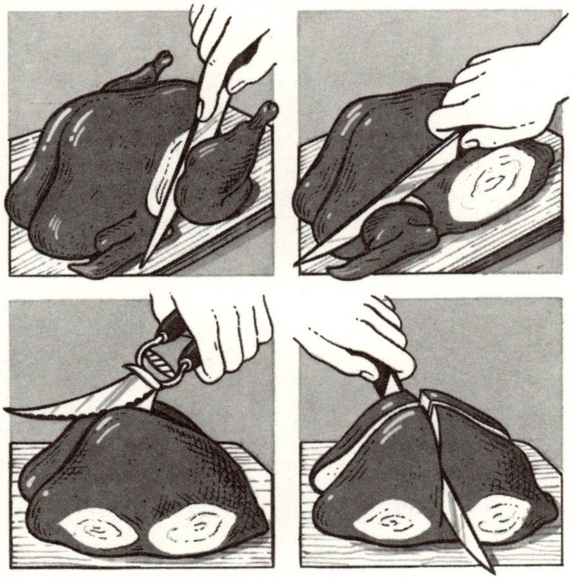

1 Die Keulen mit dem Messer abschneiden, 2 dann die Flügel mit dem umgebenden Muskelfleisch abschneiden, 3 mit der Tranchierschere das Hähnchen halbieren, 4 das Hähnchen mit dem Messer quer durchschneiden.

Hagebutten: Scheinfrüchte einiger Wildrosenarten. Je nach Art sind sie orange bis tiefrot, aber immer etwa kirschgroß oval bis rund. Frische Früchte eignen sich zur Herstellung von Marmelade, Mus und Gelee, Obstwein und Likör. Getrocknete Früchte ergeben ein würziges Aroma für Tee.
Hagelzucker: Zucker von besonders großer Körnung. Zum Bestreuen von Gebäck geeignet.
Haifisch: Salzwasser- und Raubfisch. Kleinere Haiarten (Dorn-, Glatt- und Katzenhai) eignen sich gut zum Verzehr. Der Dornhai wird auch als Seeaal gehandelt; seine Bauchlappen kommen geräuchert als Schillerlokken auf den Markt. Der Heringshai, der früher gerne auch als Karbonaden-, Kalbfisch oder Seestör verkauft wurde, wird heute zunehmend unter seinem eigenen Namen angeboten. Sein Fleisch ist fest und schmackhaft.
Hammelkeule tranchieren: Die Keule am besten auf ein feuchtes Tranchierbrett legen und mit einem gut scharfen, langen dünnen Tranchiermesser 2 dicke Scheiben längs zum Knochen abschneiden. Die Scheiben werden dann quer zur Faser in dünne Scheiben geschnitten. Man kann das Fleisch auch scheibenweise waagrecht zum Knochen schneiden.

1 Die Keule längs zum Knochen in 2 Scheiben schneiden.
2 Die dicke Scheibe in dünne Portionsstücke schneiden.

Hase: Ein Hase frisch vom Jäger wird ausgenommen und an einem kühlen und luftigen Ort 8–10 Tage im Fell abgehangen. Beim Ausnehmen darauf achten, daß die Galle unversehrt entfernt wird; sie hängt direkt an der Leber. Um dem Hasen das Fell abzuziehen, hängt man ihn an seinen Hinterläufen auf, schneidet das Fell rings um die Hinterpfoten ein und schlitzt das Fell vorsichtig an der Keule innen auf. Dann zieht man das Fell vorsichtig über die Ohren ab. Der nunmehr küchenfertige Hase wird in Hals, Vorderläufe, Schultern und Keulen zerlegt; der Kopf wird weggeworfen. Hase ist fettarm und wird deshalb gerne an Keulen und Rücken gespickt oder mit Speck belegt. Die Jagdzeit für Hasen ist von Oktober bis Mitte Januar.

1 Den Hasen an Keulen und Rücken spicken, indem man Speckstreifen etwa 1 cm unter der Haut durch das Fleisch zieht und die Speckenden überstehen läßt. 2 Es gibt verschiedene Spicknadeln, die dicke Spicknadel eignet sich zum Spicken von Braten mit langen Speckstreifen, die dünne Spicknadel mit gezackter Klemme ist für das Spicken mit kürzeren Speckstreifen gedacht, die unmittelbar unter der Haut durchgezogen werden.

Haselnüsse: Wegen des hohen Fettgehaltes werden sie leicht ranzig. Sie müssen innerhalb eines Jahres verbraucht werden. Die Haut von Haselnüssen zieht man ab, indem man sie auf dem Backblech bei 200° in den Backofen gibt und wartet, bis sie sich färben. Dann reibt man die trockene Schale mit dem Tuch ab. Durch das Rösten gewinnen die Haselnüsse an Geschmack.
Hecht: größter Süßwasserraubfisch. Er kann bis zu 25 kg erreichen und 1 m lang werden. Geschmacklich am besten sind aber Hechte mit einem Gewicht von 2½ kg. Ihr Fleisch ist zart, wenn auch grätenreich. Das Fleisch größerer Hechte ist trockener und wird mehr zu Pastete und Klößchen verarbeitet. Hecht ist von Juli bis April auf dem Markt.
Hefezopf: Das Flechten eines dreifachen Hefezopfes übt man zunächst am besten mit Wolle: Man formt aus dem Hefeteig 9 gleich große Rollen; aus 4 Rollen wird auf dem Backblech ein Viererzopf geflochten. Neben dem Backblech wird aus 3 Rollen ein Dreierzopf geflochten, der dann auf den Viererzopf gelegt wird. Die beiden restlichen Rollen werden zur Kordel gedreht und oben auf den Dreierzopf gelegt.

Für einen dreifachen Hefezopf benötigt man einen Viererzopf, einen Dreierzopf und einen Zweierzopf, die übereinandergelegt werden.

Heilbutt: sehr großer, bis 2 m langer, schwarzer Plattfisch der nördlichen Meere mit weißem Fleisch. Er ernährt sich gerne von jungen Dorschen. Frischer Heilbutt wird entweder als Filet oder als Kotelett angeboten. Zunehmend auf den Markt kommt der dem Heilbutt verwandte Schwarze Heilbutt, der selten größer als 1 m wird. Er erreicht geschmacklich nicht die Qualität des Heilbutts, wird aber wegen der veränderten Situtation der Hochseefischerei auf dem Markt häufiger angeboten. Wie man Plattfische häutet und wie man Filets erhält: → Seezunge.
Hering: kleiner Meeresfisch von hohem Nährwert, der heute leider selten geworden ist. Der frische Hering – grüner Hering genannt – ist von Juni bis August am schmackhaftesten. Matjes ist der junge Hering, der noch nicht gelaicht hat. Sein Fleisch ist besonders zart. Der Vollhering enthält Milch und Rogen und stand kurz vor der Laichzeit. Der Yhlen ist ein schlanker magerer Hering, der bereits ausgelaicht hat.
Heringshai → Haifisch
Herzmuscheln → Muscheln
Hirse: kleinkörnige Getreideart, die wie Reis als Beilage verwendet wird. Man bereitet aus Hirse Brei und Fladen. Hirse ist mineralstoffreich und war einst ein Grundnahrungsmittel. Sie ist bei uns durch Kartoffeln verdrängt worden.
Holunderbeeren: an Dolden hängende dunkelblaue bis violette Wildfrüchte. Im Frühherbst frisch auf dem Markt. Holunderbeeren eignen sich sehr gut zur Saft- und Kompottherstellung. (Holunderbeeren und -saft niemals roh verzehren!) Eine andere Leckerei sind Hollerküchlein. Dazu werden ganze Blütendolden in Ausbackteig getaucht und in heißem Fett ausgebacken.
Hopfensprossen: junge Sprossen von der Hopfenpflanze, die im März und April frisch auf den Markt kommen. Sie schmecken ähnlich wie Spargel, werden in Salzwasser gegart und als Salat in einer Essig-Öl-Sauce angemacht oder als Gemüse in Butter geschwenkt und warm serviert.
Hummer: Als Delikatesse gelten der Seekrebs mit wohlschmeckendem Fleisch. Besonders begehrt ist das Fleisch in den Scheren. Hummer ist schwarz-blau und ist meist 25–30 cm lang. Er kann bis zu 5 kg wiegen. Am schmackhaftesten sind Exemplare zwischen 500 und 800 g. Hummer wird lebend angeboten. Seine Scheren, in denen das Tier viel Kraft hat, sind meist zusammengebunden. Das Tier am Rücken fassen und unter fließendem kaltem Wasser gründlich waschen und mit einer Bürste säubern. Bei uns ist es verboten, die Tiere lebend zu zerschneiden, wie dies in manchen internationalen Rezepten gefordert wird. Um den Hummer möglichst rasch zu töten, wirft man ihn mit dem Kopf voraus ins kochende Wasser und drückt ihn mit dem Kochlöffel 5 Minuten unter Wasser. Den frischen Hummern ebenbürtig im Geschmack sind im Eisblock tiefgefrorene Hummer, die von Firmen ins Haus geliefert werden. Hummer färbt sich nach dem Kochen rot. Im ganzen gekochte Hummer nimmt man bei Tisch in beide Hände und dreht den Körper und den Schwanz leicht gegeneinander, bis sich der Schwanz gelöst hat. Mit einer speziellen Hummergabel wird das Fleisch aus dem Schwanz herausgeschoben. Den als dunklen Faden erkennbaren Darm entfernen. Nun die Scheren abbrechen, mit der Hummerzange knacken und das Fleisch herauslösen. Vom Kopf die

Unterseite abziehen, dieser Teil des Hummers enthält auch die Leber und bei weiblichen Tieren die Eier. → Krustentiere

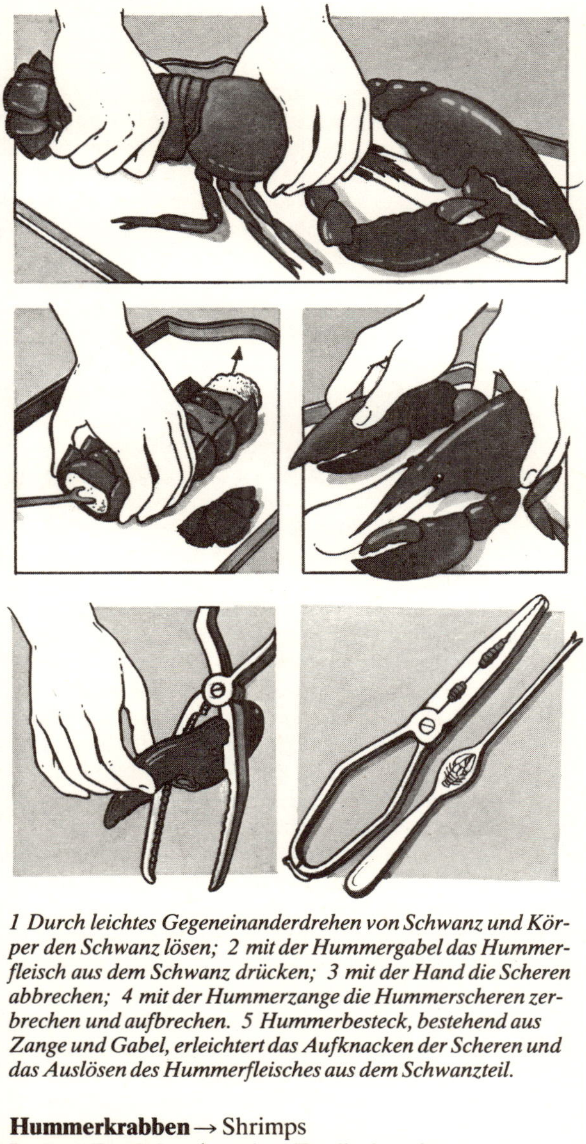

1 Durch leichtes Gegeneinanderdrehen von Schwanz und Körper den Schwanz lösen; 2 mit der Hummergabel das Hummerfleisch aus dem Schwanz drücken; 3 mit der Hand die Scheren abbrechen; 4 mit der Hummerzange die Hummerscheren zerbrechen und aufbrechen. 5 Hummerbesteck, bestehend aus Zange und Gabel, erleichtert das Aufknacken der Scheren und das Auslösen des Hummerfleisches aus dem Schwanzteil.

Hummerkrabben → Shrimps
Instant-Produkte (aus dem Englischen, instant = Augenblick): Lebensmittel in Pulverform, die sich in Flüssigkeit sofort auflösen: zum Beispiel Instant-Kaffee oder Instant-Tee. Auch Produkte, die keinen Garvorgang brauchen und mit kalter oder heißer Flüssigkeit gemischt werden können, wie Instant-Kartoffelpüree, Saucen- oder Suppenpulver, Fleisch- oder Gemüsebrühe. Besonders quellfähig sind Instantmehl, Instantgrieß und Instantreis.
Jakobsmuscheln → Muscheln
Julienne (franz.): in feinste Streifen geschnittenes Gemüse, Fleisch, Obst oder Fisch. Als Garnitur für Suppen und Salate.
Jus: ist das französische Wort für Saft. In der Küchensprache versteht man darunter jede Art von Fleisch- oder Bratensaft sowie dunklem Fond, der beim Erkalten geliert. Festes Gelee entsteht nur aus Kalbs- und Hühnerbratensaft, nicht aus Rind- und Hammelfleischsaft. Dieser wird nur dicklich. Jus wird verwendet als Würzsubstanz beim Zubereiten feiner Saucen oder auch zur Dekoration von Platten mit kalten Fleisch- oder Fischstücken.
Kabeljau: Meeresraubfisch von $1\frac{1}{2}$ m Länge. Er ist das ganze Jahr über auf dem Markt, aber von September bis März am schmackhaftesten. In der Regel wird er als Filet angeboten. Der junge Kabeljau oder auch der in der Ostsee lebende Kabeljau wird als Dorsch bezeichnet. Das Fleisch vom Kabeljau ist besonders mager, das Fett reichert er in der Leber an, die besonders vitaminreich und fett ist und den Lebertran liefert. Geschmacklich am besten ist das Schwanzstück.
Kaisergranat: dem Hummer ähnlicher Langschwanzkrebs mit langen schmalen Scheren. Fleischreich ist lediglich der Schwanz des Tieres. Vom rohen Kaisergranat werden die Schwänze in der Kruste gegart und bei Tisch ausgelöst. → Scampi
Kakifrucht (Dattelpflaume, Kakifeige, japanische Aprikose, chinesische Quitte): tomatengroße Beerenfrucht mit orangenfarbener oder gelber Schale. Das Fruchtfleisch ist fast geleeartig. Erhältlich von Oktober bis Dezember. Die Schale soll leicht glasig aussehen. Als Tafelobst aus der Schale löffeln; auch als Kompott, Konfitüre, Mus und Sirup verwendbar.
Kaktusfeige (indische Feige, Stachelbirne, Opuntias): Früchte von Kakteen. Eigroß mit grünlich-gelber bis rötlicher Schale. Das Fruchtfleisch schmeckt süßlich und ist sehr erfrischend. Auf dem Markt von September bis Dezember. Kaktusfeigen sind als Tafelobst verwendbar. Wegen der unangenehmen Stacheln die Früchte vor dem Verzehr mit der Schale kurz in kochendes Wasser tauchen und dann mit einem Tuch abreiben. Die Früchte bei Tisch halbieren und auslöffeln.
Kalbsbrust füllen: die in die Kalbsbrust eingeschnittene Tasche zu $\frac{2}{3}$ mit Farce füllen. Da sich die Füllung beim Braten ausdehnt, besteht sonst die Gefahr, daß die Kalbsbrust platzt. Die gefüllte Kalbsbrust mit Küchengarn zunähen.

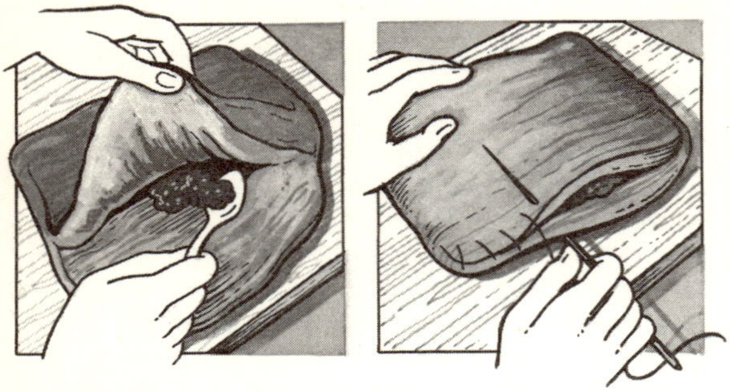

1 Die Kalbsbrust füllen; 2 die Kalbsbrust mit Küchengarn zunähen.

Kalmar: im Meer lebender Kopffüßer mit Tentakeln. Er besitzt im Gegensatz zum Tintenfisch keinen Beutel, wird aber häufig unter der Bezeichnung Tintenfisch verkauft. Vom Kalmar können die Greifarme und der Mantel verzehrt werden.
Kapstachelbeere (Physalis, Ananaskirsche, Blasenkirsche): Grün-gelbe kleine Beeren mit delikatem süßsäuerlichem Geschmack. Ganzjährig in kleinen Mengen auf dem Markt. Reife Beeren sind rundum gelb. Wie Stachelbeeren verwendbar.
Kapaun → Geflügel
Karambolen (Baumstachelbeeren): rund 10 cm lange, fünfkantige Früchte mit ausgeprägten Längsrippen und grün-gelber Schale. Im Geschmack an Quitten und Stachelbeeren erinnernd. Von Dezember bis April auf dem Markt. Man kann sie geschält oder ungeschält essen. Die Scheiben der Früchte sehen wie Sternchen aus und eignen sich besonders zur Garnierung von Süßspeisen, Kuchen und Gebäck.
Karamel: in Fett oder Flüssigkeit erhitzter Zucker, der leicht glasig und hellbraun wird. Bestandteil der berühmten Crème Karamel.
karamelisieren: Hierbei wird Zucker entweder allein oder unter Zugabe von wenig Butter auf eine Temperatur von über 200° erhitzt, bis er schmilzt und zu einer hellgelben bis dunkelbraunen Masse wird. Viele Gerichte (Gemüse) werden durch den angenehmen Röstgeschmack des karamelisierten Zuckers verfeinert.
Karbonadenfisch (gefleckter Katfisch): ein dem Seewolf verwandter Meeresfisch, der gerne in Scheiben gebraten wird.
Karkasse: der Panzer von Krustentieren oder auch das Gerippe von kleineren Tieren, vor allem von Geflügel. Karkassen kann man auskochen und eine Brühe gewinnen, die eine Grundlage für Suppen und Saucen ergibt. Karkassen, vor allem von Hummer, werden gerne für das kalte Buffet dekorativ garniert.
Karpfen: Der beliebte Süßwasser- und Speisefisch wurde schon im frühen Mittelalter in künstlich angelegten Teichen gezüchtet. Aus dem Schuppenkarpfen wurde der Spiegelkarpfen entwickelt, der weniger große Schuppen hat und widerstandsfähig ist. Der schuppenlose Lederkarpfen, der also nicht geschuppt werden braucht, ist empfindlich und wächst langsam. Karpfen gibt es das ganze Jahr über; am besten aber schmeckt er in den Monaten von September bis April. Karpfen zucken nach dem Töten noch kräftig. Sie haben ein recht fettes Fleisch und sind deswegen gut zum Räuchern geeignet. Karpfen von 1–1½ kg sind geschmacklich am besten.
Kasserolle: flacher Topf zum Braten und Schmoren (mit Deckel). Stielkasserolle: kleiner flacher Stieltopf (ohne Deckel) für Saucen.
Kastanien (Edelkastanien, Maronen): eßbare Kastanien mit glänzend brauner Schale. Der Kern ist noch einmal von einer festen Haut umhüllt. Eßkastanien werden von September ab geerntet. Sie passen zu Wildgerichten, geben eine gute Füllung für Geflügel ab und lassen sich zu süßen Cremes verarbeiten. Eßkastanien schälen: Die Schale über Kreuz einritzen, die Kastanien 10 Minuten in siedendes Wasser geben oder im Backofen bei 250° rösten, bis die Schalen aufspringen. Dann Schale und Haut entfernen. Kleinere Mengen lassen sich auf der Herdplatte rösten.
Katfisch → Karbonadenfisch
Kaviar: leicht gesalzene Eier (Rogen) verschiedener Störarten aus dem Kaspischen und Schwarzen Meer. Kaviar ist leicht verderblich und muß auch in ungeöffneter Originalverpackung gut gekühlt aufbewahrt werden. Man kann Kaviar nicht einfrieren, weil die zarten Körnchen dabei platzen würden. Der schwarze grobkörnige Belugakaviar gilt als der beste. Ihm fast gleichwertig ist der kleinkörnigere, dunkelgraue oder grünlich-graue Ossiotrkaviar. Ebenfalls kleinkörnig ist der Sewrugakaviar. Beluga-, Ossiotr- und Sewrugakaviar werden als »Malossol« angeboten (russisch = schwach gesalzen). Diese Konservierungsart ist geschmacklich die beste, aber der Kaviar ist dann wenig haltbar. Keta-Kaviar, der rote Kaviar, ist stark gesalzen und sehr viel preiswerter, als die zuvor genannten. Kaviar wird auf zerstoßenem Eis in der Originalpackung – das kann eine Dose oder ein Glas sein – serviert. Man gibt dazu einen Elfenbein- oder Hornlöffel. Kaviar muß trocken und glasig sein, die Oberfläche der Originaldose oder des Glases darf nicht schmierig sein oder von einer Fettschicht überzogen. Unvorschriftsmäßig gelagerter Kaviar schmeckt sauer. Zum Garnieren läßt sich auch Kaviarersatz (deutscher Kaviar) verwenden, der aus

dem Rogen von Seehasen oder Dorsch gewonnen wird. Er ist stark gesalzen und schwarz gefärbt.
Ketchup → Tomatenketchup
Kiwis (chinesische Stachelbeeren): eigroße Früchte mit grüner bis bräunlicher Schale, die leicht behaart ist, und nicht mitgegessen werden kann. Kiwis sind frisch von Juni bis Dezember auf dem Markt. Das hellgrüne Fruchtfleisch ist süß und mit winzigen Kernen angereichert. Kiwis werden frisch als Tafelobst gegessen, für Obstsalate, Marmeladen und verschiedene Süßspeisen verwendet.
klären: Suppen oder Kraftbrühen von trübenden Substanzen befreien, indem man mit etwas Flüssigkeit vermischtes Eiweiß einrührt, das die Trübstoffe an sich bindet und beim Aufkochen an die Oberfläche steigt; die Suppe oder Kraftbrühe durchseihen.
Butter wird geklärt, indem man sie im Butterpfännchen langsam zerläßt, abschäumt und dann ohne Bodensatz umgießt.
Kliesche Scharbe, Limande, Rauhe Scholle, Eisflunder): ein See- und Plattfisch, der geschmacklich nicht die Qualität der Scholle erreicht.
Knoblauch: beliebtes Würzmittel der Mittelmeerküche. Frische Knoblauchzehen kleinhacken und mit Salz zu Mus zerdrücken oder durch eine Knoblauchpresse zu Brei pressen. Wer sparsam mit Knoblauch würzen will, verwendet statt des Breis nur wenige Tropfen, die beim Pressen entstehen, oder reibt mit einer Knoblauchzehe Schüsseln und Topf ein. – Weniger intensiv als frische Knoblauchzehen sind Knoblauchsalz und Knoblauchpulver.
Knoblauchbrot: Meterbrot mehrmals einschneiden, die Einschnitte mit Knoblauchbutter bestreichen und das Brot, in Alufolie gewickelt, bei 200° im Backofen aufbacken. Für die Knoblauchbutter alle Zehen von 1 Knoblauchknolle hacken und unter 100 g schaumiggerührte gesalzene Butter mischen.
kochen (sieden): Garvorgang, bei dem ein Nahrungsmittel ganz oder teilweise von Wasser bedeckt bei gleichbleibender Temperatur von 100° gegart wird. Hülsenfrüchte, Teigwaren, Eier, einige Gemüsearten, Geflügel und Fleisch werden gekocht. Als Regel gilt grundsätzlich, daß alle Nahrungsmittel, die Flüssigkeit aufnehmen sollen, in kalter Flüssigkeit aufgesetzt werden, und solche, die möglichst wenig Wirk-, Nähr- und Geschmacksstoffe in die Kochflüssigkeit abgeben sollen, in bereits kochende Flüssigkeit eingelegt werden. Außerdem ist zu beachten, daß Gargut mit längeren Garzeiten nur schwach bei fast bedecktem Topf, Gargut mit kurzer Garzeit sprudelnd im offenen Topf kochen sollte.
kochfertig: Lebensmittel, die so vorbereitet worden sind, daß sie nur noch gegart werden müssen.
Kochgeschirr: Töpfe und Pfannen sind gute Wärmeleiter, wenn sie einen ebenen schweren Boden haben; er soll bei Elektro-Kochgeschirr etwas größer als die Kochplatte sein. Der Deckel soll am Rand in den Topf hineinreichen und fest aufliegen. Kunststoffgriffe müssen hitzebeständig sein. Edelstahltöpfe sind strapazierfähig und pflegeleicht; bei guter Qualität verfügen sie über einen Wärmeleitboden aus Aluminium oder Kupfer. Das leichte Aluminiumgeschirr, vor allem für den Gasherd geeignet, verfügt meist über eine Schutzschicht, die nicht verkratzt werden darf. Es ist wie auch das schwere gußeiserne Geschirr ein guter Wärmeleiter; in beiden verfärben sich aber bestimmte Gerichte (etwa bei Zugabe von Wein), daher sind beschichtete oder emaillierte Ausführungen empfehlenswert. Kobaldblaue Glasur ist robuster und langlebiger als helle Emaillierung. Ein kostspieliger, aber ausgezeichneter Wärmeleiter ist Kupfergeschirr. Pfannen mit Antihaftbeschichtung zum Braten ohne Fett oder mit wenig Fett dürfen nicht überhitzt oder verkratzt werden. Feuerfestes Geschirr aus Glas, Porzellan oder Steingut hat den Vorteil, daß man die Gerichte in ihnen kochen und servieren kann. Weitere Informationen → Bräter, → braten, → Alufolie, → Bratfolie, → druckgaren, → dämpfen, → grillen, → Kasserolle, → Tontopf.
Kokosnuß: Steinfrucht mit holziger harter Schale. Verzehrt wird die »Milch« im Inneren der Frucht und das weiße Fruchtfleisch. Beim Kauf ganzer Früchte darauf achten, daß im Inneren der Nuß die Kokosmilch gluckert. Will man die Kokosnuß öffnen, durchbohrt man zunächst 2 der Keimlöcher auf der Schale und gießt die Milch ab. Dann wird die Frucht mittels einer Holzsäge oder mit Hammer und Meißel halbiert.
Krabben: Sammelbezeichnung für verschiedene Krebstiere, von denen die meisten Meeresbewohner sind. Krabbenfleisch ist bei uns in Dosen oder tiefgefroren im Handel. Im Binnenland sind lebende Krabben selten zu bekommen. Sie werden wie Krebse im sprudelnd kochenden Wasser etwa 15 Minuten lang gekocht. Die Riesen-Königskrabbe, die größte Krabbe, liefert das in Dosen angebotene Crabmeat. Auch als Krabben werden im Handel die zu den Langschwanzkrebsen gehörenden Garnelen bezeichnet. Garnelen werden gleich nach dem Fang bereits auf dem Kutter gebrüht, also getötet und gegart. Schon gekochte, aber noch im Panzer befindliche Garnelen am Kopf festhalten, den leicht gekrümmten Körper geradebiegen, den Schwanz und den Kopf gegenläufig drehen und das Fleisch mit einem Ruck herausziehen.

Kräutersträußchen (bouquet garni): → Bouquet garni
Krebs: im Süßwasser, in klaren Flüssen und Seen lebendes Krustentier. Große Krebse sind teurer, kleine schmecken besser. Die Krebse unter fließendem Wasser abwaschen und dann für 1 Stunde in einen großen Wasserbehälter geben, wo sie ihren Darm entleeren. Krebse werden lebend gekocht. Um sie rasch zu töten, portionsweise in einen sprudelnd kochenden Sud geben. Stets nur 4 Stück auf einmal kochen, damit das Wasser nicht aufhört zu kochen. Bei Tisch benötigt man zu einem Krebsessen Krebsmesser und Krebsgabel, genügend Fingerschalen mit lauwarmem Wasser und Zitronenspalten. → Krustentiere

1 Die Krebsscheren abbrechen. 2 Mit dem Krebsmesser die Spitze der Schere öffnen. 3 Brust- und Schwanzteil in die Hände nehmen und durchbrechen. 4 Aus dem Schwanz das Fleisch mit der Krebsgabel herausziehen. Der Darm, der als schwarzer Faden leicht zu erkennen ist, wird entfernt.

Krill → Krustentiere
Krokant: gehackte Mandeln, Hasel- oder Walnüsse mit noch flüssigem karamelisiertem Zucker mischen, erstarren lassen und zerstoßen. Krokantsplitter sind als Garnierung vieler Kuchen und Süßspeisen vor allem bei Kindern beliebt.
Kronsbeeren → Preiselbeeren
Krustaden: Krustenpasteten. Kleine, meist becherförmige Pasteten mit einer knusprigen Hülle aus Blätter-, Pasteten- oder Mürbteig, die man mit würzigen Füllungen füllen kann.

Krustentiere	Bezeichnungen und Angebot im Handel
Zwerggarnelen lat. Euphausia superba, franz. crevettes, engl. shrimps, ital. gamberetti Größe 5–6 cm lang	Krill frisch an der Küste, sonst tiefgefroren oder in Dosen
Garnelen lat. Natantia, franz. crevettes grises, engl. shrimps, ital. gamberetti Größe 5–15 cm lang	Sandgarnelen, Nordseekrabben, Tiefseegarnelen, Grönlandkrabben, Norwegische Krabben, Shrimps frisch an der Küste, tiefgefroren und in Dosen
Riesengarnelen lat. Panaeidae, franz. crevettes roses, engl. king prawns, ital. gamberoni Größe 17–23 cm lang	Shrimps, Hummerkrabben, Prawns frisch an der Küste, sonst tiefgefroren und in Dosen
Langusten lat. Palinuridae, franz. langoustes, engl. spiny lobsters, rock lobsters, ital. aragoste Größe 25–40 cm lang	crawfishes, lebend versandt, tiefgefroren im ganzen, Fleisch in Dosen
Hummer lat. Homarus gammarus, franz. homards, engl. lobsters, ital. astici Größe 25–30 cm lang	Hummer lebend versandt, tiefgefroren im ganzen, Fleisch in Dosen
Kaisergranate lat. Nephrops, franz. langoustines, eng. Dublin Bay prawns, Norway lobsters, ital. scampi Größe 20–25 cm lang	Tiefseehummer, Norwegische Hummer, Tiefseekrebse, Seekrebsschwänze, Scampi, Schwänze frisch, ausgelöst tiefgefroren und in Dosen
Krabben lat. Brachyura, franz. crabes, engl. crabs ital. granchi Größe 5–20 cm lang	Taschenkrebse in Dosen
Königskrabben lat. Lithodidae, franz. crabes royaux, engl. king crabs, ital. grancevole Größe etwa 40 cm lang	Crabmeat, Alasca King crabs, Kamtschatkakrabben tiefgefroren und in Dosen

Krustentiere	Bezeichnungen und Angebot im Handel
Krebse lat. Astacidae, franz. écrevisses, engl. crayfishes, ital. gamberi di fiume Größe 8–15 cm lang	Flußkrebse, Edelkrebse, Tafelkrebse frisch lebend, Schwänze tiefgefroren und in Dosen

Krustentiere: Für die Küche interessant sind die zehnfüßigen Krebse, die langschwänzigen Krebse (Hummer, Kaisergranat, Garnele) und die kurzschwänzigen Krebse (Taschenkrebs). Alle Krebse verändern beim Kochen ihre Farbe; Hummerkrebse zum Beispiel bekommen eine leuchtend rote Farbe. Krustentiere kommen bei uns tafelfertig auf den Markt; sie sind dann bereits gekocht und ausgelöst. Man kann sie tiefgefroren und in der Dose bekommen. Die tiefgefrorenen kommen im Geschmack den frischen Tieren am nächsten. Dosenware vor dem Weiterverwenden mit Wasser überbrausen, damit sich der Dosengeschmack verliert. Krustentiere werden auch gekocht, aber noch im Panzer angeboten. Dann muß man sie vor dem Verzehr entschälen (pulen). Lebendige Krustentiere kommen per Luftfracht zu uns. Wichtig ist, daß die Tiere ihre volle Vitalität besitzen, denn tote oder verendende Tiere sind gesundheitsgefährdend. Gesunde Tiere rudern beim Hochhalten kräftig mit den Beinen. Hummer, Langusten und Krebse haben den Schwanz unter den Bauch geklemmt. Die Tabelle auf Seite 488 gibt einen Überblick über die wichtigsten Arten und ihre Bezeichnungen im Handel.
küchenfertig: Alle nicht eßbaren Teile sind von dem Lebensmittel entfernt, Fische etwa sind geschuppt und ausgenommen, Geflügel gerupft und ausgenommen.
Küchengarn: festes Baumwollgarn zum Binden und Zunähen von Rollbraten und Geflügel usw. Ersatzweise kann Zwirn verwendet werden. Keine Kunststofffäden nehmen, da diese beim Erhitzen schmelzen.
Kumquats (Zwergorangen): Die orangenfarbene dünne Schale ist genießbar. Die Frucht schmeckt leicht säuerlich und bitter. Sie ist von Juli bis Februar frisch auf dem Markt. Man ißt sie roh mit Schale, als Cocktaileinlage in Whisky oder als Dessert mit Vanilleeis.
Kuvertüre: Schokoladenmasse zum Überziehen von Torten, Kuchen, Formgebäck und Pralinen. In verschiedenen Geschmacksnuancen im Handel erhältlich. Sie besteht aus Kakaomasse, Kakaobutter und Zucker. Man kann sie auch unter Teige und Cremes mischen.
Lachs (Salm): der Forelle verwandter Wanderfisch, der im Süßwasser seine Jugend verbringt, im Meer zum laichreifen Fisch heranwächst und zur Laichzeit die Flüsse heraufwandert. Zu dieser Zeit schmeckt er am besten. Lachs ist ein Fettfisch, er wird bei uns vor allem geräuchert angeboten. Gut geräucherter Lachs ist mild, also wenig gesalzen. Kauft man ein ganzes Lachsfilet, dann befindet sich an ihm noch die Haut, die den Lachs vor dem Austrocknen schützt. Mit einem speziellen Lachsmesser, das rasiermesserscharf und biegsam ist, trennt man die Haut vom Filet vom Schwanzende aus, aber stets nur so weit, wie man das Lachsfleisch verwendet, damit das übrige nicht austrocknet. Man schneidet hauchdünne schräge Scheibchen ab, ohne dabei die Fasern des Fleisches zu zerstören. Zu den Lachsscheiben serviert man frische Butter, Toast, Meerrettichsahne und Sekt, eiskalten Aquavit oder Pils.
Languste: großer Panzerkrebs, dem Hummer verwandt, aber ohne Scheren. Langusten haben lange Fühler und werden wie Hummer zubereitet. → Krustentiere
Läuterzucker (Zuckersirup): eingekochte Zuckerwasserlösung zum Dünsten von Obst und Tränken von Kuchen und zum Süßen von Obstsalaten und feinen Nachspeisen geeignet. Die Konzentration wird in Baumé-Graden gemessen. Zieht der gelöste Zucker dünne Fäden, so beträgt die Konzentration etwa 25°. Dickere Fäden haben eine Konzentration von 30°. Bildet sich am eingetauchten Stiel des hölzernen Rührlöffels ein kleiner Zuckerklumpen, so beträgt die Konzentration etwa 40°. Bei etwa 50° fängt der Zucker an, sich zu verfärben und zu karamelisieren. Man kocht im Verhältnis 3 Eßlöffel Zucker zu 3 Eßlöffeln Wasser ein.
Lauch (Porree): das ganze Jahr über frisch im Handel. Beim Einkauf darauf achten, daß die Stangen gut geschlossen und die Blätter nicht welk sind. Sommerlauch ist rund und milder im Geschmack als das dickere Winterlauch. Beim Putzen die bitter schmeckenden dunklen oder beschädigten Blattenden abschneiden.
legieren: Suppen oder Saucen werden gebunden oder angereichert mit süßer oder saurer Sahne, mit Eigelb oder mit einem Gemisch aus beidem. Um zu verhindern, daß das rohe Eiweiß gerinnt oder die Sahne ausflockt, dürfen legierte Speisen nicht mehr stark erhitzt werden.
Leipziger Allerlei: Gemüsemischung aus Karotten, Erbsen und Spargel. Wie Erbsen-Möhren-Gemüse, Rezept Seite 224, bereiten.
Lengfisch (Leng): lang gestreckter Seefisch von $1^1/_2$ m Länge und mehr, der ähnlich wie der Kabeljau

schmeckt, diesen jedoch in der Qualität nicht erreicht. Der etwas kleinere Blaue Leng hat ein qualitativ besseres Fleisch als der Lengfisch.
Limette (saure Limette, Limonelle): ostasiatische kernlose Zitronenart mit grüner, sehr dünner Schale. Im Handel werden die Früchte fälschlicherweise als Limonen bezeichnet. Sie sind ganzjährig in kleinen Mengen auf dem Markt. Sie schmecken ähnlich wie Zitronen und sind wie diese zu verwenden. Sie eignen sich besonders zum Würzen und Garnieren.
Longans: Nußartige Südfrucht mit zimtfarbenen Schalen, durchscheinendem Fruchtfleisch und großen Kernen. Den → Lychees ähnlich. Selten frisch, wohl aber als Konserve zu erhalten.
Loquat (japanische Mistel, Wollmispel): gelbe bis orangenfarbene eiförmige Scheinfrucht mit apfelähnlichem Geschmack. Die transportempfindlichen Früchte sind von Mai bis Juni frisch auf dem Markt. Vor dem Verzehr die bitter schmeckende Schale entfernen. Frisch oder als Kompott verwenden und als Beilage zu exotischen Geflügelgerichten reichen.
Lotte → Seeteufel
Löwenzahn: junge Blätter ergeben im Frühling vor der ersten Blüte mit einer Essig-Öl-Sauce einen wohlschmeckenden Salat.
Lychees (Litschipflaume, chinesische Haselnüsse): rötlich-braune Früchte mit fester Schale, die entfernt werden muß. Das glasige weißliche Fruchtfleisch schmeckt süß und frisch und sitzt rund um einen großen Kern. Die Früchte sind von November bis Dezember auf dem Markt. Am besten gekühlt frisch als Tafelobst verzehren. Auch als Obstsalat oder Kompott zu Kalbfleisch oder Geflügelgerichten reichen.
Mais: beim Kauf kleinere Kolben bevorzugen, die Blätter sollten fest anliegen. Maiskolben können gebraten oder gekocht werden. Vorher Blätter und Fäden sorgfältig entfernen. Man kann die Kolben mit Salz, Pfeffer und Butter zu Tisch bringen. Man kann auch die Körner mit einem scharfen Messer abschaben.
Makrele: in Schwärmen lebender Seefisch mit kleinen Schuppen, mit festem, sehr schmackhaftem und grätenarmem Fleisch. Makrelen sind Fettfische und daher schwer verdaulich. Frische Makrelen nimmt man durch die Kiemen aus: Man stößt mit dem Daumen durch die Kiemenöffnung und zieht das Eingeweide mit den Kiemen heraus. Zum Entgräten schneidet man den Bauch auf, klappt ihn auf und zieht die Gräten am Stück heraus. Leber und Milch der Makrele gelten als Delikatesse. Makrelen schmecken am besten von Mai bis August. Sie eignen sich vorzüglich zum Grillen und als Steckerlfisch. Dazu spannt man den Fisch auf einen Stock, indem man ihn an beiden Enden mit diesem Stock durchstößt und grillt ihn auf dem Holzkohlengrill.
Mandeln: Samen der Frucht des Mandelbaumes. Süße Mandeln werden für Süßspeisen und Kuchen verwendet. Bittere Mandeln enthalten Blausäure und dürfen deshalb nur in geringen Mengen genossen werden. Mandeln in der Schale werden häufig – nicht immer – vor der Verwendung heiß überbrüht, abgeschreckt und abgezogen. Dazu drückt man die Mandeln mit Daumen und Zeigefinger aus der locker sitzenden Haut.
Mangold: Gartengemüse von eigenartig herbem Geschmack. Man unterscheidet Blattmangold mit schmalem Stiel, der wie Spinat zubereitet wird, und Stielmangold (Rippenmangold, Rübstiel, Stielmoos), der wie Spargel zubereitet wird. Mangold ist im Juni und Juli auf dem Markt.
Mangos: birnengroße dünnschalige Früchte mit gelblicher bis rötlicher Färbung. Sie schmecken süß und pikant. Sie sind ganzjährig frisch auf dem Markt. Ihre beste Zeit ist von April bis Oktober. Reife Früchte geben auf Fingerdruck leicht nach. Grüne Früchte einige Tage bei Zimmertemperatur nachreifen lassen. Die Schale ist ungenießbar. Die Früchte vor dem Verzehr schälen oder die Schale einritzen und abziehen. Das Fruchtfleisch vom flachen Kern abschneiden und dann in Scheiben schneiden. Mangos lassen sich ähnlich wie Melonen verwenden. Sie eignen sich als Vorspeise, als Beilage zu Geflügel- und Schweinefleischgerichten, und es lassen sich aus ihnen Kompotte und Cremes bereiten.
Maraschinokirschen: rot gefärbte, in Maraschino eingelegte Kirschen, die zum Garnieren von Cocktails, Salaten, Süßspeisen und Wild- und Geflügelgerichten verwendet werden.
Margarine → Fett
Marinade (Beize): Als solche werden häufig auch Salatsaucen bezeichnet. Durch das Ziehenlassen in der Marinade sollen Fleisch oder Fisch würziger und zarter werden. Die Grundlage einer Marinade ist eine Flüssigkeit, der Essig, Rotwein, Butter- oder Sauermilch oder Gewürze und Zitronensaft zugesetzt werden.
Maronen → Kastanien
Marzipan-Rohmasse: Marzipan aus süßen und wenigen bitteren gemahlenen Mandeln und Zucker, gewürzt mit Rosenwasser. Marzipan-Rohmasse wird für verschiedene Kuchen und feines Gebäck als Zutat zum Teig verwendet.
Maultaschen: Aus selbstgemachtem Nudelteig sind sie eine besondere Köstlichkeit. Der dünn ausgerollte Nudelteig wird in Quadrate geschnitten. Ein jedes Teig-

quadrat wird in der Mitte mit einer Füllung versehen. Die mit Wasser bestrichenen Ränder werden übers Eck über die Füllung geschlagen und die Außenkanten fest zusammengedrückt.

1 Den Teig in Quadrate schneiden. 2 Die Teigquadrate mit Füllung belegen. 3 Die Teigquadrate übers Eck zusammenschlagen. 4 Die Maultaschen fest zusammendrücken.

Mayonnaise: besteht aus Eigelb, Öl sowie Gewürzen. Mayonnaise selbst herzustellen, ist vom Geschmack her lohnend, aber langwierig. Es gibt sie auch in guter Qualität auf dem Markt. Die sehr schmackhafte Delikateßmayonnaise enthält mindestens 80 Prozent Fett, die Salatmayonnaise nur 50 Prozent, dazu Dickungsmittel wie Stärke und Gelatine. Mayonnaise im Kühlschrank an einen Ort mit gleichbleibender Temperatur stellen (nicht direkt unter das Frostfach); sie ist nicht zum Einfrieren geeignet.
mazerieren (franz. macérer = einweichen): Man weicht beispielsweise Gebäck oder zerkleinerte Fruchtstücke in einer aromatischen Flüssigkeit ein und läßt sie durchziehen.
Meerbarbe → Rotauge
Meerbrasse (Meerbrachse): Sammelbezeichnung für Fischarten mit flachem Körper und hohem gebogenem Rücken. Sie sind leicht verderblich, aber sehr schmackhaft. Als besondere Delikatesse gilt ihre Leber.
Meeresfrüchte (frutti di mare, seafood): Sammelbegriff für alle verzehrbaren Meerestiere außer Fischen, also Muscheln, Garnelen, Tintenfische, Scampi.
Mehl: Der Nährstoffgehalt ist je nach Ausmahlungsgrad – im Handel an den Typen erkennbar – verschieden. Helles Mehl hat einen hohen Stärkeanteil, das helle Weizenmehl vom Typ 405 hat eine gute Backqualität. Dunkles Mehl mit hohem Ausmahlungsgrad wie Weizenmehl vom Typ 812 und 1050 sowie Roggenmehl vom Typ 997 und1150 enthält viel Eiweiß, Vitamine und Mineralstoffe. Dies gilt ebenso für Vollkornmehle und grob ausgemahlenes Mehl (Schrot). Dunkles Mehl ist für spezielles Gebäck und für Brot geeignet. Es ist beim Bäcker und im Reformhaus erhältlich.
Mehlbutter: Zum Binden von Saucen und Gemüsegerichten werden Butter und Mehl zu gleichen Teilen verknetet und in die kochende Flüssigkeit eingerührt.
Mehlschwitze → Einbrenne
Melonen: Man unterscheidet zwischen den Wassermelonen mit grüner Schale und saftigem hellrotem Fruchtfleisch und den Zuckermelonen, zu denen die Netzmelonen, Honigmelonen und Kantalupen zählen. Melonen haben im Hochsommer Hauptsaison. Beim Einkauf darauf achten, daß die Früchte reif sind. Man erkennt dies bei Zuckermelonen am starken Duft. Sie sollen aber auch keine weichen Stellen haben. Zum Nachreifen Melonen bei Zimmertemperatur lagern. Melonen geben gute Vor- und Nachspeisen ab. Man kann sie in Scheiben schneiden, von den Kernen befreien und ohne weitere Zutat gekühlt servieren. Zu Honig- und Netzmelonen schmecken Bündner Fleisch, Parma- oder Schwarzwälder Schinken gut. Melonen lassen sich auch halbieren, aushöhlen und mit gemischtem Obstsalat servieren.
Merlan → Wittling
Mikrowellengerät: Die unsichtbaren elektromagnetischen Mikrowellen können kein Metall durchdringen, dafür aber Porzellan, Keramik und Glas. Im Mikrowellengerät kann man schnell, fettarm, wertstoffschonend garen, in wenigen Sekunden kalte Speisen erwärmen oder tiefgefrorene Lebensmittel auftauen und garen. Obgleich das Mikrowellengerät sich nicht erhitzt, garen Speisen in ihm in extrem kurzen Zeiten: Ein Hackbraten braucht etwa 15 Minuten zum Garen; Milch in einem Glas ist in etwa 30 Sekunden erhitzt; eine Kartoffel in 6–7 Minuten gegart. Man benützt zum Garen das Serviergeschirr aus Porzellan oder Steingut oder speziell hergestelltes Geschirr mit Bräunungseffekt. Der Anwendungsbereich des Mikrowellengerätes ist begrenzt, aber innerhalb seiner Möglichkeit bringt es verblüffende Ergebnisse zustande. So gelingt Gemüse und alles, was beim normalen Herd im Wasserbad zubereitet werden muß, im Mikrowellengerät in kürzester Frist besonders gut.

Milch: Kuhmilch, Ausgangsprodukt aller Molkereiprodukte wie Butter, süße und saure Sahne, Quark und Käse. Milch ist eines der hochwertigsten Nahrungsmittel. Sie bietet viele Nährstoffe in idealer Zusammensetzung. Milch enthält neben 88 Prozent Wasser hochwertiges tierisches Eiweiß, die Vitamine des B-Komplexes, die Vitamine A und C sowie die Mineralstoffe Calcium, Natrium, Eisen und Phosphor.
Bezeichnungen für die im Handel erhältlichen Milchsorten:
Trinkmilch ist pasteurisierte Milch mit einem Fettgehalt von 3,5 Prozent. Beim Pasteurisieren wird sie auf etwa 74° erhitzt und sofort wieder abgekühlt. Dadurch ist die Milch keimfrei und entsprechend länger haltbar.
Markenmilch unterscheidet sich heute nicht mehr von der Trinkmilch. Sie wird nur verpackt verkauft.
H-Milch ist haltbar gemachte Milch, ebenfalls mit 3,5 Prozent Fettgehalt. Sie wird in einem Spezialverfahren 0,7 Sekunden lang auf 145° erhitzt und somit völlig steril. Sie hält sich ungekühlt in der verschlossenen Verpackung 4 Wochen lang ohne Geschmacks- oder Nährstoffverluste.
Vorzugsmilch kommt aus staatlich geprüften und überwachten Betrieben, an die besonders hohe hygienische Anforderungen gestellt werden. Vorzugsmilch wird sofort nach dem Melken unverändert verpackt. Der Fettgehalt schwankt zwischen 3,2 und 4,2 Prozent. Er ist vom Futter und der Jahreszeit abhängig.
Vollmilch: Alle bisher beschriebenen Milchsorten fallen unter diesen Begriff.
Fettarme Milch wird wie Trinkmilch pasteurisiert, ihr Fettgehalt beträgt aber nur 1,5 bis 2 Prozent. Fettarme Milch ist auch als H-Milch im Handel.
Buttermilch entsteht bei der Herstellung von Butter. Ihr Fettgehalt beträgt 1 Prozent.
Sauermilch, auch Dickmilch oder Schwedenmilch genannt, ist pasteurisierte Trinkmilch, die durch natürliche Bakterienkulturen gesäuert und dadurch dickflüssig wird.
Sterilmilch ist unter Druck in verschlossenen Behältern bei 115° sterilisierte Trinkmilch. Sie enthält 3,5 Prozent Fett. Sie hält ungekühlt mindestens 6 Monate.
Kondensmilch wird durch Verdampfen Wasser entzogen. Dadurch steigt ihr Fettgehalt. Kondensmilch ist in Weißblechdosen im Handel. Geschlossen fast unbegrenzt haltbar. Kondensmilch nicht in geöffneter Dose aufbewahren, in Kunststoff- oder Glasgefäß umgießen und in den Kühlschrank stellen.
Manche Nährstoffe der Milch sind hitzeempfindlich, andere licht- und sauerstoffempfindlich. Deshalb frische Milch immer verschlossen, kühl und dunkel aufbewahren. Damit Gerichte mit Milch im Topf nicht ansetzen, den Topfboden mit Wasser bedecken.

Mirepoix: in grobe Würfel geschnittenes Gemüse wie Sellerie, Möhre, Petersilienwurzel, Zwiebel, auch magerer Räucherspeck, mit Thymian und Lorbeerblatt gewürzt. Das Gemüse wird leicht angeröstet und gebräunt und zum Aromatisieren von Fleisch, Fisch, Suppen und Saucen verwendet.

Mohn: Samen der Schlafmohnpflanze, gemahlen und ungemahlen im Handel. Als Zutat für salzige Teigwaren wie Mohnbrötchen verwendet und zum Füllen für süßes Gebäck wie Mohnkuchen.

Monstera: tropische Frucht, die geschmacklich der Ananas ähnelt.

Moosbeere: den Preiselbeeren ähnliche Beere, die in Nordeuropa und den USA wächst. In den USA wurde aus der Moosbeere die Cranberry mit großen Beeren gezüchtet, die als Kompott zu Puter auf amerikanische Art obligatorisch ist. Moosbeeren und Cranberries können wie Preiselbeeren verwendet werden.

Morcheln: wertvoller und teurer Schlauchpilz mit kugeligem gefächertem Hut. Von März bis Mai in kleinen Mengen frisch auf dem Markt. Frische Morcheln gut waschen, da sie viel Sand enthalten. Sie geben ähnlich wie die Trüffeln den Gerichten, denen sie beigefügt werden, ein köstliches Aroma. Die echten Morcheln sind nicht zu verwechseln mit den völlig anders schmeckenden chinesischen Morcheln. Getrocknete Morcheln, geschmacklich empfehlenswert, müssen vor der Verwendung etwa 2 Stunden gewässert werden.

Mu-Err-Pilze: chinesische Morcheln, die bei uns getrocknet im Handel sind. Sie werden vor der Zubereitung in heißem Wasser eingeweicht.

Müsli: 100 g Haferflocken oder Weizenschrot mit ½ Tasse Milch 20 Minuten ansetzen. 1 geriebenen Apfel, je 1 Eßlöffel Rosinen und gehackte Nüsse untermischen und mit Zucker und Zitronensaft abschmecken.

Muscheln: kulinarisch betrachtet versteht man darunter Meeresmuscheln wie Miesmuscheln, Jakobsmuscheln und Austern. Sie leben dicht gedrängt in Muschelbänken beisammen. Muscheln werden heute, hygienebehördlich überwacht, in Muschelkulturen gemästet: So wird das Gesundheitsrisiko durch Abwasserverunreinigungen ausgeschlossen. Frisch angeboten werden Muscheln von September bis April. Muscheln müssen fest verschlossen sein und unverletzte Schalen haben. Exemplare, die sich öffnen lassen, wenn man die Schalen seitlich gegeneinander verschiebt, entfernen, weil sie schlecht sind. Verdorbene Muscheln können schwere Eiweißvergiftungen hervorrufen. Miesmuscheln werden in der Regel gekocht gegessen: Sie

öffnen die Schalen beim Kochen. Exemplare, die nach dem Kochen noch geschlossen sind, ebenfalls wegwerfen, weil sie verdorben sind. Miesmuscheln vor der Zubereitung kräftig bürsten, von eventuell anhaftenden Seeanemonen befreien, die Fäden (Bärte) entfernen und die Schalen kräftig waschen.
Herzmuscheln, sie wachsen dicht beisammen in Herzmuschelbänken, können wie Miesmuscheln gegart werden: Ihre weißlichen Schalenklappen fallen beim Kochen fast von selbst auseinander. Ihre Weichkörper sind fest und orangenfarben.
Jakobsmuscheln, eine der schmackhaftesten Muschelarten, mit strahlenförmig geriefter und an den Enden gewellter Schale, werden wie Austern mit einem kräftigen Messer roh aufgebrochen. Das Muschelfleisch zunächst an der flachen Schale abschneiden, dann die Schale abheben und das Muschelfleisch mit einem biegsamen Messer aus der gewölbten Schale lösen. Auch der orangenfarbene Rogen wird verwendet und von den dunkelgrauen Innereien, die entfernt werden, getrennt. In Deutschland sind Jakobsmuscheln nur selten lebend zu bekommen. Tiefgekühlte Exemplare vor der Zubereitung lediglich auftauen. Sie erreichen nicht den Geschmack der frischen Jakobsmuscheln und werden leicht zäh. Die dekorativ aussehenden Jakobsmuschelschalen werden gerne zum Anrichten und Überbacken und zum Servieren benutzt; man kann sie in Feinkostgeschäften kaufen.
Austern gelten als besondere Delikatesse. Sie haben eine leicht gewölbte und eine flache Schale. Je nach Herkunft tragen sie unterschiedliche Namen. Aus Frankreich kommen die Belon-, die Marenne- und die Arcachon-Austern. Aus Holland die Imperials, aus England die Colchesters und Whitestables, aus Belgien die Ostendes, aus Dänemark die Limsjords und aus den USA und Norwegen die Blue Points. Der Geschmack der Austern ist stark von der Herkunft abhängig. Die portugiesischen Austern haben eine stärker gewölbte und zerklüftete Schale; sie sind im Geschmack etwas strenger. Austern werden nach Gewicht angeboten. International ist das Symbol »0«. Zwei Nullen bezeichnen ein Gewicht von 73–77 g, drei Nullen ein Gewicht von 83–87 g, vier Nullen ein Gewicht von 93–97 g, fünf Nullen ein Gewicht von 103–107 g und sechs Nullen ein Gewicht von 107 g und mehr. Bei Austern, wie bei allen anderen Muscheln, sich beim Einkauf davon überzeugen, daß die Schalen fest geschlossen sind. Offene Austern sind tot. Zum Öffnen von Austernschalen benötigt man einen Austernbrecher, ein kurzes Messer mit stumpfer Klinge. Man faßt die Auster mit einem Tuch, um sich an der rauhen Schale nicht zu verletzen, schiebt die Messerklinge am hinteren Ende (Scharnier) zwischen die Schalenhälften und öffnet die Schalen mit einem kräftigen Ruck.
naturell: heißt natürlich. Darunter versteht man die Zubereitung von Speisen ohne besondere Zugaben. Für Schnitzel naturell etwa wird das Fleisch nur in Fett gebraten und danach mit Salz und Pfeffer gewürzt. Naturell eingelegte Lebensmittel werden ohne würzende Zutaten in Wasser konserviert.
nouvelle cuisine: Die Bezeichnung kommt aus dem Französischen und heißt auf deutsch »Neue Küche«. Vor mehr als 10 Jahren begann der berühmte französische Koch Paul Bocuse mit einer sanften Küchenrevolution. Seinen Bemühungen schlossen sich alle einsichtigen Köche in Europa an und waren bestrebt, die traditionelle hohe Kochkunst von zuviel Mehl, zuviel Fett und reichlich übergarten Speisen zu befreien. Die Devise hieß: Saisonbedingte Marktangebote so frisch und so kurz wie möglich zu garen, so naturbelassen wie möglich zu servieren und dies in kleinen Portionen. Ein Menü, serviert von einem Koch der nouvelle cuisine, konnte bis zu 3 Stunden dauern und eine Folge von winzigen Portionen delikat zubereiteter und höchst raffinierter Speisen sein. Dabei gilt in der nouvelle cuisine nicht nur das Streben nach gesundem Kochen, sondern auch das nach ästhetischem Aussehen. Alle angerichteten Speisen müssen bereits durch den Anblick stimulieren, überflüssige Garnierungen und Verzierungen, die nicht Bestandteil eines Gerichtes sind, werden abgelehnt. Mittlerweile praktiziert man die nouvelle cuisine in gemäßigteren Formen, ist aber immer noch bestrebt, daß Frische, geschmackliche Qualität und sinnvolles Garen die Speisen auszeichnen.
nappieren: Um eine Speise vor dem Austrocknen zu bewahren, wird sie mit einer dickflüssigen Sauce, etwa mit Sahne oder Konfitüre überzogen.

1 Die Omelette an den Pfannenrand gleiten lassen. 2 Die Omelette mit dem Pfannenwender zusammenklappen und auf einen Teller gleiten lassen.

Omelette: Es soll auf der Unterseite goldbraun und auf der Oberseite glänzend sein. Dazu beim Braten die Pfanne stets leicht hin und her bewegen. Wenn die Eimasse in der Pfanne zu stocken beginnt und die Oberseite glänzt, den Stiel der Pfanne leicht anheben, die Omelette an den Rand gleiten lassen, mit dem Pfannenwender zusammenklappen und auf den vorgewärmten Teller gleiten lassen.
Octopus: im Mittelmeer lebende achtarmige Krake, die häufig unter der Bezeichnung Tintenfisch auf den Markt kommt. Wirklich gut schmecken nur junge Tiere.
Orangen: Zitrusfrüchte, die ganzjährig frisch bei uns angeboten werden, in den Wintermonaten aber besonders schmackhaft sind. Es gibt viele Sorten. Navelorangen sind ohne Kerne. Frisch gepreßter Orangensaft wird für viele Süßspeisen verwendet. Wird nur der Saft der Früchte verwendet, können ungespritzte Früchte dünn abgeschält und die Schalen, in Alufolie verpackt, in möglichst kleinen Päckchen eingefroren werden. Diese Schalen sind dann Würzstoffe für Süßspeisen, Salate und andere Gerichte. Orangen oder Zitronen vor dem Auspressen kräftig mit der Hand auf dem Tisch rollen, dann ist die Ergiebigkeit größer. Orangen, die roh gegessen werden, sorgfältig schälen, vom weißen Pelz befreien und in Spalten zerteilen. Für Obstsalate und Süßspeisen die Spalten würfeln und dabei die Kerne entfernen. Orangen können wie Grapefruits auch halbiert und ausgehöhlt, und die Schalen als Gefäß für Obstsalate oder andere Süßspeisen verwendet werden.
Orangenblütenwasser: ein Nebenprodukt bei der Destillation von Apfelsinenblüten. Es dient als aromareiches Gewürz für Süßspeisen aller Art.
Okra (Gumbo, Bamia, Ladyfinger): fingerlange pelzige Früchte einer Eibischpflanze. Im Geschmack erinnern sie an Stachelbeeren oder grüne Bohnen. Die Früchte sind von November bis August bei uns frisch auf dem Markt. Okras enthalten im Inneren einen flüssigen Schleim, der beim Kochen nicht austreten soll. Schon beim Einkauf darauf achten, daß die Früchte unverletzt sind. Beim Abschneiden der Stiele und der Spitzen die Frucht ebenfalls nicht verletzen. Nur etwa für Eintöpfe, bei denen man die bindende Kraft des Okraschleims nutzen will, wird die Frucht in Scheiben geschnitten. Verwendet man Okras in Gemüse, werden sie zuvor in Salzwasser blanchiert. Getrocknete Okras, die es ebenfalls im Handel gibt, müssen vor der Zubereitung 24 Stunden in Wasser eingeweicht werden und können dann wie frische behandelt werden.
Öl → Fett
Pampelmuse (Pomelo): kopfgroße Zitrusfrucht mit zitronengelber dicker Schale und einem herben, fast bitter schmeckenden Fruchtfleisch. Nicht zu verwechseln mit der Grapefruit, die aus der Kreuzung von Pampelmuse und Orange entstanden ist. Pampelmusen eignen sich als Zugabe zu Obstsalaten; die Schale muß entfernt werden.
Panade: besteht aus in heißer Milch eingeweichtem Weißbrot (ohne Rinde) und Gewürzen. Die Panade ist ein Bindemittel für Fisch-, Geflügel- oder Fleischfüllungen.
panieren: ist das Wenden von Lebensmitteln vor dem Garen (Fritieren, Braten) zuerst in Mehl, dann in verquirltem Ei und zuletzt in Semmelbröseln, Zwiebackbröseln, gemahlenen Nüssen oder Mandelblättchen. Dadurch bleibt das Paniergut saftig; die Panierung wird knusprig. Als Paniergut sind geeignet: Fleischscheiben, Fisch- und Geflügelstücke, Gemüse, verschiedene Obstarten, feste Käsesorten, Frikadellen, Kartoffelnocken, Grießschnitten.
Papayas (Baummelonen): süße birnenförmige Früchte mit gelblich-grünem bis orangenfarbenem Fruchtfleisch. Sie sind von Oktober bis Juni und von Dezember bis März auf dem Markt. Beim Einkauf darauf achten, daß das Fruchtfleisch bei Fingerdruck leicht nachgibt. Papayas wie Melonen gekühlt als Vor- und Nachspeise verwenden. Die Früchte halbieren, von den Kernen befreien, mit Limettensaft beträufeln und auslöffeln.
Paprikaschoten: rote, grüne und gelbe Sorten sind ganzjährig auf dem Markt. Vor dem Zubereiten werden die Kerne und die weißen Rippen entfernt. Für Salate kann man Paprikaschoten in Streifen (Julienne) schneiden oder die bereits entkernten Schoten in Ringe. Für Gemüse werden Paprikaschoten gerne enthäutet. Dazu gibt man die Schoten auf ein Kuchenblech und röstet sie etwa 3 Minuten bei 250°, dann

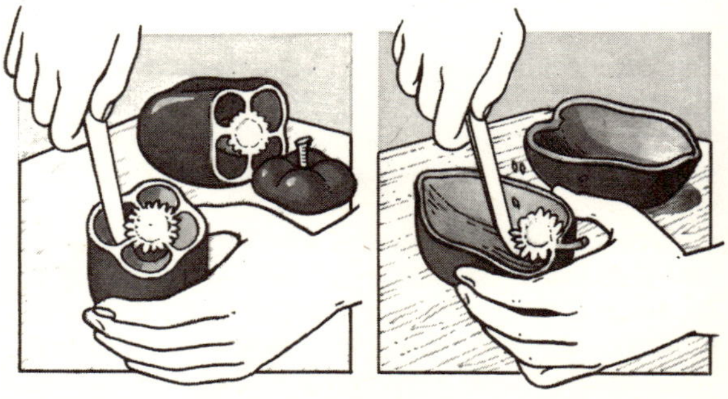

1 Paprikaschoten in Streifen schneiden; 2 die halbierten Schoten von Rippen und Kernen befreien.

nimmt man die schwarz gewordenen Schoten aus dem Backofen und schlägt sie etwa 5 Minuten in ein feuchtes Tuch ein. Anschließend läßt sich die Haut leicht abziehen. Will man Paprikaschoten füllen, schneidet man die Kappe mit dem Stiel ab und höhlt die Schote aus.

Paranüsse (Tukanüsse): Steinfrüchte mit harter dreieckiger Schale. Sie sind geschält und ungeschält im Handel. In der Hauptsache als wohlschmeckender Bestandteil des Studentenfutters verwendet.

parieren: das Zurechtschneiden von Fleisch- und Fischstücken, wobei alle für den Genuß nicht verwertbaren Teile entfernt werden (Schuppen, Häute, Sehnen) sowie auch die Teile, die das ästhetische Aussehen der Speise beeinträchtigen (Fett, überflüssige Anhängsel). → Parüren.

parfümieren: geschieht durch Würzen einer Speise mit einer aromatischen Flüssigkeit (Orangenblütenwasser, Cognac, Rosenwasser, Likör).

Parüren: nennt man die Reste, die durch das Parieren entstehen, wie Gräten, Sehnen oder Hautstücke. Sie können ausgekocht werden und bilden als konzentrierte Brühe (Fond) die Grundlage für eine Sauce.

passieren: darunter versteht man das Durchstreichen von meist gegarten, weichen Lebensmitteln durch ein Sieb. Die Hauptsubstanz wird völlig ausgenutzt – dabei püriert oder zerkleinert – jedoch werden unerwünschte Teile wie Schalen oder Kerne zurückgehalten. Passiert werden etwa gegarte Apfelviertel (zu Mus), Spätzleteig durch das Spätzlesieb, mitgegartes Gemüse zu Püree (in Suppen oder Saucen streichen).

Passionsfrüchte: Unter dieser Bezeichnung werden angeboten die rote Purpurgranadila und die gelbe Granadila. Beide haben ein saftreiches Fruchtfleisch, das viele kleine eßbare Kerne enthält. Passionsfrüchte schmecken fruchtig und leicht säuerlich; sie sind von August bis April auf dem Markt. Beim Einkauf auf glatte Schale achten. Sie können als Tafelobst verwendet werden, man halbiert sie und löffelt sie aus. Nach Belieben kann man sie auch mit Zitronensaft oder mit Likör beträufeln.

Pasteten: von Teighülle umgebene Fleisch-, Wild-, Geflügel- oder Fisch- oder Gemüsefarcen. Für die Pastete wird der Teig ausgerollt und mit der Kastenkuchenform in der Mitte des Teigblattes die Bodenfläche leicht markiert. Anschließend markiert man mit Hilfe der Kuchenform die Längs- und Querwände auf dem Teig. Dann schneidet man den Umrissen entsprechend den Teig zurecht und gibt ihn in die Kastenform. Aus dem restlichen Teig nochmals eine Teigplatte ausrollen und diese als Deckel verwenden. Der Teigdeckel kommt auf die bereits mit Farce gefüllte Pastete. Die Ränder werden mit einer Gabel gut an die mit Teig ausgefütterte Kastenkuchenform gedrückt. Man schneidet zuvor in den Teigdeckel 2 Löcher zum Dampfabzug. Als Dampfabzug werden 2 Rollen aus Alufolie verwendet.

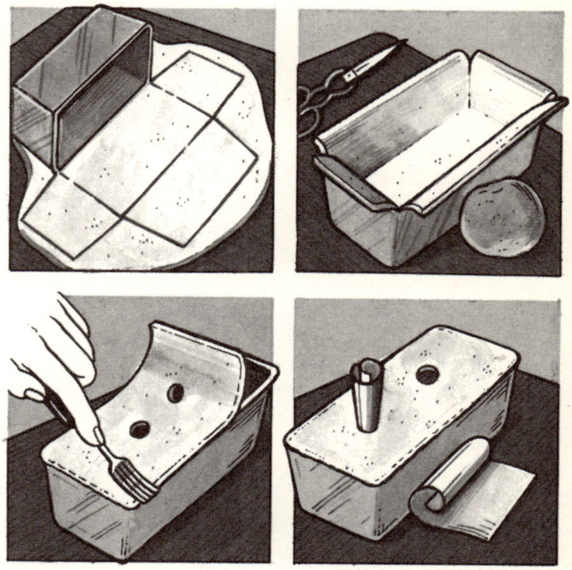

1 Auf dem Teig mit der Kastenkuchenform die Markierungen setzen. 2 Mit dem ausgeschnittenen Teig die Kastenkuchenform füttern. 3 Den Deckel mit den Löchern für den Dampfabzug auf die gefütterte und mit Farce gefüllte Pastetenform festdrücken. 4 Zur Rolle geformte Alufolienstücke in die Dampfabzuglöcher stecken.

pasteurisieren: dient zur Abtötung der in Lebensmitteln enthaltenen Mikro-Organismen durch Erhitzen auf Temperaturen von fast 100°.

Pastinake: Die Pastinake ist eine Kreuzung aus Möhren und Petersilienwurzeln mit leicht süßlichem Geschmack. Sie ist auf dem Markt als Wintergemüse aber selten zu erhalten. Man kann sie wie die Möhre zubereiten.

Pekannüsse (Hickorynüsse): runde bis ovale Nüsse, deren harter Kern im Geschmack den Walnüssen ähnelt. Wie diese verwendbar.

Peperoni (ital.): Pfefferschoten von gelber, grüner oder roter Farbe. Die scharf schmeckenden Schoten werden als Pizzabelag und zum Würzen von Saucen und Gemüsegerichten verwendet.

Perlhuhn → Geflügel

Petits fours: sehr kleine Biskuittörtchen, mit Creme-

gefüllt, mit Kuvertüre oder Glasur überzogen und kunstvoll verziert.
Pfanne → braten
Pfeilwurzelmehl (Arrowroot): Stärkemehl aus der Knolle und Wurzel verschiedener tropischer Stauden (Maranta). In Delikatessengeschäften erhältliches vorzügliches Bindemittel für Suppen, Cremes, Puddinge und Saucen. Es hat keinen Eigengeschmack und läßt die Saucen nicht glasig werden.
Pimientos: rote längliche Paprikaschoten mit etwas süßlichem Geschmack. Als Gemüse zu Fleischgerichten servieren.
Pilze: Sie enthalten Eiweiß, Mineralstoffe und Vitamine. Beim Sammeln genau zwischen genießbaren und giftigen Pilzen unterscheiden. Viele Pilze lassen sich nur an der Beschaffenheit des Stielendes erkennen. Anfänger sollten die Pilze aus dem Boden herausdrehen und eine Pilzberatungsstelle aufsuchen, die über jede Stadtverwaltung zu ermitteln ist. Kenner schneiden Pilze direkt über dem Boden ab, um die Pilzkulturen nicht zu zerstören. Pilze sind schwer verdaulich und leicht verderblich. Beim Sammeln im Sommer und Herbst stets luftdurchlässige Behälter wie einen Korb, keinesfalls aber eine Plastiktüte benutzen. Wegen der hohen Verderblichkeit müssen Pilze rasch verarbeitet werden. Informationen zur Belastung der Wildpilze durch Cadmium und Quecksilber finden Sie im Kapitel »Essen heute – kleine Ernährungskunde«. Getrocknete Pilze sind geschmacksintensiv und vor allem als würzige Zutat zu Gerichten geeignet. Vor der Verwendung nach Vorschrift einweichen.
Pinienkerne: Samen des Pinienzapfens. Sie kommen geschält auf den Markt. Ihr Geschmack ist dem der Mandeln ähnlich. Sie dienen zur Verfeinerung von Süßspeisen und pikanten Salaten.
Pistazien (Pistazienmandeln, grüne Mandeln): Steinfrüchte des Pistazienbaumes mit weißlicher harter Schale. Der grüne Kern ist von einer violetten Haut umgeben. Pistazien gibt es ungeschält, geschält, roh, geröstet, gehackt oder gehobelt im Handel. Von geschälten Pistazien zieht man die Haut ab, indem man die Kerne einige Minuten in kochendes Wasser gibt und dann die Kerne mit Daumen und Zeigefinger oder mit einem Tuch aus der Haut drückt.
Plötze (Rotauge): grätenreicher, sehr schmackhafter, in fließenden Gewässern lebender Weißfisch, der bis zu 30 cm lang wird. Vor der Zubereitung kerbt man ihn am Rücken mit mehreren Schnitten ein. Er wird gerne gebraten und gebacken, wegen seiner Gräten aber vornehmlich für Klößchen und Farce verwendet. Plötze lassen sich leicht schuppen.
pökeln: ist das Konservieren von Fleisch mit Hilfe von Kochsalz oder Nitritpökelsalz. Man unterscheidet zwei Pökelarten: 1. Die Naßpökelung. Hierbei wird das Fleisch in eine Lake eingelegt, die 15–25 Prozent Kochsalz und Umrötungsstoffe enthält. 2. Trockenpökelung: Das Fleisch wird mit Salz eingerieben und in Behälter geschichtet. Zwischen die einzelnen Lagen wird noch Salz gestreut. Das Pökelgut wird immer wieder umgeschichtet, bis nach 4 bis 8 Wochen die Pökelung beendet ist. Die bekanntesten Beispiele für gepökeltes Schweinefleisch sind Kasseler, Schinken und Eisbein. Schweinefleisch erhält durch das Pökeln eine appetitliche rosarote Farbe.
Polack (Pollak, Pollack, Kalmück): ein dem Seelachs ähnlicher Seefisch mit zartem, sehr leckerem Fleisch. Er wird oft als Seelachs im Handel geführt.
Pomelo → Pampelmuse
Porree → Lauch
Porterhouse-Steak: das aus dem Roastbeef mit Knochen und Filet geschnittene, bis zu 1000 g schwere Steak vor dem Garen nicht klopfen, sondern das Fleisch nur am Knochen entlang lösen, da es sich sonst beim Garen wölbt. Das Steak nach dem Braten zwischen 2 Platten ruhen lassen und dann auf einem feuchten Brett tranchieren. Dazu zunächst den Knochen auslösen und dann das Fleisch in etwa 3 cm dicke Querstreifen schneiden.

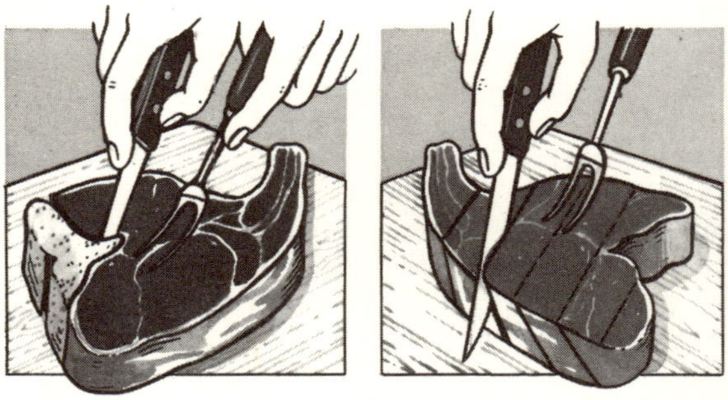

1 Mit der Messerspitze das Fleisch leicht vom Knochen lösen; 2 das Steak in 3 cm dicke Streifen schneiden.

Poularde → Geflügel
Poulet → Geflügel
Preiselbeeren (Kronsbeeren): kleine wildwachsende rote Waldbeeren mit herb-saurem Geschmack. Im September gibt es sie frisch auf dem Markt. Vorwiegend werden sie jedoch in Konserven angeboten. Beim Einkauf frischer Beeren darauf achten, daß sie trocken und rot sind. Preiselbeeren entfalten ihren Geschmack erst, wenn sie gekocht werden. Sie werden in wenig

Wasser mit viel Zucker zu einem dicken Kompott verkocht. Sie sind eine beliebte Beilage zu Hausgeflügel, Wild und Wildgeflügel. → Moosbeere
Puderzucker → Gebäck glasieren und verzieren
Puter (Truthahn): Junger Puter ist mager, aber neigt dazu, beim Braten trocken zu werden, deswegen häufig mit Fett beschöpfen. Ältere Tiere werden geschmort, weil dann das Fleisch weicher wird. Gefüllter Puter wird besonders saftig; die Füllung wird nicht zu prall in die Bauchhöhle gesteckt. Die Bauchöffnung nach dem Füllen mit Küchengarn oder doppeltem Zwirn zunähen. Man kann die Öffnung auch mit Holzspießchen zustecken und diese zur Sicherheit mit Garn umwinden, damit die Füllung nicht herausquillt. Der fertig gebratene Puter wird tranchiert: Man legt den Puter auf eine genügend große Platte, sticht mit der Gabel beim Kniegelenk ein und trennt das Schenkelfleisch vom Körper ab. Dann zerteilt man den Schenkel in 2 Teile. Auch die Flügel werden, nachdem sie vom Körper abgetrennt wurden, in 2 Teile geteilt. Von der Brust schneidet man auf der einen Seite schmale Scheiben ab. Die Scheiben sind zunächst klein und werden dann immer größer. Erst bei Bedarf auf der anderen Brustseite Scheiben abschneiden, da das Putenfleisch sonst zu schnell erkaltet.

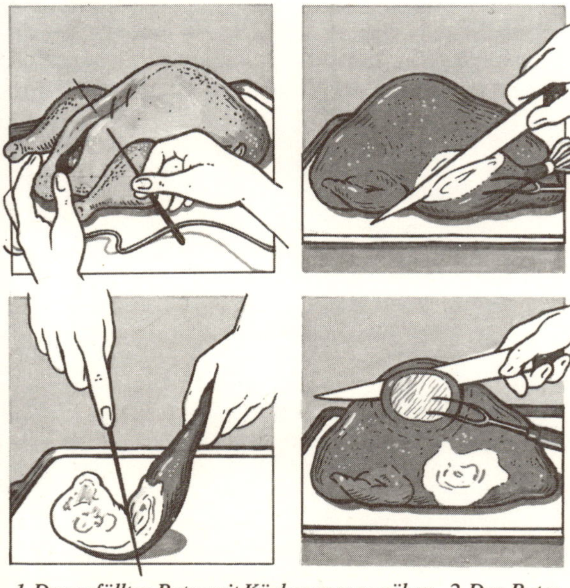

1 Den gefüllten Puter mit Küchengarn zunähen. 2 Den Puter tranchieren; dazu zunächst beim Kniegelenk mit der Gabel einstechen und den Schenkel vom Körper abtrennen. 3 Das Bein nochmals in 2 Teile teilen. 4 Dann von der Brust dünne Scheiben abschneiden.

pürieren: kann man mit dem elektrischen Mixer, einem Passiersieb oder mit dem Stampfer. Beim Pürieren werden – roh oder gegart – weiche Lebensmittel zu einer breiigen Masse zerdrückt oder zerstampft.
quellen: Man unterscheidet dabei quellen in kalter oder heißer Flüssigkeit. Stärkehaltige Lebensmittel wie Getreideprodukte, Reis, Teigwaren benötigen eine Mindesttemperatur von 70°. Hülsenfrüchte jedoch läßt man in kalter Flüssigkeit quellen und gart sie dann relativ kurz im Quellwasser. Beim Quellen nehmen die Lebensmittel Flüssigkeit auf, verändern dabei ihre Konsistenz und ihr Volumen (Vorgaren).
Quitten: birnen- oder apfelförmige Früchte mit fester gelber Schale. Von September bis November in kleinen Mengen auf dem Markt. Roh sind sie nicht zum Verzehr geeignet. Wegen ihres hohen Pektingehaltes läßt sich aus ihnen gut Gelee bereiten. Dafür sollen nicht zu reife Früchte verwendet werden. Als Kompott schmecken sie ananasähnlich. Die Quitten werden geschält und vom Kerngehäuse befreit. Sie haben eine Dünstzeit von 20–25 Minuten.
Radicchio (roter Chicorée): Kopfsalatart mit knackigen roten Blättern und leicht bitterem Geschmack. Auf dem Markt von September bis Mai. Radicchio wird mit Wurzel verkauft, die sich fein geraspelt als Salatwürze eignet.
Räucheraal → Aal
räuchern: eine Methode, um Fleisch, Geflügel oder Fisch haltbar zu machen. Geräuchert wird meist mit Spänen oder Sägemehl von Buche, Eiche, Erle oder Wacholder. Durch das Räuchern erhält das Räuchergut seinen besonderen Geschmack. Schinken, Speck, Dauerwurst, Räucherlachs und Räucherhering werden kalt geräuchert (bei 17–26° mit einer Räucherzeit von 4 Wochen). Räucheraal, Bückling, Brühwurst werden heiß geräuchert (nur wenige Stunden bei 80–100°). Die Waren sind dann leichter verderblich.
rafraichieren: eine Speise entweder im Kühlschrank, unter oder in kaltem Wasser oder in gestoßenem Eis abkühlen lassen.
Rebhuhn → Wildgeflügel
reduzieren → eindicken
Rehrücken tranchieren: Der Rehrücken ist häufig der glanzvolle Mittelpunkt einer festlichen Mahlzeit. Zum Tranchieren den Rehrücken auf ein feuchtes Brett oder Platte legen und mit einem scharfen Tranchiermesser, am Rückgrat entlang beginnend, vom Knochen trennen. Die ausgelösten Fleischstränge in schräge Scheiben schneiden und zum Servieren wieder an den Knochen legen oder hübsch auf einer Platte arrangieren (Zeichnungen siehe nachfolgende Seite).

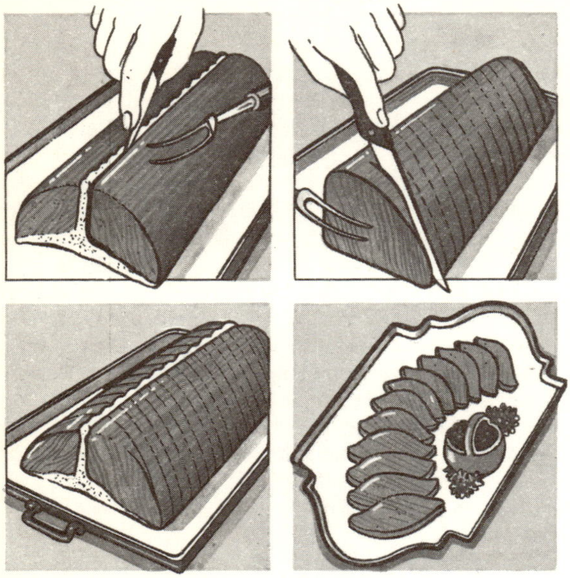

1 Beim Rehrücken das Fleisch, am Rückrat beginnend, vom Knochen trennen; 2 die Fleischstränge in schräge Scheiben schneiden; 3 die Scheiben wieder an den Knochen geben; 4 die Fleischscheiben mit Garnitur auf einer Platte anrichten.

Reismehl: zu Mehl gemahlene Reiskörner mit zartem Eigengeschmack und guter Quellfähigkeit. Für Suppen und Saucen, für Gebäck und Mehlspeisen anstelle von Mehl und Bindemitteln verwendbar.
Remouladensauce: 100 g Mayonnaise mit folgenden gehackten Zutaten mischen: 1 Pfeffergurke, 1 Sardellenfilet, 1 Teelöffel Kapern und 1 Eßlöffel Kräuter. Mit etwas Salz, Pfeffer und Senf würzen.
Renke: forellenähnlicher Süßwasserfisch, der sich vorzüglich für die Zubereitung auf Müllerinart eignet.
Rinderfilet: Bezeichnung der verschiedenen Teile:

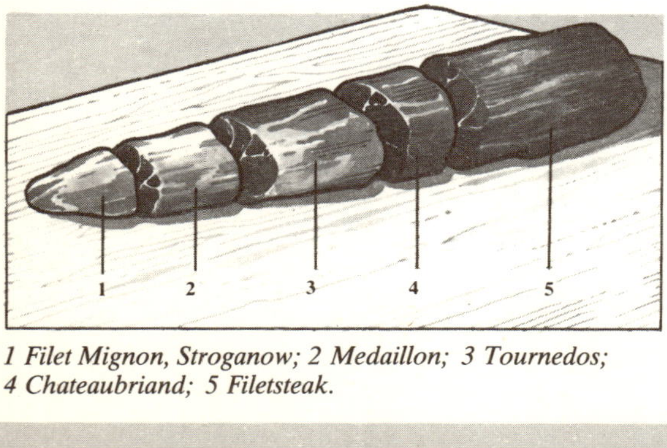

1 Filet Mignon, Stroganow; 2 Medaillon; 3 Tournedos; 4 Chateaubriand; 5 Filetsteak.

Rochen (Stachelrochen, Nadelrochen): ein platter, im Meer lebender Knorpelfisch mit schmackhaftem Fleisch. Für die Küche interessant sind vor allem die Flügel, die erweiterten Brustflossen, die auch geräuchert als Seeforelle angeboten werden. Der Rochen schmeckt von Februar bis Juni am besten. Er ernährt sich von Muscheln und Schnecken.
Römischer Salat: eine Salatart mit schmalen Blättern. Verwendet werden hauptsächlich die inneren Blätter. Roh als Salat oder wie Spinat als Gemüsebeilage bereitet. Römischer Salat wird von Oktober bis Februar angeboten.
Rollbraten: ein flaches Stück Fleisch auf der Innenseite würzen oder mit Füllung bestreichen. Zusammenrollen und mit doppeltem Küchengarn wie ein Paket mit 3 cm großen Querabständen verschnüren.

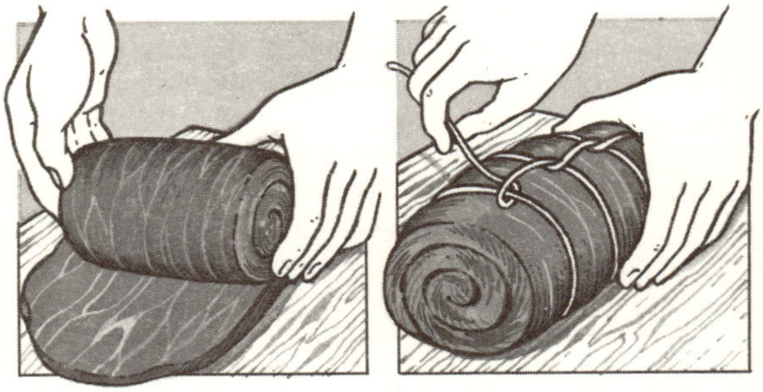

1 Das Fleisch zusammenrollen; 2 mit doppeltem Küchengarn wie ein Paket verschnüren.

Rotauge → Plötze
Rotbarbe (Meerbarbe): Mittelmeerfisch mit einer Länge von 18–30 cm. Die Rotbarbe hat keine Galle und braucht deshalb nicht ausgenommen zu werden. Die Flossen werden entfernt. Besonders geeignet zur Zubereitung ist Müllerinart oder Grillen. Die größere Rotbarbenart aus dem Atlantik erreicht den Geschmack der Mittelmeer-Rotbarbe nicht.
Rotbarsch (Goldbarsch): im Durchschnitt 30–40 cm lang, mit festsitzenden harten Schuppen und großen Stacheln und leuchtend roter Farbe, die an der Luft grau wird. Er kommt in der Regel filetiert auf den Markt. Wie Kabeljau oder Schellfisch verwenden.
Rotzunge: See- und Plattfisch, der Seezunge in der Form, geschmacklich aber mehr der Scholle und Flunder ähnlich. Rotzunge wie Seezunge bereiten.
Rouladen: Kalbs-, Schweinefleisch- oder Rinderrouladen werden gefüllt, zusammengerollt und mit Holzspießchen, Rouladennadeln, Küchengarn oder Rouladenklammern befestigt.

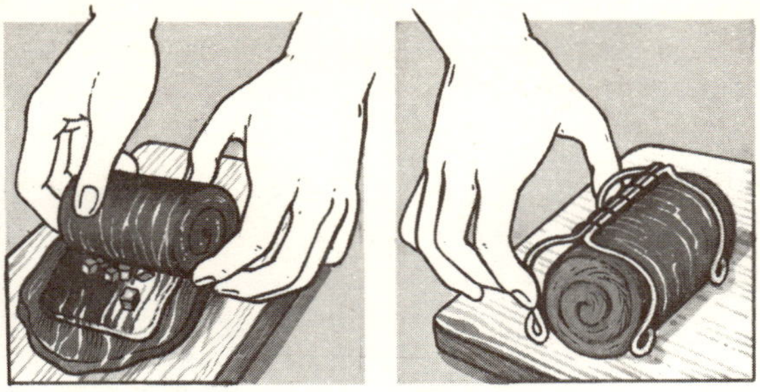

1 Die Rouladen füllen und zusammenrollen; 2 mit einer Rouladenklammer befestigen.

Roux → Einbrenne
Sahne: Schlagsahne (süße Sahne) mit einem Fettanteil von mindestens 30 Prozent hält sich im Kühlschrank im Sommer 4 und im Winter 6 Tage. Um geschlagene Sahne einige Stunden steif zu halten, Sahnesteif oder gelöste Gelatine untermischen. Beim Binden von Suppen und Saucen die Sahne stets abseits von der Kochplatte zugeben, da sie sonst gerinnt. Saure Sahne wird mit natürlichen Bakterienkulturen gesäuert, hat einen Fettanteil von mindestens 10 Prozent und wird beim Kochen als geschmacksgebende Substanz verwendet. → Crème fraîche
Saibling (Rötel, Bachsaibling): der Forelle ähnlicher Süßwasserfisch, der in tiefen Seen der Schweiz, Schottlands, Englands und Skandinaviens lebt. Sein rosafarbenes Fleisch schmeckt ausgezeichnet, vor allem in den Monaten Februar bis September. Der Saibling kann wie die Forelle zubereitet werden.
Salm → Lachs
Samtsauce → Velouté
Sardelle: kleiner fettreicher Tiefseefisch aus der Familie der Heringe. Er kommt in der Regel gesalzen als Filets in Öl eingelegt oder zur Paste verarbeitet auf den Markt. → Anchovis
Sardine: Bezeichnung für den jungen Pilchard, ein fettreicher Heringsfisch. Der Frischfisch schmeckt hervorragend; sein Fleisch ist sehr leicht verderblich. Er wird auf dem Transport mit Eis und Salz frischgehalten. Die tiefgefrorenen Sardinen kommen dem Eigengeschmack des an der Küste gefangenen Fisches am nächsten. Man kann die Gräten mitessen oder sie auch beim Ausnehmen entfernen. Von der Sardine werden Kopf und Schwanz abgeschnitten und dann Eingeweide und gegebenenfalls die Hauptgräte herausgeholt. Die Sardinen sind frisch von August bis September am schmackhaftesten. Sie kommen häufig konserviert in Salz oder Öl eingelegt in den Handel.
Satsuma: aromatische und fruchtige Mandarinenart. Von Oktober bis Dezember auf dem Markt.
Sauerampfer: wildwachsendes Kraut mit länglichen, eiförmigen Blättern und einem angenehm frischen und säuerlichen Geschmack. Im Frühjahr erhältlich. Bis Juni kann man Sauerampfer auf Wiesen selbst sammeln. Später wird er ungenießbar. Man gibt ihn Suppen, Saucen, Kartoffel- und Wildkräutersalaten bei.
sautieren (franz. sauter = springen): Es ist das Garen kleiner Fleischstücke in der Pfanne unter häufigem Wenden in heißem Fett.
Savarin (franz.): ringförmiger Hefekuchen, der nach dem Backen mit Rum oder Kirschwasser gewürzt und getränkt wird. Man füllt Savarins auch mit Früchten, Cremes oder Eis.
Scampi: Krustentiere, den Garnelen ähnlich, aber größer und zur Familie der Kaisergranaten gehörend. Nur in Küstennähe werden sie roh verkauft; im Binnenland kommen die gegarten Schwänze im Panzer oder enthülst, tiefgefroren oder in Dosen auf den Markt. Tiefgefrorene Exemplare kommen geschmacklich den frischen am nächsten.
Schalotte → Zwiebel
schaumig rühren: Schlagen einer Substanz – oft auch eines Gemisches aus festen und flüssigen Zutaten – mit dem Schneebesen, bis sie so viel Luft aufgenommen hat, daß sie schaumig wird.
Schellfisch: ein heute selten gewordener äußerst schmackhafter Seefisch, der dem Kabeljau ähnlich sieht, aber in der Regel etwas kleiner ist. Er ernährt sich von Würmern oder Muscheln; sein weißes Fleisch ist fettarm. Schellfisch schmeckt von Oktober bis Dezember am besten und wird gerne im Wurzelsud bereitet. Geräucherter Schellfisch gilt als Delikatesse.
Schleie: ein dem Karpfen verwandter Süßwasserfisch, der ebenfalls im Karpfenteich gezogen wird. Er ist kleiner als der Karpfen und wird gerne mit dem Gewicht von 200–300 g auf den Markt gebracht. Er hat eine schleimige Oberhaut, unter der sehr kleine, tiefsitzende Schuppen liegen. Die Schleie läßt sich nur schwer schuppen; man erleichtert sich die Arbeit, wenn man sie kurz in kochendes Wasser wirft. Wie beim Karpfen kann auch bei der Schleie das Fleisch einen leicht modrigen Geschmack haben; man sollte die Schleie einige Stunden vor dem Verzehr in frischem Wasser halten. Das weiße Fleisch ist sehr schmackhaft, aber fett und daher schwer verdaulich. Schleie wird auch blau bereitet, dann bei Tisch am besten häuten.
schmoren: Für alle Fleischsorten, die beim Braten zwar gar, aber nicht genügend weich werden, ist Schmoren die beste Garmethode. Schmoren besteht aus zwei

Garverfahren, nämlich dem Anbraten des Schmorguts in heißem Fett von etwa 180° und dem anschließenden Garen bei etwa 100° in wenig kochender Flüssigkeit im geschlossenen Topf. Fleisch, Geflügel, Wild (Ragouts, Rouladen) sowie gefülltes Gemüse eignen sich zum Schmoren im Topf. Dabei ist zu beachten, daß man helles Fleisch (Kalb, Geflügel) und Gemüse nur schwach anbrät, dunkles (Rind, Schwein, Wild) jedoch kräftig braun anschmort.

Schnecken: Verwendet werden vor allem die Weinbergschnecken. Sie werden im Herbst gesammelt, wenn sie sich für die Überwinterung in ihre Schneckenhäuser zurückgezogen haben und die Öffnungen mit einem Kalkblatt verschlossen haben. Weinbergschnekken vorzubereiten ist schwierig. Man muß sie 2–3 Wochen fasten lassen, dann in Essigwasser waschen, 10 Minuten kochen und aus dem Schneckengehäuse ziehen. Der schwarze Eingeweidesack wird entfernt. Dann müssen die Schnecken 3 Stunden in einem Sud aus Weißwein kochen. Erst dann kann man sie zubereiten. Weinbergschnecken werden aber auch verbrauchsfertig in Dosen oder tiefgefroren verkauft. Man bekommt dazu eine passende Anzahl von Schneckenhäusern. Die Schnecken werden in einer speziellen Schneckenpfanne serviert, die für die Schnecken kleine Vertiefungen hat. Dann gibt es eine Schneckenzange, mit der man die Schneckenhäuser anfassen kann.

Scholle (Goldbutt): beliebter See- und Plattfisch, der meist in der Länge von 25–40 cm auf den Markt kommt. Wird der Fisch im ganzen bereitet, kann man die Haut abziehen, muß dies aber nicht. Wie man Plattfische häutet und wie man Filets erhält → Seezunge.

Schwarzweiß-Gebäck: aus einer hellen und einer dunklen Teigplatte gemusterte Plätzchen formen.

1 Eine helle und eine dunkle Teigplatte aufeinander legen, zusammenrollen und aus der Rolle kleine Scheiben schneiden.
2 Eine helle und eine dunkle Teigplatte in gleichmäßige rechteckige Stränge schneiden und diese schachbrettartig zusammensetzen. Zum Schluß mit einer hellen Teighülle zusammenfassen und in Scheiben schneiden.

Schweinebraten mit Schwarte: Die Schwarte verbleibt nur an der Oberseite. Sie wird rautenförmig eingeschnitten und nach Belieben in den Schnittpunkten mit Nelken besteckt.

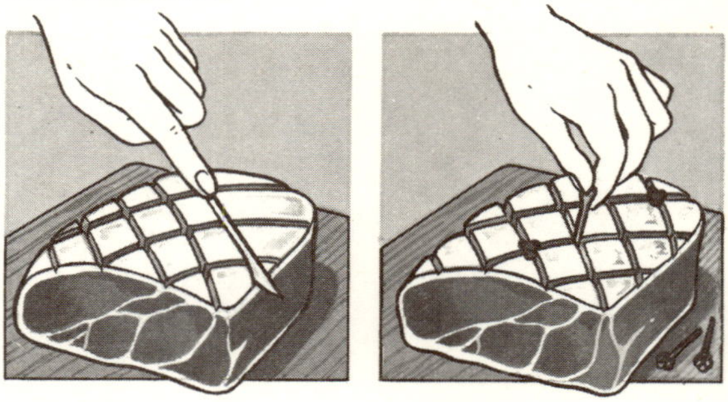

1 Die Schwarte an der Oberseite rautenförmig einschneiden;
2 in einigen Schnittpunkten mit Nelken bestecken.

schwenken: im geschlossenen Topf (Gemüse und Teigwaren) oder im offenen (Kartoffeln). Festes heißes Gargut wird in heißem Fett durchgeschüttelt oder gewendet, bis alle Teile möglichst vollständig von einer dünnen Fettschicht überzogen sind und glänzen.

Schwertfisch: ein räuberischer Seefisch, der einen schwertähnlichen Oberkiefer hat und ähnlich wie der Hai aussieht. Er wird durchschnittlich 50 kg schwer. Der junge Schwertfisch schmeckt zart und würzig.

Schuß: In den Rezepten wird häufig ein Schuß Wein, Sherry oder Essig zum Abschmecken einer Speise angegeben. Darunter versteht man die Menge einer Flüssigkeit, die beim Kippen und raschen Wiederaufrichten einer Flasche herausfließt. Bei einem sehr weiten Flaschenhals legt man besser einen Finger quer über die Öffnung, damit der Schuß nicht zu reichlich ausfällt.

Seehecht: Salzwasserfisch aus der Familie der Kabeljaus, der bis zu 1 m lang wird. Er hat weißes festes Fleisch und schmeckt zarter und feiner als der Kabeljau. Er wird auch wie dieser zubereitet. Bei uns wird er vor allem tiefgefroren als Filet angeboten.

Seelachs (Köhler): dem Schellfisch ähnlicher fettarmer Meeresfisch, der mit dem echten Lachs nichts zu tun hat. Sein Fleisch ist leicht grau gefärbt und schmeckt angenehm frisch.

Seeteufel (Lotte): ein Seefisch mit großem Maul, zusammengedrücktem Kopf und festem, saftigem, grätenarmem Fleisch. Er wird besonders gerne gebraten, da er beim Dünsten leicht zäh wird.

Seewolf (Katfisch, Steinbeißer, Loup): Mittelmeerfisch mit zartem grätenarmem Fleisch, der sich von Muscheln ernährt. Zum Grillen, Backen und Pochieren geeignet.

Seezunge: beliebter See- und Plattfisch mit weißem festem und zartem Fleisch. Sehr schmackhaft von April bis Oktober. Seezunge wird bis zu 45 cm lang. Sie wird als Filet oder im ganzen verwendet. Bei der Zubereitung muß darauf geachtet werden, daß der Eigengeschmack des Fisches nicht übertönt wird. Die Seezunge wird gehäutet.

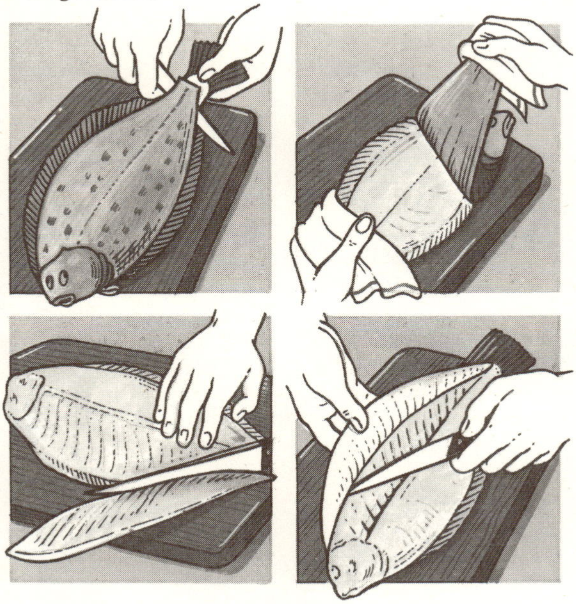

1 Am Schwanzende wird die Haut schräg eingeschnitten. 2 Man faßt Schwanz und Haut mit einem Tuch und zieht die Haut ruckartig über den Kopf ab. 3 Zum Filetieren führt man einen Schnitt vom Kopf bis zum Schwanz, dann setzt man das Messer nochmals am Kopf an und löst das Filet den Gräten entlang nach außen hin ab, während man es mit der freien Hand hochzieht. 4 Mit kurzen Schnitten nach außen hin völlig abtrennen.

Senffrüchte: in einer Marinade aus Essig, Gewürzen und Senf eingelegte süße Früchte. Beilage zu kalten Gerichten, zu Pastete und Wildgerichten.
Sesamkörner: Samen des Sesamkrautes. Als Gewürz zu verwenden, für Salate und Gemüsegerichte. Gemahlen wird Sesam gerne zu Brotteig gegeben.
Shrimps (Hummerkrabben): mit knackigem Fleisch, das nach dem Kochen rot ist. Gut zum Grillen geeignet. → Krustentiere
sieden → kochen
Sojabohnen: Hülsenfrüchte der Sojapflanze mit besonders hohem Eiweißgehalt (35 Prozent) und einem hohen Fettanteil (20 Prozent).
Sojabohnenkeimlinge: als Konserve fertig im Handel, man kann sie aber auch selbst ziehen aus der Mungabohne. Man benötigt dazu eine Plastikschüssel mit einem passenden Plastiksieb. Auf das Plastiksieb legt man Zellstoff, gibt 1 Tasse Bohnen darauf und bedeckt diese mit einer Zellstoffschicht. Dann werden die Bohnen mit Wasser übergossen und über Nacht eingeweicht. Am nächsten Tag gießt man 2–3mal das angesammelte Wasser ab und gießt vorsichtig kaltes Wasser nach. Die Bohnen keimen bei Zimmertemperatur im Dunkeln. Nach 1–2 Tagen kommen kleine grüne Spitzen aus der Schale. Nach 1 Woche kann geerntet werden. Wenn die Keimlinge dem Licht ausgesetzt werden, fangen sie an zu grünen und zu blühen. Sojabohnenkeimlinge sind eine wohlschmeckende Beilage als Gemüse oder auch als Salat.
Sojaquark → Tofu
Sojasauce: Würzsauce, die hauptsächlich aus Sojamehl besteht und in einem monatelangen, ja sogar manchmal jahrelangen Reifungsprozeß gewonnen wird. Die indonesische Sojasauce ist süß und dickflüssig, die japanische Sojasauce ist dünnflüssig und salzig, die chinesische Sojasauce etwas dicker und milder im Geschmack.
Sojasprossen → Sojabohnenkeimlinge
Spätzle: für Spätzle den selbstgemachten Nudelteig in kleine Portionen auf einem feuchten Holzbrett auseinanderstreichen und mit einem Messer in feinen Streifen in das kochende Wasser schneiden. Oder portionsweise durch ein Spätzlesieb oder einen Spätzlehobel ins Wasser drücken.

1 Die Spätzle mit einem Messer vom Brett ins Wasser schaben.
2 Durch einen Spätzlehobel portionsweise ins Wasser drücken.

Spargel: fein im Geschmack ist der deutsche Spargel mit hellen und dicht geschlossenen Spargelköpfen. Er wird von Mitte April bis zum 24. Juni (Johanni) geerntet. Strenger im Geschmack ist der französische Spargel mit violetten Spitzen. Auch der grüne Spargel ist kräftiger im Geschmack. Beim Einkauf darauf achten,

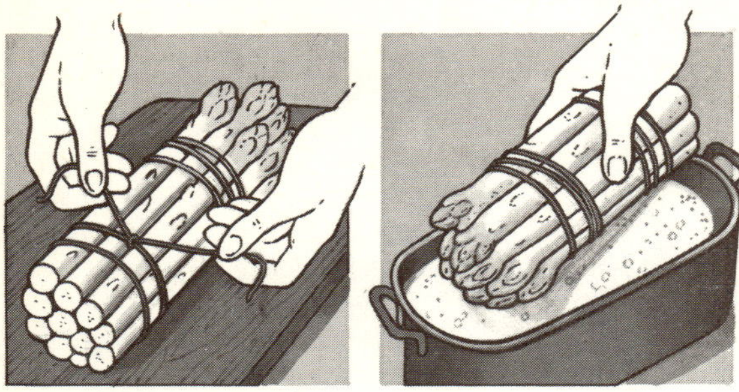

1 Spargel zu einem Bündel zusammenbinden; 2 den gebundenen Spargel ins kochende Wasser in den Spargeltopf geben.

daß die Stangenenden nicht hart und holzig sind. Stangenspargel wird gebündelt gekocht. Dazu werden etwa 10 Stangen mit Küchengarn zusammengebunden. Der Spargel läßt sich so am leichtesten in das kochende Wasser in den Spargeltopf heben.

Speiseöl → Fett

spicken → Hase

Spekulatius: Nach dem Grundrezept für Mürbeteigkuchen mit Pflaumen, Rezept Seite 371, einen Mürbeteig

1 Gleich große Stücke Fleisch, Speck und Gemüse auf Spießchen stecken. 2 In der Pfanne müssen die Spießchen auf dem Pfannenboden aufliegen, wenn das Grillgut gleichzeitig gar werden soll. 3 Spießchen aus Holz an den Griffenden mit Alufolie einwickeln. 4 An der Schaschlikgarnitur kann man die Grillspießchen rotieren lassen.

(doppelte Rezeptmenge), mit 2–3 Messerspitzen Spekulatiusgewürz gewürzt, bereiten. In ausgemehlten Modeln formen und auf einem mit Mandelblättchen ausgestreuten Backblech bei 180° im vorgeheizten Backofen 10 Minuten backen.

Spießchen: kleine Stücke Fleisch, Speck, Zwiebeln, Gurken oder Paprikaschoten werden in lockerer Folge zum Grillen auf Portionsspießchen gesteckt. Die Grillspieße sind meist aus Metall mit Wendegriff und ovalem oder rechteckigem Querschnitt – an Spießchen mit rundem Querschnitt dreht sich das Grillgut nicht mit. Eine Schaschlikgarnitur, wie sie meist zu den Elektro-Tischgrills oder den Backöfen mit Grilleinrichtung gehört, kann man am großen Drehspieß befestigen. In 2 große Drehscheiben werden 6–8 kleine Spießchen eingehängt. Die Spießchen erhalten so, während sie rotieren, gleichmäßige Strahlungshitze.

Spritzgebäck: Mit einem Spritzbeutel kann man Gebäck in schönen Formen spritzen. Es gibt dafür Stern- oder Lochtüllen. Die Öffnung der Tülle entscheidet über die Dicke oder Dünne des Spritzwerks. Vor dem Aufspritzen das beabsichtigte Muster auf Pergamentpapier vorzeichnen. Man gibt das Pergamentpapier auf das dünn geölte Backblech.

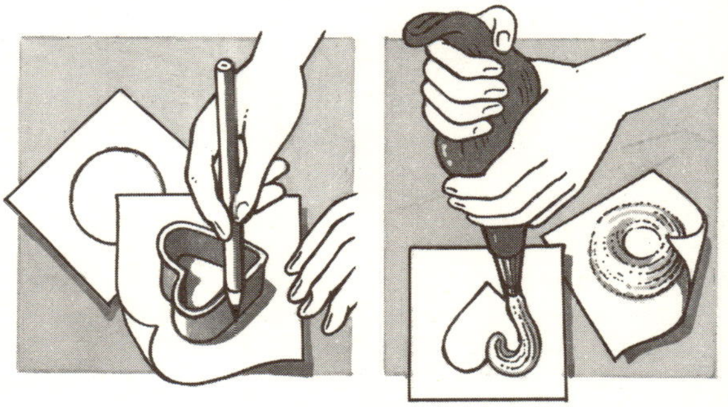

1 Die gewünschten Formen auf das Pergamentpapier zeichnen, bevor man die Masse aufspritzt.

Sprotte (Sprott, Breitling): dem Hering verwandter Seefisch, der meist geräuchert auf den Markt kommt (Kieler Sprotten, die man mit Haut und Gräten, aber ohne Kopf ißt). An der Küste beliebter Frischfisch, der am Spieß gebraten wird.

Staudensellerie (Bleichsellerie): dem Knollensellerie verwandt, aber zarter im Geschmack. Das ganze Jahr über auf dem Markt. Verwendet werden die Stauden mit den Blättchen. Vielseitig zu verwenden; als Vorspeise in Stücke geschnitten oder mit Käsecreme gefüllt oder als Stange zu Dips. Als Zutat für einen ge-

mischten Salat in Scheibchen schneiden. Als Gemüse in Stücke geschnitten oder in Stangenform gedünstet.
Steinbutt: fast kreisrunder Plattfisch ohne Schuppen, aber mit Verknöcherungen, die wie Steine aussehen. Der im Meer lebende Steinbutt kommt mit einem Gewicht zwischen 1 und 5 kg auf den Markt. Sein Fleisch ist weiß, fest, saftig und schmackhaft. Nahezu der Seezunge ebenbürtig. Wie man Plattfische häutet und wie man Filets erhält → Seezunge.
Stint (Stinz, Spierling): kleiner Lachsfisch, im Durchschnitt 26 cm lang, mit glanzlosen Schuppen und zartem Fleisch. Die Fische sind sehr grätenreich. Sie eignen sich zum Fritieren und Backen.
stocken lassen: Die Bedeutung dieses Begriffes, der aus der bayrisch-österreichischen Mundart stammt: Etwas fest werden, gerinnen lassen. Beispielsweise läßt man verquirltes Ei in der heißen Bouillon, Eierstich im Wasserbad oder Rührei in der Pfanne stocken. Dieser Vorgang läuft bei Temperaturen von knapp unter 100° ab.
Stockfisch: 2–3 Monate an der Luft getrockneter ungesalzener Seefisch, vor allem Kabeljau, Seelachs und Schellfisch. Stockfisch ist schwer verdaulich, aber nahezu unbegrenzt haltbar. Stockfisch muß 24 Stunden vor der Zubereitung gewässert werden.
Stör: ein im Süßwasser und im Salzwasser lebender Fisch mit sehr schmackhaftem Fleisch, das vor allem leicht gesalzen und geräuchert auf den Markt kommt. Frischer Stör trocknet leicht aus und muß deswegen vor der Zubereitung mariniert werden. Der Stör ist der Lieferant des Kaviars.
Strudelteig: Ein Strudel ist um so leckerer, je dünner der Teig ausgerollt wird. Man bestäubt ein Küchentuch mit Mehl und rollt darauf den Teig möglichst dünn aus. Dann wird der Teig von der Mitte aus über beide Handrücken vorsichtig gedehnt und gezogen, bis der Teig papierdünn ist. Den Teig mit zerlassener Butter bestreichen und mit der Füllung belegen. Dann den Teig mit Hilfe des Küchentuches rollen und auf das Backblech heben.
Stubenküken → Geflügel
Sud: Kochflüssigkeit, in der Lebensmittel gegart werden. Sud enthält die Substanzen, die während des Garvorgangs aus dem Gargut austreten.
Sülze → Aspik
Suppenhuhn → Geflügel
Tabascosauce: Würzsauce aus der sehr scharfen Chilischote hergestellt; wird für Gerichte verwendet, die einen scharfen pikanten Geschmack erhalten sollen.
Tamarillo (Baumtomate): Eiförmige rötliche Beerenfrüchte mit etwas bitterer Schale und herb-süßem geleeartigem Fruchtfleisch und kleinen Kernen. Von Oktober bis April gelegentlich auf dem Markt. Man ißt Tamarillos am besten frisch, indem man sie aufschneidet und auslöffelt.
Tangelos: süße und fruchtige Züchtung aus Grapefruit und Mandarine. Von Oktober bis März auf dem Markt.
Tangerine: kleine Mandarinenart mit wenig Kernen. Von Oktober bis März auf dem Markt!
Tapioka: Stärke, die aus der Wurzel der tropischen Maniokpflanze gewonnen wird. Als Stärkemehl gibt sie den Suppen und Saucen eine samtartige Bindung.
Tartelettes → Torteletts
Taube → Geflügel
Teltower Rübchen: kleine runde Rüben mit aromatischem, süßlichem, würzigem Geschmack. Gelten als Delikatesse. Von Juli bis August auf dem Markt. Früher in Mark Brandenburg, heute in Norddeutschland angebaut.
Thunfisch: Seefisch, der eine Länge von 3 m und ein Gewicht von 500 kg erreichen kann. Er ist ein Raubfisch; sein Fleisch ist rötlich bis weiß. Es gibt ihn geräuchert oder in Öl konserviert im Handel. Frisch wird er in Stücken angeboten.
Tintenfisch: Weichtier mit sackartigem Körper und Fangarmen. Der Tintenbeutel sitzt nahe am Herzen. In

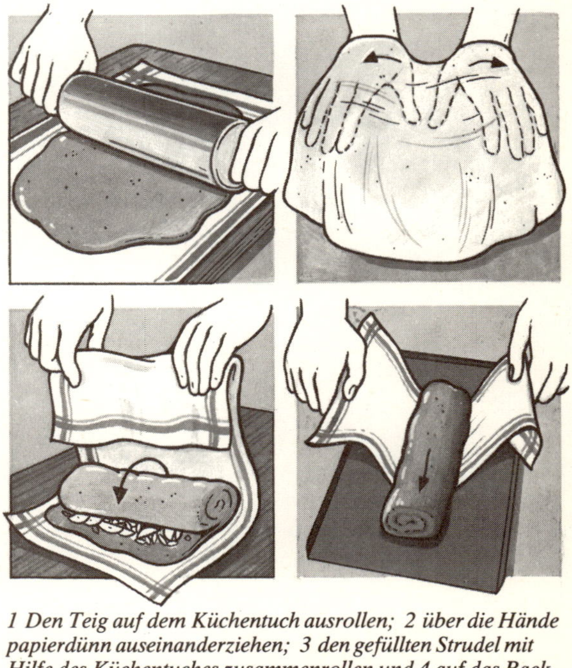

1 Den Teig auf dem Küchentuch ausrollen; 2 über die Hände papierdünn auseinanderziehen; 3 den gefüllten Strudel mit Hilfe des Küchentuches zusammenrollen und 4 auf das Backblech heben.

den Mittelmeerländern wird er frisch angeboten, bei uns kommt er tiefgefroren in ausgezeichneter Qualität auf den Markt.

Tofu (Sojaquark): ein Produkt, das bei der Gewinnung von Sojaöl als Preßrückstand anfällt. Beilage zu exotischen Gerichten.

Tomaten: Freilandtomaten sind besonders aromatisch und deshalb zu bevorzugen. Die großen Fleischtomaten mit wenig Kernen eignen sich gut für Gemüsegerichte. Die saft- und kernreichen runden Tomaten bieten sich zum Aushöhlen und Füllen an. Die aus Italien auf unseren Markt kommenden Birnen- oder Flaschentomaten zu Salaten verarbeiten. Tomaten mit grünen Stellen nachreifen lassen. Grüne Pflanzenteile enthalten das giftige Solanin; bei Raumtemperatur im geschlossenen Topf nachreifen lassen. Tomaten nicht in den Kühlschrank geben; sie verlieren dann ihr Aroma. Für Tomatengemüse die Früchte vor der Zubereitung häuten. Grilltomaten vom grünen Stielansatz befreien, oben kreuzweise einritzen, salzen und pfeffern und mit Butterflöckchen belegen. 15 Minuten grillen. Man kann die Tomaten auch in der Alufolie auf den Holzkohlengrill geben und in der geöffneten Folie servieren.

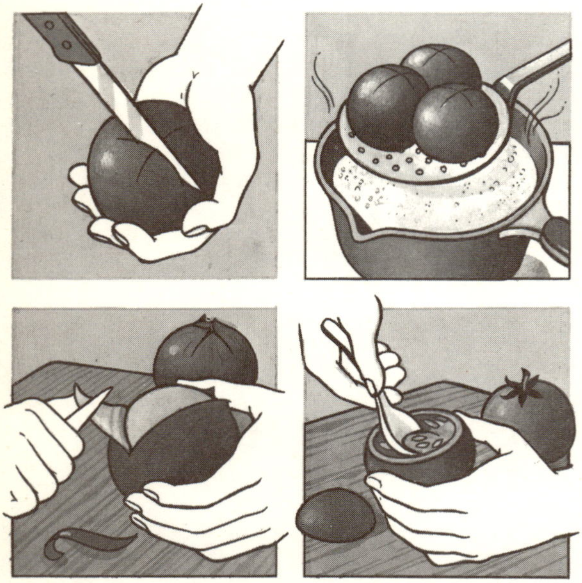

Tomaten häuten: 1 Die Tomate kreuzweise einritzen; 2 2–3 Minuten in kochendheißem Wasser blanchieren; 3 die Haut abziehen. 4 Tomaten aushöhlen: Dazu einen Deckel abschneiden, die Kerne und das Fruchtfleisch mit einem Löffel herausheben.

Tontopf: Topf mit Deckel. Der Tontopf wird vor der Verwendung 10 Minuten in Wasser gelegt, damit sich der Ton voll Wasser saugt. Man kann in ihm ohne Fett garen. Der Tontopf kommt stets in den kalten Backofen. Im Tontopf zubereitete Gerichte haben eine längere Garzeit. → braten

Torteletts (Tartelettes, Törtchen): kleine Törtchen aus Hefe-, Mürbe- oder Blätterteig, die süß oder pikant gefüllt werden.

Torten füllen und verzieren: Zunächst wird der Tortenboden durchgeschnitten. Man kann mit einem Messer bis zur Mitte des Tortenbodens durchstechen und den Boden drehen, während man das Messer weiterführt. Oder man durchtrennt den Tortenboden mit Hilfe eines starken Fadens. Der Faden wird um den Rand der Torte gelegt und langsam durchgezogen, wobei eine Schicht gleichmäßig abgetrennt wird. Um den Tortenboden abzuheben, ohne daß er zerbricht, schiebt man ein Pergamentpapier oder eine dünne Pappe in die Schnittfläche. Zum Füllen oder zum Glasieren stellt man die Torte am besten auf eine drehbare Platte, da sich dann beim Drehen Füllung oder Glasur besser mit dem Spatel verteilen lassen. Vor dem Ver-

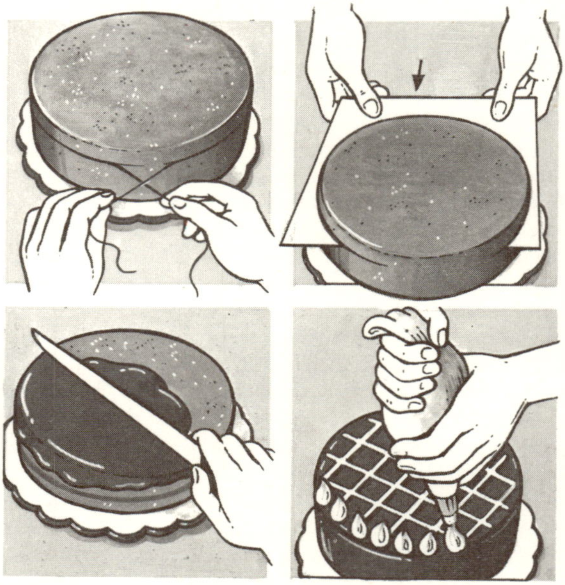

1 Den Tortenboden mit einem starken Faden durchtrennen. 2 Eine dünne Pappe in die Schnittfläche schieben und den Tortenboden abheben. 3 Zum Füllen und zum Glasieren die Torte am besten drehen. 4 Die Torte zum Schluß dekorativ mit Creme oder Sahne aus dem Spritzbeutel verzieren.

zieren mit dem Spritzbeutel eventuell auf Alufolie üben → Gebäck glasieren und verzieren. Zum Schluß mit einem Messer die Tortenstücke markieren. Beim Schneiden das Messer steil ansetzen und von der Mitte nach außen schneiden; nach jedem Schnitt das Messer ins kalte Wasser tauchen.

tranchieren: Geflügel, Fisch und Fleisch in Tranchen (Scheiben) zerlegen. → braten, → Hähnchen, → Puter, → Rehrücken, → Porterhouse-Steak, → Entrecôte. → Hammelkeule

Trüffeln: Die schwarze Trüffel kommt aus dem Périgord. Sie sieht aus wie eine schwarze schrumpelige, alte Kartoffel und ist der teuerste Speisepilz der Welt. Frische Trüffeln sind bei uns auf dem Markt selten. Sie werden aber auch in Dosen angeboten. Relativ preiswert sind die konservierten Trüffelstückchen und Trüffelschalen, die man zu Saucen und Suppen als würzige Zutat gibt. Auch ganze Trüffel, geschält oder ungeschält, gibt es konserviert mit der Bezeichnung »extra« oder »1er choix«. Benutzt man Trüffel aus der Dose, dann die Einlegflüssigkeit mitverwenden; sie besteht meist aus Madeira, Rotwein oder Brühe. Die weiße Trüffel aus Piemont wird stets frisch verwendet. Mit einem Spezialhobel etwa über Risotto oder Spaghetti gestreut. Musquées und Ivernenco ist die Bezeichnung für eine Trüffelart, die in Frankreich wächst, dunkelbraune Schalen und bräunliches Fleisch hat, die aber nicht so intensiv in der Würzkraft ist, wie die echte schwarze Trüffel.

Truthahn → Puter

überbacken → gratinieren, → backen

Vanillezucker: echter Vanillezucker aus weißem Kristallzucker kann verwendet werden wie der synthetisch hergestellte aromatisierte Vanillinzucker aus dem Handel. Für selbst hergestellten Vanillezucker schlitzt man 1–2 Vanilleschoten auf und stellt sie senkrecht in ein Schraubglas, das man mit Kristallzucker gefüllt hat. Nach etwa 8 Tagen hat der Zucker bereits den vollen Vanillegeschmack. Die Vanilleschoten geben für einige Monate lang Aromastoffe an den Zucker ab.

Velouté: weiße Grundsauce (Samtsauce) aus Butter, Mehl, heißer Fleisch-, Gemüse- oder Fischbrühe, mit Salz und weißem Pfeffer gewürzt. Als Fertigsauce im Handel.

Vol-au-vents: runde hohe Pastete aus Blätterteig, mit Ragouts gefüllt. Vol-au-vents werden heiß serviert. Man bekommt die Blätterteighüllen fertig beim Bäcker.

Vollkornmehl → Mehl

Wachtel → Wildgeflügel

Waffeln: Gebäck, das mit dem Waffeleisen hergestellt und heiß gegessen wird. Dazu serviert man Konfitüre, Kompotte, Honig oder Ahornsirup. Den Teig für die Waffeln bereitet man aus 250 g Mehl, 1 Prise Salz, 1 Messerspitze Backpulver und 1 Teelöffel Zucker. Man rührt ½ l Milch, 4 Eigelbe und 1 Eßlöffel Rum unter. Zuletzt gibt man 100 g zerlassene Butter und den Eischnee von 2 Eiweißen zu. Man kann Waffeln als Nachspeise, aber auch zum Frühstück reichen.

Waldmeister: enthält gesundheitlich nicht unbedenkliches Curamin. Waldmeister wird für Limonade, Bowle und Süßspeisen wie Götterspeise und Gelees verwendet.

Waller → Wels

Walnüsse: Wegen des hohen Fettgehaltes müssen sie innerhalb von 1 Jahr verzehrt werden; sie werden leicht ranzig. Bei den frischen Schälnüssen, die im Spätherbst in den Handel kommen, muß die bitter schmeckende Haut von den Kernen entfernt werden. Walnüsse werden haltbar gemacht, indem man sie in Salzwasser legt (bleicht) und anschließend langsam an der Luft trocknet.

Wasserbad: Zum Schmelzen, Cremigrühren oder Erhitzen von Substanzen, die bei Hitzebehandlung leicht gerinnen, anbrennen oder ausflocken, benützt man nicht die direkte Hitzequelle wie Gasflamme oder Elektrokochplatte, sondern das Wasserbad. Dafür braucht man einen größeren Topf, in dem ein kleinerer Topf gut stehen kann. In den größeren Topf legt man am besten noch ein Drahtsieb und füllt so viel Wasser ein, daß das Wasser nicht in den kleineren Topf gelangen kann. Das Wasser wird dann bis kurz vor den Siedepunkt erhitzt und die zu behandelnde Substanz im kleineren Topf im Wasserbad gerührt. In keinem Fall darf das Wasser im Wasserbad zum Kochen kommen, → Creme.

Weinbergschnecken → Schnecken

Weinblätter: frische Blätter des Weinstocks bekommt man während der Sommermonate auf dem Markt. In Dosen gibt es sie das ganze Jahr hindurch. Beim Einkauf darauf achten, daß die jungen zarten Blätter keinen Kontakt mit Pflanzenschutzmitteln hatten. Vor der Verwendung Weinblätter unter fließendem Wasser gut waschen und mit kochendheißem Wasser überbrühen. Weinblätter werden benutzt, um Wildgeflügel (Fasan) unter der Speckhülle zu umwickeln. In Balkanländern umwickelt man damit würzige Reisfarcen.

Weißfisch: Sammelbezeichnung für die artenreichste Gruppe von Süßwasserfischen. Sie eignen sich am besten zum Backen und Braten. Damit man später beim Essen die Gräten nicht mehr so spürt, wird der Fisch vor dem Braten am Rücken mehrmals eingekerbt, oder

er wird in mit Essig versetztem Sud gekocht. Zum Weißfisch zählt man Plötze, Rotfeder, Blei, Döbel, Karausche.
Wels (Waller): selten gewordener schuppenloser großer Süßwasserfisch. Er kann bis zu 3 m lang werden. Besonders schmackhaft ist das Fleisch vom jungen Wels. Er wird heute vor allem noch in der Donau und Isar gefangen.
Wild und Wildgeflügel: Wann welches Wild frisch auf dem Markt angeboten wird, zeigt die nachfolgende Zusammenstellung der verschiedenen Jagdzeiten.

Männliches Rehwild Böcke	10. Mai bis 15. Oktober
Weibliches Rehwild und Jungtiere (Ricken und Kitze)	1. September bis 31. Januar
Rotwild (Hirsche, Hirschkühe, Schmaltiere und Kälber)	1. August bis 31. Januar
Gamswild	1. August bis 30. November (15. Dezember)
Hasen	1. (16.) Oktober bis 15. Januar
Wildkaninchen	ganzjährig
Schwarzwild (Wildschwein)	ganzjährig
Fasan	16. September bis 15. Januar
Rebhuhn	25. August bis 30. November
Wildente	16. Juli bis 31. Dezember

Wildgeflügel: Bei Federwild, das man direkt vom Jäger bekommt, muß Fasan unausgenommen 3 Tage im Federkleid abhängen, ein Rebhuhn ausgenommen 2 Tage im Federkleid, und zwar an einem kühlen luftigen Platz. Wildente und Wachtel läßt man nicht hängen; sie werden frisch bereitet. Im Geschäft gekauftes Wildgeflügel im Federkleid ist bereits abgehangen. Das Rebhuhn ist dann auch schon ausgenommen. Den Fasan muß man selbst ausnehmen. Vor dem Ausnehmen muß Wildgeflügel gerupft werden: Vom Hals zum Bürzel hin die Federn dicht über der Haut fassen und ruckartig in Abwärtsbewegungen ausreißen. Das gerupfte Tier dann über einer niedrigen Gas- oder Kerzenflamme absengen, dicke Kiele, die noch in der Haut stecken, mit einer Pinzette herausziehen. Die Haut waschen und trockenreiben. Vor dem Ausnehmen Kopf und Hals abschneiden und Gurgel und Schlund herausziehen. Den Bauch quer vor dem After aufschneiden und sorgfältig alle Eingeweide ausnehmen. Die Bürzeldrüse am After am Ende des Rückens entfernen. Wildgeflügel wird wie Hausgeflügel dressiert → Hähnchen. Nach dem Dressieren wird es bardiert → Fasan.
Wildkräuter: Sammelzeit für Wildkräuter ist im Frühjahr am besten am frühen Vormittag. Für Salate geeignet sind Löwenzahn, Gänseblümchen, Sauerampfer, Schafgarbe, Wiesenknopf, Spitzwegerich, Hirtentäschel, Brennessel. Im Sommer enthalten diese Kräuter zu viele Bitterstoffe. Dann sind sie als Beigabe zu Gemüse zu verwenden. Am besten werden Wildkräuter mit anderen Salat- oder Gemüsepflanzen gemischt, da ihr Geschmack sehr intensiv ist. Weitere Informationen siehe Rezept Wildkräutersalat und das Kapitel Essen heute – kleine Ernährungskunde.
Wittling (Merlan): ein dem Schellfisch ähnlicher Seefisch, der bis zu 30 cm lang wird. Sein Fleisch ist leicht verdaulich, zart und wohlschmeckend. Er kommt vorwiegend als ganzer Fisch auf den Markt.
Worcestershiresauce (Worchestersauce): englische Würzsauce, deren Zusammensetzung ein streng gehütetes Fabrikationsgeheimnis ist. Man gibt sie tropfenweise an die Speisen, an Suppen, Fleisch oder Fisch und Gemüse. Sie gehört vor allem als Beigabe zur Königinpastete.
Würste: Wiener Würstchen läßt man in heißem Wasser 15 Minuten ziehen, nicht kochen, da sie sonst platzen. – Für Würstchen in Blätterteig 1 Paket tiefgekühlten Blätterteig ausrollen, in Quadrate schneiden und die Wiener Würstchen damit umhüllen. Bei 220° im Backofen 20 Minuten backen. – Bratwurst anstechen und mit etwas Wasser in der Pfanne erhitzen, bis das Wasser verdampft ist; dann das Fett zugeben und die Bratwurst von jeder Seite 5 Minuten braten.
Ysop: strauchartige Gewürzpflanze, die in Süd- und Mitteleuropa wächst. Die Blätter haben einen leicht bitteren, an Pfefferminz erinnernden Geschmack. Sparsam dosiert würzt man damit Kartoffelsuppen, Kartoffelsalate, Schweinefleisch, Rouladen oder grüne Bohnen. Auch Kräuteressig kann mit Ysop verfeinert werden.
Zander (Hechtbarsch, Schill, Amaul): räuberischer

Hechtbarsch mit zartem schmackhaftem weißem Fleisch. Zander wird bis zu 1 m und größer. Er sollte möglichst frisch verarbeitet werden, denn durch Räuchern und Tiefgefrieren leidet sein Geschmack. Frisch schmeckt der Zander am besten von April bis August.
ziehen lassen: eine Speise, die entweder in einer Flüssigkeit unterhalb des Siedepunktes gegart wird, oder die – beispielsweise der Salat – in der Sauce durchzieht (mariniert).
Zitronen: Sie sind das ganze Jahr über frisch erhältlich. Reife Früchte haben eine glänzende Schale. Beim Einkauf darauf achten, daß die Schale, wenn sie mit verwendet werden soll, unbehandelt (nicht chemisch behandelt oder gewachst) ist. Vor dem Auspressen die Zitrone durchkneten oder über die Tischplatte rollen. Als Duftgeber zu Drinks schneidet man die Zitrone in Scheiben oder schält die Schale dünn zu Spirale. Als Beigabe zu kalten Platten läßt sie sich hübsch zurechtschneiden → Garnierungen.
Zwiebeln: Gemüsezwiebeln werden das ganze Jahr über in verschiedenen Sorten auf dem Markt angeboten. Die mildeste Zwiebel ist die weiße Zwiebel, etwas schärfer ist die rotschalige Zwiebel und am schärfsten ist die gelbschalige Zwiebel. Die kleinen Perlzwiebeln werden frisch und eingelegt angeboten; sie sind klein wie eine Haselnuß und schmecken sehr mild. Die oft grapefruitgroßen Zwiebeln eignen sich besonders gut für Zwiebelgemüse. Die im Geschmack scharfe Frühlings- oder Lauchzwiebel mit kleiner Knolle und grünem Lauch wird besonders gerne für exotische Gerichte verwendet; das Lauch wird kleingeschnitten zum Schluß an das Gericht gegeben. Die Schalotte, eine kleine Lauchknolle mit sehr feinem aromatischem Zwiebelgeschmack, wird in der feinen Küche gerne anstelle der Zwiebel verwendet. Ihr meist violettes Fleisch ist von gelblich-braunem Häutchen umgeben, das man vor der Verarbeitung entfernt. Zum Würzen von Suppen verwendet man Zwiebeln im ganzen, ungeschält oder geschält und gespickt. In der Regel wird die Zwiebel in Ringe geschnitten oder in Würfel zerteilt. Damit beim Zerkleinern der Zwiebel die Augen nicht tränen, die Zwiebel vor dem Zerkleinern in Wasser tauchen.
Zucker, brauner: besonders würziger Rohzucker, der für Honig- und Lebkuchenteig verwendet wird, heute aber auch zunehmend anstelle von weißem Zucker.
Zuckersirup → Läuterzucker
Zucchini: gurkenähnliche Sommerkürbisart. Von April bis Juli auf dem Markt. Zucchini wird ungeschält verwendet, in Scheiben geschnitten oder für Füllungen halbiert und ausgehöhlt (mit einem Apfelausstecher vom Stielende her), dann gefüllt. Für Gemüsegerichte eignen sich größere Exemplare; für Salate kleine Früchte verwenden.
Zwerggarnelen → Krustentiere

1 Eine Zwiebelhälfte auf der Herdplatte bräunen; sie gibt der Suppe eine schöne braune Farbe. 2 Die Zwiebel mit Nelken und Lorbeerblatt spicken. 3 Mit einem Zwiebelschneider die Zwiebel zu Würfeln schneiden. 4 Um die Zwiebel mit dem Messer in Würfel zu schneiden, wird die geschälte Zwiebel halbiert, bis kurz vor das Wurzelende längs und quer eingeschnitten, dann werden Scheiben abgeschnitten, wobei sich die Würfel ergeben. Besonders kleine Würfel erhält man mit einem Wiegemesser.

Maße und Gewichte

Maße und Gewichte

Liter/Kilogramm

1 l	=	1 Kilogramm (kg), 1000 g, 10 Deziliter (dl), 100 Zentiliter (cl), 1000 Kubikzentimeter (ccm)
$^1/_2$ l	=	$^1/_2$ kg, 500 g, 5 dl, 50 cl, 500 ccm
$^1/_4$ l	=	$^1/_4$ kg, 250 g, 2,5 dl, 25 cl, 250 ccm, 1 Suppenteller, knapp 2 Tassen, 16 Eßlöffel
$^1/_5$ l	=	200 g, 2 dl, 20 cl, 200 ccm, 1 Becher, 1 Reisschale
$^1/_8$ l	=	$^1/_8$ kg, 125 g, 1,25 dl, 12,5 cl, 125 ccm
$^1/_{16}$ l	=	62,5 g, 0,625 dl, 6,25 cl, 62,5 ccm, 4 Eßlöffel, 12 Teelöffel
1 cl	=	10 ccm, $^1/_2$ Schnapsglas, 1 Schuß, 1 Eßlöffel
2 cl	=	20 ccm, 1 Schnapsglas, reichlich 2 Eßlöffel, 3 Teelöffel

Wieviel wird serviert?

Suppe	als Vorspeise	$^1/_8$–$^1/_4$ l
	als Hauptgericht	$^1/_4$–$^3/_8$ l
Sauce		$^1/_{16}$–$^1/_8$ l
Fisch	mit Gräten	250 g
	ohne Gräten	200 g
Fleisch roh	mit Knochen	200–250 g
	ohne Knochen	100–200 g
	für den Eintopf	100–125 g
Leber		125 g
Brathähnchen		250–400 g
Gemüse	als Beilage (geputzt)	150–200 g
	als Hauptgericht	300–350 g
Kartoffeln	als Beilage	150–200 g
	als Hauptgericht	300 g
Reis	als Beilage	50– 75 g
	als Hauptgericht	75–100 g
Teigwaren	als Beilage	50– 75 g
	als Hauptgericht	75–100 g
	als Suppeneinlage	25 g
Hülsenfrüchte (trocken)	als Hauptgericht (mit Fleisch, Wurst, Kartoffeln)	80 g
Hülsenfrüchte (Naßkonserven)	als Beilage	200 g
Obst	frisch oder	200 g
	als Kompott	200 g
Quarkspeise		100 g
Dessert		$^1/_8$ l

Messen mit Löffeln oder Tassen

Produkt	1 gestr. Teelöffel	1 gestr. Eßlöffel	1 knapp volle Tasse
Backpulver	3 g	10 g	–
Butter	5 g	15 g	–
Gelatine, gemahlen	3 g	10 g	–
Grieß	4 g	12 g	100 g
Haferflocken	–	10 g	70 g
Honig	10 g	30 g	–
Joghurt	5 g	15 g	100 g
Käse, gerieben	3 g	10 g	80 g
Kakaopulver	2 g	6 g	75 g
Mayonnaise	10 g	30 g	240 g
Mehl	3 g	10 g	80 g
Öl	3 g	9 g	75 g
Puderzucker	3 g	10 g	85 g
Reis	5 g	15 g	120 g
Sahne	5 g	15 g	160 g
Salz	5 g	15 g	–
Semmelbrösel	3 g	10 g	80 g
Speisestärke	5 g	15 g	110 g
Wasser, Brühe, Milch	5 g	15 g	125 g
Zucker	5 g	15 g	120 g

Binden von 1 Liter Flüssigkeit

Bindemittel	Suppe	Brei	Zum Stürzen
Arrowroot	20–30 g	50 g	80–100 g
Gelatine	–	–	16–20 Blätter 2 Päckchen gem.
Grieß	60 g	100 g	140 g
Haferflocken	60 g	120 g	–
Mehl	30–40 g	100–120 g	–
Reis	40 g	160–200 g	250 g
Speisestärke	30 g	60–70 g	90–100 g

Binden von $^1/_4$ Liter Sauce

Saucenart	Bindemittel	Menge
helle Sauce	Mehlbutter	2 Eßl. Butter 2 Eßl. Mehl
	helle Einbrenne	2 Eßl. Butter $1^1/_2$ Eßl. Mehl
dunkle Sauce	Mehlbutter	2 Eßl. Butter 2 Eßl. Mehl
	dunkle Einbrenne	2 Eßl. Butter 2 Eßl. Mehl
	Tomatenmark	2–3 Eßl., angerührt in 2 Eßl. Flüssigkeit mit 1–2 Eßl. Speisestärke
helle und dunkle Sauce	Speisestärke	2 Eßl.

legieren mit: 1 Eigelb und 2–3 Eßl. Sahne, saurer Sahne oder Crème fraîche.

Temperaturtabelle

	Stufenregelung Gasherd		Elektroherd °C		Heißluftherd °C	
1½ kg Fisch im Bräter	3–4	40–50 min.	200°	40–50 min.	180°	40–50 min.
750 g Roastbeef auf Rost	4 1	25–30 min. + 15 min.	230° 100°	25–30 min. 15 min.	200° 100°	30 min. 10 min.
Yorkshirepudding in Form	4 2	10 min. + 10 min.	225° 170°	10 min. 10 min.	200° 150°	10 min. 10 min.
800 g Rinderfilet im Bräter	4	30 min.	230°	30 min.	190°	125–30 min.
800 g Sauerbraten im Bräter	4	120 min.	220°	120 min.	190°	120 min.
1,2 kg Kalbsschulter im Bräter	4	75 min.	220°	75 min.	190°	70 min.
1½ kg gefüllte Kalbsbrust	4	90 min.	220°	120 min.	190°	120 min.
800 g Lammkeule im Bräter	4	50 min.	220°	50 min.	190°	45 min.
1 kg Schweinenacken im Bräter	3	90 min.	200°	90 min.	190°	70–80 min.
700 g Hackbraten im Bräter	3	60 min.	220°	60 min.	190°	50 min.
1,4 kg Poularde im Bräter	3	60 min.	210°	60 min.	180°	70–80 min.
1 kg Backhähnchen im Bräter	3	40–50 min.	210°	40–50 min.	180°	35–40 min.
1,6 kg Ente im Bräter	3	90 min.	200°	90 min.	175°	90 min.
3 kg Gans im Bräter	2	150–170 min.	180°	150 min.	160°	120–150 min.
4 kg Puter im Bräter	3	150–180 min.	200°	150–180 min.	170°	120–160 min.
1 kg Hasenbraten im Bräter	3	60 min.	200°	60 min.	180°	60 min.
1 kg Rehrücken im Bräter	4	30–40 min.	220°	35–45 min.	175°	35–45 min.
1,2 kg Fasan im Bräter	3	50–60 min.	200°	45–60 min.	175°	50–60 min.
1 kg Kartoffelauflauf in Form	4	30 min.	220°	30 min.	175°	30–40 min.
Käsesoufflé in Form	3 2	10 min. + 50 min.	200° 180°	10 min. 50 min.	150°	45 min. +
500 g Weißbrot in Form	5 2	10 min. + 45 min.	250° 180°	10 min. + 45 min.	210° 150°	10 min. + 30–35 min.
1 kg Roggenbrot in Form	2	90 min.	180°	90 min.	150°	60 min.
1½ kg Roggenbrot auf Blech	4 1	60 min. + 60 min.	220° 150°	60 min. + 60 min.	200° 170°	70 min. + 60 min.
500 g Hefezopf auf Blech	3	35 min.	200°	35 min.	160°	35 min.
500 g Guglhupf	3	40–50 min.	200°	40–50 min.	160°	50–60 min.
500 g Savarin in Form	3	30–40 min.	190°	30–40 min.	150°	30–40 min.
500 g Mohnkranz in Form	3	45 min.	200°	45 min.	160°	45 min.
500 g Marmorkuchen	3	60–65 min.	200°	60–65 min.	160°	60 min.
Biskuitrolle	3	8–12 min.	200°	8–12 min.	170°	10–15 min.
Mürbeteig-Pflaumenkuchen 28 ∅ Springform	4	45 min.	220°	45 min.	160°	40–50 min.
Apfelkuchen/Rührteig 26 ∅ Springform	3	40 min.	200°	40 min.	160°	40 min.
Apfelhefekuchen auf Blech	3	40 min.	200°	40 min.	150°	30 min.
Heidesand	2	20 min.	180°	20 min.	160°	20 min.
Schwarzweiß-Gebäck	3	15 min.	190°	15 min.	150°	15 min.
Nougatkipferl	2	12 min.	180°	12 min.	150°	10–12 min.
Walnußherzen	1	20 min.	150°	20 min.	120°	20 min.
Spritzgebäck	3	10 min.	200°	10 min.	160°	8–10 min.
Schwäbisch Springerle	1	20–25 min.	120°	30 min.	100°	30 min.
Anisplätzchen	1	25–30 min.	140°	30 min.	120°	30 min.
Makronen	1	25–30 min.	150°	25–30 min.	100°	30 min.
Schokoladenschäumchen	1	15 min.	150°	15 min.	100°	15 min.
Elisenlebkuchen	1	25–30 min.	140°	30 min.	120°	30 min.
Baseler Leckerli	2	25–30 min.	180°	25 min.	150°	25 min.

Kleiner Küchendolmetscher

für unterschiedliche Bezeichnungen im deutschen Sprachraum

hochdeutsch	österreichisch/süddeutsch	schweizerisch
Aprikosen	Marillen	Aprikosen
Aspik	Aspik	Gallerich
Auberginen	Eierfrüchte	Auberginen
Backobst	Hutzeln, Schnitz, Trockenobst	Dörrobst
Blumenkohl	Karfiol	Blumenkohl
Bouillon/Fleischbrühe	Klare Suppe, Rindssuppe	Bouillon
Brathuhn	Poulet, Brathendl	Poulet
Brötchen	Semmeln, Weckerl	Weggli
Eierpfannkuchen	Palatschinken	Omeletten
Eigelb	Eidotter	Eigelb
Eisbein	Haxe, Stelzen	Wädli
Eiscreme	Gefrorenes	Speiseeis
Eiweiß	Eiklar	Eiweiß
Eßkastanien	Maroni	Marroni
Fadennudeln	feine Nudeln	Fidel
Feldsalat	Vogerlsalat	Nüßlisalat
Filet	Lungenbraten	Filet
Frikadellen	Faschiertes Beefsteak	Frikadellen
Gänseklein	Gänsejunges	Gänseklein
Geräuchertes	Geselchtes	Geräuchertes
Graupen	Rollgerste, Gerstl	Graupen
Grüne Bohnen	Fisolen	Grüne Bohnen
Hackfleisch	Faschiertes	Hackfleisch
Hähnchen	Hendl	Güggeli
Hammelfleisch	Schöpsernes	Lamm-, Schaffleisch
Hasenpfeffer	Hasenjunges	Hasenpfeffer
Hefe	Germ	Hefe
Hefevorteig	Dampfl	Vorteig
Hörnchen	Kipferl, Beugerl	Gipfeli
Holunder	Holler	Holder
Johannisbeeren	Ribisel	Trübeli
Kalbsmilch/Bries	Bries	Milken
Kaldaunen	Kutteln, Kuttelfleck	Kutteln
Kartoffeln	Erdäpfel	Kartoffeln
Kartoffelpüree, -brei	Püree, Stock	Stock
Kartoffelpuffer	Reiberdatschi	Kartoffelküchlein
Kasseler	Selchkarree	Rippli
Klöße	Knödel	(Klöße)
Kopfsalat	Häuptelsalat	Kopfsalat
Lauch/Porree	Porree	Lauch

Kleiner Küchendolmetscher

hochdeutsch	österreichisch/süddeutsch	schweizerisch
Löffelbiskuit	Biskotten	Löffelbiskuit
Lunge	Beuschl	Lunge
Maiskolben	Kukuruz	Maiskolben
Maisgrieß	Polenta	Maisgrieß
Masthuhn	Poularde	Poularde
Meerrettich	Kren	Merrettich
Mehlschwitze	Einbrenn	geröstetes Mehl
Möhren	gelbe Rüben	Rübli
Napfkuchen	Gugelhupf	Gugelhopf
Nuß vom Rind	Tafelspitz	Nuß vom Rind
Paniermehl	Semmelbrösel	Paniermehl
Pellkartoffeln	Kartoffeln in der Schale	Gschwellti
Pfannkuchen, feingeschn.	Frittaten	Omeletten, fein geschn.
Pfannkuchen/Berliner	Faschingskrapfen	Kräppelchen
Pfefferkuchen	Lebzelten, Lebkuchen	Lebkuchen
Pfifferlinge	Eierschwammerl, Eierschwämme	Eierschwämme
Pflaumenkompott	Zwetschkenkompott	Pflaumenkompott
Pflaumenmus	Powidl	-
Pilze	Schwammerl	Pilze
Preiselbeeren	Kronsbeeren, Kranteln, Preiselbeeren	Preiselbeeren
Puderzucker	Staubzucker	Staubzucker
Puter	Indian/Truthahn	Truthahn
Quark	Topfen	Quark
Rindertalg	Kernfett	Rindertalg
Rindfleisch, gekocht	Siedfleisch	Siedfleisch
Rippchenstück	Karree	Karree
Rosenkohl	Kohlsprossen	Rosenkohl
Rote Bete	Rote Rüben/Rahnen	Randen
Rotkohl	Blaukraut	Rotkraut
Rouladen	Fleischvögerl	Fleischvögel
Rührei	Eierspeise	Rührei
Sahne, saure	Sauerrahm	saurer Rahm
Sahne, süße	Obers	Nidel
Sauerkirschen	Weichseln	Weichseln
Schlagsahne	Schlagobers	Schlagrahm
Schweinerippchen	Ripplertes	Rippli
Schweineschnauze	Schweinerüssel	Schnörrli
Spätzle	Nockerln	Knöpfli
Suppengrün	Wurzelwerk	Suppengrün
Tomaten	Paradeiser	Tomaten
Walnüsse	Baumnüsse	Baumnüsse
Weißkohl	Weißkraut	Kabis
Wirsing	Kohl	Wirz
Ziemer	Rücken vom Wildbret	Ziemer

Rezept- und Sachregister

Geradestehende Ziffern verweisen auf Textseiten, *kursive* auf Farbbilder.
Kursiv gesetzte Rezepttitel verweisen auf Grundrezepte.

Rezept- und Sachregister

Rezept- und Sachregister

Rezept- und Sachregister

Rezept- und Sachregister

Rezept- und Sachregister

Rezept- und Sachregister

Rezept- und Sachregister

Rezept- und Sachregister

Rezept- und Sachregister

Rezept- und Sachregister

Rezept- und Sachregister

Rezept- und Sachregister

Rezept- und Sachregister

Rezept- und Sachregister

Rezept- und Sachregister

Schnellgerichte

Rezept- und Sachregister

Saisonkalender für Obst

	Ananas	Aprikosen	Avocados	Birnen	Brombeeren	Cherimoyas	Datteln	Erdbeeren	Feigen	Heidelbeeren	Himbeeren	Hol
Januar	●		●			●	●					
Februar	●		●			●	●					
März	●		●			●	●					
April	●		●			●	●					
Mai	●		●				●	●				
Juni	●		●				●	●				
Juli	●	●	●	●			●	●	●	●		
August	●	●	●	●			●		●	●	●	
September	●	●	●	●	●		●		●	●		●
Oktober	●		●	●	●	●	●		●			●
November	●		●	●		●	●					
Dezember	●		●	●		●	●					

Ganzjährig in guter Qualität auf dem Markt: Äpfel, Bananen, Grapefruit, Zitronen